Lemke • Luftschutz in Großbritannien und Deutschland 1923 bis 1939

Militärgeschichtliche Studien

Herausgegeben vom
Militärgeschichtlichen Forschungsamt

Band 39

R. Oldenbourg Verlag München 2005

Luftschutz in Großbritannien und Deutschland 1923 bis 1939

Zivile Kriegsvorbereitungen als Ausdruck der staats- und gesellschaftspolitischen Grundlagen von Demokratie und Diktatur

Von
Bernd Lemke

R. Oldenbourg Verlag München 2005

Die Deutsche Bibliothek - CIP-Einheitsaufnahme

Ein Titeldatensatz für diese Publikation ist bei der
Deutschen Bibliothek erhältlich

© 2005 Oldenbourg Wissenschaftsverlag GmbH, München
Rosenheimer Str. 145, D-81671 München
Internet: http://www.oldenbourg-verlag.de
Das Werk einschließlich aller Abbildungen ist urheberrechtlich geschützt. Jede Verwertung außerhalb der Grenzen des Urheberrechtsgesetzes ist ohne Zustimmung des Verlages unzulässig und strafbar. Das gilt insbesondere für Vervielfältigungen, Übersetzungen, Mikroverfilmungen und die Einspeicherung und Bearbeitung in elektronischen Systemen.
Gedruckt auf säurefreiem, alterungsbeständigem Papier (chlorfrei gebleicht).

Satz: Militärgeschichtliches Forschungsamt, Potsdam
Druck und Bindung: R. Oldenbourg Graphische Betriebe Druckerei GmbH, München

ISBN 3-486-57591-0

Inhalt

Vorwort VII

Vorbemerkung IX

I. Einleitung 1

II. Staats- und gesellschaftspolitische Grundlagen: 33
Zivilbevölkerung und kommender Krieg
1. Deutschland: das Heraufziehen der »Totalen Mobilmachung« 35
2. Großbritannien: zivile Gesellschaft und »verdeckte« Wehrhaftigkeit 57
3. Fazit: Zivilbevölkerung und »Totaler Krieg« – 91
   die staats- und gesellschaftspolitischen Mobilmachungskonzeptionen
   in Großbritannien und Deutschland als Folie und geistesgeschichtlicher
   Hintergrund für die Herrschaftsrealität zweier verfeindeter Systeme

III. Der zivile Luftschutz in Deutschland und Großbritannien 95
bis zum Beginn der Massenmobilisierung in den 30er Jahren
1. Deutschland 98
   a. Der organisatorische Aufbau des Luftschutzes in der Weimarer 98
      Republik: rationaler Herrschaftsapparat versus Vereinsaktionismus
   b. Propaganda und Ideologie der Luftschutzbewegung: 139
      humanitäre Sachlichkeit und Existenzkampfmythos
2. Großbritannien 167
   a. Organisation in Theorie 167
      – Grundbedingungen britischer Zivilkriegsvorbereitungen bis 167
        Anfang der 30er Jahre: »In-vitro«-Planung im Herzen des
        rationalen Verwaltungsapparates
      – »The scale of attack«: theoretische Luftschutzplanung 170
        zwischen Untergangsstimmung und Standfestigkeit
      – Staatspolitische Grundsatzdebatten und »paper schemes«: 178
        die organisatorische Aufbauarbeit der Komitees unter
        »Reagenzglasbedingungen«
   b. Die psychologische Dimension: Evakuierung, Kriegsrecht 202
      und Propaganda

- Die Evakuierungsfrage als theoretischer Testfall für den staatspolitischen Umgang mit dem Durchhaltewillen der Zivilbevölkerung ... 202
- Die »praktische« Propagandaarbeit der Luftschutzausschüsse: das Konzept der »gradual dissemination of information« und seine Widersprüche ... 211
3. Zusammenfassung: Deutschland und Großbritannien im Vergleich ... 226

IV. Massenmobilisierung für den »Totalen Krieg« als Ausdruck der staatspolitischen Grundlagen unterschiedlicher Herrschaftssysteme ... 239

1. Das nationalsozialistische Deutschland ... 239
   a. Organisation als Dschungel: Spitzengliederung und Territorialstrukturen des nationalsozialistischen Luftschutzes ... 239
      - Das Reichsluftfahrtministerium und die Luftwaffe ... 240
      - Der Reichsluftschutzbund ... 251
      - Polizei und Innere Verwaltung ... 257
      - Die Gemeinden ... 265
   b. Der Aufbau des Luftschutzes und das Zusammenspiel der Organisationen ... 268
   c. Die Einpassung des Luftschutzes in die nationalsozialistische Ideologie und die Entwicklung der Luftschutz-Propaganda in den 30er Jahren ... 305
   d. Die Reaktion der Bevölkerung auf die Mobilmachung für den Luftschutz ... 322
2. Großbritannien ... 331
   a. Air Raid Precautions als Aufgabe ziviler Organisation: »monolineare« Organisation im Spannungsfeld von Zentralregierung und lokaler Selbstverwaltung ... 331
   b. Die praktische Zusammenarbeit zwischen der Regierung und dem »Flickenteppich« der Local Authorities beim Aufbau der Air Raid Precautions und der dazugehörigen »citizen army« ... 362
   c. Psychologische Mobilmachung in der demokratisch-legalen Herrschaftsordnung: liberalistische Ideologie und propagandistische Hemmungen ... 398
   d. ARP by Mass-Observation: der Luftschutz und die inneren Befindlichkeiten der Zivilbevölkerung ... 438

V. Zusammenfassung ... 453

Abkürzungen ... 495
Quellen und Literatur ... 497
Personenregister ... 521

Vorwort

Die europäischen Staaten setzten in den sechs Jahren zwischen der nationalsozialistischen Machtergreifung und dem Beginn des Zweiten Weltkriegs eine massive Mobilmachung zur Vorbereitung ihrer Bevölkerungen auf die Auswirkungen militärischer Gewalt in Gang. Einen wesentlichen Bestandteil bildeten dabei die Maßnahmen zum Schutz der Zivilbevölkerung gegen Luftkrieg, der, wie zahlreiche Theoretiker und Strategen voraussagten, große Zerstörungen und Verluste bringen würde. Besonders intensiv widmeten sich zwei der späteren Hauptgegner, Deutschland und Großbritannien, dem Aufbau eines Luftschutzes auf Massenbasis. Nicht nur im Reich, sondern auch jenseits des Kanals begann man mit umfassenden Vorbereitungen, die nahezu jeden Bereich des öffentlichen und privaten Lebens einbezogen. Dies schloß auch eine massive Beeinflussung der öffentlichen Meinung unter Ausnutzung aller modernen Medien, unter anderem auch Film und Funk, mit ein.

Die Palette reichte von Schutzmaßnahmen für die Regierung bis zur Vorbereitung der Privathaushalte und erstreckte sich u.a. auf die Wirtschaft, die öffentliche Versorgung, die Transportsysteme, die Schulen, auf Organisationen aller Art und sogar auf die Kultureinrichtungen im weitesten Sinne. Nirgendwo erhielt der »Totale Krieg« schon vor seinem Ausbruch eine so starke praktische Ausprägung wie hier.

Die vorliegende Studie von Dr. Bernd Lemke trägt Pioniercharakter, weil sie einen integrierten Vergleich beider Gesellschaften vornimmt. Insbesondere in den Kategorien »Ideologie«, »Propaganda« und »Organisation« werden Unterschiede und Gemeinsamkeiten auf allen Strukturebenen benannt und analysiert. Im Fokus stehen neben den geistigen Grundlagen in beiden Systemen, deren Wurzeln bis zurück in die zwanziger Jahre verfolgt werden, der Aufbau der Organisationsstrukturen, wobei die besonderen Bedingungen der unterschiedlichen Staatsordnungen und der jeweilige Umgang mit der Psyche der Massen, die auch im nationalsozialistischen Deutschland der Aussicht auf einen neuerlichen Krieg keineswegs mit Begeisterung gegenüberstanden.

Die Arbeit zielt unter anderem auch auf die Wiederbelebung der historiographischen Erforschung des Luftschutzes, die, ohnehin ein Stiefkind der ganzen Disziplin, nach einigen grundlegenden Studien in den fünfziger und sechziger Jahren streckenweise praktisch zum Erliegen kam. Die komparatistische Aufarbeitung des Themas ist u.a. deshalb nötig, weil die jüngsten Ereignisse um den internationalen Terror den zivilen Bevölkerungsschutz nach zehn Jahren relativer Ruhe infolge der Beendigung des Kalten Krieges in allen westlichen Staaten eindrücklich in das Zentrum der öffentlichen Agenda gerückt haben. Gerade unter den aktuellen Debatten um die europäische und die transatlantische Zusammenarbeit auf diesem Gebiet muß eine weitere Erforschung des ganzen Themenkreises erfolgen. Die Arbeit versteht sich daher auch als integraler Bestandteil eines nunmehr entstehenden Netzwerkes jüngerer Forscher, welches auch interdisziplinäres Arbeiten einbezieht.

Die Schriftleitung des MGFA unter der Leitung von Dr. Arnim Lang war für die Betreuung des Projektes zuständig, die Koordination der Arbeiten übernahm Wilfried Rädisch, das Lektorat lag in den Händen von Christa Gudzent (Potsdam); die Textgestaltung war Aufgabe von Antje Lorenz. Ihnen allen gilt mein Dank, vor allem aber dem Autor, Bernd Lemke, für diese wegweisende Studie.

Dr. Jörg Duppler
Kapitän zur See und
Amtschef des Militärgeschichtlichen Forschungsamtes

Vorbemerkung

Diese Arbeit ist das Ergebnis sechs Jahre lang fortgesetzter Studien in Großbritannien und Deutschland. Beeinflußt durch die Ereignisse seit 1989/90, getragen von den daraus entstehenden Fragen nach der Zukunft der europäischen Staaten und Gesellschaften und angetrieben von dem immer schon vorhandenen Bedürfnis, über den nationalen Tellerrand hinauszublicken, erschien es mir notwendig, ein methodisches Instrumentarium zu entwickeln, um zur dringend erforderlichen komparatistischen Aufarbeitung der europäischen Geschichte unter systematischen Vorzeichen beizutragen. Das konkrete Sachthema, der Luftschutz, ergab sich aus der Entwicklung meines Studiums, dort vor allem durch den Einfluß von Prof. Dr. Hans-Erich Volkmann. Dies jedoch nicht allein. Ich bin groß geworden mit harten Diskussionen in Schule und Freundeskreis um die Auswirkungen umfassender militärischer Gewalt auf die Zivilbevölkerung. Die Auseinandersetzungen um den NATO-Doppelbeschluß von 1979 und die nachfolgenden Massenproteste ließen das Verhältnis zwischen Staat, Kriegsvorbereitung bzw. Verteidigung und dem zu schützenden Objekt – Bevölkerung und Gesellschaft – als überaus belastet erscheinen.

Es bot sich daher an, nach historischen Vorbildern Ausschau zu halten, um ein besseres Verständnis für die damit verbundenen Vorgänge zu gewinnen. Die Kriegsvorbereitungen der zunehmend verfeindeten Staaten in der Zeit zwischen den beiden Weltkriegen eröffneten hier ein ausgezeichnetes Feld, um die Grundlagen verschiedener Staats- und Gesellschaftsordnungen innerhalb Europas zu erforschen und auf diese Weise eine historisch-politische Orientierung zu bieten. Damit sollte keineswegs eine Art europäisches Geschichtsbauwerk geschaffen oder gar die europäische Einigung herbeigeschrieben werden. Die Absichten lagen ganz anders, nämlich darin, unterschiedliche Traditionsfelder der Herrschaftsordnungen aufzudecken und vor allem auch nationale Klischees in Frage zu stellen. Bei der Entwicklung der Fragestellungen und des methodischen Konzeptes wirkten politische Streitthemen, Optionen möglicher Zukunftsperspektiven und das Ziel tiefgehender Aufarbeitung innereuropäischer Differenzen und Gemeinsamkeiten ineinander.

Die Zeit der hierzu nötigen Studien und schließlich des Schreibens war durchaus nicht immer angenehm. Für Doktoranden innerhalb der Geisteswissenschaften ist es oft nicht möglich, die ganze Zeit der Promotion mit Stipendien zu finanzieren. So blieb über lange Strecken nichts anderes übrig, als in Industrie, Dienstleistung oder Baugewerbe zu arbeiten. Der Abschluß des Projektes verzögerte sich dadurch natürlich, und es zeigte sich als nötig, eine gewisse Zähigkeit an den Tag zu legen. Der Kraft- und Energieaufwand war enorm. Gelegentlich erwies es sich alles andere als leicht, sich nach zwei Tagen Arbeit auf dem Bau diszipliniert an das Projekt zu setzen. Immerhin wurden dadurch unnötiger Hochmut und schädliche Illusionen abgestellt.

Die eigene Leistung bildete den Grundstock für die Durchführung des Projektes, reichte aber letztlich allein nicht aus. Ich bin einer ganzen Reihe von Leuten und Institutionen zu Dank verpflichtet. An erster Stelle sind hier meine Eltern zu nennen, die trotz mancher Sorgen und Bedenken stets zu mir gehalten und mich in nicht unerheblicher Weise unterstützt haben. Weiterhin danke ich meinen Freunden, vor allem Daniel Mark, Norbert Beck, Harald Häußler und Karsten Gregor, für die tiefgehenden Gespräche und Diskussionen und – nicht zuletzt – für ihr Verständnis.

Von wissenschaftlicher Seite bin ich vor allem Prof. Volkmann (MGFA, Potsdam) verbunden, ohne dessen liberale und konstruktive Betreuung ich diese Arbeit nicht hätte schreiben können. In London erfüllte Prof. Richard Overy (King's College) eine ähnliche Funktion. Wichtig erschien mir vor allem das Aufzeigen fruchtbarer Forschungsperspektiven.

Von meinen Kollegen und Leidensgenossen bei der Aufarbeitung von Quellenmaterial in den Archiven sind vor allem zu nennen: Lorne Breitenlohner, Stephanie Seul, Keir Thorpe, John Wood, E J Jung (Young), Alice Butler-Smith, Ulrich Eumann, Norbert Kunz, Marita Baumgarten und Sabine Freitag. Diese Liste ist keineswegs vollständig.

Einigen wissenschaftlichen und gesellschaftlichen Institutionen gebührt ebenso Dank. Dazu gehört vor allem das Deutsche Historische Institut London, das mir sowohl finanzielle als auch wissenschaftliche Unterstützung zukommen ließ. Hervorzuheben sind besonders Prof. Lothar Kettenacker und die Research Fellows der Jahre 1996/97. Sie boten mir Gelegenheit zu einer überaus kontroversen, intensiven und konstruktiven Diskussion. Dazu zählten scheinbar einfache, aber überaus fruchtbare Hinweise, nicht zuletzt archivalischer Art. Weiterhin bin ich dem British Council in Köln für seine großzügige finanzielle Unterstützung verbunden. Ich hoffe, mit dieser Arbeit auch seine Ziele zu fördern. Ferner bedanke ich mich beim Berliner Rotary Club für die freundliche Unterstützung und die Gelegenheit, mein Konzept persönlich vorstellen zu dürfen.

Dank gebührt schließlich auch den vielen Mitarbeitern der Archive, die ich besucht habe. Fast durchgehend bin ich freundlich und konstruktiv beraten und unterstützt worden. Namen sind hier nicht zu nennen, da die Liste zu lang würde.

Besonders verbunden bin ich meiner Lektorin, Christa Gudzent, die meinen Stil in konstruktiver Weise in Einklang mit den Standards des MGFA gebracht hat. Die diesbezüglichen Besprechungen waren intellektuell weit über die eigentliche Arbeit hinaus sehr anregend. Mein besonderer Dank gilt daneben der Schriftleitung des MGFA unter der Leitung von Dr. Arnim Lang, die mich in allen Phasen der Veröffentlichung flexibel unterstützt hat; die Koordination der Arbeiten übernahm Wilfried Rädisch; die Textgestaltung war Aufgabe von Antje Lorenz.

Last, but not least, ist der »Arbeitskreis Militärgeschichte« zu nennen, der durch seine methodische Zielsetzung einer breit angelegten Beschäftigung mit Krieg und Kriegsvorbereitung sowie der Erforschung des Verhältnisses zwischen militärischer und ziviler Sphäre in fruchtbarer Weise dient.

I. Einleitung

Krieg und Kriegsbedrohung gehören zu den elementarsten Erfahrungen im Leben von Menschen, Staaten und Gesellschaften. Der Krieg zählt zu den zentralen Gestaltungselementen ihrer Existenz, da der Verlauf der Ereignisse entscheidend von militärischen Konflikten beeinflußt wurde, dies mit steigender Tendenz. Insbesondere für die moderne europäische Geschichte ist auffällig und bedeutsam, daß in den letzten 200 Jahren, vor allem seit Beginn des 20. Jahrhunderts, die kollektive und individuelle Existenz der Menschen in zeitlicher und räumlicher Hinsicht immer kompakter, intensiver und umfassender von kriegerischen Aktivitäten beeinflußt und bedroht wurde. Waren die Auswirkungen in den Zeiten davor, also etwa vor der Französischen Revolution und den ihr folgenden Kriegen, eher begrenzt, und erfaßten sie auch in der Folge durchaus nicht immer die Gesamtheit der Lebensformen, so entwickelte sich in den drei Dekaden nach 1914 eine umfassende Bedrohung des Lebens, soweit Bewohner von Staats- bzw. Gesellschaftsverbänden existierten. Und es kam schließlich zur physischen Annihilierung Dutzender Millionen Menschen und ungeheurer Mengen an Tieren und Sachgütern.

Die Auswirkungen von Krieg und Gewalt dehnten sich in immer stärkerem Maße auf die Zeit *vor* dem Einsetzen der aktiven Kriegshandlungen, d.h. auf die vorangehende Friedenszeit, aus. Dies resultierte aus der teilweise rasanten technischen Entwicklung, die den Regierungen ein reiches Instrumentarium an Vernichtungsmitteln, hier vor allem Panzer, chemische Kampfstoffe und Flugzeuge, an die Hand gab, und der Verbesserung technischer Hilfsmittel, so z.B. der Nachrichtentechnik. Kombiniert mit den ohnehin schon vorhandenen Ressourcen, so z.B. der allgemeinen staatlichen Organisationsmacht und dem menschlichen Rekrutierungspotential, ergaben sich hier Möglichkeiten, wie sie den Herrschenden in der Vergangenheit so noch niemals zuvor zur Verfügung gestanden hatten. Nachdem sich die Friedensordnung, die im Anschluß an den Ersten Weltkrieg geschaffen worden war, recht rasch als überaus brüchig erwies und es als überaus zweifelhaft erschien, daß sie die nationale Gewalttätigkeit eindämmen könnte, glaubte man in allen größeren europäischen Nationen, insbesondere aber in Deutschland, Frankreich und Großbritannien, unter dem Zwang zu stehen, das nationale Überleben bereits durch massive Vorbereitungen im Frieden vorderhand planvoll sichern zu müssen. Bereits in den 20er Jahren begann man daher mit der Projektierung einer umfassenden Mobilmachung aller staatlichen und gesellschaftlichen Ressourcen, die dann in den 30er Jahren – den Jahren vor Beginn des Zweiten Weltkriegs – umgesetzt wurde. Der Begriff Mobilmachung bedeutete in den 30er Jahren nicht mehr nur die Umstellung der Armee und ihrer Versorgungseinrichtungen auf Kriegsstandards einige Tage vor und nach der Kriegserklärung, sondern in erster Linie die allgemeine und intensive Heranziehung von Staat und Gesellschaft lange davor.

Als politischer, militärstrategischer und gesellschaftstheoretischer Rahmen dienten dabei die Konzepte vom »Totalen Krieg«. Zahlreiche Autoren formulierten entsprechende Szenarien, die teils geheim in Planungszirkeln, teils öffentlich in den Medien präsentiert und teilweise hitzig diskutiert wurden. Insgesamt gesehen wurde im 20. Jahrhundert also nicht nur die aktuelle Ausführung des Vernichtungswerkes intensiviert, sondern auch dessen Vorbereitung sowie seine vorherige Verkündung und Formulierung.

In diesem Prozeß wurden die Grundlagen jeglicher Existenz bereits im Frieden zur Disposition gestellt – unabhängig von der individuellen Beschaffenheit der jeweiligen staatlichen oder gesellschaftlichen Strukturen. Die Auseinandersetzungen politischer, ideologischer und schließlich auch militärischer Art ließen praktisch keinerlei Freiräume offen. Dies gilt insbesondere für die beiden am stärksten involvierten Staatsformen mit ihrer Bevölkerung: Demokratie und Diktatur. Die meiste Zeit des Jahrhunderts war die Welt zerrissen zwischen den offenen und verdeckten Kämpfen demokratischer und diktatorischer Staaten, wobei die Zugehörigkeit zu einem der beiden Lager keineswegs automatisch verbindend oder freundschaftsfördernd wirkte, im Falle der Diktaturen eher gegenteilig. Ausgerüstet mit entsprechenden Ideologien und staatspolitischen Ideen, bekämpfte man sich mit einem streckenweise ungeheuren Vernichtungswillen. Deutschland stellt dabei einen der zentralen Schauplätze, zeitweise sogar die Hauptkampfstätte dar.

Die letzten 100 Jahre brachten in Deutschland geradezu ein Wechselbad zwischen diesen beiden Staatsformen: nach dem Ende der Monarchie 1918 zunächst 14 Jahre Demokratie, danach 12 Jahre totalitäre Diktatur, nach deren Ende die Teilung mit zwei gegensätzlichen Staatsformen innerhalb einer Nation, schließlich deren Vereinigung unter demokratischen Vorzeichen, gleichzeitig aber Ansätze zur umfassenden europäischen Neuordnung, die für die Zukunft die Aufhebung der meisten Staatsgrenzen in Europa wenigstens als Möglichkeit aufs Tapet brachte. Als Gegenbeispiel und Kontrast kann Großbritannien gelten, das ohne Unterbrechung trotz zahlreicher Krisen und Bedrohungen sowie zweier Weltkriege an der Staatsform Demokratie festhielt und zeitweise mit allen Mitteln zur Selbsterhaltung gegen Deutschland kämpfte. Diese mehr als spannungsreichen historischen Zusammenhänge in Verbindung mit der umfassenden Bedeutungssteigerung militärischer Auseinandersetzungen für Staat und Gesellschaft stellen eine einzigartige Chance für Grundlagenforschungen zu den staats- und gesellschaftspolitischen Basisbedingungen von Demokratie und Diktatur dar.

Im Folgenden sollen in thematisch und zeitlich eng umgrenztem Rahmen pragmatisch ausgerichtete Untersuchungen über essentielle Wesensmerkmale staatlicher und gesellschaftlicher Existenz bei der Konfrontation mit der Möglichkeit eines weitreichenden militärischen Konfliktes angestellt werden. Ziel ist, am Beispiel von Großbritannien und Deutschland neue Aspekte und Zusammenhänge, insbesondere die Verknüpfung von *äußerer Bedrohung* und *der spezifischen inneren*

Strukturen beider Systeme, ans Licht zu fördern. Es wird darum gehen, die Grundfragen des diktatorischen und demokratischen Staats- und Gesellschaftsverständnisses in bezug auf den Extremfall, den »Totalen Krieg«, vergleichend unter die Lupe zu nehmen.

Betrachtet werden soll eine neue, von der bisherigen Forschung im Gegensatz zu anderen Themen (z.B. der außenpolitischen Beziehungen beider Staaten) bislang noch nicht genau untersuchte Perspektive: die innenpolitische Vorbereitung auf den Krieg im Vergleich zu den entsprechenden Maßnahmen der Gegenseite unter Berücksichtigung der Basisbedingungen beider Gesellschaftssysteme.

Das Kernforschungsfeld wird die Untersuchung der zivilen Vorbereitungen auf den Luftkrieg in Großbritannien und Deutschland in den 20er und 30er Jahren als Ausprägung staatlicher und gesellschaftlicher Existenz zweier gegensätzlicher politisch-ideologischer Systeme darstellen. Dies erfolgt durchaus auch mit der Absicht, historisch-politische Perspektivlinien zu den entsprechenden Anstrengungen der demokratischen Staatsordnungen im Nuklearzeitalter, vor allem in den 70er und 80er Jahren, zu schaffen. Die Luftschutzmaßnahmen, wie sie im 20. Jahrhundert mehrfach neu in Angriff genommen wurden, sind als unmittelbare Antwort auf die Möglichkeit der direkten Anwendung militärischer Gewalt auf die zivile Gesellschaft zu verstehen. Sie griffen in teilweise überaus drastischer Weise sowohl in die bestehenden organisatorischen Strukturen von Staat und Gesellschaft als auch das private Leben der Menschen ein. Sie erfüllen überdies alle weiteren Vorbedingungen für einen aussagekräftigen Vergleich, da sie sich übergreifend auf den ideologischen, militärstrategischen, psychologischen und allgemeinpolitischen Bereich erstreckten.

Schon bald nach dem Ersten Weltkrieg begann man allenthalben mit den Vorbereitungen auf den nächsten Luftkrieg, wobei als sicher galt, daß die Luftwaffe im Gesamtspektrum der Militärmaschinerie eine weit bedeutendere Rolle spielen würde als im Waffengang von 1914 bis 1918. Im Laufe der Zeit etablierte sich das Thema Luftkrieg und dessen Folgen für die Zivilbevölkerung auch in der Öffentlichkeit. Die neuen Möglichkeiten – insbesondere der Bomberwaffe – teilweise maßlos überschätzend, zeichneten Autoren aller damals verbreiteten Medien ein Schreckensbild von zerbombten, brennenden und vergasten Städten. Dem folgten schließlich mitunter heftige Diskussionen über das Thema[1]. Als Deutschland 1933 dann offiziell den Kreis der Demokratien verließ, setzte eine internationale Mobilmachungskampagne ein, die schon lange vor 1933 geplant und begonnen worden war und sukzessive alle europäischen Hauptmächte erfaßte. Großbritannien und Deutschland gehörten zu den Nationen, die hierbei die größten Anstrengungen unternahmen. Staat, Nation und Gesellschaft sahen sich einer elementaren Bedrohung ausgesetzt: der Möglichkeit direkter physischer Vernichtung durch Kampfmittel – einer Bedrohung, wie sie im Ersten Weltkrieg noch nicht bestanden hatte.

---

[1] Zum Zusammenhang zwischen dem kommenden Luftkrieg, den allgemeinen Konzepten zum »Totalen Krieg« und den Vorstellungen von Zivilgesellschaft und -bevölkerung im Krieg allgemein vgl. Kap. II.

Die Art, wie man in Großbritannien und Deutschland auf diese massiven Gefahren reagierte, läßt grundlegende Rückschlüsse auf die Funktionsweise der jeweiligen Herrschaftsordnung zu. Die Tiefendimensionen des gesamten Sachkomplexes lassen sich allerdings nur durch die Anwendung eines differenzierten methodischen Instrumentariums erfassen. Keinesfalls reicht es aus, die Mobilmachungsarbeit als rein organisatorische oder technische Maßnahme zu betrachten und dann die Ergebnisse für die beiden Länder unvermittelt nebeneinander zu stellen. Die Aufarbeitung eines Sachgebietes gewissermaßen als Selbstzweck genügt den gestellten Anforderungen nicht. Sie bietet lediglich die Vorbedingung für die weitere Arbeit.

Die Bewältigung des Themas soll auf drei methodischen Ebenen erfolgen. Die untere, d.h. die praktische Sachgebietsebene, wird durch die Aufarbeitung der Fakten und die Darstellung der faktischen Zusammenhänge geprägt. Sie, quasi die Ebene des gerade angesprochenen Selbstzweckes, soll der weiteren Analyse als Fundament dienen. Die nächste Ebene wird durch die praktische Komparatistik gebildet. Entlang der für Großbritannien und Deutschland ausgearbeiteten Strukturen sollen die Maßnahmen und deren staatspolitische Grundlagen jeweils adäquat gegenübergestellt werden, um eine klare strukturelle Perspektive zu gewinnen. Schließlich ist der Grundcharakter der beiden Systeme zu analysieren. Dies soll mittels der von Max Weber ausgearbeiteten Lehre von den »drei reinen Typen der legitimen Herrschaft« geschehen.

Die drei Ebenen werden dabei keineswegs gesonderte Kapitel bilden, sondern direkt ineinanderfließen. Gerade dies macht ihre erkenntnismäßige Schlagkraft aus. Die praktische Ebene liefert die Sachbasis, die komparatistische bildet die Struktur der Darstellung (Gliederung), die höhere methodische Analyse stößt zum Kern der jeweiligen Staats- und Gesellschaftsordnung vor. Dabei ist zu vermeiden, daß während der Darstellung ständig zwischen Großbritannien und Deutschland verglichen oder gar in Detailbetrachtungen abgeglitten wird. Gelegentliche Hinweise auf interessante Unterschiede oder Gemeinsamkeiten stören nicht; aber ansonsten soll zunächst isolierend vorgegangen werden. Die Kernvergleiche sind in der Regel erst am Ende von Kap. III und IV bzw. vor allem in der Zusammenfassung (Kap. V) zu finden.

Um zu verhindern, daß die Faktenbasis zu unübersichtlich wird oder gar in ein Detailgemenge zerfließt, orientiert sich sowohl die Heranziehung der Quellen als auch ihre gliederungsmäßige und analytische Aufbereitung an drei Grundkategorien:
1. Organisation
2. Propaganda
3. Ideologie

Diese Kategorisierung dient in erster Linie analytischen Zwecken und erhebt keinerlei Anspruch auf Vollständigkeit. Totalgeschichte ist generell nicht möglich und wird hier daher auch nicht angestrebt. Die Auswahl kann lediglich in Anspruch nehmen, wesentliche Grundlagen beider Staatssysteme zu erfassen, wobei die Kategorien Propaganda und Ideologie als komplementär angesehen und daher jeweils gemeinsam behandelt werden.

Von den derart gespeisten methodischen Ebenen stellt die oberste, d.h. die analytische Grundcharakterisierung der beiden Herrschaftsordnungen aus der Großperspektive, die größten Anforderungen; dies nicht zuletzt auch deshalb, weil die Ergebnisse der beiden anderen Ebenen hier zusammenfließen und entsprechend dem vorgegebenen Instrumentarium bewertet werden müssen. Eine ausführlichere Darstellung der hier anzuwendenden methodischen Grundlagen ist daher unerläßlich.

Im Folgenden soll deshalb die Webersche Herrschaftstypologie, die Lehre von den »drei reinen Typen der legitimen Herrschaft«, dargestellt und für den projektierten Vergleich britischer und deutscher Mobilmachungsarbeit nutzbar gemacht werden. Die Ausrichtung der Gegenüberstellung steht dabei unter *pragmatischen* Vorzeichen, d.h., groß angelegte methodologische Debatten sind nicht zu erwarten. Das von Weber bereitgestellte Instrument soll als strukturelles methodisches Gerüst für die Analyse der Wesensmerkmale der beiden Herrschaftssysteme, wie sie sich in den Kriegsvorbereitungen manifestierten, dienen. Ausführlich auf das recht umfangreiche Gesamtwerk Webers einzugehen, ist in diesem Rahmen nicht möglich und, wie noch kurz zu zeigen sein wird, auch nicht nötig.

Weber geht in seiner Typologie von der Beobachtung aus, daß kein Herrschaftssystem lediglich auf der Basis reinen Zwanges, reiner Interessenpolitik oder individueller Emotionen existieren kann, sondern immer einer Legitimierung bedarf, die den Gehorsam der Beherrschten sicherstellt[2]. Dementsprechend folgt dann die generelle theoretische Kategorisierung verschiedener Herrschaftsformen. Der Grundcharakter der jeweils vorgenommenen Legitimation bildet dabei das entscheidende Element.

»Je nach der *Art* der beanspruchten Legitimität aber ist auch der Typus des Gehorchens, des zu dessen Garantie bestimmten Verwaltungsstabes und der Charakter der Ausübung der Herrschaft grundverschieden. Damit aber auch ihre Wirkung[3].«

Die anderen Grundbedingungen für den Bestand einer Herrschaft – materielles Streben, individuelles Interesse an der Durchsetzung spezifischer Werte (Wertrationalität), Zwang oder rein emotionale Dispositionen – prägen die Gestalt der Herrschaft zwar ebenfalls mit, seien aber für eine Klassifizierung der jeweiligen Herrschaftsordnung als solcher allein nicht fruchtbar, weil sie in den verschiedenen Systemen in gleichen oder ähnlichen Ausprägungen vorkämen. Das Streben nach materieller Sekurität beispielsweise läßt sich als Machtgestaltungselement in fast allen Staaten und Gesellschaften nachweisen, ohne daß damit automatisch

---

[2] Zum Folgenden vgl. grundsätzlich Weber, Die drei reinen Typen der legitimen Herrschaft, in: ders., Wissenschaftslehre, S. 475–488; Die Typen der Herrschaft, in: Wirtschaft und Gesellschaft, S. 122–176. Vgl. ferner: Soziologie der Herrschaft, in: ebd., S. 551–687. Auch in der von Weber nicht mehr zusammenhängend fertiggestellten Betrachtung des rationalen Staates (auch Staatssoziologie genannt) findet sich die Typologie, vgl. ebd., S. 822 f. Die »drei reinen Typen« ziehen sich im Grunde quer durch alle wesentlichen methodischen und methodologischen Spätschriften Webers zu Macht und Herrschaft. Vgl. Politik als Beruf, in: Weber, Gesammelte Politische Schriften, S. 398 f.
[3] Weber, Wirtschaft und Gesellschaft, S. 122.

spezifische kategoriale Eigenheiten bestimmter Herrschaftsformen verbunden seien. Anders verhält sich dies mit der Legitimation der Herrschaftsordnung, da sie für deren Mitglieder, also etwa den Bürger oder Untertanen eines Staates, allgemein verbindlich ist. Die inhaltliche Begründung einer Herrschaft gestaltet sich nach Weber entlang dreier Kategorien, die ausschließlich durch die »drei reinen Typen legitimer Herrschaft« gebildet werden.
Es sind dies:
1. legale oder rationale Herrschaft
2. traditionale Herrschaft
3. charismatische Herrschaft

Legale oder *rationale* Herrschaft basiert auf gesatzter Ordnung mit festen Regeln und einem nach rationalen Prinzipien arbeitenden Beamtenapparat als administrativem Unterbau. Die Legitimität ruht hier in erster Linie auf der Berufung auf die Ordnungsmäßigkeit und der allgemeinen formalen Gültigkeit der zugrundeliegenden Regeln. Dabei spielt es keine Rolle, ob diese durch Wahl oder durch Oktroyierung eingeführt wurden. Wichtig ist nur die Anerkennung ihrer rationalen Stimmigkeit und ständigen satzungskonformen Anwendbarkeit. Eine denkbare, wenn auch bei weitem nicht die einzig in Frage kommende Form wäre der demokratische Verfassungsstaat. Die Kategorie demokratisch stellt hier kein relevantes Kriterium dar. Möglich wäre auch ein autokratischer Staat.

Besonders wichtig ist die Bedeutung des Prinzips der überindividuellen Ordnung. Ein Herrscher darf nur dann Gehorsam verlangen, wenn er sich selbst als Diener der Satzung versteht.

»Gehorcht wird nicht der Person, kraft deren Eigenrecht, sondern der gesatzten Regel, die dafür maßgebend ist, wem und inwieweit ihr zu gehorchen ist. Auch der Befehlende selbst gehorcht, indem er einen Befehl erläßt, einer Regel: dem ›Gesetz‹ oder ›Reglement‹, einer formal abstrakten Norm[4].«

Mit diesen Prinzipien koinzidieren insbesondere die Grundprinzipien der rationalen Bürokratie, vor allem in ihrer modernen Ausprägung. Fachliche Kompetenz, logisch stimmige Organisation (Amtspflicht), Amtshierarchie, formale Regelhaftigkeit, Aktenmäßigkeit und abgegrenzte Zuständigkeiten sind Grundelemente rationaler Gestaltung, die den legitimatorischen Kern und die reale Ausprägung der legalen Herrschaft im Alltag darstellen. In der Tat bezeichnet Weber die bürokratische Machtausübung als »technisch reinste«, wenn auch nicht als die einzige Form legaler Herrschaft[5].

Traditionale Herrschaft bezieht ihre Rechtfertigung aus der erkannten Gültigkeit geschichtlich überlieferter Regeln, Gesetze, Verhältnisse. Das entscheidende Element hier sind die hergebrachten Prinzipien. Weil die Grundlagen immer schon so waren, müssen sie auch weiterhin befolgt werden. Der Herrscher beansprucht und

---

[4] Weber, Wissenschaftslehre, S. 476.
[5] Ebd., S. 477. Als weitere Formen nennt Weber: »Turnus-, Los- und Wahlbeamtentum, die Parlaments- und Komiteeverwaltung und alle Arten kollegialer Herrschafts- und Verwaltungskörper, [...] falls ihre Kompetenz auf gesatzten Regeln beruht und die Ausübung des Herrschaftsrechtes dem Typus legalen Verwaltens entspricht.« Den frühneuzeitlichen Staat bezieht Weber als Entwicklungsstufe »der legalen Herrschaftsform« moderner Prägung mit ein.

erhält Gehorsam durch Untertänigkeit gegenüber seiner »durch Herkommen geheiligten Eigenwürde«[6], d.h. seiner direkten und exklusiven Verbindung zu den tradierten Grundsätzen. Als ein praktisches Beispiel könnte dabei eine auf dynastischer Erbfolge ruhende Monarchie dienen.

Auch hier hat der Herrscher keine vollkommene Freiheit, denn er muß sich an die Tradition halten. Bricht er die überkommenen Regeln, so gefährdet er seinen Machtanspruch. Im Gegensatz zur legalen Herrschaft, die auf formaler Beachtung der gesatzten Regeln beruht, sind »materiale« Prinzipien für »legitimes« Handeln gültig: die Inhalte der überlieferten Traditionen (z.B. Glaube an ein altes Königsgeschlecht und dessen Legenden oder etwa die »translatio imperii«). Das soziale, politische, rechtliche oder administrative Handeln wird dadurch oft irrationalen und teils willkürlichen Regeln unterworfen. Dort, wo die Traditionen Vorgaben liefern, wird entsprechend gehandelt und entschieden. Dort aber, wo die Traditionen keine Vorschriften geben, bestehen auch keine Richtlinien für die Scheidung von richtig und falsch. Hier wird dann nach entsprechendem Ermessen agiert (im rechtlichen Bereich: Kadijustiz).

Erneut wichtig ist der administrative Unterbau der Herrschaft. Im Gegensatz zu legaler Herrschaft, die durch die meist klare rechtliche Struktur mit geregelten Verhältnissen allen Teilen – auch der dienenden Bürokratie – juristische Sicherheit und eine nach bestimmten Prinzipien festgelegte Unabhängigkeit gewährt, besteht hier eine mehr oder weniger große Abhängigkeit vom traditionalen Herrscher kraft dessen exklusiver Beziehung zu den Traditionen und deren überragender Bedeutung für die Herrschaft insgesamt. Weber unterscheidet grundsätzlich zwischen zwei Formen. Die reinste Form traditionaler Herrschaft ist die patriarchale. Alle Verwaltungsträger sind direkte Diener des Herrschers in völliger persönlicher Abhängigkeit ohne eigene Machtmittel (Sklaven, Hörige etc.). Sämtliche finanziellen und materiellen Ressourcen (Geld, militärische Mittel) sind in seinem Besitz. Anders verhält es sich mit der Alternativform, der ständischen Herrschaft. Hier sind die Untergebenen ebenfalls persönlich an den Herrscher gebunden, dies erneut unter den gleichen grundsätzlichen legitimatorischen Verhältnissen, allerdings unter erheblich größerer Autonomie. Sie stehen nicht in persönlicher Abhängigkeit zum Herrscher. Ihre Dienststellung haben sie durch ihn verliehen bekommen oder durch eine Vereinbarung mit ihm erlangt. Ein persönliches Treueverhältnis oder der Treuevertrag bestehen ebenso wie bei der patriarchalen Herrschaft, stellen aber das einzige Band zwischen Herrscher und Untergebenem dar. Die Machtmittel befinden sich in den Händen der Untergebenen, die ihren Dienst aus diesen ihren Mitteln bestreiten. Sie sind Vasallen und haben häufig verbriefte oder auch mündlich gewährte Rechte, wenn diese auch nicht sehr stark geregelt sind. Als Beispiel kann hier das Lehenswesen im europäischen Mittelalter dienen.

Insgesamt stellt die persönliche Beziehung zwischen Herrscher und Verwaltungsträger und deren Definition bzw. Ausgestaltung das konstituierende Element des ganzen Verwaltungssystems dar. Dies im Unterschied zur legalen Herrschaft, die das Verhältnis des Beamten oder gleichgestellten Trägers zur gesatzten Ord-

---

[6] Ebd., S. 478.

nung als Basis besitzt. Laut Weber ist die traditionale Herrschaft mit ihrer Trennung zwischen patriarchaler und ständischer Verwaltungsorganisation
»grundlegend für die ganze Staatssoziologie der vorbürokratischen Epoche«[7].
Ob sie für die neuere europäische Geschichte noch Bedeutung besitzt ist im einzelnen zu klären[8].

Charismatische Herrschaft bezieht ihre Legitimation aus der irrationalen Verehrung eines Führers, der durch einzigartig herausgehobene Eigenschaften, also etwa angebliche Fähigkeiten zur Vollbringung transzendentaler oder immanenter Wundertaten, Gefolgschaft verdiene. Der spezifische Charakter dieses Typus besteht in der Außeralltäglichkeit. Der Herrscher tritt oft in außergewöhnlichen Situationen auf (Krisen, Krieg) und hebt dabei die existierenden Machtverhältnisse und -strukturen auf.

Entscheidend ist dabei, daß die bestehende Herrschaftsordnung nicht einfach durch eine andere ersetzt wird, sondern daß der Führer kraft seines Charismas eine stabile Ordnung per se unmöglich macht. Es gibt keinerlei feste Regeln, Satzungen, Übereinkünfte oder Gesetze. Das politische Handeln und dessen Legitimation ist allein vom Willen des Führers abhängig, der je nach seiner Gnadengabe, d.h. irrationalen Offenbarungen, der Magie oder Ausflüssen eines überlegenen, von den anderen Menschen nicht nachvollziehbaren Geistes arbiträr entscheidet. Der organisatorische Unterbau der Herrschaft basiert rein auf persönlicher Eignung der Verwaltungsträger für den charismatischen Führer und seine Sache, dies wiederum unter rein subjektiven Auspizien ohne rationale Fachqualifikation, ständischer oder patriarchalischer Zugehörigkeit.

»Der Verwaltungsstab ist ausgelesen nach Charisma und persönlicher Hingabe[9].«
Entscheidungen des täglichen machtpolitischen Lebens, so z.B. Streitschlichtung, erfolgten regellos je nach Gusto des Führers, der durch Verkündung seines Willens den Einzelfall für alle verpflichtend regelt. Reinste Typen der charismatischen Herrschaft sind Prophet, Kriegsheld, Demagoge. Weber spricht aber explizit auch vom »Führer«. Die Menschen im Herrschaftsverband bilden die »Gemeinde«, die »Gefolgschaft« oder die »Jünger«[10]. Die Legitimation des Führers beruht auf seinen außergewöhnlichen Fähigkeiten, für die er unbedingten und pflichtmäßigen Gehorsam in Anspruch nimmt. Die Beherrschten haben keine freie Wahlmöglichkeit, sie müssen sich dem Führer unterordnen, solange dieser seine Qualitäten überzeugend darstellen kann. Der ist zum Erfolg verpflichtet; er muß sich durch Wundertaten, richtige Entscheidungen oder politische bzw. militärische Erfolge beweisen. Bei Rückschlägen oder Niederlagen gerät die Herrschaft in existentielle Gefahr.

Der charismatischen Herrschaft weist Weber nun – im Gegensatz zu den beiden anderen Typen – eine generelle Entwicklungstendenz zu. Die Außeralltäglichkeit pflegt nach einer gewissen Zeit verloren zu gehen, weil sich die Herrschaft

---

[7] Ebd., S. 480.
[8] Siehe dazu unten S. 21 (mit Anm. 51).
[9] Weber, Wissenschaftslehre, S. 482.
[10] Ebd.

zwangsläufig verstetigt und kontinuierliche Formen annimmt[11]: Tod des Führers und dadurch entstehende Nachfolgeordnungen, eintretende Ritualisierung und Traditionalisierung der Herrschaftsordnung durch Wiederholung der Offenbarungsakte (Hierurgie, Versammlungen mit Rückgriff oder Schöpfung von speziell qualifizierten Stäben: z.B. Priesterschaft), generelle Verstetigung durch Institutionalisierung des charismatischen Verwaltungsstabes und dessen Umbildung in legale oder traditionale Formen, so etwa unter anderem wegen des Interesses der direkten Gefolgschaft des Führers an stabilen materiellen Verhältnissen, das dann zu patriarchalischer oder quasipatriarchalischer Verpfründung führt. Dieser Prozeß der »Veralltäglichung« des Charismas ist nach Weber allen Formen dieses Typus gemein.

Insgesamt betont Weber, daß kein Herrscher – auch der charismatische nicht – vollkommen frei und ohne Beschränkung walten kann. Immer ist ein organisatorischer Unterbau vonnöten, der ihm bei der Durchsetzung seines Willens zur Hand geht. Fast kein modernes Herrschaftssystem kann ohne diesen Unterbau existieren. Gerade aber der Verwaltungsapparat mit seinen internen Prinzipien, der kollektiven Solidarität der Mitglieder, seinem strukturellen Eigeninteresse setzt dem Herrscher Grenzen. Am wenigsten ausgeprägt ist diese Gegenmacht bei der charismatischen Herrschaft. Da diese sich jedoch zu verstetigen pflegt, wird auch hier die Macht des Verwaltungsapparates generell steigen.

Das Webersche Modell ist methodisch besonders interessant, weil durch das Beziehungsdreieck Herrscher – Verwaltungsstab – Bevölkerung konkrete Gestaltungsmerkmale für die Analyse vorgegeben werden, die die weitreichende Erfassung moderner Herrschaftsordnungen erlauben.

»Bei allen Herrschaftsverhältnissen aber ist für den kontinuierlichen Bestand der tatsächlichen Fügsamkeit der Beherrschten höchst entscheidend vor allem die Tatsache der Existenz des Verwaltungsstabes und seines kontinuierlichen, auf Durchführung der Ordnungen und (direkte oder indirekte) Erzwingung der Unterwerfung unter die Herrschaft gerichteten Handelns. Die Sicherung dieses die Herrschaft realisierenden Handelns ist das, was man mit dem Ausdruck ›Organisation‹ meint[12].«

Diese drei hier entwickelten »reinen« Herrschaftsformen und ihre inhaltliche Beschreibung stellen, darauf weist Weber in seinen theoretischen Überlegungen deutlich hin, keine eindeutige historiographische oder sozialwissenschaftliche Beschreibung bestehender oder vergangener Phänomene dar. Weber betont stets, daß die drei Typen in der praktischen Realität fast nie in vollkommener Form

---

[11] Dieser Punkt stellt eine Nahtstelle für Kritik dar. Der Verstetigungsprozeß ist, wenigstens für moderne Herrschaftsordnungen, nicht unbedingt einfach zu beweisen. So können für das Hitler-Regime durchaus gewisse Zweifel angemeldet werden (vgl. dazu unten, S. 15 mit Anm. 37). Um hier Mißverständnissen im Hinblick auf die methodische Funktionalität und die Anwendung des Instrumentariums vorzubeugen, ist zu betonen, daß die Lehre von den drei reinen Typen weder Realität beschreibt noch von Weber als endgültig feststehendes Paradigma geschaffen worden ist. Er hebt vielmehr die Relativität methodischer Instrumentarien und überhaupt der Wissenschaft hervor. Vgl. dazu auch unten S. 10 f. und vor allem Anm. 16.
[12] Weber, Wissenschaftslehre, S. 484. Nicht zuletzt deshalb wurde »Organisation« an die erste Stelle der methodischen Ordnungskategorien (siehe oben S. 4) zur Strukturierung des Quellenmaterials für die Analyse gesetzt.

vorkommen. Er nennt sie, und dies ist ein Zentralbegriff Weberscher Methodologie, »Idealtypen«[13]. Sie stellen lediglich analytische Kategorien dar, mit denen eine individuelle Charakterisierung bestehender oder vergangener Staats- oder Gesellschaftsformen vorgenommen werden kann. Fast immer wird ein Staat, eine Gesellschaft oder Gesellschaftsform aus einer Mischung dieser drei Typen existieren.

»Das Gesagte kann keinen Zweifel darüber gelassen haben: daß Herrschaftsverbände, welche *nur* dem einen oder dem andern der bisher erörterten ›reinen‹ Typen angehören, höchst selten sind. Zumal, namentlich bei der legalen und traditionalen Herrschaft. [...] Grundlage *jeder* Herrschaft, also *jeder* Fügsamkeit, ist ein *Glauben*: ›Prestige‹ – Glauben zugunsten des oder der Herrschenden. Dieser ist selten ganz eindeutig. Er ist bei der ›legalen‹ Herrschaft nie rein legal. Sondern der Legalitätsglauben ist ›eingelebt‹, also selbst traditionsbedingt: – Sprengung der Tradition vermag ihn zu vernichten. Und er ist auch charismatisch in den negativen Sinn: daß hartnäckige eklatante Mißerfolge *jeder* Regierung zum Verderben gereichen, ihr Prestige brechen und die Zeit für charismatische Revolutionen reifen lassen. Für ›Monarchien‹ sind daher verlorene, ihr Charisma als nicht ›bewährt‹ erscheinen lassende, für ›Republiken‹ siegreiche, den siegenden General als charismatisch qualifiziert hinstellende, Kriege gefährlich. [...] Absolut *nur* charismatische (auch: nur erbcharismatische usw.) Herrschaften sind gleichfalls selten. Aus charismatischer Herrschaft *kann* [...] direkt striktester Bureaukratismus hervorgehen oder allerhand präbendale und feudale Organisation. Die Terminologie und Kasuistik hat also in gar *keiner* Art den Zweck und kann ihn nicht haben: erschöpfend zu sein und die historische Realität in Schemata zu spannen. Ihr Nutzen ist: daß jeweils gesagt werden kann: was an einem Verband die eine oder andere Bezeichnung verdient oder ihr nahesteht, ein immerhin zuweilen erheblicher Gewinn[14].«

Als »Idealtypen« stellen die drei reinen Typen keineswegs eine Art Systematik dar, mit der allgemeingültige oder gar ewige Gesetze menschlichen Handelns formuliert werden sollen. Letztlich zielt das Konzept des Idealtypus generell auch nicht auf die gattungsmäßige Kategorisierung und Einteilung historischer und sozialer Phänomene, sondern eher umgekehrt. Es wurden Kategorien geschaffen, um die individuellen Eigenarten der zu betrachtenden Phänomene aufzuzeichnen.

»Denn Zweck der idealtypischen Begriffsbildung ist es überall, nicht das Gattungsmäßige, sondern umgekehrt die Eigenart von Kulturerscheinungen scharf zum Bewußtsein zu bringen[15].«

Sie sind somit theoretisch vorgenommene Extrapolationen zum Zweck der Erlangung von Erkenntnis, stellen nicht das Ziel der Erkenntnis dar.

Mit dieser Grundrichtung koinzidiert Webers grundsätzliche Einstellung zur modernen Geisteswissenschaft. Realität kann nicht nur nicht in generellen systematischen und allgemeingültigen Lehrsätzen beschrieben werden, sondern es ist vollkommen unmöglich, sie überhaupt lückenlos und vollständig zu erfassen[16]. Da

---

[13] Weber, Wirtschaft und Gesellschaft, S. 124. Vgl. auch Soziologische Grundbegriffe, in: ders., Wissenschaftslehre, S. 560. Ausführlichere Informationen zur inhaltlichen Substanz der Idealtypen und Auswertung ihres Vorkommens in Webers Gesamtwerk in Anm. 28.
[14] Weber, Wirtschaft und Gesellschaft, S. 153 f. Siehe auch: ebd., S. 550.
[15] Weber, Wissenschaftslehre, S. 202; vgl. auch S. 203–209; dazu Rossi, Max Weber.
[16] Die grundlegenden Lehrsätze zur »Objektivität« und der Unmöglichkeit »vollständiger« Erfassung der Realität durch wissenschaftliches Arbeiten sowie die methodologischen Grundlagen für den

jeder Mensch, auch der Geisteswissenschaftler, in seine Zeit eingebunden sei und bei der Auswahl seines Themas und der Bewertung der *prägenden* Elemente und Faktoren eines Phänomens – damit ist nicht die »technische« Feststellung der Existenz und der Beschaffenheit von Detailfakten gemeint – durch irrationale, nicht mit Wissenschaftskriterien erfaßbare Bedingungen – z.B. Erziehung, soziales Umfeld, Emotionen – geprägt werde, bleibe vollkommene Objektivität unmöglich. Schon die individuelle Herangehensweise an ein Thema präge die Sichtweise und damit auch die Ergebnisse der Forschung.

Als quasi praktische Konsequenz dieser Erkenntnis ergibt sich die Notwendigkeit, Prinzipien für die Erfassung der Realität aufzustellen, die einerseits dem Diktum der Unerreichbarkeit der Objektivität entsprechen, andererseits aber die wissenschaftlichen Erkenntnismöglichkeiten des dadurch eingegrenzten methodischen Rahmens festlegen.

Es dürfte kein Zufall gewesen sein, daß Weber in direktem Zusammenhang mit dieser Problematik das Konzept des »Idealtypus« erläutert[17]. Der »Idealtypus« dient der logischen Isolierung und Definition historischer oder sozialer Phänomene, ohne die dabei entstehenden Begriffsinhalte terminologisch oder gar moralisch absolut zu setzen. Ausgehend von der Erkenntnis, daß in den Geisteswissenschaften einerseits eine vollkommen eindeutige Begriffsbildung letztlich nicht möglich ist, andererseits aber in der wissenschaftlichen Alltagsarbeit nur allzu oft Begriffe verwendet werden, die keineswegs durchdacht sind und nur ungefähr und sogar gefühlsmäßig angewandt werden, fordert Weber die Schaffung pragmatisch bedingter Begriffe, die bewußt unter Berücksichtigung der Begrenztheit wissenschaftlicher Erkenntnis gebildet werden. Das Interessante an moderner Geistes- und Gesellschaftswissenschaft sei nicht die allgemeingültige Kategorisierung, die »endgültige« Definition von Termini oder gar die Formulierung allgemeingültiger »ewiger« Gesetze, sondern die praktische Erkenntnis der Zusammenhänge menschlichen Zusammenlebens im weitesten Sinne. Ziel sei die Beleuchtung der mannigfaltigen Erscheinungen menschlicher Kultur, wobei Kultur nicht die heute meist gebräuchliche, enge Bedeutung besitzt, sondern sich auf praktisch alle Bereiche des (menschlichen) Zusammenlebens bezieht.

Entscheidend ist, daß sich nach Weber niemand »objektiv« zur Kultur verhalten kann, weil jeder in einer Form der Kultur verankert ist. Dies gilt auch und insbesondere für den Wissenschaftler. Jeder Mensch besitzt durch seine eigene Persönlichkeitsstruktur spezifische Interessen, die im Falle des Forschers die Arbeit entscheidend beeinflussen. Von dieser Grundlage aus ist eine »objektive« und vollständige Erfassung der Realität von vornherein nicht möglich. Eine lückenlose Erfassung etwa der Geschichte bleibt daher Utopie und ist auch vom praktischen Standpunkt aus allein schon durch die Fülle der Fakten und Zusammenhänge nicht erreichbar.

---

[17] Idealtypus sind in »Die ›Objektivität‹ sozialwissenschaftlicher und sozialpolitischer Erkenntnis« enthalten. Weber, Wissenschaftslehre, S. 146–214. Ebd., S. 190 ff.

»Kultur« ist ein vom Standpunkt des Menschen aus mit Sinn und Bedeutung bedachter endlicher Ausschnitt aus der sinnlosen Unendlichkeit des Weltgeschehens[18].«

Von dieser Warte aus wird auch deutlich, daß eine absolute Begriffsbildung nicht möglich sein kann. Begriffe sind immer bedingt durch das »Kulturinteresse« derjenigen, die sie anwenden. Diese Einsicht – und darin liegt ein wesentliches Verdienst Webers – wird ins Zentrum des Bewußtseins gestellt.

Hier liegen unschätzbare Vorteile für die praktische wissenschaftliche Forschung. Wenn man sich der Tatsache der Relativität aller Erkenntnis bewußt ist, kann man (Arbeits-)Begriffe benutzen oder bewußt schaffen, um die Realität zu erkunden. Ist man sich klar darüber, daß die eigene Begriffsbildung vom eigenen Kulturinteresse beeinflußt wurde, und ist man gleichzeitig kritischer und selbstkritischer Analyse gegenüber offen, kann man durch die Konfrontation des Begriffes mit den historischen Fakten und dem Erkennen eventuell vorhandener Disparitäten oder Übereinstimmungen neue Aspekte gewinnen, bereits erkannte überprüfen und vordem als gültig erachtete Kausalzusammenhänge auf ihre Richtigkeit hin beurteilen. So wird es möglich sein, das Wesen historischer Erscheinungen annäherungsweise zu erkennen.

»Nur durch idealtypische Begriffsformeln werden die Gesichtspunkte, die im Einzelfalle in Betracht kommen, in ihrer Eigenart im Wege der *Konfrontierung* des Empirischen mit dem Idealtypus wirklich deutlich[19].«

Dies bedeutet selbstverständlich, daß Begriffsbildung niemals abgeschlossen sein wird, sondern stets der weiteren Erkenntnis dient. Da das Kulturinteresse unter den Menschen verschieden ist und sich auch im Laufe der Zeit stets wandelt, ist absolutes und endgültiges Wissen niemals möglich.

»Wenn wir von dem Historiker und Sozialforscher als elementare Voraussetzung verlangen, daß er Wichtiges von Unwichtigem unterscheiden könne, und daß er für diese Unterscheidung die erforderlichen ›Gesichtspunkte‹ habe, so heißt das lediglich, daß er verstehen müsse, die Vorgänge der Wirklichkeit – bewußt oder unbewußt – auf universelle ›Kulturwerte‹ zu beziehen und danach *die* Zusammenhänge herauszuheben, welche für uns bedeutsam sind[20].«

Den praktischen Wirkungsbereich des »Idealtypus« definierte Weber sehr weitläufig. Seine eigenen Ausführungen bezog er zwar in erster Linie zunächst auf Wirtschaft und Gesellschaft, hier insbesondere auf sozio-ökonomische Tatbestände[21]. Im weiteren Verlauf seiner Ausführungen aber dehnte er seine Methodologie zum »Idealtypus« auf alle historisch arbeitenden Wissenschaften aus, d.h. also praktisch alle Geisteswissenschaften:

»es gibt Wissenschaften, denen [durch die Anwendung des Idealtypus] ewige Jugendlichkeit beschieden ist, und das sind: alle *historischen* Disziplinen, alle die, denen der ewig fortschreitende Fluß der Kultur stets neue Problemstellungen zuführt[22].«

Gleiches gilt für die Objekte der Forschung, also die »Kulturerscheinungen«[23]. Durch die Anwendung des »Idealtypus« können analysiert werden: Staats- und

---

[18] Ebd., S. 180.
[19] Ebd., S. 212, Hervorhebung im Original. Vgl. auch S. 199, 201, 203 u.ö.
[20] Ebd., S. 181. Vgl. auch S. 213 f.
[21] Ebd., v.a. S. 161 ff.
[22] Ebd., S. 206. Vgl. auch S. 193 ff. u.ö.
[23] Ebd., S. 175, 178.

Gesellschaftsformen, Formen des wirtschaftlichen Lebens, wirtschaftliche Praktiken, Prozesse und Genesen, wissenschaftliche Methoden und Vorgehensweisen[24], »Typen« und »Gattungen«[25], »individuelle Erscheinungen«[26], »historische Individuen« (hier keine Personen, sondern »Erscheinungen«)[27]. Kurz gesagt, mit dem »Idealtypus« kann nach Weber an Phänomenen alles das, was über die reine Einzelfaktenfeststellung hinaus geht, »kulturell« interessant und daher wissenschaftlich näher zu bestimmen ist, erfaßt und analysiert werden[28]. Weber geht sogar noch weiter: Er behauptet, daß eine adäquate Erfassung historischer Phänomene mittels Begriffen ohne den »Idealtypus« gänzlich unmöglich ist. Er verweist hier zum Beispiel auf den »Staat«. Die Vorstellungen, die sich in Hinblick auf den »Staat« als Herrschaftsgebilde im Laufe der Zeit herausgebildet hätten, seien derart unübersichtlich situiert und vielfältig motiviert, daß eine eindeutige und allgemeine Begriffsbildung nachgerade undurchführbar sei. Dies gelte insbesondere auch für die Wissenschaft:

»Der wissenschaftliche Staatsbegriff, wie immer er formuliert werde, ist nun natürlich stets eine Synthese, die wir zu bestimmten Erkenntniszwecken vornehmen. Aber er ist andererseits auch abstrahiert aus den unklaren Synthesen, welche in den Köpfen der historischen Menschen vorgefunden werden. Der konkrete Inhalt aber, den der histori-

---

[24] So etwa bei seiner Auseinandersetzung mit Prof. Rachfahl über den Aufsatz »Die protestantische Ethik und der Geist des Kapitalismus«, in: Archiv für Sozialwissenschaft und Sozialpolitik, 30 (1910), S. 181 f.
[25] Weber, Wissenschaftslehre, S. 201 f.
[26] Ebd., S. 177.
[27] Ebd., S. 177, 178, 201. Die Begriffe »Individuum« oder »individuell« sind bei Weber – und dies kann durchaus als Beleg für seine grundsätzlich pragmatisch-analytische Grundhaltung gesehen werden – nicht genau definiert. Die unterschiedlichsten Phänomene können hier darunter verstanden werden: Einzelereignisse (»individuelles Ereignis«, Die ›Objektivität‹, ebd., S. 177), größere Zusammenhänge (»individuelle Konstellationen«, ebd., S. 178, als Beispiel »Christentum, Kapitalismus«), Teilaspekte dieser Zusammenhänge (»individueller Bestandteil eines Zusammenhanges«, ebd., S. 179), einzelne Menschen (ebd., S. 197). »Individuell« im direkt wissenschaftsmethodologischen Sinne bedeutet hier annäherungsweise soviel wie »als wichtige erkannte singuläre Phänomene, die zu untersuchen sind«. Vgl. ebd., S. 201: »in ihrer Einzigartigkeit bedeutsame«.
[28] Weber hat trotz dieser recht weitläufigen Definition der praktischen Anwendbarkeit das Konzept des Idealtypus in methodologischer und methodischer Hinsicht überaus stringent definiert. Die zugrundeliegenden Prinzipien hinsichtlich methodologischer Entwicklung, Bildung und praktischem Einsatz des Idealtypus sind im gesamten Werk Webers weitgehend konsistent und widerspruchsfrei wiederzufinden. Eine Volltext-Retrieval-Suche in der inzwischen herausgegebenen CD »Max Weber im Kontext« unter den Stichworten »Idealtypus«, »Idealtypen« und »idealtypisch« ergab 109 Treffer, davon die meisten im Aufsatz zu »Die Objektivität sozialwissenschaftlicher und sozialpolitischer Erkenntnis«, in dem die grundlegende Konzeption am ausführlichsten beschrieben wird. Die entsprechenden weiteren Stellen enthalten außer der Beschreibung der drei reinen Typen legitimer Herrschaft als »Idealtypen« die wiederholte Diskussion und Anleitung zur Bildung und Verwendung von Idealtypen, hier insbesondere in Verbindung mit »Zweck-« bzw. »Richtigkeitsrationalität« und »Zweckirrationalität« bzw. »Irrationalität« menschlichen Handelns (v.a. in: »Über einige Kategorien der verstehenden Soziologie«, Kap. I und II, in: Weber, Wissenschaftslehre, S. 427–438; vgl. auch R. Stammlers »Überwindung« der materialistischen Geschichtsauffassung, in: ebd., S. 291–359, v.a. S. 330–343). Ferner findet sich direkte praktische Anwendung von Idealtypen, so z.B. bei der Definition der Begriffe »Unternehmer« (Weber, Religionssoziologie I, S. 54) oder »Stadtwirtschaft« (Agrarverhältnisse im Altertum, in: Weber, Sozial- und Wirtschaftsgeschichte, S. 13).

sche ›Staat‹ in jenen Synthesen der Zeitgenossen annimmt, kann wiederum nur durch Orientierung an idealtypischen Begriffen zur Anschauung gebracht werden[29].«
Die Bildung oder Anwendung bestimmter »Idealtypen« für die wissenschaftliche Analyse liegt ganz und allein in der Innovativkraft des Wissenschaftlers, der qua seiner Verankerung in seiner Zeit die jeweils vorherrschenden Kulturinteressen in seine Forschungsarbeit einfließen läßt.

»Solche Begriffe [Idealtypen] sind Gebilde, in welchen wir Zusammenhänge unter Verwendung der Kategorie der objektiven Möglichkeit[30] konstruieren, die unsere, an der Wirklichkeit orientierte und geschulte Phantasie als adäquat beurteilt[31].«
Die wissenschaftliche Bedeutung und Bewertung des »Idealtypus« ist durchaus nicht klar und bis heute auch umstritten[32]. An dieser Stelle kann keinesfalls auf die entsprechenden Diskussionen eingegangen werden. Immerhin läßt sich als These formulieren, daß die heutige Geschichtswissenschaft methodisch im wesentlichen nach diesem Prinzip verfährt. Als Beispiel möge etwa die Beschäftigung mit den Diktaturen des 20. Jahrhunderts gelten, bei der unter anderem die Diskussion über Begriffe (Faschismus, Totalitarismus, Nationalsozialismus) mit den Erörterungen über die Beschaffenheit der damit gemeinten Phänomene idealtypisch gekoppelt war.

Für das vorliegende Projekt spielt infolge des angestrebten pragmatischen Anwendungsziels die detailliertere wissenschaftsgeschichtliche Wirkungsgeschichte Webers keine Rolle. Es genügt zu konstatieren, daß für analytische Zwecke mit »Idealtypen« gearbeitet werden kann und sie für die Beschreibung von Phänomenen, Strukturen und Zusammenhängen historischer oder sozialer Art funktionalisierbar sind. Wie dies im vorliegenden methodischen Rahmen geschehen soll, ist nunmehr darzulegen.

Die praktische Anwendung der Weberschen Herrschaftstypen stellt keine vollkommen neue Wissenschaftsperspektive dar[33]. Von soziologischer Seite wurden bereits sehr interessante Ansätze entwickelt und entsprechende Betrachtungen durchgeführt. Eine Art Vorreiterrolle dürfte Rainer M. Lepsius mit seiner Studie über die charismatische Führerrolle Hitlers in der nationalsozialistischen Herrschaft gespielt haben[34]. Hitler läßt sich ganz eindeutig als charismatischer Führer im Weberschen Sinne identifizieren. Die Struktur der nationalsozialistischen Herrschaft mit ihrer zentralen Ausrichtung auf Hitler, der Einführung des Führerprinzips mit persönlicher Gefolgschaftstreue, der weitgehenden Aushebelung der or-

---

[29] Weber, Wissenschaftslehre, S. 200 f. Zur Notwendigkeit des Idealtypus als unerläßliche Voraussetzung für wissenschaftliche Begriffsbildung vgl. auch ebd., S. 197 u.ö.
[30] Vgl. dazu Weber, Objektive Möglichkeit und adäquate Verursachung in der historischen Kausalbetrachtung, in: ders., Wissenschaftslehre, S. 266–290, hier insbes. S. 275, 287 (»Unwirklichkeit« und »Phantasie« als Prinzipien wissenschaftlicher Gestaltung).
[31] Ebd., S. 194.
[32] Vgl. Ringer, Weber's Methodology.
[33] Auch für das Folgende gilt: Es kann an dieser Stelle kein erschöpfender Überblick über die wissenschaftliche Rezeption Webers gegeben werden. Zu komplex sind die Ansätze der unterschiedlichen Wissenschaftsdisziplinen. Verwiesen wird hier nur auf neuere und für das Thema methodisch wichtige Ansätze.
[34] Lepsius, Charismatic Leadership; vgl. auch Cavalli, Charismatic Domination.

ganisatorisch und rechtlich nachprüfbaren Staatsprinzipien und den demagogischen Qualitäten des »Führers« erfüllen fast alle Aspekte des Weberschen Typus. Lepsius' Arbeit bleibt allerdings – bei aller innovativen Leistung – methodisch letztlich unzureichend, denn sie bringt nur einen Aspekt des Weberschen Instrumentes mit der historischen (Teil-)Realität in Deckungsgleichheit. Sie konzentriert sich fast ausschließlich auf die charismatischen Aspekte der Hitler-Diktatur. Es besteht die Gefahr, daß in dem sehr verdienstvollen Bestreben, die zugrundeliegende Methodologie zur praktischen Anwendung zu bringen, selektiv vorgegangen wird und eventuell widerstrebende, d.h. nicht zum »charismatischen Typus« gehörige Fakten und Strukturen hintangestellt werden. Dieses Risiko besteht selbstverständlich generell – auch für die im Folgenden durchzuführende Untersuchung. Man kann es aber minimieren, wenn man das bestehende methodische Gerüst Webers *vollständig* anwendet.

Die Erfüllung dieser Notwendigkeiten nicht gerade gefördert hat die Hitler-Biographie von Ian Kershaw. Genau wie Lepsius reflektiert Kershaw lediglich den charismatischen Typus und stellt die beiden anderen hintan[35]. In seiner Darstellung berücksichtigt er zwar dann allerdings vor allem den rationalen Typus, etwa im Falle der zunehmenden Auflösung der geordneten Staatsbürokratie zugunsten Hitlers Charisma im Zweiten Weltkrieg; allein, sein Ansatz bleibt erkenntnisstrategisch gesehen dennoch Stückwerk.

Methodologisch wesentlich überzeugender und konsequenter geht die vergleichende Studie von Maurizio Bach über den Charakter der italienischen und der deutschen Diktatur in den 20er und 30er Jahren mit der Herrschaftstypologie um. Bach wendet die »Lehre von den drei reinen Typen« vollständig an, d.h., er berücksichtigt alle drei Typen[36]. Bach achtet insbesondere darauf, inwiefern die konstitutiven Charakterzüge der beiden Diktaturen kategorisierbar und unter die Webersche Typologie subsumierbar sind: Er versucht die von Weber geforderte jeweilige Bestimmung des »Mischverhältnisses« der Herrschaftsmerkmale entlang der drei Typen vorzunehmen. Dabei kommt er zum Ergebnis, daß Hitler durch seine Herrschaftspraxis die rational arbeitende Bürokratie, also das Element »legaler Herrschaft«, quasi entmachtet habe. Die massive Schaffung von konkurrierenden Verwaltungsinstanzen, persönlichen Beauftragten und Sonderkompetenzen ohne deutliche und endgültige Zuweisung von Zuständigkeiten habe eine wirkungsvolle Einengung des Diktators durch den Verwaltungsapparat verhindert. Die Ergebnisse und Modelle von Ernst Fraenkel und Franz Neumann zitierend und auf die Polykratiedebatte verweisend, gelangt Bach zum Schluß, daß die nationalsozialistische Herrschaft ihren charismatischen Charakter nie wirklich verloren habe, daß also – vordergründig im Widerspruch zu Webers Voraussagen – auch keine Veralltäglichung des Charismas stattgefunden habe[37]. Die Perpetuierung des

---

[35] Kershaw, Hitler, Bd 1, S. 9.
[36] Bach, Charismatische Führerdiktaturen.
[37] Ebd., Kap. II, III und V, v.a. S. 35–61, 108 f., 179–185. Letztlich ist diese sehr wichtige Beobachtung kein wirklicher Widerspruch zu Webers Herrschaftstypologie. Das Fehlen der Veralltäglichung des Charismas in der deutschen Diktatur wird nur zum Problem, wenn man Webers Methodologie – sinnwidrig – absolut setzt und meint, sie sei nur dann gültig, wenn alle Elemente

Machtprinzips »*divide et impera*« sowie die Ausschaltung aller möglichen Konkurrenten habe Hitler trotz Abhängigkeit von den Verwaltungsstäben eine fast unbeschränkte Machtfülle ermöglicht. Es sei durch die Installierung von Satrapen und Vasallen in entscheidenden Positionen (Hermann Göring, Heinz Himmler, Rudolf Hess, Martin Bormann, Josef Goebbels, Gauleiter) zwar zu einer gewissen Verpfründung und damit zu einer »Traditionalisierung« (Zwischenform von modernem Patriarchat und einer Art Standesherrschaft) gekommen. Auch habe die staatliche Bürokratie mit ihren rational-formalen Grundsätzen trotz schwindender Macht bis zum Schluß weiterexistiert und auch noch Einfluß besessen. All dies aber habe das Charisma Hitlers nie auch nur annähernd in Frage gestellt. Anders in Italien. Benito Mussolini habe es nie geschafft, die Herrschaft der Staatsbürokratie zu brechen, habe dagegen seine eigene Bewegung zugunsten der territorialen Verwaltungsträger geschwächt. Am Anfang seiner Herrschaft habe Mussolini sogar in mehr oder weniger legaler Weise unter Beachtung der Verfassung regiert. Auch nach der diktatorischen Verfassungsumgestaltung von 1925/26 habe er die konstitutionelle Stellung des Königs anerkannt und sich schließlich durch die Entmachtung seines eigenen Kabinetts noch viel tiefer in die Abhängigkeit – insbesondere der Ministerialbürokratie – gebracht. Demgegenüber seien alle Versuche aus der faschistischen Bewegung zur Kontrolle und ggf. Aushebelung der bürokratischen Macht recht bald gescheitert; dies nicht zuletzt auch durch Mussolinis Veto selbst. Das italienische Herrschaftssystem habe dadurch zwar insbesondere nach außen hin stark charismatische Züge getragen, sei aber in Wirklichkeit von seiner Struktur her erheblich stärker dem legalen Typus zuzurechnen als die deutsche Diktatur. Infolge der wachsenden Macht der Bürokratie kann man nach Bach im Falle Italiens auch von einer Veralltäglichung des Charismas sprechen. Es konsolidierte sich »der Typus einer legalen Diktatur mit bürokratischen Verwaltungsstäben[38].«

Es kann hier nicht Aufgabe sein, die weiteren detaillierten Ergebnisse Bachs hinsichtlich der Machtstruktur der beiden Diktaturen wiederzugeben. Vielmehr ist eine methodische Abgrenzung vorzunehmen.

Die Verwendung der Weberschen Herrschaftstypologie im Rahmen der folgenden Untersuchung unterscheidet sich im Grundsatz kaum von Bachs Vorgehensweise. Das gegebene Instrumentarium wird zu analytischen Zwecken, d.h. zur Charakterisierung der individuellen Züge zweier zu vergleichender Herrschaftssy-

---

zwischen Typologie und historischer Realität übereinstimmten. Nachgerade entscheidend ist demgegenüber die perspektivische Flexibilität des Weberschen Idealtypus: Wenn die nationalsozialistische Diktatur das Phänomen »Veralltäglichung« nicht aufweist, dann spricht dies nicht für Fehlbarkeit des Instrumentariums (die Kategorien »wahr« oder »falsch« spielen bei Webers Typologie letztlich ohnehin keine Rolle), sondern es ist davon auszugehen, daß die NS-Herrschaft einen Sonderfall darstellt, bei dem die »Veralltäglichung« infolge des individuellen Herrschaftsstiles Hitlers (Perpetuierung und extreme Vorherrschaft des Charismas) wegfiel, bzw. wegen der doch relativ kurzen Herrschaftsdauer (12 Jahre), die zudem noch zur Hälfte durch einen umfassenden Vernichtungskrieg geprägt wurde, nicht stattfand.

38 Bach, Charismatische Führerdiktaturen, S. 177.

steme, eingesetzt. Es sind dies hier die britische Demokratie und die deutsche Diktatur.

Die methodische Feinperspektive ist allerdings teilweise unterschiedlich. Bach untersucht im wesentlichen die unmittelbare Umgebung der beiden Diktatoren, d.h. die Verwaltungsstäbe direkt unterhalb des Herrschaftszentrums[39]. Im deutschen Falle konzentriert er sich vor allem auf die vier Kanzleien um Hitler, hier insbesondere auf die Stellung der Stäbe von Hans-Heinrich Lammers und Bormann; für Italien verweist er auf das Kabinett und vor allem auf die höhere Ministerialbürokratie, insbesondere die »direttori generali«. Die Ergebnisse, die er aus der Untersuchung dieser Machtgruppen gewinnt, setzt er gewissermaßen Pars pro toto für das ganze jeweilige System, dies selbstverständlich ohne Absolutheitsanspruch und unter vollem Bewußtsein der Partialität der Untersuchung.

Der in den nachstehenden Studien anzustellende Vergleich soll unter einer anderen Fokussierung durchgeführt werden. Das Augenmerk liegt nicht auf einer horizontalen Ebene der Herrschaftsordnung, sondern auf einem vertikal isolierten staatlich-gesellschaftlichen Großbereich (zivile Kriegsmobilmachung). Alle Ebenen dieses einen Teilbereiches werden untersucht, wobei im Falle des Vorliegens von entsprechenden Verknüpfungspunkten auch zwischenzeitlich eine horizontale Perspektive eingenommen werden soll.

Die thematische Beschränkung auf die Kriegsvorbereitungen und die Maßnahmen des Staates lassen wie bei Bach klare Aussagen über Grundtendenzen staatlicher und gesellschaftlicher Existenz zu, bleiben aber in ihrer Aussagekraft wegen ihrer methodisch begrenzten Fragestellung vertikal begrenzt. Die Grundanlage des Projekts zielt auf kategoriale Exemplifikation, d.h., ein Teil staatlicher und gesellschaftlicher Existenz von der Spitze bis hinunter zu den Einzelindividuen wird als kategoriales Beispiel für die Gesamtexistenz herangezogen, dies aber im Bewußtsein, daß andere Bereiche teilweise anderen Bedingungen gehorchen können. Moderne Staats- und Gesellschaftsordnungen sind in der ganzen Breite ihrer Erscheinungsformen nur schwer durch die singuläre Anwendung einer Forschungsmethode zu erfassen. Ein derartiges Anliegen würde, kombiniert mit dem Weberschen Instrumentarium und konsequent zu Ende gedacht, die Erforschung aller als wichtig erkannten Phänomene etwa des nationalsozialistischen Regimes entlang der Lehre von den drei reinen Typen erfordern. So müßten z.B. die Terror- und Gewaltherrschaft in den östlichen Besatzungsgebieten, die Wehrmachtverwaltung bis hinein in die Truppenstäbe und auch die NS-Organisationen im Reich entsprechend analysiert werden. Ein derartiges Unternehmen ließe sich in einem begrenzten Studienprojekt oder gar einer einzelnen Arbeit niemals verwirklichen. Ein Gesamtbild könnte erst nach einer größeren Anzahl von Einzelstudien unter Anwendung der Weberschen Typologie gezeichnet werden. Bis da-

---

[39] Bach weicht allerdings gelegentlich hiervon ab, so z.B. beim Verweis auf die faschistische Territorialorganisation Partito Nazionale Fascista und bei der Entmachtung des »squadrismo«, der Bürgerkriegsarmee (vergleichbar der SA), zugunsten der Präfekten, ohne Schaffung einer probaten Ersatzorganisation wie der SS in Deutschland. Weiterhin auch bei der Darstellung der faschistischen Organisation zur Kontrolle der Beamten, AGFPI. Ebd., S. 137-178.

hin sind nur Teildarstellungen möglich, die allerdings, da ihr jeweiliges Forschungsobjekt einen Teil der Herrschaftsordnung darstellt und mit den anderen Teilen verbunden und verzahnt ist, wesentliche Grundlagen bereits aufdecken. Das Mischverhältnis kann unter sachlich korrekten Bedingungen nicht auf einmal für eine ganze Herrschaftsordnung bestimmt werden, sondern für konstitutive Teile gesondert. Webers Methodologie ist dementsprechend flexibel anzuwenden: »Die gleiche historische Erscheinung kann z.B. in einem Teil ihrer Bestandteile ›feudal‹, im anderen ›patrimonial‹, in noch anderen ›bürokratisch‹, in wieder anderen ›charismatisch‹ geartet sein[40].«

»Erscheinung« meint hier konsequenterweise nicht die gesamte Herrschaftsordnung, sondern Unterstrukturen, hier auf den Punkt gebracht, die »zivile Mobilmachung«[41].

Dieser exemplarische Ansatz deckt sich durchaus mit den grundsätzlichen methodischen Intentionen Bachs, der darauf verweist, daß seine Arbeit »auf exemplarische Strukturmerkmale der Herrschaftsorganisation«[42] hin abgerichtet ist. Ferner betont er, daß von seiten der Geschichtswissenschaft teilweise der irrige Vorwurf gegen die historische Soziologie erhoben werde, es gäbe zwischen der »klassischen« historischen Methode des quellengestützten empirisch-kritischen Verstehens und der theoretischen Konstruktion von Begriffen und Denkmodellen keine Alternative; die historische Sozialwissenschaft versuche somit die unmögliche Synthese von Theorie und Praxis. Bach entgegnet, daß gerade Weber ein gutes Instrumentarium zur Verfügung gestellt habe, um diese Synthese praktisch durchführbar zu machen. Bach geht noch weiter und vertritt die Meinung, daß im Interesse aussagekräftiger Ergebnisse auch und insbesondere im Bereich der historischen Komparatistik gerade so vorgegangen werden müsse. Andernfalls wäre die Gefahr bloßer »technischer« Gegenüberstellungen nationaler Entwicklungen gegeben, ohne wesentliche Hintergründe, Zusammenhänge und Strukturen und deren Bedeutung zu beleuchten. »Empirische Tautologien« oder bloße Faktenfeststellung könnten die Folge sein[43]. Dem ist generell zuzustimmen, wobei allerdings zu beteuern ist, daß die Weberschen Idealtypen nicht als Instrumente zur Bildung von Theorien zu verstehen sind, sondern als Arbeitskonstrukte zur pragmatischen Bestimmung und Deutung der individuellen Beschaffenheit von Phänomenen aller Art. Verbindung von methodischer Analyse unter Anwendung von theoretischen Modellen und praktisch-empirischer Geschichtsforschung ist möglich und nötig. Die teilweise chaotischen und unübersichtlichen Verhältnisse moderner Staaten und Gesellschaften müssen, wenn man sie wissenschaftlich verstehen will, methodisch strukturiert werden. Es reicht letztlich bei weitem nicht aus, einzelne Phä-

---

[40] In: Weber, Soziologische Grundbegriffe, in: ders., Wissenschaftslehre, S. 560.
[41] Diese pragmatische Interpretation der Weberschen Typologie verbindet den methodisch-analytischen Rahmen mit der Forderung nach einer möglichst genauen Untersuchung der inneren Zusammenhänge. Die Anwendung der Lehre von den drei reinen Typen auf eine *gesamte* Herrschaftsordnung in einer Forschungsarbeit müßte bei den bestehenden modernen Maßstäben der Quellenkritik entweder unscharf, sachlich fehlerhaft oder monströs ausfallen.
[42] Bach, Charismatische Führerdiktaturen, S. 15.
[43] Ebd.

nomene oder Zusammenhänge zu erforschen und zu beschreiben. Gerade bei komparatistischen Studien müssen verbindlich benannte Vergleichskriterien erstellt werden, die dann praktisch auch einzuhalten sind. Dies kann nur durch einen reflektiert entwickelten methodischen Rahmen geschehen. Die einfache Feststellung von Tatsachen oder Interdependenzen und deren bloße parallele Aneinanderreihung – auch nach Quellenforschungen in Archiven – trägt im *Gesamtrahmen* eher zur Verwirrung bei, wenn sie nicht methodisch-analytisch aufbereitet werden.

Weist die Auswahl der analytischen Perspektive nur gestalterische Unterschiede zu Bachs Ansatz auf und ist die generelle methodische Intention im wesentlichen dieselbe, so bestehen im Bereich der praktischen Methodik in bezug auf die Materialbasis (im hier zugrundeliegenden Rahmen: Ebene 1, wie auf den Seiten 4 und 26 f. beschrieben) grundsätzliche Differenzen. Bach verwendet keinerlei Primärquellen, sondern faßt die Werke der historiographischen und soziologischen Fachliteratur zusammen. Die Vermeidung von Quellenarbeit ist Bach vollkommen bewußt[44]. Die empirische Basis seiner Studie ist in manchen Bereichen daher sehr zweifelhaft. Generell ist nichts dagegen einzuwenden, sich auf Fachliteratur zu stützen, wenn diese ausreichende Ergebnisse liefert. Dort allerdings, wo schlüssige Ergebnisse nicht vorliegen – und es gibt Teilgebiete in Bachs Studie, wo dies der Fall ist –, müssen Quellenforschungen erfolgen. Der Verweis auf das Erkenntnisziel »exemplarische Strukturmerkmale der Herrschaftsorganisation« und auf ein »paradigmatische[s] Erkenntnisinteresse«[45] ist hier kein Argument, weil dies mit der praktischen Arbeit nichts zu tun hat. Auch methodisch-analytisch angeleitete Forschung kommt ohne kritische Faktenfeststellung letztlich nicht aus. So gibt es bei Bach teilweise erhebliche Beleglücken, die den Aussagewert seiner Studie aus historiographischer Sicht in Teilen wesentlich mindern[46]. Zusätzlich bestehen verschiedentlich terminologische Unschärfen, die das Verständnis erheblich erschweren[47].

Derlei grundlegende Mängel existieren nur deshalb, weil Bach die Quellenarbeit kategorisch ablehnt. Die im Folgenden durchzuführende Studie soll dies vermeiden. Angestrebt wird – und hier bestehen klare Übereinstimmungen mit Bach – eine Verbindung von Empirie und theoretisch entwickelter Methodik unter pragmatischen Vorzeichen. Basieren soll das Ganze allerdings auf genauer und kritischer Quellenauswertung.

Es läßt sich also sagen, daß die folgende Studie sich von der methodischen Strategie her mit der soziologischen Geschichtsschreibung deckt. Die praktische Quellenbasis aber soll ebenfalls zentral mit eingebracht werden. So bleibt das hier

---

[44] Ebd., S. 14.
[45] Ebd.
[46] So z.B. bei den für die Gesamtaussagekraft seiner Studie über Italien nicht unbedeutende Ministerialbürokratie, insbesondere die »direttori generali«. Bach muß hier unumwunden zugeben, daß es noch so gut wie keine Studien über diese Machtgruppe gibt, und bleibt daher auf Spekulationen angewiesen. Ebd., S. 128 f.
[47] So differenziert Bach nicht eindeutig zwischen Angestellten und Beamten des Staates, ebd., S. 159 f.

zugrundegelegte Erkenntnisziel der empirisch-pragmatischen Realität weiter stärker verhaftet, während Bach sich eher auf die theoretische Aussagekraft stützt.

Webers herrschaftstypologisches Instrumentarium ist universell, d.h., die Art der zu untersuchenden Staats- und Gesellschaftsform spielt für die generelle Anwendbarkeit keine Rolle. Es kann also sehr gut zum Vergleich zweier unterschiedlicher Herrschaftssysteme wie Demokratie und Diktatur herangezogen werden.

Dabei muß die Gefahr voreiliger Gewichtungen vermieden werden. Wie die Ansätze von Lepsius und Kershaw zeigen, ist eine konsequent reflektierte Anwendung der drei reinen Typen im wissenschaftlichen Tagesgeschäft keineswegs gesichert. Eine gewisse Wachsamkeit gegenüber Präformierungen bei Aufarbeitung und Analyse ist angebracht, wenn sich diese auch nicht vollkommen vermeiden lassen. Betrachtet man etwa das nationalsozialistische Deutschland, könnte man vorderhand zum Schluß kommen, daß hier annäherungsweise eine überwiegend charismatische Herrschaft vorläge. Für Großbritannien mit seinen rationalen und verfassungsstaatlichen Traditionen könnte man das Vorherrschen einer legalen Herrschaft annehmen.

Vermeidet man jedoch vorschnelle Gewichtungen und bleibt (selbst)kritisch, ergeben sich hervorragende Möglichkeiten für einen tiefgehenden Vergleich. Die genannten Kategorien Organisation, Propaganda und Ideologie können an alle moderne Herrschaftsgebilde angelegt werden. Es wäre irrig, etwa von vornherein anzunehmen, in einer charismatischen Herrschaft gäbe es prinzipiell keine organisatorischen Strukturen, weil jeder »Jünger« eine direkte persönliche Gefolgschaftsbeziehung zum »Führer« habe. Gleichermaßen darf nicht einfach davon ausgegangen werden, daß in einer legalen Herrschaft ausschließlich rationale Regeln bestünden und die Bürger ausschließlich auf die gesatzte Ordnung und ihre organisatorischen Ausprägungen (Bürokratie) verpflichtet würden[48].

Genau hier liegen sehr große Möglichkeiten für die nähere praktische Charakterisierung zweier unterschiedlicher Herrschaftssysteme und einen anschließenden Vergleich. Es kann davon ausgegangen werden, daß bei jedem individuellen Machtgebilde ein spezifisches Mischverhältnis vorliegt, das man durch analytisches Vorgehen aufdecken kann. Die Beschreibung konstitutiver Merkmale und Grundlagen wird dadurch möglich.

Was bedeutet dies nun praktisch? Die folgende Untersuchung wird sich methodisch darauf konzentrieren, die zu vergleichenden Herrschaftssysteme unter differenzierender methodischer Kombination der drei Weberschen Typen mit den modernen Kategorien Organisation, Propaganda und Ideologie im sachlich-thematisch gegebenen Rahmen zu beleuchten.

Das gesammelte Datenmaterial wird zunächst in die drei genannten Kategorien eingeordnet und dann unter Anwendung der Weberschen Herrschaftstypologie analysiert. Ganz praktisch ausgedrückt wird zu untersuchen sein, was etwa an der britischen Propaganda rational, was charismatisch war. Dabei wird durchgehend eine pragmatische Linie verfolgt, d.h., es wird nicht versucht, z.B. Propaganda als historisches Phänomen allgemeingültig zu definieren. Dagegen sind die Inhalte

---

[48] Vgl. auch Weber, Die Typen der Herrschaft, in: ders., Wirtschaft und Gesellschaft, S. 153 f.

und die praktischen Anwendungsformen genauestens zu untersuchen, d.h., es ist beispielsweise festzustellen, ob sie in erster Linie an Verfassungsideale oder an irrationale Werte appelliert[49]. Das gleiche gilt auch und insbesondere für die Kategorie Ideologie. Entscheidend ist im hier gesetzten methodischen Rahmen nicht der Grundcharakter von Ideologie – etwa im Vergleich zur historischen Realität –, sondern die praktische Konzeption und die Inhalte – dies immer unter analytischer Anwendung der drei Weberschen Typen. Wenn also über Ideologie berichtet wird, dann immer als Mittel zum Zweck, nie mit einem eigenen Erkenntnisziel. So bleibt auch die Frage, inwieweit »Ideologie« mit dem Weberschen Begriff der »Legitimität« letztlich terminologisch deckungsgleich ist, unbeantwortet. Dies ist Sache von Spezialuntersuchungen zur Methodologie[50].

Der methodische Kern der Untersuchung wird also in der praktischen Anwendung des entwickelten Konzepts zur Darstellung der individuellen Charakterzüge der beiden Herrschaftssysteme in den Ausprägungen, wie sie in der Mobilmachung zutage traten, liegen. Gemäß dem Grundcharakter moderner Herrschaftsordnungen ist zu erwarten, daß sich ein inhaltlicher Schwerpunkt in der Frage kristallisieren wird, wie stark einerseits der *charismatische Typus,* andererseits der *legale Typus* jeweils zu finden ist. Inwieweit Elemente existieren, die dem *traditionalen Typus* zuzuordnen sind, muß die praktische Quellenanalyse erweisen. Zu achten sein wird in diesem Zusammenhang auf neopatrimoniale Phänomene[51]. Vielleicht lassen sich auch noch ganz andere Wege beschreiben, d.h. vor allem über bestehende Resterscheinungen traditionaler Urformen – etwa beim Engagement des britischen Königs für zivile Kriegsmobilmachungsmaßnahmen.

Das hier verwendete methodische Gerüst enthält nur einen Teil der Weberschen Methodik und Methodologie. Die Lehre von den drei reinen Typen stellt noch nicht einmal die ganze Systematik zu Herrschaft und Staat dar. Weber hat noch weitere Zugänge entwickelt, so etwa unterschiedliche Kategorien zur Staatsform »Demokratie«, dies allerdings ohne eine abgeschlossene Systematik[52]. Offenbar plante er vor seinem Tod noch eine eigene »Staatssoziologie«, in die offensichtlich sowohl die drei reinen Typen der legitimen Herrschaft als auch die

---

[49] Vgl. etwa die Ausführungen von Breuer zur charismatischen Verklärung der Vernunft während der Französischen Revolution. Breuer, Bürokratie, S. 59–83.
[50] Vgl. etwa Lübbe, Legitimität, vor allem S. 41 f. Lübbe weist hier darauf hin, daß Weber gemäß seinem eigenen »pragmatischen« Ansatz gar keine näheren oder präziseren Kriterien für die formale Definition von »Legitimität« vorgenommen hat.
[51] Vgl. Bach – Charismatische Führerdiktaturen, S. 27–34 – verweist in diesem Zusammenhang auf die Gemeinsamkeiten zwischen traditionalem und charismatischem Typus. Bestimmend sind hier insbesondere die persönliche Bindung und das Fehlen einer wie im rationalen Typus als Grundbedingung vorkommenden fachspezifischen Anforderung an den Verwaltungsstab (ebd., S. 31). Die Unterschiede, die Bach zwischen traditionalem und charismatischem Typus anführt (ebd., S. 32: fehlendes Charisma des Herrschers, Bindung der Strukturen an festgelegte, immanente Prinzipien und höhere Stabilität, dies alles eher auf der Basis »klassischer« traditionaler Herrschaftsphänomene), sind demgegenüber eher weniger bedeutsam. »Neopatriarchalismus« in modernen Staats- und Gesellschaftssystemen kann nicht mehr mit Pfründen- oder Lehensherrschaft im ursprünglichen Sinne gleichgesetzt werden, sondern z.B. mit Zuweisung von »technischer« Organisationsmacht.
[52] Vgl. die Rekonstruktion von Breuer, Bürokratie, S. 178–187.

unterschiedlichen Formen der Demokratie eingeflossen wären. Schon vorher formuliert hatte Weber einen anderen theoretischen Ansatz zum Verständnis von Macht und Herrschaft, die im Hauptwerk Webers, »Wirtschaft und Gesellschaft«, als integraler Bestandteil veröffentlichte »Herrschaftssoziologie«. Diese basierte ebenfalls auf den drei reinen Typen legitimer Herrschaft, enthält aber nur rudimentäre Angaben zur Staatsform Demokratie. Die »Staatssoziologie« hätte bei Vollendung die »Herrschaftssoziologie« ergänzt oder sogar abgelöst. Sie war ausführlicher und komplizierter gestaltet und wäre in erheblich stärkerem Maße auf die Demokratie mit ihrer Tendenz zur Begrenzung von Herrschaft eingegangen, während die »Herrschaftssoziologie« eher die Machtgestaltung von oben thematisiert. Da sich die folgende Untersuchung, wenigstens in ihrem analytischen Teil, fast ausschließlich auf die drei Typen stützt, steht sie der »Herrschaftssoziologie« näher als der »Staatssoziologie«. Dies bedeutet jedoch nicht, daß die jeweilige Reaktion der Bevölkerung in Großbritannien und Deutschland vollkommen ausgeklammert wird. Je ein Teilabschnitt ist dazu in Kap. IV enthalten. Das genaue Verhältnis von »Staatssoziologie« und »Herrschaftssoziologie« ist generell nicht einfach festzulegen, denn die Werkgeschichte unterlag steten Wandlungen und ist alles andere als unumstritten[53].

Eine eingehende Erörterung dieses Problemkreises und überhaupt der Frage, ob nicht in Webers Gesamtwerk Elemente und Grundtendenzen vorhanden sind, die eventuell Widersprüche zur Lehre von den drei reinen Typen enthalten, ist nicht nötig, ja sogar eher hinderlich. Webers Gesamtwerk ist derart von Widersprüchen, Brüchen, Inkonsistenzen und logischen Unklarheiten geprägt, daß eine klare und widerspruchsfreie Anwendung sowieso nicht möglich sein wird[54]. Man muß dieses Werk bewußt als eine Art Steinbruch benutzen, will man es überhaupt praktischer Verwendung zuführen, dabei aber immer bedenkend, daß es eventuell

---

[53] Vgl. Rekonstruktion und kritische Diskussion bei Breuer, ebd., S. 5–32. Für die Entwicklung der Werkgeschichte vgl. die Editionsvorworte in: Weber, Wirtschaft und Gesellschaft. Die Darstellung hinsichtlich der werkgeschichtlichen Stellung von »Staatssoziologie« und »Herrschaftssoziologie« folgt im wesentlichen Breuer. Für alternative Sichtweisen siehe dort. Insgesamt läßt sich sagen, daß die Lehre von den drei Typen eine zentrale Bedeutung besitzt, denn sie zieht sich quer durch die entsprechenden Schriften. Allein schon die Tatsache, daß sie sowohl eigenständig formuliert wurde als auch in die »Herrschaftssoziologie« einging sowie vermutlich auch die »Staatssoziologie« eingeflossen wäre, setzt deutliche Zeichen. (Siehe auch die Belege in Anm. 2.) Eine weitere Diskussion des Stellenwertes dieser Lehre ist hier aber nicht möglich. Zentral für die folgende Untersuchung bleibt, daß sie als methodische Basis zur Forschung dienen kann und Fortschritte in der Erkenntnisgewinnung verspricht.

[54] Vgl. Schöllgen, Max Weber, S. 160–171, obwohl das Urteil, das er über Weber abschließend gibt (»Scheitern«), für die wissenschaftlich-methodische Anwendung irrelevant ist. Es geht nicht um die Frage, ob ein Wissenschaftler »gescheitert« ist, sondern ob das Gedankengut bzw. die Methodologie, die entwickelt wurde, zur Gewinnung von Erkenntnissen geeignet ist oder nicht. Schöllgens Grundansatz, eine kritische Betrachtung über Weber zu schreiben, ist gleichwohl verdienstvoll und nützlich, da Weber in neuerer Zeit auch im wissenschaftlichen Bereich immer wieder zur Ikone erhoben wird, der, wenn sie zur Sprache kommt, ganze Tagungen ihren Respekt zollen – eine Tendenz, die wissenschaftsmethodologisch nicht gerade zu begrüßen ist. Es sollte letztlich jedoch nicht um Befürwortung oder Ablehnung geistesgeschichtlicher Bewußtseinspflege gehen, sondern um die Erarbeitung praktischer Anwendungskonzepte.

alternative Sichtweisen oder innere Widersprüche gibt[55]. Soweit diese Widersprüche innerhalb des Gesamtwerks größere Bedeutung besitzen, sind sie rigoros zu ignorieren, stets eingedenk der Tatsache, daß der hier alleinig verwendete methodologische Teil seines Werkes genügend Aussicht auf historiographische Erkenntnis bietet und in sich – hierbei insbesondere, was die Konzepte des Idealtypus und der drei reinen Typen legitimer Herrschaft anlangt – geschlossen und konsistent ist[56]. Die fehlende Konsequenz in der Gesamtwürdigung muß dementsprechend zurücktreten. Es ist für den Historiker erheblich lohnender, sich ein Instrumentarium anzueignen, das die praktische Erkenntnis fördert, als, aus Angst vor möglichen inhaltlichen Widersprüchen, ein methodologisches Werk zu historisieren und theoretischer Exegese zu überlassen oder nur den persönlichen und wissenschaftlichen Lebensweg seines Schöpfers zu betrachten. Im Falle Webers wäre dies geradezu eine Verschwendung auch heute noch praktisch anwendbaren geistigen Kapitals.

Im vorliegenden Falle bedeutet dies die pragmatische Anwendung des von Weber entwickelten methodischen Systems von Herrschaftstypen, kombiniert mit drei modernen[57] Kategorien der Geschichtswissenschaft (Organisation, Propaganda und Ideologie) unter spezifischer analytischer Ausrichtung zur Beschreibung wesentlicher Grundzüge zweier unterschiedlicher Systeme.

Die Webersche Herrschaftstypologie wird also mitnichten als schwergewichtiges Methodenmonstrum oder – noch schlimmer – als geistesgeschichtliches Relikt betrachtet, sondern als flexibel einsetzbares methodisch-analytisches Instrumentarium. Es dient als eine von drei Ebenen zur Aufarbeitung des zu untersuchenden Sachkomplexes. Das praktische Zusammenwirken der drei Ebenen und die Ziele, die auf ihnen jeweils verfolgt werden, sind nun noch abschließend zu verdeutlichen.

Für jede Ebene ergeben sich spezifische Schwerpunkte:
1. Die Aufarbeitung des Quellenmaterials wird sowohl hinsichtlich der allgemeinen Erfassung als auch der praktischen Bearbeitung nach historiographischen Standards vor sich gehen. Wie in der Geschichtswissenschaft üblich, mußten von vornherein Schwerpunkte gesetzt werden. Da Totalgeschichte weder in der kategorialen Großperspektive noch in der Detailarbeit möglich ist, bleibt Selektion – und damit auch eine gewisse Präformierung – unerläßlich. Die Feinauswahl der Quellen mußte stets entsprechend dem strategischen Nutzen für die beiden anderen Ebenen getroffen werden. Gemäß der entwickelten Fragestellungen war von vornherein die Konzentration auf Strukturen, psychologische und propagandisti-

---

[55] Vgl. auch Kocka, Max Weber, S. 7–27, v.a. S. 10.
[56] Verwiesen sei hier auf die ausführliche Version dieser Arbeit und die dort von mir angestellte elektronische Volltext-Retrieval-Suche mittels der CD-Rom Max Weber im Kontext für sämtliche Stellen, in denen Weber auf den »Idealtypus« einging, und deren Ergebnisse. Siehe http://www.freidok.uni-freiburg.de/volltexte/569, S. 15, Anm. 28 mit link.
[57] Dies bedeutet selbstverständlich nicht, daß Weber diese Begriffe nicht gekannt hätte. Er benutzt insbesondere den Terminus Organisation. Vgl. z.B. Weber, Wirtschaft und Gesellschaft, S. 548 ff. (siehe auch oben S. 6 und 10). Sie besitzen aber in keiner Weise den methodisch-systematischen Stellenwert wie etwa die drei reinen Typen.

sche Inhalte sowie handelnde Personen (hier keineswegs ausschließlich Hitler und seine Führungsriege) geboten. Dabei durfte jedoch keineswegs eine bestimmte Richtung generell bevorzugt werden. Struktur- bzw. Sozialgeschichte und biografischer Ansatz etwa bilden – hier ist Kershaw mutatis mutandis durchaus zuzustimmen[58] – keine unterschiedlichen oder gar gegensätzlichen Perspektiven, sondern müssen bei Auswahl, Aufarbeitung und Analyse immer zusammen berücksichtigt werden. Die geleistete Quellenarbeit ergab für beide Herrschaftsordnungen eine reichhaltige Fülle von Detailaspekten, die deren Funktionieren und die dabei herrschenden Bedingungen sehr gut wiedergeben.

Insgesamt jedoch wurde der Schwerpunkt auf die Strukturen gelegt, d.h., Werdegänge, personale Beziehungen und deren Ausdrucksformen werden nur dann genauer beleuchtet, wenn sie für den methodisch-analytischen Rahmen aussagekräftige Informationen liefern. Insbesondere Detailhintergründe etwa von Stellenbesetzungen und Zuständigkeiten werden nicht bis ins letzte beleuchtet. Die Hauptagitatoren der folgenden Darstellung, also vor allem Minister, Staatssekretäre, Ministerialbeamte, Organisationsleiter, Autoren, Parteiführer u.ä., werden insbesondere qua ihrer Position und ihrer Funktion untersucht, auch wenn ihre individuelle Sicht- und Handlungsweise und deren Hintergründe mit im Blickpunkt bleiben[59]. Dies steht teilweise im Gegensatz sowohl zu der britischen Forschung, die in neuerer Zeit sehr stark auf die Erforschung der sog. »personal papers« wichtiger Handlungs- und Entscheidungsträger Wert legt, als auch zur deutschen Militärgeschichte, die es sich häufig zur Aufgabe gemacht hat, möglichst umfassende und ergiebige synchrone Hintergrundinformationen zur historisch-politischen Orientierung zu bieten. Der Wert dieser methodischen Verfahrensweisen soll damit nicht in Abrede gestellt werden. Wenn hier teilweise andere Zielsetzungen Anwendung finden, liegt dies in den Notwendigkeiten des Themas und vor allem des methodischen Gerüstes begründet und nicht in einer generellen Ablehnung der beschriebenen Forschungstendenzen. Kriegsvorbereitungen – wie der zivile Luftschutz – sind in allererster Linie langfristig angelegte Programme, die in entscheidendem Maße von struktureller Aufbauarbeit abhängen, Organisationsfragen, wie schon zeitgenössische Fachleute und Kommentatoren betonen. Gerade deshalb jedoch eignen sie sich sehr gut für einen Vergleich zweier Gesellschaftsfor-

---

[58] Kershaw – Hitler, S. 9 – bezieht sich explizit nur auf Sozialgeschichte und biographische Geschichte. Inwieweit Sozialgeschichte mit Webers Lehre von den drei reinen Typen überhaupt erfaßbar ist, muß hier offenbleiben. Die drei reinen Typen dienen eigentlich eher einer Herrschaftsgeschichte, d.h. der Untersuchung der Grundform einer Herrschaftsordnung und deren Legitimation von der Spitze her. Die unvollendet gebliebene Staatssoziologie hätte wohl eine Umorientierung in Webers Werk eher hin zu Sozialgeschichte im moderneren Sinne gebracht. Siehe hierzu oben S. 21–23.

[59] Dies bedeutet selbstverständlich nicht, daß die patriarchalen oder charismatischen Züge einer Herrschaftsordnung wegen ihres nachhaltigen Basierens auf persönlichen Bindungen ausgeblendet werden. Sie werden – ggf. – deutlich benannt und dargestellt, dies jedoch unter Konzentration auf den Stellenwert innerhalb des Gesamtzusammenhanges. Individuelle Handlungsweisen werden daher nur von Interesse sein, wenn sie für die strukturelle Gestaltung bedeutsam sind. Personelle oder persönliche, geographische oder zeitliche Details gar sind, für sich gesehen, nur zweitrangig.

men. Damit ist selbstverständlich nicht gesagt, daß Detailentscheidungen, politischer Tageskampf, parlamentarische Debatten oder die personelle Besetzung vor allem der Spitzenpositionen in Behörden ohne Bedeutung sind. Wichtige Zusammenhänge dieser Art werden daher auch unbedingt gewürdigt. Dennoch ist die Untersuchung der langfristigen, zeitlich und räumlich übergeordneten Aspekte für die Beleuchtung der staats- und gesellschaftspolitischen Grundlagen verschiedener Herrschaftsordnungen erheblich ergiebiger als spezialisierte Einzelgebietsforschung.

Eine strukturelle Betrachtungsweise mit dem Hauptbezugspunkt der staats- und gesellschaftspolitischen Grundlagen der jeweiligen Herrschaftsordnung bietet sich vor allem auch deshalb an, weil die Hauptagitatoren der Luftschutzorganisationen ihre Arbeit vornehmlich aus dieser Perspektive definierten. Nicht umsonst haben z.B. die Verantwortlichen sowohl in Großbritannien als auch in Deutschland mit allen Mitteln versucht, den Luftschutz der Zivilbevölkerung aus Tagespolitik und Parteienkampf herauszuhalten. Sie strebten die »national unity«, einen »nationalen Schulterschluß« bzw. die Erzeugung einer Wehrgemeinschaft an. Zielsetzungen wie diese sowie die Reaktion der Verwaltungsapparate und der Gesellschaften darauf sind wahre Fundgruben für die Grundlagenforschung und führen zum Kern der organisatorischen, propagandistischen und ideologischen Aufbauarbeit.

2. Die erarbeitete Vielfalt praktischer Fakten und Zusammenhänge muß im Folgenden nun ausreichend strukturiert werden, um die Darstellung der tieferen Interdependenzen und die Analyse der Gesamtgebilde adäquat durchführen zu können. Dabei wird jedoch immer darauf zu achten sein, daß die *praktische* Herrschaftsgestaltung zu vergleichen ist.

Gemäß diesen Vorgaben wurde besonderer Wert darauf gelegt, die entsprechenden Gesichtspunkte im Text in einer adäquaten Reihenfolge aufzuarbeiten und gliederungsmäßig durch entsprechende Anordnung in den jeweiligen Teilabschnitten für Großbritannien und Deutschland parallel zu setzen, ohne jedoch ständig direkte Vergleiche zu ziehen. Beide Herrschaftsordnungen werden generell zunächst isoliert bearbeitet und erst abschließend verglichen. Zu den Kernaspekten zählen insbesondere: a.) die Grundlagen der Organisation, die praktischen Organisationsprinzipien und der strukturelle Aufbau der Luftschutzorganisation; b.) Form und Inhalt der Propaganda; c.) ideologische Inhalte der Propaganda (Propaganda und Ideologie werden in gemeinsamen Unterkapiteln behandelt); d.) die Reaktion der Bevölkerung. Gelegentliche vergleichende Hinweise auf interessante Einzelzusammenhänge schaden dabei allerdings nicht.

3. Gemäß dem hier entwickelten methodischen Rahmen sind beide Herrschaftsordnungen, die deutsche und die britische, unter Anwendung der drei Weberschen Typen in ihren Strukturen dann annäherungsweise zu charakterisieren. Dies wird stets am Ende eines Teilkapitels und dann am Ende der Arbeit geschehen. Wie bereits nachdrücklich betont, geht es dabei nicht um eine umfassende Gesamtwürdigung der beiden Herrschaftsordnungen in all ihrer Ausprägungen. Dies ist sachlich und auch vom zeitlichen Rahmen her unmöglich. Die allgemeinen

Grundlagen, so z.B. die allgemeinen Herrschaftsstrukturen und die Herrschaftsorganisation, werden allerdings mit einzubeziehen sein, denn die zivile Kriegsmobilmachung stand nicht außerhalb dieser Basisbedingungen.

Das zentrale Anliegen der Darstellung besteht in der Verbindung der erarbeiteten und komparatistisch adäquat strukturierten Quellenbasis mit dem auf Weber beruhenden methodisch-analytischen Grundgerüst. Dadurch soll einerseits vermieden werden, daß abstrakte Theoriebildung mit der Tendenz zur Ignorierung oder Fehlinterpretation von historischen Fakten und Zusammenhängen stattfindet; andererseits ist zu verhindern, daß eine detailschwere historiographische Darstellung erfolgt, die die Gefahr in sich birgt, daß beide zu untersuchenden Herrschaftsordnungen zu sehr in ihren Einzelbefindlichkeiten behandelt werden und die für einen Vergleich unerläßliche Betrachtung der übergeordneten Perspektive zu kurz kommt. Letzteres könnte dazu führen, daß die Ergebnisse bei aller fachlichen Genauigkeit von zu begrenztem Erkenntniswert sind. Der Extremfall wäre die Beschreibung des gewählten Themas ohne näheres methodisches Konzept, als L'art pour l'art, quasi als Selbstzweck.

Alle drei Ebenen beinhalten spezifische Anforderungen und Probleme, deren Lösung immer im methodischen Gesamtrahmen unter steter Berücksichtigung der jeweils anderen Ebenen erfolgen muß. Gerade hier aber liegt der Schlüssel für tiefere Erkenntnisse. So stellt die erste Ebene, also die sachliche Aufarbeitung der Fakten, keineswegs ein minder wichtiges Element dar, sondern erfordert besondere Übersicht und Wachsamkeit, um die methodische Aussagekraft der höheren Ebenen zu gewährleisten. Breiteste und sehr flexible Quellenarbeit erwies sich als nötig.

Der Luftschutz stellt bis heute ein Desiderat eines Teilgebietes der Geschichts- und der Militärgeschichtsforschung, hier insbesondere der Luftwaffengeschichte, dar. Er führte ein regelrecht stiefkindliches Dasein, wozu nicht zuletzt auch sein militärstrategisch eher geringer Wert beitrug[60]. Die Forschung der vergangenen Jahrzehnte beschränkte sich fast ausschließlich auf die rein militärische Seite: insbesondere auf Militärstrategie, Rüstung, die Organisation der Luftwaffen (insbesondere deren Spitzenorganisation), den Einsatz im Krieg, auf das Völkerrecht, aber auch auf Technik und höheres Personal[61]. Der Luftschutz führte dabei eine Randexistenz und wurde meist en passant erwähnt. Die wissenschaftliche Basis der entsprechenden Ausführungen war dabei denkbar gering. Neben einigen, eher kurzen Aufsätzen zu Teilbereichen und kleineren Unterkapiteln aktueller Veröffentlichungen zum Zivilschutz in der Gegenwart gibt es für Großbritannien und Deutschland nur je ein grundlegendes Werk, das jeweils teilweise erhebliche Mängel aufweist.

---

[60] Diese forschungsmäßige Vernachlässigung mag für die Erprobung der Anwendung eines hochentwickelten methodischen Instrumentariums wie die Herrschaftstypologie Webers in einer Art Pilotstudie wie der folgenden Untersuchung gar nicht einmal von großem Nachteil sein.
[61] Vgl. dazu: Luftkriegführung im Zweiten Weltkrieg.

Für Großbritannien ist dies »Civil Defence« von Terence H. O'Brien[62]. Dieses Werk enthält eine Fülle von Informationen, die sich allerdings eher auf den technisch-organisatorischen Aufbau der Air Raid Precautions beziehen. O'Brien macht zwar einige Angaben zur psychologischen Mobilmachung, zu den teilweise sehr stark hervortretenden politischen Problemen und der staatspolitischen Legitimierung, die im einzelnen auch instruktive Einblicke geben. Sie sind jedoch meist in den allgemeinen Text eingestreut und daher kaum im Zusammenhang erschließbar. Im Bemühen, möglichst viele Aspekte einzubringen, hat O'Brien einen großen Strom an Informationen geschaffen, der nur ungenügend strukturiert ist. Das Werk ist fast unlesbar und analytisch nur von sehr begrenztem Wert.

Noch gravierender verhält es sich mit den Mängeln im Falle Deutschlands. Erich Hampes Arbeit »Der zivile Luftschutz im Zweiten Weltkrieg«[63] ist zwar erheblich besser strukturiert als die Arbeit O'Briens, klammert aber systematisch alle politischen, ideologischen und psychologischen Faktoren, insofern sie nicht direkte luftschutztaktische Bedeutung besitzen, aus. Dies hängt mit der Entstehungszeit und der Person des Autors zusammen. Das Werk erschien 1963. Hampe selbst war führendes Mitglied und Propagandachef der ursprünglich als Streikbrecherorganisation konzipierten Technischen Nothilfe, der er bei ihrer Gründung 1919 beitrat. Wie viele andere integrierte er sich 1933 nahtlos in den nationalsozialistischen Luftschutz und verfaßte 1934 einen hochideologischen Aufsatz, in dem er den Luftschutz direkt in die nationalsozialistische Ideologie einordnete. Im Krieg war er als General für den Einsatz der Technischen Nothilfe auch an den Fronten und deren Hinterland verantwortlich[64]. Er bekam im Laufe der Zeit zwar Schwierigkeiten mit der Partei und ihren Gliederungen wegen seiner religiösen Überzeugungen; was allerdings wenig Einfluß auf seine Betätigung und Motivation hatte. Sein Werk zum Luftschutz im Dritten Reich gibt viele technische, organisatorische und taktische Informationen und stellt für eine rein funktionale Betrachtung eine unerläßliche Fundgrube dar. Für die Untersuchung der staats- und gesellschaftspolitischen Grundlagen hingegen erwies es sich als praktisch unbrauchbar. Die vollkommen neue Aufarbeitung der faktischen Zusammenhänge ist daher unerläßlich.

Insgesamt gesehen soll das hier entwickelte dreistufige Modell – Faktenaufarbeitung, vergleichende Strukturierung, Anwendung der Weberschen Typologie – der tiefgehenden reziproken Gegenüberstellung der britischen und der deutschen Herrschaftsordnung in der Zwischenkriegszeit dienen. Die empirische Komparatistik in der europäischen Geschichtsschreibung steckt, wie Horst Möller in seinem 1998 erstellten Forschungsüberblick deutlich macht, in vielerlei Hinsicht noch in den Kinderschuhen[65]. Dieser Umstand zeugt nicht gerade von wissenschaftsstrate-

---

[62] O'Brien, Civil Defence.
[63] Hampe, Ziviler Luftschutz.
[64] Bisher fast überhaupt nicht untersucht und daher als Forschungsprojekt überaus interessant ist die Verwicklung der technischen Truppen des Deutschen Reiches in Besatzungspolitik und Kriegsverbrechen. Hampe verfaßte ein eigenes Buch zum Einsatz der technischen Truppen: Hampe, ... als alles in Scherben fiel.
[65] Möller, Europa, S. 147–160.

gischer Innovativkraft der Geschichtsschreibung, müßten doch gerade wegen der aktuellen Bedeutung aller Fragen um die europäische Ordnung komparatistische Studien eher im Mittelpunkt der Forschung stehen und nicht als embryonaler Seitenzweig existieren. Es scheint, daß die Geschichtswissenschaft – wohl nicht zuletzt auch wegen der ihr traditionell innewohnenden beharrenden Tendenzen – sich mit dem Begehen neuer Wege schwer tut[66]. Wohl auch deshalb besteht – bei allen durchaus schon vorhandenen interessanten Ansätzen zu internationaler Betrachtungsweise – immer noch eine starke Fokussierung auf die nationale Geschichte. Für die deutsche Historiographie zeigte sich dies auf dem Gebiet der Zeitgeschichte besonders auffällig. Man kann sich nicht des Verdachts erwehren, daß insbesondere für den Nationalsozialismus und dessen Vorgeschichte zur sehr Selbstschau betrieben wurde. Am intensivsten erfolgte dies im Falle der NS-Verbrechen. Die Forschung etwa über die Raub- und Vernichtungsfeldzüge des Regimes bewirkte in gewisser Weise eine Europäisierung der deutschen Geschichte bzw. umgekehrt: die Verdeutschung der europäischen Geschichte. Dabei stand die Eigenbeleuchtung, d.h. die weitgehende Selbstbetrachtung, im Mittelpunkt. Mag dies in der Vergangenheit nicht zuletzt auch politisch notwendig gewesen sein, so trug es letztlich nicht gerade dazu bei, neue Forschungsperspektiven unter Berücksichtigung der anderen europäischen Nationen und Völker, hier insbesondere deren innere Befindlichkeiten und spezifische Verhältnisse, zu entwickeln. Man fragt sich, ob die Geschichtswissenschaft – wenigstens für die Zeit von 1933–1945, vielleicht auch für deren Vorgeschichte sich nicht doch etwas zu sehr von ihrem Objekt methodisch hat gefangennehmen lassen und daher ein Stück perspektivischer Distanz einbüßte.

Die folgenden Ausführungen verstehen sich daher auch als Beitrag zu Bildung neuer Perspektiven unter besonderer Berücksichtigung der Komparatistik. Großbritannien soll hier nicht aus deutscher Sicht oder auch umgekehrt Deutschland nicht aus britischer Sicht untersucht werden, sondern es sollen die innenpolitischen Grundbedingungen nebeneinandergestellt und dann quasi in ihrer inneren Beschaffenheit direkt verglichen werden. Wenn überhaupt, soll dann die Sicht des jeweils anderen in erster Linie dazu verwendet werden, um als Rückspiegelung auf die eigenen Verhältnisse Verwendung zu finden. Wenn also im Folgenden etwa britische Betrachtungen und Nachforschungen über den deutschen Luftschutz dargestellt werden, dann als Wirkfaktor oder Ausdruck der inneren Verhältnisse in Großbritannien selbst. Außenpolitische oder diplomatische Betrachtungsweisen im weitesten Sinne werden keine Rolle spielen.

Desgleichen wird auch die Frage nach den staatlichen und gesellschaftlichen Grundlagen der Zwischenkriegsordnung, wie sie in der Forschung in der Vergangenheit eine große Rolle spielte, nicht gestellt. Möller weist ihr in seinem Überblick

---

[66] Es bleibt in gewisser Weise unbefriedend, daß neue Wege fast immer nur dann beschritten werden, *nachdem* Kritik von außen (»Historikerstreit«), handfeste politische Ereignisse (Wende 1989/90) oder die Öffnung neuer Akten (30-Jahre-Regelung) stattgefunden hat. Es müßten viel häufiger Fragestellungen mit vorausschauender Perspektive entwickelt werden.

zentrale Bedeutung zu[67]. Die Untersuchung der Gründe für den Zusammenbruch der Versailler Ordnung zwischen 1919 und 1939 und die Prüfung der Aussichten und Handlungsmöglichkeiten, die zu ihrer Bewahrung und zum Aufbau stabiler innen- und außenpolitischer Verhältnisse durch die europäischen Staaten hätten beitragen können, stehen dabei im Mittelpunkt. Möller hat in diesem Rahmen zwar die Interdependenz zwischen Innen- und Außenpolitik der Staaten und der Ordnung als zentrales Element berücksichtigt, aber den Blick insbesondere auf die Labilität der Verhältnisse gerichtet und die Frage gestellt, inwiefern die einzelnen Staaten, insbesondere die Demokratien, die Fähigkeiten und Möglichkeit besessen hätten, die mannigfaltigen Probleme zu lösen (Krisenlösungskompetenz). Die Perspektive bleibt weiterhin durchaus interessant und darf nicht aus dem Blick verlorengehen; nur ist es fraglich, ob von ihr wirklich neue Impulse für gegenwartsbezogene Forschungen entstehen. Entsprechende Fragestellungen, so z.B. die Untersuchung der Gründe für den Untergang der Weimarer Republik, stellen ausgetretene Pfade dar. Die folgende Untersuchung geht daher in methodischer Hinsicht von den Verhältnissen, so wie sie sich entwickelten, aus, nimmt sie also quasi hin und dringt vergleichend in die Tiefenstrukturen ein. Alternativmöglichkeiten des Handelns oder Gestaltens der innen- oder außenpolitischen Gesamtordnung bleiben generell außerhalb der Betrachtungen.

Man muß sich überlegen, ob im Zeitalter der möglichen europäischen Einigung nicht besser nach den Gemeinsamkeiten und Unterschieden der verschiedenen Staaten und Gesellschaften in Europa in Gegenwart und Vergangenheit als Orientierungshilfen für die Zukunft gefragt, d.h. der Blick wissenschaftsstrategisch und methodisch ein Gutteil nach vorne gerichtet wird, anstatt sich auf die Versäumnisse und Fehler einer alten Ordnung zu konzentrieren. Dies bedeutet weder, daß die Betrachtung etwa der Demokratien und ihrer Handlungsspielräume bis 1939 keine weiteren Ergebnisse auch für die heutige Zeit liefern kann, noch, daß hier die europäische Einigung naiv herbeigeschrieben werden soll. Vielmehr geht es um die Entwicklung neuer Perspektiven und Fragestellungen – Perspektiven, die ins Innerste der Staaten und Gesellschaften vordringen müssen. Die europäische Einigung, von der man heute noch nicht einmal sagen kann, ob sie weiter betrieben wird – allein schon dies ein Punkt, der zu komparatistischen Forschungen anregen sollte –, könnte in näherer oder fernerer Zukunft an einen Punkt angelangen, an dem entscheidende innere Befindlichkeiten der Staaten und Völker unmittelbar betroffen sind – vor allem die Frage, ob sie als Volk oder Einheit weiterexistieren sollen oder ob ein größeres Ganzes gebildet wird. Es wäre katastrophal, wenn die Wissenschaften dann keine oder nur veraltete Entscheidungshilfen geben könnten. Die Arbeit bemüht sich im begrenzten Rahmen, allerdings auf mehreren Ebenen, neue Fragen zu stellen und die entsprechenden Antworten zu geben.

Sie stellt einen Versuch dar, sich mit der ausgearbeiteten methodischen Basis und der entwickelten dreifachen Zielsetzung in den Dschungel moderner Staats- und Gesellschaftssysteme aufzumachen. Die in den Archiven gesammelte, teilweise sehr umfangreiche Datenbasis ist gemäß dem dargelegten methodischen Kon-

---

[67] Zum Folgenden vgl. Möller, Europa, S. XI f., S. 1–17, 40–116, 121–142, 164–170 und 180–199.

zept zu strukturieren und zu analysieren. Der Hauptbestandteil der gesichteten Akten entstammt den nationalen Zentralarchiven, dem Public Record Office, Kew (London) und dem Bundesarchiv Berlin sowie dessen Außenstelle in Freiburg (Bundesarchiv-Militärarchiv). Durchgesehen wurden insbesondere Regierungsakten, die im Falle Großbritanniens praktisch vollständig erhalten und ausgezeichnet zugänglich sind (Cabinet Papers, Akten des Home Office und des Ministry of Home Security). Im Falle Deutschlands standen die Verhältnisse erheblich schlechter. Infolge der weitgehenden Vernichtung der Akten des für den Luftschutz zuständigen Reichsluftfahrtministeriums[68] mußte eine mühevolle Rekonstruktion ins Werk gesetzt werden. Hierbei erwies sich allerdings die weitreichende Bedeutung des Luftschutzes von Vorteil, denn fast alle anderen Ministerien und auch die Reichskanzlei sowie das Büro des Reichspräsidenten produzierten Akten zum Luftschutz. Die dadurch zustandegekommene Ersatzüberlieferung wurde genutzt, hier vor allem die Akten des Reichsfinanzministeriums, der Reichskanzlei, des OKH und des OKW. Geforscht wurde auch im Geheimen Staatsarchiv Preußischer Kulturbesitz in Berlin-Dahlem. Dort fanden sich jedoch wegen der Verreichlichung, d.h. der Eingliederung des preußischen Innenministeriums in das Reichsministerium des Inneren 1934 und der Übernahme der Luftschutzangelegenheiten durch das Reichsluftfahrtministerium 1933 nur wenig relevante Akten.

Für die Polizeiakten auf Reichsebene ergibt sich ein ähnliches Bild wie für die Bestände des Reichsluftfahrtministeriums. Ein großer Teil wurde offensichtlich in den Wirren 1945 vernichtet oder ging auf sonstige Weise verloren[69]. Immerhin konnten in den Restbeständen des Hauptamtes Ordnungspolizei wertvolle Informationen zu dessen strukturellen und organisatorischen Zuständigkeiten gefunden werden. Einige wenige, dafür aber aussagekräftige Aspekte insbesondere zum Verhältnis des Luftschutzes zur NSDAP und ihren Gliederungen und zur Behandlung der Juden konnten aus den Akten der Gestapo, des SD und der NS-Organisationen gewonnen werden. Von den Akten des Reichsluftschutzbundes ist nach Auskunft der zuständigen Referenten im Bundesarchiv Berlin nichts übrig geblieben. Es steht zu vermuten, daß sie mit den Beständen des Reichsluftfahrtministeriums vernichtet worden sind. Immerhin aber konnte im Bundesarchiv-Militärarchiv Freiburg ein großer Teil der internen Rundschreiben des Reichsluftschutzbundes gefunden werden, die sehr wertvolle Informationen über die Tätigkeit dieser Organisation liefern. Insgesamt dürfte vor allem in den Beständen des Bundesarchivs Berlin noch einiges an Material zum Luftschutz vorhanden sein, das aus Zeitgründen und wegen Knappheit der finanziellen Mittel nicht aufgearbeitet werden konnte.

Abgerundet wurden die Forschungen mit Studien zur Reaktion der Bevölkerung auf die Luftschutzmaßnahmen der jeweiligen Regierung. Dazu konnten für Großbritannien umfangreiche Bestände des Mass Observation Archives in Brighton genutzt werden (dank eines freundlichen Hinweises der Research Fellows des Deutschen Historischen Instituts, 1996/97). Sehr interessante Augenzeugen-

---

[68] Dazu Endres, Zum Verbleib der Luftwaffenakten, v.a. S. 25–30.
[69] Huck, Ausweichstellen, S. 119–144.

berichte fanden sich im Imperial War Museum, London. Für Deutschland mußte in starkem Maße auf gedruckte Quellen zurückgegriffen werden, hier vor allem auf die Deutschland-Berichte der SoPaDe in Prag. In Archiven fand sich zu dieser Fragestellung nur eine bruchstückhafte Überlieferung. Soweit gesichtet, beinhalten auch die Akten der militärischen Führungsstäbe in Deutschland (etwa Ic-Berichte) keine Informationen zur Reaktion der Bevölkerung auf den Luftschutz. Die SD-Berichte (Berichte aus dem Reich) brachten ebenfalls keinen Aufschluß. Sie enthalten zum Luftschutz bis 1939 nichts.

Außer den archivalischen Quellen wurde eine Vielfalt von gedrucktem Material herangezogen. Sowohl in Großbritannien als auch in Deutschland wurde eine ungeheure Masse an Büchern, Periodika, Pamphleten, Plakaten etc. zum Luftschutz publiziert. Es war daher nicht möglich, sämtliche Veröffentlichungen zu studieren. Untersucht wurden die zentralen Druckschriften der Regierung, hier vor allem Handbücher, Memoranden und Instruktionen, und die Erzeugnisse regierungsnaher Organisationen, hier vor allem des Reichsluftschutzbundes (die Zeitschrift »Sirene«, insbesondere Jg. 1937, Handbücher und Festschriften). Insbesondere sei in diesem Zusammenhang auf die Zeitschriften der Fachleute für den Luftschutz, vor allem das »Luftschutznachrichtenblatt« (Jg. 1931-1933) und »Gasschutz und Luftschutz« (Jg. 1935-1939), verwiesen. Private Veröffentlichungen liegen in nicht minderem Maße vor. Von Interesse waren vor allem die kritischen Schriften der Luftschutzgegner in Großbritannien. Aber auch Veröffentlichungen in Deutschland, so etwa eine ganze Reihe von Instruktionen zum Luftschutz in der Schule und in offiziellen Schulbüchern, lieferten wertvolle Hinweise.

Insgesamt kann die Erforschung des Gesamtsachgebietes Luftschutz in Großbritannien und Deutschland keineswegs als lückenlos abgeschlossen bezeichnet werden. Die British Library, King's Cross/St. Pancreas, London, und das Imperial War Museum besitzen noch eine ganze Reihe von Druckschriften, die noch nicht durchgesehen werden konnten. Das Imperial War Museum, dessen Bestände lediglich angekratzt werden konnten, besitzt darüber hinaus noch weiteres archivalisches Material.

Nach dem Gesagten dürften wohl noch kaum Zweifel darüber bestehen, daß die Auswertung und die Strukturierung der Datenmasse sowie der analytische Vergleich differenziert, kritisch und auf jeweils adäquaten Ebenen vorgenommen werden müssen. Dabei ist ein mechanistisches oder generalstabsmäßiges Vorgehen unbedingt zu vermeiden. Es geht nicht darum, die Webersche Typologie bis in den letzten Detailwinkel anzuwenden, sondern aussagekräftige Bedeutungsschwerpunkte zu setzen.

Daß hier ein besonders schwieriges und sensibles Feld vorliegt, soll nicht verleugnet werden. Insbesondere ist darauf zu achten, daß nicht entlang existierender ideologischer oder nationaler Stereotypen vorgegangen wird. Die durchzuführenden Forschungen haben von vornherein die zum Teil konträren Grundbedingungen beider Systeme zu berücksichtigen, ohne jedoch in ideologisch verbrämte Schwarzweißmalerei zu verfallen. Es ist zu vermeiden, den Betrachtungen einen prinzipiell dualistischen Charakter aufzuzwingen.

Ein tieferes Ziel der Untersuchung neben der Wissensvermittlung und der allgemeinen historisch-politischen Orientierung besteht darin, den Blick für nationale und ideologische Klischees und Legenden zu schärfen. Nichts behindert die verantwortungsvolle Verständigung zwischen Staaten und Nationen so sehr wie sterile Betrachtungsweisen. Diese Arbeit zielt nicht auf direkte oder gar tendenziöse Integrationsarbeit im Prozeß der Europäischen Einigung und soll auch keinesfalls eine Art Geschichtsbauwerk im Sinne etwa Johann G. Droysens oder Heinrich v. Treitschkes sein. Sie beabsichtigt eher das Umgekehrte: Kritische Analyse soll eingefahrene Meinungen und Perspektiven in Frage stellen. Dies gilt nicht zuletzt auch für die Wissenschaft selbst. Gerade auch in der deutschen Historiographie sind teilweise erhebliche Defizite in supranationaler Perspektivenbildung zu beobachten. Die britische Seite ist von derlei Kritik mitnichten ausgenommen. Auch dort besteht – und zwar infolge der Insellage – die Gefahr teilweise simplifizierender und klischeehafter Vorstellungen im Hinblick auf Geschichte und Gegenwart sowohl der eigenen Nation als auch der anderer Völker. Dies bedeutet selbstverständlich nicht, daß die deutsche und britische Geschichtswissenschaft schlechte oder fehlerhafte Ergebnisse liefert. Man vermißt allerdings innovative Ansätze, die die europäischen Dimensionen staatlicher, nationaler und gesellschaftlicher Existenz in genügend tiefgehender und problematisierender Weise aufgreifen.

Die projektierte Arbeit soll bewußt neue Wege aufzeigen und in einem methodisch und zeitlich umgrenzten Bereich fundierte Ergebnisse liefern. Damit soll keine neue Geschichtsschreibung begründet werden, aber doch eine gewisse Neuorientierung mit dem Ziel, analytische Vorgehensweisen und die komparatistische Perspektive stärker als bisher und dauerhaft im historiographischen Methodenkanon zu verankern.

II. Staats- und gesellschaftspolitische Grundlagen: Zivilbevölkerung und kommender Krieg

Kriege und deren Vorbereitung sind nicht allein Sache der Militärs. Immer werden die beteiligten Staaten und Gesellschaften mit einbezogen. Die wissenschaftliche Beschäftigung mit kriegerischen Auseinandersetzungen darf sich daher keinesfalls auf die rein militärischen Aspekte konzentrieren, sondern hat die Gesamtheit menschlichen Zusammenlebens zu berücksichtigen. Dazu gehören beispielsweise wirtschaftliche, politische, soziale, mentalitäts-spezifische, psychologische und technische Faktoren[1]. Die wissenschaftliche Militärgeschichte der letzten 20–30 Jahre hat die multikausalen Zusammenhänge klar erkannt und in zahlreichen Arbeiten entsprechend gewürdigt. Dies gilt auch und insbesondere für den Luftkrieg. Die erzielten Ergebnisse zeigen, daß eine ganze Reihe von Umständen Vorbereitung und Führung von Luftkriegen bestimmen. Ein Paradebeispiel für die dabei maßgeblichen Verkettungen ist der Zweite Weltkrieg. Die Verbindungen zwischen technischem Know-how, strategischer Planung der Militärs, wirtschaftlicher Leistungskapazität und Planungsfähigkeit sowie der Setzung politischer Prioritäten sind beispielhaft herausgearbeitet worden[2]. Generell ist davon auszugehen, daß niemals nur ein einziger Faktor für die Vorbereitung und Umsetzung militärischer Gewalt bestimmend ist. Immer sind die strukturellen Basisbedingungen einzubeziehen. Dies gilt auch für die Zivilbevölkerung. Deren Rolle gehört im Gesamtkomplex der Luftkriegsthematik zu den relevanten Wirkfaktoren und nimmt dabei einen Standort mit besonderer Perspektive ein.

Um diese Perspektive als Basis für den nachfolgenden Vergleich der beiden Herrschaftsordnungen nutzen zu können, müssen zunächst die maßgeblichen Konzepte und Grundbedingungen für die Definition des Verhältnisses zwischen Zivilbevölkerung und Krieg jeweils genauer beschrieben und in einen größeren historischen Rahmen eingeordnet werden. Dies soll auch deshalb geschehen, um bei aller analytischen Detailarbeit (Kap. III und IV) den Gesamtzusammenhang nicht aus den Augen zu verlieren.

---

[1] Diese methodische Grundhaltung bildet die Basis der modernen Militärgeschichtsforschung und wurde in entsprechenden Aufsätzen immer wieder festgestellt. Die relevanten Werke zu Methodik und Diskussion können hier nicht referiert werden. Es genügt auf einen grundlegenden Aufsatz hinzuweisen, der gleichsam als Katechismus dient: Bangert, Zielsetzung und Methode, S. 48–59.

[2] Vgl. hierzu Boog, Luftkriegführung. Diese Aufsatzsammlung kann für die Analyse der Vorbereitung und Durchführung des Luftkrieges im Zweiten Weltkrieg als Standardwerk gelten.

Die Fähigkeit, militärische Kampfmittel nicht mehr nur gegen Soldaten einzusetzen, sondern gegen jeglichen Lebensbereich einer Nation, hob den Stellenwert des Krieges als existenzbedrohendes Phänomen erheblich an. Die Steigerung des Zerstörungspotentials führte fast automatisch dazu, daß man sich in Staat, Politik, Gesellschaft und Öffentlichkeit mit den entsprechenden Gefahren für Leib, Leben und Gut zu beschäftigen begann, und zwar bereits lange vor dem eigentlichen Kriegszustand. Die Zivilbevölkerung geriet geistig in die direkte Schußlinie der militärischen Macht.

»Die Luftmacht brachte, wie prophezeit, ganzen Nationen den Krieg[3].«
Luftmacht wurde für die beteiligten Gesellschaftssysteme

»nicht nur zum Test militärischer Fähigkeiten auf dem Gefechtsfeld [...], sondern zu einem Test für die wirtschaftliche Stärke, den sozialen Zusammenhalt und die moralische Widerstandsfähigkeit von Nationen[4].«

Was die Mobilmachung der Zivilbevölkerung für den Luftkrieg angeht, sind die sozialen und moralischen Faktoren nachgerade entscheidend. Der Erste Weltkrieg hatte gezeigt, wie sehr die Kriegsfähigkeit der Nationen von der inneren Kohärenz ihrer zivilen Gesellschaften abhängt. Dies führte in der Zwischenkriegszeit zu einer ganzen Reihe von Grundkonzeptionen und literarischen Werken, in denen die Anforderungen an die Zivilbevölkerung und deren Rolle in einem künftigen Krieg dargestellt wurden. Fast durchgehend kam dabei die Erwartung zum Ausdruck, daß der nächste Waffengang ein »Totaler Krieg« sein würde, in dem traditionelle Frontlinien nicht mehr existieren und alle Kräfte der Nation direkt in die Kampfhandlungen involviert würden. Die Autoren, die sich hierzu Gedanken machten, waren nicht irgendwelche unbekannte Außenseiter, sondern beeinflußten Politik und Gesellschaft nachhaltig.

Eine Einführung in die herrschenden Vorstellungen und geistigen Strömungen ist daher unerläßlich. Das Augenmerk hat sich insbesondere darauf zu richten, welche Voraussagen und Postulate in Großbritannien und Deutschland über die Heimatfront entwickelt und welche Forderungen an das Verhalten der Zivilbevölkerung gestellt wurden.

Die dabei zutage tretenden Befunde können dann als Basis für die im Hauptteil zu analysierende Mobilmachungsarbeit dienen. Im Sinne perspektivischer Angemessenheit wird es dabei unerläßlich sein, daß die Darstellung nicht etwa erst mit dem Beginn der Hauptmobilmachungsmaßnahmen einsetzt, sondern das Jahrzehnt zuvor mit einbezieht. Staatspolitische Grundeinstellungen entwickeln und ändern sich nicht von heute auf morgen, sie sind vielmehr das Ergebnis langwieriger Prozesse.

Der Überblick wird keineswegs alle Nuancen des jeweils existierenden Meinungsbildes darstellen können, sondern sich auf die bestimmenden Tendenzen konzentrieren. Auf diesem Hintergrund kann dann in Kap. III und IV die sachliche Aufarbeitung der Thematik, die komparatistische Einordnung und die Anwendung der Weberschen Typologie erfolgen[5].

---

[3] Overy, Luftmacht, S. 45.
[4] Ebd., S. 23.
[5] Die folgende Darstellung (II.1. und II.2.) dient der Beleuchtung des allgemeinen staatspolitisch-geistigen Rahmens und ist nicht Teil der Analyse selbst. Einige kurze Hinweise zur möglichen

II. Staats- und gesellschaftspolitische Grundlagen

1. Deutschland: das Heraufziehen der »Totalen Mobilmachung«

Das Meinungsbild in Deutschland hinsichtlich der Rolle der Zivilbevölkerung in einem kommenden Krieg weist eindeutige Merkmale und Entwicklungstendenzen auf[6]. Diejenigen Kräfte, deren Vorstellungen sich letztlich durchsetzten, können im politisch-sozialen Koordinatensystem der zu untersuchenden Periode mehr oder weniger genau verortet werden. Es handelte sich in erster Linie um bedeutende Teile der Mittelschichten im weitesten Sinne, vor allem auch einflußreiche Kreise des Besitz- und Bildungsbürgertums sowie der alten Oberschichten und der Militärs[7].

Die von diesen Gruppen und Schichten gehegten Vorstellungen hinsichtlich des Einsatzes und der Wirkung militärischer Gewalt basierten auf spezifischen staatspolitisch-gesellschaftlichen Elementen[8]. Den essentiellen Hintergrund und idealen Nährboden bildeten die bis ins 19. Jahrhundert zurückreichenden Machtstaatskonzepte, nach denen nur ein starkes, gerüstetes und im Innern homogenes Deutschland sich im »ewigen« Kampf der Nationen würde durchsetzen können. Parallel dazu verfestigte sich die Meinung, daß der langfristig einzig gangbare außenpolitische Weg in der Machtentfaltung, gestützt auf ein schlagkräftiges Militär, das ggf. auch skrupellos einzusetzen sei, bestünde. Den Krieg akzeptierte man als legitimes Mittel und quasi als höhere Gewalt, gegen deren Hereinbrechen man sowieso machtlos war[9]. Die Niederlage im Ersten Weltkrieg führte keineswegs zur Revision der vorherrschenden Meinung, sondern infolge der Revolution und Einführung der Demokratie in Deutschland zur weiteren Radikalisierung. Im bürgerlichen Lager und beim Militär, insbesondere bei deren Führungskadern, aber wohl auch in weiteren Schichten, so etwa bei den Bauern, weigerte man sich, anzuerkennen, daß der Ausbruch des Krieges und die Niederlage auf eigenen politischen,

---

Einordnung der darzustellenden Werke in die Webersche Typologie sollen jedoch die Zielrichtung der späteren Arbeit verdeutlichen. Hauptzweck bleibt aber, größere sachliche Zusammenhänge aufzuzeigen, um die folgende Analyse zu unterstützen und transparent zu machen.

[6] Zum Folgenden vgl. grundlegend Wette, Ideologien, Bd 1, S. 31–62, 69–76; Gundelach, Der nationale Wehrgedanke, Kap. A I und B I–IV. Vgl. auch Mommsen, Militär und zivile Militarisierung, S. 265–276.

[7] Wette, Zur psychologischen Mobilmachung, S. 205–210. Vgl. auch Deist, Überlegungen, S. 226–230.

[8] Die im Folgenden aufgeführten Elemente sind als Fixpunkte zu verstehen, an denen sich die Vorstellungen generell orientierten. Die genannten sozialen Gruppen und Schichten sind im Hinblick auf ihre Vorstellungen zum Verhältnis zwischen Zivilbevölkerung, Krieg und militärischer Gewalt noch viel zuwenig erforscht. Die Arbeiten Wettes verweisen auf politische Parteien und Verbände sowie auf veröffentlichte Filme und Bücher. Wette betont gleichzeitig, daß es an Detailuntersuchungen für die einzelnen sozialen Lager – vor allem auch unter psychologischen Gesichtspunkten – meist noch fehlt. Wette, Von Kellog bis Hitler, S. 130–132. Gundelach nennt zwar die Gruppen deutlich (Reichswehr, bürgerlich-nationale Rechte, neuer Nationalismus und Nationalsozialismus), kann aber, da er sich in erster Linie auf die Ideologie als solche konzentriert, die soziale Zuordnung des Gedankenguts außerhalb der Gruppe der Publizisten und Literaten nicht belegen. Zudem sind seine Ergebnisse etwas stereotyp und mechanistisch erarbeitet und formuliert. Was not täte, wären großangelegte Studien über die Vorstellungen insbesondere der Massenbasis der sozialen und politischen Kräfte.

[9] Wette, Von Kellog bis Hitler, S. 121–124.

militärischen und sozialen Fehlleistungen beruhte. Statt dessen etablierte sich die Vorstellung, die Zivilbevölkerung habe die schwer kämpfende Truppe defätistisch im Stich gelassen. Die deutsche Revolution von 1918/19, die dem Militär den machtpolitischen Boden unter den Füßen weggezogen hatte, wurde als direkte Folge der Weichheit und des Versagens der Heimatfront interpretiert. Wirtschaftlicher, politischer und sozialer Zusammenbruch hätten die Kraftquellen für den deutschen Frontkämpfer versiegen lassen.

Diese sog. Dolchstoßlegende sollte zentrale Bedeutung für die deutschen Kriegsvorbereitungen bis in den Zweiten Weltkrieg hinein besitzen. Sämtliche national gesinnten Kreise, d.h. das konservativ-monarchisch gesinnte Bürgertum, die Wehrverbände, der sog. neue Nationalismus, die Nationalsozialisten und weitere Kreise adaptierten sie und bauten sie zu einer Art Ideologie auf. Diese weist, bei allen unterschiedlichen politischen, sozialen und weltanschaulichen Grundlagen, Ansätzen und Absichten der genannten Gruppen, ein festes Rückgrat verbindlicher inhaltlicher Forderungen auf.

Ausgehend von der scharfen und kompromißlosen Ablehnung des Versailler Vertrages[10] und der Ideen von Völkerverständigung und Staatengemeinschaft sowie der Diffamierung der als typisch »westlich« bezeichneten Grundwerte Rationalität und Humanität über die Verurteilung der politischen Ergebnisse der Französischen Revolution von 1789 bis hin zur grundsätzlichen Ablehnung ziviler Denkweise konstruierte man das Bild einer genuin »deutschen Lebensart«, die angeblich von mystischem Idealismus, Kampfeswillen, Wehrbereitschaft und Opferfreudigkeit gekennzeichnet sei.

Den Kern dieser Vorstellungen bildete das Postulat der »Nation in Waffen«, nach dem die Gesamtheit des Volkes, insbesondere auch Gesellschaft und Zivilbevölkerung, stets gerüstet sein müßten, was letztlich hieß, sich nach dem Militär, insbesondere dem Heer, zu richten und sich in Gesinnung und Handeln an ihm und seinen Zielsetzungen zu orientieren. Die Armee wurde nicht nur als Garant des »ewigen« Überlebens der Deutschen im Machtkampf zwischen den Völkern betrachtet, sondern auch als innere »Schule der Nation«, eine Vorstellung, die wie der Machtstaats- und Wehrhaftigkeitsglaube schon vor 1918 existiert hatte. Die geistig-psychologische Ausrichtung von Bevölkerung und Gesellschaft auf die bewaffnete Macht, wie sie dann im Dritten Reich erfolgte, wurde dadurch begünstigt, wenn nicht sogar vorgezeichnet.

Besondere Schlagkraft erhielten diese Auffassungen und Tendenzen durch die Radikalisierung des kriegstheoretischen Denkens nach dem Ersten Weltkrieg, die meist auf der Annahme beruhten, daß der Waffengang von 1914–1918 keineswegs dauerhaften Frieden gebracht habe. Vielmehr rechnete man in absehbarer Zeit mit einem weiteren, noch verheerenderen, einem »Totalen Krieg«. Nicht Völkerrecht und Völkerverständigung seien die legitimierenden Faktoren, sondern Machtkampf und Gewaltanwendung. Den einzigen Weg für das dauerhafte Überleben

---

[10] Die geheime Konterkarierung der Festlegungen des Versailler Vertrags durch die Zusammenarbeit der Reichswehr mit der Roten Armee zwischen 1920 und 1933 untersucht detailliert Zeidler, Reichswehr.

einer Nation sah man in der skrupellosen Mobilmachung und Disziplinierung aller Volksangehörigen. Die alten Vorstellungen deutscher Machtstaatspolitik, die Verherrlichung der Armee, die Verklärung der Grabensoldaten in den Materialschlachten des Ersten Weltkrieges als menschliches Leitbild, dazu die mit den eigenen Revanchegelüsten koinzidierenden Thesen von einer »totalen« militärischen Auseinandersetzung zwischen den Nationen auf Leben und Tod, stimmten miteinander überein und ergänzten sich derart, daß sie einen in sich überzeugenden und akzeptablen geistigen Rahmen bildeten.

Inwieweit ein geschlossenes schichtenübergreifendes ideologisches System entstand oder ob es umgekehrt Unterschiede der Perzeption im gesellschaftlichen Kontext gab, muß hier mangels Detailstudien ungeklärt bleiben. Daß sich aber Hitler mit seiner spezifisch rassistischen und militaristischen Ideologie durchsetzen und die Mobilisierung der Massen politisch weitgehend ungestört vornehmen konnte, ging in wesentlichem Maße auf die Wirkungskraft dieses Gedankengutes zurück.

Als besonders bedeutsam erwies es sich, daß führende Theoretiker, darunter auch Literaten, die entsprechenden Modelle und Szenarien bereits lange vor 1933 entwickelten und in der Öffentlichkeit propagierten. Dabei entstanden meist inhaltlich durchdachte, teilweise konsequent und radikal ausgeführte und – für sich selbst betrachtet – stimmige Extrapolationen, die auf die interessierten gesellschaftlichen Kreise höchst überzeugend wirkten. Die Vorstellungen vom »Totalen Krieg« als einer gewaltigen Auseinandersetzung unter Anwendung moderner, durch die rasanten Fortschritte der Technik immer wirkungsvollerer und zu ungeahnten Zerstörungen fähiger Waffen erfuhren hier ihre geistige Bündelung und erhielten damit erst ihre eigentliche Stoßkraft.

Gegenkräfte – wie z.B. innerhalb der Arbeiterschaft, kritische Intellektuelle oder auch die Kommunisten – konnten sich trotz mitunter großer öffentlicher Beachtung nicht durchsetzen und wurden im Zuge der Terrormaßnahmen der Hitler-Diktatur rasch ausgeschaltet. Gerade der in weiten Teilen der restlichen Gesellschaft herrschende Konsens in der »Kriegsideologie« dürfte dabei als Hintergrund und Basis der Duldung bzw. sogar Unterstützung der »Säuberungen« gedient haben.

Einer der wichtigsten Propheten solcher Entwicklung war der Staatsrechtler Carl Schmitt. In einer Mischung aus Vision und Postulat sah er das Heraufziehen eines allumfassenden diktatorischen Gemeinwesens voraus: den »Totalen Staat«, den er als Garant der als nötig erachteten inneren Ordnung und auch als einziges taugliches Instrument für das Bestehen eines »Totalen Krieges« betrachtete[11].

---

[11] Es ist zu betonen, daß Schmitt die Diktatur nicht allein mit Blick auf die »Totale Mobilmachung« forderte. So spielten bei ihm auch andere staatspolitische Gedankengänge eine Rolle. Besonders zu nennen ist hier die Vorstellung von der Wiederbelebung des mittelalterlich-katholischen Reichsgedankens als metaphysisches Prinzip für Staat und Gesellschaft. Das »Reich« sollte zur Überwindung von Demokratie, Rationalität und anderer angeblich westlicher Fremdeinflüsse führen. Die Diktatur sollte der Verwirklichung des Reichsgedankens quasi als irdische Instanz helfen. Damit stand Schmitt im Kontext anderer führender Konservativer. Koenen, Der Fall Carl

Schmitt bietet eines der besten Beispiele für die Kontinuität des vorherrschenden Denkens, denn er beschäftigte sich von den 20er Jahren bis in die 40er Jahre mit der Idee der Diktatur und ihrer Errichtung.

An vier grundlegenden Arbeiten läßt sich die geistige Entwicklung Schmitts aufzeigen. In den ersten beiden Aufsätzen von 1931 und 1933 stellt er die Grundzüge des »Totalen Staates« vor[12]. Die westlich-demokratischen »Fehlentwicklungen« – wie Parlamentarismus, Parteienherrschaft, Liberalismus und die sie stützende Rechtsstaatlichkeit – seien überlebt und daher abzuschaffen. Statt dessen sei eine Diktatur einzurichten, in der nicht nur die absolute Befehlsgewalt bei der Regierung liege, sondern der Staat auch ein absolutes Zugriffsrecht auf alle Belange der Bürger besitze. Parlamente seien nicht zuletzt deshalb schädlich, weil die Parteien, die ihre Gefolgschaft in »totaler« Weise zum Gehorsam erzögen, in ihnen nur destruktive Politik betreiben könnten. Dies lähme die nationale Kraftentfaltung und sei für die Ordnung überaus gefährlich.

In bewußter oder unbewußter ideologischer Präformierung konstatierte Schmitt in seinen Abhandlungen, daß dieses Problem durch einen geradezu zwangsläufig vonstatten gehenden »Verschmelzungsprozeß« von Staat und Gesellschaft gelöst würde. Sämtliche kategorialen Unterschiede wie Wirtschaft, Gesellschaft, Staat, Kultur, Bildung etc., ganz zu schweigen von inneren politischen Meinungsdifferenzen, würden durch den »Totalen Staat« abgeschafft, der immer mehr Verantwortung und Einfluß, letztlich dann »totale« Macht erlangen und damit alle Lebensbereiche in sich vereinigen würde.

Den herbeigewünschten Staat bezeichnete Schmitt als »societas perfecta der diesseitigen Welt«[13], in der alle Widersprüche aufgehoben seien, ein totales Gebilde mit totaler Macht, auf der Basis eindeutiger Sinngebung (= dieser Staat in seiner Existenz selbst)[14] und geballter Energie. Die darin lebende Bevölkerung beschrieb er vordergründig als »wahrhaft frei«, denn alle bis dahin existierenden Widersprüche würden eliminiert und jedwedes politisches Handeln und Denken mit eindeutigem Sinn erfüllt.

Schmitt interpretierte damit die Bedeutung des Begriffs Freiheit in diametralem Gegensatz zur individualistischen Geistestradition der europäischen Aufklärung. Er negierte die individuelle und kollektive Freiheit des Denkens und Handelns, indem er sie inhaltlich und wertemäßig an eine Institution, den Staat, als Conditio sine qua non band. Die Bevölkerung hat lediglich *eine* Freiheit, die nämlich, sich für diesen »Totalen Staat« zu entscheiden, einen Staat, der jegliches Recht besitzt, nach

---

Schmitt, S. 27–328. Der Wehrgedanke ist also nur ein Teil, wenn auch ein überaus bedeutsamer, in der geistigen Wegbereitung der deutschen Diktatur.

[12] Schmitt, Die Wendung; ders. Weiterentwicklung.
[13] Schmitt, Die Wendung, S. 186.
[14] Inwieweit diese Vorstellungen mit der Reichsidee Schmitts koinzidieren, wäre noch näher zu klären. Sein geistiger Werdegang ist überaus kompliziert und von radikalen Meinungswechseln gekennzeichnet. Koenen, Der Fall Carl Schmitt, 2. und 3. Teil. Sein Verhältnis zu den Nationalsozialisten war teilweise von Anpassung gekennzeichnet, seine Kaltstellung, gemessen an den Inhalten, die er vertrat, und unter Berücksichtigung des Schicksals anderer führender Konservativer letztlich keine Überraschung.

II. Staats- und gesellschaftspolitische Grundlagen

Willkür und eigener Notwendigkeit bzw. eigenen Willen zu entscheiden (dezisionistischer Machtstaat). Alle widerstrebenden Kräfte dürfen ohne weiteres vernichtet werden (sog. Freund/Feind-Denken). Freiheit wird als Freiheit von Widersprüchen, Brüchen und inneren Auseinandersetzungen definiert, d.h. als staatspolitische Harmonie im weitesten Sinne.

Im Hinblick auf die Bedingungen eines künftigen Krieges hielt sich Schmitt in diesen ersten beiden Aufsätzen noch zurück, denn die Diktatur war noch nicht angebrochen. Dennoch sind die Setzungen eindeutig: Die Bevölkerung hat den Status eines Mobilmachungsobjektes. Von ihr wird totale Kooperation, d.h. bedingungsloser Gehorsam, erwartet.

Die Zivilbevölkerung war also nach Schmitts Vorstellungen im Rahmen der staatlichen und gesellschaftlichen Faktoren mit allen Mitteln und in allen Bereichen auf künftige militärische Konflikte hin zu mobilisieren. Diese »Totale Mobilmachung«, wie Schmitt sie in expliziter Berufung auf Ernst Jünger nannte, stellte er als Vehikel für die Schaffung des »Totalen Staates« und zugleich als Ausdruck seiner Existenz dar[15]. Diesen Staat präsentierte Schmitt als Sinneinheit durchaus in Übereinstimmung mit den Grundannahmen von Webers Herrschaftstypologie (Machtlegitimation)[16]. Dabei sollte die konstatierte »Selbstorganisation« eine quasi-rationale Herrschaftsgestaltung andeuten und als äußere Legitimation und Deckmantel dienen. Von der Charismatisierung des »Totalen Staates« zur Charismatisierung einer totalitären Führung bzw. eines totalitären Führers war es dann nur noch ein kleiner Schritt.

Den vollzog Schmitt spätestens 1934 mit dem Aufsatz »Der Führer schützt das Recht«. Darin legitimierte er Hitlers Mordaktion gegen die SA-Führung vom Juli 1934 und zerstörte auf theoretischer Ebene die einheitliche demokratische Rechtsstaatlichkeit, soweit sie bis dato noch existiert hatte[17]. Hitler wurde als Führer praktisch über jegliches Recht gehoben. Schmitt billigte ihm in Fällen »höchster Not« willkürliches Handeln jeglicher Art zu, d.h. auch Tötungen nach eigenem Ermessen. Im Zentrum des Schmittschen Interesses stand der »Grundsatz des Vorranges der politischen Führung« vor jedweden rechtlichen oder moralischen Instanzen oder Bestimmungen[18].

Den klarsten und radikalsten Entwurf für die »Totale Mobilmachung« veröffentlichte Schmitt in dem 1937 erschienenen Aufsatz »Totaler Feind, totaler Krieg, totaler Staat«[19]. Hier wird alles politische und soziale Leben unter den Aspekt des Krieges gestellt:

»Im Kriege steckt der Kern der Dinge. Von der Art des totalen Krieges her bestimmen sich Art und Gestalt der Totalität des Staates.«

---

15 Schmitt, Die Wendung, S. 151 f.
16 Dazu oben S. 5 f.
17 Schmitt, Der Führer.
18 Ebd., S. 200.
19 Schmitt, Totaler Feind. Wegen der Kürze des Aufsatzes entfallen im Folgenden die Einzelbelege der Zitate.

Schmitt sah hier einen zukünftigen Krieg als absolut unvermeidlich an und weigerte sich, möglicherweise noch vorhandene langfristige Friedensmöglichkeiten zu diskutieren. Es bleibe nur noch, die Art der Kriegführung zu erörtern.

Dazu entwickelte Schmitt einen überaus interessanten Vergleich zwischen Deutschland und England. Unzweifelhaft sei jede Kriegführung total, auch die englische. Ihr genauerer Charakter werde vom herrschenden politischen System, den führenden Personen und Gruppen und insbesondere von dem dahinterstehenden »totalen Weltbild« bestimmt. Die englische Kriegführung habe den Soldaten dem Zivilisten untergeordnet und dieses Prinzip dann auch auf dem Kontinent in Form liberaler Verfassungen im 19. Jahrhundert durchgesetzt. Der Soldat habe nur insoweit eine Daseinsberechtigung, als er für das zivil-bürgerliche System kämpfe. Der preußisch-deutsche »Soldatenstaat« habe dagegen über 100 Jahre lang unter anderem auch nach innen gekämpft und sei schließlich 1918 unterlegen.

Auf dieser Basis entwickelt Schmitt einen radikalen Dualismus. Er generiert einen scharfen Gegensatz zwischen der angeblich englischen = bürgerlichen = westlichen Staatsauffassung und der deutschen = soldatischen = kontinentalen Sicht. Die englische Kriegführung arbeite gemäß ihrem »Totalen Weltbild« mit maritimer Wirtschaftsblockade und dauernder Propaganda, um die Feindnation zu zermürben[20]. Dabei lehne sie die »kontinentale Unterscheidung von Kombattanten und Nichtkombattanten« grundsätzlich ab.

Schmitts Denken war derart verhärtet, daß er jegliche Diskussion über die Ursachen der stattfindenden Mobilmachung oder eventuell gegebene Alternativen rigoros ablehnte. Die westlichen Ideen von Demokratie und Verfassungsstaatlichkeit besaßen nach seiner Lesart die Funktion von reinen Kampfmitteln. Bereits im Frieden versuchten die Westmächte, liberale Ideologien, wie die von Herbert Spencer zur Zersetzung des ursprünglich deutschen, soldatischen Verfassungsideals einzusetzen. Auf dieser Basis würden dann auch ein moralisch-propagandistischer Feldzug gegen Deutschland im Falle diplomatischer und militärischer Auseinandersetzungen geführt.

> »Natürlich wird es nicht an Versuchen fehlen, das nach der Art früherer Propagandamethoden als Militarismus hinzustellen, um Deutschland die Schuld an der Entwicklung zum totalen Krieg zu geben. Auch solche Schuldfragen gehören zur Totalität der weltgeschichtlichen Auseinandersetzungen. ›Le combat spirituel est aussi brutal que la bataille d'hommes‹.«

Das Denken in »totalen« Bahnen sei keineswegs einer bestimmten Staatsform oder Nation zu eigen, sondern käme überall vor. »Totalität« als geschichtliches Kampfprinzip sei beispielsweise ein rein deutsches Phänomen.

---

[20] Schmitt konstruiert den Dualismus zwischen Seekrieg als der angeblich britischen Art, Krieg zu führen, und Landkrieg als der angeblich deutsch-kontinentalen. Der Luftkrieg habe noch kein adäquates Weltbild, als dessen Ausdruck er bezeichnet werden könne, gewinne aber Einfluß auf die »Gesamtgestalt eines dreidimensional totalen Krieges«. Es wäre reizvoll zu untersuchen, ob Schmitt hier weitere ideologische Konstruktionen getätigt hat. Von seinem Standpunkt aus hätte der strategische Luftkrieg eigentlich eher dem englischen Modell entsprochen – eine Interpretation, die durchaus einen realistischen Hintergrund besitzt, wenn man die historischen Fakten betrachtet.

II. Staats- und gesellschaftspolitische Grundlagen

Die Forderungen und Voraussagen hinsichtlich des »Totalen Staates« und der »Totalen Mobilmachung« sind bei anderen wichtigen Theoretikern in ähnlicher Form zu finden. Einer der wichtigsten war Erich Ludendorff, ehemaliger 1. Generalquartiermeister und faktischer Leiter der deutschen Kriegführung im Ersten Weltkrieg, in der Weimarer Republik, dann Teilnehmer am Hitler-Putsch von 1923. Anders als Schmitt, der sich eher auf staatsrechtliche Aspekte konzentrierte, behandelte er vor allem Politik und Militärstrategie.

Ludendorffs Vorstellungen basierten in starkem Maße auf rassistischen Thesen, die mit dem Glauben an ein angeblich spezifisch »deutsches Gottempfinden« gemischt wurden. Dementsprechend stand für ihn letztlich nicht der Staat im Mittelpunkt, sondern das Volk.

Ludendorff forderte die Machtübernahme durch einen charakterstarken Feldherrn, der im Krieg die absolute Befehlsgewalt über Staat, Gesellschaft und Wehrmacht innehat. Im Frieden sollte er nicht offiziell regieren, aber entscheidenden Einfluß auf die Politik ausüben, um so die Ressourcen für den Krieg uneingeschränkt mobilisieren zu können. Daß Ludendorff mit seinen Ausführungen hier vor allem auf sich selbst verweist, ist offenkundig. Die Niederlage im Ersten Weltkrieg und sein persönlicher Mißerfolg 1916–1918 hatten augenscheinlich keinen Wandel in seinen Vorstellungen bewirkt.

Dementsprechend definierte er auch das grundsätzliche Verhältnis zwischen politischer und militärischer Sphäre. In expliziter Negierung wichtiger Thesen von Carl von Clausewitz konstatierte er, daß die Politik sich grundsätzlich der militärischen Führung unterzuordnen habe und letztlich nur dazu da sei, dem Feldherrn die ganze Stärke von Volk und Staat zur Verfügung zu stellen[21]. Ihm schwebte eine Art totale Militärdiktatur mit einem wenigstens ansatzweise charismatisierten Führer vor[22].

Hinsichtlich der Zivilbevölkerung betont Ludendorff vor allem den psychologischen Aspekt. Durchdrungen von der Furcht vor einem neuerlichen »Dolchstoß« verlangt er mehrmals nachdrücklich die Wehrhaftmachung des Volkes. Dies habe nicht nur zu dessen eigenen Schutz zu geschehen, sondern vor allem zur Aufrechterhaltung der Stärke der Wehrmacht, die auf keinen Fall den Rückhalt der Heimatfront zu entbehren vermag[23]. Wenn ein Volk seelisch stark sei, könne es einzig und allein auf dem Felde geschlagen werden. Die Zivilbevölkerung habe sich wehrhaft zu machen, um dem Militär den Rücken frei zu halten für das, was allein in der Geschichte zähle: die Schlachtenentscheidung. Das Grundprinzip

---

[21] Ludendorff, Der Totale Krieg, S. 3–10, 119 f. u.ö.
[22] Ähnlich wie für Schmitt (vgl. Anm. 19) gilt auch für Ludendorff: Zur genaueren Einordnung seiner Ideen und Vorstellungen in die Webersche Typologie müßten tiefergehende Spezialstudien zu seinem Gesamtwerk angestellt werden. Dies geht über den hier gesetzten Rahmen – allgemeine geistesgeschichtliche Einführung und Beleuchtung der entsprechenden inhaltlichen Hintergründe zum Verhältnis zwischen Zivilbevölkerung und dem Krieg als Basis für die folgende Untersuchung und die Anwendung der Weberschen Typologie auf die beiden Herrschaftsordnungen – hinaus.
[23] Ludendorff, Der Totale Krieg, insbes. S. 105 f., 119 u.ö.

lautete mit anderen Worten: militärische Grundhaltung in der Zivilbevölkerung, um die reine Militärkraft zur Entfaltung gelangen zu lassen.

Als »höhere« Legitimation präsentiert Ludendorff eine eher abstruse Rassentheologie. Er verlangt, daß das Volk sich dem »arteigenen Gotterleben«, d.h. einer Art blutgemäßem Glauben, unterwirft. Den genaueren Inhalt dieses »Gotterlebens« führt er nicht weiter aus, sondern verweist auf die Werke seiner Frau, Mathilde Ludendorff von Kemnitz[24].

Ludendorff setzt diesen »Glauben« der christlichen Lehre scharf entgegen. Das Christentum mit seiner Heilsbotschaft versklave das Volk, weil die Einzelmenschen durch die persönliche Abhängigkeit von der Barmherzigkeit Gottes willen- und gedankenlos gemacht würden. Das »arteigene Gotterleben« hingegen stärke das Vertrauen in das eigene Blut, d.h. die eigene Rasse, führe so zu seelischer Geschlossenheit und dadurch wiederum zu absoluter Kriegstüchtigkeit. Ein Volk, das überleben wolle, könne »hysterische Schwächlinge« christlicher Prägung nicht gebrauchen[25]. Nötig sei statt dessen ein starker Kern von Männern und insbesondere auch Frauen.

»Der totale Krieg ist unerbittlich. Er fordert von Mann und Frau das Äußerste, er wendet sich nicht nur gegen den Mann, sondern auch gegen die Frau, die ihre Kinder bedroht, ihren Gatten gefährdet sieht. Sie ist es, die unermeßliche seelische Stärke für die Geschlossenheit des Volkes zu bestätigen hat. Sie ist allein auf sich gestellt, wenn die wehrfähigen Männer an der Front kämpfen oder sonstigen Heeresdienst tun[26].«

Die moralische Durchhaltefähigkeit des Volkes erhielt damit höchste Priorität[27]. Man habe mit Hungerblockaden, Niederlagen an der Front, feindlicher Propaganda, subversiven Elementen und Unzufriedenen zu rechnen. Im Falle fortgesetzter militärischer Rückschläge und schleichender Demoralisierung durch Erfolge des Feindes werde dieser schließlich zu rollenden Bomberoffensiven übergehen, um den Krieg mit möglichst geringen eigenen Verlusten zu beenden. Bei einem derartigen Verlauf würde dann auch das Heer, selbst wenn es weiter standhalte, aufgeben.

»Das Heer bricht mit dem Volke zusammen, und nun wird der Krieg, wenn auch in anderen Formen, einen Verlauf nehmen, wie ihn der Weltkrieg hatte und ich andeutete[28].«

Somit gab es für Ludendorff keine Alternative zur dauernden Erziehung der Zivilbevölkerung zu Wehrhaftigkeit, Opfersinn und seelischer Kampfkraft. Sie herbeizuführen bezeichnet er als Aufgabe der sog. »Totalen Politik«, die wiederum, und dies auch schon im Frieden, unter der Kontrolle des Feldherrn zu stehen habe[29].

Die Forderungen hinsichtlich der Mobilisierung der Bevölkerung und der Durchführung des Krieges wichen letztlich nicht sehr von Schmitt ab, konzen-

---

[24] Ludendorff, M. Die Volksseele und ihre Machtgestalter, Pähl 1955. Ursprünglich 1936 erschienen. Eine Internetrecherche hat ergeben, daß die Werke M. Ludendorffs in gewissen, sich als christlich verstehenden Kreisen neuerdings eine Renaissance (inkl. Wiederauflagen ihrer zahlreichen Titel teilweise auf CD-ROM) erfahren.
[25] Ludendorff, Der Totale Krieg, S. 23.
[26] Ebd., S. 24.
[27] Zum Folgenden vgl. ebd., S. 102–106.
[28] Ebd., S. 105.
[29] Ebd., S. 114 f.

trierten sich aber eher auf das Verhältnis zwischen militärischer und politischer Führung und bezogen vor allem auch Fragen der Gesamtstrategie mit ein. In dieser Hinsicht ist insbesondere die Frontstellung gegen die angebliche Versklavung durch »fremde« Weltanschauungen (hier: Christentum, dort: westlich-liberale Vorstellungen) auffällig.

Daß derlei weitgehende Vorstellungen wie die Ludendorffs keineswegs nur in den Hirnen radikaler Einzelgänger kursierten, sondern auch bei der praktischen Mobilmachungsarbeit von entscheidender Bedeutung waren, zeigen die Veröffentlichungen Hermann Foertschs (damals Major), der bis 1935 als Chef der Pressegruppe im Reichswehrministerium, der zentralen Propagandastelle der Wehrmacht, fungierte.

Foertsch vertritt in seiner 1935 erschienenen Schrift »Die Wehrmacht im nationalsozialistischen Staat« die für Reichswehroffiziere nicht ungewöhnliche Auffassung von der Armee als »Klammer« und »Hüterin« von Reich und Staat[30]. Sie allein habe in den finsteren Jahren der von Parlamentarismus und Parteiengezänk geprägten Weimarer Republik durch ihre abgehobene und angeblich »überparteiliche« Stellung den »wahren« Staatsgedanken weiter gepflegt[31].

Foertsch präzisiert den von ihm zitierten Staatsbegriff aber nicht, sondern weist darauf hin, daß man insbesondere bei der Gestaltung der internationalen Verhältnisse Recht nur auf der Basis überlegener Macht erlangen könne[32]. Im Hintergrund standen hier die erwähnten Machtstaatsideologeme und – damit zusammenhängend – die rigorose Ablehnung des Völkerbundes. Die Staatsidee wird letztlich auf den Kriegsdienst reduziert.

Ausführlich beschreibt Foertsch die militärische Seite staatlicher Existenz und deren Bedeutung für das politische Leben. Er beschwört und verklärt den deutschen Soldaten, insbesondere den Frontkämpfer des Ersten Weltkrieges, und weist ihm zentrale Funktionen zu:

»Im Soldatenberuf findet die sittliche Idee des Staates erst ihre höchste Erfüllung. Die höchste sittliche Leistung ist das Opfer des Lebens[33].«

Ergänzend verweist Foertsch noch auf ein angeblich von Georg Friedrich Hegel stammendes Diktum, nach dem ein Staat, der nicht mehr seine Bürger zum Kriegsdienst heranziehen darf, »sein höchstes eigenes Moment« verliert[34].

Gemäß diesen Ansichten entwickelt Foertsch konkrete Forderungen hinsichtlich der Rolle der Zivilbevölkerung in einem kommenden Krieg. Sie unterscheiden sich kaum von den Entwürfen Schmitts und Ludendorffs, sind jedoch bereits sehr stark von nationalsozialistischem Gedankengut durchtränkt. Dem politischen Gedanken der Wehrgemeinschaft, getragen von einer kämpferischen Grundhaltung unter Zurückstellung aller persönlichen Motive, entspricht nach Foertsch der welt-

---

[30] Foertsch, Wehrmacht, S. 16.
[31] Ebd., S. 14, 17 u.ö.
[32] Ebd., S. 15. Als weitere Werte nennt Foertsch noch das »Vaterland« (S. 15 u.ö.) und die »Nation« (S. 42 u.ö.), gleichfalls jedoch ohne sie näher zu definieren.
[33] Ebd., S. 15.
[34] Ebd., S. 12.

anschauliche Grundgedanke der Gemeinschaft von Volk und Staat[35]. Die hybride Militärverherrlichung, das Machtstaatsdenken und die Mobilmachungsforderungen werden dabei mit der neuen, angeblich aufbauenden Rolle der Wehrmacht im NS-Staat kombiniert, dies mit betont diktatorischer, antidemokratischer Stoßrichtung.

»Die innerpolitische Funktion der Wehrmacht im nationalsozialistischen Staat ist eine dankbarere, ehrenvollere [als in der Weimarer Republik. B.L.]. Sie ist Träger der Staatsgewalt mit der Partei, ist Repräsentant und *Erzieher* der Nation[36].«

Die Mobilisierung der Bevölkerung wird unter der Bezeichnung »Kriegsdienstpflicht des gesamten Volkes«[37] geführt und als gewaltiger Rekrutierungsprozeß dargestellt. Für Individualität und freien Willen bleibt wenig Raum, jeder hat sich an den Platz zu begeben, der ihm gemäß seinen Eignungen und seiner Leistungsfähigkeit zugewiesen wird.

»Nicht Wunsch und Wille des Einzelnen, sondern die Eignung und der größtmögliche Erfolg allein entscheiden[38].«

Im Vordergrund stehen die üblichen soldatischen Tugenden wie Manneszucht, Tapferkeit, Disziplin und moralische Festigkeit[39].

Bei aller Verherrlichung des Militärs als Vorbild der Nation konnte Foertsch die tatsächlich existierenden Grundwidersprüche im Verhältnis zwischen Militär und Zivilbevölkerung, wie sie gerade durch das »Versagen« im Ersten Weltkrieg und dessen Deutung (Dolchstoß-Legende) zutage getreten waren, nicht beseitigen. In der 1934 in zweiter Auflage erschienenen Schrift »Der deutsche Soldat« verklärt Foertsch zwar den »Krieger« des Reiches als die höchste Lebensform überhaupt und betont nachdrücklich deren Angriffscharakter:

»Der Gott des deutschen Kriegers trug ein Schwert. Ein stilles Dulden lag ihm nicht[40].«

Gleichzeitig beklagt er jedoch, daß im Ersten Weltkrieg auch im Heer noch zu viele Leute dienten, die nicht diesen erforderlichen Geist besaßen und daher mit zur Niederlage beigetragen hätten.

»Soldaten werden nicht durch eine Uniform. Auch im feldgrauen Rock traf man viele verkleidete Bürger. Das Herz macht den Soldaten. [...] Soldat ist nicht, wer nur dulden und nicht kämpfen kann[41].«

Derlei Äußerungen waren eindeutig gegen jedwedes zivile Denken gerichtet. Wenn Foertsch nun forderte, daß das ganze deutsche Volk sich gemäß soldatischen Tugenden erziehen lassen solle[42], überging er die Tatsache, daß die Masse der Zivilbevölkerung im Krieg militärisch gesehen nur dulden kann, daß sie gar nicht in der Lage ist, irgendwelche Kämpfe aktiv durchzuführen. Der einzige Ausweg aus diesem Dilemma bestand in einer noch weiteren Steigerung der Hybris. Die Zivilisten sollten sich offenbar in der Anbetung des deutschen Soldaten verzehren und dessen Aggressivität und Kampfeswillen im täglichen Leben nach ihren Möglichkeiten

---

[35] Ebd., S. 42–44.
[36] Ebd., S. 34 (Hervorhebung B.L.).
[37] Ebd., S. 46.
[38] Ebd., S. 44.
[39] Ebd., S. 36.
[40] Foertsch, Der deutsche Soldat, S. 22.
[41] Ebd., S. 13 f.
[42] Ebd., S. 5, 7, 20, 39 f., 41 f.

II. Staats- und gesellschaftspolitische Grundlagen

zur Anwendung bringen, ohne jemals wirklich seinen Status erreichen zu können: soldatische Selbstheroisierung und Forderung nach bedingungsloser Militarisierung der Zivilbevölkerung als wesentliche Elemente des staatspolitischen Selbstverständnisses.

Wie die Widersprüche zwischen Zivilist und Soldat aufgehoben werden konnten, zeigen die Schriften der Gebrüder Jünger, insbesondere Ernst Jüngers, der zu den ausgeprägtesten Vertretern des Wehrgedankens gehörte. Die Konsequenz und die Radikalität seiner Werke blieben im ganzen geistigen Umfeld fast einzigartig. Er führte die bei Foertsch auftretenden Disparitäten zwischen den Kategorien »zivil« und »militärisch« einer umfassenden und extremen Lösung zu.

Zunächst einmal aber nahm E. Jünger die Formulierung der allgemeinen Anforderungen und Notwendigkeiten für Volk und Heer aus der Sicht der Mobilmachungsbewegung in dem richtungsweisenden Artikel »Die totale Mobilmachung« vor, der in dem von ihm 1930 herausgegebenen Sammelband »Krieg und Krieger« erschien. Dort faßte er die zentralen Elemente und Inhalte der Mobilmachungsbewegung derart konzise und eindrücklich zusammen, daß die Öffentlichkeit sie als wichtigen Fortschritt empfand[43]. Diese Schrift stellt in der Entwicklung des »nationalen« Wehrgedankens eine Art Markstein dar. Es nimmt nicht wunder, daß sich selbst Schmitt auf Jünger berief[44].

Auffallend, für Jünger jedoch typisch, ist die pointierte, ja geradezu literarische Mystifizierung des Fronterlebnisses und dessen Übertragung auf den kommenden Krieg, insbesondere auch mit Blick auf die zivile »Front«.

Krieg und Kriegserlebnis erinnerten an vulkanische Ausbrüche. Die Kämpfer des Ersten Weltkrieges stiegen in den »glühenden Rachen des Kraters«[45] hinab, um dort das wahre Sein zu finden. So habe sich der »deutsche Mensch« in den Materialschlachten des Ersten Weltkrieges eigentlich erst selbst wiedergefunden und die ihm eigene, teils barbarische Unschuld und Ruhe gezeigt, die ihm durch die bis dahin stattgehabte Unterjochung durch fremde Ideologien verwehrt geblieben war.

Ähnliches findet sich bei Jüngers Bruder Georg Friedrich. In einem Aufsatz in demselben Band fordert er im wesentlichen das gleiche, legt allerdings mehr Betonung auf die vorgeblich »kulturellen« Aspekte, weniger die politischen Dimensio-

---

[43] Es ist darauf hinzuweisen, daß Jünger mit dieser Schrift entscheidende Wegbereitung betrieb, ohne aus seiner Sicht allzu neue Gedanken zu verbreiten. Die Anfänge seiner entsprechenden Vorstellungen reichen mindestens bis in die Zeit direkt nach dem Ersten Weltkrieg zurück. Beginnend mit seinem Roman »In Stahlgewittern« (1920) und dem Essay »Der Kampf als inneres Erlebnis« (1922), in denen er noch eher das elitäre Einzelkämpfertum propagiert hatte, entwickelte er eine radikale Kriegsverherrlichung, die dann auch als Basis für die Forderung nach dem Aufbau eines extrem militarisierten und streng hierarchischen Staates diente. Die große Bedeutung des Artikels »Die Totale Mobilmachung« dürfte in erster Linie durch die bis Anfang der 30er Jahre gewachsene Aufnahmebereitschaft der Öffentlichkeit zu suchen sein. Zu den ideologisch-ästhetisch-politischen Vorstellungen Jüngers und des ihn umgebenden Literatenkreises des Soldatischen Nationalismus und deren Wirkung auf Politik und Gesellschaft der Weimarer Republik vgl. Prümm, Literatur, v.a. Bd 1, S. 1–91.
[44] Siehe oben, S. 39. Jünger und Schmitt standen seit 1930 im Briefwechsel. Die »Totale Mobilmachung« kam dabei jedoch nur kurz zur Sprache. Schmitt an Jünger 27.3. und 19.7.1937 in: Jünger-Schmitt, Briefe.
[45] Jünger, Mobilmachung, S. 11; vgl. ebd., S. 16.

nen des Krieges. G.F. Jünger betont insbesondere die zerstörerische und gleichzeitig sinnstiftende, die schöpferische und dabei ordnende Macht des Krieges. Die Frontstellung gegen liberales Denken findet dabei durch eine exemplarische kategoriale Entgegensetzung von Krieger und Bürger nachdrückliche Bestätigung. Der bürgerlich-zivile Individualismus mit seinen humanitären Moralvorstellungen und dem typischen Privatsphärendenken wird als lebensfeindlich und zersetzend denunziert[46]. Diese Dichotomie spitzt er dann in radikaler Weise geschlechtsspezifisch zu und gibt ihr damit einen umfassenden lebensweltlichen Charakter. Der Krieger wird – durchaus im Einklang mit der sich seit dem 19. Jahrhundert entwickelnden deutschen Geistestradition – mit dem Staat identifiziert und zusammen mit diesem als höchste kulturelle Erscheinungsform dargestellt. Diesem »schöpferischen« Element setzt G.F. Jünger die Gesellschaft, verkörpert durch die Frau, entgegen: Frau und Gesellschaft erscheinen als negative Grundkonstituanten, die den »wahrhaft aufbauenden« Kräften, d.h. Staat = Mann/Krieger, die Kraft rauben wollen[47].

Die Auflösung dieser Konstruktion von anthropologischen Gegenpolen forderte G.F. Jünger zwar nicht explizit, ließ aber keinen Zweifel daran, was zu geschehen habe: die »kriegerische« Zerstörung der nichtsoldatischen, bürgerlichen, zivilen Welt[48].

Es sollte seinem Bruder Ernst vorbehalten bleiben, die Vorstellungen konsequent zu einem Abschluß zu bringen, und zwar in großem geistig-literarischen Rahmen. In seinem 1932 veröffentlichten Buch »Der Arbeiter« entwarf dieser eine in ihrer gedanklichen Reichweite geradezu monumentale Zukunftsperspektive und führte damit die Tendenzen der Vorstellungen von der »Totalen Mobilmachung« auf einen gedanklichen Höhepunkt.

E. Jünger sieht in diesem Werk das Kommen eines vollkommen neuen Menschheitsgeschlechts voraus, dessen Lebensform und innere Werte, Moral und äußeres Handeln sich auf radikale Weise von den bis dato bekannten Kollektiven unterscheiden sollten. Bürgerlich-westliche Werte wie Individualismus, Humanität, gesellschaftliche Differenzierung oder Meinungsvielfalt, aber auch überkommene

---

[46] Jünger, Krieg und Krieger, S. 62 f.
[47] Ebd., S. 66.
[48] Inhaltlich sind die Jüngerschen Vorstellungen staats- und gesellschaftspolitisch voller unvereinbarer Gegensätze. Dies liegt daran, daß sie gerade nicht vorhatten, eine rationale Erklärung der Phänomene Krieg und Krieger zu geben, sondern beide mystifizierten, wenn auch u.a. mit historisch-politisch-sozialen Betrachtungen unter teilweiser Anwendung logischer Versatzstücke. Dies sollte keineswegs verstandesmäßige Stimmigkeit herbeiführen. So muß etwa der Verweis auf das »strenge und männliche« Preußen angesichts der irrationalen konvulsischen Verklärung der Vernichtungsbereitschaft als Widerspruch erscheinen. Die Gebrüder Jünger empfanden dies jedoch keineswegs. Sie beabsichtigten nicht, den preußischen Staat als politisch-organisatorisches Vorbild für eine zu errichtende Ordnung zu beschreiben, sondern brachen sich quasi ein Stück Preußen, insbesondere die angeblichen Tugenden, für ihre postulatorischen Zwecke heraus. (Eine Vorgehensweise, die von demokratischen Politikern auch noch im Jahre 2001 angewandt wird, unter umgekehrten Vorzeichen allerdings und unter gewissen staatspolitischen Problemen). Hier wird ein irrationales Surrogat aus der deutschen Geschichte gezogen, um die autoritäre Verklärung des Frontsoldaten zu verstärken (Zucht und Ordnung), die dann der Errichtung einer charismatisch legitimierten Herrschaftsordnung, der deutschen Diktatur Vorschub leistete.

Kulturen der deutschen Vergangenheit, wie die des Kaiserreiches, würden Makulatur.

Die neue Gesellschaft besteht durchgängig aus »Arbeitern«, was hier allerdings keine soziale Kategorie, sondern ein ideologisches Konstrukt darstellt. Unter Berufung auf ein metaphysisches Konzept, der sog. »Gestalt des Arbeiters«, einer angeblich die Geschichte bewegenden und alles menschliche Sein durchdringenden und formenden Macht[49], beschreibt Jünger die radikale Zerstörung der »alten« Welt als langfristig unausweichlich. Nach Zeiten der Vernichtung und Verwandlung würden schließlich nach Jahrhunderten, ja vielleicht sogar Jahrtausenden, neue Lebens- und Kunstformen, neue Stabilität, entstehen[50]. Eine erste Verkörperung der neuen Zukunft sei in Form des deutschen Frontsoldaten bereits aufgetreten[51].

Der »Arbeiter«, wie ihn Jünger sich vorstellt, lebt und gestaltet die Welt als sog. »Typus«. Die Einzelwesen sind in ihren Merkmalen den standardisierten Baureihen technischer Produkte ähnlich. Sie sind dadurch klar im Gefüge von Macht und Technik verortet und mit absolutem Sinn für ihre höhere Bestimmung erfüllt. Jünger verwendet das Bild kristalliner Strukturen für die Kennzeichnung des neuen Beziehungsgeflechtes[52]. Die Unterscheidung von Einzelwesen und Gesamtorganismus und auch die Bezeichnungen »Gesellschaft« und »Mensch« erscheinen damit als obsolet[53].

Jünger schwebte eine Art gleichförmiger Machtobjekte vor, die durch Regelmäßigkeit und Einheitscharakter hervorstechen sollten – ideal beherrschbare, »menschliche« Maschinen. Ihre Gesichter sollten maskenhafte Züge tragen – Jünger verweist hier vor allem auf die Gasmaske –, ihre Kleidung die Arbeitsuniform sein[54].

Es wird deutlich, daß Jünger eine totalitäre Diktatur ungeheuren Ausmaßes als erstrebenswertes und unausweichliches Ziel entwarf, die ihrem politisch-sozialen Gehalt nach selbst Klassiker negativer Utopien wie Aldous Leonard Huxley und George Orwell in den Schatten stellt[55]. Der »Arbeiter« Jüngerscher Art wird in einer Umwelt leben, in der sämtliche alten Differenzierungen aufgehoben sind. Durch die wechselseitige Anpassung von Mensch und Technik wird eine neue Art der Existenz entstehen. Die Technik wird humanisiert, der Mensch »technisiert«, bis schließlich ein perfekter Einklang hergestellt ist[56]. Der neue Mensch wird dem Takt der Technik folgen, zugleich die Technik aber selbst beeinflussen und gestalten[57].

---

[49] Jünger, Arbeiter, passim, v.a. S. 31–45 und 77–82.
[50] Ebd., S. 162, 178–182 und 145–148, 189–192, 232–234.
[51] Ebd., S. 36 ff., 147 f.
[52] Ebd., S. 138, 279.
[53] Ebd., S. 42.
[54] Ebd., S. 116–148, besonders deutlich S. 116 f.
[55] Der Jüngersche »Typus« erinnert in seiner Radikalität eher an die aus »seelenlosen Nummern« bestehende Bevölkerung der Utopie Samjatins (»Wir«).
[56] Jünger, Arbeiter, S. 149–194, 208 ff. u.ö.
[57] Ebd., S. 124 u.ö. Zu »Der Arbeiter« vgl. auch Prümm, Literatur, Bd 2, S. 401–447.

Damit negiert Jünger nicht nur die bestehenden Unterschiede zwischen ziviler Sphäre und militärischem Bereich, sondern postuliert – darin Schmitts Vorstellungen vom »Totalen Staat« mutatis mutandis nicht unähnlich – die Abschaffung aller bis dato gültigen Ordnungsprinzipien.

Der »Arbeiter« dient der Korporative vor allem in zweierlei Hinsicht. Einerseits ordnet er sich gemäß seiner neuen Natur in die technischen Arbeits- und Produktionsstrukturen ein, arbeitet also etwa in der Wirtschaft und beteiligt sich dabei in erster Linie an einem gigantischen Rüstungsprozeß zur Umwandlung der gegebenen Ressourcen des »Gemeinwesens« in Kriegsmaterial. Andererseits kämpft er in gewaltigen Kriegen, die alles bisher Dagewesene, auch den Ersten Weltkrieg, hinter sich lassen. Jedes männliche und jedes weibliche Wesen steht an seinem Platz. Das gesamte Leben, der Krieg eingeschlossen, ist ein gigantischer einheitlicher »Arbeitsprozeß«, und alle Wesen sind durch ihre Position in diesem hinreichend definiert[58]. Mobilisierung und Kriegführung laufen unter Heranziehung »jedes speziellen Mittels des modernen Lebens in einem abgeschlossenen und elastischen Raum [...] ab[59].«

Die direkte Kriegseinwirkung wird sich nicht mehr nur auf die Front erstrecken, sondern auch auf das Heimatgebiet mit seinen Kraftquellen. Flieger- und Gasalarme werden ganze Stadtteile und Industriegebiete auf die

»Bedrohung ausgedehnter Zonen durch totale Vernichtungsmittel«

vorbereiten[60].

Im Gegensatz zu vielen anderen Mobilmachungspropheten kommt Jünger auch recht genau auf die konkrete politisch-sozial-militärische Umsetzung seiner Ideen zu sprechen. Als zentraler Ausgangspunkt dient dabei erneut die Frontstellung gegen die »westlich-humanistische« Gesellschaftsidee. Die alten Gesellschaftsverträge würden durch den »Arbeitsplan«, eine Art Planwirtschaft, abgelöst. Dieser »Arbeitsplan« ist in erster Linie als »Rüstungsmaßnahme« zu verstehen[61]. Das ganze soziale Zusammenleben, überhaupt sämtliche Kategorien der Existenz, und dies im weitesten Sinne – so z.B. die Formulierung der Ziele im Kleinen wie Großen (etwa Politik und Rüstung), Problemlösungen und das allgemeine Leben – werden als technische Funktionen dargestellt. Dies koinzidiert mit dem Wesen des »Typus«. Die Verbindung zwischen Einzelwesen und Gesamtheit erhält infolgedessen einen derart totalen Charakter, daß selbst die Wehrpflichttheere des 19. und 20. Jahrhunderts als veraltet erscheinen, weil sie sich auf einzelne Individuen stützten. Statt dessen propagierte Jünger eine Art korporatives Sein, das Unterschiede zwischen Einzelwesen letztlich rein physiologisch – und auch dies lediglich eingeschränkt – duldete.

Damit waren die Widersprüche zwischen den Bereichen zivil und militärisch, wie sie die geistige Mobilmachungsphalanx bis dato selbst konstruiert und nur

---

[58] Jünger, Arbeiter, S. 151, 189 f. u.ö.
[59] Ebd., S. 289.
[60] Ebd.
[61] Ebd., S. 286 f. Zum Folgenden vgl. ebd., S. 284–292. Dieser kommunistische Ansatz fand im nationalen Lager nur wenig Beifall und trug Jünger die Feindschaft der Nationalsozialisten ein. Siehe dazu unten, S. 54.

II. Staats- und gesellschaftspolitische Grundlagen

mühsam überbrückt hatte, weitgehend aufgehoben. Die Ordnung, die prophezeit wird, muß – auch im Weberschen Sinne – nicht mehr legitimiert werden, da alles, auch die Menschen, technisiert sind. Es gibt keinen eigenen persönlichen oder kollektiven Willen mehr, auf den eine »Legitimation« zielen könnte. Die vollkommene »Rationalität« hat hier nichts mehr mit gesatzter Ordnung zu tun, sondern vielmehr mit reiner Technisierung[62].

Dieses gigantische Werk mit »Konzentrations- und Aufmarschcharakter« prophezeit Jünger allen »bedeutenden« Nationen und sagt schließlich einen oder mehrere gewaltige Kriege zwischen ihnen voraus. Da aller Sinn des »Typus« auf technische Machtentfaltung abziele, gäbe es kein Mittel und keine Ressource, die nicht auf Eroberung und Beherrschung hin ausgerichtet sei[63]. Es gibt keinerlei Versuche mehr, den Krieg zu bannen, alle damit zusammenhängenden Probleme, etwa auch die Gaskriegsgefahren, sind Fragen reiner Technik und Funktionalität. Die Kategorien »Volk« und »Nation« würden dadurch selbst abgeschafft. Entstehen würde eine neue Welt,

»eine[r] Entdeckung, vernichtender und an Folgen reicher als die Entdeckung Amerikas«[64].

Am Ende würden dann sehr wahrscheinlich »imperiale Bildungen«[65], d.h. Weltreiche, vielleicht sogar ein einziges Weltreich[66], stehen. Welchen im »Arbeitsprozeß« befindlichen »Volkseinheiten« dabei auf jeden Fall ein Platz in der ersten Reihe beschieden sein wird, bleibt am Ende unausgesprochen, dürfte aber nicht schwer zu ergründen sein.

Gegenüber diesem titanischen Schreckensbild erscheinen die Ausführungen Adolf Hitlers in »anthropologischer« Konsequenz und literarischem Gehalt trotz all ihrer rassistischen Brutalität eher als rückwärtsgewandte Traditionsbildung und Volksbewahrung. In der Tat hatte Hitler zur Frage künftiger Geschlechter außerhalb seiner völkisch-rassischen »Lehre« wenig zu sagen und besaß auch nicht die plastische Imaginationskraft Jüngers. Im Hinblick auf die Frage des Verhältnisses von Zivilbevölkerung und Krieg sind in seinen beiden Büchern keine Angaben von vergleichbarer Originalität zu finden. In »Mein Kampf« können in dieser Hinsicht fast keine direkten Aussagen ausgemacht werden. Statt dessen sind bereits bekannte, allgemeine Elemente des »nationalen Wehrgedankens« zu erkennen, allerdings eingepaßt in die Hitlersche Ideologie.

Die Mischung von traditioneller Machtstaatsverherrlichung, völkischem Rassedenken und Sozialdarwinismus bildete den zentralen Ausgangspunkt für Hitlers Vorstellungen in bezug auf Kriegsmobilmachung und Krieg. Basis für Überleben und Sieg von Volk und Nation im ewigen, unausweichlichen Völkerkampf sind die

---

[62] Auch hier gilt: Für weitere Befunde in herrschaftstypologischer Hinsicht müßte Jüngers Gesamtwerk auf staatspolitisch-legitimatorische Aspekte hin abgeklopft werden. Anzusetzen wäre – vielleicht unter direkter Einbeziehung von Schmitt – bei der näheren Legitimierung der »Totalen Mobilmachung« als Ausdruck des »Totalen Staates«.
[63] Jünger, Arbeiter, S. 284–286 u.ö.
[64] Ebd., S. 292.
[65] Ebd., S. 291.
[66] Ebd., S. 190.

angeblich rassischen Qualitäten des nordischen Menschen. Der Arier als höchstes Wesen auf der Welt zeichnet sich durch »wahre« Kulturhaftigkeit und höchste Fähigkeiten zu Staatsbildung und -erhaltung aus. Als radikales Gegenbild erscheint »der Jude«, der, egoistisch, parasitär und zersetzend, nicht nur nicht in der Lage sei, eigene politische Verbände zu schaffen, sondern darauf hinarbeite, bereits bestehende Staaten und Völker zu verderben und zu zerstören[67]. Alle hiervon ausgehenden Gefahren, insbesondere innere Zersetzung und äußere Bedrohung, seien nur durch einen »germanischen Staat deutscher Nation« zu bannen[68].

Dieser Staat habe innenpolitisch neben den nötigen rassepolitischen Maßnahmen zur Erhaltung und Sicherung des Erbgutes vor allem eine Aufgabe: die Erziehung des Volkes zur Wehrhaftigkeit. Diese Aufgabe müsse von der Armee geleistet werden. Insbesondere das Heer, dem das deutschen Volk ohnehin schlichtweg »alles«[69] verdanke, sei hierzu berufen. Die genannten lebenswichtigen Werte, insbesondere Pflichttreue und Opfersinn, könnten in ihrer höchsten Form sowieso nur vom Militär vermittelt werden.

Die Armee liefere dem Volke ein entscheidendes Gut: »wirkliche« Männer. Jedes Jahr würden bei »normalen« Verhältnissen »350 000 kraftstrotzende junge Männer« von der Wehrausbildung entlassen, die der »allgemein um sich greifenden Verweichlichung und Verweibung« entgegenwirken könnten. Diese Männer hätten gelernt zu gehorchen und seien dadurch erst in die Lage versetzt worden, zu befehlen[70].

Die hier zutage tretenden, vor allem kleinbürgerlichen Vorstellungen von der Armee als der »hohe[n] Schule der deutschen Nation« unter autoritären Vorzeichen werden durch analoge Rollenzuweisungen für die weibliche Bevölkerung ergänzt. Hitler beschreibt die Frau im wesentlichen als Hüterin des Herdes sowie als Gebärerin und Erzieherin der Kinder. Statische Aufgabenteilung soll für die »wahre« und einzig aufbauende Lebensgestaltung sorgen.

Die Konsequenzen für das allgemeine Leben bleiben zwar unausgesprochen, sind aber deutlich erkennbar. Der wehrfähige Mann, militärisch ausgebildet und charakterfest, dient innerhalb der Familie als Vorbild, Befehlshaber und Erzieher. Seine Wehrhaftigkeit geht auf Frau und Kinder über. Sollte er an die Front müssen, steht die Familie selbstverständlich mit dem »treugermanischen Opfersinn« alle Gefahren und Unwägbarkeiten durch. Alle hierzu nötigen Vorbereitungen werden im Rahmen der Mobilmachung bereitwillig getroffen. Hitler geht in dem Zusammenhang auch auf die allgemeine Schulausbildung als essentielles Element der Heranbildung gesunder und aufbauender Volksglieder ein. Neben den üblichen, stereotypen Eigenschaften für die Wehrhaftmachung verlangt Hitler, die körperliche Betätigung sehr viel stärker zu berücksichtigen und auf keinen Fall

---

[67] Hitler, Mein Kampf, S. 329 ff.
[68] Ebd., S. 362.
[69] Ebd., S. 306.
[70] Ebd., sämtliche Zitate auf S. 308.

geistig überlastete und verdorbene »Stubenhocker« heranzubilden[71]. Ziel sei die Gewinnung idealistischer, gesunder, zum Heldentum geeigneter Volksglieder[72].

Über die eigentliche Durchführung der Mobilmachung findet sich in »Mein Kampf« an expliziten Aussagen eher wenig. Der allgemeine Rahmen ist aber bereits vorhanden, und zwar in den Abschnitten, in denen Hitler auf die entscheidende Funktion von Propaganda, Weltanschauung und Organisation verweist. Im 5. und 11. Kap. des 2. Bandes (»Weltanschauung und Organisation« bzw. »Propaganda und Organisation«) werden die nötigen Grundprinzipien für den Kampf zur Erlangung der politischen Macht in konziser Weise aufgeführt: Disziplin, Unterordnung, Gehorsam und fanatischer Kampfgeist anstatt Pluralität, Individualität und freier Diskussion. Diese, primär auf die innenpolitische Kampfzeit der nationalsozialistischen Bewegung bezogenen Leitsätze dienten als Folie für die Mobilmachung nach 1933. Hitler schwebte die Kombination einer relativ kleinen, radikalen und fanatischen Spitzenbewegung mit ubiquitärer Propaganda vor. Wenn diese durch Anwendung skrupelloser Manipulationstechniken die Massen genügend unter Kontrolle bringen könne, ließe sich das Ausmaß der Organisation, insbesondere die Zahl der Mitglieder, gering halten[73]. Es reiche dann aus, eine verhältnismäßig kleine Elite aufzunehmen, quasi um die Schalthebel bedienen zu können. Große Organisationen mit zu vielen Mitgliedern verlören schnell ihre Kampfkraft und seien unfähig, die Propaganda überzeugend, flexibel und nutzbringend ins Volk zu tragen, bzw. die Erträge der Propaganda in Kampfkraft umzuwandeln. Die Masse der Bevölkerung solle am besten durch Propaganda dazu gebracht werden, eine günstige Meinung und einen positiven Willen für die Bewegung einzunehmen.

Hier liegt eine Nahtstelle für die Anwendung der Weberschen Typologie. Das Konzept einer relativ kleinen radikalen Bewegung als Leitstrahl für das Volk verrät an sich hochgradig charismatisches Herrschaftsdenken. Die Mitglieder sind fanatisch auf den charismatischen Führer eingeschworene Jünger, die ausschließlich durch ihre Treue zu ihm ausgewählt werden. Als Kampftruppe zur Erringung der Macht an der Spitze ist eine solche Gemeinschaft überaus schlagkräftig. Für die Massenerfassung der breiten Bevölkerung – egal ob für Kriegsvorbereitungen oder rein politische Zwecke – reichte sie unter den Bedingungen moderner Gesellschaften allerdings kaum aus. Hier mußte eine weitreichende Kontrolle etabliert werden, die in erster Linie durch mehr oder weniger klare bürokratische Strukturen sichergestellt werden konnte. Infolge der preußisch-deutschen Verwaltungstradition, der sich auch die NSDAP, wenigstens was die konkrete Ausgestaltung ihrer Dienststellen und Strukturen anlangte, nicht entziehen konnte, lag damit ein massiver Ansatzpunkt für die Etablierung von Herrschaftspraktiken des rationalen Typus vor. Insofern erfüllten sich die Forderungen, die Hitler in »Mein Kampf« gestellt hatte, nicht.

---

[71] Ebd., S. 460–487.
[72] Vgl. dazu auch Messerschmidt, Bildung und Erziehung, S. 190–192.
[73] Hitler, Mein Kampf, S. 653 ff. Vgl. auch S. 193–204 und 262–269.

Deutlichere Überlegungen zum konkreten Verhältnis von Zivilbevölkerung, Mobilmachung und Krieg stellte Hitler in seinem »Zweiten Buch« an. Ausgehend von dem Diktum, daß zwischen den Völkern ewiger Lebenskampf herrsche, bei dem auch Siege immer nur Ausgangspunkte für neue Kämpfe seien[74], verlangte er eine Innenpolitik, die das Volk zu permanenter Wehrhaftigkeit erziehe. Entscheidend sei letztlich nicht das Vorhandensein von genügend Waffen oder der nötigen Organisation, denn diese könne man sich auf »technischem« Wege immer beschaffen. Viel wichtiger sei die Kampfbereitschaft des Volkes. Auf die »Gesinnung« komme es an.

In bezug auf die Grundlagen zur Herstellung der Gesinnung stechen zwei Elemente besonders hervor. Zum einen verwies Hitler auf die zentrale Rolle der Armee. Letztlich betrachtete er sie nicht nur als Schule, sondern – darin vor allem Ludendorffs Vorstellungen hinsichtlich des Verhältnisses von »Totaler Kriegführung« und »Totaler Politik« nicht unähnlich – als entscheidenden Takt- und Sinngeber für die allgemeine Mobilmachung und damit auch das zivile Leben insgesamt. Innenpolitik habe generell sowieso in erster Linie die Aufgabe, die nötigen Voraussetzungen für den außenpolitischen Lebenskampf zu schaffen[75]. Zum anderen – und hier wäre ein Vergleich mit den Schmittschen Dichotomien in bezug auf die kontinentalen und die maritim-angelsächsischen Kriegführungsprinzipien angebracht – legte der spätere Führer einen geradezu neidvollen Blick auf den »Engländer« an den Tag.

»Gerade unser Volk, das in seiner inneren rassischen Zerrissenheit so sehr die Eigenschaften vermissen läßt, die z.B. den Engländer auszeichnen – geschlossenes Zusammenstehen in Zeiten der Gefahr – hat wenigstens einen Teil dieser bei anderen Völkern natürlichen, instinktmäßig verankerten Veranlagung auf dem Wege der Erziehung durch das Heer erhalten[76].«

Zusammenstehen, Heroismus, Gemeinsinn und Opfermut – Tugenden, die die Engländer angeblich in genügendem Maße besäßen[77] – seien den Deutschen über die Armee erst noch anzuerziehen.

---

[74] Hitler, Zweites Buch, Kap. III und IV, insbes. S. 77. Auch zum Folgenden.
[75] Ebd., S. 62, 70 u.ö.
[76] Ebd., S. 63.
[77] Vor den Engländern hatte Hitler großen Respekt. Dies vor allem aus rassistischen Gründen. »Der Engländer« besitze ein großes Maß an Verbissenheit, Tapferkeit und Zähigkeit. Domarus, Hitler, Bd II, S. 1198 ff., und Mein Kampf, S. 158 f., 747. Trotz der dekadenten und von Verfall gekennzeichneten politischen Staatsform seien die Engländer dem »Rassekern« nach wertvoll und ausdauernd. Wie Hitler den Widerspruch zwischen angeblich dekadenter Demokratie und lebenskräftigem »Rassekern« in Großbritannien auslegte, müßte durch eine Spezialstudie geklärt werden. Eine These wäre, daß er einerseits hoffte, die Engländer würden auf Dauer, nicht zuletzt durch ein Bündnis mit Deutschland, zur »wahren« Staatsform der rassistischen Diktatur finden, er andererseits davon ausging, daß bei einem Krieg gegen England das letztlich bessere deutsche Menschenmaterial nach adäquater Erziehung und Mobilmachung gegenüber der »Schwäche und Dekadenz« der britischen Demokratie siegen würde. Das Dritte Reich, Bd 1, S. 263 f. bzw. 279 f.; Kluxen, Geschichte Englands, S. 802; Domarus, Hitler, Bd II, S. 1050 f., 1054 ff., 1198 f., 1237; Jäckel/Kuhn, Hitler, S. 657 f. Für den Respekt Hitlers vor den Engländern hinsichtlich der Luftkriegführung siehe Rauschning, Gespräche, S. 14. Für die vor Haß sprudelnde Verachtung vor der Staatsform Demokratie siehe, Rauschning, ebd., S. 104–106.

Diesen Grundgedanken reicherte Hitler wie schon im »Ersten Buch« mit rassistischen Thesen an[78]. Ausgehend von dem angeblich herrschenden Grundprinzip der stetigen Volksvermehrung und der daraus erwachsenden Konsequenzen, behauptet er, daß ein gesundes Volk sich stets ausdehnen müsse. Der einzig mögliche Weg im Umgang mit den Nachbarvölkern sei die gewaltsame Eroberung, eine Strategie, die dem deutschen Menschen sowieso zu eigen sei[79]. Zivile Methoden wie innere Kolonisation, Geburtenkontrolle oder sozialstaatliche Maßnahmen würden zu Feigheit, Auswanderung, Schrumpfung und schließlich zum Untergang führen.

Eine wahrhaft völkische und verantwortliche Politik würde demgegenüber die kräftigen Menschen, d.h. die »rassisch besten und wertvollsten Elemente«[80], heranziehen und sie an die Spitze einer Armee stellen, um den Expansionskampf zu beginnen. »Elitetruppen« wie die römischen Prätorianer, die »verlorenen Haufe« der Landsknechte oder U-Bootbesatzungen und Sturmbataillone seien zu bilden und in den Kampf zu schicken[81]. Diese würden für das Überleben des Volkes sorgen, dafür gleichzeitig aber hohe Verluste erleiden, während Feiglinge und Schwächlinge, wie sie in jedem Volk vorkämen, in der Heimat überleben würden[82].

Erneut tritt hier der Widerspruch zwischen dem militärischen Helden, dem Frontkämpfer, und dem angeblich schwächlichen Zivilisten hervor. Und ähnlich wie schon bei den anderen Autoren wird versucht, ihn mit der Forderung nach einer »Totalen Mobilmachung« und Durchdringung des Volkes unter geistiger Ausrichtung auf den feldgrauen Kämpfer aufzuheben. Zwar geschieht dies letztlich mit weniger psychologischer, sozialer und anthropologischer Konsequenz als bei E. Jünger, aber im Hinblick auf die praktischen staatspolitischen Forderungen gleich radikal[83]. Die zivile, liberalistische und dekadente Demokratie Weimarer Prägung und die sie tragenden Strukturen und Grundprinzipien mußten nach dieser Lesart abgeschafft und durch einen Frontsoldatenstaat unter Führung der nationalsozialistischen Bewegung mit ihm selbst an der Spitze ersetzt werden. Hitler reihte sich auf seine Weise in die geistige Phalanx der Mobilmachungsideologen ein.

Systematische Legitimierung des Krieges, »Totale Mobilmachung«, Forderung der Verinnerlichung von Krieg und Militär im Denken und Fühlen der Zivilbevölkerung sind Elemente, die bei allen untersuchten Autoren durchgängig zu finden sind. Das geistige Klima in Deutschland wurde von diesem Gedankengut nachhaltig beeinflußt. Konflikte, die zwischen den einzelnen Standpunkten entstanden,

---

[78] Die Ideologie der Hitler-Bewegung war insgesamt – auch was die hier interessierenden Elemente anging – wenig originär, sondern griff auf ein ganzes Sammelsurium bereits bestehender Vorstellungen zurück. Machtstaatsdenken und die Deutung der internationalen Beziehungen als »Lebenskampf« gehörten ebenso dazu wie die Verherrlichung der Armee als »Schule der Nation«. Zu diesen Vorstellungen siehe oben, S. 36 f., und Gundelach, Der nationale Wehrgedanke, S. 514 f., 588 ff.
[79] Hitler, Zweites Buch, S. 78 und 50 f.
[80] Ebd., S. 49.
[81] Ebd.
[82] Ebd.
[83] Ebd., S. 69.

erwiesen sich letztlich als unbedeutend. So wurden Jünger nach der Veröffentlichung des »Arbeiters« wegen der angeblich sozialistischen und gleichmacherischen Grundtendenzen von seiten der NSDAP »Kopfschüsse« angedroht[84], und er soll auch nach dem Röhm-Putsch 1934 auf der Todesliste gestanden haben[85]. Nichtsdestotrotz hatte er in den vorhergehenden zehn Jahren einen überaus wichtigen Beitrag zur Gestaltung einer militärisch geprägten Mobilmachungsideologie und der Schaffung eines entsprechenden öffentlichen Bewußtseins geleistet. Die politische Ausgestaltung dieser Vorarbeit sollte aber der Hitler-Bewegung vorbehalten bleiben.

Alternativen zu den Forderungen nach einer umfassenden Militarisierung von Bevölkerung und Staat waren bis 1933 durchaus vorhanden[86]. Gewerkschaften und pazifistische Organisationen mit einer nicht zu unterschätzenden Anzahl von Mitgliedern und Anhängern riefen zu Völkerverständigung, Abrüstung und friedlicher Politik auf. Im Parteienspektrum der Weimarer Republik plädierten vor allem die SPD, Teile des Zentrums und der liberalen Parteien für eine zivile Gesellschaft ohne aggressive Mobilmachung. Die Kommunisten lehnten eine materielle und psychologische Aufrüstung, die nicht ihren ideologischen Zielen diente, ab und gingen politisch dagegen vor, wenn sich eine Möglichkeit dazu ergab. Diese Kräfte aber konnten sich auf die Dauer nicht durchsetzen und gerieten ab 1929 immer mehr ins Hintertreffen[87]. Die Masse des Bürgertums setzte offensichtlich auf militärische Denkweisen und dies je stärker, je tiefer die Republik in die Krise stürzte. Im publizistisch-medialen Bereich setzte eine Welle von militärischen und militaristischen Veröffentlichungen ein, die das geistige Klima stark beeinflußten[88]. Bücher und Filme mit eindeutig kriegsverherrlichender Tendenz überfluteten geradezu den Markt – ein Indiz für die eindeutige Akzeptanz der entsprechenden Denkmuster und die zunehmende Neigung nach radikaler Umgestaltung von Staat und Gesellschaft. Die Wirkung dieser Propaganda erfaßte auch Teile des Zentrums. Ein vollkommen einheitliches Meinungsspektrum existierte selbstverständlich nicht. Dennoch entstand ein Grundkonsens, der weit über das Jahr 1933 hinausreichte[89].

---

[84] Schwilk, Ernst Jünger.
[85] Inwieweit dies letztere der Wahrheit entspricht, muß allerdings dahingestellt bleiben. Herbert, Best, S. 145 f.
[86] Zum Folgenden vgl. grundlegend Wette, Ideologien, S. 23–173. Es existieren noch Aufsätze späteren Datums von Wette: Nationalsozialistische Gewaltideologie und Hitlers Kriegspläne und Die schwierige Überredung zum Krieg, beide in: Wette, Militarismus, S. 152–181, die im wesentlichen auf dem Beitrag zu Das Deutsche Reich und der Zweite Weltkrieg basieren.
[87] Vgl. zusätzlich Wette, Von Kellogg bis Hitler, S. 121–151.
[88] Ebd., S. 94–99. Dazu auch Winkle, Der Schock, S. 319 ff.
[89] Es ist im einzelnen bislang nicht genau festzustellen, wie weit die Akzeptanz bei den einzelnen Schichten und Gruppen genau ging. Auch Wette kann trotz seiner verdienstvollen Übersicht über die Kriegsfilme und -bücher letztlich keine verbindlichen Angaben zur genaueren Akzeptanz innerhalb der bürgerlichen Schichten machen. Dies ist generell auch sehr schwierig, da es statistische Unterlagen hierzu wohl kaum gibt und die Meinungsforschung noch nicht existierte. Immerhin aber spricht die Tatsache, daß bei Kriegsbeginn in allen gesellschaftlichen Lagern Ernüchterung und Angst herrschten (Wette, Ideologien, S. 137–142), dafür, daß es eine Sache war, die totale Mobilmachung zu fordern, eine andere jedoch, den Krieg praktisch zu akzeptieren.

II. Staats- und gesellschaftspolitische Grundlagen

Die dargestellten Vordenker und Theoretiker bildeten eine Art äußerste Grenze des Vorstellbaren ab. An diesen Positionen richteten sich die Militärs, die Wehrverbände und sonstigen bürgerlichen Vereinigungen, die Mehrheit der Studenten und schließlich wohl auch die Masse der politisch nichtorganisierten bürgerlichen Schichten aus[90]. Die praktische Umsetzung, wie sie die Nationalsozialisten schließlich bewerkstelligten, wurde nach Ausschaltung der kommunistischen, pazifistischen, sozialdemokratischen und linksliberalen Kräfte nie ernsthaft in Frage gestellt. Insbesondere die Militärs, in deren Reihen progressive Kräfte im Sinne des Nationalsozialismus die »Totale Mobilmachung« intern ebenfalls schon lange vorher gefordert hatten[91], waren erfreut, als ihnen Hitler die innere Militarisierung quasi abnahm und ihnen gleichzeitig dadurch die Position als abgehobener Machtfaktor vorderhand garantierte[92]. Damit ersparte er ihnen die unter demokratischen Bedingungen zu erwartenden Kämpfe mit den Pazifisten und den linksstehenden politischen Kräften bei der Herstellung einer Wehrgemeinschaft nach ihrem Gusto und enthob sie des Risikos, durch mögliche soziale Verflüssigungseffekte der angestrebten inneren Mobilmachung in einen Strudel des Machtverlustes und der Einebnung zu gelangen. Hier bereitete vor allem die SA erhebliche Sorgen. Diese wurden durch ein politisches Bündnis mit Hitler ausgeräumt, das mit der Ermordung der SA-Führung und der politischen Ausschaltung der von den Militärs als gesellschaftlicher Risikofaktor gerade im Zusammenhang mit der Militarisierung betrachteten SA schließlich einen ersten Höhepunkt erreichte. Der Pakt mit dem Teufel sollte die Militärs dann aber später selbst alle Macht kosten und sie in einen Rassekrieg hineinziehen, der sie organisatorisch und moralisch vernichtete.

Die Autoren der vielfältigen Ansätze zur Militarisierung der Gesellschaft sahen die Entwicklung bis 1945 in ihrer ganzen Radikalität meist nicht voraus, forderten sie in der Form auch nicht. Dennoch stellen sie entscheidende Wegbereiter der Katastrophen bis 1945 dar. Der Rassekrieg ließ sich sehr gut mit den Vorstellungen vom »Totalen Krieg«, den Thesen vom Krieg als permanenten und generell entscheidenden Faktor der Weltgeschichte, dem dauernden Freiheitskampf der deutschen Nation und dem durchaus auch außerhalb der nationalsozialistischen Bewegung vorhandenen sozialdarwinistischen Gedankengut in Einklang bringen. Hitlers Ideen zur Militarisierung der Gesellschaft waren selbstverständlich keine reine Taktik – er verlangte die Wehrhaftmachung der Zivilbevölkerung ernsthaft –, stellten aber nur eine Art Vorbedingung zur Durchführung des Rassekrieges dar. Die Vorstellung des politischen Soldaten (SA, SS) und die damit zusammenhän-

---

Kettenacker hat dies sehr wohl erkannt, wenn er schreibt, daß Hitler ein Schauspieler gewesen sei, der Bedürfnisse und Vorstellungen seiner kleinbürgerlichen Zuschauer befriedigte, sich dann aber »mit seiner Rolle so identifizierte, daß er den Mord, den er vorstellen sollte, tatsächlich beging, ohne daß es das applaudierende Publikum recht gewahr wurde.« Kettenacker, Sozialpsychologische Aspekte, S. 121.

[90] Vgl. Sywotteck, Mobilmachung, insbes. S. 13–22, mit weiteren reichhaltigen Belegen.
[91] Vgl. als ein Beispiel etwa BA-MA, RH 2/417, Gedanken über den Krieg der Zukunft (31.3.25), S. 8 f., 13–22, Vorschlag zu Alexander 872 Ui pers. vom 18.5.1925, S. 8–10. Ausführlicher dazu unten, S. 132–137. Vgl. auch Deist, Reichswehr, S. 81–92, v.a. 85.
[92] Vgl. Hillgruber, Großmachtpolitik. Auch zum Folgenden. Vgl. auch Fallois, Kalkül, S. 20–139.

genden, zunächst noch zivilen Militarisierungstendenzen dienten zudem dem innenpolitischen Kampf und damit durchaus parteipolitischen Zielen – Zielen, die von den Vertretern des nationalen Wehrgedankens durch die totale Mobilmachung ja gerade von der Tagesordnung gestrichen werden sollten[93].

Die Vorbereitung der Zivilbevölkerung auf die Gefahren durch die moderne Luftwaffe und den Bombenkrieg ging innerhalb dieser staats- und gesellschaftspolitischen Parameter vonstatten. Analog zu den Vorstellungen vom unbeugsamen Grabenkämpfer an der Westfront des Ersten Weltkrieges hatte sich das Bild des eisernen Volkskörpers entwickelt, der sich auch den »Vernichtungszonen« (Jünger)[94] in den Großstädten gewachsen zeigt. Ergänzen ließ sich dies ohne weiteres durch die von Schmitt scharf formulierte Abgrenzung der angeblich deutschen Lebensart mit den Eigenschaften kontinental – Landfront – Soldat von der angeblich englischen maritimen – zivilen – bürgerlichen: der deutsche Bodenkrieger als Vorbild für die deutsche Lebensart schlechthin, auch für den zivilen Menschen im Bombenhagel[95].

Die propagandistisch-psychologische Reichweite dieser geistigen Mischung und ihre Verbindung zur Technik (Luftwaffe) unter den Aspekten Aggression, Angriff und Terror läßt sich am besten an Hitlers Vorstellungen aufzeigen. Luftmacht stellte für ihn eines unter vielen Mitteln dar, um die feindliche Bevölkerung zu demoralisieren und dadurch den Krieg zu entscheiden. Andere Möglichkeiten waren: der Einsatz von Agenten mit Giftgas oder Bakterien, subversive Tätigkeiten, Intrigen, Schüren von inneren Problemen der Feindstaaten schon im Frieden, Anzettelung von Revolutionen, Entwicklung von Wunderwaffen etc.[96]. Hitler legte dabei eine teilweise hybride Imaginationskraft zutage, die mit moderner Kriegführung, insbesondere der Planung des Luftkrieges, nicht viel gemein hatte[97]. Die Luftwaffe stellte für ihn eine »männliche Waffe«, eine »germanische Art des Kampfes« dar[98]. Er ging davon aus, daß laufende Bombardierungen die feindliche Bevölkerung zermürben würden. Eine Terrorflotte von Kampfflugzeugen oder anderen technischen Waffen würde die feindliche Moral zerschlagen[99]. Die eigene Bevölkerung dagegen könne derlei Angriffe durch ihre rassische Überlegenheit und die Wehrhaftmachung im nationalsozialistischen Staat besser bewältigen[100].

---

[93] Gundelach, Der nationale Wehrgedanke, Kap. B. IV, insbes. S. 566–591.
[94] Siehe oben, S. 48.
[95] Vgl. allerdings die Einschränkung wegen der noch im Entwicklungsstadium befindlichen Luftmacht, die es nach Schmitt erschwere, die Luftkriegführung einer der beiden »Lebensarten« direkt zuzuordnen. Siehe oben Anm. 20. Dies bezieht sich jedoch eher auf die Grundanlage der jeweiligen militärischen Kriegführung. Für die Zivilbevölkerung als passives, am Boden »gefesseltes« Element gelten bei konsequenter Anwendung der Schmittschen Vorstellungen die »traditionell gewachsenen« Verhältnisse und Vorbilder, d.h., der deutsche Zivilist müßte sich als »Bodenkrieger« dem Bombenkrieg stellen und dabei dem englischen »Zivilisten«, der lieber im Privaten verharre, überlegen sein.
[96] Rauschning, Gespräche, S. 9–17.
[97] Overy, Hitler.
[98] Rauschning, Gespräche, S. 14.
[99] Ebd., S. 411.
[100] Zu dieser Feststellung und ihrer ambivalenten Grundlage bei Hitler, insbesondere im Hinblick auf »den Engländer«, siehe oben Anm. 77.

Hitler mystifizierte und verklärte den Krieg als konvulsisches Erlebnis, als
»Muspilli, Weltenbrand«[101], in dem der germanische Mensch, beispielhaft verkörpert im Frontsoldaten, unter Ausnutzung aller technischen Mittel und unter Einsatz seiner kämpferischen Grundhaltung letztlich siegen werde.

Die Umsetzung dieser teilweise höchst irrationalen und charismatischen Vorstellungen in organisatorische und psychologische Macht und die dabei auftretenden Ergebnisse, Schwierigkeiten und Widersprüche werden einen wesentlichen Aspekt der in den folgenden Kapiteln durchzuführenden Analyse darstellen.

2. Großbritannien: zivile Gesellschaft und »verdeckte« Wehrhaftigkeit

Das Verhältnis der britischen Demokratie zu Krieg und Wehrhaftigkeit ist nicht leicht zu bestimmen. Im Gegensatz zu Deutschland, wo ab 1933 die offizielle Linie sehr klar zutage trat, da innere Kriegsmobilmachung und Wehrhaftigkeit als Ziel verbindlich gemacht und in alle Bereiche des Lebens getragen wurden, blieb in Großbritannien das öffentliche »demokratische Chaos« bestehen[102]. Die Demokratie schien als Staatsform überhaupt ihrem Ende entgegenzugehen. Fortgesetzte nationale, wirtschaftliche und soziale Konflikte, außenpolitische Schwäche infolge des langsamen Zerfalls des Empire, allgemeine Erschöpfung und Ermüdung nach dem Ersten Weltkrieg, Meinungsvielfalt und offensichtliche Führungsschwächen, Hungermärsche und Pazifismus, Streiks und staatspolitische Problemsituationen ließen Schlimmes für die Zukunft erahnen[103]. In weiten Teilen von Staat und Gesellschaft entstand Krisenstimmung. Vielerorts gewann man den Eindruck, daß dieses Staatssystem direkt in den Abgrund stürze. Nicht wenige Betrachter befürchteten Verfall und Anarchie:

»In 1931 men and women all over the world were seriously contemplating and frankly discussing the possibility that the Western system of Society might break down and cease to work[104].«

Demgegenüber schien in Deutschland seit 1933 aufgrund der nationalsozialistischen Einheitspolitik Ordnung und Stabilität wieder hergestellt[105]. Diese angeblichen Erfolge der deutschen Diktatur trugen noch zur Vergrößerung der Krisenstimmung bei. Hitlers immer wieder vorgetragene Verachtung für das demokratische System speiste sich aus der undifferenzierten Betrachtung der angeblich chaotischen Verhältnisse. Die Dichotomie, die daraus entstand, dürfte auch teilweise auf die deutsche Bevölkerung abgefärbt haben. Insofern bestand ein gewisser nationenübergreifender Konsens hinsichtlich der Schwäche der Demo-

---

[101] Rauschning, Gespräche, S. 11.
[102] Morris, Roots, S. 52, 59, 65.
[103] Zum Folgenden vgl. Kluxen, Geschichte Englands, S. 674–696; Niedhart, Geschichte Englands, Kap. B.I.1.b., B.I.2.b.; Thomson, England, S. 60–85, 108–141, 151–168; Wendt, Großbritannien, S. 23–25; Middlemas, Diplomacy, S. 9–29; Havinghurst, Britain, S. 188–266; Cronin, Politics, Kap. 5–8.
[104] Toynbee, The survey of International Affairs 1932, zit. nach: Havinghurst, Britain, S. 229.
[105] Vgl. Schwarz, Reise, S. 225–232.

kratie, der nicht zuletzt auch auf die mangelnde nationale Durchdringung der Verhältnisse und spezifische psychologische Befindlichkeiten der Zeitgenossen zurückging. Viele Briten glaubten die Mär vom starken, überlegenen Deutschland mit seinem großen Führer ein Stück weit selbst.

Betrachtet man nun allerdings die Durchhaltefähigkeit der Briten im Zweiten Weltkrieg, die in klarem Gegensatz zur scheinbar vorherrschenden »Schwäche und Dekadenz«[106] steht, gerät man in Erklärungszwang. Die Weigerung, vor dem fortlaufenden Bombardement der deutschen Luftwaffe zu kapitulieren, und die geschlossene innere Front für Wehrdienst, zivile Verteidigung und Kriegsproduktion paßt überhaupt nicht in das Bild einer zerstrittenen, vom Klassenkampf bedrohten und handlungsunfähigen Nation.

Für diesen Widerspruch gibt es verschiedene ideologisch-populäre Deutungsangebote, von denen die Interpretationen der hauptbeteiligten Gegner am aussagekräftigsten sind. Sie stellen quasi die inhaltlichen Eckpunkte dar, zwischen denen sich andere, ebenfalls simplifizierende Erklärungsmuster bewegen.

Nach Hitler sind die angeblichen Gegensätze entlang ideologisch-rassistischer Grundlinien zu erklären. Die Briten, die für ihn ihrem »Rassenkern« nach ein sehr reines Volk ohne größere Vermischung mit minderwertigen Elementen waren, zeigten unter der Bedrohung äußerer Gewalt und dem Zwang zum Überleben ihre »wahren« Eigenschaften[107].

Auf der entgegengesetzten Seite gab es und gibt es auch heute noch viele Betrachter, darunter etliche Briten selbst, die die Widersprüche mit angeblichen Nationaltugenden erklären. Die Briten in ihrer demokratisch-pragmatischen und liberalen Art hätten sich 1939 in geradezu selbstverständlicher Weise zu ihren Traditionen bekannt, seien als Nation zusammengestanden und hätten dadurch ihre tieferen Bindungen enthüllt[108]. Unter Zuhilfenahme des sprichwörtlichen »common sense« und einer »Matter-of-fact«-Betrachtungsweise habe man langsam, aber bestimmt, immer aber britisch-kühl, liberal und souverän die nötigen Aufgaben, d.h. die Verteidigung von Frieden, Freiheit und Nation, angepackt[109].

Ansichten, die auf einer Zusammenhäufung derartiger Klischees basieren, sind nicht gerade geeignet, um tiefere Einblicke in die britische Grundhaltung zum Phänomen Krieg zu gewinnen, und in der Tat wurde in der Forschung auch bereits auf die Mythenhaftigkeit dieser Erklärungsansätze hingewiesen[110]. Es steht zu vermuten, daß derlei unkritische Meinungen nicht zuletzt auch auf die Weltkriegspropaganda unter Winston Churchill zurückgehen. Bei der großen mentalen

---

[106] Kluxen, Geschichte Englands, S. 802.
[107] Siehe oben S. 52 mit Anm. 77. Man darf sich von den öffentlichen Äußerungen Hitlers hinsichtlich der angeblich morbiden Engländer nicht zu sehr beeinflussen lassen. Die Briten wurden von ihm als ernste Gefahr angesehen, auch wenn er in internen Gesprächen immer wieder betonte, in Deutschland gäbe es das bessere Menschenmaterial. Es wäre interessant zu erforschen, ob Hitler der Meinung war, daß er den Briten evt. durch seine Aggressionspolitik zu ihrem »wahren« Wesen verholfen habe.
[108] Dazu Middlemas, Politics, S. 17 f.
[109] Vgl. etwa The British People go to War, in: The British People at War, S. 3 ff.
[110] Morgan/Evans, Battle, S. 5, 135 u.ö.

II. Staats- und gesellschaftspolitische Grundlagen 59

und psychischen Wirkung, die der Zweite Weltkrieg auf das britische Nationalbewußtsein ausübte, wäre ein verdecktes Weiterwirken entsprechender Inhalte nach 1945 nicht verwunderlich.

Wesentliche Tendenzen der tatsächlichen Zusammenhänge wurden von der Forschung bereits teilweise offengelegt[111]. Es gilt als erwiesen, daß in der britischen Geschichte wenigstens bis zum Ersten Weltkrieg militärische Traditionen eine erheblich geringere Rolle spielten als in der deutschen. In den Formationsjahren des modernen Nationalstaates – also im 19. Jahrhundert bis zum Beginn des Ersten Weltkrieges – wurde die Gesellschaft Britanniens nicht oder kaum vom Militär dominiert[112]. Erklärt wurde dieser Sachverhalt meist damit, daß die militärische Macht, vor allem die britische Armee, ein kleines Heimatheer ohne größeren politischen Anspruch gewesen sei, das sich ohne weiteres in die verfassungsstaatliche Ordnung eingepaßt habe. Für die Marine und ihre Offiziere gelte mutatis mutandis dasselbe. Auch die zunehmende Begeisterung für Empire und Navy im Gefolge des Imperialismus hätte nicht zum Überhandnehmen wirklich »militaristischer« Tendenzen in der Gesellschaft geführt. Dies wird meist als Beleg für die dauerhafte demokratische Tradition gewertet. Großbritannien sei das klassische Land zivil-liberaler Lebensweise. Die machtpolitisch herrschenden bürgerlichen Klassen hätten sich strikt gegen jedwede militärische Prädominanz gewandt, und die wenigen Aufstände von seiten der Truppen könnten eher als lokal und zeitlich begrenzte Krisen angesehen werden.

Dieses Bild gibt nur einen Teil der tieferen Zusammenhänge wieder und muß sehr stark differenziert werden. In der Tat gab es in Großbritannien keine übermächtige Armee im Land selbst, die aufgrund ihrer Aufgaben und ihres daraus erwachsenden Selbstverständnisses entsprechenden Druck auf die Gesellschaft hätte ausüben können. Die in Großbritannien stationierten Truppen bestanden im wesentlichen aus Gardeinfanterie und Kavallerie, die von einem adligen Offizierkorps ohne tiefergehende militärische Ausbildung und ohne ein entsprechend zentriertes Standesbewußtsein geführt wurden. Diese Offiziere besaßen daher kein spezifisch politisches Interesse, militärische Prinzipien in der Gesamtgesellschaft durchzusetzen. Auch wenn sie dies versucht hätten, wären sie als politische Machtgruppe den zivilen liberalen Politikern und Schichten wohl kaum gewachsen gewesen.

Anders stand es jedoch um das Bewußtsein der Kolonialtruppen, die die eigentliche Masse der britischen Armee ausmachten. Sie besaßen einen hohen professionellen Ausbildungsstand und wurden auch von entsprechend ausgebildeten Offizieren geführt. Anders als landläufig angenommen, nahmen diese Einheiten sehr häufig an Kampfhandlungen teil, jedoch nicht in Europa, sondern überall verstreut im Empire. In diesem Kontext entwickelten Soldaten und Offiziere sehr wohl militärisches Bewußtsein und Korpsgeist. Dies konnte aber im Mutterland lange nicht wirksam werden, da die Truppen bis 1914 in ihrer Masse dort so gut

---

[111] Eine restlose und umfassende Klärung kann an dieser Stelle nicht geleistet werden, da hierzu weitergehende Spezialstudien erfolgen müßten.
[112] Zum Folgenden vgl. Strachan, Militär, S. 78–93.

wie nicht anwesend waren. Erst im Ersten Weltkrieg ergaben sich hier grundlegende Änderungen.

Das Fehlen einer durchgreifenden und direkten militärischen Beeinflussung der Zivilgesellschaft, wie dies in Deutschland der Fall war, ging also eher auf praktische Gründe zurück und weniger auf die demokratische Grundhaltung und die entsprechende Verfassungstreue des Militärs.

Auch entspricht es nicht den Tatsachen, daß die Zivilbevölkerung generell gegen militärische oder militaristische Beeinflussung immun war. In ihren Reihen kam es seit dem Ende des 19. Jahrhunderts durchaus zu massiver Militärbegeisterung. Die liberalen Schichten hatten das Militär als Lebensform zwar lange Zeit abgelehnt und es im eigenen Land auch als Bedrohung empfunden, aber als Machtfaktor und Symbol des aufstrebenden Empire wurde es hochgeschätzt. Die militärischen Aktionen und Erfolge im Empire wirkten dann auch auf das Mutterland zurück und führten schließlich zur Begeisterung für militärische Einsätze und das Militär überhaupt. Dies hatte zeitweise eine überaus aggressive Stimmung zugunsten militärischer Intervention zur Folge, auch bei Liberalen[113]. Parallel dazu entwickelte sich im Laufe der Zeit in Teilen der Bevölkerung eine überaus fremdenfeindliche und rassistische Grundhaltung, der sog. »jingoism«. Während der letzten größeren Expansionsphase des Empire in Südafrika wurden die liberalen Prinzipien William E. Gladstones, die auf Rationalität, Humanismus und Völkerrecht gegründet waren, teilweise durch Machtstaatsauffassungen und patriotisch-chauvinistische Überlegenheitsvorstellungen verdrängt, die sich auch im politischen Kräftefeld auswirkten[114]. Dies widerspiegelte sich auch in einer überaus nationalistischen Propaganda und in der Gründung von Wehr- und Marinevereinen[115]. Vorstellungen wie das deutsche Diktum von der »Armee als Schule der Nation« entwickelten sich nach Lage der Dinge jedoch offensichtlich nicht.

Die Haltung der bürgerlichen Schichten, die im 19. Jahrhundert kaum Sympathien für die militärische Lebensweise zeigten, änderte sich schließlich unter den politischen Bedingungen im Jahrzehnt vor dem Ersten Weltkrieg grundlegend[116]. Hierzu trug in nicht geringem Maße die Kriegsfurcht, insbesondere die Angst vor einer deutschen Invasion, bei. Die zu diesem Thema zahlreich veröffentlichten Bücher und Artikel hinterließen einen starken Eindruck bei der Bevölkerung. Schließlich folgte eine regelrechte Propagandakampagne, in deren Zentrum eine Artikelserie der Daily Mail stand: »The Invasion of 1910«. In engem Zusammenhang damit unternahm der ehemalige Armee-Oberbefehlshaber Lord Frederick S. Roberts massive Anstrengungen zur Einführung einer auf der Wehrpflicht basie-

---

[113] Für die radikale Kriegsbegeisterung, die zum britischen Eingreifen auf der Krim 1854 führte, vgl. Cassels, Ideology, S. 65 ff. Vgl. auch die Begeisterung für die Befreiungsaktion für Gordon 1884/85 und die Befreiung der britischen Garnison Mafeking im Burenkrieg, in: Strachan, Militär, S. 89.
[114] Vgl. Taylor, Patriotism, S. 974–976. An dieser Stelle kann nicht genauer auf die Querverbindungen zwischen »jingoism«, Militärbegeisterung und Zivilbevölkerung im Edwardian England eingegangen werden.
[115] Gat, Fascist, S. 131 mit Anm. 2.
[116] Zum Folgenden vgl. Clarke, Voices, Kap. 4, insbes. S. 144–161.

II. Staats- und gesellschaftspolitische Grundlagen 61

renden Heimatverteidigungstruppe. Die Einführung der Wehrpflicht scheiterte zwar vorläufig, da ein Großteil der britischen Männer es zunächst weiterhin ablehnte, in persona in der Armee zu dienen. Als Ersatz aber traten viele in paramilitärische Verbände, so z.B. der Boy Scouts, studentische Freiwilligenverbände oder die Territorialarmee ein. Schon vor 1914 erwarb so eine beträchtliche Anzahl von britischen Männern und Jugendlichen militärische Kenntnisse[117].

Unter dem Eindruck der deutschen Invasion in Belgien meldete sich 1914 dann eine große Anzahl von Freiwilligen für die reguläre Armee, wobei nicht nur völkerrechtlich-ideologische Motive, sondern auch die inzwischen etablierte positive Grundhaltung zum Militär eine Rolle spielte. Die Truppen, die ihre Mannschaften bis dato eher aus der ländlichen, später aus der industriellen Arbeiterschaft rekrutierten, wurden nun mit Bürgerlichen angefüllt.

Man kann also sagen, daß es in Großbritannien keineswegs ausschließlich Liberalismus und Militärfeindlichkeit gab. Im Laufe der Zeit wurde das Militär nicht nur akzeptiert, sondern auch als geistiges Vorbild benutzt. Insbesondere, wenn es um die Verteidigung der Britischen Inseln selbst ging, war man in den bürgerlichen Schichten bereit, einen persönlichen Beitrag zu leisten. Die Wehrpflicht führte die Regierung erst 1916 ein[118].

Der Erste Weltkrieg sollte insgesamt zeigen, daß eine rigorose und durchgreifende Mobilmachung ohne wirklich bedeutsame innere Widerstände auf die nationale Tagesordnung gebracht werden konnte[119]. Im Hintergrund standen hier unter anderem die teilweise propagandistisch geschürten Ängste der Bevölkerung vor feindlicher Eroberung, obwohl deutsche Marine und deutsches Heer sich keineswegs in der Lage zeigten, eine großangelegte Invasion gegen die Britischen Inseln durchzuführen und die strategischen Planungen etwa des Großen Generalstabes auch in eine ganz andere Richtung liefen.

Generell ist festzuhalten, daß in Großbritannien Militarismus als geistiges Prinzip zwar nicht so demonstrativ in die zivile Gesellschaft getragen wurde wie in Deutschland; Wehrhaftigkeit als erstrebenswerte Tugend aber existierte definitiv.

Im politischen und sozialen Leben bildeten Liberalismus und Militär generell nicht das diametrale Gegensatzpaar, wie man annehmen könnte. So sah das Wirtschaftsbürgertum, das sich bis zum Ersten Weltkrieg strikt weigerte, persönlichen Militärdienst zu tun, sehr wohl ein, daß zur Wahrung der politischen Interessen militärische Macht nötig war, und erklärte sich bereit, für diese Macht wenigstens zu bezahlen. So wurden die Streitkräfte mit vergleichsweise reichhaltigen staatlichen Steuermitteln ausgestattet[120].

Auch im geistesgeschichtlichen Bereich lassen sich Affinitäten feststellen. Liberales Bewußtsein schloß eine militärische Grundhaltung nicht prinzipiell aus. Dies

---

[117] Strachan, Militär, S. 90.
[118] Robbins, Eclipse, S. 92 f.
[119] Zur Militarisierung und Brutalisierung der Öffentlichkeit im Ersten Weltkrieg vgl. Mosse, Erster Weltkrieg, S. 127 ff.
[120] Strachan, Militär, S. 91–93.

gilt auch für Vordenker und Führungsgestalten wie z.B. George M. Trevelyan, einen der bedeutendsten liberalen Historiker Großbritanniens im 20. Jahrhundert.

»Closely associated [in Trevelyans thinking, B.L.] with the concept of Liberalism [...] would be that of war[121].«

Auch große Teile der Arbeiterschaft verschlossen sich dem Krieg nicht. So kam es zu einem großen Kriegsbündnis, das – allerdings ohne die Labour-Anteile – sogar bis nach der deutschen Niederlage Bestand hatte (Ende 1922)[122]. In der Bevölkerung hatte der »war spirit« lange vorher sein Ende gefunden. Noch während des Krieges hatte sich Müdigkeit ausgebreitet, die zusammen mit anderen Faktoren zu Streiks und Auflehnung führte. Die Euphorie über das siegreiche Kriegsende 1918 war dann unter anderem durch die Offenbarung der Kosten des Krieges, auch der sozialen, stark gedämpft worden. Die Entbehrungen und die hohen Verluste, Demobilisierungskrisen und fortgesetzte soziale Probleme hatten ein übriges getan. Daran hatte auch das letztlich technisch erfolgreiche Kriegsmanagement der Regierung, insbesondere David Lloyd Georges, nichts ändern können[123].

Es ist vielfach darauf hingewiesen worden, daß die Nachkriegszeit entscheidend von der Friedenssehnsucht und dem Ruhebedürfnis der Briten geprägt worden sei. Nach vier Jahren der Entbehrungen habe man generell auf innere und äußere Pazifizierung Wert gelegt. Anders als in Deutschland, wo nach dem »Schmachfrieden« große Teile der Gesellschaft in Fortführung der bestehenden nationalistischen Tradition einen inneren Konsens in bezug auf die Notwendigkeit zu dauerhafter Mobilisierung in einem Wehrstaat entwickelten, hätten sich die Verhältnisse in Großbritannien in die entgegengesetzte Richtung entwickelt. Als Symbolfigur für die entsprechende Grundhaltung der Briten gilt Stanley Baldwin, Premierminister 1923, 1924–1929 und 1935–1937. Baldwin – ein ruhiger, auf Ausgleich und Stabilität bedachter Mann – steht für das Streben nach Aufrechterhaltung des Systems unter Vermeidung offener Konflikte (Baldwinism)[124].

Dieser Wunsch sollte sich jedoch als utopisch erweisen. Massive innere Konflikte waren vorprogrammiert. Große Teile der Unterschichten, vor allem die Menschen in den wirtschaftlichen Krisengebieten in Mittel- und Nordengland, lebten teilweise unter katastrophalen Bedingungen. Insbesondere die Labour Party, die infolge des Engagements im Krieg erheblich an moralischem und politischem Gewicht gewonnen hatte, drängte auf soziale Verbesserungen. Diese waren im Rahmen des Kriegseinsatzes mit Slogans wie »A Nation fit for heros« (Lloyd George)[125] auch versprochen worden. Eingelöst hatte man diese Versprechen nach 1918 allerdings nicht[126]. Dies und die fortgesetzte Strukturkrise der britischen

---

[121] Howard, War, S. 9.
[122] Blake, Conservative Party, S. 202–214; Robbins, Eclipse, S. 128–132; Niedhart, Geschichte Englands, S. 164; Webb, Modern England, S. 506–509.
[123] Middlemas, Politics, S. 94–151; Niedhart, Geschichte Englands, S. 149 f.; Thomson, England, S. 55–70.
[124] Niedhart, Geschichte Englands, S. 150, 160–165; Blake, Conservative Party, S. 216 ff.; Mowat, Britain, S. 214–219.
[125] Niedhart, Geschichte Englands, S. 163.
[126] Cronin, Politics, S. 88 f. und Kap. 5–8. Vgl. auch Wendt, War Socialism, S. 3–27.

Wirtschaft, insbesondere des Bergbaus, mit ihren katastrophalen Auswirkungen für den Arbeitsmarkt führten zu Lohn-, Eigentums- und Arbeitszeitkonflikten[127]. Die Arbeiterschaft forderte schließlich die Verstaatlichung der Kohleindustrie – eine Forderung, die Regierung und Eigner nicht zu erfüllen gedachten.

Ihren Höhepunkt erreichten die Auseinandersetzungen 1926, als es zu einem Generalstreik der Arbeiterschaft kam[128]. Dieser Streik, der in Deutschland kein historisches Äquivalent besitzt, wurde zu einem zentralen Ereignis für die allgemeine Verunsicherung innerhalb der westlichen Demokratien. Die Rechte, hier insbesondere Churchill, sah den Streik als direkten Angriff auf die Grundlagen der staatlichen Ordnung[129]. Die Große Depression der Jahre 1929–1931 verstärkte das Krisengefühl noch. Großbritannien schien dem Untergang entgegenzugehen: auf der einen Seite Ängste, in Chaos, Revolution und Anarchie zu versinken, auf der anderen soziales Elend, Streik und Arbeitslosigkeit. Eigenschaften wie Widerstandswillen, Wehrhaftigkeit oder gar Überlegenheitsgefühl schienen jener Gesellschaft vollkommen abhanden gekommen zu sein.

Dieser, von der Forschung vielfach bestätigte Eindruck entsprach jedoch nur sehr eingeschränkt den tieferen Verhältnissen. Entsprechende Zeichen hätten schon in den 20er Jahren erkannt werden können, blieben aber wegen der aktuellen Problemlagen verdeckt. Ein solches Merkmal ist das Verhalten der überwiegenden Zahl der Briten während des Generalstreiks, der nämlich nicht nur infolge der harten Politik der Regierung scheiterte, sondern auch wegen der mangelhaften Unterstützung in großen Teilen der Bevölkerung und des streikbrecherischen Verhaltens zahlreicher Bürger. Es wurde eine Emergency Strike Organisation unter der Leitung des Permanent Under-secretary of State im Home Office, Sir John Anderson, einer Person, die nicht zufällig für den britischen Luftschutz noch zentrale Bedeutung gewinnen sollte, aufgebaut. Die öffentlichen Sicherheits- und Versorgungsaufgaben wurden von dieser Organisation unter Mithilfe der Armee und Tausender freiwilliger Helfer, unter denen sich auch zahlreiche Studenten befanden, wahrgenommen. Sie fungierten als Hilfspolizisten, Müllmänner, Transportarbeiter etc.[130]. Der »citizen hero«, wie er später genannt werden sollte[131], war für begrenzte Zeit an die Oberfläche getreten. Das Scheitern der Arbeiter ging jedoch in nicht geringem Maße – auch dies ein aussagekräftiges Indiz für die kommenden 20 Jahre – auf die fehlende Bereitschaft der Gewerkschaften und der Führung der Labour Party, einen wirklichen Bürgerkrieg zu beginnen, zurück[132].

---

[127] Robbins, Eclipse, S. 142–145; Wendt, Großbritannien, S. 23–25; Havinghurst, Britain, S. 191 f.; Niedhart, Geschichte Englands, S. 167.
[128] Robbins, Eclipse, S. 133 ff.; Niedhart, Geschichte Englands; Havinghurst, Britain, S. 196 ff.
[129] Niedhart, Geschichte Englands, S. 161; Webb, Modern England, S. 526 f.
[130] Robbins, Eclipse, S. 134; Niedhart, Geschichte Englands, S. 167 f.; Havinghurst, Britain, S. 196 f. Der Streik hatte trotz anfänglicher Gewalt niemals etwas wirklich Bürgerkriegshaftes an sich. Die Beziehungen zwischen den Streikenden und den Ordnungskräften aller Art waren vielfach locker und fast freundschaftlich.
[131] Vgl. dazu die etwas tendenziösen Wertungen bei Thomson, England, S. 115 f.
[132] Dazu unten S. 80 ff.

Diese Ereignisse stellten nur ein kurzes Intermezzo dar, und sie wurden auch nicht im Sinne einer Erfolgsgeschichte für Staat und Gesellschaft gewertet. Die politischen Ereignisse der nächsten 10 Jahre behielten ihren krisenhaften Beigeschmack, und das öffentliche Bewußtsein blieb trotz der Tatsache, daß die Stabilität der Herrschaftsordnung grundsätzlich gewahrt blieb, von Ängsten, Unsicherheit, Bitterkeit und Orientierungslosigkeit geprägt[133].

Ein weiteres wesentliches Element der demokratischen Unruhe bildete die Verschärfung der außenpolitischen Lage und der Aufstieg der totalitären Bewegungen in Europa und Asien. Der militante Charakter dieser Organisationen und die Konvertierung fast aller nach dem Ersten Weltkrieg etablierten europäischen Demokratien zu autoritären oder sogar totalitären Staaten brachte die Friedensordnung in Gefahr. Der erste praktische Schritt hin zu neuen Konflikten erfolgte von seiten der Japaner, die 1931 China angriffen. Im Laufe der Zeit – insbesondere nach der nationalsozialistischen Machtübernahme 1933 – trat den Briten die Möglichkeit eines neuen umfassenden Krieges immer deutlicher vor Augen. Es folgte Krise auf Krise: das Ende der Abrüstungskonferenz in Genf 1933, die offizielle Einführung der Wehrpflicht und die Bekanntgabe der Luftwaffenrüstung in Deutschland 1935, der Abessinienkrieg 1935/36, die Rheinland-Krise 1936, der Spanische Bürgerkrieg 1936–1939, der Anschluß Österreichs und die Sudetenkrise 1938[134]. Ob man es wollte oder nicht – spätestens ab Herbst 1938 mußte eine größere militärische Auseinandersetzung als Möglichkeit eingeplant werden.

Nun war die Beschäftigung mit einem eventuellen Zukunftskrieg und dessen Folgen in Großbritannien nach 1918 nie wirklich erloschen. Für die Briten besaß dabei die neue Dimension des Krieges, die Luftwaffe, erhebliches Gewicht. Die britische Zivilbevölkerung hatte im Ersten Weltkrieg zum ersten Mal seit 850 Jahren militärische Gewalt fremder Staaten in größerem Ausmaß am eigenen Leibe erfahren müssen. Die Angriffe deutscher Zeppeline und Gotha-Bomber und die daraus resultierenden Verluste unter den Zivilisten hatten Volk und Regierung verdeutlicht, daß die bislang durch die Royal Navy geschützte Insellage Großbritanniens der Vergangenheit angehörte. In einem künftigen Krieg – so stand zu befürchten – würde nun auch Britannien zum Schlachtfeld[135].

Die entsprechenden Theorien von seiten der Luftkriegstheoretiker und der Militärs ließen nach dem Ende des Ersten Weltkriegs auch nicht lange auf sich warten. Ein Meilenstein auf dieser Entwicklung war 1921 die Schrift des Italieners Giulio Douhet (Il dominio dell'aria). Douhet ging davon aus, daß es in einem künftigen Krieg möglich sein würde, eine ganze Nation durch den Einsatz riesiger, mit Brand-, Gas- und Sprengkörpern beladener Bombergeschwader kapitulationsreif zu bomben. Entsprechende Vorstellungen hinsichtlich des Schicksals der Zivilbevölkerung entwickelten sich dann auch und vor allem in Großbritannien[136].

---

[133] Bell, Origins, S. 132–135.
[134] Ebd., S. 204–225.
[135] Bialer, Shadow, S. 1–6; O'Brien, Civil Defence, S. 3–13; Powers, Strategy, S. 205 ff.
[136] Zur britischen Luftkriegstheorie zwischen den beiden Weltkriegen vgl. Smith, British Air Strategy; Frankland, Strategic Air Offensive, Bd 1.

Für die Briten besaß dies alles infolge der Neuartigkeit der militärischen Bedrohung für ihr Heimatland eine besonders gefährliche Note. Allenthalben – nicht nur in den Reihen der Militärs – begann man, sich den Charakter des »Totalen Bombenkrieges« auszumalen[137].

Besonders intensiv wurde die Beschäftigung mit den möglichen Gefahren eines Krieges seit Ende der 20er Jahre, als eine ganze Reihe von Kriegsbüchern erschien. Ein Teil dieser Werke beschäftigte sich mit dem Fronterlebnis des Ersten Weltkriegs, ein anderer versuchte, die Auswirkungen von Bombenangriffen auf die Lebensbedingungen der Zivilbevölkerung in einem Zukunftskrieg darzustellen. Die Grundtendenz fast aller dieser Werke ist pessimistisch. Kriegsverherrlichende Arbeiten oder Artikel von nationalem Rang, etwa vergleichbar dem »Arbeiter« von Jünger, waren in Buchläden und Zeitungen kaum zu finden[138]. Ein kommender Krieg wurde allgemein als Katastrophe ersten Ranges angesehen – das Ende aller Zivilisation schien zu drohen. Die feindlichen Bombengeschwader würden, so stand zu befürchten, die neuen technischen Mittel, insbesondere Gas und biologische Kampfstoffe, skrupellos anwenden und damit massenhaftes Sterben, Chaos, Anarchie und Barbarei auslösen. Die Invasionsängste aus der Zeit vor 1914 wurden gewissermaßen in neuer Form wiederbelebt. Manche Autoren trieben die Horrorvisionen auf die Spitze und zeichneten die Vernichtung der ganzen Menschheit bzw. deren Rückfall in die Verhältnisse der Steinzeit.

Einer der prominentesten Vertreter dieser negativen Grundtendenz war Herbert G. Wells[139]. Sein 1933 veröffentlichtes Buch »The shape of things to come« übte einen überaus großen Einfluß auf die britische Bevölkerung aus und wurde 1936 auch verfilmt. Es stellt den Niedergang der Zivilisation – insbesondere der westlichen – in einer überaus komplexen Breite dar. Fortgesetzte Klassenkämpfe und Korruption, skrupelloses Machtstreben und Verlust sozialer Solidarität führen zu Anarchie, Diktatur und Mafiaherrschaft. Die Politik versagt im Innern und Äußern, und es kommt zum Aufstieg totalitärer, kriegstreiberischer Regime. Als Folge entwickelt sich eine internationale Destabilisierung auf dem europäischen Festland, die schließlich 1940–1950 zu einem »War Cyclone« führt[140]. Der Krieg, der von Hitler-Deutschland und Polen ausgelöst wird, breitet sich auf den ganzen Kontinent aus. Frankreich und seine Verbündeten in Mittelosteuropa kämpfen gegen eine brüchige Allianz zwischen Deutschland, Österreich, Italien und Rußland. Nach drei bis vier Jahren ohne durchgreifende Erfolge zu Lande verläuft der Krieg im wesentlichen als Luftkrieg mit willkürlichen Terrorangriffen, unter denen insbesondere die Zivilbevölkerung zu leiden hat. Zunehmend kommt auch Gas zum Einsatz. Die Zivilschutzorganisationen versagen, und Abertausende sterben.

---

[137] Zum Folgenden vgl. grundsätzlich Clarke, Voices, S. 162–176.
[138] Ähnlich wie in Deutschland etwa die Gebrüder Jünger und ihr Kreis oder Remarque gab es Autoren, die – teilweise ebenfalls Frontkämpfer – das Leben in den Schützengräben literarisch verarbeiteten. Es wurde jedoch meist die furchtbare Seite des Krieges betont. Gat, Fascist, S. 134 ff.; Thomson, England, S. 119. Vgl. auch Robbins, Eclipse, S. 88; Coker, War, S. 128–142.
[139] Zu Wells und seinen politisch-utopischen Vorstellungen im geistesgeschichtlichen Kontext vgl. Gat, Fascist, S. 6–12.
[140] Wells, The Shape, S. 156–168.

Schließlich kommt es zu allgemeiner Ermattung und kulturellem Verfall. Die Soldaten wie auch die Zivilisten verlieren ihre Heimat und ihre Identität[141]. Es erfolgt keine Transformation zu einem neuen Geschlecht, wie dies Jünger vorschwebte (»Typus«), sondern die weitgehende Vernichtung der Zivilisation.

Großbritannien selbst bleibt zwar neutral und macht sogar Geschäfte mit Waffenlieferungen auf dem Kontinent, wird aber von den Folgewirkungen nicht verschont. Man hat große finanzielle Außenposten auf dem Kontinent, die nicht beglichen werden. Aufgrund des Scheiterns der Profitpolitik kann Britannien sich die Nahrung für die eigene Bevölkerung nicht mehr leisten. Schließlich kommt es dank der Vernachlässigung öffentlicher Aufgaben durch den Staat zu einem Verfall der sanitären Verhältnisse und zur Dezimierung der Bevölkerung durch große Epidemien. Eine globale Seuche tötet schließlich die Hälfte der Weltbevölkerung und läßt den Rest in unhaltbaren Zuständen zurück. Massenerschießungen bringen die Krankheit schließlich zum Erliegen[142]. Überall auf der Welt bricht die staatliche Ordnung zusammen. Die meisten Staaten zerfallen in mehr oder weniger selbständige Regionalgebiete[143]. Kultureller Zerfall, Raubrittertum und Desorganisation prägen das düstere Leben der Menschen.

Die Rettung kommt dann aber durch die allmähliche Etablierung eines Weltstaates – das eigentliche moralische Anliegen Wells'. Die Grundlage hierfür ist das Fortbestehen der Luftfahrt als eigenständiges Transportmittel. Die überlebenden Flieger organisieren sich nach Ende des großen Krieges in einer Weltorganisation, die schließlich den Kern einer neuen Ordnungsmacht, der »Air Dictatorship«, die mit einer »harsh humanity«, d.h. hartem Durchgreifen und Ausnutzen der technischen Möglichkeiten des Flugzeugs, die einzig wirklich vernünftige Staatsform hervorbringt: das zentrale, demokratische, wenn auch autoritär gelenkte Gemeinwesen. Es wäre in diesem Zusammenhang vielleicht interessant, die Webersche Typologie auch einmal auf literarische Werke anzuwenden.

Wells hat mit »The shape of things to come« nicht zuletzt versucht, den technologischen Hochmut in bezug auf den Krieg zu kritisieren. Das Kriegsmaterial ist nicht der Gipfel menschlicher Kultur und auch nicht das Medium zu ungeheurer Vernichtung und Verbindung zwischen Mensch und Technik. Die Kriegsmethoden werden als überaus unvollkommen und stümperhaft dargestellt.

In radikalem Gegensatz zu Jünger, der ein neues mechanisches Geschlecht aus Arbeit und Krieg entstehen läßt und dabei die Technik glorifiziert, beschreibt Wells das schäbige Versagen im Umgang mit ihr, den Untergang der Zivilisation, schließlich den Neuaufbau als Ergebnis des Korpsgeistes und der Kameradschaft der Flieger. Beide Utopien aber lassen die alte Welt, so wie sie in den 20er und 30er Jahren bestand, in einem komplexen und gesamtgesellschaftlich angelegten Werk untergehen.

Wells, der nicht umsonst eine herausragende Stellung in der utopischen Literatur Großbritanniens einnimmt, hat die vielschichtigen Perspektiven und Ängste

---

[141] Ebd., S. 166.
[142] Ebd., S. 169 ff.
[143] Ebd., S. 171 ff.

seiner Zeit überaus tiefgehend zum Ausdruck gebracht. Die düsteren Erwartungen für die Zukunft und der allgemeine Pessimismus werden von unterschiedlichsten Perspektiven aus in fast wissenschaftlichem Rahmen geschildert.

Die britische Öffentlichkeit nahm die Differenzierungen, wie Wells sie im Hinblick auf Politik, soziale Ordnung, Wirtschaft und Wissenschaft traf, allerdings nicht oder nur ungenügend wahr. Sie konzentrierte sich auf die fiktiv dargestellten Folgen des Bombenkrieges und projizierte sie auf Großbritannien[144]. Dabei dürfte die wohl eher simplifizierende Verfilmung des Werkes einen nicht unerheblichen Anteil gehabt haben.

Die Bombergefahr und die Angst vor einem Vernichtungsfeldzug aus der Luft bildeten auch in der politischen Sphäre einen wichtigen Wirkfaktor. In den 20er und 30er Jahren kam es bei den politisch Verantwortlichen und in weiten Teilen der politischen Öffentlichkeit zu einer sehr intensiven Diskussion über das Thema Luftkrieg[145]. Vielfach ging man, wie in den Zukunftsvisionen prophezeit, davon aus, daß eine moderne Bomberflotte insbesondere durch den Einsatz von Gas apokalyptische Zerstörungen und Massentod bewirken könne. In der Regierung, teilweise selbst bei den Militärs, entstanden große Ängste, daß Großbritannien im Falle eines Krieges durch einen massiven Schlag aus der Luft sturmreif gebombt werden könnte (knock-out-blow).

Die Strategen der Royal Air Force trugen nicht gerade zur Zerstreuung dieser Befürchtungen bei, denn sie behaupteten, der einzige Weg, dieser Bedrohung zu entgehen, sei der Aufbau einer eigenen Bomberflotte, um entsprechenden Angriffen einer Feindnation zuvorzukommen bzw. ihr die vernichtenderen Schläge zuzufügen. Die eigene Bevölkerung sei sowieso nicht wirksam gegen »knock-out-blows« zu schützen.

Der Fatalismus, den die britische Luftwaffenführung hier an den Tag legte, führte verständlicherweise dazu, daß sich die Befürchtungen in Regierung und Öffentlichkeit nicht gerade legten. Die Parallelen zu den Verhältnissen der 60er, 70er und 80er Jahre liegen auf der Hand. Die sich in den 20er und 30er Jahren entwickelnde britische Luftwaffendoktrin besaß zwar nicht die Globalität der nuklearen Strategien nach 1945, aber das Grundprinzip – die Planung massiver militärischer Schläge gegen den Feind als einzig wirklich erfolgversprechendes Konzept des Schutzes der eigenen Bevölkerung – unterscheidet sich kaum.

Die Sorgen steigerten sich, als das Deutsche Reich in den 30er Jahren nach dem Scheitern der Genfer Abrüstungsverhandlungen mit einer forcierten Aufrüstung insbesondere auch seiner Luftwaffe begann, obwohl der Versailler Vertrag dies ausdrücklich verbot. Die Bedrohung, die bislang eher im theoretischen Raum debattiert worden war, schien nun handfeste Formen anzunehmen[146]. Hitler ließ seine Geschwader bei großangelegten Paraden und Manövern Welle für Welle über

---

[144] Harrisson/Madge, War begins, S. 40 (vgl. generell die dortigen Kap. 1–5 und 15). Vgl. dazu die Angaben von Beardmore, unten S. 99.
[145] Zum Folgenden vgl. Powers, Strategy, v.a. S. 121–124, 138–157, 192–207; Clarke, Voices, S. 162–169; Webster/Frankland, Strategic Air, Bd 1, S. 50 f., 60; Smith, British Air Strategy, S. 61–64; Pimlott, Theory, S. 118–123; Howard, Continental Commitment, S. 80–85.
[146] Bialer, Shadow, S. 1–6, 151–160. Auch zum Folgenden.

Beobachter und Kameras fliegen, um seine Macht zu demonstrieren. Diese Drohgebärden hatten bewußt den Zweck, die Nachbarn Deutschlands, insbesondere die Briten, einzuschüchtern.

Die Forschung arbeitete inzwischen heraus, daß die Angst vor Luftangriffen eine wesentliche Grundlage der Appeasement-Politik darstellte. Die britische Regierung fürchtete einen neuen Krieg mit seinen schrecklichen Konsequenzen und versuchte daher mit allen Mitteln, Hitler davon abzuhalten[147].

Bei den Abrüstungsverhandlungen Anfang der 30er Jahre hatte man als ein Primärziel angestrebt, mit Deutschland eine allgemeine Vereinbarung zur Rüstungsbegrenzung zu treffen. Man spielte sogar ernsthaft mit dem Gedanken, einen Vorschlag zur totalen Abschaffung aller Luftfahrt zu machen, unterließ dies aber nach massiver Intervention des Air Ministry[148]. Als die Versuche für eine völkerrechtliche Übereinkunft 1933 mit dem Austritt Deutschlands aus der Genfer Konferenz und dem Völkerbund scheiterten, setzte man eine begrenzte Aufrüstung in Gang, dies wiederum mit dem primären Ziel, Deutschland zu Zugeständnissen zu bewegen[149]. Man wollte ein militärisches Gegengewicht zu der neu entstehenden deutschen Militärmacht, insbesondere zur Luftrüstung, schaffen, das als Basis für weitere Verhandlungen dienen sollte. Unter anderem strebte die britische Regierung einen internationalen Luftpakt an, der durch gegenseitige Sicherheitsgarantien verhindern sollte, daß ein Aggressor ungestraft einen Angriffskrieg mit seiner Bomberflotte führen konnte. Als auch dies scheiterte, gedachte man, mit dem Abschluß von verbindlichen internationalen Regeln den Luftkrieg von den Britischen Inseln fernzuhalten. All diese Anstrengungen führten aber ebenfalls zu keinem Erfolg.

Die Angst vor einem »knock-out-blow« blieb wegen dieser fortgesetzten Mißerfolge auf der aktuellen gesellschaftlich-politischen Agenda und führte zu teilweise heftigen öffentlichen Diskussionen um Kriegsgefahr, nationale Verteidigung und Abrüstung[150].

---

[147] Die Annahmen der britischen Regierung hinsichtlich der Luftgefährdung und das Bild, das man sich von den politischen Zielen Hitlers und seiner Strategie im Kriegsfalle machte, wurden in der Forschung bereits ausführlich untersucht. Insbesondere die Defizite, so etwa herrschaftsstrukturell bedingte Fehlinformation und die daraus folgenden außenpolitischen Schwächen sind zur Genüge bekannt und brauchen hier nicht erneut referiert werden. Vgl. Hughes, Origins; Middlemas, Diplomacy, S. 37–43; Smith, British Air Strategy, Kap. 5; vgl. auch Howard, Continental Commitment, S. 112 f., und Dülffer, Deutsche Geschichte, S. 70–72, 87–92; Bialer, Shadow, passim; Smith, Luftbedrohung. Zu der großen Bedeutung der Nachrichtendienste hierbei: Wark, Luftverteidigungslücke; Wark, Ultimate enemy, passim.
[148] Bialer, Shadow, S. 27–40.
[149] Zum Folgenden vgl. grundsätzlich ebd., Kap. 1–6.
[150] Ebd., passim. Bialer bringt eine große Fülle von recht eindrücklichen Zitaten und Belegen. Bei der Diskussion der Luftkriegsfrage nahmen auch Mitglieder der pazifistischen Organisation, insbesondere Lord Cecil of Chelwood und Philip Noel-Baker, einen nicht unerheblichen Einfluß. Ein Teil der Mitglieder der Labour Party und der Arbeiterbewegung äußerte sich in ähnlicher Weise wie die Pazifisten und trug damit ebenfalls zur Problematisierung der ganzen Frage bei. Ebd., S. 12–16. Die genauere Haltung und die Argumentation der Pazifisten und der mit dem Pazifismus sympathisierenden Labour-Anhänger kann hier nicht genauer dargestellt werden. Dazu müßte eine Spezialstudie angefertigt werden.

II. Staats- und gesellschaftspolitische Grundlagen

Selbst die politischen Spitzen konnten sich dem nicht entziehen. Die drei Premierminister der 30er Jahre sowie die meisten Außenminister, hier insbesondere John Simon, wurden von der Furcht umgetrieben, eine übermächtige deutsche Luftwaffe könnte eines Tages unvermittelt über Britannien erscheinen und Tod und Grauen bringen. Inwieweit sie dabei dauerhafte Ängste hinsichtlich des Bestandes von Volk und Nation entwickelten, ist noch nicht erforscht[151].

Die Regierung stand zeitweise unter einem immensen Druck von seiten der öffentlichen Meinung. So verlangte die Boulevard-Presse von Lord Harold Rothermere während der 30er Jahre ausgedehnte Maßnahmen gegen Luftangriffe. Die Angst vor einem »knock-out-blow« spielte hier ebenfalls eine wichtige Rolle[152]. Auch in den seriösen Medien wurde der Luftkriegsproblematik breiter Raum gegeben[153]. Die Befürchtungen verstärkten sich, als man zu erkennen glaubte, daß Deutschland den Rückstand an Kriegsflugzeugen, der sich durch die Beschränkungen des Versailler Vertrags ergeben hatte, rasch aufholte. Als Hitler 1935 behauptete, Deutschland habe bereits genauso viele Bomber wie Großbritannien, kam es zu einer Art Panik in den politischen Führungskreisen[154]. Selbst Churchill, der eigentlich zu denjenigen gehörte, die einen selbstbewußten Kurs gegen Deutschland und eine Politik der Stärke verlangten, trug zur Krise bei. In seinem Bestreben nach Aufrüstung redete er der angeblichen Unterlegenheit und Schwäche der Royal Air Force gegenüber der deutschen Luftwaffe das Wort, um eine forcierte Aufrüstung zu erreichen[155]. Dies sorgte nicht gerade für Ruhe in der Diskussion und einen Abbau der Ängste.

Die Aufrüstungsprioritäten der Regierung wurden von der herrschenden politisch-strategischen Perspektive nachhaltig beeinflußt. Die Luftrüstung bekam oberste Priorität, dies insbesondere auf Kosten der Army, die das Stiefkind der britischen Militärmacht blieb. Nicht zuletzt auch deshalb entschied man, sich im Kriegsfalle nur sehr begrenzt mit Bodentruppen auf dem Kontinent zu engagieren (limited liability)[156]. Dies wiederum stellte eine der zentralen Ursachen für die Nachgiebigkeit insbesondere Frankreichs gegenüber Hitler dar.

Es gab zwar auch Stimmen, die die Befürchtungen hinsichtlich der Luftgefahr als unnötig darstellten; diese aber hatten zumindest in der ersten Hälfte der 30er Jahre wenig öffentliches Gewicht. So behaupteten Armee und Marine – auch aus institutionellem Eigeninteresse –, daß die Luftgefahr maßlos übertrieben würde[157]. Unterstützung erhielten sie von einem der zentralen Organisatoren der britischen Kriegsvorbereitungen, Sir Maurice Hankey, Sekretär des Committee of Imperial

---

[151] Nach Bialer scheinen bei den Spitzenpolitikern erhebliche Ängste hinsichtlich der Durchhaltefähigkeit der eigenen Nation bestanden zu haben. Ebd., S. 136 f.
[152] Ebd., S. 142.
[153] Ebd., Kap. 2.
[154] Ebd., S. 68 ff.; Smith, British Air Strategy. Die Behauptungen Hitlers waren maßlos übertrieben. Die deutsche Luftwaffe besaß, auch was die technischen Möglichkeiten anging, eine eher geringe strategische Schlagkraft. Bei Kriegsbeginn war sie nicht der Lage, einen umfassenden »knock-out-blow« gegen Großbritannien zu führen.
[155] Bialer, Shadow, S. 74 f.
[156] Ebd., Kap. 5.
[157] Ebd., S. 57–75 und Kap. 5.

Defence, der auf die Erfahrungen in Fernost und im Spanischen Bürgerkrieg verwies[158]. Der Einsatz von Luftkampfverbänden hatte bei weitem nicht die Effizienz und die Zerstörungskraft gezeigt, wie man befürchtet hatte. Letzte Sicherheit konnte Hankey aber auch nicht bieten. Es mußte damit gerechnet werden, daß ein Großkrieg, wie er zwischen Deutschland und Großbritannien möglicherweise anstand, nach ganz anderen Gesetzen ablaufen würde wie die bis dato bekannten Konflikte[159].

Die weitverbreiteten Ängste hielten bis in das Jahr 1939 an. Sie verhinderten zwar nicht die Entschlossenheit, Deutschland im September den Krieg zu erklären, trugen aber maßgeblich zu den fortgesetzten Versuchen bei, Hitler zu einer dauerhaften außenpolitischen Übereinkunft zu bewegen, insbesondere zu den schon fast verzweifelten Bemühungen Joseph Au. Chamberlains im Herbst 1938[160].

»Among other deterrents of war in 1938, expert advice had indicated that bombing of London and the great cities would lead to casualties of the order of hundreds of thousands or even millions within a few weeks. We thought of air warfare in 1938 rather as people think of nuclear warfare today[161].«

Insgesamt ist also zu bemerken, daß sich das geistige Klima in Großbritannien bis Kriegsbeginn generell alles andere als wehrhaft und selbstbewußt gerierte. Besondere Valenz erhielt diese Bewußtseinslage durch die soziale Krise. Die Unterschichten, die immer noch in teilweise unhaltbaren Verhältnissen wohnten, wurden als erheblicher Risikofaktor angesehen. Es stand zu befürchten, daß sie bei kriegerischen Ereignissen – insbesondere bei schweren Bombardements gegen Arbeiterviertel und Armensiedlungen – ihre soziale Disziplin verlören. Nicht wenige Verantwortliche hielten ein Szenario von panikgetriebenen Menschenmassen, bar jeder Vernunft und zum Äußersten bereit, alles zerstörend und niederwalzend, was sich ihnen in den Weg stellte, für durchaus realistisch. Als Vorbild hierfür dienten die Bombardements der deutschen Luftstreitkräfte gegen das Londoner East End im Ersten Weltkrieg, die zu teilweise erheblicher Panik geführt hatten.

»Für eine Generation britischer Politiker, die während des größten Teils ihrer Karrieren dafür gesorgt hatten, daß die Auswirkungen der Großen Depression nicht zum offenen Klassenkampf führten, stellte der Luftkrieg eine besonders schreckliche Aussicht dar[162].«

Nicht Wehrwille und Frontsoldatenstaat, sondern Zerstörung und Weltuntergang bildeten die zentrale Perspektive für den Kriegsfall.

Dabei war es keineswegs so, daß entsprechende Modelle zur Disziplinierung und Totalisierung nicht öffentlich propagiert wurden. Ähnlich wie in Deutschland gab es strategisch-staatspolitische Theoretiker, die teils vehemente Forderungen

---

[158] Ebd., S. 131–144 ff.
[159] Ebd., S. 154 f.
[160] Es dürfte klar sein, daß sich mit der Angst vor der Luftgefahr die Appeasement-Politik nicht umfassend oder gar monokausal erklären läßt. Die ihr zugrundeliegenden Bedingungen sind komplex und können hier nicht dargestellt werden. Vgl. auch Bialer, ebd., S. 155 f.
[161] H. Macmillan, zit. nach ebd., S. 158. Vgl. auch ebd., S. 157, zu Chamberlain und »air fear« im Umfeld der Münchener Krise.
[162] Smith, Luftbedrohung, S. 716 f.

stellten. Der wohl bekannteste unter ihnen war John F.C. Fuller, ein Vordenker auf dem Gebiet mechanisierter Kriegführung, insbesondere der Panzerwaffe. Neben rein strategischen und taktischen Arbeiten veröffentlichte er auch umfassende Theorien zur Kriegführung unter Einbeziehung des staatlichen und gesellschaftlichen Gesamtkontextes[163]. Dabei entwickelte er Gedanken von einer Radikalität, die selbst den Nationalsozialisten gefallen haben dürften. Daher verwundert es auch nicht sonderlich, daß eines seiner zentralen Werke (The first of the League Wars, 1936) nach Erscheinen rasch in Deutschland als Übersetzung erschien. Fuller, dessen geistiger Werdegang seit Beginn des Jahrhunderts einmal mit den Viten entsprechender deutscher Vordenker aus dem anti-rationalistischen, völkischen und nationalistischen Lager verglichen werden sollte, vertrat offen faschistisches und anti-semitisches Gedankengut. Ferner polemisierte er umfassend gegen den Völkerbund und die Idee kollektiver Sicherheit als angebliche Instrumente jüdischer Verschwörungen[164]. Er prophezeite das Ende der westlich-liberalen Demokratie und verlangte, für das nationalsozialistische Deutschland einzutreten, um im entscheidenden Kampf zwischen Bolschewismus und Faschismus ersteren aufzuhalten. Fuller war Mitglied in der British Union of Fascists und enger Freund von Oswald Mosley[165]. Für Großbritannien forderte er die Einführung eines korporativen Staates unter Ausschaltung der »künstlichen« und »hemmenden« inneren Verwaltung auf der Basis der Local Authorities[166].

Hinsichtlich des kommenden Krieges und der Rolle, die die Zivilbevölkerung dabei spielen sollte, vertrat er Ansichten, wie sie auch die deutsche Mobilmachungsphalanx hegte. Fuller rezipierte Ludendorffs Schrift »Der Totale Krieg«, die 1935 in Englisch erschienen war, und forderte wie dieser eine umfassende »Totalisierung« und »Disziplinierung« aller Bereiche von Staat und Gesellschaft. Als zentrales Mittel hierfür beschrieb Fuller den Luftschutz und stellte dazu auch kurz die wichtigsten Teilgebiete der Air Raid Precautions dar. Nur so werde es dem Volk möglich sein,

> »einen Kriegssinn und eine Kriegsdisziplin [zu] pflegen. [...] Wenn diese unbedingt notwendigen Schritte und viele andere zur Schaffung einer nationalen Disziplin nicht unternommen werden, Schritte, die bereits von den totalitären Mächten unternommen werden, dann ist es in einem zweiten Völkerbundskrieg [d.h. einem möglichen Weltkrieg, B.L.] mehr als wahrscheinlich, daß die westlichen demokratischen Nationen sehr bald gelähmt sein werden und daß der Entscheidungskrieg zwischen Deutschland und der UdSSR ausgefochten werden wird[167].«

Fuller befürwortete eine Annäherung an das nationalsozialistische Deutschland, ohne eine Angliederung oder Unterwerfung zu fordern. Er vertrat – eingeordnet in die Webersche Typologie – vehement die Grundelemente rationaler Herrschaft und betonte nachdrücklich die Verfassungsmäßigkeit des von ihm geforderten korporativen Staates. Darüber hinaus bekannte er sich auch zur britischen Monar-

---

[163] Gat, Fascist, S. 13–42.
[164] Fuller, Völkerbundskriege, S. 138–187. Auch zum Folgenden. Dazu auch S. 190–260.
[165] Gat, Fascist, S. 36 ff.
[166] Fuller, Völkerbundskriege, S. 329–339.
[167] Ebd., S. 224 f.

chie. Kurz ausgedrückt schwebte ihm eine Neuordnung des britischen Herrschaftssystems unter Einbeziehung bis dato nicht genutzter staats- und gesellschaftspolitischer Elemente (Kollektivierung der Wirtschaft durch Wirtschaftskorporative, Einsetzung dieser Korporative als verfassungsmäßige Machtträger, individuelle Freiheit auf kulturellem Gebiet) zur Schaffung einer wahrhaft schöpferischen menschlichen Ordnung vor. Im rechten Licht betrachtet, vermischte Fuller die unterschiedlichsten Elemente deutschen und britischen Herrschaftsdenkens.

Charismatische Führerverehrung und die Propagierung eines regelrechten Frontsoldatenstaates sowie auch die Darstellung des Krieges um seiner selbst willen finden sich bei ihm nicht. Immerhin aber betonte er die schöpferische Kraft des Krieges und verlangte eine »Totale Mobilmachung« in allen ihren Elementen, wie sie von Jünger oder auch von Ludendorff gefordert worden waren. Letztlich schwebte ihm die Domestizierung und Nutzung des Krieges, der seiner Ansicht nach einen unauslöschlichen Bestandteil der menschlichen Existenz darstellte, zum Nutzen des eigenen Landes und der anderen Völker vor[168]. Er plädierte für eine gütliche Einigung zwischen den Nationen unter Ausschaltung negativer Elemente des Liberalismus und der modernen Welt, wie z.B. Habgier, soziale Ungerechtigkeit und Zinsknechtschaft.

Die Tatsache, daß Fuller sich bei der British Union of Fascists engagierte, spricht nicht gerade für die allgemeine Akzeptanz seiner Vorstellungen, und in der Tat fanden seine staatspolitischen Ideen keine übermäßige Zustimmung in Großbritannien. Immerhin aber trug er dazu bei, daß die Konzepte zum »Totalen Krieg« und zur »Totalen Mobilmachung« in die Öffentlichkeit getragen wurden. Es müßte näher untersucht werden, inwieweit er Einfluß auf führende zivile und militärische Planungsgremien ausübte.

Das liberale Gegenmodell zu Fuller auf theoretischer Ebene wurde von einem ehemaligen geistigen Schüler Fullers, dem bekannten Kriegstheoretiker Basil H. Liddell Hart entworfen. Er hatte nach dem Ersten Weltkrieg die militärtheoretischen Ansätze Fullers, hier insbesondere die Kritik an der Kriegführung des britischen Generalstabs im Ersten Weltkrieg und die Forderung nach dem Aufbau einer weitgehend mechanisierten Militärstreitmacht, übernommen und im Kontext der bestehenden Herrschaftsordnung ausgebaut[169]. Gemäß seinen strategischen Vorstellungen forderte er die Bildung einer elitären Militärstreitmacht, die – vollkommen mobil und maschinisiert – den Feind in einem kommenden Krieg mit gezielten Schlägen gegen die vitalen Schwachpunkte zur Kapitulation bewegen sollte. Er übte überaus harsche Kritik an den ungeheuren Verlusten in den Grabenkämpfen 1915–1918 und bezeichnete den massierten Einsatz von Millionenheeren als katastrophale Fehlentscheidung, was künftig unbedingt zu verhindern sei. Dabei kritisierte er insbesondere auch den Rekurs, den die moderne Militärtheorie auf Napoleon genommen hatte, darin mutatis mutandis vielleicht ähnlich, wie dies in Deutschland Hans Delbrück im Falle Friedrichs des Großen getan hatte. Während der zunehmenden Konflikte mit Deutschland in den 30er Jahren

---

[168] Ebd., S. 340–348 (Der schöpferische Frieden).
[169] Zum Folgenden Gat, Fascist, S. 130–177.

II. Staats- und gesellschaftspolitische Grundlagen

lehnte er die Appeasement-Politik vehement ab, ohne jedoch zu verlangen, gegen das nationalsozialistische Regime aggressiv einzuschreiten[170].

Die militärstrategischen Paradigmen Liddell Harts korrespondierten mit seiner grundsätzlichen staatspolitischen Einstellung. Er propagierte nachdrücklich die liberale Ideologie als verpflichtend für die britische Kriegführung und die entsprechenden Vorbereitungen. Als Handelsmacht und Vertreter freier, gerechter und stabiler Verhältnisse habe man kein Interesse an Massenkriegführung und »Totalem Krieg«[171]. In seiner 1925 erschienenen Schrift »Paris, or The Future of War« setzte er in knappen und mit bemerkenswerter Klarheit formulierten Passagen die Sichtweise der demokratischen Völker denen der »militarist nations«, wozu er auch Deutschland, zumindest das kaiserliche, zählte, entgegen[172]. Gleichzeitig lehnte er die Instrumentalisierung des »Totalen Krieges« für eine permanente Mobilmachung und den Aufbau einer dauernden Kampfgemeinschaft ab. Kein demokratischer Bürger würde die Grundprinzipien seiner Existenz – »honourable, prosperous, and secure existence« – für einen Krieg aufgeben, es sei denn, dieser müsse im Interesse dieser Prinzipien geführt werden. Und auch dann habe die Regierung sich erst sehr deutlich zu erklären. Wenn man eine militärische Auseinandersetzung schließlich unglücklicherweise doch führen müsse, sei das oberste nationale Ziel die Wiederherstellung der Normalität,

»to ensure a resumption and progressive continuance of what may be termed the peacetime policy, with the shortest and least costly interruption of the normal life of the country«[173].

Mit diesen Zielen korrespondierten Liddell Harts Vorstellungen einer mechanisierten Kriegführung mit kurzen entscheidenden Schlägen zur Vermeidung unnötiger Verluste im eigenen Land und auch beim Feind. Er forderte den kurzen, schwerpunktmäßigen Einsatz moderner Kriegsmittel, darunter auch Giftgas, das er als »humane« Waffe zur Verringerung der Verluste bezeichnete. Wichtig sei eine rasche Entscheidung, um Massenverluste, Ruin und Untergang zu verhindern[174]. Den Luftkrieg beschrieb er als wichtige, möglicherweise sogar die entscheidende Option zur Erringung des Sieges. Mit einigen Schlägen gegen die vitalen Versorgungspunkte, wichtige Schnittpunkte des öffentlichen und privaten Lebens sowie die obersten Institutionen von Staat und Gesellschaft könnte man den Zusammenbruch der Kriegsmoral erreichen.

Liddell Hart stand klar auf dem Boden der britischen Demokratie, von deren Perspektive aus er auch schrieb. Insofern war er ein ausgeprägter Vertreter rationaler Herrschaft im Weberschen Sinne[175]. Ob mit seinen, der liberalen Ideologie

---

[170] Ebd., S. 178–265 und 238.
[171] Ebd., S. 233–238.
[172] Liddell Hart, Paris, S. 52 f. Die Grundhaltung Liddell Harts sollte in den 30er Jahren zum Bruch mit Fuller führen.
[173] Beide Zitate ebd., S. 24 f.
[174] Ebd., S. 43–59.
[175] Auch hier gilt: Für weitergehende Erkenntnisse müßte das Gesamtwerk Liddell Harts genauer abgeklopft werden. Hier werden nur die Grundideen kurz dargestellt und mit der Weberschen Herrschaftstypologie konfrontiert, quasi als methodologische Folie (theoretische Vorstellungen) für die beiden Hauptkapitel, Kap. III und IV (historische Realität).

angepaßten Vorstellungen ein Krieg gegen eine »totale« mobilgemachte Volksgemeinschaft wie die deutsche realiter gewonnen werden konnte, bleibt allerdings eher zweifelhaft. Liddell Hart stellte im Übergang zum Zweiten Weltkrieg nicht gerade die richtigen militärischen Forderungen und wurde deshalb nach dem Desaster im Frühjahr 1940 auch massiv kritisiert[176]. Großbritannien mußte sich in der Folge, wie schon 1914–1918, auf einen »Totalen Krieg« im eigentlichen Sinne des Wortes, d.h. mit umfassenden politischen, gesellschaftlichen und materiellen Anstrengungen und Opfern, einlassen.

Dies ändert jedoch nichts an der Tatsache, daß Liddell Hart großen Einfluß auf die organisatorische und geistige Führungsschicht im Staat und in deren Gefolge auch auf die Zivilbevölkerung bei der Mobilisierung in den 30er Jahren besaß.

»This was typical of the way large sections of the British élite during the interwar period came to interpret modern and recent historical experience[177].«

Die Vorstellungen einer zivilisierten, der Rolle Großbritanniens als Speerspitze des menschlichen Fortschritts entsprechenden Gesamtkriegführung ließen sich nicht nur nicht im aktiven Krieg umsetzen, sondern besaßen schon im Frieden nur begrenzte Reichweite, dies auch und insbesondere nach innen. Großbritannien bereitete sich in den 30er Jahren unter offensichtlich chaotischen Bedingungen und mit teilweise erheblichen Minderwertigkeitskomplexen gegenüber der angeblich nach Zucht und Ordnung aufgebauten Wehrgemeinschaft im Reich auf einen kommenden Krieg vor. Die britische Linke, insbesondere die Labour Party und die Gewerkschaften, verstärkten die ohnehin schon bestehenden Zweifel an der Kriegsfähigkeit der Briten. Ihr tiefgehendes Mißtrauen gegen die Regierung und die sie tragenden Schichten ließ ein nationales Zusammenstehen, die unerläßliche Voraussetzung zur Bewältigung von massiven Bombenangriffen, als unerreichbar erscheinen. Keineswegs vertrauten sie darauf, daß die eigene Regierung Schutz gegen die neuen Bedrohungen bieten würde. Im Gegenteil – man mißtraute ihr. Der Aufstieg von Faschismus und Nationalsozialismus brachte bedrohliche Optionen für die Zukunft aufs Tapet. Die Entstehung einer folgenschweren Verbindung von Kapitalismus und Faschismus schien keineswegs ausgeschlossen. Vor allem die linken Kräfte, anfänglich aber auch viele Gemäßigte, bezichtigten die konservative Führung des verdeckten Klassenkampfes[178]. Insbesondere Chamberlain, Schatzkanzler und späterer Premierminister, galt als Vertreter von Großkapital und Imperialismus, ja sogar als »gentleman fascist«. Das Mißtrauen wurde noch größer, als der italienische Einmarsch in Abessinien von der britischen Regierung nicht energisch bekämpft und statt dessen eine Einigung mit dem faschistischen Italien versucht wurde (Hoare–Laval–Pakt). Die Bemühungen Chamberlains als Premierminister, mit Hitler zu einer Einigung zu gelangen, verminderten dieses Mißtrauen nicht gerade. Appeasement hatte für die britische Opposition immer auch den – je nach ideologischer Ausrichtung mehr oder weniger starken – Beigeschmack von Konspiration gegen die Interessen der Arbeiterschaft. Vor diesem

---

[176] Gat, Fascist, S. 265.
[177] Ebd., S. 238.
[178] Thomson, England, S. 154 ff.

Hintergrund verwundert es nicht, daß ausgesprochene Gegner der britischen Kriegsvorbereitungen, wie z.B. J.B.S. Haldane, öffentlich den Verdacht hegten, die britische Regierung würde im Zweifelsfall, etwa bei Versuchen zur Änderung des gesellschaftlichen Status quo, eine massiv aufgerüstete Royal Air Force gegen die Arbeiterschaft einsetzen[179].

Es stellt sich nun die Frage, wie es angesichts dieser vorderhand zerfahrenen Situation doch zu einer parteien- und schichtenübergreifenden Zusammenarbeit im Zweiten Weltkrieg kam. Die offensichtliche innere Zerstrittenheit, die massiven Ängste vor einem »knock-out-blow« und die Hilflosigkeit vor der faschistischen Expansion wiesen eher einen Weg in die entgegengesetzte Richtung: das Chaos. Um die entscheidenden Kräfte und Zusammenhänge zu erkennen, ist es nötig, tiefer in die Materie einzudringen.

Was die britische Opposition in den 30er Jahren anlangt, spielt insbesondere die Tatsache eine Rolle, daß es trotz der bedrohlichen Alternative Faschismus – Kapitalismus und trotz der Existenz des kommunistischen Vorbilds in der UdSSR nicht zur Entstehung einer schlagkräftigen revolutionären Bewegung kam[180]. Die Linke als geschlossenen Block gab es letztlich auch gar nicht. Es sind wenigstens drei Hauptrichtungen auszumachen: 1. die Kommunisten mit ihrem von Moskau gesteuerten revolutionären Ansatz, 2. Sozialisten und Pazifisten, die definitiv gegen einen kapitalistisch-imperialistischen Krieg agierten, 3. die gemäßigten Kräfte (die Mehrheit). Daß von ihnen keine existentielle Gefahr für die Herrschaftsordnung ausgehen würde, war zunächst nicht so ohne weiteres zu erkennen. Zu Beginn der 30er Jahre hatte es durchaus nicht danach ausgesehen, daß gemäßigte Kräfte dominieren würden. Leute wie der Führer der Labour Party, Lansbury, oder Sozialisten wie Harold Laski und Sir Stafford Cripps vertraten einen weitgehend klassenkämpferischen Ansatz und gingen davon aus, daß der Feind nicht nur im Ausland, sondern auch im eigenen Land saß: vor allem das Kapital und die von ihm kontrollierte Regierung. Das einzige Mittel gegen einen faschistisch-kapitalistischen Krieg sei ein internationales Zusammenstehen und ein Generalstreik der Arbeiter aller Länder, um eine entsprechende Eskalation oder den Ausbruch des Kriegs gegebenenfalls zu verhindern. Anders könne man Kriegstreiber, Faschisten, Militaristen und Großkapital nicht entmachten und eine wahrhaft friedliche und gerechte Welt nicht erschaffen.

Diese Sichtweise wurde von vielen liberalen und gemäßigten Labour-Vertretern sowie den Gewerkschaften als zu radikal abgelehnt. In diesen Kreisen hatte man zwar ebenfalls kein Interesse an einem neuen Krieg, legte aber die Betonung nicht auf die Verbindung von Klassenkampf und Krieg. Die Haupthoffnung basierte auf dem Völkerbund als internationales Sicherheitsorgan. Man strebte vor allem völkerrechtliche Vereinbarungen zur Ächtung des Krieges, zur Konfliktregelung und -verhütung an. Im Falle eines Verstoßes gegen die Prinzipien von Gleichberechtigung und Volkssouveränität sollte die Staatengemeinschaft mit Sanktionen reagie-

---

[179] Auf Haldane wird in Kap. IV.2. ausführlich eingegangen.
[180] Zum Folgenden vgl. grundsätzlich Wendt, Großbritannien, S. 11–32; Burridge, British Labour, S. 13–36; Wiechert, British Left; Howard, War, S. 86–114; Bell, Origins, S. 101–110.

ren, im Extremfall auch mit Krieg. Letztere Option, Krieg als letztes Mittel zur Wahrung des Rechts (just war), war von der Arbeiterbewegung nicht in Eigenregie entwickelt worden, sondern stellte ein traditionelles Thema des britischen Liberalismus dar. Die gemäßigte Linke nahm von diesem Diktum auch die eigene Regierung nicht aus, zielte aber nicht auf einen Umsturz. Man wollte sich im Zweifelsfall nach dem Motto verhalten: Stell' Dir vor, es ist Krieg, und keiner geht hin. Sollte erwiesen werden, daß Großbritannien aus machtpolitischen oder ähnlich unmoralischen Erwägungen in den Krieg zog, würde man eine Verweigerungshaltung, die unter anderem auch Streiks mit einschloß, einnehmen.

Dieser kritischen Grundhaltung entsprechend, die immer auch vom Mißtrauen gegenüber den etablierten Herrschaftsträgern gespeist wurde, agierte die Arbeiterbewegung lange Zeit gegen die Erhöhung des Wehretats. Die oppositionelle Labour Party stimmte regelmäßig gegen die entsprechenden Haushaltspläne der Regierung.

Als sich die internationale Lage verschlechterte, trat jedoch ein langsamer Sinneswandel ein. Im Zuge der Expansion Hitlers wuchs das Bedrohungsgefühl, und man näherte sich langsam einer Kooperation mit der Regierung an. 1935 änderten sich auch die Verhältnisse in der Führung der Labour Party. Unter massiver Intervention der Gewerkschaften, insbesondere der Arbeiterführer Ernest Bevin und Walter Citrine, wurden die radikaleren Kräfte gestürzt und gemäßigte Führer eingesetzt. Nach 1937 gab die Labour Party die Obstruktionspolitik gegen die Aufrüstungs- und Mobilmachungsanstrengungen der Regierung weitgehend auf.

Dies allein aber stellte noch keinen wirklich entscheidenden Schritt zur aktiven Kooperation dar. Chamberlain nämlich blieb weiterhin sehr unbeliebt, und als er 1937 an die Macht kam, zeigte er sich wenig geneigt, auf die Gewerkschaften zuzugehen und sie um Mitarbeit bei der Mobilmachung zu bitten. Außerdem liefen die Appeasement-Politik und das ihr vorangegangene Debakel um den Hoare-Laval-Pakt, das die gemäßigte Linke vor den Kopf gestoßen hatte, weil das Abkommen, anstatt das Völkerrecht durchzusetzen, die alte Machtstaatspolitik wieder zu etablieren schien, der Grundhaltung großer Teile der organisierten Arbeiterschaft klar zuwider. Inzwischen war auch der Spanische Bürgerkrieg ausgebrochen, und etliche Linke waren in den Kampf gezogen. Daß die britische Regierung – im Gegensatz zur deutschen und italienischen – praktisch nichts unternahm, um »ihre« Seite zu unterstützen, wurde ihr ebenfalls übelgenommen.

Die vehemente Verschlechterung der internationalen Lage führte erst im Frühjahr 1939 zur Aufnahme erster inoffizieller Gespräche zwischen der Regierung und der Arbeiterschaft. Chamberlain war trotz der steigenden Kriegsgefahr weiterhin bemüht, eine zu starke Involvierung der Arbeiter zu verhindern, da er befürchtete, sich von ihnen abhängig zu machen und das innenpolitische Gleichgewicht sowie das Funktionieren der Wirtschaft zu gefährden[181]. In der Krisensituation im Sommer 1939, die schließlich zum Beginn des Krieges führte, stellten Mitglieder der Labour Party und andere Linke früher als die Konservativen offene Forderungen nach einem bewaffneten Eingreifen und überholten sie so im Hin-

---

[181] Vgl. Schmidt, Domestic Background.

blick auf Unnachgiebigkeit und Kriegsbereitschaft gegenüber Deutschland. Es ist kein Zufall, daß Herbert Morrison, einer der wichtigsten Labour-Führer und Vorsitzender des London County Council, am 3. September sehr erleichtert war, als der erste Luftalarm ertönte und sich keine ernst zu nehmenden Widerstände gegen den Luftschutz erhoben. Ein großer Teil wenigstens der Londoner Bevölkerung rannte in die Schutzräume[182].

Auch nach Beginn der Kriegshandlungen hielten sich die Bemühungen von seiten des Staates zur Schaffung einer Solidargemeinschaft unter Einbindung der Arbeiterschaft in Grenzen. Die Regierung Chamberlain versuchte immer noch, eine konsequente Umgestaltung der innenpolitischen Verhältnisse hin zu einer Kriegsgesellschaft zu verhindern. Der Premier hoffte, das alte wirtschaftlich-soziale System, für dessen Stabilität er lange Jahre gearbeitet hatte, zu bewahren und eine Beruhigung der internationalen Situation zu erreichen. Erst als er stürzte und Churchill an die Macht kam, begann man mit substantiellen Schritten zur Schaffung einer »war society«, die diesen Namen im Zeitalter des »Totalen Krieges« auch verdiente.

Die Annäherung zwischen dem nationalistischen Churchill und seinen wenigen Anhängern einerseits und den Gewerkschaften und der Labour Party andererseits hatte sich schon 1938/39 angedeutet. Churchill erkannte klar, daß man dem nationalsozialistischen Deutschland nur mit einer breiten Einheitsfront gewachsen sein würde. So entwickelten er und seine Mitstreiter ein Programm für nationale Solidarität, das auch soziale Gerechtigkeit vorsah, und verlangten einen parteien- und schichtenübergreifenden Schulterschluß. Die Arbeiterschaft näherte sich unter der Führung der gemäßigten Kräfte langsam an diese Position an. Dies nicht zuletzt auch deshalb, weil zunehmend erkennbar wurde, daß der Spanische Bürgerkrieg nicht zu neuen Impulsen für die internationale Solidarität der Arbeiterbewegung führen, sondern die faschistoid-autoritäre Bedrohung erhöhen würde. Die fortgesetzten Aggressionen des nationalsozialistischen Deutschland zeigten, daß man Hitler nicht mit Nachgiebigkeit für ein friedliches Miteinander gewinnen konnte. Spätestens nach dem Einmarsch deutscher Truppen in Prag und der Einnahme Madrids durch Franco im März 1939 erwies es sich dann als eindeutig, daß mit den Diktaturen auf dem Kontinent kein Ausgleich möglich sein würde. Ohne eine eigene machtpolitische Alternative und somit gezwungen, zwischen Faschismus, Kommunismus und dem eigenen liberal-kapitalistischen System zu wählen, entschied man sich für das letztere. Die radikalen Kräfte, die für den Kriegsfall immer noch einen Generalstreik auch gegen die eigene Regierung verlangten und außerdem für eine Volksfront aller Arbeiter unter Einschluß auch der Kommunisten eintraten, wurden im selben Jahr politisch eliminiert. Sir Stafford Cripps, Charles Trevelyan, der Bruder von G.M. Trevelyans, und Aneurin Bevan, die Führer dieser Gruppe, wurden aus der Labour Party ausgeschlossen. Ob diese Entwicklung auf einen »instinctive patriotism« auf seiten der Labour Party[183] zurückging oder nicht doch eher auf spezifische politische und soziale Erwartungen und Grundhaltun-

---

[182] Burridge, British Labour, S. 18 ff. Allerdings bei weitem nicht alle. Siehe dazu unten, S. 451 f.
[183] Bell, Origins, S. 108.

gen, wäre in Spezialstudien zu klären. Insbesondere die soziale Komponente und deren Verbindung mit Machtpolitik darf nicht unterbewertet werden[184].

Die Richtungskorrekturen innerhalb der politischen Linken korrespondierten zeitlich in etwa mit einem Stimmungswandel innerhalb des Regierungsapparates, hier vor allem bei den Militärs. Die Spezialisten insbesondere des Air Ministry kamen aufgrund optimistischer Geheimdienstnachrichten zu einer positiveren Bewertung der strategischen Gesamtsituation als in den Jahren zuvor. Man begann zu erkennen, daß die deutsche Luftwaffe nicht die Überlegenheit besaß, wie man bislang angenommen hatte. Hierbei spielte allerdings der Zweckoptimismus eine nicht zu unterschätzende Rolle. Zur Verbesserung der Grundstimmung trug auch bei, daß neue Verteidigungsmittel, Jäger und Radar, die Serienreife erreicht hatten und eingeführt werden konnten[185]. Die gesamte politische, militärische und soziale Landschaft Großbritanniens drehte sich 1938/39 trotz der geringen Bereitschaft der Regierung zu größeren innen- und außenpolitischen Umgestaltungen insgesamt langsam in Richtung einer härteren Haltung gegenüber Hitlerdeutschland.

Auch die öffentliche Meinung erfuhr einen gewissen, wenn auch noch nicht grundlegenden Kurswechsel. Die Angst vor einem »knock-out-blow« bestand weiter, wurde aber relativiert. Dies hing in erster Linie mit den konkreten Erfahrungen der Zivilbevölkerung im Spanischen Bürgerkrieg zusammen. Die Bombenangriffe der Achsenmächte hatten zwar furchtbare Wirkungen gezeigt (Guernica etc.), aber ein Massensterben hatte es nicht gegeben. Die Bevölkerung Madrids und insbesondere Barcelonas hatte trotz erheblicher Verluste auch ihre Kampfmoral bewahrt. Ängste und Ungewißheit bestanden zwar weiter, aber immerhin gab es nun Gegenargumente zu den Weltuntergangsvisionen. In den Medien ergaben sich weitere kontroverse Diskussionen[186].

So schritt man mit einem gewissen Zittern zum Krieg, und es passierte zunächst nichts Wesentliches, was auf einen Weltuntergang deuten ließ. Der erwartete »knock-out-blow« blieb aus:

> »It would be impossible to convey the sense of utter panic with which we heard the first Air Raid warning, ten minutes after the outbreak of war. We had all taken *The Shape of Thing to Come* too much to heart, also the dire prophecies of scientists, journalists, and even politicians of the devastation and disease that would follow the first air raid. We pictured St Paul's in ruins and a hole in the ground where the Houses of Parliament stood. But nothing happened[187].«

Die bestehenden Befürchtungen wurden zwar nicht grundsätzlich zerstreut, aber man bekam weitere Gelegenheit, nun unter realen Kriegsbedingungen sich materiell und psychologisch auf entsprechende Luftangriffe, die erst im folgenden Jahr

---

[184] Dazu die Ausführungen unten auf S. 82 f. und 90 f.
[185] Wark, Ultimate enemy, S. 59–79. Vgl. überhaupt Wark zur Rolle der Geheimdienste und der Perzeption der deutschen Bedrohung durch den britischen Regierungsapparat (v.a. die Frage des sachlichen Wahrheitsgehaltes der »Intelligence« und Präformationen der Nachrichtenbeschaffung und -auswertung durch vorgegebene Meinungsbilder und Machtstrukturen innerhalb des Apparates).
[186] Morris, Roots, S. 48–66.
[187] Breadmore, Civilians, S. 34. Vgl. auch Bialer, Shadow, S. 158–160, und Harrisson/Madge, War begins, S. 40.

begannen, vorzubereiten. Außerdem hatte man ja immerhin seit dem 19. Jahrhundert Zeit gehabt[188], sich mental und psychisch auf eine Invasion einzustellen.

Der nationale Schulterschluß, der nach Churchills Machtübernahme erfolgte, brachte dann nicht nur die großangelegte Einbindung der Arbeiterschaft in den »war effort«, sondern auch eine grundlegende Wandlung der Einstellung zum Krieg selbst. Das Bild von vergasten, verbrannten oder zerfetzten Menschen, von Chaos und Weltuntergang, verschwand und wurde ersetzt durch das Bild des tapferen Bürgers, der zu seinen Pflichten steht und seinen Verteidigungswillen auch durch die unmittelbare Anwendung militärischer Gewalt des Feindes nicht verliert. Selbst einschneidende Verluste und persönliche Opfer sind ihm nicht zu groß, um den Krieg weiter durchzustehen. Es entstand das Bild des heroischen Bürgers, des »citizen hero«, das auf Männer und Frauen aus allen Schichten, auch der Arbeiterschicht, angewandt wurde. Tapferkeit, Opferbereitschaft und Siegeswillen galten fortan als primäre Tugenden. Es vollzog sich eine Wendung zur Wehrgemeinschaft unter demokratisch-autoritären Gesichtspunkten[189].

Diese Entwicklung von vorgeblich innerer Gespaltenheit zur nationaler Geschlossenheit stellte keineswegs eine mirakelhafte Wiederbelebung eines wie auch immer gearteten kämpferischen englischen Nationalgeistes dar, sondern entstand aus einer Mischung aus handfester Machtpolitik, dem Fehlen wirklicher ideologisch-politischer Alternativen vor allem für die Linke und der direkten Bedrohung durch Hitler. Sowohl im linken wie auch im rechten politischen Spektrum spielte nicht die Tradition die entscheidende Rolle. Man handelte entsprechend der aktuellen bzw. längerfristigen politischen Zielsetzungen und den bestehenden Bedrohungsgefühlen.

Daß die britische Gesellschaft in den 20er und 30er Jahren nicht in Revolution und Diktatur versank und schließlich sogar zu einem allgemeinen Schulterschluß gegen Hitlerdeutschland fand, ging nicht nur auf die Veränderung der politischen Landschaft zurück, sondern hatte seine Ursachen auch im sozialen Bereich und in der Genese der sozialpolitischen Machtstrukturen. Die sozialen Verhältnisse waren bei weitem nicht so gravierend negativ, wie dies scheinen mochte[190]. Die in den 30er Jahren entstehenden, teilweise erschreckenden Bilder von hungernden Kindern, regelrechten Slums und Hungermärschen gaben nur einen Teil der Realität wieder. In den sog. »Depressed Areas«, vornehmlich im Norden und Nordwesten Englands, lebte ein großer Teil der Bevölkerung tatsächlich unter furchtbaren Bedingungen, die in erster Linie von Arbeitslosigkeit und Armut herrührten. In anderen Teilen des Landes jedoch, insbesondere in den südlichen Gebieten, machte sich infolge des Preisverfalls in der Wirtschaftskrise und einem dadurch ausgelösten Anstieg der Reallöhne und der Etablierung neuer Industrien Wohlstand breit. Insgesamt ergab sich eine soziale Ghettoisierung. Die unter relativ

---

[188] Bialer, Shadow, S. 151 f.; Clarke, Voices, Kap. 4; Strachan, Militär, S. 88.
[189] Morgan/Evans, Battles, S. 20–35 und 91 ff. Der genauere Prozeß dieses Wandels müßte noch näher erforscht werden.
[190] Zum Folgenden vgl. Smith, Democracy, v.a. S. 28–42.

guten Bedingungen lebenden Teile der Bevölkerung hatten kein Interesse an radikalen Veränderungen und pflegten ihr auf mehr oder weniger bescheidenen Verhältnissen beruhendes Privatleben, während die Masse der wirklich Armen und der Arbeitslosen sich in ihr Schicksal fügten. Radikale Aktionen ergaben sich nur selten und dann eher von »underdogs« in sozial bessergestellten Gegenden.

Die Regierung versuchte, die Situation zu stabilisieren, wenn dies auch nicht auf der Basis einer umfassenden Sozialstaatskonzeption geschah. So integrierte man den größten Teil der arbeitenden Bevölkerung in die Arbeitslosen- und Gesundheitsversicherung. Verbesserungen im Wohnungswesen, die Eindämmung von Problemgebieten (Slum-Clearing) und die Hebung des Ausbildungs- und Schulwesens wurden ebenfalls in Angriff genommen und gesetzgeberisch gefördert, wenn auch mit nur ungenügenden finanziellen Mitteln ausgestattet. Dies alles trug durchaus zur Pazifizierung der inneren Verhältnisse bei.

Diese eher gemäßigte Entwicklung fand ihre Parallele in der Genese der sozialpolitischen Machtstrukturen, die als gutes Beispiel für das Zusammenwirken verschiedener Faktoren des umfangreichen Ursachenkomplexes für die innere Kohärenz der britischen Herrschaftsordnung gelten kann[191]. Als Beispiel kann hier die Wendung der organisierten Arbeiterschaft hin zur Bejahung nationaler Verteidigung gelten. Diese ging nicht nur auf aktuelle politisch-ideologische Gründe zurück, sondern basierte auch auf der strategischen Konzeption ihrer Führung zur Umgestaltung der sozialen Verhältnisse und zum Umgang mit den Strukturen der bestehenden Herrschaftsordnung. Entscheidende Weichenstellungen wurden bereits kurz nach dem Ersten Weltkrieg gelegt, als sich sowohl Labour Party als auch Gewerkschaften langfristig für die Einordnung in das parlamentarische System und die Ablehnung revolutionärer Methoden entschieden. Man war zu einem generellen Staatsumsturz nicht bereit[192].

Ausgehend von diesen Grundentscheidungen, versuchte man, eine graduelle Verbesserung der Lage zu erreichen, mußte dabei aber schwere Niederlagen hinnehmen. Die anhaltend hohe Arbeitslosigkeit, die verheerende Niederlage der Gewerkschaften beim »general strike« 1926, das Verbot von Sympathiestreiks (Trade Disputes Act 1927) und schließlich das katastrophale Ende der Labour-Regierung 1931 zeigten deutlich auf, wie unterlegen die Arbeiterbewegung innerhalb der herrschenden Ordnung immer noch blieb. Trotzdem beschloß man keinen Kurswechsel. Dies ging nicht zuletzt auf die Heterogenität der sozialen und politischen Forderungen innerhalb der Arbeiterschaft zurück. Die bestehenden Unterschiede in den sozialen Verhältnissen im Land erschwerten eine konzise und schlagkräftige Politik erheblich[193].

---

[191] Für die tiefenstrukturelle Perspektive vgl. v.a. Middlemas, Politics, S. 11–23, 120–388, und Schmidt, England, S. 415–601.
[192] Middlemas, Politics, S. 158–169; Niedhart, Geschichte Englands, S. 165 f. Interessant wäre es, die staatspolitische Haltung von Labour Party und Gewerkschaften in Großbritannien mit der Grundhaltung von SPD und Gewerkschaften in Deutschland genauer zu vergleichen. Dies kann hier jedoch nicht geleistet werden.
[193] Schmidt, England, S. 595 ff. Auch zum Folgenden.

Der Verzicht auf ideologische Radikalität und offenen Klassenkampf vor allem auf seiten der Gewerkschaften fand ihr Gegenstück in der Bereitschaft der Regierung, eine langfristige Annäherung an die Gewerkschaften zuzulassen. In Whitehall hatte man keinerlei Interesse an unnötiger Konfrontation und versuchte daher, trotz des Festhaltens an dem kapitalistischen System und bei aller Härte in bezug auf konkrete Forderungen nach sozialer Umgestaltung oder umfassender Staatsintervention zu friedlicher Kooperation zu gelangen. So entwickelte sich eine relativ vorsichtige und pragmatische Umgestaltung der Machtstrukturen im sozialen Bereich[194]. Die Gewerkschaften wurden nach und nach in die Gestaltung der Verhältnisse einbezogen. Sie nahmen zusammen mit den Arbeitgebern und dem Staat immer stärker das Monopol auf Aushandlung der Löhne, der Arbeitsbedingungen und schließlich auch hinsichtlich der Rüstungsfragen und der dabei ins Spiel kommenden Interessen der Arbeiterschaft in Anspruch. Zunehmend wurden sie auch bei politischen Fragen gehört. Die entscheidenden sozialpolitischen Entscheidungen fielen immer weniger entlang der parteipolitischen Linien im Parlament, sondern entlang der Position der drei Interessengruppen Staat, Gewerkschaften und Arbeitgeber. Die Gewerkschaften konnten noch keine umfassenden Fortschritte für die Substanz ihrer Forderungen machen[195], wurden aber als Verhandlungspartner akzeptiert und bauten dadurch ihre Machtposition aus. Die Führer pflegten diese Partnerschaft in konkreten Einzelfragen auch gegen den Willen eines Teils ihrer Mitglieder. Die Verhandlungen und Absprachen blieben vielfach geheim; überhaupt propagierte man die Zusammenarbeit nicht in der Öffentlichkeit oder lud sie gar ideologisch auf[196]. Die Gewerkschaften wurden so langsam in ein »Management«-Konzept einbezogen, in dem technische Krisenregelung ideologische Konfrontation ersetzen sollte. Großbritannien bewegte sich von seinen klassischen liberalen Prinzipien weg und begann auf eine staatlich geregelte bzw. koordinierte kapitalistische Gesellschaft (organisierter Kapitalismus) hinzusteuern[197]. Die beteiligten Interessengruppen entwickelten dabei Tendenzen zu einer Art von

> »governing institutions, existing thereafter as estates of the realm, committed to cooperation with the state, even if they retained the customary habit of opposition to specific party governments«[198].

Die sozialpolitischen Arrangements des Zweiten Weltkriegs basierten auf diesen Grundlagen und stellten ihrerseits einen zentralen Markstein für die weitere Entwicklung dar. Die Bedeutung der alten konstitutionellen Organe, wie Parlament und Parteien, wurde wenigstens im Großbereich der Arbeitsbeziehungen und der Verteilungspolitik dadurch langfristig ausgehöhlt. Diese Entwicklung plante man nicht umfassend, sondern sie ergab sich aus den praktischen Notwendigkeiten. Bei den Gewerkschaftsführern etablierte sich im Laufe der 30er Jahre die Meinung,

---

[194] Zum Folgenden vgl. grundsätzlich Middlemas, Politics, Kap. 8–11, 13.
[195] Ebd., S. 228 ff., 256 ff.
[196] Ebd., S. 244, 380 ff.
[197] Zu diesem Begriff und dessen Problematik: Winkler, Organisierter Kapitalismus. Zu den Grundlagen in Großbritannien in und nach dem Ersten Weltkrieg vgl. Wendt, War Socialism.
[198] Middlemas, Politics, S. 372.

daß mit einem Engagement für die Wiederaufrüstung und der Mitarbeit bei eventuell notwendig werdenden Kriegsanstrengungen erheblich mehr zu erreichen war als mit einer radikalen Obstruktionshaltung. Diese hätte das Land – zunehmend die einzige Alternative zu den totalitären Systemen auf dem Kontinent – gefährdet und im Falle einer militärischen Auseinandersetzung die Gewerkschaften insgesamt diskreditiert. Nicht auszumalen, wenn die Gewerkschaften bei Kriegsgefahr gestreikt hätten und Großbritannien trotz aller Unkenrufe die nachfolgende Krise oder den Krieg überlebt hätte. Mit einer konstruktiven Haltung gegenüber Aufrüstung und Mobilmachung glaubte man sich in einer erheblich besseren Verhandlungsposition gegenüber der Regierung als bei Verweigerung.

Aus dieser Gesamtsituation heraus ging man an die Frage nach einer möglichen Beteiligung am »war effort« der Regierung heran. Man mußte hierbei öffentliche Rücksicht auf die massiven Antipathien innerhalb der Arbeiterschaft und radikaleren politischen Kreisen gegenüber jeglicher Kriegstreiberei und der Aufrüstung der Streitkräfte nehmen. Labour Party und Gewerkschaften befanden sich in einem Dilemma, »a conflict both with the government and the Marxist faction inside the movement«[199].

Um größere Schwierigkeiten zu vermeiden, etablierte man einen rigorosen Kurs innerhalb von Partei und Gewerkschaft. Aus diesen Gründen wurden sozialistische und kommunistische Organisationen ausgeschlossen und schließlich 1935 auch der Führungswechsel in der Labour Party eingeleitet. Radikale Ansätze wurden dauerhaft und fortgesetzt eliminiert oder zurückgewiesen[200]. Bei kontroversen Aktionen der Regierung wie etwa dem Hoare-Laval-Pakt oder dem »Verrat« an der anti-faschistischen Front im Spanischen Bürgerkrieg protestierte man zwar durchaus, zog aber keine wirklich einschneidenden Konsequenzen[201]. Aus der Welt schaffen ließ sich die linke Opposition dadurch freilich nicht. Erst durch die fortgesetzten Aggressionen Hitlers und die Angebote von Churchills Fraktion wurde eine deutlichere Annäherung möglich.

Daß die Regierung eine Zusammenarbeit für einen »war effort« nicht umsonst bekommen würde und die Gewerkschaften nicht gedachten, sich wie nach dem Ersten Weltkrieg abspeisen zu lassen, machte man jedoch von Anfang an klar. Schon zu Beginn des sich abzeichnenden Bündnisses zwischen der Arbeiterschaft und Churchills Fraktion hatten die Gewerkschafter keinen Zweifel daran gelassen, daß sie sich in dem neuen Krieg nicht ohne Gegenleistungen engagieren würden[202]. Sie verlangten die Zusage deutlicher sozialer Verbesserungen, die Verstaatlichung der wichtigsten Industrien und eine gerechtere Verteilung des Wohlstands. Churchill willigte im Prinzip ein, auch wenn er letztlich nicht daran dachte, grundlegende Änderungen an der wirtschaftlichen und sozialen Struktur vorzunehmen[203]. Für ihn war der Pakt mit der Arbeiterschaft nur Mittel zum Zweck, eine schlagkräftige

---

[199] Wiechert, British Left, S. 138.
[200] Middlemas, Politics, S. 234–243.
[201] Ebd., S. 251 f., 255 f.
[202] Morgan/Evans, Battle, Kap. 1 und 2.
[203] Wendt, Großbritannien, S. 19.

Wehrgemeinschaft zu schaffen. Im Krieg entstand aus dieser Konstellation eine Art Ideologie eines gerechten, freien und friedlichen Staates, einer Gemeinschaft, die zusammenhält, um die Werte der Menschlichkeit gegen das Böse zu verteidigen. Churchill reicherte dies mit teilweise chauvinistischen und nationalistischen Inhalten an, um so die nationale Komponente zu betonen. Die Forderungen der Arbeiterschaft nach entsprechenden dauerhaften sozialstaatlichen Maßnahmen, die nach dem Ersten Weltkrieg versäumt worden waren, lehnte er ab und arbeitete darauf hin, entsprechende Versuche abzudämpfen. Da die Konservative Partei aber in den Wahlen von 1945 unterlag und Churchill abtreten mußte, wurde ein Gutteil der Versprechungen doch eingelöst. Der Weg in den modernen Sozialstaat britischer Prägung wurde frei[204].

Die Zusammenarbeit zwischen Gewerkschaften, Regierung und Arbeitgebern im Zweiten Weltkrieg, dem sog. »wartime triangle«, ergab sich also nicht ad hoc, sondern lag vielmehr im Trend langfristiger struktureller Entwicklungen. Es war dabei keinesfalls gesagt, daß eine Annäherung an »korporative« Machtgestaltung, »corporate bias« (Middlemas), automatisch zu dauerhafter Stabilität führen mußte. Die praktische Ausgestaltung blieb stets von vielen, teils widerstrebenden Faktoren abhängig. Immerhin aber kam dadurch eine Mobilmachung zustande, die ausreichte, um einen Krieg durchzustehen. Das »korporativ« beeinflußte »management« unter Berücksichtigung der komplexen Bedingungen einer modernen Gesellschaft führte zu der nötigen inneren Kohärenz. Die Wiederbelebung alter Traditionen oder eines wehrhaften Nationalgeistes spielte dabei bestenfalls die propagandistische Rolle[205].

Daß sich die pragmatische Annäherung zwischen den Gewerkschaften, den Arbeitgebern und der Regierung vergleichsweise lange hinzog und erst nach Kriegsbeginn wirklich zum Tragen kam, ging neben den Rücksichten auf die Meinung in der sozialen Basis vor allem auch auf das Fortbestehen der politischen Fronten zurück. Die Konservative Partei, die eine Beteiligung der Gewerkschaften an der Macht nicht gerade positiv bewertete, blieb in ihrer Hauptmasse zumindest bis 1939/40 einem offenen nationalen Bündnis generell abgeneigt. Churchill und seine wenigen Mitstreiter, die eine, wenn auch nur taktische Annäherung an die Forderungen von Labour Party und Gewerkschaften verlangten, stellten in der Partei zunächst absolute Außenseiter (dissenters) dar und hatten mit ihren Vorstellungen von nationaler Einigung und Schulterschluß gegen Hitlerdeutschland kaum Einfluß auf die Regierungspolitik[206]. Die meisten Mitglieder der Tories – insbesondere die Members of Parliament – standen hinter Chamberlain oder äußerten wenigstens keinen offenen Widerstand[207]. Chamberlains Verbindung von sozialkonservativer Politik nach innen und Appeasement nach außen blieb somit unangetastet.

---

[204] Morgan/Evans, Battle, Kap. 5 und 6.
[205] Middlemas, Politics, S. 376.
[206] Wendt, Großbritannien, S. 14, 19, 26 f.
[207] Vgl. Blake, Conservative Party, S. 238–243.

Dabei spielten neben den wirtschaftlichen und sozialen Interessen auch traditionelle strategische Erwägungen eine wichtige Rolle. Großbritanniens Siege in der Vergangenheit hatten immer auch auf seiner »endurance« basiert. Es hatte sich noch fast jedesmal gezeigt, daß man in einem europäischen Krieg in erster Linie auf die langfristige Durchhaltefähigkeit des Landes bauen konnte. Für einen Abnutzungskrieg aber mußten unbedingt gesunde und stabile wirtschaftliche Verhältnisse sowie ausreichende Ressourcen zur Verfügung stehen[208]. Dies wiederum war nur möglich, wenn man im Frieden eine geordnete und kräftige Wirtschafts- und Produktionspolitik betrieb, Ausgeglichenheit in der Zahlungsbilanz bewahrte, Sparsamkeit bei den Finanzen und den nationalen Reserven an Rohstoffen und Gold übte, Überlastungen vermied und möglichst keine Zugeständnisse an die Arbeiter machte, die die Industrie zu stark belasteten. Es nimmt nicht wunder, daß gerade Thomas Inskip, der als Minister for Co-Ordination of Defence für die Aufrüstung zuständig war, noch im Herbst 1938, als die Sudetenkrise schon beendet war und man sich auf geradem Wege in den Zweiten Weltkrieg befand, vor einer zu großen Belastung der wirtschaftlichen Kraft durch übersteigerte Rüstung warnte:

> »I may perhaps remind my colleagues that the financial implications even of the present [rearmament, B.L.] programme are so grave that it has been a question whether they do not threaten that stability which is after all our experience probably our strongest weapon of war[209].«

Daß diese Ansicht, die von Chamberlain selbst sehr stark vertreten wurde, zu diesem Zeitpunkt vielleicht nicht mehr ganz up to date war und wenigstens teilweise aufgegeben werden mußte, kam den obersten Entscheidungsträgern offenbar nicht in den Sinn. Ebenso wenig wurde man offensichtlich gewahr, daß der »knock-out-blow«, den man so sehr befürchtete, die Grundlagen für die »endurance« rasch vernichten konnte, wenn er tatsächlich in der ausreichenden Intensität durchgeführt wurde. Möglicherweise orientierten sich Chamberlain und seine Verantwortlichen zu sehr an alten Macht- und Kriegstraditionen, als daß sie der modernen Kriegführung im Zeitalter von Bomberflotten und totalitären Systemen in letzter Konsequenz gewachsen gewesen wären[210].

Die Insel- und Festungsmentalität alter Art beinhaltete Mißtrauen gegenüber Experimenten mit allzu weitreichenden sozialpolitischen oder ideologischen Modellen, egal, ob es sich dabei um Vorschläge aus Großbritannien selbst, wie z.B. das Propagieren eines Schulterschlusses mit entscheidenden Schritten hin zu sozialer Gerechtigkeit, oder um ausländische Importe sozialistischer, nationalsozialistischer oder kommunistischer Provenienz handelte. Die Konservativen blieben lange Zeit eine

> »non-ideological party of mutually supporting social interests that eschwed doctrinal disputes in favour of internal solidarity and expendiency in power«[211].

---

[208] Wendt, Großbritannien, S. 28 f.
[209] PRO, CAB 24/279, CP 234 (38) (21.10.1938). Vgl. auch Robbins, Eclispe, S. 184.
[210] Vgl. auch die Vorwürfe Orwells gegen die britischen Machteliten. Unten S. 87 f.
[211] Morgan/Evans, Battle, S. 113.

Man bekannte sich zu England und zum Patriotismus, wollte aber keine wirklichen sozialen, wirtschaftlichen oder politischen Opfer für die im Zeitalter des »Totalen Krieges« nötige Kriegsbereitschaft bringen. Erst als Chamberlains außenpolitischer Kurs scheiterte, kamen die »dissenters« unter Churchill und Robert A. Eden zum Zuge. Entsprechende innenpolitische Modelle für soziale Gerechtigkeit hatten zwar schon vorher existiert – Eden hatte hierfür in den 30er Jahren als einer der Vorkämpfer agiert –, aber erst unter dem Eindruck des Krieges und nach der Entmachtung Chamberlains erfuhren sie beschleunigte Umsetzung[212].

So entstand nach einer langen und nicht immer einfach durchschaubaren Vorbereitungsphase und aus unterschiedlichen Motivationen ein nationales Bündnis, das sich – mutatis mutandis – durchaus mit den entsprechenden Verhältnissen im Ersten Weltkrieg vergleichen läßt.

Insgesamt zeigt sich, daß die britische Demokratie keineswegs automatisch mit Schwäche und Dekadenz gleichzusetzen ist. Im Gegenteil – die britische Herrschaftsordnung legte seit Beginn des Jahrhunderts nicht nur in Kriegszeiten u.a. erhebliche Standfestigkeit, ja sogar Aggressivität an den Tag. Das Phänomen des »jingoism« ist nur ein Beispiel hierfür. Teilweise – insbesondere auf der politischen Rechten – gab es sogar die feste Überzeugung, rassisch höherwertig zu sein. Lord Weir, in den 30er Jahren Berater der Regierung in Rüstungsangelegenheiten, bekundete öffentlich, daß die Briten anderen Völkern »rassisch« überlegen und daher besser als andere Nationen geeignet seien, einen Krieg zu überstehen[213]. Es ist anzunehmen, daß zumindest ein Teil der Gesellschaft trotz aller Angst vor Luftschlägen dieser Ansicht beipflichtete.

Diese Haltung jedoch genügte bei weitem nicht, um eine ausreichende Kriegsfähigkeit zu gewährleisten. Um eine Nation, oder wenigstens ihren überwiegenden Teil, für einen »Totalen Krieg« mobilisieren zu können, müssen bestimmte soziale und politische Grundbedingungen als »minimum standards« erfüllt sein. Wenn die britische Linke nicht so enttäuscht aus dem Spanischen Bürgerkrieg zurückgekehrt wäre oder wenn es frühzeitig praktikable staatspolitisch-ideologische Möglichkeiten für sie gegeben hätte – etwa eine attraktive Alternative zu Chamberlain und seiner Regierung –, wären ganz andere Konstellationen möglich gewesen. Die angeblich vorhandene englische Tradition oder gar die Rasse waren für einen Großteil der Arbeiter und der Unterschichten allein kein Wert, für den es sich zu sterben lohnte.

Eine der herausragendsten Manifestationen für den neuen gesellschaftlichen Konsens im Zweiten Weltkrieg bildeten ohne Zweifel die Schriften Orwells. Die Forderungen, die er 1940/41 an die Briten stellte, zeigen überaus deutlich auf, welches die Forderungen und Tugenden waren, die den »spirit of the times« wäh-

---

[212] Nach Wendt – Großbritannien, S. 26 f. – ist anzunehmen, daß gesellschaftliche Reformen und Tendenzen hin zu mehr sozialer Gerechtigkeit auf die Dauer wohl auch unter einer Tory-Regierung »alten« Stiles begonnen worden wären. Der britische Konservatismus hatte durchaus eine Traditionslinie für entsprechende Wandlungen (One Nation-Konzept, zurückgehend auf Disraeli). Es ist aber die Frage, wann und mit welchem Ergebnis dies geschehen wäre.
[213] Overy, Luftmacht, S. 24. Zu den angeblich vorhandenen Eigenschaften der Briten als »warrior people« vgl. auch Titmuss, Problems, S. 22 f.

rend der britischen Kriegsanstrengungen ausmachten. Orwell war in den 30er Jahren selbst einer der lautstärksten Kritiker der sozialen und politischen Mißstände in Britannien gewesen[214]. Er hatte im Spanischen Bürgerkrieg auf seiten der Republikaner gegen den Faschismus gekämpft und war über die Niederlage hinaus von den offensichtlichen Defiziten der republikanischen und kommunistischen Bewegung enttäuscht worden. So machte er sich wie andere Linke nicht nur in persona, sondern auch geistig wieder nach Großbritannien auf – keineswegs begeistert von den dort herrschenden Verhältnissen. Der Klassenfeind war immer noch an der Macht. Die Strukturen in Großbritannien erschienen lediglich als das kleinere Übel, und es blieb nur zu hoffen, daß man durch weiteren politischen Kampf zu Hause bessere Verhältnisse schaffen konnte[215].

Orwell ist eines der besten Beispiele für die allgemeine Entwicklung der kritischen Intelligenz Britanniens, die, obwohl willens, sich für eine internationale Sache zu engagieren, in den neuen Ideologien der Zeit und ihren praktischen Auswirkungen keine Heimat gefunden hatte und sich daher mit ihren eigenen Zielsetzungen in den »war effort« des eigenen Landes einordnete[216]. Inwiefern diese Tatsache auf einen stillschweigenden ideologischen Konsens innerhalb der britischen Gesellschaft zurückzuführen ist, müßte in weiteren Studien geklärt werden. Leute wie Orwell konnten unter den gegebenen Bedingungen der 30er und 40er Jahre offensichtlich nur in Großbritannien, wie es sich unter demokratischen Bedingungen de facto entwickelte, politisch existieren.

Orwell, der sich dieser Tatsache sehr wohl bewußt war, begann nach Kriegsbeginn eine Art patriotischer Kriegsideologie aus sozialrevolutionärer Perspektive zu formulieren. In einer bemerkenswerten Mischung aus Selbstbetrachtung, gesellschaftlicher Analyse und Zukunftsperspektive beschrieb er die politischen und sozialen Möglichkeiten des neuen Konsenses und setzte zugleich aus seiner Sicht einen Schlußpunkt unter das geistige Chaos der 30er Jahre. In drei richtungweisenden Aufsätzen ging er 1940/41 unter anderem überaus kritisch mit der britischen Linken der 30er Jahre um, griff aber vor allem die gesellschaftlichen und politischen Führungsschichten in scharfer Form an. Er entwickelte dabei eigene propagandistisch-ideologische Vorstellungen von einem angeblich existierenden britischen Nationalgeist, dem »native genius of the English people«[217].

Orwell ging davon aus, daß ein Kampf gegen die totalitären Systeme auf dem europäischen Kontinent ohne eine entsprechende psychologische Grundeinstellung nicht zu bestehen sei. Auch in Großbritannien käme man ohne einen starken Patriotismus nicht aus:

»One cannot see the modern world as it is unless one recognizes the overwhelming strength of patriotism, national loyalty[218].«

Dieser Wille, für nationale Werte – insbesondere die nationale Identität – einzustehen und notfalls zu kämpfen, sei auch bei den Briten grundsätzlich vorhanden.

---

[214] Als herausragendstes Beispiel hier sein Roman The Road to Wigan Pier.
[215] Morgan/Evans, Battle, S. 19; Coker, War, S. 148 f.; Taylor, Patriotism, S. 977–983.
[216] Coker, Battle, S. 148 f.
[217] Orwell, The lion and the unicorn [1940], S. 166.
[218] Ebd., S. 138.

Orwell liefert eine Aufreihung »typischer« britischer Denk- und Lebensweisen. Die damit verbundenen Inhalte werden positiv besetzt und den Ideologien des Kontinents, insbesondere der nationalsozialistischen Ideologie, diametral entgegengestellt, wobei er – ähnlich wie Schmitt in Deutschland – einen Gegensatz zwischen kontinentalem und britisch-maritimem Denken konstruiert: »militarized continental state« versus »loose maritime democracy«[219].

Gleichzeitig kritisiert Orwell den größten Teil der britischen Linken, insbesondere der radikalen Sozialisten und Pazifisten, in vehementer Weise, weil sie aus seiner Sicht viel zu stark in utopischen Bahnen gedacht und mit ihrer Antikriegspropaganda, ihren Weltuntergangsvisionen und ihrer Ablehnung der britischen Nation die wirklichen Kraftquellen des Widerstandes, eben den Patriotismus, gefährdet hätten. Sie selbst würden im Falle eines ungünstigen Kriegsverlaufes am ehesten nachgeben und erfänden dann Rechtfertigungen für eine Kapitulation. Orwell spricht das Wort Defätismus in diesem Zusammenhang nicht explizit aus, hat es aber letztlich im Sinn[220].

Keineswegs besser geht Orwell mit den britischen Führungsschichten um. Diese seien, obwohl sie weiterhin regierten, eigentlich unfähig und überhaupt nicht in der Lage, die Anforderungen der Zukunft zu erfüllen. Rückwärtsgewandt, profit- und genußsüchtig sowie geistig veraltet kämen sie auf keinen Fall in Frage, eine neue, gerechte Gesellschaft zu gestalten. Auch gegen sie erhebt Orwell den Vorwurf, im Notfall den Krieg nicht gegen alle Widrigkeiten durchzustehen und unter gegebenen Umständen allzu schnell Hitler gegenüber zu kapitulieren[221].

Den eigentlichen Kern der britischen Nation sah er demgegenüber im einfachen Volk, dem »common people«[222]. Die Masse der britischen Bevölkerung sei durchaus willens, Britannien zu verteidigen. Die Nation, die Orwell dabei vorschwebte, besaß allerdings ein ganz anderes Gesicht als alle bis dato konstruierten Traditionslinien. Neben dem Patriotismus trat als zweites Moment die soziale Gerechtigkeit. Großbritannien solle die Übel der Vorkriegszeit überwinden. Kapitalismus, zügellose Ausbeutung, Klassengesellschaft, aber auch linker Kritizismus gehörten der Vergangenheit an. Er verlangte eine Gesellschaft, die einerseits britischer Tradition und Lebensweise verhaftet bleiben sollte, gleichzeitig aber alle schädlichen Erscheinungen des Klassenkampfes ausmerzen würde. Letzteres verband er mit der Forderung, eine sozialistische Gesellschaft auf planwirtschaftlicher Basis zu errichten[223]. Unerläßliche Bedingung für deren Entstehung sei eine gesellschaftliche Machtänderung, notfalls auch mit revolutionärer Gewalt[224]. Dafür wiederum müsse der Krieg gegen Hitler unbedingt gewonnen werden. Der nationale Notstand, der hervorgetretene Patriotismus und das erforderliche nationale Zu-

---

[219] Ebd., S. 140 ff., 184 ff. Zitat auf S. 186.
[220] Ebd., S. 183 f., 185 f. u.ö.
[221] Ebd., S. 152 f., 162 ff., 168–170.
[222] Ebd., S. 141.
[223] Ebd., S. 160 ff., 174 ff.
[224] Ebd., S. 166.

sammenstehen seien gemeinsam für die Gestaltung einer neuen Zukunft entscheidend[225].

Orwell schwebte eine gerechte und wahrhaft demokratische Gesellschaft vor, geführt von einer neuen Art von intellektuellen Führungskräften und akzeptiert von der Masse der Bevölkerung:

»Patriotism and intelligence will have to come together again. It is the fact that we are fighting a war, and a very peculiar kind of war, that may make this possible[226].«

Dieser ideologische Entwurf räumte gleichermaßen auf mit allen traditionellen Machtstrukturen und den bisherigen linken Maßnahmen hiergegen. Insbesondere die Schwäche der britischen Linken, die Angst vor Luftkrieg und Zerstörung sowie das Festhalten an eingefahrenen Denk- und Verhaltensmustern wurden vernichtend angeprangert:

»In an age of fuehrers and bombing planes it [left-wing sniggering at patriotism and physical courage, B.L.] was a disaster. However little we may like it, toughness is the price of survival. A nation trained to think hedonistically cannot survive amid people who work like slaves and breed like rabbits, and whose chief national industry is war. English Socialists of nearly all colours have wanted to make a stand against Fascism, but at the same time they have aimed at making their own countrymen unwarlike[227].«

Die verlangte Grundhaltung sah Orwell generell bei den meisten Briten – auch bei sich und anderen Intellektuellen – bereits in der Erziehungstradition angelegt. Er selbst sei aufgewachsen

»in an atmosphere tinged with militarism«[228].

Selbst der Pazifismus und der Sozialismus hätten dies nicht ändern können. Die meisten Linken seien grundsätzlich genauso patriotisch und militärisch eingestellt wie die meisten ihrer Landsleute. Derlei Grundhaltung gehöre keineswegs zu den Vorrechten einer bestimmten politischen Richtung, eher umgekehrt:

»Patriotism has nothing to do with conservatism[229].«

Das britische Volk als solches, »the real England«[230], stehe im Gegensatz zu »Chamberlain's England«[231] und sei nun sozial, wirtschaftlich, militärisch und geistig bedroht. Um diese Gefahr zu beseitigen, müßten alle Widerstandskräfte in einem starken und einigenden Band zusammengefaßt werden[232].

Eng mit diesen staatspolitischen Postulaten hing ein Teil von Orwells literarischen Vorstellungen zusammen. Auch hier setzte er eine Art geistigen Schlußpunkt unter die 20er und 30er Jahre. Er kritisierte die bis dato bekannt gewordenen Utopien und Zukunftsvoraussagen, insbesondere die entsprechenden Werke von Wells. Dessen Untergangsphantasien und imaginäre Hoffnungen auf einen

---

[225] Ebd., S. 170, 174.
[226] Ebd., S. 156, siehe auch S. 174.
[227] Ebd., S. 183.
[228] Orwell, My Country, S. 137.
[229] Ebd.
[230] Orwell, The Lion, S. 188. Inwieweit Orwell die Vorstellung vom »native genius« lediglich für seine politischen und sozialen Ziele instrumentalisierte und inwieweit er tatsächlich daran glaubte, muß hier offenbleiben. Zur Klärung wäre eine gesonderte Studie nötig.
[231] Ebd., S. 162.
[232] Orwell, My Country, S. 137 f.

Weltstaat nach der großen Katastrophe, gegründet auf Vernunft und Technik (*The shape of things to come:* Air Dictatorship), betrachtete er als Ausdruck umfassender, idealistisch-naiver Weltferne[233]. Die Hoffnungen auf eine fortgesetzte positive und vernünftige Grundtendenz der Technik trotz des ihr innewohnenden Zerstörungspotentials denunzierte er als rückwärtsgewandt. Wells gehöre eigentlich in die Zeit vor dem Ersten Weltkrieg, in der er noch echte aufklärerische Funktionen ausgeübt habe. Die moderne Welt aber könne ihn nicht mehr verstehen, weil er trotz seiner temporären Untergangsvorstellungen zu sehr an die Vernunft und den linearen Fortschritt glaube. Alle derartigen Projektionen, ob mit positivem oder negativem Ende, gingen an der Realität des Überlebens im Kampf gegen das kontinentale Terrorregime vorbei. Das gleiche gelte auch für sogenannte kritische Geister im Land, d.h. aufgeklärte Intellektuelle, »weiche« Sozialisten und Pazifisten und andere. Politische Autoren aus dem Lager der Exilanten, wie z.B. Leo D. Trotzky oder Hermann Rauschning, besäßen demgegenüber erheblich mehr Weitsicht und Realitätssinn[234].

Deutlicher konnte man die Abkehr von Kriegsangst, Untergangsprophezeiung, Pazifismus und Fortschrittsutopie kaum vollziehen. Die Konfrontation mit Hitlerdeutschland nach dem Scheitern aller sozialistischen oder kommunistischen Alternativen hatte Orwell auf seine Weise an die Seite des englischen Patriotismus gebracht[235]. Er propagierte nun Standfestigkeit und Wehrhaftigkeit – exakt die Ziele, die die Kriegskoalition von Churchill forderte.

In staats- und gesellschaftspolitischer Hinsicht bekannte er sich trotz seiner Forderung nach revolutionärer Abschaffung der sozialen Ungerechtigkeit und der Beseitigung der Privilegien der Oberschicht in erstaunlich klarer Weise zum Verfassungsprinzip, das er als Gut und Erbe des englischen Volkes betrachtete. Orwell stand, gemessen an der Weberschen Herrschaftstypologie, weitgehend auf dem Boden legaler Herrschaft. Er strebte keine radikale Umwandlung der Herrschaftsordnung an, sondern lediglich begrenzte Änderungen (z.B. die Abschaffung des House of Lords). Er plädierte nicht einmal eindeutig dafür, die Monarchie abzuschaffen[236].

Selbstverständlich bestanden zwischen Orwell und Persönlichkeiten wie Churchill deutliche Differenzen. Die Orwellschen Vorstellungen von sozialer Gerechtigkeit, nötigenfalls einer Revolution und der Herrschaft eines wahren volkhaften Großbritannien standen im Gegensatz zu dem, was Churchill je befürwortet hätte. Britische Tradition war für ihn keineswegs ein Wert bzw. eine Tatsache an sich, sondern vielmehr ein ideologisches Vehikel zur Gestaltung einer besseren Gesell-

---

[233] Orwell, Wells.
[234] Ebd., S. 189 f.
[235] Damit lag er durchaus in einem allgemeinen Trend der linken Intelligenz in Großbritannien. Man hatte sich seit Entstehen des »jingoism« zunächst fortgesetzt gegen den Patriotismus als Ausdruck einer manipulativen Massenherrschaft gewandt. Mit Herannahen des Zweiten Weltkrieges änderte sich dies, und man entdeckte positive Seiten in ihm, bezog diese in erster Linie dann auf die Leute, »the people«, und weniger die Massen. Taylor, Patriotism, S. 980–983.
[236] Die zentralen staats- und gesellschaftspolitischen Vorstellungen Orwells in: The lion, S. 144 f., 148 f., 166, 174–188.

schaft. Beide, Churchill und Orwell, verband jedoch das Bemühen um die Schaffung eines Kriegsgeistes und die Umsetzung der zivil-militärischen Mobilisierung. Orwell bescheinigte demgemäß auch Churchill hinsichtlich der Notwendigkeiten und Bedingungen moderner Mobilisierung einen erheblich größeren Realismus als etwa Wells[237]. Daß die innenpolitischen Zielsetzungen beider Positionen – insbesondere im Hinblick auf die Nachkriegsgesellschaft – konträr waren, verwundert nicht und verweist auf die realen politischen Verhältnisse der britischen »war society«. Die Masse der Arbeiterschaft, auch Labour Party und Gewerkschaften, hatten ganz andere Absichten als Churchill und seine politische Umgebung. Der nationale Schulterschluß war und blieb ein Zweckbündnis mit partieller ideologisch-politischer Übereinstimmung:

»Labour and capital confronted each other like armies of observation, divided, rather than united, by a common determination to win the war[238].«

Es war dies die britische Form einer Teilidentität der Interessen. Ähnlich wie in Deutschland kam eine innenpolitische Koalition mit kriegerischem Impetus zustande, wenn auch zwischen anderen gesellschaftlich-politischen Gruppen, unter anderen Basisbedingungen und zeitlich um sieben Jahre verschoben.

Insgesamt stellt Orwells Position eine Art Bestandsaufnahme der geistigen Lage der Nation aus links-kritischer Perspektive dar. Seine Vorstellungen für die Zukunft waren hypothetisch und sollten sich nach Kriegsende auch nicht bewahrheiten. Sie spiegeln aber die Konversion der öffentlichen Meinung wider, insbesondere die Wandlung der Grundeinstellung der Arbeiterbewegung und des linken politischen Spektrums, d.h. derjenigen, die weder zur Regierung gehörten, noch vom System besonders bevorteilt, sondern eher benachteiligt worden waren. Anders als in Deutschland, wo die als problematisch angesehenen Schichten, Gruppen und Parteien terrorisiert und politisch eliminiert wurden, um unter anderem auch die allgemeine Mobilmachung zu gewährleisten, arbeiteten in Großbritannien nach den Wirrungen der 30er Jahre diese Kräfte aktiv mit. Orwells Wendung zum »national effort« und dessen Beschreibung ist in dieser Hinsicht ein Paradebeispiel für die kombinierten Einflüsse der Außen-, Innen- und Machtpolitik, der Weltanschauung und der sozialen Verhältnisse auf das individuelle und kollektive Bewußtsein. Die durch das aggressive Deutschland auferlegten Zwänge, die Enttäuschungen hinsichtlich einer besseren Gestaltung der internationalen Lage und der inneren Verhältnisse, machtpolitische Erwägungen, die Bemühungen der organisierten Arbeiterschaft um politische und soziale Partizipation in der gegebenen Herrschaftsordnung, neue Erkenntnisse zu den Grenzen der Luftgefahr ließen das geistige Klima in Großbritannien in weniger als einer Dekade umkehren und machten aus dem potentiellen Kriegsopfer den »citizen hero«.

Die allgemeine Akzeptanz eines Schulterschlusses besaß nichts Zwingendes oder Zwangsläufiges. Die britische Linke war keineswegs von vornherein auf die Beteiligung am »national war effort« festgelegt. Ihre politisch-ideologische Position

---

[237] Orwell, Wells, S. 191 f.
[238] Morgan/Evans, Battle, S. 54.

befand sich das ganze 20. Jahrhundert über in einem stetigen Fluß[239]. Selbst sehr national gesinnte Gewerkschaftsführer hätten sich eine aktive Kooperation sehr gut überlegt, wenn ihnen nicht von den Vorkriegsregierungen eine herausgehobene Position garantiert worden und wenn Churchill, der letztlich ein Sozialreaktionär war, vor dem physischen Eintreten der Bedrohung durch Deutschland an die Macht gekommen wäre.

Daß sich die britische Opposition und die Masse der Unterschichten – beide unerläßlich für die Kriegführung – für die aktive Mitarbeit am »war effort« oder zumindest die passive Duldung der Belastungen entschieden haben, liegt nicht am Wirken einer wie auch immer gearteten nationalen Tradition, sondern an benennbaren Zusammenhängen. Daß eine gewisse Mentalität eine Rolle spielt, soll nicht bestritten werden. Es ist aber zu bezweifeln, daß diese der zentral bestimmende Faktor ist. Zu groß ist die Bedeutung wirtschaftlicher, machtpolitischer, organisatorischer, ideologischer, strategischer, geographischer, sozialer und psychologischer Zusammenhänge. Mentalität oder auch Tradition ist ein Aspekt unter vielen Aspekten. Daß beispielsweise die französische Nation 1940 – anders als die Briten – von Deutschland besiegt wurde, ist kein Argument hiergegen. Nur ein Tor würde behaupten, die Franzosen seien nur wegen eines traditionell mangelhaften Kampfgeistes unterlegen gewesen. Niemand weiß, was geschehen wäre, wenn das deutsche Landkriegspotential voll gegen die britischen Heimatgebiete zum Einsatz gekommen wäre.

3. Fazit: Zivilbevölkerung und »Totaler Krieg« – die staats- und gesellschaftspolitischen Mobilmachungskonzeptionen in Großbritannien und Deutschland als Folie und geistesgeschichtlicher Hintergrund für die Herrschaftsrealität zweier verfeindeter Systeme

Wohl zu keiner Zeit der Menschheitsgeschichte hat man sich so intensiv mit den staats- und gesellschaftspolitischen Auswirkungen eines zukünftigen Krieges auseinandergesetzt wie in den zwanzig Jahren zwischen den beiden Weltkriegen. Sowohl in Großbritannien als auch in Deutschland beschäftigten sich die prominentesten Vordenker mit diesem Thema. Es entstanden teilweise sehr weitgehende Modelle über die Beschaffenheit von Staat und Gesellschaft und deren Veränderungen durch die Einwirkung des Krieges der Zukunft, der, wie man allgemein annahm, ein »totaler« sein würde.

Die Darstellung der bedeutendsten Gedankengebäude in den vorstehenden beiden Teilkapiteln (II.1. und II.2.) diente zwei Zielen. Einerseits sollten sie die geistesgeschichtlichen Inhalte der bestimmenden Ideen für die Mobilmachung bis 1939 verdeutlichen und so einen Hintergrund für das jeweilige Handeln liefern. Andererseits sollte mit ihnen das analytische Grundgerüst der Arbeit quasi im methodologischen Vorgriff kurz angewandt werden. So wie in den folgenden zwei

---

[239] Taylor, Patriotism.

Kapiteln III und IV die Realität in den beiden zu vergleichenden Herrschaftsordnungen mit Hilfe der Weberschen Herrschaftstypologie zu untersuchen sind (3. methodische Ebene, oben S. 29), wurden die theoretischen Modelle von Schmitt bis Hitler und von Wells bis Orwell auf ihren Grundcharakter überprüft. Dabei stand letztlich weniger die praktische Frage nach Übereinstimmungen zwischen den Modellen und der späteren Herrschaftsrealität im Vordergrund als vielmehr die maßgeblichen Tendenzen im staats- und gesellschaftspolitischen Denken generell.

Für Deutschland konnte eine regelrechte Phalanx von Mobilmachungspropheten ausgemacht werden, deren Vorstellungen eine ungeheure Sprengkraft entwickelten und die sowohl für den Zusammenbruch der Weimarer Demokratie mitverantwortlich zeichneten als auch für die Legitimation der umfassenden Mobilmachung des deutschen Volkes durch die Nationalsozialisten überaus bedeutsam waren.

Bei allen Unterschieden im Detail glichen sich die in diesem Rahmen gemachten Grundforderungen im Wesentlichen: Errichtung einer totalitären Diktatur und allgemeine geistige, physische und psychische Heranziehung aller Deutschen für den »Totalen Krieg«. Jünger faßte dies prägnant unter dem Begriff »Totale Mobilmachung« zusammen, ein Terminus, der in den allgemeinen Sprachgebrauch wenigstens der verantwortlichen Personen und der interessierten Kreise einfloß. Die Kurzanalyse mit Hilfe der Weberschen Herrschaftstypologie ergab eindeutige Tendenzen. Alle dargestellten Modelle beinhalteten die Abschaffung des demokratischen Verfassungsstaates. Als Basis für die anzustrebende Staatsform diente fast immer ein charismatisches Herrschaftsprinzip. Bei Schmitt war dies der »Totale Staat«, also der Staat selbst. Bei Foertsch der Frontsoldat, bei Ludendorff der Feldherr, bei Jünger der »Arbeiter« und bei Hitler schließlich er selbst. Unter diesen Umständen verwundert es nicht, daß letzterer ab 1933 eine Herrschaft mit starkem charismatischem Zuschnitt errichten konnte, eine Herrschaft, die er bis 1945 immer radikaler auf seine Person zuschnitt, so daß die bestehenden Staatsstrukturen, die wenigstens bis Kriegsbeginn als Ausdruck legaler Herrschaft eine die Führermacht eindämmende Funktion ausgeübt hatten, weitgehend an Bedeutung und Wirksamkeit verloren.

In Großbritannien bestand bis 1939 qualitativ eine erheblich größere Bandbreite an relevanten Vorstellungen, was vor allem darauf zurückging, daß die demokratische Grundordnung fortdauerte. Im Gegensatz zum Reich, wo nach der nationalsozialistischen Machtübernahme die »Totale Mobilmachung« unter diktatorischen Bedingungen das unverzichtbare Grundprinzip darstellte, ergab sich hier auch eine generelle Entwicklung und Wandlung der bestimmenden Ideen. Bis in die 30er Jahre hinein existierten in weiten Teilen von Staat und Gesellschaft große Ängste hinsichtlich umfassender Zerstörungen durch Bombenangriffe und des Zusammenbruchs der zivilisierten Ordnung. Wells war einer der prominentesten Vertreter dieser Befürchtungen und beschrieb den Untergang in aller Breite in seiner literarischen Fiktion. Gemäß seiner letztlich dennoch positiven Grundeinstellung rettete Wells die Welt durch Einführung eines wiederum fiktiven Weltstaates, einer »Air Dictatorship« auf verfassungsmäßiger Basis, d.h., an der

Weberschen Typologie gemessen, einer weitgehend legalen Herrschaft. Unter der immer größeren Kriegsgefahr und nach dem Ausbruch des Krieges wandelte sich das allgemeine Bewußtsein. Die Untergangsvisionen wurden mehr und mehr abgelöst durch einen staatsbürgerlichen Heldenbegriff, den »citizen hero«. Prominentestes Beispiel hierfür war Orwell, einer der schärfsten Kritiker des kapitalistischen Systems. Aufbauend auf seinen sozialistischen Ideen zog er den patriotischen Geist, den angeblich wirkenden »native genius« des englischen Volkes heran und prangerte sowohl die ausbeuterische Dekadenz des Chamberlainschen England als auch die intellektualistische Weichheit der linken Kritiker der bestehenden Verhältnisse an. Orwell strebte eine sozialistische Herrschaft unter liberal-demokratischen Bedingungen an, also eine weitgehend legale Herrschaft.

Überhaupt läßt sich für Großbritannien eine sehr starke Wirkungsmacht einer liberalen Ordnung mit festen Verfassungsprinzipien, also einer legalen Herrschaft, feststellen. Dies galt insbesondere auch für ausgewiesene Militärtheoretiker. Einer der wohl einflußreichsten Denker war Liddell Hart, der mit seinen Ideen mehr oder weniger auf der bestehenden britischen Verfassungsordnung fußte und dementsprechend auch eine humane Kriegführung unter weitgehender Wahrung der bürgerlichen Sekurität verlangte (Angriff gegen Schlüsselziele und die Moral der feindlichen Bevölkerung, um ein rasches Kriegsende zu erreichen). Das Denken in den Bahnen des »Totalen Staates« und des »Totalen Krieges« im eigentlichen Sinne, d.h. also die Forderung nach umfassender Mobilmachung, blieb jedoch in Großbritannien keineswegs unbekannt. Insbesondere Fuller, Freund des rechtsradikalen Führers Mosley und offener Bewunderer des nationalsozialistischen Deutschland, plädierte für die weitestgehende Heranziehung und Vorbereitung der britischen Bevölkerung auf einen Großkrieg. Bezeichnend ist jedoch auch hier das Fortwirken festgefügter Verfassungsprinzipien. Fuller forderte zwar, Staat und Gesellschaft radikal zu einer korporativen, faschistischen und wehrhaften Ordnung umzugestalten, postulierte jedoch keineswegs eine charismatische, sondern eine weitgehend legale Herrschaft mit expliziter Beibehaltung einer Verfassung und der Bewahrung der konstitutionellen Monarchie. Es spricht für die Vitalität des britischen Verfassungsstaates, daß selbst einer der ausgeprägtesten Vertreter faschistischen Denkens daran festhielt.

Diese Tatsache führt zu einem letzten, vorderhand zu klärenden Aspekt, einem Aspekt, der insbesondere auch für die Betrachtung aus deutscher Sicht von einiger Bedeutung ist und daher quasi als Sonderproblem mit zu behandeln war: die Frage nach den Gründen für die Fähigkeit der Briten, trotz einer vorgeblich chaotischen Staats- und Gesellschaftsordnung eine durchhaltefähige »war society« zu errichten. Die 20er und 30er Jahre erschienen sowohl den Zeitgenossen als auch der frühen historiographischen Forschung als eine Periode der Schwäche und des Niedergangs. Im Gegensatz zum nationalsozialistischen Regime mit seinen Erfolgen hatte – so glaubte man – die britische Demokratie kaum Überlebenschancen bei größeren Belastungen, wie z.B. einem »Totalen Krieg«. Die Diskrepanz zwischen diesem Bild und der großen Zähigkeit der Briten von 1939–1945 führte unter anderem zur Bildung bzw. Fortschreibung von Klischees und Legenden, insbesondere des angeblich in allen Briten wirkenden mirakelhaften Nationalgeistes. Diese Scheinbilder, die von der britischen Kriegspropaganda genährt und, in abgeänderter Form, selbst von kritischen Denkern wie Orwell verwendet wurden, wirken teilweise bis heute.

Durch die nähere Untersuchung der tieferen Zusammenhänge und Befindlichkeiten, für die die Ergebnisse der neueren britischen Geschichtsforschung wichtige Aspekte und Anstöße liefern, wurde der Realitätsgehalt dieser Denkmuster kritisch beleuchtet. Dabei wurde klar, daß monokausale Erklärungen von vornherein nicht ausreichen. Entscheidend für die Entwicklung war eine ganze Reihe von politischen, sozialen und geistigen Faktoren, die interdependent wirkten. Zu benennen sind insbesondere:
- die bereits vor dem Ersten Weltkrieg existierende Wehrhaftigkeit der Briten, auch der Zivilbevölkerung, teilweise gepaart mit aggressiver Fremdenfeindlichkeit (jingoism);
- damit einhergehend: die Weigerung vieler Briten, sich an Revolution und Umsturz zu beteiligen (z.B. massenhaftes streikbrecherisches Verhalten im »general strike« 1926);
- fortgesetzte Handlungsfähigkeit des Staates, insbesondere zu souveränem und hartem Durchgreifen in Krisensituationen (besondere Kontinuität der inneren zivilen Ordnung: Sir John Anderson als Chef der Anti-Streik-Organisation 1926 und Hauptorganisator der britischen Air Raid Precaution in der Zwischenkriegszeit);
- gemäßigter Kurs der britischen Arbeiterbewegung seit 1918: Reform und Evolution statt Revolution;
- damit verbunden: »corporate bias«. Bereitschaft der Vorkriegsregierungen, die Gewerkschaften grundsätzlich als Verhandlungspartner zu akzeptieren, wenn auch ohne substantielle Zugeständnisse in der Gestaltung der sozialen Verhältnisse vor 1939;
- moderate sozialpolitische Maßnahmen des Staates: »slum-clearing«, Ausbau der sozialen Sicherungssysteme etc., dies ohne eine umfassende moderne Sozialstaatskonzeption;
- die außenpolitische Bedrohung durch das nationalsozialistische System;
- Churchill und seine Konzeption einer allgemeinen Kriegskoalition als Alternative zur konservativen innen- und außenpolitischen Bewahrungspolitik Chamberlains;
- Enttäuschung vieler radikaler Kräfte auf der linken Seite durch die Niederlage im Spanischen Bürgerkrieg und das Fehlen ideologischer Alternativen zum britischen System.

Auf einen Nenner gebracht könnte man sagen, daß die Briten mit ihrer Geschichte und ihren Befindlichkeiten in den 30er Jahren wohl eher unbewußt sowohl den Gegner ideologisch bedient (angebliche Schwäche der Demokratie) als auch sich selbst ein Bild gegeben haben, das mit der wahren Realität nur bedingt übereinstimmte. Tatsache bleibt, daß sie zu einer massiven Mobilmachung genauso in der Lage waren wie die Deutschen. Zwar griff diese vergleichsweise spät, aber die Grundlagen dafür existierten schon lange vorher.

III. Der zivile Luftschutz in Deutschland und Großbritannien bis zum Beginn der Massenmobilisierung in den 30er Jahren

In den folgenden beiden Kap. III und IV findet die eigentliche Untersuchung statt. Wie im vorigen Kap. an den theoretischen Modellen teilweise vorexerziert, soll das staats- und gesellschaftspolitische Agieren beider Herrschaftsordnungen untersucht und schließlich anhand der Weberschen Herrschaftstypologie klassifiziert werden. Anders als bei den literarisch-politischen Gedankengebäuden ist aufgrund der zur Verfügung stehenden reichhaltigen Quellenbasis jedoch massive Detailarbeit zu leisten, die ihrerseits eine adäquate komparatistische Strukturierung erfordert. Nur so kann eine kontinuierliche direkt-vergleichende Konfrontierung beider Staats- und Gesellschaftsordnungen erfolgen und dann abschließend die Lehre von den drei Typen adäquat angewandt werden.

Insgesamt sind zwei Extreme zu vermeiden. Untersuchung und Fazit dürfen nicht in sinnentleerte abstrakt-mechanistische Rasterformulierungen ausarten oder gar nach einer Art Meßtabelle gestaltet werden. Auf der anderen Seite gilt es, zu verhindern, daß die Weberschen Komponenten »rational«, »charismatisch«, »patriarchalisch« massenhaft auf alle Handlungen oder Strukturen angewandt werden. Hinter jeder bürokratischen Einzelaktion den Ausdruck rationaler Herrschaft zu vermuten, wäre banal und würde letztlich die Webersche Lehre konterkarieren.

Weiterhin ist stets zu beachten, daß der zivile Luftschutz trotz seiner überaus weitverzweigten horizontalen und vertikalen Verbreitung in beiden Staaten nur ein Teilphänomen darstellt und daher gemäß kategorialer Exemplifikation als *Ausdruck* der zu untersuchenden Staatsformen zu betrachten ist. Zivile Kriegsvorbereitungen, im übrigen auch alle anderen Bereiche staatlichen und gesellschaftlichen Lebens, sind in ihrer Einzelerscheinung nicht die Herrschaftsordnung, sondern ihr partielles Abbild. Wie im Folgenden darzustellen sein wird, allerdings ein recht beeindruckendes.

Im Kap. III werden die Vorbereitungen in beiden Staaten bis zum Beginn massiver staatlicher Mobilmachungspolitik beleuchtet. In Deutschland begann diese 1933/34, in Britannien ab 1935/36. Die Einbeziehung der über ein Jahrzehnt dauernden Periode vor diesen Terminen erwies sich als unabdingbar, da schon dort wesentliche Weichenstellungen vorgenommen wurden. Die Jahre der großangelegten technischen Ingangsetzung der Maßnahmen konnten daher nicht einfach als Ausgangspunkte definiert werden, dienen aber sehr wohl als Wasserscheiden.

Besonderes Interesse verdient die Luftschutzorganisation deshalb, weil sie ein neues Element staatlich-gesellschaftlicher Existenz darstellte und daher die Betrachtung originärer Reaktionen der Staaten ermöglicht. Das Flugzeug war als ernstzunehmende technische Apparatur erst zu Beginn des 20. Jahrhunderts entstanden und kam als Kriegswaffe gerade rechtzeitig für den Ersten Weltkrieg zur Einsatzreife. Die Neuheit des Flugzeuges zwang die Staaten, ihr planerisches Denken bei der Kriegführung auszuweiten. Nicht nur stand nun eine neue Waffe zur Verfügung, die wegen ihrer besonderen Eigenschaften in der 3. Dimension eine bislang vollkommen unbekannte Art militärischen Handelns ermöglichte und in den Streitkräften taktisches und strategisches Umdenken auslöste, sondern die Kriegführung als solche begann sich prinzipiell zu ändern. Das Staatsgebiet hinter den Fronten – und damit auch die Zivilbevölkerung – war nunmehr direkt von militärischer Gewalt aus der Luft bedroht. Zwar hatten die Zivilisten auch schon in vorangegangenen Kriegen Verluste erlitten, doch eher aufgrund zufälliger oder unfreiwilliger Nähe zu Gefechten auf dem Boden oder zur See. Die hinter den Fronten lebende Bevölkerung wurde in ihrer Masse von den eigenen Heeres- und Marineverbänden zunächst einmal geschützt. Die militärischen Entscheidungen fielen meist in offenem Gelände oder bei Festungsanlagen außerhalb der großen Siedlungszentren. Die Auswirkungen der Kämpfe hielten sich vielfach in Grenzen, weil die Truppen auch nach wichtigen Siegen vergleichsweise langsam vorrückten und sich zunächst eher auf militärische Ziele konzentrierten. Die Hauptgefahr für Leib und Leben ging nicht selten von sekundären Erscheinungen aus, so z.B. von marodierenden und plündernden Soldaten, und selbst dies, zumindest in den europäischen Kriegen seit 1815, eher eingeschränkt. Die Marine stellte ohnehin nur für die Küstenstädte eine unmittelbare Gefahr dar. Alles in allem blieb die militärische Gewalt für die Gesamtheit der Zivilbevölkerung außerhalb der Kolonialgebiete vergleichsweise berechenbar.

Dies änderte sich seit 1914. Das Flugzeug konnte Tod und Vernichtung bringen, lange bevor eine Entscheidung auf dem Schlachtfeld gefallen war. Die unmittelbare Reichweite militärischer Gewalt, die bislang durch die Leistungsfähigkeit der Artillerie definiert wurde, dehnte sich erheblich aus. Die strategischen und taktischen Zielplaner erkannten recht rasch, daß das Flugzeug als ausgezeichnetes Mittel benutzt werden konnte, um nichtmilitärische Objekte anzugreifen, die für die Kriegführung wichtig waren: Fabriken, Verkehrswege, Verwaltungszentren, Versorgungsbetriebe und schließlich die Bevölkerung selbst.

Die damit verbundenen Gefahren waren bereits vor Kriegsbeginn in das öffentliche Bewußtsein gedrungen. So gab beispielsweise Wells 1908 in »The War in the Air« eine düstere Vorahnung von den Möglichkeiten des neuen Kriegsmittels[1]. In Deutschland hatte man bereits 1906 mit Forschungen über die Abwehr von Luftangriffen begonnen[2].

Von Anfang an gab es auch Versuche, juristische Sicherheiten gegen die Anwendung militärischer Gewalt aus der Luft zu schaffen, ohne daß jedoch Erfolge von Dauer erzielt wurden. Völkerrechtliche Regelungen zum Verbot des Luftkrieges hatte man bereits auf der Haager Friedenskonferenz 1899 getroffen. Diese

---

[1] Vgl. dazu Powers, Strategy, S. 107–115, und Clarke, Voices, Kap. I–III.
[2] Hampe, Ziviler Luftschutz, S. 3.

III. Der zivile Luftschutz

erloschen nach fünf Jahren und wurden auf der Folgekonferenz 1907 de facto nicht verlängert, obwohl die entsprechende Deklaration formell in Kraft trat. Die Mehrzahl der großen Militärmächte, darunter auch Deutschland, stimmte dagegen, und von den befürwortenden Staaten ratifizierte nur eine Minderheit die Erklärung[3]. Ein Schutz durch das internationale Recht sollte sich auch in der Folge nicht realisieren lassen, da es wegen der komplexen Verzahnungen innerhalb der modernen Gesellschaften nicht gelang, die zivilen Lebensbereiche von der militärischen Sphäre juristisch eindeutig zu unterscheiden (z.B. Unmöglichkeit der Definition des Terminus »offene Stadt«)[4]. Der fehlende Wille wichtiger internationaler Großmächte zu einer umfassenden Abrüstung zur Luft tat ein übriges. Bis 1939 erzielte man an faktischen Erfolgen lediglich ein Verbot des Abwurfes von chemischen Kampfstoffen[5].

Angesichts dieser vollkommen unzulänglichen Rechtslage ergriffen die Staaten eigene Maßnahmen zum Schutz ihrer Bevölkerung gegen Luftangriffe. Dabei stießen sie von Anfang an auf erhebliche Schwierigkeiten, denn anders als Bodentruppen oder Kriegsschiffe konnten Bomber in kürzester Zeit gegen zivile Ziele im Feindesland vordringen und hochwirksame Kampfmittel zum Einsatz bringen. Wegen der flexiblen Möglichkeiten, die die 3. Dimension bot, verfügte man auch nicht ohne weiteres über wirksame militärische Abwehrmaßnahmen. Gelegenheiten zur Flucht oder zur Evakuierung für die Bevölkerung oder auch nur für den größten Teil der Einwohnerschaft gab es unter den im Krieg herrschenden politischen, sozialen und militärischen Verhältnissen kaum. Da die verfeindeten Staaten entscheidend auf die industrielle Produktion angewiesen waren, mußten sie auch ein essentielles Interesse daran haben, wenigstens die Masse der Arbeiter in den entsprechenden Standorten, meist den Groß- und Mittelstädten, zu halten. Eine umfangreiche Ausquartierung kam auch aus psychologischen Gründen als kurzfristige Kriegsmaßnahme nicht in Frage. Für die Kampfmoral und das Ansehen der Nation wäre eine solche Großaktion ein Desaster gewesen. Letzten Endes führte der gesamte Fragenkomplex recht rasch zu staats- und gesellschaftspolitischen Grundsatzfragen.

---

[3] Stypmann, Zivilschutz, S. 23; Luftschutz im Weltkrieg, S. 1–8.
[4] Parks, Luftkrieg.
[5] Der chemische Krieg, S. 8 f., 272–291; Frankenberg, Luftschutzrecht, S. 1–45; Beßlich, Heimatluftschutz, S. 48 f.; Knipfer/Hampe, Ziviler Luftschutz (1937), S. 84 ff.; Stypmann, Zivilschutz, S. 14–34; Bachmann, Zivilschutz, S. 13 f.; Ueberschär, Freiburg, S. 50 f. und 118 f.

1. Deutschland

a. Der organisatorische Aufbau des Luftschutzes in der Weimarer Republik: rationaler Herrschaftsapparat versus Vereinsaktionismus

Zu Beginn des Ersten Weltkrieges existierten in Deutschland keinerlei Schutzmaßnahmen gegen Luftangriffe[6]. Als dann infolge der ersten Luftangriffe die Notwendigkeit erkannt wurde, tat man sich beim Aufbau zunächst überaus schwer. Die Aspekte des Luftschutzes besaßen einen derart komplexen Charakter, daß ein schneller einheitlicher Aufbau sich nicht realisieren ließ. Eine Vielzahl von Organisationen und Dienststellen schaltete sich ein. Militärische Territorialverwaltungen, Hilfsorganisationen, private Wirtschaftsunternehmen, Staatsbetriebe und kommunale Dienststellen bemühten sich, einen adäquaten Schutz zu errichten.

Es zeigte sich recht rasch, daß die Verflechtungen der modernen Industriegesellschaft eine umfassende Koordination nötig machten. Da sich die Kompetenzen der beteiligten Organe – im Grunde alle für das Funktionieren der Gesellschaft essentiellen Behörden und Organisationen – gerade im Kriegszustand berührten und auch überschnitten, ereignete sich beim Aufbau des neuen Instrumentes Luftschutz zunächst ein »heilloses Durcheinander«[7]. Selbst die Militärs, in deren Händen die überregionale Organisation hauptsächlich lag, konnten dies nicht ändern. Die Abwehr von Luftangriffen unterlag zunächst den Stellvertretenden Generalkommandos, den Trägern der militärischen Territorialverwaltung im Reichsgebiet. Diese waren aber innerhalb der Militärverwaltung relativ unabhängig, so daß es keine zentrale Führung gab. Je nach den örtlichen Verhältnissen wurde der Luftschutz in Absprache mit den jeweiligen Zivilbehörden aufgebaut. Da genaue Vorschriften nicht existierten, zeichneten in den einzelnen Gebieten und Orten die verschiedensten Dienststellen für den Luftschutz verantwortlich. Es ergab sich ein buntes Bild von Kompetenzen.

Die Lage besserte sich, als das Preußische Kriegsministerium 1915 einen Inspekteur der Ballonabwehrkanonen (= Flak) ernannte, der von der OHL unter Ludendorff und Paul von Hindenburg 1916 durch einen Kommandeur des Heimatluftschutzes ersetzt wurde. Als obersten Befehlshaber für das gesamte Luftwaffenwesen und den Heimatluftschutz berief man einen Kommandierenden General der Luftstreitkräfte, unter dem der Kommandeur des Heimatluftschutzes tätig war. Im Laufe der Zeit gelang es diesen Dienststellen, eine gewisse Homogenität zu erreichen. Man gab reichseinheitliche Richtlinien heraus, baute ein zentral gelenktes Flugmelde- und Warnnetz auf und veranlaßte die Bildung von behördenübergreifenden Ausschüssen zur Besprechung der Organisationsfragen. Eines der wichtigsten Gremien war der Ständige Ausschuß zur Beratung von Fliegerabwehrmaßnahmen, in dem alle wichtigen Städte des gefährdeten Gebietes im We-

---

[6] Zum Folgenden vgl. Luftschutz im Weltkrieg, S. 1-111; Haag, Reichswehr (I), S. 98 ff.; Hampe, Ziviler Luftschutz, S. 3-8; Paetsch, Geschichte, S. 9 ff.; Wendorf, Zivilschutztruppen, S. 25 ff.; Beßlich, Heimatluftschutz, S. 49 f.
[7] Paetsch, Geschichte, S. 10.

sten des Reiches vertreten waren. Ferner produzierte man Propagandamaterial zur Belehrung und Mobilisierung der Bevölkerung (Flugblätter, Filme, Plakate etc.). Feste, einheitliche Organisationsformen, etwa für einen Hilfs- und Rettungsdienst, wurden jedoch noch nicht erreicht. Die Maßnahmen vor Ort blieben immer noch fast ausschließlich von den dort existierenden Ressourcen und Verwaltungsstrukturen abhängig. Was an Polizei, Feuerwehr, Rotem Kreuz und technischen Stadtbetrieben für den Luftschutz taugte, wurde je nach Lage eingesetzt. In der Mitte des Krieges gab es dann einige Verbesserungen. Das Hilfsdienstgesetz von 1916 sorgte für einheitliche Grundlagen bei der Bereitstellung von Personal und Personalreserven. Alle Arbeitsfähigen wurden erfaßt und je nach Eignung für Wirtschaft und Staat zur Verfügung gestellt. Der Luftschutz war eine der Empfängerinstanzen.

Die Strukturen und Prinzipien, die man erstellt hatte, dienten dem nationalsozialistischen Luftschutz ab 1933 als Vorbild. Das Grundkonzept – Federführung durch die Militärs unter Einsatz ihrer Territorialorganisation – sollte nach einem eher unfreiwilligen zivilen Intermezzo aufgrund der Bestimmungen des Versailler Vertrages teilweise bis in die praktische organisatorische Gestaltung hinein kopiert werden. Insofern bestanden durchaus Kontinuitäten, wenn auch der Luftschutz ab 1933 von der Luftwaffe, nicht mehr vom Heer, geführt werden und unter dem Gesamtbefehl des totalitären Satrapen Göring stehen sollte.

Nach Ende der Feindseligkeiten 1918 war die Zeit des Einsatzes für die Luftschutzorganisation zunächst einmal vorbei. Mit der Demobilisierung der militärischen Kommandostrukturen zerbrach auch deren Rückgrat. Die weitere politische Entwicklung veranlaßte die Verantwortlichen jedoch bald wieder zu praktischem Handeln. Infolge des als unannehmbar betrachteten Versailler Vertrages und der Weigerung von Regierung und Parlament, die Bedingungen zu akzeptieren, mußte 1919 mit erneuten Feindseligkeiten gerechnet werden. Reichswehrminister Gustav Noske veranlaßte daher, den Luftschutz vorzubereiten. Man konzentrierte sich insbesondere auf die Reichshauptstadt Berlin. General der Infanterie Walter von Lüttwitz, späterer Initiator des Kapp-Lüttwitz-Putsches erhielt in seiner Eigenschaft als Oberbefehlshaber der Truppen in Berlin den Auftrag zur Durchführung[8].

Gleichzeitig entwickelten bürgerlich-reaktionäre Kräfte Interesse an der inneren Landesverteidigung. 1919 gründete das Reichswehrministerium mit Hilfe ehemaliger Militärs und der Unterstützung des antirevolutionären Reichsbürgerrates das Rückgrat der späteren Hilfs- und Rettungsorganisation des Luftschutzes, die *Technische Nothilfe* (TN). Sie wurde zunächst als schlagkräftiger Streikbrecherverband ins Leben gerufen. Man befürchtete, daß die vorrückenden revolutionären Arbeiter das öffentliche Leben lahmlegen und schließlich den Umsturz praktizieren könnten. Die TN wurde als ziviler Kampf- und Hilfsverband eingesetzt, um insbesondere die öffentliche Versorgung, notfalls auch mit Gewalt, aufrechtzuerhalten.

---

[8] Haag, Reichswehr (I), S. 100.

Diese konterrevolutionäre Stoßrichtung sollte die TN in den Jahren der Weimarer Republik in die politische Schußlinie geraten lassen[9].

Auch nach Abschluß des Versailler Vertrages trat keine Ruhe ein. 1920 bereitete man im Osten des Reiches einen Flugmelde- und Warndienst vor, da man polnische Luftangriffe befürchtete[10]. Die Anfänge des Luftschutzes in Deutschland nach dem Ersten Weltkrieg entwickelten sich insgesamt weniger aus einem planerischen Gesamtrahmen heraus, sondern im wesentlichen als Reaktion auf angenommene aktuelle politisch-militärische Bedrohungen.

Der Beginn umfassender und systematischer Planungen ging zunächst ebenfalls auf eine Konfrontation zurück. Die Franzosen besetzten im Januar 1923 das Ruhrgebiet und wandten dabei massiven militärischen Druck an. Anläßlich dieser Ereignisse verfaßte das Truppenamt, Abt. T 2 III, am 15. Februar 1923 eine Denkschrift und bat um eine Sitzung des Reichskabinetts[11]. In diesem Dokument sind die wesentlichen Grundlagen für den deutschen Luftschutz bis 1933 bereits enthalten. Bezugnehmend auf das

»beispiellose[n] Vorgehen Frankreichs an Rhein und Ruhr«

wurde der Aufbau umfassender Schutzmaßnahmen gefordert. Die politisch-moralische Begründung für die zu ergreifenden Vorkehrungen trägt geradezu paradigmatischen Charakter für die Rechtfertigung des Luftschutzes in der Zeit bis zur offiziellen Wiederaufrüstung der Luftwaffe durch die Nationalsozialisten. Fast gebetsmühlenartig findet die militärische Wehrlosigkeit Deutschlands infolge der erzwungenen Abrüstung zur Luft gemäß dem Versailler Vertrag Erwähnung. Um die Luftgefahr zu verdeutlichen, wird in erster Linie auf ausländische Pressestimmen und Aussagen von Staatsmännern und Militärs verwiesen. Damit wollte man geschickt dem Vorwurf begegnen, Forderungen nach dem Aufbau eines Luftschutzes in Deutschland seien die Ausgeburt des kriegstreiberischen Militärs und überhaupt des deutschen Militarismus. Gleichzeitig erfährt das Völkerrecht eine radikale Verunglimpfung. Es erscheint als Schimäre und Gefahr, weil es »sentimentalen« Hoffnungen auf Humanität Nahrung gebe und dazu führe, die lebensnotwendigen Vorbereitungen zum Luftschutz zu unterlassen. Als Folge ergäbe sich im Kriegsfalle eine unverantwortliche Gefährdung der Heimatfront und möglicherweise sogar deren Zusammenbruch.

---

[9] Wendorf, Zivilschutztruppen, S. 28–35.
[10] BA-MA, R 43 II/1295, Der Reichwehrminister, T 2 III, 15.2.1923.
[11] Ebd. Hinsichtlich der Gründe für die Ingangsetzung systematischer Planungen für den Aufbau eines Luftschutzes sind die Ausführungen von Beßlich und Haag (vgl. die obigen Anm.) und andere unkritische bzw. affirmative Autoren mit Vorsicht zu genießen. Sie behaupten meist, das RWM habe nach der Nichtratifizierung der Haager Luftkriegsregeln aus humanitärer Sorge begonnen, den Luftschutz einzurichten. Derlei Thesen stellen im wesentlichen die unkritische Fortschreibung der damaligen Propaganda dar. In Wirklichkeit interessierte man sich im RWM eher weniger für die völkerrechtliche Situation, wenn es um praktische Kriegsvorbereitungen ging, sondern konzentrierte sich auf die taktische und strategische Lage. So wurde die genannte Denkschrift auch am 15.2. erstellt, Tage, bevor die internationale Juristenkommission die Luftkriegsregeln unterzeichnete (19.2.1923; Hanke, Luftkrieg, S. 69). Erst danach wurde deutlich, daß kaum ein Staat gewillt war, diese zu ratifizieren.

III. Der zivile Luftschutz

Der Bericht gipfelt in dem Punkt, daß die Öffentlichkeit bald mit den erkannten Notwendigkeiten vertraut gemacht werden sollte, um sie psychologisch auf den Luftschutz vorzubereiten. Dieser Aspekt stellte ein besonders heikles Thema dar, denn es war abzusehen, daß die Bevölkerung von den Aussichten auf einen neuerlichen Luftkrieg nicht gerade begeistert sein würde. Auch die Nationalsozialisten fanden trotz massivster Propaganda bis 1939 zu keiner Zeit eine befriedigende Lösung.

Wegen innenpolitischer Rücksichten und insbesondere auch wegen der außenpolitischen Zwänge durch den Versailler Vertrag wies die Denkschrift dem Reichsinnenministerium (RMI) die Gesamtfederführung für den Luftschutz zu, während das Reichswehrministerium (RWM) die »erforderlichen Unterlagen« liefern, den Arbeitsplan mitgestalten und vom RMI generell dauernd beteiligt werden sollte. Für die praktische Aufbauarbeit des »bürgerlichen [= zivilen] Luftschutzes« im Unterschied zum militärischen wurden als Arbeitsfelder aufgezeigt: Flugmeldedienst, Aufklärung der Bevölkerung, Tarnung, städtebauliche Maßnahmen (aufgelockerte Bauweise), Verdunkelung, Schutzraumbau, Gasschutz. Gemäß der vorgeschlagenen Arbeitsteilung sollten dabei die Militärs – wenigstens formell – lediglich eine beratende und keine bestimmende Funktion ausüben. Sie dürften jedoch von vornherein die Absicht gehabt haben, über die dauerhafte Beteiligung einen wesentlichen Einfluß zu erlangen.

Die bearbeitende Abteilung des RWM, Truppenamt T 2 III, intervenierte fortgesetzt bei der Adjudantur im RWM, um die Sache ins Rollen zu bringen. Die Militärs betrachteten sich als die eigentlich Verantwortlichen für den Luftschutz und waren nach ihrer Ansicht lediglich

»aus politischen Gründen gezwungen, zu bitten, daß die Gesamtleitung des Reichsluftschutzes einem anderen Ministerium übertragen würde«[12].

Auch die Reichskanzlei und schließlich Reichskanzler Wilhelm Cuno selbst kamen zum Schluß, daß ein Luftschutz unbedingt aufgebaut werden müsse[13]. Man war sich allerdings nicht sicher, ob sich dies völkerrechtlich überhaupt als durchführbar erweisen würde. Der Versailler Vertrag hatte passive Schutzmaßnahmen zwar nicht verboten, aber auch nicht ausdrücklich erlaubt[14]. Nach kontroversen Diskussionen, in denen die Reichskanzlei Pläne von T 2 III in bezug auf eine aggressive Propaganda strikt ablehnte, entschied man, eine Referentenbesprechung der interessierten Ministerien einzuberufen.

Das RWM lud offiziell dazu ein und versandte als Diskussionsgrundlage eine von der Abteilung T 2 III erstellte Anleitung für den Reichsluftschutz[15]. Deren Richtlinien stellen den eigentlichen Beginn der systematischen Luftschutzplanung in Deutschland dar.

Zentrale Bedeutung besitzt die allgemeine Einleitung, denn sie enthält die nach Ansicht der Militärs entscheidenden Grundforderungen und Vorbedingungen. Als

---

[12] BA-MA, R 43 II/1295, 21.3.1923, Abt. T 2 III an Chef der Adjutantur des RWM.
[13] Ebd., April 1923, Referentenentwurf für TO einer Kabinettssitzung, und 18.5.1923, Reichswehrministerium, Heeresleitung, T 2 III.
[14] Vgl. auch Haag, Reichswehr (I), S. 100.
[15] BA-MA, R 43 II/1295, 18.5.1923, Reichswehrministerium, Heeresleitung, T 2 III.

entscheidend wurde die konstruktive Kooperation aller beteiligten Behörden, Institutionen und Organisationen und ein nationaler Schulterschluß der Bevölkerung angesehen. Die entsprechenden Passagen stellen die unerläßliche und entscheidende Grundlage aller Aufbauarbeit der folgenden zwei Jahrzehnte dar. Insbesondere verwies man darauf, daß auf »eine verständnisvolle Mitwirkung aller Einzelpersönlichkeiten« nicht verzichtet werden könne. Angesichts der nunmehr praktisch uneingeschränkten Bedrohung der Zivilbevölkerung müsse sich das ganze Volk beteiligen. Als moralische Rechtfertigung führte man die »Pflicht zur Selbsterhaltung« an, was an dieser Stelle wie eine Mischung aus alten preußischen Tugenden und moderner Völkerkampfideologie klingt.

»Von der Nervenkraft, mit der die Bevölkerung diese [Verluste und Schäden, B.L.] erträgt, wird der Widerstand des Staates ebenso abhängen, wie von den Leistungen der Wehrmacht.«

Der sich daran anschließende praktische Teil liest sich wie eine Auflistung der Schwachpunkte einer zivilen Gesellschaft. Aufgezählt wurde alles, was der Bevölkerung ein zivilisiertes Leben ermöglicht: die wichtigen Versorgungs- und Industriebetriebe, die Sitze der Regierungs- und Verwaltungsbehörden, die Verkehrs- und Transportsysteme, medizinische Einrichtungen und anderes mehr. Einbezogen wurde auch das Leben und die Psyche der Menschen selbst, vor allem die der Großstadtbewohner. Die gesamte Maschinerie des öffentlichen und privaten Lebens, alle gesellschaftlichen und sozialen Bereiche und schließlich sogar die Privatsphäre der Bürger standen zur Disposition. Vor den Verantwortlichen tat sich ein riesiges Organisationsproblem auf. Nicht nur die Reichs- und Landesbehörden mit ihren Territorial- und Substrukturen mußten sich in den Dienst des Luftschutzes stellen, sondern auch die Industrie und ferner praktisch alle gesellschaftlich relevanten Institutionen. Sämtliche Teile dieses Komplexes mußten effizient koordiniert werden, denn die Verzahnung des politischen und gesellschaftlichen Lebens hörte mit dem Beginn eines Krieges ja nicht auf. Ein besonders großes Problem stellte die völlig ungeklärte Frage dar, wie die Masse der Bevölkerung in ihrem Privatbereich, der ja vom Luftkrieg besonders bedroht sein würde, eingebunden werden sollte.

Auch die Finanzierung sprach man kurz an. Am Beispiel des Reiches wurde erläutert, daß die Träger bestehender Einrichtungen und Gebäude auch für deren Schutz aufzukommen hätten. Nicht verwiesen wurde dabei allerdings auf die Masse der Zivilbevölkerung. Als Grundmaxime stellte man den aus heutiger Sicht recht modernen Grundsatz auf:

»Die Freiwilligkeit bedarf hier der Ergänzung durch gesetzliche Regelung.«

Die Militärs hatten mit diesen Richtlinien den allgemeinen Rahmen abgesteckt und den Takt für die weitere Arbeit vorgegeben. Diese Vorreiterrolle dürfte nicht zuletzt auch damit zusammenhängen, daß sie schon im Ersten Weltkrieg für die Organisation des Luftschutzes verantwortlich gewesen waren.

In der Besprechung, die am 1. Juni 1923 im RWM stattfand[16], waren sich die anwesenden Vertreter von Post-, Verkehrs-, Wirtschafts-, Innenministerium, vom

---

16   BA-MA, R 43 II/1295, 4.6.1923.

Auswärtigem Amt, dem Wehrministerium und der Reichskanzlei über Sinn und Zweck der ganzen Problematik einig. Solange sich keine grundlegenden Änderungen in der Staatenwelt und insbesondere der aktuellen Lage Deutschlands ergaben, müßte der Luftschutz aufgebaut werden, da er im Kriegsfall lebenswichtig sei. Die Vorbereitungen müßten langfristig getätigt und könnten keinesfalls geheimgehalten werden.

Problematisch blieb allerdings die Frage, ob es ratsam war, unter den gegebenen politischen Verhältnissen die nötigen Maßnahmen zu ergreifen, bzw. wann überhaupt zur praktischen Aufbauarbeit geschritten werden sollte. Man hegte Befürchtungen, daß Luftschutzmaßnahmen im In- und Ausland als Kriegsvorbereitungen gedeutet werden könnten. Nach einigen Diskussionen, in denen vor allem das RWM für die Inangriffnahme wenigstens beschränkter Vorkehrungen plädierte, beauftragte man das Auswärtige Amt, das schwere Bedenken anmeldete, mit der weiteren Prüfung der Angelegenheit. Dies zog sich mehrere Monate hin und führte schließlich zu einem negativen Ergebnis[17]. Das Auswärtige Amt verwies darauf, daß Art. 178 VV Luftschutzmaßnahmen »der Mißdeutung in einer Weise aus [...] setzt, die zu außerordentlicher Vorsicht zwingt«, und bestand darauf, vor jeder Einzelmaßnahme gehört zu werden. Das Vorhaben wurde dadurch torpediert und daher im Herbst fallengelassen.

So verging über ein Jahr, ohne daß es zu entscheidenden Schritten gekommen wäre. Anfang 1925 kam wieder etwas Bewegung in die Sache. Angesichts einer alliierten Kontrollnote erörterten die Spitzen des Reiches, Hans Luther und Gustav Stresemann, zusammen mit Hans von Seeckt die Zulässigkeit der Produktion von Gasmasken für den Luftschutz. Trotz der Behauptung Seeckts, man könne Gasmasken für die Zivilbevölkerung ohne weiteres herstellen, entschied der Reichskanzler, abzuwarten. Dabei betonte auch er die Wichtigkeit einer ausgewogenen Langzeitperspektive »in ruhiger Verwaltungsarbeit«[18]. Die Reichskanzlei informierte sich daraufhin bei General Otto Hasse über das spezielle Gebiet des Gasschutzes. Hasse hielt Vortrag beim Staatssekretär in der Reichskanzlei und lieferte dazu ein Memorandum ab (Der Gasschutz für die Bevölkerung), in dem die ganze Bandbreite vor allem der technischen Maßnahmen aufgezeigt wurde[19]. Die Militärs hatten auch in diesem Bereich die sachliche Vorarbeit geleistet und wußten genau, wo man aktuell stand:

»Von der Aufzählung der Erfordernisse für einen Gasschutz der Bevölkerung bis zu ihrer praktischen Verwirklichung ist ein weiter Weg.«

Immerhin aber hatte man eine weitblickende Bestandsaufnahme vorgenommen und eine Art Grundsatzprogramm erstellt, das die wesentlichen Punkte für die Zukunft enthielt. Man forderte die Einrichtung einer reichsweiten und fachlich hochbesetzten Gasschutzkommission und die Schaffung einer getarnten Stelle im Berliner Institut für Gasanalyse für die entsprechenden Forschungsarbeiten. Inha-

---

[17] Ebd., 31.8.1923.
[18] Ebd., R 43 I/726, NS über die Besprechung über die zu erwartende Kontrollnote am Donnerstag, den 5.2.1925, in der Reichskanzlei.
[19] Ebd., 16.2.1925.

ber und überhaupt federführender Leiter der sachlichen Arbeit, die die erforderlichen Maßnahmen und Mittel festzulegen hatte, sollte der Chemiker Prof. Fritz Wirth werden. Die Einberufung der Kommission wurde auch tatsächlich begonnen, und Wirth erarbeitete rasch mehrere Vorträge, die die inhaltliche Basis und den Programmrahmen absteckten.

Die aktuelle Arbeit blieb jedoch mühsam. Die praktischen Vorbereitungen gerieten infolge administrativer, finanzieller und außenpolitischer Schwierigkeiten ins Stocken[20]. Wegen der Verhandlungen über die Lockerung der Militärkontrolle der Alliierten, der diplomatischen Aktivitäten zum Vertrag von Locarno und schließlich der internationalen Gespräche zum Eintritt Deutschlands in den Völkerbund unterließ man weitreichende Schritte. Erst nach seinem Eintritt in den Völkerbund stellte das Reich die nötigen Gelder für die Grundlagenforschung, d.h. den Posten von Wirth, bereit.

In der ersten Hälfte 1927 kam die Angelegenheit mit der formellen Einordnung des Gasschutzes – und damit auch der Arbeit Wirths – in den Gesamtkontext des Luftschutzes dann zu einem vorläufigen Abschluß. Das RMI, das bereits vorher intern zugesagt hatte, die Leitung des zivilen Luftschutzwesens zu übernehmen, wurde mit der Gesamtfederführung betraut. Der Reichskanzler berichtete Hindenburg, der ein besonderes Interesse an Fortschritten in dieser Sache hatte, im Sommer über die getroffenen Arrangements.

Die systematische Planung und Vorbereitung ergab sich insgesamt gesehen erst im Laufe der Zeit unter großen Verzögerungen. Immer wieder hielten politische und verwaltungstechnische Probleme die Arbeit auf. Der Wille zu praktischen Schritten war durchaus vorhanden, aber es mangelte an Koordination. Die Weichenstellungen erfolgten durch interministerielle Ad-hoc-Sitzungen der zuständigen Referenten. Diese ergaben sich in der Regel als Reaktion auf außenpolitische Ereignisse.

Betrachtet man die Situation aus der Großperspektive der Herrschaftsordnung, ergibt sich ein Bild von eher bruchstückhaften Fortschritten. Der Verwaltungsapparat hatte alle Mühe, den komplexen Anforderungen des Luftschutzes gerecht zu werden. Eine umfassende praktische Realisierung des als nötig erachteten Gesamtapparates stand noch in weiter Ferne. Alle wichtigen Tätigkeiten verliefen im Innern der Bürokratie, entsprachen also annäherungsweise dem rationalen Typus. Von den beiden anderen Typen der Weberschen Herrschaftslehre war im Zusammenhang mit dem Luftschutz kaum etwas auszumachen. Charismatische Dynamik kam nicht auf.

Diese unvollkommenen Verhältnisse im Luftschutz waren offenbar symptomatisch für den organisatorischen Zustand der gesamten Landesverteidigung. Die unerläßliche systematische Zusammenarbeit zwischen den maßgeblichen Ressorts und den Verwaltungsstäben der Länder hatte sich infolge des verlorenen Krieges und der innen- und außenpolitischen Bedingungen nach dem Friedensschluß weitgehend aufgelöst. Zur Behebung dieser Zustände war es am 26. Februar 1927 zu

---

[20] Zum Folgenden ebd., Dok. 2.7.1925–Juli 1927.

einer richtungweisenden Sitzung des Reichskabinetts gekommen[21]. Die dort gefaßten Beschlüsse legten auch die Grundlagen für die Systematisierung des Luftschutzes unter der Zuständigkeit des RMI.

Die Chefs der Heeres- und Marineleitung, Wilhelm Heye und Hans Zenker, gaben einen Bericht über den teilweise katastrophalen organisatorischen Zustand der Landesverteidigung. Beim Schutz der Grenzen im Osten herrschten insbesondere durch die Tätigkeit von Freikorps und Wehrverbänden offensichtlich wilde Verhältnisse. Die Reichswehr hatte die Lage trotz der Entwaffnung dieser Einheiten nicht wirklich unter Kontrolle bringen können. Sie selbst habe geheime Rüstungen ohne Wissen der Zivilbehörden angestellt und sich durch Industrie und Landwirtschaft finanzieren lassen, was »des Staates unwürdig« sei. Die preußischen Behörden seien teilweise informiert gewesen, hätten aber nach willkürlichen Aktionen der Reichswehr die Zusammenarbeit eingestellt. In den übrigen Ländern des Reiches seien »die Verhältnisse überhaupt schwieriger«. Die Heeres- und die Marineleitung sowie der Reichswehrminister forderten daher, eine geordnete organisatorische Basis zu schaffen. Die oberste Verantwortung für die Landesverteidigung läge bei der Reichsregierung, daher habe das Reichskabinett auch die Kontrolle zu übernehmen.

Dabei hatte man durchaus nicht nur das Militär im Blick. Der Reichswehrminister verwies nachdrücklich auf die Defizite in der Kriegsfähigkeit der Zivilbevölkerung. Es sei insbesondere zu befürchten,

»daß durch die uns vertragsmäßig aufgezwungene Abrüstung unsere Bevölkerung sich des Gedankens der Wehrhaftigkeit ganz allgemein entschlagen könne, während sämtliche uns benachbarte Staaten gesteigerte Kriegsvorbereitungen träfen. Durch diese Sachunkenntnis entstünden andererseits ganz phantastische Vorstellungen von unseren Verteidigungsmöglichkeiten.«

Bei den zivilen Aspekten der Kriegsvorbereitung sei man

»bisher [...] nie systematisch, sondern nur von Gelegenheit zu Gelegenheit vorgegangen«.

Heye betonte, daß die Zivilbevölkerung in einem künftigen Krieg weitaus stärker gefährdet sei als im Ersten Weltkrieg. Das bedeute:

»Der Schutz der Bevölkerung vor Gas- und Bombenangriffen müsse eingehend durchdacht und methodisch in Angriff genommen werden.«

Bei ihren Ausführungen stellten die obersten Leiter des Militärs den Luftschutz als Äquivalent des zivilen bzw. paramilitärischen Grenzschutzes im Osten dar. Damit definierten sie den Luftschutz als integralen Bestandteil eines zu erschaffenden Gesamtkriegskonzepts.

Das Kabinett stimmte unter Führung des Reichskanzlers den Vorschlägen Heyes und Zenkers grundsätzlich zu, hegte gegenüber den Militärs allerdings ein keineswegs unbegründetes Mißtrauen wegen möglicher Eigenmächtigkeiten. Reichswehrminister Otto Geßler sprach zwei grundlegende Prinzipien für die weitere Arbeit an, nämlich allgemeine systematische Koordination und Überpar-

---
21 Zum Folgenden vgl. AdR, Kab. Marx III und IV, Bd 1, Dok. 190, S. 554 ff.

teilichkeit. Dabei appellierte er an seine Ministerkollegen, »mit ihren Parteifreunden nicht über diese Dinge zu reden«.

Die Schaffung einer auf rationaler Zusammenarbeit beruhenden Verteidigungsorganisation auf breiter administrativer Basis unter Ausschaltung des »Parteiengezänks« stellte das Ziel dar. Alle Fragen sollten organisatorisch unter fester Führung des Reichskabinetts und der Reichsministerien behandelt werden, wobei die Stellung der Länder infolge ihrer verfassungsmäßigen Aufgaben von vornherein angemessen zu berücksichtigen sei. Gemäß dieser strategischen Vorentscheidung wurde der Luftschutz bis 1933 dann auch aufgebaut.

Die internationalen Bedingungen für die aktuelle Arbeit hatten sich inzwischen durch die allgemeine Entspannung nach dem Vertrag von Locarno und den deutschen Eintritt in den Völkerbund entscheidend verbessert. Im Frühjahr 1926 kam es zu Verhandlungen zwischen Deutschland und der Botschafterkonferenz der alliierten Sieger des Ersten Weltkrieges, die in der Unterzeichnung des Pariser Luftfahrtabkommens gipfelten. Deutschland wurden dadurch weitgehende Freiheiten beim Aufbau der zivilen Luftfahrt zugestanden. In Verbindung mit dieser Übereinkunft erhielt man die ausdrückliche Erlaubnis, den Luftschutz, soweit er sich auf passive Bodenmaßnahmen erstreckte, vorzubereiten. Das RWM richtete in diesem Zuge am 10. Februar 1927 eine Luftschutzdienststelle ein[22], deren Aufgaben sich jedoch im wesentlichen auf den militärischen Bereich beschränkten. Beim zivilen Luftschutz begnügte sich das RWM weiterhin mit der Erarbeitung der Grundlagen und der Einflußnahme auf die anderen Zivilressorts, ohne selbst eine direkte Führungsposition einzunehmen.

Insgesamt gesehen hatte man bis 1926/27 an sichtbaren Maßnahmen praktisch nichts realisiert. Es wurden lediglich erste administrative Anstrengungen unternommen und theoretische Konzepte entwickelt. Der zivile Luftschutz wurde trotz seines nichtmilitärischen Charakter wie eine Geheimsache behandelt und verließ einen engen Kreis von Mitarbeitern innerhalb der Ministerien und einigen wenigen Fachleuten nicht. Dennoch wurden in diesen Jahren bereits die Grundlagen für den nachfolgenden Aufbau weitgehend entwickelt. In staats- und gesellschaftspolitischer Hinsicht wirkte die Vorarbeit mindestens bis 1933 und – wie noch zu zeigen sein wird – in etlichen Grundanlagen und Aspekten auch darüber hinaus.

Die neuen Freiheiten brachten keineswegs nur Vorteile, sondern führten auch zu massiven Interventionen von außerstaatlicher Seite, die die organisatorische Aufbauarbeit erheblich stören sollten und den von allen Ministerien gewünschten ruhigen Ablauf über einen längeren Zeitraum unmöglich machten. Nach dem Pariser Luftfahrtabkommen begannen verschiedene Kreise, den Luftschutzgedanken als angeblich unerläßliche Sicherheitsvorkehrungen massiv in die Öffentlichkeit zu tragen. Zu diesem Zwecke wurde 1927 der Deutsche Luftschutz e.V. (DLS) gegründet, ein Verein, der sich die propagandistische Aufklärung der Bevölkerung und die Vorbereitung der nötigen Maßnahmen zum Ziel setzte. Die Regierungsbehörden hatten damit ein Art Konkurrenzorganisation erhalten.

---

[22] Haag, Reichswehr (I), S. 102.

Vorsitzender des Vereins wurde Dr. E. Krohne, ehemaliger Reichsverkehrsminister. Dieser übte während der Verhandlungen zum Pariser Luftfahrtabkommen eine maßgebliche Funktion aus, da die Zuständigkeit für alle Fragen der Zivilluftfahrt beim Reichsverkehrsministerium [RVM] gelegen hatten. Auch der Luftschutz war unter seine Verhandlungskompetenzen gefallen[23].

Krohne schied Ende 1926 aus dem Reichskabinett aus und widmete sich dem Aufbau des zivilen Luftschutzes. Er entwickelte rasch eigene organisatorische Vorstellungen und begann, die Reichsregierung unter Druck zu setzen. Seine Erfahrungen als Reichsminister kamen ihm dabei sehr zustatten – insbesondere, was den Umgang mit den Machtstrukturen betraf.

Er wandte sich in erster Linie an die Spitzen des Reiches, auch den Reichskanzler. Vor allem aber versuchte er, Hindenburg für seine Ziele zu gewinnen. Am 1. Juli 1927 vermeldete er Meißner, Staatssekretär im Büro des Reichspräsidenten, die Übernahme des Vorsitzes über den DLS und gab einen ausführlichen Bericht über die Ziele des Vereins[24].

Diese Darstellung enthielt neben den sachlichen Grundlagen für den Luftschutz, die Krohne ähnlich wie die Heeresplaner in ihren Denkschriften seit 1923 darstellte, die üblichen legitimatorischen Elemente. Von der Schilderung der überaus großen Bedrohung durch die neue Kriegstechnik und deren voraussichtliche Anwendung im »Totalen Krieg« über die Wirkungslosigkeit der völkerrechtlichen Bemühungen bis hin zum Lamento über die Wehrlosigkeit Deutschlands infolge des Versailler Vertrages, die die Einrichtung eines passiven Schutzes besonders nötig mache, sind alle Argumente enthalten. Überhaupt betonte Krohne die Pflicht und Verantwortung gegenüber dem Leben und der Zukunft der »wehrlosen« Zivilbevölkerung, insbesondere der Kinder. Der Verein habe die Aufgabe, angesichts der »Unmenschlichkeit und Kulturwidrigkeit« des Luft- und Gaskrieges aufklärend zu wirken und Luftschutzmaßnahmen vorzubereiten. Dies sei »bis zum völligen Verbot des Luftkrieges« unerläßlich. Die Argumentation verwies damit sehr stark auf das Prinzip der Humanität. Angebliche Friedensliebe und Verantwortung für das Leben wurden als Hauptbeweggründe für den Luftschutz genannt, und in der Tat sollte dies ein wesentlicher Bestandteil der offiziellen Legitimation des DLS werden.

Parallel dazu verwies man allerdings auf den Luftschutz als unerläßliche Grundlage des deutschen Volkes im Kampf um seine Existenz. Das deutsche Volk habe ein

»Recht auf Selbsterhaltung«,

und es wäre

»zynische Grausamkeit, das Volk in Unkenntnis der ihm drohenden Gefahren zu lassen.«

Beide Elemente – Humanität und Selbsterhaltung – wurden im Laufe der Zeit noch verstärkt und spiegelten in janusköpfiger Weise das Selbstverständnis des

---

[23] Vgl. AdR, Kab. Luther I und II, Dok. 320 und 321, 20. bzw. 22.3.1926.
[24] BA Berlin, R 601/1324, Krohne an Meißner, 1.7.1927.

Vereins wider. Eine zentrale Rolle kam dabei dem Prinzip der Freiwilligkeit zu. Nur wenn das Volk den Luftschutz
»freudig als notwendige Hilfe in seinem Existenzkampf«
begrüße und ihn nicht
»lediglich als neue Obrigkeits- und Polizeischikane«
betrachte, seien die Maßnahmen sinnvoll.

Diese Forderungen besitzen grundlegenden Charakter über die Zeit der Republik hinaus. Auch die Nationalsozialisten sollten das Freiwilligkeitsprinzip später nachdrücklich betonen, dies freilich mit ganz anderen Inhalten anfüllen. Im Kontext der Weimarer Demokratie konnte man aus den Worten Krohnes auch die Hoffnung auf freiheitliche und friedliche Zusammenarbeit aller Bürger herauslesen. Auf jeden Fall liegt hier eine Schnittstelle für alle Kriegsvorbereitungen im Zeitalter der gesellschaftlichen Massen und des »Totalen Krieges«. Es mußte ein Weg gefunden werden, die Bevölkerung zu selbsttätiger Partizipation bei der Mobilmachung oder zumindest zur Duldung der Konsequenzen zu bewegen. Wie man begriffen hatte, ließ sich dies nicht auf obrigkeitsstaatlichem Verordnungswege bewerkstelligen, sondern erforderte andere Mittel, d.h. in erster Linie: Propaganda.

Krohne bemühte sich während des ganzen Sommers um die Beförderung seines Projektes und korrespondierte dazu eifrig mit Meißner[25]. Das Kabinett handelte nach seinem Empfinden zu träge; daher versuchte er, über den Reichspräsidenten Druck auszuüben. In seinen Schreiben verwies er auf die angeblich drohende Gefahr parteipolitischer Einmischung, wenn sich die Regierung nicht bald zu entscheidenden Schritten entschließe. Krohne zielte letztlich auf Hindenburgs verfassungsmäßige Stellung und seinen charismatischen Ruf als Kriegsheld und Bewahrer der preußischen Traditionen ab, um Einfluß auf die Reichsregierung zur Durchsetzung seiner Ambitionen zu erlangen.

Seine weiteren Bemühungen waren zunächst auch von Erfolg gekrönt, denn er durfte im Oktober dem Reichspräsidenten direkt Vortrag halten und überreichte bei einer zweiten Zusammenkunft am 10. Dezember 1927 einen längeren Aufsatz.

Die Ausführungen, die Krohne darin machte, bewegten sich zunächst in den gewohnten legitimatorischen Bahnen (u.a. Aufhebung der Grenzen zwischen der militärischen und der zivilen Sphäre durch die Bomberflotten), wiesen jedoch in staatspolitischer Hinsicht eine besondere Zuspitzung auf. Im Zentrum stand die Betonung der Demokratie als Taktgeber für den »Totalen Krieg«:
»Durch die technischen Fortschritte und die Demokratisierung aller europäischen Völker ist die Entwicklung gradlinig weiter in dem Sinne verlaufen, daß *nicht mehr die Armeen Träger des Kriegswillens* sind, *sondern die Völker*, und daß infolgedessen *die gesamte Bevölkerung Kampftruppe* wird.«
Krohne definierte Demokratisierung hier sehr stark im Sinne der Selbstorganisation der Gesellschaft zum »Totalen Staat«, wie sie von Schmitt propagiert wurde, d.h. als Ausdruck der allgemeinen Mobilmachung und nicht als Herrschaft des

---

25 Zum Folgenden ebd., Dok. bis Dezember 1927.

Volkes. Dies korrespondiert mit der Zwiespältigkeit, wie sie sich im Begriffspaar Humanität und Existenzkampf widerspiegelt.

Den eigentlichen Kern der Absichten Krohnes stellten die organisatorischen Pläne dar. Er kritisierte die in Deutschland angeblich vorherrschende Tendenz, keine Eigeninitiative zu entwickeln und alles dem Staat zu überlassen.

»Unser deutsches Volk beschäftigt sich nicht von selbst mit den neuen Problemen, die an es herantreten. Es ist gewöhnt, behördliche Maßnahmen abzuwarten.«

In anderen Staaten seien nicht die Behörden verantwortlich, sondern

»das gesamte Volk [...], indem man ihm den Gedanken des Selbstschutzes einhämmert.«

Wie »in barbarischen Zeiten« sei der einzelne wieder das direkte Objekt des Angriffs und müsse Familie, Haus, Hof und Herd selbst schützen. Diese Mischung aus internationaler Nabelschau und germanischer Kampfideologie zur Legitimation der eigenen Ambitionen besaß Zukunft über das Jahr 1933 hinaus.

Die Massen sollten – in »volksnahen« Strukturen angeleitet und geführt – »zum Nachdenken und aktiven Mitarbeiten« angeregt werden. Nichts sei schlimmer als staatlicher Dirigismus, weil dadurch starre Prinzipien und zu unflexible Konzentration auf feste Maßregeln entstünden. Zudem würde ein riesiger Behördenapparat entstehen, den man sich bei der herrschenden Finanzknappheit nicht leisten könne. In diesem Zusammenhang hob Krohne auch auf das Parteiengezänk ab. Dieses würde entstehen, wenn der Staat zu viel Verantwortung übernähme. Schließlich verwies er noch auf die häufigen Kompetenzstreitigkeiten zwischen den Ländern und dem Reich, die einen staatlichen Aufbau des Luftschutzes lahmlegen würden.

Eine rein private Organisation lehnte Krohne aber ebenfalls ab, weil dadurch die Gefahr drohe, daß »übertriebene Schutzforderungen« gestellt würden, die niemand erfüllen könne. Auch hätte eine solche Organisation keinen Rückhalt bei der Regierung, was sich sehr negativ auf seine Durchschlagskraft auswirken würde. Außerdem seien auch hier parteipolitische Kämpfe möglicherweise »der extremsten Richtungen von rechts und links« mit den entsprechenden Gefahren zu befürchten. Besonders problematisch sei ein derartiges Vorhaben auch deshalb, weil durch eine solche Organisation Druck auf die Regierung ausgeübt würde, ähnlich wie dies im Falle des Flottenvereins im Ersten Weltkrieg geschah.

Krohne forderte eine gemischte Organisation, die auf der gütlichen Zusammenarbeit privater Kräfte – damit war in erster Linie der DLS gemeint – und den staatlichen Behörden unter verantwortlicher Mitarbeit von Fachkräften basieren sollte. Dieses Konzept schien den etablierten Behördenapparat und die angestrebte Volksbewegung vorderhand als paritätische Elemente in einer wichtigen Schutzfrage zu vereinen. In dieser Lesart kann es als Ausdruck von Herrschaftsdenken gemäß dem rationalen Typus verstanden werden. Der rationale Verwaltungsstab und die organisatorisch formierte Bevölkerung arbeiten als gleichberechtigt definierte Teile innerhalb der verfassungsmäßigen Ordnung zusammen: verantwortungsvolles Handeln basierend auf klarer Abgrenzung der Zuständigkeiten aller Beteiligten und eine darauf aufbauende effiziente Organisation.

Bei näherem Hinsehen zeigen sich allerdings deutliche Schönheitsfehler in der Kompetenzzuweisung. Die konkrete Ausgestaltung sollte durch einen sog. Reichsbeirat erfolgen, der umfassende Mitsprache- und Entscheidungsbefugnisse besitzen und bei Gesetzesvorhaben ein Einspruchsrecht haben sollte. Krohne schwebte ein Mitgliederverhältnis von 80 (DLS):50 (öffentliche Hand) vor, d.h., sein Verein hätte die Kontrolle innegehabt. Außerdem sollten Landesbeiräte errichtet werden, deren Mitglieder aus den Reihen der Regierungen und Verwaltungen durch den DLS gewählt werden sollten. Bei Umsetzung dieser Vorschläge hätte der DLS die Macht über die gesamte Luftschutzorganisation erlangt.

Krohne setzte sich weiterhin vor und hinter den Kulissen mit aller Macht für seine Vorstellungen ein. Er wollte unbedingt die offizielle Anerkennung seines Vereins als Hauptorganisation für den Luftschutz durchsetzen, wandte sich dazu an das RWM und, als er erfahren hatte, daß das RMI die Federführung übertragen bekommen hatte, auch an dieses Ministerium. Am 18. Oktober schrieb er ebenfalls an Stresemann und bat um Unterstützung, wobei er sich in allerlei Vermutungen über die Vergabe von Posten und die Beauftragung von verschiedenen Persönlichkeiten mit Führungsaufgaben erging. Seiner Meinung nach hatte man im RMI bereits mit praktischen Vorbereitungen zum Aufbau des Luftschutzes begonnen – ohne seine Beteiligung. Erneut malte er die angeblich großen Gefahren an die Wand, die sich ergäben, wenn man in »parteipolitisches Fahrwasser« geriete. Krohne bat Stresemann, sich für seinen Vorschlag einzusetzen und die »Aufziehung« eines rein behördengestützten Luftschutzes zu verhindern.

Die Reichsregierung hatte Krohne seit Beginn seiner Tätigkeit im Sommer tatsächlich hingehalten. Er hatte damals versprochen, keinerlei Propagandatätigkeit nach außen zu beginnen sowie die Entscheidung des Kabinetts abzuwarten, und wurde nun ungeduldig. Am 27. Oktober sandte er einen Brief an den Staatssekretär in der Reichskanzlei, in dem er drohte, eine unabhängige und offene Propagandatätigkeit zu beginnen. Alle Anzeichen sprechen dafür, daß Krohne Befürchtungen hegte, daß ihm die Felle davonschwimmen würden.

Die Reichsregierung ließ sich von diesem Druck offenbar leiten, denn der Luftschutz wurde hastig auf die Tagesordnung der nächsten Kabinettsitzung (3. November) gesetzt[26]. Der Einfluß Hindenburgs und Stresemanns sowie die Angst vor öffentlicher Betätigung des DLS und den dann zu erwartenden politischen Konsequenzen dürften hierbei die größte Rolle gespielt haben.

In der Kabinettsitzung erkannte man die grundlegende Notwendigkeit einer Propagandaorganisation durchaus an. Ministerialrat Ernst Brandenburg, der Vertreter des RVM, Krohnes alter Dienststelle, befürwortete sogar die Annahme eines Teils der Vorschläge von Krohne. Dem widersprach der stellvertretende Chef der Heeresleitung aber entschieden. Eine Propagandaorganisation sei zwar sehr nutzbringend, man habe aber

»zu verhüten [...], daß hier wieder ein Verband entstehe, der in die Tätigkeit der Behörden hineinarbeite«.

---

26 BA-MA, R 43 II/1295, 21.10.1927. Dies obwohl der Chef der Heeresleitung, mit dem man die entsprechenden Fragen im Rahmen der Gesamtverteidigung besprechen wollte, noch in den USA weilte.

Der »Deutsche Luftschutz« sei als Propagandainstrument zu benutzen, alle erforderlichen organisatorischen Arbeiten seien durch die Reichsbehörden auszuführen. Dieser Vorschlag deckte sich mit der Meinung der zuständigen Referenten in den meisten anderen Ministerien. Man dachte nicht daran, irgendwelche Entscheidungskompetenzen an einen privaten Verein abzugeben, und kritisierte das Anheizen der Gerüchteküche hinsichtlich des Beginns praktischer Aufbaumaßnahmen vehement. Bislang war noch nicht einmal entschieden worden, ob die Zeit für den Aufbau eines Luftschutzes überhaupt schon gekommen sei[27].

Die Entscheidungen des Kabinetts gestalteten sich dementsprechend. Das RMI wurde endgültig und offiziell mit der Federführung für den Luftschutz betraut. Der DLS, dem man wertvolle Vorarbeit im Propagandabereich bescheinigte, sollte nach Erstellung eines Arbeitsprogrammes durch dasselbe einbezogen werden. Offenbar wollte man sich keine Feinde in der Öffentlichkeit machen[28].

Nach einigen Beratungen zwischen den maßgeblichen Ressorts wurde eine erste Besprechung für den 14. Januar 1928 anberaumt, die vom RMI ausgerichtet wurde. Neben den Referenten aus der Reichskanzlei, dem Auswärtigen Amt, dem RWM, dem RWiM, dem RVM und dem RFM war eine ganze Reihe illustrer Persönlichkeiten aus den Reihen des DLS eingeladen, die teilweise auch später noch im nationalsozialistischen Luftschutz eine große Rolle spielten. Es waren dies neben Krohne der Staatsminister Loebell, Generalleutnant a.D. Altrock, die Doctores Haeuber und Gassert, beides Spezialisten auf dem Gebiet des Gasschutzes, W. Peres, Ingenieur und Fachmann für Schutzraumbau, der Leiter des Reichsarchivs, Hans von Haeften, und einer seiner Mitarbeiter (Major a.D. Großkreutz, später zweiter Mann in der Luftschutzabteilung im RLM), ferner Prof. Siedler und der Bauunternehmer Dyckerhoff, Direktor Merkel von der Lufthansa, Prof. Pschorr, Fachmann für Gasschutz, und andere[29].

Diese Gruppe drängte in der Sitzung sehr stark auf die Einrichtung des von ihr favorisierten Beiratsmodells, d.h. einer von der Regierung im wesentlichen unabhängigen Organisation. Walter von Keudell, der Reichsinnenminister, und der Vertreter des RVM sprachen sich für den Vorschlag aus. Alle anderen Ministerien aber lehnten ihn entschieden ab. Daraufhin wurde eine Kabinettsentscheidung angekündigt[30].

In den folgenden Wochen kam es zu weiteren Besprechungen zwischen den Ministerien. Krohne wurde offenbar wenigstens noch einmal eingeladen. Er sandte am 26. Januar dazu eine weitere Denkschrift an Reichskanzler Wilhelm Marx, in der er seine Ziele erneut darlegte[31]. Insbesondere verwies er auf die Kosten. Da

---

[27] Dazu auch ebd., Anfang November 1927, Referentenvorschlag für TO Kabinettssitzung.
[28] BA-MA, R 43 II/1295, 8.2.1927, Auszug der Ministerbesprechung vom 3.11.; vgl. auch AdR, Kab. Marx III und IV, Dok. 332 mit Anm. 10 und 11. Krohne wurde am 4.11. dementsprechend beschieden.
[29] Ebd., 1.1.1928.
[30] Ebd., 18.1.1928. Vgl. auch AdR, Kab. Marx III und IV, Dok. 332, Anm. 11.
[31] BA-MA, R 43 II/1295, 26.1.1928. Auch hier listete Krohne die seit Beginn der Luftschutzplanungen sowohl regierungsintern als auch öffentlich immer wieder genannten Aspekte und sachli-

Luftschutz zur Landesverteidigung gehöre, müsse die Regierung auch in die Pflicht genommen werden. Den Aufwand könne man aber in Grenzen halten, wenn man Verantwortungsbewußtsein und Pflichtbestimmungen ausgewogen kombiniere, wie es sein Modell vorsehe.

Krohne schien im weiteren Verlauf zu spüren, daß die Regierung nicht bereit sein würde, in einer derart wichtigen öffentlichen Angelegenheit die Zügel aus der Hand zu geben. Er intervenierte erneut beim Büro des Reichspräsidenten[32].

Krohne hatte bereits im Vorfeld dieser neuerlichen Initiative aus der angeblich breiten Zustimmung die Berechtigung zu weiterem Handeln abgeleitet und entgegen der von ihm immer wieder laut ausgesprochenen Forderung nach Überparteilichkeit auch Kontakt zu Reichstagsparteien aufgenommen. Nach eigenem Bekunden hatte man ihm dort Verständnis entgegengebracht, so daß er beim RMI einen Antrag auf nachträgliche Bewilligung von zwei Mio. Reichsmark stellte. Welche Parteien es in erster Linie waren, die ihm Verständnis entgegengebracht hatten, konnte in diesem Zusammenhang nicht festgestellt werden, ist aber aufgrund der Verhandlungen, die der Reichstag in den folgenden Jahren über den Luftschutz tätigte, unschwer zu erraten. Die NSDAP und die DNVP stellten bei den Haushaltsberatungen immer wieder Anträge auf Bewilligung größerer Summen für den Luftschutz[33]. Das Wirken der Prädispositionen für einen nationalen Schulterschluß und die Absolutsetzung der Überlebenssicherung des Volkes im Völkerkampf unter Ausschluß des Parteiengezänks, d.h. in letzter Instanz des linken Spektrums, im Gegensatz zu den überparteilichen, d.h. nationalen bzw. rechtsstehenden Kräften, deutete sich hier im Keim bereits an.

Krohne zielte wie bei seinen vorangegangenen Aktionen darauf, Hindenburg zu einem Engagement zu bewegen, und verwies auf die unverzichtbaren Grundlagen Sachkenntnis und Vernunft – beides Elemente, für die der Luftschutzverein bürge, und die durch die aktuellen Entwicklungen gefährdet seien. Meißner informierte Hindenburg, und dieser trat dann an die Regierung heran. Das RMI wurde aufgefordert, die Verhandlungen mit dem Luftschutzverein tunlichst zu fördern und zu einem Abschluß zu bringen. Im März und nochmals im Mai ließ sich Hindenburg dann von Keudell und Wilhelm Groener in der Angelegenheit persönlich Vortrag erstatten[34].

Die Regierung war durch die Aktivitäten Krohnes erneut in Bedrängnis geraten. Die Ausgangsposition für die weitere Beschleunigung des Luftschutzes gestaltete sich jedoch denkbar schlecht, da das Mitte-Rechts-Kabinett ganz andere Sorgen hatte. Geßler war wegen eines Finanzskandals in der Reichswehr und zunehmender Amtsmüdigkeit im Januar zurückgetreten. Die Reichsreform zur Ver-

---

chen Aufgaben (Teilsparten) unter Anführung der üblichen Rechtfertigungen auf. Eine weitere Denkschrift am 31.3.1928, ebd.

[32] Zum Folgenden vgl. BA Berlin, R 601/1324, Krohne an Meißner 29.2.1928, Meißner an Krohne 1.3.1928, Denkschrift Krohne an Hindenburg März 1928, Meißner an RMI 21.3., Meißner an Krohne 21.3. und weitere Dok. bis Ende Mai 1928.

[33] Siehe dazu unten, S. 117 mit Anm. 49.

[34] Von all diesen Angelegenheiten wurde Krohne durch einen regen Briefwechsel von Meißner auf dem Laufenden gehalten.

einheitlichung der Verwaltung war gescheitert, und der Reichstag hatte sich wegen des Panzerkreuzers A zerstritten. Die Regierung stürzte schließlich im Mai über die Erneuerung des Schulgesetzes. Im Mai 1928 folgten Reichstagswahlen, in denen die SPD starken Zuwachs erzielte und eine Große Koalition unter dem Sozialdemokraten Hermann Müller bildete. Hindenburg intervenierte angesichts dieser Entwicklung über Meißner beim altem Kabinett und bat es, die Demission möglichst lange hinauszuzögern, damit über wichtige Fragen, darunter vor allem auch den Luftschutz, noch vor Amtsantritt des neuen sozialdemokratischen Kabinetts entschieden werden konnte[35].

Die Regierung setzte daraufhin für den 30. Mai eine Sitzung an, auf der man auch über den Luftschutz beriet[36]. Die Entschließung hierüber fiel ohne größere Debatten, da sich alle Ministerien schon im Vorfeld geeinigt hatten. Es hatte sich »eine mehr oder weniger ausgesprochene Ablehnung sämtlicher Ressorts gegenüber den von Herrn Reichsminister a.D. Krohne vorgeschlagenen Ausmaß der Organisation eines Luftschutzbeirates und seiner Tätigkeit« ergeben[37]. Man beschloß, daß die Behörden den Aufbau des Luftschutzes betreiben sollten und nicht eine private Organisation. Zur Finanzierung war das RFM einzuschalten. Die Zusammenarbeit mit Krohne und dem DLS sollte beendet werden, da keinerlei Interesse an übereilten öffentlichen Aktivitäten bestand[38]. Vor allem verwies man innenpolitisch auf die »Rücksicht auf die Bevölkerung, die nicht beunruhigt werden soll«, und außenpolitisch auf die Vermeidung jeglicher Verdächtigungen in bezug auf neuerliche Kriegsanstrengungen. Auch infolge der Neuheit des ganzen Gebietes verlegte man sich zunächst auf ruhige Forschungs- und Aufbautätigkeit. Erhebliche Schwierigkeiten machte die Finanzierung, da wegen der heiklen politischen Dimensionen keine öffentlichen Einstellungen in den Haushalt gemacht werden durften. Zudem lastete der Sparzwang auf der Regierung. Deswegen sollte auch der Reichssparkommissar eingeschaltet werden.

Krohne war mit seinen Vorstößen gescheitert. Er hatte mit der Begründung, der Staatsapparat sei wegen seiner Schwerfälligkeit und seiner Ineffizienz zu wirklichen Fortschritten nicht in der Lage, versucht, der Reichsregierung die Leitung aus der Hand zu nehmen und eine eigene Dynamik außerhalb der Verwaltungsstäbe zu entwickeln. Die Behörden hätten zwar aufgrund ihrer exekutiven Schlüsselposition einbezogen, das Machtzentrum für den Aufbau des Luftschutzes jedoch aus dem Staat heraus verlagert werden sollen.

Die massive Intervention Krohnes bei Hindenburg zeigt, daß er sich sehr wohl bewußt war, in welcher Abhängigkeit die Reichsregierung von diesem stand. Die Tätigkeit Krohnes stellt einen Versuch dar, die bestehende und weitgehend auf

---

35 AdR, Kab. Marx III und IV, Dok. 471, 24.5.1928. Zur politischen Situation in der ersten Hälfte 1928: Winkler, Weimar, S. 331–334; Schulze, Weimar, S. 302 f.; Erdmann, Weimarer Republik, S. 224–227. Zu Geßlers Ende: Carsten, Reichswehr, S. 331 ff., und Möllers, Reichswehrminister, S. 340–351.
36 AdR, Kab. Marx III und IV, Dok. 472, 30.5.1928, mit Anm. 13. Auch zum Folgenden.
37 BA-MA, R 43 II/1295, Vermerk 6.3.1928. Vgl. auch Vermerk 30.4.1928.
38 BA Berlin, R 2301/37571, RMI vom 21.5.1928 mit handschriftl. Vermerk über Besprechung des Ministerialrates Wagner vom RMI mit dem zuständigen Referenten des Rechnungshofes des Deutschen Reiches am 4.6.1928.

den Prinzipien des rationalen Typus beruhende Herrschaftsordnung in einem Teilgebiet auszubooten und eine Bewegung eigener Art in Gang zu bringen. Krohne bewegte sich der herrschaftsstrategischen Tendenz nach dabei wenigstens ein Stück weit durchaus gemäß der von Weber definierten Rolle des Reichspräsidenten für die Gestaltung der Herrschaftsordnung. Der Reichspräsident hatte nach diesen Vorstellungen als »plebiszitär« gewähltes Staatsoberhaupt ein aktives Gegengewicht zum Verwaltungsapparat zu bilden, um bürokratische Erstarrung zu verhindern. Damit war nicht notwendigerweise die Umgestaltung der Herrschaftsordnung unter charismatischen Vorzeichen gemeint[39].

Krohne verfolgte jedoch letztlich Ziele, die über eine Kooperation mit der Reichsregierung hinausgingen. Der DLS hatte sich zwar während der ganzen Zeit immer als sachlich orientierte Organisation dargestellt, und Krohne hatte es auch nicht gewagt, einen direkten Führungsanspruch für sich oder andere zu erheben. Sein machtpolitisches Agieren und die Widersprüche zu seinen offiziellen Verlautbarungen zeigten allerdings, daß im Hintergrund der Tätigkeit noch ganz andere Motive standen, Motive, die den Keim in sich bargen, die rationale Herrschaftsordnung auszuhebeln.

Nicht zuletzt wegen der zunehmenden Vergreisung Hindenburgs und des Fehlens machtpolitischer Hintergrundinteressen in der Umgebung des Reichspräsidenten, dürfte es dem Kabinett nicht allzu schwergefallen sein, nachhaltige Schritte zu verhindern. In einem so komplexen und langfristig-strukturell zu behandelnden Sachgebiet wie dem Luftschutz kann eine Beschleunigung nur mit beständiger und nachdrücklicher Vorgehensweise erreicht werden. Hindenburg hatte dazu offensichtlich nicht mehr die Möglichkeiten und mußte dies dem Kabinett und dessen Verwaltungsfachleuten überlassen. Diese hatten klar erkannt, daß die Zeit zum Handeln alles andere als günstig war. Die Behörden konnten ihre Vormachtstellung wahren.

Ein Teil der Hintergründe von Krohnes Handeln sollte alsbald zutage treten. Nachdem er hatte einsehen müssen, daß er mit seinem Projekt gescheitert war, legte er aus Protest im Herbst den Vorsitz über den DLS nieder und sprach eindeutige Drohungen gegen die Regierung aus. In einem Schreiben an den neuen Innenminister, Carl Severing, und das Büro des Reichspräsidenten behauptete er, daß nunmehr eine ruhige, außenpolitisch ungefährdete Sacharbeit mit dem »Deutschen Luftschutz« als »Sammelbecken« für die Bevölkerung nicht mehr möglich sei[40]. Angesichts der Tatsache, »daß gerade im gegenwärtigen Augenblick die frei-

---

[39] Weber, Deutschlands künftige Staatsform, in: Gesammelte Politische Schriften, v.a. S. 361–376 (Kap. IV und V), und Der Reichspräsident, in: ebd., S. 390–393. Weber hält sich mit der expliziten Anwendung seiner Herrschaftstypologie in diesen beiden Schriften auffallend zurück. Er spricht im Zusammenhang mit dem Reichspräsidenten nicht direkt von charismatischer Herrschaftsgestaltung. Über das Charisma Hindenburgs, insbesondere sein persönliches Erscheinungsbild, ließe sich auch durchaus streiten. Dies ändert jedoch nichts an Hindenburgs Grundfunktion im politischen Kräftefeld. Er hatte infolge seiner plebiszitären Basis und seines Rufes als Kriegsheld eine charismatisch herausgehobene Stellung und nützte diese auch zur Einflußnahme an den entscheidenden Schalthebeln. Möller, Europa, S. 47 f., 56 f. und 112.

[40] BA Berlin, R 601/1324, Krohne an Severing und Meißner, 20.10.1928.

willige Mitwirkung aller zur Mitarbeit berufenen Kreise der Bevölkerung unerläßlich ist«, stelle die Entscheidung, den schwerfälligen Behördenapparat mit dem Luftschutz zu betrauen, einen unverzeihlichen Fehler dar.

Die Sache kam schließlich auch in die Presse. Krohne gab seine Zurückhaltung in der Öffentlichkeit auf und machte den Reichsbehörden überaus schwere Vorwürfe. Die inhaltlichen Forderungen seiner Denkschriften benutzte er nunmehr als Mittel zum öffentlichen Angriff gegen die Verwaltung[41]. Er erhob erneut und in scharfer Form den Vorwurf der bürokratischen Schwerfälligkeit und des Parteiengezänks. Gleichzeitig drohte er offen damit, die Volksseele zu mobilisieren.

»Es wird auch keiner Regierung gelingen, die einmal wachgewordene Sorge des Volkes wieder einzuschläfern.«

Im Ausland seien bereits »starke Volksbewegungen« am Werke[42].

»Auch in Deutschland wird die natürliche Entwicklung über künstliche Hemmungen hinweg den Luftschutz zur Volkssache machen.«

Diese Worte hörten sich ganz anders an als die versprochene Sachlichkeit. Krohnes populistisch-dynamische Einstellung stand einer ruhigen und sachlichen Aufbauarbeit, wie sie das Reichskabinett plante, diametral entgegen. Die Entwicklungen in anderen Staaten wurden von ihm – durchaus fälschlicherweise – vor den Karren der eigenen Pläne zur Mobilisierung des angeblich zur Aktion drängenden Volkswillens gespannt[43].

Die Hoffnung auf das Zusammenstehen in Zeiten der Bedrohung war direkt verknüpft mit dem Wunsch nach Überwindung des »Parteienchaos«. Das gesamte Gedankengebäude Krohnes trägt – trotz gegenteiliger Behauptungen – eine klar charismatische Tendenz, wenn auch eine entsprechende Führerpersönlichkeit nicht gefordert wird. Das Volk, sein Wille und sein angebliches Recht zur Selbstbehauptung werden als höhere Sinneinheiten über die aktuelle, als Parteienchaos und Behördenignoranz denunzierte Herrschaftsordnung gestellt. Daß Krohne letztlich mit seinen Vorstellungen noch viel eher in parteipolitisches Fahrwasser geraten würde und mit seinem politischen und propagandistischen Handeln bereits geraten war als die Regierung mit ihrem Modell, scheint ihm offenbar nicht be-

---

[41] Zum Folgenden vgl. BA Berlin, R 2301/37571, Artikel o.D., und RMI, 3.11.1928, an Oberst a.D. Hopfen mit Artikeln der Deutschen Allgemeinen Zeitung vom 25.10.1928, der Berliner Volkszeitung vom 28.11., Nr. 511, der Roten Fahne vom gleichen Tage, Nr. 255, dem Bayerischen Kurier vom 29.11.1928, Nr. 303, der Leipziger Volkszeitung vom 30.10.1928. Die folgenden Zitate sind aus dem Artikel der Deutschen Allgemeinen Zeitung. Die Gegendarstellung der Reichsregierung entstammt der Berliner Volkszeitung. Vgl. auch BA-MA, R 43 II/1295, Auszug aus Wolff's Telegraphisches Büro, 27.10.1928.
[42] Wenigstens im Falle Großbritanniens entsprach diese Behauptung in keiner Weise der Wahrheit.
[43] Die Aussagen Krohnes zu den angeblich tätigen »Volksbewegungen« im Ausland hatten nicht sehr viel mit den Tatsachen gemein. In Frankreich legte man wie in Deutschland erst die Grundlagen für die Luftschutzarbeit. In Großbritannien entsprachen die Verhältnisse dem geraden Gegenteil. Hier geschah außerhalb des Verwaltungsapparates überhaupt nichts von wirklichem Belang. Siehe unten, S. 211–226. Immerhin aber ist anzumerken, daß auch in den anderen Staaten immer wieder auf die bei den Nachbarn angeblich unternommenen massiven Schritte verwiesen wurde. Die Frage ist nur, in welchem Kontext und mit welchen staatspolitischen Absichten dies erfolgte. Für Großbritannien siehe dazu vor allem unten, S. 214 ff.

wußt gewesen zu sein[44]. Hier zeigte sich im Keim bereits das, was einen wesentlichen Teil der Kriegsvorbereitungen ab 1933 ausmachen sollte: Volkssinn und aggressive Mobilmachung als Hebel gegen den rationalen Verwaltungsapparat. Wie weit dies im Luftschutz dann tatsächlich auch gelang, wird im Kap. IV zu untersuchen sein.

Severing sah sich veranlaßt, sofort eine Gegendarstellung zu veröffentlichen, in der er die Anschuldigungen, die Regierung sei untätig, zurückwies. Er ließ ferner verlauten, daß Krohnes Vorschläge – nicht die Pläne der Regierung – zu kostspielig seien und man von der »Aufziehung« eines solchen Apparates absehen wolle. Schließlich wies man Behauptungen Krohnes, das RWM sei eigentlich für den Luftschutz zuständig, zurück. Allein das RMI sei federführend[45]. Die Angelegenheit war damit zunächst abgeschlossen. Krohne hatte sich für eine weitere Tätigkeit vorerst diskreditiert. Er blieb aber aktiv und unternahm nach einiger Zeit neue Versuche, den Luftschutz gemäß seinen Vorstellungen zu gestalten.

Die folgenden zwei Jahre – und insofern hatte Krohne recht – brachten keine wesentlichen Fortschritte. Die Regierung Müller unternahm kaum Schritte zum aktiven Aufbau des Luftschutzes. Ob dies in der sozialdemokratischen Grundausrichtung begründet lag oder in den Auswirkungen der Weltwirtschaftskrise, muß offen bleiben. Der Reichskanzler selbst war für die Fragen der Landesverteidigung grundsätzlich zugänglich. Er und sein Kabinett befürworteten auch den Bau des Panzerkreuzers A und beschlossen am 10. August 1928 dessen Kiellegung[46]. Den Hauptgrund für den Stillstand stellten die fehlenden Haushaltsmittel dar. Das RMI hatte für den Haushalt 1928 vom RFM 300 000 RM für Luftschutzzwecke außerplanmäßig bewilligt bekommen und beantragte auf diesem Wege im Jahre 1929 500 000 RM. Das RFM lehnte allerdings ein weiteres Vorbeischmuggeln von Haushaltsmitteln an der parlamentarischen Kontrolle ab[47]. Genau das, was Krohne vorausgesagt hatte, trat ein: Verhinderung von Fortschritten wegen Schwerfälligkeit. Die Bürokratie sah sich wegen ihrer Bindung an die verfassungsmäßigen Verfahrensregeln – insbesondere wegen der fehlenden rechtlichen Legitimation und dem dadurch entstehenden Finanzmangel – nicht in der Lage, rasche, umfassende Schritte in die Wege zu leiten. Die Regierung konnte und wollte auf offiziellem,

---

[44] Das RMI hatte dies klar erkannt: »Man hat absichtlich davon Abstand genommen, die Durchführung des Luftschutzes privaten Organisationen [...] oder Hilfen aus Reichsmitteln zu überlassen. Bei den starken politischen Spaltungen würde [...] sofort eine [Vielfalt] an Organisationen entstehen, die eine Zersplitterung der Mittel u. damit z.T. ihre Begründung u. eine Schwächung der Durchschlagskraft des Luftschutzes zur Folge haben würde.« BA Berlin, R 2301/37571, handschriftl. Vermerk 21.9.1932.
[45] Berliner Volkszeitung (vgl. Anm. 41). Vgl. auch BA-MA, R 43 II/1295, Auszug aus Wolff's Telegraphisches Büro, 27.10.1928.
[46] Erdmann, Weimarer Republik, S. 227.
[47] BA Berlin, R 2301/37571, Nr. 2295, RFM an RMI vom 28.7.1928 – I 14727 –, außerplanmäßige Finanzmittel für LS im Haushaltsjahr 1928/29; RMI an RFM vom 14.3.1929 mit Antwort RFM vom 21.3.1929 – I 48000-, Ablehnung der Bitte um außerplanmäßige Bewilligung von 500 000 RM. Das RMI konnte lediglich aus speziellen Polizeizuschüssen für die Länder, von denen es jährlich insgesamt 300 000 RM entnehmen durfte, Mittel für den Luftschutz bereitstellen. Ebd., handschriftl. Vermerk (o.D.).

d.h. parlamentarischem Wege keine größeren Mittel für den Luftschutz bereitstellen[48].

Die finanzielle Frage wurde im Reichstag immer wieder angeschnitten. Die Fraktionen der DNVP und der NSDAP forderten in wiederholten Anträgen, Millionenbeträge bereitzustellen bzw. ein Luftschutzgesetz zu verabschieden[49]. Die NSDAP ging während der verwirrenden Debatte um den Panzerkreuzer A sogar so weit, zu beantragen, daß, wenn das neue Kriegsschiff nicht gebaut werden sollte, die dafür errechneten Mittel für den Luftschutz bereitzustellen seien[50]. Dies hatte keine Chance auf Erfolg.

Innerhalb der Regierung versuchte nunmehr das RWiM, Mittel zu bekommen. Quasi als Ersatz für die Versäumnisse des RMI, das auch für den Haushalt 1930 auf ordentlichem Wege kein Geld für den Luftschutz beantragt hatte, wollte man mit der Einrichtung eines wissenschaftlichen Postens einen finanziellen Anfang machen. In den Haushaltsbesprechungen im Juni 1929 bat man aus »nationalen Beweggründen« um 175 000 RM für eine Bauberatungsstelle unter der Leitung eines Fachmannes (Prof. Rüth) für den Luftschutz in der Industrie[51]. Das RWiM scheiterte damit aber beim RFM wie das RMI zuvor. Man ließ jedoch nicht locker und begann eine Debatte, die sich letztlich fast zwei Jahre hinziehen sollte.

Das RFM blieb wegen der zu erwartenden Kosten hart. Sonderregelungen und -institutionen wurden nicht geduldet. Im Verlauf der Diskussion kamen auch grundsätzliche Fragen zur Sprache. Es ging darum, was im Sinne eines zügigen Aufbaus insgesamt zu tun sei. Das RWiM sandte im Sommer 1929 den obersten Finanzbehörden einen Vortrag zu, in dem mit den bekannten Argumenten der Aufbau des Luftschutzes in allen seinen Facetten gefordert wurde[52], und ließ der Reichskanzlei, dem Auswärtigen Amt, dem RWM und dem RFM eine Denkschrift zukommen, die vor allem auch Anmerkungen bezüglich des Verhältnisses zum DLS enthielt[53]. Weil man mit Kabinettsbeschluß vom 30. Mai 1928 die privaten

---

[48] Damit ist natürlich keineswegs gesagt, daß Krohnes Beiratsmodell hier schnellere Erfolge gezeitigt hätte. Seine Einschätzung hinsichtlich der Hemmnisse staatlicher Verwaltungen entsprach jedoch den Realitäten.
[49] BA Berlin, R 2301/37571, Nr. 2295, Reichstag IV, Wahlperiode 1928, Antrag von Dr. Quaatz, Graf v. Westarp und Genossen: Für 1929 sollen für LS 3 Mio. Reichsmark eingesetzt werden; (4.2.1929); ebd., Reichstag IV, Wahlperiode 1928, Nr. 883 der Plenardrucks., Antrag von Dr. Quaatz, Berndt, Dr. Spahn, Dr. v. Dryander, Gottheimer: Einrichtung eines neuen Titels in Kap. 2 der Fortdauernden Ausgaben: für LS 2 Mio. RM; (7.5.1929) mit Abschr. 69. Sitzung Reichstag IV, Wahlperiode 1928, 5. Ausschuß, 7.5.1929; ebd., Reichstag V, Wahlperiode 1930, Antrag Dr. Quaatz, Oberfohren und Genossen: in einem neuen Titel für einmalige Ausgaben für LS 3 Mio. RM einstellen, (6.2.1931); Reichstag V, Wahlperiode 1930, Frick und Genossen, Antrag zur Erstellung eines Gesetzentwurfes für Luftschutzmaßnahmen und Einführung von Luftschutzübungen im ganzen Reich (11.2.1931).
[50] Ebd., Reichstag, IV, Wahlperiode 1928, NSDAP (Frick und Genossen), Antrag zum Antrag von Breitscheid und Genossen (Antrag auf Einstellung des Panzerkreuzers A, Nr. 389 der Drucksachen), 15.11.1928.
[51] Ebd., 2 Vermerke (Lange) über Haushaltsbesprechungen im RWiM für 1930 am 26.6.1929 mit Vortrag des Ref. Frhr. von Maß über Luftschutz.
[52] Siehe Anm. 51.
[53] BA-MA, R 43 II/1295, RK 4760/29, 16.7.1929.

Vereine ausgeschlossen habe, sei man »von Amts wegen« verpflichtet, selbst in vollem Umfange tätig zu werden.

Es »ist nicht zu verkennen, daß der Luftschutzgedanke die deutsche Öffentlichkeit mehr und mehr beschäftigt und daß einer Bearbeitung dieser Fragen von Reichswegen auf die Dauer kaum ausgewichen werden kann«.

Die Tätigkeit der Vereine sowie die Agitation der politischen Rechten für die Wiederwehrhaftmachung übten einen permanenten Druck auf die Regierung aus. Das RFM als Garant rationaler Haushaltplanung blieb aber fortgesetzt unbeeindruckt. Es schaltete sich in die Diskussion der Sachfragen ein und benutzte dabei Argumente, die – öffentlich geäußert – als pazifistisch klassifiziert worden wären. Insbesondere in dem vom RWiM vorrangig angesprochenen Thema, dem Schutzraumbau, wurde mit gesalzenen Antworten auf entsprechende Vorstöße und Bitten reagiert und vernichtende Kritik geübt[54]. Man erkannte zwar durchaus, daß die Bevölkerung in einem möglichen Luftkrieg in starkem Maße gefährdet ist, verwies allerdings darauf, daß die meisten Häuser von ihrer Bauweise her keineswegs luftschutztauglich gemacht werden könnten[55]. Selbst ein Teilschutz entlang der Standards, wie sie die Luftschutzexperten und das RWM ausgearbeitet hätten, würde überaus hohe Summen verschlingen, die vollkommen nutzlos seien, da sie infolge der bestehenden Grundmängel nicht zur Erhöhung der Sicherheit beitrügen. Von vornherein vollkommen unmöglich sei es, alle Gebäude gegen Volltreffer zu schützen, also einen hundertprozentigen Schutz anzustreben, da dies astronomische Summen verlangen würde, die man auf keinen Fall besäße. Maßnahmen zum Bau von Schutzräumen stellten generell in erster Linie ein zweifelhaftes »Beruhigungspulver« für die Bevölkerung dar. Insbesondere auch im Hinblick auf die katastrophale Wirtschaftslage betrachtete man einen umfassenden Schutzraumbau als zumindest vorläufig vollkommen unrealistisch[56]. Die Einführung von Gesetzen und Zwangsbestimmungen schloß man angesichts dieser Lage kategorisch aus. Die Einrichtung einer Bauberatungsstelle bezeichnete man als überflüssig. Wenn die Notwendigkeit zu Beratungen entstünde, könnte das RWiM interessierten Unternehmen ja bekannte Fachleute empfehlen. Ein kostspieliger permanenter Stab von Mitarbeitern komme nicht in Frage. Der Nutzen stünde infolge der zweifelhaften Schutzwirkung in keinem Verhältnis zum Aufwand. Baulicher Luftschutz als Ganzes sei überaus problematisch[57].

Innerhalb der Regierung ergaben sich anläßlich dieser und anderer Fragen weitere Differenzen. Vor allem zwischen RWM und RMI kam es immer wieder zu

---

[54] Zum Folgenden: BA Berlin, R 2/32066, zu II/III 24690.1928, 6.12.1929, Schutzräume in öffentlichen Gebäuden; dazu ebd., R 2/9222, Merkblatt des RWM (1928) mit einem Artikel von Peres, Berlin.

[55] Das RFM nahm hinsichtlich der technischen Aspekte ein Merkblatt des RWM von 1928 als Grundlage. Siehe Anm. 54.

[56] Zum Folgenden vgl. BA Berlin, R 2/9222, NS über eine Besprechung im RWiM, 14.4.1931; ebd., R 2/32066, Einladung und NS zu dieser Sitzung, RWiM an RPoM, RVM, RFM vom 24.7.1931 – III B 2617 –, Nachgang zur Sitzung und handschriftl. Vermerk vom 13.8.1931 zum Thema (Anlaß: Polizeikursus zum LS im Preußischen Polizeiinstitut für Verkehr und Technik vom 9.–19.6.1931).

[57] Vgl. zusammenfassend BA Berlin, R 2/32066, Entwurf des RFM – handschriftl. – 13.8.1931.

III. Der zivile Luftschutz

Spannungen infolge unterschiedlicher Auffassungen hinsichtlich der praktischen Umsetzung. Ersteres entwickelte eine rege Tätigkeit und forderte den zügigen Beginn der Aufbauarbeit. 1928/29 entwarf man eine ganze Reihe von Denkschriften und Arbeitsplänen, die sich trotz der Arbeitsteilung mit dem RMI, nach der das RWM in erster Linie für den Luftschutz auf rein militärischem Gebiet zuständig sein sollte, auch auf den zivilen Bereich erstreckten[58]. Die Militärs beriefen sich dabei auf die Denkschriften und Beschlüsse seit 1923, nach denen ihnen ein generelles Beratungsrecht zustand.

In diesem Zuge hatte man am 27. Februar 1928 auch eine generelle Aufgabenverteilung vorgenommen, die den anderen Ressorts bereits spezielle Gebiete zugewiesen hatte, und um Inangriffnahme der entsprechenden Schritte gebeten. Groener hatte dazu auch Druck ausgeübt; dies im Rahmen der Vorträge über den DLS bei Hindenburg[59].

Eine gewisse Unterstützung erhielten die Militärs durch das RWiM, das im Ergebnis seiner Ambitionen und gemäß seinen eigenen Vorstellungen ebenfalls einen forcierten Aufbau forderte. Das RWM konnte aber nur wenig erreichen, da ihm die Hände gebunden waren. Es konnte lediglich beim Flugmelde- und Warndienst tätig werden, da dieses Gebiet in seinen direkten Zuständigkeitsbereich fiel. So wurde 1928 in Württemberg eine erste entsprechende Übung abgehalten.

Die Gesamtfederführung lag weiterhin beim RMI, das sich keineswegs vom RWM drängen ließ. Die engen Grenzen, die das RFM gesteckt hatte, konnten nicht einfach ignoriert werden. Außerdem hatte man vor umfassenden Schritten erst die zuständigen Verwaltungseinheiten, vor allem die Länder und die Gemeinden, zu befragen. Gerade diesbezüglich kam es zu weiteren Konflikten. Die Wehrkreiskommandos, die im Oktober 1928 vom RWM mit Richtlinien für Luftschutzmaßnahmen der Polizeibehörden ausgestattet worden waren, wandten sich im Frühling 1930 direkt an die Regierungspräsidien und baten, erste Luftschutzmaßnahmen vorzunehmen und darüber ständig zu berichten. Das RMI protestierte dagegen und ließ das RWM wissen, daß die Mittelbehörden der Länder nicht einfach zu Luftschutzmaßnahmen angehalten werden durften, ohne die Länderregierungen selbst zu befragen; und bevor dies geschehe, habe das RMI in Besprechungen mit den Ministerien und Landesregierungen zunächst eine grundlegende Aufgabenverteilung vorzunehmen[60]. Erneut waren Versuche, Luftschutzmaßnahmen direkt in Gang zu setzen, an der inneren Kohärenz des Verwaltungsapparates und seinen gesatzten Grundregeln gescheitert.

In die ganze Sache kam dann aber doch noch entscheidende Bewegung, und zwar im Laufe des Jahres 1930. Der DLS hielt im Juni unter Beteiligung vieler prominenter und fachkundiger Persönlichkeiten eine große Luftschutztagung in Stuttgart ab. Die Tagung beschloß »einstimmig und mit großem Beifall« eine Re-

---

[58] Haag, Reichswehr (II), S. 160 f. Auch zum Folgenden.
[59] Siehe oben S. 112. Das RMI hatte daraufhin in die Bereitstellung einer ersten größeren Summe für den LS eingewilligt und die bereits erwähnten 300 000 RM erhalten.
[60] BA-MA, R 43 I/726, 15.5.1930.

solution an die Reichsregierung und verschickte diese dann an die Reichskanzlei[61]. Dort blieb man nicht unbeeindruckt und konstatierte, daß sich die Tätigkeit des Vereins in »sachlich erfreulicher Weise« entwickelt habe[62]. Man fragte beim RMI an, ob man angesichts der neuesten Entwicklung nicht die Blockade aufgeben solle[63]. Wirth antwortete selbst[64]. Er lehnte ein direktes Zugehen auf den DLS ab, da nicht bekannt war, welche genaueren Ziele dieser verfolge. Auch ginge es generell nicht an, Schritte ohne Beteiligung des RMI zu unternehmen. Außerdem stelle sich heraus, daß der Verein weiterhin alles andere als zuverlässig sei. Der Nachfolger Krohnes, General a.D. Altrock, habe offenbar den Vorsitz nach Unstimmigkeiten mit seinen beiden Geschäftsführern niedergelegt[65].

Da der öffentliche Druck aber stieg und Anfang Oktober in Ostpreußen eine publikumswirksame Luftschutzübung stattfand[66], entschloß man sich im RMI systematische Schritte in Angriff zu nehmen. Man entwickelte Ende Dezember einen Organisationsplan und bestellte den Luftschutzverein zur Zusammenarbeit ein. Damit war eine Kehrtwende erreicht. Der DLS hatte zuvor – wohl aufgrund gezielter Nachfragen – ein neues Programm vorgelegt und dem RMI zugesandt[67].

Dieses enthielt neben dem üblichen sachlich-organisatorischen Grundgerüst die bekannten Ansätze und Widersprüche, wobei insbesondere gegen die Antikriegsbewegung polemisiert wurde. Der Luftschutz sei bis zur Gründung des DLS eine Domäne der »pazifistischen Greuelpropaganda« gewesen. Diese hätte unter geschicktem Zitieren ausländischer Autoren versucht, die Sinnlosigkeit des Luftschutzes zu beweisen. »Infolge dieser Propaganda wurde das wichtige Gebiet des Luftschutzes damals nicht sachlich bearbeitet, sondern war der Tummelplatz parteipolitischer Agitation.« Daß man selbst in erheblichem Maße ausländische Quellen zur Stützung der eigenen Position verwendet hatte, wurde selbstverständlich verschwiegen. Erneut behauptete man, die Sache des gesamten Volkes auch gegen die Einlullungen durch das Völkerrecht zu vertreten, und setzte das angebliche Streben nach einem nationalen Schulterschluß den angeblich zersetzenden partikularen Tendenzen der Pazifisten entgegen. Allein der DLS habe

»die nüchterne Sachlichkeit, die auf wissenschaftlich begründeter Kenntnis von Art und Umfang der Luftgefahr«

beruhe, gewahrt. Daß man einen übergeordneten Standpunkt letztlich gar nicht beanspruchen konnte und sich selbst auf das verunglimpfte Parteienspektrum eingelassen hatte, gehört zu den Grundwidersprüchen der Mobilmachungs-, Wehr- und Luftschutzbewegung der Weimarer Republik. Hier trat ein hohes Maß an tiefsitzender, verdeckter und dadurch vor Außeneinwirkung geschützter Intoleranz

---

[61] Zu dieser Tagung und deren Vorgängerveranstaltung in München (1929) siehe unten S. 145 f.
[62] Die Reichsregierung war in München eingeladen gewesen, hatte aber abgesagt, BA-MA, R 43 II/1295, 15.6.1929. Das RMI als federführende Stelle war auch in Stuttgart 1930 nicht eingeladen worden.
[63] Ebd., 30.5. und 22.6.1930.
[64] Zum Folgenden: ebd., 22.7.1930.
[65] Ebd., 28.7. und 30.10.1930.
[66] Haag, Reichswehr (II), S. 162 f.
[67] Zum Folgenden: BA-MA, R 43 II/1295, 1.11. und 22.12.1930.

III. Der zivile Luftschutz

zutage, auf der nicht zuletzt auch die Grundposition der Reichswehr als scheinbar überparteiliche Macht im Staate basierte.

In dem heiklen Punkt der organisatorischen Kontrolle hielt man sich mit direkten Forderungen nach Übernahme der Federführung zurück, lauerte in Wirklichkeit im Hintergrund aber immer noch auf Möglichkeiten, weitgehende Befugnisse zu erlangen. Die Erfolgsaussichten für derlei Ambitionen hielten sich jedoch nach wie vor sehr in Grenzen. Wie man zumindest unterschwellig zugeben mußte, blieb der Verein ohne den Staat ein ohnmächtiger Hungerleider.

»Wir halten es für erforderlich, daß die Tätigkeit des Deutschen Luftschutz-Vereins die volle Zustimmung und Billigung der Reichsregierung findet und ihrer ideellen und materiellen Hilfe stets gewärtig sein kann.«

Dies sollte auch bei den Nachfolgern des DLS bis 1939 grundsätzlich nicht anders werden.

Wirth begrüßte die Denkschrift und betonte, daß der DLS vor allem in Forschung und Erprobung tätig werden solle, sich propagandistisch aber zurückzuhalten habe. Propaganda solle nur durch »eine maßvolle und sachliche Beeinflussung der öffentlichen Meinung« erfolgen. So behielt er sich auch die Zustimmung zu einer vom DLS geplanten Wanderausstellung bis zum Vorliegen des entsprechenden Konzepts vor. Auch verlangte er die Wiederbesetzung des Vorsitzes nach dem Rücktritt Altrocks mit »einer von dem Vertrauen weitester Kreise getragenen Persönlichkeit«. Vorsicht blieb weiterhin das oberste Gebot.

Den Schwerpunkt der Arbeit legte das RMI ohnehin auf die Schaffung der organisatorischen Grundlagen. Hier erfolgten dann auch die ersten Schritte über die Planungs- und Verwaltungszirkel der Reichsregierung hinaus. Am 24. Dezember erließ man den Organisationsplan für die Vorbereitung eines Luftschutzes für die Zivilbevölkerung[68], der den eigentlichen Beginn der praktischen Inangriffnahme umfassender Maßnahmen darstellt. Er enthielt ein grundlegendes Organisationsgerüst für alle staatlichen und gesellschaftlichen Ebenen. Man gedachte, dieses auf einer Polizeibesprechung Ende Januar 1931 mit den Ländern zu beschließen. Es sollte als Handlungsbasis für den weiteren Aufbau dienen.

Die inhaltlichen Weichenstellungen dieses Papiers spiegelten die Komplexität des ganzen Vorhabens wider. Das RMI war weiterhin für die Federführung vorgesehen und sollte für die Einheitlichkeit der Vorkehrungen sorgen. Um republikweit allgemein eine solche Durchführung zu gewährleisten, wurde die organisatorische Dezentralisierung der Hauptzuständigkeiten auf drei Zentralen als Träger der Maßnahmen bestimmt: 1. die Reichsministerien, 2. die Innenressorts der Länder und 3. die technischen Hilfsorganisationen (TN, Rotes Kreuz etc.). Mit der direkten Kontrolle über die praktischen Maßnahmen gedachte man, die Mittelbehörden der Länder (Ebene der Regierungspräsidien) zu beauftragen. Als exekutives Führungsorgan sollte die Polizei dienen. Die Ausführung auf der unteren Ebene oblag den Gemeinden und Kreisen. Als Schwerpunkt der Organisation auf lokaler Ebene fungierten sog. Luftschutzausschüsse, in denen die jeweiligen Verantwortlichen vor Ort ständig beraten sollten. Richtlinien für die Zentralen sollten vom RMI »im

---

[68] Zum Folgenden vgl. ebd., 8.12. und 24.12.1930.

engsten Benehmen mit den beteiligten« Stellen durchgeführt werden. Damit war der Kooperationsgedanke als entscheidendes Prinzip verankert. Den Zentralen wurde es zur Pflicht gemacht, geeignete Luftschutzsachbearbeiter zu ernennen. Außerdem erachtete man es als nötig, überall Fachkräfte und Lehrer für den Luftschutz heranzubilden.

Der DLS wurde nicht erwähnt. Ihm war offenbar die Rolle einer Unterstützungsorganisation ohne Befugnisse und unter der Kontrolle des RMI zugedacht.

Alle wesentlichen Ebenen der komplizierten Reichsorganisation hatten Eingang in dieses Schema gefunden. Die jeweiligen Kompetenzen der beteiligten Stellen hatten unangetastet zu bleiben. Bei übergreifenden Maßnahmen, d.h. also praktisch ständig, sollten immer erst Besprechungen durchgeführt werden. Dies galt insbesondere für die Substrukturen der beteiligten Behörden. Hier sollten keine Konkurrenzkämpfe stattfinden, sondern die behördlichen Zuständigkeiten respektiert und der Dienstweg eingehalten werden:

> »Das Reichsministerium des Innern verkehrt grundsätzlich nicht unmittelbar mit nachgeordneten Stellen der genannten Zentralen; es bittet jedoch um Einverständnis, sich nach vorherigem Benehmen mit den Zentralen an Ort und Stelle über den Stand der Vorbereitungen unterrichten zu dürfen.«

Die Polizeibesprechung, die nach dem vorläufigen Organisationsplan des RMI vom 24. Dezember 1930 anberaumt worden war und am 29./30. Januar 1931 stattfand, hatte Erfolg[69]. Die Länder stimmten einmütig dem Vorhaben zu und beschlossen, die praktische Zusammenarbeit zu beginnen. Diese erstreckte sich zunächst ausschließlich auf die systematische Vorbereitung des organisatorischen Aufbaus unter umfassender Einbeziehung der Verwaltungs-Substrukturen.

Auf Kabinettsebene wurden keine Fortschritte erzielt. Insbesondere die Finanzierungsfrage konnte nicht geklärt werden. Der Reichsinnenminister versuchte parallel zu den laufenden Verhandlungen mit den Ländern und dem DLS den Luftschutz Ende Januar 1931 auf die Tagesordnung des Kabinetts zu bringen, unterließ dies aber, weil Heinrich Brüning erkrankt war. Man wollte für das Haushaltsjahr 1931 70 000 RM beantragen und hatte dazu auch einen Verteilungsplan erstellt. Die Angelegenheit sollte auf die folgende Kabinettssitzung gelegt werden, kam aber auch dort nicht zur Sprache[70].

Inzwischen hatte Generalmajor a.D. Haeften, Leiter des Reichsarchivs und einer der führenden Persönlichkeiten des DLS, eine grundlegende Denkschrift zum Luftschutz verfaßt, die auf nachdrücklichen Wunsch Groeners am 30. März an die Reichskanzlei versandt und dem Reichskanzler vorgelegt wurde[71]. Die Denkschrift, die als Teil eines Werkes der »Interparlamentarischen Union in Genf, Enquete über den neuen Charakter des Krieges« geplant war, stellte in relativ knapper Form

---

[69] Zum Folgenden: BA Berlin, R 2/32066 und R 601/1324, RMI, 25.4.1931. Vgl. auch BA-MA, R 43 II/1295, 1.6.1931.
[70] BA Berlin, R 601/1324, RMI – Wirth – 23.1.1931 an Staatssekretär in der Reichskanzlei; BA-MA, R 43 II/1295, 23.1. und 24.1.1931. Vorgesehen waren Mittel für RMI, RWM, RWiM und RVM (v.a. Flugmeldedienst, Übungen, Verdunklung, Entwicklung einer billigen Gasmaske für die Bevölkerung u.a.m.).
[71] BA-MA, R 43 II/1295, 15.1. und 30.3.1931. Sie wurde am 15.1.1931 fertiggestellt.

die wichtigsten Bedingungen und Grundlagen für die Legitimation des deutschen Luftschutzes dar. Seine inhaltlichen Aussagen blieben bis 1939 im Wesentlichen gültig.

Haeften führte die entscheidenden Aspekte und Zusammenhänge zusammenfassend auf: sowohl die seit Anfang der 20er Jahre immer wieder vorgebrachten Rechtfertigungen – vor allem die Betonung der Wehrlosigkeit Deutschlands, der Nutzlosigkeit des Völkerrechts und der drohenden großen Gefahren durch moderne Bomberflotten in einem künftigen Krieg – als auch das sachliche Grundgerüst mit den entsprechenden Einzelaspekten und die staats- und gesellschaftspolitischen Postulate und Prinzipien, d.h. die Komplexität der Luftschutzmaßnahmen infolge der Verzahnung der modernen Gesellschaft, die direkte Parallelisierung der Zivilbevölkerung mit dem Militär – dies insbesondere auch in psychologischer Hinsicht – und die daraus zu ziehenden Konsequenzen für »Aufklärung, Belehrung und Erziehung des gesamten Volkes«.

Als relativ neues Element nahm er zusätzlich eine Standortbestimmung zur Strategie vor. Obwohl die Möglichkeiten der Luftwaffe noch nicht abschließend eingeschätzt werden konnten und die verschiedenen gängigen Theorien höchst umstritten waren, beschrieb Haeften den Luftschutz grundsätzlich als Auxiliarmaßnahme. Entscheidend für die Abwehr sei der militärische Luftschutz, d.h. die Kampfverbände der eigenen Luftwaffe. Da aber wohl kaum gewährleistet werden könne, angreifende Feindverbände restlos in der Luft zu vernichten, müßten zivile Schutzmaßnahmen am Boden getroffen werden.

Die Denkschrift blieb ohne Wirkung, da das Kabinett entgegen den ursprünglichen Absichten für die Tagesordnung einer Sitzung nach Ostern den Luftschutz erneut nicht erörterte. Der Antrag des RMI blieb liegen, die Finanzmittel wurden nicht bewilligt[72]. Brüning selbst hatte die Ausführungen Haeftens zwar mit »sehr interessant« quittiert, aber keinerlei weitergehende Anordnungen getroffen. Er wolle das Dokument »in ruhigerer Zeit einmal genau lesen«[73]. Er konzentrierte sich im Laufe der Zeit ohnehin sehr stark auf die Außenpolitik und überließ die inneren Angelegenheiten eher dem Innenminister[74].

Da von höchster Ebene insbesondere auch in finanzieller Hinsicht keine entscheidenden Schritte getätigt wurden, blieb den direkten Verantwortlichen nichts anderes übrig, als flexibel und ggf. auch improvisierend vorzugehen. Man hatte zunächst die verschiedenen Ebenen und Zweige des komplexen Verwaltungsapparates systematisch in das Organisationsgerüst einzubinden, wobei insbesondere das föderale Element zu berücksichtigen war. Diese Aufgabe konnte in den ersten Phasen nur durch Planung und Abstimmung gelöst werden. Das RMI lud daher nach der grundsätzlichen Übereinkunft auf der Polizeibesprechung Ende Januar 1931 die Länder und die beteiligten Hilfsorganisation zu einem einheitlichen Polizeikursus ein. Diese Initialveranstaltung sollte im preußischen Polizeiinstitut für Technik und Verkehr abgehalten werden, das unter der Leitung von Heinrich

---

[72] Ebd., 1.6.1931 (zu RK 953/31).
[73] Ebd., 30.3.1931.
[74] Hürter, Vor lauter Taktik, S. 466.

Paetsch stand[75]. Der Kursus sollte alle mit der praktischen Umsetzung der Maßnahmen betrauten Spitzenbeamten mit dem nötigen Wissen zum Beginn der Aufbauarbeit ausstatten. Dazu gehörten vor allem die zuständigen Polizeibeamten in den Innenministerien der Länder und die entsprechenden Sachbearbeiter der Regierungspräsidien oder der entsprechenden gleichrangigen Stellen. Eingeladen wurden neben den verantwortlichen Sachbearbeitern der Reichsressorts auch Vertreter der einschlägigen Hilfsorganisationen und der Kommunalverbände. Man berücksichtigte also alle wesentlichen organisatorischen Entscheidungsträger.

Der vorläufige Arbeitsplan des RMI für den Kursus beinhaltete bereits alle wichtigen Teilgebiete des Luftschutzes: organisatorische, technische und propagandistische Grundlagen sowie alle Einzelgebiete von Tarnung und Verdunklung über die chemischen Kampfstoffe bis hin zum Schutzraumbau. Auch auf die Grundlagen der Luftkriegführung wollte man eingehen. Am letzten Tag sollten die nächsten dringenden Schritte erörtert werden: »Welche Aufgaben sind sofort in Angriff zu nehmen?« Der Kursus fand vom 9.–19. Juni statt, und man einigte sich darauf, die Organisation bis zum Herbst in ihren Grundzügen aufzubauen.

Das RMI, dem ab Oktober der Reichswehrminister Groener in Personalunion vorstand, erstellte für die dazu nötigen Schritte eine Anleitung, die »Richtlinien des Reichsministeriums des Innern für die Organisation des zivilen Luftschutzes«, und versandte sie an die Länder und die Reichsressorts. Sie stellen die offizielle Konzeption des deutschen Luftschutzes vor der Machtergreifung dar[76].

Alle drei Ebenen des staatlichen Lebens wurden gemäß der organisatorischen Grundsituation des Reiches in eine einheitliche Kommandostruktur eingebunden. Das RMI als federführende Stelle sollte für die Basiskoordination zuständig sein. Zusammen mit den übrigen Reichsressorts, der Hauptverwaltung der Reichsbahn, den Innenministerien und »den in Frage kommenden Spitzenverbänden« hatte es »die erforderlichen grundsätzlichen Bestimmungen für die Durchführung des zivilen Luftschutzes [zu vereinbaren] und [...] die Einheitlichkeit aller Maßnahmen [sicherzustellen].« Das RMI nahm dazu ein Inspektionsrecht aller Maßnahmen in Anspruch. Den Innenministerien der Länder oblag die Durchführung des Luftschutzes in seinen Territorien und die nötige Koordination mit den Dienststellen der Hilfsorganisationen und der Reichswehr. Die Erfassung und Heranziehung des Personals für den Flugmeldedienst sollte ebenfalls von ihnen vorgenommen werden. Sie hatten auch die Maßnahmen auf der örtlichen Ebene zu überwachen und Luftschutzübungen anzuordnen, dies in Verbindung mit dem RMI. Den Ländern stand es offen, die Verantwortung für ihre Aufgaben auch den Regierungspräsidien oder gleichgestellten Verwaltungsebenen zu übertragen.

Die exekutive Führung auf örtlicher Ebene wurde weitgehend den Polizeibehörden übertragen. Dies stellte eine der entscheidenden Weichenstellungen für die Grundstruktur der deutschen zivilen Verteidigungsmaßnahmen bis 1945 dar. Hier trafen sich die Traditionen deutscher Ordnungsstaatlichkeit mit den Vorbereitun-

---

[75] Es sollte später vom RLM als Reichsanstalt für Luftschutz übernommen werden.
[76] Zum Folgenden: BA-MA, R 43 II/1295, 26.10.1931.

gen für die nächste militärische Auseinandersetzung im Zeitalter des »Totalen Krieges« und der aufsteigenden totalitären Diktatur.

Es stellt sich nun die Frage, warum nicht die Kommunalbehörden mit ihren Bürgermeistern, die ja in erster Linie für die Sicherheit der Bürger Sorge trugen und von diesen auch gewählt wurden, die Leitung erhielten, sondern die Polizei. Nach Haag wurde diese Option in Erwägung gezogen, sei im Zuge der Ausarbeitung der Richtlinien des RMI 1931 dann aber wegen der Trägheit und Zögerlichkeit der Kommunen zugunsten der Polizei aufgegeben worden[77]. Diese Interpretation entspricht nur sehr eingeschränkt der Wahrheit. Die obersten Verantwortlichen, nicht zuletzt auch die Reichswehr, trauten den örtlichen Entscheidungsträgern, die ja nicht selten dem linken, insbesondere dem sozialdemokratischen Spektrum entstammten, nicht. So schlugen die Vertreter des preußischen Innenministeriums schon anläßlich der ersten großen Luftschutzübung in Königsberg 1930 vor, den örtlichen Polizeiverwaltern die Leitung zu übergeben. Man berief sich hierbei auf das Preußische Allgemeine Landrecht von 1794, das auch auf das Recht der übrigen Länder übergegangen sei:

»Die nötigen Anstalten zur Erhaltung der öffentlichen Ruhe, Sicherheit und Ordnung und zur Abwendung der dem Publiko oder einzelnen Mitgliedern desselben bevorstehenden Gefahren zu treffen ist das Amt der Polizey[78].«

Man verwies darauf, daß es »Pflicht der Polizei« sei,

»die vorbeugenden Maßnahmen zur Verhinderung von Katastrophen zu treffen, und es gäbe wohl keine größere Katastrophe als Luftangriffe[79].«

Daß die Polizei in den größeren deutschen Städten während der 20er Jahre – wo nicht ohnehin schon geschehen – weitgehend verstaatlicht, d.h. den Kommunen entzogen und der direkten Kontrolle der Länder unterworfen wurde[80], wertete man als großen Vorteil, weil

»damit die Aufsicht und Führung in der Hand einer staatlichen Verwaltungsstelle lag, wodurch eine größere Einheitlichkeit aller durchzuführenden Maßnahmen gewährleistet erschien, und [... daß] in den Polizeioffizieren hervorragend geschulte Führungskräfte zur Verfügung standen«.

Die Begründungen zu den rechtlichen Grundlagen dieses organisatorischen Konzepts waren nun allerdings keineswegs korrekt. Die Polizeigesetzgebung in den deutschen Staaten und Ländern des 19. und 20. Jahrhunderts bis zum angegebenen Zeitpunkt hatte zwar tatsächlich große Freiheiten für die Definition der polizeilichen Aufgaben – meist sogar Generalvollmachten zur Wahrung der öffentlichen Ordnung und zur Abwehr von Gefahren für die Sicherheit der Allgemeinheit und des einzelnen – eingeräumt[81]. Für den Luftschutz reichte derlei juristisch jedoch nicht aus. Die nötige Legitimation mußte gesondert in einem neuen Gesetz geschaffen werden. Dies geschah erst 1935 bzw. 1937 durch das Luftschutzgesetz

---

[77] Haag, Reichswehr (II), S. 164.
[78] Hampe, Ziviler Luftschutz, S. 13. Vgl. auch Großkreutz, Luftschutz und Deutschland.
[79] Großkreutz, Luftschutz und Deutschland.
[80] Deutsche Verwaltungsgeschichte, S. 399–406, und Wilhelm, Polizei, S. 22–26.
[81] Wilhelm, Polizei, S. 16–21.

und die I. DVO[82]. Bis dahin besaß man keine gesetzliche Grundlage, und es ist auch zweifelhaft, ob man derlei unter den Bedingungen der Weimarer Republik ohne die offensichtliche Bedrohung durch einen Fremdstaat jemals erhalten hätte. Kritische oder linksstehende Kräfte der Einwohnerschaft, die ja für und durch den Luftschutz ebenfalls in den nationalen Schulterschluß eingebunden werden mußten, hätten eine Leitungsfunktion der Polizei zudem generell wohl kaum akzeptiert. Die überaus blutigen Unruhen ab 1929 und die Rolle der Polizei dabei stellten in diesem Zusammenhang eine nicht zu unterschätzende Hypothek dar. Man erschoß nicht wenige Kommunisten[83]. Letztlich dachte man wohl auch nicht wirklich daran, die radikale Linke in den Luftschutz einzubinden, sondern auf die Polizei als vertraute Ordnungsmacht zu bauen. Die fehlenden rechtlichen Grundlagen und die innenpolitischen Gefahren stellte man demgegenüber zurück.

Aus dieser staatspolitisch-funktionalen Sicht erhalten die über das Jahr 1933 hinauswirkenden Kontinuitäten fast schon einen zwangsläufigen Charakter. Die Einsetzung der Polizei als Lenkungsinstanz vor Ort stellte sowohl einen Reflex auf die innenpolitische Situation als auch einen Verweis auf die Verwaltungs- und Staatstradition in Deutschland dar. Die Polizei bildete in dieser Perspektive den Kern der inneren staatlichen und kommunalen Ordnung, sie besaß »im Staat und in der Kommune an sich eine führende Stellung«[84].

Die Nationalsozialisten konnten darauf relativ bequem zurückgreifen.

Die Kontinuitäten hatten bis zum Ende des Dritten Reiches Bestand, ein Teil davon sogar darüber hinaus. Wie noch zu zeigen sein wird, bildet diese Weichenstellung einen der feinen, aber entscheidenden Unterschiede zwischen dem deutschen und dem britischen Luftschutz. In Großbritannien diskutierte man die Frage nach der Rolle der Polizei später ebenfalls, entschied sich aber weitgehend für die zivilen Verwaltungen, die Local Authorities.

Die deutschen Kommunalbehörden wurden durch die Richtlinien des RMI auf die Rolle »verständnisvolle[r]« Hilfsorgane des örtlichen Polizeiverwalters festgelegt[85]. Zur Gewährleistung der Koordination und »ständige[r] engste[r] Fühlung zwischen den Polizeibehörden und den Gemeindeverwaltungen [...] [als] Voraussetzung jeder erfolgreichen Arbeit« war für jede Kommune die Einrichtung eines Luftschutzbeirates mit einem untergeordneten Arbeitsausschuß vorgesehen. Man hoffte dadurch zu gewährleisten, daß die Leitungskräfte der Gemeindeverwaltung (Feuerwehr, Rettungswesen etc.), der Hilfsorganisationen, angeschlossener Vereine, der Presse und der Wirtschaft die Vorkehrungen mit dem erforderlichen Maß an gegenseitiger Abstimmung vereinbarten. Den Vorsitz sollte der örtliche Polizeichef führen, der den Beirat auch einzuberufen hatte.

Gemäß diesen grundsätzlichen organisatorischen Festlegungen bekam die örtliche Polizei auch einen Großteil der praktischen Aufgaben entlang des seit 1923

---

[82] Im RMI war man sich über die juristische Lage und die gesetzlichen Notwendigkeiten durchaus im klaren. Siehe dazu unten, S. 259.
[83] Wilhelm, Polizei, S. 28 ff.
[84] Luftschutz im Weltkrieg, S. 79 f.
[85] Zum Folgenden: BA-MA, R 43 II/1295, 26.10.1931.

mehr oder weniger kontinuierlich erarbeiteten sachlichen Maßnahmenkatalogs zugewiesen: Vorbereitung der nötigen Verordnungen, Vorbereitung von öffentlichen Sammelschutzräumen, Überwachung aller Maßnahmen, Bestellung der Luftschutzwarte für jedes Haus und deren Vereidigung als Hilfspolizisten im Ernstfall, Warnung, Kontrolle der Verdunklung und die Überwachung der öffentlichen Sicherheit und schließlich Einsatz des Sicherheits- und Hilfsdienstes, in dem alle örtlichen Hilfskräfte (TN, kommunale Feuerwehr, Rettungsdienst etc.) vereinigt werden sollten. Die Kommunalbehörden und die anderen Organisationen hatten dazu ihren Apparat und das nötige Personal einzubringen (Feuerlöschzüge, Rettungspersonal, Chemiker etc.) und außerdem die ihnen obliegenden öffentlichen Aufgaben, also etwa Gas-, Wasser- und Elektrizitätsversorgung, sicherzustellen. Ferner sollten sie für die Unterbringung von Obdachlosen zuständig sein. Schulen und Hochschulen bekamen neben den praktischen Aufgaben für ihren eigenen Luftschutz vorwiegend Propagandatätigkeiten zugewiesen, d.h. die Aufklärung der Schüler und Studenten. Privaten Organisationen, wie z.B. dem Luftschutzverein, blieb nach wie vor nur eine untergeordnete Aufgabe beschieden: »Unterstützung der Polizeibehörden und Gemeindeverwaltungen bei Durchführung der Luftschutzvorbereitungen«.

Die Richtlinien forderten die Länder ausdrücklich auf, mit den praktischen Arbeiten nunmehr endgültig zu beginnen. Jedes Land sollte darauf aufbauend eigene Organisationspläne für den Luftschutz in seinem Gebiet erstellen und die leitenden Beamten (Polizeiverwalter, Beamte der Regierungspräsidien etc.) entsprechend unterrichten. In jeder Stadt sollten reichsweit gleichzeitig im Januar 1932 Luftschutzbeiräte gebildet werden, die als kollegiale Gremien für Koordination und Austausch zwischen allen beteiligten Organisationen vor Ort vorgesehen waren. Man bat bis zum 1. Dezember 1931 diesbezüglich um Meldung und um Übersendung der landeseigenen Konzeptionen für den organisatorischen Aufbau.

Die Bereitstellung eines speziellen Haushalts für den Luftschutz blieb weiterhin ausgeschlossen. Das RMI verwies darauf, daß finanzielle Mittel aus seinem Budget für Maßnahmen unterhalb der Reichsebene nicht zur Verfügung standen. Gleichzeitig zitierte man den Grundsatz, daß jede Verwaltungsstelle, auch Länder und Gemeinden, für ihren eigenen Luftschutz selbst aufkommen mußten. Es wurde empfohlen, die Kosten durch die Nutzung der vielfach bereits vorhandenen Organisationen und Ressourcen gering zu halten. Lediglich der Flugmelde- und Warndienst, mit dessen Aufbau im übrigen jetzt begonnen werde, sei von den Ländern im Auftrage des Reiches mitzutragen. Das RMI hoffe aber, »im vaterländischen Interesse« dieses Opfer erbitten zu dürfen. In Sachen Propaganda forderte man grundsätzlich Zurückhaltung, da die Verhandlungen mit den Luftschutzvereinen noch im Gange waren. Für die Schulen kündigte man die baldige Herausgabe von Leitsätzen in Zusammenarbeit mit den Unterrichtsverwaltungen der Länder an.

Mit den »Richtlinien« des RMI hatte man nach jahrelangen Schwierigkeiten und fortdauernden Unterbrechungen die Luftschutzorganisation auf verwaltungstechnischem Wege vollzogen. Als allgemeingültiges Regelwerk sollten sie den Gegebenheiten der föderalen Struktur des Reiches, der finanziellen, wirtschaftlichen und politischen Notlage sowie den Anforderungen des modernen Krieges gerecht werden. Unter Fortführung der ordnungspolitischen Traditionen Deutschlands auf dem Gebiet der Polizeiaufgaben hatte man eine Organisation projektiert, die die rational gelenkten Verwaltungsapparate des Reiches, der Länder und der Kommunen in eine effiziente Gesamtstruktur einband. Unter den aktuellen Verhältnissen mußte die Organisation die vorhandenen Verwaltungen koordinativ ausnutzen. Eine zentralistische Befehlsstruktur kam wegen der bestehenden föderalen Ordnung nicht in Betracht. Die Verantwortung für den Luftschutz in den Ländern lag also bei dem jeweiligen Innenministerium bzw. den nachgeordneten Regierungspräsidien, die den Luftschutz der Städte und Gemeinden im Staatsgebiet leiteten und überwachten. Die Klammer nach unten bildete die Polizei, die mit ihrem autoritär geführten Ordnungsapparat in jedem Land für einen einheitlichen Aufbau und die effiziente Führung sorgen sollte.

Mit den Richtlinien hatte man die erheblichen praktischen Schwierigkeiten allerdings nicht ausgeräumt, sondern eigentlich erst richtig an die Oberfläche treten lassen. Das RMI als »Dame ohne Unterleib« mußte sich auf die Länder und deren Ressourcen abstützen. Dazu kam die katastrophale politische und wirtschaftliche Gesamtlage im Reich, die ein unauffälliges und damit auch langsames Vorgehen nötig machte. Die allgemeinen innenpolitischen Zerwürfnisse verschärften sich, als die rechte Opposition anläßlich des Young-Planes sich im Oktober 1931 zur Harzburger Front zusammenschloß und die sozialdemokratische Linke sich daraufhin im Dezember als Eiserne Front formierte. Die Arbeitslosenzahlen stiegen im Winter 1931/32 auf den Rekordstand von über 6 Mio. Brüning versuchte den Problemen mit zwei Notverordnungen (Eingriff in die Lohn- und Preispolitik, Verbot von Uniformen für politische Vereinigungen) beizukommen, rief damit aber erneut z.T. heftige Auseinandersetzungen hervor[86].

Angesichts dieser Abgründe unterließ es das Reichskabinett weiterhin, den Luftschutz auf die Tagesordnung zu setzen. In der Reichskanzlei wurde keine neue Kabinettsvorlage erstellt, um die liegengebliebene Angelegenheit vom Frühjahr 1931 weiterzuverfolgen:

> »Ich [der zuständige Sachbearbeiter, B.L.] glaube, daß die Angelegenheit in ruhigerer Zeit vom Reichsminister des Innern wieder aufgegriffen werden wird. Von hier aus ist zunächst nichts zu veranlassen[87].«

Die Bereitstellung größerer Finanzmittel oder gar die systematische Lösung der Finanzfrage blieb somit weiterhin außerhalb der Möglichkeiten.

Der Wunsch öffentliches Aufsehen zu vermeiden, ging nicht in Erfüllung, da die Vereinskräfte keine Ruhe gaben. Für Propagandaorganisationen wie den DLS, die den Luftschutz außerhalb des staatlichen Rahmens auf Volksebene aufbauen wollten, hatte man bewußt keinerlei eigenständige Organisationsmacht im Gesamtrahmen vorgesehen, da sie untergeordnete Hilfsinstrumente bleiben sollten. Gerade aber der DLS hatte dies jedoch nicht wirklich akzeptiert und die Vereinba-

---

[86] Erdmann, Weimarer Republik, S. 287 f. und 293; ders., Das Ende, S. 370; Winkler, Weimar, S. 431–443.
[87] BA-MA, R 43 II/1295, 1.6.1931, handschriftl. Bemerkung, 4.1.1932 und f.

rung zur Zusammenarbeit vom Dezember 1930 zum Anlaß genommen, um seine eigenen Ziele ohne vorherige Absprache mit dem RMI weiterzuverfolgen[88]. Im Sommer 1931 wandte sich der Verein an die Industrie und erweckte den Eindruck, daß die Reichsregierung ihn mit der Durchführung des Luftschutzes und der Bildung von Luftschutzausschüssen betraut habe. Gleichzeitig hatte man offenbar Ortsgruppen gebildet, die mit Propaganda und Geldsammelaktionen für den Verein begonnen hatten. Der Reichsinnenminister, zu dieser Zeit noch Wirth, verbat sich derlei Kampagnen und betonte, daß der Verein keinerlei offizielle Befugnisse besitze und lediglich zur Unterstützung der örtlichen Luftschutzorganisation Geld beschaffen dürfe. Keinesfalls habe er das Recht, als nationweite Organisation eine Eigentätigkeit zu entwickeln und diese als Reichsangelegenheit zu behandeln. In der Öffentlichkeit habe jede direkte Bezugnahme von seiten des Vereins auf die Reichsregierung zu unterbleiben.

Die Situation wurde noch komplizierter, als sich ein weiterer Verein, die Deutsche Luftschutz Liga (DLL) konstituierte und ihr Bestehen am 14. August dem Reichspräsidenten und der Reichsregierung anzeigte[89]. Sie sah ihre offizielle Aufgabe in der

»Zusammenfassung möglichst weiter Kreise des deutschen Volkes von links bis rechts auf überparteilicher Grundlage zur Selbsthilfe gegen die Gefahren von Luft- und Gasangriffen und die Ergänzung der entsprechenden Maßnahmen der Reichsregierung.«

Die DLL hatte offenbar von den Auseinandersetzungen früherer Jahre erfahren und betonte, daß sie auf jeden Fall nur im Einvernehmen mit der Reichsregierung tätig werden wolle.

Die DLL besaß ein überaus prominentes Präsidium[90]. Die Bürgermeister aller bedeutenden Städte hatten sich zur Verfügung gestellt, unter ihnen Konrad Adenauer (Köln), Carl Friedrich Goerdeler (Leipzig), Heinrich Sahm (Berlin), Scharnagl (München), Karl Jarres (Duisburg) und Franz Bracht (Essen). Die Ziele und Inhalte unterschieden sich letztlich von denen des DLS nur wenig. Man arbeitete im Gegensatz zu letzterem, der sich nach eigenen Angaben um die Fachleute und die Grundlagenarbeit kümmern wollte, auf die Erfassung der Bevölkerung hin, die »Aufklärung der breiten passiven Volksmassen«. Die technischen Ansichten unterschieden sich von denen des DLS genausowenig wie die staatspolitische Legitimation. Allerdings propagierte man den anzustrebenden nationalen Schulterschluß mit erheblich deutlicheren politischen Zielsetzungen, als dies der DLS getan hatte. Das Lamento hinsichtlich der Wehrlosigkeit Deutschlands und die Gefahren des Luftkriegs, die es zu bannen gelte, verband man direkt und offen mit dem Wunsch, die gemeinsame Wehrarbeit könne das demokratische Chaos beseitigen.

»Auf dem Boden der Deutschen Luftschutz Liga arbeiten Angehörige aller Parteien und Stände einträchtig zusammen. Hier ist eine Möglichkeit der Überbrückung der unser Volk so unheilvoll zerreißenden Partei- und Standesgegensätze im Angesicht einer gemeinsamen schrecklichen Gefahr vorhanden.«

---

[88] Ebd., 8.5.1931.
[89] BA Berlin, R 601/1324, DLL 14.8.1931 an den Reichspräsidenten.
[90] Zum Folgenden: BA Berlin, R 601/1324, DLL vom 18.2.1932 an Meißner.

Dazu bat man bei Regierung und Wirtschaft um Unterstützung.

Daß die Ziele aber nicht nur so selbstlos und idealistisch waren, wie behauptet, wird deutlich, wenn man betrachtet, wer für den Inhalt des Programms verantwortlich zeichnete: Krohne. Dieser hatte nach seinen Mißerfolgen in den vergangenen Jahren nun offenbar vollends auf Massenpropaganda gesetzt und die neue Organisation mitinitiiert.

Es nimmt nicht wunder, daß es schnell zu Reibereien zwischen den beiden Organisationen kam[91]. Man machte einander Konkurrenz und beschuldigte sich gegenseitig der Vereinsmeierei und des Bonzentums. Die allgemeine Lage wurde noch unübersichtlicher, als weitere Organisationen, so z.B. der seit 1920 bestehende Flakverein, der Ring Deutscher Flieger, der 1931 gegründete Deutsche Frauen-Luftschutzdienst, der Kyffhäuserbund und der Stahlhelm versuchten, auf dem Gebiet des Luftschutzes Fuß zu fassen[92].

Diese Zersplitterung gefiel dem RMI überhaupt nicht. Daher nahm man die Hauptorganisationen, den Flakverein, den Ring Deutscher Flieger, die DLL und den DLS, an die Kandare. Das RMI hatte für den Januar die Bildung der örtlichen Luftschutzbeiräte vorgesehen und konnte keinerlei Unruhe gebrauchen, benötigte vielmehr tatkräftige Organisationen, die sich in das Grundkonzept möglichst reibungslos einreihten. Sondermodelle nach dem Vorbild Krohnes waren nicht gerade das, was man sich vorstellte.

Wie schon 1927/28 traten die organisatorischen Machtverhältnisse recht deutlich zutage, denn die vier Organisationen erklärten sich nach einiger Zeit bereit, die Leitung beim Aufbau des Luftschutzes dem Staat zu überlassen und sich auf die Propaganda zu beschränken[93]. Mittels einer mehr oder weniger oktroyierten Vereinbarung wurde die ihnen zugedachte Funktion mehr oder weniger klar festgelegt: Sie hatten als quasi unabhängige Werbeträger der Regierung zu fungieren. Sie sagten zu, die alleinige Verantwortung für ihre Propaganda in der Öffentlichkeit zu tragen und staatliche Stellen nur mit deren ausdrücklicher Genehmigung zu erwähnen. Weiterhin verzichteten sie auf finanzielle Unterstützung von seiten des Reiches oder der Länder und versprachen die Einhaltung der parteipolitischen Neutralität sowie ein sachliches Zusammenarbeiten untereinander. Schließlich entsagte man den für das RMI besonders ärgerlichen Rivalitäten im Hintergrund: »Die Vereine verzichten auf jeden Konkurrenzkampf untereinander.« In einer zweiten Erklärung vereinbarten DLL und DLS, einen gemeinsamen Präsidenten zu ernennen und alle erworbenen Geldmittel gütlich zu teilen. Die bereits zuvor betonte Arbeitsteilung zwischen dem Engagement bei Fachleuten und aktiven Kräften innerhalb des Luftschutzes (DLS) einerseits und bei der breiten Volksmasse (DLL) andererseits wurde vorläufig bestätigt. Als endgültiges Ziel strebte man die Vereinigung beider Organisationen an.

---

91 Zum Folgenden: BA-MA, RL 4/313.
92 Siehe dazu unten, S. 162 ff.
93 Zum Folgenden: BA Berlin, R 601/1324, RMI vom 4.1.1932 an die Reichsressorts, Deutsche Reichsbahn-Gesellschaft, Innenminister der Länder, TN, Deutscher Städtetag.

Hier kam eindeutig rational-legale Herrschaftspraxis zum Ausdruck. Das RMI benutzte außer- oder halbstaatliche Institutionen und Organisationen als nach außen hin unabhängige, de facto aber unter staatlichem Einfluß stehende Hilfsverbände und baute die eigentliche Luftschutzorganisation entlang der etablierten Verwaltungsstrukturen auf.

Die Probleme zwischen staatlicher Verwaltungsmacht und unabhängigen Hilfsorganen stellten keineswegs nur einen Detailaspekt der Luftschutzarbeit des RMI, sondern besaßen einen breiteren, staatspolitischen Hintergrund. Die Einbindung der Zivilbevölkerung in die Kriegsvorbereitungen mittels Vereinen und Verbänden, die von der Verwaltung kontrolliert werden sollten, gehörte zu Grundmaximen deutschen Herrschaftsdenken im Zeitalter des »Totalen Krieges«. In den zivil-politischen Konzepten der Militärs nach dem Ersten Weltkrieg war für den Kriegsfall die Mobilmachung von Organisationen unter anderem für Luftschutz und Grenzschutz vorgesehen, wobei sich besonders letzteres als Spiel mit dem Feuer herausstellte.

Infolge der prekären militärischen Lage nach dem Zusammenbruch des Kaiserreiches und der darauffolgenden Instabilität vor allem im Osten hatte man sich gezwungen gesehen, defensive Gegenmaßnahmen zu ergreifen[94]. Die Furcht vor einer polnischen Invasion, die durch die blutigen Kämpfe in Oberschlesien (Schlacht um den Annaberg 1921) noch genährt wurde, hatte die Verantwortlichen zum Handeln gedrängt. Da der eigenen Truppe aber aufgrund des Versailler Vertrages nur schwache Kräfte zur Verfügung standen, hatte man beschlossen, quasi unter der Hand einen paramilitärischen Grenzschutz aufzubauen. Das nötige Personal rekrutierte man aus den Freikorps und rechtsgerichteten Wehrverbänden, insbesondere dem Stahlhelm. Die Führung vor Ort übertrug man ehemaligen Offizieren, die offiziell als Zivilangestellte bei den Wehrkreiskommandos agierten. Sie überwachten die Rekrutierung und die Ausbildung und verwalteten geheime Waffenlager.

Dieser Grenzschutz bereitete der Reichswehrführung immer wieder Probleme, da sich die Verbände, insbesondere die Freikorps, nicht gewillt zeigten, unter strikter Kontrolle der Reichswehrführung zu handeln. Sie wurden auch politisch in aggressiver Weise tätig, so z.B. der radikale Freikorpsführer und Oberleutnant a.D. Gerhard Roßbach, der den Grenzschutz mit dem Kampf gegen die ihm verhaßte Weimarer Republik verband.

Auf der anderen Seite kritisierten die parlamentarischen Kräfte, insbesondere die SPD, das »wilde« Grenzschutzwesen immer wieder und verlangten dessen Auflösung oder zumindest die Unterstellung unter demokratische Kontrolle. Der zweite Chef der Heeresleitung, Seeckt, weigerte sich jedoch, diesen Forderungen nachzukommen. Er befand sich dabei in einem Zwiespalt.

Einerseits konnte man auf die Verbände nicht verzichten, weil sie ein unerläßliches Instrument für die Verteidigung darstellten und als solche auch schon im organisatorischen Unterbau der Reichswehr verankert waren. Der Grenzschutz

---

[94] Zum Folgenden vgl. grundsätzlich Carsten, Reichswehr, S. 168–183, 240–252, 275–300, 392–400.

war Ausdruck der militärischen Schwäche der Reichswehr und stellte den zu einem gewissen Grade verzweifelten Versuch dar, die äußere Unterlegenheit durch unkonventionelle Maßnahmen wenigstens teilweise auszugleichen. Andererseits verfolgten die Wehrorganisationen, insbesondere die Freikorps, einen radikalen und unabhängigen Kurs, der der Reichswehrführung und ihren Zielen teilweise erheblich schadete. Man löste sie deshalb offiziell auf; aber sie bestanden weiter, und ein Teil von ihnen putschte 1923 sogar gegen die Reichsregierung. Dennoch konnte und wollte man nicht im republikanischen Sinne gegen sie vorgehen. Die unteren Ränge der Wehrorganisation, die teilweise selbst den militanten Organisationen angehörten, und auch ein großer Teil des aktiven Offizierkorps lehnten jedwede demokratische »Einmischung« ab. An diesen Tatsachen konnten auch Seeckts Nachfolger, Heye und Kurt von Hammerstein-Equord, nicht vorbei. Die Grenzschutzverbände waren und blieben eine Domäne rechtsgerichteter Gruppierungen, die die Weimarer Verfassung radikal ablehnten und auch bereit waren, bei innenpolitischen Konflikten gewaltsam einzugreifen. Vor allem in den preußischen Grenzgebieten zu Polen[95] entstand so eine paramilitärische Macht, die nicht unter der Kontrolle der Republik stand. Versuche, republikanische Kräfte und Wehrverbände, so etwa das SPD-nahe Reichsbanner, in den Grenzschutz zu integrieren, scheiterten fast vollständig.

Die sozialdemokratische preußische Landesregierung, insbesondere der Innenminister Severing, lehnte diese Zustände ab und ging auch immer wieder gegen die unteren Verantwortlichen des Grenzschutzes vor, wenn Verdacht auf Verfassungs- oder Rechtsbruch vorlag. Es entstand so ein Konflikt zwischen Reichswehrleitung und preußischer Staatsregierung, der erst mit dem Preußenschlag Franz von Papens im Juli 1932 sein Ende fand. Für die Machtträger an der Spitze der Reichswehr, allen voran Kurt von Schleicher, stellten die ständigen Querelen um den Grenzschutz einen wichtigen Grund dar, um die Aktion Papens zu dekken[96].

Dahinter stand die staatspolitische Grundhaltung der Militärs, die in entscheidendem Maße von Seeckt geprägt worden war[97]. Man lehnte die Weimarer Republik zwar radikal ab und wartete auf eine Chance, sie mittel- oder langfristig zu beseitigen, versuchte aber, möglichst die Einheit von Nation und Staat zu wahren, um sie später nach eigenen Vorstellungen umgestalten zu können. Die Republik sollte um des Staates willen bestehen bleiben, da sie seine Integrität mehr oder weniger sicherstellte. Ihre demokratische Hülle aber müsse früher oder später abgestreift und durch ein wahrhaft deutsches Staatsgebilde ersetzt werden.

In diesem Zusammenhang wurde auch die Verbindung zu den Vorstellungen vom »Totalen Staat« und vom »Totalen Krieg«, wie sie von Schmitt, Jünger und

---

[95] Siehe auch Nakata, Grenz- und Landesschutz. An den anderen problematischen Grenzen des Reiches, vor allem im Westen (Ruhrkampf 1923), wurde ebenfalls ein Grenzschutz aufgebaut. Die Reichswehr organisierte während der Ruhrbesetzung auch Sabotageakte gegen die französische Armee.
[96] Carsten, Reichswehr, S. 400 und 422 ff.
[97] Zum Folgenden: ebd., S. 120–128, 157–168, 183–192, 452–459, und Wohlfeil, Reichswehr, S. 134–167.

anderen vertreten wurde, hergestellt, wobei sich allerdings in militärstrategischer Hinsicht die traditionelle Denkweise Seeckts als überholt erwies. Eine Gruppe jüngerer Offiziere im Truppenamt, darunter vor allem der Chef der dortigen Operationsabteilung, Joachim von Stülpnagel, entwickelte eine umfassende Konzeption für die zukünftige Kriegführung, die auf die Errichtung eines Militärstaates hin angelegt war. Grenzschutz und Luftschutz stellten dabei integrale Elemente dar. Ausgearbeitet wurden die Pläne in geheimer Arbeit im Truppenamt. Bereits 1924/25 wurden Vorträge gehalten und auch eine Denkschrift verfaßt, die unter den Beteiligten als »sensationeller Fortschritt sondergleichen« galt[98].

Die Konzeption enthielt radikale Grundforderungen mit heroisch-charismatischer Legitimation. Gefordert wurde die Beseitigung des Parteiengezänks und die Ausmerzung allen »undeutschen« Wesens, d.h. vor allem der Demokratie. Die bereits oben in Kap. II vorgestellten Ideologien und Theoreme sind hier in komprimierter Form zu finden. Vorausgesagt wurde ein weiterer furchtbarer und erbitterter Krieg, diesmal zur Überwindung der Ordnung von Versailles. Diese habe nur ein Ziel gehabt: die Unterjochung des deutschen Volkes. Das Volk und die Nation in Waffen werden dann auch als das eigentliche Ziel der Bemühungen dargestellt. »Die Freiheit des deutschen Volkes« stelle das höchste Gut, das »Größte« dar, für das Staat und Volk bedingungslos zu kämpfen hätten. Für dieses Ziel sei langfristig die gesamte Staatsordnung zu ändern, d.h., eine totale Militärdiktatur zu errichten. Sie stellte auch den Staat bzw. das Reich dar, dem sich die Reichswehr verpflichtet fühlte, war also gleichermaßen Selbstzweck[99].

Vorausgesagt wurde ein neuer, entscheidender Waffengang. Dies entspreche dem deutschen Wesen und mache die Seele und die Freiheit des deutschen Volkes aus. Krieg und Nation in charismatischer Verkettung:

»Entweder Deutschland kapituliert für ewig – der Gedanke ist gottlob allen Deutschen heute schon unerträglich – oder Deutschland versucht noch einmal in einer großen Erhebung mit den Waffen die Frage zu entscheiden, ob 100 Mill. Deutsche die Sklaven von 40 Mill. Franzosen werden müssen. ›Die Geschichte kennt kein Volk‹ – sagt [Oswald] Spengler mit Recht – ›dessen Weg tragischer gestaltet wäre, als der unsere. In den großen Kriegen kämpften Alle um Sieg oder Verlust. Wir kämpfen immer um Sieg oder Vernichtung.‹«

Aus dieser Perspektive wurden alle Aspekte des staatlichen und gesellschaftlichen Lebens angesprochen. Abschließend entwarf man dann eine spezielle Denkschrift für das Reichskabinett, die in entschärfter Form Forderungen für die kurz- und mittelfristige Aufbauarbeit enthielt.

Grenzschutz und Luftschutz deklarierte man als Aspekte des umfassenden Kampfes des Volkes im »Totalen Krieg«. Beide Elemente sollten als komplementäre Teile innerhalb der Gesamtanstrengungen zur Verteidigung gegen die äußeren

---

[98] Zum Folgenden: BA-MA, RH 2/417. Dazu Deist, Reichswehr, S. 84 ff., und Nakata, Grenz- und Landesschutz, S. 190–197.
[99] Bezüglich der bereits im Frieden zu bewerkstelligenden Ausrichtung von Wirtschaft, Gesellschaft, Zivilbevölkerung und Politik auf den Krieg wiesen die Postulate frappante Ähnlichkeiten zu Ludendorffs »Totalem Krieg« auf.

Feinde aufgebaut werden. Spätestens seit der Zeit der Ruhrbesetzung 1923 gehörten sie ja auch zum praktischen Kriegskonzept der Reichswehr[100].

Den genaueren staatspolitischen Stellenwert von Grenzschutz und Luftschutz leitete man von der Annahme ab, daß der künftige Krieg nur dann gewonnen werden könne, wenn sich Deutschland nach einer Volkserhebung eine ihm gemäße Regierung gegeben habe[101]. Die Zeit für diese Erhebung sei dann reif,

»wenn die Vorbereitungen der Politik und der Wehrmacht in Einklang mit dem nationalen Willen der Mehrheit des Volkes gebracht sind.«

Der Zivilbevölkerung wurde dementsprechend auch eine entscheidende Rolle im künftigen Krieg zugewiesen. Neben der dauerhaften Aufrechterhaltung der Heimatfront sollte sie unter anderem aktive paramilitärische Tätigkeiten ausüben. Vor allem im Osten müsse sich eine Volksbewegung entwickeln, die im Falle eines Angriffs in der Lage sei, die feindlichen Streitkräfte auch mit relativ leichter Bewaffnung in Schach zu halten. Dazu müsse auch ein »Volkskrieg als Begriff für den Kleinkrieg«, d.h. die Ausbildung und der Einsatz von Guerillaverbänden, geführt werden. Der »trotzige Freiheitswille« der Deutschen müsse über die feindlichen Heere siegen.

Trugen diese Forderungen auch den Charakter eines Notbehelfs und waren sie gemäß der strategischen Lage und der militärischen Schwäche der Reichswehr in den 20er Jahren gestellt worden, so zeigen sie doch, daß man bei den Militärs einen radikalen Krieg plante, bei dem alle Kräfte der Zivilbevölkerung bis zum Letzten mobilisiert werden sollten. Anpassung an die gegebene internationale Lage zur Sicherung des Friedens oder gar Kapitulation vor den Siegermächten kam auf keinen Fall in Frage. Vorher würde man in einem weiteren Krieg untergehen.

Der Luftschutz wurde meist in einem Atemzug mit dem Grenzschutz genannt, der auch in vielen Aspekten die konzeptionelle Folie für ihn abgab[102]. Der Grenzschutz war in den Wirren nach dem Ende des Ersten Weltkriegs entstanden, um angebliche und tatsächliche Bedrohungen von seiten der neuen Staaten im Osten abzuwehren. Es war zunächst ein teils unübersehbares Geflecht von Freikorps, Vereinen und Verbänden entstanden, das die Reichswehr aufgrund ihrer eigenen Schwäche zunächst gar nicht kontrollieren konnte. Erst nach und nach gewann sie Einfluß, ohne jedoch ein festes, kriegsfähiges Instrument schaffen zu können. Für die Einstellung der Militärs zur Republik gewann diese Frage dann zentralen Charakter. Die zivile Seite, insbesondere die SPD-geführte Landesregierung in Preußen, war nicht gewillt, den Aufbau einer paramilitärischen Organisation ohne parlamentarische Kontrolle zu dulden. Die Militärs ihrerseits dachten nicht daran, das Mobilmachungspotential im Osten aufzugeben, außerdem widerstrebte ihnen die Unterordnung unter zivile Instanzen. Insbesondere auch die unteren Behörden deckten den illegalen und staatsgefährdenden Grenzschutz. Trotz einiger Abkommen und Kompromisse kam es zu keiner wirklichen Einigung.

---

[100] Zu den Anfängen des LS im Zusammenhang mit der Ruhrbesetzung siehe auch oben, S. 100 ff. Für den Luftschutz als systematischen Teil späterer Konzepte auch Francis, S. 240 und 294.
[101] BA-MA, RH 2/417. Auch hierzu Folgendes.
[102] Zum Folgenden vgl. Nakata, Grenz- und Landesschutz, v.a. S. 190–219, 213–249, 290–330, 339–343, 345–366, 379–384.

Der Ausgang der komplexen Angelegenheit war geradezu paradigmatisch für die Zieldefinition und den Horizont der radikalen Rechten, insbesondere auch der Militärs: Der Staatsstreich Papens, der sog. »Preußenschlag« von 1932, beseitigte alle Hindernisse und machte den Weg für den Aufbau des Grenzschutzes unter militärischer Kontrolle frei. Er wurde dann schnell überflüssig, weil durch die aggressive Politik der Nationalsozialisten sowohl die angebliche äußere Bedrohung wegfiel als auch das innere Potential durch die allgemeine Kriegsmobilisierung, nicht zuletzt auch durch die Einführung der Wehrpflicht, absorbiert wurde.

Der Grenzschutz bildete insofern die Folie für den Luftschutz, als daß die entscheidenden Elemente für die Mobilisierung vorgegeben und, entsprechend den besonderen Anforderungen des Luftschutzes, nur noch übernommen werden mußten. Die paramilitärischen Verbände, wie z.B. der Heimatbund, der Bund Oberland, der Stahlhelm u.v.a., dienten genauso als ein Vorbild für die Luftschutzvereine[103] wie die Wehrverwaltung und zivile Behörden im Osten für die staatlichen Luftschutzorgane. Es entstand eine Zusammenarbeit zwischen staatlicher Leitung, in diesem Falle den Territorialbehörden der Reichswehr und privaten Vereinen, wie sie – mutatis mutandis – später unter dem RMI und ab 1933 dem RLM für den Luftschutz aufgebaut werden sollte. Dabei wurde in beiden Fällen das ganze Spektrum der Strukturen einbezogen, wobei beim Luftschutz die Städte und Gemeinden, die es ja in erster Linie zu schützen galt, im Zentrum standen. Dies war beim Grenzschutz, der vor allem Menschenmaterial für den Kampf gegen feindliche Bodentruppen oder paramilitärische Angreifer mobilisieren sollte, weniger der Fall. Verbindungslinien zwischen Grenz- und Luftschutz bestanden vor allem durch teils vagabundierende Freikorps- und Kampfbundführer, wie z.B. Roßbach oder Edmund Heines. Diese Kräfte wurden später allerdings im Zuge der Mordaktion gegen die SA-Führung 1934 ausgeschaltet. Die NS-Luftschutzorganisation, der Reichsluftschutzbund, trat unter der Ägide dann gewissermaßen die Nachfolge des teils »wilden« Vereins- und Verbandswesens der Weimarer Republik in der Mobilisierung der Bevölkerung gegen den kommenden Luftkrieg an. Seine Grundstrukturen orientierten sich am Organisationsmodell der NSDAP und ihrer Gliederungen, die ihrerseits den Kampf- und Bewegungscharakter auf institutionalisierter Basis unter Übernahme der Prinzipien der kommunistischen Partei realisierte.

In diesen politisch-organisatorischen Beziehungsgeflechten und Kontinuitäten versuchten die Luftschutzvereine, eine entsprechende Bewegung in Gang zu setzen, dies allerdings im Gegensatz zum Grenzschutz in aller Öffentlichkeit und unter Betonung der politischen Neutralität. Luftschutz müsse unbedingt vorbereitet werden, um zu verhindern, daß die Zivilbevölkerung unter den Schlägen einer angreifenden Bomberflotte moralisch zusammenbreche. Gleichzeitig aber betonte man, daß diese defensiven Maßnahmen nicht genügen würden. Unerläßlich sei der Aufbau einer eigenen Luftflotte, ohne die alle Luftschutzmaßnahmen mehr oder weniger sinnlos seien. In diesem Rahmen betonte man, daß der Luftkriegsgedanke

---

[103] Vgl. hier insbesondere die Tätigkeit von Roßbachs Organisation, Nakata, Grenz- und Landesschutz, S. 128 f.

noch viel zu wenig in Deutschland verankert sei. Um den nötigen Kampfgeist zu schaffen, gedachte man, die Luftschutzvereine als Marionettenorganisationen heranzuziehen.

Grenzschutz und Luftschutz sollten exponierte, quasi-externe Teile der geplanten Militärmaschinerie und der sie tragenden Verwaltung sein und von diesen kontrolliert werden. Nur »bei einer festen Organisation unter straffer Führung« könne ein Kleinkrieg mit Aussicht auf Erfolg geführt werden. Eigenmächtiger Vorgehensweise – egal, ob im Falle renitenter Freikorpsführer wie etwa Roßbach, den Aktionen Krohnes mit seinem DLS oder etwa auch den Ambitionen der SA[104] – erteilte man eine klare Absage. Nur von oben und unter Beibehaltung ordnungsgemäßer Führungsprinzipien ließe sich Deutschland heilen und »unter Ausschaltung der krankhaften parlamentarischen Zustände« in eine neue, wehrhafte Zukunft führen.

Welche Staatsform sich der künftige Staat von der Spitze her im einzelnen genau geben würde, war letztlich zweitrangig, solange sie den Anforderungen der Militärs generell entsprach. Zentral war und blieb, daß Volk und Staat unter den Bedingungen des modernen Krieges einsatzfähig sein würden. Dies schloß eine demokratisch-republikanische Staatsordnung westlicher Prägung fast automatisch aus, nicht jedoch die Gestaltung der staatlichen und gesellschaftlichen Ordnung nach den Prinzipien rational-legaler Herrschaft. Im Gegenteil, nur auf der Basis eines festgefügten Kontroll- und Verwaltungsapparates schien eine effiziente Mobilmachung im Zeitalter des »Totalen Krieges« möglich. Ein festgefügtes Gemeinwesen, nach militärisch-technokratischen Grundsätzen funktionierend, gleichzeitig aber durch die Vorstellung vom urdeutschen Wehrgeist und anderen ideologischen Konstrukten charismatisch legitimiert, ggf. verkörpert in einem oder mehreren Führern, stand im Mittelpunkt der Zielprojektionen. In dieses Gebilde sollten sich alle wahren Deutschen in freiwilligem Zusammenschluß nach einer innenpolitischen Volkserhebung integrieren.

Man begriff dabei sehr wohl, daß man zunächst darauf angewiesen blieb, viele Tätigkeiten den zivilen Behörden zu überlassen und ihnen Forderungen zu stellen bzw. entsprechende Vorschläge zu unterbreiten. Die Durchsetzung der eigenen Vorstellungen gedachte man dann unter anderem über den Reichspräsidenten zu bewerkstelligen.

Daraus leitete sich auch die Grundverfahrensweise für Organisation und Propaganda ab, wie im Luftschutz formuliert. Beide Faktoren hatten, auf indirektem Wege mehr oder weniger von der Reichswehr beeinflußt, ihren Teil zur »Aufrüstung der Köpfe und Körper« zu leisten[105]. Dies aber innerhalb der etablierten Macht- und Verwaltungsstrukturen, deren grundlegende Arbeitsprinzipien, wenn

---

[104] Zum Verhältnis von Reichswehr, Hitler und SA, insbes. die militärpolitischen Konzepte der Beteiligten, vgl. Fallois, Kalkül, S. 20–73. Hier allerdings einige terminologische Ungenauigkeiten (etwa hinsichtlich der Definition von Wehrstaat) und verschiedentliche Unzulänglichkeiten in der logischen Argumentationskette.
[105] Dazu auch BA-MA, RH 2/977, Staatserziehung durch Volksdienstpflicht (1932).

III. Der zivile Luftschutz

auch nicht unbedingt alle konkreten Ausgestaltungen (z.B. Föderalismus), in den projektierten Wehrstaat übernommen werden sollten.

Entlang dieser Linien reagierte man auch, als im Sommer 1932 aus den Kreisen der Feuerwehr der Vorschlag kam, eine Reichsfeuerwehr auf Milizbasis in Verbindung mit dem RWM aufzubauen. Die zuständigen Sachbearbeiter stimmten dem Zusammenhang zwischen Feuerwehr, Luftschutz und Wehrmacht zwar zu, lehnten aber einen derartigen Aufbau ab, weil er den bestehenden administrativen Organisationsprinzipien bzw. -zielen zuwiderlief. Die Feuerwehr werde im Luftschutz örtlich tätig sein und daher von den örtlichen Behörden kontrolliert. Eine eigenständige Reichsfeuerwehr sei sehr kostspielig, müßte komplett vom Reich finanziert werden und würde die begonnene Wehrarbeit nur stören.

»Unsere Forderung muß sein, zurück zur Wehrpflicht. Vorschläge, wie der vorliegende sind Surrogat und erscheinen mir, wenn sie durchgeführt werden, unsere in andere Richtung leitende [...] Pläne [zu gefährden]. [...] Die Einrichtung einer Reichsfeuerwehr zum Zwecke einer Förderung der Wehrkraft würde nicht nur eine unzulässige Belastung der Reichsregierung zur Folge haben, sondern auch die Durchführung der im Reichswehrministerium zur Förderung der Wehrkraft des Staates bestehenden Pläne erschweren[106].«

So führten das RMI und die beteiligten Verwaltungen ihre Arbeit mit provisorischer Zustimmung des RWM fort.

Inwieweit die staatliche Luftschutzorganisation in den einzelnen Ländern tatsächlich voran kam, kann an dieser Stelle nicht geklärt werden. Es scheint, daß insbesondere in Preußen aktiv am Aufbau des Luftschutzes gearbeitet wurde. Das Polizeiinstitut für Verkehr und Technik erstellte noch 1932 eine allgemeine Dienstanleitung, die ausführlich das Gesamtgebiet des Luftschutzes erfaßte und entsprechende Einzelrichtlinien gab: die »Vorläufige Ortsanweisung für den Luftschutz der Zivilbevölkerung«. Alle bis dato gemachten Erkenntnisse, Fortschritte und Vorbereitungen wurden darin kodifiziert[107]. Die praktischen Fortschritte hingen weiterhin von der Finanzfrage ab. Dort, wo kein größerer Bedarf an Mitteln vonnöten war und die Ministerien, allen voran das RWM, mit ihrem eigenen Verwaltungsapparat ohne größere Probleme tätig werden konnten, gelangte man zu konstruktiven Ergebnissen[108]. Organisatorisch mit relativ wenig Aufwand bewerkstelligt werden konnten z.B. Auswahl, Ausbildung und Koordination der Kräfte für den aktiven Luftschutz, d.h. die öffentlichen Rettungs- und Hilfsdienste (Polizei, Feuerwehr, TN und vor allem Flugmeldedienst), da diese meist bereits über ausgebildetes Personal und auch schon über eine entsprechende Ausrüstung verfügten[109]. Der Sicherheits- und Hilfsdienst (SHD), die Organisation, in der alle

---
[106] BA-MA, RH 2/994, T 2 III A, 12.7.1932.
[107] BA-MA, RH 2/2253, T.A., In 1 VII, 11.10. und 19.12.1932. Vgl. auch Haag, Reichswehr (II), S. 165. Näheres zur VOA unten, S. 259 f. und 268 f. sowie 288 f. Die VOA erlangte für das ganze Reichsgebiet Gültigkeit und blieb auch nach 1933 in Kraft. Sie wurde nur langsam und sukzessive durch das Luftschutzgesetz von 1935 und dessen Durch- und Ausführungsverordnungen ersetzt, ohne je formell abgeschafft zu werden.
[108] Zum Folgenden vgl. BA-MA, RH 2/2253, TA, In 1 VII, 14.7./1.9., 17.9., 4.10. und 10.10.1932.
[109] Das RWM legte in Zusammenarbeit mit dem RMI und den Innenressorts der Länder die Mobilmachungsprinzipien für die Hilfsdienste fest. Dazu gehörten insbesondere die gemeinsame Zu-

diese Kräfte für den Luftschutz vereinigt werden sollten, wurde am 1. Dezember 1932 offiziell aufgestellt. Man führte ferner die in den Jahren zuvor begonnene Übungspraxis fort und hielt im Herbst Flugmeldeübungen in Ostpreußen und Mitteldeutschland ab, wobei eine enge Zusammenarbeit zwischen den Wehrkreiskommandos und den Territorialbehörden der Länder (Regierungspräsidien etc.) stattfand; dies unter anderem auch in der Pressepolitik.

Anders sah die Situation dort aus, wo ein größerer Aufwand betrieben werden mußte, also etwa im Schutzraumbau oder in der Ausrüstung und Ausbildung der Zivilbevölkerung. Hier traten die Unzulänglichkeiten des Luftschutzes deutlich zutage. Selbst in den Regierungsgebäuden kamen die entsprechenden Maßnahmen nur äußerst schleppend voran. Das RMI fragte angesichts einer für den 20. Dezember 1932 anberaumten Ressortbesprechung mehrmals bei den anderen Ministerien an, was sie für den eigenen Luftschutz unternehmen wollten. Daraufhin wurde erneut das RFM aktiv[110]. Wie schon in den Jahren zuvor lehnte man alle Maßnahmen, die über einen minimalen Finanzaufwand hinausgingen, weitgehend ab. Man schlug vor, sich »einmal ganz zwanglos« zu treffen und die nötigen Schritte zu besprechen. Das hieß nichts anderes, als daß man über provisorische Maßnahmen hinaus, wie z.B. die Ernennung von Luftschutzpersonal in den Ministerien, keinerlei Aktivitäten genehmigen würde[111]. Das RMI schuf einen Sonderfonds, aus dem Maßnahmen der einzelnen Reichsressorts, die über ihre Verpflichtungen zum Eigenschutz hinausgingen, finanziert werden sollten[112]. D.h., alle Maßnahmen, die dem Schutz der eigenen Institution (z.B. Dienstgebäude oder Belegschaft) dienten, waren daher aus dem Etat des jeweiligen Ministeriums zu bezahlen. Alle Verpflichtungen, die dem Reich als Ganzes zugute kamen, konnten mit dem Fonds abgerechnet werden. Diese organisatorische und finanzielle Trennung wurde als Grundprinzip dann auch in den nationalsozialistischen Luftschutz übernommen. Welche Mittel im Sonderfonds bereit standen, wurde nicht angegeben. Allzu üppig dürften sie aber nicht gewesen sein, denn selbst der inzwischen offiziell eingerichtete Haushalt für Luftschutzmaßnahmen war mehr als bescheiden. Er enthielt im Haushaltsjahr 1932 300 000 RM. Und auch auf diese Gelder hatte man nur eingeschränkten Zugriff. Als das RMI im Dezember 1932 die Freigabe der letzten 10 % anforderte, wurde dies vom RFM verweigert[113].

Dessen weiterhin stringente und sparsame Grundhaltung wird aus einem Memorandum deutlich, das im Rechnungshof des Deutschen Reiches anläßlich der Verabschiedung der im Haushaltsjahr 1932 zu bewilligenden Mittel für den Luft-

---

sammenarbeit auf territorialer Ebene, die Aufgaben der einzelnen Teile und die Altersgrenzen für die Besetzung der Tätigkeiten. Es ergingen auch schon Mobilmachungsanweisungen an die Landräte, Polizeiverwalter und Oberbürgermeister.

110 BA Berlin, R 2/32066, RMI vom 23.9.1932 mit Antwort RFM vom Dezember 1932.
111 BA-MA, R 43 II/1295, 13.1.1933. Die Ressortbesprechung fand statt, und man einigte sich wenigstens auf die Grundprinzipien. Die Finanzierungsfrage blieb jedoch grundsätzlich weiterhin ungeklärt.
112 Als Grundprinzip sollte dabei bis auf weiteres davon ausgegangen werden, daß die Regierung im Falle eines Krieges nicht evakuiert würde.
113 BA Berlin, R 2/32066, RFM, 29.12.1932.

schutz erstellt wurde[114]. Man leugnete keineswegs die Notwendigkeit des Luftschutzes und nahm dazu eine klare Standortbestimmung vor:

»Solange man nicht an den dauernden allgemeinen Völkerfrieden glaubt u. solange man aus diesem Grunde auch für die Reichswehr eintritt, muß man auch für den Schutz der Bevölkerung gegen Luftangriffe Sorge tragen. Die Akten des RM. d. I. zeigen welche große Beunruhigung bereits in der Bevölkerung durch die Erörterung der Luftgefahr in der Presse entstanden ist.«

Dies hieß aber noch lange nicht, daß man die eiserne finanzielle Disziplin aufgeben durfte.

»Läßt die Finanzlage es zu, diese Mittel bereit zu stellen, so kann man die Organisation schneller durchführen, andernfalls wird man die Durchführung auf einen längeren Zeitraum erstrecken müssen. M.E. wird man dies unbedenklich tun können, da für die nächste Zeit wenigstens schon wegen der allgemeinen Finanznot in fast allen Ländern die Entstehung eines neuen Krieges nicht wahrscheinlich ist. Inzwischen hat man dann auch weitere Erfahrungen im Luftschutz gesammelt, so daß man weniger Lehrgeld hierher zu zahlen hat.«

Hier wird sehr deutlich, daß für die Reichsverwaltung die Stabilität des Staatswesens und die rationale Kontrolle über alle Organe an erster Stelle stand. Für den Luftschutz bedeutete dies den Aufbau nach den Kriterien des Verwaltungsapparates unter Wahrung geordneter finanzpolitischer Verhältnisse. Dadurch traten aber immer wieder Verzögerungen und Hemmnisse auf, die die privaten Luftschutzvereine in der Öffentlichkeit auch wiederholt anprangerten. Hier liegt im weitesten Sinne das vor, was landläufig auch heute noch als Behördenignoranz kritisiert wird, sich aber als Bollwerk gegen eine allzu schnelle Mobilisierung erwies, wie sie die Luftschutzvereine und – in größerem Rahmen – auch das RWM vorhatten. Der Staat und seine Substrukturen sorgten für einen langsamen, immer wieder unterbrochenen, aber weitgehend geregelten Aufbau. Dies trotz der zerfahrenen Situation gegen Ende der Weimarer Republik letztlich sogar ohne größere ideologische oder politische Verwerfungen. Die Nationalsozialisten sollten ab 1933 mit diesen geordneten Verhältnissen auf ihre Weise aufräumen.

b. Propaganda und Ideologie der Luftschutzbewegung: humanitäre Sachlichkeit und Existenzkampfmythos

Die Propaganda des Luftschutzes entwickelte sich parallel zum organisatorischen Aufbau, blieb jedoch institutionell davon getrennt. Kernelement der Öffentlichkeitsarbeit und der propagandistischen Beeinflussung waren die Vereine. Der Staat betätigte sich anfangs überhaupt nicht auf diesem Gebiet und zeigte sich eher desinteressiert, als in der Öffentlichkeit Forderungen nach der Schaffung eines Luftschutzes gestellt wurden. Eine offizielle Verbindung mit Propagandaorganisationen lehnte man ab. Der Verwaltungsapparat versuchte den Eindruck zu vermeiden, daß er sich in Dinge einmische, die ausschließlich Sache der freiwilligen Betätigung der Bevölkerung seien.

---

[114] Ebd., R 2301/37571, 28.9.1931.

So klassifizierte man die Werbung für den Luftschutz nach außen hin als Privatsache. Staat und Verwaltung wurden jedoch durch die Propaganda und die Tätigkeit insbesondere des DLS unter Druck gesetzt. Andererseits griffen sie im Laufe der Zeit aktiv in die Tätigkeit der Vereine ein, dies allerdings verdeckt und indirekt.

Zu Beginn und in der Mitte der 20er Jahre gab es kaum nennenswerte Aktivitäten. Die einzige Organisation, die vor 1926 öffentlich für den Luftschutz eintrat, war der Flakverein. Dieser bestand aus etwa 800 aktiven oder verabschiedeten Artillerieoffizieren, die es sich zum Ziel gesetzt hatten, in Deutschland eine Luftabwehr aufzubauen. Ihr Hauptgebiet stellte aber die Flakabwehr an sich dar, so daß der Luftschutz eher nebenbei mitbehandelt wurde. Hauptsächlich mit Vorträgen und Artikeln versuchte man, den Luftschutzgedanken wachzuhalten und zu verbreiten. Die Hauptrolle dabei spielte das Luftschutznachrichtenblatt, das Organ des Flakvereins[115]. Es gab noch einen weiteren Luftkriegsverein, den Ring Deutscher Flieger, der sich hauptsächlich den rein fliegerischen Aspekten widmete und sich kaum um Luftschutzfragen kümmerte[116].

Die Wende im Bereich der Propaganda kam 1927 mit dem DLS und der DLL.

Seit Anfang der 30er Jahre schrieben sich außerdem zahlreiche weitere Vereine und Verbände, so der Kyffhäuser-Bund, der Deutsche Offiziersverein, der Stahlhelm und andere, den Luftschutz auf ihre Fahnen.

Die Inhalte der Propaganda bewegten sich in einem heiklen Bereich zwischen Militarisierung und Humanität. Als paradigmatisch für die frühe Zeit der Luftschutzbewegung kann der Gründungsaufruf und die Satzung des DLS von 1927 gelten[117]. Beide enthalten eine Mischung aus strategisch-politischen Zusammenhängen, legitimatorischen Argumentationen und ersten ideologischen Setzungen. Ausgehend von den üblichen Annahmen hinsichtlich des kommenden, des »Totalen Krieges«, behauptete man, daß Deutschland als »wehrloses« Land, das sich im Gegensatz zu den »Militärstaaten« nicht aktiv schützen könne, ein essentielles Interesse daran habe, entweder die Luftwaffe als Kriegsinstrument gänzlich abzuschaffen oder das Recht zugebilligt zu erhalten, eine solche Streitmacht aufzubauen. Diese Argumentationslinie stellte ein Hauptmotiv der deutschen Propaganda dar und wurde tausendfach wiederholt. Sie entsprach im Wesentlichen der Position der deutschen Diplomatie in den internationalen Abrüstungsverhandlungen bis 1933, die letztlich taktischer Natur war[118]. Erst Mitte der 30er Jahre, als man das inzwischen geschaffene Militärpotential nicht mehr verbergen konnte, gab man sie auf. Die Militärs, die Außenpolitik und maßgebliche Kreise im Regierungsapparat dachten nicht daran, eine allgemeine Abrüstung zu erlangen, sondern arbeiteten mit allen gebotenen Mitteln auf die Wiederaufrüstung des Reiches und die Erlangung einer Großmachtstellung hin.

---

[115] Haag, Reichswehr (I), S. 102.
[116] BA Berlin, R 36/2704, 26.1.1932.
[117] Zum Folgenden vgl. grundsätzlich BA Berlin, R 601/1324, 1.7. und 10.12.1927. Siehe auch oben, S. 107 ff.
[118] Nadolny, Abrüstungsdiplomatie, S. 86–89; Wendt, Großdeutschland, S. 91–96.

III. Der zivile Luftschutz

Der DLS reihte sich in diese Zusammenhänge ein und verwandte die Argumentationskette auch für die Legitimation der eigenen Arbeit. Auf die Betonung des humanitären Gedankens wurde dabei allergrößter Wert gelegt, obwohl man die explizite Nennung des Begriffs aus ideologischen Gründen eher vermied. Die »friedliche Bevölkerung« sei höchsten Gefahren ausgesetzt, und es sei ein Gebot des »primitivste[n] Verantwortungsbewußtsein[s]« für den Schutz von Leib und Leben, wenn man sie darauf vorbereite.

Mit offen militaristischen oder ideologischen Forderungen hielt man sich zunächst stark zurück, wandte aber bereits die entsprechende Terminologie an. Man betonte zwar die »Unmenschlichkeit und Kulturwidrigkeit« des Luft- und Gaskrieges, hielt ihn aber im kommenden Waffengang für unvermeidlich. Man habe ein »Recht auf Selbsterhaltung« und sei daher befugt, die Bevölkerung so vorzubereiten, daß sie im »Existenzkampf« die nötigen Schritte unternehmen könne. Passiver Luftschutz sei eine entscheidende Lebensfrage für Deutschland. Der »Totale Krieg« fordere auch eine umfassende Vorbereitung aller Bevölkerungsteile:
»Es gibt für den Luftkrieg keinen Unterschied mehr zwischen Kampffeld und friedlichem Gebiet.«
Letztlich bewegte man sich in einem Graubereich zwischen sozialdarwinistisch angehauchter Kriegsphilosophie und den Geboten der Humanität.

Hierzu gehörte auch das Postulat, daß der Luftschutz nicht in ein »parteipolitisches Fahrwasser« kommen oder gar in offene Konflikte hineingezogen werden dürfe, sondern im »nationalen Schulterschluß« aufgebaut werden müsse. Vor allem Krohne forderte dies nachhaltig. Die Legitimation der von ihm propagierten, dann aber von der Regierung abgelehnten Organisation mit einem Reichsbeirat unter der Kontrolle des Vereins basierte darauf. Vernünftiger Bürgersinn, Sachlichkeit und Wehrideologie wurden dabei propagandistisch geschickt verbunden:
»Je stärker ein Volk durch die moderne Waffentechnik, insbesondere durch die Luftwaffe, zum unmittelbaren Angriffsobjekt wird, um so weniger kann dem Militär zugemutet werden, die Lasten der gesamten Landesverteidigung allein zu tragen. Sie wird abhängig von dem Grade des Selbstschutzes, von der Erziehung und Disziplin jedes einzelnen [...] Die Luftschutzmaßnahmen greifen so tief in das gesamte private und wirtschaftliche Leben jedes einzelnen ein, daß die Abwehr sich nicht in behördlichen Maßnahmen erschöpfen kann, daß vielmehr das ganze Volk abwehrbereit sein muß[119].«
Verstärkt wurde diese Linie in den teilweise sehr heftigen Auseinandersetzungen mit dem Pazifismus, und in der Tat erreichte die humanitär-sachlich-rationale Argumentationsweise hier einen ihrer Höhepunkte. Die pazifistische Bewegung, unter anderem die Deutsche Friedensgesellschaft, nahm in ihrem Kampf gegen Krieg und Militärverherrlichung eine vehemente Position gegen den Luftkrieg und auch gegen den Luftschutz ein[120]. Der Luft- und Gaskrieg war infolge seiner offensichtlichen Grausamkeit besonders geeignet, der Öffentlichkeit die ganze Schauerlichkeit moderner militärischer Auseinandersetzungen vor Augen zu führen.

---

[119] Krohne, Luftgefahr, S. 79, vgl. auch S. 5-12, 76-81.
[120] Zum Pazifismus und zu seinem Kampf gegen den Krieg generell vgl. Lütgemeier-Davin, Pazifismus, v.a. Kap. 3 und 4.

Man versuchte, die Thematik dadurch für die Ziele der pazifistischen Bewegung nutzbar zu machen, indem man so viele Menschen wie möglich mit den zu erwartenden Auswirkungen des zukünftigen Krieges konfrontierte. Ferner trachtete man danach, die, wie man glaubte, tieferen Ursachen für die Luftgefahr darzulegen, wobei man insbesondere gegen Militaristen und Rüstungsspekulanten polemisierte.

»Es ist ein schlechthin unerträglicher Zustand, zu wissen, daß Millionen von Menschen, heute, morgen oder wenn immer Opfer einer rabiaten Minorität werden können, daß Kultur und Glück, Existenz und alles was ist, von Giftgasbomben abhängig ist, die in den Händen von Narren oder Verbrechern, von Phantasten oder Fanatikern zum Richter über Leben und Tod werden[121]«

Gegen den Vorwurf des Landesverrates und der Schwärmerei, der insbesondere von seiten der nationalen Rechten erhoben wurde, wehrten sich die Pazifisten mit dem Argument, dies seien fadenscheinige Behauptungen, um die wahren Zusammenhänge um die Kriegstreiberei zu verschleiern. Man trat leidenschaftlich für ein Umdenken und für die Mitarbeit bei der Sicherung des Friedens ein.

Besonderes Gewicht legte man auf die Beschreibung der Kampfmittelarten und ihre grausamen Folgeerscheinungen sowie auf die düstere Schilderung der Bedingungen nach Luftangriffen einer modernen Bomberflotte. Dabei ging man ausführlich auf die chemischen Kampfstoffe ein, deren Wirksamkeit im Ersten Weltkrieg auf furchtbare Weise demonstriert worden war.

Ferner sagte man voraus, daß in einem zukünftigen Krieg infolge des technischen Fortschritts noch viel effizientere Giftgase als die bereits bekannten zum Einsatz gelangen würden[122]. In einer militärischen Auseinandersetzung sei in Europa niemand mehr sicher, da es den Militärs mit Flugzeugen möglich sei, fast jeden beliebigen Punkt mit einer ausreichenden Menge von Kampfstoff zu belegen. Insbesondere die Schwachen – Frauen, Kinder und Greise – seien bedroht, da sie über viel zu geringe körperliche Eignung und praktische Übung zur Anwendung der Abwehrmaßnahmen verfügten. Bei einem Angriff hätten sie meist nur geringe Überlebenschancen, da man zudem noch mit dem Abwurf von Brand- und Sprengbomben zu rechnen habe.

In einem Teil der Publikationen wurden die einzelnen Faktoren schließlich zu einer recht eindringlichen Schilderung des zu erwartenden Kriegsverlaufs verdichtet, um den Ernst der Lage zu demonstrieren[123]. Ähnlich wie etwa bei Wells steigert sich dies teilweise bis zur Präsentation von Weltuntergangsphantasien[124].

---

[121] Endres, Vaterland, S. 146; vgl. auch den abschließenden Aufruf bei Nestler, Giftgas, S. 29 f.; Alexander, Völkermord, S. 30. Allgemein vgl. Nestler, Giftgas, S. 25; Endres, Vaterland, S. 145 f.; Alexander, Völkermord, S. 5–8, 10, 22 f.; Woker, Giftgaskrieg, S. 23 f., 44–46, vgl. auch S. 11 f., 91–93.
[122] Nestler, Giftgas, S. 9 und 16; Endres, Vaterland, S. 144; Alexander, Völkermord, S. 12 f.
[123] Zum Folgenden vgl. Nestler, Giftgas, S. 22–24; Alexander, Völkermord, S. 23–30; Pincass, Der chemische Krieg, S. 156. Vgl. auch Gas frißt die Stadt von Hardy Worm, in: BA Berlin, R 1501/alt 18/26191, Artikelsammlung über Reichswehr.
[124] Alexander, Völkermord, S. 26. Vgl. auch Nestler, Giftgas, S. 26. Auch die Kommunisten, die letztlich nicht zur Friedensbewegung gezählt werden können, gingen auf die Gas- und Bombenkriegsthematik ein. Sie sahen diese allerdings nicht so radikal unter dem Gesichtspunkt eines

Der Luftschutz wurde allgemein als Augenwischerei abgelehnt. Das, was sich die Masse das Volkes leisten könne, sei praktisch wertlos[125]. Maßnahmen wie etwa das Aufsetzen einer Gasmaske bezeichnete man angesichts der Wirkung seßhafter Haut- und Körperkampfstoffe wie Senfgas (Lost oder Gelbkreuz) als vollkommen unzureichend. Dies gelte insbesondere für militärisch unausgebildete Personen, d.h. praktisch die gesamte Zivilbevölkerung. Allerhöchstens ein Vollschutz mit Anzügen, die den ganzen Körper bedeckten, genüge, um die Wirkung des Gases abzuhalten[126]. Auch ein großangelegter Bau von Schutzräumen komme nicht in Frage, da die Kosten hierfür jedes vernünftige Maß übersteigen würden und eine wirkliche Gefahrenabwehr dennoch nicht gewährleistet werde[127]. Angesichts der fehlenden körperlichen und seelischen Eignung vieler Menschen sei Panik vorprogrammiert[128]. Diese wiederum würde eine wirksame Bekämpfung der Gefahren erschweren, letztlich sogar unmöglich machen. Sämtliche Aktivitäten im Rahmen des zivilen Luftschutzes betrachtete man als Schönfärberei, um die Bevölkerung über die wirklichen Gefahren einer militärischen Auseinandersetzung hinwegzutäuschen und sie psychologisch auf einen Kriegskurs einzuschwören.

»Die Leute vom Luftschutz-Rummel sind heute die größten Feinde unserer Sicherheit, weil sie uns mit albernen Spielereien beruhigen und einlullen, weil sie die Menschheit daran hindern, sich der ungeheuren Gefahr bewußt zu werden und entsprechende Maßnahmen zu ergreifen [...] Es hätte [...] allen Anlaß, statt einen fragwürdigen Luftschutz zu betreiben, sich um den friedlichen Zusammenschluß Europas mit allen Schritten zu bemühen[129].«

Auch die Sozialdemokraten stiegen teilweise auf den Kurs der Pazifisten ein. Anläßlich der Gründung der DLL 1931 warf man im »Vorwärts« der Luftschutzbewegung vor, den Militarismus zu fördern. Die Liga betreibe

»ein Rechnen mit dem Kriege, das wirklich nicht der Vertiefung des Friedensgedankens nützlich ist [...] So kommt man durch die Luftschutzpropaganda ganz unter der Hand zur *Propaganda für Deutschlands Aufrüstung in der Luft*[130].«

In recht geschickter Weise nutzte man für diese Kritik auch die allgemeine Finanzknappheit aus und forderte zu prüfen, ob nicht Reichs-, Länder- oder Gemeinde-

---

möglichen Weltunterganges. Man konstruierte zwar auch Szenarien mit Bombenangriffen und Kampfstoffeinsätzen. Die dort geschilderten Zerstörungen nehmen allerdings nicht den Grad einer umfassenden Vernichtung an. Die Problematik wurde statt dessen stark mit ideologischem Gedankengut angereichert. So etwa bei Johannes R. Becher, der im Jahre 1926 einen ganzen Roman über Gaskrieg und Klassenkampf schrieb. Becher, $(CHCl=CH)_3As$ (Levisite) oder Der einzig gerechte Krieg.

[125] Alexander, Völkermord, S. 12; Woker, Giftgaskrieg, S. 28, 46, 84 f.
[126] Woker, Giftgaskrieg, S. 14–27; Alexander, Völkermord, S. 7–17; Nestler, Giftgas, S. 5–16; Pincass, Der chemische Krieg.
[127] Vgl. auch Schutzmittel gegen den Luftkrieg. Eingabe Quiddes an den Deutschen Reichstag, S. 252 f.
[128] Nestler, Giftgas, S. 13–22, auch zum Folgenden.
[129] Ebd., S. 28–31.
[130] BA Berlin, R 2301/37571, Artikelsammlung (1931).

mittel für ein derartig gefährliches Unterfangen verschwendet würden. Notfalls sei der Reichssparkommissar einzuschalten[131].

Die pazifistischen Kritiker des Luftschutzes nahmen auch Kontakte zu ihren Gesinnungsgenossen im Ausland auf und nutzten übernationale Konferenzen zum Luftkrieg, die in großer Zahl abgehalten wurden, so z.B. die Veranstaltungen des Internationalen Komitees des Roten Kreuzes – IKRK –, um auf ihre Ziele aufmerksam zu machen. Eine dieser Tagungen wurde 1929 von der Internationalen Frauenliga für Frieden und Freiheit in Frankfurt a.M. ausgerichtet. Im Zusammenhang damit machte man eine Eingabe beim Reichstag, um die parlamentarischen Anträge der Rechten auf Bewilligung von Geldmitteln für den Luftschutz zu vereiteln[132]. Der DLS, der einen Vertreter geschickt hatte, schaltete sich ein und legte eine Denkschrift vor, die an die Frauenliga und an Hindenburg verschickt wurde. Sie stellt ein Kerndokument für die Auseinandersetzungen um den Luftschutz dar.

Mit einer Mischung aus sachlichen Entgegnungen und politisch-ideologischen Setzungen, einer Argumentationsstruktur, die das Jahr 1945 überleben und – lediglich mit einem neuen weltanschaulichen Wertekanon versehen – im Atomzeitalter erneut zur Anwendung kommen sollte, wies man die Ansichten der Frauenliga vehement zurück und warf ihr ungeheure Verantwortungslosigkeit vor, weil sie den angeblich notwendigen Schutz negiere. Ihre Experten, insbesondere die Schweizer Professorin Gertrud Woker, seien unfähig und stützten ungerechtfertigterweise die »irrealen Phantasien« der Kriegsgegner. Ein adäquater Luftschutz sei, wie man im sachlichen Teil darzulegen versuchte, möglich und auch finanzierbar.

Als Legitimation wurden Werte wie Realismus und gesunder Menschenverstand herbeizitiert. Zunächst behauptete man im Einklang mit einer angeblichen Äußerung des französischen Staatspräsidenten Paul Painlevé, daß ein unbewaffnetes Volk eine Versuchung für die Nachbarn sei. Die Vorstellungen von einer friedlichen Welt seien generell weltfremd und internationale Verträge wertlos, solange sich der »Geist der Regierungen« nicht gewandelt habe. Darauf könne man aber nicht hoffen.

»Noch herrscht Mißtrauen, noch wird weiter gerüstet. Können Sie hoffen, durch Ihre Schreckenspropaganda ›in wenigen Jahren‹ diesen Geist der Menschheit umzuwandeln, nachdem zwei Jahrtausende der Angst vor der Hölle nicht genügt haben, Verstöße gegen die christlichen Moralgebote zu verhindern? Was aber, wenn ›vor Abschaffung des Krieges‹ deutsches Gebiet zum Schauplatz von Luftangriffen werden sollte? Soll das deutsche Volk, wenn es infolge seiner Wehrlosigkeit gegen seinen Willen in kriegerische Verwicklungen anderer einbezogen werden sollte, gänzlich schutzlos der Vernichtung preisgegeben sein, nur weil wir zu bequem und zu geizig sind, nach Schutzmaßnahmen zu forschen, die selbst ihre Kronzeugin, Frau Professor Woker, nicht als völlig nutzlos in Abrede stellen kann?«

---

[131] Dieser Kurs war sowohl politisch gewandt als auch hinsichtlich der Finanzverwaltung sachlich richtig. Zur pazifistisch anmutenden Argumentationsweise des RFM siehe oben S. 118 f.
[132] Zum Folgenden vgl. BA Berlin, R 601/1324, Deutsche Luftschutz e.V. an den Reichspräsidenten mit Begleitdokumenten, 22.3.1929.

Natürlich sei ein hundertprozentiger Schutz nicht möglich, aber deshalb dürfe man noch lange nicht »willen- und hoffnungslos« die Hände in den Schoß legen. Das deutsche Volk habe in seiner »Friedenssehnsucht« der Zwangsentwaffnung nach 1919 »innerlich zugestimmt« und würde sich nun »selbst aufgeben«, wenn es angesichts der schweren Bedrohung durch Luft- und Gaskrieg nichts zu seinem Schutz unternähme.

Die Wehr- und Existenzkampfideologie, wie sie die Nationalsozialisten später in extenso verbreiten sollten, wurde hier mit ehrlichen Friedensbeteuerungen vermischt. Man unternahm eine propagandistische Gratwanderung zwischen der Forderung nach humanitärem Frieden und dem Diktum der Existenzsicherung des deutschen Volkes im kommenden Krieg.

»Eine Behauptung, die Sorge um die Sicherung der Existenz des deutschen Volkes durch einen Luftschutz störe die Propaganda für die Befreiung der Welt, ist sinnlos. Man kann mit vollem Nachdruck für Abrüstung und für ein Verbot des Gas- und Luftkrieges eintreten, ohne dadurch der Pflicht enthoben zu sein, sich auf die realen Tatsachen einzustellen und mit vollem Ernst und mit aller Gewissenhaftigkeit an die möglichen Folgen der gegebenen politischen Verhältnisse zu denken.«

Diese vorsichtige Linie wurde auch in großen öffentlichen Veranstaltungen nach außen getragen. So etwa in den Tagungen des DLS 1929 und 1930 in München und Stuttgart. Eingeladen waren Vertreter aller gesellschaftlichen Gruppen, um den überparteilichen Sammlungscharakter der Bewegung zu demonstrieren. Damit hatte man jedoch nur teilweise Erfolg. In Stuttgart waren Vertreter von Wirtschaft, Ingenieurwesen, Militärverbänden, Frontsoldaten, Handwerkskammern und staatlichen Stellen, nicht jedoch von der Reichsregierung, anwesend[133]. Auch jüdische Verbände hatten Mitglieder entsandt. Besonders begrüßt wurden Vertreter des österreichischen »Brudervolkes«. Von der organisierten Arbeiterschaft nahmen nur Vertreter der Postgewerkschaft und des Christlichen Metallarbeiterverbandes teil. Die Masse der Gewerkschaften blieb fern, denn sie lehnten den Luftschutz als »Kriegstreibereien« ab[134].

Man versuchte dennoch, eine erste Erfolgsbilanz zu ziehen. Es sei gelungen, den Luftschutzgedanken überall im Volke zu wecken. Man könne daher nunmehr davon ausgehen, daß

»alle Kreise des Volkes gemeinschaftlich zum Aufbau eines Luftschutzes für Deutschland zusammenfinden würden«.

Angesichts des fortgesetzten Widerstandes der Kommunisten und auch der Gewerkschaften stellte derlei bestenfalls eine optimistische Zukunftserwartung dar.

Die Führung propagierte ihren Verein als Ausdruck menschlicher Notwendigkeiten. Dr. Gassert vom Vorstand brachte die offizielle staatspolitische Kernüberzeugung zum Ausdruck:

»Die Luftschutzbewegung gehört zu den Elementarbewegungen, die eines Tages als selbstverständliches Ergebnis einer natürlichen Entwicklung da sind und sich allen Widerständen zum Trotz durchsetzen. Das Ziel der Luftschutzarbeit besteht darin, alle

---

[133] Zum Folgenden: BA-MA, R 43 II/1295, Bericht von der Tagung des Deutschen Luftschutzvereins in Stuttgart, 7.6.1930.
[134] Haag, Reichswehr (II), S. 164; vgl. auch S. 159. Zusätzlich Pforr, Der deutsche Luftschutz, S. 2.

Bestrebungen, die der Festigung des Friedens dienen, zu unterstützen, gleichzeitig aber alles vorzubereiten, was die Verletzbarkeit des deutschen Volkes herabmindern kann, falls Deutschland vor der endgültigen Sicherung des Friedens durch Luftüberfälle bedroht werden sollte.«

Die Betonung der Unschuld und der Jungfräulichkeit des deutschen Volkes in Luftkriegsdingen kam in Stuttgart zu einem Höhepunkt. Im Schlußaufruf wurde behauptet, daß das deutsche Volk wegen seiner Friedenssehnsucht bis jetzt in einem Dornröschenschlaf gelegen und nunmehr von der grausamen Realität geweckt worden sei:

»Wir erkennen jetzt, daß wir auf einer Insel im Weltmeer gelebt haben. Wir haben geglaubt, daß der Abrüstungsgedanke in den übrigen Staaten genauso eifrig und ehrlich verfolgt werde wie in Deutschland.«

Man sei gründlich enttäuscht worden und müsse »mit Schrecken« erkennen, daß man sich in allergrößter Gefahr befinde. »Deutschland wolle ehrlich den Frieden«, sei aber von einer geschlossenen Front der Militärmächte bedroht. Deutschland habe »eifrig und freudig« an der Abrüstung mitgearbeitet, könne aber nun nicht länger ruhig zusehen, »wie andere Völker durch ihre Luftrüstungen die Sicherheit der deutschen Bevölkerung gefährdeten.« Solange Garantien für die eigene Sicherheit nicht gegeben würden, müsse man einen Luftschutz aufbauen. Hier wurde eine Art Einkreisungslegende geschaffen, wie sie im größeren Rahmen mutatis mutandis später auch unter Hitler zum Einsatz kommen sollte.

Die Propagandaarbeit mit ihrer Betonung von unschuldigem Schutzbedürfnis und Humanität erreichte damit einen Grad an lamoryanter Heuchelei, der mit der Realität nur mehr wenig zu tun hatte. Man hatte die Anpassung an die politischen Bedingungen der Weimarer Republik auf die Spitze getrieben und die äußerste Linie im Umgang mit der politischen Landschaft sowie der immer noch intakten Pluralität der Medien und der Meinungs- und Pressefreiheit erreicht.

Die Bedeutung des Friedensgeläuts begann nun aber langsam abzunehmen. Die Jahre 1930 bis 1933 sollten der Luftschutzbewegung einen großen Aufschwung bringen, der nicht zuletzt auch auf die verstärkten organisatorischen Maßnahmen der Reichsregierung zurückging. Die Einwirkung auf die Bevölkerung, die »Aufrüstung der Köpfe und Körper«, wie sie die Reichswehr schon seit Jahren anstrebte, intensivierte sich erheblich und erhielt nun auch starke wehrgeistige Züge, dies nicht zuletzt auch durch die zunehmende Beteiligung von ausgewiesenen Wehrverbänden.

Die bis dahin vorherrschende Friedenspropaganda wurde zwar nicht eingestellt, trat aber angesichts der immer stärker in den Vordergrund tretenden Forderungen nach Wehrhaftmachung zurück. Die humanitären Töne wurden zunehmend leiser, ohne allerdings ganz zu verstummen. Die charakteristische janusköpfige Struktur der allgemeinen nationalsozialistischen Propagandastrategie der ersten Jahre nach der Machtergreifung begann sich hier schon abzuzeichnen: die teils lautstarke Bekundung ehrlicher Friedensliebe auf der einen Seite, Wehrpropaganda und innere Kriegsmobilmachung auf der anderen[135].

---

[135] Dazu Sywottek, Mobilmachung, S. 49–91.

Am deutlichsten kam die allmähliche propagandistische Militarisierung des Luftschutzes in selbständigen Buchpublikationen zum Ausdruck. Im Zuge der ab 1929 einsetzenden Schwemme von Kriegsliteratur etablierten sich auch Darstellungen über Wehrkraft und Luftkrieg, dies meist in fiktiven Schilderungen des kommenden Krieges. So etwa in dem 1932 entstandenen Buch »Die Schlacht über Berlin« von Axel Alexander (wohl Pseudonym). Der Autor beklagt einleitend, daß das deutsche Volk »der Wehrhaftigkeit beraubt und entwöhnt« sei[136]. Die Bevölkerung müsse über die großen Gefahren des Luftkrieges und die dagegen zu ergreifenden Schutzmöglichkeiten aufgeklärt werden, damit Deutschland die mit Sicherheit eintretende »Abrechnung zwischen Kultur und Bolschewismus«[137] bestehen könne. Der Autor wolle zeigen, »wie ein zur Abwehr entschlossenes Volk unter starker Führung in der Lage ist, die gewaltigsten Erschütterungen zu überstehen.« Es folgt dann der Appell, die »Organisation des Luftschutzes kraftvoll und zielbewußt« aufzubauen[138].

Die nachfolgende Erzählung handelt von einem umfassenden strategischen Luftkrieg zur Unterwerfung Deutschlands und Europas. Die Luftwaffe der Sowjetunion, hinter der schon »die undurchsichtige Larve der gelben Rasse«[139] zu erkennen sei, greift 1945 von Flugplätzen des verbündeten Polen aus das Deutsche Reich an[140]. Mit großangelegten Bombardements aller wichtigen deutschen Städte soll der Weg für den Siegeszug des »Bolschewismus« freigemacht werden. Es sei geplant, nach Ausführung des Zerstörungsbefehls erst das Reich und dann ganz Europa zu überfluten.

Man hat aber nicht mit dem Widerstandswillen der Deutschen gerechnet. Die Nation ist zwar immer noch weitgehend durch den Versailler Vertrag geknebelt und besitzt praktisch keine Luftwaffe. Es ist aber inzwischen eine nationale Regierung im Amt, die das Volk durch straffe gesellschaftliche Organisation aus dem Niedergang der 20er und 30er Jahre herausgeführt hat. So wurden unter anderem umfassende Luftschutzmaßnahmen getroffen, um den Gefahren eines Bombenkrieges vorzubeugen[141]. Diese Vorbereitungen bewähren sich glänzend, die Lage bleibt von Anfang an unter Kontrolle. Die Stadtbewohner halten bis zum Ende der drei Tage dauernden Bombardements weitgehend Disziplin. »Kommunistische Stoßtrupps«, die versuchen, die staatliche Ordnung ins Wanken zu bringen, werden durch die vereinten Bemühungen von Polizei und Bürgerwehren schnell zur Strecke gebracht[142]. Der heroische Kampf der Bevölkerung wird durch einige wenige Jagdstaffeln, die sich dem Feind heldenhaft entgegenwerfen, unterstützt[143]. Der erste Angriff der sowjetischen Luftwaffe bleibt im wesentlichen erfolglos, da

---

[136] Alexander, Die Schlacht, S. 7.
[137] Ebd., S. 9.
[138] Ebd.
[139] Ebd., S. 31.
[140] Der Verfasser läßt den Angriffsbefehl – Ironie der Geschichte – am 30.4., dem Tag von Hitlers Selbstmord, ergehen. Ebd., S. 21 f.
[141] Ebd., S. 35–45.
[142] Ebd., S. 49–54, 76 f.
[143] Ebd., S. 68–77.

im Reich »musterhafte Ordnung herrscht«. Das Volk ist nicht mehr die »entnervte und uneinige Masse, die aus den Wirren der Nachkriegszeit hervorgegangen war«[144]. Das unerschrockene Aushalten der deutschen Nation wird belohnt. Italien und Großbritannien senden einen großen Teil ihrer Luftwaffen nach Deutschland, von wo aus nun der vereinte Kampf gegen den Aggressor aufgenommen wird[145]. Der zweite und entscheidende Angriff der sowjetischen Luftwaffe, bei dem auch Gasbomben zum Einsatz gelangen, scheitert unter riesigen Verlusten der »roten« Bomber[146]. Der Kreml muß schließlich um Waffenstillstand nachsuchen. Die bolschewistische Gefahr ist fürs erste gebannt und ein »neue[r] Dreibund« geschaffen[147]. Mit Diktaturvorschau, Luftschutz und innerer Wehrhaftigkeit machte der Autor Deutschland zur Speerspitze der europäischen Abwehr gegen die angeblich drohende »Kulturbarbarei« aus dem Osten.

Eine ähnliche, politisch jedoch erheblich zurückhaltendere Geschichte schrieb der Verkehrsdirektor der Lufthansa, Robert Knauss. Seine Erzählung »Luftkrieg 1936«, wurde 1932 unter dem Pseudonym Major Helders veröffentlicht und ähnelt in Form und Inhalt dem fiktiven Kriegsbericht, den Douhet in »Il dominio dell'aria« als Rahmenhandlung seiner revolutionären Luftkriegstheorie kreierte. Es kommt zum Krieg zwischen Großbritannien und Frankreich. Die Briten führen ihn nach den Grundsätzen Douhets und setzen eine Großbomberflotte ein, die in erster Linie die französischen Flugplätze vernichtet und die wichtigen Städte des Landes, insbesondere Paris, terrorisiert. Dazu steht ihnen ein gutausgebildetes Korps von Fliegern zur Verfügung, das die Elite und das Vorbild der Nation darstellt, erfüllt von einer Kameradschaft,

»die alle blutmäßig bindet, die sich im Element der Luft bewegen«[148].

Frankreich legt das Schwergewicht seiner Kriegführung auf eine Invasion gegen die Britischen Inseln und führt nur einen begrenzten strategischen Luftkrieg. Es kommt zu einer klaren Entscheidung. Die Briten gewinnen die Luftüberlegenheit und bombardieren Paris. In der Stadt, deren Bewohner infolge mangelnder Organisation nur schlecht auf den Bombenkrieg vorbereitet sind, brechen daraufhin Panik und Chaos aus. Plünderungen und »bolschewistische« Aufstände gefährden die öffentliche Ordnung[149]. Die wenigen französischen Angriffe auf London hingegen prallen an einer beherrscht auftretenden Bevölkerung ab[150]. Frankreichs

---

[144] Ebd., S. 64 f.
[145] Ebd., S. 83 ff.
[146] Ebd. Zum Widerstandswillen der Bevölkerung, S. 80, 88 f., 98–101.
[147] Ebd., S. 102 f.
[148] Knauss – Luftkrieg, S. 129, 61, 67, 142 f. – propagierte hier ein Idealbild der perfekten Vereinigung von Mensch und Technik. Die Flieger und ihr Material, also die Bombenflugzeuge, beseelen sich gegenseitig. Ebd., S. 40 f. Dies erinnert stark an Jüngers Vorstellungen vom Frontsoldaten als der Speerspitze der Versöhnung von Mensch und Maschine. Jünger, Feuer und Blut, S. 36–39, 48–51, 54, 77–85, 173. Zu Jüngers »technizistischem Heroismus« in Verbindung mit den Vorstellungen einer »Totalen Mobilmachung« von Staat und Gesellschaft vgl. Prümm, Literatur, Bd 1, Kap. II 5, v.a. S. 210–218. Zum größeren geistesgeschichtlichen Zusammenhang Fritzsche, Machine Dreams, S. 685 ff.
[149] Ebd., S. 49–54, 87 f., 101 f., 147.
[150] Ebd., S. 96.

Kriegsfähigkeit wird durch die innenpolitischen Wirren immer geringer und droht schließlich zu zerbrechen. Als dann noch die Landung gegen das englische Gebiet scheitert, muß es kapitulieren.

Auch in dieser Schilderung wurde der Gedanke vertreten, daß eine national geschlossene und luftschutzmäßig gerüstete Gesellschaft größere Siegeschancen in einem Luftkrieg besitze als eine undisziplinierte Volksmasse[151].

In weitgehend nationalsozialistischen Fahrwassern bewegt sich die 1932 erschienene Erzählung »Bomben auf Hamburg« von Johann von Leers. Darin wird eine Invasion der französischen Flotte gegen Hamburg beschrieben, in deren Verlauf es zum Häuserkampf zwischen der angreifenden Marineinfanterie und deutschen Verteidigungsverbänden, die zum größten Teil aus Freiwilligenkorps unter der Führung der Bewegung bestehen, kommt. Die Franzosen setzen Gas- und Sprengbomben ein[152]. Dies jedoch nützt nichts, denn in den umliegenden Bauerndörfern erhebt sich eine gewaltige Volksbewegung zur Unterstützung der deutschen Kämpfer[153]. Ein riesiger Strom von wagemutigen und kampfentschlossenen Volksgenossen ergießt sich in die Stadt, so daß die französische Flotte sich zurückziehen muß. In Deutschland ist wieder der echte Kampfgeist erwacht. Die Deutschen haben ihre Wehrhaftigkeit zurückerlangt und beginnen sogleich mit der Wiederbewaffnung[154]. Leers wies der Wirkungsmacht der geistigen Mobilisierung und der Durchschlagskraft des bloßen Kampfeswillens, symbolisiert in den braunen Kämpfern und den Bauern, die entscheidende Bedeutung zu. Die Gesinnung rangiert vor der Sorge um Leben und Gut der Bevölkerung:

»Leben ist nicht not – aber [...] Ehre ist not, und Wehr ist not[155]!«

Die charismatische Verklärung der unbedingten Wehrhaftigkeit als dem eigentlichen Charakter des deutschen Volkes kam deutlich zum Ausdruck. Mit derartigen Veröffentlichungen arbeitete man nicht zuletzt den Militärs in die Hände, auch wenn diese über eine allzu starke Betonung der eigenständigen Rolle einer Volksbewaffnung nicht allzu begeistert gewesen sein dürften. Die Beschwörung des Mutes und des Abwehrwillens der Zivilbevölkerung als urdeutsche Tugenden stellte zunehmend den propagandistischen Kern der Wehr- und Luftschutzbewegung dar.

Die offiziellen Vertreter des Luftschutzgedankens konnten selbstverständlich nicht mit einer derartigen Radikalität auf die Bevölkerung zugehen, sondern hatten die formell immer noch gültigen Spielregeln der Demokratie einzuhalten. Ihre Propaganda trug einen wesentlich gemäßigteren und rationaleren Charakter.

Man hatte begriffen, daß man unter den gegebenen Bedingungen nur dann eine Chance hatte, den Luftschutzgedanken in die Bevölkerung zu tragen, wenn man

---

[151] Vgl. auch die Bemerkungen in Knauss' theoretischer Schrift Deutsche Luftflotte, S. 77. Da Knauss ein erheblich kompetenterer Betrachter der strategischen Gesamtzusammenhänge war als Autoren wie Alexander, lag das Schwergewicht bei ihm auf den militärischen Aspekten, d.h., er betrachtete die Wirkung der Luftstreitkräfte und ihrer Kampfmittel als entscheidend.
[152] Leers, Bomben auf Hamburg, S. 79–90.
[153] Ebd., S. 91 ff.
[154] Ebd., S. 123 ff.
[155] Ebd., S. 127.

behutsam vorging. Allzu forsche Forderungen oder eine massiv militante Haltung hätten sofort Kritik aus dem linken Lager nach sich gezogen. Dies sollte ja gerade vermieden werden, weil man eine parteien- und schichtenübergreifende Bewegung schaffen wollte. Das Abheben auf Vernunft und Humanität blieb daher verbindlich. Man betonte fortgesetzt, daß Luftschutz nichts anderes sei als Katastrophenschutz[156]. Auf Bombenangriffe müsse man sich genauso vorbereiten wie auf Erdbeben, Feuersbrünste oder Überschwemmungen. Immer wieder wurde postuliert, daß man bei der Aufbauarbeit ruhig, sachlich und nüchtern vorgehen müsse. Panik oder übertriebene Maßnahmen seien nicht angebracht[157]. Und genau wie bei den Naturkatastrophen müsse man der Tatsache ruhig ins Auge blicken, daß ein hundertprozentiger Schutz nicht gewährleistet werden könne. Aber es sei besser, unvollkommene Sicherheit zu besitzen als gar keine. Verschiedentlich führte man auch an, daß sich durch den Luftschutz der Krieg überhaupt vermeiden ließe. Eine standfeste und gut ausgebildete Bevölkerung könne einen potentiellen Feind möglicherweise vom Angriff abschrecken[158].

Quasi als Krönung stellte man dann im Laufe der Zeit die Behauptung auf, daß Luftschutz eigentlich nichts anderes wolle als die Pazifisten, die im Grunde nur »irregeleitete Volksteile« seien. Wie diese strebe die Luftschutzbewegung eine friedliche Welt an und wolle nur das Leben und das Gut der Menschen sichern, bis der ewige Friede angebrochen sei[159]. Wie schon bei den großen Kundgebungen des DLS war damit die äußerste Linie, quasi der Gipfel der Unaufrichtigkeit und Heuchelei, erreicht.

Die Gratwanderung zwischen dem Postulat der Menschlichkeit und dem Rückgriff auf die Ideologie der urdeutschen Kämpferseele wurde bis etwa Mitte der 30er Jahre fortgesetzt. Danach wurde sie durch die Übernahme der ideologischen Vorgaben der Nationalsozialisten mehr oder weniger beendet. Paradebeispiele für das Nebeneinander rational-humanitären und charismatisch-kriegerischen Herrschaftsdenkens sind die programmatischen Reden zweier Hauptverantwortlicher des deutschen Luftschutzes. Es handelt sich um Erich Hampe, den stellvertretenden Chef der Technischen Nothilfe, und den Archivrat und Major a.D. Großkreutz, der zusammen mit dem Ingenieur Kurt Knipfer ab 1933 die Leitung des gesamten deutschen Luftschutzes im RLM unter Göring innehaben sollte. Beide hielten 1931/32 richtungweisende Vorträge vor zahlreichen Vertretern von Reich, Ländern und Reichswehr sowie Angehörigen von Presse, Industrie, Luftschutz- und anderen interessierten Verbänden[160].

Hampe thematisierte dabei insbesondere das Verhältnis zu den Medien, wobei er nachdrücklich der Pressefreiheit das Wort redete. Ziel der Luftschutzbewegung

---

[156] Hampe, Presse, S. 12–15 (Vortrag vom 9.12.1931). Vgl. auch Flugmelde- und Luftschutzübung Ostpreußen 1932, S. 112.
[157] Roskoten, Ziviler Luftschutz, Geleitwort von Paetsch. Ein besonderes Abheben auf die Vernunft als staatspolitisch gebotenes Mittel bei den Wissenschaftlern und Technikern, die sich mit Luftschutz beschäftigen, so z.B. Hausen, Der chemische Krieg.
[158] Roskoten, Ziviler Luftschutz, S. 51.
[159] Großkreutz, Staatspolitische Bedeutung, S. 22 (Vortrag vom 6.12.1932).
[160] Hampe, Presse; Großkreutz, Staatspolitische Bedeutung.

müsse es sein, die Freiheiten der Journalisten und Redakteure zu respektieren und unter diesem Vorzeichen durch persönliche Kontakte die Sache des Luftschutzes zu fördern[161]. Presse und Propaganda müßten für eine entsprechende »Vermittlung« zur »Willensweckung« sorgen[162]. In diesem Zusammenhang bemühte er die angeblichen Analogien zum Katastrophenschutz. Luft- und Katastrophenschutz dienten beide der Sicherung menschlichen Lebens und gingen beide über alle Parteigrenzen hinweg:

> »Die Not des Menschen und die Rettung aus Not ist noch niemals eine Frage der Politik gewesen und der Ruf: ›Menschenleben in Gefahr‹ hat glücklicherweise immer noch alle Schlachtrufe der Parteipolitik übertönt[163].«

Fast gleichzeitig griff Hampe dann aber auf die Vorstellungen vom Kampfgeist als dem Kern des deutschen Wesens zurück. Zentralen Charakter gewann dabei der »Wille«, ein Begriff, den Hampe auch nach 1933 immer wieder im Zusammenhang mit dem Luftschutz anwenden sollte, dies durchaus in grundsätzlicher ideologischer Übereinstimmung mit den Nationalsozialisten und der übrigen politischen Rechten:

> »Nicht die Größe der Gefahr ist entscheidend, sondern der Wille, sie zu überwinden. Die menschliche Geschichte wäre ganz anders verlaufen, wenn der Mensch nicht den Willen aufgebracht hätte, den Gefahren zu trotzen.«

Dies gelte auch für den Luftkrieg und den Luftschutz. Es gebe keine Gefahr, die nicht durch Willensanstrengung überwunden werden könne. Kapitulation vor diesen Gefahren oder pazifistisches Umschwenken auf die Verneinung oder Verweigerung erhielt so den Charakter des Verrats.

> »Der Mensch würde sich längst selbst aufgegeben haben, wenn er gegen eine Gefahr, die er kannte, und sei sie noch so groß, sich nicht mehr zu schützen versucht und vermocht hätte. Die Selbstbehauptung bleibt das Naturgesetz eines Volkes, wie der Selbsterhaltungstrieb das natürliche Gebot für den einzelnen ist. Und so gibt es nur einen *logischen*[164] Schluß [...]: Ist die Gefahr vielmal größer, so muß in gleichem Maße entsprechend der Wille zur *Selbstbehauptung* wachsen[165]!«

Der Begriff der Selbsterhaltung, den Hampe im Zusammenhang mit dem Schutz vor Katastrophen in einen überaus vernünftig-humanistischen Argumentationskontext gestellt hatte, verbindet er hier direkt mit sozialdarwinistischer Ideologie und verwendet ihn mehr oder weniger unverblümt zur Rechtfertigung umfassender Kriegsmobilmachung. Hampe ließ seine Ausführungen mit dem Ausruf »Ein Volk, ein Schicksal«[166] ausklingen und beschwor abschließend den angeblichen deutschen Nationalgeist, indem er ein Goethe-Zitat zum besten gab!« Damit unterschied er sich kaum noch von dem Schlußcredo Leers'.

Noch deutlicher wurde Großkreutz. Er interpretierte den Luftschutz unter direktem Zitieren von Friedrich Nietzsches Werk »Der Wille zur Macht« als Element zur Überwindung der »schädlichen« Auswirkungen der Französischen Revolution

---

161 Hampe, Presse, S. 9 ff.
162 Ebd. Vgl. hierzu auch den etwas zurückhaltenderen Roskoten, Ziviler Luftschutz, S. 44 ff.
163 Hampe, Presse, S. 15.
164 Hervorhebung des Verfassers.
165 Hampe, Presse, S. 13.
166 Ebd., S. 16 f. Vgl. auch Flugmelde- und Luftschutzübung Ostpreußen 1932, S. 114 f.

mit all ihren angeblich verderblichen Folgewirkungen wie Individualismus und willkürlicher »Entartung«[167]. All dies sei durch die Wehrhaftmachung unbedingt auszuschalten.

»Wenn wir vom Luftschutz her zu dieser Auseinandersetzung Stellung nehmen wollen, so müssen wir uns als erstes immer wieder vor Augen halten, welche grundlegende geistige und seelische Umstellung von der Zivilbevölkerung durch den Luftkrieg verlangt wird.«

Hindenburg selbst habe hier die Zielrichtung vorgegeben:

»Dulce et decorum est, pro patria mori.«

Dies werde

»aber im Zukunftskrieg nicht nur vom Berufssoldaten oder waffenfähigen Mann, sondern auch von der Zivilbevölkerung, auch von Frauen und Kindern gefordert werden.«

Damit war der eigentliche Kern der Luftschutzbewegung angesprochen: nicht der Schutz der Menschen und die Wahrung des Friedens, sondern die Erziehung zum Krieg unter heroisch-charismatischen Vorzeichen. Schon Nietzsche habe eine »leiblich-geistige Disziplin« verlangt.

»Sie zu erreichen, ist eine der schwierigsten Erziehungsaufgaben, da sie die ganze geistige Haltung des Volkes umfaßt, da sie den Geist der Schwäche und der Ichsucht wandeln soll in den Geist der Stärke und der Opferbereitschaft für die Gemeinschaft, für den Staat. Diese Erziehungsaufgabe ist weit mehr als die, sozusagen technische Aufklärung der Bevölkerung über Luftschutz, die allerdings, richtig gehandhabt, eine wesentliche Hilfe zur Erreichung des höheren Zieles sein kann. Im übrigen liegt hier aber eine *staatspolitische Aufgabe von größter Bedeutung* vor, der sich keine Regierung entziehen kann, mag sie auch noch so friedliebend sein[168].«

Es sei nicht die Schuld Deutschlands, daß eine allgemeine Abrüstung nicht zustande gekommen sei, und die Pazifisten würden trotz all ihrer Propaganda anders denken lernen, wenn ihnen die erste Bombe auf den Kopf fiele.

Derlei Aussagen weisen auf die eigentliche Grundhaltung den Pazifisten gegenüber hin, die keineswegs, wie z.T. eher heuchlerisch behauptet, positiv und kooperativ waren. Bestenfalls hielt man sie für naiv; meistens klagte man sie des Landesverrats und der Schwächung der Volkskraft an. Sie wurden sogar beschuldigt, absichtlich Panik verbreiten zu wollen.

»Es ist heute durchaus kein hoffnungsloses Unternehmen, die Abwehr der Gasgefahr in die Wege zu leiten, denn die Grausamkeit des modernen chemischen Krieges ist von Pazifisten, wie z.B. Frau Prof. Woker (Bern), aus durchsichtigen Gründen absichtlich übertrieben worden[169].«

Was man unter »durchsichtigen Gründen« verstand, ist aus dem Artikel eines angeblich österreichischen Autors zu ersehen, der im Frühjahr 1932 im Luftschutznachrichtenblatt erschien. Dort wurde in Bezugnahme auf die Problematik des Gasbombenkrieges behauptet,

»daß der Pazifismus im Verein mit überstaatlichen Machtfaktoren es auf die Vernichtung und Knebelung des deutschen Volkes abgesehen hat«[170].

---

[167] Zum Folgenden: Großkreutz, Staatspolitische Bedeutung, S. 22 f.
[168] Ebd., S. 22.
[169] Rothe, Chemischer Krieg, S. 48.
[170] Gasschutz und Pazifismus, Teil 1, S. 63; Teil 2, S. 82 ff.

III. Der zivile Luftschutz

Damit war auch die eigentliche Grundhaltung der verantwortlichen Planer für den zivilen Luftschutz abgesteckt. Sie vertraten letztlich eine überaus weitgehende Linie der Militarisierung und standen dabei im Einklang mit den Vorstellungen der Reichswehr. Mit ihren Ansichten hatten sie bis Anfang der 30er Jahre aber eher hinter dem Berg halten müssen, um den angestrebten nationalen Schulterschluß nicht zu gefährden.

In expliziten Flieger-Fachzeitschriften waren in verschiedenen Beiträgen schon früh entsprechende Forderungen auch ohne humanitäres Beiwerk erhoben worden. So ist es beispielsweise kein Zufall, daß A. Giesler, der 1927 Luftschutzsachbearbeiter im RWM wurde, im selben Jahr einen programmatischen Artikel veröffentlichte, in dem außer den üblichen Stereotypen hinsichtlich des fehlenden völkerrechtlichen Schutzes und der schweren Luftgefahr fast nichts über humanitäre Aufgaben im Zusammenhang mit dem Luftschutz zu finden ist[171]. Statt dessen hebt er in teilweise recht deutlicher Weise auf die angeblich unbedingt nötige Wehrhaftmachung des Volkes ab. Gerade ein

»Volk, das einen verlorenen Krieg hinter sich hat, und das von bestimmter Seite aus bewußt von jedem Gedanken an einen Krieg entwöhnt ist, durch pseudopazifistische Ideen weich gemacht«

ist, sei ganz besonders dazu prädestiniert, unter den moralischen Wirkungen eines Krieges zusammenzubrechen. Daher müsse der Luftschutz »mit furchtbarem Ernst« vorbereitet werden. Anstatt der humanitär-sachlichen Grundlinie, wie sie der breiten Öffentlichkeit im Zusammenhang mit dem zivilen Luftschutz präsentiert wurde, kam hier die kämpferisch-charismatische Linie zum Ausdruck:

»Wenn Deutschland jemals wieder einen Machtfaktor darstellen will, der nicht mehr vor jeder Drohung zu Kreuze kriechen braucht, so muß es zuerst danach trachten, sich und seine Bevölkerung gegen Luftangriffe schützen zu können.«

Letztlich vertrat Giesler dieselben urdeutschen Angriffs- und Kampfestugenden wie Foertsch[172] und übertrug sie auf den Luftschutz:

»Es ist hier eine Gelegenheit gegeben, dem alten Offensivgeist des Deutschen auch in der Defensive Geltung zu verschaffen.«

Man war sich jedoch im klaren gewesen, daß man mit allzu militaristischen Formeln im gegebenen politischen Klima keinen Erfolg haben würde. Daher verlegte man sich in der breiten Öffentlichkeit auch weiterhin auf die Linie der Vernunft. Dies kam insbesondere in der technischen Propaganda zu den angeblich nötigen praktischen Schutzmaßnahmen zum Ausdruck. Gebetsmühlenartig propagierte man eine realistische, nüchterne und sachliche Einstellung als Grundlage für den sinnvollen Aufbau des Luftschutzes[173].

Die fortgesetzten Versuche zur Sinnstiftung basierten keineswegs auf gesicherten Erkenntnissen. Innerhalb der militärischen Luftkriegsbewegung akzep-

---

[171] Zum Folgenden: Giesler, Aussichtslosigkeit.
[172] Zu Foertsch und dessen Position in der geistigen Mobilmachungsphalanx in Deutschland oben, S. 43-45.
[173] Vgl. etwa Hampe, Presse, S. 13; Roskoten, Ziviler Luftschutz, S. 44 f.; Rothe, Chemischer Krieg, S. 49-52; Flugmelde- und Warnübung der Nordsee, S. 98 f., und Flugmelde- und Luftschutzübung Ostpreußen 1932, S. 112.

tierte man den Luftschutz keineswegs so selbstverständlich, wie ihre Vertreter dies glauben machen wollten. Es kam zwischen den Luftkriegsvereinen zu einem teilweise heftigen Streit über die Frage, ob Kriegsvorbereitungen ohne Luftwaffe überhaupt Sinn machten. Dies war ein Reflex der im In- und Ausland stattfindenden Beschäftigung mit den Theorien über den kommenden Luftkrieg, die hauptsächlich von Douhet initiiert worden war. Aus den Kreisen des Rings Deutscher Flieger lehnte man passive Luftschutzmaßnahmen als vollkommen unzureichend ab und betrachtete sie anfangs auch als schädlich, da der Eindruck erweckt werden konnte, daß fliegende Verbände in Zukunft gar nicht mehr nötig sein würden[174]. Der Fliegerverband stufte optimistische Szenarien in der Art, wie sie von Axel Alexander oder von Leers dargeboten wurden, als realitätsfern ein[175] und vertrat eher die Auffassung, daß nur durch eine mächtige Angriffsluftflotte, die in der Lage sei, die feindlichen Luftstreitkräfte am Boden zu vernichten, ein Krieg gewonnen werden könne[176]. Auch nur diese könne den Feind durch ihre schiere Macht vom Angriff abhalten[177]. Den passiven Luftschutz hielten diese Vertreter allenfalls für ein unzulängliches Hilfsmittel. Die pazifistische Bewegung stieg in ihrem Sinne auf diese Linie ein und bezeichnete es angesichts der ungeheuren Zerstörungsmittel als unsinnig, überhaupt passive oder aktive Luftkriegsvorbereitungen zu treffen. Die Luftkriegsvereine gerieten in Gefahr, mit ihren Diskussionen dem Pazifismus Vorschub zu leisten.

Dies wurde in ihren Reihen und wohl auch im RMI als nicht vertretbar betrachtet. Aus diesem Grund näherte man die Standpunkte im Laufe der Zeit einander an und vertrat schließlich mehr oder weniger deckungsgleiche Auffassungen. Alle Elemente des Luftkrieges – Luftwaffe, Flak, Luftschutz – seien vonnöten, um eine militärische Auseinandersetzung zu bestehen[178]. Behauptet wurde nunmehr, daß es ohne eine wehrhafte Bevölkerung nicht gehen könne und sei es nur, um eine kämpferische Grundhaltung in Staat und Gesellschaft durchzusetzen. Selbst ausgesprochene Vertreter des strategischen Luftkrieges, die das Heil einzig und allein in einer starken Angriffsluftflotte sahen und den zivilen Luftschutz als eine zu vernachlässigende Größe ansahen, schlossen sich dieser Meinung zumindest offiziell an. Man betonte, daß ohne das Vorhandensein von Jägern und Flak ein wirklich wirksamer Schutz unmöglich sei, wertete dies öffentlich aber nicht als Widerspruch zur Vorbereitung einer passiven Luftabwehr, sondern vielmehr als Ansporn, der internationalen Staatengemeinschaft endlich die militärische Gleichberechtigung Deutschlands abzuringen[179]. Dabei tauchten relativ unverblümt auch

---

[174] V. Wilamowitz, Grußansprache auf der Jahrestagung des DLS 1930, BA-MA, R 43 II/1295, Bl. 126.
[175] Hierzu Kontroverse zwischen Gen. a.D. Buchfink und Major a.D. Großkreutz. Großkreutz, Staatspolitische Bedeutung, S. 20 f., vgl. auch S. 25 f.
[176] Zum Folgenden vgl. Sachsenberg, MdR, Militärische und politische Erwägungen.
[177] Damit nahm man auch in Deutschland Bezug auf den Abschreckungsgedanken, wie er mutatis mutandis im Atomzeitalter zur Anwendung kommen sollte.
[178] Dazu BA-MA, R 43 II/1295, Entschließung des Flakvereins (Präs.: Grimme) vom 6.5.1931 mit Begleitschreiben an Reichskanzlei.
[179] Hier nachdrücklichst Großkreutz, Staatspolitische Bedeutung, S. 20 f. und 24–26. Dazu auch die Kontroverse zwischen Großkreutz und Generalmajor a.D. Buchfink anläßlich eines Vortrages

ideologisch-strategische Vorstellungen, wie sie in den inneren Zirkeln der Reichswehr entwickelt worden waren, auf: die Idee vom Luftschutz als Teil des Volkskrieges.

»So wird gerade der Luftschutz zu einem Volkskrieg, nämlich einem Volksabwehrkrieg, für den das am stärksten bedrohte Deutschland der Gleichberechtigung mit allen anderen Völkern bedarf.«

Insgesamt hatte man damit die politischen, strategischen und ideologischen Weichen für die Entwicklung bis 1945 im Grunde bereits gestellt.

Entlang dieser staatspolitischen und militärstrategischen Grundauffassungen bahnte man den geistigen Weg für den Luftschutz nationalsozialistischer Prägung. Zahlreiche weitere Autoren meldeten sich mit Beiträgen und Propagandaartikeln in ähnlicher Weise wie Hampe und Großkreutz zu Wort, wenn auch häufig weniger akzentuiert und unter stärkerer Betonung der technisch-organisatorischen Detailarbeit. Die Luftschutzbewegung sollte »zum Sammeln aller aufbauenden Kräfte im Volk« dienen[180].

Damit waren weniger Demokraten oder gar die politische Linke gemeint, wenn auch zur Beförderung des nationalen Schulterschlusses gelegentlich behauptet wurde, Teile des Reichsbanners und der Gewerkschaften engagierten sich für den Luftschutz[181]. »Aufbauend« verstand man zuallererst im Sinne einer wahrhaft deutschen Wehrgemeinschaft. Die propagandistisch-ideologischen Grundlagen für die Kriegsmobilmachung unter totalitären Vorzeichen wurden nicht erst ab dem 30. Januar 1933 geschaffen, sondern existierten zu diesem Zeitpunkt bereits in wesentlichen Teilen.

Es ist freilich nicht gesagt, daß die Entwicklung zu einer umfassenden Militarisierung zwangsläufig hätte erfolgen müssen. Wäre die Machtergreifung nicht geglückt und hätte die Demokratie wieder Fuß gefaßt, hätte sich die Argumentation der Luftschutzbewegung entsprechend anpassen können. Die Janusköpfigkeit der Propaganda ließ alle Wege offen. Das Nebeneinander von rational-humanen und militärisch-kampfgeistigen Elementen zeugte von einem hohen Maß an staats- und machtpolitischer Flexibilität.

Ein dauerhaftes und grundsätzliches Umschwenken auf demokratische Grundwerte konnte man allerdings von den Verantwortlichen selbst dann nicht erwarten, wenn diese weiterhin den verbindlichen Grundkanon für das Gemeinwesen abgegeben hätten. Ihre Tätigkeit wäre für einen demokratischen Staat weiterhin eine große Belastung gewesen.

Die eigentlichen Ziele offenbarten sich unter anderem in der Frage der Arbeiter und Arbeitslosen[182]. Insbesondere auf letztere hatte man es abgesehen. Diese wurden gemäß dem 1931 gesetzlich eingeführten freiwilligen Arbeitsdienst zum Teil in Arbeitslagern erfaßt. In der Luftschutzbewegung sah man einen Ansatzpunkt zur Beförderung der eigenen Ziele. Es wurde der Hoffnung Ausdruck gegeben, eine

---

Buchfinks, in: LSchNBl, 7/1932, S. 101–103. Das folgende Zitat, ebd., S. 103. Rothe, Chemischer Krieg, S. 55.
[180] Waldschmidt, Luftschutzbewegung in Schlesien, S. 231.
[181] Ebd.
[182] Zum Folgenden: Schmehl, Luftschutz und Arbeitsdienst.

größere Anzahl von Angehörigen der Unterschichten massiv zu beeinflussen, wenn man mit Behutsamkeit und Taktgefühl vorging. Die vom Ausland drohende Gefahr und die furchtbaren Konsequenzen von Bombenangriffen auf eine unvorbereitete Zivilbevölkerung sollten im Rahmen des Unterrichts in den Arbeitslagern demonstriert werden. Weiterhin sollte der zivile Nutzen des Luftschutzes (Brandsicherheit, Auflockerung und Säuberung der Wohngebiete etc.)[183] gezeigt und dann zu praktischen Übungen übergegangen werden:

»Hat man diese Menschen so weit, daß sie eine Gasmaske in die Hand nehmen können, ohne sofort an die ihnen eingetrichterten Schlagworte vom ›imperialistischen Krieg‹, ›organisierten Massenmord‹ denken zu müssen, dann ist schon viel gewonnen.«

In diesem Zusammenhang wurden auch massive sozialpolitische Vorstellungen für die langfristige Umgestaltung des wirtschaftlichen und gesellschaftlichen Lebens entwickelt. Dahinter standen die Grundforderungen der politischen Rechten nach Reagrarisierung der Nation zum Abbau und zur dauerhaften Ausschaltung der Arbeitslosigkeit. Die Arbeitslosen sollten, anstatt dem Staat zur Last zu fallen, auf dem Lande ihren Lebensunterhalt bestreiten[184]. Für dieses Ziel wollte sich auch die Luftschutzbewegung stark machen. Die hohe Vernichtungskapazität der modernen Bomberflotten erlaubte es ohnehin nicht mehr, daß sich die Bevölkerung vorwiegend in Ballungszentren, in Städten, aufhalte.

»Das Gesetz des Luftkrieges fordert [...] nicht nur einen Umbau der großen Massensiedlungen, sondern auch einen Umbau der wirtschaftlichen Struktur[185].«

Die Maßnahmen im Rahmen des Luftschutzes und die wirtschaftlichen Notwendigkeiten würden sich in idealer Weise ergänzen. Man habe eine

»Entproletarisierung der Volksmassen«[186]

anzustreben.

Durch die systematische Umsiedlung von Millionen von Menschen als Bauern oder Handwerker auf das Land ließen sich, so behauptete man, einerseits die politisch, sozial und hygienisch ungesunden Verhältnisse in den Großstädten beseitigen und andererseits die Anforderungen des Luftschutzes umfassend erfüllen. Als Idealbild stellte man sich aufgelockerte Kleinsiedlungen vor, in denen politisch gleichgerichtete und gesund lebende Familien ihrem Tagewerk nachgingen. Kriegsvorbereitung und soziale Umgestaltung sollten Hand in Hand gehen.

Derlei Projekte blieben allerdings Zukunftsmusik. Der Luftschutz mußte zunächst einmal praktische Aufbauarbeit direkt am Volke leisten, denn dieses zeigte sich realiter ganz und gar nicht von dessen Sinn und Nutzen überzeugt. Daher mußte zunächst einmal eine umfassende öffentliche Kampagne ins Werk gesetzt werden. Ab 1930 unternahm man massive Schritte in diese Richtung.

---

[183] Zu dieser Argumentationslinie vgl. auch Roskoten, Ziviler Luftschutz, S. 51.
[184] Für die DNVP: Dörr, Deutschnationale Volkspartei, S. 336 f.; auch Mommsen/Franz, Deutsche Parteiprogramme, S. 89. Zu den radikalen Grundforderungen der Völkischen vgl. Sontheimer, Antidemokratisches Denken, S. 166 f.
[185] Großkreutz, Staatspolitische Bedeutung, S. 23. Vgl. auch Hampe, Presse, S. 16; Giesler, Luftkrieg, S. 94; Rothe, Chemischer Krieg, S. 54; Roskoten, Ziviler Luftschutz, S. 52 f.
[186] Großkreutz, Staatspolitische Bedeutung, S. 24.

Dabei gingen praktisch-technische Vorbereitung und Propaganda Hand in Hand. Man veranstaltete in steigender Anzahl Kundgebungen, Rundfunksendungen und Vorträge[187]. Außerdem erschienen zahlreiche Presseartikel. In Kinos wurden Dias gezeigt, ferner war man mit Ständen auf Ausstellungen vertreten.

Ein nicht geringes Aufsehen erregten die Luftschutzlehrtrupps des ehemaligen Freikorpsführers Roßbach, die aus dem ehemaligen Jugendbund Ekkehard hervorgegangen waren und nun von Stadt zu Stadt zogen, um mit Vorträgen und praktischen Demonstrationen vor den Gefahren des Bomben- und Gaskrieges zu warnen[188].

Vor allem aber erwiesen sich Luftschutzübungen als geeignetes Mittel, um die Bevölkerung anzusprechen. 1931 und 1932 wurde eine erhebliche Anzahl derartiger Veranstaltungen durchgeführt. So etwa in Bremen[189], Cuxhaven[190], Detmold[191], München[192], Swinemünde[193], in den Gebieten an der Nordsee[194], in der Provinz Ostpreußen[195] und in Nachterstedt[196]. Die Übungen hatten im allgemeinen einen eher demonstrativen Charakter[197]. Wirklich eingesetzt wurden nur die bereits existierenden Hilfseinheiten von Feuerwehr, TN oder Rotem Kreuz. Teilweise hielt man nur Rahmenübungen ab, um den Ausbildungsstand des Flugmelde- und Warndienstes zu überprüfen. Hausbewohner nahmen nur selten teil. Man bezog die Bevölkerung dennoch in die Veranstaltungen ein, denn meist wurde zusätzlich zu den praktischen Tätigkeiten eine örtliche Propagandakampagne gestartet. Die Einwohner wurden als Zuschauer zugelassen und Persönlichkeiten der Reichsverwaltung, der Länder und des Militärs eingeladen. Teilweise wandten sich Verantwortliche nach Abschluß der Darstellungen mit mahnenden Worten an die Öffentlichkeit.

Als unterstützendes Element wurden unter anderem Luftschutzvorträge gehalten. Außerdem richteten örtliche Geschäfte des Einzelhandels zu den Übungen spezielle Schauecken ein, in denen Artikel zum Luftschutz, so z.B. die neuesten Buchpublikationen, angeboten wurden. Eine besondere Maßnahme stellte die Aufstellung von Bombenattrappen in der Innenstadt dar.

---

[187] Zum Folgenden vgl. die Dokumentensammlung in: BA-MA, RL 4/313. Vgl. zusammenfassend Aus der Luftschutzbewegung; Waldschmidt, Luftschutzbewegung in Schlesien. Ausführliche und zahlreiche weitere Informationen über die praktische Propagandaarbeit im LSchNBl, Jg. 1931 und 1932. Als Beispiel für einen der zahlreichen öffentlichen Aufrufe für den LS: Nachtausgabe von Wolff's Telegraphisches Büro, 83. Jg., Nr. 2604; Sitzung und Aufruf der Berliner Ärztekammer zu Gasgefahr, in: BA-MA, R 43 II/1295 (5.12.1932).
[188] Roßbach, Mein Weg, S. 120 f.; vgl. auch Heines, Luftschutz, S. 230 f.; Haag, Reichswehr (II), S. 165.
[189] 21.6.1931, LSchNBl, 8/1931, S. 119.
[190] 24.7.1931, ebd.
[191] 17./18.9.1931, ebd., 12/1931, S. 198–201.
[192] Oktober 1931, ebd., 11/1931, S. 186.
[193] 16.3.1932, ebd., 4/1932, S. 60 ff.
[194] 24.–26.5.1932, ebd., 6/1932, S. 95 ff.
[195] 23.–25.6.1932, ebd., 7/1932, S. 112 f. Vgl. auch einen Großnebelversuch zur Tarnung von Luftzielen in Ostpreußen am 27.5.1929 mit großem Presseaufwand, BA-MA, R 43 II/1295.
[196] 18.9.1932, LSchNBl, 10/1932, S. 45 ff.
[197] Zum Folgenden vgl. zusammenfassend auch Aus der Luftschutzbewegung.

Die Veranstaltungen waren durchweg gut besucht, da sie unterhaltsame Einsatzdemonstrationen boten und in ihrem Verlauf teilweise spektakuläre technische Effekte gezeigt wurden. So kamen Tausende zu der Übung im Münchner Sportstadion.

Der Zweck der Propaganda war allenthalben der gleiche. Man wollte die Bevölkerung dazu bringen, sich der Luftgefahr bewußt zu werden, ohne es zu Panik oder innenpolitischem Aufruhr kommen zu lassen. Es wurde darauf hingearbeitet, ein gesundes Verhältnis zu den Möglichkeiten des modernen Luftkrieges zu gewinnen[198].

Hier lag einer der entscheidenden Kernpunkte der propagandistischen Tätigkeit: Die Wirkung sämtlicher moderner Kampfmittel ließ sich nach Ansicht der Luftschutzbewegung bewältigen, wenn nur die Bevölkerung diszipliniert auftrat. Gerade dies aber mußte erst gewährleistet werden.

Immer stand die angebliche oder reale Angst vor einem neuen »Dolchstoß« im Hintergrund, dies gekoppelt mit Furcht und Haß gegenüber den Nachbarn Deutschlands. Dabei agierte man nicht nur gegen die westlichen Staaten, wie etwa das vergleichsweise hochgerüstete Frankreich, sondern insbesondere auch gegen Nationen im Osten.

In diesem Rahmen kam es gelegentlich zu spektakulären Aktionen. So richtete der ostpreußische Provinziallandtag im März 1930 einen »Notschrei« an die Landes- und Staatsregierung in Berlin, angesichts der großen Bedrohung durch die polnische Luftwaffe endlich wirksame Luftschutzmaßnahmen zu ergreifen. Polnische Flieger hätten mehrfach die Grenze überflogen und bei der Bevölkerung

»Erinnerungen an die Verwüstungen ostpreußischer Erde in den Kriegsjahren 1914 und 1915 geweckt«[199].

Für die praktische Vorbereitung der Bevölkerung hatte man eine Strategie entwickelt, die Propaganda, Übungen und den materiellen Schutz kombinieren sollte. Technische Maßnahmen und psychologische Wehrhaftmachung sollten in zwei reziproken Schritten erfolgen. Zunächst sollte das Volk mit den drohenden Gefahren bekannt gemacht, dann zu konkreten Maßnahmen bewegt werden. »Zuerst Aufklärung, dann Schutz und Abwehr[200].« Das vorläufige Endziel bestand darin, daß jeder sich im Ernstfall richtig verhalten könne und einen Platz in einem Schutzraum besitze (möglichst im eigenen Hause)[201]. Habe man die nötigen Maßnahmen getroffen und einen ausreichenden Ausbildungsstand erreicht, würden die Bewohner im Ernstfall ruhiger und beherrschter reagieren. Dies wiederum trüge zur Festigung und Erhöhung der Schutzwirkung bei. Real geschaffene Sicherheit und das Gefühl der Sicherheit sollten einander gegenseitig bedingen. Das alles entscheidende Ziel war, Panik zu verhindern. Das Überleben im Ernstfall hänge wesentlich von der »strenge[n] Einhaltung der Gasdisziplin«[202] ab. Um dies zu gewährleisten, sei für jedes Haus ein Führer (Gas- oder Luftschutzwart) zu be-

---

[198] Flugmelde- und Warnübung der Nordsee, S. 99; zusammenfassend LSchNBl, 8/1931, S. 119.
[199] Ebd., 6/1931, S. 93 f. Zu diesem Thema allgemein vgl. auch Gasschutz und Pazifismus, S. 64.
[200] Gasschutz und Pazifismus, S. 65.
[201] Blau, Gasschutzkeller, S. 132.
[202] Blau, Fortschritte, S. 48.

stimmen, der »Umsicht, Tüchtigkeit, Vertrauenswürdigkeit, Geschicklichkeit und Beliebtheit«[203] besitzen müsse. Die Bewohner hätten sich bei einem Angriff vertrauensvoll seiner Leitung unterzuordnen.

Die praktischen Vorkehrungen im Frieden und die Schutzmaßnahmen im Krieg seien schon mit sehr einfachen Mitteln in zufriedenstellender Weise zu bewerkstelligen[204]. Gasmasken sollten nicht an die gesamte Bevölkerung ausgegeben werden[205]. Der Aufwand hierfür sei zu groß; außerdem genüge der Aufenthalt in entsprechend ausgestatteten Räumlichkeiten (Kollektivschutz). Eine persönliche Ausrüstung sollten nur die Mitglieder der aktiven Einwohnerschaft erhalten, also diejenigen, denen bei einem Angriff dienstliche Verpflichtungen im Luftschutz oblagen (Beamte aller Art, Hilfstrupps, Gaswarte etc.)[206].

Die Umsetzung all dieser Maßnahmen betrachtete man als langwieriges und nicht einfach zu lösendes Problem. Bei den Übungen offenbarten sich noch große Mängel im Ausbildungsstand der beteiligten Organisationen[207]. Man sei – so wurde betont – erst am Anfang. Hemmschuhe erblickte man unter anderem in der herrschenden Finanzknappheit und den teilweise noch erheblichen technischen Unzulänglichkeiten[208]. Bei der Einbeziehung der Zivilbevölkerung war man über die ersten Ansätze nicht hinausgelangt[209]. Die Verantwortlichen erwarteten, daß noch viele Übungen folgen müßten, »bis der Luftschutz dem ganzen Volke zu eigen geworden ist«[210]. Unter den gegebenen Verhältnissen hielt man es allerdings für ratsam, sich nicht allzu schnell auf radikalere Methoden zu verlegen[211].

Wirklich kritische Stimmen erhoben sich aus der Luftschutzbewegung jedoch nur selten. Und auch dann wurden nur sachliche Einzelprobleme behandelt[212]. Sinn und Zweck des Luftschutzes stellte niemand grundsätzlich in Frage.

Die Hauptorganisationen für den Luftschutz, die beiden großen Verbände, DLS und die am 14. August 1931 gegründete DLL[213], gestalteten ihre Propaganda

---

[203] Blau, Gasschutzkeller, S. 133.
[204] Abdichten der Kellerfenster, Anlegen einer behelfsmäßigen Gasschleuse vor dem Werkzeug, Erstellung einer Schutzraumordnung u.a. Vgl. Blau, Gasschutzkeller, S. 133 ff., und ders., Gaswart.
[205] Die Vorgabe wurde wie in Britannien im Laufe der 30er Jahre revidiert. Siehe unten, S. 347 f.
[206] Blau, Gasschutzkeller, S. 133; Roskoten, Ziviler Luftschutz, S. 32–34. Für den Brandschutz vgl. Luftschutzmerkblatt Nr. 2, Der Schutz gegen Brandbomben, Verlag Offene Worte; (wohl 1932). GStA, Rep. 151, Nr. 3635, Bl. 79–81. Dort auch zwei weitere Luftschutzmerkblätter desselben Verlags (Nr. 1 »Brisanz« und Nr. 2 »Gas«).
[207] Vgl. etwa Flugmelde- und Luftschutzübung Ostpreußen, S. 112.
[208] Geleitwort zu Roskoten, Ziviler Luftschutz, S. 52 f.; Giesler, Luftkrieg, S. 93 f.; Hampe, Presse, S. 16; Flugmelde- und Warnübung der Nordsee, S. 96–98; Luftschutzübung in Swinemünde, S. 61 f.
[209] Ebd. Zusammenfassend Waldschmidt, Luftschutzbewegung in Schlesien, S. 232.
[210] Flugmelde- und Luftschutzübung Ostpreußen 1932, S. 115.
[211] Ebd., S. 231. Vgl. auch Flugmelde- und Warnübung der Nordsee, S. 95 f., 99; Praktische Erfahrungen, S. 181–184; Blau, Gaswart, S. 189 ff.
[212] Vgl. etwa Wirth, Irrtümer.
[213] Es gab auch eine Frauenorganisation unter den Luftschutzverbänden, den sog. Deutschen Frauen-Luftschutzdienst, Anfang 1932 gegründet. Dieser war jedoch kein Verein im eigentlichen Sinne, sondern eine Auskunftsstelle. BA Berlin, R 2301/37571. Über seine Ziele und Methoden konnte im hier gegebenen Rahmen nichts Näheres herausgefunden werden.

im wesentlichen so, wie der DLS sie in den 20er Jahren begonnen hatte[214]. Der DLS berichtete, daß er von Anfang an zwischen zwei Fronten gestanden habe. Auf der einen Seite habe man die »pazifistische Greuelpropaganda« korrigieren und auf der anderen übertriebene Darstellungen angeblich wunderbarer Schutzmöglichkeiten ins rechte Licht rücken müssen. Dazu sei teilweise gezielte Fehlinformation in bezug auf die Möglichkeiten des Völkerbundes zur Knebelung Deutschlands gekommen.

»Infolge dieser Propaganda wurde das wichtige Gebiet des Luftschutzes damals nicht sachlich bearbeitet, sondern war der Tummelplatz parteipolitischer Agitation.«

Die politische Rechte habe anfangs die innenpolitische Gefahr als so groß erachtet, daß sie lieber schwieg.

Den Beteiligten stellten sich die Sammlung und Zusammenfassung der ganzen Nation angesichts der drohenden Gefahren als überaus vernünftig und rational geboten dar. Daß sich hinter der immer wieder propagierten Sachlichkeit und Vernunft auch eine radikale Existenzkampfideologie mit stark charismatischem Zuschnitt verbarg, die eine legal-rationale Herrschaftsordnung demokratischer Prägung als praktikables Modell mehr oder weniger ausschloß, thematisierte man nicht. Inwieweit die Verantwortlichen sich dieses Widerspruchs bewußt waren, müßte durch eine Spezialuntersuchung unter Einbeziehung von Nachlässen noch beleuchtet werden.

Die DLL unterschied sich in ihren grundsätzlichen Anliegen nur wenig vom DLS[215]. Die zwei entscheidenden Elemente, Überparteilichkeit und Sachlichkeit, wurden ebenso betont wie beim DLS. Die Forderungen der Liga zielten allerdings in größerem und direkterem Maße auf die Bildung einer nationalen Einheitsfront, als dies beim DLS der Fall war, und trugen auch einen stärkeren politischen Charakter. Den Vorbereitungen gegen die Luftgefahr wies man recht offen als konkrete Funktion die Einigung der in sich zerstrittenen Nation zu.

Beide Verbände betonten nachdrücklich, unbedingt mit der Reichsregierung zusammenarbeiten zu wollen und erst immer um Rat in Berlin zu fragen, bevor größere Schritte unternommen würden. Das öffentliche Postulieren der Einigkeit wurde jedoch rasch durch die organisatorischen Zerwürfnisse konterkariert. Die Widersprüche in der Frage der Überparteilichkeit und der angestrebten Überwindung des Parteienchaos traten erneut an die Oberfläche[216]. Nach Gründung der DLL begann der DLS sofort mit einer Kampagne gegen die neue Konkurrenzorganisation. Man veröffentlichte ein Pamphlet, in dem man die Liga der sachlichen Unfähigkeit bezichtigte. Der neue Verein betreibe außerdem nur unnötige »Vereinsmeierei« und »Eigenbrödelei«, die den Luftschutz gefährde. Die DLL, die sich um Unterstützung beim Ring Deutscher Flieger bemüht hatte, wehrte sich mit

---

[214] Zum Folgenden vgl. BA-MA, R 43 II/1295, 1.11. und 22.12.1930, Korrespondenz RIM – DLS. Bericht des DLS.

[215] Zum Folgenden: BA Berlin, R 601/1324, und BA-MA, R 43 II/1295, DLL am 14.8.1931 an den Reichspräsidenten; BA-MA, R 43 I/726, 18.8.1931, Gründungsanzeige der DLL an die Reichskanzlei; BA Berlin, R 601/1324, DLL am 18.2.1932 an Meißner.

[216] Zum Folgenden: grundsätzlich BA-MA, RL 4/313, Berichte, Zeitungsausschnitte, Pamphlete und Korrespondenz vom 30.9.1931 bis Januar 1932.

eigenen Verlautbarungen und betonte, der DLS habe sich mit seinem Flugblatt bei allen großen Volksorganisationen, den Parteien und der Industrie nur selbst geschadet. Schließlich meldeten sich die NSDAP und der Stahlhelm zu Wort und bezogen Stellung gegen die DLL. Der Luftschutzsachbearbeiter der Nationalsozialisten, Josef Seydel, veröffentlichte im Dezember einen Artikel im Völkischen Beobachter, in dem er in auffälliger ideologischer Zurückhaltung die DLL der Anbiederung und des Dilettantismus bezichtigte. Es genüge nicht, wenn sich einige Oberbürgermeister und Minister a.D., die keine Ahnung von Kriegsvorbereitungen hätten, zusammentäten. Zudem habe man die DLL erst jetzt, nachdem der Luftschutz populär sei, gegründet. Vor Jahren, als er unpopulär war, habe man nichts unternommen. Nun wolle man seine eigenen Vorteile ziehen, ohne wirkliche Sacharbeit geleistet zu haben. Die DLL sei letztlich nichts anderes als ein »Stammtisch« oder ein »Kakteenverein«[217].

Eine Aussprache zwischen Vertretern beider Vereine am 23. Oktober im RMI führte zu keiner Einigung. Statt dessen warfen sich die Repräsentanten – vom DLS Dr. Haeuber, von der DLL Fritz Geisler, eine höchst zwielichtige rechtsradikale Gestalt im politischen Kampf der 20er Jahre[218] – parteipolitische Agitation vor.

Obwohl das Diktum der Überparteilichkeit eine Conditio sine qua non für alle Beteiligten darstellte, hatten sie offensichtlich Schwierigkeiten, die damit in Verbindung stehenden Anforderungen zu erfüllen. Dies spiegelte die konkrete Unfähigkeit bzw. den fehlenden Willen zur Selbstregelung der Organisation und der Propaganda unter gegenseitiger Respektierung wider und begünstigte somit allein schon vom praktischen Gesichtspunkt aus die Ingangsetzung autoritärer Lösungen, wie sie 1931/32 unter dem Druck des RMI zustandekam[219]. Erst danach trat ein gewisser Gleichklang ein. Die Reichsregierung und ihre Verwaltung hatten das Heft fest in der Hand. Bemühungen, den Luftschutz aus dem Regierungsapparat auszugliedern, wie dies Krohne 1927/28 versucht hatte, gab es ebenfalls nicht mehr. Die vom RMI geforderte Tendenz zur Vereinheitlichung zielte selbstverständlich auf eine Vereinigung beider Organisationen, die dann am 13. Juni 1932 auch erfolgte. DLL und DLS verschmolzen zum Deutschen Luftschutz Verband

---

[217] Die sog. Vereinsmeierei, die gern als typisch deutsches Phänomen bezeichnet wird, scheint tatsächlich ein gewisses Element im politisch-sozialen Leben gewesen zu sein. So kam es anläßlich einer Gasmaskenaktion des Allgemeinen Hausfrauen-Rabatt-Sparvereins Berlin, bei der man behauptet hatte, man sei ein »Spitzenverein« mit Unterstützung der Reichsregierung, zum Streit mit dem Dachverband der deutschen Rabattvereine. Die Regierung sah sich veranlaßt, sich in der Öffentlichkeit vom Allgemeinen Hausfrauen-Rabatt-Sparverein Berlin zu distanzieren. Das Verhalten der Rabattvereine in dieser eher lächerlichen Posse hat durchaus Parallelen zu den ernsthaften Bemühungen Krohnes, einen Teil der Landesverteidigung unter seine Kontrolle zu bekommen. BA-MA, R 43 I/726, mehrere Schreiben von Hausfrauen- und Rabattvereinen an Reichskanzlei und RWM, alle 1931.
[218] Zu Geisler siehe unten, S. 306 f.
[219] Zum Folgenden siehe oben, S. 129 f., und BA Berlin, R 36/2704 sowie R 2/32066, RMI am 4.1.1932 an die Reichsressorts, Deutsche Reichsbahn-Gesellschaft, Innenmin. der Länder, TN, Deutscher Städtetag; und BA Berlin, R 36/2704, Pr.MI am 26.1.1932 an die Oberpräsidenten, den (preuß.) Regierungspräsidenten und den Polizeipräsidenten in Berlin.

(DLSV)[220]. In dessen Präsidium waren wiederum alle Bürgermeister der großen Städte und darüber hinaus etliche ehemalige hochrangige Regierungsmitglieder, unter anderem auch Krohne, vertreten. Der DLSV stellt den unmittelbaren Vorläufer des Reichsluftschutzbundes (RLB), der nationalsozialistischen Luftschutzorganisation, dar. Der RLB wurde im April 1933 unter maßgeblicher Mitarbeit hoher Vertreter von NSDAP, Stahlhelm, Kyffhäuserbund und Krohne als Vertreter des aufzulösenden DLSV ins Leben gerufen. Wie seine Vorgänger sollte der RLB fest unter der Kontrolle des zuständigen Ministeriums, zu dieser Zeit bereits das RLM, stehen.

Der staatliche Verwaltungsapparat vor 1933 hatte durch sein Eingreifen zwar die Hauptagitatoren an die Kandare genommen, sich damit aber keineswegs einen umfassenden Einfluß über die Propaganda verschafft. Der Luftschutz wurde bereits vor 1933 zum Tummelplatz aller Arten von rechten und rechtsradikalen Organisationen, die in gewisser Weise die institutionelle Anarchie der nationalsozialistischen Herrschaft vorwegnahmen. Es erwies sich selbst für die Regierung als nicht einfach, den Überblick zu behalten. Fast jeder wichtige Wehrverband, auch diejenigen, die sich die Neuerweckung des urdeutschen Kampfgeistes als Basis für die Umgestaltung von Staat und Gesellschaft nach militärisch-heroischen Grundsätzen auf die Fahnen geschrieben hatten, fühlte sich berufen, den Luftschutz zu propagieren. Die entsprechenden Organisationen wandten sich mit ihrer Propaganda nicht an die gesamte Bevölkerung, sondern nur an Teile von ihr und konnten daher weit offener agieren als die Luftschutzvereine. Ihre Anhänger und Klientel waren meist rechtsradikale Elemente, häufig Frontkämpfer.

So wandte sich der Kyffhäuserbund im Frühjahr 1931 an das RMI, um Auskunft über die bereits getroffenen Luftschutzmaßnahmen zu erhalten[221]. Man verwies darauf, daß es wegen der Luftgefahr und der fortgesetzten Diskussionen um den Luftschutz bereits zu einer erheblichen Beunruhigung in der Organisation gekommen war. Da die Reichsregierung an greifbaren praktischen Maßnahmen allerdings zunächst nur wenig unternahm und sich auf die organisatorische Grundlagenarbeit beschränkte, entwickelte der Kyffhäuserbund ein eigenes Arbeitsprogramm. Das Papier, das man sich wohlweislich vorher vom RMI hatte wenigstens grundsätzlich genehmigen lassen, erschien im August im Kyffhäuser-Führungsblatt, dem Organ des Verbandes[222]. Bereits im Juli 1932 hatten sich zahlreiche Wehrverbände, darunter auch der Kyffhäuserbund, zu einem Aufklärungsausschuß für nationale Sicherheit zusammengeschlossen, der der Wiederaufrüstung und der Mobilmachung Deutschlands dienen sollte.

Die allgemeinen Legitimationen, die das Programm in völkerrechtlicher und militärstrategischer Hinsicht bot, wichen zunächst nur wenig von der Generallinie ab und wiesen die üblichen Stereotypen auf: Bedrohung durch die Nachbarn,

---

[220] BA-MA, RL 4/313, 13.6.1932; vgl. auch BA Berlin, R 2/32066, und BA-MA, R 43 II/1295, RMI am 13.6.1932 an die Reichsressorts und die Innenminister der Länder.
[221] BA-MA, R 43 I/726, 21.4.1931, Deutscher Reichskriegerbund Kyffhäuser an Reichskanzlei.
[222] Zum Folgenden: BA-MA, RH 2/2253, Kyffhäuser-Führerblatt, hrsg. von der Bundesleitung des Deutschen Reichskriegerbundes »Kyffhäuser«, Nr. 4, August 1932, mit Schreiben Chef der Heeresleitung T.A. Nr. 1272/32 vom 7.9.1932.

Wehrlosigkeit Deutschlands, Versagen des Völkerrechts, Bombenkrieg als Volkskrieg.

Die staatspolitischen Folgerungen hieraus wurden jedoch anders gewichtet als bei den Luftschutzvereinen. Eine Notwendigkeit zur sachlichen und ruhigen Aufbauarbeit und der Anwendung einer entsprechenden Propaganda wurde kaum gesehen. Statt dessen hob man in vehementer Weise auf die nationale Geschlossenheit und das Führertum ab und unterstrich die staatspolitische Bedeutung des Krieges als »nationaler Einiger«. Das Postulat, daß Bomben keinen Unterschied zwischen Parteien und Weltanschauungen machten und deshalb das Parteiengezänk keinerlei Berechtigung habe, vermischte man mit der Ideologie des deutschen Kämpfertums und propagierte dabei bereits ansatzweise den Führergedanken. Der für militante und totalitäre Organisationen typische Aktionismus – notfalls unter Ignorierung institutioneller Zuständigkeiten – kam dabei an die Oberfläche:

»An der richtigen Stelle und im richtigen Augenblick ist unbedingtes rücksichtsloses Durchgreifen erforderlich, wozu allerdings nur fähige Führer in der Lage sind. *Es ist jetzt an der Zeit, den Wehrgeist und Wehrwillen sich praktisch in unseren Vereinen auswirken zu lassen und vor allen Dingen unsere Jugend in den Dienst der Sache zu stellen.*«

Da angesichts der angeblich immer größeren und aktuelleren Gefahren in kürzester Zeit etwas geschehen müsse, verlangte der Kyffhäuserbund ein sofortiges Zupacken, um den Luftschutzgedanken »in kürzester Zeit Allgemeingut« werden zu lassen.

Die institutionelle Ausgangslage zur Umsetzung dieser Ziele war recht gut, denn der Kyffhäuserbund besaß bereits flächendeckende Territorialstrukturen. Als Hauptaufgabe sah man die Propaganda an und gedachte, dafür die bestehenden Vereinsstrukturen zu nutzen. Geplant war, über das interne Verteilungssystem Propagandamaterial in größter Vielfalt (Filme, Dias, Vorträge, Plakate, Aufrufe, Schautafeln etc.) bis in die letzten Winkel der Provinz zu tragen. Dazu sollten auch Schulungskurse dienen. Auf allen höheren Führungsebenen des Bundes war ein Luftschutzobmann zu ernennen. Nach den gleichen Propagandastrukturen wurde ab 1933 im wesentlichen auch der nationalsozialistische RLB aufgebaut. Dies ist letztlich kein Zufall, da der Kyffhäuserbund eine der Organisationen war, die bei der Gründung des RLB Pate standen.

Für die Bewertung aus Sicht der staats- und gesellschaftspolitischen Vogelperspektive ist entscheidend, daß die intern formulierten Ziele des Kyffhäuserbundes nicht im Einklang mit der offiziell proklamierten Unterordnung unter die vom RMI aufgestellten Grundsätze standen, auch wenn der Bund versprach, die Zuständigkeiten der Behörden grundsätzlich anzuerkennen, und sich verpflichtet hatte, in der bestehenden Luftschutzorganisation unter Leitung des RMI loyal mitzuarbeiten. Die offene Propagierung des deutschen Kämpfertums und des Führerprinzips auf der Basis notfalls »rücksichtslose[m] Durchgreifen« als ideologisch-propagandistische Grundlage widersprachen der Respektierung der administrativen Zuständigkeiten und der Verpflichtung zur Integration in das bestehende Verwaltungsgerüst der Reichsregierung unter Beachtung der technisch-organisatorischen Rationalität. Alle Verweise, die man in der praktischen Aufbau- und Überzeugungsarbeit in diese Richtung machte, waren letztlich taktische Zugeständnisse ohne Rückbindung an die eigenen politisch-ideologischen Handlungsprinzipien. Die aktive Einbringung der organisatorischen und propagandistischen Macht des Kyffhäuserbundes in die Luftschutzorganisation hätte in der bestehenden Herrschaftsordnung langfristig zu unüberbrückbaren Konflikten geführt. Wie noch zu zeigen sein wird, hielt der Verwaltungsapparat in Großbritannien genau aus diesen Gründen zu den auch dort tätigen Wehrverbänden Distanz.

Eine weitere, organisatorisch allerdings vorwiegend elitär-reaktionäre Organisation, die sich dem Luftschutz widmete, war der Deutsche Offizier Bund, eine Vereinigung ehemaliger Offiziere der kaiserlichen Armee. Unter dem Motto »Alle Zeit treu bereit für des Reiches Herrlichkeit« war man angetreten, um das Soldatentum zu verherrlichen und die republikanisch-demokratische Idee mit allen Mitteln zu desavouieren. Man beklagte vor allem, daß Krieg und Politik nicht mehr wie zu den Zeiten der großen Feldherrnherrscher, vor allem Friedrichs des Großen und Napoleons, in einer Hand lagen, sondern nunmehr getrennt seien und dem schädlichen Einfluß des Parlamentarismus unterlägen. Dabei seien Krieg und Politik doch von ähnlicher Natur.

»Denn der Krieg ist Politik und die Politik ist Kampf.«

Nun aber unterläge man einer ständigen »Verhetzung« der Heimat, wobei dem »lästigen Impediement eines Parlamentarismus« die Hauptverantwortung zukomme[223]. Die Nähe zu Ludendorffs Gedankenwelt ist unübersehbar.

Der Luftschutz wurde in typischer Weise in diese Frontstellung eingebunden. Die entsprechenden Artikel zielten letztlich auf die umfassende Mobilmachung und Wehrhaftmachung der Zivilbevölkerung. Vor allem Großkreutz, der schon in der allgemeinen Luftschutzbewegung an prominenter Stelle tätig geworden war, zeichnete für die entsprechende Propaganda verantwortlich[224]. Er vermischte auch hier die üblichen humanitär-sachlichen Argumente in bezug auf die Wehrlosigkeit Deutschlands, die völkerrechtlichen Unzulänglichkeiten[225] und das Interesse »unserer schutzlosen Frauen und Kinder« mit der Forderung, eine allgemeine Kampfgemeinschaft zu schaffen.

Letztere erfuhr im Vergleich zur Propaganda der offiziellen Luftschutzbewegung eine erheblich stärkere Akzentuierung. Den französischen General Niessel, der von allen einschlägigen Autoren der deutschen Luftschutzbewegung als ausländischer »Standardsteinbruch« für die staatspolitische Legitimation benutzt wurde, zitierend, verlangte Großkreutz, alle Völker müßten die Bombenangriffe mit »männlicher Standhaftigkeit« ertragen können und dabei »größten Stoizismus und größten Scharfsinn« aufbringen.

»Dies alles ist Sache einer vorausschauenden Erziehung. Diese Erziehungsarbeit ist das Gebot der Stunde; wenn wir sie leisten, wird unser Volk den Gewittersturm zu ertragen wissen.«

---

[223] Parlamentarismus und Kriegführung.
[224] Zum Folgenden vgl. Großkreutz, Luftschutz und Deutschland.
[225] Dazu auch: Ist die Zivilbevölkerung in einem Kriege vor Beschießung völkerrechtlich geschützt?

Großkreutz reicherte diese Postulate mit den Schlachtenerfahrungen des Ersten Weltkriegs und den daraus resultierenden taktischen Prinzipien für die militärische Kriegführung an. Genauso wie sich die Truppen im modernen Krieg in kleine Bunkergruppen aufteilen müßten, um so dem konzentrischen Vernichtungsfeuer der feindlichen Artillerie zu entgehen, müsse die Zivilbevölkerung sich dezentralisieren. Die Gesetze des Krieges träfen auch und insbesondere
»für die Gefechtsfelder des Luftbombenkrieges, für die Großstädte und Industriezentren zu«.
Die praktisch-technische Aufbauarbeit definierten Großkreutz und der Deutsche Offizier Bund weiter unter dem Diktum von Vernunft und Sachlichkeit. Man sah es als wichtige Voraussetzung an, der Zivilbevölkerung kein falsches Sicherheitsgefühl zu geben, sondern sie über die Gefahren mit Vernunft aufzuklären. Dazu gehörte der Verweis, daß ein hundertprozentiger Schutz nicht möglich sei. Dementsprechend trat man auch allen Behauptungen, die von der Möglichkeit eines Vollschutzes sprachen, energisch entgegen. Sich von ihnen leiten zu lassen, würde im Ernstfall zu einem Blutbad infolge nicht gerechtfertigter Sorglosigkeit führen. Eine falsche psychologische Einstellung schwäche die moralische Widerstandskraft des Volkes[226]. Die von den Nationalsozialisten später zum wehrhaften Grundprinzip erhobene Verbindung von unbedingtem Kampfeswillen einerseits und kühlem Handeln im Kampf selbst bzw. bei dessen Vorbereitung trat hier bereits klar zutage. Allerdings fand die Verehrung eines heldenhaften Führers noch nicht statt. Auch charismatische Volkstugenden, wie z.B. Fanatismus, wurden nicht propagiert.

Insgesamt läßt sich für den propagandistischen Bereich eine Janusköpfigkeit der Inhalte feststellen. Die Grenzen zwischen der allgemeinen Luftschutzbewegung und den im Luftschutz tätig werdenden Wehrverbänden waren dabei letztlich fließend. Die großen Luftschutzverbände hatten an Gemeinsinn, Vernunft und Sachlichkeit zu appellieren, da sie sich an die gesamte Bevölkerung wandten und gemäß den bis 1933 wenigstens formal gültigen demokratischen Spielregeln vorgehen mußten. Man hatte möglichst ideologiefrei zu agieren und den Eindruck zu vermeiden, man betreibe Nationalismus oder gar Militarismus. Die Wehrverbände, wie z.B. der Kyffhäuserbund, wandten sich nur an bestimmte, meist rechtsstehende Kreise der Bevölkerung und konnten es sich daher erlauben, ihre Propaganda weit stärker nach ihren ideologisch-charismatischen Inhalten auszurichten. Das urdeutsche Kämpfertum und der Frontsoldatenstaat standen recht unverhüllt auf ihren Fahnen. Leute wie Großkreutz und Hampe hoben zwar im Einklang mit den programmatischen Zielen insbesondere des DLS auf Menschlichkeit und Vernunft als angeblich verpflichtende Werte ab, verlangten aber zumindest in den letzten Jahren vor der Machtergreifung die Militarisierung der Bevölkerung auf der Basis des deutschen Kämpfertums derart vehement, daß die beiden ersteren Forderungen schließlich kaum mehr als taktische Verhüllungen darstellten. Inwieweit wenig-

---

[226] Vgl. dazu auch BA Berlin, R 2301/37571, mehrere kritische Artikel im Deutschen Offizier Bund zur Luftschutzübung in Ostpreußen 1930.

stens ein Teil der Mitglieder von DLL und DLS zumindest bemüht gewesen ist, beide Seiten zu realisieren, muß weiteren Untersuchungen überlassen bleiben.

Die auf Militär und Kampfgeist basierende Linie wurde vom nationalsozialistischen Luftschutz nach einer gewissen Zeit der Zurückhaltung dann auch übernommen und vollgültig im Sinne charismatischer Herrschaftspraxis ausgebaut. Den vor 1933 bereits existierenden geistigen Pool konnte man ab Mitte der 30er Jahre übernehmen und ideologisch auf Hitler als charismatischen Führer zuschneiden.

Die grundlegenden staatspolitischen Widersprüche in der Luftschutzbewegung wirkten sich auf die *praktischen* Primärforderungen beim Aufbau des Luftschutzes, d.h. bei der Vorbereitung der Häuser und der Ausbildung der Bevölkerung im einzelnen, eher wenig aus. Von beiden Perspektiven aus – sowohl der humanitär-rationalen als auch der kämpferisch-charismatischen – mußte der einzelne herangezogen werden. Man mußte sich in die Luftschutzorganisation eingliedern, sich ausbilden lassen und im Ernstfall seinen Teil beitragen, egal, ob man als ruhiger und vernünftiger Staatsbürger im Namen eines gemeinschaftlichen Vorgehens Hilfe und Humanität betrieb oder als kämpferischer Zivilsoldat, der im Notfall energisch zupacken konnte, innerhalb der deutschen Wehrgemeinschaft notfalls rücksichtslos durchgreifen würde, wenn es die Lage verlangte. Entscheidend war die Ein- und Unterordnung, dies jederzeit, sowohl im Frieden als auch im Krieg. Die technisch-sachlichen Notwendigkeiten sind im Grundsatz von der jeweiligen ideologischen Legitimation unabhängig. Dies gilt nicht nur für die Herrschaftsordnung in Deutschland, sondern auch für die britische und jede andere. In diesem Sinne lehnten fast alle Verantwortlichen, bezeichnenderweise auch die Luftschutzsachbearbeiter der NSDAP[227], »marktschreierische«, d.h. sensationalistische und dem Ernst der Sache nicht angemessene Propaganda und Panikmache bei der praktischen Aufbauarbeit ab. Entsprechende Propagandaaktionen, wie sie durchaus in nicht geringem Maße vorkamen, wurden kritisiert oder ignoriert[228].

---

[227] Siehe dazu unten, S. 299 ff. und 306 f.
[228] Vgl. hierzu die Reaktion auf die Schriften des Verlages E. Denckler. Sie waren in teils konvulsischem, teils lamoryantem, teils markigem Stil gehalten und propagierten eine Mischung aus Sachinformation und Horrorpropaganda, die sich in Luftschutzkreisen nicht durchsetzen konnte. Denckler selbst versuchte, durch Kontakte zum Büro des Reichspräsidenten in typischer Weise die nötige Legitimation für sein Treiben zu erhalten, und verfolgte dabei auch massive wirtschaftliche Interessen. Die Reaktion von dort blieb aber sehr distanziert. BA Berlin, R 601/1324, Verlag E. Denckler am 16.8.1931 an Büro Reichspräsidenten (Meißner), dgl. am 17.1.1933 und o.D. (eingeg. am 26.6.1933).

2. Großbritannien

a. Organisation in Theorie

Grundbedingungen britischer Zivilkriegsvorbereitungen bis Anfang der 30er Jahre:
»In-vitro«-Planung im Herzen des rationalen Verwaltungsapparates

Bereits etwa drei Jahre nach dem War to end all Wars begann man im britischen Regierungsapparat mit ersten Überlegungen hinsichtlich ziviler Vorbereitungen für den nächsten Luftkrieg. Ein spezieller Ausschuß (Committee)[229] machte sich Gedanken über die möglichen Gefahren künftiger Bombenangriffe gegen die Inseln und erstellte am 22. April 1922 dazu einen geheimen Bericht, in dem bereits wesentliche Grundannahmen für die spätere Luftschutzarbeit genannt wurden[230]. Im Mai 1924 konstituierte sich dann ein weiterer Ausschuß, das Air Raid Precautions Committee (ARPC), das in den nächsten fünf Jahren die theoretische Grundlagenplanung vornehmen sollte[231]. Unter dem Vorsitz des Permanent Under-Secretary for Home Affairs, Sir John Anderson, berieten Vertreter aller betroffenen Ministerien und führende Angehörige wichtiger staatlicher und gesellschaftlicher Institutionen über den Aufbau wirksamer Luftschutzmaßnahmen. Über die Ergebnisse berichtete der Ausschuß dem Committee of Imperial Defence (CID), dem obersten Gremium für die Kriegsplanung[232].

Das ARP Committee wurde, nachdem es im Jahre 1929 einen vorläufigen Gesamtbericht an das CID abgeliefert hatte, unter anderem Namen weitergeführt (Air Raid Precautions (Organization) Committee, ARPOC) und einem speziellen Strategieausschuß (Air Raid Precautions [Policy] Committee, ARPPC) unterstellt, in dem die zuständigen Minister saßen. Er sollte alle wichtigen und grundsätzlichen Entscheidungen zur Verfahrensweise in der Planung treffen sowie über die essentiellen Weichenstellungen für die allgemeine Strategie und Taktik befinden. Dazu zählte insbesondere auch die Frage der Propaganda und der psychologischen Vorbereitung der Zivilbevölkerung auf den Luftkrieg. Das ARPPC hatte seine Beschlüsse wiederum dem CID vorzulegen, das dann weiterberiet und ggf. dem Kabinett berichtete.

---

229 Die Verteidigungsorganisation Großbritanniens basierte im wesentlichen auf Ausschüssen, den »committees«. Die zentrale Institution war das Committee of Imperial Defence (CID), in dem der Premierminister und die für die zivile und militärische Kriegsplanung direkt zuständigen Minister saßen. Dieses Committee ernannte für die verschiedenen Planungsbereiche und Einzelaufgaben eine ganze Reihe von Sub-Committees, die ihrerseits wiederum entsprechende Unterausschüsse einsetzen durften. Alle Ausschüsse waren letztlich dem CID verantwortlich, das seinerseits nur dem Kabinett unterstand. Grand Strategy, Vol. I, S. 767–771. Auch die Planungen für den Luftschutz wurden bis Mitte der 30er Jahre gemäß diesem System organisiert. Dazu PRO, CAB 24/259, CP 30(36), 7.2.1936, Memo von Hankey zur Verteidigungsorganisation, Anlage: Strukturbaum der Committees, (Zur allgemeinen Situation des CID und seiner Unterausschüsse vgl. Memo, S. 2–10). Nähere Erläuterungen zum britischen Ausschußsystem für die Kriegsvorbereitungen können an dieser Stelle nicht gegeben werden. Vgl. hierzu Johnson, Defence.
230 PRO, CAB 46/3, ARP 3, S. 1 ff.
231 O'Brien, Civil Defence, S. 14.
232 Vgl. Anm. 229.

Das ARPOC ernannte zahlreiche Unterausschüsse zu den verschiedenen technischen, finanziellen und organisatorischen Aspekten des Luftschutzes. Darüber hinaus wurden wichtige strategische, propagandistische und auch soziale Probleme besprochen. Beide Ausschüsse, ARPOC und ARPPC, verrichteten ihre Arbeit fast ausschließlich im Geheimen und wurden, als man 1935/36 die Massenmobilisierung in Gang setzte, 1936 aufgelöst. Die ihnen obliegenden Aufgaben übernahm ein spezielles Air Raid Precautions Department des Innenministeriums.

Das Ausmaß der Anstrengungen nahm in der Folge immer weiter zu, so daß man 1938/39 ein eigenes Ministerium für Zivilschutz, das Ministry of Home Security, konzipierte, das im Kriegsfall die Zivilverteidigung, insbesondere auch den Luftschutz, steuern sollte und bei Kriegsbeginn, am 4. September 1939, offiziell eingerichtet wurde[233].

Auffallend ist die Selbstverständlichkeit, mit der man nach dem Ersten Weltkrieg die Luftschutzarbeit begann. Obwohl die britische Öffentlichkeit keinerlei Interesse an Kriegsvorbereitungen hatte und auch immer wieder betont worden war, daß dieser Waffengang als letzter großer Krieg anzusehen sei, hatte man innerhalb der Regierung keinerlei Bedenken oder gar Gewissenszweifel, sich alsbald wieder Gedanken über die nächste militärische Auseinandersetzung zu machen. Im Gegenteil – die Verteidigungsanstrengungen, darunter auch der neu zu planende Luftschutz, wurden als notwendige, immer wiederkehrende Maßnahmen zur Wahrung der nationalen Sicherheit, der staatlichen Interessen und des Überlebens unter neuen militärischen Bedrohungen definiert. Der Wille zum Frieden besaß durchaus einen hohen Stellenwert, führte aber keineswegs dazu, das traditionelle Kriegs- und Verteidigungsdenken aufzugeben. So betonte Sir Maurice Hankey, Sekretär des CID und Mitglied des ARPC und des ARPOC, stellvertretend für die gesamte Luftschutzarbeit:

»It [the enquiry] is simply part of one of the vast number of enquiries that were initiated after the war to try and overhaul our position and to be as ready as we can be the next time. It is a continuous study[234].«

Man betrachtete den Beginn der Luftschutzplanung organisatorisch weniger als radikalen Neubeginn als vielmehr als einen Teil der Neuausrichtung und Überholung der Kriegsmaschinerie zur Behebung der Unstimmigkeiten, die sich durch die Belastungen im letzten Einsatz ergeben hatten.

Daß sich infolge der neuen Bedrohung durch das Kriegsflugzeug unheilvolle Perspektiven ergeben hatten und für den zu erwartenden Luftkrieg keinerlei historische Parallelen existierten, erkannte man dabei sehr wohl: »the problem presented, [...], [is] an entirely new one, and as such ought to be tackled by new agencies which had never before been required«[235].

Trotz dieser Erkenntnis betrieb man, gemessen an den möglichen Gefahren, organisatorisch gesehen einen sehr geringen Aufwand. Die Ausschüsse arbeiteten

---

[233] O'Brien, Civil Defence, S. 116 f. und 300.
[234] PRO, CAB 46/1, 14. Mtg. (9.2.1925), S. 18. Befragung der Chefmanager der britischen Eisenbahnen über ARP und Railways (Grundlagen, Grundbedingungen, Aufgaben und Zusammenarbeit).
[235] PRO, CAB 46/6, 1. Mtg. (23.7.1929), S. 3 f.

mit minimaler personeller Besetzung und verursachten keine nennenswerten Kosten. Das 1924 gegründete ARPC bestand aus durchschnittlich ca. 8–10 Personen, die sich regelmäßig zu Besprechungen trafen. Die bei Bedarf zusätzlich Eingeladenen waren an Zahl ebenfalls eher gering.

Die Arbeit in den ersten Jahren bestand hauptsächlich aus Untersuchungen, Befragungen und der Ausarbeitung von Grundlagenplänen, die wenig Aufwand an Ressourcen erforderten. Mit großangelegten praktischen Programmen, wie z.B. Materialbeschaffung, Rekrutierung von Personal oder Propagandafeldzügen, wurde erst im Laufe der 30er Jahre begonnen.

Die Gründe für diese starke Zurückhaltung lagen zunächst in der prekären Finanzlage des Staates und der vorherrschenden Meinung seiner Bürger begründet. Das Gebot der finanziellen Stabilität, insbesondere die zur Begrenzung der Rüstungsausgaben bereits 1919 formulierte Ten-Years-Rule[236], vermischte sich mit der Unpopularität aller Maßnahmen zur Kriegsvorbereitung[237]. Als nicht minder wichtig erwiesen sich die verwaltungstechnischen Prinzipien des britischen Ausschußsystems, die zumindest bei langfristigen Aufgaben organisatorischen Aktionismus ohne vorheriges genaues Abwägen der Bedingungen und Folgen nahezu unmöglich machten. Man betrachtete es im Sinne planungsmäßiger Effizienz und Mitverantwortung als unerläßlich, alle zuständigen Behörden und Verantwortlichen innerhalb der Regierung direkt zu beteiligen. Dadurch wurde im Planungsprozeß eine hohe rationale Sachkompetenz erreicht, die jedoch mit der Neigung zur Theoretisierung und einer erheblichen Schwerfälligkeit im praktischen Bereich bezahlt werden mußte.

Die verantwortlichen Ausschüsse, insbesondere das ARPC und später das ARPOC, definierten sich allgemein keineswegs als Lenkungs- oder gar Befehlsstellen mit Kommandogewalt. Eine zentrale Behörde mit der Option auf organisatorische Ausfaltung und umfassende Weisungs- und Anordnungsbefugnis im Kriegsfall (ad-hoc-body) betrachtete man bis in die 30er Jahre grundsätzlich als unnötig und störend[238].

Verantwortung und Entscheidungsbefugnis für alle Maßnahmen mit landesweiter Bedeutung lagen bei den Ministerien. Die Ressorts sollten die nötigen Forschungen und Untersuchungen vorantreiben; außerdem hatten sie für die Ausarbeitung konkreter Organisationspläne zu sorgen. Im Ernstfall oblag ihnen die Ausführung und Umsetzung der vorbereiteten Schemata. Von ihnen wurde auch erwartet, das erforderliche Personal zur Verfügung zu stellen. Die Komitees sahen sich als Planungs- und Koordinationsorgane an, die zwar über alle grundsätzlichen Probleme entscheiden konnten, aber keine direkte Anordnungsbefugnis innehatten. Traten Probleme auf, sollten sie möglichst einvernehmlich, d.h. durch Abstimmung, gelöst werden. Im Konfliktfall hatten CID und Kabinett oberste Entscheidungsgewalt.

---

[236] Zur Ten-Years-Rule unten, S. 199 f.
[237] Dazu oben, S. 62 f., und S. 67 ff.
[238] Vgl. etwa PRO, CAB 46/2, 41. Mtg. (23.7.1928), S. 1–3.

Die Durchführung der individuellen Maßnahmen vor Ort, also insbesondere die praktische Organisation und die Ausführung, wies man schon recht früh grundsätzlich den lokalen Selbstverwaltungsbehörden (local authorities) zu, denen man möglichst viel Eigenverantwortung zu belassen gedachte[239]. So ergab sich, zumindest für die Masse der Vorkehrungen, eine Art genereller Gewaltenteilung zwischen Planung und Ausführung.

Großen Wert legte man auf eine effiziente Arbeitsteilung unter weitestgehender Ausnutzung bereits bestehender Zuständigkeiten. Insbesondere wurde betont, daß unnötige Befehlsüberschneidungen und vor allem doppelte Kompetenzzuweisungen direkter oder indirekter Art vermieden werden müßten. Die Aufrechterhaltung von Ruhe und Ordnung sowie der Versorgung der Bevölkerung im weitesten Sinne sei sowohl im Frieden wie auch im Krieg Aufgabe des Staates und der von ihm beauftragten Verwaltungsträger, im Ernstfall nur unter wesentlich verschärften Bedingungen. Daher mache es letztlich keinen Sinn, die angestammten Verantwortungsträger der Zuständigkeiten zu berauben, die sie bereits im Frieden innehätten.

»To attempt suddenly to divorce the purely wartime responsibilities of the half dozen Departments concerned from the peacetime activities which must be continued during war, would, we feel sure, lead to much duplication of effort, and inevitably to considerable confusion[240].«

Mit diesen Grundprinzipien ging man an die theoretische Planungs- und Aufbauarbeit und versuchte auch später, als man die massive praktische Mobilmachung in Angriff nahm, trotz aller dann auftretenden Probleme und den infolgedessen nötig werdenden organisatorischen Umgestaltungen daran festzuhalten.

»The scale of attack«: theoretische Luftschutzplanung zwischen Untergangsstimmung und Standfestigkeit

Ein Paradebeispiel für die theoretisch geprägte Arbeit der ersten zehn Jahre ist die Diskussion um das zu erwartende Kriegsszenario. Die Verantwortlichen beschäftigten sich fortgesetzt mit Zahlen und Daten über mögliche Schäden und Verluste, um eine gesicherte Basis für die weitere Planungsarbeit zu gewinnen. Man versuchte, möglichst genaue Angaben über die Art der Bomben, die Zuladungskapazität moderner Bomber sowie das Ausmaß der Zerstörungen zu erlangen. Von Beginn an stieß man dabei auf schier unüberwindliche Schwierigkeiten.

Das ARPC wandte sich an den Generalstab der Luftwaffe mit der Bitte, eine möglichst genaue Voraussage der Wirkung von Luftangriffen gegen zivile Ziele zu erstellen. Es erwies sich jedoch sehr schnell als schwierig, daß man kaum in der Lage war, verläßliche Zahlen zu bekommen. Über das technische Potential des Flugzeugs als Kampfmittel in einem künftigen Krieg konnte man nur spekulieren. Außerdem waren die politischen Rahmenbedingungen sowie die luftstrategischen Grundlagen alles andere als klar.

---

[239] PRO, CAB 46/1, 19. Mtg. (11.5.1925), S. 4 f.
[240] PRO, CAB 46/4, ARP 69 (10.7.1928), S. 2.

III. Der zivile Luftschutz

Mangels anderer Alternativen ging der Air Staff davon aus, daß ein zukünftiger Krieg eine isolierte Auseinandersetzung mit Frankreich sein würde und entwarf auf dieser Basis ein Szenario[241]. Man veranschlagte die Schlagkraft der französischen Luftwaffe so hoch, daß ein überaus bedrohliches Bild entstand. Die Grundannahmen basierten auf der Überlegung, daß sofort bei Kriegsbeginn ein umfassender Schlag der feindlichen Bomberflotte erfolgen würde, und zwar insbesondere gegen London, das Zentrum der nationalen Stärke[242]. An Kampfmitteltypen kamen Spreng-, Brand- und Gasbomben, möglicherweise kombiniert, in Frage. Insbesondere die Verseuchung mit Gas wurde als nicht unerhebliche Gefahr für die Zivilbevölkerung dargestellt. An Abwurfmengen extrapolierte man: in den ersten 24 Stunden 200 t Bomben, in den zweiten 24 Stunden 150 t und an allen folgenden Tagen je 100 t[243]. Dies wiederum führte zu folgender Berechnung der Verluste an Menschen: im ersten Monat 24 000 Tote und 46 000 Verwundete, im zweiten 12 000 Tote und 23 000 Verwundete und in den folgenden Monaten je zwischen 7000 und 12 000 bzw. 13 000 bis 23 000[244]. Auf die zu erwartenden Schäden an Gebäuden und Material ging man noch nicht detailliert ein, sagte aber schwere Zerstörungen (serious damage) voraus[245]. Es wurde nicht ausgeschlossen, daß ganze Stadtgebiete vernichtet werden[246].

Diese Aussichten bewirkten bei allen Verantwortlichen ein überaus starkes Bedrohungsgefühl[247]. Vor den Augen des ARPC entstand ein imaginäres Bild ungeheurer Verwüstung und apokalyptischer Zerstörung, das teilweise mit den Szenarien, die in den 30er Jahren in zahlreichen literarischen Werken entwickelt wurden, übereinstimmte[248].

Diese düsteren Wahrscheinlichkeiten führten nun allerdings nicht dazu, daß man die eigene Arbeit sofort wieder beendet hätte. Man beschloß erst einmal genauere Untersuchungen und dann weiter zu entscheiden. Der Air Staff hatte im übrigen offen zugegeben, daß die von ihm gelieferten Zahlen nicht auf gefestigten Erkenntnissen beruhten[249].

Vor allem Anderson, Vorsitzender des ARPC, machte seinen ganzen Einfluß geltend, um Resignation und Fatalismus zu verhindern. Er ging davon aus, daß die Szenarien nach den Annahmen der Luftwaffe lediglich den theoretisch als schlimmsten anzunehmenden Fall (worst case assumption) darstellten,

---

[241] Die französische Luftwaffe war in den 20er Jahren die einzige Luftstreitmacht, die sich in Reichweite der Britischen Inseln befand und einen umfassenden Flugzeugbestand besaß. O'Brien, Civil Defence, S. 12–16.
[242] Zur Bedeutung von London siehe unten, S. 203 f. mit Anm. 375.
[243] PRO, CAB 46/3, ARP 39 (8.7.1925), vorläufiger Gesamtbericht des ARPC, Part I: The extent of the menace, S. 4.
[244] PRO, CAB 46/2, 29. Mtg. (14.6.1926), S. 3.
[245] PRO, CAB 46/3, ARP 39, S. 5. Genauere Daten und Schätzungen in späteren Dokumenten, vgl. etwa PRO, CAB 46/5, ARP 73 (27.7.1928), S. 1 f.
[246] PRO, CAB 46/2, 29. Mtg., S. 3 f.
[247] Vgl. etwa PRO, CAB 46/3, ARP 5, S. 5.
[248] Zu den literarischen Untergangsvisionen der 30er Jahre siehe oben, S. 65–67.
[249] PRO, CAB 46/2, 29. Mtg. (14.6.1926), S. 2 f.

»that the Air Ministry appeared to be prepared plans on lines which would inevitably lead to an impossible situation so far as the civil population were concerned«[250].
Anderson war sich der Gefahren künftiger Bombenangriffe durchaus bewußt und zeigte sich bemüht, den Ernst der Lage nicht zu unterschätzen. Dennoch erkannte er, daß eine »worst case assumption« auf Basis der Zahlen des Air Staff jeglicher Arbeit den Sinn rauben würde. Gestützt auf die Unsicherheiten in den Berechnungen der Luftwaffenleute, versuchte er daher von Anfang an, eine positivere Sichtweise anzunehmen und auch seinem Ausschuß zu vermitteln:

»It was practically impossible to draw a picture of the conditions which would result from air attack on the scale fore-shadowed by the Air Staff; nor was it possible to lay down a set of working conditions which would be of general application to the very varied problems involved in the whole field of air raid precautions[251].«

Diese optimistische Einschätzung sollte sich langfristig als sachlich gerechtfertigt erweisen. Wie der Zweite Weltkrieg zeigte, bewirkten massive Luftangriffe zwar schwere Verluste an Menschen und Material, führten aber einen raschen Untergang der zivilen Ordnung nicht herbei. In den 20er Jahren konnte die weitere Entwicklung allerdings noch nicht überblickt werden. Dies hatte zur Folge, daß Anderson als »chairman« des ARPC und des ARPOC eine ständige Gratwanderung durchmachte, die immer wieder zu grundsätzlichen Zweifeln an den eigenen Möglichkeiten führte.

Ein Beispiel hierfür ist eine Zusammenkunft zwischen Anderson und Lord Hugh Trenchard, dem Generalstabschef der Luftwaffe, im Sommer 1924 zur Erörterung des »scale of attack«[252]. Anderson versuchte sofort, die Angaben der Luftwaffe anzuzweifeln, stieß damit aber auf entschiedenen Widerstand Trenchards, der unter Berufung auf die Luftwaffenstrategie jegliche zivilen Verteidigungsanstrengungen bestenfalls als unzureichendes Hilfsmittel ansah[253]. Anderson sah sich gezwungen, diese Meinung im Grundsatz zu akzeptieren. Er versuchte dennoch, den Sinn der Air Raid Precautions zu rechtfertigen, und stellte die These auf, daß Air Raid Precautions keinen absoluten Schutz bieten, wohl aber die allgemeine Kriegsfähigkeit von Staat und Gesellschaft erhalten könnten. Der Generalstabschef der Luftwaffe zeigte sich von dieser eingeschränkt optimistischen Sichtweise wenig beeindruckt und beharrte darauf, allein der militärischen Schlagkraft der RAF das maßgebliche Gewicht beizumessen. Nur wenn die eigene Bomberoffensive Erfolg habe, könne Großbritannien den Krieg gewinnen. Die Bevölkerung sei weder physisch, moralisch noch materiell in der Lage, von sich aus einen Krieg durchzustehen. Erst wenn sie sähe, daß die feindlichen Streitkräfte von den eigenen in die Defensive gezwungen würden, bekäme sie die nötige Standfestigkeit, um eine ausreichende Stabilität gegen die direkten und indirekten Auswirkungen des Krieges gewährleisten zu können[254]. Anderson versuchte dem zu begegnen, indem

---

250 PRO, CAB 46/1, 2. Mtg. (2.6.1924), S. 4.
251 PRO, CAB 46/2, 22. Mtg. (1.2.1926), S. 1.
252 Zum Folgenden: PRO, CAB 46/1, 3. Mtg. (23.6.1924), Appendix.
253 Zur britischen Luftkriegsstrategie zwischen den Kriegen siehe oben, S. 67 mit Anm. 145. Zusätzlich Terraine, Theorie und Praxis, S. 537–543, und Parks, Luftkrieg, S. 399 f.
254 PRO, CAB 46/1, 3. Mtg. (23.6.1924), Appendix, S. 2.

III. Der zivile Luftschutz

er behauptete, daß die Bevölkerung, wenn die Regierung sie entsprechend betreue, eigenes, tragfähiges Durchhaltevermögen an den Tag legen würde. Dies sei insbesondere am Beginn eines künftigen Krieges der Fall,

»since at this early stage it would be the glamour and not the horrors of war which would exercise the greater influence on men's minds«.

Trenchard ließ sich auch durch diese Behauptung nicht sonderlich beeindrucken[255].

In diesen und den meisten folgenden Diskussionen innerhalb der Regierung trat ein Aspekt hervor, der für die gesamte Luftschutzarbeit bis zum Ende des Zweiten Weltkrieges und auch noch darüber hinaus zentrales Gewicht besaß: die Kampfmoral der Bevölkerung. Um die Durchhaltefähigkeit der Zivilgesellschaft machte man sich die meisten Gedanken, denn sie schien der schwächste Punkt in der Verteidigung zu sein. Würde sie zusammenbrechen, wäre der Krieg unweigerlich verloren. So hatte es bereits in einem ersten zusammenfassenden Bericht vom 26. April 1922, also noch vor der Gründung des ARPC geheißen:

»The moral effect of all attacks is out of all proportion to the material effect which it can achieve [...] [Marshall Ferdinand Foch 1920, B.L.]. Such attack, owing to its crushing moral effect on a nation, may impress public opinion to the point of disarming the Government and thus become decisive[256].«

Derlei Befürchtungen rührten teilweise auch daher, daß man durch die Luftgefahr und den infolgedessen auftretenden Verlust der strategischen Vorteile der Insellage nicht nur unfreiwillig an die kontinentalen Nachbarn herangerückt, sondern durch die exponierte Lage Londons und den Ärmelkanal, d.h. das fehlende Vorfeld für Beobachtungs- und Verteidigungsstützpunkte, besonders gefährdet war. Man hatte sich mit Möglichkeiten und Szenarien auseinanderzusetzen, für die man im Vergleich etwa zu Frankreich und Deutschland keinerlei eigene Erfahrungsmuster besaß. Auf dem Kontinent hatte die Zivilbevölkerung in den vorangegangenen 300 Jahren mehr als einmal die direkte Anwendung militärischer Gewalt zu spüren bekommen, auch wenn die technische Entwicklung den militärischen Waffenträgern bis zum Erscheinen des Kriegsflugzeuges nur relativ begrenzte Anwendungsmöglichkeiten gegen Nichtkombattanten erlaubt hatte und es während eines Krieges nie zu einer umfassenden direkten Bedrohung aller Zivilisten einer Nation gekommen war.

Die Zwiespältigkeit der ganzen Situation kommt 1925 sehr gut in einem ersten vorläufigen Bericht des ARPC zum Ausdruck. Im Kapitel The Extent of the Menace gab man zu erkennen, daß alle Maßnahmen, die zur Zeit zur Verfügung stünden, nur graduellen Erfolg versprächen und möglicherweise nur Geldverschwendung seien:

---

[255] Ebd., S. 4. Nur wenige Wochen vorher hatte Hankey eine ähnliche Abfuhr erhalten, als er die Annahme vertreten hatte, daß der Schaden allgemein zwar schwer sei, sich aber durchaus in gewissen Grenzen halten würde. Der Chief of Air Staff hatte seine Vorstellungen mit dem eher knappen Kommentar »little optimistic« quittiert. PRO, CAB 46/3, ARP 29 (18.12.1924), App. 1 (Brief Hankeys, 4.6.1924).

[256] PRO, CAB 46/3, ARP 3, S. 3. Vgl. auch CAB 46/1, 1. Mtg. (15.5.1924), S. 4, sowie 2. Mtg. (2.6.1924), S. 1 f. Vgl. auch CAB 46/1, 9. Mtg. (24.11.1924), S. 4 f. Vgl. überhaupt passim CAB 46 (auch zum Folgenden).

»Unless some means, at present quite unforeseen, can be devised for preventing aircraft from reaching their objective, serious damage to life and property, with its attendant moral effects must be accepted as inevitable. The measures which we proceed now to enumerate [es folgt der ganze Bericht mit einem großen Instrumentarium an möglichen Vorkehrungen, B.L.] must only therefore be regarded as palliatives[257].«

Dennoch versuchte man, optimistische Perspektiven zu bilden. So hatte Anderson einige Monate vorher bei einer Befragung eines Vertreters des Erziehungsministeriums sehr aufmunternde Worte für die allgemeine Lage gefunden:

»At first blush the prospect is somewhat dismaying, but we do not think there is any need to take a very pessimistic view of things. They probably look worse in anticipation than they will be in reality, and there is no doubt a great deal might be done by appropriate measures to minimise the effect of attack[258].«

Dieses Nebeneinander von offener Sinnkrise und Annahme von begrenzten, aber durchaus sinnvollen Handlungsmöglichkeiten vor ernstem Hintergrund sollte auch die kommenden Jahre wechselvoll beherrschen. An den Unsicherheiten hinsichtlich der Zahlen für den »scale of attack« änderte sich insgesamt eher wenig. Man gelangte über detailliertere Forschungen auf einen sehr hohen Erkenntnisstand über die Verwundbarkeit insbesondere Londons und begann, die Auswirkungen eines Bombenkrieges für das zivile Leben in umfassender und systematischer Weise auszuloten.

Diese Entwicklung führte dann allerdings 1930/31 zu einer Zuspitzung im ARPOC, die nur durch die Ausgabe massiver Durchhalteparolen, psychologische Aufmunterung und vor allem durch eine prinzipielle Justierung der Grundannahmen nach unten entschärft werden konnte.

Das Problem entzündete sich an Berichten über Teilgebiete des Luftschutzes (finanzielle Entschädigung von Opfern, Treasury, Bericht des Technical [Sub-]Committee über mögliche Schäden an den öffentlichen Versorgungsdiensten und Berichterstattung von Mr. Eggar, Office of Works über Schutzraumbau). Die Berichterstatter hatten ihre Einschätzungen nach den Maßgaben der Militärs entwickelt und prognostizierten, daß die Wasserversorgung zusammenbrechen würde und infolge der Trefferdichte und -wirkung keinerlei Bunkerbau von Nutzen sei. Wenn fortlaufende Angriffe nach dem Muster des Luftwaffengeneralstabes stattfänden, könne man drei Tage gerade noch verkraften. Bei einer rollenden Bomberoffensive von mindestens 30 Tagen Dauer – einem Szenario, das als durchaus wahrscheinlich angesehen wurde – sei man absolut am Ende aller Möglichkeiten[259].

Es setzte tiefe Nachdenklichkeit ein, und bei den meisten dürften im Stillen grundlegende Zweifel über den Sinn der Arbeit aufgetaucht sein. Dennoch – und dies gehört ebenso zur Grundhaltung der Beteiligten wie das ambivalent-rationale Abwägen – weigerte man sich letztlich, den Untergang Britanniens zu antizipieren. Kaum eines der Mitglieder zeigte Schwäche oder gar Defätismus. Gibbon aus dem

---

[257] PRO, CAB 46/3, ARP 39 (8.7.1925), Draft Report, S. 4 f.
[258] PRO, CAB 46/1, 17. Mtg. (30.3.1925), S. 2.
[259] PRO, CAB 46/8, 16. Mtg. (9.3.1931), S. 8. Der andere Bericht in CAB 46/10, ARPO 37, dazu CAB 46/7, 10. Mtg. (17.11.1930), S. 13 ff. Die ganze Diskussion sollte sich über mehrere Sitzungen hinziehen: 10., 11., 16., 17., 20.–22. und 30. Mtg.

Gesundheitsministerium schlug vor, die Sache nochmals an die zuständigen Unterausschüsse zu überweisen, um eine zusätzliche Überprüfung durchzuführen. Ob man damit zu wirklich neuen Ergebnissen gelangen oder lediglich die Fakten manipulieren würde, ließ er allerdings offen und hatte letztere Möglichkeit offenbar auch nicht bewußt reflektiert. Für ihn stand jedenfalls außer Frage, »that we could not rest content with a purely negative answer«[260].

Sir Hankey vom CID versuchte alles in seiner Macht Stehende, um den Ausschuß zur Annahme moderaterer Grundbedingungen zu bewegen. Er wiegelte die düsteren Voraussagen ab und verwies dazu auf die strategisch-politische Gesamtlage in bezug auf Frankreich, den angenommenen einzigen Feind. Gegen die Franzosen habe man – wie er konstatierte – seit 100 Jahren nicht mehr gekämpft, und man würde, falls es doch zum Äußersten käme, auf jeden Fall Verbündete finden, die sie zwingen würden, ihre Kräfte aufzusplittern. Gleichzeitig gab er unter Betonung der eigentlichen Funktion der Komitees zu verstehen, daß es auf keinen Fall in Frage käme, den Sinn der Arbeit an diesem Punkt anzuzweifeln. Man habe der Regierung und dem CID Informationen für die Entscheidung an die Hand zu geben. Die Arbeit mache also auch dann Sinn, wenn man nur empfehlen könne, daß ein Krieg mit Frankreich sehr gefährlich und daher tunlichst zu vermeiden sei. Die Vorbereitungen für den Luftschutz müßten aber auf jeden Fall weitergehen.

»While it was the duty of the Committee to report in this sense, he did not feel that it should imply, also, loss of confidence in our ability to meet a variety of contingencies far more probable than a war with France[261].«

Sir Charles Hipwood vom Board of Trade stimmte der psychologischen Grundrichtung Hankeys zwar zu, lehnte es aber ab, die bisher akzeptierten Basisannahmen zu relativieren. Besser als den Kopf in den Sand zu stecken, sei es, die grausame Wirklichkeit zu akzeptieren und notfalls unter Steinzeitbedingungen weiterzumachen und -zukämpfen[262]. Von diesem Standpunkt aus war es dann für einige Ausschuß-Mitglieder nicht mehr weit bis zur Antizipierung diktatorischer Denk- und Handlungsmodelle (dazu auch Kap. III.3.b.).

Derlei Durchhalteparolen stand Anderson ablehnend gegenüber und propagierte statt dessen kühle Planungslogik. Mehr noch als Hankey rational abwägend, erkannte er, daß mit Zweckoptimismus, strategischen Gedankenspielen oder kämpferischer Gesinnung dem Problem nicht beizukommen war. Wollte man die praktische Arbeit nicht komplett torpedieren, mußte das Szenario des Air Staff durch moderatere Schätzungen ersetzt werden[263].

Wenn man keine Möglichkeit haben würde, einen Angriff mit maximaler Intensität abzuwehren, mußte man eben die Nachforschungen darauf abstellen, diejeni-

---

[260] PRO, CAB 46/7, 10. Mtg. (17.11.1930), S. 13.
[261] Ebd., 11. Mtg. (1.12.1930), S. 19.
[262] Ebd., S. 19 f. Weitere Belege für die Bemühungen, auch fürderhin fest am Sinn der ARP festzuhalten, in: CAB 46/8, 16. Mtg. (9.3.1931), S. 9–12.
[263] PRO, CAB 46/8, 16. Mtg. (9.3.1931), S. 9.

ge Angriffsstärke herauszufinden, die noch bewältigt werden konnte, um sich dann genau hierauf vorzubereiten[264].

Von diesen Grundpositionen aus wurde die weitere Diskussion geführt. Sie flammte wiederum besonders stark auf, als Sir Hipwood, Vorsitzender des Unterausschusses für Evakuierungsmaßnahmen, der seit geraumer Zeit über die Grundbedingungen einer möglichen Ausquartierung insbesondere der Londoner Bevölkerung beraten hatte, Bericht erstattete. Er hatte die Untersuchungen zusammen mit seinem Komitee auf einem Sechs-Tage-Szenario aufgebaut und betonte, daß schon in diesem Falle die Zerstörungen sehr bedrohlich sein würden[265]. Gibbon, der sich weigerte, Andersons restriktive Planungsstrategie zu akzeptieren, griff Hipwoods Ansatz auf und schlug vor, ein dreiteiliges Schema (wohl auf Basis 3-, 6- und 30-Tage-Angriff)[266] zu entwerfen, in dem alle Möglichkeiten – insbesondere auch der »worst case« – sowohl von den theoretischen Annahmen als auch vom praktischen Handlungsinstrumentarium her vollständig abgedeckt werden sollten[267]. Seine Devise lautete: maximale Entscheidungsfreiheit durch weitestgehende Ausleuchtung der Alternativen. Hipwood hatte in einer der früheren Sitzungen bereits ähnliches geäußert[268].

Dieser Vorschlag wurde von Anderson und Hankey innerhalb des ARPOC nicht zuletzt auch aus Gründen der Kampfmoral heftig kritisiert. Die theoretische Zugrundelegung des schlimmsten Falles (30-Tage-Bombardement) und ähnlich angelegte Gedankenexperimente lehnten sie als ein mehr oder weniger mechanistisches Hochrechnen ohne Praxisbezug ab:

»he [Hankey] was definitely opposed to building on foundations of the logical application of partial picture. He thought such a procedure did not lead anywhere at all[269].«

Für die praktische Arbeit sei ein dreigliedriges Schema auch überhaupt nicht nötig, denn zum Aufbau einer Notfallorganisation gäbe es letztlich keine Alternative, und dieser habe sich notwendigerweise an den eigenen praktischen Möglichkeiten und nicht an theoretischen Maximalforderungen zu orientieren[270]. Hier spielten Psychologie und Politik die wesentliche Rolle. Man mußte der Bevölkerung wenigstens das Gefühl der Sicherheit vermitteln.

Die Diskussion wurde schließlich durch das Nachgeben Gibbons beendet[271]. Hipwood zog sich schließlich darauf zurück, daß man ihm wenigstens sagen solle,

---

[264] Ebd., S. 12. Vgl. auch PRO, CAB 46/7, 11. Mtg. (1.12.1930), S. 21, und CAB 46/8, 20. Mtg. (11.5.1931), S. 9 f., vgl. auch 7 f.
[265] PRO, CAB 46/8, 20. Mtg. (11.5.1931), S. 3–6.
[266] Exakte Angaben über Gibbons Vorschlag waren nicht zu finden. Es ist aber anzunehmen, daß er auf diese drei Optionen abhob. Jedenfalls stellen die bis dahin im ARPOC diskutierten Berichte nur diese Möglichkeiten dar (3/30 Tage bzw. 6 Tage).
[267] PRO, CAB 46/8, 20. Mtg. (11.5.1931), S. 11, 14.
[268] Ebd., 16. Mtg. (9.3.1931), S. 9 ff.
[269] Ebd., 20. Mtg. (11.5.1931), S. 11, auch zum Folgenden.
[270] Ebd., S. 14. Vgl. auch ebd., 21. Mtg. (18.5.1931), S. 1 ff., 7, 10–13.
[271] Ebd. Vgl. auch ebd., 17. Mtg. (16.3.1931), v.a. S. 7, und ebd., 22. Mtg. (8.6.1931), S. 16–18.

ob seine Grundannahmen hinsichtlich des Szenarios richtig seien[272]. Anderson und Hankey lehnten eine Antwort ab und verlangten, daß derlei Experimente auf Eis gelegt werden sollten, um die weitere Arbeit nicht zu behindern[273]. Generell könne man ruhig davon ausgehen, daß sich die Auswirkungen zu Beginn eines Krieges in Grenzen hielten. Erst wenn beide Seiten im Laufe der Zeit immer verbissener kämpften, würde die Lage vielleicht sehr bedrohlich. Wichtig sei, daß man eine handlungsfähige Zivilschutzorganisation aufbaue. Besitze man eine solche, könne diese relativ schnell mit rigorosen Maßnahmen nötigenfalls auch zu einer zivilmilitärischen Zwangsorganisation umgewandelt werden[274].

Diese Grundhaltung sollte sich im Sinne der praktischen Handlungsfähigkeit als richtig erweisen. Dennoch war und blieb Andersons und Hankeys Vorgehen eine zweifelhafte Angelegenheit. Vom logischen Standpunkt aus gesehen ist es kaum nachvollziehbar, gleichzeitig eine theoretische Vorbereitung auf Basis des »worst scale« und eine praktische Vorbereitung auf Basis der Annahme eines »lower case« zu betreiben. Sie mußten diesen Weg gehen, um den Beteiligten mit anderer Meinung, etwa Gibbon und Hipwood, eine Brücke zu bauen, um sie bei der Stange zu halten. Rein sachlich konnten Anderson und Hankey ihre »Lesser-scale«-Annahme genauso wenig belegen wie ihre Kritiker das Gegenteil.

Im ganzen betrachtet, betrieb man eine theoretische Nabelschau mit Diktatur- und Untergangsperspektive, die nur wenig Praxisbezug besaß und Zweifeln sowie dem Aufbau gedanklicher Sackgassen Vorschub leistete. Anderson und Hankey versuchten – zur weiteren Durchsetzung ihrer Linie und vielleicht auch, um eigene Unsicherheiten zu bekämpfen – weiterhin, positive Zeichen zu setzen. So gab Anderson der Hoffnung Ausdruck, daß die theoretisch zutage getretenen düsteren Aussichten zu einem Abschreckungseffekt führen würden. Die Zerstörungskraft moderner Bomberflotten – vor allem auch der eigenen – würde große Luftkriege verhindern:

»this question [worst-case-assumption] might have a bearing on all the Defence Forces of the Country and he [Anderson, B.L.] remarked that he could imagine France being equally deterred by a fear of the action we might be able to take against Paris, which was also very vulnerable to air attack[275].«

Insgesamt gesehen wird hier eindeutig klar, welche Prinzipien die britische Zivilkriegsplanung beherrschten. Man versuchte, die Bedingungen so genau wie möglich auszuloten, brach aber Forschungen, die die eigene Arbeit in Frage gestellt hätten, mehr oder weniger willkürlich ab. Die Einschätzungen, die man als Stütze hierfür anführte, also etwa die Betonung von Schutz- bzw. Abschwächungsmöglichkeiten aufgrund angeblicher diplomatischer, taktischer und strategischer Vorteile oder der Verweis auf die zu erwartende Kriegsbegeisterung zu Beginn des Krieges, waren nichts anderes als optimistische Statements ohne wirkliche Beweis-

---

[272] In einer späteren Sitzung kehrt er allerdings wieder zu seiner alte Forderung, man möge den »worst case« allgemein zugrunde legen, zurück (ebd., 21. Mtg. (18.5.1931), S. 2–4) – ohne Erfolg allerdings.
[273] Ebd., 20. Mtg. (11.5.1931), S. 17–20.
[274] Ebd., S. 15–18.
[275] PRO, CAB 46/7, 11. Mtg. (1.12.1930), S. 22.

kraft[276]. Hankey und Anderson vertraten ein Konzept pragmatischen Vorgehens: rationales Abwägen der Lage und Maximierung der realen Handlungsfähigkeit, wobei die Verhältnismäßigkeit zwischen Aufwand, Gestaltungseffizienz und Erfolgsprojektion gewahrt bleiben mußte. Zugunsten dieses Pragmatismus wurde die Erforschung und Ausgestaltung aller möglichen Alternativen willkürlich und bewußt begrenzt. Eine theoretische, absolute Entscheidungsfreiheit war nicht beabsichtigt.

Betrachtet man die Debatte vom praktischen Nutzen her, ergibt sich ein eher klägliches Bild. Die tiefgehende rationale Diskussion führte zwar am Ende zum Sieg der pragmatischen Linie Andersons, hatte jedoch Jahre an Planung und geistigem Aufwand gekostet, was nur wenig an handfesten Ergebnissen geliefert hatte. Man hätte es sich wesentlich einfacher machen können, wenn man von vornherein übereingekommen wäre, die Air Raid Precautions gemäß der staatlichen und gesellschaftlichen Leistungsfähigkeit aufzubauen.

Staatspolitische Grundsatzdebatten und »paper schemes«: die organisatorische Aufbauarbeit der Komitees unter »Reagenzglasbedingungen«

Die Grundlagenarbeit für den Aufbau des organisatorischen Gebäudes für die Air Raid Precautions fand, wie schon die Debatte um das Kriegsszenario, weitgehend unter theoretischen Vorzeichen statt. Schritte zur Schaffung von konkreten Grundstrukturen, etwa unter Einbeziehung mittlerer oder unterer Verwaltungsebenen oder wichtiger gesellschaftlicher und wirtschaftlicher Gruppen, wurden bis weit in die 30er Jahre nicht unternommen. Gemäß den eigenen Setzungen hinsichtlich Sparsamkeit und Verschwiegenheit gegenüber der Öffentlichkeit blieb die Arbeit lange Jahre fast ausschließlich auf Whitehall beschränkt.

Da die Ministerien die obersten Verantwortungsträger für die Air Raid Precautions sein sollten, erschien es als logisch, daß man zunächst einen allgemeinen Aufgabenplan für sie aufstellte. So wurde eine Übersicht erarbeitet, die alle beteiligten Ministerien und deren Obliegenheiten erfaßte[277]. Gemäß dem allgemeinen Grundsatz, daß das Ministerium, das den jeweiligen Teilbereich in der Regel schon im Frieden überwachte und steuerte, auch im Ernstfall für ihn zuständig war, sollte das Innenministerium für Ruhe und Ordnung sorgen (Polizei), ein Warnsystem aufbauen und die Propaganda organisieren; das Gesundheitsministerium die medizinische Versorgung und die Behandlung von Opfern sicherstellen; das Trans-

---

276 Immerhin zeigten die Luftmanöver von 1931, daß eine effiziente Jägerabwehr bis zu 50 % der angreifenden Bomber abschießen konnte. Die Daten blieben aber unzuverlässig, denn es hatte sich bei ihnen nur um Teilergebnisse gehandelt, die zudem unter sehr günstigen Bedingungen zustande gekommen waren. Ihr Wert für eine realistische Einschätzung des Kriegsszenarios blieb zweifelhaft. PRO, CAB 46/11, ARPO 110 (4.11.1931); CAB 46/8, 26. Mtg. (16.11.1931), S. 11 f.
277 Zum Folgenden vgl. PRO, CAB 46/1, 11. Mtg. (19.12.1924), S. 2 ff., 12. Mtg. (20.1.1925), S. 1 f. Vgl. überhaupt CAB 46 passim. Das Thema wurde immer wieder aufgegriffen. Man begann schließlich, die Aufgaben der einzelnen Ressorts in speziellen Sitzungen ausführlich zu erörtern. Vgl. etwa CAB 46/2, 24. Mtg. (1.3.1926), S. 5 ff., 25. Mtg. (15.3.1926), S. 1 ff., und 29. Mtg. (14.6.1926), S. 1 ff. Im Draft Report von 1925 befindet sich eine vorläufig verbindliche Auflistung aller beteiligten Ministerien und deren Aufgaben, CAB 46/3, ARP 39, S. 34 ff.

portministerium für den Fahrzeugpark – insbesondere für Evakuierungsmaßnahmen – sorgen. Dem Bauministerium oblag die Errichtung von Bunkern, vor allem auch für die Regierung; das Handelsministerium bekam die Versorgung mit lebenswichtigen Gütern zugeteilt etc. Man betraute praktisch alle Regierungsressorts mit Aufgaben für den Luft- und Zivilschutz, was wiederum auf die Komplexität der ganzen Arbeit hinweist. Für den organisatorischen Aufbau sollte jedes Ressort spezielle Pläne (schemes) erstellen, nach denen dann detaillierte Einsatzkriterien für den Fall eines Krieges festgelegt werden konnten. Das ARPC, ab 1929 das ARPOC und das ARPPC, hatten die Aufgabe, alle »schemes« zu prüfen und derart aufeinander abzustimmen, daß ein konziser und schlagkräftiger Gesamtplan für den Ernstfall aufgebaut werden konnte (Koordinationsorder von 1925)[278].

Obwohl infolge der allgemeinen Haushaltslage nur wenig an finanziellen und organisatorischen Ressourcen für den Luftschutz bereitgestellt werden konnte, begannen die Ministerien mit der Vorbereitung und der Erstellung ihrer »schemes«. Die Verantwortlichen versuchten, alle Bereiche mit einem Höchstmaß an Effizienz und Übersicht gegeneinander abzustimmen, denn es galt als sicher, daß, wenn ein Teil der Organisation versagte, alle anderen gefährdet sein würden[279].

Besondere Schwierigkeiten bereitete das Verhältnis der ganzen Organisation zu den Teilstreitkräften. Man war sich bewußt, daß moderne Bomberflotten in einem künftigen Krieg eine so umfassende Schlagkraft erreichen würden, daß sich eine klare Trennung zwischen Zivilbevölkerung und Militär nicht mehr so einfach ziehen ließ. Hankey hatte schon sehr früh stellvertretend für alle Beteiligten formuliert,

»that it was very difficult to separate the requirements of the Fighting Services from those of the civilian community«[280].

Es stellte sich die Frage nach dem Verhältnis zwischen Zivilgesellschaft und Militär angesichts der Befürchtungen hinsichtlich der Kriegsmoral der Briten.

Nachdem man das Problem im Zusammenhang mit unterschiedlichen Sachfragen immer wieder auf informativer Basis angeschnitten hatte[281], kam es im April 1926 dann zu einer grundlegenden und tiefgehenden Diskussion, in der sich die ganze Bandbreite der Aspekte herausschälte und nach deren Abschluß richtungweisende Feststellungen und Entscheidungen getroffen wurden.

Das ARPC kam zusammen, um die Organisation für die medizinische Notversorgung nach massiven Bombenangriffen zu besprechen. Schon nach kurzer Zeit verließ man den engeren sachlichen Rahmen und stieß auf Grundfragen der Zivilverteidigung. Die Vertreter des Gesundheitsministeriums, Francis und Stock, hatten im Vorfeld Studien betrieben und legten erste Vorschläge zum Aufbau eines Sanitätsdienstes vor. Unter anderem war vorgesehen, eine große Anzahl von Zivilisten als Helfer zu rekrutieren.

---

[278] Koordinationsorder von 1925, in: PRO, CAB 46/10, ARPO 59 (16.1.1931), S. 30.
[279] PRO, CAB 46/2, 40. Mtg. (4.6.1928), S. 6–10, v.a. S. 8. Vgl. auch CAB 46/4, ARP 69 (10.7.1928), S. 2.
[280] PRO, CAB 46/1, 12. Mtg. (20.1.1925), S. 1 f.
[281] Vgl. dazu zwei Berichte aus dem Ministry of Health, PRO, CAB 46/3, ARP 33 (Januar 1925) und CAB 46/4, ARP 46 (31.3.1926).

Francis und Stock verlangten, daß die zu schaffende Organisation unter militärische Kontrolle gestellt würde. Die Militärs, insbesondere das War Office, besäßen die größte Erfahrung im Umgang mit Kriegsverletzten, hätten eine intakte Organisationsstruktur und verfügten auch über die entsprechenden logistischen und personellen Ressourcen, mit denen man den erforderlichen Apparat effizient aufbauen könnte. Stock verwies darüber hinaus auf den staatspolitisch-psychologischen Aspekt. In einer möglichen militärischen Auseinandersetzung könnten nur die Militärs für die nötige Ordnung und Disziplin sorgen, d.h. notfalls das Kriegsrecht ausrufen und dann auch seine Durchführung gewährleisten. Die Zivilbevölkerung hätte es im Ernstfall mit Bedingungen zu tun, die denen an der Front glichen, ohne daß sie – wie die Soldaten – mit der erforderlichen militärischen Ausbildung versehen sei:

> »unless some control analogous to Martial Law was established, any system would be bound to break down. Even the last war had shown that there was some difficulty in getting volunteers to turn out to work under aerial bombardment[282].«

Diese Meinung wurde aber sofort heftig kritisiert, insbesondere von Anderson und interessanterweise auch vom Vertreter der Armee[283]. Sie argumentierten, daß die Armee ganz andere Aufgaben habe und im Ernstfall durch den entstehenden Zeit- und Organisationsdruck der militärischen Mobilmachung kaum Reserven für zivile Zwecke freimachen könne. Außerdem verlange ein Konzept, wie es Francis und Stock vorschlugen, im Ernstfall die Neuverteilung der ministeriellen Kompetenzen. Fast alle Bereiche der Air Raid Precautions gehörten im Frieden zu den Obliegenheiten der zivilen Behörden (auch die medizinische Versorgung der Bevölkerung). Beauftrage man die Armee mit der Durchführung des Sanitätsdienstes, müsse man erst einmal eine Umstrukturierung bewerkstelligen. Dies sei überflüssig und störend. Daß man der Armee schon im Frieden die Verantwortung für den Sanitätsdienst für die Zivilbevölkerung übertrug, kam von vornherein nicht in Frage.

Als nicht weniger wichtig als diese organisationstechnischen Aspekte erwiesen sich grundsätzliche staatspolitische Bedenken. Anderson und auch der Armeevertreter betrachteten es selbst im Falle eines umfassenden Krieges als unmöglich, Britannien und seine Zivilbevölkerung unter Kriegsrecht zu stellen, solange die zivilen Spitzeninstitutionen, insbesondere das Parlament, intakt seien:

> »It was not possible to turn the whole of the South of England into a battle area, it was not possible to impose Martial Law on the head City of the country, with Parliament sitting and all its other activities continuing to function[284].«

Das Kriegsrecht konnte ihrer Meinung nach nur dann ausgerufen werden, wenn die öffentliche Ordnung durch keine anderen Mittel mehr zu gewährleisten war. Wenn die wesentlichen Funktionen von Staat und Gesellschaft auch nur eingeschränkt erfüllt werden konnten, hatten alle Teilgebiete, die nicht unmittelbar in den Bereich der Streitkräfte und ihrer traditionellen Aufgaben fielen, unter ziviler

---

[282] PRO, CAB 46/2, 17. Mtg. (26.4.1926), S. 3, vgl. auch S. 8.
[283] Im Folgenden werden nur die direkten Zitate genau belegt; für die ansonsten wiedergegebenen Meinungen siehe ebd., S. 3–12.
[284] Ebd., S. 5, vgl. auch S. 12.

III. Der zivile Luftschutz 181

Kontrolle zu stehen. Das Ausmaß der Angriffe, die Zerstörungen und die darauffolgenden Störungen des öffentlichen Lebens spielten in dieser Perspektive nicht die entscheidende Rolle.

Anderson erkannte nun aber sehr wohl, daß die neuen Gefahren Dimensionen angenommen hatten, für die es keine Vorbilder gab. Es ließ sich nicht ausschließen, daß in einem künftigen Krieg die Zivilbevölkerung derart großen Gefahren ausgesetzt wurde, daß rein zivile Maßnahmen zu Wahrung der inneren Ordnung möglicherweise nicht ausreichten.

»Would the weak links of a civil organisation suffice to meet the strain which would be imposed upon it[285]?«

Würde umgekehrt die Zivilbevölkerung eine striktere Kontrolle – sei sie nun militärisch oder quasimilitärisch – tolerieren? Auf jeden Fall schien die Schaffung einer Organisationsform, die über die bisher gültigen zivilen Sicherheitsstandards hinausging, unausweichlich zu sein.

Da aber eine vollständige militärische Verpflichtung nicht in Frage kam, blieb das Problem für Anderson ungelöst. Es spricht jedoch für die Vitalität des zivilen Denkens in Großbritannien wie auch für den Einfluß Andersons innerhalb der Luftschutzarbeit, daß bereits nach knapp fünf Wochen dennoch eine Entscheidung im Sinne des Chairman fiel. Das Gesundheitsministerium revidierte seine Ansichten und erklärte sich bereit, alle künftigen Planungen auf eine Organisation mit zivilem Grundcharakter hin abzustellen. Anderson gab allen Teilnehmern daraufhin zu verstehen, daß er »very glad« sei. Es wurde beschlossen, für den Ernstfall einen Emergency General Staff zu bilden, der zwar ähnlich wie die Generalstäbe der Militärs arbeiten, aber unter alleiniger ziviler Kontrolle stehen sollte. Nähere Einzelheiten mußten allerdings noch festgelegt werden[286]. Gleichzeitig hob man zuversichtlich auf den Kampfwillen der eigenen Bevölkerung ab[287], eine Sichtweise, die nach Ablehnung einer militärischen Verpflichtung der Helfer im medizinischen Notfalldienst als verständlich erscheint, angesichts der Unsicherheiten und Zweifel bei diesem Thema aber durchaus auch starke Züge von Zweckoptimismus aufwies[288].

Im Laufe der fortgesetzten Arbeit an den »schemes« der Ministerien kam es erneut zu einer Debatte um die staatspolitischen Grundlagen der Air Raid Precautions, diesmal in Verbindung mit dem Problem des Kriegsszenarios. Erneut stand der medizinische Rettungsdienst im Brennpunkt. 1929 diskutierte man einen Bericht des Gesundheitsministeriums, in dem alle Fragen der Notfallmedizin aufgerollt wurden[289]. Die Debatte wurde erneut im Sinne Andersons, d.h. mit den grundlegenden Entscheidungen über die Diskussion in bezug auf den Status der Zivilbevölkerung kongruierend, entschieden: Man beschloß, die Optionen Kriegsrecht und militärische Kontrolle der Bevölkerung nicht zu Ende zu denken und

---

[285] Ebd., S. 8.
[286] Ebd., 18. Mtg. (31.2.1926), S. 1–5.
[287] Ebd.
[288] Zu den Unsicherheiten hinsichtlich der moralischen Durchhaltefähigkeit des eigenen Volkes siehe oben S. 70 ff. und unten S. 204 f.
[289] PRO, CAB 46/7, 4. Mtg. (17.6.1929), S. 26 f.

die dazu gehörigen sachlichen Grundlagen (worst-scale-szenario)[290] ebenfalls nicht näher zu erforschen, sie auch nicht einmal näher ins Auge zu fassen. Derlei wurde als kontraproduktiv, den Grundsätzen der Effizienz und der friedensmäßigen Arbeitsteilung widersprechend sowie mit den zivilen Grundsätzen gesellschaftlichen Denkens und Handelns unvereinbar klassifiziert. Staatspolitische Prinzipien und planungsstrategische Grundsätze der zivilen Kriegsvorbereitungen griffen ineinander:

»that unless the normal life of London could continue, all our plans would fall to the ground«[291].

Im Zuge der Großdebatte um Zivilbevölkerung, Militär und Krieg kam es auch zur direkten Konfrontation zwischen zivilen und militärischen Planern. Anlaß dazu bot ein Sonderthema. Es ging um die Bildung von Spezialreserven für besonders kritische Situationen nach Bombenangriffen. Die Erfahrungen des Ersten Weltkriegs und anderer militärischer Auseinandersetzungen hatten gezeigt, daß an verschiedenen Front- oder Kampfabschnitten durch massive Feindeinbrüche eine gefährliche Lage entstehen konnte, die mit fortlaufender Entwicklung große Rückschläge für die Gesamtkriegführung mit sich brachte, wenn sie nicht bereinigt wurde. Zur Beseitigung taktischer und strategischer Bedrohungen dieser Art hatte man spezielle hochmobile Reserven geschaffen, um sie im entscheidenden Augenblick in die Schlacht werfen zu können und eine Wende herbeizuführen. Genau dasselbe Prinzip versuchten nun auch die Luftschutzplaner zu nutzen. Man sagte sich, daß bei konzentrierten Bombenabwürfen Situationen entstehen könnten, bei denen der reguläre Luftschutz überfordert würde. Wenn dann noch an neuralgischen Punkten, so z.B. in wichtigen Bevölkerungszentren, insbesondere in London, die Zivilbevölkerung panikartig die Flucht ergriffe, wäre es durchaus möglich, daß sich die Krise rasch auf das ganze Land ausweitete. Für diese Fälle gedachte man eine mobile Reserveeinheit von ca. 5000–6000 Mann aufzustellen, die überall dort, wo derartige Gefahren drohten, eingesetzt werden konnte. Im Unterschied zur allgemeinen Luftschutzorganisation sollte diese Einheit direkt dem Militär unterstellt werden, wobei auch eine soldatische oder soldatenähnliche Verpflichtung für das ihr zugeteilte Personal vorgesehen war[292]. Sogar Anderson, der sonst gegen jegliche militärische Dominanz im Luftschutz war, sprach sich massiv für eine solche Lösung aus.

Die Militärs, die vornehmlich wegen ihrer knappen personellen und organisatorischen Ressourcen schon bei der Frage nach der Kontrolle über den Sanitätsdienst nur wenig Begeisterung für ein aktives Engagement im Luftschutz gezeigt

---

[290] Dazu auch Kap. III.2.a.
[291] PRO, CAB 46/7, 4. Mtg. (17.6.1929), S. 26 f.
[292] Derartige Verbände gab es im Ersten Weltkrieg auch schon. Es handelte sich dabei um die Worker Transport Batallions (WTB), vgl. PRO, CAB 46/2, 43. Mtg. (12.11.1928), S. 6 f., die insbesondere in den Häfen eingesetzt wurden, wenn es zu Streiks kam oder eine allgemeine Überlastung der Kapazitäten stattfand. Die Männer dieser Batallions waren Zivilisten, die unter militärische Kontrolle gestellt wurden, wenn sie sich im Einsatz befanden.

hatten, weigerten sich strikt, eine solche Einheit aufzubauen oder auch nur zu betreuen[293].

Anderson wies in der nachfolgenden, über Jahre hin fortwährenden und sehr kontroversen Diskussion immer wieder auf die zu erwartende Schwere der Aufgaben hin. Es könne zu Extremsituationen kommen, in denen normale staatliche oder private Dienstverpflichtungen unzureichend seien.

>It was doubtful whether it would be possible in the circumstances to rely on ordinary civilian labour held by the ordinary bonds which normally applied between employer and employed[294].«

Eine militärische Unterordnung mit den entsprechenden Strafandrohungen sei unerläßlich.

Die Resistenz der Militärs hatte wie schon zuvor auch prinzipielle Gründe. Engagement für zivile Belange gehörte nach ihren Auffassungen überhaupt nicht zu ihren direkten Angelegenheiten. Außerdem ließ man durchblicken, daß Zivilverteidigung im Rahmen der Gesamtkriegführung nur untergeordnete Bedeutung besitze und daher den Einsatz nennenswerter militärischer Ressourcen keinesfalls rechtfertige. Anderson und die Mehrheit der Ausschußmitglieder widersprachen dieser Meinung energisch:

>that it was for the Committee to convince the Army Council that the contemplated service was a vital one, and that, if and when convinced, their point of deflection of military energy would disappear[295].«

In einer Sitzung im November 1929 kam es dann zu einer scharfen Auseinandersetzung. Anderson übte massiven Druck auf den anwesenden Vertreter der Armee aus, um eine Entscheidung in seinem eigenen Sinne herbeizuführen. Er brachte in seinem Generalangriff ein ganzes Instrumentarium von Argumenten vor, darunter auch grundlegende Hinweise auf die prinzipiellen Voraussetzungen der britischen Zivilverteidigung und der Kriegsplanung überhaupt.

Anderson warf dem War Office zunächst einmal vor, die wirklichen Dimensionen des Problems nicht erkannt zu haben[296]. Fraglos sei es richtig, daß die Sphären von Armee und Zivilbehörden auch im Krieg staatspolitisch getrennt werden müßten und die Grenzen – so weit es ginge – einzuhalten seien. Dennoch dürfe sich das Militär nicht so einfach vor der Verantwortung drücken. Es müsse seine Autorität im Notfall einsetzen, d.h. in die zivile Sphäre eingreifen, wenn die Lage

---

[293] Im War Office hatte man u.a. den Eindruck gewonnen, bei grundsätzlicher Bereitschaft zur Kooperation nach und nach die ganze Last der neuen Truppe tragen zu müssen. PRO, CAB 46/2, 25. Mtg. (4.3.1929), S. 1 ff. Diese Vermutung war durchaus nicht aus der Luft gegriffen, denn im Committee gab es während der Diskussion Überlegungen, das benötigte Personal komplett aus der TA zu rekrutieren. Ebd. Vgl. auch ebd., 24. Mtg. (26.11.1928), S. 7 f.
[294] Die allgemeine Diskussion um das Problemthema wurde mit einer Generaldebatte Ende 1928/Anfang 1929 begonnen. Erste kurze Problematisierungen schon vorher, vgl. etwa PRO, CAB 46/3, ARP 25 (11.12.1924), S. 16; ebd., ARP 39 – Draft Report – (8.7.1925), S. 15; CAB 46/2, 37. Mtg. (18.7.1927), S. 7 ff. In den in dieser Zeit stattfindenden fünf Sitzungen des ARP wurden die grundlegenden Schwierigkeiten und entsprechenden Positionen abgeklärt. CAB 46/2, 41.–45. Mtg. (23.7., 29.10., 12.11. und 26.11.1928, 4.3.1929). Vgl. auch zum Folgenden Zitat aus 41. Mtg.
[295] PRO, CAB 46/2, 25. Mtg. (4.3.1929), S. 4.
[296] PRO, CAB 46/7, 6. Mtg. (4.11.1929), auch zum Folgenden.

dies erfordere. Für derartige Situationen brauche man aber klare Regelungen, um Mißverständnisse zu verhindern. Entsprechende Einsätze blieben immer begrenzt und würden auch nicht die Verpflichtung der Streitkräfte auf ein dauerhaftes Engagement oder gar die Errichtung eines Militärregimes nach sich ziehen.

Das War Office brauche sich im übrigen überhaupt keine Illusionen über die eigentlichen Prioritäten der staatlichen Gewalt zu machen. Wenn es bei der Heimatverteidigung im Ernstfall zu Unstimmigkeiten zwischen zivilen und militärischen Behörden komme, behielten die zivilen auf jeden Fall die Oberhand[297]:

»Civil Authorities would be bound to put forward representations to the effect that the civil demands should rank before the military demands; and in the special circumstances likely to arise, he felt little doubt but that the civilian case would be very much the strongest.«

Niemand, auch das War Office nicht, könne sich der obersten Entscheidungsinstanz der Regierung entziehen. Wenn diese es wolle, könne sie sogar aktive Offiziere für jeglichen Dienst im zivilen Sektor abziehen, denn

»so far as demands for personnel were concerned, the War Office must realise that if the Government took the matter seriously and considered it so vital that they must have the best trained individuals they could get and there was no reason to suppose that they would not take this view – then they would undoubtedly pick on the best available soldiers[298].«

Die Armee wisse dies sehr wohl und habe sich auch bei entsprechender Gelegenheit danach verhalten. So etwa 1926 während des Generalstreiks, als die Armee sich kurzfristig den Zivilbehörden willig zur Verfügung gestellt habe. Im vorliegenden Fall sei die Situation letztlich nicht anders. Man müsse wegen der abzusehenden künftigen Anwendung umfassenden militärischen Gewaltpotentials nun aber auch umfassend, detailliert und langfristig planen. Die Armee wolle sich jetzt zwar sträuben, könne aber im Ernstfall nicht umhin, weitgehende Hilfe zu leisten[299]. Ein Widerstand sei also von vornherein sinnlos und unvernünftig. Wenn man umgekehrt jetzt keine umfassende Lösung finde, käme es im Ernstfall zu Kompetenzschwierigkeiten, die Verschwendung von Energien und verhängnisvolle Verzögerungen bedingen würden[300]. Das Ergebnis wäre letztlich immer das gleiche – die Armee müsse helfen –, besser aber wäre es, gleich den Realitäten ins Auge zu blicken und die entsprechenden Planungen und Vorbereitungen in abgeklärten Schritten zu tätigen.

Die überaus massive und selbstbewußte Vorgehensweise Andersons zeigt deutlich, wer in Britannien auch bei nationalen Notständen das Sagen hat: die gewählte zivile Regierung. Die Armee leistete dennoch in der vorliegenden Sachfrage zunächst weiterhin hinhaltenden Widerstand[301]. Die Angelegenheit wurde schließlich an das CID und Kabinett überwiesen, die aufgrund der Sachlage keine Ent-

---

[297] Ebd., S. 2 f., auch zum Folgenden (inkl. Zitat).
[298] Ebd., S. 4.
[299] Ebd., S. 9 f.
[300] Ebd., S. 2 ff.
[301] Vgl. etwa PRO, CAB 46/7, 8. Mtg. (19.5.1930), S. 14 f.

scheidung treffen konnten und das Problem an das ARPPC rücküberstellten[302]. Die Diskussion im ARPOC begann daraufhin erneut. Im Mittelpunkt standen jetzt die rechtlichen Aspekte. Anderson und die meisten Ausschußmitglieder argumentierten damit, daß es für ein ziviles Ministerium praktisch unmöglich sei, eine Notfalltruppe zu unterhalten[303]. Diese müsse bereits im Frieden zumindest inoffiziell aufgestellt werden und ständig Ausbildung betreiben. Dafür sei keinerlei gesetzliche Grundlage vorhanden. Man könne zwar ein entsprechendes Gesetz verabschieden, ähnlich wie dies 1918 bei der Gründung der RAF geschah[304]. Damit sei aber die Schaffung eines Etats verbunden und, als Konsequenz, die Einschaltung von Parlament und Öffentlichkeit. Mit hoher Wahrscheinlichkeit käme es dann zu höchst unerwünschten Nebenwirkungen wie Politisierung, Kritik und möglicherweise sogar Panikmache. Die Armee hingegen besitze nach jetzigem Stand der Dinge mit dem Army Act genügend Legitimation für die unauffälligere Schaffung einer Noteinsatztruppe. Auf keinen Fall käme es in Frage, ein ziviles Ministerium, wie z.B. das Home Office, das generell mit militärischen Belangen nichts zu tun habe, mit derartigen Aufgaben zu belasten. »No government [...] would be willing to do [this][305].«

Gegenvorschläge des War Office hinsichtlich des Einsatzes von Special Constables oder den Feuerwehren beschied man abschlägig, indem man darauf hinwies, daß beide Möglichkeiten vollkommen unzureichend seien. Sowohl Polizisten als auch Feuerwehrleute könnten, wann immer sie wollten, den Dienst quittieren, ohne spezielle Strafen zu bekommen. Alles, was man in einem solchen Fall tun könne, sei die Entlassung der entsprechenden Personen. Damit sei den Erfordernissen nicht Rechnung getragen.

Das Problem blieb weiter ungelöst. Die Militärs wehrten sich auch weiterhin und behaupteten:

»The organisation proposed is a purely civil one, and as such should be controlled and run by the Civil Authorities. The primary duty of a fighting service is to defeat the enemy on the field of battle, and not to organise the protection of the civil population behind the lines[306].«

Demgegenüber betonte Anderson, daß die traditionellen Grenzen Schlachtfeld – Hinterland hinfällig seien und sich die Armee daher auch nicht einfach auf ihre militärischen Kampfaufgaben beschränken könne, denn

»it must be realised that the whole character of Warfare had changed. The present day type of fighting, for example, was quite different to that to which we were accustomed

---

[302] PRO, CAB 46/6, ARPP 11 (23.12.1930).
[303] Die folgenden Ausführungen geben die wichtigsten Aspekte der Diskussion zusammenfassend wieder und werden daher nicht gesondert belegt (außer wörtliche Zitate). Die einzelnen Argumente wurden immer wieder neu angeführt und in den zahlreichen Schriftwechseln ergänzt und aktualisiert. Die wichtigsten sind: PRO, CAB 46/10, ARPO 18 (6.2.1929); CAB 46/6, ARPP 6 (19.5.1930); ebd., ARPP 13 (9.3.1931); ebd., 1. Mtg. (23.7.1929), S. 8 f.; ebd., 2. Mtg. (15.7.1930); ebd., 3. Mtg. (24.2.1931), S. 9–13. Auch in der soeben dargestellten Sitzung wurden die meisten Pros und Kontras bereits vorgebracht – CAB 46/7, 6. Mtg. (4.11.1929).
[304] Zur Gründung der RAF vgl. Terraine, Theorie und Praxis, S. 537, und Probert, Führung, S. 787.
[305] PRO, CAB 46/6, 2. Mtg. (15.7.1930), S. 2.
[306] Ebd., ARPP 6 (19.5.1930), S. 2.

before mechanisation [...] it was the main object of the soldier to kill and avoid being killed, to hold ground and so on. The whole aim of the new organisation which we were discussing was also to avoid being killed and in order to do this, it would be necessary to perform highly dangerous work.«

Außerdem – und dies besitzt zentralen Charakter – sei die Armee ein Regierungsinstrument und damit wie alle Behörden dem Gesamtwohl von Volk und Gesellschaft verpflichtet. Sie könne sich von dieser Verpflichtung nicht einfach verabschieden:

»if the heart was in fact out of the civil population, the Fighting Services would be of no further use at all[307].«

Dementsprechend wurde schließlich dann auch gehandelt. Am 19. März 1931 traf sich das CID zur entscheidenden Sitzung. Premierminister Ramsay MacDonald hatte sich auf die zivile Seite gestellt. Kriegsminister Shaw gab hierin weiterhin den Bedenken der Armee Ausdruck, wehrte sich schließlich aber nicht mehr. Die Militärs stimmten unter dem Vorbehalt zu, daß für sie keine zusätzlichen Kosten entstünden und die Masse der zu Verpflichtenden nicht von ihnen bereitgestellt werden müßte. Man faßte den Entschluß, daß das War Office prinzipiell für Aufstellung und Organisation der Truppe verantwortlich sein sollte. Alle weiteren Fragen, insbesondere auch die finanzielle Seite, sollten später geklärt werden. MacDonald gab schließlich seiner Erleichterung Ausdruck und betonte, daß das Gesamtproblem Air Raid Precautions ein vollkommen neues sei und daher alle Kräfte einvernehmlich zusammenarbeiten müßten[308].

Die grundlegenden Organisationsfragen für die Spezialreserve ging man dann recht rasch an[309]. Die Beteiligten trafen sich in der Folge, um das Nötige zu besprechen. Die Truppe sollte formal der Territorialarmee eingegliedert und mit ehemaligen »territorials« besetzt werden. Die offizielle Aufstellung sollte möglichst schon vor dem Beginn der Kampfhandlungen, bzw. sogar schon vor der allgemeinen Mobilmachung erfolgen (Territorial Army Reserve Defence Section). Das ARPOC gestand zu, daß die meisten Angehörigen reine Zivilisten sein würden, d.h. die Armee nur wenige Führungskräfte und technische Spezialisten zu stellen hätte[310]. Die Truppe sollte alle technischen Teilsparten beinhalten. Zusätzlich zu

---

[307] Ebd., 2. Mtg. (15.7.1930), S. 3 f.
[308] Ebd., ARPP 14 (10.4.1931), S. 1 f.
[309] Die folgenden Ausführungen geben die grundsätzliche Diskussion über die 5-6000-Mann-Truppe wieder. Da die damit verbundenen organisatorischen, technischen und allgemeinen praktischen Detailfragen für die vorliegende Arbeit eher weniger von Bedeutung sind, können sie auch nicht genauer dargestellt werden. Sie bilden eine knappe Zusammenfassung der folgenden Memos, Briefe und Sitzungen: PRO, CAB 46/11, APRO 114 (9.10./24.11.1931); ebd., ARPO 127 (7.3.1932); CAB 46/8, 19. Mtg. (30.3.1931), S. 11–13; ebd., 22. Mtg. (8.6.1931); ebd., 26. Mtg. (16.11.1931), S. 1–8; ebd., 30. Mtg. (11.4.1932), S. 31.
[310] Trotz dieser Annäherung blieb das Personalproblem eine heikle Angelegenheit. Es war allen klar, daß die Militärs sämtliche leistungsfähigen Männer unter 25 für sich beanspruchen würden und – zumindest bei längerandauernden und verlustreichen Kampfhandlungen – vom Rest der männlichen (v.a. derjenigen unter 30) den größten Teil. Da die ARP, insbesondere die Spezialtruppe, aber nicht nur mit älteren Jahrgängen betrieben werden konnten, hatten die Planer mit neuen Auseinandersetzungen zu rechnen. Die Probleme der Personalbeschaffung hatte man schon 1925

ihr gedachte man, noch einmal etwa 20 000 Mann als rein zivile Notreserve unter Kontrolle der regulären Luftschutzorganisation zu rekrutieren.

Mit dieser Entscheidung und den vorangegangenen Entscheidungen zum Kriegsszenario und zur organisatorischen Kontrolle über den Sanitätsdienst hatte man den Status der Air Raid Precautions und der hierfür erforderlichen Helfer eindeutig definiert. Bis auf die Notfalltruppe sollte die gesamte Organisation unter ziviler Kontrolle bleiben. Die Militärs hatten einsehen müssen, daß sie sich den zivilen Gewalten in staatspolitischer Hinsicht unterzuordnen hatten. Sie konnten sich weder geistig noch organisatorisch außerhalb des demokratischen Staatsgefüges bewegen. Anderson hatte ihnen dies unmißverständlich klargemacht. Ein Frontsoldatenstaat, wie er etwa den Vertretern des Soldatischen Nationalismus oder den Theoretikern des »Totalen Krieges« in Deutschland vorschwebte, stand rechtlich, organisatorisch und auch politisch-ideologisch nicht zur Debatte.

Insgesamt trat der rational-legale Typus, hier vertreten durch die demokratisch verfaßte zivile Staats- und Verwaltungsordnung, fast in Reinkultur zutage. Eine Tendenz zur Charismatisierung von Inhalten oder bestimmten Personen findet sich in der Arbeit der Ausschüsse nicht. Mit Glanz und Gloria argumentierte man zwar teilweise, wie z.B. Anderson in seinem Gespräch mit Trenchard, und wußte auch, daß man psychologische Maßnahmen zur Erzeugung eines entsprechenden Kampfes- und Durchhaltewillens ergreifen mußte. Eine Tendenz zur staatspolitischen Legitimation charismatischer Inhalte war damit jedoch nicht verbunden. Es herrschte technische Rationalität vor. Im Mittelpunkt stand die Schaffung eines wirkungsvollen Luftschutzes entlang der Strukturen der gegebenen Herrschaftsordnung. Erst im äußersten Notfall – in militärisch kritischer Lage – war man bereit, die etablierten Regeln außer Kraft zu setzen und eine Diktatur zu errichten. Auch auf diese äußerste Eventualität gedachte man nicht mit Abschaffung der bis dato gültigen staatspolitischen Grundprinzipien zu reagieren, sondern so weit als möglich nach gesatzten Normen zu handeln.

Kriegsrecht und tagendes Parlament stellten für die Komitees letztlich diametrale Gegensätze dar, die nicht zu vereinbaren waren. Und in der Tat betrachtete man die Ausrufung des Ausnahmezustandes – auch psychologisch – als Schritt, der einer Niederlage nahekam.

Die Sachlage blieb insgesamt weiterhin problematisch. Die Luftschutzausschüsse waren trotz der getroffenen Grundsatzentscheidungen zu keinem Ergebnis hinsichtlich der allgemeinen Disziplin und Durchhaltefähigkeit der Zivilgesellschaft gelangt. Man hoffte zwar, daß die Spezialreserve für Notfälle auch in kritischen Situationen die Kampfmoral der Bevölkerung und der einfachen Luftschutzkräfte aufrechterhalten würde[311], war sich letztlich aber nicht sicher, ob die Menschen auch wirklich bei der Stange bleiben würden. Man hatte sich weiterhin zu fragen, wie das Prinzip der zivilen Verteidigung, das möglichst auf der Basis

---

grundsätzlich erkannt. PRO, CAB 46/1, 16. Mtg. (16.3.1925), S. 6 ff. Vgl. auch CAB 46/2, 42. Mtg. (29.10.1928), S. 4 ff., und CAB 46/7, 4. Mtg. (17.6.1929), S. 2–9.
[311] Vgl. nochmals Anderson in: PRO, CAB 46/8, 26. Mtg. (16.11.1931), S. 3.

freiwilliger Verpflichtung verwirklicht werden sollte, mit den Anforderungen eines modernen Krieges, insbesondere den psychologischen, in Einklang zu bringen sei.

An der praktischen Vorgehensweise der Planungsorgane für den Luftschutz änderte sich auch in der Folge nur wenig. Der Kreis der Beteiligten rekrutierte sich weiterhin fast ausschließlich aus dem Regierungsapparat. Man verließ den Dunstkreis des Ausschußsystems nicht, orientierte sich vielmehr noch intensiver an dessen Grundprinzipien und leistete im wesentlichen theoretische Forschungs- und Aufbauarbeit[312]. Anderson und seine Ausschußmitglieder hatten eine Art Kaderorganisation im Sinn, wohl analog zu dem, was die RAF in Zeiten knapper Kassen aufbaute. Im Frieden sollte es nur ein Grundgerüst geben, das im Krieg dann schnell zu einer effizienten Maschinerie erweitert werden konnte. Als unbedingt wichtig erschien, daß vorab bereits Strukturen bestanden, die übersichtlich und effizient gegliedert waren.

»By this means the needs of the situation [at the beginning of war, B.L.] should be adequately met, overlapping and waste of effort should be avoided.«

Insgesamt waren sich die Beteiligten bewußt, daß bei der großen Arbeitsbelastung der Ministerien der Luftschutz eher das Dasein eines Stiefkindes führen würde. Dennoch verlangte man »steady progress« und beauftragte Wing-Commander Hodsoll, Sekretär sowohl des ARPOC als auch des ARPPC, mit der verwaltungsmäßigen Überwachung und Koordination der Fortschritte. Das ARPPC hatte gemäß seinem Charakter als ministerieller Strategieausschuß unter Leitung des Home Secretary die Tätigkeit des ARPOC zu überwachen, nach dessen Berichten strategische Grundsatzentscheidungen zu treffen und als Schleuse zu den obersten Stellen zu dienen[313].

Insgesamt stellte das Modell eine Mischung aus demokratischer Arbeitsteilung, modernem Verwaltungs- und Effizienzdenken sowie der Einsicht in die Notwendigkeiten einer Mobilmachungsstrategie im Zeitalter des »Totalen Krieges« dar. An diesen grundlegenden Organisationsprinzipien änderte sich bis Mitte der 30er Jahre nichts Wesentliches mehr. Das ARPPC bestätigte meist die Verfahrensweise und die jeweils gefaßten Beschlüsse des ARPOC[314].

In bezug auf die praktische Umsetzung der theoretischen Konzepte sah sich der regierungsinterne Planungsapparat für die Air Raid Precautions weiterhin generell in der Defensive. Man hatte zwar erkannt, wie neuartig der zu bearbeitende Problemkomplex war und daß im Vergleich zu bisherigen Methoden unübliche Anstrengungen nötig sein würden, um zu effektiven Lösungen zu gelangen[315], blieb aber gewissermaßen auf der sicheren Seite und wirbelte möglichst wenig Staub auf:

---

[312] Zum Folgenden: PRO, CAB 46/4, ARP 69 (10.7.1928), S. 1–7.
[313] PRO, CAB 46/5, ARPO 1, und CAB 46/7, 1. Mtg. (29.4.1929); CAB 46/6, 1. Mtg. (23.7.1929), dazu ebd., ARPP 1 (17.7.1929).
[314] In PRO, CAB 46/6 sind mehrere Sitzungsprotokolle und Berichte, die die Sanktionierung der entsprechenden Grundlinien enthalten. Vgl. etwa ARPP 5, passim, und 16 (= ARPO 111), App. 8–10.
[315] Vgl. zusammenfassend PRO, CAB 46/1, 1. Mtg. (15.5.1924), S. 1: »a wide field and presented a problem of extreme difficulty.«

»we wish to lay stress on the fact that we do so not from any alarmist motive, but purely from a utility point of view[316].«
Theoretische Planungsrationalität und Unsicherheit gegenüber der Öffentlichkeit gingen Hand in Hand.

Die Zurückhaltung erwies sich mit fortlaufender Zeitdauer für den Fortgang der Arbeit als zunehmend problematisch. Im Übergang zu den 30er Jahren hatte man nach jahrelanger Forschungs- und Planungsarbeit ein Stadium erreicht, das die Inangriffnahme praktischer Anstrengungen unter Beteiligung breiterer Kreise der Bevölkerung nötig machte[317]. Dem ARPOC lag eine Fülle von Daten vor, die nun zu konkreten Einsatzplänen geformt werden mußten. In den Ministerien wurden die ersten »paper schemes« fertig[318] und mußten nun praktisch erprobt und angewandt werden. Man hatte eine Flächenorganisation für ganz Großbritannien zu schaffen und die wichtigsten gesellschaftlichen und wirtschaftlichen Entscheidungsträger zu integrieren[319]. Die Hemmungen in diesem Bereich blieben jedoch übermächtig. Auch nachdem das CID und Kabinett ihre Zustimmung zur Ausdehnung der Aktivitäten gegeben hatten, änderte sich an der passiven Strategie nur wenig. Schon bei der zentralen Debatte zwischen Anderson, Hipwood und Gibbon um das Kriegsszenario und die Durchhaltefähigkeit des Landes[320] hatten letztere eine großangelegte Propagandakampagne bereits im Frieden und eindeutige Weichenstellungen zur Frage der Ausübung von Zwang gegenüber der Zivilbevölkerung gleich zu Beginn eines künftigen Krieg gefordert, um die Heimatfront stabil halten zu können. Wenigstens müsse ein entsprechendes Sub-Committee einberufen werden, um vorbereitende Informationen und erste psychologische Beeinflussung in Angriff nehmen zu können[321]. Anderson hatte gemäß seiner Abneigung gegen die von den beiden vertretenen rigorosen Szenarien und deren Konsequenzen den Vorschlag kategorisch abgelehnt und geraten, lediglich einen ersten umfassenden Bericht über die bereits geleistete Arbeit an ausgewählte Be-

---

[316] Anderson, in: PRO, CAB 46/6, ARPP 3 (= ARPO 15, 6.7.1929), S. 4.
[317] Für die teilweise sehr alarmierenden Berichte und generell zum Folgenden, wo nicht anders angegeben, vgl. PRO, CAB 46/6, ARPP 7 (29.11.1929); ebd., ARPP 10 (12.12.1930); ebd., ARPP 16 (27.11.1931), S. 7; ebd., ARPP 19 (13.10.1932), S. 1 ff.; ebd., ARPP 20 (10.11.1932), S. 9 ff. Vgl. auch ebd., ARPP 5. Allgemein für die Verbindung der Handlungs[un]fähigkeit in bezug auf die Öffentlichkeit siehe z.B. PRO, CAB 46/8, 14. Mtg. (23.2.1931), und PRO, CAB 46/11, ARPO 65 (18.2.1931).
[318] Das erste »scheme« wurde 1929 im Ministry of Health fertiggestellt: Ab diesem Zeitpunkt hätte man daher damit beginnen können, konkrete Pläne für die medizinische Notfallversorgung auszuarbeiten. PRO, CAB 46/6, ARPP 3 (= ARPO 15, 6.7.1929). Insgesamt gesehen lag bei der Vervollständigung der »paper schemes« noch vieles im argen. Die Fortschritte in den Ministerien waren alles andere als einheitlich. Vgl. etwa CAB 46/11, ARPO 65 (18.2.1931). In den als vordringlich eingestuften Bereichen, wie z.B. Evakuierung und Gasschutz, konnten nach einiger Zeit wenigstens Grundlagenberichte fertiggestellt werden. Insbesondere für die Evakuierungen waren dies allerdings nur sehr allgemeine Pläne, weitgehend ohne konkretere Vorschläge und Empfehlungen. Vgl. etwa CAB 46/10, ARPO 59 (16.1.1931), S. 20–23.
[319] Vgl. PRO, CAB 46/6, 1. Mtg. (23.7.1929), S. 9–13, und ebd., 3. Mtg. (24.2.1931), S. 1 ff.
[320] Siehe oben, Kap. III.2.a.
[321] PRO, CAB 46/8, 13. Mtg. (16.2.1931), S. 11–22, auch zum Folgenden. Dieses Sub-Committee, das auch mit bekannten Persönlichkeiten der Öffentlichkeit besetzt werden sollte, gehörte zu Hipwoods Lieblingsideen. Siehe dazu unten S. 211 mit Anm. 410 und S. 221 mit Anm. 460.

hörden, Institutionen und Unternehmen zu verschicken, um deren Aufmerksamkeit und Mitarbeit anzuregen[322]. Auch in dieser Frage hatte er sich dann durchgesetzt[323].

Die Meinungsverschiedenheiten im ARPOC wurden durch das Ausscheiden Andersons, der Anfang 1932 als Gouverneur von Bengalen nach Indien ging[324], gemildert, aber nicht beendet. Die Stimmen, die nach umfassenden Kriegsszenarien und entsprechend rigorosen Lösungen verlangten, verstummten nicht.

Die Grundproblematik brach erneut auf, als man 1933 einen Zentralkommandeur für den Luftschutz in London (Air Raids Commandant London) ernannte[325] und der erste und einzige Amtsinhaber, Generalmajor Pritchard von den Royal Engineers, einen sehr umfassenden und ausführlichen Generalbericht über die seines Erachtens nötigen Voraussetzungen und Maßnahmen vorlegte[326]. Die Ausführungen Pritchards stimmten in vielen Aspekten mit den Vorstellungen der Ausschüsse sachlich mehr oder weniger überein, atmeten allerdings einen stark militärischen Geist – ohne jedoch eine militärische Vorherrschaft zu fordern – und gaben einer Festungsmentalität Ausdruck, die bislang eher selten aufgetreten war und auf den Rang des Verfassers zurückzuführen sein dürfte. Immerhin präsentierte Pritchard die bisher umfassendste zusammenhängende Bestandsaufnahme. Gleichzeitig mahnte er alsbaldige Schritte unter Berücksichtigung aller Teilaspekte des Luftschutzes an.

Es ist bezeichnend, daß die Ausschüsse – diesmal vor allem das ARPPC – den Bericht als zu verfrüht und zu weitgehend ablehnten und nicht wirklich auf ihn eingingen[327]. Der Bericht wurde zurückgelegt und hatte keinen wesentlichen Einfluß auf die aktuellen Planungen.

Mit der Ignorierung von Berichten ließen sich die vorhandenen Probleme jedoch nicht lösen. Die Komitees machten sich nicht nur infolge der bestehenden Selbstbeschränkung auf die reine Planungsarbeit zunehmend handlungsunfähig, sondern wurden durch die fehlende praktische Verteilung der Obliegenheiten nach unten mit Detailfragen überschüttet, die eigentlich Aufgabe niederer Verwaltungsebenen war[328]. Da man aber noch gar nicht entschieden hatte, wie der organisatorische Unterbau aussehen sollte, stellte sich mit steigender Dringlichkeit die Frage, nach welcher Struktur die örtliche Exekutive in der Hauptstadt und – in deren Gefolge – in allen anderen städtischen und ländlichen Gebieten der Britischen Inseln gestaltet werden sollte. Die Ernennung eines Befehlshabers für Lon-

---

[322] PRO, CAB 46/11, ARPO 74 (24.6.1931).
[323] PRO, CAB 46/8, 19. Mtg. (30.3.1931).
[324] O'Brien, Civil Defence, S. 42.
[325] Dieser Schritt mußte von Kabinett und CID genehmigt werden, was auch geschah. PRO, CAB 46/6, ARPP 23 (24.11.1933, Jahresbericht), S. 3 f.
[326] Ebd., ARPP 25 (12.12.1933).
[327] Ebd., 8. Mtg. (14.12.1933), S. 2–5. Das für die genauere Besprechung des Berichtes von Pritchard zuständige ARPOC stieg gar nicht erst in die angesprochenen Detailfragen ein, sondern diskutierte erneut die bekannten Unklarheiten in den grundsätzlichen Fragen. Die Haupthindernisse traten dabei wiederum nachdrücklich zutage: unklares Kriegsszenario, mangelnde Finanzen und Angst vor der Öffentlichkeit. Ebd., ARPP 24 (11.12.1933). Man drehte sich im Kreise.
[328] Ebd., ARPP 18 (12.10.1932), S. 1 f.

don stellte hier zwar einen ersten substantiellen Schritt dar, blieb ohne eine umfassende Lösung in bezug auf die grundsätzliche Gestaltung der Gesamtorganisation allerdings wenig innovativ. Man benötigte flächendeckende Tiefenstrukturen, ohne die die Führungs- und Leitstellen wirkungslos waren. Gedacht war an eine bereits bestehende Territorialorganisation zur Kombination mit dem Konzept des Air Raid Commandant und später ggf. Einsetzung von Air Raid Commandants im ganzen Land[329].

Unter den gegebenen Verhältnissen standen vier Grundmodelle zum Aufbau einer schlagkräftigen Air Raid Precautions Organisation zur Auswahl. An landesweiten Organisationen kamen die Polizei und die Emergency Strike Organisation (ESO), mit der man 1926 den Generalstreik gebrochen hatte, in Frage[330]. Beide boten den Vorteil, daß sie überall präsent waren – dies insbesondere auch in den Städten, wo man mit den stärksten Bombenangriffen zu rechnen hatte – und relativ einheitliche und festgefügte Befehlsstrukturen besaßen. Bei der praktischen Ausgestaltung des Aufbaus hätte man zwar strukturelle Änderungen und Feinabstimmungen vornehmen müssen (z.B. Gebietsgrenzenabgleich oder Definition der Stellung von London und den ländlichen Gebieten), wäre dabei aber nicht auf grundsätzliche Hindernisse gestoßen. Massive Schwierigkeiten bereiteten allerdings die staatspolitischen Grundlagen. Zum einen war abzusehen, daß die Polizei und die ESO eigene wichtige Aufgabengebiete im rein zivilen Bereich zu versehen hatten. Man ging davon aus, daß das Personal beider Organisationen im Ernstfall mit ihren bereits bestehenden Obliegenheiten weitgehend ausgelastet sein würde. Die Polizei hatte mit der Aufrechterhaltung der öffentlichen Sicherheit genug zu tun und konnte nur innerhalb dieses Zuständigkeitsbereiches für den Luftschutz helfend tätig werden. Die ESO war von vornherein sowieso auf zivile Konflikte hin abgestellt und bestand im Ruhezustand lediglich aus einem organisatorischen Skelett, das im Bedarfsfall von Personal aus Staat und Wirtschaft kampffähig gemacht wurde. Im Falle eines Krieges wurde aber genau dieses Personal an anderer Stelle dringend gebraucht. Der erhebliche Aufwand, den die Air Raid Precautions infolge ihrer Komplexität verlangten, konnte so nicht bewältigt werden. Zum anderen sah man massive innenpolitische Probleme voraus. Es stand zu befürchten, daß man bei den Vorbereitungsarbeiten in massive parteipolitische Schwierigkeiten geraten würde.

»There is, also, the danger that to stir up this organisation [ESO] might conceivably cause misapprehension in certain circles. It would be highly undesirable, not to say inconvenient, to have political capital made out of air raid schemes in the belief, however erroneous, that they were connected with strike breaking.«

Als Alternative überlegte man, ob man daher nicht eine ganz neue Organisation, gestaltet auf der Basis dieses Musters, aber angelehnt an die Polizei, schaffen sollte. Dies wurde allerdings mit den üblichen Effizienzargumenten abgelehnt:

---

[329] Dazu unten, S. 194 f.
[330] Zum Folgenden: PRO, CAB 46/9, 38. Mtg. (27.3.1933), S. 1–9, mit CAB 46/14, ARPO 202 (13.3.1933).

»It might be possible merely to use the Police Organisation as a model and to create on this model a new organisation with new personnel which might, for certain purposes, be affiliated to the Police Organisation. From many points of view, however, it is considered better to try and use some existing organisation where personnel are likely to be available, rather than to attempt to create de novo a machine of the size contemplated.«

So entschied man sich für das dritte mögliche Grundmodell, die Local Authorities. Deren Gesamtstruktur im staatlichen Rahmen war zwar alles andere als homogen, da sie infolge ihrer staatsrechtlichen Stellung große Selbständigkeit besaßen. Auch konnten sie nicht ohne weiteres auf eine uniforme Basis gebracht werden – wie etwa Polizei oder ESO mit ihren vergleichsweise einheitlichen Organisationsprinzipien – und würden daher manche Schwierigkeiten bei der Exekutivarbeit bereiten. Sie ließen sich außerdem nicht gern in ihre Angelegenheiten hineinreden. Zudem hatte man – sowohl im Frieden als auch in Kriegszeiten – eine starke Tendenz zu Eifersüchteleien und Intrigen beobachten können. Dies galt insbesondere für die Metropolitan Boroughs in London. Gerade wegen dieser Sachlage aber kam man sowieso nicht um die Beteiligung der Local Authorities herum, dies, zumal wesentliche Teile der Versorgungsbetriebe (z.B. Wasser und Strom) unter ihrer Kontrolle standen. Es lag daher ohnehin schon auf der Hand, sie gleich grundsätzlich mit der Ausführung der Luftschutzmaßnahmen zu beauftragen:

»It [Local Government Organisation] lacks some of the advantages of the Emergency Organisation which embraces not only the whole country under one administration but, also, all those vital services which are essential to any air raid measures. On the other hand, since the goodwill and co-operation of the Local Government Authorities is vital to the success of any air raid schemes, the question of prestige must presumably be considered and it is possible that the Local Authorities might be more amenable if the responsibility was put on them direct than if they were drawn in, as it were, through the back door[331].«

Staatspolitische Liberalität, Wahrung des innenpolitischen Konsenses und Effizienzdenken wirkten zusammen.

Die vierte der Alternativen besaß nur theoretische Aussichten auf Verwirklichung und wurde eher am Rande diskutiert, wenn man sie auch formell nicht von vornherein ausschloß. Seit 1930 wurden auf der internationalen Ebene ernsthafte Vorschläge zur Gründung einer nationenübergreifenden und regierungsunabhängigen Luftschutzorganisation, dem Violetten Kreuz, gemacht. Der Hauptinitiator war der Schweizer Serge de Stackelberg, der seine Vorstellungen in dem Buch The Chemical Peril and the Violet Cross niedergelegt hatte. In jedem Land sollten spezielle Luftschutzverbände öffentlich tätig werden und Propaganda betreiben, Übungen abhalten, aber auch – und dies stellte einen gewichtigen Kernpunkt dar –

---

[331] Die Entscheidung für die »local authorities« fiel nicht unvermittelt. Schon vor 1930 zeichnete sich ab, daß sie die Träger der unteren Organisationsebene sein würden. Anderson etwa hatte in einer Diskussion um den Gasschutz Gibbon vom Gesundheitsministerium mehr oder weniger in die Schranken gewiesen, als dieser vorgeschlagen hatte, den Entgiftungsdienst unter Polizeikontrolle zu stellen. PRO, CAB 46/2, 33. Mtg. (2.5.1927), S. 2–5, sowie 34. Mtg. (16.5.1927), S. 1–6. Vgl. zusätzlich CAB 46/1, 18. Mtg. (27.4.1925), S. 7–10 ff., sowie 19. Mtg. (11.5.1925), S. 1–5. CAB 46/8, 14. Mtg. (23.2.1931), S. 20–23, und CAB 46/3, ARP 38 (2.4.1925), S. 18–20. Vgl. auch CAB 46/4 (3.12.1927), S. 6–8.

alle Luftschutzaktivitäten überwachen. Gedacht war, sie in einer internationalen Organisation als Dachverband zusammenzuschließen und dadurch Schutz und gegenseitiges Vertrauen unter den Völkern zu schaffen. Eine Unterstellung unter staatliche Gewalt lehnte man ab, betrachtete jedoch die Zusammenarbeit mit den Regierungen als hilfreich. Im Hintergrund stand dabei wohl auch die Hoffnung, die Kriegsgefahr zu mindern und zu völkerrechtlichen Abmachungen zu kommen:

»The collaboration of the Violet Cross with similar [national, B.L.] organizations will be exercised in a spirit of mutual aid and confidence. The Collaboration between the similar Leagues and the Violet Cross should be carried out in a regular and systematic manner, in such fashion as to form but one common organization[332].«

Unabhängig davon entwickelte das Rote Kreuz schon seit Ende der 20er Jahre ähnliche Vorstellungen. Das Internationale Komitee des Roten Kreuzes (IKRK) hatte die dazu nötigen Beschlüsse gefaßt, die die nationalen Verbände dazu verpflichteten, die Luftschutzarbeit unter dem Dach eines internationalen Ausschusses durchzuführen[333].

Eine weitere Organisation, die in diesem Zusammenhang vorgeschlagen wurde, sollte insbesondere die Gefahr durch Gas eindämmen. Sie sollte den Namen Gelbes Kreuz tragen und ebenfalls regierungsunabhängig tätig werden. Auch hier wurde ein umfangreiches Programm erstellt, das von Propagandamaßnahmen über Übungen bis hin zur Bestellung und Ausbildung von Luftschutzhauswarten reichte[334].

Es verwundert nicht sonderlich, daß derlei Versuche zum Eingriff in die Kohärenz des staatlich-rationalen Verwaltungsapparates nicht die geringste Chance auf Erfolg hatten[335]. Wie in anderen Staaten auch, lehnten die britischen Verantwortlichen jegliche Abtretung von Organisationskompetenzen ab. Daß die konstruktive und hilfebringende Tätigkeit von humanitären Organisationen dabei durchaus anerkannt wurde, tat der administrativen Stringenz und der Machtbündelung im Apparat als Herrschaftsinstrument keinen Abbruch. So heißt es beispielsweise:

»I quite agree that the Red Cross people could be of great value to us, but I do not like the international turn that they have given the matter.«

Die staatlichen Apparate blieben die eigentlichen Macht- und Entscheidungsträger, die das Heft fest in der Hand hielten. Konkurrenz im eigenen Land wurde nicht zugelassen. Auch das IKRK mußte dies einsehen. Als man 1934 den Generaldirektor des britischen Roten Kreuzes zum Bericht über die getroffenen Maßnahmen zum Aufbau einer Luftschutzorganisation gemäß den Richtlinien des IKRK aufforderte, konnte dieser nur auf die Regierung und ihren Verwaltungsapparat verweisen[336].

Diese machtstaatliche Grundverankerung korrespondierte mit der generellen britischen Haltung in bezug auf das Völkerrecht als Schutzmittel gegen Kriegseinwirkungen durch Bombenangriffe. Ähnlich wie in Deutschland glaubte man letzt-

---

[332] Vgl. dazu PRO, CAB 46/10, ARPO 43 (Juni 1930).
[333] PRO, CAB 46/11, ARPO 96 (10.10.1931), mit CAB 46/8, 25. Mtg. (28.7.1931), S. 15.
[334] PRO, CAB 46/16, ARPO 321 (2.2.1934) und ARPO 326 (12.2.1934).
[335] Zum Folgenden: PRO, HO 45/23081, 700201/2 (1928). Vgl. auch Belege in Anm. 334.
[336] PRO, HO 45/23082, 700201/8 (1934).

lich nicht an die Wirksamkeit des Völkerrechts, so wie es sich in den 20er und 30er Jahren gestaltete. Bezeichnend aber ist die – wenigstens theoretische – Hoffnung, langfristig doch noch rechtliche Garantien zu erreichen. Hier bestand ein klarer Unterschied zu den Vorstellungen der maßgeblichen Luftschutzplaner und -agitatoren in Deutschland, deren Grundhaltung stark von dem im Deutschland herrschenden geistigen Klima dominiert war. Dieses basierte auf den ideologischen Vorstellungen Schmitts und anderen, nach denen Recht auf Macht gegründet sei. Das Diktum, wonach nur der Recht erlange und in Anspruch nehmen könne, der auch die Macht innehabe, instrumentalisierte man für die grundsätzliche Absage an das Völkerrecht schlechthin und für die Rechtfertigung der Gewalt als einzige Rechtssetzerin[337].

In Großbritannien betrachtete man das Völkerrecht eher als ein Planungselement, das man zwar nicht von vornherein ablehnte oder gar desavouierte, dessen Schutzwert aber nicht allzu hoch eingestuft wurde. Solange keine wirklichen Garantien bestanden, blieb es eine Option, auf die man begrenzt setzte, ohne die Rationalität der eigenen Planung und deren Grundlagen außer Kraft zu setzen[338].

Die entsprechenden Weichenstellungen wurden 1932/33 dann auch vorgenommen. Nach der Ernennung des Air Raids Commandant London (ARCL) und der Entscheidung für die Local Authorities als Träger der örtlichen Luftschutzmaßnahmen begann man, eine praktische Organisationsstruktur unter Verwendung beider Elemente zu konzipieren[339].

Die Ernennung eines ARCL wurde im Oktober 1932 vom ARPPC dem CID vorgeschlagen und von diesem am 8. November genehmigt. Das Kabinett beschäftigte sich wegen dringlicherer Obliegenheiten nicht näher mit der Frage, sondern gab eine vorläufige Genehmigung unter der Auflage, daß bis auf weiteres kein öffentliches Aufsehen erregt werden dürfe.

Nach der Entscheidung für den Hinzutritt der Local Authorities zum Gesamtschema hatte man beider Positionen gegeneinander abzugrenzen. Man löste diese Aufgabe, indem man zwischen einer regionalen und einer lokalen Ebene unterschied. Der ARCL sollte eine Regionalinstanz bilden. Im Frieden sollte er die lokalen Verwaltungen, also die Metropolitan Boroughs, als »guide, philosopher and friend« beraten und anleiten[340], im Krieg als Leitungsorgan mit Exekutivbefugnis-

---

[337] Schmitt, Völkerrechtliche Neutralität, S. 254 ff., und ders., Wesen und Werden.
[338] PRO, CAB 46/1, 18. Mtg. (27.4.1925), S. 7 ff.; CAB 46/4, ARP 55 (7.4.1927), S. 1–4, und ARP 67 (3.12.1927); CAB 46/3, ARP 11 (14.7.1924), v.a. S. 2. Vgl. auch CAB 46/4, ARP 64 (17.10.1927), v.a. S. 2. PRO, CAB 46/10, ARPO 25 (1929/30), S. 2. CAB 46/6, ARPP 2, und CAB 46/10, ARPO 8 (10.6.1929). CAB 46/3, ARP 38 (2.4.1925). CAB 46/11, ARPO 119 (7.1.1932), S. 1–5. CAB 46/7, 2. Mtg. (13.5.1929), S. 1, 10–19. Vgl. auch S. 10 und 12–19. Anderson, CAB 46/7, 2. Mtg. (13.5.1929), S. 7. CAB 46/6, ARPP 4 (18.7.1929). Vgl. auch CAB 46/7, 2. Mtg. (13.5.1929), S. 8. CAB 46/6, ARPP 2, S. 3. CAB 46/8, 26. Mtg. (16.11.1931), S. 1–11.
[339] Zum Folgenden: PRO, CAB 46/6, ARPP 18 (12.10.1932), S. 1 f., CAB 24/234, CP 388(32), 10.11.1932, und CAB 23/73, 61(32)6, 16.11.1932, S. 8 f.
[340] Zum Folgenden: PRO, CAB 46/14, ARPO 236 (21.6.1933), ARP Handbuch, »drafts« und »redrafts«, S. 6–11, CAB 46/9, 41. Mtg. (25.7.1933), S. 1–3, CAB 46/15, ARPO 269 (19.10.1933), ARP Handbuch »redraft« S. 13–17, CAB 46/16, ARPO 310 (Mai 1934), Druck: ARP-Handbuch (Provisional), S. 8–10.

III. Der zivile Luftschutz

sen fungieren. Ausgehend vom ARCL konzipierte man dann auch Air Raids Commandants (ARC) für die anderen Gebiete Britanniens. Das ganze Land sollte in Regionen eingeteilt werden, für die je ein ARC mit ähnlichen Befugnissen wie der ARCL ernannt werden.

Dieses Arrangement stellte das Kernprinzip für die spätere Kriegsorganisation des britischen Luftschutzes dar. Jedoch – und dies besitzt keine geringe Bedeutung – ließ man das Konzept des ARC nach einiger Zeit wieder fallen. Dabei spielten sowohl organisationstechnische als auch staatspolitische Gründe eine Rolle.

Das Verhältnis zwischen ARPOC und ARCL gestaltete sich alles andere als unproblematisch. Den Ausschüssen gingen die Ambitionen Pritchards zu weit; außerdem trat er zu forsch auf und machte in vertraulichen Gesprächen außerhalb der Ausschüsse teilweise Vorschläge, die nicht mit dem ARPOC abgesprochen waren[341]. Seine Forderungen nach sofortigen und beschleunigten Maßnahmen zum Aufbau einer ARP-Organisation und der Ingangsetzung einer umfassenden Propaganda, wobei er letztlich sich als ARCL die Gesamtleitung über die noch einzurichtenden Air Raids Commandants in den Regionen zuwies, führten fortgesetzt zu vernichtender Kritik von seiten der erfahrenen Ausschußmitglieder, insbesondere von seiten Hodsolls und Sir Russell Scotts, dem Nachfolger Andersons als Vorsitzender des ARPOC[342].

Beide stimmten zwar zu, daß die Forderungen Pritchards im Sinne theoretisch erreichbarer Sicherheitsstandards sachlich durchaus sinnvoll waren, wiesen sie aber als unter den gegebenen staatspolitischen Verhältnissen vollkommen undurchsetzbar zurück. So heißt es:

»I do not disagree in the least with many of his ideas, but they are entirely outside the range of practical politics[343].«

Allein die phantastischen Kosten der einzelnen Maßnahmen in dem Umfang, wie sie Pritchard empfohlen hatte, würden es der Regierung vollkommen unmöglich machen, derlei auch nur vorzuschlagen. Sie würden im Parlament empfindliche Niederlagen erleiden.

»The cost would be prohibitive and no Government would spend the money or be allowed to. Nor would it be possible even to suggest such a thing [umfangreicher Bunkerbau im ganzen Land, B.L.][344].«

Wenn man größere Summen für Kriegsvorbereitungen erhielte, würden diese in allererster Linie in die militärische Rüstung gehen. Nach Eintritt des Kriegsfalles würde sich manches, was Pritchard vorschlage, realisieren lassen; dies aber sei zum jetzigen Zeitpunkt nicht zu überblicken. In dem Zusammenhang wandte man sich auch deutlich gegen Versuche Pritchards, London vorschnell als »battle zone« zu

---

[341] PRO, CAB 46/25, ARPAF, 8. Mtg. (22.1.1935), S. 10.
[342] PRO, HO 45/23082, 700201/7, 700201/8 und 700201/9 und CAB 46/9, 49. Mtg. (30.4.1934), S. 11 f., und ebd., 52. Mtg. (27.7.1934), S. 10–17. Zusammenfassend: CAB 46/25, ARPAF, 6. Mtg. (22.10.1934), S. 2 f. Auch zum Folgenden.
[343] PRO, HO 45/23082, 700201/7, (1933), Memo Hodsolls über Pritchards Memo über London, 21.8.1933, S. 1.
[344] Ebd., S. 4.

bezeichnen. Dies trage nur Panik in die Bevölkerung und schade dem gemeinsamen Ziel:

»I think we want to be careful about describing London as a battle area. I agree that it will be not unlike one, but the effect on the population might be unfortunate. Certainly in peace-time we do not, I think, want to convey the impression that the civil population will be deliberately attacked. It may be a fiction to say that only military objectives will be bombed; but it is a useful fiction in the international world to-day[345].«

Zu diesen inhaltlichen Streitpunkten kam ein weiterer betreffend den Personenkreis, dem Pritchard angehörte. Zu Beginn hatte man zur Besetzung des Postens des ARCL an hochstehende, ältere Militärs mit gutem Ansehen gedacht, so etwa den Lieutenant of the Tower oder den Governor of Chelsea Hotel. Dann aber erhob sich die Kritik, daß die Luftschutzarbeit von militärischen Greisen eher belastet anstatt gefördert würde[346]. Man forderte eine dynamische Führungspersönlichkeit, dies aber im Rahmen der bestehenden Kompetenzordnung. Einen alten Militär mit Tendenzen zu Militarisierung und Festungsmentalität unter Ignorierung des grundsätzlichen zivilen Charakters der Organisation, der außerdem möglicherweise nicht in der Lage sein würde, die Bevölkerung für den Luftschutz zu gewinnen, konnte man nicht brauchen[347].

Organisationstechnisch wurde das Konzept der Air Raids Commandants mit seinen an militärischen Standards angelehnten Grundprinzipien zunehmend als störend und hemmend empfunden. Man gewann mehr und mehr den Eindruck, daß diese Posten als Bindeglied für den zu bewerkstelligenden Aufbau des komplexen zivilen Organisationsgebäudes, das die Ministerien, das Ausschußsystem, die Local Authorities und die wirtschaftlichen Versorgungsträger und Unternehmen unter ein Dach bringen mußte, untauglich sein würden.

Man ließ Pritchard daher 1935 zurücktreten und führte im Home Office eine feste institutionelle Einheit, das Air Raid Precautions Department (ARPD), ein. Dieses sollte als zentrale Koordinierungsstelle für das ganze Land mit einem kleinen, aber flexiblen und mobilen Stab von Inspekteuren tätig werden. Die für den Aufbau und den Zusammenhalt der ganzen Organisation als unerläßlich betrachteten Grundlagen – gegenseitige Absprache, Kooperation und Flexibilität – konnten, so entschied man, von ihm erheblich besser umgesetzt werden als von militärähnlichen Kommandanten[348]. Die Grundidee regionaler Befehlsstellen sollte

---

[345] Ebd., Letter to Sir Russell Scott, mit Bewertung der Vorschläge von Pritchard, [vermutlich von Hodsoll], 20.7.1933, S. 1 f.

[346] Im übrigen zeigten sich die genannten hohen Militärs selbst nicht geneigt, den Posten des ARCL zu übernehmen. Der Governor von Chelsea z.B. lehnte ab. O'Brien, Civil Defence, S. 43. In Deutschland sollte das Problem militärischer Tattergreise bei der Mobilmachung ab 1933 ebenfalls auftauchen, allerdings unter totalitären Vorzeichen. Vor allem die NSDAP und ihre Gliederungen – ohnehin schon jugendlich-dynamisch ausgerichtet – kritisierten das Engagement abgehalfteter Offiziere, das mehr schade als nütze. Siehe unten, S. 299 f.

[347] PRO, CAB 46/6, 5. Mtg. (17.10.1932), S. 1–4.

[348] Ebd., 13. Mtg. (14.3.1935), S. 18 f. CAB 46/17, ARPO 487 (25.3.1935).

allerdings nicht verloren gehen, sondern später auf rein ziviler Basis als Konzept für die Kriegsorganisation wiederbelebt werden[349].

Parallel zu diesen organisatorischen Basisentscheidungen begann die überfällige Kontaktaufnahme nach außen, vor allem zu Kommunen, Kreisen und Grafschaften. Das Gesundheitsministerium lud Mitte 1933 zwei Vertreter der Associations of Municipal Authorities zur Besprechung ein und teilte ihnen mit, man plane, fünf ausgewählte County Councils bzw. County Borough Councils langsam auf die Luftschutzaktivitäten vorzubereiten, um so Erfahrungen für die weitere Ausdehnung der Air Raid Precautions auf das ganze Land zu sammeln[350].

Die Ministerialbeamten legten aber immer noch Wert darauf, daß strikte Geheimhaltung herrschen müsse und insbesondere Städtetage oder sonstige lokale Vereinigungen nicht informiert werden dürften. Die Gründe für diese Zurückhaltung erwiesen sich nicht als neu, stellten sich nun aber in verschärfter Form. Es war klar, daß bei konsequenter Ausführung der geplanten Maßnahmen ein großer organisatorischer, personeller und vor allem auch materieller Aufwand betrieben werden mußte. Ein Bericht des Administrative und Financial Sub-Committee (einer der Unterausschüsse des ARPOC), das man zur Absteckung der grundsätzlichen Erfordernisse extra gegründet hatte, verlangte die entsprechenden Maßnahmen, so etwa den großangelegten Aufbau eines Materiallagersystems[351]. Der finanzielle Aufwand hierfür erwies sich von vornherein als immens. Es verwundert nicht sonderlich, daß man sich bei der vorherrschenden Geldknappheit der Regierung und dem infolgedessen bestehenden Sparzwang mit entsprechenden Forderungen zurückhalten mußte, wollte man nicht die ganze Arbeit in Frage stellen. Allzu leicht hätte es dazu kommen können, daß der Luftschutz als grundsätzlich zu teuer klassifiziert und dadurch insgesamt fallengelassen worden wäre.

Die bestehenden Zwänge wurden dem ARPOC und dem ARPPC recht eindrücklich vor Augen geführt, als sie daran gingen, die Grundkonzeption für die praktische Lastenverteilung zu entwerfen. Man beschloß zunächst, die Local Authorities die Hauptkosten tragen zu lassen, dies nicht zuletzt auch deshalb, um sie zur Ernsthaftigkeit zu verpflichten[352]. Bald aber mußte man einsehen, daß die Kommunen, Kreise und Grafschaften nur wenig Geldmittel für die Air Raid Precautions zur Verfügung hatten und daher umfassende finanzielle Verpflichtungen rundheraus ablehnen würden. Daher rückte man vom vorherigen Beschluß ab und projektierte die Übernahme der Hauptkostenlast durch die Regierung[353]. Dies

---

[349] Es handelte sich dabei um die Regional Commissioner-Organisation (ab 1938). Siehe unten, S. 354–360.
[350] PRO, CAB 46/6, ARPP 22 (25.7.1933). Es waren dies: East Suffolk, Derby, Brighton, Birmingham, Reading. In den genannten »local authorities« wurde alsbald mit den nötigen Vorbereitungen begonnen. CAB 46/6, 8. Mtg. (14.12.1933), S. 1.
[351] Ebd., ARPP 21 (27.6.1933).
[352] Ebd.
[353] Ebd., ARPP 32 (7.11.1934). Wiederum fügte man eine psychologische Begründung bei, diesmal in entgegengesetzter Richtung: Die Übernahme einer massiven finanziellen Verpflichtung durch die Regierung sei vorteilhaft, weil dadurch ein moralischer Druck auf die Gemeinden und sonstigen lokalen Verwaltungsbehörden zur Ergreifung der gebotenen Maßnahmen ausgeübt werden könne.

sollte aber nicht bedeuten, daß diese sämtliche Kosten tragen würde. Die Local Authorities sollten auf jeden Fall mit einem gewissen Prozentsatz daran beteiligt werden. Bei ihren beschränkten Mitteln war aber vorauszusehen, daß sie ihren Anteil möglichst gering halten bzw. gegen Null gehen lassen würden. Man hatte mit zähen Verhandlungen zu rechnen[354].

Durch diesen Kurswechsel begab man sich nun aber in eine andere Zwickmühle. Die benötigten Geldmittel für den Regierungsanteil mußten im Parlament beantragt und damit das bisher eingehaltene Stillschweigen gebrochen werden. Damit aber exponierte man sich und hatte Kommentare, möglicherweise sogar vehemente Kritik, zu gewärtigen[355]. Allein, es half nichts – es war unbedingt etwas zu unternehmen, um die Lähmung aller Vorbereitungen zu verhindern.

ARPOC und ARPPC suchten ihr Heil in einer behutsamen Vorgehensweise. Die Local Authorities sollten nach und nach ins Vertrauen gezogen werden, ohne zunächst die finanzielle Frage explizit anzuschneiden[356]. Das Parlament sollte ebenfalls nicht sofort mit Detailfragen oder finanziellen Forderungen konfrontiert werden, sondern durch eine moderate Ankündigung vor dem Plenum erst einmal auf die Existenz intensiver Forschungen und Vorbereitungen hingewiesen werden. Die Gelder für den Luftschutz waren dann auf dem normalen Beschlußwege zur Budgetfestsetzung im Haushalt des Innenministeriums einzubringen. Man hielt es für nötig, sich vorher mit der Treasury abzusprechen, was auch geschah. Der Verantwortliche des Schatzamtes, Duff Cooper, wurde zu einer Sitzung eingeladen und versicherte »greatest sympathy« der Treasury. Für das Haushaltsjahr 1935/36 wurden erstmals £ 100 000 für die Air Raid Precautions auf ordentlichem Wege über das Budget des Home Office eingeplant[357].

Die offizielle Ingangsetzung der Mobilmachung erfolgte am 30. Juli 1934. An diesem Tage verkündete Baldwin als Lord President of the Council im House of Commons in seiner berühmten Cliffs-of-Dover-Rede[358], daß man nun auf die Verwaltungen, Institutionen und Unternehmen außerhalb der Regierung zugehen und mit der propagandistischen Beeinflussung der Bevölkerung beginnen werde[359].

Fast zur gleichen Zeit wurde der britische Luftschutz auch von den militärischen Entscheidungsträgern intern als unerläßliches Element der Kriegsvorbereitungen anerkannt. Die Chiefs of Staff legten aus ihrer Sicht die Gesamtrolle der Air Raid Precautions Anfang Juli durch ein kurzes, aber präzises Memorandum

---

[354] PRO, CAB 46/6, 7. Mtg. (10.7.1933), S. 10–14.
[355] Ebd., S. 5 f.
[356] Zu den finanziellen Problemen mit den lokalen Behörden sowie weiteren Überlegungen in bezug auf das dadurch nötig werdende Abwägen und Taktieren vgl. ebd., 14. Mtg. (16.4.1935), S. 1–3.
[357] Ebd., 11. Mtg. (27.11.1934), S. 1–6; ebd., ARPP 34 (3.12.1934), S. 3; CAB 23/80, 46(34)9, 12.12.1934, S. 19 f. Nach dem Jahresbericht für 1934 sollten es £ 92 000 sein. Ebd., 12. Mtg. (5.2.1935), S. 1. Die bis 1934 angefallenen Kosten hatte man über den Haushalt der Armee bestritten, CAB 24/251, CP 278(34) (29.11.1934); CAB 23/80, 45(34)9 (5.12.1934), S. 17.
[358] Baldwin verwies auf die eminente Bedrohung der Luftgefahr, die zu ganzen Verteidigungsperspektiven führen müsse: »When you think of the defence of England, you no longer think of the chalk cliffs of Dover; you think of the Rhine. That is where our frontier lies.« Vgl. O'Brien, Civil Defence, S. 46–52. Vgl. auch Bialer, Shadow, S. 41–75.
[359] PRO, CAB 46/6, ARPP 34 (3.12.1934), S. 1; vgl. auch CAB 46/17, ARPO 406 (1.8.1934).

fest[360]. Luftschutz sei ein wichtiger Beitrag zur Erhaltung der Kriegsfähigkeit der Nation, auf den man nicht verzichten könne. Ohne ihn drohten schon zu Beginn der Kampfhandlungen schwere Gefahren für die Zivilbevölkerung und indirekt auch für die Streitkräfte. Höchster Wert sei auf die Schaffung einer psychologischen Abwehrbereitschaft zu legen, denn eine unvorbereitete Bevölkerung verliere schnell den Kopf und gefährde so die nationale Sicherheit.

»We attach, as we have said, the greatest importance to air raids precautions being developed concomitantly with active defence measures, and we are convinced that to run the risks of air attacks being delivered against this country, for which the civil population and industry in general were unwarned and unprepared, might be to jeopardize at the outset the successful conduct of any operations in which we might have to take part[361].«

Die Jahre 1933-1935 brachten somit die endgültige Kehrtwende für den britischen Luftschutz. Man begann das Schattendasein der rein theoretischen Ausschußarbeit zu verlassen und langsam ins Licht der Öffentlichkeit vorzurücken. Man konnte aus planerischen, organisatorischen und finanziellen Gründen ein weiteres Abwarten nicht rechtfertigen.

Eine nicht zu unterschätzende Rolle spielte dabei auch die politisch-strategische Großwetterlage. Nicht nur hatte man erkennen müssen, wie sehr sich das kontinentale Ausland auf den Luftkrieg vorbereitete[362], sondern wurde auch zunehmend mit der Entwicklung im nationalsozialistischen Deutschland und deren Auswirkungen auf die internationale Politik konfrontiert. Hitler war in den ersten Jahren seiner Herrschaft zwar absolut nicht in der Lage, militärisch überlegen aufzutreten, dennoch hegte man in Großbritannien große Befürchtungen für die Zukunft.

Schon vor der nationalsozialistischen Machtergreifung 1933 hatte man einen grundlegenden Paradigmenwechsel in der Rüstungspolitik vorgenommen[363]. Infolge der fortgesetzten Stockungen bei den Abrüstungsverhandlungen und wegen der bereits vor dem politischen Umsturz in Deutschland offenbar werdenden Bedrohungen durch die beiden anderen selbsternannten Habenichtse in der Landschaft der Großmächte, Japan und Italien, hatten die obersten Planungsgremien, das Kabinett und das CID, im März 1932 beschlossen, die Ten-Years-Rule aufzugeben. Diese Regel hatte alle Verantwortlichen darauf festgelegt, sämtliche Entscheidungen für die Planung und die Ausgabengestaltung darauf abzustellen, daß in den nächsten zehn Jahren kein Krieg erfolgen würde. Dies hatte allen umfassenden Plänen zur Aufrüstung einen Riegel vorgeschoben. Die Beseitigung der Ten-Years-

---

[360] PRO, CAB 3/5, CID Paper 197-A (3.7.1934).
[361] Trotz dieses Statements und der Aussage, Luftschutz sei »an essential part of our air defence«, kam in dem Memo zum Ausdruck, daß ARP nur eine Auxiliarmaßnahme darstellten. Zudem dürfte wenigstens der Chief of Air Staff nicht vollkommen hinter dem Inhalt des Dokuments gestanden haben, denn die strategischen Vorstellungen des Luftwaffengeneralstabes hinsichtlich der Schlagkraft moderner Kampfflugzeuge und der alles entscheidenden Rolle der eigenen Bomberflotte hatte sich seit den 20er Jahren nicht gewandelt. Terraine, Theorie und Praxis, S. 537-547. Zweifel über Sinn und Zweck des LS blieben bestehen, wenn sie auch nicht offen ausgesprochen wurden.
[362] Dazu unten, S. 214 f.
[363] Zum Folgenden vgl. Grand Strategy, S. 69-269.

Rule führte zunächst zu keinen spürbaren Auswirkungen, denn das Kabinett verlangte wegen der wirtschaftlichen Misere und immer noch bestehender Hoffnungen auf Abrüstungserfolge, einstweilen sich mit praktischen Schritten zurückzuhalten. Statt dessen ließ man zunächst eine umfassende Bestandsaufnahme der bestehenden Mängel erstellen. Dazu berief man ein spezielles Sub-Committee des CID ein, das Defence Requirements Committee (DRC). Dieses war hochkarätig besetzt: Neben Hankey als Vorsitzendem gehörten ihm Warren Fisher, der Ständige Staatssekretär in der Treasury, Vansittart, der Unterstaatssekretär im Außenministerium, und die drei Generalstabschefs an. Das DRC beriet von 1933 bis 1935 und legte drei Berichte vor, die als grundlegende Basis für die Wiederbewaffnung Großbritanniens in den 30er Jahren dienten.

Das DRC befürwortete unter anderem weitreichende Maßnahmen zur Vorbereitung auf den Luftkrieg – insbesondere die Aufrüstung der RAF, um eventuelle Gegner (v.a. Deutschland) besser abschrecken zu können. Alle Defizite, die man gegenüber Deutschland hier aufwies, sollten innerhalb von fünf Jahren ausgeglichen sein. In dieses Grundkonzept hatte man auch die Air Raid Precautions als integrales Element eingegliedert. Die Fünf-Jahres-Regel galt auch für sie[364].

Diese Entscheidungen trug in wesentlichem Maße dazu bei, die eigenständig auferlegten Beschränkungen der Luftschutzausschüsse mehr und mehr aufzuweichen. Dies zumal die Öffentlichkeit in der Zwischenzeit begonnen hatte, sich selbst Gedanken über die Folgen eines möglichen Bombenkrieges zu machen. Seit Beginn der 30er Jahre erschienen in zunehmender Zahl Artikel und Bücher zum Thema. Außerdem hatte es schon Kritik in der Öffentlichkeit und unbequeme Anfragen im Parlament gegeben[365].

All diese Entwicklungen bewirkten schließlich auch die Umgestaltung der Spitzenorganisation selbst. 1935 begann sich das Ende von ARPOC und ARPPC abzuzeichnen. Beide Koordinationsinstanzen hatten bis dato nicht nur die entscheidende Rolle beim Aufbau der Air Raid Precautions gespielt, sondern auch die zentralen Foren für alle wichtigen Kontroversen dargestellt[366].

Die Komplexität der zu ergreifenden Maßnahmen forderte nun aber die Verankerung in einem festen organisatorischen Gerüst mit hauptamtlichem Charakter. Scott, Vorsitzender des ARPOC, brachte dies deutlich zum Ausdruck, als er bemerkte, bisher habe man »deliberative« gewirkt. Nun aber brauche man eine »nondeliberative« Leitung und die entsprechenden Strukturen[367]. Die Ausschüsse, die auf eher informeller Grundlage arbeiteten und deren Mitglieder ihre Obliegenheiten mehr oder weniger nebenbei erledigen, konnten die anstehende gewaltige Organisationsaufgabe nicht bewältigen.

---

[364] PRO, CAB 46/6, ARPP 34 (3.12.1934), S. 3.
[365] Siehe dazu unten, S. 216–225 und S. 400 ff.
[366] Welchen bedeutsamen Stellenwert die Ausschüsse besessen hatten, zeigt unter anderem die Tatsache, daß man sich zeitweise darauf verlegte, dem ARPOC die oberste organisatorische Leitung der ARP-Services auch für den Ernstfall zu übertragen. PRO, CAB 46/6, ARPP 18 (12.10.1932), v.a. S. 1 f.
[367] Ebd., 13. Mtg. (14.3.1935), S. 18–22, auch zum Folgenden.

III. Der zivile Luftschutz

Das ARPD, das man daher nun im Innenministerium als Kern der Exekutivorganisation einrichtete[368], sollte im Laufe der Zeit eine wesentliche Aufstockung des Organisationsrahmens des Home Office mit sich bringen. Unter der Leitung von Wing Commander Hodsoll, dem bisherigen Sekretär von ARPOC und ARPPC, entstand eine bürokratische Einheit mit Diensthierarchie, Sekretärswesen, technischen Abteilungen, einem Geheimdienstressort und einem Stab von Inspekteuren. Letztere wurden zur Unterstützung und Mobilisierung der Local Authorities eingesetzt. Sie sollten deren Vorbereitung und Heranziehung in die Wege leiten und die Zusammenarbeit zwischen ihnen und dem ARPD sowie den Ministerien koordinieren. Gemeinden und Grafschaften konnten sich mit Fragen um Rat und Hilfe an sie wenden.

Im übrigen aber hatten die Local Authorities für die Durchführung der Maßnahmen vor Ort selbst zu sorgen. Die örtlichen Behörden sollten von der Zentrale in London lediglich ausgearbeitete Richtlinien erhalten, die den allgemeinen Rahmen verbindlich absteckten, d.h., sie waren in ihren praktischen Entscheidungen weitgehend autonom. Das gleiche galt umgekehrt für die Ministerien.

Die relative Unabhängigkeit der Local Authorities stellte ein nicht zu unterschätzendes Problem dar. Einerseits mußte man Rücksicht auf ihre Stellung nehmen, andererseits konnte man es im Interesse der angestrebten Mobilmachungsziele nicht dulden, daß sich örtliche Verwaltungen den Anstrengungen entzogen. Weder durfte der Eindruck entstehen, die »central organisation« benutze den Luftschutz als Mittel zur Beeinflussung oder gar Unterjochung der lokalen Behörden, noch konnte man übermäßigen Eigensinn oder gar Verweigerung tolerieren. Man war auf ihre konstruktive Mitarbeit angewiesen und sich dessen voll bewußt. Daß die Zusammenarbeit ohne Schwierigkeiten vonstatten gehen würde, konnte man kaum ernstlich erwarten. Schon im Ersten Weltkrieg hatten Boroughs und Counties die Zusammenarbeit verweigert[369]. Darüber hinaus hatten die Feuerwehren im Land insgesamt ein zunächst eher trauriges Bild geboten, denn sie waren schlecht ausgerüstet und alles andere als effizient organisiert[370]. Zur Behebung der Mißstände hatte man bei den Local Authorities auf die Einhaltung allgemeiner und einheitlicher Standards gedrungen und dazu das allgemeine Kriegsgesetz, den Defence of the Realm Act und die dazu gehörigen Ausführungsverordnungen herbeizitiert. Zu großen Druck hatte man allerdings nicht ausüben können, also wandte man eine Mischung aus »persuasion and coercion« an. Offenbar mit Erfolg, denn die Effizienz war merklich angestiegen. Nach diesem Konzept würde man daher erneut vorgehen. Ein gewisses Geschick von seiten der Hauptagitatoren, insbesondere den Inspekteuren des ARPD, würde dabei unerläßlich sein.

---

[368] Ebd., ARPP 39 (13.3.1935), S. 2 f.
[369] Es waren dies in London etwa die Boroughs Fulham und Chelsea. Sie hatten sich der allgemeinen Anweisung zur Zusammenarbeit und Vorbereitung bei den ARP verweigert. PRO, CAB 46/8, 21. Mtg. (18.5.1931), S. 6.
[370] Von Gegend zu Gegend waren die Verhältnisse verschieden gewesen. Manchmal existierte infolge schlechter Ausrüstung eine handlungsfähige »fire brigade« de facto gar nicht. PRO, CAB 46/3, ARP 26.

Die Luftschutzausschüsse wurden durch die erforderliche neue, praxisorientierte Organisation überflüssig. ARPOC und ARPPC bestanden zwar zunächst weiter fort und konnten sogar noch positiv in die Zukunft blicken. Man ging davon aus, jetzt von der lästigen Detailarbeit befreit zu sein und sich nun den Grundsatzfragen und der allgemeinen Kursbestimmung (issues of principle of inter-departmental interest) widmen zu können[371]. Allein, es sollte sich bald herausstellen, daß im Interesse umfassender und kohärenter Aufbauarbeit auch diese Aufgaben vom ARPD übernommen werden mußten. Die Komitees stellten damit Institutionen dar, die keine eigene Aufgabe mehr besaßen. Dies war mit dem vorherrschenden Effizienzdenken, das »duplication of effort« nicht duldete, unvereinbar. 1936 wurden sie daher aufgelöst. Das ARPOC stellte seine Arbeit am 27. Juli ein[372].

Nach langer interner Bedenkzeit begann damit schließlich auch in Großbritannien eine massive Mobilmachungskampagne. Das Vorgehen des britischen Ausschußsystems bis Mitte der 30er Jahre zeigt insgesamt sehr gut, wie eine überwiegend nach den Prinzipien des rational-legalen Typus funktionierende Herrschaftsordnung mit der Kriegsgefahr umgeht. Das ARPOC und das ARPPC hätten – wenigstens theoretisch – noch weitere zehn Jahre Trockenplanungen vornehmen können. Es gab keinen charismatischen Herrscher, der offensive oder gar aggressive Kriegsvorbereitungen unter entsprechender Dynamisierung des staats- und gesellschaftspolitischen Gesamtzusammenhanges legitimiert hätte. Man reagierte eher, als daß man agierte – dies unter möglichst genauem Abwägen der Konsequenzen. Daß 1935/36 die beiden Luftschutzausschüsse durch ein offizielles ARPD ersetzt wurden und damit nach langem Zögern die praktische Mobilmachung in der Öffentlichkeit begann, war in erster Linie Folge der Einsicht in die selbstdefinierten Notwendigkeiten der nationalen Sicherheit und nicht Bejahung der angeblichen Wirkungsmacht des Krieges als politisch-organisatorisches Prinzip.

b. Die psychologische Dimension: Evakuierung, Kriegsrecht und Propaganda

Die Evakuierungsfrage als theoretischer Testfall für den staatspolitischen Umgang mit dem Durchhaltewillen der Zivilbevölkerung

Genauso wie die organisatorischen Grundfragen kam die Propaganda auf die Tagesordnung der Luftschutzausschüsse. Wie schon im Falle Deutschlands sollte sich im Verlauf der konzeptionellen Arbeit schnell zeigen, daß beide Großbereiche letztlich nicht voneinander getrennt werden konnten und an essentielle, auch ideologische Grundlagen des Staats- und Gesellschaftsverständnisses rührten. Das

---
[371] PRO, CAB 46/6, ARPP 44 (19.3.1936), S. 3.
[372] PRO, CAB 46/18. Begleitbemerkung im Aktenband.

prinzipielle Verhältnis zwischen Zivilbevölkerung und Krieg hatte erkenntnismäßig auch hier eine katalytische Funktion.

Die Grundlagen wurden, analog zur organisatorischen Aufbauarbeit, zunächst lange Zeit im theoretischen Rahmen diskutiert. Ein wesentlicher Ansatzpunkt ergab sich aus der Frage einer möglichen Evakuierung der Zivilbevölkerung insbesondere Londons bei Kriegsbeginn.

Rasch wurden sich die Ausschußmitglieder über die Brisanz des Themas klar. Die Aussicht, eine umfangreiche Masse von Menschen unter den Bedingungen eines drohenden Militärschlages aus der Luft in Bewegung setzen zu müssen, rief nicht gerade Begeisterung unter ihnen hervor. Man hatte schon genug Schwierigkeiten damit, einen Luftschutz in Häusern, Fabriken und Anlagen aller Art zu konzipieren.

Greater London hatte schon Anfang der 30er Jahre über acht Millionen Einwohner[373], die im Falle großflächiger Zerstörungen in eine höchst bedrohliche Lage gekommen wären. Man erkannte sehr wohl, wie verwundbar moderne Ballungszentren gegen massive Bombenangriffe waren. Das Problem der Kampfmoral verschärfte die Aussichten noch erheblich. Man hegte ernste Befürchtungen hinsichtlich panikartigen oder gar aufrührerischen Verhaltens der Zivilisten, insbesondere von seiten armer Arbeiter, etwa aus dem East End. Das schon bei den Diskussionen um den »scale of attack« entstandene Bild bewirkte auch hier nachhaltige Schreckensvisionen: rauchende Trümmer, verstümmelte Leichen und Millionen von Menschen, die sämtliche kriegswichtigen Tätigkeiten aufgegeben hatten, dann in einem unaufhaltsamen »stampede« aus London heraus alles niedertrampelten, was sich ihnen entgegenstellte, um schließlich die ländlichen Gebiete zu überfluten und dort – ohne Nahrung und Unterkunft – in barbarischen Zuständen von Hungersnot und Mundraub ihrem Ende entgegenzudämmern[374].

Dieser Gefahr mußte unbedingt vorgebeugt werden. So begann man mit umfangreichen Untersuchungen, um die Möglichkeiten zur Evakuierung größerer Bevölkerungsteile auszuloten.

Ein Hauptproblem, das sich stellte, war das der Klassifizierung der Bewohner nach ihrer Evakuierungsfähigkeit. Man wußte sehr wohl, daß sich in London kriegswichtige Betriebe, überhaupt viele Zentren von Verwaltung, Handel und Wirtschaft befanden, die auch im Falle einer militärischen Auseinandersetzung unbedingt aufrechterhalten werden mußten. Nach groben Schätzungen der Verantwortlichen beinhaltete die Hauptstadt mindestens ein Drittel der nationalen Kraftquellen. Eine dauerhafte Kriegführung ohne London erschien dem Ausschuß undenkbar[375]. Man hatte also zu entscheiden, wer zu bleiben hatte und wer evakuiert werden sollte. Das erforderte wie in den anderen Teilbereichen Grundlagenforschung, d.h., es war zunächst erst einmal festzustellen, in welchem Maße man die Versorgung Londons bei schweren Zerstörungen gewährleisten konnte und ob

---
[373] Thomson, England, S. 120 f.
[374] Vgl. etwa PRO, CAB 46/1, 12. Mtg. (20.1.1925), S. 9.
[375] Ebd., 14. Mtg. (9.2.1925), S. 8 f. Vgl. auch S. 6: »London has to be kept going. London is absolutely vital.« Vgl. auch ebd., 10. Mtg. (1.12.1924), S. 1–6 und 8 ff.

es überhaupt möglich war, größere Menschenmassen sicher zu transportieren. Innerhalb weniger Monate lud man Spitzenkräfte der betroffenen Dienststellen und Institutionen, so etwa den Generalquartiermeister der Teilstreitkräfte, einige General Managers of Railway Groups und den Inspekteur der Grundschulen, H.M. Richards, zu vertraulichen Gesprächen ein. Die Befragungen förderten erneut die große Komplexität des Themas zutage und zeigten wiederum, wie sehr die Deckung des menschlichen Lebensgrundbedarfs und die moralische Standfestigkeit der Zivilbevölkerung zusammenhingen. Beides sah man durch fortgesetzte Luftangriffe in höchstem Maße gefährdet.

Eine der wichtigsten Basisvoraussetzungen für ein auch nur halbwegs zivilisiertes Weiterleben bestand in der Aufrechterhaltung der Logistik. Für den Fall des Zusammenbrechens von Eisenbahn- und Straßentransport sah man praktisch keinerlei Chance, London lebensfähig zu halten. In den Befragungen sowohl des Generalquartiermeisters als auch der Eisenbahndirektoren kam man insgesamt zum Ergebnis, daß die technischen und organisatorischen Probleme wohl durchaus zu lösen seien. Größte Befürchtungen hegte man aber weiterhin hinsichtlich der psychologischen Komponente. Das Vertrauen in die Standfestigkeit der eigenen Bevölkerung war so gering, daß man alle Pläne gefährdet sah. Hipwood vom Handelsministerium, der ein spezielles Komitee für die Versorgung von London mit Lebensmitteln und anderen wichtigen Gütern leitete, gab dies deutlich zum Ausdruck: Er meinte,

»that the problem was manageable in its material aspect but was most difficult of solution in its psychological aspect. He was of opinion that if panic was to be avoided an efficient control of food and transport would have to be imposed at once on the outbreak of hostilities[376].«

Die Eisenbahndirektoren gingen ebenfalls davon aus, daß das Transportproblem von der organisatorischen Seite her zu lösen sei[377], die psychologische Komponente jedoch ein großes Problem darstelle. Einer von ihnen traute nicht einmal den eigenen Transportarbeitern großes Durchhaltevermögen zu[378].

Anderson, der die Direktoren von vornherein in die eher pessimistische Grundstimmung der Ausschüsse eingeweiht hatte (»It is not a very bright prospect as far as the possibilities are outlined to us. We have got to make the best of it.«)[379], widersprach zwar, was das Personal der Transport- und Versorgungsbetriebe anging, konnte aber selbst in diesem Teilbereich einer positiveren Einschätzung keinen wirklichen Nachdruck verleihen, da er keine praktischen Belege dafür hatte[380]. Die Beteiligten schwankten zwischen nationalem Selbstbewußtsein und

---

[376] Ebd., 9. Mtg. (24.11.1924), S. 5. Vgl. auch 10. Mtg. (1.12.1924), S. 5 f.
[377] Man besaß so viele Endhaltestellen und Möglichkeiten für Ausweichhaltestellen, daß – wie man annahm – ein Totalausfall praktisch unmöglich sei. Außerdem verfügte man über gut trainierte Notfallexperten schon im Frieden, die ein schnelles Reagieren – etwa auf Zerstörungen – erwarten ließen. Ebd., 14. Mtg. (9.2.1925), Shorthand notes, S. 8 f. und 15 f. Für das Gespräch mit dem Generalquartiermeister Campbell siehe ebd., 9. Mtg. (24.11.1924), S. 1–6.
[378] H. Walker, in: PRO, CAB 46/1, 14. Mtg. (9.2.1925), S. 11 ff.
[379] Ebd., S. 2.
[380] Der General Strike von 1926 sollte die entsprechenden Befürchtungen in gewisser Weise bestätigen. Die Transportarbeiter bildeten mit den Bergarbeitern und Druckern die Hauptmasse der

Zweifeln an der psychologischen Überlebensfähigkeit der Zivilbevölkerung. Einerseits bekundete man die traditionelle Überlegenheit britischen Mutes und der Freiwilligkeit:

»We should be able to do that [recruit volunteers, B.L.] perhaps better than almost any other people[381].«

Andererseits hegte man massive Zweifel daran, daß die Freiwilligen im Notfall, d.h. im Bombenhagel, auch bei der Stange bleiben würden. Ein unpopulärer, harter Krieg galt von den inneren Verhältnissen her als unführbar.

»The thing that will have to be impressed upon the civil population is that whoever can stick it best, will win, and the badness of the time we are having is only a reduced measure of the hell that is being created elsewhere.«

Damit war eine Art Grundgesetz formuliert, das für alle Staaten und Staatsformen im 20. Jahrhundert gelten sollte: Ohne psychologische Gewinnung der Zivilbevölkerung mittels massiver Propaganda lief man Gefahr, im Krisen- und Kriegsfall Schiffbruch zu erleiden:

»only a war which is a popular war can be embarked upon. It is only an autocrat that can conduct an unpopular war.«

Das Hin und Her im Meinungsbild der Ausschüsse zeigte allerdings, daß man sich aus demokratischer Sicht keineswegs sicher sein konnte, einen populären Krieg führen zu können.

Welche Maßnahmen genau vorbereitet würden, wurde letztlich auch als zweitrangig betrachtet. Wichtig war vor allem, daß irgend etwas geschah, um der Bevölkerung im Ernstfall vermitteln zu können, daß ausreichende Maßnahmen zu ihrem Schutz getroffen worden waren. Ob dies z.B. eine großangelegte Evakuierung überhaupt beinhalten würde oder nicht, war eine Option unter anderen und mußte entsprechend flexibel gehandhabt werden. Man hatte zuallererst dem Schutzbedürfnis der Zivilisten Rechnung zu tragen.

»There is the possibility of the danger, which must be taken into account, of a public outcry, starting right at the beginning, against the Government for not having made any provision in regard to it[382].«

Gegenüber der propagandistisch-psychologischen Komponente traten die rein sachlich-humanitären Erwägungen zurück.

In diesem Zusammenhang kam man erneut auf das Problem der Zwangsverpflichtung und der Errichtung eines autoritären Kriegsregimes. Hipwood und Gibbon hielten nicht sehr viel von der Einsicht der Zivilbevölkerung in die Erfordernisse von Notlagen und traten für eine militärische oder quasimilitärische Verpflichtung der Leute ein, also eine verschärfte Form des Kriegsrechts. Erneut

---

Streikenden. Andererseits zeigte sich aber auch eine starke Front an Streikbrechern und Hilfswilligen für die Regierung. Robbins, Eclipse, S. 134 f.; Thomson, England, S. 108; Webb, Modern England, S. 524 ff. Diese einigermaßen unverhofft auf den Plan tretenden Hilfskräfte zur Aufrechterhaltung von Versorgung und Ordnung ließen für einen Krieg eigentlich auf Herstellung einer stabilen Heimatfront hoffen. Eindeutige Aussagen waren Ende der 20er Jahre allerdings unmöglich.

[381] Dieses und die folgenden Zitate sämtlich aus: PRO, CAB 46/1, 14. Mtg. (9.2.1925), Shorthand notes, S. 13–16.

[382] Anderson, in: ebd., 17. Mtg. (30.3.1925), S. 9; vgl. auch S. 19, 23 f.

rührte man an Grundfragen des Staats- und Gesellschaftsverständnisses. Gibbon pries die Vorzüge militärischer Verpflichtungen:

> »that if a man was in the position of an enlisted soldier and he bolted, he would be guilty of desertion. Moreover, by placing everyone in the position of an enlisted soldier a different temper of mind would be secured.«

Hipwood stimmte zu, indem er insbesondere auf die Unzuverlässigkeit der sogenannten kleinen Leute abhob und als Grundvoraussetzung aller auch nur halbwegs funktionierenden Pläne einen Bleibezwang anführte, »that an assumption that London was habitable would entail keeping the smaller people in London by force«[383]. Anderson und Hankey lehnten diese Option entschieden ab. Die Regierung könne das Kriegsrecht – wenn nötig – zu jedem Zeitpunkt einführen, brauche sich also überhaupt nicht im voraus festlegen:

> »this [militärische Zwangsverpflichtung der Zivilbevölkerung, B.L.] would not be either practicable or desirable. If necessary the population would no doubt be brought under martial law[384].«

Im übrigen könne man sehr wohl auf die Einsicht und die Vernunft der Bevölkerung hoffen. Bei adäquater Information mittels öffentlicher Verlautbarungen sei mit angemessenem Verhalten zu rechnen. Man könne z.B. die Leute in den kritischen Tagen am Anfang des Krieges außerhalb Londons halten und sie in ruhigem Tone informieren. Die Arbeiter für die kriegswichtigen Betriebe würden dann zur Arbeit zurückkehren, der Rest, vor allem die »useless mouths« könnten entsprechend den Maßgaben der Regierung gelenkt werden[385].

Eine Verpflichtung militärischer Art sei für spezielle Personen, wie etwa die Notfalltruppe[386], durchaus nötig. Die Masse der Bevölkerung solle aber keinerlei Verpflichtung unterworfen werden, solange das Chaos nicht unmittelbar drohe. Anderson verwies auf die *Freiwilligkeit* als staatspolitisches Grundprinzip für die Verteidigung der Herrschaftsordnung. Den Leuten sollte selbst in Kriegszeiten die Entscheidung, zu bleiben oder zu gehen, so weit wie möglich selbst überlassen bleiben[387]. Hankey stimmte Anderson zu und verwies auf entsprechende Verfahrensweisen im Ersten Weltkrieg. Für den Fall einer deutschen Invasion hatte ein spezielles Komitee empfohlen, alle Bewohner der Küstenstädte zum Bleiben zu verpflichten, da anderenfalls militärische Bewegungen der eigenen Truppen behindert würden. Das Kabinett hatte dies jedoch nicht akzeptiert, der Küstenbevölkerung das Bleiben lediglich empfohlen und gleichzeitig für Leute, die sich zur Flucht entschließen würden, günstige Routen angegeben[388].

---

[383] Beide Zitate in: PRO, CAB 46/2, 22. Mtg. (1.2.1926), S. 6.
[384] Ebd., vgl. auch S. 9.
[385] Ebd., 28. Mtg. (31.5.1926), S. 8.
[386] Dazu oben S. 182–187.
[387] PRO, CAB 46/2, 22. Mtg. (1.2.1926), S. 6 f. und 9. Vgl. auch CAB 46/1, 17. Mtg. (30.3.1925), S. 7. Anderson gab sich ebenfalls optimistisch, was die Bewohner der ländlichen Gebiete anging. Flüchtlinge würden wohl nicht nur gut aufgenommen, sondern könnten als einigendes Band der nationalen Solidarität wirken. Auf jeden Fall könne man sehr wohl mit der Solidarität der Landbevölkerung rechnen. Vgl. hierzu PRO, CAB 46/2, 24. Mtg. (29.3.1926), S. 5.
[388] Ebd., 17. Mtg. (1.2.1926), S. 5 f.

Der ARP-Ausschuß schloß sich Anderson und Hankey letztlich dann weitgehend an und bestätigte die Notwendigkeit einer vernünftigen und angemessenen Lösung[389]. Eine Totalevakuierung Londons wurde abgelehnt, da die Beschäftigten in Industrie und Handel unbedingt bleiben müßten. Eine großangelegte Verlagerung von Fabriken, Handelsfirmen und Banken stünde aus wirtschaftlichen, organisatorischen und vor allem auch versorgungstechnischen Erwägungen ebenfalls nicht zur Debatte. In bezug auf die Frage, wie man die Bevölkerung im Ernstfall führen solle, wurden Vorschläge von Gibbon, Hipwood und Richards hinsichtlich eines generellen Bleibezwangs abgelehnt und die von Anderson favorisierte Einteilung nach »useful« und »useless mouths« empfohlen:

»arrangements should be made to evacuate ›les bouches inutiles‹ immediately on the outbreak of hostilities.«

Insbesondere verwies man auf die Notwendigkeit, angemessene Vorkehrungen für die ärmeren Schichten zu treffen, um »class bitterness« zu vermeiden.

Trotz dieser Lösungsansätze herrschte weiterhin Unsicherheit hinsichtlich der zu erwartenden Situation und der Chancen, im Falle von massiven Bombenangriffen ein auch nur halbwegs geordnetes Leben zu garantieren[390]. Wie schon im Falle des »scale of attack« war sich selbst Anderson letztlich über die Erfolgschancen staatlichen Handelns in diesem Bereich nicht sicher. Er gab sogar offen zu, daß er gezwungen sei, Zweckoptimismus zu verbreiten,

»he felt it was impossible to work on any other than optimistic assumptions. If the fibre of the population broke down then defeat would stare us in the face at once[391].«

Die bestehenden Zweifel an den eigentlichen Möglichkeiten änderten jedoch nichts am generellen Arbeitsauftrag der Ausschüsse. Die Regierung erwartete langfristig Ergebnisse, und so hatten die Grundlagenplanungen weiterzugehen. Es wurde mit detaillierteren Studien für Evakuierung und Versorgung begonnen. Man bemühte sich, den Bedarf an lebenswichtigen Gütern zu erkunden und dessen Deckung sicherzustellen. Dazu fragte man bei verschiedenen Regierungsstellen, z.B. dem Handelsministerium, an, ein Rationierungssystem für Lebensmittel auszuarbeiten[392]. Die Erledigung dieser Fragen glänzte nicht gerade vor praktischer Genauigkeit und trug stark mechanistische Züge. Man legte eher willkürlich fest, daß auf Dauer 25 % der Versorgung ausfallen würde, die restlichen 75 % aber mehr oder weniger gewährleistet werden könnten[393]. Dem CID empfahl man, spezielle Unterausschüsse für den ganzen Themenkomplex einzuberufen[394]. Das Home Office erhielt den Auftrag, ein Organisationsschema für alle Evakuierungs- und Sicherungsmaßnahmen im zivilen Bereich zu erstellen.

---

[389] Die folgenden Ausführungen und Zitate basieren auf PRO, CAB 46/3, ARP 39 (8.7.1925), S. 12–15.
[390] Vgl. etwa PRO, CAB 46/2, 36. Mtg. (27.6.1927), S. 1–6.
[391] PRO, CAB 46/6, 1. Mtg. (23.7.1929), S. 7. Zu den allgemeinen Aussichten der britischen Luftschutzarbeit und der damit verbundenen Verfahrensweise und Strategie vgl. III.2.a.
[392] PRO, CAB 46/3, ARP 27 (14.1.1925), ARP 29 (18.12.1924), ARP 38 (23.6.1927). Die eigentliche Arbeit für alle Pläne und Schemata sollten nicht vom ARP-Ausschuß getätigt werden, sondern von den zuständigen Ministerien.
[393] Ebd., ARP 29 (wie Anm. 392), App. 1, S. 15 f.
[394] Ebd., ARP 39 (8.7.1925) – Draft Report –, S. 36 ff.

Im Jahre 1931 gelangte man dann – und dies zeigt erneut die Komplexität und die strukturellen Interdependenzen der Luftschutzarbeit – wie im Falle des Kriegsszenarios an einen kritischen Wendepunkt. Die im Vorjahr begonnene Diskussion um den »scale of attack« wurde durch die Evakuierungsproblematik erheblich intensiviert. Wie bereits erwähnt, präsentierte Hipwood, der Vorsitzende des inzwischen eingerichteten Air Raid Precautions Evacuation Committee (ARPEC, Unterausschuß des ARPOC), im April seinen Bericht[395]. Beide Fragen, »scale of attack« und »evacuation«, stellten entscheidende Brennpunkte in der fortgesetzten Diskussion um Zivilbevölkerung, Staatsmacht und Krieg dar. In der Frage des direkten Umgangs mit den Menschen kam sie – auch terminologisch – an einen Höhepunkt.

Hipwood hatte als Konsequenz seiner pessimistischen Aussagen mit dem Gedanken an eine Kriegsdiktatur zu spielen begonnen:

»Under the most extreme case the chief difference that he could see would be the necessity for the institution of a dictatorship[396].«

Kern des Plans sollte eine Befehlszentrale mit einem Kommandeur sein, der direkte Weisungsbefugnis über die Zivilbevölkerung und die Helfer im Zivilschutz haben sollte. Dieses Modell, das zumindest organisationstechnisch auch von Hankey unterstützt wurde, wies einen klaren Weg zur autoritären Lösung der Probleme[397]. Nach Hipwoods Vorstellungen sollte die Spitzenstruktur durch einen dazu passenden Unterbau ergänzt werden. Im Notfall sollte die Zentralorganisation gelöst und das Stadtgebiet etwa Londons in selbständige Bezirke mit autonomer Kommandogewalt der jeweiligen Befehlshaber aufgeteilt werden: »that under the 100 % case communications might be very difficult, and therefore he had envisaged the necessity for local dictators.« Dies war letztlich einer der Grundgedanken für die Schaffung eines Air Raids Commandant.

Nach den bis dato geführten Diskussionen verwundert es nicht sonderlich, daß Anderson diese Vorschläge zumindest als Gesamtmodell weitgehend ablehnte. Unter Hinweis auf die Praxis im Ersten Weltkrieg wies er den Vorschlag einer zentralen Kommandobehörde mit umfassenden Befehlsbefugnissen zurück und beharrte auf dezentraler Organisationsgestaltung mit der Zuweisung der obersten Verantwortung an die einzelnen Ministerien[398]. Eine großangelegte Evakuierung der Bevölkerung betrachtete er mit Hinweis auf die weitreichenden Folgen als letztes Mittel in der Not.

»So far they [the Committee] had gone on the assumption that to evacuate London would be tantamount to an admission of defeat because of the disastrous moral effect that such a move would have[399].«

Das gleiche galt für die Ausrufung des Kriegsrechts:

---

[395] PRO, CAB 46/11, ARPO 77 (17.4.1931), auch zum Folgenden.
[396] PRO, CAB 46/8, 20. Mtg. (11.5.1931), S. 7. Für die Vorstellungen einer militärischen Verpflichtung der »able-bodied men or women«: CAB 46/11, ARPO 77 (17.4.1931), S. 7, vgl. auch S. 5.
[397] PRO, CAB 46/8, 21. Mtg. (18.5.1931), S. 17–19.
[398] Ebd., 21. Mtg. (18.5.1931), S. 19–21.
[399] PRO, CAB 46/7, 11. Mtg. (1.12.1930), S. 21.

»the moral effect of imposing martial law on the capital at the very outset of hostilities would definitely be bad. It would cause a complete upheaval of all ordinary methods of life, and was therefore obviously to be avoided so long as possible [...] Naturally, it was perfectly possible to introduce troops into a district and to enforce the most stringent code in order to ensure the maintenance of order, but it must be remembered that when this was done it would be impossible to ensure the maintenance of anything else but order. Automatically the life of the community would be brought more or less to a standstill[400].«

Als Begründung für seine Ablehnung in bezug auf weiterführende Planungen drastischer Maßnahmen führte er auch an, daß man keine Befugnis von seiten des Kabinetts und des CID besitze[401].

Aus dieser Position heraus unterband Anderson dann regelrecht eine Diskussion mehrerer Ausschußmitglieder über mögliche Formen der Propaganda zur Vorbereitung diktatorischer Maßnahmen[402]. Anderson schlug schließlich vor, Hipwoods Unterausschuß, den ARPEC, überhaupt erst dann wieder einzuberufen, wenn man die Grundlagenarbeit für die Zivilschutzorganisation als Ganzes vorangetrieben hatte[403]. Die Vorbereitung einer großangelegten Evakuierungsaktion sollte dadurch keineswegs ausgeschlossen werden, mußte aber wegen ihrer in mehreren Bereichen bedrohlichen und arbeitstechnisch geradezu destruktiven Dimensionen zurückgestellt werden[404]. Wiederum wurde klar: Pragmatisches Vorgehen und praktischer Aufbau sollten im Mittelpunkt stehen, nicht theoretische Szenariendiskussion mit Diktaturvorschau. Das ARPOC entschied dementsprechend und legte in seinem abschließenden »agreement« eher moderate Annahmen zugrunde,

»assuming the morale of the population is maintained sufficiently to avoid the need of imposing any special code[405].«

Damit war die Debatte jedoch nicht endgültig beendet. Nach dem Wechsel an der Spitze des ARPOC 1932, ergab sich eine gewisse Akzentverlagerung in der weiteren Planung und Vorbereitung. Die generelle Linie wurde von Andersons Nachfolger Scott zwar fortgeführt, man machte sich aber häufiger und deutlicher Gedanken über die Einführung der äußersten Notfallmaßnahmen bei schwersten Zerstörungen. Insbesondere Hipwood sollte verstärkt Gelegenheit bekommen, seine Thesen vorzubringen. Auch Gibbon unterbreitete entsprechende Vorschläge[406].

---

[400] PRO, CAB 46/8, 20. Mtg. (11.5.1931), S. 16.
[401] »It would be possible for the Committee to proceed to work òut plans for what he might call a minor war, but not to attempt to work out details for the bigger war unless they received definite instructions.« Ebd., S. 9.
[402] Ebd., S. 19; vgl. auch ebd., 21. Mtg. (18.5.1931), S. 26 f., und ebd., 13. Mtg. (16.2.1931), S. 11–23. Wie die weitere Entwicklung bis Kriegsbeginn noch zeigen sollte, hielt man die konsequente Ablehnung eines Diktatursystems letztlich nicht durch. Das Experiment des ARCL wurde zwar abgebrochen, aber das Konzept lokaler Diktatoren wurde 1938/39 realisiert. Dies jedoch auf rein ziviler Basis und mit einer recht klar festgelegten Begrenzung ihrer Handlungsmacht. Siehe dazu unten, S. 354–360.
[403] Ebd., 21. Mtg. (18.5.1931), S. 22–33.
[404] Ebd., S. 7, 10–13.
[405] Ebd., S. 32.
[406] Zum Folgenden vgl. grundsätzlich ebd., 30. Mtg. (11.4.1932), S. 1–6 und 11–18.

In der ersten Sitzung unter Scotts Vorsitz kam erneut die Evakuierungsproblematik auf die Tagesordnung. Gibbon und Hipwood plädierten wie zuvor für autoritäre Lösungen, wobei Hipwood eine erheblich radikalere Lösung als Gibbon anstrebte. Seiner Meinung nach sollte London von Anfang an unter diktatorische Kontrolle militärischer bzw. quasimilitärischer Art gestellt werden, so daß wenigstens das Überleben gesichert sei. Hipwood, Scott und sogar Hankey stimmten grundsätzlich zu – letzterer allerdings explizit ausschließlich in bezug auf den äußersten Katastrophenfall[407]. Darüber hinaus wurde einvernehmlich betont, ein solcher Schritt müsse mit entsprechender Propaganda vorbereitet werden.

Gingen solche Tendenzen eindeutig über Andersons Intentionen hinaus, so wurde im Verlauf der Diskussion dann doch schnell wieder deutlich, daß konkrete Aussagen über die Art des Regierungs- und Kontrollapparates nicht so ohne weiteres getroffen werden konnten.

Die Ursache hierfür lag unter anderem in der weiterhin sehr unklaren Sachlage. Es stellte sich insbesondere die Frage, wen man evakuieren sollte. Frauen, Kinder und Alte, alle Nichtbeschäftigten oder bestimmte Berufsgruppen? Für letztere Option mußte man Kriterien hinsichtlich ihrer Kriegswichtigkeit festlegen, ein Unterfangen, das sich später als unmöglich erweisen sollte, denn fast alle Tätigkeiten in Industrie, Handel, Dienstleistung und Verwaltung hatten wichtige Bedeutung für den »war effort«[408]. Im Hinblick auf ihre praktische Durchführung wurden die unterschiedlichsten Vorschläge gemacht. Sie reichten vom Prinzip der Freiwilligkeit bis zum Aufbau einer Posten- und Kontrollkette um London, die es jedem, der zu bleiben hatte, unmöglich machen sollte, die Stadt zu verlassen.

Die grundsätzliche Frage hinsichtlich der Einführung von Zwangsmaßnahmen brach dann ebenfalls wieder auf, diesmal zwischen Hipwood und Hankey. Hipwood plädierte dafür, jeden, der für die Evakuierung vorgesehen sein würde, unter Zwang abzutransportieren. Die Aufnahmegebiete sollten schon vor dem Krieg quartiermäßig sondiert und eingeplant werden, um jeden Wohnplatz auf diese Weise zu erfassen[409]. Eine derartig generalstabsmäßige Lösung mit schon fast militärischem Gepräge wurde von Hankey eindeutig abgelehnt. Er betonte, man solle vor allem Frauen, Kinder und Alte dazu anhalten, bei schweren Zerstörungen die Stadt zu verlassen, aber keinerlei Zwang anwenden. Dabei wurde ihm von Scott beigepflichtet, dies mit der Begründung, eine panische Masse könne man sowieso

---

[407] D.h. einen 100 %-Angriff mit den schlimmsten Folgen und/oder großangelegten Evakuierungen. Die Positionen Hankeys und Andersons waren sich letztlich sehr ähnlich, nur zeigte sich Hankey eher bereit, eine Diskussion um »worst-case« und Kriegsrecht zu führen als Anderson.

[408] Zentral hier: PRO, CAB 46/10, ARPO 60 (16.1.1931) mit Appendix I., passim, auch zum Folgenden. Vgl. auch ebd., ARPO 59 (16.1.1931), S. 24 f. Man versuchte, dieses Problem in den 30er Jahren schließlich zu lösen, indem man zwischen Beschäftigten (gainfully employed) und Unbeschäftigten unterschied und für die Beschäftigten eine finanzielle Kompensation ausarbeitete, wenn sie ihrer Arbeit weiter nachgingen und durch feindliche Bombenangriffe Schaden erleiden sollten. Die Compensation wurde ausführlich diskutiert und schließlich auch konzipiert. Sie kann hier nicht näher dargestellt werden. Unter den zahlreichen Akten hierzu vgl. etwa die entsprechenden Dokumente in: PRO, CAB 24/271 und 281 sowie CAB 23/89 und CAB 23/96.

[409] Für Hipwoods Vorstellungen siehe umfassend: PRO, ARPO 77 (17.4.1931) (= ARPE 14), v.a. S. 4–8.

nicht aufhalten. Wichtiger sei es, durch vorbeugende Maßnahmen psychologischer Art eine Panik gar nicht erst aufkommen zu lassen. Beide verwiesen erneut auf die Praxis im Falle der Küstenstädte während des Ersten Weltkriegs, die genau nach diesem Prinzip funktioniert hatte. Hipwood konnte letztlich keinen Wechsel in der Planungsstrategie herbeiführen.

Dies galt auch für die Behandlung der Propagandafrage. Hipwood besaß Kontakte zu wichtigen Persönlichkeiten der Öffentlichkeit, unter anderem auch zu Wells. Er bat um Erlaubnis, diese anzusprechen und mit ihrer Beteiligung einen Unterausschuß für Propaganda ins Leben zu rufen. Scott lehnte dies unter Hinweis auf mögliche Auswirkungen für die diplomatische Aushandlung internationaler Abkommen zur Verhinderung des Bombenkrieges gegen Zivilisten ab. Im weiteren Fortgang scheint aber kein grundsätzliches Interesse an derlei Ideen bestanden zu haben, denn ein Propaganda-Sub-Committee wurde auch im ARPPC nicht mehr diskutiert[410].

Die Evakuierungsfrage wurde unter moderaten Annahmen weiterentwickelt. Im Laufe der 30er Jahre, insbesondere seit 1938, entwickelte man dann, erneut unter der Leitung von Anderson, ein praktisches Einsatzschema mit einem relativ geringen Grad an Zwang[411], das auch veröffentlicht und dann bei Kriegsbeginn in Kraft gesetzt wurde. Die Evakuierung Tausender Kinder im Zweiten Weltkrieg lief nach diesem Plan ab[412].

Die »praktische« Propagandaarbeit der Luftschutzausschüsse: das Konzept der
»gradual dissemination of information« und seine Widersprüche

Angesichts der möglicherweise zu erwartenden furchtbaren Auswirkungen der Bombenangriffe in einem kommenden Krieg stellte sich die Frage, welche praktischen Maßnahmen unternommen werden sollten, um die Bevölkerung psychologisch auf alle Eventualitäten vorzubereiten. Da man sich nachhaltig klargemacht

---

[410] 1934/35 richtete man ein Editorial Sub-Committee ein, dessen Aufgaben jedoch nicht in der Entwicklung einer Propagandastrategie, sondern in der Gestaltung der äußeren Form offizieller Luftschutzpublikationen lagen. Die Propagandainhalte wurde vom ARPOC bzw. den Ministerien selbst beraten und beschlossen. PRO, CAB 46/17, ARPO 452 (18.12.1934); CAB 46/9, 53. Mtg. (5.12.1934), S. 5 f.; PRO, HO 45/23082, 700201/8, (1934), Memo von Scott und Fragen dazu, HO 45/17603, 701030/2, Mai 1935; Plan of ARP Publications.

[411] In diesem Zusammenhang sollte sich dann erweisen, daß man ganz ohne Zwangsmaßnahmen nicht auskommen würde. Zumindest die generalstabsmäßige Erfassung der zu evakuierenden Stadtgebiete und der entsprechenden Aufnahmeräume im Umland wurde nötig. Die Wohnungsgeber im Umland wurden zur Aufnahme von Evakuierten verpflichtet, dies allerdings auf normalem Verordnung- und Gesetzgebungswege ohne militärische Zwangsvorkehrungen. Den zu Evakuierenden, also den Stadtbewohnern, überließ man die Entscheidung zum Verlassen ihrer Wohnungen und Häuser prinzipiell auf der Basis des Freiwilligkeitsprinzips.

[412] Im gegebenen Rahmen war es unmöglich, die Geschichte der Evakuierungsplanung nachzuzeichnen. Dies soll – erneut im komparatistischen Rahmen – in Folgearbeiten nachgeholt werden. Vgl. einstweilen Crosby, Impact, und Inglis, Children's war. Der veröffentlichte Bericht des Ausschusses, der unter Leitung Andersons das Schema entwickelte: Report of Committee on Evacuation with a covering memorandum by the Secretary of State for the Home Department, presented by the Secretary of State for the Home Department to the House of Commons, July 1938, London 1938, in: PRO, HO 45/17636.

hatte, daß die Reaktion der eigenen Bevölkerung auf massive Bombenangriffe entscheidendes Gewicht für den Verlauf des Krieges besaß, war es nur logisch, Konzepte zu entwickeln, um den Durchhaltewillen der Briten zu stärken. Gerade hier aber hatte man die größten Probleme. Die direkte Einwirkung auf die Öffentlichkeit stellte einen der heikelsten Aspekte der Luftschutzarbeit dar. Die aktuelle Meinungslage der 20er und 30er Jahre hinsichtlich kriegerischer Konflikte ließ vermuten, daß sich die Briten eine militärische Auseinandersetzung nicht einfach verordnen ließen und dann alle negativen Konsequenzen willig tragen würden. Jegliche Vorbereitungen auf einen Krieg, und seien es nur Maßnahmen zur Verteidigung, würden auf den entschiedenen Widerstand zumindest eines Teils der Bevölkerung stoßen. Dazu kamen als weitere Hemmnisse die finanzielle Mangelsituation des Staates und die Theorielastigkeit der Ausschußarbeit generell, die das Verweilen unter Ausschluß von Gesellschaft und Öffentlichkeit begünstigte. Die Komitees begannen – wie nicht anders zu erwarten – zunächst einmal, die Möglichkeiten auszuloten. Wie nicht anders zu erwarten, stand wiederum der Zweifel am Beginn der Untersuchungen.

Einerseits war man sich sicher, daß man trotz der großen Gefahren auf die aktive und mutige Mithilfe vieler Bürger rechnen konnte. So betonte man etwa, daß sich für die Arbeit im Gasschutz, der Teilsparte mit besonders hohem Schreckenspotential, genug Leute finden würden, die sich durch die Bedrohung für Leib und Leben nicht davon abhalten ließen, hier freiwilligen Dienst zu leisten:
»We are sure that public-spirited men are to be found in all villages[413].«
Auch die weniger mutigen Leute würden in entscheidenden Augenblick durchaus Standfestigkeit zeigen. Anderseits hegte man weiterhin die Befürchtung, daß große Teile der Bevölkerung im Falle schwerer Zerstörungen oder möglicherweise schon vorher in Panik ausbrechen und als wilde Masse in »a sudden stampede on the outbreak of war«[414] die staatliche und gesellschaftliche Ordnung niedertrampeln würden. Das Bild, das man sich bei Betrachtung des »scale of attack« und der Evakuierungsplanung gemacht hatte, blieb in den Köpfen verankert.

Man hielt es daher weiterhin für nicht ratsam – und hier unterschied man sich sowohl von Frankreich als auch von Deutschland –, großangelegte Propagandakampagnen zur Verbreitung des Luftschutzgedankens zu starten. Statt dessen planten Anderson und seine Ausschüsse im Geheimen und vermieden jedes falsche Wort in der Öffentlichkeit. Über gelegentliche Anfragen, Vorträge oder Berichte unabhängiger Beobachter in den Medien schwiegen sie sich aus, obwohl die Autoren ihrer Ansicht nach ein teilweise ungenaues und hinsichtlich der Auswirkungen von Bombenangriffen wirklichkeitsfremdes Bild darboten[415]. Zu groß war die Furcht vor negativen Reaktionen im In- und Ausland, wenn insbesondere die Medien erführen, daß man am Aufbau einer zivilen Verteidigung arbeitete,

---

[413] PRO, CAB 46/4, ARP 67 (3.12.1927), S. 2.
[414] PRO, CAB 46/8, 13. Mtg. (16.2.1931), S. 6.
[415] Vgl. PRO, CAB 46/1, 4. Mtg. (7.7.1924), S. 1 f.; ebd., 6. Mtg. (13.10.1924), S. 4 f.; CAB 46/2, 32 Mtg. (28.3.1927), S. 4–6; CAB 46/4 ARP 46 (31.3.1926), S. 1 f. Ebd., ARP 54 (7.3.1927).

III. Der zivile Luftschutz

»an organisation [...] which would involve much attention on the fact that His Majesty's Government were making elaborate preparations against a war of the kind under consideration«[416].

CID und Kabinett stimmten dem uneingeschränkt zu, nicht zuletzt auch wegen der Hoffnung auf ein umfassendes internationales Friedensabkommen[417].

Die Committees wußten nun aber sehr wohl, daß es ganz ohne Öffentlichkeitsarbeit letztlich nicht gehen würde. Sie suchten daher ihr Heil in einer speziellen Strategie, die den konträren Zielen und Notwendigkeiten gerecht werden sollte. Im Bemühen, jegliche Beunruhigung der Bevölkerung zu vermeiden, setzte man darauf, zunächst einige wenige Fachleute in die Ausschußsitzungen einzuladen und sukzessive mit der Aufbauarbeit voranzuschreiten. Dahinter stand die Hoffnung, daß über die Ausführung der entsprechenden Maßnahmen dann ohne Zutun der Komitees die nötigen Informationen in die Öffentlichkeit gelangen würden. Die Inangriffnahme erster Schutzmaßnahmen und die Beschaffung entsprechender Ausrüstung, der Beginn einer Ausbildung von öffentlichen Amtsträgern (z.B. Polizei) und nicht zuletzt Indiskretionen der Verantwortlichen würden die Bevölkerung in einem ausgewogenen Maße vorbereiten und mit dem geeigneten Denken vertraut machen. Im rechten Moment könnte die Regierung dann zu aktiver Öffentlichkeitsarbeit schreiten. Diese »policy of gradual dissemination of knowledge« sollte die britische Luftschutzarbeit in den ersten zehn Jahren beherrschen.

»We are of opinion that, in order to obviate all risk of creating undue alarm, the education of the public on this subject should be slow, gradual and deliberate[418].«

Sollte dann der Ernstfall tatsächlich eintreten, müßte unbedingt eine öffentliche Erklärung herausgegeben werden, die den Bürgern die Gefahr unmittelbar bewußt machen und die erforderlichen Verhaltensmaßregeln verordnen würde. Man müsse ihnen dabei deutlich sagen, daß es in entscheidendem Maß auf ihre Durchhaltefähigkeit ankomme[419].

An aktiven Propagandamaßnahmen wurde zunächst recht wenig vorgeschlagen, vielmehr zeigte man sich bemüht, unbedingte Zurückhaltung zu empfehlen. Im übrigen erhielten die Ministerien den Schwarzen Peter, dies mit der Begründung, sie seien schließlich die eigentlichen Verantwortlichen für den Luftschutz[420].

Diese Art von Propagandastrategie stellte für die Luftschutzausschüsse einen gangbaren Ausweg dar, um mit der theoretischen Planungs- und Grundlagenarbeit voranzuschreiten und den eminent wichtigen Aspekten Propaganda und Kriegsmoral wenigstens mit einem formellen Konzept gerecht zu werden, ohne der kritischen Öffentlichkeit zu nahe zu treten und dadurch die eigene Arbeit zu desavouieren oder gar ernsthaft zu gefährden.

---

[416] PRO, CAB 46/2, 41. Mtg. (23.7.1928), S. 1.
[417] PRO, CAB 46/4, ARP 41 (1.1.1926).
[418] Ebd., S. 2. Erste offizielle Formulierung in PRO, CAB 46/3, ARP 39 (8.7.1925) – Draft Report – S. 6. Vgl. auch CAB 46/2, 23. Mtg. (15.2.1926), S. 4–6.
[419] PRO, CAB 46/3, ARP 39 (8.7.1925) – Draft Report – S. 6. Vgl. auch ebd., ARP 8 (2.7.1924), PRO, CAB 46/1, 4. Mtg. (7.7.1924), S. 1 f.; CAB 46/3, ARP 20 (5.11.1924), S. 1–4.
[420] PRO, CAB 46/3, ARP 39 (8.7.1925) – Draft Report – S. 6.

Letztlich stellte die Verfahrensweise der Komitees jedoch eine widersprüchliche und eher wenig überzeugende Notlösung dar. Zu hoffen, daß über die Tätigkeit einiger ausgewählter Fachleute[421] eine immer breiter werdende Öffentlichkeit dem Luftschutzgedanken angenähert werden könnte, besitzt eine zweifelhafte Perspektive. Dies gilt insbesondere deshalb, weil bei Konsultation der entsprechenden Personen von Anderson immer wieder betont wurde, daß alle Informationen unbedingt geheimzuhalten seien.

Nun ließen sich aber immerhin ausgedehnte organisatorische Schritte vor allem auch in den lokalen Bereich hinein absehen. Derartige Maßnahmen hätten dann sehr wohl für die Verbreitung des entsprechenden Wissens gesorgt, denn die spezielle Ausbildung von Polizisten und anderen Verantwortlichen oder die Einrichtung von Materiallagern auf Gemeindeebene wären sicher nicht verborgen geblieben. Gerade damit aber hatten die Komitees wiederum Probleme, da man es bis in die 30er Jahre ablehnte, mit den Local Authorities – überhaupt generell mit örtlichen und regionalen Behörden und Institutionen – Kontakt aufzunehmen. Man befürchtete wiederum negative Reaktionen[422].

Das Konzept der »*gradual dissemination*« wurde durch die Einschränkungen praktisch gesehen ad absurdum geführt. Die Selbstblockade der Arbeit seit Anfang der 30er Jahre, insbesondere die Unfähigkeit, die ministeriellen »paper schemes« in praktische Maßnahmen umzusetzen, hatte ihre Ursachen zum Teil auch hier[423]. Man hatte sich zwar schon 1927 die Genehmigung vom CID und dem Kabinett für Konsultationen zur Ausweitung des Handlungsrahmens eingeholt[424], nutzte diese Vollmacht aber nicht. Die Angst vor Kritik aus der Öffentlichkeit, insbesondere den Medien (sog. press stunt), reichte hinauf bis in allerhöchste Stellen. Premierminister MacDonald genehmigte 1931 erneut die Lockerung der Beschränkungen, war gleichzeitig aber peinlich darauf bedacht, keinerlei unvorsichtige Schritte zu unternehmen, denn »any question of publicity must be handled carefully[425].« Man konnte sich auch weiterhin nicht zu aktiven Schritten durchringen. Im Oktober 1932 beklagten die Komitees immer noch, daß man mit der Arbeit nicht mehr recht vorankomme, weil man sich nicht traue, die »publicity« auszuweiten[426]. Daß die Nachbarn auf dem Kontinent bereits mit massiven Propagandakampagnen zur Verbreitung des Luftschutzgedankens begonnen hatten, verstärkte die Zwiespälte und Unsicherheiten noch. Mit einer Mischung aus

---

[421] Bis 1931 hatte man mit folgenden Behörden und Dienststellen außerhalb der Regierung Kontakt aufgenommen: Port of London Authority, Directors of London Underground Groups of Railways, Governor of Gas, Light and Coke Company, Red Cross, St. John's Ambulance Brigade, Metropolitan Water Board, L(ondon) C(ounty) C(ouncil), General Managers of Railways, Führer der großen Versicherungen. PRO, CAB 46/10, ARPO 59 (16.1.1931), S. 1-4.
[422] PRO, CAB 46/2, 33. Mtg. (2.5.1927), S. 1 f.
[423] Ebd., 41. Mtg. (23.7.1928), S. 1-3.
[424] PRO, CAB 46/4, ARP 57 (27.5.1927); ebd., ARP 62 (21.9.1927).
[425] 252. Mtg. CID, PRO, CAB 46/6, ARPP 14 (10.4.1931), S. 1.
[426] Ebd., ARPP 19 (13.10.1932), S. 1 f. Aufgrund dieses Memo genehmigte das CID am 8.11.1932 erneut die Ausdehnung der Publicity. Ebd., ARPP 23 (24.11.1933), S. 3 f. (Dem Kabinett wurde ARPP 19 offenbar nur vorgelegt. Bis zu diesem Zeitpunkt ist über eine Entscheidung nichts bekannt.)

Erstaunen und Beunruhigung blickte man nach Frankreich und Deutschland, um festzustellen, daß man auf dem Propagandasektor um Jahre zurücklag:

»the majority of the big Powers regard anti-gas and anti-aircraft defence preparations with the civilian population in much the same light as we treat annual fleet exercises or. territorial camps, and do not hesitate to expose these preparations to the same degree of publicity⁴²⁷.«

Dennoch baute man weiterhin auf die Gradual-dissemination-Strategie und fühlte sich teilweise bestätigt, als man durch Vertreter aus Politik und Gesellschaft, die infolge der Nachrichten aus dem Ausland langsam unruhig zu werden begannen, zu praktischen Schritten gedrängt wurde. Man begrüßte entsprechende Aktivitäten, etwa kritische Anfragen im Parlament und fordernde Äußerungen in der Öffentlichkeit als wohltuende Annäherung an die Notwendigkeiten des Luftschutzes. Als besonders erfreulich erschien es den Verantwortlichen, daß sie selbst durch diese eigenständige Vorgehensweise der Öffentlichkeit der lästigen und unbequemen Arbeit mit den Medien erst einmal enthoben waren⁴²⁸. Man setzte lieber auf die Eigenmechanismen der Gesellschaft als auf aggressives Vorwärtsstürmen.

Die ganze Widersprüchlichkeit dieser Linie sollte sich allerdings recht rasch offenbaren. Da man – unter anderem gerade wegen der großen Zurückhaltung im Propagandabereich – noch sehr wenig praktische Pläne und Handlungsschemata besaß, insbesondere auch für den Selbstschutz der Zivilbevölkerung, traute man sich nicht, eigene Verlautbarungen oder sogar Richtlinien zu veröffentlichen⁴²⁹. Das fortgesetzte Zögern hatte seine Ursachen unter anderem auch darin, daß man Angst hatte, eine unkontrollierbare Bewegung in Gang zu setzen. Wenn die »publicity« einmal angelaufen sei, könne man schnell zu weiteren ungewollten Schritten gezwungen sein (»we should be forced to go a good way«)⁴³⁰. Andererseits aber hatte man zu gewärtigen, daß Presse und Bevölkerung nötigenfalls ihre eigenen Wege gingen, egal ob mit Anleitung durch die Regierung oder ohne.

Die Behandlung des ganzen Themenkomplexes Air Raid Precautions in der Öffentlichkeit seit dem Ende des Ersten Weltkriegs zeigte dies auch deutlich. In den 20er Jahren hatte der Luftschutz nur wenig Beachtung gefunden. Meist hatten sich die Diskussionen über seinen Sinn und Zweck eher in militärischen Fachkreisen abgespielt. Es waren einige wenige Vorträge gehalten und auch Artikel veröffentlicht worden, wobei schon bei diesen Gelegenheiten verschiedene Verantwortliche innerhalb der Regierung, so z.B. Trenchard, die propagandistische Untätigkeit

---

[427] Ebd., ARPP 9 (13.11.1930), S. 3; vgl. auch CAB 46/7, 9. Mtg. (1.10.1930), S. 2–9, und CAB 46/6, ARPP 19 (13.10.1932), S. 1–3, sowie ARPP 23 (24.11.1933), S. 9.
[428] PRO, CAB 46/10, ARPO 59 (16.1.1931), S. 2. Vgl. auch CAB 46/6, 4. Mtg. (7.12.1931), S. 4, und 3. Mtg. (24.2.1931), S. 8.
[429] PRO, CAB 46/8, 13. Mtg. (16.2.1931), S. 16. Vgl. auch CAB 46/6, ARPP 35 (22.12.1934), S. 8 f. Eine nicht geringe Rolle spielte dabei auch die Verbindung mit der problematischen Finanzfrage. Ohne die nötigen sachlichen Ergebnisse und das erforderliche Personal zur Beratung der Bevölkerung konnte man nach eigener Einschätzung keine gute »publicity« aufbauen. Dies aber war von der Genehmigung größerer Geldmittel abhängig, die sich ohne sie nicht so leicht bekommen ließen. Derlei taktische Erwägungen führten zu nichts anderem, als daß man sich im Kreise drehte.
[430] PRO CAB 46/7, 9. Mtg. (1.10.1930), S. 8.

als problematisch empfunden hatten[431]. 1927 malte Prof. P.J. Noel Baker in einer Radiosendung ein Horrorszenario an die Wand und forderte, massive Vorbereitungen zu treffen. Das ARPC, das diesen Vorstoß nicht sehr begeistert aufnahm und den Vortrag Bakers als riskante Panikmache einstufte, sah sich daraufhin veranlaßt, die Propagandafrage erneut zu diskutieren[432]. Man geriet durch Bakers Ausführungen dann aber nicht sonderlich unter Druck. Das öffentliche Interesse hielt sich in Grenzen.

Ab 1930 änderte sich dies allerdings. Im Unterhaus kam es fortgesetzt zu Anfragen, in denen Auskunft gefordert wurde, inwieweit die Regierung sich mit Air Raid Precautions beschäftige. Die Antworten darauf blieben äußerst zurückhaltend[433]. Baldwin gab im Parlament in seiner berühmte Rede vom 10. November 1932 über die Bombergefahr (»The bomber will always get through«) zu, daß die Regierung sich »much more quietly and hitherto without any publicity« als die kontinentalen Nachbarn mit dem Luftschutz beschäftige. Er mahnte in diesem Zusammenhang zur Vorsicht. Übertriebene Kriegsvorbereitungen erzeugten möglicherweise eine Eskalation der Angst, die einen Krieg mit verursachen könnte[434].

Diese Strategie blieb auch in der folgenden Zeit die offizielle Linie. Außer der knappen Bestätigung der Tatsache, daß man sich mit den Air Raid Precautions beschäftige, wurde kaum informiert.

In den Jahren ab 1932/33 begannen sich daher viele Bürger in Eigeninitiative mit dem Luftschutz zu beschäftigen[435]. Örtliche Vereine hielten vorbereitende Veranstaltungen zur Ergreifung geeigneter Maßnahmen ab und stellten dazu auch Anfragen[436]. Die Presse berichtete in immer größerem Umfang über den Luftschutz, insbesondere über die enormen Vorbereitungen auf dem Kontinent[437].

Das fortgesetzte Schweigen der Regierung führte schließlich zu massiver Kritik an der bisherigen Luftschutzarbeit. So geriet 1933 John Gilmour, Innenminister und Vorsitzender des ARPPC, unter starken öffentlichen Beschuß[438]. Die Ausschüsse erhielten in steigendem Maße Anfragen von Bürgern oder Firmen, die etwas zum Schutz gegen Bombenangriffe tun wollten[439]. Auch Filmfirmen, die

---

[431] PRO, HO 45/23081, 700201/1, (1927). Korrespondenz zwischen Anderson und Lord Trenchard im Oktober 1927 über einen Artikel im Journal der RUSI über LS. Trenchard merkte an, daß die Tätigkeit des ARPOC, wenn sie schon als nötig erachtet würde, auch wenigstens in Grundzügen publik gemacht werden sollte. Anderson bat um Geduld, die auch deshalb nötig sei, um nicht »mischief makers« auf den Plan zu rufen.
[432] PRO, HO 45/23081, 700201/1 (1927). Die Radiosendung wurde am 22.2.1927 ausgestrahlt.
[433] PRO, CAB 46/6, ARPP 35 (22.12.1934), S. 10; CAB 46/7, 9. Mtg. (1.10.1930), S. 2 f.; HO 45/23081, 700201/4, (1930) und HO 45/23082, 700201/8, (1934).
[434] PRO, CAB 46/14, ARPO 188 (14.12.1932). Vgl. dazu Wark, Ultimate enemy, S. 27 f.
[435] PRO, CAB 46/6, ARPP 35 (22.12.1934), S. 8.
[436] Ebd., 10. Mtg. (9.7.1934), S. 1–6 ff., und HO 45/23082, 700201/8, (1934).
[437] PRO, CAB 46/14, ARPO 186 (9.12.1932), ARPO 187 (9.12.1932); CAB 46/14, ARPO 240 (6.7.1933); CAB 46/15, ARPO 251 (16./19.8.1933), ARPO 263 (9.10.1933), ARPO 278 (27.10.1933). PRO, HO 45/23082, 700201/6 (1932) und 700201/7 (1933).
[438] PRO, CAB 46/6, 8. Mtg. (14.12.1933), S. 1 f.
[439] PRO, CAB 46/16, ARPO 331 (7.3.1934). CAB 46/9, 53. Mtg. (5.12.1934), S. 6–17.

III. Der zivile Luftschutz

Propagandastreifen produzieren wollten und sich dabei »extremely jealous« zeigten, traten auf den Plan[440].

Ferner meinten illustre Vertreter der Gesellschaft, sich betätigen zu müssen, so etwa der Earl of Halsbury, der in einem Brief an den Ersten Lord der Admiralität allerlei Vorschläge und Anregungen gab. Ähnlich wie Göring in Deutschland verwies er darauf, daß nur ein Volk von Fliegern die drohenden Gefahren wirklich einschätzen und bewältigen könne. Nur derjenige, der schon einmal selbst geflogen sei, wisse, was zu tun sei[441].

Auch ehemalige Kriegsteilnehmer setzten sich für den Luftschutz ein. So forderte ein Veteran des Ersten Weltkriegs unter Verweis auf seine Fronterfahrungen vom Premierminister nachdrücklich, nun endlich mit umfassenden Air Raid Precautions zu beginnen[442]. Er drohte damit, daß er an die Öffentlichkeit gehen werde, wenn nicht bald etwas geschehe. Ähnlich wie Krohne in Deutschland 1927/28 versuchte er, über die Ankündigung öffentlichen Drucks Maßnahmen einzuleiten. Anders als in Deutschland konnte er allerdings nicht in das innere Gefüge des Macht- und Verwaltungsapparates eindringen. Der Brief, über das War Office an das ARPOC weitergeleitet, blieb ohne Folgen. Man antwortete dem Verfasser unter Verweis auf die Verlautbarungen der Regierung im Unterhaus. Die Sache war damit erledigt.

Die Angelegenheit besitzt signifikanten Charakter für den Vergleich mit Deutschland. Das verfassungsmäßige und staatspolitische Äquivalent zu Hindenburg wäre in Großbritannien der König gewesen. George VI. aber spielte überhaupt keine Rolle. In den überaus umfangreichen Regierungsakten zu den Air Raid Precautions bis 1935 und darüber hinaus wird er als aktiv Handelnder nicht einmal erwähnt. Erst 1939 trat er bei einer zentralen Massenveranstaltung als propagandistischer Magnet auf[443]. Ein Eingreifen oder gar Herbeizitieren der zuständigen Minister, wie dies Hindenburg getan hatte[444], stand außerhalb der praktischen Möglichkeiten.

Die Urheber der Forderungen reagierten, soweit ersichtlich, genügsam auf diese Vertröstungen. Es findet sich nicht der geringste Hinweis darauf, daß Personen oder Organisationen außerhalb der Regierung massiven Druck ausgeübt oder versucht hätten, die Kontrolle an sich zu bringen. Eine derartige staatspolitische Disziplin hätte man sich in den Luftschutzreferaten im RMI wohl ebenfalls gewünscht[445].

---

[440] PRO, CAB 46/17, ARPO 408 (9.8.1934). CAB 46/9, 53. Mtg. (5.12.1934), mit ARPO 408, 415, 416, 423. Die Zusammenarbeit zwischen Filmunternehmen mit kommerziellem Interesse und dem Staat, die in den 30er Jahren dann tatsächlich zustandekam, lieferte nicht gerade das Optimum an propagandistischer Schlagkraft. Siehe dazu unten, S. 432 mit Anm. 633 und S. 487 f.

[441] PRO, CAB 46/14, ARPO 196 (30.1.1933), Brief von Earl of Halsbury und Ersten Lord der Admiralität Sir Bolton E. Mansell. Die Vorschläge Halsburys waren in ihrer Mehrheit eher unausgegoren und teilweise auch absurd.

[442] PRO, HO 45/23081, 700201/5, (1931), auch zum Folgenden.

[443] Dazu unten, S. 432 f.

[444] Siehe oben, S. 109–112.

[445] Es ist allerdings einschränkend anzumerken, daß die in diesem Teilkapitel angeführten Beispiele von Aktivitäten der Bevölkerung und der Öffentlichkeit möglicherweise nicht vollständig sind

Ein weiteres Beispiel für diesen Befund sind die Vorstöße einer Veteranenorganisation, der Legion of Ex-Frontiersmen[446]. Diese bestand aus Leuten, die an allen Ecken des Empire Dienst getan hatten und danach nach Großbritannien zurückgekommen waren. Sie schlug vor, sich an den Air Raid Precautions zu beteiligen, um etwa das Personal für Beobachtungsposten im Flugmeldesystem zu stellen. Den Verantwortlichen in der Regierung, insbesondere dem Air Ministry, dem der Meldedienst oblag, legten die Frontiersmen jedoch eine allzu forsche Gangart an den Tag. Sie gebärdeten sich »bursting with patriotism«. Man befürchtete außerdem, daß sie grundsätzliche Probleme in organisatorischer Hinsicht machen würden, denn sie bestanden darauf, als einheitliches Korps mit eigenen Befehls- und Kommandostrukturen aufzutreten. Da das Air Ministry eine einheitliche Organisation ohne Sonderprivilegien aufbauen wollte, lehnte man das Angebot ab. Ähnlich wie in Deutschland im Falle des DLS, der DLL, der Wehrverbände und der Freikorps zeigte man keine Neigung, private Vereine zu integrieren, wenn sie Ansätze zeigten, eigene Organisationsmacht zu erlangen. Die strukturelle Integrität des projektierten administrativen Gebäudes konnte dadurch gefährdet werden.

Nach Lage der Dinge hatte Whitehall im Unterschied zur Berliner Regierung aber keine größeren Schwierigkeiten mit derlei Vorstößen. Man bewertete ihre Vorschläge grundsätzlich positiv, vertröstete sie aber. Die Legion war sehr enttäuscht, versuchte aber nicht, frontalen Druck auszuüben.

Im Gegensatz zu den deutschen Wehrverbänden blieb auch die politisch-ideologische Dimension wenigstens als explizite Legitimation ohne größere Bedeutung. Auch die ständige Propagierung der sachlich-ruhigen Aufbauarbeit und die fast schon nervöse Betonung der Unparteilichkeit, wie sie die deutschen Vereine und Verbände als Banner ständig vor sich hertrugen, finden sich in der Korrespondenz der Legion nicht. Daß sie ihre eigenen Befehlsstrukturen einbringen wollte, gehört wohl zu den organisatorischen Grundeigenschaften bzw. -tendenzen paramilitärischer Organisationen, unabhängig von der jeweiligen Herrschaftsordnung, in der sie tätig sind[447].

Die britische Verbandslandschaft, die sich insgesamt gesehen als nicht weniger reichhaltig bestückt zeigte als die deutsche, begann generell den Luftschutz für sich zu entdecken, so z.B. die Pfadfinder und verwandte Organisationen. Helen Gwynne Vaughan, Vorsitzende der Exekutive der Girl Guides Association, wandte sich an Hodsoll und schlug vor, ihre Mädchen und auch die Boy Scouts mit der Gasabwehr vertraut zu machen[448]. Dabei kam eine weitere Sache zur Sprache, die Ak-

---

(Beispiele für Privatkorrespondenz an die Regierung, wie die des Kriegsveteranen, wurden nur in relativ geringer Zahl aufgefunden). Da die Parlamentsakten nicht ausgewertet werden konnten, ist eine gewisse Vorsicht angebracht. Immerhin aber ist ein derartig massiver machtpolitischer Versuch, wie ihn Krohne startete, sehr unwahrscheinlich. Die LS-Ausschüsse, deren Akten vollständig durchgesehen wurden, hätten von einem derartigen Unterfangen auf jeden Fall Kenntnis erhalten.

[446] Zum Folgenden: PRO, CAB 46/15, ARPO 285 (11.11.1933), und HO 45/23082, 700201/7 (1933).
[447] Auch hier müssen – wie schon zuvor – weitergehende Erörterungen späteren Forschungen überlassen bleiben.
[448] PRO, CAB 46/16, ARPO 302 (12.12.1933).

tion der Lady Londonderry, die darauf abzielte, Hausfrauen für den Luftkrieg vorzubereiten (improving their usefulness in time of emergency). Allerdings hielt sich die Regierung auch hier weitgehend zurück. Hodsoll gab keine definitiven Zusagen oder Bestätigungen.

Die Reserviertheit der Verantwortlichen nährte sich in diesen Fällen weniger aus möglicherweise entstehenden Problemen der Organisationstechnik bzw. -macht, sondern aus der Angst vor Kritik und »press-stunts«. Es meldeten sich nicht nur kooperationswillige Vereine, sondern auch kritische Organisationen zu Wort. So wandte sich die Internationale Frauenliga, die auch den Verantwortlichen in Deutschland das Leben schwer machte, an den Premierminister und verlangte, Gasschutzausbildung mit Kindern unbedingt zu unterlassen, da sonst möglicherweise psychische Schäden auftreten würden[449].

Auf der anderen Seite versuchten Konzerne mit kommerziellen Interessen, den Luftschutz für ihre Zwecke zu instrumentalisieren. So schlug das Pharma-Unternehmen Boots Cash Chemist vor, in jeder seiner über 1000 Filialen einen Gasschutzwart auszubilden und zur weiteren Ausbildung der Haushalte einzusetzen[450]. Boots hielt es aber nicht für ratsam, konkrete Schritte ohne die Regierung zu unternehmen, und fragte das ARPOC um seine Meinung. Man legte dem entsprechenden Schreiben einen Brief eines Mr. Barton der Church Institute School bei, in dem zu eigenem Handeln auch ohne die Regierung aufgerufen wurde, denn:

»In this land the Government always delays until too late, so that it is of no use waiting for them, especially as they fear to confess the need to these things.«

Die Sache kam im ARPOC zur Sprache. Man begrüßte den Vorschlag zwar grundsätzlich, betrachtete es aber als erste Pflicht von Unternehmen, für den Schutz der eigenen Betriebe und Angestellten zu sorgen und nicht als Instanz der Regierung tätig zu werden. So antwortete man wiederum in bekannt zurückhaltender Weise.

Ähnlich verhielt man sich auch, als ein Bürger aus East Ham, Mr. Ager, im April 1934 an Hodsoll herantrat und berichtete, daß er den Aufbau einer privaten Gasschutzorganisation plane[451]. Hodsoll bemerkte erneut die »keenness« der daran Beteiligten und gab ihnen zu verstehen, daß die Regierung derlei mit Wohlwollen betrachte. Ein direktes Engagement der Regierung aber lehnte er ab, vielmehr versuchte er, Agers Initiative als Katalysator und ihn selbst als propagandistisches Versuchskaninchen einzuspannen. Er empfahl ihm, sich an den Bürgermeister von East Ham zu wenden und auf diesen im Sinne der Air Raid Precautions einzuwirken. Am besten sei es, wenn der Mayor einen Brief an die Regierung schriebe und diese um Hilfe für den Aufbau von Air Raid Precautions bitte. Ager wurde in diesem Sinne tätig und erhielt vom Bürgermeister eine positive Antwort. Hodsoll empfahl Ager, sich nun an den Stadtrat zu wenden. Ager stimmte zu und kündigte die Gründung des The East Ham Civil Air Defence Corps an.

---

[449] PRO, CAB 46/17, ARPO 447 (1.12.1934).
[450] Zum Folgenden: PRO, CAB 46/9, 51. Mtg. (15.6.1934) mit ARPO 331 und 359 (14.5.1934).
[451] Zum Folgenden: PRO, CAB 46/16, ARPO 355 (27.4.1934) und ARPO 363 (31.5.1934), Gespräch zwischen Hodsoll und Mr. Ager, ARPO 397 (12.7.1934), Brief des Town Clerk von Hackney an Hodsoll. Auch HO 45/23082, Korrespondenz der ARP-Committees mit dem CID, 700201/8, (1934), Sache Ager.

Dies ist paradigmatisch für das Verhältnis der britischen Gesellschaft zu den Kriegsvorbereitungen. Als im Laufe der Zeit das Bedrohungsgefühl wuchs, scheute man sich nicht, deutliche Kritik zu üben oder offen an Whitehall heranzutreten, unternahm aber keine aggressiven Maßnahmen gegen oder ohne die Regierung.

Trotz dieser vergleichsweise hohen staatspolitischen Disziplin der engagierten und interessierten Bevölkerungsteile wurde den Verantwortlichen immer deutlicher, daß die selbstauferlegte propagandistische Zurückhaltung ein erhebliches Schadenspotential in sich barg. Die Ausschüsse mußten z.B. außerdem befürchten, daß die beginnenden Aktivitäten sachlich gesehen falsch waren, wenn man den Leuten keine gesicherten Informationen an die Hand gab[452]. Die von Anderson initiierte Linie, nach der so lange wie möglich »coolness« und Sachlichkeit herrschen sollte, wurde durch den drohenden planerischen Stillstand, die Aktivitäten der Öffentlichkeit und nicht zuletzt die internationalen Entwicklungen und Tendenzen zunehmend problematisch.

Aus dieser Perspektive heraus wurde dann im Frühjahr bzw. Sommer 1934 die offizielle Ingangsetzung der Mobilmachung in die Wege geleitet. Nachdem Premierminister MacDonald am 21. März 1934 in einer Rede vor dem Unterhaus zugegeben hatte, daß man sich seit 1924 mit dem Luftschutz als »essential accessory to the arrangement for home defence« beschäftigt habe, gleichzeitig aber stark betonte, daß dies keinerlei Kriegstreiberei, sondern eine reine Vorsichtsmaßnahme zur Abdeckung aller Eventualitäten sei[453], kam es zur Cliffs-of-Dover-Rede von Baldwin am 30. Juli 1934 vor dem Parlament[454].

Daß der entscheidende Vorstoß auch auf den grundsätzlichen Strategiewechsel in der allgemeinen Kriegsplanung, vor allem der Rüstungspolitik (Defence Requirements Committee)[455], zurückging, ist offensichtlich. Dennoch darf dieser Aspekt nicht überbetont werden. Das Kabinett zeigte sich von der öffentlichen Mobilmachung für den Luftschutz zu diesem Zeitpunkt immer noch nicht sonderlich begeistert und hätte sie gerne noch weiterhin unterlassen. Der Grund lag darin, daß man sich anschickte, den weiteren Ausbau der RAF anzukündigen, und fürchtete, die Öffentlichkeit durch die parallele Initiierung beider Maßnahmen unnötig zu beunruhigen. Man entschied sich jedoch wegen der erkannten Bedeutung des Luftschutzes und infolge der bestehenden Zwänge, in denen er sich befand, für die öffentliche Ankündigung der Air Raid Precautions[456].

Fast gleichzeitig mit Baldwins Rede trafen die Luftschutzausschüsse Vorbereitungen zur Veröffentlichung zahlreicher Pamphlete und Handbücher zur Infor-

---

[452] PRO, CAB 46/9, 51. Mtg. (15.6.1934), S. 10–12. Zur Gesamteinschätzung vgl. auch den Brief Hankeys: CAB 46/7, 9. Mtg. (1.10.1930), S. 3 f. Vgl. zusammenfassend CAB 46/6, ARPP 26 (15.6.1934), S. 1 ff.
[453] PRO, CAB 46/16, ARPO 337 (27.3.1934).
[454] Vgl. S. 198 und S. 402 f.
[455] Dazu S. 200 und 331 f.
[456] PRO, CAB 23/79, 28(34)3, 11.7.1934, Punkt 4, S. 9–11, mit CAB 24/250, CP 179 (34), 6.7.1934, und 180 (34), 9.7.1934.

mation der Öffentlichkeit[457] und begannen, sich Gedanken über die Vorbereitung eines Statements des Innenministers in der BBC zu machen[458]. Der öffentliche Bedarf an Propaganda-Material hatte sich schon vorher gezeigt, denn das Britische Rote Kreuz hatte Flugblätter zum Gasschutz herstellen lassen, von denen pro Monat 2000 Stück verkauft wurden[459].

Die *Gradual-dissemination*-Strategie hatte sich somit überlebt. Letztlich hatte sie eine Alibi-Funktion besessen, nicht zuletzt auch zur Ruhigstellung der »hardliner« in den Luftschutzausschüssen, allen voran Hipwood. Dieser sah es als essentiell an, der Bevölkerung schon vor möglichen Spannungs- oder Kriegszeiten moralische Vorbereitung angedeihen zu lassen. Dem sollte auch sein immer wieder vorgetragenes Anliegen, ein spezielles Sub-Committee für Propagandafragen zu errichten, dienen[460], denn

»the mind of the public must be prepared in advance. If the whole thing came as a surprise, then the situation would be uncontrollable. If, however, preparations could be made to control the morale of the population, then it would be necessary also to impose some kind of physical control[461].«

Mit seiner Behauptung, man müsse schon vor Beginn der Kampfhandlungen mit umfassender Propaganda beginnen[462], näherte er sich einer Lösung des Problems mit Hilfe eines »Totalen Staates« an. Dies wurde in den Ausschüssen auch erkannt. Der Vertreter der Treasury, Upcott, der insgesamt der Propagandafrage noch skeptischer gegenüberstand als Anderson[463], stellte bei einer symptomatisch verlaufenden Diskussion im ARPOC die These auf, daß, wenn man eine aggressive Propaganda schon vor dem Kriege betreiben wolle, man auch ein Feindbild schaffen müsse. Nach den vorherrschenden Luftkriegsstrategien kam zu diesem Zeitpunkt (1931) nur Frankreich in Betracht:

»but it seemed to him [Upcott] that the main foundation of the whole [Hipwood-] report were based on the theory that the morale of the population must be maintained by adequate preparation before the outbreak of war. But the only way to effect this was to work up a strong war-feeling in the population in times of peace; it would resolve itself into a violent crusade against France[464].«

Hipwood zog die Möglichkeit in Betracht,

»that, surely if the Government of this country were advised that it was within the powers of France to launch attacks on us in this way, they would agree that preparations were desirable.«

---

[457] PRO, CAB 46/9, 52. Mtg. (27.7.1934) mit ARPO 399 (23.7.1934).
[458] PRO, CAB 46/6 (22.12.1934), S. 5. Schon im Juni hatte man einem Major Murphy die Genehmigung erteilt, eine Radiosendung über Luftschutz zu veranstalten und dazu auch Artikel im Listener zu veröffentlichen. PRO, CAB 46/9, 50. Mtg. (5.6.1934).
[459] PRO, CAB 46/9, 51. Mtg. (15.6.1934), S. 10 ff.
[460] Diesem sollten so angesehene Persönlichkeiten wie Lord Beaverbrook und Wells angehören (men used to influencing the minds of great masses of the population). Siehe oben S. 189 mit Anm. 321 und PRO, CAB 46/8, 13. Mtg. (16.2.1931), S. 15.
[461] Ebd., S. 12, vgl. auch S. 14.
[462] Als zusätzlichen Beleg vgl. ebd., S. 11–23.
[463] PRO, CAB 46/7, 9. Mtg. (1.10.1930), S. 4–9; vgl. auch PRO, CAB 46/8, 20. Mtg. (11.5.1931), S. 14.
[464] PRO, CAB 46/8, 20. Mtg. (11.5.1931), S. 18, auch zum Folgenden.

Dem entgegnete Upcott, daß keine britische Regierung in Friedenszeiten einen derartigen Kurs fahren könne oder auch nur wolle. An diesem Punkt schritt Hankey ein und verwies darauf, daß es einen dritten Weg gebe, den der »*gradual dissemination of propaganda*«. Major Galway vom Chemical Defence Research Department stimmte zu und erklärte, daß das Rote Kreuz als Privatorganisation bereits Propaganda für Zivilschutz betreibe und auch internationale Verbände (IKRK und Völkerbund) entsprechend tätig seien. Anderson beendete dann die Diskussion – vermutlich, weil er weitere Gedankenexperimente für nutzlos und schädlich hielt.

Insgesamt gesehen läßt sich in staatspolitischer Hinsicht feststellen, daß die britische Zivilkriegsplanung eine Annäherung an »totalitäre« Verhältnisse – wenigstens in Friedenszeiten – nicht zuließ. Zu groß war der Einfluß Andersons, Hankeys und der Regierungsprinzipien, die sie vertraten. Dennoch ist es nicht uninteressant, daß im »Mutterland« der Demokratie mehrere Mitglieder von Regierungsausschüssen zur Verteidigungsplanung überaus weitgehende Gedanken in bezug auf die autoritäre Ausgestaltung der Kriegsmobilmachung unter Anwendung von Zwangsmaßnahmen und einer aggressiven Massenpropaganda hegten und auch offen verteidigten. Die staatspolitischen Konsequenzen einer solchen Vorgehensweise waren ihnen dabei durchaus bewußt. Inwieweit deutsche Theoretiker, wie etwa Schmitt, hierbei direkt rezipiert wurden, wie in der aktuellen politischen Diskussion des Jahres 2003 etwa in bezug auf die USA vermutet wird, wäre noch näher zu klären[465].

Setzten sie sich letztlich auch nicht durch, so war die Option eines »Totalen Staates« wenigstens tendenziell doch existent. Man zeigte sich radikalen Handlungen nicht abgeneigt, wenn es um nationale Besitzstände oder gar um das Überleben ging. Psychologische Kampfmaßnahmen schloß man als Bestandteil des staatlichen Instrumentariums zur Mobilmachung der Bevölkerung grundsätzlich nicht aus. Selbst für Anderson stellte die Ausrufung von Diktatur und Kriegsrecht keine vollkommene Unmöglichkeit dar. Er schob allerdings allen Versuchen, die projektierten Air Raid Precautions von vornherein unter diesem Aspekt aufzubauen, einen Riegel vor. Dies tat er jedoch weniger aus demokratischem Idealismus als vielmehr aus Einsicht in die staats- und gesellschaftspolitischen Grundbedingungen. Letzteres drückte sich z.B. in taktischer Rücksichtnahme auf die sensibilisierte Öffentlichkeit, im strikten Beharren auf der arbeitsteiligen, kooperativen Zusammenarbeit zwischen allen Beteiligten und in der Ablehnung krasser Kriegsszenarien mit allzu militärischen Abwehrperspektiven für die Zivilbevölkerung aus. Sein planerisches Handeln war auf die Maximierung der instrumentellen Flexibilität hin ausgerichtet, d.h. die größtmögliche Gewährleistung staatlichen Handelns in jeder Situation. Dazu gehörte nötigenfalls auch hartes autoritäres Durchgreifen. Dies aber nicht um jeden Preis und schon gar nicht, wenn die Sachlage nicht genügend geklärt war. Entsprechend hatte er reagiert, als das Imperial Communications Committee, ein Ausschuß, der mit ähnlicher Besetzung wie das ARPC arbeitete (vertreten: Home Office, alle drei Teilstreitkräfte, Postministerium) und für die modernen Kommunikationstechniken zuständig war, Mitte der 20er Jahre aus

---

[465] Vgl. u.a., Spinnen im Netz.

Furcht vor Spionage-, Radar- und Propagandatätigkeit einer feindlichen Macht vorschlug, sämtliche Radioempfänger und -sendestation zu vernichten. Die bereits ausgegebenen Empfängerlizenzen (2 Mio.) sollten eingezogen werden[466]. Anderson, dessen Ausschüsse hiervon informiert wurden, lehnte die Empfehlungen ab, da er das Radio als wichtiges Propaganda-, Informations- und Warninstrument für die eigene Regierung ansah. Die Maßnahme wurde letztlich dann auch nicht durchgeführt[467].

Zusammenfassend ist zu sagen, daß sich die britische Zivilkriegsplanung – hier insbesondere die massenpsychologischen Aspekte – bis in die 30er Jahre in einem grundsätzlichen Spannungsfeld befand. Die Verantwortlichen in den Luftschutzausschüssen mußten, vertraut mit den Erfahrungen des Ersten Weltkrieges und nun konfrontiert mit einer neuen, noch viel bedrohlicheren Gefahr, nach und nach erkennen, daß die Vorbereitungen auf einen neuen Krieg Maßnahmen im zivilen Bereich nötig machten, die alles bisher Gekannte überstiegen. Es ging nun nicht mehr nur um die Mobilisierung der Zivilisten für die Kriegsproduktion, sondern um die Mobilmachung für einen direkten Kriegseinsatz, der jedermann mit Tod und Vernichtung bedrohte.

Diese Notwendigkeiten führte einen Teil der Luftschutzplaner dazu, Forderungen zu stellen, die dem, was man in Deutschland als »Totalen Staat« bezeichnete und zunehmend auch öffentlich zelebrierte, entgegenstrebten. Derlei Tendenzen konnten sich jedoch nicht durchsetzen, da sie insbesondere von den führenden Gestalten der Ausschußarbeit, Anderson und Hankey, nach Kräften abgeblockt wurden.

Andersons Haltung speiste sich aus der britischen Herrschaftsordnung und dem Abwägen ihrer Grundbedingungen. Für ihn waren etwa die traditionell starken Rechte und die entsprechende Selbständigkeit der unteren Verwaltungsebenen und der Gesellschaft in erster Linie Grundgegebenheiten, die man zu akzeptieren und als aktives Element ins Planungskalkül einbeziehen mußte.

Diese staats- und gesellschaftspolitische Grundausrichtung und die generelle Arbeitsweise der Luftschutzausschüsse beinhaltete, gemessen an der praktischen Ergebnisorientierung, zum Teil überaus problematische Aspekte. Die Unsicherheiten hinsichtlich der Reaktion von Medien, Bevölkerung und nicht zuletzt der Local Authorities stellten einen nicht unerheblichen Bremsklotz dar. Die von allen Beteiligten als notwendig anerkannte Ingangsetzung einer Massenpropaganda zur Steuerung des öffentlichen Bewußtseins schon im Frieden unterblieb lange Zeit, obwohl mit Blick auf die Aktivitäten der kontinentalen Nachbarn die eigenen Appelle dann auch zunehmend alarmierender und dramatischer wurden[468]. Unter einer aktiven Öffentlichkeitsarbeit stellte man sich bis 1934/35 eher ein vorsichtiges Taktieren und weniger ein direktes nachhaltiges Zugehen auf die Bevölkerung

---

[466] PRO, CAB 46/4, ARP 48 (7.8.1926).
[467] PRO, CAB 46/2, 31. Mtg. (1.11.1926), S. 7–9.
[468] Aus den vielen Dok., in denen die Ausweitung der Publicity gefordert wird, vgl. etwa PRO, CAB 46/6, ARPP 19 (23.10.1932), S. 2 f., und 5. Mtg. (17.10.1932), S. 5–9.

vor[469]. Erst im Laufe der 30er Jahre, als man sah, wie sich die Dinge in Deutschland und anderswo entwickelten, begann man entsprechend umzudenken und eine eigene psychologische Wehrhaftmachung aufzubauen.

Als Anderson und seine Ausschußmitglieder überlegten, wie man ggf. an Behörden, Institutionen und Leute außerhalb der Regierung herantreten solle, kamen eher moderate, vorsichtige, ja sogar beschwichtigende Vorschläge auf den Tisch. Die Verantwortlichen waren bemüht, ihrer Arbeit einen rein defensiven und humanitären Charakter zu geben:

>»it would be made quite plain that the intention of the Committee was to prepare schemes of a purely defensive character for safeguarding the lives of the working classes who, it seemed to him, would be most likely to bear the brunt of any attack of the nature described [...] it was essential that the working men and women should be protected, as far as was humanly possible, against the horrors of a future war[470].«

Damit war man inhaltlich gar nicht so weit von den Luftschutzvereinen in Deutschland entfernt, nur scheute man im Gegensatz zu Krohne und seinen Mitagitatoren lange Zeit die offensive oder gar aggressive Wendung zur Öffentlichkeit und entschied sich gegen den Widerstand einer Minderheit gegen eine wie auch immer geartete Charismatisierung des Existenzkampfes von Staat und Volk. Ein massiver Luftschlag gegen Britannien sollte stets als »a remote contingency« betrachtet werden[471]. Die Air Raid Precautions, die man im Sinn habe, sollten in dieser Perspektive nur als eine Art Vorsichtsmaßnahme für den Fall der Fälle erscheinen. Am liebsten hätten sich die Ausschüsse weiterhin auf die allmähliche propagandistische Ausweitung verlegt.

Zusammenfassend ist zu konstatieren, daß das Vertrauen auf eine graduelle Gewöhnung der Bevölkerung an die Gefahren des Luftkrieges und das Hoffen auf die Kraft der Selbsterkenntnis doch etwas zu bequem war und den Erfordernissen der modernen Welt und der entsprechenden militärischen Bedrohung durch einen »Totalen Krieg« nur unzureichend gerecht wurde[472]. Die Memoranda und Sitzungen von ARPOC und ARPPC zeigen ein jahrelanges, teilweise unkonstruktives Ringen um kleine Fortschritte. Die argumentativen Frontlinien zwischen den Vertretern autoritärer Lösungen – wie z.B. Hipwood und Gibbon – und den bestimmenden, liberalen Mitgliedern – Hankey, Anderson und letztlich auch Scott – trugen keineswegs zu einer höheren Praxisorientierung bei.

Im Laufe der 30er Jahre hatten die Luftschutzausschüsse dann schließlich einzusehen, daß sie ihre Grundsätze endgültig zugunsten einer aktiven Propaganda ändern mußten. Dennoch betrachtete man selbst nach den Änderungen von 1934

---

[469] Ebd., ARPP 19, S. 3. »and we ask now for a free hand, subject only to the proviso that we shall proceed to educate the public gradually and in such a manner as will preclude any possibility of unfortunate reactions or our intentions being misinterpreted either in this country or abroad.« Wie unsicher die Komitees generell auch hinsichtlich der näheren Charakterisierung von Art, Umfang und Zeitpunkt der zu startenden Propaganda waren, geht aus mehreren Sitzungsberichten hervor, so z.B. PRO, CAB 46/7, 9. Mtg. (1.10.1930), S. 2–9; vgl. auch CAB 46/8, 18. Mtg. (23.3.1931), S. 11 f., und CAB 46/6, 8. Mtg. (14.12.1933), S. 4 f.
[470] PRO, CAB 46/6, 3. Mtg. (24.2.1931), S. 3.
[471] Ebd., ARPP 16 (27.11.1931), S. 8. Vgl. auch ebd., 3. Mtg. (24.2.1931), S. 5.
[472] Dieses Urteil ist selbstverständlich nicht als moralische Wertung zu verstehen.

eine vorsichtige Vorgehensweise als geboten. Man vermied weiterhin möglichst alles, was die Öffentlichkeit zu Kritik hätte verleiten können[473]. Nach der offiziellen Bekanntgabe der Vorbereitungen auf den künftigen Luftkrieg setzte nicht sofort eine pompöse und martialische Propaganda ein. Erst nach und nach schritt man zu einer offensiveren Strategie. 1938/39 zog man dann alle Register der Propaganda[474].

Hinsichtlich der Weberschen Typologie sind kaum Aussagen über die Propaganda*inhalte* möglich, denn sie existierten bis 1934/35 praktisch nicht[475]. Die Organisation der Propaganda hingegen läßt sich recht eindeutig klassifizieren. Sie entsprach, was den staatlichen Bereich angeht, dem rationalen Typus fast in Reinkultur. Sie verließ die beauftragten Gremien, d.h. vor allem die von den verfassungsmäßigen Regierungsorganen eingesetzten Ausschüsse, praktisch nicht. Die Komitees versuchten, sich mittels der *Gradual-dissemination*-Strategie der psychologischen Aufgaben weitgehend zu entziehen, und hätten es am liebsten gesehen, wenn die Gesellschaft diese Aufgabe selbst übernommen hätte. In ihrer Konzeption war wenigstens bis 1934/35 eine Beeinflussung der Zivilbevölkerung von staatlicher Seite nicht vorgesehen. Man war sich bewußt, daß die staatliche Neutralität als offizieller, wenn auch in der Öffentlichkeit oft angezweifelter Garant für die Stabilität des Landes in Gefahr geriet, wenn man sich allzu forsch auf das höchst heikle Thema Krieg und Kriegsvorbereitung einließ. Mit dieser Grundhaltung korrespondierte die Abneigung, ja sogar die Furcht vor gesellschaftlicher und politischer *Bewegung*, die durch die Propagierung des Luftschutzes möglicherweise hätte losgetreten werden können. Die Objekte der Herrschaft, d.h. die Bürger des Landes, sollten die Propaganda selbsttätig in Gang setzen, d.h. die erkannten Notwendigkeiten quasi in Eigenregie internalisieren. Für diese Verfahrensweise hatte allerdings weniger der Gedanke des aktiven verantwortlichen Staatsbürgers als Rückgrat der Landesverteidigung Pate gestanden als vielmehr die Furcht vor innenpolitischer Unruhe, einer Unruhe, die man als bedrohlich für die bestehenden Ordnungsstrukturen empfand.

Hinsichtlich der direkten vergleichenden Betrachtung beider Staatsordnungen läßt sich in Kürze Folgendes konstatieren. Vor allem in Großbritannien, letztlich aber auch in Deutschland, wollten sich die Stellen der Regierung offiziell erst bitten lassen, bevor man mit substantiellen Schritten begann. Auf beiden Seiten entsprach zumindest ein Teil der Gesellschaft diesem Plan, allerdings mit unterschiedlicher staatspolitischer Disziplin. Interessierte Organisationen boten ihre

---

[473] Noch 1934 lehnte man es ab, bei den jährlichen Manövern der RAF gleichzeitig Luftschutzübungen in einem ausgewählten Gebiet (Hackney) durchführen zu lassen (»rejected on grounds of publicity«), obwohl man dies – auch mit Blick auf die schon Routine gewordenen Übungen auf dem Kontinent – als absolut dringlich angesehen hatte. PRO, CAB 46/6, ARPP 35 (22.12.1934), S. 8, und ebd., 11. Mtg. (27.11.1934), S. 1. Man beschloß dann 1935, die Übung abzuhalten, war aber peinlich darauf bedacht, keine negative Publicity aufkommen zu lassen. Es wurde ausdrücklich betont, daß die Ausführung zeitlich auf keinen Fall mit den Feierlichkeiten zum Krönungsjubiläum Georges V. kollidieren dürften. CAB 46/6, 12. Mtg. (5.2.1935), S. 1 f.
[474] Dazu unten, S. 420 ff. und 431 ff. Vgl. auch S. 487 f.
[475] Die internen Vorstufen für die Gestaltung der Inhalte für die Zeit ab 1935 werden im folgenden Kap. behandelt.

Hilfe und ihre Mitarbeit an und zeigten sich enttäuscht, als die Regierung diese Offerten nicht annahm. In Britannien agierten sie dann aber nicht offen gegen die Regierung und ihre Ausschüsse, sondern verlegten sich weiter auf Forderung und Kritik[476]. Dies im Unterschied zu den Verhältnissen in Deutschland, wo Krohne zur Durchsetzung seiner umfassenden Pläne zur Erlangung der Kontrolle über den Luftschutz ein undurchsichtiges Intrigenspiel begann und der Reichsregierung schließlich mit einer Volksbewegung drohte, als diese ihn organisatorisch abservierte. Nach Ruhigstellung der eigentlichen Luftschutzvereine traten dann allerdings die Wehrvereine an und setzten die Regierung ihrerseits unter Druck.

3. Zusammenfassung: Deutschland und Großbritannien im Vergleich

Die Grundmaximen staatlichen und gesellschaftlichen Lebens in bezug auf militärische Auseinandersetzungen hatten sich in Europa durch den Ersten Weltkrieg kaum gewandelt: Der Krieg war und blieb ein selbstverständliches Element auf der Agenda für die Zukunftsgestaltung. Die Zivilbevölkerung und die Gesellschaft erfuhren jedoch infolge der Ausweitung der Kriegführung auf fast alle Existenzbereiche menschlichen Lebens bis hinein in die Privatsphäre des einzelnen im Vergleich zu Konflikten früherer Zeiten eine nachhaltige Aufwertung in der allgemeinen Planung. Das gewaltsame Ringen 1914–1918 hatte gezeigt, daß die Zivilbevölkerung, obwohl sie als aktiver militärischer Handlungsträger nicht in Frage kam, einen der unerläßlichsten Grundpfeiler für die Wehrfähigkeit des Staates und seiner Militärmaschinerie darstellte. Infolge der Generierung der Luftgefahr durch die Einführung des Kriegsflugzeuges mußte man sie nun zusätzlich gleichzeitig auch als unmittelbar bedrohtes Objekt und erheblichen Unsicherheitsfaktor einstufen. Sie würde in einem künftigen Krieg voraussichtlich massiver und direkter militärischer Gewalteinwirkung ausgesetzt sein, ohne die nötige soldatische Ausbildung zu besitzen.

Unter diesen antizipierten Basisbedingungen ging man sowohl in Großbritannien als auch in Deutschland an den Aufbau des Luftschutzes. Als prägnante Tatsache fällt die Selbstverständlichkeit auf, mit der man die Vorbereitungen auf den Krieg begann. Nur wenige Jahre nach dem Ende des bis dato furchtbarsten Krieges der Menschheitsgeschichte setzten systematische Vorarbeiten zur Mobilmachung der Zivilbevölkerung für den nächsten Völkerbrand ein.

In Deutschland hatten die praktischen Mobilmachungs- und Einsatzplanungen eigentlich nie wirklich aufgehört. Aufgrund der ständigen angeblichen oder tatsächlichen Bedrohungen von außen, die sich nach dem sog. Schmachfrieden ergaben, fühlten sich die Verantwortlichen fortgesetzt gezwungen, mit dem Ausbruch militärischer Konflikte zu rechnen. So entstand auch der deutsche Luftschutz als

---

[476] Nicht wesentlich anders verhielten sich die Gegner der aktiven Kriegsvorbereitungen, also etwa pazifistische Persönlichkeiten und Organisationen. Einfach ausgedrückt: Es herrschte mehr Ruhe, und insofern hatten es die britische Regierung und ihre Ausschüsse mit der öffentlichen Zurückhaltung und Vermeidung der Schaffung von Angriffsflächen leichter als ihre deutschen Pendants.

Folge einer unmittelbaren Bedrohung, der Ruhrbesetzung, die den Planern den Krieg als Möglichkeit direkt vor Augen führte. In Großbritannien, wo man sich nach der Erfindung des Kriegsflugzeuges nun generell auch nicht mehr vor direkten Militärschlägen gegen die Zivilbevölkerung sicher sein konnte, hatte man derlei aktuelle Probleme nicht, betrachtete es aber als selbstverständliche Pflicht, mit den Überlegungen für den nächsten Krieg zu beginnen. Man hatte einen Krieg beendet, wobei die nationale Kriegsorganisation stark belastet worden war. Sie mußte nun überholt werden, um im Falle des nächsten für alle Eventualitäten gerüstet zu sein. Sobald man die Trümmer und die Schäden beseitigt hätte, war die Maschinerie – soweit unter den aktuell gegebenen Bedingungen möglich – für neue Gefahren herzurichten.

Zu diesen neuen Gefahren zählte man auch die Luftbedrohung. Da das britische Mutterland in den Jahren nach Kriegsende insgesamt keine unmittelbar existentiellen Risiken von außen zu gewärtigen hatte, konnte man es sich leisten, bedächtig an die Sache heranzugehen, und setzte die Planungen auf ordentlich-systematischem Wege über Ausschußbildungen in Gang.

Die grundsätzlichen Bedingungen, Anforderungen und Aufgabenstellungen technischer, organisatorischer, psychologischer und völkerrechtlicher Art für den Aufbau eines Luftschutzes unterschieden sich in beiden Staaten kaum. Sowohl in London als auch in Berlin sah man die neue Bedrohung durch Kriegsflugzeuge als ernste Gefahr, der es zu begegnen galt. In Großbritannien machten sich infolge des Verlustes der Insellage besondere Ängste breit. Inwieweit diese den Aufbau der Air Raid Precautions behinderten oder förderten, ist nur schwer abzuschätzen. Betrachtet man die Entwicklung im ganzen, darf man ihnen keinen zu großen Stellenwert beimessen. Die Befürchtungen allein beeinflußten den britischen Planungsapparat eher wenig, blockierten ihn weder noch spornten sie zu besonderer Eile an. Viel größere Bedeutung besaßen demgegenüber die Rücksichtnahme auf die aktuellen innenpolitischen Verhältnisse und die theoretisch geprägte Vorgehensweise der Planungsorganisation.

Die eigentliche Planungsarbeit – auch die grundsätzliche organisatorische und propagandistische Ausgestaltung und Ausrichtung der zu schaffenden Strukturen – und die meisten Entscheidungen wurden in beiden Systemen nicht von den Spitzengremien, also etwa dem Kabinett oder – im Falle Großbritanniens – auch dem CID vorgenommen, sondern von den Sub-Ebenen, d.h. der Ministerialbürokratie. Die höchsten Instanzen beließen es bei – einigen wenigen – Kernentscheidungen. Der Luftschutz besaß nicht die Bedeutung wie etwa Sozial- oder Rüstungspolitik und wurde eher als wichtiger, aber in die zweite Reihe der aktuellen Agenda gehöriger Teil der Kriegsvorbereitungen betrachtet. Dies hatte seinen Grund auch darin, daß die Luftschutzarbeit keine akuten Entscheidungen erforderte, sondern einen langwierigen Planungs- und Aufbauprozeß, für den man nur wenig finanzielle Mittel zur Verfügung hatte. So waren Staatssekretäre oder hohe Ministerialbeamte, wie z.B. Anderson oder die Ministerialräte Wagner, Stockhausen oder Meißner, die eigentlichen Gestalter.

Die Verantwortlichen in Deutschland wie auch in Großbritannien sahen es als unausweichlich an, daß es im Falle massiver Bombenangriffe zu schweren Verlusten an Menschen und Material kommen mußte. Noch schwerer, ja als geradezu entscheidend, schätzte man die psychologischen Auswirkungen ein. Allenthalben entstanden große Unsicherheiten in bezug auf die Durchhaltefähigkeit der Zivilbevölkerung. Die Stärkung ihrer Nervenkraft wurde zum zentralen Thema aller Luftschutzbemühungen.

Das Kriegsvölkerrecht, das im Hinblick auf den Luftkrieg inhaltlich schon vor dem Ersten Weltkrieg überfordert war, galt sowohl in Britannien als auch in Deutschland als kaum effizientes Schutzmittel. Allenfalls rechnete man damit, daß kriegführende Mächte zu Beginn der Kampfhandlungen vor den brutalsten Mitteln, also etwa Terrorbombardements unter Anwendung von Gas, zurückschrecken würden. Alle Beschränkungen würden aber fallen, wenn es um Sieg oder Niederlage ging. Die Planungsprozesse in London und Berlin ließen in dieser Frage kaum Unterschiede erkennen. In Deutschland setzte sich das Denken in diesen »totalen« Bahnen im Vergleich zu Großbritannien in der Öffentlichkeit zwar erheblich früher und auch sehr viel intensiver durch als in Großbritannien. Dies ging nicht zuletzt auf die Dolchstoß-Legende und die quasi als Antwort darauf entstehenden ideologischen Konstrukte, insbesondere die Vorstellungen des Frontsoldatenstaates, zurück. Das Völkerrecht wurde darüber hinaus oft recht unverblümt als Mittel zur Knebelung Deutschlands diffamiert. Dadurch ergaben sich aber keine tiefgehenden Unterschiede bei den Ansätzen und der Legitimierung der Aufbauarbeit in den Berliner Verwaltungsstäben zu denen in Whitehall. Die britischen Ausschüsse hofften zwar erheblich stärker auf die Schutzwirkung völkerrechtlicher Abmachungen, stützten ihre Arbeit aber ebenfalls in erster Linie auf die eigenen organisatorischen und technischen Ressourcen. In wichtigen Einzelfragen, wie z.B. dem Gasschutz, bog man geradezu die künftigen Aussichten auf einen möglicherweise wirksamen Schutz durch das Völkerrecht in die gewünschte Form, um bitter nötige Änderungen in der Planungsstrategie zu legitimieren, als man erkannte, daß die Kriegsszenarien, die man entwickelt hatte, zu kraß waren, dadurch den Sinn der ganzen Grundlagenarbeit für den Aufbau einer Einsatzorganisation gefährdet hätten und daher entwertet werden mußten. Selbstverständlich hätte man es lieber gesehen, keinen Luftschutz aufbauen zu müssen. Solange jedoch keine grundlegenden Änderungen in den macht- und militärpolitischen Perspektiven eintraten, vertraute man ihm und nicht zweifelhaften juristischen Klauseln ohne wirkliche Schutzgarantie.

Im technischen Bereich gab es ebenfalls sehr wenig Differenzen zwischen den gestaltenden Gremien in Berlin und London. Die Instrumentarien, die jeweils entwickelt wurden, glichen sich im Wesentlichen. Man forderte ein Flugmeldesystem, die Aufstellung von Hilfseinheiten (Feuerwehr, medizinischer Notdienst, Bergungseinheiten etc.), die Ausbildung der Zivilbevölkerung, den Bau von Schutzräumen, adäquate Gasschutzmaßnahmen, Sicherung der Versorgungsbetriebe sowie die Sicherstellung der Nahrungsmittelverteilung und die Aufstellung von Evakuierungsplänen.

III. Der zivile Luftschutz

Die einzelnen Teilbereiche wurden im aktuellen Planungsprozeß teilweise unterschiedlich gewichtet. In Deutschland konzentrierte man sich von Anfang an auf die Frage des Schutzraumbaus, räumte dagegen Evakuierungsmaßnahmen einen eher untergeordneten Stellenwert ein. In Großbritannien beschäftigte man sich infolge der gefährdeten Lage Londons stark mit letzterem und betrachtete auch die Gasgefahr als essentielle Bedrohung. So konzentrierte man die Untersuchungen stärker auf diese beiden Gebiete und wies dem Schutzraumbau eine vergleichsweise geringe Bedeutung zu.

Die Wichtigkeit von Themen wie Flugmelde- und Warnsystem oder Hilfs- und Rettungsdienst war in beiden Apparaten von vornherein unstrittig. Man definierte sie als standardmäßige Grundanforderungen. Ihr Aufbau fand in höherem Maße unter praktischen Aspekten – so z.B. den Beschränkungen der personellen, finanziellen und materiellen Mittel und der Zusammenarbeit der unterschiedlichen Ressourcenträger – statt als etwa die Teilsparten Evakuierung oder Gasschutz, bei denen strategische und psychologische Erwägungen eine erheblich größere Rolle spielten. Beim Schutzraumbau griffen beide Kategorien ineinander. Einen umfassenden Vollschutz für die Bevölkerung erachtete man aus finanziellen Erwägungen als undurchführbar, und so mußte man sich auf Alternativmöglichkeiten (Teilschutz) verlegen – ein Weg, der in jeder Hinsicht, vor allem auch psychologisch, defizitär war, wie sich später noch herausstellen sollte.

Die aufgezeigten Differenzen sind kaum von bedeutender oder grundlegender Signifikanz für die staatspolitischen Grundlagen der Aufbauarbeit. In den technisch-wissenschaftlichen Detailfragen etwa waren die Übereinstimmungen selbst in der Genese der Ansichten weitaus stärker als die Unterschiede. So z.B. im Falle der Gasmasken, die man bis Anfang der 30er Jahre als Schutzmittel für den Großteil der Zivilbevölkerung allenthalben als verzichtbar ansah. Später aber setzte man eine Massenproduktion und -verteilung ins Werk. Ähnlich verhielt es sich mit der Ziehung einer Leistungs- und Effizienzgrenze für die in Aussicht genommenen Maßnahmen, dies auch im Hinblick auf aktuelle oder – im Falle Großbritanniens – auch nur mögliche Kritik aus der Öffentlichkeit. Als Standard galt, daß ein hundertprozentiger Schutz nicht gewährt werden könne. Die Zivilbevölkerung habe sich an die Vorstellung zu gewöhnen, daß ihr Leben in militärischen Konflikten von nun an direkt bedroht sein und daß ein Teil von ihr ausgelöscht würde.

Mit diesen Befunden lassen sich nur allgemeine Rahmenbedingungen umschreiben, d.h., man bleibt an der Oberfläche. Um zum staats- und gesellschaftspolitischen Kern der Kriegsvorbereitungen vorzustoßen, war ein systematisches Vordringen in tiefere Dimensionen vonnöten. Und hier traten auch die eigentlichen Strukturmerkmale der jeweiligen Komplexe in all ihren konstitutiven Gemeinsamkeiten und Unterschieden hervor.

Die konstitutive Substanz der Maßnahmen lag in der Organisation der Aufbauarbeit und dem planerischen Vorgehen der verantwortlichen Gremien in bezug auf die politischen und gesellschaftlichen Basisbedingungen der jeweiligen Herrschaftsordnung. Beide Regierungsapparate wünschten im Interesse einer – vor allem auch psychologisch – störungsfreien Beeinflussung der Zivilbevölkerung bei ihren Vorbereitungen möglichst in Ruhe gelassen zu werden. Die Vorbereitung auf den kommenden Krieg war ein höchst heikles Thema, das schnell zu öffentlichen Zerwürfnissen und schweren Konflikten führen konnte – genau das, was man im Falle eines Krieges vermeiden wollte. Es sollte ruhige und sachliche Aufbauarbeit unter Heranziehung der nötigen Personen und Organisationen geleistet werden, um die psychologische Gratwanderung, die zu erwarten stand, nicht zu gefährden. Einerseits mußte der Bevölkerung klargemacht werden, daß jedem einzelnen Bürge in einem künftigen Krieg existentielle Gefahren drohten; andererseits durfte nicht der Eindruck entstehen, daß der moderne Luftkrieg die Apokalypse und das Ende allen zivilisierten Seins bedeutete. Panik war das letzte, was man sich wünschte.

Den Verantwortlichen in Berlin war ein störungsfreies Konstruieren und Errichten nicht vergönnt. Die Tätigkeit Krohnes, die im Zusammenhang des politischen, militärischen und ideologischen Verbands- und Vereinswesens der Weimarer Republik gesehen werden muß, setzte die Verantwortlichen stark unter Druck. Er bemühte sich, mit allen Mitteln die direkte Kontrolle über die neu aufzubauende Luftschutzorganisation zu gewinnen, und betrieb dazu ein höchst undurchsichtiges Spiel. Er versuchte dazu, den Reichspräsidenten, dessen exzeptionelle und teilweise charismatische Stellung er sehr wohl erkannt hatte, zu gewinnen. Hindenburg als plebiszitär gewähltes und den Ruhm des alten preußisch-deutschen Reiches verkörperndes Staatsoberhaupt bot gute Ansatzpunkte für aktionistische Pläne, wie sie Krohne durchsetzen wollte, und es ist kein Zufall, daß dieser versuchte, ihn bei der aktuellen Machtausübung in bezug auf den Aufbau der Luftschutzorganisation zu instrumentalisieren. Die Funktion, die ihm Weber in seinen Traktaten zur künftigen Staatsform Deutschlands als politisches Gegengewicht zur Herrschaft der politischen Parteien bei der Errichtung einer republikanischen Ordnung mittels Integration der gemäßigten bürgerlichen und sozialistischen Mehrheitskräfte zugedacht hatte[477], wurde dadurch pervertiert. Außerstaatliche Exekutivkräfte, die eigentlich – direkt oder indirekt – unter der Leitung des Reichspräsidenten stehen sollten, versuchten, ihre partikularen Ziele über ihn durchzusetzen. Die Reichsregierung und die ihr unterstellten Verwaltungsstäbe wurden von Hindenburg herbeizitiert, dann aber lediglich zur Beschleunigung der Anstrengungen angehalten. Es mag an dem eher passiven und generell wenig dynamischen Agieren des alten Heerführers gelegen haben, daß eine unmittelbare Einwirkung auf die Arbeit der Verwaltungsstäbe im Sinne Krohnes unterblieb. Es stellt sich die Frage, ob derlei Ambitionen nicht erfolgreicher gewesen wären, wenn Hindenburg sich stärker engagiert hätte. Daß der Reichspräsident direkten Einfluß nehmen konnte, beweisen die entscheidenden Kabinettsbeschlüsse Ende Mai 1928. Die abgewählte Regierung Marx beschloß auf nachdrücklichen Wunsch Hindenburgs noch vor ihrer politischen Entmachtung durch die neuen Mehrheiten im Reichstag, den Luftschutz in Gang zu setzen.

---

[477] Weber, Deutschlands künftige Staatsform (1919) und Der Reichspräsident (1919), in: Max Weber im Kontext.

Die Versuche zur Verselbständigung des Luftschutzes mit dem Ziel, Exekutivmacht außerhalb des staatlichen Rahmens zu erlangen, konnten somit von der sachlich zuständigen zivilen Verwaltung ausgeschaltet werden. In praktischer Hinsicht geschah dies, als sie mit dem strukturellen Aufbau des Luftschutzes nach ihren eigenen Prinzipien begann. Die Organisation, wie ab 1930 konzipiert und dann langsam verwirklicht, bezog alle Ebenen der komplizierten Reichsverwaltung mit ein und verankerte als Prinzipien Kompetenzteilung und Koordination. Damit wurde auch gewährleistet, daß der Staat und seine administrativen Organe als zuständige Machtträger für die Kriegsvorbereitungen nicht ausgehebelt wurden. Letztlich setzten sich dem Grundprinzip des rationalen Typus Webers sehr stark angenäherte Strukturen und Handlungsformen durch. Der DLS, der weiterhin versuchte, Macht zu erlangen, und die anderen Luftkriegsvereine, darunter vor allem die DLL, die ähnliche Ambitionen hatte wie der DLS und mit ihm deshalb auch in teilweise heftigem Streit lag, konnten sich als eigenständige Faktoren nicht durchsetzen und wurden vom Staat im Bewußtsein seiner Macht an die Kandare genommen. Ein wesentlicher Faktor bei der Wahrung der staatlichen Rationalität war das RFM, das alle Ambitionen und Forderungen, die größere finanzielle Mittel nötig machten, abschmetterte. Dies bedeutete freilich auch, daß der Luftschutz über eine Skelettorganisation und erste Übungen nicht hinauskam.

Eine besondere Stellung nahmen die Militärs ein. Sie betrachteten sich als eigentlich zuständig für den Luftschutz, mußten aber wegen der Bestimmungen des Versailler Vertrages von einer Führungsfunktion Abstand nehmen. Das hinderte sie jedoch keineswegs, grundlegende Konzepte auszuarbeiten und die Zivilbehörden, insbesondere das RMI, immer wieder zum Handeln zu drängen. Bei der praktischen Aufbauarbeit überschritten sie teilweise ihre Kompetenzen, indem sie versuchten, im Sinne eines beschleunigten Aufbaus den Befehlsweg der zivilen Verwaltung auszuhebeln. Die staatspolitischen Grundsätze, die sie dabei leiteten, waren alles andere als demokratisch. Gestützt auf eine stark militaristische Ideologie vom urdeutschen Kämpfertum bereiteten sie theoretische Pläne für die Übernahme von Staat und Gesellschaft unter dem Diktum der »Totalen Kriegsmobilmachung« vor. Ihnen schwebte eine militarisierte Volksgemeinschaft unter der Herrschaft einer allmächtigen militärischen Führung vor. Dabei spielte es keine Rolle, wer offiziell die Macht im Staate innehaben würde. Man war durchaus bereit, für die künftige Staatsordnung eine zivile Regierung zu akzeptieren, solange diese den eigentlichen Zielen der Militärs nicht im Wege stand. Eine indirekte Herrschaftsausübung und die formelle Anerkennung einer Marionettenregierung wurde einer direkten Machtübernahme sogar vorgezogen.

Conditio sine qua non war hingegen der Aufbau eines technokratisch-administrativen Wehrstaates mit starkem rational-verwaltungsmäßigem Zuschnitt. Um den antizipierten »Totalen Krieg« führen zu können, benötigte man ein nach straffen und autoritären administrativen Prinzipien führbares Instrument, das Bevölkerung und gesellschaftliche Institutionen gleichermaßen im Griff hatte. Deshalb unterstützten die Militärs die zivilen Verwaltungsträger, insbesondere das RMI, nicht nur in dem Bemühen, Verbänden oder Vereinen außerhalb des Regierungsapparates Mitsprache- oder gar Kontrollrechte zu verweigern, sondern stellten dabei eine der treibenden Kräfte dar. Ihre Grundhaltung in derlei Fragen galt für die Ambitionen Krohnes und die Luftschutztätigkeit Roßbachs genauso wie für den paramilitärischen Grenzschutz, den sie selbst im Osten des Reiches aufgebaut hatten. Daß sie im Falle des letzteren in erhebliche Schwierigkeiten gerieten und letztlich ein Spiel mit dem Feuer betrieben, gehört zu den Grundwidersprüchen des Verhältnisses zwischen Militär, Staat und Gesellschaft in der Weimarer Republik.

Dies tat der Zielformulierung der Reichswehr für die künftigen Aufgaben der Zivilbevölkerung allerdings keinen Abbruch. Dem Luftschutz kam im Rahmen des Aufbaus des »wahren« deutschen Staates, der nach einer charismatischen »Volkserhebung« die »Wehrhaftmachung« der Gesellschaft bewerkstelligen und dann auch den »Befreiungskampf« nach außen einleiten sollte, eine wichtige Aufgabe für die innere Militarisierung zu. Zusammen mit dem Grenzschutz sollte er das zivile Gegenstück zur Aufrüstung der militärischen Gewalt darstellen. Das innenpolitische Endziel formulierte man schlagwortartig und eindeutig:

»Diktatorische Gesetze, strengste Zucht, höchste Ansprüche an die Führer jeden Grades[478].«

Gemäß diesem staatspolitischen Gesamtziel arbeiteten die Militärs langfristig auf eine Umgestaltung der Verhältnisse, kurzfristig aber auf eine nachhaltige Forcierung der Anstrengungen zur Wehrhaftmachung hin. Der Luftschutz war insofern Teil eines größeren Planes. Die instabilen, ab 1930 geradezu in Gärung befindlichen innenpolitischen Verhältnisse, zu denen die Militärs mit ihren Ambitionen auch im strukturellen Bereich wesentlich beitrugen, ließen allerdings eine – vor allem auch nach außen hin – kohärente Politik nicht zu. Die privaten Vereine und Verbände blieben daher und wegen der nur langsam anlaufenden staatlichen Aktivitäten im Bereich des Luftschutzes zumindest in der Anfangsphase ohne feste Leitung. Dies erklärt auch, warum Krohne mit seinen Ambitionen einen nicht zu unterschätzenden Handlungsspielraum besaß. Der zivile Verwaltungsapparat, der freilich selbst von Anhängern des »Totalen Staates« durchsetzt war, mußte sich bei den Luftschutzvorbereitungen einerseits gegen die mehr oder weniger systematisch angelegten und wachsenden Ansprüche und Ambitionen der Reichswehr und andererseits gegen äußere Angriffe behaupten, um das Heft nicht aus der Hand zu verlieren.

Insgesamt wirkte die widersprüchliche und bewegte politische Landschaft der Weimarer Republik schon in den 20er Jahren weit in die Kriegsvorbereitungen des Staates hinein, obwohl der Regierungsapparat dies zu vermeiden suchte. Der deutsche Luftschutz stand, sowohl was die praktische Aufbauarbeit als auch was die theoretisch-organisatorische Beschäftigung anging, schon vor 1933 sehr stark im Brennpunkt des Handelns und der Diskussion. Die nicht zuletzt auch propagandi-

---

[478] BA-MA, RH 2/417, Gedanken über den Krieg der Zukunft = Vortrag vor den Arbeitsgemeinschaften A und B, 31.3.1925, S. 9. Eine frühere Version in BA-MA, NS/10, OTL Joachim v. Stülpnagel (Chef der Heeresleitung T 1), Gedanken über den Krieg der Zukunft, Vortrag vor den Offizieren der Reichswehr, Februar 1924.

stische Militarisierung der innenpolitischen Landschaft gegen Ende der Weimarer Republik durch die zahlreichen Wehrverbände wirkte sich auch auf den Luftschutz aus. Er wurde zum Tummelplatz allerlei aggressiver Organisationen, die mit ihrem Engagement alles andere als nur humanitären Schutz für die Bevölkerung in Kriegszeiten zu schaffen suchten. Dieses Potential floß dann ab 1933 teilweise in den nationalsozialistischen Luftschutz ein. Ob und wie sich dies auf die Leitungs- und Führungskompetenzen der staatlichen Organe auswirkte, wird im nächsten Kapitel beleuchtet.

In Großbritannien bewegte sich die Grundlagenarbeit im Vergleich zu Deutschland in geradezu ruhigen Fahrwassern. Dies hing in nicht unerheblichem Maße damit zusammen, daß die zuständigen Ausschüsse, die Teil eines umfassenden Komitee-Systems waren, anders als die deutschen Ministerien weitgehend ungestört arbeiten konnten. Dies ging allerdings auch darauf zurück, daß man sich fast zehn Jahre lang praktisch unter Ausschluß der Öffentlichkeit betätigte. Diese Abschottung war größtenteils selbstgewählt, da man innenpolitische Schwierigkeiten befürchtete, wenn man mit ausführlichen Informationen über die geplanten Kriegsvorbereitungen an die Öffentlichkeit ging. Die bestehende Interesselosigkeit bzw. sogar Feindschaft nicht unerheblicher Teile der Gesellschaft wog schwer. Die Verantwortlichen wagten sich lange Zeit kaum aus der Deckung, um die eigene Aufbauarbeit nicht zu gefährden. Die Vorgehensweise der Komitees lief daher unter fast perfekten rationalen Bedingungen ab. Die vertretenen Ministerien arbeiteten und diskutierten, darin ihren deutschen Gegenparts eindeutig überlegen, in institutionalisierter, permanenter und persönlicher Zusammenarbeit der zuständigen Verantwortlichen. Ihre grundsätzliche Kompetenz und ihre Leitungshoheit wurde ihnen nicht streitig gemacht, so daß sie unter In-vitro-Bedingungen agieren konnten. Dies freilich hatte eine theoretische Überladung zur Folge, die Anfang der 30er Jahre, als praktische Schritte nötig wurden, einen Stillstand zur Folge hatte, der die Verfahrensweise ad absurdum führte. Erst nach einem Kurswechsel konnte die Blockade aufgehoben werden. Nach der Gründung des APD im Home Office ging man dann an die Öffentlichkeit und begann mit der praktischen Aufbauarbeit.

Insgesamt konnten die britischen Verantwortlichen auf einen funktionierenden und niemals wirklich in Frage gestellten Verwaltungsapparat zurückgreifen, dessen Teil sie selbst waren. Die Ausschüsse konnten – zugegebenermaßen nur theoretisch – als unbewegte Beweger für die Nation agieren. Dies im Unterschied zu Deutschland, wo den zuständigen Behörden zeitweise der Rang streitig gemacht wurde und es massive Versuche gab, Einfluß auf die grundsätzliche Kontrolle zu nehmen.

Dies galt auch und insbesondere für die Militärs. In Großbritannien konnten die Zivilbehörden sie quasi an- und ausknipsen, d.h. sie zu Diensten und Tätigkeiten heranziehen oder sie entlassen, wann sie wollten. Anderson hatte dies dem Vertreter des War Office eindrücklich klargemacht, als man über die Aufstellung der Spezialreserve für Notsituationen und die grundsätzlichen Fragen der Kontrolle über die Luftschutzorganisation diskutierte. Gleiches galt für den ARCL.

Pritchard wurde ausgewählt, bestellt und, als man zunehmende Schwierigkeiten mit seinen Ambitionen und der grundsätzlichen organisatorischen Positionierung seines Postens hatte, wieder entlassen bzw. trat nach der Abschaffung der Stelle von selbst zurück.

In Deutschland stand das Militär als gewaltiger Block neben den Zivilbehörden und wartete nur auf eine Gelegenheit, die Kontrolle über den Staat nach eigenen Vorstellungen zu übernehmen und dementsprechend auch die zivilen Kriegsvorbereitungen an sich zu reißen. Daß dies nicht schon früher geschah und dann auch erst mit Hilfe Hitlers, lag in erster Linie an der Furcht der Militärs vor einem Bürgerkrieg und dem immer noch argwöhnischen Siegermächten des Ersten Weltkriegs. Der Aufbau, so wie er einstweilen vom RMI ab 1930 betrieben wurde, bewegte sich in den vorgegebenen politischen und verfassungsmäßigen Bahnen unter Beachtung von Effizienz, Kompetenzabgrenzung und Koordination. Die Militärs hatten hiergegen grundsätzlich nichts einzuwenden, da eine geordnete Staatsverwaltung ihren langfristigen Zielen entgegenkam. Planungs- und Organisationshoheit des Gemeinwesens und seines Verwaltungsapparates wurde auch von ihnen gefordert. Der Wehrstaat, den sie letztlich anstrebten, war nur diktatorischer, rigoroser und autoritärer als die Basis, von der aus das RMI den Luftschutz in Gang setzte. Außerdem sollten in ihm demokratische und verfassungsmäßige Rechte nicht existieren[479].

Insgesamt gesehen wurde der organisatorische Aufbau des Luftschutzes sowohl in Deutschland als auch in Großbritannien im Rahmen und unter voller Kontrolle der rationalen Verwaltungsapparate konzipiert und begonnen. Der Luftschutz blieb generell unter der Kontrolle der offiziellen zivilen Stellen, d.h. der Staatsmacht mit ihren Verwaltungsprinzipien. In Deutschland wurde Anfang der 30er Jahre ein praktisches Grundlagen- und Rahmenkonzept fertiggestellt und in Gang gesetzt. Der Luftschutz sollte nach den Regelungen der Vorläufigen Ortsanweisung unter Einbeziehung aller wichtigen Staats-, Landes-, Kreis- oder Gemeindebehörden aufgebaut werden. Außerbehördliche Kräfte – wie etwa die deutschen Luftschutzvereine – konnten sich allenfalls als untergeordnete Hilfsorgane ohne wirkliche Leitungsbefugnis etablieren. In Großbritannien begann man mit der Etablierung umfangreicher praktischer Organisationsstrukturen erst 1934/35, also mit einer Zeitverschiebung von etwa 4–5 Jahren. Von diesen Startpunkten aus sollte dann in beiden Staaten die den Aufbau einer schlagkräftigen Organisation unerläßliche Massenmobilisierung erfolgen, in Deutschland ab 1933, in Großbritannien für Local Authorities und aktive Luftschutzkräfte ab 1936, für die Bevölkerung in voller Stärke erst ab 1938/39.

Aus der internationalen Perspektive betrachtet, behielten die staatlichen Apparate gemäß der immer noch unbestrittenen Hoheit der Nationalstaaten die volle Souveränität und gedachten auch nicht, sie in irgendeiner Weise zu teilen oder gar abzugeben. Keinesfalls war man bereit, im Namen unsicherer völkerrechtlicher

---

[479] Welche Art Herrschaftsordnung das genau sein sollte, der die Militärs entgegenstrebten, auch in welchem Maße sie charismatisch legitimiert sein sollte, muß Spezialuntersuchungen überlassen bleiben.

Projekte Kompetenzen oder Machtkomponenten aus der Hand zu geben, wobei die britischen Planer allerdings in weit stärkerem Maße als ihre deutschen Pendants darauf hofften, daß das Völkerrecht eines Tages zu greifbaren Erfolgen mit entsprechender Schutzwirkung führen würde. In Deutschland übten die ideologischen Vorstellungen vom »Totalen Krieg« und »Totalen Staat« eine unübersehbare Wirkung aus. Das Völkerrecht besaß hier im wesentlichen nur eine kosmetische Funktion.

Bewegungen, wie das Violette Kreuz oder einer nationübergreifenden Luftschutzorganisation unter der Kontrolle des Roten Kreuzes waren in beiden Staaten von vornherein zum Scheitern verurteilt. Sowohl in Berlin als auch in London beharrte man darauf, daß nur der Staat und sein Verwaltungsapparat dazu berechtigt seien, den Luftschutz aufzubauen. Damit manifestierten sich die inneren rationalen Staats- und Herrschaftsordnungen in deutlicher Weise – allerdings auf Kosten des Völkerrechts.

Daß das dann gewählte territoriale Rückgrat für den Aufbau der Luftschutzorganisation in beiden Staaten differierte, ändert nichts an dem Übergewicht des rationalen Typus. Die Entscheidung der deutschen Verantwortlichen, den Luftschutz der Polizei zu übertragen, sagt noch nichts über die grundsätzliche Ausrichtung gemäß Webers Typen aus. Rationale Herrschaft kann durchaus auch autoritär sein. Im vorliegenden Fall wirkten die obrigkeitsstaatlichen Traditionen preußisch-deutscher Provenienz in die aktuelle Aufbauarbeit hinein. Dies allein bedeutete noch keine charismatische Ausrichtung. In Großbritannien verzichtete man mit der Entscheidung, die Local Authorities anstatt der Polizei oder der Emergency Strike Organisation mit der Leitung der Air Raid Precautions auf der unteren Ebene zu betrauen, auf die optimalen Instrumente im Sinne reiner Handlungsrationalität unter den Prinzipien Einheitlichkeit, Einsetzbarkeit und Schlagkraft, um keine parteipolitischen Angriffsflächen zu bieten. Die Beauftragung der Local Authorities spiegelt darüber hinaus deren starke Stellung im britischen Verfassungssystem, die es als geboten erscheinen ließ, ihnen von vornherein eine zentrale Position bei der praktischen Durchführung der Maßnahmen zuzuweisen.

Die aktive Einbeziehung der gewählten zivilen Verwaltungsinstanzen erforderte ein Mindestmaß an Vertrauen in die politische Geschlossenheit des Volkes. Obwohl man sich durchaus bewußt war, daß es bei der Mobilisierung der Local Authorities zu erheblichen Schwierigkeiten und Verweigerungen kommen würde, ließ man sich auf die Zusammenarbeit mit ihnen ein. Man hoffte, mit »coercion und persuasion« den Anforderungen gerecht zu werden. Eine entscheidende Rolle sollten dabei die Inspektoren des neu gegründeten ARPD spielen. Generell war man sich im klaren darüber, daß man überaus behutsam vorgehen mußte. In Deutschland, wo gebetsmühlenartig immer wieder auf die Einigung der Nation unter Ausschaltung des Parteiengezänks abgehoben wurde, hatte man ein derart großes Vertrauen offenbar nicht. Die Heranziehung der Polizei als Führungsmacht für den Luftschutz ließ die Frage gesellschaftlicher Problemgruppen für die Aufrüstung, also etwa die Einbeziehung der linken Kreise, zunächst ungeklärt. Sie wurde 1933 dann unter Involvierung der Polizei gewaltsam gelöst. Diese sich im Luftschutz manifestierenden obrigkeitsstaatlichen Traditionslinien wurden danach innerhalb der Parameter des nationalsozialistischen Regimes fortgesetzt. Die Frage, ob im Falle des Ausbleibens der Machtergreifung eine Option bestanden hätte, einen deutschen Luftschutz unter republikanischen Vorzeichen und der Einbeziehung auch weiter Kreise der Linken zu schaffen, kann nur schwer beantwortet werden. Ein Blick nach Frankreich würde bei der Suche nach Hinweisen weiterhelfen.

Eng mit der organisatorischen Entwicklung hing die Gestaltung der Propaganda zusammen. Dabei wurden die ideologischen Bestandteile der Herrschaftsordnungen für das Bezugsfeld Krieg, Staat, Gesellschaft und Bevölkerung zutage gefördert.

Von seiten der britischen Regierung gab es eine aktive Propaganda so gut wie nicht. Gleiches galt bezeichnenderweise auch für die Reichsregierung. Man hielt sich im Interesse einer ungestörten Aufbauarbeit weitgehend zurück. Die massiven öffentlichen Propagandaaktionen in Deutschland stammten überwiegend von den Luftschutzvereinen. Im Laufe der Zeit setzten sich auch Literaten oder politisch entsprechend eingestellte Medien direkt oder indirekt für den Luftschutz ein, dies mit Förderung von seiten der Reichswehr. Eine teilweise radikale Gegenposition bezogen Kommunisten und Pazifisten, die in ähnlichen Propagandaformen den Luftschutz als Kriegstreiberei und Manöver zur Täuschung der Menschen in bezug auf die Bedingungen eines künftigen Krieges kritisierten und seine Abschaffung verlangten. Sie konnten sich nicht durchsetzen.

Die Propagandainhalte vor allem von DLS und DLL wiesen Widersprüche auf, die auf die machtpolitische Zersplitterung in Deutschland zurückgingen. Einerseits der Einigung der ganzen Nation verpflichtet, bemühten sie sich, Vernunft und Humanität als Grundprinzipien zu propagieren, um einen nationalen Schulterschluß zu erreichen. Andererseits aber erhob man Forderungen mit ideologischen Setzungen, die mit den charismatisch-ideologischen Vorstellungen vom deutschen Kämpfertum und der Wiedererweckung der Nation durch innere Einigung im kommenden Kriege fast identisch waren. Verstärkt wurde diese Tendenz seit 1930, als sich offen militante Wehrvereine, die generell kein Hehl aus ihren Ambitionen zur Umgestaltung von Staat und Gesellschaft unter militärischen Gesichtspunkten machten, für den Luftschutz zu engagieren begannen. Die Ziele, die man verfolgte, gingen auf eine eigene Ideologie zurück, ein Gedankengebäude, das in der Reichswehr ein geistiges Zentrum besaß. Die Reichswehr plante und handelte nach einer charismatisch-heroischen Weltanschauung, in deren Mittelpunkt sie selbst stand. Angestrebt wurde ein von Heroismus geprägter Wehrstaat, in dem die Zivilbevölkerung an soldatischen Idealen ausgerichtet werden sollte, um den früher oder später angeblich mit Sicherheit eintretenden Existenz- und Schicksalskampf bestehen zu können. Für künftige Kriege war sie von vornherein als Kampftruppe und nicht als Zivilbevölkerung eingeplant. Alles in allem ist eine Janusköpfigkeit der Luftschutzpropaganda zu erkennen, die die grundsätzlichen staatspolitischen Unausgewogenheiten der Weimarer Republik widerspiegelt.

Die Propagierung rational-humanistischer Grundwerte unter Wahrung der Rechtsstaatlichkeit als zentrales ebenbürtiges Element neben der Kampfesideologie wurde vor 1933 bereits schwächer und sollte nach der Machtergreifung schließlich ihr Ende finden. Im Hinblick auf die nachfolgende Entwicklung blieb von ihnen nicht mehr übrig als die Funktion einer Art Maskerade für die – letztlich erfolglos gebliebenen – Bemühungen der Luftschutzvereine, auf friedlichem Wege eine Einigung der Nation im Innern herbeizuführen. Die erstrebte Luftschutzbewegung kam nach 1933 tatsächlich zustande, dies allerdings erst nach brutaler Ausschaltung aller angeblich zersetzenden Kräfte.

In Großbritannien lief auch hier alles erheblich friedlicher ab. Die öffentliche Beschäftigung mit den Air Raid Precautions entwickelte sich erst langsam ab Anfang der 30er Jahre. Die Verantwortlichen der Regierung schauten gleichermaßen wie die interessierten Bevölkerungskreise mit Verwunderung und Bestürzung auf den Kontinent, wo sich Massenbewegungen zu formieren begannen.

Die Regierungsausschüsse lehnten eine überstürzte Mobilmachung der eigenen Zivilbevölkerung jedoch weiterhin ab. Eine grundsätzliche dauerhafte Militarisierung der Bürger gar kam ebenfalls nicht in Frage, obwohl man die Möglichkeiten in teilweise sehr kontroversen Debatten erörterte. Unter dem Einfluß Andersons gingen diese Diskussionen meist recht deutlich aus, d.h., es wurde festgelegt, daß die Zivilbevölkerung in ihrer Masse auch in einem künftigen Krieg in jedweder Beziehung als Zivilbevölkerung eingestuft werden würde. Allenfalls gedachte man, in kritischen Situation das Kriegsrecht zu verhängen, was dann aber auch schon fast als Eingeständnis der Niederlage betrachtet wurde. Der staatspolitische Gedanke von Frauen und Kindern als zivile Frontsoldaten stand nicht zur Debatte – schon gar nicht für die Friedensgesellschaft.

Immerhin aber kamen auch autoritäre Lösungsvorschläge auf den Tisch, und es ist eine nicht unerhebliche Tatsache, daß einige wichtige Ausschußmitglieder, wie z.B. Gibbon, Francis und Hipwood, massive Pläne hinsichtlich der Vorbereitung einer Diktatur schon im Frieden unter Anwendung von umfassender Propaganda hegten. Sie wurden mit diesen Vorstellungen allerdings in die Schranken gewiesen. Die Linie Andersons wurde auch von dessen Nachfolger Scott im wesentlichen fortgeführt, wenn auch weniger geradlinig und für andere Sichtweisen etwas offener. Die zivil-rechtsstaatliche Ordnung in Großbritannien war und blieb der Hauptmaßstab für alle Planungen.

Die Rücksichten auf diese Ordnung verhinderten auch die praktische Ingangsetzung einer Propaganda bis weit in die 30er Jahre hinein. Statt dessen suchten die Luftschutzausschüsse ihr Heil in einer wenig effizienten Diffusions-Theorie, der »gradual dissemination of knowledge«. Diese konnte eine weitreichende Verbreitung des Luftschutzgedankens nicht gewährleisten – unter anderem auch deshalb, weil man lange Zeit nichts erreichen wollte.

Die Öffentlichkeit selbst regte sich bis Anfang der 30er Jahre nur wenig. Es gab einige Vorträge, Radiosendungen und vereinzelte Aufrufe für den Luftschutz – alles Aktionen mit nur geringer Resonanz. Erst als die internationale Lage sich ab 1932/33 verschlechterte und auch verstärkt Informationen über Luftkrieg und

Luftschutz – insbesondere vom Kontinent – in die Bevölkerung flossen, begann sich eine zunehmende Anzahl von Briten mit der Thematik aktiv zu beschäftigen. Die Grundlagen hierfür waren seit dem Ersten Weltkrieg – bewußt oder unbewußt – schon gelegt. Die Angst vor einem »knock-out-blow« begann, öffentliche Relevanz zu gewinnen. Aber auch hier geschah nichts, was die bestehende Herrschaftsordnung in Zweifel gezogen hätte. Es formierten sich zwar örtliche Vereine, und es erhob sich auch z.T. massive Kritik wegen der offensichtlichen Untätigkeit der Regierung, aber einen derartigen Frontalangriff, wie ihn etwa Krohne zur Beeinflussung der Luftschutzaktivitäten der Regierung unternahm, findet sich nirgends. Dabei gab es durchaus Organisationen, die sich mit den deutschen Vereinen oder Wehrverbänden vergleichen lassen. Die Legion of Frontiersmen versuchte genauso wie etwa der DLS oder der Kyffhäuserbund unter Wahrung ihrer eigenen Befehlsstrukturen im Luftschutz tätig zu werden – und damit einen eigenständigen Machtfaktor zu bilden. Und genauso wie in Deutschland lehnte die Regierung dies ab. Der Unterschied besteht darin, daß sie weder propagandistisch noch organisatorisch damit Mühe hatte.

Insgesamt ist zu konstatieren, daß Großbritannien bis 1935 seine Kriegsvorbereitungen entlang seiner etablierten Staatsordnung, die weitgehend auf rational-legalen Prinzipien basierte, vornahm, auch wenn innerhalb des Regierungsapparates Verantwortliche saßen, die – wenigstens für den Beginn des kommenden Krieges – eine radikale Umgestaltung forderten. In Deutschland wurden die Prinzipien rationaler Herrschaft bis 1933 im Bereich des Luftschutzes formal zwar gewahrt, allerdings unter teilweise großen Schwierigkeiten für die Regierung; dies insbesondere im Bereich der Propaganda und der Organisation. Vereine und Wehrverbände mit teilweise charismatischer Ausrichtung versuchten, über den Luftschutz Macht an sich zu reißen. Außerdem formierten sich im gesamtstaatlichen und gesamtgesellschaftlichen Hintergrund Kräfte, die auch für den Luftschutz eine Umgestaltung der Verhältnisse unter stark charismatisch-ideologischen Vorzeichen anstrebten. Die Luftschutzvereine, die sich auf ihrer Ebene an dem Machtspiel beteiligten, standen zwischen den Fronten und wiesen daher eine gewisse staatspolitische Schizophrenie auf. Die Verhältnisse ab 1933 sollten dann den auch von vielen Anhängern und Aktivisten der Luftschutzbewegung erhofften charismatischen Umschwung bringen. Der Krieg als heroisches Prinzip sollte in diesem Zuge entscheidend zur Abschaffung der demokratischen Staatsordnung beitragen.

IV. Massenmobilisierung für den »Totalen Krieg« als Ausdruck der staatspolitischen Grundlagen unterschiedlicher Herrschaftssysteme

1. Das nationalsozialistische Deutschland

a. Organisation als Dschungel: Spitzengliederung und Territorialstrukturen des nationalsozialistischen Luftschutzes

Die Machtergreifung Hitlers und die nachfolgenden, tiefgreifenden Änderungen in fast allen Bereichen des Gemeinwesens und des öffentlichen Lebens sollten sich in typischer Weise auch auf die Vorbereitungen für den Luftkrieg auswirken. Die von den Nationalsozialisten angestrebte radikale organisatorische Umgestaltung der politischen Strukturen wurde allerdings nicht sofort ins Werk gesetzt, sondern dauerte Jahre und lief teilweise ganz anders ab, als sie dies öffentlich bekundet hatten[1]. So wurde etwa entgegen ihren erklärten Zielen nach einer durchgreifenden zentralistischen Erneuerung der politischen Strukturen die bestehende, recht komplizierte föderale Ordnung nicht abgeschafft, sondern lediglich nach machtpolitischen Erwägungen modifiziert und durch zahlreiche neue Organisationsformen ergänzt. Dabei wurde weniger nach einem rational ausgearbeiteten Plan vorgegangen als vielmehr nach dem totalitären Prinzip der persönlichen Gefolgschaftstreue mit ihren neopatriarchalisch-charismatischen Zügen sowie den individuellen Entscheidungen Hitlers im aktuellen politischen Prozeß, mit denen er die anstehenden Sachfragen löste und gleichzeitig seine Stellung als unangefochtener Diktator immer wieder absicherte und erneuerte. Ersteres fand seinen Ausdruck insbesondere in der Besetzung machtpolitischer Schlüsselpositionen an der Reichsspitze mit den engsten Gefolgsleuten, letzteres in der Diversifizierung und Vervielfältigung der territorialen Strukturen durch Einsetzung von persönlichen Bevollmächtigten wie z.B. den Reichsstatthaltern oder die Übertragung von besonderen Befugnissen auf höhere Parteiführer, hier vor allem die Gauleiter – neben den obersten Palladinen das zweite Element der neopatriarchal-charismatischen Kernelite Hitlers –, ohne die angestammten Machtträger, die Landesregierungen und deren Verwaltungsapparate, zu eliminieren. Der Luftschutz stellt für die Gestalt und die Praxis dieses Herrschaftssystems geradezu ein organisatorisches Paradebeispiel dar. Seine

---

[1] Zum Folgenden: Broszat, Staat Hitlers, S. 82–172 und 326–402.

Struktur mit den weitreichenden Verzweigungen durchzog den ganzen Korpus und kann durchaus als eine Art Seismograph für die mannigfaltigen Verwerfungen, Risse und Erdbeben der machtpolitischen Erde benutzt werden.

Das Reichsluftfahrtministerium und die Luftwaffe

Sofort mit Beginn der Kanzlerschaft Hitlers änderten sich die organisatorischen und machtpolitischen Verhältnisse für den Luftschutz grundlegend. Den Wert der Herrschaft über die offiziell nicht existierende Luftwaffe offensichtlich erkennend, riß die nationalsozialistische Führung ohne Zögern alle Bereiche an sich, die im weitesten Sinne irgendwie mit der Fliegerei zusammenhingen. Hitler ließ am 2. Februar 1933 von Hindenburg eine mit Wirkung vom 30. Januar in Kraft tretende Verordnung unterzeichnen, nach der alle Befugnisse der zivilen Luftfahrt und des Luftschutzes, die bislang beim RVM bzw. dem RMI gelegen hatten, auf Göring als Reichskommissar für die Luftfahrt übergingen[2]. Die noch im Geheimen – soweit möglich – praktizierte militärische Luftfahrt kam in den folgenden Monaten ebenfalls unter dessen Kontrolle.

Die Reichswehr, insbesondere der verdeckte Generalstab, das sog. Truppenamt, hatte schon in den 20er Jahren mit Planungen und organisatorischen Vorbereitungen für den Aufbau einer Luftwaffe begonnen[3]. Da ein solches Unterfangen aber durch den Versailler Vertrag verboten war, hatte man behutsam und Schritt für Schritt vorgehen müssen. Zudem war es zu Kämpfen innerhalb des Apparates gekommen, als Vertreter einer Luftwaffe als eigenständigem dritten Wehrmachtteil neben Heer und Marine versuchten, organisatorische Setzungen und Vorbereitungen für eine unabhängige Truppe zu schaffen, wohingegen die Heeresleitung bestrebt war, eine strikte Kontrolle über alle Strukturen und Ressourcen auszuüben, um bei einem künftigen Aufbau die militärischen Fliegerkräfte unter eigener Kontrolle und direkt für die eigenen Belange verwenden zu können (sog. Unterstützungsluftwaffe des Heeres im Gegensatz zu einer eigenständigen Luftwaffe). Nach längeren Auseinandersetzungen projektierte man Ende 1932 eine relativ unabhängige Dienststelle, das sog. Luftschutzamt. Dieses sollte die zivile Luftfahrt und den zivilen Luftschutz bearbeiten, letztlich aber keine Kontrolle über bestehende oder noch aufzustellende Fliegerkräfte haben. Die Aufstellung verzögerte sich allerdings und erfolgte erst nach der offiziellen Berufung Görings zum Reichskommissar für die Luftfahrt (8. Februar 1933). Es drängt sich der Verdacht auf, daß man auch angesichts der möglichen Machtergreifung Hitlers und der Ambitionen Görings im Bereich der Reichswehr wenigstens eine provisorische Luftwaffendienststelle – ohne wirkliche Führungsbefugnisse über fliegende Verbände – aufstellen wollte, um die Fliegerkräfte unter eigener Kontrolle zu behalten. Der nachfolgende Widerstand der Heeresleitung gegen die Zentralisierung der Luftfahrt unter Göring weist jedenfalls in diese Richtung[4].

---

2   RGBl. I (1933), S. 35.
3   Zum Folgenden vgl. BA-MA, RL 2 III/150 und 151.
4   Ebd., Bl. 204 ff. Dies im Unterschied zu Völker, Deutsche Luftwaffe, S. 12 f., dessen Argumentation – basierend auf der langen Vorgeschichte des Luftschutzamtes – angesichts des hinhalten-

Entsprechende Hoffnungen waren aber von vornherein zum Scheitern verurteilt. Die Stellung Görings als einer der einflußreichsten Nationalsozialisten ließ nach der Machtergreifung keinen Spielraum mehr, und so wurden auch die Pläne und die entsprechenden Auseinandersetzungen beendet. Aus dem Reichskommissariat für die Luftfahrt ging am 5. Mai 1933 das Reichsluftfahrtministerium (RLM) als Superbehörde für alle Fragen der Luftfahrt und des Luftschutzes hervor. Das Luftschutzamt der Reichswehr wurde auf Befehl Werner von Blombergs Mitte Mai mit seinem Personal komplett in das RLM übernommen[5]. Das Heer hatte praktisch allen Einfluß auf die Luftwaffe verloren und stellte dem entstehenden RLM für den Aufbau nun einen organisatorischen und personellen Kern zur Verfügung.

Der zivile Luftschutz wurde somit Teil des RLM, das hier fortan die Federführung innehatte. Zum Leiter des gesamten Luftschutzwesens ernannte man Ministerialrat Dr. Ing. Kurt Knipfer, einen Luftschutzfachmann, der bereits vor 1933 tätig gewesen war. Er hatte diesen Posten bis 1945 inne[6]. Die weiteren Führungspositionen wurden ebenfalls mit ausgewiesenen Vertretern aus der Luftschutzbewegung vor 1933 besetzt. Zu nennen ist insbesondere Archivrat Großkreutz, der die Leitung für die Propaganda und die Organisation insbesondere des Selbstschutzes der Zivilbevölkerung übertragen bekam[7]. Großkreutz engagierte sich seit Jahren zusammen mit dem Leiter des Reichsarchivs, von Haeften, intensiv für den Luftschutz und trat dabei auch publizistisch hervor.

Man verlor keine Zeit und stellte einen neuen Organisationsplan auf, der sogleich den anderen Ministerien präsentiert wurde[8]. Daraufhin kam es am 10. April 1933 zu einer Besprechung. Das RMI, das bisher die Federführung innegehabt hatte, protestierte und verlangte, daß zumindest alle Polizeiangelegenheiten im Bereich des Luftschutzes unter seiner Kontrolle bleiben sollten. Da die Führung des Luftschutzes vor Ort dem örtlichen Polizeiverwalter oblag, hätte dies dem RMI einen weitreichenden Einfluß vorbehalten. Indes, die schon zu diesem Zeitpunkt bestehende massive charismatische Stellung Hitlers und Görings und deren Absicherung durch Hindenburg ließen einem derartigen Unterfangen keinen Spielraum. Knipfer verwies dann auch lediglich kurz auf die Verordnung vom 2. Februar und folgerte dementsprechend, daß derlei »sachlich undurchführbar sei«. Gleichzeitig sicherte er allerdings eine Beteiligung des RMI in allen grundsätzlichen Luftschutzfragen zu, ein schwacher Trost, der die neuen machtpolitischen Verhältnisse eher noch bekräftigte.

Die allgemeinen Zuständigkeiten wurden, abgesehen von den grundsätzlichen Neuerungen, so wie sie vor 1933 vorbereitet worden waren, im Wesentlichen übernommen. Die Ministerien blieben für ihre Bereiche zuständig. Der Zwang zur

---

den, bis Anfang der 30er Jahre andauernden Widerstandes der Heeresleitung gegen ein Luftschutzamt schwach, darüber hinaus im direkten Zusammenhang mit dessen Errichtung auch hypothetisch ist.
[5] Völker, Deutsche Luftwaffe, S. 12. Quellen auch in Völker, Dokumente, S. 131–133. BA-MA, RL 2 III/1.
[6] Mehner/Teuber, Deutsche Luftwaffe, S. 202.
[7] BA-MA, RL 2 III/1.
[8] Zum Folgenden: BA Berlin, R 2/32066, Reichskomm. für die Luftfahrt vom 27.4.1933.

Koordination blieb bestehen und setzte auch den neuen Hauptverantwortlichen klare Grenzen in bezug auf die Handlungsfreiheit.

Hinsichtlich der staatspolitischen Grundlagen war jedoch von Bedeutung, daß durch die Machtstellung und die Ambitionen Görings eine erste Vertikal-Abspaltung des organisatorischen Gebäudes vorgenommen wurde. Anstelle des traditionell für die zivile innere Sicherheit zuständigen RMI erhielt die übergreifende zivil-militärische Kommando- und Verwaltungsbehörde für die Luftfahrt, das neue mächtige RLM, die Leitung. Die Existenz des Luftschutzes in den Jahren bis 1939 wurde durch die inneren Verhältnisse des RLM dann auch entscheidend geprägt. Durch die Einbindung in einen immer mächtiger werdenden militärischen Komplex, der das gesamte Handeln bestimmte, blieb der Luftschutz als vornehmlich zivile Angelegenheit von Anfang an auf eine Randexistenz beschränkt. Die Kernfragen des RLM waren Aufstellung, Organisation, Einsatzplanung sowie Material- und Personalbeschaffung für das neue Kriegsinstrument. Man ging in höchster Eile daran, so schnell wie möglich eine schlagkräftige Luftwaffe zu schaffen, um sich gegen äußere Widerstände und Bedrohungen wappnen zu können. Die kommenden Jahre sollten daher auch zahlreiche Spannungen, Engpässe und immer neue Umorganisationen bringen. Das Interesse am Aufbau militärischer Macht dominierte zu allen Zeiten. Der Luftschutz wurde durch diese Schwerpunktsetzungen quasi mitgesteuert.

Die führenden Militärs setzten alles daran, eine schlagkräftige und einsatzfähige Waffe in die Hand zu bekommen, und versuchten ferner, ihr Hauptanliegen, die Einsatzplanung, möglichst ungestört betreiben zu können[9]. Alle Fragen, die nicht direkt mit Führung und Einsatz der Luftstreitmacht zu tun hatten, wurden als zweitrangig betrachtet. So entstand nach einer kurzen mehr oder weniger improvisierten Phase direkt nach der Machtergreifung eine organisatorische Zweiteilung im RLM, die auch für den Luftschutz bestimmend wurde. Die direkten militärischen Belange kontrollierte das entstehende Führungsorgan der Militärs, der Generalstab. Dieser blieb zunächst noch getarnt und trug Decknamen (Luftschutzamt und ab 1. September 1933 Luftkommandoamt), da man aufgrund der machtpolitischen Schwäche des Reiches den Versailler Vertrag offiziell immer noch als bindend betrachten mußte. Vor allem drei Bereiche wurden von den Generälen zunächst beansprucht: Führung, Organisation und Ausbildung der Truppe[10]. In der Zeit bis 1939 wurden dann zwar zeitweise oder dauerhaft weitere einbezogen, wie z.B. Rüstung und Quartiermeisterangelegenheiten oder der Nachrichtendienst. Sie blieben in ihrer Bedeutung aber eher von untergeordnetem Rang. In allererster Linie konzentrierte man sich ohnehin auf die Führung.

Alle weiteren Bereiche, wie z.B. Logistik, Personalverwaltung, zivile Fliegerei und auch Luftschutz, betrachteten die Militärs grundsätzlich als belastend bzw. als notwendige Übel. Man gedachte sich nur dann näher damit auseinanderzusetzen, wenn es für die eigenen als primär definierten militärischen Zielsetzungen unbe-

---

[9] Zum Folgenden: Boog, Führungsdenken, S. 186 ff., und ders., Deutsche Luftwaffenführung, S. 19 ff.
[10] Völker, Deutsche Luftwaffe, S. 14.

dingt nötig erschien. Sie kamen daher unter die Kontrolle des Staatssekretärs Erhard Milch, der quasi den zivilen Teil der Luftfahrt übernahm.

In der Person Milchs manifestierte sich die Grundspannung im RLM zwischen ziviler und militärischer Sphäre von Anfang an; sie konnte auch bis Kriegsbeginn nicht gelöst werden[11]. Die Militärs, insbesondere die Generalstabsoffiziere, lehnten den Zivilisten Milch trotz dessen Charakterisierung als Oberst (1933) und Generalleutnant (1935) ab und dürften nicht sonderlich begeistert gewesen sein, als er am 1. September 1933 von Göring auch in militärischen Fragen als offizieller Stellvertreter und Vorgesetzter aller Offiziere eingesetzt wurde, d.h. faktisch die eigentliche Leitung des RLM nach Göring zugewiesen bekam. Milch war ein überaus machtbewußter und zielstrebiger Mann, der als Handlungsfaktor ernst genommen werden mußte, weil er durch eine fast makellose Treue zur nationalsozialistischen Bewegung bei Hitler in hohem Ansehen stand. Der hielt ihn bezüglich des Aufbaus der Luftwaffe im Vergleich zu Göring letztlich als den fähigeren Kopf. Milch setzte seinen Ehrgeiz daran, bestimmenden Einfluß auf die gesamten Belange des RLM zu nehmen. Göring selbst kümmerte sich recht wenig um sein Amt, obwohl er sich die generellen Befugnisse unter Ausschaltung aller konkurrierenden Kompetenzen gesichert hatte. So entstand ein inneres Machtvakuum, das schwerwiegende Konflikte zwischen dem Generalstab und Milch um die praktische Führung des Gesamtkomplexes nach sich zog. Diese gipfelten 1937 und 1938 in mehr oder weniger offenen Kämpfen. Es kam dabei immer wieder zu Bedeutungsverlagerungen, die auch Umorganisationen und Wechsel der Kompetenzen und Einzelzuständigkeiten nach sich zogen.

Insgesamt gesehen war das RLM ein recht komplexes und nicht einfach zu durchschauendes Gebilde. Der militärische Bereich konnte letztlich nicht ohne weiteres vom zivilen unterschieden werden. Die Grenzen waren fließend und änderten sich immer wieder.

Der Luftschutz fiel nach kurzer Unterstellung unter den getarnten Luftwaffengeneralstab am 1. September 1933 organisatorisch unter die Belange Milchs, also den eher zivilen Teil des RLM. Unmittelbar zuständig war der Inspekteur des Luftschutzes, der zwei Abteilungen führte: LS I (getarnte Flakverbände und Truppenluftschutz) und LS II (ziviler Luftschutz)[12]. Hier wurden Knipfer und seine Mitarbeiter nun angesiedelt. Als weitere selbständige Abteilungen unter Milch wurden eingerichtet: die Ämter LB (Allgemeines Luftamt), LC (Technisches Amt), LD (Verwaltungsamt), LP (Personalamt). Der verdeckte Generalstab besaß als Kernbestandteil des Luftkommandoamts (LA) mit den Abteilungen A I, A II und A III weiterhin die Leitung über die unmittelbar wichtigen Führungsinstrumente für die Truppe: operative und taktische Führung, Organisation und Ausbildung.

Für den zivilen Luftschutz sollte diese Konstellation bis Kriegsbeginn trotz zahlreicher Detailänderungen bestimmend bleiben. Der Luftschutz trat nicht wieder unter den Generalstab, obwohl dieser seinen Einfluß in grundsätzlichen Fragen des Luftschutzes wahrte. Die Unterstellung unter einen Inspekteur zusammen

---

[11] Zum Folgenden vgl. grundsätzlich Boog, Deutsche Luftwaffenführung, S. 215–246.
[12] BA-MA, RL 2 III/1; dazu Völker, Deutsche Luftwaffe, S. 13.

mit der Flak bedeutete neben der Einstufung als zweitrangige Angelegenheit zweierlei. Man betrachtete den Luftschutz im RLM in erster Linie als praktische Koordinations- und Ausbildungsmaßnahme und weniger als genuine Führungsaufgabe. Hauptobjekt war die Zivilbevölkerung, ja überhaupt das zivile Leben, das sich im Gegensatz zu den Truppen nicht nach den gewohnten militärischen Grundsätzen planen und einsetzen ließ. Auf der anderen Seite aber wollte man nicht auf eine militärische Einpassung des zivilen Luftschutzes in die Spitzengliederung der Luftwaffenmaschinerie verzichten. Dies ging in erster Linie auf die strategischen Grundüberzeugungen der deutschen Luftwaffenführung zurück, nach denen die Luftverteidigung gemeinsam aus Jägern, der Flak und dem (zivilen) Luftschutz bestehen sollte[13]. Die interne Zusammenlegung der Flak mit dem Luftschutz in den Zuständigkeitsbereich eines Inspekteurs unter organisatorischer Trennung von den Jägern ging unter anderem auch auf die Schwierigkeiten und Hemmnisse in den ersten Aufbaujahren der Luftwaffe zurück. Da die Jäger zu den fliegenden Verbänden gehörten, fielen sie automatisch in den Führungsbereich, d.h. den Generalstab. Die Flak war zwar gleichfalls eine genuin militärische Angelegenheit, gehörte aber bis 1935 formell zum Heer und nicht zur Luftwaffe. So gliederte man die Zuständigkeiten innerhalb des RLM für sie zunächst aus dem Generalstab aus und unterstellte sie zusammen mit dem Luftschutz dem Inspekteur des Luftschutzes[14]. Inspekteure wurden eingesetzt, um den einheitlichen Ausbildungsstand von Truppen sicherzustellen und zu kontrollieren sowie ständigen Kontakt zwischen der Zentralbehörde und den über das ganze Reich verstreuten Einheiten vor Ort zu halten. Daher besaß der Inspekteur das Recht, in allen Einheiten vorstellig zu werden und sich von deren Zustand ein Bild zu machen. Außerdem durfte er zu jeder Zeit an Übungen teilnehmen, um sich vom Stand der Einsatzbereitschaft zu überzeugen. Daß der Luftschutz eigentlich eine zivile Institution darstellte, störte die Verantwortlichen nicht. Er war in den zivil-militärischen Komplex des RLM eingegliedert, dessen interne Grenzziehung zwischen den beiden Sphären ohnehin fließend war. In gewisser Weise kamen hier die ideologischen Widersprüche hinsichtlich der Rolle der Zivilbevölkerung im Krieg – wie sie sich in den Vorstellungen des Frontsoldatenstaates, etwa der Vertreter des Soldatischen Nationalismus, manifestiert hatten – praktisch zum Tragen.

Die Verklammerung des Luftschutzes mit dem militärischen Komplex wurde endgültig offensichtlich, als 1935 die Tarnzeit der Luftwaffe zu Ende ging. Nach der offiziellen Bekanntgabe ihrer Existenz am 1. März 1935 erfolgte die Übernahme der Flakartillerie in ihren Befehlsbereich[15]. Sie wurde mit dem Luftschutz unter das Kommando des Inspekteurs der Flakartillerie und des Luftschutzes gestellt.

---

[13] Siehe dazu unten S. 249 ff. Dies kam auch in der Terminologie zum Ausdruck. Luftschutz konnte nicht nur den engeren Bereich des zivilen passiven LS umfassen, sondern alle Maßnahmen, die feindliche Luftangriffe stören, ablenken oder abwehren konnten. Dazu zählten auch die militärischen Mittel, die dazu eingesetzt wurden, d.h. auch Flak und Abfangjäger.
[14] Völker, Deutsche Luftwaffe, S. 14.
[15] Die Übergabe erfolgte am 1.4.1935. Die Eingliederung fand gegen den Widerstand des Heeres statt, das, obwohl die Luftwaffe deutlich machte, daß sie auf die Flak keinesfalls verzichten würde, nur wenig Neigung besaß, die Verbände abzugeben. Völker, ebd., S. 48–50, 70.

Der neue Inspekteur, General Rüdel, unterstand dem Bereich des Staatssekretärs und hatte Befugnisse, wie sie analog den Heeresinspekteuren gemäß HDv 3 zustanden[16].

»Hauptaufgabe des Inspekteurs ist die Förderung der Flakartillerie in Taktik und Technik, insbesondere im Schießen gegen Flugziele, sowie die planmäßige Weiterentwicklung, Organisation und zweckdienliche Ausstattung des Flugmeldedienstes, des Luftschutzwarndienstes und des zivilen Luftschutzes.«

Inspektionsrechte besaß er gegenüber allen Flakverbänden und »gegenüber den Einheiten des Flugmelde- und Luftschutz-Warndienstes sowie allen im zivilen Luftschutz tätigen Polizeibehörden, staatlichen und freiwilligen Organisationen«. Damit war die Einbindung des Luftschutzes in die Maschinerie des RLM quasi offiziell vollzogen und sollte fast bis zum Ende des Zweiten Weltkrieges bestehen bleiben. Der Inspekteur der Flakartillerie und des Luftschutzes stellte die Nahtstelle in der Spitzengliederung dar, an der man die Zivilbevölkerung, die sich nach dem Wunsch der Nationalsozialisten mit kriegerischem Geist und bedingungslosem Gehorsam zum charismatischen Führer auf den kommenden Krieg vorbereiten sollte, in die Organisation des RLM zu integrieren gedachte. Hier sollten, wenn alles nach Plan lief, die militarisierte Volksgemeinschaft und der rationale Planungs- und Steuerungsapparat der Militärs gekoppelt werden.

Die innere Feingliederung der Luftschutzabteilung selbst variierte teilweise, wobei sich allerdings keinerlei grundlegende Änderungen in den allgemeinen Zuständigkeitsbereichen der Gesamtabteilung ergaben. Knipfer und seine Mitarbeiter blieben zuständig für die ganze Breite der Luftschutzmaßnahmen in Organisation, Propaganda, technischer Entwicklung, Rechts- und Verwaltungsfragen, Ausbildung sowie Baumaßnahmen. Wenn sich Umorganisationsmaßnahmen ergaben, nahmen sie ihre Befugnisse quasi als Gesamtpaket mit[17]. So auch in der kurzen Periode, in der der zivile Luftschutz nicht unter einem Inspekteur stand. Nach wechselvollen Kämpfen zwischen Milch und dem Generalstab der Luftwaffe um die praktische Führung des RLM, in denen der Luftschutz keine Rolle spielte, kam es am 18. Januar 1938 zu einer Neuorganisation des RLM, die Milch, der zwischenzeitlich sehr stark an Einfluß verloren hatte, einen Teil seiner Macht zurückbrachte[18]. Das Amt des Stellvertreters Görings – der sich seit dem 1. Juni 1935 als Reichsminister der Luftfahrt und Oberbefehlshaber der Luftwaffe bezeichnen ließ –, das ihm zeitweilig entzogen worden war, erhielt er zurück und konnte sich auch in der Zwischenzeit verloren gegangene Einflußmöglichkeiten zurückholen, indem er sich Interventionsrechte bei der Vorbereitung und Fällung von Entscheidungen zuteilen ließ (Anhörung vor und während Besprechungen zwischen RLM-

---

[16] BA-MA, RHD 3/4k, HDv 3k, S. 18–21, Die Waffeninspekteure. Zum Folgenden: BA-MA, RL 2 III/3, Dienstanweisung für den Inspekteur der Flakartillerie und des Luftschutzes vom 1.4.1935.
[17] BA-MA, RL 2 III/1, Vorläufiger Geschäftsverteilungsplan des Reichskommissars für die Luftfahrt, vom 1.4.1933, Abt. V (U) Luftschutz, und ebd., Übersichtsplan der Gesamtgliederung des Ministeriums und Gliederung und Arbeitsverteilung der einzelnen Ämter vom 15.7.1933, Anl. 3; ebd., Gliederung des RLM vom 31.8.1933, Anl. 2; ebd., RL 2 III/2, Umorganisation des RLM am 1.4.1934, Anl. 8. Neben diesen Kerndokumenten vgl. allgemein die Geschäftsverteilungspläne des RLM mit den ausführlichen Gliederungsschemata, ebd., RL 2 III/1–10.
[18] Zum Folgenden: Boog, Deutsche Luftwaffenführung, S. 222–228.

Spitzendienststellen – Generalstab – und Göring). Neben dem nunmehr auch offiziell eingerichteten und korrekt benannten Generalstab und einem neu einzurichtenden, eigenständigen Generalinspekteur der Luftwaffe (Milch) sollte ein »kriegsministerieller«[19] Bereich aufgebaut werden, der sich vor allem um zivile verwaltungsmäßige Angelegenheiten (zivile Luftfahrt, Verwaltung, Nachschub) kümmern sollte. Dazu wurde die Dienststelle des Chefs der Luftwehr geschaffen, der Göring unmittelbar unterstehen sollte, wobei Milch als Zwischeninstanz bewußt nicht erwähnt wurde. Der Posten blieb somit mehr oder weniger eigenständig und wurde mit dem bisherigen Inspekteur der Flakartillerie und des Luftschutzes, General der Flakartillerie Rüdel, besetzt[20].

Der Luftschutz verlor durch diese Umorganisation einen Teil seines militärischen Charakters. Knipfer, der inzwischen Chef des Zivilen Luftschutzes (Chef ZL) geworden war, wurde mit seiner Abteilung dem Chef der Luftwehr als Teil des Amtes LB, des Allgemeinen Luftamtes, am 18. Januar unterstellt[21]. Die Unterstellung unter den Inspekteur der Flakartillerie und des Luftschutzes entfiel[22]. Der Luftschutz trat somit unter organisatorischer Trennung von der Flak, die nunmehr endgültig als eigenständiges Teilgebiet in der Binnenstruktur des RLM rangierte und von der militärischen Spitze her erheblich aufgewertet wurde, in rein zivile Verwaltungsstrukturen ein.

Am 1. Juli 1938 erschien schließlich eine Dienstanweisung für den Chef des zivilen Luftschutzwesens, die den umfassenden offiziellen Führungsanspruch der Abteilung Knipfers für alle Fragen des zivilen Luftschutzes erneut und klar festlegte[23]. Der Chef ZL und seine Dienststelle leiteten unter anderem die Koordination zwischen allen beteiligten Ministerien und Dienststellen sowie die Mobilmachungsvorarbeiten. Ihm unterstand auch die höchste technische Versuchs- und Prüfanstalt des Reichs für Luftschutz, die Reichsanstalt für Luftschutz, die aus dem ehemaligen Preußischen Polizeiinstitut für Verkehr und Technik unter der Leitung Paetschs hervorgegangen war[24]. Besondere Beachtung verdient die Tatsache, daß Knipfer in allen grundsätzlichen Fragen dem Einfluß des Chefs des Generalstabes unterlag[25].

---

[19] Ebd., S. 22.
[20] Völker, Deutsche Luftwaffe, S. 168. Da die Spitze der Luftwaffe durch Görings Untätigkeit als Entscheidungsträger aber meist ausfiel, stellte sich die Frage, inwieweit Milch bzw. der Generalstab hier Einfluß nehmen konnten. Die Verhältnisse im RLM blieben weiterhin im Fluß.
[21] BA-MA, RL 2 III/6, Dienstanweisung für den Chef der Luftwehr.
[22] Zum Folgenden: ebd., Neugliederung der In.Flak vom 1.2.1938 mit Dienstanweisung für den Inspekteur der Flakartillerie (L.In.4).
[23] Ebd., RL 2 III/7, Gliederung, Dienst- und Stellenplan des Chefs des zivilen Luftschutzwesens vom 1.7.1938.
[24] BA Berlin, R 19/424, Pr.MI vom 3.6.1933; ebd., R 2301/37571, Briefkopf vom 27.1.1934 ohne Text. Ebd., R 601/1325, Übernahme der Luftschutz- und Luftpolizeischule in die Verwaltung des RLM, 14.6.1935. BA-MA, R 43 II/1296, 14.6.1935. Der zivile Luftschutz (1937), S. 267–273. Das preußische Polizeiinstitut für Verkehr und Technik, das als getarntes Entwicklungsinstitut für Luftschutzfragen zuständig war, wurde 1933/34 in Luftschutz- und Luftpolizeischule umbenannt und kam schließlich als Reichsanstalt für Luftschutz zum RLM.
[25] Siehe dazu unten S. 247 f.

Diese Gliederung hatte allerdings nur für etwa ein Jahr Bestand, denn am 30. Januar 1939 wurde die Spitzengliederung des RLM erneut geändert[26]. Hintergrund waren auch hier die Konflikte zwischen Milch und dem Generalstab, wobei ersterer bedeutend an Macht gewann. Er erhielt den Titel Staatssekretär und Generalinspekteur der Luftwaffe und erlangte in dieser Eigenschaft unter anderem das Kommando über die neugegründete Dienststelle Chef des Ausbildungswesens, dem alle Luftwaffen-Inspektionen, auch die der fliegenden Verbände, unterstanden. Damit konnte er seine Stellung stärken, denn nun hatte er die Leitung einer der großen Abteilungen des RLM inne. Dazu kamen noch weitere bedeutende Bereiche, nicht aber der Generalstab. Die Abteilung Chef des Zivilen Luftschutzwesens wurde als eigene Luftwaffeninspektion 13 unter der Leitung des Chefs des Ausbildungswesens in dieses System eingegliedert und erhielt damit wieder einen stärker militärischen Charakter[27]. In dieser Konstellation trat man in den Zweiten Weltkrieg ein.

Kurz zusammenfassend läßt sich sagen, daß die Position Görings entscheidend für die grundsätzliche Eingliederung des Luftschutzes in die Maschinerie des RLM wurde. Die charismatisch-neopatriarchalische Herrschaftsgestaltung, nach der Hitler seine engsten Gefolgsleute mit machtpolitischen Pfründen ausstattete und dafür unbedingten Gehorsam verlangte, hatte damit gewissermaßen die Grundrichtung vorgegeben. Die praktische Ausgestaltung aber blieb weitgehend den Spitzeninstanzen innerhalb des RLM, hier insbesondere dem Staatssekretär und dem Generalstab, überlassen. Göring kümmerte sich nur wenig um die ihm eigentlich obliegende regelmäßige Führung der Geschäfte und schaltete sich nur in grundsätzlichen Fragen der Machtgestaltung ein, dies meist willkürlich, wobei er durchaus auch nach unten intrigierte und nicht selten versuchte, seine Untergebenen, darunter vor allem auch Milch und den Generalstabschef, gegeneinander auszuspielen[28]. Ähnliches galt für Hitler[29]. Das RLM kann als ein Paradebeispiel für die Mischung charismatischen Führungsstils mit einem grundsätzlich nach rationalen Kriterien arbeitenden Verwaltungsapparat gelten. Der Luftschutz spielte im Machtgefüge keine hervorragende Rolle und wurde daher praktisch je nach Macht- und Organisationslage hin- und hergeschoben. Dabei behielt die Luftschutzabteilung aber ihre dienstliche Kohärenz und ihre Kompetenzen bei. Dies lag wohl unter anderem daran, daß der Luftschutz ein untergeordnetes Sondergebiet innerhalb des ganzen Komplexes darstellte.

Das hieß aber nicht, daß der Luftschutz ein vollkommen isoliertes Dasein führte. Insbesondere der Generalstab schenkte ihm grundsätzliche Beachtung, wenn diese auch gegenüber den selbstzugewiesenen Hauptaufgaben, vor allem der Vorbereitung des Luftangriffskrieges, deutlich zurücktraten. So erhielt der Luftschutz, ähnlich wie die Flak, im Laufe der Zeit mit dem voranschreitenden Aufbau

---

[26] Zum Folgenden: Boog, Deutsche Luftwaffenführung, S. 228–246.
[27] BA-MA, RL 2 III/8, Neugliederung des RLM vom 1.2.1939; Völker, Deutsche Luftwaffe, S. 166.
[28] Boog, Deutsche Luftwaffenführung, S. 242 f.
[29] Zu den Führungsstilen Görings und Hitlers sowie den Beziehungen zwischen Hitler und Göring im Licht der Luftwaffenführung siehe Boog, ebd., S. 510–538.

der Luftwaffe und der Ausfaltung des rationalen Kontroll- und Führungsapparates der Militärs seinen festen Platz im Generalstab. Alle wichtigen Abteilungen bearbeiteten den Luftschutz mit, so etwa die 1. (Führungs-)Abteilung, Gruppe 1, Referat 1a (FluM, [mit Zivilem Luftschutz]), und die 2. (Organisations-)Abteilung, Gruppe III, Referat e (Mobilmachung). Das praktische Zusammenwirken mit Knipfers Abteilung wird besonders in der letzten großen Neugliederung des RLM vor Kriegsausbruch deutlich[30]. In der Dienstanweisung des Chefs der 1. Abteilung des Generalstabes heißt es:

»Er [Chef 1. Abteilung, B.L.] stellt aus Führungsgründen gebotene Forderungen für Organisation, Ausbildung und Neuaufstellungen der Luftwaffe (einschließlich Nachrichtenverbindungswesen, Flugmeldedienst, Zivilem Luftschutz und Sperrgebiete) an die einschlägigen federführenden Dienststellen des Genstabes der Luftwaffe.«

Die federführenden Dienststellen, also neben der 2. (Organisations)Abteilung vor allem die 3. (taktische) Abteilung und die 5. (Fremde Luftmächte) Abteilung, hatten ihrerseits dementsprechende Forderungen an die L.In. 13 zu stellen. Dies galt insbesondere für alle Fragen des Kriegseinsatzes. Der praktische Aufbau und die Leitung der Friedensorganisation blieben außerhalb der unmittelbaren Perspektive. Da sie aber untrennbar mit der Kriegsorganisation verwoben waren, dürfte der Einfluß des Generalstabes sich auch auf sie ausgewirkt haben. Jedenfalls wurde die Erstellung der gesamten Dienstanweisungen (LDv) für den Luftschutz und die der Grundlagen seiner Mobilmachung und der Organisationsstruktur (Besondere Anlage 10 zum Mob.-Plan Lw – Luftschutz), die Auswertung taktischer Ergebnisse, die Sammlung ausländischer Informationen und die Ausarbeitung entsprechender Forderungen vom Generalstab erledigt. Außerdem führte er die Luftschutzobjektkartei, in der alle Orte des Reiches gemäß ihrer Kriegswichtigkeit und ihrer Schutzbedürftigkeit aufgelistet wurden. Als These kann man davon ausgehen, daß der Generalstab im Laufe seines Aufbaus den Luftschutz, so wie er sich seit den 20er Jahren entwickelt hatte, als Nebengebiet in seine Arbeit mit aufnahm, um Übersicht, Kontrolle und Einfluß nicht zu verlieren. Inwieweit die zuständigen Generalstabsoffiziere tatsächlich bei Knipfer intervenierten, läßt sich aufgrund der überaus schlechten Quellenlage allerdings nicht mehr rekonstruieren. Es ist aber zu vermuten, daß sie nur in wichtigen und grundsätzlichen Fragen vorstellig wurden. Die organisatorische Hauptarbeit und die entsprechende Verantwortung lag bei Knipfer.

Praktische Führungsansprüche von seiten des Generalstabes blieben dabei wohl schon deshalb begrenzt, weil die Luftwaffe die praktische Einsatzkontrolle über den Luftschutz letztlich gar nicht besaß, sondern auf die zivilen Institutionen, insbesondere die Polizei, zurückgreifen mußte. Außerdem war der Luftschutz ein bodenständiges System, das sehr stark nach maschinenartigen und drillmäßig eingeübten Prinzipien funktionierte und nicht nach den operativen und taktischen

---

[30] Zum Folgenden: BA-MA, RL 2 III/10, Anordnung Nr. 3 für die Umgliederung des RLM ab 1.2.1939 mit Anlagen. Die Aufgabenverteilung hinsichtlich des LS, wie sie hier deutlich wird, war jedoch – wenigstens hinsichtlich der Führungsabteilung – bereits schon zuvor eingeführt worden, ebd., RL 2 III/7, Gliederung, Dienst- und Stellenplan des Führungsstabes und der 1. Abteilung des GenSt der Luftwaffe vom 7.7.1938.

Grundsätzen einer Angriffsluftflotte, wie sie die Luftwaffenführung in erster Linie aufbaute, geführt werden konnte.

In den strategischen Grundprinzipien der Luftwaffenführung, wie sie in der zentralen Vorschrift, der LDv 16[31], niedergelegt wurden und nach denen auch der Aufbau der fliegenden Verbände erfolgte, besaß die Luftverteidigung dementsprechend einen eher untergeordneten Stellenwert[32]. Entscheidendes Gewicht besaß der Angriffsgedanke. Man ging davon aus, daß es möglich sein würde, einen Feind durch rasche Schläge gegen seine Luftwaffe und nachfolgend durch flexible Angriffe gegen seine Kraftquellen, gegen organisatorische Schlüsselpunkte sowie die Heeres- und Marineverbände derart zu schwächen, daß schwerwiegende Angriffe gegen das eigene Heimatgebiet nicht mehr zu erwarten seien.

Die eigene Defensive, zu der auch der Luftschutz gehörte, trat demgegenüber an Bedeutung zurück. Dazu kam ein weiteres schweres Manko: die taktische Basisperspektive der Luftverteidigung. In der deutschen Luftwaffe herrschte ein sehr stark erdgebundenes Denken vor, das unter anderem darauf zurückzuführen war, daß viele Offiziere aus dem Heer übernommen worden waren. Als Folge baute man die Luftverteidigung auf dem Gedanken des territorialen Objektschutzes (Luftfestungen[33]) auf. Die Verteidigung sollte sich auf wichtige Zentren oder Schutzobjekte (z.B. Großstädte) konzentrieren, die mit Jagdschutz, dichten Flakriegeln und einer adäquaten Luftschutzorganisation ausgestattet werden sollten. Griff ein Feind an, sollten nur die direkt für das Schutzobjekt zur Verfügung stehenden Kräfte der entsprechenden Territorialeinheit mobilisiert werden. Eine zentrale Kommandobehörde für die gesamte Luftverteidigung des Reiches gab es nicht.

Diese Grundausrichtung in Angriff und Verteidigung spiegelte sich im Aufbau der Territorialorganisation der Luftwaffe deutlich wider. Insbesondere im Bereich der Luftverteidigung, letztlich aber auch für die Luftangriffsverbände, errichtete man eher inselartige Grundstrukturen mit strikter Abgrenzung der regionalen Befehlsstellen und Verbände untereinander. Das ganze Gebäude basierte im wesentlichen auf einer regionalen Einteilung des Reichsgebiets in »höhere Befehlsstellen«[34]. Am 1. April 1934 stellte man sechs sog. Luftkreiskommandos auf, die als taktische Befehlsstellen für die ihnen unterstellten Truppen fungieren sollten. Auch der Luftschutz oblag ihrer Leitung, wobei allerdings praktische Grenzen existierten, weil große Teile seiner Organisation zivil gesteuert werden mußten. Aus Tarngründen wurden sie offiziell zunächst als Gehobene Luftämter tätig.

---

[31] BA-MA, RLD 3/16, LDv »Luftkriegführung« mit eingearbeiteten Deckblättern Nr. 1–12, Berlin 1940 (Die LDv entstand in ihrer Ursprungsversion Mitte der 30er Jahre).
[32] Zum Folgenden: Boog, Luftwaffenführung, S. 124–215, und ders., Führungsdenken, S. 188 ff.; ders., Der anglo-amerikanische strategische Luftkrieg, S. 437–449, und MGFA Potsdam Lw 11, Studie Grabmann, W., insbes. S. 67–70 und 96–98. Zusätzlich BA-MA, RL 200/35, Arbeit Thiemann.
[33] GenMajor Wever, erster (inoffizieller) GenSt-Chef der Luftwaffe bei der Eröffnung der Luftkriegsakademie in Berlin-Gatow am 1.11.1938, abgedr. in: Boog, Deutsche Luftwaffenführung, S. 631–635.
[34] Zum Folgenden grundsätzlich Völker, Deutsche Luftwaffe, S. 35–38, 81–86, 166–170.

Ihnen unterstanden sog. Luftämter (15 im gesamten Reichsgebiet), die es schon seit 1933 gab. Nach der Enttarnung der Luftwaffe 1935 gab man die Existenz der Luftkreiskommandos bekannt; gleichzeitig wurden die Luftämter in Luftgaukommandos umgewandelt. 1938 teilte man dann die Luftkreiskommandos in drei Luftwaffengruppen – (ab 1939 Luftflotten-) und zwei Luftwaffenkommandos auf. Ihnen unterstanden insgesamt 12 Luftgaukommandos im gesamten Reichsgebiet, wobei ein Luftwaffengruppen- bzw. Luftwaffenkommando immer ein oder zwei Luftgaukommandos befehligte. Die Luftwaffe besaß damit einen flächendeckenden Verwaltungsstab, in den der Luftschutz als integraler Bestandteil eingebaut wurde. Jedes Luftwaffengruppen- bzw. Luftwaffenkommando war für einen bestimmten Territorialbezirk zuständig (z.B. das Luftwaffengruppenkommando 3 München für den gesamten süddeutschen Raum) und hatte den direkten taktischen Einsatz der ihm unterstellten Kampfverbände zu leiten. Sie glichen jeweils einer eigenen Luftwaffe im Kleinformat mit allen nötigen Verbänden, Stäben und einer Bodenorganisation.

Zuständig für die Leitung der Luftverteidigung waren zunächst die Luftkreiskommandos[35] und seit 1937[36] vor allem auch die Luftgaukommandos, die in ihrem jeweiligen Bereich das taktische Kommando über Jagdverteidigungsverbände, Flak und den zivilen Luftschutz innehatten (z.B. am 1. August 1938 Luftgaukommando V Stuttgart grob für den Bereich Baden, Hohenzollern und Württemberg)[37].

Ab 1937/38 ging die direkte Leitung der Luftverteidigung mehr oder weniger vollständig auf die Luftgaukommandos über. Den ihnen übergeordneten Luftkreiskommandos bzw. Luftwaffengruppen-/Luftflottenkommandos oblag die allgemeine Führung und die Koordination der gesamten Luftwaffen- und Luftschutzkräfte in ihrem Bereich. Die verantwortlichen Truppenführer, die Kommandierenden Generale der Luftwaffe, hatten für deren einheitlichen Einsatz zu sorgen[38]. Die unmittelbare Vorbereitung und der Einsatz der Verteidigungskräfte wurden in den Stäben der Luftgaukommandos, insbesondere in der jeweiligen Führungsgruppe, die der 1. (Führungs)-Abteilung des Luftwaffengeneralstabes glich, bearbeitet[39]. Das Referat Ia op 3 (LS) organisierte und bereitete die ganze Breite der Luftschutzaktivitäten, auch den Selbstschutz der Zivilbevölkerung, vor. Von hier aus wurden auch Übungen veranstaltet. Die Organisationsabteilung, Abt.

---

[35] Speziell für den LS vgl. BA-MA, RH 2/955, Anl. 1 und 2 zu D.R.d.L. LA. Nr. 650/35 g. Kdos. vom 5.3.1935, Gliederung eines LKK, und RH 2/994, RLM ZL 1a 4511/34 vom 26.7.1934, Übertragung von bestimmten Funktionen des LS auf die »[Gehobenen]Luftämter«.

[36] BA-MA, RL 4/321, Leiter der Schulabteilung, Reichsanstalt für LS, Luftschutz-Planspiel Hannover am 30.1.1937. Dies im Unterschied zu Boog, Deutsche Luftwaffenführung, S. 131.

[37] BA-MA, RL 2 III/160, Entwurf zu LDv Gliederung und Befehlsverhältnisse der Luftwaffe; ebd., RL 4/321, Leiter der Schulabteilung, Reichsanstalt für LS, LS-Planspiel Hannover am 30.1.1937, Befugnisse des Kommandeurs im Luftgau 9. Ebd., RW 19/1856, Besondere Anlage 10 zum Mob.-Plan (Luftwaffe): Anordnungen des RdLuOBdL für den zivilen Luftschutz, Mob.Jahr 1939/40 (1.1.1939), S. 1 f.

[38] Ebd., RL 17/45, Der Luftkrieg. Luftangriff und Luftverteidigung: Richtlinien (Vorläufer LDv 16), Schema Beispiel für die Befehlsgliederung der Luftwaffe in Angriff und Verteidigung.

[39] Zum Folgenden: ebd., RL 19/1005, Geschäftseinteilung des Stabes des LGK XII (Stand 1.2.1939) und RL 19/39, Diensteinteilung des Stabes LGK VI (Münster), 15.11.1938. Ebd., RL 19/159, Ständige Mobanweisungen des LGK VII, Teil A (10.1.1939).

Ib, legte die strukturellen Grundlagen, insbesondere die konkreten Mobilmachungsvorarbeiten (Kalender) im Territorialbereich fest. Hier wurden in Zusammenarbeit mit den Zivilbehörden alle wichtigen organisatorischen Entscheidungen getroffen, um ggf. möglichst schnell die Kriegsfähigkeit herzustellen. Die Stäbe der Luftgaukommandos waren außerdem für die Luftwarnung, den Brand- und Gasschutz, den baulichen Luftschutz, die Verdunklung und Warnung sowie die unter der Kontrolle des Örtlichen Luftschutzleiters stehenden Einheiten des Sicherheits- und Hilfsdienstes zuständig. Alle praktischen Maßnahmen, insbesondere der Schutzraumbau, wurde von ihnen kontrolliert und genehmigt, insofern sie die Gewährung von Geldmitteln von seiten des RLM nötig machten.

Es ist in der Forschung bereits genug über die teilweise erheblichen taktischen und strategischen Schwächen der deutschen Luftverteidigung geschrieben worden, und dies mit Recht. Die territoriale Anbindung der Verteidigungskräfte und die daraus resultierende Unbeweglichkeit, die starke Konzentration auf die in ihrer Trefferwirkung eher begrenzte Flak, überhaupt die Vernachlässigung der Luftverteidigung zugunsten der Angriffsverbände (Bomber) schwächten die Abwehrmöglichkeiten, so daß die Verteidigung erst nach erheblichen Verstärkungen und Umgestaltungen in der zweiten Hälfte des Krieges massiv an Effizienz gewann.

In systematisch-organisatorischer Hinsicht leistete man, abgesehen von diesen Grundmängeln, rationale Sacharbeit. Man baute einheitliche Kommandostrukturen mit entsprechender Verwaltung auf. Die Luftgaukommandos als Luftverteidigungsstäbe funktionierten überall nach den gleichen Organisationsprinzipien. Sie stellten als Element rationaler Herrschaft die Hauptsäule der Luftwaffe für die Durchführung des Luftschutzes dar und bildeten einen neuralgischen Punkt für das Zusammenwirken der anderen Organisationen und deren Führungen. Unter anderem an ihnen mußte sich erweisen, ob und wie die Gebote rationaler und effizienter Herrschaftsgestaltung mit dem charismatischen Grundcharakter der Führerdiktatur in Einklang gebracht werden konnten.

Der Reichsluftschutzbund

Eines der Hauptprobleme der Luftschutzarbeit blieb die Notwendigkeit, die Masse der Zivilbevölkerung zur Mitarbeit zu gewinnen. Die entstehenden Luftwaffenstrukturen konnten die Betreibung einer ubiquitären Propagandaorganisation mit dem nötigen, dichten Netz von Stützpunkten im ganzen Reich auf keinen Fall leisten, da sie mit den höheren organisatorischen Aufgaben voll und ganz beschäftigt waren. Der Schwerpunkt beim Aufbau des Kommando- und Verwaltungsgebäudes des RLM lag ohnehin auf den militärischen, rüstungswirtschaftlichen und technischen Aspekten des zu schaffenden Kampfinstruments, d.h. den fliegenden Verbänden. Die Mobilmachung des Volkes sollte daher ein eigener Verband bewerkstelligen, der Reichsluftschutzbund (RLB).

Wie in anderen Bereichen der zivilen und militärischen Aufrüstung griff man auf bereits geleistete Vorarbeit zurück. Die bis 1933 tätigen Luftschutzvereine gaben eine ausgezeichnete Plattform für die Erfassung der Bevölkerung unter totalitären Vorzeichen ab, und so kam es am 29. April 1933 zur Gründung des

RLB als alleiniger Luftschutzorganisation[40]. Die bestehenden Vereine, insbesondere der DLSV, erhielten Gelegenheit, dem RLB beizutreten. Sie wurden dann nach und nach aufgelöst, so daß den dort Tätigen keine andere Alternative blieb, als sich dem RLB anzuschließen, wollten sie weiter Luftschutzarbeit betreiben[41]. Die Masse der Verantwortlichen und der Mitglieder vollzog diesen Schritt auch ohne größere Probleme. Insbesondere die Verantwortlichen in höheren Positionen tauchten fast alle wieder im nationalsozialistischen Luftschutz auf, etwa als Landesgruppenleiter oder Präsidiumsmitglieder.

Die Stellung des RLB innerhalb des Gesamtrahmens unterlag von Anfang an einem rechtlichen und organisatorischen Zwiespalt. Die Verantwortlichen in der Luftwaffe dachten nicht im entferntesten daran, dem RLB irgendwelche grundsätzlichen Freiheiten zu lassen, und betrachteten ihn – ähnlich wie das RMI vor 1933 die entsprechenden Luftschutzvereine – als Hilfsinstrument für die Mobilmachung. Auf der anderen Seite aber mußte im Interesse einer erfolgreichen Werbetätigkeit seine Unabhängigkeit unter Anwendung des öffentlich propagierten und in der Luftschutzbewegung durchaus ernstgenommenen Freiwilligkeitsprinzips[42] wenigstens nach außen hin respektiert und formell auch bestätigt werden.

Zudem ließ sich die Rechtslage nicht so einfach ändern, selbst wenn man dies wollte. Der RLB war ein eingetragener Verein mit Satzung und besaß rechtlich einen unabhängigen Status. Die Regionalverbände, die Landesgruppen, stellten eigene Vereine dar[43]. Die Rechtsordnung konnte hier keineswegs nach Gusto umgeworfen werden, und es war auch nicht so ohne weiteres möglich, den RLB als untere Kommandobehörde der Luftwaffe oder als offizielles persönliches Gefolgschaftsinstrument Görings einzurichten.

Man versuchte daher, nach und nach eine direktere Anbindung zu schaffen. Das RLM gab am 1. Juni 1935, kurz vor der Veröffentlichung des Luftschutzgesetzes, eine Dienstanweisung für den RLB heraus, nach der dieser einer Dienststelle des RLM gleichgeordnet zu betrachten sei[44]. Die Landesgruppen, die bis 1935 rechtlich, finanziell und verwaltungstechnisch vollkommen unabhängig vom Präsidium waren, wandelte man in Gliederungen um, die fortan unmittelbar unter seiner Kontrolle stehen sollten. Das Präsidium wiederum wurde mehr oder weniger von der Luftwaffenspitze dirigiert. In der Satzung des RLB von 1933 hatte man Göring bzw. seinen Vertretern das Recht zur Ernennung des Präsidenten und des Vizepräsidenten des RLB sowie Einberufungsrechte für den Präsidialrat und Teilnahme- und Anhörungsrechte bei allen Organen des RLB zugesprochen. Außerdem legte man fest, daß alle »grundsätzlichen Beschlüsse und Maßnahmen«

---

[40] Grimme, Reichsluftschutzbund, S. 17. Satzung vom 29.4.1933 mit Richtlinien in: BA-MA, RH 2/2253, RWM, LA, vom 19.5.1933. Zur Vorbereitung der Gründung: BA Berlin, R 2/32066, Reichskommissar für die Luftfahrt vom 13.4.1933.
[41] Der DLSV wurde am 27.10.1933 liquidiert, BA Berlin, R 36/2700, DLSV vom 27.10.1933.
[42] Siehe dazu unten, S. 314.
[43] Satzung zur Gründung vom 29.4.1933, § 9, BA-MA, R 43 II/1295, RK 5904/33 vom 9.5.1933. Ebd., RH 2/2253, S. 110–115, Satzung mit Richtlinien. Vgl. auch RH 2/994, Rundschreiben Nr. 1 des Präsidiums des RLB vom 20.6.1933.
[44] Hampe, Ziviler Luftschutz, S. 439.

vom RLM genehmigt werden mußten[45]. Mit der Dienstanweisung wurde nunmehr der Präsident des RLB »für seine Person« dem Staatssekretär im RLM unmittelbar unterstellt[46]. Im Luftschutzgesetz von 1935 und der ihm nachfolgenden I. Durchführungsverordnung verankerte man dann den RLB neben der Reichsgruppe Industrie als quasi-staatliche Organisation in einem Reichsgesetz, dies gegen den heftigen Widerstand der anderen Ministerien, die es als unerhörten Vorgang betrachteten, daß ein privater Verein in einem öffentlichen Gesetz Herrschaftsbefugnisse erteilt bekam[47]. Sogar die NSDAP vermerkte mit höchstem Unbehagen, daß der RLB nunmehr Rechte besitze, »wie sie die Partei selbst noch nie besessen hat«[48].

Dennoch blieb der rechtliche Status und die Verankerung im Verwaltungsapparat der Luftwaffe Beschränkungen unterworfen. Auch war die Einbindung in die Befehlshierarchie des RLM juristisch keineswegs unanfechtbar, da die Landesgruppen durch die Umwandlung in Gliederungen ihren Status als eingetragene Vereine nicht automatisch verloren. Dies wurde erst 1940 erreicht, als der RLB – wie schon die NSDAP im Jahre 1935 – in eine Körperschaft des öffentlichen Rechts umgewandelt wurde[49].

Überhaupt fallen starke staatspolitische Ähnlichkeiten zur NSDAP auf. Die Partei war öffentlich als die entscheidende Trägerin des Staatsgedankens propagiert, herrschaftstechnisch aber von Hitler domestiziert worden. Sie hatte letztlich nur ein ideologisches Monopol inne, d.h. die weltanschauliche Hoheit, nicht aber reale machtpolitische Befugnisse[50]. Die Verleihung des Status einer Körperschaft des öffentlichen Rechtes verstärkte dies noch, da man nun unter der Kontrolle des rationalen Herrschaftsapparates, insbesondere des RFM, stand. Die Leitung der NSDAP kritisierte diese Maßnahme dementsprechend. Letztlich war sie als Organisation lediglich ein – nicht *das* – Instrument zur Herrschaftsgestaltung. Für ihren Schwerpunkt, die propagandistische und weltanschauliche Indoktrinierung sowie die Überwachung der »Volksgenossen«, meldete sie zwar Ausschließlichkeitsansprüche an, konnte aber in der wuchernden Organisationslandschaft des Dritten Reiches nicht darauf bauen, daß diese auch respektiert wurden.

Die staatspolitische und organisatorische Stellung des RLB gestaltete sich ähnlich. Man unterlag der Aufsicht des Rechnungshofes des Deutschen Reiches, des RLM und der Revisions- und Treuhand-Aktiengesellschaft[51]. De facto lag die Kontrolle über den RLB beim RLM, auch wenn eine vollgültige formelle Einordnung in den Verwaltungsapparat der Luftwaffe wegen der Rechtslage nicht in Frage kam. Der Inspekteur der Flakartillerie und des Zivilen Luftschutzes (bzw. analog später die L.In. 13) blieb »in allen fachlichen Fragen« die »zuständige Stelle« für

---

[45] Satzung zur Gründung, §§ 2, 12, 13 und 16, BA-MA, R 43 II/1295, RK 5904/33 vom 9.5.1933.
[46] Grimme, Reichsluftschutzbund, S. 21.
[47] Dazu unten, S. 278–285.
[48] BA Berlin, NS 22/1035, NS einer Besprechung von NSDAP-Leitern am 25.2.1937 im Braunen Haus.
[49] Hampe, Ziviler Luftschutz, S. 441.
[50] Zum Folgenden: Broszat, Staat Hitlers, S. 262–267.
[51] Grimme, Reichsluftschutzbund, S. 28 f., Hampe, Ziviler Luftschutz, S. 442.

den RLB[52]. Die unmittelbare Steuerung wurde meist von Großkreutz und seinem Referat vorgenommen: RLM am 1. April 1933, Abt. V (U) Luftschutz, Ref. 1[53], am 31. August 1933, Abt. LS II (unter Inspekteur des Luftschutzes), Ref. 1[54], am 1. April 1934 *(Inspekteur des Luftschutzes) Abteilung Ziviler Luftschutz (ZL), Gruppe 1*[55], am 1. Juli 1938 Chef des zivilen Luftschutzwesens (unter Chef der Luftwehr, Amt LB), Abt. 3 (Durchführung, Verwaltungs- und Rechtsangelegenheiten des zivilen Luftschutzes), Gruppe I, (Durchführung des zivilen Luftschutzes), Ref. I B: Selbstschutz, erweiterter Selbstschutz, organisatorische Verwaltungsangelegenheiten des Reichsluftschutzbundes[56]. (Ähnlich wie hier dürften die Kompetenzen nach der Umgliederung vom 1. Februar 1939 – L.In. 13 – gewesen sein). Bei den Luftgaukommandos bearbeitete man Fragen im Zusammenhang mit dem RLB in Abt. Ia op.3, Arbeitsgebiet 1: Zusammenarbeit mit Reichsbehörden und den Reichsluftschutzbund[57]. Insgesamt läßt sich sagen, daß der RLB eine totalitären Zielen verpflichtete und im Laufe der Zeit auf charismatische Führerverehrung ausgerichtete Organisation mit verwaltungsmäßigem Charakter darstellte, die mehr oder weniger direkt von einem Teil des rationalen Herrschaftsapparates, der Luftwaffenverwaltung, kontrolliert wurde.

Die Parallelen zur NSDAP gingen über den rechtlichen und staatspolitischen Status hinaus und erstreckten sich auch sehr stark auf den strukturellen Aufbau. Der RLB glich hier weitgehend der Partei, deren Organisationsgerüst man offensichtlich kopiert hatte. Dies verwundert letztlich nicht, hatte doch der Luftschutzsachbearbeiter der NSDAP, Seydel, zusammen mit führenden Vertretern der Luftschutzbewegung und der Wehrverbände dem RLB 1933 die organisatorischen Konturen verliehen[58].

Auch die konkreten Aufgaben, die dem RLB gestellt wurden, ähnelten mutatis mutandis denen der NSDAP. Er hatte zu sorgen für:
» – Aufklärung und Werbung für den Luftschutz in der Bevölkerung,
– Vorbereitung und Durchführung des Selbstschutzes der Bevölkerung
– personelle Ergänzung des behördlichen Luftschutzes[59].«
Im Klartext bedeutete dies: möglichst lückenlose Überwachung, Erfassung, Mobilmachung und Beeinflussung der breiten Masse.

Den organisatorischen Aufbau gestaltete man dementsprechend[60]. Die unterste Organisationsebene war der Block mit einem Blockwart und Blockhelferinnen.

---

52 Grimme, Reichsluftschutzbund, S. 21.
53 BA-MA, RL 2 III/1, Vorläufiger Geschäftsverteilungsplan des Reichskommissars für die Luftfahrt, gültig ab 1.4.1933.
54 Ebd., Der Reichsminister der Luftfahrt vom 31.8.1933 – LA Nr. 2160/298/33 g.Kdos. LA II 1 – Gliederung des Reichsluftfahrtministeriums.
55 Ebd., RL 2 III/2, Der Reichsminister der Luftfahrt – LA Nr. 800/34 geh. Kdos. II 1 –, 22.3.1934, Umorganisation des RLM am 1.4.1934.
56 Ebd., RL 2 III/7. Dies gilt auch für die L.In. 13, da der Chef des Zivilen Luftschutzwesens mit seiner Abteilung am 1.2.1939 als L.In. 13 komplett unter den Chef des Ausbildungswesens im RLM trat.
57 Ebd., RL 19/39, Diensteinteilung des Stabes LGK VI (Münster), 15.11.1938.
58 PRO, CAB 46/14, ARPO 224 (2.5.1933). Gründungsmitglieder waren auch der Verkehrsdirektor der Lufthansa Knauss und Hampe.
59 Satzung zur Gründung: BA-MA, R 43 II/1295, RK 5904/33 vom 9.5.1933, § 2.

Der Blockwart hatte die Ausbildung und die Luftschutztätigkeit aller Häuser und Haushalte mit ihren Luftschutzhauswarten zu überwachen und zu leiten. Darüber stand die Revier- bzw. Gemeindegruppe. Deren Grenzen deckten sich i der Regel mit denen des jeweiligen Polizei- und Luftschutzreviers, und sie besaß meist eine eigene Luftschutzschule zur Ausbildung der aktiven Selbstschutzkräfte, also etwa der Hausfeuerwehren. Die nächsthöhere Ebene war die Orts- bzw. Orts-(Kreis) Gruppe mit jeweils einer Luftschutzhauptschule. Sie zeichnete für den Gesamtbereich einer Stadt oder eines Kreises verantwortlich und stellte die praktische Hauptorganisationsstufe des RLB dar. Von ihr gingen alle direkten Impulse für die Aktionen und Übungen vor Ort aus. Ihr Äquivalent von öffentlicher Seite bildete der Örtliche Luftschutzleiter, also meist der Polizeipräsident, auch er die praktische Hauptebene des zivilen Luftschutzes. Auf der Ebene der Regierungspräsidien richtete man Mitte der 30er Jahre die Bezirksgruppen ein, diese stellten eher Verwaltungsinstanzen, weniger aktive Mobilmachungsträger dar. Die Hauptebene für die Regionaltätigkeit waren die Landesgruppen, die sich mit dem Gebiet der Länder bzw. der preußischen Provinzen deckten. Sie waren das verwaltungstechnische Rückgrat des RLB und besaßen je eine Landesgruppen-Luftschutzschule. Das Präsidium des RLB, das in der Nähe des Reichstages und des Brandenburger Tores residierte (In den Zelten 22), verfügte über die Reichsluftschutzschule, die seit 1938 in einem komplett neuen Gebäude mit moderner Ausrüstung in Berlin-Wannsee angesiedelt war und gewissermaßen als Universität des Luftschutzes rangierte.

Die Ausbildung des Selbstschutzes verlief nach dem Schneeballsystem. Die obersten Führer und wichtigsten Verantwortlichen sowie die höheren Ausbilder wurden in der Reichsluftschutzschule unterwiesen. Diese unterrichteten die nächstuntere Ebene, also etwa die Verantwortlichen und Ausbilder der Landesgruppen, diese wiederum die Funktionäre der Ortsgruppen, diese wiederum diejenigen der Revier- oder Gemeindegruppen usw.

Die Funktionäre des RLB wurden als Amtsträger bezeichnet und erhielten die Berechtigung, eine Uniform zu tragen. Diese ähnelte grob der der Luftwaffe. Die untersten Amtsträger waren die Blockwarte[61]. Die Uniformträger mußten ihre Ausrüstung selbst bezahlen und durften außer den Dienstgradsymbolen und militärischen Auszeichnungen bzw. den entsprechenden Plaketten des RLB keine Abzeichen tragen, insbesondere solche der Partei nicht.

Diese flächendeckende Organisation mit einem ausgedehnten Ausbildungs- und Überwachungsapparat wies gigantische Züge auf und sollte sich zu einem regelrechten Moloch entwickeln. Aufgrund der aggressiven Werbetätigkeit besaß der RLB nach eigenen Angaben am 1. April 1937 13 Landesgruppen, 120 Bezirksgruppen, 2300 Orts- bzw. (Orts-)Kreis-Gruppen, 3400 Luftschutzschulen, 24 000

---

[60] Zum Folgenden vgl. 5 Jahre Reichsluftschutzbund, S. 1-27; Grimme, Reichsluftschutzbund, S. 14-29; BA-MA, RLD 32/16, LS ist Selbstbehauptungswille, S. 8-11, und RL 200/57. Sautier, Reichsluftschutzbund, und Hampe, Ziviler Luftschutz, S. 76-80, 439-451; Ziviler Luftschutz (1934), S. 291-293, und ebd. (1937), S. 245-251.
[61] Luftschutzhauswarte gehörten nicht dazu.

Luftschutzlehrer, 400 000 Amtsträger einschl. der Blockwarte, 4 Mio. ausgebildeter Selbstschutzkräfte und 11 600 000 Mitglieder. Deren Zahl wuchs 1939 auf 15 Mio. und bis 1942/43 auf 22 Mio. Mögen diese Zahlen, die ausschließlich aus RLB-eigenen Quellen stammen, geschönt sein und geben sie sicher auch nicht die realen Verhältnisse vor Ort an (z.B. hinsichtlich des wirklichen Engagements), so zeigen sie doch die massive organisatorische Wucherung des RLB. Er war ein totalitäres Herrschaftsinstrument erster Güte. Dies kam auch dadurch zum Ausdruck, daß der RLB mit fast allen NS-Organisationen vor Ort und in den Regionen zusammenarbeitete, mit ihnen aufmarschierte und ihre Mitglieder ausbildete (v.a. HJ, BDM, NS-Lehrerschaft, NS-Volkswohlfahrt, NS-Studentenbund, Reichsnährstand, NS-Bund Deutscher Technik etc.), auch wenn man – insbesondere im politisch-ideologischen Tagesgeschäft – die Heranziehung des RLB in die direkte Arbeit der Parteigliederungen tunlichst zu vermeiden suchte[62].

Die Struktur des RLB war an die Verwaltungsebenen der Luftwaffe und der Inneren Verwaltung angeglichen, um eine reibungslose Zusammenarbeit zu gewährleisten und effiziente Aufbau- und Mobilmachungsarbeit zu leisten[63]. Die Anpassung an die Struktur des rationalen Verwaltungsapparates kam insbesondere dadurch zum Ausdruck, daß der RLB nachdrücklich darauf verpflichtet wurde, den Dienstweg einzuhalten. Gab es Schwierigkeiten mit einem anderen Herrschaftsträger, die die Einbeziehung einer höheren Ebene erforderten, durfte die zuständige Stelle, also etwa eine Ortsgruppe des RLB, nicht direkt an die oberen Instanzen der beteiligten Behörde oder Organisation appellieren, sondern mußte sich an ihre eigene Landesgruppen wenden, die dann den Fall ihrerseits an das RLB-Präsidium, die Landesregierung oder die entsprechenden Verantwortlichen weiterleitete[64]. Der Dienstcharakter kam auch dadurch zum Ausdruck, daß der RLB eine hierarchische Akten- und Informationsstruktur (Rundschreiben) sowie einen ordentlichen Bürobetrieb mit Dienstsiegeln besaß. Totalitärer charismatischer Überwachungsauftrag und »ordentlicher Anstaltsbetrieb« im Weberschen Sinne wirken ineinander.

Auf der anderen Seite war und blieb der RLB auf massive Improvisation angewiesen und fristete seine Existenz als finanzieller Hungerleider. Die Haupteinnahmequelle stellten die – sehr geringen – Mitgliedsbeiträge dar (1,– RM pro Kopf pro Jahr), die durch Reichszuschüsse für die Ausbildung der Zivilbevölkerung ergänzt wurde. Bemühungen, staatliche und lokale Dienststellen, also etwa Finanzbehörden und andere Landes- oder Reichsdienststellen sowie Gemeinden zur Zahlung von weitergehenden Beiträgen zu veranlassen, scheiterten meist an deren Verwaltungsprinzipien[65].

Die finanzielle Heranziehung der Bevölkerung lief zeitweise schleppend und mußte mittels Tricks und Improvisationen vorangetrieben werden. So kam es häufig

---

[62] Dazu unten, S. 300 f.
[63] Grimme, Reichsluftschutzbund, S. 39 (Schema).
[64] Satzung zur Gründung, BA-MA, R 43 II/1295, RK 5904/33 vom 9.5.1933, § 9.
[65] Zum Verhältnis zwischen RLB und anderen Behörden, vor allem den Gemeinden, siehe unten, S. 289–297.

vor, daß man ganze Häuserblocks ohne vorheriges Befragen der Bewohner kollektiv in den RLB aufnahm. Als dann versucht wurde, die Mitgliedsbeiträge nachträglich an den Haustüren einzuheben, stieß man nicht selten auf erhebliche Schwierigkeiten[66].

Trotz allgegenwärtiger Präsenz und massiver Propagandatätigkeit hatte der RLB um seine Existenz zu kämpfen, wobei er von Parteidienststellen und anderen Organisationen häufig als Schwächlingsorganisation diskriminiert wurde[67]. Es nimmt nicht wunder, daß Goebbels in einem Tagebucheintrag vom 16. Juni 1936 über den RLB eher ermüdet schrieb:

»Ein dickes Gebilde, vorläufig ohne rechtes Gerippe. [...] All diese Organisationen werden so leicht zum Selbstzweck[68].«

Polizei und Innere Verwaltung

Die Genese der Zuständigkeiten von Polizei und Innerer Verwaltung spiegelt recht eigentlich wider, wie sehr sich der deutsche Luftschutz nach 1933 zum Organisationsdschungel entwickelte. In der Zeit der Weimarer Republik waren sie die federführenden Träger des gesamten Luftschutzes gewesen, und beim weiteren Aufbau wäre den Ländern mit ihren Sub-Verwaltungseinheiten (Regierungsbezirke oder gleichgelagerte Ebenen, in Preußen zusätzlich die Provinzen) als Aufsichtsbehörden für die Gemeinden die Hauptverantwortung zugekommen. Da man beschlossen hatte, die Örtliche Luftschutzleitung den Polizeiverwaltern zu übertragen und in den meisten größeren Städten eine staatliche Polizeiverwaltung eingeführt worden war[69], wären die Innenministerien bzw. die Regierungsbezirke die Dreh- und Angelpunkte geworden. Das RMI hätte die allgemeine Federführung übernommen und in allen grundsätzlichen Fragen die Belange von Polizei und Innerer Verwaltung gegenüber den anderen beteiligten Reichsverwaltungen vertreten. Als das RLM hineindrängte, wurden diese Strukturen, die infolge des herrschenden Föderalismus ohnehin schon nicht immer einfach zu handhaben gewesen wären, außer Kraft gesetzt. Darüber hinaus trug noch die allgemeine Herrschaftspraxis der Nationalsozialisten zur Komplizierung bei[70].

Die Polizei machte dabei einen hervorragenden und signifikanten Teilaspekt aus. Als Himmler und seine Palladine nach mühevollen Anstrengungen drei Jahre nach der Machtergreifung die Polizei unter ihre Kontrolle bekamen, wurden die Strukturen vollends zum Dickicht.

Himmler und seine Gefolgsleute, insbesondere Reinhard Heydrich, hatten ihre Energien seit 1933 vor allem darauf verwendet, den Polizeiapparat zu okkupieren[71]. Wegen der föderalen Strukturen, die nunmehr von Parteimitgliedern kon-

---

66 Deutschland-Berichte, 1 (1934), S. 778, vgl. auch 4 (1937), S. 312.
67 Zur Kritik an Sinn und Zweck des RLB von politischen Trägergruppen des Regimes siehe auch unten, S. 300 f. und 308–310.
68 Goebbels, Tagebücher, Eintrag vom 16.6.1936.
69 Deutsche Verwaltungsgeschichte, Bd 4, S. 406.
70 Dazu oben, S. 239 f.
71 Zum Folgenden vgl. grundsätzlich Broszat, Staat Hitlers, S. 336–349; Buchheim, Anatomie, Bd 1, S. 35–66; Neufeldt, Entstehung, S. 1–27; Deutsche Verwaltungsgeschichte, Bd 4, S. 1017–1031; Wilhelm, Polizei, S. 73–98; Herbert, Best, S. 133–203.

trolliert wurden, die nicht ohne weiteres auf Machtkompetenzen verzichten wollten, konnte dieses Unterfangen nur Schritt für Schritt in die Tat umgesetzt werden. Himmler brauchte drei Jahre, bis er am Ziel war, wobei er Geduld, Verhandlungsgeschick und die Rückendeckung Hitlers benötigte. Sein Ziel stellte in erster Linie die Übernahme der Politischen Polizeien der Länder dar, aus denen er in Verbindung mit der SS die Gestapo und den SD schuf. Aber auch die uniformierte Schutzpolizei, in deren Bereich der Luftschutz fiel, stand auf der Okkupationsliste Himmlers, und so riß er sie ebenfalls an sich.

Um die angestrebten Ziele umzusetzen, mußten insbesondere die Kompetenzen des RMI aufgebrochen und wesentliche Befugnisse herausgeschnitten werden. Wilhelm Frick und sein Ministerium versuchten seit 1933 selbst, die Polizei zu zentralisieren und der umfassenden Kontrolle des RMI zu unterstellen. Dazu gab man Erlasse heraus und unternahm entsprechende organisatorische Vorstöße. Der wichtigste Schritt erfolgte am 1. November 1934, als das preußische Innenministerium mit dem RMI zum Reichs- und Preußischen Innenministerium vereinigt wurde. Diese »Verreichlichung« sollte den Auftakt zu einer einheitlichen Polizeibehörde unter diktatorischen Vorzeichen werden. Die Versuche scheiterten aber, als Himmler auf den Plan trat und in der Folge seinerseits das RMI zu entmachten begann. Dies geschah nach harten Verhandlungen und zähem Widerstand der Ministerialbürokratie, wobei die Rückendeckung Hitlers für Himmler diesem Ministerium letztlich keine Chancen ließ. Im Zuge dieser Änderungen wurden alle Funktionen, die mit der Leitung und dem Einsatz der Polizei zu tun hatten, Himmler übertragen. Frick und seine Beamten konnten lediglich verhindern, daß Himmler Ministerrang erlangte. So unterstand er ab Juni 1936 als Reichsführer-SS und Chef der Deutschen Polizei im Reichsministerium des Innern formell zwar Frick, de facto aber besaß er eine eigene Behörde mit voller Kontrolle über die Polizei. Er richtete zwei Hauptämter ein, das HA Sicherheitspolizei unter Heydrich und das HA Ordnungspolizei unter Kurt Daluege, der schon vorher im RMI tätig gewesen war. Dadurch unterstand die Polizei reichseinheitlich seiner Führung und bildete zunehmend einen eigenständigen vertikalen Verwaltungsstrang, obwohl sie auf den unteren Ebenen formell den Landesregierungen und der Inneren Verwaltung zugeordnet und – vor allem in dienstrechtlichen Dingen – zunächst auch unterstellt blieb.

Der Luftschutz wurde in Himmlers Apparat eingebunden, nachdem man ihn dem RMI (Polizeiabteilung – III P- und Zentralabteilung – Z6-) entrissen hatte[72]. Zuständig wurde das HA Ordnungspolizei unter Daluege, das ihn sogleich als Sachgebiet O2 in das Amt Organisation und Verwendung integrierte. Nach einer Umorganisation im Dezember 1937 trat der Luftschutz als Untergruppe L (mit L1 bis L4) zum Amt Reichsverteidigung und Ziviler Luftschutz im Kommando-Amt, der zentralen Führungsabteilung. Mit diesen Maßnahmen kam nicht zuletzt auch

---

[72] BA Berlin, R 18/5628, Ausgliederung der Polizei aus dem RMI, S. 665 ff., Erlaß des R&Pr.MI vom 25.6.1936 gemäß Führerweisung vom 17.6.1936; Festlegung der neuen Aufgabenverteilung, mit weiteren Dok., unter anderem Arbeitsgebiet Z6 (24.6.1936). Dazu Neufeldt, Entstehung, S. 11–27.

das Bestreben Himmlers zum Ausdruck, sämtliche behördlichen und polizeilichen Verteidigungsmaßnahmen im zivilen Bereich, seien es Vorbereitungen gegen äußere Feinde oder Regimegegner im Innern, unter seine Kontrolle zu bekommen.

Dieser Anspruch führte zu Schwierigkeiten mit den anderen Beteiligten, insbesondere dem RLM und dem RLB. Wie schon in vielen anderen Bereichen der nationalsozialistischen Herrschaft kam es zu Rivalitäten und Kompetenzkämpfen.

Rechtlich war die Aufbauarbeit im Luftschutz keineswegs abgesichert, eine Tatsache, die von fast allen beteiligten Verantwortlichen des technischen Apparates als schweres Manko angesehen wurde. Insbesondere die Stellung der Polizeiverwalter als Örtliche Luftschutzleiter hing zunächst juristisch in der Luft. Anders als die zeitgenössischen Autoren und auch Vertreter der Inneren Verwaltung behaupteten und Hampe auch noch in seinem umfassenden Kompendium von 1963 kommentarlos wiedergibt[73], lieferte das Preußische Allgemeine Landrecht von 1794, nach dem die Abwehr der Gefahren der Öffentlichkeit das »Amt der Polizey« sei, nicht die nötige Legitimation. Wie der zuständige Bearbeiter des RMI, Ministerialrat Krauthausen, nachdrücklich betonte, mußte die Polizei durch neue Rechtsschöpfungen für die Kontrolle im Luftschutz besonders ermächtigt werden.

»Bis zum Erlaß des Reichsluftschutzgesetzes und seiner Durchführungsverordnungen bestehen jedoch – unbeschadet der moralischen Verpflichtungen – auf dem Gebiete des Luftschutzes *rechtlich* keine Verpflichtungen. Der Luftschutz ist nach preußischem und bayerischem Recht keine Angelegenheit, die in den materiellen Bereich der Polizei gehört, sondern er ist eine besondere Angelegenheit, die der Polizei durch Gesetz übertragen werden muß. Den bisherigen [bis 1935] Forderungen der Polizei hinsichtlich des Luftschutzes wird daher erst durch den Erlaß des Luftschutzgesetzes eine wirkliche *rechtliche* Grundlage gegeben werden[74].«

Erst mit dem Reichsluftschutzgesetz von 1935 und der nachfolgenden I. Durchführungsverordnung des Jahres 1937 besaß man eine juristische Basis zur Ausübung hoheitlicher Aufgaben.

Davor bestand lediglich die Vorläufige Ortsanweisung für den Luftschutz (VOA), die bereits vor 1933 erstellt worden war und einen umfangreichen, ausführlichen und sehr differenziert ausgearbeiteten Katalog aller nötigen Maßnahmen enthielt, der als Grundlage für die praktische Aufbauarbeit ausgezeichnet verwendbar war[75]. Jedoch stellte auch die VOA lediglich eine Art Empfehlung ohne rechtliche Verpflichtung oder Bindung dar[76]. Man verteilte sie bis 1934 an alle wichtigen Dienststellen im Reich (23 126 Stück)[77] und empfahl, den Luft-

---

[73] Hampe, Ziviler Luftschutz, S. 13, und oben, S. 125 f.
[74] BA Berlin, R 36/2694, NS über Sitzung betr. Mittelbeschaffung für den zivilen LS am 12.2.1935, Bl. 163.
[75] Zum Folgenden grundsätzlich GStA, Rep. 84a, Nr. MF 10010–10014; BA Berlin, R 2301/37571, RML – LS II 2a Nr. 3174/33 vom 1.9.1933 und R 36/2690–2692.
[76] Ebd., R 36/2691, RdLuOBdL – ZL 3e 1048/36 geh. – vom 9.6.1936; ebd., R 601/1325, RFM vom 12.2.1936 – Lu 4760–123 I C –.
[77] Ebd., R 601/1325, Bd II, Versendung des Teils 2 der Vorläufigen Ortsanweisung für den zivilen LS.

schutz danach zu gestalten[78]. Die Verteilung selbst lief entlang den gegebenen Organisationsstrukturen. Beliefert wurden die oberen Zentralbehörden, also die Reichsministerien, die obersten Reichsbehörden, die Innenministerien der Länder, der Deutsche Gemeindetag (DGT) und die verschiedenen Hilfsorganisationen. Alle diese Behörden, Institutionen und Verbände wiederum versorgten ihre unteren Verwaltungsstellen. Der DGT verteilte die VOA bis hinunter zu den Städten mit über 5000 Einwohnern und die Landkreise[79]. Den Gemeinden wurde über den DGT ein gewisses, letztlich jedoch nur theoretisches Mitspracherecht bei den rasch einsetzenden Überarbeitungen und Aktualisierungen der Anweisung eingeräumt. Dazu startete man jeweils eine Umfrage bei den Provinzialdienststellen des DGT hinsichtlich der gemachten Erfahrungen und zog auch Fachleute hinzu. Die eingegangenen Meldungen wurden dann dem RLM mit der Bitte um Berücksichtigung übersandt. Dies geschah jedoch nicht wirklich, was unter anderem auch auf die Fülle der Vorschläge zurückging[80]. Die Teilüberarbeitungen und Ergänzungen aus Berlin verteilte man dann wieder über die etablierten Wege. Die VOA wurde nach und nach durch die Durchführungs- und Ausführungsverordnungen zum Luftschutzgesetz ersetzt, ohne als Anleitung jemals formell abgeschafft zu werden[81].

Die Aufteilung der Zuständigkeiten war trotz der juristischen Probleme eigentlich schon vorgegeben und von den verantwortlichen Fachleuten im Luftschutz auch entsprechend vollzogen worden. Alle privaten Luftschutzaktivitäten der Zivilbevölkerung (Selbstschutz) waren Sache des RLB, der die Volksgenossen hierfür zu betreuen hatte. Der behördliche Luftschutz, also der Sicherheits- und Hilfsdienst mit Polizei, Feuerwehr, Sanitätsorganisationen (Rotes Kreuz), Entgiftungsdienst und Technischer Nothilfe als Instandsetzungsdienst sowie der Erweiterte Selbstschutz fielen in die Zuständigkeit der Polizei. Den Werkluftschutz (Industrie) und der Luftschutz der besonderen Verwaltungen (Reichsbahn, Wehrmacht, Reichspost und SS etc.) hatten die betreffenden Träger selbst durchzuführen, wobei die Polizei allerdings wenigstens als Aufsichtsinstrument beteiligt werden sollte. Für die Zivilbevölkerung stellte die private Haustür die Scheidelinie dar. Alles, was innerhalb des Gebäudes für den Luftschutz zu geschehen hatte, war Sache der

---

[78] BA-MA, R 43 II/1295, S. 283–287, RK 1439/33, 14.12.1933; R 43 II/1296, S. 61–67 und 69–71, RK 1662/36 vom 12.2.1936; BA Berlin, R 2/9218, Versendungsankündigung RdLuOBdL vom 6.7.1936 – ZL 1e, Nr. 2040/36 geh.- zu VOA Abschnitt VIII mit ausführlichem Verteiler.

[79] BA Berlin, R 36/2690, RML – LS II 2a–1941/34 –, 4.4.1934, Verteilung Abschn. X, VOA.

[80] Dazu unten, S. 288 f. mit Anm. 172.

[81] BA Berlin, R 36/2691, Vermerk DGT – LS 224/36 – vom 31.7.1936, RdLuOBdL – ZL 1e Nr. 7809/36 – vom 14.9.1936. Weitere Dok. bis 1941, ebd., R 2/9222, RdLuOBdL – Chef ZL Az. 41g. 18 ZL 40 6317/38g- vom 1.9.1938 und RdLuOBdL vom 13.2.1939, R 2/26744, RFM, Erlaß vom 14.12.1933 – O 6035–52/33 I B Bau – in Verbindung mit der VOA und deren beider Ergänzung bzw. teilweiser Aufhebung durch neue Erlasse bis 1939. Daß die VOA nie formell abgeschafft wurde, lag wohl hauptsächlich am Fehlen einer umfassenden staatspolitischen und verfassungsrechtlichen Neuordnung der Verhältnisse im Reich. Eine wirkliche Reichsreform mit Konstituierung neuer, verbindlicher Staatsstrukturen wurde niemals in die Wege geleitet.

Hausbewohner und damit des RLB. Alle außerhalb liegenden Pflichten kamen dem behördlichen Luftschutz und damit der Polizei zu[82].

Aufgrund der jahrelangen Unsicherheiten im Bereich der Inneren Verwaltung wurde diese Trennung aber nie grundsätzlich bestätigt, und auch das Reichsluftschutzgesetz, das die Zuständigkeiten durchaus festschrieb, blieb in seiner Wirkung begrenzt. So sah sich die Ordnungspolizei zunächst durchaus auch für den Selbstschutz der Zivilbevölkerung zuständig und nahm entsprechende Aufgaben in ihre Geschäftsverteilungspläne auf[83]. Umgekehrt beanspruchte der RLB die Ausbildung höherer Verwaltungsträger für sich und bestellte auch Regierungspräsidenten, Landräte und Bürgermeister als Ortspolizeiverwalter zu den entsprechenden Lehrgängen bei der Reichsluftschutzschule oder bei Landesgruppen-Luftschutzschulen ein[84]. Es kam zu Protesten und Streitereien, die erst nach und nach beigelegt wurden. Himmler und Milch[85] trafen sich im Juni 1938 zu einem klärenden Gespräch, das die nötige Abgrenzung hinsichtlich der generellen Kompetenzen auf der unteren Ebene schuf. Die Aufgabenteilung nach der »Haustür-Regelung« wurde nun endgültig zementiert[86].

Die Ausbildung der Verantwortlichen in den Leitungspositionen blieb aber zunächst weiterhin ungeregelt. Es entwickelte sich allerdings ein gewisser Modus vivendi, der erst im Krieg förmlich bestätigt wurde, dies wiederum durch direktes Einvernehmen und nachträgliche Fixierung in einem Erlaß[87]. Die Ordnungspolizei bildete die Führungskräfte in ihrem Geschäftsbereich, wozu auch die Innere Verwaltung gehörte, selbst aus und errichtete dazu einen Luftschutz-Lehrstab. Andere Einrichtungen, also etwa die Schulen des RLB, konnten Polizeioffiziere zwar noch zu Ausbildungsveranstaltungen einladen, durften aber dazu keinerlei Verpflichtungen aussprechen. Die Inanspruchnahme dienstlicher Mittel hierfür wurde verboten. Erachtete man es im Interesse der Sache als nötig, Polizeiangehörige bei der Reichsanstalt für Luftschutz (z.B. technische Fachleute) auszubilden, mußte dies vorher über den Dienstweg beim HA Ordnungspolizei gemeldet werden[88]. Eine flächendeckende Ausbildung von Polizeioffizieren oder höheren Mitgliedern der

---

[82] Ziviler Luftschutz (1934), S. 289; vgl. allgemein auch S. 135–144, 155–252 und 287–308.

[83] BA Berlin, R 19/5 a–d, 459, 468, 469. Anfangs, als der LS noch dem Sachgebiet O 2 des Amtes Organisation und Verwendung zugeteilt war, hatte man sich auch für den RLB als zuständig betrachtet.

[84] GStA, Rep. 151, Nr. 434, insbes. Bl. 1–10, Schreiben des RFSSuCHddPol. an das Präsidium des RLB und an die Länderregierungen, die Reichsstatthalter, die Oberpräsidenten, die Regierungspräsidenten und den Polizeipräsidenten in Berlin, 24.1.1938, O-Kdo. O(2)6, Nr. 3/38, und Blatt 62, Schreiben des RFSSuCHddPol. an die Länderregierungen, Ober- und Regierungspräsidenten, 27.8.1937.

[85] Daß Milch die Verhandlungen mit Himmler führte, lag wohl am Desinteresse Görings.

[86] Zum Folgenden: BA Berlin, R 2/12165, Vereinbarung zwischen dem RFSSuChddPol im RMdI und dem RdLuOBdL über die Abgrenzung der Arbeitsweise auf dem Gebiet des LS vom 23.6.1938.

[87] Ebd., RdLuOBdL vom 15.4.42 – Az. 41 c 12 L.In. 13 III A 1, Nr. 6374/39 –, Abgrenzung der Aufgaben der Reichsanstalt der Luftwaffe für LS und des LS-Lehrstabes des RFSSuChddPol im RMI.

[88] Ebd., R 19/306, RFSSuChddPol vom 20.8.1940 – O-Kdo. RV/L (1 2a) 6 Nr. 13/40 –. GStA, Rep. 151, Nr. 434, Bl. 1–10.

Inneren Verwaltung für ihre leitenden Tätigkeiten im Luftschutz außerhalb der Einrichtungen der Ordnungspolizei wurde nicht mehr gestattet.

Diese Beispiele zeigen erneut sehr deutlich die Vermischung rationaler und neopatriarchalisch-charismatischer Herrschaftselemente im nationalsozialistischen Deutschland. Das nach der Machtergreifung herrschende Verwaltungswirrwarr wurde einerseits durch rechtliche Regelungen, die die technisch Verantwortlichen als unerläßlich betrachteten, mühevoll erfaßt und geordnet. Durch die exzeptionelle Stellung der direkten Palladine Hitlers, hier Himmler und Göring, und deren Hausmacht andererseits aber reichten Gesetze und Verordnungen allein nicht aus. Erst durch persönliche Kompetenz- und Machtabgrenzung auf dieser obersten Ebene wurden klarere Verhältnisse geschaffen.

Damit waren die Schwierigkeiten aber längst nicht ausgeräumt. Nach Kriegsbeginn kam es zu teilweise erbitterten Kämpfen zwischen Himmlers Apparat und Görings Luftwaffe um den SHD, die die Polizei nach einiger Zeit für sich entschied. Der ortsfeste SHD, d.h. die Masse seiner Angehörigen, wurde 1942 formell in die Ordnungspolizei eingegliedert[89].

Die problematische Organisationslage wurde durch die Tatsache weiter kompliziert, daß Himmler und seine Untergebenen eine spezielle Territorialverwaltung für die Polizei für nötig erachteten, um die Kontrolle im Sinne totalitärer Herrschaft nicht zu verlieren. So ordnete man noch 1936 die Einsetzung von Inspekteuren der Sicherheitspolizei und Inspekteuren der Ordnungspolizei an, die auf der Ebene der Landesregierungen/Reichsstatthalter bzw. der Oberpräsidenten in Preußen angesiedelt wurden[90]. Diese Inspekteure hatten im Frieden keine Kommandobefugnis, sondern sollten die Arbeit der jeweiligen Polizeien in ihrem Bereich koordinieren, überprüfen und inspizieren. Formell sollten sie den zivilen Verwaltungsträgern »persönlich unmittelbar unterstellt und verantwortlich«[91] sein und keinen Anlaß zu Friktionen geben. Die Umwandlung der Polizeistruktur und die territoriale Umsetzung der wahren Machtverhältnisse sollten behutsam und ohne Aufsehen vor sich gehen.

Im Falle der Sicherheitspolizei wurde diese Zurückhaltung nicht wirklich eingehalten[92]. Gestapo, SS, SD und – eingeschränkt – auch die Kriminalpolizei bildeten recht rasch einen unabhängigen Verwaltungszweig, auf den die traditionellen Verwaltungen keinerlei Einfluß mehr hatten. Tatsächlich stellte der unmittelbare Terrorapparat schließlich auch die Hauptmachtbasis des Palladins Himmler dar.

Langsamer und vorsichtiger ging man bei der Ordnungspolizei vor. Deren Inspekteure wurden besonders darauf verpflichtet, ihre Arbeit mit »Fingerspitzengefühl« ohne »Überheblichkeit« und Geringschätzung gegenüber den zivilen Verwaltungen zu leisten[93]. Ihre »persönliche und unmittelbare« Unterstellung unter die

---

[89] Wendorf, Zivilschutztruppen, S. 41 f. Es gab motorisierte Einheiten des SHD, die auch nach 1942 noch vorläufig bei der Luftwaffe verblieben.
[90] Wilhelm, Polizei, S. 79–84; Tessin, Stäbe und Truppeneinheiten, S. 19 ff.
[91] BA Berlin, R 18/5628, R&Pr.I Pol III S I a Nr. 90/36 vom 28.8.1936.
[92] Belege wie in Anm. 71.
[93] BA Berlin, R 19/460, NS Inspekteurs-Besprechung vom 9.12.1937. Auch bei der Einteilung der Zuständigkeiten nahm man Rücksicht auf die Innere Verwaltung und setzte eher auf Absprachen.

Oberpräsidenten bzw. deren Äquivalente aber wies bereits eindeutig auf eine zukünftige Verselbständigung unter dem Kommando Himmlers hin, hatte sich dieser doch bei seiner Ernennung zum Reichsführer SS und Chef der Deutschen Polizei selbst »persönlich und unmittelbar« dem Reichsinnenminister unterstellen lassen, wobei er peinlich darauf geachtet hatte, keinerlei dienst-, beamten- oder verfassungsrechtliche Verpflichtungen, alles Elemente rationaler Herrschaft, einzugehen[94]. Die persönliche Unterstellung weist eindeutig auf die Treue zwischen Herr und Gefolgsmann hin und ist ein Merkmal patriarchal-charismatischer Herrschaft. Himmler konnte sich immer auf seine bestehende persönliche Unterordnung als SS-Mann unter Hitler berufen und dadurch seine Unterstellung unter Frick umgehen. Analog dazu legte man den Status der Inspekteure der Ordnungspolizei fest, wenn dieser auch zunächst nicht oder nur zurückhaltend zur Geltung gebracht wurde.

Die Einsetzung der Inspekteure der Ordnungspolizei erfolgte in erster Linie aus militärischen Gründen, d.h. zum Zweck der Absicherung der militärischen Mobilmachung bei Kriegsbeginn. Man wollte militärische Tatsachen schaffen, um möglichen Bestrebungen der Militärs bzw. anderer nationalsozialistischer Spitzenleute zuvorzukommen[95]. Man gedachte nicht, die Vorbereitung – im Kriege auch die Leitung – der zivilen Kriegführung, vor allem den taktischen Einsatz und die unmittelbare Ausübung der organisatorischen Gewalt, den Militärs zu überlassen.

Darunter fiel insbesondere auch der Luftschutz. Dieser war, wie alle Obliegenheiten der zivilen Kriegsvorbereitungen auf dem Gebiet der Inneren Sicherheit, von den Inspekteuren vorzubereiten und zu überwachen. Im Kriege ernannte man die Inspekteure der Ordnungspolizei dann zu Befehlshabern der Ordnungspolizei und damit zu regionalen Kommandeuren[96]. Sie, nicht die Luftgaukommandos der Luftwaffe, waren damit die taktischen Führer und Einsatzleiter des Luftschutzes in ihrem Bereich. Die Luftgaukommandos zeichneten eher für den militärorganisatorischen und den luftschutztechnischen Bereich verantwortlich.

Die allgemeine Kompetenzaufspaltung wurde noch vertieft, als man im Jahre 1937 sog. Höhere SS- und Polizeiführer (HSSPF) als übergeordnete Kontrollorgane für alle Bereiche der Polizei einführte[97]. Himmler, der sich die Stellenbesetzung dieser Dienststellen persönlich vorbehielt, fürchtete, daß durch die vielfältigen Aufgaben und die allgemeine organisatorische Zersplitterung die Einheit von SS und Polizei verlorenging. Die HSSPF erhielten ihre Befugnisse ausdrücklich als politische Verwaltungsträger, die für die umfassende organisatorische Umsetzung

---

Vgl. die vom RFM zunächst nicht genehmigte Dienstanweisung und Zuständigkeitsabgrenzung für IdO im Zuge der Übernahme der Polizeibeamten auf den Reichshaushalt im Frühjahr 1937, BA Berlin, R 2/11657, RFSSuChddPol – O.Kdo.g. 2 No. 93/36 (g.) – vom 17.12.1936.

[94] Zum Folgenden: Buchheim, Anatomie, S. 52 ff.; Broszat, Staat Hitlers, S. 342 ff.; Neufeldt, Entstehung, S. 11–20.

[95] Ein möglicher Konkurrent war Göring, der die preußische Geheimpolizei (Gestapa) nach der Machtergreifung kontrolliert, dann aber (1934) de facto an Himmler zu überstellen hatte. Buchheim, Anatomie, S. 35–49.

[96] Lofti, Befehlshaber, S. 78–83.

[97] Zum Folgenden: Buchheim, Anatomie, S. 113–145.

der Ideologie und die Kohärenz des Apparates sorgen sollten. Die Inspekteure der Ordnungspolizei und der Sicherheitspolizei wurden ihnen unterstellt.

Auch hier ergaben sich nun allerdings etliche spezifische Schwierigkeiten. Durch die Existenz der von der vorigen Staatsordnung übernommenen, auch nach 1936 weiterbestehenden und keineswegs machtlosen Inneren Verwaltung sowie der bereits installierten Organe auf dem Gebiet der zivilen Kriegsvorbereitung blieben die HSSPF, denen man formell kaum inhaltliche Rechte und Zuständigkeitsbereiche zugewiesen hatte, im Altreich, d.h. im Deutschen Reich in den Grenzen von 1937, in ihrer Bedeutung eingeschränkt. Im Krieg hatten sie dann hauptsächlich Organisations- und Repräsentationsfunktionen und waren letztlich wohl entbehrlich, weil die eigentliche Arbeit schon von den jeweiligen Inspekteuren erledigt wurde.

Im Falle der besetzten Gebiete im Osten sah dies jedoch anders aus. Höhere SS- und Polizeiführer wurden dort von Himmler sinngemäß wie im Altreich eingesetzt, um für die entsprechende Kohärenz der Polizei zu sorgen. Dabei trugen sie ebenfalls zur Vervielfältigung des Organisationsapparates bei, ohne die Einheitlichkeit der Polizeistrukturen sicherstellen zu können. Sie mutierten dann – und dies stellt den entscheidenden Unterschied zu ihren Kollegen in den nationalsozialistischen Stammlanden dar – zu einer Art Sonderbevollmächtigte, die sich gut einsetzen ließen, um größere Mordaktionen rasch, effizient und skrupellos durchzuführen. Die HSSPF waren somit Himmlers verlängerter Arm des Terrors. Es kam dabei immer wieder zu Konflikten mit Verwaltungsstellen der Wehrmacht und der Inneren Verwaltung, wobei die HSSPF aber eine starke Position innehatten. Die jeweiligen Amtsinhaber zählten zu den skrupellosesten und brutalsten Vertretern der SS (z.B. SS-Gruppenführer Erich von dem Bach-Zelewski im rückwärtigen Bereich der Heeresgruppe Mitte im Rußlandfeldzug)[98].

Der ursprüngliche Organisationsauftrag der HSSPF weist trotz bzw. gerade wegen der Überlagerung durch die Sonderaufgaben im Osten eine klare Richtung auf, die auch für den Luftschutz bedeutsam war. Die Bemühungen Himmlers und seiner Untergebenen zielten nachweislich auf die Schaffung eines umfassenden Macht-, Kontroll- und Terrorapparates, der nicht nur die Gestapo, sondern alle Polizeisparten inkl. des Luftschutzes einschließen sollte.

»Vorgesehen ist ein Schutzkorps, dem angehören: Ordnungspolizei, Sicherheitspolizei, Teile der SS, die im Mob.-Fall in der Heimat bleiben, Freiwillige Feuerwehren, Berufsfeuerwehr, die Teno [= TN] und die Hilfspolizei. Zusammenfassung auch von der Wehrmacht erwünscht[99].«

Damit war die Einordnung der zivilen Elemente, auch des Luftschutzes, in die ideologisch motivierten Kampfstrukturen des Polizei- und Terrorapparates vorgegeben. Die Inspekteure der Ordnungspolizei bzw. Sicherheitspolizei und die HSSPF waren hierbei als Nahtstellen zur Steuerung und Koordinierung aller Ele-

---

[98] Wilhelm, Polizei, S. 138.
[99] BA Berlin, R 19/460, NS Inspekteurs-Besprechung vom 9.12.1937. Die Einstellung der Wehrmacht zum entstehenden Polizeiapparat Himmlers und deren Genese können hier nicht näher dargestellt werden.

mente vorgesehen[100]. Himmler und seine höheren Planer stellten sich offensichtlich ein einheitliches Instrumentarium vor, das bestehende Abgrenzungen zwischen zivil und ideologisch-kämpferisch bzw. zwischen zivilem Schutz und aggressivem Terror überwinden sollte. Der Luftschutz als vergleichsweise weiches Element befand sich damit auf dem Weg in einen umfassenden Kontrollapparat, zu dem auch die Gestapo und die anderen Terrorinstrumente gehören sollten[101]. Himmler schwebte ein umfassendes Schutz- und Präventionskorps in allen Fragen der körperlichen, weltanschaulichen, geistigen, psychischen und materiellen Unversehrtheit der Zivilbevölkerung vor[102].

Für den Luftschutz bedeutet diese Konzeption die Einordnung in einen gewaltigen Terror- und Machtkomplex, der auch dadurch zum Ausdruck kam, daß man die bestehenden Sparten – vor allem den SHD – 1942 in die sog. Luftschutzpolizei umwandelte, nachdem bereits 1938 die Feuerwehren in ihrer Friedensgliederung als Feuerschutzpolizei in den Apparat des HA Ordnungspolizei eingegliedert worden waren[103]. Im Kriege erhielt der SHD Waffen und wurde der Sondergerichtsbarkeit der SS unterstellt[104].

All diese Aktivitäten und Planungen erschwerten den gezielten Aufbau und den Einsatz des Luftschutzes als einheitliches Instrument, was nach dem Hineindrängen des RLM und der Schaffung des RLB im Jahre 1933 ohnehin schon nicht einfach zu bewerkstelligen war.

Die Gemeinden

Die Gemeinden, insbesondere die größeren Städte, stellen den vierten zentralen Faktor im Gebäude des nationalsozialistischen Luftschutzes dar. Sie unterschieden sich organisatorisch grundlegend von den staatlichen bzw. halb-staatlichen Verwaltungsapparaten. Sie besaßen keinen vertikalen behördlichen Verwaltungsstrang mit Organisationsmacht wie etwa die Luftwaffe oder die Ordnungspolizei und gehörten formell auch nicht zu den Reichs- oder Länderbehörden, sondern repräsentierten vielmehr die untere regionale Breitenebene. Die Gemeinden waren der

---

[100] Vgl. auch Schema bei Wilhelm, Polizei, S. 245.
[101] Es ergaben sich allerdings Trennungen auf personellem Gebiet. Mit VO vom 9.2.1939 wurden alle Mitglieder der SS, die nicht zugleich der Ordnungspolizei angehörten (SS-TV, SS-VT, Allgemeine SS), ausdrücklich vom LS getrennt und diejenigen, die bis dato gleichzeitig im praktischen LS-Dienst (SHD) tätig gewesen waren, aus der LS-Tätigkeit entlassen. BA Berlin, R 19/306, RFSSuChddPol vom 9.2.1939 – O.-Kdo. g 1 Nr. 1041/38 –. Nach Kriegsbeginn wurden dann alle aktiven Kräfte (Feuerschutzpolizeioffiziere etc.), die bei der SS-Verfügungstruppe Dienst getan hatten, von ihr außer in Ausnahmefällen ausdrücklich nicht mehr eingezogen, sondern für den LS freigestellt. Ebd., RFSSuChddPol – O.-Kdo. RV Nr. 390/39 – vom 18.11.1939. Diese Trennung dürfte außer dem Elitegedanken auch, wenigstens was die Verfügungstruppe anging, mit den militärischen Aufgabenstellungen zu tun gehabt haben. Im LS wurden allgemein Kräfte eingesetzt, die nicht zu den wehrtauglichen Jahrgängen der Wehrmacht gehörten, außer wenn sie zu den aktiven Kräften zählten.
[102] Zum Schutzkorpsgedanken und zum Präventionsdenken: Herbert, Best, S. 163–203, insbes. S. 170 und 190.
[103] BA Berlin, R 19/460, NS Inspekteurs-Besprechung vom 9.12.1937. Dazu Neufeldt, Entstehung, S. 28 ff.
[104] Deutsche Verwaltungsgeschichte, Bd 4, S. 1023, und Lofti, Befehlshaber, S. 89 f.

eigentliche Ort der praktischen Umsetzung und unter den gegebenen Umständen mehr oder weniger das Herrschaftsobjekt der anderen Verwaltungen.

Die Gemeinden im Nationalsozialismus wurden zunächst vor allem von zwei Seiten bedrängt. Einerseits unterlagen sie der Überwachung und teilweise auch der Kontrolle der Zentralbehörden, die im Interesse einer einheitlichen Kriegsvorbereitung unter Verfolgung ihrer Prioritäten als Reichs- bzw. Länderverwaltungen entsprechende Vorschriften und Anweisungen erließen. Andererseits griffen die Partei und ihre Gliederungen die bestehenden gemeindlichen Handlungsfreiheiten an. Es ging vor allem um die Vollmachten zur Gestaltung der örtlichen Angelegenheiten, die den ureigensten Bereich der lokalen Verwaltungsträger ausmachten.

Viele der damit verbundenen Rechte und Freiheiten hatten die Städte bzw. entsprechenden Landgemeinden oder -kreise im Laufe des 19. Jahrhunderts erhalten, als nach preußischem Vorbild (Städteordnung von 1808) in ganz Deutschland die Kommunale Selbstverwaltung eingeführt worden war[105]. Sie, in deren Rahmen den lokalen Instanzen durchaus weitgehende Befugnisse in ihrem Bereich eingeräumt worden waren, erwies sich im Laufe der Zeit als eines der zentralen Problemfelder des öffentlichen Gemeinwesens und wurde zum Schauplatz grundlegender Auseinandersetzungen zwischen den Kommunen, dem Staat und gesellschaftlichen Gruppierungen, so z.B. der Wirtschaft.

Die Weimarer Reichsverfassung hatte den Gemeinden in Art. 127 zwar die Kommunale Selbstverwaltung garantiert, aber keine grundsätzliche Regelung hinsichtlich ihres Status getroffen[106]. Die Stellung der Gemeinden im Staatsgefüge war nicht eindeutig definiert und ihre organisatorische Verfassung nicht reichseinheitlich festgelegt. Die Gemeinden zählten nicht zum Anstaltsbetrieb des Staates, sondern wurden nach der herrschenden Staatsrechtslehre eher von ihm getrennt. Genaue und allgemeingültige staatsrechtliche Normen existierten nicht, so daß eine Lücke entstand, die dann im Zeichen der zunehmenden Krise gegen die Gemeinden wirksam wurde. Die Länder und das Reich nutzten die Unklarheiten aus, um vor allem im Sozialbereich Kosten auf die Gemeinden abzuwälzen und sie organisatorisch an die Kandare zu nehmen, d.h. ihre Selbständigkeit zu beschränken. Infolge der herrschenden chronischen Finanzknappheit der Gemeinden waren diese ständig von Zuschüssen von seiten des Staates abhängig, was dieser durchaus auch zur Ausübung von Druck verwandte. Die Zuteilung von Aufgaben machte dabei Verhandlungen zwischen allen Beteiligten nötig, die nicht selten in eine Art Gefeilsche ausarteten, wobei der Staat früher oder später häufig qua seiner Machtstellung unter Anwendung von Verordnungen, Gesetzen oder Finanzmaßnahmen Tatsachen schuf, die für die Gemeinden nur schwer oder gar nicht mehr zu ändern waren. Einer der radikalsten Vertreter war Brüning. Er betrachtete die Gemeinden fast ausschließlich als gesellschaftliches Phänomen und damit als Objekt staatlicher Machtausübung ohne staatspolitisches Eigenrecht und ging in den Finanzkrisen seit 1930 entsprechend gegen sie vor.

---

[105] Zum Folgenden: Reulecke, Selbstverwaltung, S. 27–35.
[106] Wirsching, Zwischen Leistungsexpansion. Auch zum Folgenden.

IV. Massenmobilisierung für den »Totalen Krieg«

Diese Grundtendenzen sollten sich dann im Dritten Reich fortsetzen und sich durch das Hinzutreten der NSDAP erheblich verschärfen[107]. Deren aggressive Politik entzog den Gemeinden nach der Machtergreifung zunehmend die Handlungsfreiheit. Man beseitigte nicht nur politische oder rassische Gegner in den Verwaltungen und besetzte wichtige Posten mit Parteimitgliedern, sondern unternahm frontale Angriffe auf die finanzielle Substanz der Gemeinden[108]. Dabei spielte neben der Machtstellung der örtlichen Parteiführer insbesondere der große Einfluß der Kreis- und Gauleiter eine wesentliche Rolle. Gegen deren Willen konnte ein Bürgermeister nicht dauerhaft tätig werden und wurde im Konfliktfall fast immer verdrängt. Nach der neuen Gemeindeordnung von 1935 besaß der Bürgermeister zwar fast diktatorische Rechte gemäß dem Führerprinzip, unterstand seinerseits aber meist der Aufsicht des Kreisleiters, der als Parteibeauftragter schon bei der Ernennung des Bürgermeisters erhebliches Gewicht besaß. Die Hoheitsträger der Partei benutzten ihre Stellung und ihre Macht, um die Gemeindeverwaltung unter Druck zu setzen und finanzielle Mittel bzw. Leistungen aus ihnen herauszupressen. Teilweise konnte die Partei, die finanziell auf eher schwachen Beinen stand, dadurch erhebliche Summen mobilisieren bzw. einsparen (Gebäude-, Strom- und Gasnutzung, Zuschüsse etc.)[109].

Im Laufe der Zeit trat dann noch eine nicht unerhebliche Zahl an Spezialorganisationen mit Ansprüchen auf den Plan. Wer immer größere Aufgaben im Rahmen des Regimes wahrnahm, griff auf örtliche Verwaltungseinheiten zurück, da sie wesentliche Teile der Zivilbevölkerung, das Hauptobjekt der Macht, beherbergten. Die Kommunale Selbstverwaltung, die anfangs unter den Bedingungen der Führerdiktatur (Beziehungsdreieck politische Organisation der NSDAP – Reichs- bzw. Länderverwaltung – Bürgermeister/Gemeindeverwaltung) durchaus noch eingeschränkt funktioniert hatte, wurde dadurch vollends aus den Angeln gehoben. Im Krieg gab es außer den Parteidienststellen auf der unteren Ebene bis zu 43 Organisationen, die Ansprüche an die Gemeinden stellten (z.B. der Generalbevollmächtigte für den Arbeitseinsatz oder die Kriegswirtschaftsorganisation von Albert Speer).

In dieses Feld von Beziehungen und Herrschaftsausübung hatte sich auch der Luftschutz als vergleichsweise neue Aufgabe der öffentlichen Hand einzuordnen. Die Gemeinden verfügten zur Wahrung ihrer Interessen gegenüber Luftwaffe und Polizei nicht über einen eigenen Verwaltungs- und Machtstrang, sondern waren auf ihren Interessenverband, den DGT, angewiesen. Den DGT hatte man nach der zwangsweisen Vereinigung der bis dato existierenden kommunalen Spitzenverbände im Frühjahr 1933 als gleichgeschaltetes Kontroll- und Hilfsorgan gegründet, wobei die Hauptaufgaben der bisherigen Organisationen, die Interessenvertretung der zusammengeschlossenen Gemeinden, praktisch eliminiert

---

[107] Zum Folgenden grundsätzlich Noakes, Kommunale Selbstverwaltung.
[108] Heinz, NSDAP, Kap. VI und VII.
[109] Ebd., S. 491–525.

wurden[110]. Er diente darüber hinaus als Kommunikations-, Erfahrungs- und außerstaatliches Verwaltungsinstrument.

Dies galt auch für Luftschutzfragen[111]. Entsprechende Anliegen mußten von den Gemeinden an den Hauptreferenten im DGT, Dr. Heymann, bzw. den Referenten Dr. Bobermin übermittelt werden, die sie dann an das RMI als die zuständige Vertretung gegenüber den anderen Reichs- und Länderbehörden weiterleiteten. Der DGT wirkte zudem als organisatorischer Informationskanal für die Gemeinden. So verteilte er die reichseinheitlich erlassenen Vorschriften an die Gemeinden und sorgte für die Mitwirkung bei Gesetzesvorhaben, wenn dies von den Reichsbehörden zugelassen wurde. Trotz aller Beschränkungen versuchte man auf diesem Wege insbesondere bei der grundsätzlichen Definition der Obliegenheiten im Luftschutz, die infolge der Neuheit der Aufgaben ja noch nicht generell festgelegt worden waren, Einfluß zu nehmen – nicht zuletzt auch deshalb, weil eng damit alle Fragen der Finanzierung zusammenhingen.

b. Der Aufbau des Luftschutzes und das Zusammenspiel der Organisationen

Es entstanden also im horizontalen Verwaltungsgewebe von der Reichsspitze her zwei neue Stränge – Luftwaffe und Polizei –, die allgemeine Innere Verwaltung ergänzend bzw. verdrängend. Im Folgenden ist nun die Frage zu beleuchten, wie es den Verantwortlichen trotz der verwickelten Zuständigkeiten und vielfältigen Kompetenzaufspaltungen gelang, ein effizientes Instrument zu erschaffen, das im Zweiten Weltkrieg durchaus funktionierte und unter den gegebenen Umständen trotz seiner vollkommenen Unzulänglichkeit gegenüber den massiven Luftschlägen der Alliierten einsatzfähig war.

Die ersten beiden Jahre nach der Machtergreifung waren in großem Maße von Improvisation und organisatorischer Unsicherheit geprägt. Die Luftwaffe mußte erst ihre Territorialverwaltung aufbauen, wozu sie nicht zuletzt auch infolge des Zwangs zur Tarnung nur langsam vorankam. Am 18. April 1934, also über ein Jahr nach der Übernahme der Kontrolle über die zivile und die militärische Luftfahrt sowie praktisch alle damit zusammenhängenden Sachgebiete durch Göring, errichtete man offiziell per Verordnung die Luftämter, die später zu Luftgaukommandos werden sollten. Ihnen übertrug man die Obliegenheiten für den Luftschutz[112].

Durch diese Maßnahmen allein ließ sich die komplexe Gesamtorganisation aber nicht umfassend in den Griff bekommen. Bis Mitte bzw. Ende 1934 verteilte man zwar die VOA, soweit sie fertiggestellt war, an alle zuständigen Behörden und

---

[110] Bracher/Sauer/Schulz, Nationalsozialistische Machtergreifung, S. 442–459. Matzerath, Nationalsozialismus, S. 103.
[111] Zum Folgenden vgl. BA Berlin, R 36, hier v.a. 2690, 2691 und 2692 (Akten betr. VOA) sowie 2694 (Handakten von Dr. Heymann betr. LSchg).
[112] RGBl I (1934), S. 310. BA Berlin, R 36/2694, RML – ZL 1a 4511/34 – vom 26.7.1934.

IV. Massenmobilisierung für den »Totalen Krieg«   269

Dienststellen, konnte sie ihnen aber nur als Empfehlung übersenden[113]. Wie die einzelnen Länder und Gemeinden sie umsetzten, vermochte das RLM weder vorzuschreiben noch zu kontrollieren.

Die allgemeine Arbeit lief zunächst so weiter, wie sie vor 1933 stattgefunden hatte: Man betrieb lokale Aufbauarbeit und hielt Übungen ab, wobei insbesondere die preußischen Behörden bei letzteren recht rege waren. Die zuständigen Behörden, vor allem das RLM, stellten allen Dienststellen im Reich Erfahrungsberichte von Übungen mit überregionaler Bedeutung zur Verfügung. Diese sollten zusammen mit der VOA als Basis für das praktische Vorankommen vor Ort dienen[114]. Ferner begann man, die Rekrutierung von Luftschutzhauswarten zu initiieren, und betont dabei, daß »höchste Beschleunigung am Platze« sei[115]. Als Hauptinstrument sollte hier der RLB fungieren, der sofort nach seiner Gründung mit ausgedehnten Propaganda- und Erfassungsaktivitäten an die Öffentlichkeit trat[116].

In finanzieller Hinsicht hatte sich gegenüber den Verhältnissen in der Weimarer Republik nichts Wesentliches geändert. Die Mittel blieben äußerst knapp, und das immer noch sehr auf eine stringente Haushaltsführung bedachte RFM ließ keineswegs den Willen erkennen, jetzt das Geld einfach nach Belieben auszustreuen, auch wenn nunmehr ein Regime an der Macht war, das beabsichtigte, den nationalen Kriegs- und Verteidigungswillen mit allen Mitteln zu fördern. Bis zum Dezember 1934 hatten sich RLM und RFM immer noch nicht über den Finanzrahmen einigen können. Das RFM wollte keine umfangreicheren Haushaltsansätze tätigen, ohne zuvor nicht umfassende Kostenvoranschläge von seiten der Beteiligten, darunter auch den Reichsbehörden, zu bekommen. Für den Haushalt 1933 hatte das RFM 1,3 Mio. RM eingestellt, also eine Mio. mehr als in der Zeit der Weimarer Republik[117]. Dies war nicht gerade eine astronomische Steigerung. Umfragen für genauere Kostenvoranschläge wurden getätigt, die eintreffenden Rückmeldungen aber waren derart unterschiedlich, daß klare Aussagen nicht zu treffen

---

[113] Bis zur Machtergreifung hatte man erst die Abschnitte I–VI fertiggestellt. Die weiteren Abschnitte (VII Brandschutz, VIII Sanitätsdienst, IX Entgiftungsdienst, X Instandsetzungsdienst, XI Fachtrupps und XII Luftschutzveterinärdienst) wurden danach herausgegeben und verteilt. GStA, Rep. 84a, Nr. MF 10011, 10012, 10013 und 10014; BA Berlin, R 36/2690, 2691 und 2692. Vgl. auch Hampe, Ziviler Luftschutz, S. 57 f.

[114] BA Berlin, R 2301/37571, Versendung Erfahrungsbericht über die LS-Übungen in Schlesien und an der Ostseeküste im Mai und Juni 1933 durch Preuß. Landesamt für LS, Technik und Verkehr. BA-MA, RLD 32/3/3, Erfahrungsbericht über die zivilen LS-Übungen in Schlesien 19.–24.6.1933, Berlin 1934. Vgl. auch die entsprechenden Artikel im Luftschutznachrichtenblatt 12/1933, S. 230–232, und 8/1933, S. 179 f. BA Berlin, R 2/26744, Versendung des Erfahrungsberichts über die zivile LS-Übungen in Wilhelmshafen, Pommern, Brandenburg und Grenzmark im April und Mai 1933. GStA, Rep. 84a, Nr. MF 10013, Bl. 219–249.

[115] BA Berlin, R 2/9218, RML vom 15.9.1933 – LS II 2 a Nr. 523/33 geh. –; GStA, Rep. 84a, Nr. MF 10014, Bl. 318–324.

[116] Siehe dazu unten, S. 312 f. und 317 ff., und die entsprechenden Passagen in Kap. IV.1.a.

[117] BA Berlin, R 2/26744, RML vom 16.5.1933 – Abt. V 1 Nr. 255/33 – mit Antwort des RFM vom 1.7.1933 – Ve 4760-4 I- (u.a. Verweis auf das Schreiben des RFM vom 3.4.1933 – O 6035-7/33 P-).

waren[118]. Außerdem wies das RFM darauf hin, daß »noch nicht unwesentliche [sachlich-technische] Gegensätze der Luftschutzmaßnahmen bestehen«[119]. Man bestand weiterhin auf systematischer verwaltungsmäßiger Aufbauarbeit unter geregelten Prinzipien, um den Überblick nicht zu verlieren. Den Gemeinden wurde bis auf weiteres empfohlen, sich bei finanziellen Fragen zurückzuhalten und kein Geld unnötig auszugeben. Den preußischen Behörden wurde von ihrem Finanzministerium empfohlen, Ausgaben für Maßnahmen nur dann zu tätigen, wenn sie vom RLM ausdrücklich genehmigt worden waren[120]. Für Luftschutzmaßnahmen in Dienstgebäuden und Anlagen der Reichsverwaltung wurden 1934, wie schon für 1933, keinerlei Gelder bereitgestellt[121].

Die Aufbauarbeit kam wegen der organisationstechnischen Unübersichtlichkeit und der Unsicherheit wegen der finanziellen Mittel nur schleppend voran. Vom Luftschutz als straffem Kontroll- und Herrschaftsinstrument konnte in dieser Zeit nicht unbedingt gesprochen werden. Man begann zwar, das Führerprinzip fester zu verankern, schaffte daher auch die Luftschutzbeiräte in den Gemeinden ab und machte die Polizeiverwalter zu Leitern, denen die Fachberater der Gliederungen des SHD, also die Feuerwehrkommandanten, die Führer der TN und anderer Organisationen als Leitungsstab in allen Luftschutzfragen dienen sollten[122]. Außerdem wurde die Gemischte Nationale Gasschutzkommission, die 1929 durch die Bemühungen des IKRK zur Schaffung einer nationenübergreifenden Luftschutzorganisation eingerichtet worden war, ad hoc aufgelöst[123]. Ferner führte man im März 1934 als eine Art Wehrüberwachung sog. Luftschutzkarteien ein, mit denen die Örtlichen Luftschutzleiter und die Polizeireviere die aktiven Kräfte des Luftschutzes, darunter auch die Selbstschutzkräfte, erfassen sollten[124]. Zu einer wirklichen Führung der Organisation auch nur unter Friedensstandards aber sah sich das RLM wenigstens vorläufig nicht in der Lage. Man hatte Anfang 1934 einen ersten Gesamtorganisationsplan aufgestellt. Dieser aber war eher ein Indikator denn eine Lösung, d.h., er zeigte die ganze Komplexität des Luftschutzes auf und gab sozusagen erst eine Gesamtsicht der Aufgabenstellungen[125].

---

[118] Ebd., R 36/2694, DGT, Dezember 1934, Heymann, Vermerk über Gespräch mit Krauthausen, und ebd., Berichtsentwurf (nur Schema mit Fragen) über Aufwendungen der Städte für LS im Rechnungsjahr 1934.
[119] Ebd., R 2/26744, RFM-intern vom 2.2.1934 – A 1301 (34) – 11 I –, LS-Aufgaben 1934.
[120] Ebd., R 36/2694, Preußische Etatsnachrichten 1934, II, S. 12.
[121] Ebd., R 2/26744, RFM – O 6035 Bh I–46/34 I B Bau- vom 21.3.1934.
[122] GStA, Rep. 84a, Nr. MF 10012, Abschaffung der LS-Beiräte durch RML mit Erlaß vom 12.10.1933, Pr.MI vom 8.11.1933 an die Regierungspräsidenten, Oberpräsidenten, den Polizeipräsidenten in Berlin, den Präsidenten der Bau- und Finanzdirektion sowie den Ministerpräsidenten und alle anderen Ministerien – S I 68 c Nr. 1/33 Lu. –. Derselbe Erlaß des RLM auch in BA Berlin, R 2/26744 und R 2301/37571.
[123] BA-MA, R 43 II/1294, RK 8887/33 vom 6.7.1933.
[124] BA Berlin, R 2301/37571, RML vom 17.3.1934 – LS II 2 a 112/34 geh. – und 37450, Richtlinien für die Führung der LS-Kartei. Die Karteien sollten in allen LS-Orten bis zum 1.10.1934 eingerichtet sein. Die erfaßten Kräfte wurden mittels eines Kreuzsystems, d.h. sowohl nach ihren LS-Sparten als auch nach ihren persönlichen Daten (unter ihrem Namen), geführt.
[125] GStA, Rep. 84a, Nr. MF 10012, Organisationsplan des RMdLuOBdL für den LS im Reich mit Begleitschreiben vom 13.2.1934. Siehe auch BA Berlin, R 2301/37571 und R 2/26744.

Von einer effizienten Umsetzung der Schutzaufgaben war man noch weit entfernt. Als sich im Mai 1934 Vertreter des RLM, RMI, RWM und des preußischen Innenministeriums zu einer Besprechung trafen, mußte das RLM zugeben, daß es z.Zt. keinen rechten organisatorischen Überblick habe, dies unter anderem auch deshalb, weil man im Begriff sei, den ganzen Luftschutz unter den organisatorischen und strategischen Prinzipien des RLM, d.h. vor allem unter Schwerpunktbildung bei den luftgefährdeten Räumen, umzubauen[126]. Man wolle auf jeden Fall durch Koordination ein schlagkräftiges Instrument schaffen. Dazu brauche man aber noch mehr Zeit.

Hier war auch keineswegs das Vorhandensein revolutionär-charismatischer Dynamik zu spüren, sondern eher ein riesiger Organisationswirrwarr, der, wollte man ihn wirklich unter Kontrolle bringen, nach den Effizienzkriterien rationaler Verwaltungsarbeit bewältigt werden mußte. Das RLM sprach dann auch aus, was seiner Ansicht nach allein den Mißständen abhelfen könne: ein Reichsgesetz.

»Das Reichsministerium der Luftfahrt habe die Mitglieder der Luftschutzorganisation [SHD] jetzt auch noch nicht fest in der Hand. Das in Vorbereitung befindliche Luftschutzgesetz werde hier eine Änderung schaffen und dem Reichsministerium der Luftfahrt die Möglichkeit geben, über die Mitglieder [des SHD] zu verfügen.«

Die Schaffung des Luftschutzgesetzes als rechtliche Grundlage für die gesamte Breite der Aufbaumaßnahmen wurde zu einem zentralen Anliegen des RLM. Das Gesetz und die ihm folgenden Durchführungsverordnungen besaßen einen derart entscheidenden Stellenwert für das gesamte organisatorische Gebäude, daß es zu ausgedehnten Verhandlungen mit den anderen Reichsministerien kam. Darin trat die ganze staats- und gesellschaftspolitische Bedeutung des Luftschutzes zutage. Die Sondierungen, die essentielle Fragen der beteiligten Ressorts tangierten, führten zu teilweise erbitterten Kämpfen bis hinein in die einzelnen Bestimmungen. Die Auseinandersetzungen glichen manchmal regelrecht einem verwaltungstechnischen Schlachtfeld und zogen sich über 3 ½ Jahre hin.

Das Tauziehen begann im Winter 1933/34. Der Reichsminister für Luftfahrt übersandte am 22. Dezember 1933 einen Gesetzentwurf und eine staatsrechtliche Begründung dazu an die Reichsministerien[127]. Das anvisierte Gesetz sollte die Materie des Luftschutzes keineswegs in seiner ganzen Breite regeln, sondern eher einen Rahmen zur Festlegung der grundlegenden Bedingungen abgeben. Vorgesehen war neben der grundsätzlichen Fixierung der Führungsrolle des Reichsluftfahrtministers die Heranziehung der Polizei und die Absteckung der Obliegenheiten der beteiligten Verwaltungen. Insbesondere die Länder und Gemeinden sollten verpflichtet werden, ihre zivilen Einrichtungen und Ausrüstungsbestände für den

---

[126] BA Berlin, R 1501/alt R 18/5494, NS – II 1057/8.5.1934a. II. Auch zum Folgenden. Mit dieser Umorganisation ging die Luftwaffe wohl daran, den LS gemäß den strategischen Vorstellungen von der Luftverteidigung in ihre Gesamtorganisation einzupassen. Genauere Aussagen können allerdings wegen der schlechten Quellenlage nicht getroffen werden. Es sind aber Zweifel darüber angebracht, ob angesichts der selbstgeschätzten Zahl von 113 besonders luftgefährdeten Orten wirklich Änderungen zu den Konzepten zur Zeit vor 1933 bewirkt werden konnten. Die knappen Mittel ließen vor diesen Hintergründen keinen wesentlichen Spielraum.
[127] BA Berlin, R 2301/37571, RML – LS II 3a nr. 674g/33 – vom 22.12.1933.

Luftschutz zur Verfügung zu stellen. Als weiteren, sehr wichtigen Kernpunkt gedachte man eine umfassende Verpflichtung der Zivilbevölkerung und der Industrie zur Vorbereitung aller nötigen Dienstleistungen und sachlichen Maßnahmen einzuführen. Diese sog. Selbstschutzpflicht bzw. Werkluftschutzpflicht sollte unter Anwendung zweier gegensätzlicher Prinzipien mit entscheidendem Stellenwert umgesetzt werden: Zwang und Freiwilligkeit. Das RLM betonte nachdrücklich, daß jeder Deutsche zum Luftschutz verpflichtet werden könne, bei der Mobilisierungsarbeit allerdings möglichst das Prinzip der Freiwilligkeit vorherrschen solle.

»Doch wird, wie bei der Aufstellung der Feuerwehren, auch im zivilen Luftschutz in erster Linie der Grundsatz freiwilliger Mitarbeit zu gelten haben[128].«

Beide Prinzipien als Kombination – nach heutigem Staatsverständnis durchaus praktikabel und modern – sollten den nötigen Personalbestand sichern und die Arbeitsfähigkeit des Luftschutzes herstellen. Die vorgenommene Festlegung stellte allerdings eher eine Absichtserklärung dar, die sich praktisch erst noch bewähren mußte. Und in der Tat eröffneten sich recht rasch massive Probleme, dies insbesondere, als die Frage der Kosten und der Sachleistungen angeschnitten wurde.

Die anderen Reichsministerien meldeten sich sofort kritisch zu Wort. In vorderster Front stand hierbei erneut das RFM, das schon vor der Machtergreifung der Nationalsozialisten als Bollwerk der Prinzipien rationaler Herrschaft aufgetreten war. In einer ersten ausführlichen Stellungnahme vom 27. Januar 1934 erfuhr der Gesetzentwurf eine geradezu vernichtende Ablehnung[129].

Man monierte insbesondere die Einführung einer umfassenden Sachleistungspflicht für Zivilbevölkerung, Industrie und Gemeinden. Das RLM verfolgte offensichtlich die Absicht, die Lasten möglichst nicht selbst zu tragen, sondern auf die anderen Beteiligten abzuwälzen. Dies wurde als nicht akzeptabel abgelehnt. Die sehr begrenzte Leistungsfähigkeit insbesondere der Zivilbevölkerung mache es von vornherein unmöglich, eine umfassende Luftschutzpflicht festzulegen. Als ein schlagendes Beispiel nannte man den Schutzraumbau, wobei man die Argumentation, die man schon seit den 20er Jahren vertrat und die den Sinn des Luftschutzes generell in Frage stellte, wiederum anführte. Ein erheblicher Teil der deutschen Wohnhäuser habe entweder gar keinen Keller oder einen, der nur mit großen Anstrengungen effektiv zu einem Schutzraum umgebaut werden könne. Auch sei vollkommen ungeklärt, wie die Kosten aufgebracht werden sollten. Vor allem in Großstädten fehle sowohl den Bewohnern als auch den Eigentümern

»auch beim besten Willen einfach das Geld, das zur baulichen Herrichtung und zur Beschaffung der notwendigen Geräte pp. erforderlich wäre«.

Das gleiche gelte mutatis mutandis auch für die Industrie und die Gemeinden. Man könne nicht einfach umfangreiche Schutzmaßnahmen verlangen, da dies rasch zum »wirtschaftlichen Ruin« der verantwortlichen Träger führen würde, »wenn man das Gesetz rücksichtslos anwenden wollte«.

---

[128] Ebd., R 2/9210, RFM, zu Lu 4760-28 I – vom 9.1.1934, Gesetzentwurf des RLM mit Begründung (§ 7).

[129] Zum Folgenden grundsätzlich ebd., R 2/9222, RFM, zu Lu 4760-30/I, Kritik am Gesetzentwurf, 27.1.1934.

Letztlich könne man ausgedehnte Sachleistungen kaum verlangen, ohne den Betroffenen nicht von seiten des Reiches unter die Arme zu greifen. Damit aber schaffe man Präzedenzfälle, die die Pflichtbestimmungen und damit das Gesetz als solche rasch durchlöchern würden. Die Rechnung müßte dann wohl der Staat begleichen[130].

Anders sah man die Lage bei persönlichen Dienstleistungen. Diese könnten ohne nähere Begrenzung von jedermann verlangt werden, weil sie keine Kosten verursachten. Persönlicher Dienst

»kann auch von dem ärmsten Volksgenossen erfüllt werden, weil er von ihm nur Dienste verlangt. Daher ist es auch nicht nötig, den Umfang der Dienste zu umreißen, denn im Kriege hat jeder Volksgenosse mit Einsatz seines Lebens alle von ihm geforderten Dienste zu verrichten.«

Damit war der wesentliche Teil des staatspolitischen Problemfeldes abgesteckt. Im RFM hatte man mit der grundsätzlichen Verpflichtung der Zivilbevölkerung, sich direkter militärischer Gewalteinwirkung auszusetzen und ggf. auch das Leben zu lassen, keine Schwierigkeiten. Insofern befand man sich in Übereinstimmung mit der nationalsozialistischen Staatsidee, die sich hier keineswegs von den Grundannahmen der Träger rationaler Herrschaftsprinzipien unterschied.

Insgesamt war damit die ganze Misere des Luftschutzes bereits recht deutlich formuliert. Infolge der fehlenden Geld- und Sachmittel befand er sich in einer prekären Verfassung und blieb dies auch bis Kriegsbeginn. Vor allem im materiellen Bereich war man stets auf Improvisationen und Hilfs- bzw. Ersatzlösungen angewiesen.

Das RFM konstatierte zusammen mit dem RMI und – in deren Gefolge – den meisten anderen zivilen Reichsressorts die Lage auch weiterhin in der Regel nüchtern und realistisch und übte harsche Kritik am Vorgehen des RLM. Insofern übernahmen diese Ministerien eine gewisse staatliche Schutzfunktion für die Zivilbevölkerung zur Verhinderung übermäßiger Mobilmachungsmaßnahmen und zeigten sich als Verteidiger der gesatzten Ordnung in ihrer überkommenen Form, d.h. als Vertreter einer rationalen Herrschaftsordnung. Man strebte allgemeinverpflichtende rechtsförmige Regelungen unter Wahrung bestehender Herrschaftsprinzipien mit klarer Formulierung der Rechte und Pflichten an. Dies allerdings nicht mit freiheitlich-rechtsstaatlichem, sondern diktatorisch-autoritärem Grundverständnis und im Rahmen der bereits stattgehabten Änderungen seit Hitlers Amtsantritt. Man befand sich in einer Art Rückzugsgefecht, auch wenn dies zu diesem Zeitpunkt nicht unbedingt in aller Klarheit zu erkennen war.

Demokratische Teilhabe sah man auch im RFM als überflüssiges Hindernis an und dachte nicht im entferntesten daran, etwa den Reichstag zu beteiligen. Dennoch bestand das grundsätzliche Bestreben zu gesetzesmäßiger und sozial verträglicher Gestaltung der Verhältnisse der Zivilbevölkerung weiter fort.

---

[130] Dazu auch ebd., R 2/26744, RFM – intern – O 6035-Bh 1-29/34 I B Bau- vom 1.3.1934.

Die Auseinandersetzungen hörten auch dann nicht auf, als das RLM im Herbst 1934 einen revidierten Gesetzentwurf vorlegte und an die Ministerien verteilte[131]. Die Ansatzpunkte des Gesetzestextes und die Kritik des RFM änderte sich nicht wesentlich. Besonderen Anstoß erregte diesmal der Versuch des RLM, die Bevölkerung und »andere Träger« rechtlich für den Luftschutz verantwortlich zu machen.

»§ 1: Der Schutz von Volk und Heimat gegen die Gefahren von Luftangriffen, die Milderung ihrer Wirkungen auf Leben, Wirtschaft und Verkehr und die Vorbereitung der erforderlichen Maßnahmen im Frieden (Luftschutz) sind Aufgaben des Reiches, soweit sie nicht durch dieses Gesetz anderen Trägern oder der Bevölkerung übertragen werden.«

Das RFM erklärte demgegenüber unter Verweis auf Art. 79 der Weimarer Verfassung, die ja nie formell außer Kraft gesetzt worden war, und die Verordnungen über den Reichskommissar für die Luftfahrt sowie die Errichtung des RLM von 1933, daß allein das Reich für die Landesverteidigung zuständig sei und dies nicht noch einmal gesondert geregelt werden müsse. Schon gar nicht angängig sei »eine teilweise Übertragung der Aufgabe auf die Länder, Gemeinden, sonstige öffentlich-rechtliche Körperschaften und gar auf die Bevölkerung«.

In direktem Zusammenhang damit kam die Sprache dann auch auf die Frage der bestimmenden staatspolitischen Grundelemente bei der Mobilmachung für einen Krieg. Das RFM definierte klar, welcher Faktor die primäre konstitutive Rolle beim Aufbau des Luftschutzes spielte:

»Was das Reich auf dem Gebiete des Luftschutzes zu übernehmen und durchzuführen vermag, ist ebenso wie bei den sonstigen Landesverteidigungsmaßnahmen eine Frage seiner finanziellen Leistungsfähigkeit, die ihren Ausdruck nur in der tatsächlichen Gestaltung des Reichshaushaltsplanes, aber nicht in einer gesetzlichen Festlegung des Aufgabenkreises finden kann.«

Das RFM brandmarkte das Vorgehen des RLM als staatspolitischen Betrugsversuch ohne Aussicht auf Verwirklichung und verwies auf den seines Erachtens einzig entscheidenden Wirkfaktor und Indikator: die Sicherung der Finanzierung nach realistischen Gesichtspunkten.

Gerade hier aber war man nach Ansicht des RFM noch keinen Schritt weitergekommen, denn das RLM könne immer noch nicht angeben, was für Maßnahmen und Aufwendungen genau nötig seien, um den Luftschutz vorzubereiten. Es sei widersinnig und rechtlich auch nicht zu vertreten, eine allgemeine Pflicht einzuführen, die eine nicht absehbare materielle Belastung der Betroffenen nach sich zöge. Dies bezog man ausdrücklich auch auf die Bevölkerung, die Industrie und die Gemeinden, insbesondere, weil das RLM immer noch nicht genau angegeben hatte, welche Maßnahmen und Aufwendungen ergriffen werden mußten, um einen effizienten Luftschutz vorzubereiten. Für die Kommunen könne man – so wurde weiter argumentiert – nicht einfach eine hoheitliche Beteiligung festlegen, da diese dann staatsrechtlich mit Pflichten versehen und überbürdet würden, die sie aufgrund ihrer Stellung oft nicht erfüllen könnten. Im Falle finanzschwacher Städte

---

[131] Zum Folgenden: BA Berlin, R 2/9210, RdLuOBdL – ZL 6 Nr. 626/34 geh. IV.Ang. – vom 12.11.1934, und R 2/9222, RFM vom 30.11.1934 an RLM – Lu 4510–11 I geheim –.

mit hoher Luftgefährdung, also etwa Bevölkerungszentren mit ausgedehnten Arbeitersiedlungen, würde eine Verpflichtung zur eigenverantwortlichen Finanzierung von Landesverteidigungsmaßnahmen dazu führen, daß deren ohnehin schon belasteten Haushalte außer Kontrolle gerieten. Ferner würden große regionale Unterschiede entstehen, die möglicherweise durch die Vernachlässigung gerade der Städte, die den Luftschutz am nötigsten hätten, zu weiteren Schwierigkeiten führen könnten. Daher gäbe es keine andere Möglichkeit, als daß das Reich sämtliche Aufgaben übernehme, von zentraler Stelle aus die Luftverteidigung organisiere und dann die Mittel je nach Luftgefährdung verteile. Wenn man im Laufe der Zeit dann feststellen müsse, daß die Mittel des Reiches für eine befriedigende Ausstattung des Luftschutzes nicht ausreichen, bliebe als Ausweg nur übrig, »auf ihre weitgehenden Anforderungen im Werkluft- und Selbstschutz zu verzichten«[132]. Im Klartext hieß dies: Wenn für gewisse Landesverteidigungsaufgaben keine Gelder zur Verfügung stehen, können sie auch nicht ausgeführt werden. Die ideologisch gesteuerte Mobilmachung mit dem Willensprinzip als Basis kollidierte direkt mit den Regeln geordneter Finanzierung.

Auf keinen Fall war das RFM bereit, für den Luftschutz die Haushaltsdisziplin zu brechen. Der Reichsfinanzminister ließ an seiner Perspektive keine Zweifel aufkommen. Er werde

»Mittel für den Luftschutz nur im Rahmen der nach der Haushaltslage für die Zwecke der Luftfahrt im ganzen verfügbaren Mittel bereitstellen können.«

Das RVM trat dem RFM bei und wies nachdrücklich darauf hin, daß eine Abwälzung der Kosten auf die unteren Ebenen der Verwaltung und die Zivilbevölkerung nicht in Frage käme[133].

Das RLM, das offensichtlich den Plan hegte, durch die staatsrechtliche Übertragung von Aufgaben des Luftschutzes an die Länder, die Gemeinden oder die Bevölkerung seinen eigenen Haushalt zu schonen und dennoch einen, den eigenen Vorstellungen gemäßen Aufbau des Luftschutzes zu betreiben, war damit gescheitert[134]. Aller Aufwand, der über die direkten Aufgaben der Gemeinden zum Schutze ihrer Einwohner hinausgingen, mußte vom RLM aufgebracht werden. Die Lösung der Probleme in bezug auf die Zivilbevölkerung vertagte man auf eine nachfolgende Durchführungsverordnung. Ferner gedachte man, einen Instanzenweg für Beschwerden einzurichten, um die Belastung des einzelnen unter Kontrolle zu halten.

Das RLM erstellte schließlich weitere Gesetzentwürfe, die, obwohl diese Vorschläge eingearbeitet worden waren, erneut bei den anderen Reichsministerien keine Zustimmung fanden. Das RFM hielt seine grundsätzlichen Bedenken weiterhin aufrecht und hatte inzwischen sogar mit noch radikaleren Gedanken gespielt[135]. In einer internen Schätzung hatte man die Kosten für die 1,25 Mio. Köpfe der Reichsverwaltung auf 60 Mio. RM veranschlagt, für die Gesamtbevölkerung

---

[132] Vgl. auch BA Berlin, R 2/9222, RFM – Lu 4760 geh. – 78 I – vom 5.12.1934. RFM an den Badischen Finanz- und Wirtschaftsminister.
[133] Ebd., R 2/9210, RVM vom 13.12.1934 – Wa.01 L.geh. Nr. 164/34 –.
[134] Ebd., R 2/9222, RFM, Vermerk – Lu 4510 geh. – 14 I – vom 21.12.1934.
[135] Zum Folgenden: ebd., RFM intern – zu Lu 4760 Geh. – 80 I – vom 21.2.1935.

letztlich auf 4-5 Mrd. RM, dies allein an primären Schutzkosten ohne Feuerwehr, Sicherheits- und Hilfsdienst, behördlichen Luftschutz etc. Im Zusammenhang mit diesen ungeheuren Kosten wurden wiederum tiefgehende Zweifel an der Wirksamkeit des Luftschutzes überhaupt, insbesondere an den Schutzraummaßnahmen, geäußert. Der Reichsfinanzminister selbst hatte sich den Argumenten Carl Friedrich Goerdelers angeschlossen,

»die darin gipfeln, man solle verhindern, daß man sich mit Vorstellungen beschäftigt, die an der rauhen Wirklichkeit zerplatzen müßten, und solle statt dessen alle für die Luftschutzzwecke verfügbaren Mittel 100%ig dem aktiven [d.h. dem rein militärischen] Luftschutz zuführen.«

Mit einer derartigen Fundamentalkritik konnte man sich gegenüber dem mächtigen RLM selbstverständlich nicht durchsetzen, und so ging der Kampf um die Ausgestaltung des organisatorischen Aufbaus und die Festlegung der Zuständigkeiten und Pflichten weiter.

Bezugnehmend auf die allgemeinen Kompetenzen und die grundsätzliche Verteilung der Organisationsmacht, monierten die anderen Reichsministerien die Befugnisse, die sich das RLM im Gesetzentwurf zugeteilt hatte, gegenüber den beteiligten Verwaltungen als zu weitgehend. In dem zentralen § 1, der die allgemeinen Zuständigkeiten festschrieb, hatte das RLM bestimmt, daß es sich »im Einvernehmen« mit dem RMI der ordentlichen Polizei- und Polizeiaufsichtsbehörden »bedienen« könne[136], eine vollkommen neue juristische Begriffsschöpfung. Außerdem könne das RLM andere Dienststellen und Einrichtungen der Länder, Gemeinden, Gemeindeverbände und sonstige Körperschaften des öffentlichen Rechts »in Anspruch« nehmen. Die Verpflichtung zur Einvernahme mit dem Reichs- und Preußischen Ministerium des Innern (R&PrMI) für diese Verwaltungsorgane hatte man mehr oder weniger stillschweigend ausgelassen. Das R&PrMI verweigerte mit der Begründung, daß sich das RLM durch diese Festlegung direkten Zugriff auf die mittleren und unteren Ebenen der Inneren Verwaltung verschaffen wolle, die Zustimmung zum Gesetz[137]. Weitere Zivilressorts, darunter auch das RFM, schlossen sich der Meinung des RMI an. Das RFM vertrat wiederum die alte Linie, nach der eine Ausplünderung und schließlich der Ruin der Länder und Gemeinden erfolgen würde, wenn keine Sicherungen gegen übertriebene Mobilmachungsforderungen eingebaut würden[138]. Das RLM lehnte diese Argumentation vehement ab und weigerte sich zunächst, noch Änderungen vorzunehmen[139]. Letztlich aber blieben ihm wenig Handlungsmöglichkeiten, wollte man den Aufbau des Luftschutzes nicht gefährden. Anders als etwa im Bereich der militärischen Rüstung, die voll und ganz in den organisatorischen Bereich des

---

[136] BA-MA, R 43 II/1298, RK 3305/35 vom 17.4.1935.
[137] Ebd., RK 3496/35 vom 27.4.1935.
[138] Ebd., 18.5.1935, RFM an RLM, und BA Berlin, R 2/9222, RFM – Lu 4510 geh. – 26 I – vom 18.5.1935. Vgl. auch BA-MA, R 43 II/1298, RK 4421/35, 1.6.1935, RVM an RLM und RK 4507/35, 4.6.1935, Der Reichs- und Preußische Minister für Wissenschaft, Erziehung und Volksbildung an das RLM.
[139] BA-MA, R 43 II/1298, RK 3621/35, 3.5.1935. RLM an R&PrMI und RK 3994/35, 17.5.1935, R&PrMI an RLM.

RLM fiel, war man entscheidend auf die Mithilfe und die Kooperation der anderen Ressorts und ihres administrativen Unterbaus sowie der allgemeinen Inneren Verwaltung (Länder und Gemeinden) angewiesen. So stimmte man schließlich einem letzten Kompromiß zu und fügte einen Passus ein, nach dem das RLM hinsichtlich der Behörden und Körperschaften des öffentlichen Rechts mit den zuständigen Reichsministerien in Fällen »grundsätzlicher Art im Einvernehmen« zu handeln hatte[140]. Seine Zugriffsrechte waren damit erheblich beschränkt worden.

Nun erst war der Weg für das Luftschutzgesetz frei. Göring brachte die Vorlage am 26. Juni 1935 in das Kabinett ein, das dann auch zustimmte[141]. Selbstverständlich wurde der Reichstag nicht beteiligt. Die Grundlage für das Gesetz bildete das Ermächtigungsgesetz, die Notverordnung zur »Behebung der Not von Volk und Reich« vom 24. März 1933[142], und am 4. Juli erschien es im Reichsgesetzblatt[143]. Den Bestimmungen nach blieb es ein Rahmengesetz, das nur die allgemeinen Grundlagen festlegte[144]. Neben den prinzipiellen Festschreibungen in § 1, in dem auch die Zusage enthalten war, daß das RLM »besondere Kosten«, die über die gewöhnlich zivilen Obliegenheiten der Länder und Gemeinden hinausgingen, tragen würde, definierte das Gesetz in den §§ 2–6 die allgemeine Luftschutzpflicht aller Deutschen und die Heranziehung zu Tätigkeiten durch Polizeiverordnungen, wobei die konkrete Ausgestaltung der Pflichten auf die nachfolgenden Durchführungsverordnungen verlegt wurde. Bestimmt wurde lediglich, daß für persönliche Dienstleistungen keine Vergütung gewährte würde. Mit diesen Bestimmungen war sozusagen die allgemeine Wehrpflicht für die Zivilbevölkerung eingeführt worden.

Für die NS-Diktatur interessant gestaltete sich der § 7. Er war vom RLM eingefügt worden, um die geschäftlichen und persönlichen Geheimnisse der Zivilbevölkerung zu schützen. Alle im »Luftschutz tätigen Personen« wurden verpflichtet, Kenntnisse, die sie aufgrund ihrer Obliegenheiten – etwa bei der Besichtigung von Haushalten – erlangten, für sich zu behalten:

»über [...] Tatsachen, an deren Nichtbekanntwerden die Betroffenen ein berechtigtes Interesse haben, ist Verschwiegenheit zu bewahren.«

Dieser Passus befindet sich – legt man die Definition von Ernst Fraenkel zugrunde – an der Grenze zum Maßnahmenstaat. Er dürfte keinerlei Wirkung gehabt haben, wenn Feinde nach Lesart des Regimes betroffen waren, d.h. also, wenn sich die Politische Polizei für Privatpersonen interessierte. Da aber der Luftschutz insgesamt eher weniger im Blickpunkt von Himmlers Schergen lag, stellte das Luftschutzgesetz keinen Brennpunkt im Terroralltag dar. Der Luftschutz war, was die Herrschaftsrealität des einzelnen anging, von Anfang an stark der Sphäre des Normenstaates verhaftet und blieb dies auch[145].

---

[140] Ebd., RK 4876/35, 15.6.1935. RLM an Reichskanzlei. Vgl. auch RK 3827/35, 11.5.1935, RLM an RAM und RK 3828/35, 11.5.1935, RLM an RWM.
[141] Ebd., RK 5942, Auszug aus der NS über die Sitzung des Reichsministeriums vom 26.6.1935.
[142] Ebd., RK 3305/35, 17.4.1935, RLM an Reichskanzlei.
[143] RGBl. I, 1935, S. 827 f.
[144] Zum Folgenden vgl. den Artikel des zuständigen Referenten im R&PrMI Krauthausen, Luftschutzgesetz und Gemeinden.
[145] Dazu auch unten, S. 310 f.

Die §§ 9 und 10 schrieben Strafbestimmungen für Zuwiderhandlungen vor, die sich im allgemeinen Bereich der Ahndung niederer Kriminalität bewegten (Geldstrafe oder Haft)[146]. Die restlichen Paragraphen betrafen die Änderungen der Reichsversicherungsordnung, um den aktiven Luftschutzkräften einen Versicherungsschutz zu gewährleisten.

Mit der Verabschiedung des Luftschutzgesetzes hatte der Kampf um die organisatorische Macht und die Belastungsfähigkeit bzw. Inanspruchnahme von Bevölkerung und Gemeinden keineswegs ein Ende gefunden, sondern trat nun in die nächste Runde. In der zweiten Hälfte 1935 bereitete das RLM die Entwürfe für die I. Durchführungsverordnung zum Luftschutzgesetz vor, das die praktischen Verpflichtungen und Kompetenzen näher definieren sollte.

Recht rasch wurde den anderen Beteiligten klar, daß Knipfer und seine Mitarbeiter weiterhin versuchen würden, die Organisation so weit wie möglich unter ihre Kontrolle zu bekommen[147]. Da man über die beteiligten Verwaltungsträger, vor allem die Polizei und die Gemeinden, infolge des hartnäckigen Widerstandes der anderen Ministerien nur eine eingeschränkte Kontrolle ausüben konnte, versuchte man nun statt dessen, ihre Macht möglichst zu beschränken. Dies geschah einmal dadurch, daß man den Örtlichen Luftschutzleitern die direkte Befehlsgewalt über den örtlichen Luftschutz erst im Kriegsfalle zuwies. Im Frieden sollten sie lediglich koordinieren, überwachen und mittels ihrer Polizeigewalt die Luftschutzpflichtigen und die vorhandenen Einrichtungen heranziehen bzw. einplanen. Die Gemeinden betrachtete man im RLM offenbar lediglich als Lieferant für Dienstleistungen und Material ohne wirkliche Mitspracherechte außerhalb des Luftschutzes ihrer eigenen Anlagen und Gebäude.

Als wichtigste Maßnahmen in diesem Zusammenhang gedachte das RLM außer- bzw. halbstaatliche Organisationen mit reichsweiten Strukturen zu mobilisieren, hier insbesondere den RLB (für den Selbstschutz) und die Reichsgruppe Industrie (RI) mit ihren Vertrauensstellen (für den Werkluftschutz). Beide standen außerhalb der örtlichen Kontrolle von Gemeinde und Polizei und konnten ausgezeichnet dienstbar gemacht werden, um jene organisatorisch wenigstens teilweise zu umgehen. Dementsprechend versuchte man sowohl RLB als auch RI in der I. DVO als zentrale Träger des Luftschutzes zu verankern. In den entsprechenden

---

[146] Die Strafbestimmungen wurden durchaus auch angewandt und führten tatsächlich zur Verhängung entsprechender Strafen, wobei allerdings bei sozialen Härten recht milde Maßstäbe angelegt wurden. Gefängnisstrafen wurden teilweise ausgesetzt. Bei Zuwiderhandlungen in der Industrie schritten die Betriebsleitungen durchaus auch zu Entlassungen, die – zumindest in den untersuchten Fällen – von den Gerichten dann auch bestätigt wurden, dies insbes., wenn sich gleichzeitig »Hetzereien« ergeben hatten. BA Berlin, NS 5 VI/1129, Berliner Börsen-Zeitung vom 5.1.1938, »Fristlose Entlassung eines Hetzers«, und ebd., Frankfurter Zeitung vom 18.1.1938, Bericht über eine Zeugin Jehovas, die mit der Begründung, daß ihr Leben in Gottes Hand liege, der Aufforderung zum Besuch eines LS-Lehrgangs nicht nachgekommen war. Zunächst zu 20,- RM Strafe verurteilt, erschien sie weiterhin nicht und wurde daher vom Schöffengericht Darmstadt zu vier Monaten Gefängnis verurteilt. Der Haftbefehl wurde allerdings ausgesetzt, da die Frau drei schulpflichtige Kinder hatte.

[147] Zum Folgenden vgl. BA Berlin, R 2/9210, 1. Entwurf der I. DVO mit Schreiben des RLM von 2.12.1935 mit Bitte um Teilnahme an einer Besprechung am 16.12.

Entwürfen erhielten sowohl RLB als auch RI daher weitgehende Befugnisse zur Durchführung des Luftschutzes sowie zur Anordnung von Übungen.

Für die anderen Ministerien stellte dies einen unerhörten Vorgang dar, da beide Organisationen rechtlich gesehen private Vereine waren und daher keinesfalls behördliche Aufgaben zugewiesen bekommen durften. Das RLM war noch einen Schritt weiter gegangen und hatte festgelegt, den RLB auch mit Befugnissen zur Durchführung des Erweiterten Selbstschutzes auszustatten, d.h., er sollte unter anderem auch für die Durchführung des Luftschutzes der Behörden, so z.B. auch die Ausbildung der Beamten und Angestellten, zuständig sein. Damit wäre man in die ureigenste Sphäre der Behörden selbst vorgedrungen.

Nacheinander traten die Gemeinden, die Reichsressorts und – bemerkenswerterweise – auch die von Himmler seit 1936 okkupierte Polizei auf den Plan und verweigerten die Zustimmung. Im Laufe der teilweise heftigen Auseinandersetzungen kam der ganze organisatorisch-konzeptionelle Zustand des deutschen Luftschutzes zum Ausdruck. Es herrschten teilweise chaotische Verhältnisse.

Das RLM wollte im Dezember 1935 die I. DVO abschließend besprechen lassen, wobei man bemüht war, die übrigen Reichsressorts eher als Akklamateure erscheinen zu lassen und einen Teil von ihnen erst auf eigenes Drängen an den Beratungen beteiligte. Den ersten Entwurf hatte man am 8. Oktober 1935 mit dem R&PrMI abgestimmt, dann aber eine Fassung verteilt, die die Abmachungen nicht widerspiegelte[148]. Das RFM und andere Ministerien hatte man gar nicht erst an den Vorverhandlungen beteiligt.

Wie unter diesen Bedingungen nicht anders zu erwarten, kam es zu keiner Einigung. Das RFM und das R&PrMI lehnten eine Teilnahme wegen der ungenügenden Koordination im Vorfeld zunächst ab[149]. In sachlicher Hinsicht meldeten sich als erste die Gemeinden mit zwei ausführlichen Stellungnahmen zu den vorliegenden Entwürfen zu Wort. Zunächst kritisierte man die Übertragung hoheitlicher Aufgaben an RLB und RI unter Hinweis auf die schwache Stellung der Gemeinden[150]. Diese hätten einen solchen Status nicht und wären bei Umsetzung der Pläne gegenüber beiden Organisationen stark benachteiligt gewesen. Weiterhin monierten sie die aus ihrer Sicht immer noch zu weitgehenden Befugnisse des Örtlichen Luftschutzleiters in bezug auf die Verwaltung der Ressourcen. Gemäß § 5 Abs. 2 des Entwurfs besaß dieser Zugriffsrechte auf Dienstleistungen und Einrichtungen sowie das Material der Gemeinden bei der Vorbereitung des Luftschutzes. Die Gemeinden befürchteten keineswegs zu Unrecht, daß es zu einem

---

[148] BA-MA, R 43 II/1298, RK 10786/35 vom 13.12.1935.
[149] Ebd., Antwortschreiben des RFM zur Besprechung. Das RLM betrieb diese Ausgrenzungstaktik auch in der Folge. Vgl. ebd., RK 9833/36 vom 30.7.1936, Reichs- und Preußischer Minister für Wissenschaft, Erziehung und Volksbildung an das RLM, alle übrigen Reichsressorts, Stellv. des Führers, Deutsche Reichsbahngesellschaft, Rechnungshof des Deutschen Reiches, zum Schreiben des RLM vom 17.6.1936, ZL 3e 6609/36 und vom 21.7.1936, ZL 3 e Nr. 6670/36. Antwortschreiben des RLM, in dem dem Wissenschaftsministerium nur zum Teil Recht gegeben wurde, ebd., RK 10047/36 vom 4.8.1936, ZL 3e 7202/36.
[150] Zum Folgenden: BA Berlin, R 36/2694, DGT an das HA für Kommunalpolitik, Stellungnahme vom 28.1.1936 zum Entwurf des RLM zur I. DVO.

heillosen Wirrwarr und zur Ausbeutung kommen würde, wenn drei oder mehr Organisationen Ansprüche auf die Mittel der örtlichen Ebene anmeldeten. Man müsse in einem solchen Falle das R&PrMI bitten, dafür zu sorgen, daß sämtliche Kosten des Luftschutzes vom RLM und damit vom Reich getragen würden. Damit war man erneut bei einem der entscheidendsten Schwachpunkte des Luftschutzes angelangt: der Aufbringung der finanziellen und materiellen Mittel und der Verteilung der Lasten. Entscheidend – so die Vertreter der Kommunen – sei nicht die Definierung möglichst weitgehender Befehlskompetenzen und die Installierung einer komplizierten Führungsmaschinerie, sondern die Klärung der Frage, woher die nötigen Ressourcen kommen sollten.

In bezug auf die Gestaltung der organisatorischen Strukturen vertrat man die Position, daß ein einheitlicher, möglichst unkomplizierter Befehlsweg etabliert werden müsse. Bei der Bestandsaufnahme der aktuellen Situation war man jedoch zu gegenteiligen Ergebnissen gelangt[151]. Die I. DVO in ihrer vorliegenden Entwurfsform leiste sowohl in der Terminologie als auch in der Zuweisung von Kompetenzen chaotischen Verhältnissen geradezu Vorschub. Die Inhaber der obersten Befehlsgewalt seien nicht genannt, die Zuständigkeiten überhaupt nicht geregelt. Das RLM könne über die Regierungspräsidien, die Polizeiverwalter, den RLB und die RI tätig werden, außerdem könnten RI und RLB in ihrem Bereich auch selbständige Anordnungen treffen, ohne das RLM vorher zu fragen. Die rechtlichen Ermächtigungen seien alles andere als klar.

»Die nebeneinander verwandten Begriffe der Durchführung (§§ 2, 5), der Leitung (§ 4), der Aufgaben (§§ 5, 6, 7), des Sichbedienens [Luftschutzgesetz § 1], der Weisungen (§§ 5, 6), der Richtlinien (§ 2), der Inanspruchnahme (§ 5, Abs. 2), des Verkehrens (§ 7), des Vertretens der Belange (§ 7, Abs. 4) müssen zur Folge haben, daß verschiedene Befehlsgewalten bei derselben Stelle nebeneinander auftreten.«

Anstatt dieses Durcheinanders sei es nötig, einfache und klare Regelungen zu treffen und möglichst wenig Stellen einzubeziehen, dies nicht zuletzt auch deshalb, um eine ruinöse Überlastung ihrer Kassen zu vermeiden.

»Es dürfte aber gerade nötig sein, die örtliche Befehlsgewalt klar und eindeutig einer einzigen Stelle, dem Polizeiverwalter, zu übertragen und der kommunalen Selbstverwaltung, die für die Durchführung des Luftschutzes unentbehrlich ist, die erforderliche Handlungsfreiheit zu lassen. Der heutige Zustand, daß die Gemeinden zuweilen in Konflikte geraten, wem sie zu folgen haben, müßte aufhören. Er beruht heute meist auf dem Dualismus der anordnenden und der für die Kostendeckung zuständigen Stelle.«

Das RFM stimmte den Auffassungen der Gemeinden zu[152]. Man befürchtete, daß bei der bereits vorliegenden Belastung der Bevölkerung durch die Partei und ihre Gliederungen schwerwiegende Probleme zu erwarten seien. Überhaupt drohe bei der Einführung von derlei weitgehenden Befugnissen die psychische, finanzielle und materielle Überlastung von Bevölkerung, Gemeinden und Behörden. Die Rechnung müsse dann der Staat begleichen. Es sei

---

[151] Zum Folgenden: ebd., DGT – LS 84/36 – vom 22.2.1936 an das R&Pr.I, Kritik zur I. DVO zum LSchG.
[152] Zum Folgenden: ebd., R 2/9225, RFM vom 12.8.1936 – O 6035 Bh 1–61/36 I B Bau, dazu 2. Fassung der I. DVO vom 5.8.1936 mit Schreiben des RLM und Bemerkungen des RFM.

»vielerorts ein [...] erhebliche[r] [...] Druck der Luftschutzorganisation unter Berufung auf das Luftschutzgesetz [zu] erwarten und die Folgen wären fortgesetzte Vorstellungen auf Übernahme der durch solche Maßnahmen erwachsenden Kosten auf die Gemeinden, die Länder und letzten Endes das Reich. Denn eine Verweigerung des Kostenersatzes wäre im Hinblick auf die vielen unbemittelten Volksgenossen praktisch gar nicht durchführbar.«

Daraus wiederum entstünde eine ungeheure Belastung für das Reich. Um hier einen Damm zu bauen, müßten das RLM und sein Haushalt herangezogen werden, da dies

»dann noch der einzige Weg [wäre], diese Ausgaben in vertretbaren und übersehbaren Grenzen zu halten«.

Ansätze in der I. DVO, mit denen die Penetrierung der Behörden in Luftschutzangelegenheiten bewerkstelligt werden sollte, wurde ebenfalls als nicht tragbar eingestuft. Für den Luftschutz dort sei niemand anders als der Behördenleiter zuständig. Der Örtliche Luftschutzleiter oder der RLB dürften hier allenfalls beratend tätig werden.

Wie schon im Falle des Luftschutzgesetzes konnte eine Einigung für alle diese Zerwürfnisse lange Zeit nicht herbeigeführt werden. Im Gegenteil – die Gegensätze verschärften sich noch, als man sich nach etlichem Hin und Her am 9. Dezember 1936 zu einer Referentenbesprechung traf, um die Probleme zu lösen[153]. Das RLM rückte dabei von seinen Vorstellungen keineswegs ab und argumentierte damit, daß RI und RLB absolut notwendige Teile des Luftschutzes darstellten und daher nicht entbehrlich seien. Durch sie käme das so wichtige Freiwilligkeitsprinzip,

»ein Gesichtspunkt, der dem Charakter der Luftschutz-Pflicht als Ehrenpflicht und den Anschauungen über die Einsatzbereitschaft des Einzelnen im Dritten Reich entspricht«,

zum Tragen. Außerdem könnte so auch eine Aufblähung des Verwaltungsapparates verhindert werden.

Das RLM hatte letztlich ähnliches im Sinn wie Krohne bei seinen Angriffen 1927/28: die organisatorische Aushebelung der allgemeinen Inneren Verwaltung. Nur gedachte man, den privaten Vereinen keine Eigenregie zuzugestehen, sondern in größtmöglichem Maße selbst die oberste Leitung zu übernehmen. Mit einer auch für heutige Verhältnisse wenigstens grundsätzlich modernen Argumentation, die das Prinzip der Freiwilligkeit und die Begrenzung der Staatsmacht betonte, versuchte man, einen umfassenden Herrschaftsapparat aufzubauen. Mittel und Wege standen im Widerspruch:

»Der Staat kann sich bei diesem System um so mehr grundsätzlich auf Aufsichtsbefugnisse beschränken, als der Reichsluftschutzbund und die Reichsgruppe Industrie an die Weisungen des Reichsministers der Luftfahrt und Oberbefehlshabers der Luftwaffe gebunden sind und der Entwurf der Durchführungsverordnung Sicherungen vorsieht, die unerwünschte Übergriffe vermeiden.«

Daß die Realität teilweise ganz anders aussehen würde, als diese eher idealisierende Schilderung angeblich geordneter und effizienter Verhältnisse glauben machen

---

[153] Zum Folgenden: ebd., RML vom 29.12.1936 – ZL I 3e Nr. 4344/36 g II. Ang. – Aufzeichnungen über die Besprechung vom 9.12.1936 über I. DVO mit entsprechendem Entwurfstext.

wollte, hatten die anderen Beteiligten aufgrund ihrer Erfahrungen schon deutlich zum Ausdruck gebracht und setzten ihre Kritik auch dementsprechend fort. Es stand ihrer Meinung nach gerade eben nicht die Steigerung der organisatorischen Wirksamkeit zu erwarten, sondern die Aufblähung des Apparates und die Verwirrung der Kompetenzen. Die Gemeinden wußten vor allem hinsichtlich des RLB wovon sie sprachen, denn sie hatten seit 1933 tagtäglich einen Kampf gegen Übergriffe der NSDAP auf ihre Befugnisse und Ressourcen zu führen[154].

Das System, wie es dem RLM vorschwebte, wurde schließlich auch von der Polizei deutlich kritisiert. In einem Memorandum des HA Ordnungspolizei zu der Referentenbesprechung vom 9. Dezember, das auch an das RFM ging, wurde die prekäre Lage eindringlich geschildert. Dieses Traktat gehört zu den zentralen Dokumenten des deutschen Luftschutzes bis 1939. Es reflektiert die staats- und gesellschaftspolitischen Grundlagen der Mobilmachung mit all ihren Widersprüchen.

Der Verfasser, Major der Schutzpolizei Martini, kritisierte zunächst, daß das RLM in dem von ihm versandten Protokoll zur Referentenbesprechung die Sachlage, insbesondere die Meinung des RFM, des HA Ordnungspolizei und auch des Vertreters des Reichskriegsministeriums einseitig verzerrt habe[155], und verlangte nachdrücklich die Trennung zwischen Behörden und privaten Organisationen sowie die Schaffung eines einheitlichen, klar abgegrenzten Dienstweges. Damit vertrat man eindeutig die Prinzipien rationaler Herrschaft.

Der Kern der Ausführungen Martinis drehte sich erneut um die grundlegende Gestaltung der organisatorischen Machtverhältnisse. Er warf dem RLM vor, die eigene Machtgier über die Sachanforderungen zu stellen. Die Einbringung von RI und RLB sei durchaus nicht von vornherein geplant gewesen, sondern würde erst neuerdings verfolgt und zwar weniger aus den Notwendigkeiten heraus als »aus anderen Gründen«. Darüber, wie diese Gründe aussahen, ließ Martini keinen Zweifel. Es ging um die Beschneidung der Befugnisse der Örtlichen Luftschutzleiter und der Behörden der Inneren Verwaltung. Das RLM hatte in der Besprechung behauptet, daß die Erteilung einer umfassenden Befehlsgewalt über den Luftschutz an die Polizeiverwalter nicht notwendig sei. Martini bemerkte bitter, daß die Polizei gerade diese Notwendigkeit seit Jahren betone, und kam zum Schluß, daß das RLM nachgerade eine »einseitige Einstellung« gegen die Polizei einnehme. De facto habe das RLM zu erkennen gegeben, daß es die Polizei für nicht fähig halte, den Luftschutz zu führen.

Martini berief sich dabei in erster Linie auf die aktuelle Verfassung des strukturellen Gesamtgebäudes. Die Versuche zur Aneignung umfassender organisatorischer Macht gefährdeten in offenbar nicht unerheblichem Maße die organisatorische Einsatzfähigkeit des bis dato geschaffenen bzw. im Aufbau befindlichen Instrumentariums. Martini verwies darauf, daß auch die Vertreter des RLM in der Besprechung offen hatten zugeben müssen, daß das gesamte organisatorische Gebäude zerbreche.

---

[154] Siehe oben, S. 267 f.
[155] BA Berlin, R 2/9210, Memo des HA Ordnungspolizei vom 9.1.1937 – Abschrift zu Lu 4760 a – 52 I C g –.

Die notwendigen Schlußfolgerungen zur Vereinfachung und zur Abklärung der Kompetenzen wurden – so Martini – aber offenbar nicht gezogen.

»Dabei ist die Organisation und der Umfang des RLB als der vom Reichsminister der Luftfahrt anerkannten Organisation für den Luftschutz immer *gewaltiger* geworden. [...] Den Ausführungen [des RLM] fehlt eben der Entschluß und der Wille zu bekennen, daß der RLB und die Reichsgruppe Industrie im Luftschutz eingeschachtelte Organisationen sind, auf die der Reichsminister der Luftfahrt entgegen allen sachlichen Gründen nicht verzichten will.«

Martini ging in seiner vernichtenden Kritik noch weiter und dehnte sie auf die praktische Umsetzung des vom RLM herangezogenen Freiwilligkeitsprinzips aus. Er verlangte die Einhaltung der feinsäuberlichen juristischen und organisatorischen Trennung zwischen RLB-Mitgliedschaft und dem Status der aktiven Selbstschutzkräfte, damit mutatis mutandis die Scheidung, wie sie die anderen Ministerien und die Gemeinden vornahmen, bekräftigend. Mit dem Status der Luftschutzhauswarte oder der Mitglieder der Hausfeuerwehr vertrug es sich nach Martinis Ansicht überhaupt nicht, daß sie von einem privaten Verein »kommandiert und zu Übungen herangezogen werden« sollten. Genau dies aber waren die Befugnisse, die das RLM dem RLB zukommen lassen wollte. Martini vertrat die Ansicht, daß die aktiven Selbstschutzkräfte dadurch »in ihren staatsbürgerlichen Rechten [...] beeinträchtigt« würden.

Deutlicher konnten die Widersprüche der nationalsozialistischen Herrschaftsrealität nicht zum Ausdruck kommen. Ein Major der Schutzpolizei, also der Vertreter eines integralen Bestandteils des im Aufbau begriffenen terroristischen Staatsschutzkorps Himmlerscher Prägung, verteidigte offiziell die staatsbürgerlichen Rechte der Zivilbevölkerung. Daß diese unter der Willkür des Regimes und den zahllosen Gewalttaten als Grundprinzip der Herrschaftsordnung de facto gar nicht mehr existierten, scheint ihm offenbar keine Schwierigkeiten gemacht zu haben. Ein Problembewußtsein hinsichtlich der Ausgrenzung von nicht-deutschen Minderheiten und der Terrorisierung von »erkannten« Feinden scheint bei den Beteiligten, auch den obersten Planern der anderen Verwaltungen, ebenfalls nicht mehr existiert zu haben. Die Selbstverständlichkeit mit der man die Sonderbehandlung von Juden in der DVO regelte[156], ist deutliches Indiz für die Akzeptanz der Pervertierung der Verfassungs- und Rechtslage.

Abschließend ging Martini auf die vom RLM als sinnvoll vertretene Kombination von Zwang und Freiwilligkeit aus der staatspolitischen Grundlagenperspektive ein. Er kritisierte, daß damit durchsichtige Zwecke verfolgt würden, ohne auf die sinnvolle Verwirklichung beider Prinzipien hinzuarbeiten. Das RLM vertrete einerseits die Prinzipien der Freiwilligkeit zur angeblich nötigen Beschränkung der Staatsmacht, verlange aber andererseits die Einführung umfassender Zwangsbestimmungen, darunter insbesondere die Festschreibung einer persönlichen Luftschutzpflicht unter Androhung von Strafen, um den RLB organisatorisch zu etablieren und ihn mit konkreten Machtmitteln auszustatten. Auf der einen Seite »der Zwang zur Dienstleistungspflicht, [...] da der ziv. Luftschutz sonst zerbreche [...]«,

---

[156] Siehe unten, S. 302–305.

auf der anderen die Propagierung einer
»Luftschutzpflicht auf freiwilliger Basis«. Vor allem der RLB selbst habe »immer wieder betont, daß es ohne diese Bestimmung nicht ginge.«
Die Differenzen konnten von den beteiligten Stellen nicht gelöst werden und gingen daher schließlich entlang der inzwischen etablierten allgemeinen politischen Machtstrukturen an die obersten Instanzen. Eine Chefbesprechung zwischen Milch und Daluege, den Hauptorganisatoren der beiden Machtkomplexe Polizei und Luftwaffe, wurde anberaumt. Milch scheint dabei die Stellung seines Chefs ausgenutzt zu haben, denn die Polizei – und in ihrem Gefolge die übrigen Ministerien – gab danach ihren Widerstand auf[157]. Es kam zu zwei weiteren Referentenbesprechungen, in denen vorgeschlagen wurde, den RLB zwar zu nennen, aber lediglich »im Auftrage des Polizeiverwalters« einzusetzen. Das RLM war selbst dazu nicht bereit, und so wurden die RI und der RLB als hoheitliche Träger in der I. DVO festgeschrieben. Das RLM stimmte – wohl als Kompromiß – jedoch einem Passus zu, der vorschrieb, daß der RLB in Behörden nur auf Ersuchen und lediglich beratend tätig werden dürfe. Damit hatten die anderen Verwaltungen ein Eindringen in ihre Dienstgebäude verhindert. Die Stellung des Örtlichen Luftschutzleiters als einzige Instanz mit dem Recht zur Ausübung behördlichen Zwanges auf der lokalen Ebene, dies allerdings ohne Befehlsbefugnis im Frieden, blieb unverändert.

Nach einigen weiteren Verhandlungen, die aber keine wesentlichen Änderungen mehr brachten, wurde die I. DVO beschlossen und am 7. Mai 1937 im Reichsgesetzblatt veröffentlicht. Über vier Jahre nach der Machtergreifung und der Ernennung Görings zum zuständigen Minister für die Luftfahrt und den Luftschutz und 3½ Jahre nach Beginn der Arbeiten für das Luftschutzgesetz waren die staatsrechtlichen Grundlagen damit gelegt[158].

Das RLM hatte seine grundsätzlichen Ziele für die Durchführungsverordnung erreicht:
– Die RI und der RLB erhielten den ausdrücklichen Auftrag, den Werkluftschutz bzw. den Selbstschutz zu organisieren und durchzuführen.
– Den Gemeinden verweigerte man den Status als aktive Handlungsträger und bestimmte lediglich, daß ihre Einrichtungen in Anspruch genommen werden konnten.

---

[157] BA Berlin, R 2/9225, RFM, handschriftl. Vermerk über die Besprechung vom 26.2.1937 (In diesem Zusammenhang hatten sich auch Knipfer und der Leiter des Kommando-Amtes im HA Ordnungspolizei, Bomhard, getroffen; vgl. handschriftl. Vermerk auf dem Memo Martinis, S. 1) und Entwurf I. DVO mit Schreiben RFM vom 20.2.1937 und Schreiben vom RLM vom 13.2.1937 mit NS der Besprechung vom 15.2.1937. Dazu 4. Fassung der I. DVO mit handschriftl. Vermerk des RFM vom 15.4.1937. Auch zum Folgenden. Großkreutz hatte in einer Rede vor der RI am 25.11.1936 darauf hingewiesen, daß, wenn zwischen dem RLM, den anderen Ministerien und der Polizei keine gütliche Einigung erzielt werden könne, »eine Entscheidung von höherer Stelle herbeigeführt werden müsse«, und damit auf Göring bzw. Hitler verwiesen. Ebd., R 2/9222, NS Sitzung Hauptausschuß WLS, 25.11.1936.
[158] Vgl. dazu OB a.D. Dr. Heymann, Haupttreferent im DGT, Durchführung des Luftschutzgesetzes; BA-MA, R 36/2694.

- Die Polizeiverwalter erhielten für die Friedenszeit lediglich die Aufgabe, den SHD durchzuführen. Damit hatte man ihnen im Geflecht der Organisationsmacht lediglich eine Koordinations- und Aufsichtsrolle zugesprochen. Offenbar sollte die Festlegung, daß ausdrücklich nur die Örtlichen Luftschutzleiter Zwangsmittel anordnen durften und Organisationen wie der RLB und die RI nicht, dadurch konterkariert werden, daß die Polizeiverwalter vor Kriegsbeginn keine eigene Hausmacht besaßen[159].

RLB und RI erhielten in ihrem Zuständigkeitsbereich, d.h. bei Bevölkerung und Industrie, das Recht, Ausbildungsveranstaltungen und Übungen anzuordnen, wobei der RLB hierzu nur aktive Selbstschutzkräfte heranziehen durfte, d.h. also Luftschutzhauswarte, Hausfeuerwehrleute, Sanitätshelfer und Melder, nicht aber »passive« Hausbewohner. Die aktiven Kräfte sollten gemäß § 9 in jedem Haus vom RLB ausgewählt und dem Polizeiverwalter vorgeschlagen werden. Die Polizei zog sie dann mittels Polizeiverordnung formell heran und verpflichtete sie. Organisatorisch unterstanden sie dagegen weiterhin primär dem RLB. Im Werkluftschutz sollten lediglich der Betriebsführer, also der Geschäftsführer, und der von diesem ernannte Betriebsluftschutzleiter formell herangezogen werden. Ob dieses komplizierte Modell vor Ort einsatztauglich war, mußte sich erst noch erweisen.

Die restlichen Bestimmungen der I. DVO gestalteten sich gemäß ihrem Charakter als Wehrpflichtverordnung. Sie enthielt Bestimmungen über auszuschließende Personen (Verbrecher, Staatsfeinde) und Sonderregelungen für Juden (§ 10). Die Beurlaubung von den Berufspflichten, Aufwandsentschädigungen, Verfahrensfestlegungen für Sachschäden, die Einführung einer Unfallversicherung, die grundsätzliche Regelung der polizeilichen Strafgewalt, Rechtsmittel und besondere Meldebestimmungen für die Luftschutzpflichtigen (§§ 12–21) gehörten ebenfalls dazu.

In der DVO nicht festgelegt hatte man die finanzielle Lastenverteilung, obwohl diese schon seit Jahren einen Hauptstreitpunkt darstellte. Hier trat man gewissermaßen in die dritte Runde der Auseinandersetzungen ein. Diese begann nicht ganz am Nullpunkt, da eine gewisse Vorarbeit bereits geleistet worden war. Im Zuge der Verabschiedung des Luftschutzgesetzes hatten die Gemeinden mit den Reichsministerien verhandelt, und es zeichnete sich allmählich ein Modus vivendi ab. Die Gemeinden und sonstigen öffentlichen Träger sollten die Kosten übernehmen, die ihnen ohnehin schon im Zuge ihrer Aufgaben zufielen, also etwa die Unterhaltung von zivilen Feuerwehren, die Sicherung der Versorgung der Bürger oder den Luftschutz in den eigenen Anlagen. Alle Aufwendungen, die darüber hinausgingen (»besondere Kosten«), sollte das Reich, d.h. das RLM, erbringen. Bei den weitverzweigten und komplexen Anforderungen des Luftschutzes ließ sich eine klare Trennung allerdings nicht so einfach bewerkstelligen, und trotz des Drängens von RFM und den Gemeinden, die nachdrücklich nach Rechts- und Planungssicherheit für die kohärente Gestaltung ihrer Haushaltspläne verlangten, kam es erst während und nach der Verabschiedung der I. DVO zu Verhandlungen über den genaueren

---

[159] Dies währte allerdings nicht lange, denn die Bestandteile des SHD wurden infolge der allgemeinen Machterweiterung Himmlers, beginnend mit den Feuerwehren 1938, aktive Teile der Polizei.

Kostenkatalog. Wie nicht anders zu erwarten, führten diese zu neuen Konfrontationen[160]. Insbesondere die Frage hinsichtlich der öffentlichen Luftschutzräume, die einen sehr großen Aufwand nach sich ziehen würden, war umstritten[161]. Die endgültige Formulierung des Kataloges verzögerte sich dadurch erheblich und wurde erst am 15. Juli 1938 mit seiner Veröffentlichung im Reichsministerialblatt abgeschlossen[162]. Das RLM kam insbesondere für die Kosten für zusätzliches Feuerlöschgerät, Großalarmanlagen, die Ausbildung der Örtlichen Luftschutzleiter und höheren Führer, für den Ausbau von Befehlsstellen, die Errichtung von öffentlichen Luftschutzräumen und alle Ausgaben für öffentliche Sicherheit und Versorgung, die über die friedensmäßigen Anforderungen hinausgingen, auf.

Mit dem Erlaß dieser Verwaltungsbestimmungen war jedoch die praktische Versorgung mit Geld, Gerät und Einrichtungen noch lange nicht gesichert. Die Finanz- und Rohstofflage im Reich hatte sich inzwischen infolge der massiven Aufrüstung erheblich verschlechtert. Das RLM lehnte es rigoros ab, zusätzliche Rohstoffe, vor allem Metalle, für den Luftschutz auf Kosten der Luftrüstung und des Ausbaus militärischer Anlagen bereitzustellen[163]. Dem Luftschutz kam dadurch bei der Zuteilung von Mitteln und Material, vor allem bei Baustoffen, eine noch stärkere Benachteiligung zu, als er ohnehin schon aufgrund seiner allgemeinen Nachrangigkeit erfuhr. Die Bautätigkeit, insbesondere die Einrichtung von Schutzräumen, ging nur langsam voran, wobei man immer stärker zu Behelfslösungen griff[164]. Fast nur die Großstädte, also die Luftschutzorte I. Ordnung, wur-

---

[160] BA Berlin, R 36/2694, DGT – LS 224/35 – vom 29.8.1935, Vermerk von Dr. Heymann, Rücksprache mit vier Referenten im RLM hinsichtlich Kosten/DVO und DGT an R&Pr.I – LS 225/35 – vom 25.9.1935, Kostenteilung zwischen Reich und Gemeinden im LS; Definition der besonderen Kosten sowie DGT – LS 225/35 vom 11.10.1935, Besprechung über Kostenteilung im LS zwischen Reich und Gemeinden. Vgl. auch DGT – LS 225/35 – vom 31.8.1935, an die OB von München, Königsberg, Stuttgart, Breslau, Nürnberg, Stettin, Berlin und den Landrat von Bitterfeld, Aufforderung zur Stellungnahme hinsichtlich Katalog für Kostenteilung und DGT – LS 267/35 – vom 22.10.1935, an die Gemeinden mit über 30 000 Einwohnern und DGT – LS 317/36 – vom 7.12.1936, an die Städte über 100 000 Einwohnern und DGT – intern – vom 4.6.1937. BA Berlin, R 2/9210, Anlage a [wohl RLM] zu den besonderen Kosten, o.D. Das RFM betonte ausdrücklich, daß man zu einer schnellen Lösung kommen müsse und daß das RLM endlich einen Gesamtkostenplan für den LS aufstellen solle. Die deutschen öffentlichen Finanzen seien sowieso zu einer »untrennbaren Einheit verflochten«, d.h., die entstehenden Kosten mußten nach Ansicht des RFM ohnehin von der Gesamtheit der Verwaltungen getragen werden. Im Sinne konstruktiver Handlungsfähigkeit mußte aber die Strukturierung der Ausgabepraxis und die Festlegung der entsprechenden Kompetenzen erfolgen. Ebd., R 36/2700, Besprechung städtischer LS-Sachbearbeiter am 16.6.1937. Ebd., R 1501/alt R18/1516, RFM vom 21.2.1936 an RdLuOBdL – Lu 4760–129 I C III. Ang.-.
[161] Ebd., R 2/9210, NS über eine Besprechung am 3.12.1936 hinsichtlich der besonderen Kosten im LS.
[162] Ebd., R 1501/alt R18/1516, Erlaß des RdLuOBdL vom 15.7.1938, Festlegung des Begriffs besondere Kosten, RMBl 1938, S. 381, nochmals im RMBliV, S. 1174. GStA, Rep. 151, Nr. 433, Bl. 56–58.
[163] BA-MA, RL 4/339, RdLuOBdL, – ZL 5a Nr. 11453/37- vom 30.11.1937 und RLM, LC III 5z an LC III 5 vom 21.10.1937. Dazu RdLuOBdL – ZL 5c 9268/37 – vom 1.6.1937: Runderlaß Schutzraumbau ohne Stahl.
[164] Die ganze Misere kann hier nicht ausführlich dargestellt werden, daher nur einige wichtige Belege: BA Berlin, R 2/9225, RFM vom 11.7.1939 – Lu 4760 a – 135 I – und DRdLuOBdL vom Juli

den im Rahmen des Luftschutzes mit Rohstoffen und Geldmitteln beliefert. Die kleineren und unbedeutenderen Städte (II. und III. Ordnung) blieben unversorgt. Die für die Abwicklung zuständigen Luftgaukommandos hatten Anweisung erhalten, entsprechende Anträge dieser Städte von vornherein abzulehnen[165].

Das staatspolitische und rechtliche Instrumentarium wurde in der verbleibenden Zeit bis Kriegsbeginn gemäß den vorangegangenen Entscheidungen weiter ausgebaut. Gleichzeitig mit der I. DVO hatte man bereits zwei weitere Durchführungsverordnungen herausgegeben, die den Schutzraumbau in Neubauten und die Entrümpelung der Dachböden festschrieben[166]. Danach erschienen weitere[167], die die VOA teilweise ablösten, ohne sie als Gesamtkorpus vollständig zu ersetzen. Kurz vor Kriegsbeginn wurden die bestehenden DVOs dann verschärft, um den Anforderungen des sich abzeichnenden Krieges gerecht zu werden[168]. Als letzte vor dem Einsetzen der Feindseligkeiten traten die IX. DVO über die befehlsmäßige Herrichtung von Schutzräumen in bestehenden Bauten und die X. DVO über luftschutzmäßiges Verhalten der Zivilbevölkerung in Kraft. Bei deren Verabschiedung war es in der Frage des Freiwilligkeitsprinzips erneut zu Konflikten zwischen den beteiligten Ressorts gekommen. Es ging darum, ob man die Bevölkerung gesetzlich verpflichten sollte, bei Fliegeralarm die Schutzräume aufzusuchen. Knipfer und seine Mitarbeiter wollten diesen Zwang einführen, um zu gewährleisten, daß die Bevölkerung auch wirklich die Schutzmaßnahmen, die man vorbereitet hatte, ergriff. Der Generalstab der Luftwaffe und die Polizei lehnten ihn ab, dies wohl wegen möglicherweise zu erwartender Schwierigkeiten bei der Umsetzung bzw. praktischen Erzwingung. Man einigte sich schließlich darauf, die Pflicht festzulegen, aber die Bestrafung auszusetzen[169]. Die X. DVO erschien am 1. September 1939[170]. Die Gestaltung der staatspolitischen und rechtlichen Rahmenbedingungen hörte damit nicht auf, sondern ging weiter.

Der Apparat, der gemäß der durch die zwiespältigen und problembehafteten Entscheidungen generierten Abmachungen, Verordnungen und Gesetze im Laufe der Zeit entstand, zeigte sich den anglo-amerikanischen Luftoffensiven 1942–1945 zwar insgesamt gesehen nicht gewachsen, blieb aber fast bis Kriegsende einsatzfähig. Die gemachten Erfahrungen zeigen, daß die aufgebaute Organisation trotz

---

1939, Az. 41 1 42 20 – L.In. 13/5a [...]/39, Richtlinien zu § 2, Abs. 2, IX. DVO. R 2/9212, RdLuOBdL vom 30.6.1938 – ZL 5c 5233/38 g.-. Ebd., Vermerk RFM Ende September 38 über Behörden-LS.
[165] Ebd., R 1501/alt R18/1516 mit DGT – L 149/38 – vom 31.1.1938, RdLuOBdL vom 12.1.1939 an RfSSuChddPol. – Chef OP z.H. Hauptm. SchutzP Scholz – Az. 58 a – 44 – ZL III B 1 5925/38 –, RdLuOBdL vom 19.10.1939 – Az 2a 1412 Lin 13 III B 3 Nr. 8048/39- und einer ganzen Aktenreihe zur Ablehnung von Anträgen betroffener Gemeinden.
[166] RGBl. I, 1937, S. 559. Die II. DVO schrieb die Pflicht zum Einbau von Schutzräumen in Neu-, Um- und Erweiterungsbauten vor; die III. DVO regelte die Pflicht zur Entrümpelung der Dachböden. RGBl. I, 1937, S. 566.
[167] Hampe, Ziviler Luftschutz, S. 28.
[168] BA Berlin, R 2/9210, Lu 4760 a – 139 I g vom 15.8.1939 mit einer Reihe von Dok.
[169] Ebd., R 2/9225, RdLuOBdL vom 030739 – Az. 1a 16 23 L.In. 13 III B 3 7240/39 II. Ang.– und RfM – Zu Lu 4760 a–136 I– vom 20.7.1936, Protokoll zur Sitzung vom 18.7. sowie RdLuOBdL vom 3.9.1939 – Az. 1a 16 23 L.In. 13 III B 3 8492/39 II. Ang.–.
[170] RGBl. I, 1939, S. 1570.

ihrer relativen Hilflosigkeit gegenüber den vernichtenden Bombenangriffen der Alliierten doch einen hohen Grad an Einsatzbereitschaft entwickelte und im Rahmen der begrenzten Möglichkeiten gute Dienste leistete[171]. Es stellt sich die Frage, wie die Verantwortlichen dies trotz der staatspolitischen Wirrungen und Kämpfe bei der Entstehung des ganzen Gebäudes 1935–1939 erreichten.

Von essentieller Bedeutung für die Organisation erwies sich die Zusammenarbeit und die Koordination aller beteiligten Verwaltungszweige auf der mittleren und insbesondere der unteren Ebene. Bei den Gemeinden liefen alle Fäden zusammen, und wenn es dort nicht gelungen wäre, eine kohärente Einsatzstruktur herzustellen, hätte der Luftschutz von vornherein nicht funktioniert.

Als Grundvoraussetzungen hatten die Beteiligten neben Koordination und wechselseitiger konstruktiver Mitarbeit vor allem die Einhaltung der Zuständigkeitsgrenzen – alles Kernelemente rationaler Herrschaft – zu gewährleisten, d.h., die vereinbarten bzw. gesetzlich festgelegten Regeln mußten wenigstens grundsätzlich eingehalten werden.

Die politischen Grundbedingungen für eine umfassende Mobilmachung gestalteten sich günstig. Da man die sozialdemokratische, kommunistische und pazifistische Opposition im Zuge der Machtergreifung eliminiert hatte und auch alle weiteren grundsätzlichen Zweifler mundtot gemacht worden waren, brauchten die Verantwortlichen keine prinzipiellen Widerstände mehr zu befürchten. Das politische Terrain war geebnet.

Das Zusammenwirken der als staatspolitisch »aufbauend« erkannten Personengruppen und Organisationen ging dementsprechend trotz der Kämpfe der obersten Reichsbehörden um die gesetzlichen Grundlagen recht gut vonstatten. Der praktische Aufbau der Organisation machte bei allen auftretenden Schwierigkeiten in relativ kurzer Zeit substantielle Fortschritte. Grundsätzliche Verweigerung oder gar Selbstzerfleischung der beteiligten Organisationen fand nicht statt. Der DGT veranstaltete 1934/35 eine breit angelegte Umfrage bei den Gemeinden hinsichtlich der Erfahrungen im Luftschutz und bat um Vorschläge zur Weiterbearbeitung der VOA[172]. Die eingehenden Antworten zeigen ein klares Bild, auch wenn man-

---

[171] Hampe, Ziviler Luftschutz, S. 138–244, 322–344, 430–451. BA-MA, RL 200/57, Reichsluftverteidigung. Der RLB und seine Aufgaben im Selbstschutz, Ausarbeitung (10.5.1967) von Sautier, letzter Präsident des RLB. Bei beiden Werken ist eine gewisse Vorsicht am Platze, weil die Autoren an der Spitze der LS-Organisation standen und daher eine affirmative Grundhaltung an den Tag legten. Gespräche mit Augenzeugen und die Ergebnisse der stadtgeschichtlichen Literatur weisen aber darauf hin, daß die LS-Organisation in den Städten jeweils nach einer gewissen Zeit der Betäubung und Lähmung nach den Bombenangriffen ihre Arbeit mit aller unter den gegebenen Bedingungen zur Verfügung stehenden Energie aufnahm. Trotz der teilweise zunächst fast steinzeitlichen Verhältnisse infolge der Zerschlagung eines großen Teils der Versorgungswege und der technischen Hilfsmittel kamen Feuerwehr, Sanitätsdienst, Instandsetzungsdienst etc. (SHD) und auch der RLB meist zum Einsatz und leisteten wertvolle Hilfe bei der Rettung und der Eindämmung der Brände. Vgl. z.B. Überschär, Freiburg, S. 252–277.

[172] Zum Folgenden: BA Berlin, R 36/2691, Umfrage mit Antworten der Gemeinden bis Ende 1935. Die Aktion war dazu gedacht, dem RLM die Wünsche und Verbesserungsvorschläge der Gemeinden an die Hand zu geben. Die Zahl der Änderungswünsche war aber so groß, daß sich das RLM weigerte, sie umfassend zu berücksichtigen. Allein die Sichtung erwies sich als zu arbeitsin-

che Abweichungen und die üblichen regionalen Unterschiede auszumachen sind. Fast überall war man zur gütlichen Zusammenarbeit mit Polizei, Luftwaffe und den anderen Organisationen bereit, wenn nur die eigene Handlungsfreiheit gewährleistet blieb. Dies wurde auch auf einer zentralen Zusammenkunft städtischer Luftschutzsachbearbeiter beim DGT am 16. Juni 1937 nachdrücklich betont[173].

»Stadtrat Harbers-München berichtete eingehend über die Zusammenarbeit der Gemeinden mit den Polizei- und Militärbehörden. Er betonte aus seiner Münchener Erfahrung heraus, daß ein reibungsloses, auf der persönlichen Gewinnung der führenden Persönlichkeiten beruhendes Zusammenarbeiten zwischen der Gemeinde, den Polizei- und Militärbehörden unumgänglich nötig sei. Natürlich müsse jedoch von den Gemeinden darauf gehalten werden, daß ihre Selbstverwaltung und die Stellung, die ihnen jetzt im Luftschutz gegeben sei, nicht eingeengt werde.«

Fast alle Gemeinden verlangten nach Flexibilität bei der Gesetzgebung und der Gestaltung der organisatorischen Verhältnisse, d.h., sie pochten auf die kommunale Selbstverwaltung. Eng damit zusammen hing die Forderung nach klarer Gestaltung der finanziellen Verhältnisse. Das lange Ausbleiben entsprechender Abmachungen, vor allem hinsichtlich der »besonderen Kosten«, wurde von allen als großer Mangel empfunden und entsprechend moniert.

In der praktischen Arbeit vor Ort kam es nicht selten zu Problemen, weil die Polizeiverwalter die schnelle Durchführung von Maßnahmen forderten und dabei die Leistungsfähigkeit der Gemeinden zu sehr strapazierten. Diese baten um Abstellung dieses Drucks oder um die Aufhebung der vorgeschriebenen strengen und restriktiven Regeln der Haushaltsführung. Bei den vorhandenen großen Unterschieden zwischen den einzelnen Gemeinden müsse elastisch und jeweils nach Gefährdungsgrad sowie den im einzelnen vorhandenen Möglichkeiten und Fähigkeiten vorgegangen werden.

Als letzten wichtigen Punkt findet man schließlich durchgehend die Forderung nach Einführung von Zwangsbestimmungen zur Heranziehung der Bevölkerung und die Erteilung entsprechender Befugnisse an die staatlichen Polizeiverwalter bzw. die Ortspolizeibehörden. Dies koinzidierte mit dem Bestreben der Kommunen nach klaren Verhältnissen mit letzteren während der Verhandlungen um das Luftschutzgesetz und die I. DVO[174].

Die Verhältnisse kamen sehr deutlich zum Ausdruck, als sich Vertreter großer preußischer Städte (Berlin, Breslau, Lübeck, Recklinghausen, Stettin, Wuppertal) mit Heymann am 17. Februar 1936 in Berlin trafen, um die organisatorische Lage zu besprechen[175]. Einhellig verlangte man die Einhaltung der Dienstwege der In-

---

tensiv. Der DGT mußte einsehen, daß er letztlich keinen Einfluß auf das RLM hatte. Vgl. dazu auch RLB, Präsidium, vom 5.11.1935 an den DGT – Gr. 2, Nr. 35/51/35 –.

[173] Zum Folgenden: ebd., R 36/2700 und 2694, Besprechung städtischer LS-Sachbearbeiter am 16.6.1937, Protokoll und Sitzungsmitschrift.

[174] In dieser Sache ergaben sich so viele Anfragen, daß sich das RLM genötigt sah, in einem besonderen Erlaß darauf hinzuweisen, daß vor der Verabschiedung der I. DVO kein juristischer Zwang gegen die Zivilbevölkerung angewandt werden dürfe. Ebd., RdLuObdL – ZL 3e 1048/36 geh. – vom 9.6.1936 an die Reichs- und Länderverwaltungen bis zu den Regierungsbezirken, die LKKs, den RLB, den DGT, das Rote Kreuz und die TN.

[175] Ebd., R 36/2694, NS der Besprechung beim DGT am 17.2.1936.

neren Verwaltung. Die Kostenbegleichung der vom Reich zu tragenden Aufwendungen solle am besten von den Regierungsbezirken vorgenommen werden, die Verteilung der Mittel durch den Polizeiverwalter. Daß das RLM hierfür die Luftkreiskommandos bzw. Luftgaukommandos bestimmt hatte, empfand man als eher störende zentralistische Maßnahme und schlug vor, nur die reine Abrechnung über die Luftwaffenorganisation vorzunehmen. Die Wege, wie sie aktuell vorhanden waren, bezeichnete man als viel zu lang.

Als Kernpunkte der organisatorischen Forderungen betrachteten die Gemeinden die klare Definition der Zuständigkeiten und die Wahrung der Kompetenzdisziplin. Hier sah man die größten Gefahren für sich und die Luftschutzorganisation insgesamt.

»Es geht nicht an, daß dem Oberbürgermeister oder Polizeiverwalter Befehle von *verschiedenen* Stellen zugehen. Wichtig wäre daher, daß die höheren Militärbehörden nicht über den Kopf des Polizeiverwalters eingreifen dürfen, sondern daß sie sich stets der vorgesetzten Behörde bedienen müssen.«

Gleiches forderte die Versammlung für die zuständigen Luftschutz-Referenten der Regierungen. Auch sie dürften von der Luftwaffenorganisation oder anderen Stellen nicht übergangen werden, wenn man Überschneidungen und Chaos vermeiden wolle. Als absolut unerläßlich bezeichnete man die ständige Fühlungnahme und die Koordination der Beteiligten.

»Allgemein sei es nötig, daß sämtliche am Luftschutz beteiligten öffentlichen Stellen sich wiederholt an einen Tisch setzen, um alle Dinge des Luftschutzes freundschaftlich zu beraten, wie es in mustergültiger Weise nach Münchener Berichten dort geschehen ist.«

Den RLB betrachtete man in den grundsätzlichen organisatorischen Fragen als Störfaktor, der keine wirkliche Sachkompetenz besaß. Er mische sich ständig in die Belange der Gemeinden ein und versuche, sie aus ihren eigenen Bereichen (Zuständigkeiten, Einrichtungen, Dienstgebäude) zu verdrängen. Aufgrund seiner defizitären finanziellen Situation versuche er, so viele Personen wie möglich auszubilden, dabei nicht selten das sachlich gebotene Maß überschreitend, und dafür Geld zu verlangen. Völlige Einigkeit bestand darüber, daß finanzielle Mittel an den RLB nur dann fließen sollten, wenn er dafür auch eine entsprechende Gegenleistung erbringe. In Fragen des Schutzraumbaus sei der RLB überfordert und habe »gar keine Erfahrungen«. Für den Luftschutz der städtischen Werke und Betriebe komme er ebenfalls nicht Frage. Hier sei man am besten bei der RI aufgehoben.

Der RI bescheinigte der DGT generell hohe Sachkompetenz und Zuverlässigkeit. Anläßlich der Erstellung von Richtlinien für den Luftschutz in Gaswerken verwies man darauf, daß die RI in einer Abmachung zugesagt hatte, sich nie in die Belange der Gemeinden einzumischen. Sie habe dies stets respektiert und die Gemeinden in ihrer Arbeit nicht gestört[176].

Das RLM konnte an den grundsätzlichen organisatorischen Wünschen der Gemeinden und der Inneren Verwaltung nicht vorübergehen, wollte es die Aufbauarbeit nicht gefährden. So gab man am 9. Oktober 1936 einen Runderlaß her-

---

[176] Ebd., R 36/2691, Stellungnahme des DGT zu den Richtlinien des R&Pr.MI vom 17.7.1936 für den LS der Gaswerke.

aus, der die Zuständigkeiten klar abgrenzte[177]. Er bildet die zentrale organisatorische Verwaltungsbestimmung für den Luftschutz bis 1939 und ist eine deutliche Manifestation rational-bürokratischen Herrschaftsdenkens. Generell wurden die Verwaltungssäulen klar getrennt, d.h. jeglicher Schriftwechsel und alle Kontakte zwischen den verschiedenen Verwaltungen sollten immer über die Ministerien gehen. Eine direkte Einwirkung unterer Stellen auf die Entscheidungsträger anderer Organisationsstränge hatte zu unterbleiben. Lediglich auf Landesebene machte man eine Ausnahme. Zur Gewährleistung der praktischen Aufbauarbeit sollten die Luftgaukommandos mit den Oberpräsidenten (in Berlin dem Polizeipräsidenten) bzw. den amtierenden obersten Instanzen der Länder (Reichstatthalter, Landesregierungen, Innenministerien) direkt zusammenarbeiten:

»Die Luftgaukommandos (Luftkreiskommandos) und Oberpräsidenten usw. haben durch enge Zusammenarbeit und ständige Fühlungnahme schon im Frieden dafür zu sorgen, daß die im Mob-Plan der Luftwaffe[178] vorgesehene Gliederung und Befehlsregelung der Luftverteidigung im Kriege reibungslos durchgeführt werden kann.«

Die Luftgaukommandos konnten sich vom Stand des Luftschutzes in ihrem Territorialbereich überzeugen, besaßen aber im Frieden keinerlei Weisungsrecht gegenüber den Oberpräsidenten und der Inneren Verwaltung[179]. Luftschutzübungen durften die Luftgaukommandos nur im »Benehmen« mit den »Oberpräsidenten usw.« anordnen oder sollten diese beim »Oberpräsidenten usw.« anregen. Lediglich Übungen des Flugmelde- und Luftschutzwarndienstes fielen voll und ganz in ihre Zuständigkeit. Bei den Schlußbesprechungen zu den Übungen sollten sich das jeweilige Luftgaukommando oder sonstige Vertreter der Luftwaffe zu »Angelegenheiten der Polizei« grundsätzlich nicht äußern. Manöverkritik sollte »den zuständigen Stellen der allgemeinen und inneren Verwaltung zur Erledigung überlassen bleiben.«

Die Bestimmungen des Runderlasses wurden auch durch die I. DVO nicht geändert. Trotz der heftigen Kämpfe um die gesetzlichen Grundlagen scheint doch allen Beteiligten, insbesondere auch Knipfer und seinen Leuten, deutlich geworden zu sein, daß es ohne ein Mindestmaß an kooperativer Zusammenarbeit unter Wahrung der Verwaltungskompetenzen nicht gehen würde.

---

[177] Ebd., R 4701/19478 und R 2/9218, RdLuOBdL vom 9.10.1936 – ZL 3e/1a Nr. 1310/36 g./Flak Nr. 5473/36 g. + R&Pr.I – Pol. O.Kdo. g. Nr. 32 (32 III)/36 geh. – Runderlaß über die Zusammenarbeit zwischen dem RLM nebst unterstellten Dienststellen und dem R&PrMI nebst nachgeordneten Behörden der allgemeinen und inneren Verwaltung (einschließlich Länder, Gemeinden, Gemeindeverbänden) auf dem Gebiete des LS.

[178] BA-MA, RL 2 III/522, Mobilmachungsplan der Flakartillerie und des zivilen LS 1936/37, und ebd., RW 19/1856, Besondere Anlage 10 zum Mob.-Plan (Luftwaffe): Anordnungen des RdLuOBdL für den zivilen LS, Mob.Jahr 1939/40 (1.1.1939). Für die Einheitlichkeit der konkreten Ausgestaltung vor Ort: BA Berlin, R 2/9212, RdLuOBdL vom 20.7.1938 – ZL I 1a Nr. 59/38g.-, einheitliche Gestaltung der LS-Mob.-Kalender vor Ort.

[179] Die LGKs hatten »insbesondere für die Einheitlichkeit in der Durchführung der Organisation, der Geräteverwaltung, der Personal-Erfassung und Ausbildung sowie der technischen Maßnahmen des zivilen LS zu sorgen.« BA Berlin, R 4701/19478 und R 2/9218, RdLuOBdL vom 9.10.1936 – ZL 3e/1a Nr. 1310/36 g./Flak Nr. 5473/36 g. + R&PrMI – Pol. O.Kdo. g. Nr. 32 (32 III)/36 geh. Runderlaß etc., S. 2 f. Die eigentliche taktische Führung im Krieg lag also nicht bei ihnen, sondern bei den Inspekteuren/Befehlshabern der Ordnungspolizei. Siehe oben, S. 263.

Das Bestreben nach Koordination und Kooperation kam auch in zwei Grundsatzreden zum Ausdruck, die Großkreutz 1936 vor dem Hauptausschuß Werkluftschutz der RI hielt[180]. Anwesend waren verschiedene Wirtschaftsgruppen, Vertreter der Werkluftschutz [WLS]-Vertrauensstellen, der Wehrmacht, der zivilen Ministerien, Vertreter der Luftgaukommandos bzw. Luftkreiskommandos, des RLB, des DGT und weiterer Organisationen, praktisch aller Verwaltungen, die im Luftschutz Bedeutung besaßen.

Großkreutz bemühte sich in seinen Reden, die teilweise einen unheilschwangeren Tenor atmeten, mehrfach Anspielungen hinsichtlich einer baldigen Feuerprobe enthielten und daher unter anderem auch auf die Beschleunigung insbesondere der noch sehr defizitären Rekrutierung von Personal für die aktiven Luftschutzdienste zielten, nachdrücklich um die Förderung der gegenseitigen Kooperation. In bezug auf die organisatorische Grundsituation nicht gerade die Wahrheit wiedergebend führte er aus, daß

»im zivilen Luftschutz [...] eine vorzügliche Organisation geschaffen ist«.

Trotz oder vielleicht auch gerade wegen der in Wirklichkeit bestehenden Zerwürfnisse und Probleme zwischen dem RLM und den anderen Verwaltungen bei der Gestaltung der organisatorischen Machtverhältnisse rief er alle Beteiligten zu enger wechselseitiger Zusammenarbeit sowie zu breitem Erfahrungsaustausch auf.

»Der zivile Luftschutz, insbesondere der Werkluftschutz, bietet eine Fülle von Problemen. Wir kommen fast täglich wieder zu neuen Erkenntnissen und müssen uns ständig bemühen, voneinander zu lernen und uns gegenseitig zu helfen. Auf keinen Fall darf draußen in Ihrer Arbeit der Eindruck entstehen, als ob Sie sich etwa in einer Abwehrstellung gegen die Weisungen des Reichsluftfahrtministeriums befänden.«

Besonderen Wert legte Großkreutz auf die Einhaltung des Dienstweges und die klare Definition bzw. Trennung der Kompetenzen. Niemand dürfe sich in die Belange anderer Organisationen einmischen, d.h. im WLS habe niemand anders als die Selbstverwaltungsorganisation der Industrie, d.h. die RI, tätig zu sein.

»Es ist unmöglich und würde die Einheitlichkeit der Gesamtarbeit stören sowie gegen das Führer-Prinzip verstoßen, wenn etwa andere Stellen, die nicht dazu beauftragt sind, versuchen wollten, in den Werkluftschutz hineinzureden.«

Damit hatte Großkreutz das Führerprinzip als Garant für eine rational-bürokratische Verwaltungsorganisation herangezogen. Daß es eigentlich Grundlage und Ausdruck der Willkürherrschaft Hitlers mit all ihren destruktiven strukturellen Folgen darstellte, vor allem der gezielten Aushebelung einer geordneten, nach den Kriterien rationaler Herrschaft funktionierenden Verwaltung, der Entstehung einer polykratischen Herrschaftspraxis und des Kampfes konkurrierender Organisationen, kam dabei nicht zum Ausdruck. Großkreutz versuchte – bewußt oder unbewußt –, zwei gegensätzliche Herrschaftsprinzipien auf einen Nenner zu bringen. Praktisch gesehen blieben derlei herrschaftstechnische Grundwidersprüche für ihn auch sekundär, denn er bemühte sich in erster Linie um die Förderung der unmittelbaren Kooperationsbereitschaft. Hierzu reichte es, propagandistische Schlagworte anzuwenden.

---

[180] Zum Folgenden: ebd., R 2/9222, NS der Konferenzen des Hauptausschusses für WLS bei der RI am 4.6. und am 25.11.1936.

IV. Massenmobilisierung für den »Totalen Krieg«

Nach der zweiten Rede Großkreutz' (25.11.1936) trat noch ein weiterer Redner auf, der Vertreter des Wehrwirtschaftsstabes des Reichskriegsministeriums, Major Beutler, der die Linie von der organisatorischen Zusammenarbeit zu den ideologischen Motiven der Mobilmachung zog. Er äußerte sich wahrhaft militaristisch und offenbarte die ahumane Kernzielrichtung der Mobilisierung.

»Wir haben den letzten Krieg an der Front gewonnen, aber wirtschaftlich verloren. Wir müssen daraus die Lehre ziehen, daß in einem künftigen Krieg der Gesichtspunkt der Aufrechterhaltung der Produktion über alles andere zu stellen ist. [...] Nicht ist es Hauptaufgabe des Werkluftschutzes, zu verhüten, daß Menschenleben verloren gehen. Wir leben im Dritten Reich und vertreten den Grundsatz des Einsatzes des einzelnen Menschen. Hauptgesichtspunkt ist die Produktion. Wenn ihre Aufrechterhaltung Menschenleben kostet, so liegt das im Wesen des Krieges begründet. [...] Dem Arbeiter in Rüstungsbetrieben muß seine moralische Widerstandsfähigkeit gestärkt werden. Er muß sich vor allem bewußt sein, daß er Rüstungssoldat ist, für den alles und jedes geschieht, um ihn zu schützen, der aber nicht beim Fallen der ersten Bombe davonlaufen darf.«

Flexibilität, Kooperation und skrupellose Mobilmachung wurden als verzahnte Elemente dargestellt.

Wie sich angesichts dieser Appelle die Situation zwischen den verschiedenen Verwaltungssträngen vor Ort, also in den Gemeinden, konkret gestaltete, könnte mittels Spezialstudien erfolgen, in deren Rahmen die inzwischen in recht großer Zahl vorliegenden stadtgeschichtlichen Arbeiten zum Luftschutz durchzuarbeiten wären. Derlei ist an dieser Stelle nicht möglich. Die Quellen der Zentralbehörden deuten jedoch darauf hin, daß die praktische organisationstechnische Abstimmung, vor allem bei der Heranziehung der aktiven Luftschutzkräfte, also etwa der Luftschutzhauswarte, im Wesentlichen funktionierte. Wohl nicht zuletzt aufgrund der Einsicht, daß greifbare Erfolge erzielt werden mußten, scheint die praktische Zusammenarbeit zwischen den RLB-Ortsgruppen, den Gemeinden und der Polizei allgemein meist recht gut vonstatten gegangen zu sein[181]. Man konnte es sich trotz

---

[181] Als Beispiele hier ebd., R 2/9218, Abgrenzung der Kompetenzen für den LS auf Wasserstraßen, Seekanälen und Seestädten; R 2301/37450, Dokumentenreihe über die Zusammenarbeit von Deutschem Rechnungshof, dem Führer der RLB-Ortsgruppe und dem ÖLSL von Potsdam bei der Errichtung von Schutzräumen in den Gebäuden des Rechnungshofes. Zum Erfahrungsaustausch zwischen RLM – DGT und den Gemeinden untereinander: R 36/2694, DGT an den Stadtrat der Landeshauptstadt München vom 18.12.1934; R 36/2690 DGT – LS 186/34 – vom 18.10.1934 an den OB Minden, Austausch von Polizeiverordnungen verschiedener Städte als Erfahrungshorizont; R 36/2725 Anfragen an die Stadt Berlin um Überlassung der dort erlassenen Anweisung zur Ausbildung des aktiven LS-Personals der Stadtverwaltung und Übersendung der entsprechenden Exemplare an die anfragenden Städte. Zur gemeinsamen Heranziehung (RLB – ÖLSL) von LS-Kräften: R 2/9218, Erlaß des RdLuOBdL vom 15.9.1933 – LS II 2 a Nr. 523/33 geh. –, und ebd., NS 5 VI/1129, Völkischer Beobachter vom 8.9.1938, Aufruf des ÖLSL Berlin zur Heranziehung von aktiven LS-Kräften und Aufforderung an die Bevölkerung, sich schon vor der behördlichen Heranziehung im RLB ausbilden zu lassen, und ebd., Völkischer Beobachter vom 26.8.1938, Heranziehung zur LS-Pflicht. R 36/2725 Präsidium RLB an DGT vom 18.7.1935, – 1 III Nr. 35852/35 –, Verpflichtung von RLB-Amtsträgern und von LS-Hauswarten durch örtliche RLB-Führung bzw. Polizei und RLB an DGT vom 1.10.1935 – 1/III, Nr. 57081/35 –, Verpflichtungsformel für Verpflichtung von RLB-Amtsträgern. R 2/26744, RdLu-OBdL – ZL I a 3862/38 – vom 22.9.1938, Aufhebung der Verpflichtungsformel nach Einführung einer allgemeinen LS-Pflicht für alle Deutschen durch die I. DVO.

der erheblichen Schwierigkeiten und Widersprüche auch letztlich kaum leisten, vor den Augen der örtlichen Einwohnerschaft, nicht zuletzt der bereits herangezogenen Selbstschutzkräfte, denen massive organisatorische Verwerfungen keineswegs verborgen bleiben würden, den Eindruck von Chaos zu verbreiten.

Die Grundwidersprüche des komplizierten Gebäudes blieben allerdings bestehen. Insbesondere die Beziehungen zwischen RLB und den Gemeinden hinsichtlich der allgemeinen Organisationsmacht entwickelten sich äußerst problematisch, weil der RLB fortgesetzt versuchte, die Gemeinden finanziell und materiell zu beanspruchen, und dadurch die praktische Luftschutzarbeit belastete.

Gemäß seiner eigenen Zielsetzung betrieb der Bund »im Rahmen der behördlichen Vorschriften« vor allem Propaganda und die Ausbildung und die Durchführung des Selbstschutzes[182]. Sein erster Adressat war die Masse der Zivilbevölkerung, insbesondere die Haushalte. Da der RLB aber infolge seiner finanziellen Schwäche in seiner Handlungsfähigkeit bedroht war, versuchte er in aggressiver Weise, sich weitere Ressourcen zu erschließen. Eine nicht zu unterschätzende Bedrohung für die Gemeinden, die bereits durch die Übergriffe der NSDAP zu leiden hatten, stellte er insbesondere deshalb dar, weil er in seine organisatorischen Führungsgremien, vor allem die Landes- und Ortsgruppen, Vertreter fast aller paramilitärischer Verbände aufnahm: Stahlhelm (bis zur Auflösung), Kyffhäuserbund, TN, SS und vor allem die SA und das NSKK, von denen mehrere hohe Führer als Gründungsmitglieder fungierten. Ferner waren vertreten bzw. hatten Fühlung: die verdeckte Tarnorganisation und Personalreserve der Luftwaffe bis 1935, der Deutsche Luftsport-Verband[183], die Deutsche Verkehrsfliegerschule (ebenfalls eine Tarneinrichtung der Luftwaffe), der Deutsche Offizier Bund, dem auch Großkreutz angehörte, verschiedene NS-Gliederungen und der Luftschutzlehrtrupp »Ekkehard« des ehemaligen Freikorpsführers Roßbach[184]. Im Rahmen einer reichsweiten Vereinsmeierei bildete sich so ein Geflecht von Beziehungen, das vor allem auf örtlicher Ebene große Schlagkraft gewinnen konnte. Wie schon Krohne in den 20er Jahren, nun aber erheblich militanter, ging man daran, eine »echte Volksbewegung« zu begründen und dazu auch die nunmehr »günstige Volksstimmung« auszunutzen[185].

---

[182] BA-MA, RH 2/2253, RWM, L.A. Nr. 199/33 A4 I B vom 19.5.1933, Satzung des RLB mit allgemeinen Richtlinien für seine Tätigkeit.
[183] Zum DLV vgl. Völker, Die deutsche Luftwaffe, S. 61–70.
[184] Zu den Gründungsmitgliedern des RLB gehörten: Bruno Loerzer, alter Kriegskamerad Görings und Vorsitzender des DLS, Seydel, der LS-Sachbearbeiter der NSDAP, der Verkehrsdirektor der Lufthansa Knauss, Hampe, stellv. Chef der TN, Arbogast Düring, Leiter der Abteilung Landesverteidigung des Reichsstandes der DI, Erich Homburg, Pour-le-mérite-Träger und Führer der LG IV des DLV sowie Präsident des Reichsverbandes der deutschen Flughäfen und des Reichsverbandes der deutschen regionalen Luftverkehrsgesellschaften, und weitere hohe Vertreter des deutschen Luftsports, die, soweit sie der inoffiziellen Luftwaffe angehörten, später alle wieder als hohe Truppenführer auftauchen sollten. Als Ehrenmitglied hatte man Krohne aufgenommen. PRO, CAB 46/14, ARPO 224 (2.5.1933).
[185] BA-MA, RH 2/994, RLB-Rundschreiben Nr. 1 vom 20.6.1933 (RLB-Präs. Pr. 2, Nr. 1094/33), An alle Landes- und Ortsgruppen.

Die Gemeinden sollten die Tätigkeit des RLB, dieses militanten Hungerleiders, sehr bald zu spüren bekommen. Die sechs Jahre bis 1939, insbesondere in der Zeit nach seiner formellen Verankerung in der I. DVO, versuchten seine örtlichen Funktionäre mit teilweise aggressiven Methoden, den eigenen Aufwand möglichst anderen, in erster Linie den Gemeinden, aber auch den örtlichen Dienststellen von Landes- oder Reichsbehörden, aufzubürden. Das Spektrum seiner Aktivitäten war so breit, daß man durchaus von parasitärem Verhalten sprechen kann. Von Anfang an ging man staatliche und kommunale Einrichtungen um finanzielle Unterstützung an und versuchte auch, sie zum Beitritt zu bewegen[186]. Um den entstehenden Bedarf an Räumlichkeiten für Verwaltung und Ausbildung zu decken, verlangte der RLB von den Kommunen die kostenlose Bereitstellung von Gebäuden inkl. der Nebenkosten. Außerdem versuchte er, im Erweiterten Selbstschutz, zu dem fast alle Dienstgebäude der Behörden gehörten, organisatorisch Fuß zu fassen. Man sah hier eine Chance, mit Druck die Leitung zu übernehmen, weil bis 1935 und 1937 die gesetzlichen Regelungen noch nicht eindeutig waren[187]. Außer dem Selbstschutz der Zivilbevölkerung, der dem RLB von vornherein zugesprochen worden war, hätte man damit eine zweite Teilsparte des offiziellen Gesamtgebäudes okkupiert. Die Amtsträger des RLB forderten die Behörden auf, unter der Führung des Bundes Luftschutzmaßnahmen zu ergreifen. Damit hätte man Zugriff auf das Personal erlangt und finanziell profitiert, da man für die Ausbildung eine Gebühr erhob.

Nach der Verabschiedung der I. DVO versuchte man dann verstärkt, sich einen amtlichen Charakter zu geben. In verschiedenen Ortsgruppen stattete man die Funktionäre mit Pässen aus, die sie zur Besichtigung von Haushalten ermächtigen sollten[188]. Außerdem ordnete man Ausbildungsveranstaltungen für die passive, d.h. nicht für den Dienst im Selbstschutz oder anderen Sparten des Luftschutzes herangezogene Zivilbevölkerung an, obwohl man dazu keinerlei rechtliche Befugnisse besaß.

Den Anstrengungen des RLB war letztlich allerdings ein nur bescheidener Erfolg beschert. Die betroffenen Reichsressorts wiesen ihre Dienststellen nachdrücklich an, dem RLB keinerlei Unterstützung zu gewähren, wenn dieser dafür keine Gegenleistung erbringe. Entsprechende Anweisungen erließ das R&PrMI für die Gemeinden[189]. Zusätzlich wurde entschieden, daß für Behörden ein Eintritt in

---

[186] Zum Folgenden grundsätzlich BA Berlin, R 36/2725. Aktenreihe 1936–1939 zu Konflikten von Gemeinden mit dem RLB und organisatorischen und rechtlichen Problemen vor Ort.
[187] Im WLS hatte der RLB keinerlei Befugnisse.
[188] BA Berlin, R 36/2725, DGT Provinzialstelle Westfalen/Lippe vom 27.1.1937 an DGT.
[189] Ebd., R 1501/alt R18/1516, R&PrMI, Verbot an die Gemeinden, dem RLB Geldmittel ohne Gegenleistung zur Verfügung zu stellen. R 2/26744, RML vom 16.5.1933 – Abt. V 1 Nr. 255/33 – vom 16.5.1933 mit Antwort des RFM vom 1.7.1933 – Ve 4760-4 I –. R 36/2694, Vermerk Bobermins über Rücksprache mit Großkreutz im RLM am 10.10.1934, und DGT – LS 24/35 – vom 15.1.1935, Abschrift des Runderl. des R&Pr.I – V a I 1445 und 16199/34– vom 28.12.1934. (Als Hintergrund vgl. auch R 36/2694, DGT vom 11.10.1934, Keine Unterstützung des Deutschen Luftsport-Verbandes ohne Gegenleistung). Weiterhin: ebd., R 36/2700, NS über die Sitzung der AG für Verwaltungsfragen der Landkreise im Regierungsbezirk Stade am 7.5.1936, Punkt 6, zus. DGT – LS 58/37 – an die Gemeinden mit über 10 000 Einwohnern vom 1.3.1937

den RLB aus rechtlichen, staatspolitischen und auch finanziellen Gründen nicht in Frage kam[190]. Man zeigte sich lediglich bereit, dessen Werbetätigkeit unter den Beamten und Angestellten zu unterstützen. Hinsichtlich des Luftschutzes in Dienstgebäuden hatten die Reichsressorts ihre Verwaltungen schon vor Verabschiedung der I. DVO für den RLB gesperrt. Es wurde festgelegt, daß er nur auf Wunsch der jeweiligen Dienststelle tätig werden durfte und auch dann nur beratend[191]. Mit dem Hausluftschutz beauftragte man den Behördenleiter. Entsprechendes wurde für die Nutzung von Gebäuden durch den RLB bestimmt. Er hatte Miete zu entrichten, wovon er nur dann befreit wurde, wenn Räumlichkeiten oder Grundstücke von den Behörden nicht benötigt wurden bzw. keinen Ertrag brachten. Aber selbst dann mußten wenigstens die Nebenkosten beglichen werden[192]. Die Aufsichtsbehörden achteten hier und in anderen Fragen mittels ihrer Befugnisse zur Finanzüberwachung auf die Einhaltung der Bestimmungen, dabei sich letztlich keineswegs auf Geldfragen beschränkend, sondern auch über die strukturelle Ordnung wachend.

In der Frage der behördlichen Zwangsausübung betonte die Innere Verwaltung nachdrücklich und wiederholt, daß nur der Polizeiverwalter befugt sei, staatliche Rechte auszuüben, nicht aber der RLB[193]. Ähnlich verfuhr man in bezug auf die Einhaltung des Dienstweges und die Respektierung der Kompetenzen. Das mecklenburgische Innenministerium beispielsweise verpflichtete die ihm unterstellte Innere Verwaltung nachdrücklich darauf, dem RLB und seinen Funktionären keinerlei behördliche Befugnisse zu erteilen.

»Völlig verfehlt ist es [...], wenn der örtliche Führer des RLB gleichzeitig Sachbearbeiter für den zivilen Luftschutz in der Ortspolizeibehörde ist. Ein derartiges Verfahren ist geeignet, die klaren Grenzen der Zuständigkeit in Luftschutzangelegenheiten zu verwi-

---

über Gasmaskenkosten. Das RLM mußte dem RLB somit mit eigenen Haushaltmitteln unter die Arme greifen und vergütete ihm für jede ausgebildete Selbstschutzkraft 3,- RM. Außerdem wurden mit Erlaß vom 30.7.1937 dem RLB vom RLM 5 Mio. RM zur Verfügung gestellt. Dies dürfte wohl nicht die einzige Finanzspritze gewesen sein. Ebd., R 2301/37450. Nach der Statistik des DGT erhielt der RLB von Gemeinden 1934 trotz der ausdrücklichen Verbote dennoch insgesamt 100 000 RM an Zuschüssen. Dies dürfte wohl in erster Linie auf Unwissenheit und die rechtlichen Unklarheiten zurückgehen. Ebd., R 36/269, DGT –LS [...]/35 vom 23.2.1935, NS über Sitzung betr. Mittelbeschaffung für den zivilen LS am 12.2.1935.

[190] GStA, Rep. 84a, Nr. MF 10013, OLG Frankfurt an die Kalkulatur des Pr.JM vom 23.4.1934 mit Bemerkungen der dortigen zuständigen Sachbearbeiter und Pr.JM vom 9.5.1934 an den Präsidenten des OLG und den Generalstaatsanwalt Frankfurt a.M.; BA Berlin, R 36/2694, MBliV, 1934, Nr. 22, Erlaß des Pr.MI vom 22.5.1934. GStA, Rep. 84a, Nr. MF 10014, Rundschreiben des Pr.JM und des Pr.FM vom 14. und 22.6.1934. BA Berlin, R 36/2700, Deutsche Kommunal-Korrespondenz Nr. 66, 2. Jg., 21.8.1934, S. 3.

[191] BA-MA, R 43 II/1295, RK 1439/33, RFM vom 14.12.1933 und 4.4.1934 an die Präsidenten aller Landesfinanzämter und die Reichsbaudirektion Berlin sowie alle Reichsministerien. BA Berlin, R 36/2694, DGT – LS 109/36 vom 14.3.1936, an die Gemeinden mit über 30 000 Einwohner und die Landes- und Provinzialdienststellen des DGT. BA Berlin, R 2/9225, mehrere Schreiben des RFM zur Spendenunzulässigkeit außerhalb des Haushaltsplanes vom 1.4.1937.

[192] BA Berlin, R 2301/37571, Nutzung von Gebäuden durch den RLB (26.6.1936). R 601/1325, RFM vom 1.4.1937 – O 4448–799 I B Lie –, an die Obersten Reichsbehörden. R 36/2694, DGT – LS 238/37 –, Juni 1937, Protokoll der Sitzung von LS-Sachbearbeitern vom 16.6.1937 (Strenge Anwendung des Erlasses des RFM vom 3.3.1934 [RMBliV., S. 752] durch die Gemeinden).

[193] Ebd., R 36/2694, Abschrift aus Kommunale Nachrichten, Nr. 2 vom 15.1.1936, S. 71 f.

IV. Massenmobilisierung für den »Totalen Krieg« 297

schen und führt daher leicht zu Unzuträglichkeiten. Ich bitte nunmehr, streng nach den Vorschriften der Ersten Durchführungsverordnung zu verfahren[194].«
Auch habe der RLB im Bereich des WLS nichts verloren.

Die Kohärenz des staatlich-rationalen Verwaltungsapparates in Luftschutzfragen wurde schließlich auch vom RLM bestätigt, das in drei Erlassen bzw. Schreiben (1934, 1936, 1937) bestimmte, daß der RLB kein Recht zu finanzieller Unterstützung ohne vorher beantragte Gegenleistung besitze und im Behördenluftschutz nur dann tätig werden dürfe, wenn dies von den Dienststellen ausdrücklich gewünscht werde[195]. Inwieweit das RLM die Einhaltung dieser Erlasse durch den RLB überwachte, kann aufgrund der schlechten Aktenlage wohl nicht mehr festgestellt werden. Es wird aber ersichtlich, daß das RLM sich wenigstens formell auf die Seite der beteiligten Verwaltungen stellte, um deren Kooperation nicht zu verlieren.

Die Zusammenarbeit der Gemeinden mit dem RLB gestaltete sich bei der praktischen Organisationsarbeit trotz der Übergriffe häufig recht positiv. Man arrangierte sich offensichtlich so gut es ging mit den Gegebenheiten. Vor allem auf dem Lande und in den östlichen Gebieten des Reiches scheint der RLB eine starke Stellung besessen zu haben[196].

Betrachtet man die Gestaltung des Großbereiches Organisation und das Zusammenspiel des Verwaltungsdschungels im Ganzen, läßt sich Folgendes konstatieren. Das RLM hatte anfänglich versucht, den Luftschutz, insbesondere seine Lasten, anderen Einrichtungen und sogar der Zivilbevölkerung aufzubürden und dennoch die Kontrolle auszuüben. Dabei hatte man infolge des Widerstandes der anderen Reichsressorts aber keinen durchschlagenden Erfolg. Um trotzdem ein möglichst hohes Maß an Macht zu erlangen, versuchte man dann, die innere Verwaltungshoheit der Zivilbehörden aufzubrechen, indem man gegen den Widerstand fast aller anderen Beteiligten private Hilfsverbände, vor allem den RLB und den RI, mit staatlichen Befugnissen ausstattete. Das Vorhaben gelang erst nach beharrlichem Durchboxen der eigenen Vorstellungen und der Inkaufnahme einiger Kompromisse.

---

[194] Ebd., R 36/2700, mecklenb. Staatsmin. – Abt. Inneres –, G.Nr. Lu 54 4°/4; 12.5.1938, an den Polizeipräsidenten in Rostock, die Ortspolizeibehörden und die Landräte der Kreise. Vgl. auch R 36/2725, mecklenb. Innenminister vom 6.3.1939 mit Erlaß des RFSSuChdDtPol – O-Kdo. RV/L (L 1a) 5a, Nr. 22/39- mit Datum vom 21.3.1939 an die nachgeordneten Polizeibehörden, Polizeiverfügung an die Selbstschutzkräfte zum Besuch einer LS-Ausstellung (Beschränkung des RLB auf die Propagandatätigkeit).

[195] Ebd., R 36/2694, Präsident RLB an DGT über finanzielle Unterstützung des RLB (1934); R 601/1325, RdLuOBdL vom 27.1.1936 – ZL 2b, Nr. 822/36 –, an die Obersten Reichsbehörden, die Regierungen der Länder und die nachgeordneten Behörden. GStA, Rep. 151, Nr. 434, Schreiben des RFSSuChddPol an die Länderregierungen, Oberpräsidenten und Regierungspräsidenten vom 27.8.1937 zu den Erläuterungen des RLM hinsichtlich des RLB. Dazu auch BA Berlin, R 36/2694, Präs. RLB an DGT.

[196] BA Berlin, R 36/2694, DGT – LS [...]/35 vom 23.2.1935, NS über Sitzung betr. Mittelbeschaffung für den zivilen LS am 12.2.1935: »Die Aussprache ergab im übrigen, daß im Osten und auf dem flachen Lande der Luftschutzbund in besonders starkem Maße Träger des Luftschutzes und der Luftschutzausbildung ist.« Dazu R 36/2700, NS über eine Besprechung städtischer LS-Sachbearbeiter am 16.6.1937.

Bei der praktischen Ausführung des Aufbaus bemühte es sich dann aber um eine gütliche Zusammenarbeit. Man kam um die Träger der Sphäre rationaler Herrschaft, zu der man als Reichsministerium trotz der charismatischen Stellung des Ministers im Dunstkreis Hitlers ja selbst gehörte, nicht herum. So trägt der organisatorische Aufbau des deutschen Luftschutzes bis 1939 trotz der eingetretenen Änderungen durch das nationalsozialistische Regime vor allem auch im Bereich der Polizei einen ausgesprochen legalistischen Charakter. Angenähert an die drei Typen Webers bedeutet dies ein klares Übergewicht der Elemente der legalen Herrschaft. Charismatisch-neopatriarchale Herrschaftsausübung spielte im wesentlichen nur bei der Gestaltung der Großwetterlage, so z.B. der Etablierung der generellen Macht von RLM und Himmlers Apparat und bei grundlegenden Konflikten und Unklarheiten, die der Verwaltungsapparat selbst nicht auflösen konnte, eine Rolle. Dies Letztere kam nur wenige Male, dann aber mit bestimmender Macht, vor, etwa bei der Abgrenzung der Zuständigkeiten zwischen Polizei und Luftwaffe (Himmler – Milch 1938). Die vom RLM eingesetzte totalitäre Organisation, der RLB, wurde in seiner Wirkung trotz massiver Übergriffsversuche eingedämmt. Die etablierten Behörden ließen sich von ihm kaum in ihre eigenen Bereiche hineinreden oder gar ausbeuten.

Die Einordnung in Webers Typologie als Element vornehmlich rationaler Herrschaftspraxis bestätigt sich, wenn man den Blick gezielt auf genuine Träger charismatischen Machtdenkens, wie z.B. die NSDAP und die von ihr als Feinde deklarierten Juden, lenkt. Beide, die totalitäre Parteiorganisation und auch die Hauptverfolgten des Regimes, wurden fast normenstaatlich behandelt, d.h., ihr besonderer Status im politisch-ideologischen Bereich wurde juristisch möglichst störungsfrei geregelt.

Die NSDAP mit ihrem weitverzweigten Netz hätte spätestens als deutlich wurde, daß der RLB eine ihr nachempfundene Struktur haben würde und sich unter Ausnutzung der vorhandenen Strukturen der bis dato existierenden Luftschutzvereine auf das ganze Reich ausdehnte, aktiv werden müssen. Es geschah allerdings nichts dergleichen. Überhaupt erscheint es verwunderlich, daß die Partei nicht schon in der Frühzeit der nationalsozialistischen Herrschaft stärker in den organisatorischen Aufbau des Luftschutzes eingriff. 1933 besaß man lediglich einen speziellen Luftschutzsachbearbeiter im Wehrpolitischen Amt der Reichsleitung, den Gruppenführer Seydel, der an der Gründung des RLB zwar aktiv mitarbeitete[197], sich dann aber offensichtlich eher zurückhielt[198]. Es scheint, daß der NSDAP dieser indirekte Einfluß zunächst genügte.

In die gesetzgeberischen Grundentscheidungen wurde die NSDAP vorläufig gar nicht einbezogen und erhob offenbar auch keinen Widerspruch dagegen. Erst bei den Verhandlungen unmittelbar vor der Herausgabe der I.DVO wurde man aufmerksam. Am 25. Februar 1937 kam es im Braunen Haus in München zu einer

---

[197] BA Berlin, R 2/32066, Reichskommissar für die Luftfahrt vom 12.4.1933 – Abt. U.1. Nr. 252/33 –. Vgl. auch BA-MA, R 43 II/1295, RK 4694/33.
[198] In den Akten des RLM und der Inneren Verwaltung ist die Partei in LS-Angelegenheiten kaum zu finden. Seydel taucht nach der Gründung des RLB nicht mehr auf.

Besprechung von NSDAP-Leitern, in der festgestellt wurde, daß man »vergessen« worden war[199]. Man beschloß daraufhin, gegen die Bestimmungen der I. DVO Protest einzulegen. Es müsse außerdem eine separate Vereinbarung zwischen RLM und Partei hinsichtlich der Behandlung der Parteieinheiten im Luftschutz getroffen werden. Eine solche sei erst in Vorbereitung. Man sah es als unerhörten Vorgang an, daß die NSDAP bislang in der I. DVO gar nicht genannt werden sollte, während der RLB Rechte zuerkannt bekäme, wie sie die Partei noch nie besessen hatte.

Sinn und Zweck des RLB wurde im übrigen massivst angezweifelt. Noch radikaler als die anderen Hauptbeteiligten im Luftschutz außerhalb des RLM sprach man ihm die Existenzberechtigung ab. Organisatorisch überflüssig, schade er nur der politischen Arbeit und der allgemeinen Kriegsmoral.

»Der Luftschutzbund könnte aufgelöst werden. Die Menschenführung und weltanschauliche Betreuung liegt ohnehin bei der Partei. Für die technischen Belange ist die Polizei zuständig, die sich gegebenenfalls der vorhandenen Organisation wie SA., NSKK., usw. bedient. Die Führer des Reichsluftschutzbundes sind z.T. weltanschaulich nicht in Ordnung. Der Reichsluftschutzbund treibt eine Katastrophen-Stimmung in die Bevölkerung. Die Folgen hat die Partei zu tragen.«

Diese Einschätzung änderte sich bis Kriegsbeginn nicht und fußte auf grundsätzlichen ideologischen Positionen der Partei. Man betrachtete den Luftschutz als »eine Angelegenheit ängstlicher Verteidigungsmaßnahmen« und blickte auf die Funktionäre des RLB eher herab[200]. Bei den Luftschutzmaßnahmen komme insbesondere die weltanschauliche Erziehung zu kurz. Statt dessen würden Reden gehalten, in denen ein »überspannte[r] Patriotismus« zum Ausdruck käme, der mit Nationalsozialismus nichts zu tun habe. Gerade von einer festen weltanschaulichen Gesittung aber machte man es abhängig,

»ob im Falle eines Krieges die Menschen in der Stadt ihre Pflicht tun.«

Trotz der immerwährenden Bekenntnisse der Luftschutzleute zum Nationalsozialismus sei zu befürchten, daß im Kriegsfall ein neuerliches Versagen der Heimatfront bevorstünde. Die Defizite führte man u.a. auch auf die »Einsetzung von verbrauchten Kräften« zurück. Der Luftschutz und insbesondere der RLB standen offensichtlich im Ruf, ein Sammelbecken für abgehalfterte Offiziere zu sein, die dort ihren »alten Militarismus« auslebten konnten. Generell sah man den Luftschutz zwar als sinnvoll an und gedachte, die entsprechenden Bemühung auf jeden Fall zu unterstützen[201]. Aber die eigentliche Kontrolle müsse von der Partei ausgehen.

---

[199] BA Berlin, NS 22/1035, NS einer Besprechung von NSDAP-Leitern am 25.2.1937.
[200] Zum Folgenden: Schoene, Partei.
[201] BA Berlin, NS 22/1035, Stellv. des Führers, Stabsleiter (Bormann), vom 8.2.1938, RS Nr. 16/38 (Nicht zur Veröffentlichung) an die Parteidienststellen. Mithilfe der Partei (v.a. NSV) bei der Verteilung der Gasmasken an die Bevölkerung. NS 5 VI/1129, Mitarbeit der Partei bei der Entrümpelung der Dachböden. NS 22/1035, DAF Org.amt vom 4.10.1938 – Gk/T. –, Versorgung der Bevölkerung mit Volksgasmasken. Ebd., Der Stellv. des Führers vom 1.10.1939, Anordnung Nr. 179/39, Pflicht der Parteigenossen (insbesondere in Uniform) zu luftschutzmäßigem Verhalten. Vgl. analog hierzu Bestimmungen des RLM für Luftwaffenangehörige in Uniform; BA-MA, RL 41/1, LS-Berichte mit LS-Kartei, Jg. V, 1939, Nr. 17, 16.8.1939, Bl. 3.

»Bei allen Organisationen des zivilen Luftschutzes haben wir auf Grund des Unverständnisses und der Unkenntnis so wenig alte Parteigenossen, daß uns das bedenklich stimmen muß. Auch hier muß das Rückgrat die Partei bilden[202].«

Die entsprechenden Bemühungen blieben indes erfolglos. Man entsandte einen Beauftragten in die Schlußbesprechungen zur I. DVO, der dann auch seinen Protest einlegte. Dessen Wirkung verhallte allerdings mehr oder weniger, denn die I. DVO war zu diesem Zeitpunkt bereits fast fertig und wurde dann auch ohne größere Änderungen verabschiedet[203]. Die NSDAP bekam in der I. DVO Kompetenzen wie alle anderen Behörden im Erweiterten Luftschutz, d.h., sie durfte ihre Maßnahmen in Eigenregie ohne Konsultation des RLB durchführen[204]. Aktive Eingriffsrechte in das Gesamtgebäude oder gesonderte Organisationsmacht erhielt sie nicht.

Die in der Besprechung im Braunen Haus erwähnte Vereinbarung über die Zusammenarbeit zwischen der Luftschutzorganisation und der Partei war im Januar erstellt und unter einem Begleitschreiben von Robert Ley dem RLM mit der Bitte um Gegenzeichnung zugesandt worden[205]. Sie sah die organisatorische Verklammerung zwischen der NSDAP und dem RLB auf allen Ebenen vor. Jeder Dienststelle der Partei bis hinunter zum Block sollte ein RLB-Verbindungsmann zugeteilt werden, der für den ideologischen Einfluß der Partei im Luftschutz sorgen sollte. Ferner sollte förmlich festgelegt werden, daß Blockwarte der Partei gleichzeitig auch als Luftschutzkräfte oder als Amtsträger des RLB fungieren durften und umgekehrt. Wie schon in der Besprechung in München angeklungen, fürchtete man offensichtlich, daß die Luftschutzbewegung sich dem weltanschaulichen und auch organisatorischen Einfluß der Partei entziehen könnte. Dies kam auch in den Kernforderungen des Entwurfes zum Ausdruck:

»Die Amtsträger des Reichsluftschutzbundes, welche nach dem Vorstehenden als Verbindungsmänner zu den Parteieinheiten treten und diejenigen Amtsträger bzw. LS.-Selbstschutzkräfte, denen mit die Aufgabe eines Blockhelfers übertragen ist, setzten ihren Stolz und ihre Ehre darein, auch in diesem Aufgabenbereich zu den unerschütterlichsten Verteidigern und Predigern der nationalsozialistischen Weltanschauung zu gehören.«

Das RLM ließ sich allerdings auf keinen Handel ein, dies wohl auch deshalb, weil der RLB von sich aus schon auf untere Chargen der Partei zugegriffen hatte. Eine entsprechende Vereinbarung unterblieb, und die NSDAP erhielt keinerlei feste Zusagen. Ein wesentlicher Grund für die Ablehnung lag neben der Verhinderung unliebsamer Einflußnahme und der Wahrung eigener Organisationsmacht in erster Linie in der Furcht vor möglichen negativen Reaktionen der Bevölkerung. Man hatte Angst, daß eine Ideologisierung des Luftschutzes viele »Volksgenossen« abschrecken würde. Entsprechend empfindlich hatte man etwa reagiert, als die Kreisleitung der NSDAP in Leipzig Ende 1934 die dortige Bezirksgruppe des RLB

---

[202] Schoene, Partei, S. 21.
[203] BA Berlin, R 2/9225, RFM, handschriftl. Vermerk über die Besprechung über die I. DVO am 26.2.1937.
[204] I. DVO, § 2, Abs. 3. RGBl. I, 1937, S. 559 f.
[205] BA Berlin, NS 22/1035, Reichsleitung vom 20.1.1937 – Mi/Hu. –.

herangezogen hatte, um die von ihr betreuten Luftschutzhauswarte zur Überwachung der Haushalte bei dem Empfang einer Radioansprache von Ley einzusetzen. Milch schrieb daraufhin an Ley, daß derlei nicht geduldet werden könne, auch wenn man durchaus erkenne, daß sowohl Luftschutz als auch Partei sich in »großen, staatserhaltenden Fragen« unterstützen müßten[206]. Die Kriegsvorbereitungen müßten von den ideologischen Aufgaben der Partei getrennt werden, da sonst die Arbeit der Luftschutzorganisation gefährdet werde. Eine Heranziehung

»zum Aufgabengebiet der Politischen Organisation [...] könnte den Erfolg der vielfach nicht leichten, mit den mannigfachsten Widerständen kämpfenden sachlichen Arbeit der Luftschutz-Amtsträger in Frage stellen.«

Die Ängste und das vorsichtige politische Vorgehen, wie sie schon im Falle der Luftschutzverbände vor 1933 zu erkennen gewesen waren, wirkten auch im Dritten Reich trotz der teilweise pompösen und martialischen Kriegspropaganda[207] mit in die Arbeit hinein und veranlaßten die Verantwortlichen, allen ideologischen Ansprüchen gegenüber restriktiv zu verfahren.

Gegen die praktische Hilfe der Partei und ihrer Gliederungen für die technischen Kriegsmobilmachungsmaßnahmen hatte man selbstverständlich nichts einzuwenden. So z.B. im Hinblick auf den Schutz gegen Brandbomben. Die III. DVO zum Luftschutzgesetz hatte die allgemeine Pflicht zur Entrümpelung der Dachböden festgeschrieben. Zur Durchführung sollten die NSV und ihre Funktionäre herangezogen werden. Die NSV betrachtete diese organisatorische Aufgabe als belastend und störend,

»weil sie in keiner Weise im Zusammenhang mit der Aufgabe der Menschenführung steht.«

Außerdem befürchtete man, daß das öffentliche Ansehen der Funktionäre als politische Leiter durch die Teilnahme bei Sperrmüllaktionen litt, und verbot daher das Auftreten in Uniform[208]. Die Gliederungen der Partei waren auch als Personalreservoir für den Luftschutz (z.B. die Hitlerjungen als Melder) unentbehrlich. RLB und RLM versuchten daher, sie für die entsprechenden Tätigkeiten dienstbar zu machen. Die NSDAP bestand aber – ähnlich wie die staatlichen und kommunalen Behörden im Rahmen des Erweiterten Selbstschutzes – auf dem alleinigen Entscheidungsrecht für ihr Personal, und so wurde nach einigen Verhandlungen Anfang 1938 eine entsprechende Vereinbarung getroffen[209]. Mitglieder der NSDAP oder ihrer Gliederungen durften nur mit Genehmigung des jeweiligen Parteivorgesetzten zum Luftschutz herangezogen werden. Konnte ein Einvernehmen nicht hergestellt werden, hatte die nächsthöhere Dienststelle zu entscheiden. Die Parteifunktionäre wurden allerdings aufgefordert, das Einvernehmen nur in wirklich dringenden Fällen zu verweigern.

---

[206] Zum Folgenden: ebd., RML vom 3.1.1935 an den Stellv. des Führers.
[207] Zur Martialisierung und Charismatisierung der Propaganda siehe unten, S. 317 ff.
[208] BA Berlin, NS 22/1035, NSDAP, Gauleitung Bayerische Ostmark vom 18.9.1937, an den Reichsorg.leiter – Hauptorg.amt – und nachfolgende Korrespondenz.
[209] Ebd., Reichsleitung vom 12.10.1938, OG Braunes Haus, RS Nr. 26/38 des Stellv. des Führers vom 24.3.1938 wird bekannt gegeben.

Das praktische Bild, wie es im Runderlaß vom 9. Oktober 1936 in Teilen vorgezeichnet wurde und sich im allgemeinen auch bot, wiederholte sich hier: Man behielt sich das letzte Entscheidungsrecht über die organisatorische Macht vor, war aber zu gütlicher Kooperation bereit. Schwerfälligkeit und Flexibilität standen nebeneinander. Ideologische Ansprüche und organisatorische Konkurrenz behinderten effiziente Arbeit eher und warfen ein kompliziertes Netz von Zuständigkeiten über die Bevölkerung und die sie kontrollierenden Verbände. Diese monströse Maschinerie konnte nur durch die grundsätzliche Bereitschaft zur Zusammenarbeit funktionieren. Vor allem von den Verantwortlichen auf der mittleren und der unteren Verwaltungsebene hing es ab, ob die Organisation zusammengehalten werden konnte. Gerade bei diesen Leuten scheint es nach Lage der Dinge aber tatsächlich ein hohes Maß an unideologischer und pragmatischer Kooperation gegeben zu haben[210].

Der vorherrschende »legalistische Pragmatismus« scheint auch in der Frage der Behandlung der Juden die Leitlinie gewesen zu sein. Ihre Einbeziehung bzw. ihr Ausschluß von den Schutzmaßnahmen blieben nicht zuletzt mangels klarer rechtlicher und staatspolitischer Vorgaben zunächst ungeregelt. Im Luftschutzgesetz von 1935 fehlen entsprechende Bestimmungen, und auch die Kommentare zum Gesetz enthalten keine Informationen. So erwähnte der zuständige Sachbearbeiter im R&PrMI, Krauthausen, in seiner Stellungnahme im Gemeindetag, der Zeitschrift des DGT, die Juden nicht[211]. Die übrige Bevölkerung bezeichnete er im wesentlichen als »Personen«, »Private«, »Deutsche« oder »Bürger«. Die Bezeichnung »Volksgenosse« findet sich bei ihm überhaupt nicht.

Die Verhältnisse wandelten sich jedoch im Zuge der Erstellung der I. DVO. In den ersten Entwürfen wurden die Juden noch nicht genannt, tauchten als besonders zu behandelnde Gruppe dann aber ab Sommer/Herbst auf. Offenbar ohne größere Widerstände wurde ein Passus eingefügt, der festlegte, daß Juden zur Luftschutzpflicht herangezogen werden konnten, wenn es der Schutz ihrer Person oder ihres Eigentums erforderte. Gleichzeitig wurden für die Zukunft nähere Bestimmungen zu diesem Thema angekündigt, die vom RLM in Zusammenarbeit mit dem R&PrMI erstellt werden sollten. Dieser Sachstand floß im Wesentlichen unverändert in den Endtext der I. DVO ein (§ 10, Kreis der zu erfassenden Dienstpflichtigen). Man plazierte sie in Abs. 3, d.h. hinter die Vorschriften für die wehrfähigen Jahrgänge, die Ausnahmen für gesundheitlich und altersmäßig nicht in Frage kommende Personen (Abs. 1) und die Regelungen für Zuchthäusler, Verbrecher, Wehrunwürdige und Staatsfeinde (Abs. 2).

Auffallend ist die zutage tretende verfassungsrechtliche Selbstverständlichkeit bei gleichzeitigem Bestreben, größeres Aufsehen zu vermeiden. Man verfuhr mit den Juden offensichtlich bereits wie mit einem in Gesetzen häufig vorkommenden und damit gewöhnlich zu behandelnden Sonderfall. Das RFM und die anderen

---

[210] Für die Verhältnisse in Nürnberg vgl. Schramm, Ziviler Luftschutz, S. 461–463. Für den Raum Koblenz ähnliches bei Schnatz, Luftkrieg, S. 27–30. Ob und wie dies in anderen Städten der Fall war, kann an dieser Stelle nicht geklärt werden.
[211] BA Berlin, R 36/2694, Krauthausen, Luftschutzgesetz und Gemeinden.

zivilen Ministerien, die so energischen Widerstand gegen übermäßige Belastungen sowie gegen das drohende organisatorische und finanzielle Chaos geleistet hatten, verhielten sich passiv. In den durchgesehenen Akten des RFM und den anderen Ressorts konnte keine einzige Stelle zum Umgang mit den Juden im Luftschutz gefunden werden.

Entlang dieser Linie waren auch die öffentlichen Kommentare zur I. DVO gehalten. Heymann, der zuständige Luftschutzsachbearbeiter beim DGT, erwähnte die Juden in seinem Artikel zur I. DVO in der Zeitschrift Der Gemeindetag mit einem einzigen, sehr undeutlich formulierten Satz.

»Ausdrücklich bestimmt ist, wer zum Luftschutzdienst unfähig ist und wie weit Juden, Ausländer und Staatenlose herangezogen werden können[212].«

Von der übrigen Bevölkerung spricht Heymann vornehmlich als »Personen« oder »Luftschutzdienstpflichtigen«. Erneut drängt sich der Eindruck auf, daß man – nicht zuletzt im Interesse einer störungsfreien Umsetzung der Maßnahmen – an spektakulären Aktionen und ideologisch-rassistischer Radikalität kein Interesse hatte. Man wußte wohl nicht, wie die Bevölkerung in ihren Haushalten reagieren würde, wenn man im Rahmen des Luftschutzes gegen die Juden vorging. Auch in diesem Sinne waren die Verantwortlichen um die Fortsetzung der ruhigen Aufbauarbeit der Weimarer Republik bemüht.

Das RLM brachte schließlich am 7. Oktober 1938 einen Erlaß heraus, der die genaueren Verhältnisse regelte. Juden sollten in der Regel vom Luftschutz ausgeschlossen bleiben und sich nur in »Ausnahmefällen« an den Maßnahmen beteiligten. In Häusern, in denen die Einwohnerschaft »gemischt« war, sollte das zahlenmäßige Verhältnis zwischen Juden und »Deutschen« über die Betätigung im Luftschutz entscheiden. Waren die Juden in der Überzahl, so sollten nur sie und keine »Deutschen« zum Selbstschutz herangezogen werden. Im umgekehrten Fall war entsprechend anders zu verfahren. Der Posten des Luftschutzhauswartes durfte nicht mit einem Juden besetzt werden[213].

Der Umgang mit den Juden scheint zunächst etwas unklar gewesen zu sein, bereitete aber kaum grundsätzliches Kopfzerbrechen. Offensichtlich wurden sie mit der allergrößten Selbstverständlichkeit von den Luftschutzmaßnahmen ausgeschlossen, wobei öffentliche Unruhe oder Peinlichkeiten tunlichst vermieden wurden. In den Propagandawerken des RLB, die ansonsten ein geradezu dröhnendes Getöse mit ständigen Verweisen auf den Zusammenhalt der »Volksgenossen« verbreiteten, wird auf die entsprechenden Regelungen nur am Rande eingegangen. Der Präsident des RLB, Grimme, vermerkt in seiner Schrift Der Reichsluftschutzbund von 1937 nur knapp:

»Nichtarier werden nur zur Luftschutzpflicht herangezogen, wenn es zum Schutze ihrer Person oder ihres Eigentums notwendig ist[214].«

Dieses Bestreben nach Unauffälligkeit reicht über die Zeit des Dritten Reiches hinaus. Keine der einschlägigen Ausarbeitungen vermerkt die diskriminierenden

---

[212] Ebd., OB a.D. Dr. Heymann, Hauptreferent im DGT, Durchführung des Luftschutzgesetzes.
[213] Helbig/Sellien, Luftschutz in Schulen und Hochschulen, S. 149: Erlaß des RMdLuObdL vom 7.10.1938; Wirth, Neuordnung, S. 217.
[214] Grimme, Reichsluftschutzbund, S. 37.

Passagen der I. DVO auch nur. Hampe läßt in seiner als Standardwerk bezeichneten Arbeit von 1963 (Der zivile Luftschutz im Zweiten Weltkrieg) die Juden aus[215].

Der Ausschluß der Juden bei der Mobilmachung für den Luftschutz wurde in der praktischen Arbeit ohne prinzipielle Schwierigkeiten durchgeführt. Für die verantwortlichen Planer im RLM und in den anderen Ministerien stellte der Luftschutz offensichtlich ein notwendiges Gebiet staatsbürgerlicher und staatspolitischer Pflichten dar, die rechtlich genau festgelegt werden mußten und von jedem Deutschen entsprechend seines Status zu erfüllen waren. Ausnahmen wie die besondere Behandlung der Juden gehörten ebenso dazu wie die Schutzbestimmungen durch die Beschränkung der Übungszeiten, die Einführung einer Unfallversicherung, die genaue Definition der Übungsanweisungen und die Festlegung eines Beschwerdeweges. Die Sphäre rationaler Herrschaft des Regimes reagierte gewissermaßen mit den ihr zu Gebote stehenden Mitteln auf die charismatisch-ideologisch motivierte Ausgrenzung und Verfolgung von Minderheiten.

Für die Bürger des Dritten Reiches gehörte die Ausgrenzung der sog. Nichtarier somit zum anstandslos zu beachtenden Normenkatalog, wie er etwa im Reichsbürger-Handbuch von 1937 dargestellt wurde. In diesem Kompendium, das einen kurzen, aber umfassenden Überblick über alle Rechte und Pflichten der Bürger sowie die Reichsbehörden und wichtige Dienststellen des öffentlichen Lebens gab, wurden etwa die Nürnberger Rassengesetze mit anschaulichen Bildbeispielen wie selbstverständlich als erstes Kapitel eingefügt[216]. Dementsprechend hatte sich der Privatmann im Luftschutz zu verhalten.

Die Basis der Luftschutzbewegung hatte mit der Ausgrenzung der Juden offenbar keine grundlegenden Probleme, weshalb der Überwachungsapparat Himmlers wohl auch keinen verstärkten Handlungsbedarf sah[217]. Das SD-Hauptamt (Abteilung II 112) führte im Sommer 1936 eine Schulungsaufgabe für seine Referenten durch, um deren Fähigkeiten zur Durchleuchtung jüdischer Organisationen bzw. von Organisationen mit verdecktem jüdischen Einfluß zu überprüfen. Darunter fielen auch die Juden im RLB. Die Referenten hatten dazu bei den SD-Oberabschnitten Recherchen anzufordern. Die eher schlampig und bruchstückhaft durchgeführte Untersuchung erbrachte wenig Spektakuläres. Der RLB hatte nach den vorliegenden Berichten nur wenig jüdische Mitglieder. Probleme ergaben sich nur deshalb, weil in den verschiedenen Teilen des Reiches die Juden unterschiedlich behandelt wurden. So berichtete der SD-Oberabschnitt Ost, daß Juden zwar dem RLB nicht als aktive Mitglieder beitreten könnten, aber als »fördernde Mitglieder« zugelassen seien. In verschiedenen anderen Gebieten wurde die Rassentrennung im Luftschutz, wie sie die I. DVO dann später formell festlegen sollte, mehr oder weniger komplett praktiziert. Juden wurden dort vollkommen ausgeschlossen. Im Unterschied dazu dachte man in Springe am Deister (SD-Oberabschnitt Nordwest) offenbar daran, den RLB als Kontroll- und Erzie-

---

[215] Hampe, Ziviler Luftschutz, S. 24 f.
[216] Eichler, Du bist sofort, S. 2–52.
[217] Zum Folgenden: BA Berlin, R 58/994, Schulungskurs im SD-Hauptamt, Abteilung II 112, Termin zur Ablieferung: 20.5.1936. Berichte bis 20.6.1936.

hungsinstrument zu verwenden, und zwang die Juden dort zum Beitritt[218]. In Swinemünde (SD-Oberabschnitt Nord) versuchte das örtliche Luftschutzamt der Stadt offenbar, den Juden trotz der Rassentrennung eine Ausbildung im Luftschutz zu ermöglichen bzw. vorzuschreiben. Dort wurden sie zu einem eigens für sie eingerichteten Luftschutzkursus einbestellt, der unter der Leitung der Kriminalpolizei stand.

Das SD-Hauptamt sah in diesen eher ungeordneten Verhältnissen kein wirkliches Problem, sondern verlegte sich auf das Abwarten und die Lösung der Probleme durch die Zeit.

»Im RLB scheint den Berichten zufolge das Verhältnis der Juden zu diesem noch nicht ganz geklärt zu sein. [...] Dies scheint aber nur ein Bruchstück der tatsächlichen Zustände zu sein, denn die Ermittlungen der einzelnen Oberabschnitte sind auch hier noch nicht abgeschlossen.«

c. Die Einpassung des Luftschutzes in die nationalsozialistische Ideologie und die Entwicklung der Luftschutz-Propaganda in den 30er Jahren

Die Machtergreifung Hitlers und die Neugestaltung der Zuständigkeiten für Luftwaffe und Luftschutz hatten im organisatorischen Bereich also keineswegs eine schnelle und durchgreifende Klärung und Ordnung gebracht, sondern – eher umgekehrt – Aufspaltung und Verwirrung. Erst nach Jahren etablierte sich eine komplizierte Struktur, die nur mit Mühe und unter Aufbringung starker Kooperationsbereitschaft am Leben gehalten werden konnte.

Im ideologisch-propagandistischen Bereich griffen die Prinzipien der neuen Herrschaftsordnung ebenfalls erst nach einiger Zeit. Es gingen mehrere Jahre ins Land, bevor sich das eigentliche Gesicht der neuen staats- und gesellschaftspolitischen Legitimation und der entsprechenden Propaganda zu zeigen begann. Der Übergang von einer Staats- und Gesellschaftsform zu einer anderen kann, wenigstens im Falle moderner Industriegesellschaften, selbst bei der Anwendung brutaler Machtmittel nicht in wenigen Tagen oder Wochen bewerkstelligt werden, sondern benötigt Monate und Jahre. Das bloße Vorhandensein personeller und organisatorischer Ressourcen besitzt dabei offensichtlich nicht das entscheidende Gewicht. Nötig ist vor allem auch ein Anpassungsprozeß an die neuen Verhältnisse.

Bei der Gründung des Hauptpropagandainstruments, des RLB, existierte der Personalstock auf der Führungsebene bereits und wurde nicht grundsätzlich ausgetauscht. Man begann gewissermaßen ein neues Spiel, verwandte aber mehr oder weniger dieselben Karten. Das neugegründete RLM bestand zwar auf einer straffen und zentralistischen Neuordnung des Propagandawesens, konnte aber keineswegs auf die vorhandenen Kräfte verzichten. Da der Luftschutz schon gegen Ende der Weimarer Republik ein reger Tummelplatz für alle Arten von nationalistischen

---

[218] Dazu auch ebd., NS 5 VI/1129, BV-Zeitung Nr. 19 vom 13.5.1937, Juden im Luftschutz (Breslau).

und völkischen Verbänden und Gruppierungen gewesen war, konnte man dabei aus dem Vollen schöpfen.

Es ergab sich allerdings die Notwendigkeit, die geeignetsten und genehmsten Führungspersönlichkeiten auszuwählen und problematische Personen auszuschalten. Letzteres bezog sich keineswegs nur auf Demokraten und andere »erkannte« Feinde des neuen Regimes. Diese wurden – soweit im Luftschutz vorhanden – durch die Terrorwelle sowieso mehr oder weniger automatisch aus dem Weg geräumt. Betroffen waren auch Leute aus dem rechten und rechtsradikalen Lager. Daß jemand eine entsprechende Gesinnung besaß, hieß noch lange nicht, daß man ihn für geeignet befand. Eine nicht geringere Bedeutung besaß die Frage, ob er machtpolitisch und organisatorisch in das entstehende Gebäude paßte. Das RLM schickte sich gewissermaßen an, hier die Spreu vom Weizen zu trennen. Bei der Gründung des RLB begann ein interner Prozeß der Verteilung von Posten, wobei nicht zuletzt auch finanzielle Aspekte und das Streben nach persönlicher Existenzsicherung eine Rolle spielten. Dieser Prozeß endete erst nach über einem Jahr, nach dem Röhm-Putsch.

Zu dessen Verlierern gehörten sowohl extreme Kräfte aus dem parteipolitischen Spektrum als auch rechtsradikal-umstürzlerische Persönlichkeiten. Zu ersteren zählte z.B. Geisler, eine höchst zwielichtige Gestalt aus den Wirren der Politik in der Weimarer Republik[219], der in rechten und rechtsradikalen Parteien und Verbänden antidemokratische Agitation betrieb, dabei auch mit Hitler und Ludendorff zusammenarbeitete, sich mit ihnen aber nach einiger Zeit überwarf. Geisler hatte vor allem gegen die SPD und das Reichsbanner polemisiert und intrigiert, wobei er zu höchst unehrenhaften Methoden wie Verleumdung und Briefdiebstahl griff. In der Arbeiterschaft wurde er gehaßt, und selbst in rechten Kreisen sah man ihn als Problem an. Nach Prozeßniederlagen und der Aufgabe aller seiner Ämter ging er zunächst ins Ausland und engagierte sich nach seiner Rückkehr im Luftschutz. In den Jahren vor der Machtergreifung trat er für eine enge Zusammenarbeit zwischen DNVP und NSDAP ein und propagierte dies unter anderem im Nationalen Club, wo er mit Lammers, Pfundtner und Frick zusammentraf[220]. Im DLSV fungierte er als Vorstandsmitglied und verfaßte Anfang 1933 einen Artikel über »Die Volksorganisation des deutschen Luftschutzes« für die Luftschutz-Rundschau, wo er die Geschichte des Luftschutzes seit dem Ersten Weltkrieg als nationale Volksbewegung pries. Der Beitrag erschien danach in allen größeren deutschen Tageszeitungen[221].

Er geriet wegen seiner Vergangenheit und seines politischen Verhaltens zwischen die Fronten. Die im Luftschutz tätigen nationalen Verbände hatten kein Interesse an einem Intriganten und Vertreter des Parteiengezänks und lehnten eine

---

[219] Zum Folgenden vgl. grundsätzlich Deutsches Biographisches Archiv, N. F., siehe unter Geisler, Fritz, und Deutsche Biographische Enzyklopädie, S. 609.
[220] Zum Folgenden: BA-MA, R 43 II/1295, Korrespondenz zwischen Lammers und Geisler sowie zwischen Milch und Lammers, März/April 1933.
[221] BA Berlin, R 36/2698, und BA-MA, R 43 II/1295, RK 1666/33; Geisler, Volksorganisation, S. 1 ff.; BA-MA, RH 2/994, T1 und T2 (T2: Nr. 423/33, T2), 14.3.1933, Pressebericht Nr. 6, S. 23–25.

Zusammenarbeit mit ihm rigoros ab. Daß er die NSDAP unter anderem auch finanziell unterstützt hatte, kam ihm keineswegs zustatten. Die Funktion des Luftschutzes als Sammlungsbewegung für das »Volksganze« schien durch Leute wie ihn gefährdet. Auch von seiten der NSDAP attackierte man Geisler, und zwar in seiner Eigenschaft als Vorstandsmitglied des DLSV. Der Luftschutzsachbearbeiter der NSDAP bis 1933, Winter, griff den DLSV auf einer Pressekonferenz im neugegründeten Reichskommissariat für Luftfahrt an und behauptete,
»der Deutsche Luftschutz Verband sei politisch irgendwie beeinflußt worden«.
Auch der Rückgriff auf Standardargumentationsweisen der Luftschutzvereine, wie sie sich in den 20er Jahren entwickelt hatten (»ruhige« Aufbauarbeit und »überparteilicher« Schulterschluß), und der Versuch, sich als Makler zwischen nationalkonservativen Kreisen und der NSDAP darzustellen, nutzte Geisler nichts. Er bemerkte wohl nicht oder zu spät, daß es für eigenständige national gesinnte Parteien und Organisationen wie dem DLSV keine Zukunft geben würde. Geplant war kein Nebeneinander zwischen Konservativen und Nationalsozialisten, sondern die Übernahme der konservativen Kräfte unter einem ideologischen »Deckel«, d.h. gleichgeschalteten Organisationen. Dies bedeutete nicht, daß unter dem neuen Regime intrigante Machtspieler keine Chance bekommen hätten. Die Spielregeln hatten sich jedoch geändert. Geisler tauchte im nationalsozialistischen Luftschutz nicht mehr auf.

Die anderen Führer des Luftschutzes waren nicht belastet wie Geisler, begriffen die neuen Zusammenhänge auch offenbar schneller als er und paßten sich den Verhältnissen an. Die notwendigen Änderungen im Denken und Handeln dürften ihnen nicht schwer gefallen sein, denn letztlich konnte man auch unter dem Nationalsozialismus eine allumfassende Volksbewegung in Gang bringen, dies sogar mit erheblich größeren Aussichten auf Erfolg als bisher. Daß dabei die Anwendung von Terrormethoden eine essentielle Voraussetzung darstellte, störte nicht, bzw. wurde sogar begrüßt. Aus dieser Perspektive konnte man durchaus organisatorische und konzeptionelle Änderungen in Kauf nehmen.

Als zweites Beispiel für die Verlierer der Übergangszeit, diesmal als Exempel für revolutionär agierende Gestalten, kann Roßbach, Oberleutnant a.D., dienen[222]. Er war im Ersten Weltkrieg Kommandeur einer MG-Kompanie gewesen und hatte als Freikorps-Führer im Baltikum, im Ruhrgebiet und in Oberschlesien gekämpft. Als Teilnehmer des Hitlerputsches 1923 mußte er nach Österreich fliehen, von wo er erst nach seiner Amnestierung 1926 zurückkehrte. Er war einer der bekanntesten und unruhigsten Agitatoren und Milizenführer in der Weimarer Republik. Als Führer der »Schilljugend«, die er in Österreich gegründet hatte, und als Veranstalter der sog. Ekkehardspiele zog er durch Deutschland und versuchte, die Republik zu destabilisieren. 1932 gründete er den Luftschutzlehrtrupp Ekkehard, der als mobile Propagandaorganisation die Bevölkerung für eine Militarisierung

---

[222] Zum Folgenden vgl. Deutsches Biographisches Archiv, N. F., s.u. Roßbach und Roßbach, Gerhard, und Deutsche Biographische Enzyklopädie, Bd 8, S. 405. Dazu BA Berlin, R 1501/alt 18/25964, zwei Artikel zu Roßbach: Bronnen, Roßbach marschiert, und Bronnen, Roßbachs Ende.

durch Luftschutzausbildung gewinnen wollte. Roßbach und sein Trupp wurden 1933 vom RLB übernommen, dies allerdings mit der Maßgabe, sich bei allen Aktionen strikt an die Anweisungen der RLB-Landesgruppen zu halten. Eigenmächtige Aktionen wurden strengstens untersagt. Roßbach selbst wurde zum Vizepräsidenten des RLB und zum Inspekteur für das Ausbildungswesen ernannt und sollte so für eine einheitliche Umsetzung der Maßnahmen im ganzen Reich sorgen[223].

Er fiel dann aber den Ereignissen während und nach dem 30. Juni 1934 zum Opfer. Da er enge Beziehungen zur SA-Führung besaß, wurde er von der Gestapo verhaftet, wozu nicht zuletzt auch die bis in die Weimarer Republik zurückreichenden Anschuldigungen wegen Verstoßes gegen § 175 StGB und zurückliegende Streitereien mit dem RLM und dem RWM beitrugen. Die Militärs hatten bei der Machtergreifung verlangt, daß Roßbach sich in die entstehende Luftschutzbewegung einordnen solle. Der hatte dies aber grundsätzlich offengelassen und kundgetan, möglicherweise eine eigene Organisation aufziehen zu wollen. Daraufhin hatte man ihn im RWM rabiat abgekanzelt, und er wurde auch weiterhin verdächtigt, ein unsicherer Patron zu sein. Wohl wegen seiner Beziehungen zur SA-Führung[224], die ein reges machtpolitisches Interesse an der Luftschutzorganisation besaß, hatte er sich aber dennoch an der Spitze halten können. Gerade diese politischen Verbindungen wurden ihm im Sommer 1934 zum Verhängnis. Die Gestapo konnte Roßbach nach seiner Verhaftung allerdings nichts nachweisen, und so wurde er wieder entlassen. Der RLB schloß ihn am 20. Juli 1934 aus und beschuldigte ihn im Dezember 1934 der Zersetzungsarbeit, weswegen er von der Gestapo nochmals verhaftet wurde. Im Januar 1935 kam Roßbach erneut frei, blieb aber grundlegend diskreditiert. Auch Knipfer im RLM hatte sich geweigert, ihn wieder im Luftschutz aufzunehmen. Fortan mußte er sich als Versicherungsvertreter und Schriftsteller durchschlagen, was ihm nur unter Mühen gelang. Er starb 1967 in Hamburg.

Die Klärung der Verhältnisse im Gefolge der »Nacht der langen Messer« bedeutete freilich keineswegs, daß der Luftschutz und der RLB im propagandistisch-staatspolitischen Geflecht ohne weiteres akzeptiert wurden. Die SA verschwand ja nicht einfach vom Spielplan, sondern bestand als gezähmtes Machtelement fort. Sie arbeitete weiterhin im Luftschutz mit. Spezielle Machtansprüche stellte sie zwar nicht mehr, ließ es sich allerdings nicht nehmen, darauf hinzuweisen, wer zur nationalsozialistischen Elite gehörte und wer nicht. So verhöhnte das Organ Der SA-

---

[223] BA Berlin, R 36/2700, DGT vom 10.1.1934 an den RLB und Antwort RLB vom 13.1.1934 – W/Bö. Pr. 2, Nr. 2690/34 –. BA-MA, RH 2/994, RWM, LS-Amt, LS. I Nr. 1678/33 1c, 23.11.1933, RLB-Sonderrundschreiben Nr. 25 und 26 vom RWM, LS-Amt, Az 1 p LS 5, Nr. 1537/34, RLB-Sonderrundschreiben Nr. 135 vom 28.7.1934 sowie RWM, LS-Amt, Az 1 p LS 5, Nr. 1806/34, RLB-Rundschreiben Nr. 18 vom 31.8.1934, S. 2. BA Berlin, R 19/360, Roßbach an Frick vom 25.6.1936 mit Bescheinigungen von der Gestapo und von Heß. Roßbach, Mein Weg, S. 148–173.

[224] An der Gründung des RLB waren etliche hohe SA-Mitglieder beteiligt, darunter auch Mitarbeiter der Obersten SA-Führung. Die SA versuchte offenbar, über die Mitarbeit in der Luftschutzbewegung Einfluß auf eine Massenorganisation zu gewinnen. Welche genaueren Zusammenhänge hier eine Rolle spielten, kann an dieser Stelle nicht geklärt werden. Es war aus Zeit- und Finanzgründen nicht möglich, die SA-Akten durchzusehen.

IV. Massenmobilisierung für den »Totalen Krieg« 309

Mann zusammen mit dem Völkischen Beobachter und der Zeitschrift Der Angriff Ende Februar 1938 die TN. Eine Ortsgruppe der TN hatte die eigene Organisation als »Kämpfer für des Dritten Reiches Bestand« gefeiert[225]. Die SA kommentierte laut spottend, daß die TN keineswegs eine politische Kampforganisation gewesen sei, sondern ein Verband von Stubenhockern, die mit dieser Selbstinszenierung das Andenken der nationalsozialistischen Kämpfer aus der Systemzeit beschmutze. So hieß es:

»Viele haben es früher auch ›gut gemeint‹, aber ihr Leben haben sie nur hinter dem warmen Ofen eingesetzt. Den Ehrenplatz beim heiligen Petrus überlassen wir gern diesen Gutmeinern, aber in der Standarte ›Horst Wessel‹ ist kein Platz für sie[226].«

Erschrocken und empört über diese öffentlichen Angriffe schrieb der Leiter der TN, Weinreich, an Daluege, der die weitere Verbreitung der Artikel stoppte, die TN dann aber verpflichtete, zu schweigen und weitere Selbststilisierungen zu unterlassen. Himmler sei über derlei »Entgleisungen«, wie sie sich die TN hier geleistet habe, verärgert. Es kam deutlich zum Ausdruck, daß man in der Partei und ihren Gliederungen die Luftschutzbewegung als ideologisch minderwertig betrachtete.

Noch handfester wurde es Ende April 1938, als der »SA-Mann« die Feuerwehren öffentlich als unfähig und zu wenig schlagkräftig angriff[227]. Man kündigte an, daß die SA in Zukunft bei größeren Bränden mit Waffengewalt in die Feuerwachen eindringen und das Feuerlöschgerät selbst bedienen werde. Daluege sah sich nun selbst angegriffen und wandte sich an Heydrich mit der Bitte, die Gestapo einzuschalten. Heydrich schickte also einen Pressemitarbeiter, der dafür sorgte, daß sich der Hauptschriftleiter des »SA-Mannes« entschuldigte[228].

In den Parteigliederungen bediente man sich bei den Angriffen einer Terminologie, wie sie schon von den Vertretern der Frontsoldatenideologie in den 20er Jahren verwendet wurde – im Falle der bürgerlichen Lahmheit besonders pointiert von G.F. Jünger[229]. Der Luftschutz galt als Versammlungsort kraftloser Möchtegern-Kämpfer, die nicht nur keinen Platz in der nationalsozialistischen Gesell-

---

[225] BA Berlin, R 19/420, Der SA-Mann vom 26.2.1938 (9. Folge) mit Korrespondenz zwischen Weinreich und Daluege.
[226] Der Verweis auf Petrus dürfte sich nicht zuletzt auch auf Hampe, den Stellv. Leiter der TN, bezogen haben. Trotz seiner öffentlichen Bekenntnisse zum Nationalsozialismus vertrat er eine »ausgesprochen kirchenpolitische Richtung«, war also weltanschaulich nicht in Ordnung, was ihm auch im HA Ordnungspolizei angekreidet wurde. Seine Artikel wurden als gefährlich angesehen, weil sie die »notwendige einheitliche Linie« der Arbeit des SS-Rasse- und Siedlungshauptamtes, das die ideologische Schulung der Ordnungspolizei durchführte, gefährdete. Vgl. dazu auch die Autobiographie von Hampe, ... als alles in Scherben fiel, S. 82–84, 91–93. Die Protektion Dalueges hielt ihn jedoch im Amt. Ebd., R 19/419, Korrespondenz zwischen Weinreich und Daluege.
[227] Ebd., R 19/420, Der SA-Mann vom 23.4.1938 mit anliegenden Dok. (u.a. ein nicht abgesandter Brief Dalueges an Lutze vom 19.6.1938).
[228] Dies stellte nicht den einzigen Vorfall dar. Die NS-Presse hatte sich über die Feuerwehr in weiteren Artikeln und Karikaturen lustig gemacht. Daluege wandte sich dazu an den Reichspressechef Dietrich, der ähnlich wie Heydrich ein Vorgehen gegen Herabsetzungen nur in schweren Fällen befürwortete. Ebd., R 19/419, Beschwerden der Feuerwehren von München und Regensburg (1937/38) mit anliegenden Dok.
[229] Zu G.F. Jüngers Vorstellungen siehe oben, S. 45 f.

schaft hätten, sondern eigentlich von den braunen Kämpfern auszurangieren oder umzuerziehen seien. Die Führung des RLB und anderer Organisationen betrachtete man als Kongregation alter Militärs, die in Vergangenheit durchaus Verdienstvolles geleistet hätten, nun aber auf das Altenteil gehörten. Roßbach hatte dies seinerzeit deutlich gemacht, als er den ersten Präsidenten des RLB, General a.D. Hugo Grimme, als »Frühstücksgeneral« bezeichnete[230].

Von dieser Warte aus stand der RLB und seine Propagandatätigkeit unter keinem guten Vorzeichen. Die Masse der aktiv Tätigen war ideologisch keineswegs rein nationalsozialistisch gesinnt, sondern hing Denkmustern an, die sie aus der Zeit der Weimarer Republik mitgebracht hatten. Diese trugen – je nach individuellem Bewußtsein stärker oder schwächer – durchaus charismatische Züge: als zentrale Punkte die Verklärung des Frontsoldaten als mystisches Vorbild für die innere Einigung der Nation und die Forderung nach Militarisierung des Volkes für seinen Existenzkampf. Die Verehrung und Anbetung eines allmächtigen Führers hingegen bestand bestenfalls latent und wurde zunächst auch nicht explizit ausgesprochen. An staatspolitischen Werten standen das Volk, die Nation oder Deutschland im Vordergrund.

Die neue Staatsideologie wurde erst nach und nach mit den bestehenden Paradigmen der politisch unbedenklichen Teile der Luftschutzbewegung, also den konservativ-reaktionären bzw. rechtsradikalen Mitgliedern, verschmolzen. Dies läßt sich anhand der wichtigsten Stationen, der Höhepunkte der Luftschutz-Propaganda bis 1939, sehr gut aufzeigen.

Die Arbeit der ersten Jahre wurde nachhaltig behindert durch den Zwang zur Tarnung der Luftwaffe und die generelle propagandistische Zurückhaltung, die Hitler seinem Regime auferlegte[231]. Die anzuschlagenden Töne mußten moderat ausfallen.

Die Gründung des RLB verlief weitgehend innerhalb regulärer vereinstechnischer Bahnen. Man verabschiedete eine Satzung in der üblichen Form[232]. Den neuen Machtverhältnissen wurde allerdings, wenn auch mit nur relativ knappen Formulierungen, Rechnung getragen. Das charismatische Herrschaftsprinzip fand in § 1 Eingang, der die Aufgaben des RLB knapp definierte. Göring bzw. das RLM erhielten deutliche und nachhaltige Rechte eingeräumt, die sie zu den eigentlichen Entscheidungsträgern in allen grundsätzlichen Fragen machten. Vor 1933 hatte das zuständige Ministerium alles vermieden, was auch nur im entferntesten auf eine direkte Anbindung der Luftschutzvereine schließen ließ. Nun wies das RLM Gö-

---

[230] Roßbach, Mein Weg, S. 145 und 147.
[231] Vgl. Sywottek, Mobilmachung, S. 49–53.
[232] BA-MA, R 43 II/1295, RK 5904/33 vom 9.5.1933 und RH 2/2253, RWM, L.A. Nr. 199/33 A4 I B vom 19.5.1933, Satzung RLB mit allgemeinen Richtlinien des Präsidiums des RLB für die Tätigkeit (Gründung am 29.4.1933). Daß der RLB in vergleichsweise normalen Bahnen gegründet wurde, hängt nicht nur mit der propagandistischen Lage zusammen, sondern wesentlich auch mit dem Fortbestehen der legalen Herrschaftsordnung. Man konnte nicht auf moralische und juristische Sicherheit klarer Rechtsregelungen verzichten, dies zumal die Führerdiktatur 1933 erst im Entstehen war. Somit blieben die Rechtsformen aus der Weimarer Republik verbindlich. Außenpolitische Rücksichtnahmen und Rückgriffe auf die rechtsstaatlichen Grundlagen der alten Herrschaftsordnung griffen ineinander.

ring als Luftfahrtminister in einer Vereinssatzung direkte und umfassende Leitungskompetenzen zu. Die Verwischung der Grenzen zwischen dem Staat und privaten Einrichtungen, wie sie später in der I. DVO vollzogen wurde, zeichnete sich bereits ab.

Die vom RLB anbeigegebenen Richtlinien für Behörden und Organisationen tragen wie die Satzung selbst einen eher nüchternen Ton. Etwas anders sah dies schon beim öffentlichen Aufruf aus, den Göring zur Gründung des RLB erließ[233]. Auffallend ist insbesondere die Zweiteilung in einen innen- und einen außenpolitischen Bereich. Im außenpolitischen Teil werden die seit Beginn der Luftschutzbewegung tausendfach wiederholten Lamentos bezüglich der angeblichen Wehrlosigkeit Deutschlands und der Bedrohung der schutzlosen Zivilbevölkerung angeführt. Man vermied hier aus Rücksicht auf die Risikozeit, in der man sich befand, alles, was das Ausland provozieren konnte. Die innenpolitischen Passagen aber bewegten sich bereits sehr stark auf nationalsozialistischer Grundlage. Ideale wie Opferbereitschaft, selbstlose Arbeit und Gemeinsinn wurden mehrfach angeführt und ein vehementer Sozialdarwinismus vertreten.

»Denn nur eine fest geschlossene, von unbeugsamem Lebenswillen beseelte Nation wird diesen Gefahren widerstehen können [...] Ein Volk, das sich untätig und willenlos feindlicher Willkür preisgibt, hat seine Existenz verwirkt. Ein Volk aber, das den eisernen Willen zu Selbsterhaltung in sich trägt, wird auch den Gefahren aus der Luft erfolgreich trotzen!«

Aufforderungen zur Verehrung des Führers waren jedoch nicht enthalten. Hitler wurde auch nicht genannt.

Nach der Gründung des RLB meldete sich dann der neue Luftschutz-Sachbearbeiter der Partei, Seydel, im Völkischen Beobachter zu Wort und rechtfertigte in einem überaus sachlichen Ton die Tätigkeit des RLB und der anderen Organisationen[234]. Der Artikel enthält keinerlei charismatische oder ideologische Ausschweifungen und vermeidet jegliche Dramatisierung. Nüchtern wird festgestellt, daß jede Angriffsart im Laufe der Zeit auch eine wirksame Verteidigung entstehen läßt. Dies gelte auch für den Luftkrieg. Die Zerstörungsmöglichkeiten moderner Bomberflotten seien zwar beträchtlich, könnten aber durch einen wirksamen Luftschutz durchaus begrenzt werden. Entscheidend sei, daß man wisse, welche Gefahren drohten. Dann könne man ihnen auch mit ruhiger Zuversicht trotzen. Die Zurückhaltung, die Seydel hier an den Tag legte, dürfte nicht zuletzt auch auf die schon mehrfach beobachtete Tendenz innerhalb der NSDAP zurückgehen, jegliche Panikmache zu vermeiden.

Nicht anders hatte sich der erste Präsident des RLB, Generalleutnant a.D. Grimme, in seinem ersten größeren Aufruf, der eine Woche zuvor ergangen war, geäußert[235]. Grimme hatte keinerlei aggressive Forderungen gestellt, sondern auf

---
[233] BA Berlin, R 2/26744, RML – Abt. V 1 Nr. 255/33 – vom 16.5.1933, siehe auch Luftschutznachrichtenblatt 5/1933, S. 111.
[234] Ebd., NS 5 VI/1131, Wie schützen wir uns gegen Angriffe aus der Luft?, Völkischer Beobachter vom 20.6.1933.
[235] BA-MA, R 43 II/1295, Wolff's Telegraphisches Büro, 84. Jg., Nr. 1438 und 1484, 14.6. und 20.6.1933.

das Präventionsprinzip verwiesen. Luftschutz sei eine ganz selbstverständliche Vorsorgemaßnahme wie z.B. die Vorkehrungen gegen Unfälle, Feuersbrünste oder Katastrophen wie das Phosgen-Unglück in Hamburg von 1930. Wie bei diesen Ereignissen könne man im Luftkrieg nicht verhindern, daß es zu Opfern komme, aber durch gute Vorbereitung die Verluste minimieren. Daher liege es im Interesse des Volkes, aber auch des einzelnen, wenn sich die Familien und insbesondere die Jugend im Luftschutz engagierten. Wichtig sei, daß alle daran teilnähmen.

Diese Artikel waren nicht allein wegen der unsicheren außenpolitischen Lage moderat gehalten, sondern vor allem auch, um die Bevölkerung, nicht zuletzt auch die Luftschutzbewegung selbst, nicht zu beunruhigen. Man verlegte sich wohl bewußt mehr oder weniger auf die Propagandalinie der Luftschutzvereine in der Weimarer Republik, um Kontinuität zu demonstrieren. Sachlichkeit, Nüchternheit und ruhige Aufbauarbeit, so wie sie vom DLS und den anderen Luftschutzvereinen ständig betont worden waren, stellten das oberste Gebot für die offizielle Propaganda dar und blieben bis 1939 auch ihre wichtigsten Elemente.

In Wirklichkeit war die Zielrichtung von Anfang an eine ganz andere. Man verfolgte eine Konzeption, die wesentlich radikaler war und sich an die politischen Kampfformen der Wehrverbände und der NSDAP anlehnte. Welche Grundprinzipien künftig anzuwenden seien, gab das Präsidium in seinem ersten internen Rundschreiben an die Landes- und Ortsgruppen bekannt[236]. Dieses Schriftstück, das den Auftakt einer regelmäßigen Korrespondenz des Präsidiums an die Untergliederungen des RLB bildete, ist durchtränkt von charismatischem Gedankengut und betonte auch das Führerprinzip. Man behauptete, daß die Öffentlichkeit dem RLB »ein uneingeschränktes Maß gläubigen Vertrauens« entgegenbringe, dem man nun gerecht werden müsse.

»Beides, das Vertrauen des Ministers und das Vertrauen des Volkes, erfordern nunmehr die angespannteste Aufbauarbeit aller Gliederungen des RLB und aller seiner Führer.«
Der Amtsträger des RLB müßte bei seiner Arbeit »geradezu fanatisch ergriffen sein«, so daß er am Ende »das stolze Bewußtsein, im Dienste der Nation seine Pflicht getan zu haben«, vermitteln könne. Der Aufbau der Organisation müsse nach einem »Feldzugsplan« vor sich gehen und eine »echte Volksbewegung« erschaffen. Diesem Ziel käme »die derzeitige günstige Volksstimmung« entgegen, die unbedingt auszunutzen sei. Angestrebt wurde eine totalitäre Massenorganisation nach dem Vorbild der NSDAP mit einer tiefgestaffelten Struktur, lautstarker Propaganda und dem »unbeugsamen Willen und Fleiß« der Funktionäre. Die Autoren hatten offenbar vorher in den entsprechenden Abschnitten von Mein Kampf gelesen, denn ihre Forderungen klingen wie von dort abgeschrieben.

»Propaganda ist im Bewußtsein der Öffentlichkeit der stärkste Lebensausdruck einer Organisation überhaupt. Die Stärke einer Bewegung wird nach der Stärke ihrer Propaganda gemessen. Die stille Aufbauarbeit ist bei all ihrem Wert und ihrer Bedeutung nicht geeignet, in weiten Kreisen Interesse zu wecken und Vertrauen auszulösen. Ange-

---

[236] Ebd., RH 2/994, RLB-Rundschreiben Nr. 1; an alle LG und OG, RLB-Präs. Pr. 2, Nr. 1094/33 vom 20.6.1933.

spannteste Werbung für den zivilen Luftschutz und seinen Träger, den Reichsluftschutzbund, ist deshalb nicht nur förderlich, sondern im höchsten Maße notwendig.«
Der Paradigmenwechsel, der hier vorgenommen wurde, beendete die sachlichen Bestrebungen der Luftschutzbewegung von vor 1933, wenn auch zunächst nur inoffiziell. In den Bahnen gläubiger Verehrung einer charismatischen Herrschaftsfigur für die gesamte Staats- und Gesellschaftsordnung bewegte man sich indes noch nicht.

Auf der offiziellen Bühne war man weiterhin um Zurückhaltung bemüht. Man widmete sich unter anderem der Ausarbeitung einheitlicher Sachstandards; denn man wußte, daß die Bemühungen nur erfolgreich sein würden, wenn die technisch-wissenschaftlichen Erkenntnisse, die man zugrunde gelegt hatte, zweckmäßig, einheitlich und überzeugend propagiert würden[237]. Das RLM hatte schwere Mängel entdeckt, so z.B. sachlich falsche und uneinheitlich gestaltete Übungen, Vorträge und Presseberichte sowie die sorglose Veröffentlichung von Geheiminformationen. Man verlangte, sich im Umgang mit der Öffentlichkeit zurückzuhalten, entweder die Polizeiverwalter oder die Landesgruppen des RLB zur Prüfung allen publizistischen Materials einzuschalten und aggressive Töne zu unterlassen.

»Die Ausbildung im Luftschutz ist eine ernste vaterländische Pflicht, die zunächst im Stillen geleistet werden muß.«

Diese Forderung wurde kurze Zeit später vom RLB-Präsidium nochmals ausdrücklich wiederholt[238]. Wegen der schwierigen außenpolitischen Lage und der Gewißheit, daß jeder öffentlichen Versammlung Personen beiwohnten,

»die mit kommunistischen oder ausländischen Kreisen in Verbindung stehen und das Gehörte an ihre Hintermänner weitergeben«,

sei Zurückhaltung am Platze.

Derlei Appelle erwiesen sich als durchaus richtig, denn eine ganze Reihe von Saalrednern hatte in martialischen Sprüchen, hemmungslosen Phantasien und revanchistischen Drohungen geschwelgt und dazu noch technische Falschinformationen verbreitet. Dazu verwendete man Formulierungen, die das geistige Klima der Beteiligten sehr gut widerspiegeln:

»Deutschland ist durch Versailles geknebelt. Frankreich hat Angst vor Revanchekrieg. Und wir werden es den Franzosen einmal gründlich heimzuzahlen [...] Durch den Friedensvertrag von Versailles ist uns der Bau von Kanonen und Flugzeugen zur Abwehr feindlicher Geschwader verboten. Das betrifft aber nur die deutsche Regierung. Wir Ingenieure werden jedoch bauen, was wir wollen«.

Ein anderer Redner formulierte bei der Schilderung der Auswirkungen von Bombenangriffen:

»wenn so ein Ding herunterkommt und einem die Klamotten auf die Platte fallen.«

Göring selbst hatte derlei unerwünschten Entgleisungen Vorschub geleistet, als er den Ausspruch tätigte, daß die Deutschen

»ein Volk von Fliegern«

werden müßten. Dieses Weistum fand einen derart massenhaften Eingang in die Presse, daß die Zentralabteilung des RLM einschritt und verlangte, daß sich alle

---

[237] Zum Folgenden: BA Berlin, R 36/2700, RML vom 9.8.1933 – Abt. A 5 IIA, Nr. 437/33 geh. –.
[238] Ebd., RLB-Präsidium vom 27.10.1933 an alle LG des RLB.

Autoren und Organisationen, auch der RLB, angesichts der außenpolitischen Lage zurückzuhalten hätten[239]. Die Kritik der Partei, nach der der Luftschutz ein Sammelbecken für »alte« Militaristen sei, schien sich schon in der Anfangsphase zu bestätigen.

Ähnliche Probleme stellten sich bei der praktischen Anwendung des Freiwilligkeitsprinzips, das man zumindest als allgemeines Mobilisierungsprinzip von den Luftschutzvereinen der Weimarer Zeit übernommen hatte. Das RLM vertrat – wie auch später bei den Verhandlungen zur Gesetzgebung – das theoretische Konzept, im Luftschutz die Freiwilligkeit zu fördern und nur Zwang anzuwenden, wenn dies unbedingt nötig sei. Die Bevölkerung sollte möglichst aus freien Stücken kommen, nur angeregt durch die Propaganda. Die unteren Chargen dachten seit Beginn der nationalsozialistischen Machtergreifung allerdings offenbar anders. Das Präsidium des RLB erhielt zahlreiche Informationen darüber, daß Ortsgruppen in aggressiver Weise auf die Bevölkerung zugegangen seien und dabei psychische Erpressung ausübten, die vom Vorwurf des Landesverrats bis zur Androhung schwerer Strafen reichte[240]. Dies wurde scharf kritisiert. Die Bevölkerung müsse sich freiwillig engagieren, ansonsten sei der ganze Luftschutz gefährdet:

»Mit derartigen Zwangsmitteln wird dem RLB kein Dienst getan, sondern im Gegenteil Schaden angerichtet, der schwer wieder gutzumachen ist. Wir wollen eine Volksbewegung ins Leben rufen, wollen das ganze Volk von der Notwendigkeit und der Zweckmäßigkeit der Selbstschutzmaßnahmen *überzeugen*, wollen Freunde für die Luftfahrt werben. Alles das können wir mit Zwangsmaßnahmen oder gar mit ungesetzlichen Mitteln niemals erreichen. Im Gegenteil, wir schaffen Gegner des RLB und rufen den Widerstand in der Bevölkerung hervor.«

Nichts deutet darauf hin, daß das Präsidium nur Lippenbekenntnisse abgab. Man meinte es offenbar wirklich ernst. Hier, beim Aufbau einer totalitären Organisation, bestätigt sich auf empirischer Basis ein Grundparadigma der Weberschen Herrschaftstypologie: Herrschaft, auch charismatisch-totalitäre, kann niemals nur auf Zwang aufgebaut werden. Die Masse der Bevölkerung muß freiwillig kooperieren. Das RLB-Präsidium ging davon aus, daß gegen deren Widerstand, wenn dieser auch nur passiv zum Ausdruck kam, alle Bemühungen umsonst sein würden. Die Ortsgruppen fuhren zwar mit ihren aggressiven Methoden bis Kriegsbeginn fort[241], erreichten damit aber nicht selten das gerade Gegenteil ihrer Absichten. Beide Wege, sanfte Überzeugung und Druck, führten letztlich nur begrenzt zum Ziel. Große Teile der Bevölkerung engagierten sich nur widerwillig oder gar nicht. Dies lag nicht zuletzt daran, daß sie trotz Kriegspropaganda und Führerkult von der Aussicht auf einen möglichen Krieg alles andere als begeistert war[242]. Insofern waren hier die Grenzen der Legitimität im Sinne Webers erreicht.

---

[239] BA-MA, RH 2/994, RLM – ZA 2 7036/34 II. Ang. vom 4.9.1934 –. Zum Zusammenhang zwischen Fliegerkult, Luftkrieg und LS-Propaganda vgl. Fritzsche, Machine Dreams, S. 685 ff.
[240] BA Berlin, R 36/2700, RLB-Präsidium vom 9.10.1933 an alle LG.
[241] Deutschland-Berichte, 1.1934, S. 778 f., 780–784; 3.1936, S. 677 f.; 4.1937, S. 13, 149 und 311 f.
[242] Zu den Grundlagen und zum Erfolg der Mobilmachungskampagnen im III. Reich die Belege in Deist, Überlegungen, S. 224–239; Wette, Ideologien, S. 25; speziell für den LS unten Kap. IV.1.d.

Die nächsten beiden Jahre vergingen – von den Säuberungen nach der SA-Krise einmal abgesehen – ohne größeres Aufsehen. Die Zurückhaltung wegen der außenpolitischen Rücksichten und die Notwendigkeit, die gesamte Organisation erst einmal richtig aufbauen zu müssen, verhinderten spektakuläre Aktionen. Der RLB betrieb Breitenpropaganda im Rahmen seiner Möglichkeiten, die mancherorts noch überaus gering waren. Man hatte keineswegs in allen Gegenden und Stadtteilen sofort und nachhaltig Fuß fassen können.

Im November 1934 erschien unter der Ägide des RLM das zentrale Standardwerk für den Luftschutz in Deutschland, das Sammelwerk Der zivile Luftschutz, herausgegeben von Knipfer und Hampe[243]. Es wandte sich vorrangig an die Verantwortlichen aller Ebenen und stellte insofern in erster Linie kein Propagandamittel im eigentlichen Sinne dar, gibt aber eine sehr gute Bestandsaufnahme des bisher Erreichten. Die ganze Elite des deutschen Luftschutzes war vertreten. So trugen z.B. Grimme, D. Waldschmidt, Seydel, Hampe, Giesler (Oberregierungsrat)[244], Löfken (Ministerialrat, im RLM zuständig für Schutzraumbau), Lindner (Ministerialrat und Referent im RLM für Brandschutz) und Großkreutz mit jeweils einem Artikel bei. Knipfer selbst verfaßte den zentralen Beitrag über die Gesamtorganisation, und Milch äußerte sich kurz zu Sinn und Zweck des Luftschutzes. Vorangestellt war ein Grußwort von Göring.

Das Werk atmet eine fast kühle Sachlichkeit, da man sich an der Zielgruppe – an Fachleuten und interessiertem Publikum – zu orientieren hatte. Ruhige und klare Information sowie rationale Stellungnahmen beherrschen das Bild. Nur der Artikel Hampes propagierte auf massive Weise das nationalsozialistische Gedankengut, wobei hier erstmals an prominenter Stelle die offene Verehrung des Führers auftauchte. Daß dieses erstrangige offiziöse Fachbuch derlei überhaupt enthielt, verweist allerdings auf den richtungweisenden Stellenwert von Ideologie und Propaganda.

Die Grundaussagen in Hampes Beitrag lieferten die zentralen Vorgaben für die Positionierung des RLB und des Luftschutzes in die ideologische Landschaft des Dritten Reiches[245]. Hampe bezeichnete die NS-Bewegung als entscheidenden Wegbereiter für die Wehrhaftmachung des deutschen Volkes und die seelische Härtung aller »Volksgenossen«. Auf diesem Boden könne die Luftschutzbewegung aufbauen und ein Volk von mannhaften Verteidigern erschaffen, das – anders als im letzten Krieg – nicht zusammenbrechen werde.

»Luftschutz verlangt, daß jeder Deutsche wieder den Helden in seiner Brust fühlt, verlangt ein kämpferisches Geschlecht, das sich Widerständen und Gefahren nicht beugt, sondern in unerschütterlichem Willen zur Selbstbehauptung das Lebensrecht der Nation verteidigt [...] Das Wort, durch das der Führer seine Bewegung unüberwindlich

---

[243] Der zivile Luftschutz.
[244] Es handelte sich hierbei offenbar um dieselbe Person, die bereits als Autor vor 1933 in Erscheinung getreten war (siehe oben, S. 153 und unter Quellen und Literatur) und wohl auch in den LS-Abteilungen des RWM bis zur Übernahme der Zuständigkeiten durch das RLM tätig gewesen war (vgl. etwa BA-MA, RL 2 III/150, In1 277/30 geh. Kdos. ›z‹ V, vom 26.3.1930, Änderung der Geschäftseinteilung, Anl. 1: Geschäftseinteilung mit 9 Gruppen, Gruppe VII).
[245] Hampe, Luftschutz als Schicksalsfrage, in: Der zivile Luftschutz (1934), S. 135–143.

machte und alle Widerstände bezwang, muß auch als erstes Leitwort für die Überwindung der Luftgefahr in jedes Deutschen Herz eingebrannt sein: ›Lieber tot, als Sklav‹« [...] Der Führer ist vorangegangen und hat die Bahn für diese große staats- und wehrpolitische Erziehung des deutschen Volkes frei gemacht.«

Damit vollzog Hampe quasi offiziell die Verbindung zwischen den bereits ansatzweise vorhandenen charismatischen Grundsätzen der Luftschutzbewegung vor 1933, die er nicht zuletzt in seinen eigenen öffentlichen Auftritten unter Betonung der angeblichen Wirkung von »Wille und Schicksal« mitgeprägt hatte, und den Grundelementen manifester Führerverehrung[246].

Die übrigen Artikel des Buches bestehen, insoweit sie staatspolitisch interessant sind, aus einer Mischung von rationaler Betrachtungsweise und charismatischer Verherrlichung mit allen bekannten Elementen, nicht jedoch der Führerverehrung: Schaffung einer »planmäßigen und schnellen« Organisation einerseits und Erziehung der Bevölkerung zu soldatischer Grundhaltung andererseits, Erziehung zur Selbsthilfe, Härtung und »Einhämmern« der Disziplin, reibungslose und zweckmäßige Einordnung des einzelnen und der benötigten Organisation in die Gesamtstrukturen, gleichzeitig Schaffung einer wehrhaften Gemeinschaft gemäß dem Schlagwort Gemeinsinn vor Eigennutz. Schließlich die sozialdarwinistische Voraussage, daß nur ein geschlossenes und soldatisch erzogenes Volk sich im kommenden Krieg würde behaupten können[247].

Gefordert wurde ein »heroischer Realismus«, d.h. eine nüchterne und stoische Gesinnung bei der Vorbereitung auf und der Begegnung mit der Todesgefahr. Heldenhaftigkeit drücke sich nicht im lauten Kult und in markigen Sprüchen aus, sondern im ruhigen und entschlossenen Handeln. Dies sind unter anderem ureigenste Forderungen Ludendorffs.

»Der Erziehungsaufgabe des Selbstschutzes kann es daher nicht entsprechen, wenn die Maßnahmen ihren gedanklichen Höhepunkt in der Idee finden: Jedem Deutschen seinen Heldenkeller! Schutzräume dürften ebensowenig Heldenkeller sein, wie es die Unterstände an der Front waren[248].«

---

[246] Nach seinen eigenen Memoiren wurde Hampe von den Siegermächten nach Kriegsende als Mitläufer eingestuft. Hampe, ... als alles in Scherben fiel, S. 140. Trotz aller bekannten verharmlosenden Beschönigung, die von hohen Offizieren und Organisationsführern nach 1945 an den Tag gelegt wurde, dürfte dies doch im Wesentlichen zutreffen. Hampe war kein eingefleischter Nationalsozialist. Dennoch fällt die konsequente Geradlinigkeit bei der Übernahme der Radikalität des nationalsozialistischen Gedankenguts auf. Insgesamt gesehen ist auch bei Berücksichtigung von über 40 Jahren Forschung zum Nationalsozialismus der Grad an ideologischer Flexibilität und Semipermeabilität überaus erstaunlich. Man übernahm das Gedankengut und infizierte die Gesellschaft damit genauso rasch und effizient, wie man es ab 1945 verschwinden ließ. Leute wie Hampe scheinen – etwas salopp ausgedrückt – Durchgangsstationen für NS-Ideologie ohne Rücklauf gewesen zu sein.

[247] Folgende Artikel – in: Der zivile Luftschutz (1934) – wurden analysiert: Milch, Was müssen wir tun?; Knipfer, Aufbau des zivilen Luftschutzes, S. 144–154; Bobermin, Aufgaben der Kommunalverwaltungen; Grimme, Grundfragen des Selbstschutzes; Waldschmidt, Major a.D., Vizepräsident des RLB, Organisation und Aufgaben des Reichsluftschutzbundes; Langemeyer, Major a.D., Ständiger Stellv. des Inspekteurs des Ausbildungswesens im RLB (Roßbach), Erziehung zum Selbstschutz, S. 298–308.

[248] Langemeyer, Erziehung zum Selbstschutz, S. 301.

Die psychologische Forderung nach »ruhigem Heldentum« wurde von der Propagandamaschinerie, so wie sie sich im Laufe der Zeit entwickelte, allerdings teilweise konterkariert.

Die Vorgehensweise begann sich ab 1935 grundlegend zu wandeln. Die Zurückhaltung wurde allmählich aufgegeben und machte einer umfassenden Charismatisierung mit pompösen Inszenierungen Platz. Die Veröffentlichung des Luftschutzgesetzes am 4. Juli 1935 wurde noch mehrheitlich mit nüchternen Kommentaren bedacht, wobei erneut der Völkische Beobachter durch besonders moderate Töne auffällt[249]. Danach aber setzte zunehmend lautstarkes Getöse ein. Ab Ende 1935 kam es in einer Reihe von öffentlichkeitswirksamen Gelegenheiten zur charismatischen Einschwörung der Luftschutzbewegung auf den Führer und zur offiziellen Martialisierung der Propaganda. Es waren dies: die erste große öffentliche Kundgebung der RLB-Landesgruppe Groß-Berlin am 14. November 1935 im Berliner Sportpalast[250], die Ablösung Grimmes durch Generalleutnant a.D. von Rocques als Präsident des RLB am 2. Mai 1936 (nur in der Presse, ohne Veranstaltung)[251], der Generalappell der Landesgruppe Groß-Berlin am 5. Juni 1937 auf der Dietrich-Eckart-Bühne in Berlin[252], die Grundsteinlegung zur Reichsluftschutzschule am 2. März 1938[253] und schließlich deren Einweihung am 23. Mai 1939[254].

Alle diese Großereignisse zog man mehr oder weniger als dröhnende Schauspiele auf, die sich nicht wesentlich von den großen Auftritten Hitlers oder Goebbels' unterschieden. Anwesend war meist eine große Anzahl prominenter Persönlichkeiten aus Wehrmacht, Polizei und Reichsressorts, darunter auch je einmal Daluege und die Generalstabschefs der Luftwaffe Stumpff und Hans Jeschonnek. Die Zuschauer, soweit zugelassen, bestanden in der Regel aus RLB-Mitgliedern. Bei Appellen traten sie als militärisch geordnete Abteilungen mit Fahne und Musikkorps an, möglichst aus allen Teilen der betreffenden Landesgruppe bzw. des ganzen Reiches. Die Hauptrede hielt meist Göring, der mit bombastischem Musikzeremoniell empfangen wurde und wie ein charismatischer Heilsbringer auftrat. Seine Ausführungen, die des öfteren von tumultartigen und begeisterten Beifallsstürmen und Heil-Rufen unterbrochen wurden, enthielten neben den üblichen Verweisen auf die nötige soldatische Geschlossenheit der Bevölkerung im kommenden Krieg und die Herstellung militärischer Disziplin politische Aussagen, die der aktuellen propagandistischen Lage – insbesondere hinsichtlich der Außenpolitik – angepaßt waren. Ferner kamen die gerade im Gang befindlichen Schwerpunktaktionen der Luftschutzbewegung, so z.B. die Einführung der Volksgasmas-

---

[249] BA Berlin, NS 5 VI/1129, Luftschutzpflicht, in: Völkischer Beobachter, Nr. 198 vom 17.7.1935, und National Zeitung Nr. 187 vom 3.7.1935: Gegen die Gefahr aus der Luft.
[250] Ebd., R 601/1325, Deutsches Nachrichtenbüro, Morgenausgabe, 2. Jg., 1935, Nr. 1734, 15.11.1935.
[251] BA-MA, R 43 II/1296, Deutsches Nachrichtenbüro, 3. Jg., 1936, Nr. 566, 2.5.1936.
[252] Ebd., R 43 II/1294 b, Deutsches Nachrichtenbüro, 4. Jg., 1937, 7.6.1937.
[253] BA Berlin, R 601/1325, Deutsches Nachrichtenbüro, 5. Jg., 1938, Nr. 307, 2.3.1938, Nachmittags-Ausgabe.
[254] BA-MA, R 43 II/1294 b, Deutsches Nachrichtenbüro, 6. Jg., 1939, 24.5.1939.

ke VM 37, zur Sprache, oder es wurden bestimmte Trägergruppen zu aktivem Engagement aufgerufen, wie etwa die Frauen, die beweisen müßten,

»ob sie würdig jener großen Ahnfrauen seien, die vor Tausenden und Hunderten von Jahren die Welt in Erstaunen setzten.«

An zentraler Stelle, meist am Schluß, erfolgte dann die massive charismatische Verehrung des Führers und die Aufforderung an die Anwesenden, ihm in glühender Begeisterung zu folgen.

»Wenn Ihr aber manchmal schwach werden solltest, wenn Euch die Arbeit zu viel erscheint, dann denkt: Es ist nicht für Euch, es ist nicht für mich; alles was Ihr tut, ist für Deutschland und seinen herrlichen Führer! (Neuer anhaltender Beifall). Weil wir nur im Zeichen Deutschlands stehen und arbeiten und bei allem auf den Führer blicken, schließen wir auch diese Kundgebung im Gedenken an den herrlichen Mann, der uns ein so stolzes Deutschland schenkte [...] Der Führer und Kanzler Sieg-Heil!«[255]

Auch Milch, der bei der Grundsteinlegung der Reichsluftschutzschule anstatt Görung der Hauptredner war, hielt sich nicht zurück:

»Wer in seinem Herzen dieser Idee und dem Führer treu ist, wird auch seine Pflicht tun, wenn einmal feindliche Fliegerbomben die Heimat bedrohen sollten [...] Darum verlangt Euer Oberbefehlshaber, Generalfeldmarschall Göring, in erster Linie von Euch, Männern des RLB, daß Ihr gute Nationalsozialisten seid und Kameradschaft mit allen Teilen des Volkes haltet.«

Ein besonders weihevoller Moment ergab sich bei der Eröffnung der Reichsluftschutzschule. Göring berührte 200 RLB-Fahnen mit dem zerschlissenen Tuch der Horst-Wessel-Fahne und versuchte so die Illusion einer Geistesübertragung von den braunen Kämpfern der Weimarer Zeit auf die Luftschutzorganisation zu schaffen. Bei manchen SA-Leuten dürfte dies nicht gerade helle Begeisterung ausgelöst haben.

Trotz aller konvulsischer Ergüsse blieb die ideologische Zweitklassigkeit des RLB und des Luftschutzes als ein reales, tiefgehendes Problem offenbar bestehen. Die Luftwaffenführung konnte nicht umhin, die propagandistische Kampfmoral der RLB-Funktionäre zu stärken, indem sie sie explizit gegen Verunglimpfungen anderer Organisationen in Schutz nahm. Vor allem Göring tätigte Aussagen, die bewußt als Parolen dienen sollten. Insbesondere der Spruch, der bei der Versammlung im Berliner Sportpalast in November 1935 ausgegeben wurde, sollte als charismatisches Dauer-Weistum Verwendung finden:

»Der Kämpfer im Luftschutz hat soviel Ehre wie jeder Soldat an der Front!«

Er wurde in den Publikationen und in den Propagandaaktionen tausendfach wiederholt.

Auch die Schwierigkeiten mit dem Freiwilligkeitsprinzip ließen sich nicht so einfach übergehen und mußten daher ebenfalls thematisiert werden. Beim ersten Generalappell der Landesgruppe Groß-Berlin auf der Dietrich-Eckart-Bühne, die kurz nach Verabschiedung der ersten drei Durchführungsverordnungen stattfand, sprach Göring dieses Thema mehrfach an.

»Ich bin mir völlig klar, und ich will es auch gar nicht anders – ich will nicht mit Verordnungen oder Zwang die Dinge meistern – nach wie vor will ich aus der eigenen Er-

---

[255] Generalappell der LG Groß-Berlin am 5.6.1937 (Dietrich-Eckart-Bühne).

kenntnis der Volksgenossen, aus der Freiwilligkeit ihres Herzens heraus die Mitarbeit haben. Nicht Zwang soll uns verbinden, sondern Vertrauen!«

Die Freiwilligkeit eines Volkes bei der Mobilmachung und bei allen anderen Pflichten sei »ein Zeichen innerer Gesundheit.«

Warum man aber — innere Gesundheit vorausgesetzt — dann doch gesetzliche Zwangsmaßnahmen eingeführt hatte, blieb ungeklärt.

Hier befindet sich eine der zentralen ideologisch-staatspolitischen Schnittstellen zwischen den überkommenen Instrumenten legal-rationaler Herrschaft — vor allem den allgemeinverbindlichen Regelungen mit der Festlegung von Pflichten für den einzelnen und entsprechenden Strafandrohungen — und der neuen charismatischen Herrschaftsordnung der Nationalsozialisten. Der Widerspruch konnte nicht aufgelöst werden. Die blutmäßige Gemeinschaft aller deutschen Arier hätte als solche keine gesetzlichen Zwangsmaßnahmen gebraucht, da sie gemäß ihren Rassemerkmalen schon von Natur aus zu heldenhaftem Kampfesmut neigen würde. Im Gegenteil — rechtliche Regelungen, juristische Spitzfindigkeiten und Winkelzüge schadeten nach nationalsozialistischer Auffassung der Entwicklung der Rassemerkmale und der ihnen entsprechenden Grundhaltung des Volkes.

Der RLB, der ja selbst nach Aussage der Ordnungspolizei mit allen Mitteln auf die Verabschiedung von Zwangsbestimmungen in der I. DVO drängte, baute keineswegs voll und ganz auf dem gesunden Volkswillen, sondern setzte letztlich auf die von den Rechtstraditionen bereitgestellten Ordnungs- und Zwangsinstrumente. Dies zeigte sich von Anfang an, schon vor Verabschiedung des Reichsluftschutzgesetzes, und wird in folgenden Worten deutlich:

»Wenn auch im allgemeinen die erforderlichen Maßnahmen unter freiwilliger Mitarbeit der Bevölkerung durchgeführt werden können, so hat sich doch in einzelnen Fällen Widerstand gezeigt, der die Anwendung von Zwang unbedingt erforderlich erscheinen läßt. Solange kein entsprechendes Reichsgesetz [das erwartete Luftschutzgesetz, B.L.] erlassen ist, kann gegen Widerstrebende nur mit polizeilichen Mitteln vorgegangen werden[256].«

Das Prinzip der völkisch-freiwilligen Kampfgemeinschaft schien den Verantwortlichen dann doch zu wenig Rückendeckung für ihre Arbeit zu bieten, daher sicherte man sich lieber durch Wehrpflichtbestimmungen ab.

Die praktische Arbeit wurde dadurch allerdings nicht gehemmt. Nach dem Vorbild der pompösen Großereignisse gestalteten auch die Funktionäre vor Ort ihre Propagandaaktionen. Es entstand eine regelrechte Kultur, die von Propagandaschlachten, Uniformen und Flitterkram beherrscht wurde. Dem eigentlich entgegengesetzt waren die inhaltlichen Ziele, die sachliche Vermittlung technischer und taktischer Aspekte. Die Verantwortlichen waren sich durchaus bewußt, daß korrekte Informationen gegeben und das Entstehen eines unkontrollierbaren Bedrohungsgefühls durch Überbetonung der Gefahren unbedingt vermieden werden mußte. Die Zurückhaltung der NSDAP in derlei Fragen kam nicht von ungefähr. RLM und RLB konnten sich das Abweichen von der sachlichen Linie nicht erlau-

---

[256] BA-MA, RH 2/994, RWM, LS-Amt, Az 1 P LS 5a, Nr. 103/35, RLB-Rundschreiben Nr. 21 vom 28.11.1934, S. 213 f.

ben, und so gestaltete man vor allem die Druckschriften eher nüchtern. Die entsprechenden Veröffentlichungen, darunter auch die Massenpropaganda, boten meist Informationen zur Luftgefahr, zur Organisation des RLB, über die zur Verfügung stehenden Schutzmittel und die Anforderungen an den einzelnen. Insofern führte man die Bestrebungen für eine sachliche und ruhige Aufbauarbeit aus der Zeit vor 1933 fort. Die technisch-taktischen Aussagen zum Zweck des Luftschutzes blieben trotz der ideologischen Beschwörungen, die man allenthalben verbreitete, realistisch und zurückhaltend.

Je nach Standort der Verfasser und je nach Anlaß wurde die kriegerisch-charismatische Komponente gegenüber der sachlichen Aufklärungsarbeit gewichtet. Paradigmatisch hierfür waren drei zentrale Druckschriften, die von den Führern des RLB verfaßt wurden: 5 Jahre Reichsluftschutzbund (1937)[257], Der Reichsluftschutzbund (1937)[258] und Luftschutz ist Selbstbehauptungswille (vermutlich 1937/38)[259]. Sie enthielten alle genannten technischen, taktischen, naturwissenschaftlichen, staatspolitischen, ideologischen und psychologischen Elemente, gaben aber Kriegsgeschrei und Führerverehrung in jeweils unterschiedlicher Intensität wieder. Die Aufklärungsschrift Luftschutz ist Selbstbehauptungswille verweist nur kurz auf den allmächtigen Führer und wendet sich dann der praktischen Arbeit und den dazu nötigen Maßnahmen zu. Die Festschrift 5 Jahre Reichsluftschutzbund dagegen ist über die ganze Länge des Textes gespickt mit ideologischen Bekundungen und unterwürfiger Verehrung für den Führer und seinen Feldmarschall. Die Schrift Der Reichsluftschutzbund, die von Grimme stammt, bewegte sich in etwa in der Mitte. Neben einleitenden Bekenntnisse handelte Grimme die charismatische Verehrung in einem dreiseitigen Teilkapitel pauschal ab, wobei er anders als in den sonstigen Propagandaschriften und -aktionen auch kurzzeitig rassistische Töne anschlug. Er verwies auf den »Rassesinn« und das »Rasseschicksal« als Grundlage für den »opferbereiten, heldischen Sinn«[260].

Mit dieser Mischung von charismatischer Verehrung und sachlicher Aufklärung trat man schließlich auch in den Krieg ein. Anfang September 1939 ergingen vier Aufrufe, einer an die aktive Luftschutzbewegung und an die übrigen »Volksgenossen«, zwei an die Luftschutzhausgemeinschaften. Die ersten beiden erließ Göring am 4. September[261]. Darin beschwor er den Opfersinn und die Geschlossenheit der Volksgemeinschaft und rief die einzelnen Teilsparten des Luftschutzes, darunter auch den Selbstschutz, je gesondert zur Bewahrung und Aufrechterhaltung der inneren Ordnung während und nach den zu erwartenden Luftangriffen auf.

Eine Woche später erließ der Präsident des RLB, von Schröder, einen Aufruf an die Luftschutzgemeinschaften, d.h. die Hausbewohner, der mit einem gemeinschaftlichen Appell des Reichsbundes der Haus- und Grundbesitzer, des Bundes Deutscher Mietervereine und des Reichsverbandes des deutschen gemeinnützigen

---

[257] 5 Jahre Reichsluftschutzbund.
[258] Grimme, Reichsluftschutzbund.
[259] Luftschutz ist Selbstbehauptungswille, hrsg. vom Präsidium des RLB, Berlin o.D. [1937/38], in: BA-MA, RLD 32/16.
[260] Grimme, Reichsluftschutzbund, S. 19.
[261] BA-MA, R 43 II/1294 b, Deutsches Nachrichtenbüro, 6. Jg., 1939, 5.9.1939.

Wohnungswesens korrespondierte[262]. Schröder forderte die Besitzer und die Bewohner zu flexibel-kooperativem Zusammenstehen auf. Deutschland stünde nun im »Schicksalskampf«, deshalb müßten jetzt alle zum Luftschutz beitragen. Die Bewohner sollten zusammen mit den Besitzern alles tun, um die Häuser luftschutzbereit zu machen. Alle nötigen Maßnahmen, also die Bereitstellung von Gerätschaften, die Herrichtung von Schutzräumen und die Absprache hinsichtlich des Verhaltens im Ernstfall, sollten in gütlicher Einigung unter Aufbietung gegenseitiger Hilfsbereitschaft ergriffen werden. Jeder solle nach seinen Möglichkeiten das Gebotene tun, dies möglichst ohne Inanspruchnahme der Behörden oder gar rechtlichen Streitereien.

»In der reibungslosen Verteilung und Ausführung der planmäßigen Leistungen muß sich die Hausgemeinschaft bewähren. Entscheidungen des Ortspolizeiverwalters hinsichtlich der Geldbeiträge werden dann überhaupt nicht erforderlich sein.«

Als Rechtfertigung der freiwilligen Zusammenarbeit und der Kooperation diente erneut die angeblich vorhandene charismatische Verbundenheit zwischen Führer und Volk, die vor allem von Schröder in seinem Aufruf, der auch das Dauer-Weistum Görings hinsichtlich der Frontkämpfernatur der Luftschutzkräfte enthielt, beschwor.

»Die eisernen Würfel sind gefallen! Großdeutschland tritt im Kampf um seine Lebensrechte zum Waffengang an. Im unerschütterlichen Glauben an den Sieg steht das ganze Volk hinter dem Führer, zum letzten Einsatz und zu jedem Opfer bereit!«

Erneut kamen die beiden entscheidenden Elemente der Propaganda zum Ausdruck: einerseits glühende Begeisterung bis zum Tod für Führer und Vaterland, andererseits sachlich-nüchterne Zusammenarbeit bei der Vorbereitung der Luftschutz-Festungen, d.h. der Häuser.

Inwieweit die Verantwortlichen vom charismatische Heldentum der Bevölkerung tatsächlich überzeugt waren, kann hier nicht geklärt werden und ist – wenn überhaupt – nur durch Spezialuntersuchungen näher zu beleuchten. Der widersprüchliche Umgang mit dem Freiwilligkeitsprinzip weist aber darauf hin, daß die Führung der Luftschutzbewegung nicht unbedingt mit felsenfester Überzeugung an die charismatischen Vorstellungen vom ruhigen Luftschutz-Kämpfer, der mit glühender Hingabe und gleichzeitig mit nüchterner Zuversicht wie ein Soldat den Gefahren trotzt, glaubte. Es dürften nicht unerhebliche Zweifel darüber bestanden haben, ob sich ein entsprechendes Bewußtsein auch wirklich schaffen ließ.

Die Zuversicht hinsichtlich der Standhaftigkeit der Bevölkerung scheint sich auch bei der vergleichenden Betrachtung mit der Bevölkerung der potentiellen Kriegsgegner in Grenzen gehalten zu haben, wie ein Artikel des RLB-Ehrenpräsidenten Grimme in der Berliner Börsen-Zeitung vom 27. August 1939 beweist[263]. Mit dem Beitrag sollte offenbar die moralische Standfestigkeit angesichts des drohenden Kriegsausbruches erhöht werden. Dazu verglich Grimme den deutschen Luftschutz mit dem des Auslandes, insbesondere Englands, wobei

---

[262] Ebd., RL 41/1, LS-Berichte mit LS-Kartei, Jg. V, 1939, Nr. 19, 13.9.1939, Bl. 1–3, Jedes Haus luftschutzbereit!.
[263] Ebd., Berliner Börsenzeitung, Jg. V, 1939, Nr. 18, 30.8.1939, Grimme, »Vierte Kampffront«.

er sich recht genau über die Grundzüge der britischen Air Raid Precautions (Evakuierungen, Übungen, Anderson-shelter) unterrichtet zeigte. Grimme behauptete, die deutsche Bevölkerung sei den ausländischen Bürgern psychisch überlegen. Dazu verglich er unter anderem die Luftschutzübungen in London und Berlin, die kurz zuvor stattgefunden hatten, und konstatierte bei den Berlinern mustergültige Disziplin, wohingegen in London die Anstrengungen offenbar »weniger befriedigend« verlaufen seien. Der Ton, mit dem Grimme diese Behauptungen vortrug, zeugte allerdings nicht gerade von strotzender Kampfkraft. Es dominierte eher die Unsicherheit.

»Sind diese Vorgänge [die angeblich schlecht verlaufene Londoner Übung, B.L.] kennzeichnender für die Größe der britischen Luftgefährdung oder vielmehr für die Größe der englischen Nervosität? Kein unbefangener Beobachter wird in Deutschland derartige Symptome der Luftangst wie in England feststellen können, obwohl das Reich geographisch in viel höherem Grade gefährdet erscheint. Es macht den Eindruck [!], daß das Vertrauen der Engländer in die Weitsicht und Wirksamkeit ihrer Luftabwehr weit geringer ist als im Reich, wo jeder einzelne weiß, daß alle notwendigen Abwehrmaßnahmen von langer Hand und unter tätiger Mitwirkung der gesamten Bevölkerung getroffen worden sind.«

Freiwilligkeit und Zwang, Furcht und Wehrhaftigkeit, charismatische Verehrung und sachliche Aufklärung blieben konstitutive Merkmale der Luftschutzpropaganda bis 1939. Trotz des teilweise lauten Getöses, durch das offensichtlich auch die real sehr wohl vorhandenen Ängste in der Bevölkerung ein gutes Stück weit eliminiert oder betäubt werden sollten, konnte man es sich selbst nach Kriegsbeginn im praktischen Umgang überhaupt nicht leisten, die Zivilbevölkerung, insbesondere die Frauen, militärisch hart anzufassen. Dies hatte auch die Polizei erkannt. Daluege wies die Ordnungspolizei mit Erlaß vom 7. Oktober an, mit der Bevölkerung, vor allem den Frauen, nicht zu rabiat umzugehen. Insbesondere sei das »Anschnauzen« zu unterlassen, denn dies trage »dazu bei, den geschlossenen Abwehrwillen des deutschen Volkes zu erschüttern[264].«

Die Polizei sei der »Freund und Helfer« der Bevölkerung, was ihrem »Schutzauftrag«, der ggf. mit Härte zu erfüllen sei, keinen Abbruch tue.

»Das schließt in keiner Weise aus, daß dort, wo es notwendig ist, im Interesse der Allgemeinheit scharf durchgegriffen wird. Ich erwarte, daß alle Volksgenossen Verstöße gegen den Geist der Volksgemeinschaft strengstens ahnden.«

d. Die Reaktion der Bevölkerung auf die Mobilmachung für den Luftschutz

Die eher gemischten Gefühle der Verantwortlichen bei Kriegsbeginn besaßen einen durchaus realen Hintergrund. Während der Mobilisierung von 1933 bis 1939 trat immer wieder deutlich zutage, daß sich die Zivilbevölkerung keineswegs als

---

[264] BA Berlin, R 19/304, RFSSuChddPol vom 7.10.1939 – O-Kdo. O Nr. 105/39 – Daluege an die Inspekteure der Ordnungspolizei bei den Innenministerien. bzw. Oberpräsidenten und weitere Polizeidienststellen.

monolithischer Block in eine soldatisch gedrillte, nach Befehl und Gehorsam agierende Kampfgemeinschaft verwandeln ließ. Bei allerlei Gelegenheiten, etwa bei Übungen, Unfällen und auch der allgemeinen praktischen Werbearbeit in den Wohngebieten, zeigten sich massive Probleme.

Vor allem Übungen sollten den wirklichen Stand der Einsatzbereitschaft vermitteln. Die Luftschutzpropaganda versuchte, diese Gelegenheiten zu nutzen, um den Abwehrwillen zu feiern und die Kampfmoral weiter zu heben. Schwierigkeiten oder gar ein Versagen kamen dabei fast nie zur Sprache. Aus den zahllosen Berichten, die zu kleineren oder größeren Übungen veröffentlicht wurden, erfährt man meist nur über die glänzende Zusammenarbeit und die mustergültige Disziplin der Luftschutzbewegung[265]. Als paradigmatisch kann die große Wehrmachtübung von 1937 (20.–25. September) in Nord-, Nordwest- und Mitteldeutschland mit den Schwerpunkten Hamburg und Berlin gelten, in der zum ersten Mal alle Teilstreitkräfte und der Luftschutz unter Ernstfallbedingungen übten[266]. Es erschienen zahlreiche ausführliche Berichte darüber, unter anderem auch in der »Sirene«, dem offiziellen Organ des RLB. Man lobte die Bevölkerung in den höchsten Tönen. Die Verdunklung und das Aufsuchen der Schutzräume sei »mit bewundernswerter Disziplin« erfolgt[267]. Dazu zitierte man einen Aufruf des Berliner Polizeipräsidenten, der die Übung als einen vollen Erfolg wertete, weil sich die Berliner »Volksgenossen« so »diszipliniert, tatbereit und immer verständnisvoll benommen« hätten. Defizite wurde zwar ebenfalls eingeräumt, aber eher als technischorganisatorische Probleme dargestellt.

An anderer, unauffälligerer Stelle äußerte man sich allerdings ganz anders. Insbesondere in den Fachorganen zeigten die Spezialisten wenigstens annäherungsweise auf, wie es in Wirklichkeit mit der Einsatzbereitschaft aussah. Kein Geringerer als der zuständige Inspekteur der Ordnungspolizei verfaßte einen ausführlichen Artikel zum Ablauf der Übung in Hamburg und zu anderen derartigen Veranstaltungen 1937, in dem er eher pessimistische Töne anschlug. Er resümierte,

»daß der Bevölkerung ganz allgemein noch ein gewisses Maß militärischen Denkens und Verhaltens fehlt [...] Hinsichtlich des Luftschutzes [...], der etwas Neuartiges darstellt, sind Interesse und Verständnis noch nicht in dem wünschenswerten Maße geweckt worden[268].«

Außerdem sei der Luftschutz, vor allem auch der Selbstschutz, überhaupt nicht kriegsmäßig ausgerüstet und vorbereitet. Dies habe einen äußerst negativen Effekt auf das Bewußtsein der Bevölkerung. Ein weiterer Autor verlangte, daß es nötig sei, die Luftschutzhausgemeinschaften während der gesamten Dauer von Übungen

---

[265] Eine ausführliche Darstellung ist aufgrund des überreichen Materials hier nicht möglich, sondern wird in späteren Arbeiten nachgeholt. Das Übungswesen im LS besaß einen derartigen Umfang, daß es als gesondertes Thema zu untersuchen sein wird. Ein wesentlicher Teil der nötigen Quellenarbeit hierzu wurde im Rahmen der Forschungen zu dieser Arbeit schon geleistet. Vgl. einstweilen die einschlägigen Berichte in »Die Sirene«, Jg. 1933–1939.
[266] BA-MA, RL 2 II/835, Bericht Wehrmachtmanöver (Luftwaffe) vom 20.9. bis 25.9.1937 (Sonderdruck Luftschutz).
[267] Die Sirene, 1937/21, S. 562–565.
[268] Becker, Anregungen.

durch die Amtsträger des RLB zu überwachen und psychologisch zu betreuen[269]. Daß derlei Forderungen nicht aus der Luft gegriffen waren, zeigte sich bei der Hamburger Vollübung im Rahmen des Wehrmachtmanövers, die nicht gerade positiv verlaufen war. Die Bevölkerung hatte einfachste Grundregeln, wie etwa das Aufsuchen der Schutzräume, in nur ungenügendem Maße beachtet. Außerdem waren nach Beendigung des Fliegeralarms viele »Volksgenossen« aus Neugier in die angenommenen Schadensbezirke geströmt und hatten dort die Luftschutzkräfte am Üben gehindert[270]. Die Hamburger selbst werteten die Übung eher als großen Mißerfolg. Viele hatten nach der Entwarnung den Anflug weiterer Angreifer mitbekommen, die Mehlbeutel auf verschiedene Stadtteile abwarfen. Das Vertrauen in den Luftschutz sank dadurch erheblich[271].

Überhaupt scheint die psychische Bereitschaft für den Luftschutz äußerst löchrig gewesen zu sein. Dies lag nicht zuletzt auch daran, daß Leute herangezogen wurden, die körperlich und seelisch eher schwach waren. So etwa bei einer Luftschutzübung in Hamburg Ende 1934. In einem Fall beteiligten sich von über 100 Personen eines Hauses nur ein Fünftel und begab sich, wie verlangt, in den provisorischen Schutzraum. Die übrigen verließen ihre Wohnungen nicht. Während des Alarms hielt ein Amtsträger des RLB einen Vortrag über die Luftgefahr und erntete dabei spitzfindige und höhnische Bemerkungen. Der Redner verließ schließlich die Versammlung, nachdem er einige Drohungen ausgesprochen hatte[272]. Dies beleuchtet auch den praktischen Hintergrund des Umgangs mit dem Freiwilligkeitsprinzip. Verschiedentlich blieb den Amtsträgern gar nichts anderes übrig, als sich mit martialischen Sprüchen und Drohungen zu äußern, um sich vor den unwilligen Bewohnern wenigstens halbwegs gut aus der Affäre zu ziehen. Die praktische Aufklärungsarbeit vor allem der unteren Chargen dürfte nicht sehr einfach gewesen sein.

Daß gravierende Probleme sich nicht nur in Einzelfällen zeigten oder vorübergehende Mängel der Frühzeit des nationalsozialistischen Luftschutzes darstellten, kam in einer ganzen Reihe weiterer massiver Vorfälle zum Ausdruck. Dabei spielten wiederum vor allem die körperlichen und psychischen Schwächen der Zielgruppen eine entscheidende Rolle. Die Ausbildung der herangezogenen aktiven Luftschutzkräfte, nicht selten unter militärischen Gesichtspunkten durchgeführt, strapazierte die Leistungsfähigkeit der Verpflichteten erheblich. Frauen aller Altersklassen und ältere Männer mußten in Trainingsanzügen eine hohe Leiter hinaufklettern, durch ein Kellerloch kriechen, sich aus einer Verschüttung ausgraben

---

[269] Zurborn, Selbstschutz.
[270] Vgl. auch BA-MA, RL 2 II/835, und Knipfer, Ziviler Luftschutz. Anders als in Hamburg hatte man offenbar die Bewohner von Berlin im vorhinein über den Ablauf der Übung informiert, weil eine große Anzahl von ausländischen Gästen eingeladen worden war. Die Übung dort war deshalb wohl erfolgreicher verlaufen als in Hamburg. Gerade dies aber zeigt, daß es bei den Übungen in starkem Maße auf Propagandaeffekte ankam, die eine Einsatzbereitschaft vortäuschten, die in Wirklichkeit gar nicht vorhanden war.
[271] Deutschland-Berichte, 4/1937, S. 1369–1371.
[272] Ebd., 2 (1935), S. 421 f. Vgl. auch 1 (1934), S. 782 f. (mißlungene Verdunklungsübung).

und sich unter der Schutzmaske in einen mit Reizgas gefüllten Raum begeben[273]. Dies endete verschiedentlich katastrophal. So starb eine 62jährige Danzigerin im Februar 1939, als sie durch ein langes, unbeleuchtetes Rohr kriechen mußte, an einem Herzschlag. Der Vorfall wurde vertuscht[274].

Aber nicht nur bei körperlich und seelisch geschwächten Personen, sondern auch bei voll einsatzfähigen Leuten, wie den Männern der TN, zeigten sich deutlich Probleme, dies insbesondere bei der Konfrontation mit der Gasgefahr. Trotz der Aussagen der Propaganda, daß Gas bei zweckmäßiger Ausbildung das im Vergleich ungefährlichste Kampfmittel darstelle, hielten sich tiefe Ängste.

Dies ging nicht zuletzt auf die unheimliche, schleichende Wirkung chemischer Kampfstoffe zurück. Ein Angehöriger der TN betonte unter Berufung auf praktische Erfahrungen, daß selbst Spezialtrupps der Gasabwehr, die mit den nötigen Schutzanzügen ausgerüstet seien, sich in höchste Gefahr begäben, wenn sie in ein mit Lost verseuchtes Gebiet kämen. Der Stoff könne bei unvorsichtigem Vorgehen verschleppt werden und beim Ablegen der Anzüge zu hochgradigen und tödlichen Vergiftungen führen. Unter diesen Bedingungen könne auch bei »gestandenen Männern« eine Panik nicht ausgeschlossen werden.

»Ich weiß aus eigener Erfahrung, daß auch beherzte Männer trotz Maskenschutz und dazu noch lediglich in einem harmlosen Nebel Jammergestalten wurden und nicht dazu zu bringen waren, die Nebelzone zu durchschreiten[275].«

Wie es um die seelische Härte und die angebliche Wehrbereitschaft der breiten Bevölkerung bestellt war, zeigte sich, als sie mit wirklich kriegsmäßigen Verhältnissen konfrontiert wurde. Am 9. Juni 1938, also knapp 15 Monate vor Kriegsbeginn, stürzte in einer Gemeinde in Hessen ein mit Bomben beladenes Kampfflugzeug ab und zerstörte 11 Häuser. 40 weitere wurden z.T. schwer beschädigt. Die Bevölkerung geriet sofort in Panik und verließ die Stadt. Ein Teil der Einwohner floh sogar bis nach Frankfurt. Nur die Behörden und die Parteidienststellen verhielten sich diszipliniert[276].

Auch ohne derlei drastische Erfahrungen blieben Angst, Zweifel und Unwilligkeit wach und konnten bis Kriegsbeginn nicht ausgeräumt werden. Die Propaganda hatte insbesondere mit passiver Renitenz zu kämpfen, hier vor allem mit »Mekkerern« oder »Kritikastern«. Dagegen versuchte man mit Artikeln anzugehen, die sich durchaus auch direkt und offen mit derlei Problemgruppen auseinandersetzten[277].

Zum Abbau der Widerstände und überhaupt zur Unterstützung der allgemeinen Überzeugungsarbeit der Amtsträger veröffentlichte man unter anderem Berichte und Beiträge als angeblichen Ausschnitt aus dem realen Leben. So z.B. in

---

[273] Ebd., 3/1936, S. 680; 1/1934, S. 783; 4/1937, S. 478 f. Vgl. auch 4/1937, S. 1374 und 5/1938, S. 1048.
[274] Ebd., 6/1939, S. 122. Auch in Danzig gab es schon vor Kriegsausbruch eine Luftschutzorganisation, den Danziger Luftschutzbund. Dieser glich im wesentlichen dem RLB. Die Sirene, 1937/13, S. 347 f.
[275] Unger, Lost, S. 238 f.
[276] Der entsprechende Bericht vom selben Tag in: BA-MA, RL 7/144.
[277] Die Sirene, 1937/2, S. 38.

einer großangelegten Artikelserie der »Sirene«, die im Herbst 1936 begann und die den Leser durch das ganze Jahr 1937 in über 20 Folgen mit dem Luftschutzgedanken vertraut machen sollte[278]. Neben fiktiven Dialogen, in denen darstellt wurde, wie ein Luftschutzhauswart und seine Selbstschutzkräfte die psychologischen Barrieren der Hausbewohner überwinden, enthält sie Beschreibungen über alle Maßnahmen und Handgriffe, die in der Luftschutzarbeit nötig sind. Jede Erzählung behandelte einen bestimmten Schwerpunkt (z.B. die Verdunklung). Die gesamte Reihe ging dabei recht genau – auch zeitlich – auf die Luftverteidigung der »Volksgenossen« ein, d.h., die meisten der Maßnahmen, die in einem Artikel beschrieben wurden, konnten bis zum Erscheinen des nächsten Beitrages ausgeführt werden (Die »Sirene« erschien vierzehntägig). Betrachtet man die Struktur der Handlung und die Zusammensetzung der Personen genauer, fallen formal-gestalterische Gemeinsamkeiten zu den heutigen Seifenopern im Vorabendprogramm des Fernsehens, wie z.B. »Lindenstraße«, auf. Der Zuschauer wird in den fiktiven Zeitablauf von Woche zu Woche mit einbezogen. Derlei realitätsnah-naturalistische Techniken, um Publikumserfolge zu erzielen, sind also keine Erfindung des späten 20. Jahrhunderts.

Propagandaerzählungen dieser Art spielten meist in Mietshäusern oder Dorfgemeinschaften, d.h., sie waren vornehmlich auf die Lebenswelt der mittleren und unteren Volksschichten abgestellt. Mit den sog. besseren Kreisen stand man in gewisser Weise auf Kriegsfuß, weil sie die Propaganda offenbar besser durchschauten und dem Luftschutz eher kritisch gegenüber standen. Die Verantwortlichen beklagten, daß sich insbesondere die Intelligenz mit »fadenscheinigen Argumenten« fortgesetzt der Luftschutzarbeit entziehe[279]. Bildungsdünkel und elitäres Denken würden der Sicherheit und der kämpferischen Geschlossenheit des Volkes Abbruch tun. Ein derartiges Verhalten sei einerseits dem Nationalsozialismus abträglich, andererseits schade es in gemeingefährlicher Weise der passiven Luftabwehr und damit der Landesverteidigung.

Ernüchternde Erfahrungen machte man keineswegs nur bei den Hausbewohnern, sondern auch in der Industrie und allgemein in der Öffentlichkeit. In einem Großbetrieb in Sachsen, dessen Werkluftschutz als gut organisiert galt, veranstaltete man im Juni 1937 eine unangemeldete Übung, in deren Verlauf neun Bombenflugzeuge das Werksgelände überflogen. Die Belegschaft verhielt sich wenig luftschutzgemäß und geriet in Panik:

»Alles flüchtete hilferufend[280].«

Im September 1935 überflog ein Geschwaderverband die bayrische Landeshauptstadt. Die Münchener versammelten sich daraufhin in Gruppen auf den Straßen und diskutierten die möglichen Auswirkungen des Luftkrieges. Dabei herrschte eine sehr ernste Stimmung vor. Die Annahme, daß ein Krieg unvermeidlich sei, war sehr verbreitet. Die Möglichkeiten der Luftabwehr wurden mit großer Skepsis

---

[278] »Unser Haus wird luftgeschützt«, als gutes Beispiel vgl. Teil 9, Auch die übrigen Hausbewohner werden unterrichtet. Die Sirene, 1937/3, S. 60.
[279] Vorwort zu Die Sirene, 1937/1, S. 3, und 1937/12, S. 316.
[280] Deutschland-Berichte, 4/1937, S. 768 f.

betrachtet. Dennoch befolgten Münchener die Luftschutzanordnungen offenbar mit großer Disziplin[281]. Anderswo begegnete man der Luftgefahr mit einer Mischung aus Fatalismus und Galgenhumor. So etwa im sächsischen Annaberg. Einige Hausbesitzer äußerten bei einem Vortrag über die möglichen Zerstörungen nach einem feindlichen Bombenangriff:

»Es ist schade, wenn man noch etwas an den Buden machen läßt, wenn sie doch einmal zusammengeschossen werden[282].«

Nicht selten herrschte auch das blanke Entsetzen. Im Dezember 1936 hielt man in einer Stadt in Rheinland-Westfalen Luftschutzkurse für Frauen ab. Die Wirkung des dort Gesagten war so furchterregend, daß viele weiteren Veranstaltungen fernblieben. Obwohl der Redner auch ausgiebig auf die bolschewistische Gefahr einging, wurde die Kriegsbereitschaft jedoch ebenfalls nicht unbedingt gefördert[283].

Der Versuch, mit plastischen Propagandamethoden zum Erfolg zu gelangen, stieß ebenfalls keineswegs immer auf Begeisterung. Eine Aktion der RLB-Bezirksgruppe Frankfurt a.M., die den Einwohnern den Nutzen des Luftschutzes mit einer recht drastischen Aktion vor Augen führen wollte, endete in einem Fiasko. Man schickte Luftschutzkursteilnehmer mit einem Fanfarenzug des NS-Jungvolks in die Stadt und ließ Sprechchöre abhalten sowie Plakate verteilen. Als Extraservice zündete der Trupp Reizgaspatronen, der die Umstehenden zu höchst unangenehmen Tränen-, Husten- und Niesanfällen veranlaßte. Weiter entfernt stehende Passanten quittierten diese Demonstration mit Hohn und Spott. Das RLM sprach daraufhin einen überaus scharfen Tadel aus[284].

Genaue massenstatistische Angaben zur Meinung der deutschen Zivilbevölkerung in bezug auf den Luftschutz und deren Entwicklung lassen sich im Unterschied zu Großbritannien, wo die seit 1937 existierende Mass-Observation umfangreiche Forschungen zu diesem Thema tätigte[285], nicht ausmachen. Es kann jedoch davon ausgegangen werden, daß nicht nur Pessimismus vorherrschte, sondern viele »Volksgenossen« auch Bejahung und Engagement an den Tag legten. Niemand wird als Funktionär tätig werden, wenn er nicht von Sinn und Zweck des Luftschutzes überzeugt ist. Der RLB besaß 1937 immerhin 400 000 Amtsträger bis hinunter zum Blockwart. 1942/43 waren es 1,5 Mio. Auch von den vielen Mio. Mitgliedern des RLB dürfte ein großer Teil nicht nur unter Druck beigetreten sein, sondern weil sie überzeugt waren, etwas tun zu müssen[286]. Dennoch ist nicht zu verkennen, daß es ein Heer von Leuten gab, die aus den verschiedensten Gründen nichts mit dem Luftschutz zu tun haben wollten und bis Kriegsbeginn diese

---

[281] Ebd., 2/1935, S. 1017. Dies koinzidiert offenbar mit der dortigen recht guten Luftschutzorganisation. Dazu oben, S. 289, 297 und 302.
[282] Ebd., 3/1936, S. 1550.
[283] Ebd., S. 1548 ff.; vgl. auch 4/1937, S. 478.
[284] BA-MA, RH 2/994, RLM, ZL 2b 6282/34 vom 13.8.1934 mit entsprechendem Artikel des General-Anzeigers, Frankfurt a.M.
[285] Eine ausführliche Darstellung zu ARP und Mass-Observation siehe Kap. IV.2.a.
[286] Belegstellen aus den Deutschland-Berichten für optimistische Kommentare für den LS: 1/1934, S. 624; 3/1936, S. 965; 4/1937, S. 310 f.; 5/1938, S. 462 und 685.

Meinung auch nicht änderten[287]. Insgesamt sind – auch bei denen, die dem Luftschutz gegenüber positiv eingestellt waren – Stimmungsschwankungen zu verzeichnen. Bei einer nicht geringen Zahl der Berichte kommt die Überzeugung zum Ausdruck, daß der Luftschutz Kriegspsychose auslöse oder steigere[288].

Die Bereitschaft, persönliche und materielle Leistungen zu erbringen, hielt sich offensichtlich trotz der aufdringlichen Opfer- und Gemeinsinnpropaganda häufig in sehr engen Grenzen, d.h., man engagierte sich nur dann, wenn es wirklich unumgänglich war. Viele der »Volksgenossen« ließen sich nur dann für den Luftschutz mobilisieren, wenn damit keine größeren Belastungen verbunden waren. Die Mitgliedschaft im RLB an sich bildete wohl nicht das eigentliche Problem, da nur Beiträge von 1,– RM im Jahr anfielen. Man glaubte offensichtlich, dies verkraften zu können, wenn sich dadurch die aggressive Werbetätigkeit der RLB-Funktionäre stoppen ließ. Aktive Tätigkeiten für den Selbstschutz (Luftschutzhauswart oder Hausfeuerwehr) oder weitergehende finanzielle Ausgaben blieben allerdings höchst unbeliebt[289]. Der Verkauf der Volksgasmaske VM 37 verlief sehr unbefriedigend. Selbst Versuche an der Haustür scheiterten nicht selten, denn die »Volksgenossen« fanden immer wieder Ausreden oder stellten unangenehme Fragen[290]. War man einmal in den Fängen der RLB-Ausbildungsmaschinerie, versuchte man nicht selten, sich den Obliegenheiten, insbesondere dem Besuch von Übungen und Lehrgängen, zu entziehen[291]. Auch in den Betrieben hielt sich die Begeisterung teilweise stark in Grenzen. Die Maßnahmen wurden dort oft unter Zwang durchgeführt[292].

Die Schulen sollten ebenfalls in den Luftschutz einbezogen werden, wozu man eine überaus große Anzahl von speziellen Schul- und Lehrbüchern herausgab, in denen fast jedes Fach mit Luftschutzthemen angereichert wurde[293]. Der je nach Schulleitung bzw. vorgesetzter Behörde unterschiedlich ausgeprägte Zwang zur Einbeziehung der Luftschutzthematik in den Unterricht und die Verpflichtung zur Vorbereitung praktischer Maßnahmen – die Schulen gehörten wie Behördengebäude in der Regel zum Erweiterten Selbstschutz – führte zu einer teilweise nicht unerheblichen Belastung der Lehrerschaft, die ohnehin schon durch die unun-

---

[287] Negative bzw. pessimistische Kommentare zum LS: ebd., 2/1935, S. 1262; 3/1936, S. 678 f. und 964; 4/1937, S. 478 f. und 1373 f.; 5/1938, S. 685, 1048 und 1102.
[288] Vgl. zusätzlich ebd., 4/1937, S. 148 f., und 5/1938, S. 685 und 1101, sowie 1/1934, S. 784, und 4/1937, S. 479, 1372 und 1376. Dazu auch Wette, Ideologien, S. 135–142.
[289] Deutschland-Berichte, 3/1936, S. 678.
[290] Ebd., 3/1936, S. 679; 4/1937, S. 1372; 5/1938, S. 1049. Vgl. auch BA Berlin, R 2301/37450, Schreiben des RLB LG Brandenburg an den Dienststellenleiter des Rechnungshofes des Deutschen Reiches vom 23.5.1938, schlechter Absatz der VM 37. In außenpolitischer Krisenzeit ergab sich allerdings eine gesteigerte Nachfrage.
[291] Deutschland-Berichte, 4/1947, S. 1373.
[292] Ebd., 2/1935, S. 792 f., und 5/1938, S. 428 f., 462 und 469 f.
[293] Die wichtigsten gedruckten Quellen: Helbig/Sellien, Luftschutz in Schulen; Schütt, Chemische und physikalische Grundlagen; Sellien, Luftschutz und Schule; Pries, Großstadtaussiedlung; Meyer/Sellien/Borowietz, Schule und Luftschutz (Standardwerk); Morgner, Schulversuche; Künzler, Luftgefahr; Luftfahrt, Luftschutz; Winderlich, Lehrbuch; Pudschies, Chemie, und Kinttof, Schulversuche.

brochenen Aktivitäten der NS-Bewegung stark unter Druck stand. Der gesamte Lehrbetrieb litt unter diesen Obliegenheiten[294].

Die psychologisch-propagandistischen Probleme wurden durch die nie wirklich gelöste materielle Mangelsituation noch verschärft. Insbesondere beim Schutzraumbau lagen die Dinge im Argen[295]. Trotz der verstärkten Bemühungen seit der Septemberkrise 1938, der Verabschiedung der IX. DVO über den behelfsmäßigen Ausbau von Schutzräumen in bestehenden Gebäuden und den gemeinsamen Aufrufen von RLB und den Mieter- bzw. Vermieterverbänden, besaß bei Kriegsbeginn nur ein geringer Teil der Bevölkerung einen Schutzraumplatz, der auch nur den selbstgesetzten Minimalanforderungen (Splitter-, Druckwellen- und Trümmersicherheit) entsprochen hätte. Bei den Vorbesprechungen zur IX. DVO kam die defizitäre Situation deutlich zum Ausdruck.

»Zum Stand des Schutzraumbaues selbst war zu erfahren, daß noch ungefähr 60 Millionen Luftschutzraumplätze (darunter in Orten I. Ordnung rd. 30 Mio) zu schaffen sind. Bei Kosten von 50 RM pro Person würden die Kosten für die endgültige Herrichtung einen Aufwand von rd. 3 Milliarden bedeuten (1,78 Mio t Stahl, 1,7 Mio t Ziegel, 2,7 Mio t Zement, 0,5 Mio cbm Holz)[296].«

Die Ausführungsrichtlinien, die der DVO nach deren Verabschiedung anbei gegeben wurden, tragen bei all ihrer Nüchternheit einen schon verzweifelten Charakter[297]. Alles, was im Haus und in der Wohnung nicht irgendwie anderweitig benötigt wurde, also etwa Latten, Erde, Nägel etc., sollte sofort und mit allen Anstrengungen dem Schutzraumbau zugeführt werden.

Die defizitären Verhältnisse spiegelten sich auch in einem entsprechenden Bericht der Luftwaffenkommission, einem eher unbedeutenden Gremium zur Vorpensionierung ihres Leiters, Luftwaffengeneral Rüdel, wider[298]. Trotz gesetzlicher Zwangsmaßnahmen und verstärkter Anstrengungen seien sehr schwere Defizite vorhanden, die selbst durch behelfsmäßigen Ausbau nicht abgestellt werden könnten. Zudem böten behelfsmäßige Vorkehrungen nach Meinung der Fachleute kaum wirklichen Schutz.

»Aus den Reihen der Baufachleute sind gegen die Wirksamkeit der in der überwiegenden Mehrzahl von bautechnischen Laien in Schnelligkeit durchgeführten Behelfsmaßnahmen Bedenken geäußert worden. Die Reichsanstalt der Luftwaffe für Luftschutz muß sich diesen Ansichten auf Grund der Besichtigungsergebnisse in gewissem Umfang anschließen, und erblickt in dem durchgeführten Behelfsausbau vorwiegend eine Stärkung der moralischen Festigkeit der Bevölkerung.«

---

[294] Deutschland-Berichte, 1/1934, S. 576 f.; 4/1937, S. 877 und 866 f. sowie 869 und 871 (Zwangsgasmaskenverpassung in einer bayrischen Schulklasse).
[295] Auch der Schutzraumbau kann hier nur kurz beleuchtet werden. Ein gesonderte Untersuchung ist aufgrund des vorhandenen Materials möglich und lohnend.
[296] BA Berlin, R 2/9225 RFM vom 11.7.1939 – Lu 4760 a–135 I –, NS einer Sitzung im RLM am 4.7.1939. Vgl. auch die weiteren anliegenden Dok. dazu.
[297] Ebd., Juli 1939, Richtlinien zu § 2, Abs. 2, der IX. DVO und RdLuOBdL – Az. 41 L 42 20 L.In. 13/5a 14957/39 – vom 28.8.1939, 1. Ausführungsbestimmung zum § 1 der IX. DVO.
[298] BA-MA, RL 4/269, Tätigkeitsbericht des Präsidenten der Luftwaffen-Kommission für das Jahr 1939 (vorgelegt Juli 1941), Beschleunigung des Schutzraumbaues in Privathäusern, Teilgutachten Stubenrauch vom 7.10.1939 (Reichsanstalt der Luftwaffe für LS, Nr. 179/39 g.Kdos.).

Das, was das RFM schon seit über zehn Jahren am Luftschutz kritisierte – seine Unwirksamkeit – trat hier in seiner ganzen Schärfe zutage. Das RFM hatte ja schon bereits die Maßnahmen, die von den Luftschutz-Experten als ausreichend bezeichnet wurden, als untauglich eingestuft. Nun griff man zu Vorkehrungen, die nicht einmal von den Luftschutz-Fachleuten als sicher klassifiziert wurden.

Die Bevölkerung konnte von dieser Warte aus froh sein, daß der strategische Luftkrieg nicht sofort bei Kriegsbeginn einsetzte und sich bei den rollenden Angriffen der anglo-amerikanischen Bomberverbände von 1943 bis 1945 nicht das ganze, von den Luftschutz-Experten für möglich gehaltene Szenario abspielte. Wäre es z.B. zum Einsatz von Kampfgas gekommen, hätte es noch viel verheerendere Verluste gegeben, als dies ohnehin schon der Fall war. Daher erscheinen auch Argumente, wie etwa Hampe sie anführt – vor allem der Verweis darauf, daß der Luftschutz letztlich doch viele Tausende Leben gerettet habe –[299], widersprüchlich und schwach. Trotz der verstärkten Baumaßnahmen zwischen Kriegsbeginn und Beginn der Bomberoffensiven blieb der Hauskeller ein höchst zweifelhafter Notbehelf.

Genau dieser Befund trifft im Grunde auch für die gesamte Propaganda und die psychologische Wehrhaftmachung zu. Das deutsche Volk besaß, als der Krieg ausbrach, keineswegs das von den Verantwortlichen offiziell gewünschte geistige und psychologische Rüstzeug für den Bombenkrieg. Große Teile der Bevölkerung blieben skeptisch und ängstlich, obwohl der RLB für das Jahr 1939 mit der offiziellen Parole »Jedes deutsche Haus luftschutzbereit!« – die möglichen Konsequenzen der Hitlerschen Risikopolitik ahnend oder wissend – die volle Kriegstauglichkeit des Luftschutzes herzustellen versucht hatte[300]. Die »waffenlose Millionenarmee zum Schutz der Heimat«, wie sie Milch genannt hatte[301], erinnerte vielfach eher an ein Heer von Schwachen, Gebrechlichen, Kranken, Ängstlichen, Widerwilligen und Gleichgültigen. In einer Kreisstadt bei Friedrichshafen am Bodensee wurde am 24. September erstmals Fliegeralarm gegeben. Die Bevölkerung zeigte nur sehr wenig Luftschutzdisziplin. Viele weigerten sich, in die Keller zu gehen, und bezeichneten die Maßnahmen als »Affentheater«. Die Polizei und die Blockwarte drohten mit Anzeigen. Es herrschte – so der Berichterstatter – »ein ganz fürchterliches Durcheinander[302]«.

In diesem Lichte erscheinen die ersten Kriegserfahrungsberichte, die die Luftwaffe für den Luftschutz herausgab, viel zu optimistisch. Die Ausführungen des Generalstabschef der Luftwaffe, Jeschonnek, zu den Erfahrungen des polnischen Luftschutzes bei der Bombardierung Warschaus durch deutsche Kampfflugzeuge etwa tragen einen eher geschönten Charakter.

---

[299] Hampe, Ziviler Luftschutz, S. 448 ff. und 269–297; BA-MA, RL 200/57, Ausarbeitung Sautier vom 10.5.1967, S. 75–77.
[300] BA-MA, RL 41/1, LS-Berichte mit LS-Kartei, Jg. V, 1939 Nr. 2, 18.1.1939, Bl. 2 f.: Losung des RLB für 1939.
[301] Milch bei der Grundsteinlegung der Reichsluftschutzschule, BA Berlin, R 601/1325, Deutsches Nachrichtenbüro, 5/1938, Nr. 307, 2.3.1938.
[302] Deutschland-Berichte, 6/1939, S. 981.

»Entscheidend für eine erfolgreiche Bekämpfung der Schäden ist der unerschütterliche Wille der Bevölkerung zur Abwehr. Unter dieser Voraussetzung wird es bei straffer Führung des zivilen Luftschutzes und einheitlichem Ansatz der Kräfte an den Schwerpunkten möglich sein, den Auswirkungen selbst schwerster Luftangriffe zu begegnen. In Warschau war dies nicht der Fall [...] Abschließend kann auf Grund der Beobachtung in Warschau festgestellt werden, daß sich die deutsche Organisation des zivilen Luftschutzes in ihren Grundzügen als richtig erwiesen hat. Soweit auf Grund vorstehender Ausführungen noch Verbesserungen notwendig sind, müssen diese zur Erhöhung der Schlagfertigkeit der Organisation umgehend in die Tat umgesetzt werden[303].«

Das Verhalten der Bevölkerung in den Bombennächten von 1942–1945 spricht hier eine ganz andere Sprache. Sie nutzte die ihnen zur Verfügung stehenden schlechten Notbehelfe keineswegs als heroische und ruhige, soldatisch denkende und handelnde Gemeinschaft, sondern aus reinem Selbsterhaltungstrieb. Männer, Frauen und Kinder in Nachthemden, in panischer Angst um ihr Leben in die Keller rennend, sollten die prägenden Gestalten der kommenden Realität darstellen und nicht die uniformierten, unter dem Luftschutzhelm ruhig hervorblickenden Kämpfer.

2. Großbritannien

a. Air Raid Precautions als Aufgabe ziviler Organisation: »monolineare« Organisation im Spannungsfeld von Zentralregierung und lokaler Selbstverwaltung

Die zentrale Aufgabe für die Verantwortlichen des britischen Luftschutzes stellte ab 1935/36 die Umsetzung der jahrelang entwickelten und diskutierten Grundlagen in die Praxis dar. Im Kern ging es wie in Deutschland darum, flächendeckende Organisationsstrukturen unter Einbeziehung der unteren Verwaltungsebenen und der Bevölkerung aufzubauen, eine Aufgabe, die sich nicht ohne weiteres lösen ließ. Hemmungen und Schwerfälligkeiten, die die ersten zehn Jahre maßgeblich geprägt hatten, verschwanden nicht von heute auf morgen. Die Einbringung der theoretischen Vorstellungen und Konzepte in die britische Herrschaftsrealität kam nach dem offiziellen Beginn der Mobilmachung im Sommer 1934 nur langsam in Gang. Die Scheu der Regierung im Umgang mit der Öffentlichkeit blieb weiterhin bestehen und wurde erst nach und nach abgebaut. Ohne die wachsende Bedrohung durch Hitler-Deutschland wären wirkliche Fortschritte kaum denkbar gewesen.

Die außenpolitischen Gefahren bildeten den entscheidenden Großrahmen für die praktische Ingangsetzung der Mobilmachung und den Aufbau einer Massenorganisation. Die britische Regierung sah angesichts der fortgesetzten Mißerfolge bei den Bemühungen um Abrüstung und internationale Sicherheitsgarantien keine Alternative zur materiellen, personellen und organisatorischen Aufrüstung. Die

---

[303] GStA, Rep. 151, Nr. 435, RMdLuOBdL, Führungsstab Ia/Arbeitsstab ZL – 1c Nr. 5445/39g – vom 10.11.1939. Der Bericht ging u.a. an fast alle wichtigen oberen Zivilbehörden.

Arbeit des Defence Requirements Committee (DRC), insbesondere seine drei Hauptberichte 1934/35, die eine grundlegende Bestandsaufnahme der Mängel der britischen Verteidigung erbracht hatten, diente dabei als Grundlage[304]. Zur Beratung der DRC-Arbeiten konstituierte sich am 8. Juli 1935 auf Ministerebene das Sub-Committee on Defence Policy and Requirements (DPR). Dieser Ausschuß ging aus dem Ministerial Committee on Disarmament, das ursprünglich die Grundlagen für die Abrüstungsverhandlungen hätte legen sollen, hervor. Es sollte die Berichte des DRC prüfen und dem Kabinett einen eigenen Bericht vorlegen. Ihm gehörten neben MacDonald als Lord President of the Council und Chamberlain als Schatzkanzler auch der Außenminister, die Minister der drei Teilstreitkräfte, Anthony Eden als Völkerbundsminister und die Generalstabschefs an. Später übernahm der Premierminister selbst den Vorsitz. Von vornherein war geplant, es nicht bei einer einmaligen Bestandsaufnahme bewenden, sondern durch den Ausschuß die Verteidigungsanstrengungen permanent überwachen und koordinieren zu lassen[305]. Notwendige Änderungen oder Modifikationen im Gesamtplan und in den Einzelplänen sollten so erkannt und eingeleitet werden. Die Befugnisse dieses Committee waren überaus weitreichend und erstreckten sich auf alle Bereiche der Verteidigung und Aufrüstung. Es stellte das zentrale Strategie- und Koordinationsinstrument für alle Belange der Kriegsvorbereitungen dar und besaß zeitweise größere Bedeutung als das Committee of Imperial Defence (CID). 1937/38 wurde es dann allerdings in das CID eingegliedert[306].

Entscheidende Weichenstellungen bereitete das DPR auf der Basis des dritten Hauptberichts des DRC (21. November 1935) vor. Es erstellte einen eigenen Bericht an das Kabinett, das die Empfehlungen Mitte Februar 1936 im Wesentlichen billigte. Diese Entscheidung war eine

»landmark in Britain's defence policy between the Wars [...] the first major step to rearmament«[307].

Die Air Raid Precautions stellten dabei einen integralen, wenn auch insgesamt nicht vorrangigen Bestandteil dar. Das Hauptgewicht lag auf den Streitkräften.

Der Anspruch des Ausschusses auf die zentrale Koordination aller Verteidigungsmaßnahmen und insbesondere das rationale Abwägen aller innen- und außenpolitischen Faktoren sollte von vornherein sicherstellen, daß ein konsistentes, ausgewogenes und logisch nachvollziehbares Gesamtbild erstellt wurde, ohne angeblich unwichtige Elemente auszublenden. Als entscheidend sah man die in gemeinsamer Arbeit festzustellenden »requirements« an. Ideologisch oder machtpolitisch motivierte Vorentscheidungen sollten dabei außerhalb der Erwägungen

---

[304] Zum Folgenden grundsätzlich Grand Strategy, S. 133–269 und 767–790.
[305] PRO, CAB 16/138, DPR 1, 1.7.1935. Als weitere Aufgaben wurden ausdrücklich festgelegt die ständige Beratung des Kabinetts und des CID hinsichtlich nötiger Änderungen in den Rüstungsprogrammen und die Bearbeitung aller Fragen dieser beiden Gremien.
[306] Nach Beendigung der Abessinienkrise 1936 hatte der neuernannte Minister for the Co-Ordination of Defence, Inskip, den Vorsitz. Die Beziehungen zwischen dem neuen Ressort und der etablierten Spitzenorganisation, insbesondere dem CID, waren nicht die allerbesten. Schon seine Schaffung war unter teilweise heftigen Auseinandersetzungen erfolgt. Nähere Details können hier nicht erörtert werden. Siehe Grand Strategy.
[307] Ebd., S. 266.

IV. Massenmobilisierung für den »Totalen Krieg« 333

bleiben. Das DPR hatte in seiner konstituierenden Sitzung am 8. Juli 1935 auch klar zum Ausdruck gebracht,
> »that it [the Committee, B.L.] should be free to consider the problems involved in their broadest aspect and on common sense and practical lines«[308].

Die Positionierung der Air Raid Precautions in die Gesamtverteidigungsplanung nahm man gemäß dieser Grundmaximen entlang dem entscheidenden und als zentrale Basis für die weitere Tätigkeit des DPR dienenden Bericht des DRC vom 21. November 1935 vor, in dem sie zusammen mit dem Geheimdienst, den Munitionsfabriken und den Hilfskreuzern in die Nebenanforderungen (Miscellaneous Requirements) eingeordnet worden waren[309]. Luftschutz wurde als Selbstverständlichkeit betrachtet, wobei Humanität und Schutz des einzelnen keineswegs die obersten Prioritäten darstellten. Als noch wichtiger erachtete man es, die Bevölkerung als Ganzes so gegen die Luftgefahr zu härten, daß die Nation einen »Totalen Krieg« überleben könnte. Dazu gehörte insbesondere auch die Aufrechterhaltung der Kriegsproduktion. Daß ein nicht zu geringer Teil von Zivilisten das Leben lassen würde, wurde ohne weiteres akzeptiert. Darin unterschied man sich keineswegs von den zuständigen Verantwortlichen im Reich. Verluste innerhalb der Zivilbevölkerung betrachtete man als nicht zu vermeidendes Faktum im Falle einer bewaffneten Auseinandersetzung, wobei man derlei Gedanken allerdings möglichst nicht publik machte[310].

In diesem Sinne ging die britische Regierung an die praktische Mobilmachung. Die Berichte und Entscheidungen des Kabinetts und seiner Ausschüsse mündeten in ein Weißpapier zum Stand der Gesamtverteidigungsplanung, das Anfang März 1936 veröffentlicht wurde und auch als Grundlage für die Debatten im House of Commons diente[311]. Bereits 1935 hatte die Regierung ein ähnliches Papier, das erste seiner Art, herausgegeben[312]. Mit diesen Papieren (Defence White Papers) sollte die Öffentlichkeit auf die Notwendigkeiten der Wiederaufrüstung hingewiesen und das Terrain für die nötigen Schritte, dies nicht zuletzt auch in finanzieller Hinsicht, geebnet werden.

Da die Luftgefahr in Politik und Öffentlichkeit[313] einen überaus großen Stellenwert besaß, bevorzugte man die Rüstungsprogramme der RAF stark gegenüber denen der Navy und der Army[314]. Die zugrundeliegenden strategischen Beweggründe sollten, wenigstens teilweise, durchaus in die Öffentlichkeit getragen werden. Die Luftwaffe galt im Falle eines Krieges mit Deutschland nicht zuletzt auch deshalb als entscheidender militärischer Faktor, weil man davon ausging, daß Deutschland einen längeren Abnutzungskrieg nicht würde gewinnen können, Hitler sich dessen bewußt war und daher vor allem die Luftwaffe zur Niederringung Großbritanniens einsetzen würde. Man hoffte, den Diktator über eine verstärkte

---
[308] PRO, CAB 16/136, 1. Mtg., 8.7.1935.
[309] Ebd., CAB 24/259, CP 26(36), 12.2.1936, DRC 37 vom 21.11.1935, S. 29.
[310] Ebd., S. 33–37. Siehe dazu auch unten S. 367 und 410 f.
[311] Grand Strategy, S. 255.
[312] Ebd., S. 170 ff.
[313] Siehe oben, S. 64 ff.
[314] Zum Folgenden: Grand Strategy, S. 93–193, 275–277, 532–555. Dazu auch oben, S. 69 und 84.

Luftrüstung außenpolitisch an die Kandare nehmen und so eine militärische Auseinandersetzung von vornherein vermeiden zu können. Dementsprechend stellte man die Planungen ab und hoffte, ausreichende Publizität zu erlangen.

Die Air Raid Precautions spielten in diesem Zusammenhang die Rolle einer Hilfsmaßnahme. In der Argumentation der Regierungsplaner kam dem Luftschutz keine unmittelbare militärische Bedeutung, etwa als Ersatz für die Schaffung massiver »striking power«, zu. Lediglich das Außenministerium besaß ein näheres, diplomatisches Interesse daran. Man forderte einen raschen Aufbau, um außenpolitisch Stärke zu demonstrieren. Nach diesen Grundsätzen fand der Luftschutz in den Defence White Papers seinen Platz: ein notwendiges Element der Verteidigung ohne wirklich kriegsentscheidende Wirkung[315].

Die Raid Precautions erhielten in diesem Rahmen Komplementärstatus zur rein militärischen Aufrüstung. Unter explizitem Hinweis auf die Cliffs-of-Dover-Rede von Baldwin am 30. Juli 1934 und die Beobachtungen der Praxis auf dem Kontinent gab man die Absicht zu erkennen, daß

»His Majesty's Government intend to develop, simultaneously with the defensive preparations of the country's armed forces, precautionary measures designed specifically for the protection of the civil population and the safeguarding of essential services against the effects of bombing attack from the air«[316].

Dahinter standen die Erkenntnisse des DRC, das in seinem ersten Bericht vom 28. Februar 1934 Entsprechendes gefordert hatte:

»Air Raid Precautions [...] should be developed *pari passu* with the anti-aircraft defences[317].«

Diese Forderung stellt den entscheidenden Kernsatz für die britischen Air Raid Precautions dar. Sie findet sich in allen wichtigen Strategiepapieren und den entsprechenden Entschlüssen des ARPOC bzw. des ARPPC sowie des CID und des Kabinetts wieder[318].

Zur direkten exekutiven Einpassung der Air Raid Precautions in den Planungsapparat der Regierung ergingen am 25. Juni 1936 konkrete Anweisungen des CID[319]. Außerdem wurde beschlossen, daß das ARPD monatliche Berichte, sog. Progress Reports, nach vorheriger Genehmigung des Innenministers an das DPR schicken sollte, das die Aufbauarbeit überwachen und ggf. an CID und Kabinett berichten sollte. Damit war der Luftschutz als Hilfsmaßnahme fest im zentral gelenkten Planungsapparat der britischen Regierung verankert. Die Progress Reports

---

[315] PRO, CAB 24/253, CP 38(35), 14.2. und 2.3.1935, Statement Relating to Defence, Cmd. 4827, (veröffentlicht am 4.3.1935) und CAB 24/260, CP 62(36), 3.3.1936, Statement Relating to Defence 1936, Cmd. 5107.
[316] Ebd., CAB 24/253, CP 38(35), 14.2. und 2.3.1935, Statement Relating to Defence, Cmd. 4827, S. 9.
[317] Ebd., CAB 24/247, CP 64(34), 5.3.1934, DRC 14 vom 28.2.1934.
[318] Vgl. ebd., CAB 46/17, ARPO 437 (8.12.1934); CAB 23/80, 46(34)9, 12.12.1934, S. 19 f., zu CP 286(34).
[319] Ebd., CAB 16/140, 279. Mtg. des CID, 25.6.1936.

IV. Massenmobilisierung für den »Totalen Krieg«   335

wurden bis zum Sommer 1939 regelmäßig abgeliefert[320]. Sie bilden die zentrale Informationsquelle für den linearen Aufbau des britischen Luftschutzes[321].

Dem ARPD und seinem Leiter, dem nunmehr als Assistant Under Secretary of State im Home Office tätigen Hodsoll, kam in der Folge die heikle Aufgabe zu, die Local Authorities zur Mitarbeit zu bewegen. Die Heranziehung der örtlichen Verwaltungen bereitete aufgrund der politischen und verfassungsmäßigen Stellung der Local Authorities besondere Schwierigkeiten, die nicht einfach zu überwinden waren. Anders als im nationalsozialistischen Deutschland, wo bei Entscheidungen auf Reichsebene das R&PrMI die Belange der Gemeinden quasi stellvertretend wahrnahm und die Gemeinden bei der praktischen Verwaltungs- und Organisationsarbeit innerhalb der anwachsenden Mischform aus überkommenen und neuen Verwaltungssträngen (Innere Verwaltung/Polizei, Luftwaffenorganisation und RLB) eher Herrschaftsobjekte, weniger gestaltende Machtträger darstellten und teilweise unter erheblichen Druck gerieten, besaßen die Local Authorities in Großbritannien eine überaus starke und eigenständige Position. Die Regierung war nach der Entscheidung, die Air Raid Precautions auf der unteren Verwaltungsebene den Local Authorities zu übertragen, gezwungen, direkt mit ihnen zu verhandeln.

Für die Tätigkeit des Home Office und des ARPD bedeutete dies langwierige Aufbauarbeit mit speziellen Problemen auf der unteren Ebene. Man hatte sowohl mit taktischer Vorsicht als auch mit direkter Machtausübung bzw. deren Androhung zu agieren. Das Fehlen einer charismatisch aufgespaltenen Gesamtverwaltung, wie sie in Deutschland zwischen 1933 und 1936 entstand, bot keineswegs die Garantie, daß man es in Großbritannien bei der organisatorischen Mobilmachungsarbeit von vornherein einfacher hatte. Im Gegenteil – das Local Government wies und weist bis zum heutigen Tage eine verwirrende Komplexität auf, darin den Verwaltungsstrukturen des Föderalismus in Deutschland seit 1918 nur wenig nachstehend.

Jede der verfassungsmäßig als Hauptverwaltungsträger anerkannten Local Authorities (die Londoner Stadtteile und deren übergeordnete Einheit, das London County Council sowie die Städte und Grafschaften im ganzen Land, nicht aber deren Untergliederungen) besaß einen hohen Grad an Souveränität und eigener Verwaltungshoheit. Sie war generell nur ihren Bürgern bzw. Wählern verantwortlich. Als Leitungsgremien fungierten die frei gewählten Councils, die in Städten von Mayors, den Bürgermeistern, geleitet wurden. Diese mit den deutschen Kreistagen bzw. Stadträten vergleichbaren Gremien bestimmten alle Fragen der lokalen Verwaltung. Sie hatten das Recht, Ausschüsse (Committees) zu bilden und ihnen bestimmte Aufgaben zur Beratung zu übertragen. Dies wurde im Falle der Air Raid Precautions auch sehr häufig vorgenommen.

Für die Fachaufgaben der Verwaltung hatte sich im Laufe der Zeit ein Spezialbeamtentum und ein Angestelltenwesen entwickelt, das in den großen Städten

---

[320] Sie wurden aus Effizienzgründen im Laufe der Zeit zu vierteljährlichen Berichten zusammengefaßt.
[321] PRO, CAB 16/140–144, 1.–24. Progress Report des ARPD an das DPR, 18.7.1936–19.6.1939.

Formen moderner Staatsverwaltungen annahm. Unter der Führung des Stadt- oder Kreisdirektors (Town Clerk bzw. County Clerk) entstanden verschiedene Zuständigkeitszweige, die jeweils unter der Leitung von Fachkräften wirkten, also etwa von Medizinalbeamten, Beamten für das Gesundheits- oder Schulwesen. Diesen im Gegensatz zu den Councils unpolitischen Apparat gedachte man im Home Office als organisatorisches Rückgrat für die Air Raid Precautions heranzuziehen.

Die Zentralregierung und ihre Ministerien, im Falle des Luftschutzes das Home Office, konnten in die Belange der Local Authorities, die durch die obengenannten Parlamentsgesetze, die Local Government Acts, garantiert wurden, nicht mit direkten behördlichen Anweisungen eingreifen. Man hatte allerdings überaus weitreichende indirekte Möglichkeiten zur Einflußnahme, so z.B. aufgrund übertragener Aufsichtsrechte und Befugnisse zum Erlaß von Verwaltungsvorschriften (Orders bzw. Regulations). Die wichtigste Eingriffsmöglichkeit bestand in der Finanzkontrolle. Da den Local Authorities infolge der wachsenden Aufgabenflut in Staat und Gesellschaft immer mehr Obliegenheiten, vor allem im Sozialbereich, übertragen wurden, nahmen deren finanzielle Verbindlichkeiten erhebliche Ausmaße an. Die Regierung mußte ihnen daher Zuschüsse, sog. »grants«, zukommen lassen, die im Laufe der Zeit die größte Einnahmequelle der Local Authorities wurden. Die Regierung wiederum sah sich über diese Abhängigkeit der lokalen Verwaltungen in der Lage, ein wichtiges Wort bei der Gestaltung der Verhältnisse vor Ort mitzureden. Bei offensichtlichen Mißständen oder bei deutlichem Versagen konnte sie eine Local Authority auch entmachten, d.h. ihre Amtsgeschäfte selbst übernehmen bzw. einem Beauftragten zuweisen.

Eine derlei drastische Maßnahme stellte jedoch nur ein letztes Mittel dar. Whitehall konnte es sich generell keinesfalls leisten, allzu autoritär vorzugehen. Dies galt gerade in bezug auf die Mobilmachung für den kommenden Luftkrieg, da diese in jedem Falle vor Ort organisiert werden mußte. Ohne konstruktive Zusammenarbeit mußten alle Bemühungen in diese Richtung scheitern, dies um so mehr, weil infolge der Neuartigkeit des Sachgebiets keinerlei spezielle Verwaltungsstrukturen bestanden und der Luftschutz als Teil der Kriegsvorbereitungen eigentlich zu den Aufgaben der Zentralregierung gehörte.

Die allgemeine verfassungsmäßige Unabhängigkeit der lokalen Verwaltungen definierte auch weitgehend den Status der Polizei, des entscheidenden Ordnungsinstruments. Anders als in Deutschland, wo zumindest in den größeren Städten nach und nach staatliche Polizeiverwaltungen eingeführt wurden, blieb die Aufstellung und die Kontrolle der Polizei Sache der Local Authorities. Eine Ausnahme bildete London, dessen Polizeiorganisation direkt der Kontrolle des Home Office unterstand. Als oberster Exekutivbeamter der Londoner Zentralregion, des Metropolitan Police District fungierte der Commissioner of the Police, der dazu von der Krone direkt ernannt wurde. In den übrigen Gebieten besaß das Home Office wiederum lediglich Aufsichts- und Mitspracherechte (z.B. in Personalfragen).

Diese überaus vielschichtige und nur schwer zu überblickende Verwaltungsorganisation wurde durch die politische Gemengelage weiter kompliziert. Da die Councils frei gewählt wurden, standen sie und die von ihnen eingesetzten »Committees« nicht selten unter der Kontrolle linker Parteien, vor allem der Labour Party, die nur wenig Interesse an Kriegsvorbereitungen hatte. Das, was Hitler als »demokratische Freiheit des Auslebens der Meinungen und Instinkte« gebrandmarkt[322] und seit 1933 in Deutschland ausgemerzt hatte, bestand in Großbritannien als garantierter Teil der rationalen Herrschaftsordnung demokratischer Prägung, d.h. der verfassungsmäßigen Rechte, fort. Die Regierung konnte den Local Authorities nicht einfach befehlen, sondern mußte sich vorsichtig taktierend annähern.

Das zentrale praktische Problem für das ARPD bestand darin, die etwa 200 Stadt- und Kreisbehörden in England, Wales und Schottland mit ihren weit über 1500 Untergliederungen in eine zentrale und einheitliche nationale Einsatzorganisation einzubinden. Man konnte dabei allerdings auf die theoretische Vorarbeit der 1936 aufgelösten Ausschüsse, vor allem des ARPOC, aufbauen. Unter deren Ägide hatte das Ministry of Health in der zweiten Hälfte 1933 ausgewählte Local Authorities unauffällig kontaktiert und mit ihnen quasi probeweise die Durchführung von Luftschutzmaßnahmen vereinbart, um einen Maßstab für die nationweite Umsetzung an die Hand zu bekommen[323]. Mitglieder des ARPOC, darunter vor allem Hodsoll, hatten 1934/35 einen Teil der geknüpften Kontakte fortgeführt und weitere Local Authorities besucht (u.a. Birmingham, Chatham, Croydon, Derbyshire, East Suffolk, Portsmouth und Plymouth). Man hatte insbesondere die dortigen Town Clerks bzw. County Clerks und Beamte der städtischen Dienste befragt.

Die Ergebnisse waren allerdings nicht gerade ermutigend gewesen. Ein Teil der befragten Verantwortlichen hatte kein Interesse an Fragen der Air Raid Precautions gezeigt und war möglichen Treffen ausgewichen[324]. Dort, wo man zu Gesprächen bereit gewesen war und teilweise sogar durchaus große Sympathie für entsprechende Maßnahmen gezeigt hatte, legte man meist rasche Zurückhaltung an den Tag, als die Sprache auf die Einbeziehung der Councils kam. Die meisten Clerks waren ängstlich darauf bedacht, keinerlei Informationen über ihre mögliche Beteiligung an Mobilmachungsmaßnahmen zu den gewählten Entscheidungsgremien dringen zu lassen. Ein großer Teil der Councillors, teilweise sogar die Bürgermeister selbst, gehörten zu den Kriegsgegnern, und nicht wenige beteiligten sich aktiv am Peace Ballot, der zu dieser Zeit von einer privaten Vereinigung landesweit abgehaltenen und von über 11 Millionen Briten positiv beantworteten Volksbefragung für den Frieden[325]. Man war sich unschlüssig, ob und wann man die Councils beteiligen sollte. Die Stadtbeamten und die Vertreter der Regierung konnten in der Frage, wer diese heikle Aufgabe – wenn überhaupt – übernehmen solle, keine Einigkeit erzielen und schoben sie wie den berühmten Schwarzen Peter zwischen sich hin und her. Die Besprechungen gerieten teilweise in große Konfusion. Auch die Abgesandten aus Whitehall versuchten immer noch, »possibly un-

---

[322] Hitler, Rede, in: Domarus, Hitler, Bd 2, S. 1050.
[323] Siehe oben, S. 197.
[324] Zum Folgenden: PRO, HO 45/23082, Korrespondenz der ARP-Committees mit CID, 700201/10: Korrespondenz über Local Authorities affairs, Juli 1934–Januar 1935.
[325] Bell, Origins, S. 101 ff.

desirable publicity« von ihrer Seite zu vermeiden, wie Hodsoll am 18. Januar 1935 an Russell Scott, den Under-Secretary of State im Home Office, also seinen direkten Vorgesetzten, schrieb. Unter diesen Vorzeichen nimmt es nicht wunder, daß er im selben Schreiben zugeben mußte:
»we have reached rather a dead end«.
Allein, es half nichts, man mußte nun endgültig mit massiven Schritten an die Öffentlichkeit gehen, wollte man nicht in der Sackgasse verharren. Letztlich blieb nichts anderes übrig, als sich direkt an die Councils der Local Authorities zu wenden und sie zur Kooperation aufzufordern.

Im Frühjahr 1935 unternahm man schließlich die nötigen Schritte. Die Veröffentlichung des ersten nationalen Verteidigungsweißpapiers im März brachte die Problematik im Gesamtrahmen vor die Öffentlichkeit. Nur drei Tage danach, am 14. März, wurde der Air Raids Commandant London vom ARPPC abgeschafft und somit ein organisatorischer Neubeginn auf rein ziviler Basis ermöglicht. Anfang Mai wurde dann schließlich das ARPD als zentrale Behörde für die Organisation und Koordination des Luftschutzes gegründet[326]. Das neue Department sollte keine zentrale Kontroll- und Befehlsbehörde darstellen, und es war auch keineswegs geplant, zivile Kompetenzen von den anderen Ministerien oder den Local Authorities abzuziehen. Das ARPD sollte vielmehr als praktischer Arm für die Verwirklichung der Maßnahmen und den Aufbau der landesweiten Organisation, quasi als Koordinationsbehörde, fungieren. Gewissermaßen sollte es die Arbeit der Luftschutzausschüsse auf permanenter, praxisorientierter Basis fortführen.

Der strukturelle Aufbau, der wegen der bisher auferlegten weitgehenden Beschränkung auf theoretische Planungsarbeit noch praktisch bei Null stand, wurde nun energisch verfolgt. Als erste größere Maßnahme sollte ein Rundschreiben der Regierung an sämtliche Local Authorities, und zwar insbesondere deren Councils ergehen. Das Dokument, das sog. First Circular, wurde vom ARPD entworfen, vom Kabinett nach einigen Diskussionen und Änderungen genehmigt[327] und am 9. Juli 1935 veröffentlicht[328]. Vier Jahre, nachdem man in Deutschland mit den Richtlinien des Reichsministeriums des Innern für die Organisation des zivilen Luftschutzes auf Länder und Gemeinden zugegangen war[329], unternahm man in Großbritannien nun denselben Schritt.

Das First Circular stellte den ersten offiziellen Kanon der durchzuführenden Maßnahmen dar und enthielt gleichzeitig eine vorläufige Verteilung der Aufgaben zwischen Staat, Local Authorities und Industrie[330].

---

[326] Nach O'Brien – Civil Defence, S. 55 – wurde das ARPD schon früher im Geheimen gegründet. Im HoC sei seine Existenz am 16.4. in einer kurzen Verlautbarung zugegeben worden.

[327] PRO, CAB 24/255, CP 95(35), 13.5.1935; dazu CAB 23/81, 28(35)2, 17.5.1935, S. 4 f. CAB 24/255, CP 109(35), 24.5.1935, und CP 113(35), ARP vom 31.5.1935, Memos des Innenministers und Entwürfe des First Circular. CAB 23/81, 31(35)3, 29.5.1935, S. 4–6, und 32(35)4 und 5, 5.6.1935, Punkt 8, S. 9, Beratung und Verabschiedung des First Circular im Kabinett. Auch grundsätzlich zum Folgenden.

[328] O'Brien, Civil Defence, S. 52–60.

[329] Siehe oben, S. 124–128.

[330] Die folgenden Ausführungen nach dem am 5.6. vom Kabinett genehmigten »revised draft«, PRO, CAB 23/81 (CP 113(35)).

Die darin getätigten staatspolitischen Eingangsversicherungen waren vom Kabinett besonders eingehend beraten worden. Hohen Wert legte man auf die Betonung der humanitären Dimensionen und hatte daher einfügen lassen, daß die Regierung die Air Raid Precautions vor allem deshalb vorbereite, um der Bevölkerung Schutz zu gewährleisten – eine Aussage, die nur bedingt der Wahrheit entsprach. Ferner hatte man Passagen entschärft, die man als zu alarmierend und zu bedrohlich empfand, die weitgehende Eliminierung von Hinweisen auf den Ersten Weltkrieg verlangt und die friedlichen Absichten der Regierung nachdrücklich bekräftigt. Die britische Führung wolle immer noch den Frieden und lehne insbesondere unterschiedslose Bombardierungen gegen die Zivilbevölkerung ab. Man habe keineswegs Interesse an einem Krieg, sondern strebe immer noch den Frieden an, werde aufgrund der internationalen Lage jedoch zur Wiederaufrüstung gezwungen. Dazu verwies man auf die Entwicklungen in Kontinentaleuropa und anderen Teilen der Welt, wo Luftschutz bereits vorbereitet worden sei[331]. All dies entsprach im wesentlichen der Taktik der Verteidigungsweißpapiere.

Die organisatorischen Ausführungen stellten eine kurze Tour d'horizon durch das ganze Gebiet der Air Raid Precautions dar, die durch eine vorläufige Auflistung der Obliegenheiten abgeschlossen wurde[332].

Die formaljuristische Seite gestaltete sich analog zur Situation im Reich 1933–1935. Wie in Deutschland besaß man zunächst noch keinerlei gesetzliche Basis zur Verpflichtung der Local Authorities, und O'Brien spricht zu Recht vom First Circular lediglich als »invitation« für die lokalen Verwaltungen[333]. Dementsprechend betonte das Home Office auch, daß die Regierung zwar Instruktionen erteilen, beraten und »financial assistance« leisten werde, daß aber die praktische Umsetzung allein Sache der Local Authorities sei, denn

»responsibility will rest on Local Authorities for ensuring that adequate measures of protection against air raid dangers are taken in their own districts[334].«

Die formal-praktischen Grundprinzipien hinsichtlich der organisatorischen, personellen und sachlichen Mittel ähnelten ebenfalls den Verhältnissen in Deutschland. Da der Luftschutz keinen Anspruch auf wirklich substantielle Zuweisungen aus dem Staatshaushalt besaß, da die Mittel für Kriegsvorbereitungen zum überwiegenden Teil in die militärische Rüstung gingen, mußte ein System von Aushilfen geschaffen werden. Die reale Situation war, wie Innenminister Samuel in einem Sachstandsbericht im Vorfeld (13. Mai) hatte zugeben müssen, nicht gerade positiv. Daher legte man den Local Authorities nahe, alle schon im Frieden verfügbaren Mittel und Organisationen heranzuziehen.

»The consistent aim should be to make full use of all existing machinery, whether of Local Authorities or of other bodies, which could appropriately provide some needed emergency service [...] The success of the arrangements will depend largely on the inge-

---

[331] Ebd., S. 1 f.
[332] Ebd., S. 4 f. und 8.
[333] O'Brien, Civil Defence, S. 56.
[334] PRO, CAB 23/81, S. 3.

nuity with which existing organisations and premises are planned for conversion to purposes of air raid precautions[335].«

Gleichzeitig sprach man die Notwendigkeit aus, daß benachbarte Authorities sich gegenseitig helfen müßten. Als Hauptstützpfeiler und organisatorische Grundeinheiten legte man die »administrative counties« (Grafschaften [≈ Landkreise] und LCC) und die »county boroughs« (Stadtkreise) fest. Man empfahl den Councils, spezielle ARP-Committees einzurichten, eines als Hauptberatungsgremium mit den wichtigsten Gemeindevertretern (ähnlich besetzt wie der Hauptausschuß der meisten Local Authorities, das Standing Joint Committee) und ein weiteres, eher technisches, besetzt mit den Spitzenbeamten der lokalen Verwaltung[336]. Diese Vorschläge ähnelten den eigenen Arrangements der Regierung bis 1936: ARPPC (Strategiegremium) und ARPOC (technisches Exekutivgremium). Zur allgemeinen Koordination auf regionaler Ebene sollten alsbald Konferenzen abgehalten werden, die das Home Office zu organisieren gedachte.

Im Vergleich zu Deutschland fallen trotz der Ähnlichkeiten in der finanziellen und organisatorischen Grundsituation markante Unterschiede auf. Die lokalen Ausschüsse, die errichtet werden sollten, sind den bis 1933 eingerichteten Luftschutzbeiräten vergleichbar. Die Luftwaffenverwaltung unter Milch hatte diese am 12. Oktober 1933 mit der offiziellen Begründung, sie widersprächen dem Führerprinzip, abgeschafft[337], damit wenigstens zunächst die Stellung des örtlichen Polizeiverwalters als Leiter des örtlichen Leitungsstabes, d.h. einem quasi-militärischen Einsatzstab, ausgebaut und vor allem in den Großstädten den zivilen Charakter des Luftschutzes geschwächt. Die Umgestaltung wurde durchaus im Einklang mit Vorstellungen aus der Zeit vor 1933 – nicht zuletzt der Forderung, daß der Luftschutz unter militärische Kontrolle gestellt werden müsse – vorgenommen. Die Rahmenbedingungen vor Ort gestalteten sich daher schon von vornherein erheblich autoritärer als in Großbritannien. Auch die schon vor 1933 getroffene Entscheidung, den Polizeiverwalter und nicht die zivilen Gemeindeinstanzen mit dem Luftschutz zu betrauen und ihm als Exekutivinstrument den nach militärischen Prinzipien organisierten Sicherheits- und Hilfsdienst zu unterstellen[338], der alle Teilgebiete des Luftschutzes (vor allem Polizei, Feuerwehr, Sanitäts-, Instandsetzungs- und Entgiftungsdienst) umfassen und in den Großstädten im Kriegsfalle dann auch teilweise kaserniert werden sollte, beließ den Kommunen insgesamt gesehen lediglich sozialfürsorgerische und logistische Aufgaben, wie z.B. Schutzraumbau, Evakuierung, Versorgung Obdachloser, Sicherung der Stadtwerke (Wasser, Strom etc.) und die Bestattung der Toten. Selbst in diesen Bereichen konnten sie nicht selbständig handeln, denn sie mußten die Dienste der nationalsozialistischen Organisationen, wie z.B. der NSV, in Anspruch nehmen[339]. Diese Machtlo-

---

[335] Ebd., S. 6. Auch zum Folgenden.
[336] Ebd., S. 6 f.
[337] Siehe oben, S. 270. Auch zum Folgenden.
[338] GStA, Rep. 84a, Nr. MF 10010, Vorläufige Ortsanweisung [1934], S. 20–57; Lofti, Befehlshaber, S. 81.
[339] Siehe oben, S. 124–128 und 137 f., 262, 265. Zusammenfassend: Bobermin, Aufgaben der Kommunalverwaltungen, S. 189–194, und GStA, Rep. 84a, ebd., Vorläufige Ortsanweisung [1934], S. 30–32.

sigkeit führte dann zu den durchaus nicht unberechtigten Befürchtungen hinsichtlich der Fremdbestimmung und Ausplünderung durch eifrige Polizeiverwalter, den RLB und andere Beteiligte. Daß im Laufe der Zeit, teilweise aus Machterwägungen des RLM, die Befugnisse des Örtlichen Luftschutzleiters (ÖLSL) im Frieden auf die Beratung und die Koordination beschränkt wurden[340], stieß allerdings nicht gerade auf Zustimmung bei den Gemeinden, die eine umfassende Leitung unter dem ÖLSL – bei ausreichender Wahrung ihrer Gerechtsame selbstverständlich – dem herrschenden Organisationswirrwarr unter der Ägide des RLM dann doch vorgezogen hätten.

Die britischen Local Authorities behielten demgegenüber die volle Kontrolle über alle ihre Mittel, wobei ihnen die Organisationsform vor Ort lediglich empfohlen, nicht vorgeschrieben wurde. Ein militärähnlich organisiertes Instrument wie der Sicherheits- und Hilfsdienst in den großen deutschen Städten blieb außerhalb der Vorstellungen. Die Authorities sollten Polizei, Feuerwehr, Sanitätsdienst, Rescue Parties, Demolition Gangs und den Gasdienst unter eigener, ziviler Regie aufbauen, wobei das Home Office allerdings die übergeordnete Federführung übernahm. Im First Circular wurde zugesagt, daß das Ministerium die Forschung übernehmen, spezielle Ausschüsse einsetzen und Memoranda, Handbücher und weitere Rundschreiben verschicken würde[341]. Dies alles aber wiederum lediglich als Anleitungen, nicht als Vorschriften. Dennoch besaß das Ministerium wesentliche Kontrollmöglichkeiten, denn die individuellen Organisationspläne der Local Authorities (schemes), sollten nach London zur Prüfung eingesandt werden. Das erste britische Luftschutzgesetz (ARP-Act 1937) sollte dann die gesetzliche Verknüpfung dieser Prüfung mit den Zuschüssen aus der Staatskasse vornehmen. An praktischen Maßnahmen kündigte die Regierung den Aufbau übergeordneter Dienste und Einrichtungen an, wie z.B. Luftschutz-Warndienst, Materiallager, Ausbildungssystem etc.

Die finanzielle Frage wurde im First Circular bis auf die anfängliche generelle Zusage nicht konkret angesprochen, wohl unter anderem auch deshalb, um den ersten Aufbau nicht zu gefährden. Jedoch stand von vornherein fest, daß es zu harten Verhandlungen hierüber kommen würde. Samuel hatte in seinem Sachstandsbericht vom 13. Mai vorsorglich darauf hingewiesen, daß sich die Regierung unbedingt darauf einstellen müsse, erhebliche Summen zur Unterstützung der Local Authorities bereitzustellen,

»if the whole organisation of Air Raid Precautions is not to be abortive«.

Insgesamt machten es die Freiheiten, die die Local Authorities besaßen, und die daraus folgenden selbständigen Gestaltungsmöglichkeiten zu einem nicht gerade einfachen Unterfangen, einheitliche Organisationsformen zu schaffen. Bei den Planern der »central organisation« in London bezeichnete man die komplizierte

---

[340] Zur komparatistischen Wertung der Stellung der Ortspolizeiverwalter im Luftschutz s.u., S. 642–647, v.a. 646.
[341] PRO, CAB 24/255, CP 113(35), 31.5.1935, First Circular, S. 4 f.

organisatorische Realität auf lokaler Ebene im Laufe der Zeit als »patchworksystem«[342].

Die gleichen Bedingungen galten für die sehr wichtigen Gebiete Propaganda, Erziehung und Ausbildung der Bevölkerung. Anders als in Deutschland, wo man den RLB in Anlehnung an die vorherrschenden totalitären Organisationsformen als Propagandainstrument und Machtmittel unter der Kontrolle des RLM geschaffen hatte, sah man in Großbritannien, nicht zuletzt auch wegen der politischen Brisanz des Gebietes, von der Bildung eines vergleichbaren Gebildes ab. Erst spät und dann auch nur rudimentär kam es zur Gründung einer Air Protection League[343]. Das First Circular empfahl den Local Authorities, die Unterrichtung der Öffentlichkeit zusammen mit den bestehenden Organisationen, wie z.B. dem Red Cross und dem Order St. John, zu unternehmen[344]. Aggressive Propagandastrategien, wie sie im RLB verfolgt wurden, entwickelte man nicht, ja man vermied zunächst überhaupt die Verwendung des Begriffs Propaganda. Man kündigte lediglich die Erstellung und Verteilung von »handbooks« an und empfahl den Local Authorities, deren Erscheinen abzuwarten, bevor sie auf die Öffentlichkeit zugingen[345].

So begann das ARPD seine strukturelle Aufbauarbeit möglichst, ohne größeres Aufsehen zu erregen und – so irgend gangbar – allzu große Diskussionen oder gar Konflikte zu provozieren. Auch dachte man nicht daran, bei der sich verschärfenden internationalen Situation durch übereilte Maßnahmen, etwa bei akuten Krisen, im Land möglicherweise eine Luftkriegspanik zu provozieren. Als Mitte Dezember 1935 die Mittelmeerkrise um die italienische Aggression gegen Abessinien akut wurde, erstellte man einen Bericht über mögliche Luftangriffe italienischer Bomber gegen die Südostecke Britanniens, den der Innenminister dem DPR vortrug. Es wurde einmütig beschlossen, diese eher hypothetische Eventualität nicht weiter zu verfolgen[346]. Eine Mobilisierung des Luftschutzes, soweit schon bestehend, sollte unterbleiben, um die Bevölkerung nicht zu beunruhigen. Es geschah daher auch nichts, um Stellen außerhalb der Regierung zu kontaktieren.

Die Errichtung der organisatorischen Strukturen wurde systematisch fortgeführt und durch die gesamtstrategischen Kernentscheidungen von DPR und Kabinett Anfang 1936 weitgehend bestätigt. Das ARPD legte am 22. Juni 1936 seinen Überwachungsgremien, dem DPR und dem CID, einen umfassenden Bericht über das erste Jahr seiner Tätigkeit vor, um sich die bereits geleistete Arbeit bestätigen zu lassen und die Erlaubnis für die weitere Aufbauarbeit zu bekommen[347]. Die Review des ARPD wurde nach der Genehmigung des CID[348] zum Startpunkt und

---

[342] Ebd., CAB 16/190, RPM 9, 26.10.1938.
[343] Siehe dazu unten, S. 434 ff.
[344] Vgl. auch den Sachstandsbericht von Sir Herbert Samuel vom 13.5.1935; PRO, CAB 24/255, CP 95(35), ARP.
[345] PRO, CAB 24/255, CP 113(35), 31.5.1935, First Circular, S. 3–6.
[346] Ebd., CAB 16/136, 17. Mtg., 20.12.1935, Punkt 3, S. 6–8; dazu CAB 16/140, DPR 73, 19.12.1935, Memo des ARPD (Hodsoll) über mögliche ARP-Maßnahmen gegen Angriffe der ital. Luftwaffe.
[347] Ebd., CAB 16/140, CID-Paper 231-A, gleichzeitig DPR 97, vom 22.6.1936, Review of the work of the ARPD.
[348] Ebd., 279. Mtg. des CID, 25.6.1936.

zum Muster für die folgenden Progress Reports. Als Zielpunkt für die Komplettierung aller Pläne für den Luftschutz enthielt sie im Einklang mit den allgemeinen Aufrüstungsplänen der Führungsgremien den 31. März 1939[349]. Bis zu diesem Datum sollten alle »schemes« der Local Authorities im Detail ausgearbeitet, alle nötigen Materiallager errichtet und alle Luftschutzlehrer ausgebildet sein.

Die aktuelle Arbeit dieses Jahres hatte hier nur die allerersten Grundlagen legen können. Die Kontaktaufnahme mit den Local Authorities hatte gerade richtig begonnen und besaß noch nicht die nötige Intensität, um die zu erwartenden Probleme konstruktiv angehen zu können. Die im First Circular angekündigten Konferenzen waren bis Ende 1935 abgehalten worden (insgesamt etwa 25) und erbrachten nach den Angaben des ARPD im großen und ganzen immerhin eine positive Antwort. Die zu erwartenden politischen Schwierigkeiten traten zwar auf, gingen aber im Laufe der Zeit sehr stark zurück.

»To begin with, unfortunately, political questions tended to creep in, but during the course of the year a tendency has become noticeable for these political difficulties to disappear[350].«

Dies dürfte nicht zuletzt auch auf die Rheinlandbesetzung durch die Wehrmacht Anfang März 1936 zurückzuführen sein. Das, was Baldwin in seiner Cliffs-of-Dover-Rede 1934 angedeutet hatte – die Notwendigkeit zur Ausdehnung der strategischen Verteidigungslinien bis an den Rhein, um der Luftgefahr begegnen zu können –, war den Briten durch die Aktion Hitlers sinnfällig vor Augen geführt worden.

Das ARPD stellte seine Tätigkeit, die trotz der steigenden Kriegsgefahr innenpolitisch immer noch sehr heikel war, in der Review im wesentlichen als Überzeugungsarbeit dar und betonte stets das Freiwilligkeitsprinzip. Die immer noch bestehenden Animositäten und Widerstände konnte man nicht durch Druck oder direkte Machtausübung überwinden, sondern mußten in zäher Kleinarbeit im Rahmen einer großangelegten inneren Mission ausgeräumt werden. Dies galt nicht nur für die Local Authorities, sondern für die meisten bestehenden Berufsorganisationen und Interessenverbände. Da der Luftschutz fast alle Lebensbereiche umfaßte, hatte man auch fast alle Organisationen zu mobilisieren, so z.B. Ingenieurverbände, Industrieorganisationen, Handelskammern, akademische Institutionen und Forschungsanstalten, freiwillige Hilfsorganisationen, Fachverbände etc.

»A good deal of the work of this Department must, naturally, be of missionary character, and every effort is being made to get into touch with representative associations with a view to enlisting their interest and sympathy[351].«

Im Falle der Local Authorities, der zentralen Träger der Air Raid Precautions, entschied man sich, spezielle Inspectors zu entsenden, die die Local Authorities aufsuchen und dort durch persönliche Überzeugungsarbeit, etwa durch Ansprachen und Diskussionsrunden, die Luftschutzarbeit in Gang setzen sollten. Darüber

---

[349] Ebd., Review of the work of the ARPD, S. 3 f.
[350] Ebd., S. 6 f.
[351] Ebd., S. 32.

hinaus sollten sie ständig für Fragen und Anregungen zur Verfügung stehen, also eine Art Dauerbetreuung ausführen.

Diese Wanderprediger sind kaum mit den Inspekteuren des deutschen Luftschutzes, die militärische bzw. quasimilitärische Aufgaben wahrnahmen, zu vergleichen. Der Inspekteur der Flakartillerie und des Luftschutzes und später die Luftwaffeninspektion Ln. 13 waren in die militärischen Strukturen integriert und besaßen Befehls- und Kontrollbefugnisse[352]. Die britischen Inspekteure glichen eher einer Art Gebietsvertreter der Zentralorganisation. Über ihre Erfolge führte das ARPD in der Review – und dann auch in allen folgenden Progress Reports – peinlich genau Buch und meldete die Zahlen auch an seine übergeordneten Dienststellen und die Kontrollgremien weiter. Zum Stichtag (1. Mai 1936) hatten insgesamt neun Local Authorities ihre »schemes« bereits fertiggestellt und dem ARPD zur Begutachtung vorgelegt[353]. Dies, obwohl über die finanziellen Aspekte trotz zahlreicher Anfragen von seiten der Local Authorities noch keine Vereinbarungen getroffen worden waren. Das ARPD hatte, nicht zuletzt auch wegen der immer noch herrschenden Furcht vor unkontrollierbaren öffentlichen Reaktionen, bei entsprechenden Ersuchen und Anforderungen ohne nähere Angaben geantwortet, daß die Regierung im Ernstfall die nötige finanzielle Hilfe leisten werde. Daß Luftschutz bereits im Frieden von langer Hand vorbereitet werden muß und daher schon vor Kriegsausbruch große Summen zu investieren waren, hing man vorläufig nicht an die große Glocke, obwohl bei allen beteiligten Fachleuten hierüber mehr oder weniger Einigkeit herrschte[354]. Als Maxime galt: Schlafende Hunde weckt man besser nur dann, wenn es unbedingt nötig ist. Man blieb bis auf weiteres auf vorsichtiges Lavieren zwischen den sachlichen Notwendigkeiten und der Rücksicht auf die Öffentlichkeit angewiesen.

Von den übrigen Local Authorities in England und Wales hatten insgesamt 108 mit der Vorbereitung von »schemes« begonnen. Somit nahmen von insgesamt 174 Local Authorities 117 eine positive Grundhaltung ein. Von den restlichen hatten sich lediglich neun definitiv geweigert, Luftschutzmaßnahmen in Angriff zu nehmen: in London Battersea, außerhalb Londons Salford, Wigan, Derby, Sunderland, Gateshead, Barnsley, Burnley und Oldham. In Schottland verweigerten sich West Lothian County und Clydebank Burgh. In Dundee war man dem ARPD mit erheblicher Opposition, wenn auch nicht mit kategorischer Ablehnung begegnet.

Alles in allem eine nicht allzu schlechte Bilanz, die die ideologischen Anwürfe der Nationalsozialisten klar widerlegte. Allerdings stellte die Zusage zur Erstellung eines »scheme«, bzw. deren Beginn, keinerlei Verpflichtung zur tatsächlichen Durchführung der Maßnahmen dar, und die kommenden Jahre brachten noch schwere praktische Probleme mit sich. Das ARPD schätzte die Zeitspanne bis zur

---

[352] Dazu oben, S. 243–246.
[353] Zum Folgenden grundsätzlich PRO, CAB 1640, CID-Paper 231-A, gleichzeitig DPR 97 vom 22.6.1936, Review of the work of the ARPD, S. 6 f. und 44–46 (Appendices. A und B mit den Namen der Local Authorities).
[354] Ebd., S. 4.

IV. Massenmobilisierung für den »Totalen Krieg«

Vollendung der Vorbereitungen insgesamt auf mindestens 12–18 Monate[355] – eine Annahme, die, wie sich erweisen sollte, zu optimistisch war.

Bei der Koordination und der Vorbereitung der einzelnen Teilgebiete der Air Raid Precautions kam das ARPD mit unterschiedlichem Erfolg voran. Von den zentralen Aspekten[356] hatte man sich insbesondere dem Gasschutz gewidmet, der ohnehin schon seit Jahren ganz oben auf der Agenda stand. Man hatte eine Civilian Anti-Gas School in Falfield, Gloucestershire, eingerichtet, um die nationweite Ausbildung von Lehrern für den Gasschutz in Gang zu bringen. Außerdem sollten die Verantwortlichen der Local Authorities und anderer wichtiger Organisationen und Verwaltungen hier die grundlegenden Kenntnisse für ihre Arbeit erwerben. Die neuen Gasschutzlehrer sollten – mit Hilfe der Sanitätsorganisationen und der Propagandamaterialien wie dem geplanten Householder's Handbook – die ganze Bevölkerung so im Gasschutz unterweisen und trainieren, daß sie den möglichen Gefahren entgegnen konnte[357]. Ergänzt werden sollten die Maßnahmen durch die Schaffung eines Gasspürkorps, das man landesweit durch Werbung von Freiwilligen aus bestehenden Berufsverbänden und -organisationen der Chemiker zu rekrutieren gedachte[358]. Die zuvor gehegten und letztlich auch nicht ausgeräumten massiven Zweifel an der Effizienz der Maßnahmen, vor allem bei sog. »mixed attacks« (dem gleichzeitigen Einsatz von Spreng-, Brand- und Gasbomben)[359], kamen nicht zum Tragen.

Die besondere Konzentration auf die Gasgefahr hatte zur Folge, daß andere Bereiche, so z.B. der Feuerschutz und die Vorbereitung des Schutzraumbaus, stark vernachlässigt wurden[360]. Die Gasgefahr hatte trotz der vorherrschenden Meinung der technischen Fachleute, sie sei beherrschbar, offenbar nur wenig von ihrer bedrohlichen Ausstrahlung auf die Seelen der britischen Planer verloren. Das ARPD hatte daher fast noch nichts getan, um etwa die Feuerwehren der Local Authorities auf die Luftgefahr vorzubereiten. Im Bereich der Abwehr von Brandbomben hatte man noch nicht einmal vollständige technische Erkenntnisse über die richtigen Mittel zur Bekämpfung[361].

Etwas weiter war man im Bereich der Verwundetenversorgung, wo man die primären Planungskompetenzen für das Großgebiet London, die ursprünglich beim Ministry of Health gelegen hatten, vollkommen übernommen hatte. Für die

---

[355] Ebd., S. 7.
[356] Ähnlich wie für Deutschland kann hier keine detaillierte Darstellung der Einzelbereiche geboten werden. Der Gesamtkomplex ist dafür zu umfangreich und vielschichtig.
[357] PRO, CAB 1640, CID Paper 231-A, gleichzeitig DPR 97 vom 22.6.1936, S. 8 f. und 23 f.
[358] Ebd., S. 12.
[359] PRO, CAB 46/10, ARPO 25 (1929/30), S. 2.
[360] Gerade wegen der düsteren Aussichten in bezug auf den Gaskrieg hatte man zwischenzeitlich beschlossen, den Gasschutz nicht mehr als oberste Priorität einzustufen. Vgl. ebd., CAB 46/6, ARPP 2, und CAB 46/10, ARPO 8 (10.6.29); CAB 46/3, ARP 38 (2.4.25); CAB 46/7, 2. Mtg., 13.5.1929; CAB 46/6, ARPP 4 (18.7.29). Zusammenfassend: CAB 46/8, 26. Mtg., 16.11.1931, S. 1–11. Dies hatte aber offensichtlich kaum Auswirkungen auf die praktische Arbeit der unteren Ebene. Ob er im Laufe der 30er formell wieder rückgängig gemacht wurde, konnte in den durchgesehenen Akten nicht festgestellt werden.
[361] PRO, CAB 1640, CID Paper 231-A, gleichzeitig DPR 97 vom 22.6.1936, S. 13.

Gebiete außerhalb Londons sollten die Local Authorities selbst zuständig sein. Pläne für die Erstellung von Erste-Hilfe-Stationen, Erste-Hilfe-Trupps etc. sollten Bestandteil der »local schemes« sein. Die Organisation von Krankenhäusern mit der entsprechenden Bettenanzahl sollte in Zusammenarbeit mit dem Ministry of Health aufgebaut werden[362].

Insgesamt gesehen hatte man für die wichtigsten Bereiche eine allgemeine Generallinie aufgestellt, die in der Review allerdings noch nicht sehr detailliert ausgearbeitet war. Dazu gehörte auch, daß die Regierung die Hilfe und die Zuarbeit aller Arten von gesellschaftlichen Organisationen in Anspruch nahm. Die Local Authorities ihrerseits gingen in Erfüllung der ihnen zugewiesenen Aufgaben in der Folge zunehmend dazu über, bezahlte Kräfte, meist pensionierte Militärs, als sog. ARP Organisers anzustellen, die die Vorbereitung und die Umsetzung der »schemes« leiten sollten[363]. Die ganze Organisation in Großbritannien bestand somit aus einem halboffenen System der Kooperation zwischen den eigentlich verantwortlichen Local Authorities und der unterstützenden und überwachenden Regierung, hier insbesondere dem Home Office und seinem ARPD. Für London hatte man eine besondere Organisation mit spezieller Verteilung der Aufgaben zwischen London County Council, Metropolitan Boroughs und der City of London im Auge, ohne allerdings bereits genauere Vorstellungen präsentieren zu können[364].

Ein besonderer, organisatorisch neuartiger Bereich in der Zusammenarbeit zwischen Home Office und Local Authorities wurde mit den Air Raid Wardens präsentiert. Sie sollten das organisatorische Rückgrat der Air Raid Precautions der Wohnbevölkerung bilden, wie dies mutatis mutandis auch in Deutschland im Falle des Selbstschutzes geschehen war. Tatsächlich hatte man das Konzept – wie man intern zugab – auch vom deutschen Modell des Luftschutzhauswartes kopiert, wenn man auch darauf verwies, daß einige Küstenstädte während der Napoleonischen Kriege sog. »street captains« eingesetzt hatten, um die Bevölkerung bei der Stange zu halten und zur Verteidigung heranzuziehen[365]. Genau diese Funktion betrachtete man neben der Schadenskontrolle und -meldung als wesentliche Aufgabe der Air Raid Wardens:

> »The idea of the air raid warden organisation is to provide in every street or group of streets one or more responsible individuals who will be familiar with the local air raid precautions organisation; who will provide, it is hoped, a steadying influence on the general public, and will be at their disposal to help in any direction that may be required.«

Der Aufbau dieses Systems von Luftschutzhauswarten sollte entlang der generellen Linien der Gesamtorganisation erfolgen. Das nötige Personal gedachte man zunächst aus den Reihen der britischen Veteranenorganisation, der British Legion, zu gewinnen. Dies erwies sich jedoch rasch als undurchführbar.

Die Kontrolle und der Einsatz der Air Raid Wardens sollte grundsätzlich den Local Authorities obliegen. Der Regierung und damit unter anderem sich selbst

---

[362] Ebd., S. 7 f.
[363] Ebd., S. 7.
[364] Ebd., S. 5.
[365] Ebd., S. 12 f.

wies das ARPD auch in diesem Falle als hauptsächliche Aufgaben die Ausarbeitung der generellen Richtlinien und die Beratung zu. Das »patchwork-system« sollte daher, wie in anderen Bereichen, seine eigenen Gesetzmäßigkeiten entwikkeln. Man ging im Laufe der Zeit dazu über, die organisatorische Kontrolle über die Air Raid Wardens je nach Verwaltungstyp der betreffenden Local Authority zu gestalten. In einem Teil der lokalen Verwaltungen blieb sie bei der zivilen Administration, bei anderen wurde sie der Polizei zugewiesen[366].

Das ARPD machte sich, nach der großangelegten Standortbestimmung in der Review ab Sommer 1936, quasi auf den Weg und begann mit der organisatorischen Primärarbeit. Damit einher ging die Aufstockung seines nur aus wenigen Mitarbeitern bestehenden Personals, das die anfallende Arbeit nun nicht mehr bewältigen konnte. Der neue Personalbestand umfaßte neben Hodsoll und vier höheren Verwaltungsbeamten sechs Inspektoren, einen Mediziner für die Planung der Verwundetenversorgung in London, einen Gasabwehrspezialisten, einen Intelligence Officer und insgesamt 24 untere Beamte bzw. Angestellte[367]. Der Personalstamm sollte sich im Laufe der Zeit mehr und mehr ausweiten und erhebliche Dimensionen annehmen.

In den folgenden zwei Jahren erfolgte nun die lineare Aufbauarbeit[368]. Die Inspektoren reisten nach einem systematischen Plan im Land umher und erreichten bei der Herstellung der grundsätzlichen Kooperationsbereitschaft recht rasche Erfolge. Bis zum Herbst 1936 vermochten sie den Widerstand der nichtkooperierenden Local Authorities, insbesondere Batterseas, im wesentlichen zu brechen. Innenminister Simon konnte schließlich dem DPR auf seiner 30. Sitzung am 26. November 1936 anläßlich der Besprechung des 4. Progress Reports des ARPD verkünden:

»The opposition of Local Authorities to air defence schemes was now being overcome, and there was now only one important Local Authority not co-operating. The Report showed that there had been considerable advance in the practical results of air raid precautions measures over the whole country[369].«

Die letzte verbleibende Authority, Barnsley, wurde daraufhin extra besucht und besonders bearbeitet. Dort konnte dann ebenfalls ein Meinungswechsel eingeleitet werden. Auf der anderen Seite gab es eifrige Local Authorities, insbesondere diejenigen, die sich staatspolitisch besonders hervortun wollten. So begann etwa Kensington, Ausstellungen zu organisieren und öffentliche Förderveranstaltungen abzuhalten. Im ganzen Land wurden immer häufiger bezahlte »Organisers« angestellt.

In der Gewichtung der einzelnen Teilsparten änderte sich insgesamt nur wenig, d.h., man konzentrierte sich weiterhin vor allem auf den Gasschutz. In der Frage der Ausstattung der Bevölkerung mit einer einfachen Gasmaske hatte man die

---

[366] Genauere Details zu den ARW unten, S. 382–387 und ff.
[367] PRO, CAB 1640, CID Paper 231-A, gleichzeitig DPR 97 vom 22.6.1936, S. 32 f.
[368] Die folgenden Ausführungen stellen in den Grundzügen eine Zusammenfassung der Progress Reports dar. Vgl. daher PRO, CAB 16/140–144 (wie Anm. 321).
[369] Ebd., CAB 16/136, DPR, 30. Mtg., 26.11.1936, Punkt 1, S. 12, Diskussion über DPR 143 (4. Progress Report des ARPD).

theoretische Forschungs- und Erprobungstätigkeit abgeschlossen und begann mit einer Massenproduktion. Man bestellte die Masken bei privaten »Contractors« und errichtete in der Garden Street Mill bei Blackburn eine Produktionsstätte zur Zusammensetzung der Atemfilter. Die fertigen Masken sollten in dreizehn, im ganzen Land verteilten Lagern untergebracht werden. Bis Mitte 1939 produzierte man über 52 Mio. Stück.

Die Ausbildung in der Civil Anti-Gas School in Falfield ging im Rahmen der Möglichkeiten offenbar zufriedenstellend voran. Die benötigte Anzahl an Kräften überstieg allerdings die Kapazität der Schule, so daß Ende Dezember 1937 eine zweite in Easingwold bei York errichtet wurde. Beide Schulen entsprachen in etwa der Reichsluftschutzschule des RLB, wobei allerdings explizit Gasschutzunterricht, kein allgemeiner Luftschutzunterricht, betrieben wurde. Auch blieben beide Schulen lange die einzigen im Land. Das in Deutschland praktizierte Schneeballprinzip mit drei Stufen (Reichsluftschutzschule, Landesgruppenluftschutzschulen, Luftschutzschulen), nach dem die Lehrer einer Stufe von der Schule der nächsthöheren Stufe ausgebildet und dadurch in die Lage versetzt wurden, selbst wieder Lehrer auszubilden, fand zunächst keine Anwendung. Der »output« an offiziell ausgebildeten Kräften stieg dadurch im Vergleich zu Deutschland nur sehr langsam.

Besonderen Wert legte man auf die Gasschutzausbildung des medizinischen Personals, allen voran der Doktoren und der Krankenschwestern. Man hielt lokale Ausbildungsveranstaltungen ab, die von speziell geschulten Instruktoren des Home Office geleitet wurden und die bis Mitte 1939 über 14 000 Mediziner und über 39 000 Krankenschwestern durchliefen. Zur praktischen Ausbildung der Verantwortlichen und der Bevölkerung vor Ort beschaffte man 37 mobile Gaskraftwagen (Gas Vans), die bei allen größeren Local Authorities stationiert wurden.

Neben der allgemeinen Gasschutzausbildung begann man vor allem mit der systematischen Vorbereitung der Verwundetenversorgung. In Abstimmung mit dem Ministry of Health bzw. dem Schottlandministerium und den Local Authorities wurden auf breiter Front allgemeine Planungen für die Anlage und die Ausrüstung von Erste-Hilfe-Posten, die Organisation des Verwundetentransportes, der Erste-Hilfe-Lazarette und der entsprechenden Notkrankenhäuser getätigt. Der verwaltungstechnische Aufwand hierfür war enorm. Es mußte praktisch jedes Krankenhausbett und jede Behandlungsstelle im Land erfaßt, mobilisiert und in die Gesamtplanung miteinbezogen werden.

Weitere Teilsphären, so z.B. die Sicherung der Logistik und die Zusammenarbeit mit der Wirtschaft für den Schutz von Werksanlagen, wurden ebenfalls berücksichtigt. Insbesondere bei lebenswichtigen Industrieanlagen kam man aber nur langsam voran, weil man erst mit den betreffenden Unternehmen verhandeln mußte. Ein zentraler Problempunkt hierbei waren die Finanzen. Zur besonderen Berücksichtigung der entsprechenden Werke hatte man »Vital Points Inspectors« eingesetzt, die alle neuralgischen Punkte (z.B. Wasserwerke, Ölraffinerien, die Nahrungsmittelindustrie, Rüstungsbetriebe u.v.a.m.) besuchen und dort den Luftschutz in Gang setzen sollten.

Der Feuerschutz blieb weiterhin das Stiefkind der Air Raid Precautions. Substantielle Fortschritte wurden erst nach energischen organisatorischen Maßnahmen erzielt. 1936 richtete man im Home Office eine eigene, vom ARPD unabhängige Fire Precautions Division ein, die die Ausarbeitung der »local fire schemes« überwachen sollte. Der Feuerschutz wurde damit aus dem generellen Bereich der Air Raid Precautions herausgelöst und als Spezialproblem behandelt. Dies kam auch dadurch zum Ausdruck, daß eine eigene Gesetzgebung auf den Weg gebracht wurde.

Die praktische organisatorische Aufbauarbeit wurde von den Verantwortlichen trotz aller Probleme recht positiv gesehen. Die etablierte rechtliche und verwaltungsstrukturelle Ordnung, die sich mit ihren einzelnen Elementen um die halboffene vertikale Organisationssäule Central Government – Local Authorities gruppierte, schien sich recht gut auf die Bedingungen des kommenden »Totalen Krieges« und dessen Luftbedrohungen einstellen zu lassen.

Dennoch blieben essentielle Fragen ungelöst. Dies betraf in allererster Linie die Aufbringung der finanziellen Mittel. Die ganze Maschinerie der Air Raid Precautions geriet im Frühjahr 1937 – für die verantwortlichen Planer keineswegs unerwartet – ins Stocken. Die Local Authorities hatten ihre Beteiligung von Anfang an nur unter der Bedingung zugesagt, daß die Finanzfrage geklärt würde, und erwarteten, da ihre praktischen Vorbereitungen Anfang 1937 vielfach so weit fortgeschritten waren, daß die Bereitstellung größere Kosten anstand, klare Zusagen aus London. Eine Einigung erwies sich als dringend erforderlich. Der Innenminister drängte das Kabinett zu entsprechenden Beschlüssen, erreichte aber erst nach längeren Beratungen eine Verhandlungsvollmacht. Die Verhandlungen mit den Local Authorities zogen sich das ganze Jahr über hin und hielten den gesamten organisatorischen Prozeß auf. Schwerfälligkeit und Lähmung konnten erst nach einer Einigung überwunden werden, die in ein Parlamentsgesetz, den Air Raid Precautions Act von 1937, einmündete. Dieses Gesetz verpflichtete alle Local Authorities formell, »ARP schemes« zu erstellen, und regelte die Finanzfrage. Erst jetzt, zweieinhalb Jahre nach dem Beginn der offenen Mobilisierungsarbeit in Großbritannien, verfügte man über eine rechtliche Grundlage für den Aufbau der ARP-Organisation[370]. Im Vergleich zu Deutschland hatte man sich um denselben Zeitraum verspätet. Das Reichsluftschutzgesetz war zweieinhalb Jahre alt.

Die Verabschiedung des ARP-Acts brachte auch massive Veränderungen für das ARPD. Durch die gesetzliche Regelung mußte die Organisation nun erheblich gestärkt werden, um den »scheme-making Authorities under the ARP-Act« die nötige administrative Unterstützung gewährleisten zu können. An die Spitze des ARPD trat ein Deputy Under-Secretary of State, W.G. Eady, der von der Unterstützungskasse der Arbeitslosenversorgung (Unemployment Assistance Board) übernommen wurde. Hodsoll wurde Generalinspekteur und sollte seine Kraft nun voll der praktischen Betreuung der Local Authorities widmen. Mit diesen Arrangements gedachte man unter anderem den rein zivilen Charakter der Air Raid Precautions im staatlichen Gesamtgeflecht demonstrieren zu können:

---

[370] Genauere Informationen zur Finanzfrage und zur Entstehung des ARP-Acts unten, S. 362–372.

»The administrative organisation has been strengthened, thereby releasing the Inspector-General for the work of encouraging and guiding Local Authorities on some of the details of their duties, and at the same time marking the distinctively civilian character of the Department as a branch of the Home Office[371].«

Gleichzeitig verstetigte man das Inspektionswesen. Die Inspekteure hatten Anfang 1937 einen Chief Inspector als Koordinationschef erhalten, und im November 1937 begann man, feste regionale Inspektorate zu gründen, um vor Ort besser und flexibler helfen zu können.

Damit war der Grundstein für eine stehende Territorialorganisation geschaffen, aus der schließlich die eigentliche Kriegs- und Mobilmachungsorganisation im engeren Sinne hervorgehen sollte. Die Vereinbarungen mit den Local Authorities, die man seit 1935 getroffen hatte, erstreckten sich ausschließlich auf die Vorbereitungen im Frieden. Eine Kriegsorganisation nach einem regelrechten Mobilmachungsplan, der bei Kriegsbeginn in Kraft gesetzt werden konnte und die schnelle und effiziente Umsetzung der vorbereiteten Maßnahmen bei Bombenangriffen regelte, stand nicht zur Verfügung. Dieser Plan wurde im ARPD seit der Abschaffung des Air Raids Commandant London zwar quasi nebenbei mitbearbeitet, aber vollgültige Einsatzschemata entstanden nicht.

Entscheidende praktische Fortschritte wurden erst unter dem Druck der sich verschlechternden internationalen Situation infolge der 1. und 2. Sudetenkrise im Frühjahr bzw. Herbst 1938 gemacht, dies unter großer Eile. Das hierzu – auf zunächst provisorischer Basis – aufgestellte Programm erhielt die Bezeichnung Scheme Y. Es stellte das Gegenstück zur Besonderen Anlage 10 des Mobilmachungsplanes der Luftwaffe dar und markiert den Übergang der britischen Air Raid Precautions von den reinen Friedensvorbereitungen zu einem Zustand der semi-permanenten Mobilmachung, die ihrerseits dann mit dem Kriegsbeginn am 1. September 1939 endete.

Das Scheme Y wurde von vornherein als bewußte Improvisation, quasi als eine Art Versicherung für einen eintretenden Ernstfall bis zur Ausarbeitung eines voll ausgereiften Gesamtkonzepts für die Neugestaltung der britischen Kriegsorganisation angelegt[372]. Man war planerisch von Krisen überrascht worden und mußte schnell handeln. Die praktische Ausgestaltung des Scheme Y wies infolge der hektischen Vorbereitungen daher auch einen relativ hohen Grad an praktischer Unausgereiftheit und Improvisation auf. Seine Grundanlage und seine Ausarbeitung erfolgten allerdings keineswegs in chaotischer Weise, sondern in systematischer organisatorischer, verwaltungstechnischer, verfassungsrechtlicher und militärischer Planung. Das CID und spezielle Unterausschüsse hatten bereits nach der Abessinienkrise 1935/36 mit der Ausarbeitung einer Gesamtkriegsorganisation begonnen, um die alten Arrangements, die aus dem Jahre 1928 stammten, abzulösen. Der Luftschutz hatte hier seinen festen Platz. Scheme Y wurde nach Anweisungen des CID hauptsächlich von Fisher und Hankey konzipiert. Das Bild von der De-

---

[371] PRO, CAB 16/142, DPR 238, 20.1.1938, 16. Progress – Report des ARPD, S. 1. Hodsoll war aktiver Luftwaffenoffizier (Wing Commander), die Inspekteure verabschiedete Militärs.

[372] PRO, CAB 16/191, Sub-Committee on the Co-ordination and Control of Civil Authorities for Passive Defence Purposes in War, 1. Mtg., 29.6.1938, S. 1 f., und 2. Mtg., 26.7.1938, S. 12–19.

mokratie als konfuser Staatsform, gekennzeichnet von Handlungsunfähigkeit, Zersplitterung und bei Krisen schließlich panisch-überhastetem Aktionismus, entspricht nur oberflächlich den Tatsachen.

Die bestehenden, teilweise erheblichen praktischen Mängel der Luftschutzorganisation, die durch die Sudetenkrise erst so richtig zutage traten, sollten von einer Konferenz nach Beendigung der Spannungszeit in einer ganzen Reihe von Sitzungen behoben werden[373]. Man erstellte ein Scheme Y Revise[374], das bis zum Frühjahr 1939 dann komplett in den Gesamtmobilmachungsplan der britischen Regierung, das Government War Book, eingearbeitet und dadurch gleichzeitig außer Kraft gesetzt wurde[375]. Damit hatte die improvisierte Mobilmachungsplanung für die Air Raid Precautions ein Ende genommen.

Die theoretische Planungsarbeit wurde jedoch weiterbetrieben und mit der praktischen Aufbauarbeit verzahnt. Das Erstellen von Modifikationen, Verbesserungen und strukturellem Aufbau erstreckte sich bis in den Sommer 1939[376]. Bei Kriegsbeginn hatte man dann eine vom organisatorischen Standpunkt aus landesweit einsatzfähige Struktur zur Verfügung.

Die inhaltliche Gestaltung der Kriegsorganisation und des Scheme Y sind erneut Beispiele für das Ineinandergreifen von rationalem Effizienzdenken und der Einhaltung der formalen verfassungsmäßigen Regeln in einer legalen Herrschaft. Sie stellen zentrale Eckpfeiler für das Funktionieren der britischen Zivilkriegsvorbereitungen bis 1939 dar.

Vor allem zwei wesentliche Elemente mußten im Zusammenhang mit dem Scheme Y definiert werden. Zunächst war zu klären, welches Ministerium für die »war organisation« zuständig sein sollte. Die Grundlagen hierfür wurden recht rasch festgelegt, dies nicht zuletzt auch deshalb, weil sie – zumindest in den Vorstellungen von Hankey und Fisher – schon existierten. Anders als in Deutschland, wo permanenter Ausnahmezustand und Kriegsvorbereitung seit 1933 zumindest politisch, sozial und wirtschaftlich auf der Tagesordnung standen und zu organisatorischen Wucherungen führten, die nach und nach die Prinzipien einer geordneten Verwaltung aushöhlten, behielt man in Großbritannien die Grundsätze rationaler Herrschaft bei. Dementsprechend sah man den Übergang zu kriegsmäßigen Organisationsformen als Einschnitt an, der nach möglichst genau formulierten und verbindlich zu befolgenden Regeln vonstatten zu gehen hatte.

Die Einsetzung eines Zivilkriegsministers schon im Frieden kam nicht in Frage. Statt dessen avisierte man für den Ernstfall die Schaffung eines Ministry of Home

---

[373] Vgl. insbesondere ebd., CAB 16/190, Conference of Heads of Departments, presided over by Sir Warren Fisher, called to consider departmental reviews on the Civil Defence Measures taken during the Czechoslovakian Crisis, September 1938, 3 Mtgs., 16 Memos und ein Gesamtbericht.
[374] PRO, HO 45/18124, 700014/19, November 1938.
[375] Ebd., 700014/53, Wells an L.F. Burgis mit Beschluß des CID vom 11.3.1939.
[376] Dazu PRO, CAB 16/143, DPR 273, 20.5.1938, 18. Progress Report, ARPD; DPR 278, 18.7.1938, 19. Progress Report, ARPD; DPR 288, 17.10.1938, 20. Progress Report, ARPD; DPR 294, 17.12.1938, 21. Progress Report, ARPD; CAB 16/144, DPR 301, 28.2.1939, 22. Progress Report, ARPD; DPR 307, 25.4.1939, 23. Progress Report, ARPD; DPR 315, 19.6.1939, 24. Progress Report, ARPD.

Security, das sämtliche Koordinations- und Überwachungskompetenzen für die Air Raid Precautions und die Innere Sicherheit vom Home Office übernehmen sollte. Die Belange der anderen beteiligten Ministerien (z.B. des Ministry of Health) sollte dadurch nicht geschmälert, sondern vielmehr in die Organisation des Ministry of Home Security aktiv eingebunden werden. Bei der Konzeptionierung des Ministeriums legte man von vornherein Wert auf klare Kompetenzabgrenzung bei gleichzeitiger gegenseitiger Kooperation – ein weiterer Unterschied zu den Verhältnissen in Deutschland, wo neue Schöpfungen durch die Machtambitionen der obersten Palladine Hitlers erfolgten, die dann nur unter Mühen und Störungen in eine Gesamtorganisation eingebunden werden konnten[377].

Die geplante Schaffung eines Ministry of Home Security war nicht die einzige größere Erweiterung des Regierungsapparates angesichts der Bedrohung durch den »Totalen Krieg«. Für den Kriegsausbruch plante man nach ähnlichen Gesichtspunkten auch die Errichtung eines Ministry of Information, eines Propagandaministeriums, vor. Dieses wurde bei Kriegsbeginn parallel zum Ministry of Home Security gegründet[378].

Die Vorbereitung spezieller Ministerien für den Kriegsfall und die damit zum Ausdruck kommende organisatorische Trennung zwischen Friedens- und Kriegsstrukturen im staats- und gesellschaftspolitischen Gesamtzusammenhang gingen manchen Betrachtern allerdings nicht weit genug, und so kam es zu Debatten über die Frage, ob angesichts der angespannten internationalen Lage nicht schon im Frieden massivere organisatorische Maßnahmen hin zur Kriegsbereitschaft gerechtfertigt seien. Man stand zwischen den Notwendigkeiten einer effizienten Kriegsvorbereitung einerseits und den politischen, verfassungsmäßigen und organisatorischen Konsequenzen andererseits. Es kam zu teilweise heftig geführten Debatten im Parlament und in der Presse über die Notwendigkeit zum Umbau der britischen Kriegsplanungsmaschinerie vom eher informellen Ausschußsystem mit dem CID als Vorbild und Herzstück hin zur Institutionalisierung von festen staatlichen Behördenstrukturen mit neuen Ministerien als Basis. Der Streit um die Ernennung eines Minister for the Coordination of Defence und die Errichtung eines

---

[377] Zur eindeutigen Festlegung der Kompetenzen in den britischen ARG vgl. Fisher in der 326. Sitzung des CID, PRO, CAB 2/8, CID, 326. Mtg., S. 4. Dazu ebd., CID Paper 287-A, S. 1 f. Es fällt generell auf, daß die Entscheidungen im CID und seinen verwandten Gremien (DPR) in der Frage der zivilen Verteidigung recht harmonisch verliefen. Wirkliche Differenzen gab es nicht. Die Entscheidungen liefen seit ihrer Inaugurierung durch die stellvertretenden Generalstabschefs quasi reibungslos durch alle Instanzen. Nach den richtungsweisenden Entscheidungen des CID kam auch das nachfolgende Sub-Committee unter Fisher zu keinen grundlegend anderen Erkenntnissen. Staatspolitisch spricht dies für ein hohes Maß an Kohärenz der Herrschaftsordnung, fachlich-planerisch hingegen scheint man nicht gerade großes Engagement und Problembewußtsein besessen zu haben. Vgl. dazu für die gesamte britische Spitzenorganisation – Kabinett, Minister und Ausschüsse – Grand Strategy, S. 771–776. Es ist allerdings die Frage, ob nicht gerade dies die Stärke der britischen Ausschüsse war. Immerhin zeugt es von stringentem Effizienzdenken, wenn man – soweit möglich – die bestehenden Instrumente (Ministerien mit ihren Zuständigkeiten) übernimmt und an neuen Elementen so wenig wie möglich (Ministry of Home Security) einfügt.

[378] McLaine, Ministry, v.a. Kap. 1 und 2.

Ministry of Supply, also eines Nachschubministeriums, schon im Frieden besaß hier paradigmatischen Charakter[379].

Im Zeichen der Bildung des Ministry of Home Security erfuhr die Spitzenorganisation der Air Raid Precautions, die ja immerhin den Kern der zivilen Heimatverteidigung ausmachte, eine klare neue Ausrichtung. Ein alter Luftschutzfachmann, der 1932 vom Vorsitz des ARPOC zurückgetretene Anderson, betrat wieder die Bühne, nunmehr allerdings auf höchster Ebene. Als Lord Privy Seal übernahm er im November 1938 – zunächst inoffiziell – vom Home Office kommissarisch alle Funktionen hinsichtlich der Air Raid Precautions und wurde somit auch für das ARPD zuständig. Um die Koordination zwischen den anderen beteiligten Ministerien sicherzustellen, gab man ihm ein Civil Defence Policy Committee, besetzt mit den an der Zivilverteidigung beteiligten Ministern, und ein Civil Defence Technical Committee, bestehend aus den leitenden Ministerialbeamten (Permanent Heads) der betreffenden Ressorts, an die Hand[380]. Bei Kriegsbeginn sollte der Ministerausschuß als Standing Council of Home Security, d.h. als oberstes Koordinationsorgan des komplexen Bereiches Civil Defence, fungieren. Die Konzentration der Leitungs- und Koordinationsbefugnisse in Andersons Hand trat bei Kriegsbeginn dann auch voll zutage. Er übernahm als Lord Privy Seal sowohl das Home Office als auch das Ministry of Home Security[381].

Bei all diesen Vorbereitungen achtete man trotz der Machtballung in Andersons Händen auf die Wahrung der verfassungsmäßig vorgegebenen Einschränkungen[382]. Es wurde bestimmt, daß die Zuständigkeiten der beteiligten anderen Ministerien nicht geschmälert werden sollten. Der Minister of Home Security sollte ausdrücklich ein Koordinationsorgan sein, ohne eigenen inhaltlichen Geschäftsbereich:

»It is not proposed that the new Minister shall be given a Department. Existing Departments will continue in the performance of their respective functions, but in the executive field all matter involving co-ordination of activities will be the subject of recourse to the new Minister[383].«

Die zweite grundlegende Frage, die zu entscheiden war, betraf die regionale Befehlsstruktur, die »chain of command«. Als Teil von Scheme Y lag hier die generelle Richtung im Grunde schon vor der Septemberkrise fest. Die Verantwortlichen, insbesondere wiederum Hankey und Fisher, waren sich bereits im Vorfeld der Entstehung von Scheme Y im klaren darüber, daß die bestehende Aufgabenteilung zwischen Local Authorities und Central Government unter Kriegsbedingungen auseinanderbrechen würde, wenn man nicht eine landesweit einheitliche

---

[379] Grand Strategy, S. 771–782.
[380] PRO, CAB 16/207, CDST 1 (8.6.1939) und 2 (18.11.1938) mit CID Paper 300-A (previous paper 297-A) und CP 243 (38), Kabinettsbeschluß vom 31.10.1938. Auch hier wieder die Zweiteilung der Ausschüsse wie schon bei ARPOC und ARPPC bis 1936.
[381] O'Brien, Civil Defence, S. 300 ff.
[382] Andersons Einsetzung als Civil Defence Minister blieb zunächst inoffiziell. Erst mit Verabschiedung des 2. LschG im Sommer 1939 erhielt er die ARP offiziell übertragen. Ebd., S. 167, Anm. 4.
[383] PRO, CAB 16/207, CP 243 (38).

Kommando- und Befehlsorganisation schuf. Folglich sorgten sie für die Schaffung eines entsprechenden Instruments.

Erneut ist dabei als zentrales Element das rationale Effizienzdenken zu erkennen, dies wiederum im diametralen Gegensatz zum nationalsozialistischen Deutschland. Im Reich hatte sich die Territorialverwaltung an der organisatorischen Großwetterlage zu orientieren, die sehr stark durch die politisch-ideologische Ausrichtung und die ihr nachfolgende Patriarchalisierung bestimmt war (Himmler, Göring – Polizei, Luftwaffe, RLB). Die dadurch entstehende massive organisatorische Zersplitterung und Ausfaltung fand in Großbritannien nicht statt. Im Gegenteil – man griff unter bewußter Vermeidung ineffizienter Methoden (waste of effort) auf bereits vorhandene Strukturen zurück: die Anfang der 30er Jahre zugunsten der Local Authorities abgelehnte Civil Strike Organisation. Die Deputy Chiefs of Staff hatten in einem Grundlagenmemorandum vom 22. April 1938 vorgeschlagen:

»The organisation we have in mind would be similar to the Civil Commissioners Organisation earmarked für use in civil emergency in times of peace[384].«

Man übernahm deren organisatorisches Skelett und paßte sie den Gegebenheiten des zu erwartenden Luftkrieges an. Grundlage dieses bereits beim Generalstreik 1926 erfolgreichen Konzepts war die territoriale Einteilung des Landes in verschiedene Bezirke (Divisions), denen ein Divisional oder Civil Commissioner vorstand[385]. Dieser hatte im Ernstfall alle nötigen Aktionen zu koordinieren und sollte bei Unterbrechung der Kommunikation mit der Zentralregierung – aber nur dann und nicht früher – automatisch diktatorische Befehlsbefugnisse in seinem Gebiet erhalten. Ihm waren Vertreter der wichtigsten nationalen Dienste, insbesondere aus den Bereichen Transport und Logistik, beigegeben, die jeweils für ihre Organisationen tätig werden sollten. Verbindungsoffiziere für Polizei und Armee sollten ebenfalls in seinem Stab vorhanden sein.

Diese monolineare Koordinations- und Befehlsstruktur wurde nun für die Air Raid Precautions ausgebaut, indem man weitere Dienste, so z.B. die medizinische Versorgung, in das System integrierte. Die territorialen Befehlshaber nannte man Regional Commissioners, dies unter bewußter Vermeidung des zu militärisch klingenden Titels Divisional Commissioner. Die in Frage kommenden Persönlichkei-

---

[384] PRO, CAB 2/8, CID Paper 1425-B, S. 8.
[385] Zum Folgenden vgl. grundsätzlich und wo nicht anders angegeben: PRO, CAB 16/191, PD 1, 23.6.1938, mit CID Paper 287-A und Protokoll der 326. Sitzung des CID, PD 2, 28.6.1938, Memo von Col. Ismay in Zusammenarbeit mit den beteiligten Ministerien über die Civil Emergency Organisation, dazu 1. Mtg. des am 29.6.1938 gegründeten Sub-Committee on the Coordination and Control of Civil Authorities for Passive Defence Purposes in War, und PD 6, 26.7.1938 (= CID Paper 293-A), Interimsbericht des Sub-Committee on the Co-ordination and Control of Civil Authorities for Passive Defence Purposes in War, 2. Mtg. des Sub-Committees am 26.7.1938, Besprechung des Interimsberichts, PD 7, 13.8.1938, Draft Civil Defence Scheme Y, 3. Mtg. des Sub-Committees, 16.8.1938, Besprechung des Draft SY (PD 7), 4. Mtg., 14.9.1938. PRO, HO 45/18198, Heads of Divisions Council, ARPD, 18. Mtg., 2.12.1938, Note von Sir Thomas Gardiner über Regional Organisation (outside London) und nachfolgende Diskussion hierüber. CAB 16/197, CDSP 4 (24.1.1939), Memo von Anderson über ARP-Org., dazu 3. Mtg. des CDPSC (25.1.1939).

ten mußten von hohem Rang sein und außerhalb jeglicher parteipolitischer Zwistigkeiten oder anderer Probleme sein, sie
> »must be persons of outstanding ability and experience, capable of assuming full responsibility in an emergency«[386].

Für das Scheme Y wurden entsprechend der Anzahl der Divisions elf Persönlichkeiten ausgewählt, dies allerdings mit einer befristeten Geltungsdauer bis zum 1. Oktober.

Diese zeitliche Einschränkung rührte aus verfassungsrechtlichen und -politischen Problemen her, denen die Verantwortlichen im Laufe ihrer Diskussionen begegneten. Die Einsetzung von Regional Commissioners war ein äußerst heikles Unterfangen, da man einerseits nicht wußte, wie die Local Authorities als Träger reagieren würden, und es andererseits große Probleme mit der Verantwortung der eingesetzten Persönlichkeiten gab. Insbesondere ging es um die Entscheidung über die Ausrufung des Diktaturfalles. Klare Kriterien gab es nicht, und so mußte es dem jeweiligen Regional Commissioner im konkreten Fall überlassen bleiben, ob er bei Krisensituationen den Ausnahmezustand ausrief. Die Vertreter der einzelnen Ministerien verwiesen bei den Diskussionen zwar darauf, daß ein Regional Commissioner ohne die Mitarbeit der Mitglieder seines Stabes (Divisional Officers) nichts unternehmen könne; dies aber bot letztlich keine Garantie für ein korrektes Verhalten. Im Interesse einer funktionsfähigen Organisation bei schweren Krisen mußte man dem Regional Commissioner die letzte Entscheidung übertragen. Es blieb nur übrig, zu hoffen, daß die ausgewählten Persönlichkeiten sich ihrer Verantwortung bewußt sein würden und die Zusammenarbeit zwischen ihnen und den örtlichen »officers« der beteiligen Ministerien und vor allem den Local Authorities konstruktiv sein würde.

> »Sir George Chrystal said that he hoped that it [the relation between die Regional Commissioners and the Local Authorities, B.L.] would as far as possible be one of collaboration and co-operation[387].«

Die überragende Stellung der Regional Commissioners mit »over-riding powers« auch über die Mitglieder ihres Stabes wurde festgeschrieben. Außerdem sicherte man ihnen Immunität für alle Handlungen zu, die sie bei überraschendem Eintritt des Kriegsfalles zur Sicherung der Nation ins Werk setzten. Es war vorgesehen, nach der offiziellen Kriegserklärung ein Gesetz und Defence Regulations zu erlassen, die den inneren Notstand aufgrund des Krieges offiziell sanktionieren würden. Man plante, alle Maßnahmen, auch eventuell nötig werdende Ausübung von Zwang oder gar Gewalt, die »in anticipation« dieses Gesetzes ergriffen würden, nachträglich zu genehmigen. Im äußersten Krisenfall im Krieg (Gefahr des Zusammenbruchs der Ordnung oder Unterbrechung der Kommunikation mit der Zentralregierung) hatte der Regional Commissioner ebenfalls Diktaturgewalt über alle Verwaltungen, die Ministerien und ihre Vertreter nicht ausgenommen, denn

> »a situation might possibly arise, short of an actual breakdown of communications, in which it was necessary for the Regional Commissioner to assume control. There should

---

[386] PRO, CAB 2/8, CID, 326. Mtg., S. 1 f.
[387] Ebd., CAB 16/191, Sub-Committee on the Co-ordination and Control of Civil Authorities for Passive Defence Purposes in War, 1. Mtg., 29.6.1938, S. 11.

be no doubt that the person to decide when such circumstances had arisen must be the Regional Commissioner himself or his Deputy. He must act first and justify his action afterwards[388].«

Bis dahin hatte der Regional Commissioner lediglich Befugnis zur Koordination.

»While the Divisional Officers will keep the Civil Commissioner [resp. Regional Commissioner, B.L.] fully informed of the state of the service for which they are responsible, they will act under instructions from their own departments, to whom they are directly responsible. The Civil Commissioner [resp. Regional Commissioner] will not intervene unless in his opinion there is imminent danger of, or an actual breakdown of, the emergency arrangements or unless communications between the Division and London become impossible, in which case he will take complete charge of the Divisional organisation [...] In practice these [the powers of the Regional Commissioner] would derive from the powers invested in the departmental members of the Regional Commissioner by virtue of his being the representative of the Government for that particular region[389].«

Diese Prozedur der vorsorglichen Zusicherung einer nachträglichen Genehmigung aller Handlungen stand in der Tradition der Notstandsgesetzgebung, insbesondere des Emergency Powers Act von 1920, der die Basis für die Anti-Streik-Organisation gebildet hatte, und stellte die Verfahrensweise einer rationalen Herrschaftsordnung zur Bewältigung der Anforderungen schnellen Reagierens beim Ausbruch eines modernen Krieges unter gleichzeitiger Wahrung der Prinzipien geordneter demokratischer Staatsführung dar. Für die Friedensarbeit hatten der Regional Commissioner und sein Stab außer einem Recht zur allgemeinen administrativen Orientierung kaum Befugnisse[390]. Die Regional Commissioners hatten auch nicht das Recht, in die Planungen und »schemes« der einzelnen Ministerien oder der Local Authorities hineinzureden[391].

Mit derselben Vorsicht ging man bei den Regelungen für die direkte Kontrolle über die Local Authorities bei schweren Bombenangriffen vor. Man war sich klar darüber, daß in derlei Fällen ein nach militärischen Prinzipien funktionierender Mechanismus in Gang gesetzt werden mußte, der keine Rücksicht auf die traditionellen Souveränität der lokalen Verwaltungen nehmen konnte. Andererseits durfte man die Gerechtsame der Local Authorities nicht so ohne weiteres verletzen und mußte daher einen Kompromiß finden. Es kam zu einer ähnlich ausführlichen Diskussionen und zu einer vergleichbaren Lösung mit Umwegen. Man beschloß, den Local Authorities die Kontrolle über die Air Raid Precautions so lange wie möglich zu belassen und erst bei massiver Gefahr diktatorische Verhältnisse herzustellen. Zur Ausübung der Befehlsgewalt in einer solchen Situation sollten von jeder lokalen Verwaltung spezielle Beamte (sog. Co-ordinating officers, später Controllers) ernannt werden, die nicht dem örtlichen Council, sondern ausschließlich der Regierung verantwortlich sein sollten. Zur Beschwichtigung sollte ein

---

[388] Anderson in: ebd., CAB 16/197, 3. Mtg. des CDPSC, 25.1.1939, S. 8.
[389] Ebd., CAB 16/191, Sub-Committee on the Co-ordination and Control of Civil Authorities for Passive Defence Purposes in War, 2. Mtg., 26.7.1938, S. 6.
[390] PRO, HO 45/18198, Heads of Divisions Council, ARPD, 18. Mtg., 2.12.1938, Note Gardiners über Regional Organisation (outside London) und nachfolgende Diskussion hierüber, S. 3.
[391] Ebd., CAB 16/197, CDSP 4, (24.1.1939), S. 4.

Beirat (Regional Council) als Informationsforum ohne Kommandobefugnis aufgestellt werden[392]. Mit dieser Regelung hoffte man, die unerläßlichen Notwendigkeiten effizienter Schadensbekämpfung mit den Erfordernissen einer politisch gütlichen und organisatorisch reibungslosen Zusammenarbeit mit den lokalen Verwaltungen zu kombinieren[393]. Wie bei den Regional Commissioners entwickelte man ein Modell der Verknüpfung von Notfallhandlung und späterer Berichterstattung bzw. Legitimation. Die Local Authorities sollten ein kleines Emergency Committee bilden, dem der Co-ordinating Officer und sein Einsatzstab vor Ort bei Gefahr im Verzuge zu berichten hatten. Bei der Notwendigkeit zu schnellem Handeln sollte er sofort handeln, ohne die lokale Verwaltung zu fragen, und dann nachfolgend berichten.

Die Handhabung all dieser als überaus heikel angesehenen Probleme zeigt erneut die pragmatisch-effiziente Linie der Kriegsvorbereitung. Man gedachte, die vorhandenen verfassungsmäßigen Instrumente (Civil Emergency Organisation, Local Authorities und Ministerien) möglichst ohne wenig Änderungen zu instrumentalisieren. Das Letzte, was man wollte, waren staatspolitische Grundsatzdebatten. In klarer Erkenntnis, daß man auf die bereitwillige Kooperation der Local Authorities angewiesen war und diese behutsam in die Kriegseinsatzorganisation einzubinden hatte, baute man darauf, daß die lokalen Verwaltungen einer konstruktiven Führung von seiten der Regierung nicht wirklich abgeneigt sein würden[394]:

»in war-time there must be unified direction and that the Central Government must be able to issue orders which would be at once obeyed [...] If it was proposed to explain to Local Authorities in peace-time that on occasions in war-time the Government would find it necessary to issue orders which must be immediately obeyed [...] the concurrence of the Local Authorities would not be withheld[395].«

Insgesamt bildeten die Regelungen für die Regional Commissioners und die ARP-Controllers einen Kompromiß zwischen der Handlungsfähigkeit bei inneren zivilen Notständen infolge feindlicher Kriegshandlungen und dem bestehenden staatspolitischen Gefüge. Das halboffene monolineare System der zivilen Vorbereitungen im Frieden sollte im Krieg durch eine regionale Organisationsstruktur geschlossen werden, die allerdings unter dem Diktum der Kooperationsfähigkeit und der Gewaltenteilung stand. Die Regional Commissioners konnten im Notfall über eine Einsatzstruktur verfügen, die sie selbst nicht gestalten durften. Die Local

---

[392] Ebd. Allenfalls sollten die Local Authorities einige untergeordnete Aufgaben erhalten, die nichts mit der Notfallorganisation zu tun hatten.
[393] Ebd. Die Controllers, Emergency Committees und die Regional Councils wurden im wesentlichen bis zum Sommer 1939 ernannt bzw. eingerichtet. CAB 16/144, DPR 315, 19.6.1939, 24. Progress Report, ARPD, S. 2 f.
[394] Ebd., S. 6 f. Andersons übermächtige Argumentationsweise setzte sich hier wie schon in der Frühzeit durch. Erneut ist dabei zu erkennen, daß demokratischer Idealismus kaum bei seinen Vorstellungen Pate stand. Es ging um die rationale Gestaltung effizienter Organisationsstrukturen entlang des gegebenen verfassungsmäßigen Bestandes, wobei der finanzielle Aspekt keine geringe Rolle spielte.
[395] Sir Walter E. Elliot, Minister of Health, in: ebd., CAB 16/197, 3. Mtg. des CDPSC, 25.1.1939, S. 5.

Authorities durften aus ihren Reihen die Controllers ernennen, die im Gefahrenfall aber nicht unter ihrer Kontrolle, sondern unter dem Befehl der Zentralregierung standen.

Das ganze Modell lebte vor allem von direkter Kooperation der beteiligten öffentlichen Verwaltungen[396]. Besondere Dienstwege für die Kommunikation innerhalb und zwischen getrennten Strängen (z.B. Luftwaffe und Polizei in Deutschland) erübrigten sich. Auf allen drei Ebenen der zivilen Kriegsorganisation (Central Government, Regional Commissioners und Local Authorities) sollten die betreffenden Verantwortlichen – also von Polizei, Feuerwehr, Armee, medizinischer Notfallversorgung sowie von Transport und Logistik – in zentralen Koordinationsstäben ständig zusammenarbeiten. Diese Stäbe wurden von den Kristallisationspunkten der vertikalen Organisation (Minister of Home Security, Regional Commissioners, ARP-Controllers der Local Authorities) geleitet – notfalls mit diktatorischer Gewalt. Somit wurden Verfassungssystem, traditionelle Krisenbekämpfungsinstrumentarien und Verwaltungsstrukturen unter möglichster Konservierung der gegebenen rationalen Herrschaftsordnung den Notwendigkeiten des »Totalen Krieges« angepaßt. Ein solches System konnte allerdings nur funktionieren, wenn die Beteiligten aller Ebenen die formalen Regeln der Herrschaftsordnung respektierten. Diese Art der Verzahnung auf einsträngiger Basis ließ keinen Spielraum für patriarchalische oder charismatische Machtambitionen.

Der Apparat wurde einer ersten Bewährungsprobe unterzogen, als er noch im Entstehen war[397]. Während der 2. Sudetenkrise im Herbst 1938 hatte man die Kriegsorganisation durch den Befehl an die Regional Commissioners, ihre »headquarters« in den Regionen zu besetzen, ansatzweise in Kraft gesetzt. Ferner lief die Verteilung der Gasmasken an. Über 30 Mio. Stück wurden an die Bevölkerung ausgegeben. Außerdem richtete man die Erste-Hilfe-Posten ein und ließ Splittergräben ausheben.

Mit dieser Mobilisierung ging die vornehmlich administrative Gestaltung der Vorbereitungen, basierend auf dem ARP Act von 1937 (scheme-making), zu Ende und wechselte in einen Zustand der semi-permanenten Mobilisierung unter Anwendung auch von Massenrekrutierungskampagnen über[398]. In diesem Rahmen begannen sich die bestehenden Strukturen allmählich an die vorbereitete Kriegsorganisation anzugleichen:

»Preparation for war must now be regarded as one of the normal duties of Departments in peace-time [...] Conditions had wholy changed with the advent of air power and our defensive arrangements should be in a permanent state of readiness. Peace was now little more than an armed truce[399].«

---

[396] Die Zivilverteidigung der Industrie bzw. der Privatwirtschaft kann an dieser Stelle nicht behandelt werden.
[397] Zum Folgenden vgl. PRO, CAB 16/143, DPR 288, 17.10.1938, 20. Progress Report, ARPD, S. 1 f. und 8; DPR 294, 17.12.1938, 21. Progress Report, ARPD, S. 1 f.; O'Brien, Civil Defence, S. 153–165.
[398] Dazu unten, S. 419–426 und 431–433.
[399] PRO, CAB 16/190, Sir William Brown, BoT und Fisher auf dem 1. Mtg. der Conference of Heads of Departments, 27.10.1938, S. 8.

Überhaupt kam es zu einer immer stärker werdenden administrativen Verfestigung und einer inneren Militarisierung des gesamten Apparates. Anderson als Lord Privy Seal und designierter Minister of Home Security erhielt Sir Thomas Gardiner, den Director General of the Post Office als zivilen Generalstabschef im Office des Lord Privy Seal (Generalstab). Entsprechend der Aufgaben Andersons sollte Gardiner vor allem die Kooperation mit den anderen Ministerien gewährleisten, die Kriegstauglichkeit der Organisation sicherstellen und im Ernstfall als Staatssekretär für Anderson tätig werden. Die konkreten Sachgebiete, die zu bearbeiten waren, hatten im Laufe der Zeit – nicht zuletzt auch infolge der Konzipierung eines Ministry of Home Security – an Zahl zugenommen, reichten inzwischen über den engeren Luftschutz hinaus und erstreckten sich auf die zivile Verteidigung im weitesten Sinne (Civil Defence). Das System sollte die ganze Vielfalt des zivilen Bevölkerungsschutzes innerhalb der Kriegsorganisation kohärent bündeln. Dies war schon in der Grundanlage der Regional Commissioners zum Ausdruck gekommen. Da diese notfalls die ganze Ordnung aufrechterhalten mußten, gestaltete man sie von vornherein als eine Art Mini-Regierungen mit Vertretern aller für die inneren Funktionen von Staat und Gesellschaft wichtigen Ministerien[400]:

- Home Office (Polizei und ARP im engeren Sinne)
- Board of Trade (Food [Defence] Plans Department)
- Board of Trade (Mines Department)
- Ministry of Transport
- Post Office
- Office of Works
- Ministry of Pensions
- Unemployment Assistance Board
- War Office
- Admiralty
- Ministry of Labour

Das ARPD als Vertreter der Air Raid Precautions war hierbei nur ein Teil der Gesamtorganisation, behielt aber zentrale Bedeutung für die Gesamtplanung.

Die innere Organisation des ARPD, die nach dem ARP-Act von 1937/38 zweigeteilt worden war (Eady und Hodsoll), wurde nun unter provisorischer Einbeziehung von Gardiner dreigeteilt. Letzterer sollte in seiner Funktion als Stabschef für die gesamte Zivilverteidigung die Kriegsorganisation und allgemeine Kooperation mit den anderen Departments übernehmen. Dies bot sich auch deswegen an, weil Anderson sein Hauptquartier im Gebäude des Home Office einrichtete, in dessen Nähe sich das ARPD (Horseferry House, Thorney Street,

---

[400] PRO, CAB 16/191, PD 6, 26.7.1938 (= CID Paper 293-A), S. 3. Bezeichnenderweise hatte man die Luftwaffe hier nicht vorgesehen. Dies lag zum einen daran, daß die RAF an der eigentlichen LS-Organisation (Flugmeldedienst) bereits beteiligt war, zum anderen aber auch an einer gewissen Unwilligkeit zur Kooperation. Bei den großen Übungen im Süden hatte sich die Luftwaffe etwa strikt geweigert, auch nur Verbindungsoffiziere zuzulassen. Sie hielt es – wohl auch nicht zuletzt aus strategischer Grundüberzeugung – offensichtlich nicht für angebracht, sich allzu stark für die zivile Bodenverteidigung zu engagieren.

SW 1) befand. Im ARPD besaß Gardiner einen speziellen Stab für seine Obliegenheiten als Einsatzleiter bzw. Stabschef für den direkten Bereich der Air Raid Precautions[401]. Damit näherte man sich militärischen Organisationsprinzipien weiter an, »following the principle in force in Service Departments«[402]. Die Aufgaben von Eady und Hodsoll blieben im wesentlichen die gleichen. Eady als Chef des ARPD war der allgemeine Verwaltungsleiter, hatte die Durchführung des ARP-Acts (abschließende administrative und finanzielle Überwachung der »schemes«) zu leiten und die parlamentarischen Geschäfte zu führen. Hodsolls Position wurde erheblich gestärkt, denn er erhielt die direkte Kontrolle über das regionale Inspektionswesen, das nach den Änderungen infolge des ARP-Act 1937 als Sonderbereich unter einem Chief Inspector formell selbständig gewesen war. Seine Aufgaben – überhaupt die Obliegenheiten der Inspekteure – hatten sich seit Beginn der Mobilisierung erheblich gewandelt. Man wurde kaum mehr als Werber und als Trommler tätig, sondern sollte die Einheitlichkeit der Organisation überwachen und den Stand der örtlichen Vorbereitungen überprüfen, dies unter anderem durch die Anordnung von Übungen. Somit hatte man sich sehr stark militärischen Formen angenähert, wie sie auch in Deutschland für die Inspekteure galten.

Das ARPD dehnte seine permanente regionale Inspektionsorganisation, die nach dem ARP-Act entstanden war, aus und richtete sog. Regional Offices ein. Die Inspekteure erhielten die Bezeichnung Regional Officers[403]. Ihre Hauptaufgabe beinhaltete zwar immer noch die Beratung der Local Authorities, aber man hatte ihnen nunmehr auch die Aufgabe zugewiesen, eine vorläufige Prüfung der »local schemes« vorzunehmen und damit auch über die Zuteilung der »grants« mit zu entscheiden. Die Regional Offices wurden bewußt in den administrativen Zentren der Kriegsorganisation, die inzwischen auf 12 »Regions« erweitert worden war, eingerichtet. Man hatte sie als »headquarters« der Regional Commissioners avisiert und somit eine direkte räumliche Verbindung zur Kriegsorganisation hergestellt. Die Regional Commissioners mit ihren Stäben sollten sie bei Kriegsbeginn beziehen.

Die direkten Zuständigkeiten für die einzelnen Sachgebiete innerhalb der Gesamtorganisation blieben im Wesentlichen gleich. Home Office und ARPD behielten weitgehend die federführende Zuständigkeit für die Air Raid Precautions

---

[401] Zum Folgenden: PRO, HO 45/18198, Heads of Divisions Council, ARPD, 703049/5, Paper Januar 1938, 703049/5, 15. Mtg., 9.11.1938; O'Brien, Civil Defence, S. 110–113 und 166–175. Gardiner selbst gehörte nicht dem ARPD an. Die Verwaltungsstruktur des ARPD, das 1938/39 sehr stark Komplexität gewann, kann hier nicht bis ins letzte Detail dargestellt werden. Es gab Anfang 1939 vier Hauptabteilungen (Divisions): je eine für die Prüfung der »local schemes«, für generelle Fragen der Organisation und Ausrüstung, für Kriegsorganisation und Koordination und für den Schutzraumbau. Daneben gab es eine Intelligence-Abteilung, weitere Sonderabteilungen etwa für Forschungszwecke etc. Für die Gestaltung der Ausbildungspläne gab es seit dem Frühjahr 1938 einen Director of Training and Organisation.

[402] Ebd., HO 45/18802, Treffen Anderson mit dem Parliamentary Sub-Committee on ARP (Tories) am 2.2.1939, S. 1.

[403] Zum Folgenden: PRO, CAB 16/143, DPR 273, 20.5.1938, 18. Progress Report, ARPD, S. 1 f.; CAB 16/144, DPR 301, 28.2.1939, 22. Progress Report, ARPD, S. 1 f., und DPR 315, 19.6.1939, 24. Progress Report, ARPD, S. 2–4.

im eigentlichen Sinne, also Polizei und Innere Sicherheit, soweit Luftangriffe betreffend, Brandbekämpfung und Feuerwehr, Schutzraumbau, Gasschutz, Rekrutierung und Propaganda, Sicherung der logistischen Grundversorgung, industrieller Luftschutz. Abgegeben hatte man aufgrund der großen administrativen Komplexität die Bereiche Evakuierung der Zivilbevölkerung und die Zuständigkeiten für die administrative Vorbereitung der Pläne für die medizinische Verwundetenversorgung. Beide Bereiche gingen an das Ministry of Health, das für die Casualty-Organisation auch die Berechtigung erhielt, die entsprechenden »local schemes« zu überprüfen und zu überwachen sowie über die Zuteilung der »grants« zu entscheiden. Das ARPD behielt allerdings die Kontrolle über das Personal (Sanitätstrupps, Erste-Hilfe-Posten etc.) und dessen Rekrutierung[404].

Die immer vielschichtiger werdenden Anforderungen des Gesamtkomplexes Civil Defence führten schließlich zu einer ausführlichen rechtlichen Kodifizierung. Unter der Leitung Andersons bereitete man ein umfassendes Detailgesetz für die Zivilverteidigung vor. Anderson hatte die entsprechenden Vorarbeiten alsbald nach seinem Amtsantritt als Lord Privy Seal in die Wege geleitet, dies unter der Betonung, daß die Civil Defence a matter of first urgency« sei[405]. Das Gesetz, der Civil Defence Act 1939, wurde nach langen Vorbereitungen am 13. Juli 1939 verabschiedet und traf auf über hundert Seiten – dabei vergleichbar den DVOs in Deutschland – für fast alle Bereiche eingehende Regelungen[406]. Die Local Authorities wurden ermächtigt, begrenzten gesetzlichen Zwang auszuüben, um die Air Raid Precautions in ihrem Gebiet durchzuführen. Dies galt insbesondere für den Bau von Schutzräumen. Personen oder Firmen als Gebäudeeigentümer konnten zur Bereitstellung von entsprechenden Räumlichkeiten gezwungen werden. Die Industrie wurde durch umfassende Zwangsbestimmungen mit Strafandrohungen zur Durchführung verpflichtet.

Die Einführung von formellen Pflichten und einer entsprechenden Handhabe gegen den einzelnen Bürger als Person blieb jedoch weiterhin in jedweder Form ausgeschlossen. Die Anwendung von Zwang gegen Local Authorities wurde allerdings ermöglicht. Säumige, unwillige oder unfähige Gemeinden konnten zur Erfüllung ihrer Obliegenheiten verpflichtet bzw. ihrer Zuständigkeiten durch die Einsetzung von kommissarischen Beamten enthoben werden. Die britischen Zivilkriegsvorbereitungen bis 1939 hatten damit auch juristisch einen Abschluß gefunden.

Von dieser Warte aus trat man in Großbritannien in den Zweiten Weltkrieg ein. Ob die britische Kriegsorganisation der deutschen überlegen war und welches System bei Kriegsbeginn letztlich das effizientere war, läßt sich nicht ohne weiteres feststellen. Dies ist auch in erster Linie unerheblich. Für die Nachzeichnung der

---

[404] Ebd., CAB 16/143, DPR 294, 17.12.1938, 21. Progress Report, ARPD, S. 6, und CAB 16/144, DPR 315, 19.6.1939, 24. Progress Report, ARPD, S. 37–55. Dem Ministry of Health oblag bereits die Organisation der Krankenhäuser.
[405] Ebd., CAB 16/144, ARPD-Circular 9/1939 an die Local Authorities vom 26.2.1939, S. 1 f.
[406] 2 and 3 Geo 6, Ch. 31, 13.7.1939, dazu PRO, CAB 16/197, CDSP 9 (18.2.1939) und 10 (20.2.1939); dazu 4. Mtg. des CDPSC, 22.2.1939. O'Brien, Civil Defence, S. 192–201. Die Veröffentlichung des Textes und Kommentars dazu in: Maddock's Civil Defence Act.

Konturen beider Systeme waren die jeweiligen Strukturen der zivilen Vorbereitungen für Luftschutz und Innere Sicherheit, ihre Gemeinsamkeiten und Differenzen wesentlich aufschlußreicher.

Für Großbritannien fällt insbesondere die massive Bündelung der vielfältigen Maßnahmen auf, die weit über den direkten Bereich des Luftschutzes hinausgingen, und die Zusammenfassung der daran beteiligten Ministerien in einem einzigen Organisationsstrang unter Einführung einer neuen Gesamtorganisation mit eigener Begrifflichkeit. Kurz vor Kriegsbeginn ging man auf Vorschlag Andersons zunehmend dazu über, die Bezeichnung Civil Defence, die im Laufe des Jahres 1938 immer stärker in Gebrauch gekommen war, als offiziellen Begriff zu übernehmen[407]. Schon für das neue Gesetz hatte man nach einigen Diskussionen den Terminus Air Raid Precautions bewußt nicht mehr verwendet, dies nicht auch zuletzt aus psychologischen Gründen[408]. Damit koinzidiert die inhaltliche Arbeit. Der letzte, sehr ausführliche Progress Report vor dem Krieg, der 24., der von Anderson besonders angekündigt worden war und bereits unter der Bezeichnung Stand der allgemeinen Einsatzbereitschaft rangierte, enthielt neben den reinen Luftschutz-Themen auch Bereiche wie Evakuierung und Transportschutz. Diese in einer zentralen Koordinationsstelle zu versammelnde Vielfalt markiert einen weiteren Unterschied zu den Verhältnissen in Deutschland. Dort hatte man allein schon den Luftschutz im engen Sinne auf mehrere verwaltungsmäßig unabhängige Strukturen verteilt.

b. Die praktische Zusammenarbeit zwischen der Regierung und dem »Flickenteppich« der Local Authorities beim Aufbau der Air Raid Precautions und der dazugehörigen »citizen army«

Die allmähliche Steigerung der organisatorischen Komplexität verlangte den Beteiligten ein immer höheres Maß an Kooperationsfähigkeit und Flexibilität ab. Die Ausdehnung der Air Raid Precautions in fast alle Lebensbereiche hinein erforderte den Willen zu konstruktiver Zusammenarbeit auf jeder Ebene, der bei einigen sehr wichtigen Gelegenheiten auf harte Belastungsproben gestellt wurde.

Eine entscheidende Wegemarke stellte die Vorbereitung des Luftschutzgesetzes von 1937 und die dazu nötige grundsätzliche Einigung zwischen der Regierung und den Local Authorities hinsichtlich der Finanzierung der Maßnahmen dar. Bei dieser Gelegenheit traten die entscheidenden staats- und gesellschaftspolitischen Grundbedingungen der britischen Mobilmachung ans Licht.

Die Verantwortlichen in Home Office und ARPD hatten mit der Veröffentlichung des First Circular 1935 quasi den Startschuß für die Inangriffnahme der Luftschutzmaßnahmen auf lokaler Ebene gegeben. Die Hinweise, die man den

---

[407] PRO, CAB 16/197, CDSP 17 (13.7.1939), 8. Mtg. des CDPSC, 17.7.1939, S. 7.
[408] Air Raid Precautions wirkte den Hauptverantwortlichen (Anderson, Elliot und Wallace) zu kriegstreiberisch und zu alarmierend. Civil Defence dagegen hatte eine positivere Ausstrahlung. PRO, CAB 16/197, 4. Mtg. des CDPSC, 22.2.1939, S. 22–24. Vgl. auch O'Brien, Civil Defence, S. 193, Anm. 1.

Local Authorities dabei an die Hand gab, hatten allerdings keinerlei verpflichtenden Charakter, sondern waren lediglich Vorschläge (invitations). Durch die organisatorische Aufbauarbeit des ARPD und die Tätigkeit der Inspektoren begannen viele lokale Verwaltungen in der Folge mit umfangreichen Planungsarbeiten. Alle größeren Städte außer Barnsley, das sich im Frühjahr 1937 immer noch renitent zeigte, entwickelten »schemes« und tätigten teilweise sogar schon erste Ausgaben, dies im Glauben, daß sie die Regierung finanziell nicht im Stich lassen würde. Die Planungsarbeit der meisten lokalen Verwaltungen kam nach einer gewissen Zeit dann automatisch in ein Stadium, das die Einbringung größerer Finanzmittel nötig machte. Als aus London aber zur Regelung der Frage keine grundsätzlichen Signale kamen, stoppten die meisten Local Authorities den weiteren Aufbau und begannen abzuwarten. Das ARPD, das in seinen Progress Reports diesen Stop mehrfach nachdrücklich vermerkte, gab seiner grundsätzlichen Besorgnis über die Gefährdung der Mobilisierungsarbeit Ausdruck[409]. Auch von anderer Stelle innerhalb des Regierungsapparates wurden entsprechende Forderungen laut. Der zuständige Ausschuß für die aktuelle öffentliche Haushaltsführung (Public Accounts Committee on the Civil Appropriation Accounts for 1935/36) bemängelte in Übereinstimmung mit entsprechenden Anforderungen der Treasury, daß die Air Raid Precautions immer noch keine legislative Basis besäßen. Es gelte der Grundsatz, daß ein Gesetz erlassen werden müsse, wenn eine Regierungsstelle Aktivitäten mit umfangreichem Charakter betreibe, die länger als ein Jahr dauerten[410].

So machte man sich im Innenministerium an die Arbeit. Der Innenminister erstellte Ende März ein Memorandum über Financial Aspects of Air Raid Precautions, das im DPR ausführlich diskutiert und am 14. April dann auch im Kabinett beraten wurde[411].

Zur Festlegung des Gesamtbedarfs stellte Simon eine ausführliche und detaillierte Rechnung auf, die als Grand Total über £ 37 Mio. verzeichnete[412]. Als Grundlage hatte er darauf verwiesen, daß man für die Air Raid Precautions im Gegensatz zum Militär im Frieden keineswegs eine allgemeine Kriegsbereitschaft (pre-emergency preparedness) herstellen könne, weil dies mit den Grundsätzen der Zivilgesellschaft nicht vereinbar sei. Man müsse ausloten, was vorderhand vorbereitet werden könne und was im Krisen- bzw. Ernstfall dann zu ergänzen sei. Man ging davon aus, daß man vier Tage benötigen würde, um die nötigen Umstellungen vom Friedens- zum Kriegszustand zu bewerkstelligen. Je nach Vorbereitungsgrad

---

[409] PRO, CAB 16/141, DPR 186, 20.4.1937, 9. Progress Report, ARPD, S. 4 f., und DPR 190, 21.5.1937, 10. Progress Report, ARPD, S. 3 f.; CAB 16/142, DPR 201, 22.6.1937, 11. Progress Report, ARPD, S. 4 f., DPR 208, 20.7.1937, 12. Progress Report, ARPD, S. 1 f., DPR 217, 27.9.1937, 13. Progress Report, ARPD, S. 1 f., DPR 226, 19.10.1937, 14. Progress Report, ARPD, S. 1, und DPR 233, 23.11.1937, 15. Progress Report, ARPD, S. 1.
[410] Ebd., CAB 24/269, CP 99 (37), 19.3.1937.
[411] Ebd., CAB 16/141, DPR 181, 23.3.1937, Memo von Simon über Financial Aspects of Air Raid Precautions (= ebd., CP 112 (37), 12.4.1937), dazu CAB 16/137, 37. Mtg. des DPR, 8.4.1937.
[412] Im Folgenden werden nur ausführlichere Zitate direkt belegt. Vgl. generell die Memos, Berichte und Diskussionsbeiträge der Beteiligten wie in Anm. 411 angegeben, und ebd., CAB 24/270, CP 172 (37) (= ARPS 15), Bericht des Sub-Cttee über ARP-Services (= Warren Fisher-Cttee) vom 30.6.1937 mit CP 176 (37), 3.7.1937, Memo des Innenministers über diesen Bericht.

im Frieden müsse man in diesen vier Tagen die für die volle Abwehrbereitschaft nötigen Maßnahmen komplettieren.

Die daraus folgenden Optionen prägten dann die Debatten im DPR, in denen sich von den höchsten Verantwortungsträgern fast alle zu Wort meldeten, darunter Inskip, Chamberlain und die Minister der drei Teilstreitkräfte. Die politisch-strategisch vorgegebene Verpflichtung zur finanziellen und ökonomischen Stabilität und die Notwendigkeiten zur Herstellung der adäquaten Kriegsbereitschaft gegen die Gefahren des Luftkriegs sah man als Basis des Spielraums für die Verhandlungen mit den Local Authorities an. Chamberlain als Chancellor of the Exchequer monierte die sehr hohen Kosten, wobei er anmerkte, daß die vom Innenminister angegebenen 37 Mio. bei weitem nicht das Ende der Fahnenstange seien. Er plädierte dafür – vor allem auch im Interesse langfristig stabiler ökonomischer Verhältnisse von Staat und Gesellschaft und einer dauerhaften strategischen Überlebensfähigkeit –, die Kosten im Frieden niedrig zu halten, und empfahl daher, man solle die Vorwarnzeit von vier auf vierzehn Tage erhöhen. Dann bliebe genügend Zeit, um die nötigen Maßnahmen zu treffen. Außerdem solle man bei den Verhandlungen mit den Local Authorities nicht zu sehr auf deren individuelle Wünsche eingehen, sondern pauschale Beträge einsetzen, um Finanzmittel zu sparen. Keinesfalls solle der Staat alle Kosten übernehmen.

Damit war man beim eigentlichen Thema, der Lastenverteilung zwischen Regierung und Local Authorities. Die Verantwortlichen aus dem Home Office, insbesondere Simon und Hodsoll sowie Kingsley Wood als Minister of Health, entgegneten Chamberlain, daß der Staat wohl nicht darum herumkomme, den allergrößten Teil der Kosten zu übernehmen. Als Begründung führten sie unter anderem die fürsorgerischen Verpflichtungen der Local Authorities an. Keinesfalls könne man zulassen, daß der gesellschaftliche Friede aufgrund der Kriegsvorbereitungen gefährdet würde. Kingsley Wood hatte schon zuvor mit Zustimmung des Arbeitsministers Brown angeführt:

»Even if some of the Local Authorities agreed to accept a 40 per cent. share, he did not think that others – the Distressed Areas, for example – could meet such financial liability without serious repercussions in the nature of demands for further grants for social services[413].«

Wie in Deutschland war damit die Frage nach den sozialen Kosten der Mobilmachung akut geworden[414].

Hodsoll und Simon, die aus eher technischer Sicht argumentierten, gaben zu bedenken, daß eine 14-Tage-Frist als »preparation period« für die Herstellung der vollen Kriegsbereitschaft nicht in Frage käme, weil die Local Authorities dann in

---

[413] PRO, CAB 16/137, DPR, 37. Mtg., 8.4.1937, S. 2.
[414] In dieser Frage hielt man generell – auch öffentlich – größte Zurückhaltung für angebracht, um keine politischen Auseinandersetzungen zu riskieren. So beschloß man etwa, für die Errichtung von Schutzräumen in Häusern des sozialen Wohnungsbauprogramms keine öffentlichen Empfehlungen abzugeben, da die Mieten durch die Kosten stark in die Höhe getrieben worden wären. »This implies so large an additional burden on our social services, that its adoption must, in our opinion, be subordinated to the primary consideration that these houses should be available at a reasonable rent«. PRO, CAB 24/270, CP 172 (37) (= ARPS 15), Bericht des Sub-Cttee über ARP-Services (= Warren Fisher-Cttee) vom 30.6.1937, S. 6 f.

der reinen Friedenszeit wenig oder überhaupt nichts unternehmen würden. Sie betrachteten ein solches Modell als große Gefahr für die unerläßliche langjährige Aufbauarbeit zur Schaffung der organisatorischen Grundstrukturen. Auch kam eine pauschale Lösung der Kostenfrage, wie Chamberlain sie verlangt hatte, nach ihrer Auffassung nicht in Betracht, weil infolge der großen organisatorischen und finanziellen Unterschiede zwischen den Local Authorities die individuellen Bedingungen vor Ort unbedingt zu berücksichtigen waren. Beide propagierten die bereits mit dem First Circular angestrebte und seit 1935/36 auch praktizierte Verfahrensweise, nach der die Local Authorities unter der Anleitung des Home Office tätig würden, als die beste Lösung (Prüfung der örtlichen »schemes« durch das ARPD). Damit seien jegliche Versuche von seiten der Local Authorities zur Übervorteilung der Regierung von vornherein ausgeschlossen. Inskip bestätigte dies und verlangte, daß auf jeden Fall die zentrale Kontrolle durch die Regierung »by Home Office or by some other central Government Authority« gewährleistet sein müsse.

Damit war man an einer heiklen staats- und verfassungspolitischen Kernfrage angelangt, wie Lord Weir bemerkte: »that this brought out the main question at issue, namely, whether it was a local responsibility or a national one«[415]. Es erhob sich wie im Reich die Frage, wer in der Hauptsache für den Luftschutz zuständig sein würde – mit allen Konsequenzen für die Finanzfrage: Staat kontra lokale Verwaltungen (Großbritannien) bzw. Staat kontra Zivilbevölkerung und andere Träger (Deutschland).

Die Beteiligten waren sich durchaus bewußt, wie entscheidend die Antwort, die man hier fand, für den Umgang mit den Local Authorities sein würde. In der Presse war schon angekündigt worden, daß Herbert Morrison, Leiter des London County Council (LCC) und inoffizielle Führungspersönlichkeit der Local Authorities, verlangen würde, daß der Staat sämtliche Kosten zu tragen hätte. Inskip meinte dazu, man könne Morrison mit dem Hinweis begegnen, daß, wenn der Staat sämtliche Kosten trage, er auch das Recht in Anspruch nehmen könne, tief in die Belange der Local Authorities einzugreifen – bei der umfassenden Relevanz des Luftschutzes ein schwerwiegender Gedanke, aber

»he who pays the piper has the right to call the tune[416].«

Simon, der an derlei grundsätzlichen Debatten kein Interesse hatte, sondern die dringend erforderliche Vollmacht zum Verhandeln anstrebte, versuchte einen praktischen Modus vivendi herzustellen. Notfalls könne man diese Frage ja zurückstellen und den lokalen Verwaltungen nur allgemein zusichern, daß gemäß Lage und Bedrohung der jeweiligen Gebiete adäquate Vorbereitungen getroffen würden. Eine detaillierte Festlegung der jeweiligen Maßnahmen für die Vier-Tage-Vorwarnzeit und die Vorbereitungen der reinen Friedenszeit sei zum jetzigen Zeitpunkt letztlich ebenfalls nicht nötig. Wichtig sei, daß zunächst einmal die generelle Kostenteilung zwischen Regierung und Local Authorities grundsätzlich ge-

---

[415] Lord Weir in: PRO, CAB 16/137, DPR, 37. Mtg., 8.4.1937, S. 5.
[416] Ebd.

klärt werde und dazu die strategischen Grundlinien für die Verhandlungen festgelegt werden müßten.

Hankey versuchte, dies zu leisten, und schlug dazu vor, die Local Authorities wie die Kronkolonien zu behandeln. Die Kolonien müßten im Gesamtverteidigungsplan des Empire je nach ihrer Bedeutung und ihrer Lage individuelle »schemes« an das CID schicken, das dann die Gesamtstrategie festlege und entsprechende Abgleichungen vornehme,

»that an analogy could be drawn between the position of the Local Authorities in this problem and that of the Colonies in the scheme of Empire Defence. All Colonies were required to prepare their own local defence schemes. At one end of the scale there were comparatively insignificant places such as the Seychelles and Honduras, and, at the other end, points of such great Imperial importance, were required to submit their local defence schemes to the Committee of Imperial Defence, and each of them made some contribution themselves, the balance of the defences being made good by the Government, according to the varying necessities of each case from the point of view of Imperial Defence as a whole[417].«

Damit hatte Hankey aber gefährlichen staats- und verfassungspolitischen Boden betreten. Schottlandminister Elliot, der wie Simon die Meinung hegte, daß derlei grundsätzliche Debatten das seien, was man eigentlich zuletzt wolle, entgegnete:

»doubted whether the analogy was altogether a correct one, since the government could issue orders to Colonial Administrations, but could not do so to Local Authorities, who were more in the position of the Self-Governing Dominions[418].«

Die Diskussion wurden dann allerdings abgebrochen. Man hatte einzusehen, daß eine solche Debatte angesichts der aktuellen praktischen Notwendigkeiten zu weit führen würde, und entschied schließlich, Simons pragmatische Bitte und damit auch dessen Memorandum im Wesentlichen zu akzeptieren. Zwingende uniforme Prinzipien hinsichtlich der Kostenverteilung wurden nicht aufgestellt. Chamberlain hatte sich somit nicht durchsetzen können.

Damit war eine flexible Linie vorgezeichnet, ohne in entscheidender Weise an den staatspolitischen Grundlagen zu rühren. Die Local Authorities sollten sich individuell zur aktiven Mitarbeit und zur Übernahme eines Teils der Kosten bereit erklären und würden durch den Staat nach ihrem strategischen Gefährdungsgrad (Einteilung in verschiedene Zonen) innerhalb der vorgegebenen Mobilmachungszeiten bezuschußt[419]. Ansätze zur Änderung des Verfassungsrahmens gab es nicht. Man baute von vornherein darauf, daß beide Teile sich die Verantwortung für die zivilen Kriegsvorbereitungen prinzipiell und gütlich teilen sollten. Gedanken hinsichtlich gesteigerter Eingriffsrechte des Staates blieben in der Folge dem Bereich des taktischen Verhandelns verhaftet.

Das Kabinett kam bei seiner Beratung über diese Thematik aber zu dem Schluß, daß die Zusammenhänge nochmals grundsätzlich betrachtet werden müssen, und beauftragte Fisher, ein entsprechendes Sub-Committee des CID (Sub-

---

[417] Ebd., S. 6.
[418] Ebd.
[419] Ebd., S. 7–9.

Committee on Air Raid Precautions Services) einzuberufen[420]. Dies, obwohl die Luftschutzausschüsse der Jahre 1924 bis 1935/36 (ARPOC/ARPPC) und auch deren organisatorischer Nachfolger, das ARPD, in zahlreichen Sitzungen ähnlich umfassende Gesamtbetrachtungen und Reviews vorgenommen hatten, und Hankey, der als zentraler Sub-Koordinator der Verteidigungsplanung und Verbindungsmann des CID von Anfang an in diesen Komitees tätig gewesen war, nun auch in dem neuen Ausschuß saß. Im Bestreben, planerisch und organisatorisch ausgereifte Grundlagen zu schaffen, blieb man im Umgang mit aktuellen Problemen überaus schwerfällig und setzte damit in gewisser Weise Grundtendenzen der frühen Luftschutzarbeit fort. Obwohl sich die tieferen staatspolitischen und gesamtstrategischen Perspektiven nur wenig geändert hatten, insbesondere auch das theoretische Dilemma in bezug auf den Umgang mit den möglichen Auswirkungen (worst-scale-assumption), unterzog man die Gesamtlage einer weiteren Betrachtung. Man legte überaus großen Wert auf die rationale und kooperative Durchdringung der Materie und beriet sie lieber nochmals neu, als daß man voreilige Schritte getätigt hätte[421].

Eine schnelle Lösung des Finanzproblems wurde dadurch nicht gerade gefördert. Von der Erstellung des Memorandums des Innenministers bis zu handfesten praktischen Schritten vergingen insgesamt etwa viereinhalb Monate.

Wesentliche Richtungsänderungen ergaben sich nicht. Im Abschlußbericht vom 30. Juni 1937 erarbeitete der Ausschuß zunächst eine prinzipielle Definition von Sinn und Zweck des Luftschutzes, in der eine klare Prioritätenfolge aufgestellt wurde[422]: 1. Erhaltung der Kampfmoral, 2. Aufrechterhaltung der Funktionen von Staat und Gesellschaft, 3. Schutz von Leben und Gut. Der Inhalt dieses Statements hätte – nach entsprechender Anreicherung durch kämpferische Termini – auch von deutschen Verantwortlichen stammen können. Im Zeitalter des »Totalen Krieges« stand für die britische Regierung ebenfalls die Sicherung der Kampfmoral der Bevölkerung und der Kriegsfähigkeit an oberster Stelle. Erst an dritter Stelle kamen die humanitären Werte, d.h. der Schutz für Leben und Gut der Menschen. Das Überleben der Nation bzw. der »community« ging eindeutig über das Leben des einzelnen.

Im übrigen wurden die bereits bekannten Grundlagen für den Luftschutz nochmals bestätigt, d.h. vor allem seine Nachrangigkeit gegenüber den militärischen Vorbereitungen, die Begrenztheit der vorhandenen Mittel und der daraus resultierenden Notwendigkeit zu effizienter Planung, die Unmöglichkeit eines

---

[420] O'Brien, Civil Defence, S. 95.
[421] Dabei betonte man erneut die entscheidende Wichtigkeit des Rationalitäts- und Effizienzdenkens als übergeordnetes Wirkprinzip. Daß man die primäre Ausschuß-, Planungs- und Entscheidungsarbeit vorderhand, im Gegensatz dazu und im Vergleich zu Deutschland, selbst eher umständlich gestaltete, ist kein Widerspruch hierzu. Als These läßt sich sagen, daß man Effizienz anders als im nationalsozialistischen Deutschland definierte. Es standen grundsätzlich nicht rasche praktische Organisationserfolge im Vordergrund, sondern überlegte Gesamtschritte. Für Deutschland ab 1933 ist eine tatsächlich koordinative Gesamtplanung der Spitzengremien nicht zu erkennen.
[422] Zum Folgenden grundsätzlich PRO, CAB 24/270, CP 172 (37) (= ARPS 15), Bericht des Sub-Committee über ARP-Services (= Warren Fisher-Cttee) vom 30.6.1937.

hundertprozentigen Vollschutzes und schließlich die Unterteilung in moralische und materielle Schäden, wobei nochmals betont wurde, daß erstere die höchste Wichtigkeit besäßen.

Von dieser Warte aus definierte der Ausschuß dann die genaueren Grundlagen für die Verhandlungen mit den Local Authorities. Die vom Home Secretary und dem DPR getroffenen inhaltlichen Beschlüsse wurden dabei im wesentlichen übernommen und ausgebaut. Das seit 1935/36 praktizierte Prinzip, nach dem die Local Authorities die Pläne ausarbeiteten und das Home Office diese dann überprüfte und überwachte, wurde nachdrücklich bestätigt. Das Endziel bestand in einem »network of local schemes«, von denen jedes den individuellen Umständen vor Ort angepaßt werden sollte.

Als entscheidende Basis für die Bestätigung und Fortsetzung dieses Kurses diente die direkte Verbindung des schon vielfach in anderem Zusammenhang zugrundegelegten Diktums nach rational-effizienter Gestaltung der Mobilmachung mit den Verfassungsprinzipien, ein Junktim von essentieller Bedeutung. Rational-legale Herrschaftsordnung und Rationalität als übergeordnetes Handlungsprinzip sollten ineinandergreifen:

»The functions assigned to Local Authorities [...] are such as they ought, in the interests of their own population, to be ready to undertake, and such as only they can effectively perform. To throw such functions on the Central Authority would be to overload it, with resulting loss of efficiency and possible breakdown of the system[423].«

Die Bedeutung dieser Grundsätze für die britische Staats- und Gesellschaftsordnung im Zeitalter des »Totalen Krieges« kann nicht hoch genug eingeschätzt werden.

Für die direkten Verhandlungen über die finanzielle Lastenverteilung – die vorrangige Aufgabe – nahm der Ausschuß eine Aufteilung der Zuständigkeiten zwischen Regierung und Local Authorities vor, dabei die Grundsätze, wie sie im First Circular von 1935 festgelegt worden waren, bestätigend, und gab auf dieser Basis dem Innenminister grobe Anweisungen an die Hand, die eher restriktiv waren und dessen Position nicht gerade erleichterten. Die Regierung sollte in der Regel nicht mehr als 50 % aller Kosten tragen. Lediglich in Ausnahmefällen sollte eine höhere Beteiligung zugesagt werden. Gemäß den Einschätzungen Woods im DPR war dies für die Local Authorities unannehmbar.

Die Beschlüsse des Warren Fisher-Committee wurden dem Kabinett vorgelegt und von diesem Anfang Juli gebilligt. Samuel Hoare, der als neuer Innenminister inzwischen unter starken öffentlichen Druck geraten war[424], hatte damit die langer-

---

[423] Ebd., S. 7 f.
[424] PRO, CAB 24/270, CP 176 (37), (3.7.1937), S. 5, Memo des Innenministers über den Warren Fisher-Bericht: »Apart from the risk of agitation developing among the Local Authorities on a scale which will make ultimate agreement on any basis acceptable to the Government much less likely of attainment, it is being brought home to me almost every day that the House of Commons is expecting some announcement of policy and the Government will be exposed to severe criticism if an announcement is delayed much longer.« Vgl. auch CAB 16/137, 40. Mtg., 24.6.1937, Punkt 1, S. 14 f. (»that an unpleasant agitation was brewing in the House.«).

sehnte Vollmacht zur Einberufung einer Konferenz mit den Vertretern der Interessenverbände der lokalen Verwaltungen erhalten.

Die Konferenz fand am 19. Juli 1937 statt, endete allerdings mit einer Niederlage für das Home Office[425]. Trotz einer langen Einleitungsrede, in der Hoare einmal mehr den Friedenswillen der Regierung unter Herbeiziehung des Abschreckungsgedankens beschwor und darauf hinwies, daß die Regierung einen großen Teil der Kosten übernehmen werde, lehnten die Vertreter der Local Authorities eine Beteiligung an den Kosten rigoros ab. Morrison, ihr Hauptverhandlungsführer, begegnete der Regierungsdelegation mit einer taktisch geschickten Rede und lieferte sich teils harte Wortgefechte mit Hoare und Schottlandminister Elliot.

Bemüht, die aktive Mitarbeit und die finanzielle Partizipation der Local Authorities auf der Basis einer generellen Aufgabenteilung zwischen Staat und lokalen Verwaltungen zu gewinnen, verwiesen die Minister und ihre Berater auf die Verpflichtungen der Local Authorities als selbständige und verantwortliche Glieder innerhalb der verfassungsmäßigen Ordnung. Weder könne man die Gemeinden und Grafschaften einfach entmündigen, noch könnten sich diese aus der Verantwortung stehlen.

Morrison hingegen, der die Taktiken der Regierung wohl schon vorausgesehen hatte, betonte die Nichtzuständigkeit der Local Authorities und die daraus folgende Unmündigkeit in nationalen Belangen:

> »Sir, we cannot argue, we are not going to argue, we are only local authority administrators, we have no knowledge of that business, and as local authority administrators we have no officers competent to advise us. That is the business of the State.«

Mit dieser Begründung verweigerte er jegliche finanzielle Beteiligung an den Air Raid Precautions und verwies zusätzlich darauf, daß eine Beteiligung schon deswegen nicht in Frage käme, weil die finanzielle Belastung der lokalen Verwaltungen durch soziale Obliegenheiten sehr hoch sei und man es keineswegs zulasse, vor die Alternative gestellt zu werden, entweder die sozialen Einrichtungen abzubauen oder den finanziellen Ruin zu erleiden. Er bot lediglich an, die Verwaltungsmittel der Local Authorities zur Verfügung zu stellen und als »agents« der Regierung tätig zu werden.

Man taktierte. Die Regierungsvertreter versuchten, den unabhängigen Status der Local Authorities als Hebel für deren Verpflichtungen einzusetzen, wohingegen Morrison die eingeschränkte Souveränität der lokalen Verwaltungen geradezu betonte. Damit ließ er in geschickter Weise die taktische Direktive von Inskip nach der Metapher vom Pfeifer und dem Lied ins Leere laufen, sie dabei offen zitierend, um jegliche Verantwortung der Local Authorities abzulehnen. Er führte aus:

> »if the State pays the 100 per cent. the State must have the right of direction, it must call the tune, it must decide what is to be done, and we cannot as local authorities argue as to whether your proposals are adequate or inadequate.«

Wenn man den generellen Anspruch auf Mitsprache gar nicht erhebt, ist man gegen indirekte Drohungen mit deren Entzug gefeit.

---

[425] Zum Folgenden: ebd., CAB 24/271, CP 201(37) vom 26.7.1937.

Um jedoch nicht des egoistischen Machtstrebens bezichtigt zu werden, betonte Morrison bewußt, daß niemand der lokalen Vertreter parteipolitische Ziele hege,
»that none of us, whatever our private opinions may be, are actuated in this matter by any sort of political or party consideration.«
Ähnlich wie in Deutschland vor 1933 und eingeschränkt auch danach, versuchten alle Beteiligten – wenigstens offiziell – den Luftschutz und die damit zusammenhängende Fragen auf ein überparteiliches Niveau zu heben, wenn auch, wie in diesem Falle, als Legitimation für eine Verweigerungshaltung.

Im weiteren Verlauf des Wortgefechtes, an dem sich auch Dollan, Vorsitzender der schottischen Städtevereinigung, beteiligte, versuchten die Regierungsvertreter trotz der Argumente Morrisons die organisatorische Machtfrage auszuspielen. Sie drohten indirekt damit, die zu beschaffenden Materialien und Geräte ohne Berücksichtigung lokaler Interessen einzusetzen, wenn die Regierung die Kosten allein bestreiten müßte. Dabei zielten sie auch in subtiler Weise auf die Unterschiede zwischen England und Schottland. Sie deuteten an, daß das zentral beschaffte und damit von der ganzen Nation bezahlte Material, etwa Löschzüge, in London konzentriert bliebe und dadurch insbesondere die schottischen Gebiete vernachlässigt würden. Sie appellierten damit indirekt an die Ehre und die Verantwortung der anwesenden Vertreter der lokalen Verwaltungen. Morrison seinerseits versuchte, diese Argumentation als Spaltungstaktik zu entlarven, und erhielt dabei Unterstützung von Dollan und anderen Vertretern. Man erzielte keine Einigung.

Hoare mußte daraufhin eine neue Taktik entwickeln, wollten er und seine Berater nicht Schiffbruch erleiden. Er war sich bewußt, daß der Appell an die Ehre und die Verantwortung seine Wirkung bei einem substantiellen Teil der lokalen Vertreter durchaus nicht verfehlt hatte, und rechnete mit einer schweigenden Mehrheit von moderaten Kräften[426]. Er bat daher das Kabinett, die Verhandlungsgrundlagen unter Berücksichtigung der neuen Lage zu ändern. Insbesondere plädierte er für ein weiteres finanzielles Entgegenkommen und drängte dabei nachdrücklich auf Eile. Die moderateren Kräfte würden, wenn sich die Regierung nicht bald bewege, bei den Totalverweigerern bleiben. Wenn man rasche substantielle Zugeständnisse mache, könnte man die Ablehnungsfront durchbrechen und eine Einigung erreichen. Ohne eine solche hätte man vor dem Parlament nicht den Hauch einer Chance auf Verabschiedung eines Gesetzes. In diesem Kontext diente die zentrale Bedeutung der partnerschaftlichen Zusammenarbeit zwischen Regierung und Local Authorities und das Ineinandergreifen von effizienter Rationalität und Verfassungsordnung erneut als zentrale Legitimation.

Die neue Taktik wurde genehmigt und ging schließlich auch auf[427]. Die Front der Local Authorities brach auseinander, und das Gesetz (ARP-Act 1937) konnte auf den Weg gebracht werden. Es wurde am 22. Dezember verabschiedet[428].

---

[426] Zum Folgenden (auch Zitat): ebd., CAB 24/271, CP 216(37) (24.9.1937), Memo Hoares über einen neuen Ansatz zu Verhandlungen mit den Local Authorities.
[427] Vgl. dazu auch PRO, HO 45/18802, Parliamentary ARP Cttee (Tories), 701023/9, Mtg. vom 2.11., S. 2, Brief vom 3.11.1937.
[428] 1 & 2 Geo. 6, Ch 6., ARP-Act, 1937.

Wie in Deutschland handelte es sich um ein Rahmengesetz, das in erster Linie die organisatorisch-verwaltungstechnische Seite festlegte. Anders als im Reich aber fehlten Passagen über persönliche oder sachliche Dienstleistungen des einzelnen. Geregelt wurde ausschließlich die Zusammenarbeit zwischen der Regierung und den Local Authorities. Privatpersonen wurden als Träger von Pflichten nicht erwähnt.

Im Kern schrieb das Gesetz die Arbeitsteilung fest (Local Authorities: Erstellung von »schemes« für den Luftschutz; Home Office: Prüfung der »schemes«) und regelte die Finanzierung im Grundsatz. Zunächst wurden dazu die allgemeinen Bestimmungen für die organisatorische Arbeit der verschiedenen Local Authorities unter Berücksichtigung der individuellen Gegebenheiten (z.B. Sub-Ebenen der Counties und des LCC) festgelegt (1.–6.). Den lokalen Verwaltungen wurde erlaubt, Darlehen für ARP-Zwecke aufzunehmen, und sie erhielten die rechtliche Zusage auf Erteilung der »grants«. Die Regierung wurde ermächtigt, genauere Durchführungsbestimmungen und Verwaltungsvorschriften (Orders, Regulations) zu erlassen (7.–12.). Sonderregelungen für Schottland und Nordirland sowie Schlußbestimmungen komplettierten das Gesetzeswerk (13.–15.).

Die Regelung der finanziellen Lastenteilung wurde in einem angehängten Schedule vorgenommen. Je nach Bevölkerungszahl erhielten die Local Authorities zwischen 60 und 75 % der Kosten erstattet, wobei jedoch eine Sonderregelung für spezielle Belastungen vorgesehen wurde. Wenn die Ausgaben für den Luftschutz in einem Rechnungsjahr den »grant« überstiegen und dadurch wesentliche Erhöhungen der örtlichen Steuern (rates) drohten, konnte der »grant« auf 75 bzw. 85 % erhöht werden.

Diese Regelung hatte die Beschlüsse, die das DPR im Vorfeld der Verhandlungen für das Gesetz hinsichtlich der Mobilmachungszeiten und einer Einteilung nach Gefährdungsgraden getroffen hatte, nicht berücksichtigt, sondern ausschließlich die etablierten Verwaltungsprinzipien zugrundegelegt. Die Bedrohungen des »Totalen Krieges« führten nicht dazu, die überkommene Praxis rationaler Herrschaft auszuhebeln:

»It would have been impossible to have a single flat rate of grant [as basis for grading according to danger zones, B.L.] applicable to all Local Authorities because authorities have become so accustomed to a system of grading according to need and ability to pay[429].«

Auch in der Folge wurde dadurch die Hauptrichtung der Local Authorities bei der Anwendung der Finanzmittel vorgegeben:

»The outstanding fact from the reports of the Local Authorities is that the progress of Air Raid precautions in any particular area is not conditioned either by the vulnerability or the strategic importance of the particular area, but by the attitude of the local authority[430].«

---

[429] PRO, HO 45/18802, 701023/20, Parliamentary ARP Cttee (Tories), Principal recommendations of the Parliamentary ARP-Cttee during 1937/1938, Antworten der Regierung, Punkt 1 (Finanzen).
[430] Ebd., 701023/17, Parliamentary ARP Cttee (Tories), Juli 1938, S. 10.

Zweieinhalb Jahre nach der Verabschiedung des deutschen Luftschutzgesetzes hatte also auch der britische Luftschutz eine gesetzliche Grundlage. Im Sommer 1938 wurden dann die zum ARP Act gehörigen Regulations, die genaueren Verwaltungsvorschriften, erlassen[431]. Zu diesem Zeitpunkt zeichneten sich bereits die 2. Sudetenkrise und die Erweiterung des rechtlichen Instrumentariums durch ein zweites Gesetz ab.

Die noch bestehenden und in der Münchener Krise zu Tage getretenen schweren Unzulänglichkeiten –
»Generally speaking, the country was not ready«[432]
– und die generelle Aufwertung der Civil Defence in der zweiten Hälfte 1938 infolge der wachsenden internationalen Spannung führten zur Einleitung von Beschleunigungsmaßnahmen. Unter anderem sollte auch die gesetzliche Handhabe der Regierung und der Local Authorities möglichst rasch erweitert werden. Äußerste Eile und stärkste Anstrengungen würden nötig sein, um in absehbarer Zeit die reale Einsatzfähigkeit der gesamten Organisation sicherzustellen. Insbesondere einige Teilgebiete, wie z.B. der öffentlich sehr stark in die Diskussion geratene Schutzraumbau[433], gaben Anlaß zu Besorgnis, weil noch wenig praktische Erfolge zu verzeichnen waren.

Grundsätzliche Opposition von seiten der Local Authorities war nicht mehr zu erwarten, da sie in ihrer Gesamtheit zu diesem Zeitpunkt bereits tief in der ganzen Organisation verwurzelt waren. Der Luftschutz hatte sich als selbstverständliches Element des Tagesgeschäfts etabliert, so daß nicht mehr die Grundsatzfrage zu stellen war, sondern die Frage nach der Optimierung der Handlungsmöglichkeiten für die Organisationsarbeit. Anderson selbst hatte dies im Zusammenhang mit dem Gesetzentwurf betont:

»as it is necessary to recognise that elementary precautions against the consequences of raids must form part of national life for some time to come«[434].

Eine Erweiterung der rechtlichen und administrativen Möglichkeiten war bereits vielfach von Fachleuten und Verantwortlichen, insbesondere auch der Local Authorities, verlangt worden, dies vor allem auch in der heiklen Frage der Ausübung von Zwang.

So schritt man unter Andersons Ägide zur Tat und begann damit, einen Gesetzentwurf zu erarbeiten[435], der allerdings auch einen Artikel über entsprechende

---

[431] Ebd., HO 45/18529; dazu O'Brien, Civil Defence, S. 109 f. Die Draft ARP (Approval of Expenditure) [Provisional] Regulations lassen sich im weiteren Sinne mit den deutschen Verwaltungsregelungen hinsichtlich der »besonderen Kosten« vergleichen. Genauere Untersuchungen sind an dieser Stelle nicht möglich, stellen aber ein lohnendes Ziel für einen tiefergehenden Vergleich der jeweiligen Herrschaftsordnung und des dazugehörigen Verwaltungssystems dar.

[432] Ebd., CAB 16/190, RPM 9, 26.10.1938, Memo des Home Secretary, ARP: The Crisis.

[433] Anderson selbst geriet hier sehr stark in die Schußlinie. Siehe dazu unten, S. 426–431.

[434] PRO, CAB 16/197, CDSP 2 (2.12.1939), Memo Andersons, Amendment of ARP Legislation, S. 4.

[435] Der Gesetzentwurf war schon vor Andersons Amtsantritt in Angriff genommen worden. Bei der abschließenden Bewertung der Münchener Krise hatte der Innenminister darauf verwiesen, daß ein entsprechendes Vorhaben bereits in Gang gesetzt worden sei. Ebd., CAB 16/190, RPM 9, 26.10.1938, Memo des Home Secretary. Bei der immer komplexer werdenden Organisation für die ARP wäre ein zweites Regelwerk aus generellen Erwägungen – auch ohne die Verschärfung

Maßnahmen gegen unwillige oder säumige Verwaltungen enthielt – eine brisante Thematik für das grundsätzliche Verhältnis von Local Authorities und Regierung. Man konnte unwillige Authorities nicht einfach gewähren lassen, mußte aber bei den Strafbestimmungen äußerst vorsichtig vorgehen. Vorgeschlagen wurde, im Konfliktfall einen speziellen Commissioner einzusetzen oder eine benachbarte lokale Verwaltung mit der Durchführung zu beauftragen. Die beiden Hauptverantwortlichen neben Anderson, Hoare und insbesondere auch Elliot, der schon mehrfach als Kritiker zu harscher Gängelung aufgetreten war, meldeten dazu erhebliche Bedenken an:

»In the case of a Metropolitan authority only a comparatively small area was concerned and the appointment of Commissioners would be rather a big hammer with which to crack the nut [...] The opportunity might be taken by a Minister to put Commissioners in charge of Local Authorities where the political complexion of the latter differed from his own[436].«

So fand man schließlich einen Kompromiß, der sich in den Bahnen der administrativen Gewaltenteilung, wie man sie auch für die Kriegsorganisation anwandte[437], bewegte. Die säumige Verwaltung sollte im Einvernehmen mit der Regierung einen ihrer Beamten als Exekutivorgan für die Durchführung ernennen. Dieser, »at the disposal of the Minister«, sollte von der Authority bezahlt werden[438].

Auch in allen anderen Bestimmungen des umfangreichen neuen Gesetzes verließ man den gegebenen staatspolitischen und verfassungsmäßigen Rahmen nicht. Die Regelungen beinhalteten neben der genaueren Definition und Ausgestaltung des Verhältnisses zwischen Zentralregierung und Local Authorities die Einführung von Bestimmungen zur näheren Festlegung von Rechten und Pflichten in den Teilbereichen der Air Raid Precautions, insbesondere für den Schutzraumbau, die Verdunklung, die öffentlichen Versorgungsbetriebe, die Evakuierung und den Sanitätsdienst. Zwangsbestimmungen für Einzelpersonen waren praktisch nicht enthalten. Lediglich Hausbesitzer wurden verpflichtet, ihre Gebäude zur Besichtigung und zur Nutzung für Schutzraumzwecke bereitzustellen. Ferner schrieb man vor, daß Wohnungsinhaber in möglichen Aufnahmegebieten für die Evakuierung von Stadtbewohnern Auskunft über die Anzahl ihrer Haushaltsmitglieder geben mußten[439]. Das Gesetz (Civil Defence Act) wurde am 13. Juli 1939 im Parlament verabschiedet[440].

Insgesamt gesehen lassen sich für den Vergleich mit Deutschland trotz aller politischen und verfassungsmäßigen Unterschiede sowie des zeitlichen Hinterherhinkens Britanniens doch substantielle zeitlich-strukturelle Gemeinsamkeiten beim Aufbau des rechtlichen Instrumentariums ausmachen. In beiden Fällen wurde eine erste, gesetzlose Phase durch die Verabschiedung eines Rahmengesetzes mit nach-

---

der Lage durch die Münchener Krise – nötig geworden. Es entsprach den allgemeinen Organisationsprinzipien bei der Gestaltung der Beziehungen zwischen Regierung und Local Authorities.
[436] Ebd., CAB 16/197, 1. Mtg., 12.12.1938, S. 14 f.
[437] Siehe oben, S. 353–358.
[438] PRO, CAB 16/197, CDSP 9 (18.2.1938), S. 33.
[439] Damit sollte die Erfassung von nutzbarem Wohnraum für zu Evakuierende ermöglicht werden.
[440] Zum Gesetz und seinen Bestimmungen siehe oben, S. 361 f. Dort auch alle Belege.

folgenden Verwaltungsvorschriften abgelöst. Aufgrund der Komplexität der Thematik folgte in beiden Fällen – insbesondere im Falle Großbritanniens auch wegen der sich verschärfenden außenpolitischen Lage – die Verabschiedung eines umfassenden Detailregelwerks mit rechtlichen Zwangsbestimmungen. In Deutschland erging dies durch den fortlaufenden Erlaß von DVOs, in Großbritannien durch ein einheitliches Gesetz. Verwaltungsanweisungen bzw. Regulations komplettierten den juristischen Normenkatalog.

Bei der Vorbereitung dieser Kodifizierungen hatten beide Systeme infolge der komplexen Strukturen in Staat und Gesellschaft und der umfassenden Reichweite des Luftschutzes erhebliche Schwierigkeiten. Die Bewältigung der unter den organisatorischen Grundgegebenheiten entstehenden Probleme – im Reich: organisatorische Wucherung durch patriarchalisch-charismatische Machtusurpation mit allen Folgen für Territorialstrukturen der zivilen Mobilmachung; in Großbritannien: Einschränkung der staatlichen Handlungsfreiheit durch das Angewiesensein auf ein »patchwork-system« unabhängiger und teilweise renitenter Lokalverwaltungen – konnte ohne ein nicht zu knappes Mindestmaß an Kooperationsbereitschaft nicht gelingen.

Es stellt sich nun die Frage, wie sich in Britannien die Zusammenarbeit zwischen Regierung und dem Flickenteppich der Local Authorities *praktisch* gestaltete. Auch nach der Integration fast aller Local Authorities in die Gesamtmobilmachung konnte nicht ohne weiteres davon ausgegangen werden, daß die gesamte Organisation reibungslos funktionieren würde. Man durfte noch nicht einmal völlig sicher sein, daß sie die gestellten Aufgaben überhaupt bewältigen konnte.

Zusammengehalten wurde das Gebäude im wesentlichen durch drei Elemente: 1. die grundsätzliche Arbeitsteilung und deren permanente Akzeptanz, 2. den praktischen Kontakt zwischen ARPD und den lokalen Verwaltungen seitens der Inspekteure und 3. die Verteilung der Basisinformationen auf dem Dienstweg über zentral erstellte und dann nach einheitlichen Prinzipien verteilte Memoranda, Handbücher und Zirkulare.

Die grundsätzliche Arbeitsteilung zwischen Regierung und Local Authorities wurde schon im First Circular von 1935 festgelegt und mehr oder weniger die ganze Zeit über eingehalten[441]. Die erste Review der Arbeit des ARPD von 1936 hatte das Arrangement bestätigt und dementsprechend die Sphären der Obliegenheiten nach »main halves« abgegrenzt, dabei betonend, daß »closest co-ordination« zwischen den beiden Hälften nötig sei[442]. Die praktische Koordinationsarbeit wurde von den Inspekteuren geleitet und überwacht. Das Inspektionswesen, die »outdoor-organisation«, die quasi den Exekutivarm des ARPD darstellte, wurde im Laufe der Zeit immer stärker ausgebaut. Sie hatte ab 1938 den Charakter eines Netzwerks. Insgesamt kam ihr ein sehr hoher Stellenwert zu. Schließlich erhielten die Inspekteure Teilbefugnisse zur Genehmigung der Ausgaben der Local Authorities für die »grants« und bildeten das Grundskelett für die »war organisation« (Avi-

---

[441] Zum First Circular oben, S. 338–342.
[442] PRO, CAB 16/140, DPR 97, 27.6.1936, Review of the work of the ARPD vom 22.6.1936, S. 5.

sierung als Regional Commissioners' Headquarters)[443]. Die schriftliche Verteilung der technisch-organisatorischen Anweisungen durch Memoranda und Rundschreiben entsprach in Deutschland ungefähr der Praxis der Erlasse und Rundschreiben des RLM, der anderen Reichsministerien, der Ordnungspolizei und deren ausführende Organe, wie z.B. des Deutschen Gemeindetags (etwa zur Verteilung und Überarbeitung der VOA). Der Hauptinformationsfluß für die Tagesarbeit fand über die Circulars statt, von denen allein 1938 bis Mitte September 91[444] (nur die veröffentlichten Hauptrundschreiben, ohne spezielle Einstufung als »vertraulich«) und 1939 bis zum 31. August 212[445] Stück verteilt wurden.

Die verwaltungstechnischen Analogien bei der aktuellen praktischen Arbeit dürfen allerdings nicht überbetont werden. Weitaus bedeutender als die Gemeinsamkeiten blieben die generellen Unterschiede bei den Organisationsstrukturen. Vor allem existierte in Großbritannien 1. keine multiple organisatorische Zwischenstufe zwischen Zentralregierung und Gemeinden, wie dies in Deutschland mit den Territorialverwaltungen von Innerer Verwaltung, Luftwaffe und Polizei der Fall war, wobei die Gesamtlage durch die aktive Einbeziehung nichtstaatlicher Vereine bzw. Verbände mit entsprechend angepaßten und landesweit tiefgestaffelten Strukturen (RLB, RI) noch besonders kompliziert wurde, und man verzichtete 2. auf die gesetzliche Einbindung der Zivilbevölkerung in den Luftschutz und 3. auf die offizielle Beauftragung der entsprechenden privaten Hilfsorganisation zur Betreuung der Hausbewohner bzw. der Wirtschaft. Es fand auch keine juristisch sanktionierte Mitgliederwerbung irgendeines Verbandes für die Air Raid Precautions statt. In die Privatsphäre der Bürger wurde ebenfalls nicht eingegriffen. Luftschutz-Hausgemeinschaften als Kampfgenossenschaften mit Hauswarten quasi als »UvDs« waren nicht vorgesehen.

Insgesamt blieb in Großbritannien, anders als in Deutschland, wo der Luftschutz unter massiver Ausübung organisatorischer Kontrolle über die »Volksgenossen« und die Gesellschaft aufgebaut wurde, die Erfassung der Bürger in stehenden überregionalen Rahmenorganisationen schwach und das administrative Gesamtgebäude vergleichsweise übersichtlich. Im Reich stand der behördliche Luftschutz nach Himmlers Etablierung als Polizeichef für das ganze Reich und nach der Gründung des HA Ordnungspolizei zunehmend unter der Kontrolle einer totalitär ausgerichteten Zentralbehörde, die nach und nach eine eigene ausgedehnte Territorialverwaltung aufbaute. Die wuchernden Organisationsstrukturen führten fast automatisch zu massiven Konflikten, dies schwerpunktmäßig zwischen den Gegensatzpaaren RLM versus HA Ordnungspolizei und RLB versus Gemeinden.

Das Zusammenspiel der beiden organisatorischen Hälften in Großbritannien ging, wie zu erwarten, im Detail ebenfalls keineswegs ohne Schwierigkeiten ab. Diese aber wurden von den zuständigen Ministerien im Einklang mit den gelten-

---

[443] Dazu oben, S. 360.
[444] PRO, HO 45/17603, 701030, 1.12.1938.
[445] Ebd., HO 186/480, Mabane-Cttees über Civil Defence, 9.3.1940, Teil III, Section 7, S. 54.

den Effizienzprinzipien des halboffenen Gesamtverwaltungssystems für den Luftschutz durch Behutsamkeit, weniger durch konfrontative Machtausübung gelöst.

Herausragend hierbei war die Behandlung der Finanzfrage im Vorfeld der Verabschiedung des Air Raid Precautions Act von 1937 und der dabei auftretenden Auseinandersetzungen. Problematisch wurde die Lage vor allem deshalb, weil die Inspekteure auf ihren seit 1935 unternommenen Überzeugungstouren bei ihren Bemühungen zur Gewinnung der grundsätzlichen Mitarbeit bei den Local Authorities mancherorts den Eindruck hinterlassen hatten, die Regierung würde alle Kosten für die Air Raid Precautions bestreiten. Als offenbar wurde, daß dies nicht den Tatsachen entsprach, machte sich Unmut über den angeblichen Betrug breit, der bei den Verhandlungen zur Regelung der Finanzfrage, insbesondere auf der Konferenz vom 19. Juli 1937, zutage trat[446]. Erst nach der grundsätzlichen Regelung der Finanzfrage beruhigten sich die Gemüter wieder. Das behutsame Vorgehen der Regierung gewährleistete den inneren Zusammenhalt des Gebäudes. Die Wahrung der durch die Herrschaftsordnung vorgegebenen Grenzen und allseitige Kooperation stellten die Basis des Durchhaltewillens und der organisatorischen Kohärenz im Kriege dar[447]. Ohne diese Voraussetzungen konnte Whitehall nicht darauf hoffen, die innere Wehrhaftigkeit einer ausreichenden Anzahl von Briten zu mobilisieren. Das von Hitler propagierte Rasseprinzip, nach dem die blutmäßigen »Kernmerkmale« des »Engländers« die Grundlage seines »zähen Kämpfertums« beim Durchstehen kriegerischer Konflikte seien, hatte damit nichts zu tun.

Die Erfahrungen, die man im Laufe der Zeit machte, zeigten ein vielfältiges und verwirrendes Bild. Vor allem die Intensität der aufgebrachten Energie und das Tempo der Fortschritte blieben höchst unsicher und uneinheitliche Faktoren[448]. Es gab lokale Verwaltungen, die besonders eifrig vorgingen und ihre ganze Ehre daransetzten, gut vorbereitet zu sein. So kam es beispielsweise dazu, daß in kleineren, eher ungefährdeten Städten auf dem Land ein Aufwand betrieben wurde, der – innerhalb der entsprechenden Relationen – dem einer Großstadt gleichkam[449]. Auf der anderen Seite gab es weiterhin Local Authorities, die fast keinerlei Anstrengungen unternahmen oder sogar gegen die Air Raid Precautions agierten, so z.B. das von der Labour Party beherrschte Stepney im Londoner East End[450]. London wies generell große Gegensätze auf. So gab es Metropolitan Boroughs,

---

[446] Vor allem Dollan, Vorsitzender der schottischen Städtevereinigung, wetterte regelrecht und drohte mit dem Ausstieg aus der LS-Arbeit. Die anwesenden Minister konnten allerdings durch Zurückhaltung und den Appell an die Vernunft eine Eskalation verhindern. PRO, CAB 24/271, CP 201(37) (26.7.1937), NS der Konferenz zwischen Regierungsvertretern (v.a. Home Secretary und Secretary of State for Scotland) und den Local Authorities vom 19.7.1937, S. 23–29. Siehe dazu auch oben, S. 369–372.

[447] Ebd., HO 45/18802, Antwort Hoares vom 8.9.1937 auf ein Anfrage des Parliamentary ARP Cttee (Tories), S. 1. Vgl. auch HO 186/764, Gen 163/46, März 1939, Bezahlung der ARP Organisers der Local Authorities, großzügige Behandlung der Gehaltsfrage bei der Anrechnung auf die »grants«.

[448] Ebd., HO 45/17603, Treffen von ARPD-Mitarbeitern und lokalen ARP-Organisern vom 4.5.1937, S. 2 und 5–9.

[449] Ebd., HO 45/18802, 701023/17, Parliamentary ARP Cttee (Tories), Bericht Juli 1938, S. 10.

[450] Ebd., Parliamentary ARP Cttee (Tories), Bericht Juli 1938, Gutachten Hodsolls vom 29.7.1938 über den Bericht, S. 4. Vgl. dazu auch Woolven, Munich, S. 55.

wie z.B. Paddington, die sich bemüht zeigten, Vorbild zu sein, und wo deshalb auch rasch ein entsprechendes Korpsgefühl innerhalb ihrer aktiven Luftschutzkräfte entstand[451]. Andererseits geschah in manchen Boroughs nichts oder nur wenig wie z.B. in Southwark, dort insbesondere im Stadtteil Walworth[452]. Vor allem den ärmeren Boroughs mit großen Arbeitervierteln standen trotz der »grants« nur wenig Mittel für den Luftschutz zur Verfügung. Teilweise erschwerte die Bevölkerung die Bemühungen erheblich, so etwa in Hackney, wo die zuständigen Luftschutzwarte infolge zahlreicher Verspottungen und einer bis zur Septemberkrise 1938 anhaltenden Renitenz zu resignieren begannen[453]. Insgesamt kam vor allem die Rekrutierung von Freiwilligen in London nur sehr schleppend voran und lag im Vergleich zum Rest des Landes weit zurück[454].

Der allgemeine Vorbereitungsstand der Nation zeigte sich insbesondere bei internationalen Krisen und wurde seit 1937/38 dann auch in der Öffentlichkeit sehr stark wahrgenommen. Die Entwicklung läßt sich an vier punktuellen Ereignissen ablesen: der Abessinien-Krise von 1935/36, einer Anfang 1937 vorgenommenen strategischen Gesamtübersicht der Verteidigungsbereitschaft des Landes, in die auch der Luftschutz einbezogen wurde, und an den beiden Sudetenkrisen 1938.

Die beiden ersteren Gelegenheiten erbrachten noch nicht viel an klaren Erkenntnissen, weil die Local Authorities kaum einbezogen worden waren und der Großteil der organisatorischen Arbeit erst bevorstand[455]. Man hatte die Aufmerksamkeit der Local Authorities gerade richtig erregt und mußte auf praktische Erfolge noch warten. Dennoch zeigte der Flickenteppich schon jetzt seine Konturen. Trotz der Erkenntnis, daß

»probably few Local Authorities in the United Kingdom [...] have not sensibly progressed in working out their plans«,

mußte man zugeben, daß die Unterschiede bei den Bemühungen überaus groß seien. Es bestand auch keineswegs die Gewißheit, daß die gefährdetsten Gebiete automatisch den größten Willen zur Umsetzung der Maßnahmen an den Tag legten. Insgesamt gedachte man vorerst, im Ernstfall improvisierte Maßnahmen in Gang zu setzen und beim Auftreten ernster Probleme im wesentlichen auf Polizei und Armee zu bauen.

Bis zur ersten Sudetenkrise im Mai 1938, dem dritten Kristallisationspunkt, und der darauf folgenden Zeit bis zum Ende des Sommers hatte sich die Lage grundsätzlich nur wenig geändert, wenn auch ein allgemein höheres Niveau erreicht worden war[456]. Die Local Authorities hatten inzwischen mehr oder weniger große

---

[451] IWM, W E Holl, 72/61/1.
[452] IWM, Reverend J A Markham, 91/5/1.
[453] IWM, Misc 66, Item 1020.
[454] Dazu unten, S. 424 mit Anm. 612.
[455] PRO, CAB 16/140, DPR 73, 19.12.1935, Memo des ARPD (Hodsoll); dazu CAB 16/136, DPR, 17. Mtg., 20.12.1935, Punkt 3, S. 6–8, Diskussion über DPR 73, ARP in United Kingdom, möglicher ital. Angriff aus der Luft. CAB 24/268, CP 58(37), 11.2.1937, COS 540, Vergleich der militärischen Stärke in Europa (Stichtag: 1.5.1937), Annex B: Memo des ARPD vom 31.12.1936, S. 1 f. und 9 f.
[456] Zum Folgenden: ebd., HO 45/18124, Emergency arrangements for meeting air attacks, Berichte und Korrespondenz vom 17.5. bis 23.5.1938. Zusammenfassend: CAB 16/191, PD 4, 18.7.1938,

Fortschritte gemacht, vielfach aber ihre Organisation noch nicht komplettiert. Die verantwortlichen Planer im ARPD gedachten beim Eintritt des Ernstfalls, die Polizeichefs, nicht die eigentlich vorgesehenen zivilen Verwaltungsträger, d.h. die Leitungsorgane der Local Authorities, mit der Verantwortung für den örtlichen Luftschutz zu beauftragen. Diese sollten jeweils das, was an Luftschutzmaßnahmen vorhanden war, nutzen und Defizite mit Improvisation ausgleichen. Die Gestalt des Flickenteppichs hatte sich nicht gewandelt, sondern vielmehr verfestigt. Die Unterschiede im Vorbereitungsstand blieben erhalten. Da aber der Ernstfall ausblieb, erfuhr die Öffentlichkeit nur wenig davon.

Letzteres änderte sich bei der zweiten Sudetenkrise im September 1938. Es erfolgte eine Teilmobilmachung, die den Charakter einer Nagelprobe hatte. Die Local Authorities standen voll in der Pflicht und mußten zeigen, was sie inzwischen geleistet hatten. Die Ergebnisse waren trotz der generellen Rahmenerfolge (Verteilung der Gasmasken, Aushebung zahlreicher Splittergräben etc.) teilweise überaus unerfreulich[457]. Nicht nur stand es um die nationale Einsatzbereitschaft im allgemeinen schlecht, sondern verschiedene Local Authorities hatten organisatorisch schlichtweg versagt. Die Planer im ARPD überraschte dies durchaus nicht, aber die Öffentlichkeit hatte nun zum ersten Mal die praktische Seite mitbekommen und die schweren Defizite bemerkt.

Insbesondere die Konservative Partei trat kritisch auf den Plan. Einflußreiche Mitglieder ihrer »backbenchers« hatten 1937 einen parlamentarischen Ausschuß (PSCARP) gebildet, der die Regierung unterstützen, aber auch kritisch beobachten sollte[458]. Dieser Ausschuß lieferte mehrere Berichte ab, in denen insbesondere die Uneinheitlichkeit der Vorbereitungen kritisiert wurde. Im Gefolge der aufgetretenen Schwächen mußte die Regierung, unter anderem auch Anderson, dem Ausschuß Rede und Antwort stehen.

Die Tories verlangten eine erhebliche Ausdehnung der Befugnisse und der Kontrolle des Home Office, wobei auch Forderungen nach militärischen Organisationsformen laut wurden[459]. Manche Kritiker behaupteten sogar, daß die Local Authorities gar nicht das geeignete Instrument und daher durch andere Träger abzulösen seien. Ein Teil der Stimmen meinte infolge der katastrophalen Fehlleistungen einiger Local Authorities, daß bis dato überhaupt noch keine wirklich

---

Note Col. Ismays covering a Memorandum of the Home-Defence-Cttee: Memorandum on the Home Defence Measures which could be put into force should an Emergency arise in the near future, (15.7.1938), vor allem S. 23–30.

[457] Woolven, Munich, S. 56.
[458] PRO, HO 45/18802, Aktensammlung Parliamentary ARP Cttee 1937–1939.
[459] Zum Folgenden vgl. grundsätzlich (Kernforderungen des Tory-Ausschusses und Reaktionen des HO): ebd., Meetings des Ausschusses und Korrespondenz zwischen dem Ausschuß und dem HO August/September und November 1937, Principal recommendations of the Parliamentary ARP Cttee during 1937/1938 mit den Reaktionen des HO und des Lord Privy Seal bis Dezember 1938, Bericht des Personnel Sub-Cttee of the Parliamentary ARP Sub-Cttee, Juli 1938 mit Reaktionen des HO, Treffen zwischen Anderson und dem PSCARP am 2.2.1939, Bericht des PSCARP und Antworten des HO, Ende Juli 1939, Vorschläge des PSCARP und Reaktionen des HO, Oktober 1939.

systematischen Bemühungen unternommen worden seien. Anderson bezeichnete diese Kritiker als »Still-they-do-nothing-School«.

Die entsprechenden Meinungen wurden teilweise auch in der Presse lautstark wiedergegeben. Es kam zu heftigen Diskussionen, die die Arbeitsbeziehungen zwischen Regierung und Local Authorities nach außen hin zwar belasteten, letztlich aber nicht erschüttern konnten. Die Regierung nahm die Local Authorities gegen alle Angriffe in Schutz und verwies auf die finanziellen Beschränkungen. Man betrachtete die lokalen Verwaltungen zwar nicht als ideale, aber wegen ihrer Zuständigkeiten und ihrer verfassungsmäßigen Stellung letztlich als einzig mögliche Träger:

»Local Authorities are not the ideal instrument for organising such a scheme, but upon very careful examination, I have reached the conclusion that they are the only possible instrument. What they actually achieved, rather late in the day, must not be minimised; they have not only been frightened but they have learned what they can do if they try. To change the instrument now would be to produce resentment, confusion and delay; we cannot afford these at this time[460].«

Ein Umbau wurde auch keineswegs als nötig angesehen. Die Verantwortlichen der Regierung beschlossen aufgrund der bis 1938 vorliegenden Erfahrungen, daß die aufgebaute Organisation trotz teilweise erheblicher Schwächen und Defizite sich grundsätzlich bewährt habe und nicht umzugestalten sei[461]. Besonders Anderson verwies in diesem Zusammenhang darauf, daß die zivile Luftschutzorganisation so schlecht nicht wäre. Man dürfe fairerweise auch nicht mit militärischen Maßstäben messen[462].

Der Schutz der Regierung für das »patchwork-system« erwies sich durchaus als gerechtfertigt. Es regte sich kaum wirklich essentieller Widerstand mehr gegen die Regierung, nachdem die Finanzfrage 1937 geregelt worden war. Local Authorities, die offen und grundsätzlich Schwierigkeiten machten, hatten ein derart geringes Gewicht, daß sie kein ernsthaftes Problem darstellten. Hodsoll meinte: »I am glad to say they are fairly few and far between[463].« Ein größeres Problem war die Untätigkeit verschiedener Verwaltungen infolge generellen oder partiellen Desinteresses und fehlender Mittel.

Besonders 1939, als sich die internationale Krise wiederum zuzuspitzen begann, zeigte sich die Arbeitsfähigkeit des Systems. Anderson bat die Local Authorities mit Rundschreiben vom 18. April 1939 darum, für die nächsten drei Monate, ohne die sozialen Aufgaben zu vernachlässigen, alle anderen Obliegenheiten zugunsten

---

[460] PRO, CAB 16/190, Conference of Heads of Departments, presided over by Sir Warren Fisher, called to consider departmental reviews on the Civil Defence Measures taken during the Czechoslovakian Crisis, September 1938, RPM 9, 26.10.1938, Memo des Home Secretary.
[461] Ebd., Memo des Home Secretary, wie Anm. 460, passim; dazu Gesamtbericht der Konferenz, S. 4–6, und Appendix I, S. 1–5.
[462] PRO, HO 45/18802, NS eines Treffens zwischen Anderson und dem PSCARP am 2.2.1939, S. 5 f. Vgl. auch HO 45/18198, Heads of Divisions Council, ARPD, 17. Mtg., 25.11.1938, Diskussion über Vorschläge Morrisons zur Umgestaltung der Londoner LS-Organisation und Memo ARP in the Greater London Area über dessen Vorschläge. Memo v.a. S. 1–3.
[463] Ebd., HO 45/18802, Parliamentary ARP Cttee (Tories), Bericht Juli 1938, Gutachten Hodsolls vom 29.7.1938 über diesen Bericht, S. 4.

der Civil Defence zurückzustellen und auch die Sommerpause nicht als Entschuldigung für ein Nachlassen der Bemühungen zu nutzen, sondern wenigstens einen Teil der administrativen Organisation weiterarbeiten zu lassen[464]. Die Reaktion auf diese Forderungen war im wesentlichen positiv. Die meisten lokalen Verwaltungen bestanden nicht auf ihrem Recht zur Gestaltung der Eigenverwaltung, sondern entsprachen den Wünschen der Regierung.

»The circular [vom 18.4., B.L.] has produced a very definite result and much progress has been made since its issue [...] and one has v.[ery] little sympathy with authorities (such as Staffordshire) who stand on the strict letter of the law[465].«

Die von Whitehall gewählte organisatorische Hauptachse der britischen Air Raid Precautions arbeitete durchaus mit Erfolg. Klare Aufgabenteilung, ständige Fühlungnahme und laufende Information gewährleisteten das Funktionieren des ganzen Gebäudes, denn

»the Local Authorities are being all circularised[466].«

Das ist das zentrale Schlagwort für die Betriebsfähigkeit des Systems. Ergänzt wurde dies durch mannigfaltige Kontakte von zusammengefaßten oder benachbarten Local Authorities zur Ausarbeitung gemeinsamer Pläne[467]. Die verdeckt immer vorhandene, teilweise auch offen ausbrechende Renitenz der lokalen Verwaltungen sowie die vielen kritischen Stimmen in der Presse[468] dürfen – trotz allen Getöses, das dabei gelegentlich auftrat – nicht überschätzt werden. Der innere Zusammenhalt und die strukturelle Integrität des Gebäudes war zu keinem Zeitpunkt wirklich gefährdet.

Daß effizientes Funktionieren nicht unbedingt von autoritären oder militärischen Verhältnissen abhängt, zeigt auch die organisatorische Grundgliederung der britischen Air Raid Precautions, die sich, oberflächlich betrachtet, eher lax und nachlässig ausnahmen. Die Hilfsdienste (Feuerwehr, Polizei, Erste Hilfe, Instandsetzungdienst, Demolition and Rescue Gangs sowie Entgiftungstrupps) gehörten nicht überregional geführten Organisationen an, sondern sollten gemäß den Gegebenheiten der jeweiligen Local Authority aufgebaut werden, wobei man für den Großbereich London spezielle Regelungen traf. Als Leiter für die einzelnen Dienste ernannte man die örtlichen Verantwortlichen (z.B. den Borough Surveyor bzw. Engineer oder Medical Officer of Health) und unterstellte sie verwaltungstechnisch einem speziell ernannten Air Raid Precautions Officer, einem Ausschuß oder anderen Behörden bzw. Gremien[469]. Für die Besetzung bzw. die Leitung dieser Führungsstellen zog man je nach Gegebenheit einen dem örtlichen Council ver-

---

[464] Ebd., HO 45/18213, ARPD-Circular 86/1939, 18.4.1939, und 147/1939, 14.7.1939 mit Korrespondenz dazu.
[465] Ebd., handschriftl. »minutes« (Juli 1939) der zuständigen Sachbearbeiter im ARPD.
[466] Ebd., CAB 16/140, DPR 97, 27.6.1936, Review of the work of the ARPD (22.6.1936), S. 24.
[467] Ebd., HO 45/18802, Principal recommendations of the Parliamentary ARP Cttee during 1937/1938 mit den Reaktionen des HO und des Lord Privy Seal bis Dezember 1938, handschriftl. Bericht über Enrolment, Punkt 50.
[468] Dazu ausführlicher unten in Kap. IV.2.a.
[469] PRO, CAB 16/144, Circular vom 26.2.1939 (9/1939), Organisation of Air Raid General Precautions, vor allem S. 2 f., und DPR 315, 19.6.1939, 24. Progress Report, ARPD, v.a. Part II und IV. Auch zum Folgenden.

antwortlichen Beamten (z.B. den Town Clerk), den örtlichen Chief Constable oder auch Persönlichkeiten außerhalb des öffentlichen Dienstes heran. Viele Local Authorities stellten zudem noch zeitweise oder permanent sog. ARP Organisers ein, die die praktische Aufbauarbeit betreiben bzw. koordinieren sollten. Diese Organisatoren waren zumeist aus dem aktiven Dienst ausgeschiedene Militärs. Im Krieg sollte dann bei Luftangriffen ein ziviler Befehlshaber, der sog. ARP Controller, der nur der Regierung verantwortlich war, den Befehl übernehmen.

Zur Rekrutierung der nötigen freiwilligen Helfer für die verschiedenen Luftschutzdienste, später dann auch für die gesamte nationale Verteidigung, startete die Regierung gezielte landesweite Aktionen, deren größte die 1938/39 veranstaltete Werbekampagne, die National Service Campaign, war. Sie sollte die Briten für alle Arten von Tätigkeiten, vom Militärdienst bis zu den Air Raid Precautions, mobilisieren. Die Federführung hierbei hatte das Ministry of Labour, das bei seinen örtlichen Dienststellen spezielle Rekrutierungsausschüsse einrichtete. Diese dienten allerdings nur zur direkten Werbung von Freiwilligen, nicht für deren Weiterverwendung, d.h., sie teilten die Freiwilligen den jeweiligen Organisationen lediglich zu, die sie dann entsprechend einsetzten. Die Verantwortung für Erfassung, Training und Einsatz der geworbenen Kräfte für die Air Raid Precautions verblieb bei den Local Authorities, denen es im übrigen anheimgestellt blieb, eigene Werbekampagnen zu starten.

Ausbildung, Training und Einsatz der rekrutierten Kräfte sollte mit so wenig organisatorischem Aufwand wie möglich betrieben werden. Man war sich zwar durchaus bewußt, daß die Aufgaben nicht im luftleeren Raum gelöst werden konnten, dies, zumal man schon seit Beginn der Aktivitäten in den 20er Jahren die Einbindung der Zivilbevölkerung in die Kriegsvorbereitungen als überaus heikles Geschäft ansah. Gemäß dem vorherrschenden Effizienzdenken schuf man jedoch nicht neue Massenverbände, sondern arbeitete mit bereits vorhandenen Organisationen zusammen. Schon das ARPOC hatte empfohlen, Propaganda, Erfassung und Ausbildung der Bevölkerungsmasse durch die humanitären Hilfsorganisationen (Red Cross, St. John's Ambulance Brigade und St. Andrew's Ambulance) ausführen zu lassen. So heißt es:

> »the advantage of utilising the services, if they can be made available, of some existing organisation for the purposes required are overwhelming and, on reflection, we are of the opinion that the most suitable organisation for this purpose are those of the Red Cross and St. John's Ambulance Societies. The activities of these organisations cover the whole country and the nature of their work is essentially humanitarian[470]«.

Eine spezielle landesweite Luftschutzorganisation entstand erst spät, blieb trotz verschiedener Versuche zur Annäherung an die Regierung staatspolitisch vollkommen auf die private Sphäre begrenzt und wurde von den zuständigen Stellen im ARPD mehr oder weniger ignoriert[471]. Ihre Mitgliederzahlen standen in keinem Verhältnis zu den monströsen Dimensionen des RLB.

---

[470] Ebd., CAB 46/17, ARPO 453 (8.1.1935).
[471] Siehe unten, S. 434–438.

Die Planer in Whitehall legten größten Wert darauf, daß die beauftragten Organisationen sich in allen Belangen mit den Local Authorities absprachen. Ferner dachte man nicht im geringsten daran, etwa Alleingänge des Roten Kreuzes bzw. seiner Schwesterorganisationen zuzulassen:

»it would be made quite clear to the Red Cross that they would have to work within the four corners of the Government's decisions as to general principles of Air Raids precautions work and the doctrine contained in any pamphlets[472].«

Im Grundsatz ähneln die Verhältnisse hier dabei durchaus denen im Reich. Auch das RLM betrachtete den RLB als untergeordnete Hilfstruppe. Das für die nationalsozialistische Herrschaft typische Erscheinungsbild in der Praxis, Kämpfe um Organisationsmacht und Ressourcen, im Falle des RLB schließlich Eindämmung findet sich in Großbritannien hingegen nicht. Die verantwortlichen Behörden vor Ort konnten damit rechnen, daß das Rote Kreuz nicht den Anspruch auf organisatorische Kontrolle über die Bevölkerung erhob und auch nicht als aggressiver Hungerleider wie der RLB auftrat. Die beteiligten Hilfsverbände jenseits des Kanals leisteten Unterstützung im eigentlichen Sinne, d.h., sie erhielten prinzipiell keinerlei offizielle Ermächtigung zur Ausübung von Macht. Dies schloß anderslautende Regelungen im individuellen Selbstverwaltungsbereich einer örtlichen Verwaltung natürlich nicht aus, denn

»in practice the arrangements would work quite easily, although it sounded rather complicated in the course of discussion [...] the Red Cross knew fairly well where they were[473].«

An genuin neuen Elementen führte man nur wenig ein. Hier ist in erster Linie der Air Raid Warden, der Luftschutzwart, zu nennen. Er sollte das leisten, was durch die allgemeine Tätigkeit der existierenden Hilfsorganisationen nicht erreicht werden konnte: das persönliche individuelle Einwirken auf die Zivilbevölkerung in den Wohngebieten. Das Rote Kreuz und seine Schwesterorganisationen konnten lediglich Massenpropaganda betreiben und die Ausbildung von Freiwilligen vornehmen. Die Air Raid Wardens hingegen fungierten als Betreuer der Bevölkerung vor Ort und wurden so zum eigentlichen Kern des britischen Selbstschutzes; dies jedoch nicht im Rahmen einer überregionalen Organisation mit einer entsprechenden Hierarchie, sondern explizit als Teil der örtlichen Strukturen (Local Authorities).

Wie bereits berichtet, entstammte die Idee, einen Luftschutzwartdienst zu errichten, den Beobachtungen der Verhältnisse im Deutschen Reich. Die Gesamt-Review des ARPD von 1936 verwies auf diesen Fakt und kündigte die entspre-

---

[472] PRO, CAB 46/9, ARPOC, 54. Mtg., 14.1.1935, S. 13.
[473] Ebd., S. 12. Bei der Gelegenheit betonte man auch, daß die Hilfsorganisationen beim Aufbau des Sanitätsdienstes eng mit den Local Authorities zusammenarbeiten und diese keineswegs übergehen sollten. Vielmehr hätten sie lediglich Hilfe für die lokalen Verwaltungen zu leisten (assistance). Allerdings ging die Zusammenarbeit im Laufe der Zeit auch nicht so reibungslos vonstatten, wie man hier in optimistischer Weise voraussagte. Siehe dazu unten, S. 435 f. (Ablehnung des ARPD gegenüber privaten Hilfsverbänden in bezug auf das Einbringens eigener Organisationsstrukturen in die offiziellen ARP).

chenden praktischen Schritte zum Aufbau der Organisation an[474]. Diese ließen dann auch nicht lange auf sich warten. In Herbst und Winter 1936/37 erstellte das ARPD unter Einbeziehung der Ergebnisse einer Konferenz mit den Chief Constables der Local Authorities ein spezielles Memorandum über die Air Raid Wardens (Air Raid Precautions Memorandum No. 4, Air Raid Wardens), das Ende Februar 1937 an die Local Authorities verteilt wurde. Fast gleichzeitig gab das ARPD ein Zirkular heraus, daß die Rolle der Polizei innerhalb der Luftschutzorganisation und die Zusammenarbeit mit der Armee allgemein festlegte[475].

Die staatspolitische und staatsrechtliche Verankerung der Air Raid Wardens basierte auf dem Prinzip der Freiwilligkeit als Ausdruck des Staatsbürgerprinzips, wobei nachdrücklich die Verantwortlichkeit der »citizens« hervorgehoben wurde. Man gedachte sie als »citizen volunteers« heranzuziehen, um Heim und Nachbarschaft zu beraten und zu schützen. Man beteuerte,

> »the work which these volunteers will be asked to undertake will be close to their homes or places of work, and will afford an opportunity to citizens to help their fellow citizens and their country, if the need should ever arise. They will constitute an essential supplement to the air raid precautions services provided or to be provided by Local Authorities[476].«

Die Hilfe und die Ratschläge, die die Air Raid Wardens geben sollten, definierte man in erster Linie nicht wie in Deutschland als öffentliche, sondern eher private Aufgaben nämlich: »generally to act the part of a good neighbour.«

Alle Aktivitäten sollten allerdings immer mit der Polizei abgesprochen werden (»always in consultation with the police«). Letztere sollte nicht als vorgesetztes Anordnungs- und Kontrollorgan mit gesetzlicher Macht agieren, sondern als Beratungs-, Kooperations- und – wenn örtlich so bestimmt – als organisatorisches Leitungsinstrument.

Der strukturelle Aufbau des ganzen Dienstes differierte ebenfalls vom deutschen Modell. Gemäß den Vorstellungen von der Nachbarschaftshilfe, die sich mutatis mutandis grundsätzlich durchaus mit der Idee der heutigen Neighbourhood Watch Areas zur Abwehr von Gewaltkriminalität vergleichen läßt, sollte der Warden nicht direkt in die Häuser vordringen, sondern als verantwortlicher Helfer und Schützer eines ganzen Gebietes tätig werden,

> »the general idea of an air raid warden is that he should be a responsible member of the public chosen to be a leader and adviser of his neighbours in a small area – a street or a small group of streets – in which he is known and respected[477].«

---

[474] PRO, CAB 16/140, DPR 97, 27.6.1936, Review of the work of the ARPD vom 22.6.1936, S. 12 f.

[475] Ebd., HO 45/18137, 700243/21, Dezember 1936; HO 45/17586, 700272/42, 6.2.1937, mit Zirkulär vom 27.2.1937, ARP, insbes. S. 1–3, Rôle of the Police, und CAB 16/141, DPR 173, 15.2.1937, Memo des Innenministers über ARP Memorandum No. 4 (1st ed.), ARW. Mit anliegendem Exemplar. Vgl. grundsätzlich auch zum Folgenden. Bei den nachstehenden Ausführungen werden nur die direkten Zitate belegt.

[476] PRO, CAB 16/141, DPR 173, 15.2.1937, ARP-Memo No. 4, S. 2. Auch grundsätzlich zum Folgenden.

[477] Ebd., S. 3.

Gedacht war an die Etablierung von speziellen Posten für ganze Straßenzüge oder Stadtteile, die gemäß der Einteilung nach Sektoren (ein ARW-»post« zuständig für einen »sector«) festgelegt werden sollten. Die Posten waren im Ernstfall von mehreren Wardens (bis zu sechs) in einem Schichtbetrieb zu besetzen.

Die Aufgaben, die zu erledigen waren, sollten die Wardens also nicht als Führer oder Befehlshaber von Haus-Selbstschutz-Einheiten durchführen. Anders als in Deutschland, wo der Luftschutzhauswart als Führer einer quasi-militärischen Kampfgemeinschaft tätig werden sollte, gedachte man auch nicht, die Hausbewohner direkt zu mobilisieren. Maßnahmen zur Bekämpfung von Dachstuhlbränden wurden zwar empfohlen, aber die Einrichtung einer Hausfeuerwehr wurde nicht verlangt.

Die fachlichen Aufgaben der Wardens unterschieden sich nicht sehr von denen ihrer deutschen Gegenstücke. Beratung und praktische Anleitung in Friedenszeiten, Schutz und Hilfe bei Luftangriffen, dies in allen relevanten sachlichen Fragen, anfänglich allerdings mit besonderer Betonung der Gasgefahr. Lediglich die Handhabung der Gasmaskenfrage in Großbritannien legte den Air Raid Wardens zusätzliche Verpflichtungen auf. Sie sollten in den letzten Tagen vor einem möglichen Kriegsausbruch für die Verteilung der Gasmasken aus den Zentrallagern sorgen.

Außer ihrer Beratungs- und Hilfstätigkeit für die Nachbarn sollten die Wardens als Melder für Schäden tätig werden, für die Alarmierung sorgen und die Nachbarn ggf. in Schutzräume führen. Als wichtigstes Moment ihrer Tätigkeit wurde, wie im Reich, die Aufrechterhaltung der Kriegsmoral angesehen,

»most of all, by setting an example of coolness and steadiness among their neighbours, and so reducing the risk of panic and loss of morale«[478].

Die Gesamtorganisation stellte man, wie fast alle anderen Aspekte des Luftschutzes, auf die Gegebenheiten der Local Authorities ab. Die Hauptorganisationsebene sollten die Boroughs und Districts (Sub-Ebenen der Counties) bilden.

»The functions of air raid wardens are so essentially local that it is considered that the responsibility for initiating their organisation should rest with borough and district councils[479].«

Innerhalb dieser Grenzen war ein eigenständiger Dienst,

»a recognised service of their own«,

unter einem Chief Warden als administrativer Spitze zu errichten. Als Zwischenebene sollten Head Wardens etabliert werden[480]. Die Chief Wardens (für das Gesamtgebiet von London gab es später dann einen Principal Warden), im weitesten Sinne vielleicht vergleichbar den Orts- bzw. den Landesgruppenleitern des RLB, stellten die obersten Instanzen im ganzen Land dar. Es gab keine nationale Kampforganisation mit Sitz in der Hauptstadt. Die Grundprinzipien der Organisation beruhten dennoch auf Hierarchie und quasi-militärischem Denken. Dies kam nicht zuletzt auch dadurch zum Ausdruck, daß man den ausgebildeten Wardens die

---

[478] Ebd.
[479] Ebd., S. 7.
[480] Ebd., S. 3.

Kennzeichnung für ausgebildete Luftschutzkräfte verlieh (ARP-Badge)[481] und schließlich sogar eine Uniform einführte[482].

Um die Kriegseinsatzfähigkeit trotz des vielfältigen Organisationsspektrums der Local Authorities gewährleisten zu können, mußte die Air-Raid-Wardens-Organisation flexibel angelegt werden. Das ARPD arbeitete dazu drei alternative Modelle für die Zuweisung der Zuständigkeiten vor Ort aus, die je nach Typ der lokalen Verwaltung Anwendung finden konnten (Scheme A, B oder C: London, ländliche Gebiete, Großstädte außer London). Da das Verhältnis zwischen Polizei und Local Authorities für das Funktionieren des Systems als entscheidend angesehen wurde, versuchte man, die Kompetenzen dieser beiden Hauptverantwortungsträger mit individuellen Regelungen zu gestalten. Dabei betonte man aber, daß man den Local Authorities keinerlei Vorschriften machen wolle. Auffallend dabei ist, daß man zu vermeiden gedachte, die Polizei von vornherein automatisch als Leitungsinstanz einzusetzen. Entsprechendes hatte man im Zirkular über die Rolle der Polizei (und die Zusammenarbeit mit der Armee) festgelegt, wobei der ausschließlich zivile Charakter der Air Raid Precautions erneut betont worden war:

»The responsibility for civil air raid precautions is, and will remain, entirely a matter for the civil authorities [as distinct from military authorities, B.L.][483].«

Hinsichtlich der organisatorischen Fragen machte das ARPD den Local Authorities auch in dieser Richtlinie fast keinerlei bindende Vorschriften und gab zu erkennen, daß man in der Frage der örtlichen Organisation auf flexible Übereinkommen der jeweils Beteiligten baue. Erneut ist die Tendenz erkennbar, den örtlichen Polizeiverwaltern nicht automatisch die Leitung zu überantworten. Für die Londoner Gebiete hatte man dies sogar ausgeschlossen:

»It will not be possible for officers of the Metropolitan Police Force to act as coordinators for local air raid precautions services[484].«

Dabei spielten neben staatspolitischen Bedenken insbesondere Erwägungen in bezug auf die allgemeinen Leistungsgrenzen eine Rolle. Die Aufgaben der Polizei als Garant der inneren Sicherheit betrachtete man gerade für die Hauptstadt als so wichtig, daß eine allzu große Ablenkung von ihren angestammten Aufgaben vermieden werden sollte. Für die lokalen Verwaltungen außerhalb Londons hatte man generelle Wahlfreiheit im Hinblick auf die organisatorische Grundgestaltung belassen, schrieb aber Stellvertreterlösungen vor, wenn sie sich für den Chief Constable als örtlichen Luftschutzleiter entschieden. Die Übernahme der Kontrolle durch den Polizeiverwalter käme nur dann in Betracht, wenn dieser sofort einen ständigen »assistant« mit ausreichender personeller Ausstattung als ausführenden Leiter ernenne.

Diese grundsätzlichen Setzungen wurden in einer 2. Auflage des ARP Memorandums No. 4 bestätigt und flossen 1938 auch in ein Handbuch (ARP Handbook

---

[481] Ebd., S. 5.
[482] PRO, CAB 16/144, DPR 315, 19.6.1939, 24. Progress Report, ARPD, S. 7.
[483] PRO, HO 45/17586, 700272/42, 6.2.1937, mit Zirkular vom 27.2.1937, S. 3.
[484] Ebd.

No. 8) mit zwei Auflagen ein[485]. Beide Schriften enthielten keine wesentlichen Neuerungen, sondern bauten das bereits Festgelegte aus. Allerdings empfahl man nunmehr für die Gebiete außerhalb Londons die Einsetzung der Chief Constables als Luftschutzleiter ausdrücklich und stockte den Aufbau der Air Raid Wardens Organisation um ein Element auf: die Division als Zwischenebene für Großstädte. Dies hatte mutatis mutandis seine Entsprechung in Deutschland, wo der RLB nach einiger Zeit eine Bezirksgruppe eingefügt hatte, dies allerdings eher für ländliche Gegenden. Im fachlichen Bereich hatte man die inzwischen stattgefundene Ausdehnung der Lehrpläne über den Gasschutz hinaus auf alle Bereiche der Air Raid Precautions berücksichtigt.

Die Organisation bei einer Local Authority gliederte sich danach wie folgt: Die Air Raid Warden-Posts eines Bezirks standen unter der Kontrolle eines Head Warden. Alle Head Wardens eines größeren Gebietes der Local Authority kamen bei Großstädten unter einen Divisional Warden, der seinerseits mit den anderen Divisional Wardens unter dem Chief Warden stand. In kleineren Gebieten oder Städten standen die Head Wardens direkt unter der Leitung des Chief Warden. Für das Gesamtgebiet von London führte man darüber hinaus noch eine Sonderebene, den Principal Warden, ein[486]. Dieser hatte allerdings nur sehr begrenzten Einfluß auf die Wardens-Organisationen in den Metropolitan Boroughs.

Die oberen Ränge der Organisation, insbesondere die Chief Wardens, sollten keinerlei direkte Leitungs- oder gar Befehlsbefugnis für den Einsatz der Organisation bekommen. Ihnen oblag in erster Linie der organisatorische Aufbau und die Absprache mit lokaler Verwaltung und Polizei. Die rechtliche Stellung der Air Raid Wardens zum Rest der Bevölkerung wurde ebenfalls genau bestimmt, wobei man explizit auch auf die Begrenzungen ihrer Befugnisse hinwies. Die Wardens sollten, anders als die Special Constables, keinerlei polizeiliche Sonderbefugnisse erhalten und auch nicht speziell zu Hilfspolizisten verpflichtet werden. Gesetzliche Regelungen, wie z.B. eine spezielle dienstliche Heranziehung der Air Raid Wardens durch die Polizei wie in Deutschland durch die I. DVO geschehen, unterblieben. Man betonte, daß den Wardens lediglich die Möglichkeiten zuständen, wie sie auch andere Bürger besäßen:

> »A warden would have the right, which is possessed by every citizen, to arrest any person who is committing, or has committed, a treason or felony, as also to prevent a breach of the peace which is taking place, or is about to take place, or on a ›hue and cry‹, i.e. in the immediate pursuit of a felon, etc.[487].«

In Deutschland war bereits 1933 vorgesehen worden, Luftschutzwarte feierlich und offiziell als Hilfspolizisten zu verpflichten. In der I. DVO wurde dies dann in § 19 für alle Selbstschutzkräfte (auch die Hausfeuerwehr) festgelegt und gleichzeitig eine Art Wehrüberwachung (§ 20) eingeführt. Wie Großkreutz in speziell aus-

---

[485] PRO, HO 45/17605, ARP-Handbook No. 8 – ARW, Erstellung der 2. Aufl., anbei: ARP Handbook No. 8, The Duties of ARWs, 1. Aufl., Mai 1938. HO 45/18137, 700243/97, 11.5.1938, Lehrplan und Training für ARWs, anbei: Memo No. 4, 2. Aufl.
[486] Ebd., CAB 16/144, DPR 315, 19.6.1939, 24. Progress Report, ARPD, S. 4.
[487] PRO, HO 45/18137, 700243/97, 11.5.1938, Memo No. 4, 2. Aufl., S. 2, Anm.

gearbeiteten Erläuterungen für die im Luftschutz involvierten Territorialverwaltungen ausdrücklich betonte, war

»die Bestellung bestimmter Luftschutzdienstpflichtiger (z.B. der Luftschutzhauswarte) zu Hilfspolizeibeamten [...] an sich schon für Friedenszeiten zulässig. Dies ist jedoch vorerst nicht beabsichtigt[488].«

Für den Krieg war die Verpflichtung zumindest männlicher Hauswarte fest vorgesehen[489]. Auf eine kurze Formel gebracht, läßt sich Folgendes konstatieren: In Großbritannien standen die Selbstschutzkräfte, d.h. die Air Raid Wardens, grundsätzlich auf einer Stufe mit der übrigen Bevölkerung; in Deutschland wies man den Selbstschutzkräften von vornherein offiziellen Dienstcharakter zu und behielt sich durch Schaffung einer gesetzlicher Handhabe vor allem mit Blick auf die Luftschutzhauswarte die Erteilung höherer, polizeilicher Weihen als Option zum Einsatz je nach Sachlage – nötigenfalls bereits in Friedenszeiten – vor.

Daß das britische Hauswart-System organisatorisch unkomplizierter und juristisch liberaler als das deutsche war, bedeutete nicht automatisch auch eine höhere technische Effizienz[490]. Die Rekrutierung lief teilweise schleppend, und infolge des herrschenden Patchwork-Systems traten große Unterschiede und Disparitäten zutage. Derlei Unzulänglichkeiten zogen fast selbstredend Kritik nach sich – zunehmend nicht nur öffentlich durch Presse und Parlament[491], sondern auch seitens wichtiger Vertreter der inneren Organisation. Von der Septemberkrise 1938 an bis Kriegsbeginn erfolgten von diesen Seiten massive Angriffe auf das etablierte Air Raid Wardens Konzept, die die obersten Entscheidungsträger in Home Office und ARPD teilweise mühsam abwehren mußten.

Zunächst traten die Verantwortlichen der Polizei auf den Plan. Am 18. Oktober 1938 hielt das Home Office eine Konferenz ab, bei der bis auf den Innenminister alle maßgeblichen Entscheidungsträger anwesend waren[492]. Eingeladen waren die Chief Constables aller wichtigen Regionen, darunter auch Sir Philip Game, der Commissioner of the Metropolitan Police.

Fast einmütig beklagten die Polizeiverwalter den ihrer Meinung nach sehr schlechten Stand des Luftschutzes und lasteten dies in erster Linie der Nachlässigkeit der Local Authorities an. Insbesondere die Polizeiführer der großen Städte

---

[488] BA Berlin, R 2/9225, RdLuOBdL vom 20.12.1937 – ZL I 2b Nr. 3582/37 –; vgl. auch ebd., R 2/9218, RdLuOBdL vom 15.9.1933 – LS II 2 aNr. 523/33 geh. –; R 2/26744, RdLuOBdL – ZL I a 3862/38 – vom 22.9.1938.

[489] Ob dies bei Kriegsbeginn tatsächlich erfolgte, konnte in diesem Rahmen nicht geklärt werden.

[490] Die praktische Effizienz steht in dieser Arbeit letztlich nicht zur Debatte. Sie kann mangels verbindlicher Prüfkategorien wohl auch prinzipiell nicht befriedigend geklärt werden. Vgl. oben, S. 361 f.

[491] Vgl. die entsprechenden Abschnitte in: PRO, HO 45/18802, Meetings des Ausschusses und Korrespondenz zwischen dem Ausschuß und dem HO August/September und November 1937, Principal recommendations of the Parliamentary ARP Cttee during 1937/1938 mit den Reaktionen des HO und des Lord Privy Seal bis Dezember 1938, Bericht des Personnel Sub-Cttee of the Parliamentary ARP Sub-Cttee, Juli 1938 mit Reaktionen des HO, Treffen zwischen Anderson und dem PSCARP am 2.2.1939, Bericht des PSCARP und Antworten des HO, Ende Juli 1939, Vorschläge des PSCARP und Reaktionen des HO, Oktober 1939.

[492] Zum Folgenden: ebd., HO 45/18124, 700014/48, Oktober 1938, Note of a Conference of Chief Constables held at the Home Office on the 18th October, 1938.

kritisierten die angeblich willentliche Obstruktionspolitik der lokalen Verwaltungen und forderten die Übertragung aller Verantwortung für die Air Raid Wardens Organisation und den Luftschutz auf die Chief Constables. Besonders deutlich wurde der Polizeiverwalter von Manchester, Maxwell:

»The question of ARP was one of national defence, and must be tackled from that angle, and it seemed clear to him that it was no use leaving the matter in the hands of Local Authorities who talked a lot, made schemes on paper, but when it came to putting the schemes into operation, were afraid that the cost would increase the rates and accordingly did nothing[493].«

Der Polizeichef von Glasgow vertrat die Ansicht, daß die Polizeiverwalter die einzige Institution seien, die den Luftschutz effizient aufbauen könnten. Die Ausschüsse der Local Authorities behinderten deren Arbeit nur.

Von den 24 anwesenden Chief Constables sprachen sich 11 eindeutig für entsprechende Änderungen aus[494]. Nur zwei waren dagegen. Die restlichen blieben unentschieden bzw. plädierten für Teillösungen. Game ergriff das Wort nicht. Dies hing wohl damit zusammen, daß er als Londoner Polizeichef von der Krone ernannt wurde und in London eher schwierige Verhältnisse herrschten, nicht zuletzt auch in politischer Hinsicht[495]. An anderer Stelle gab er seiner deutlich abweichenden Meinung Ausdruck[496].

Die anwesenden Ministerialbeamten des Home Office antworteten sehr zurückhaltend auf die Forderungen und versprachen, sie zu überdenken. Sie wiesen insbesondere auf die finanziellen Folgen solcher Entscheidungen hin. Wenn die Polizei die volle Kontrolle erhielte, würden die Local Authorities ihre finanziellen Zusagen nicht mehr einhalten. Man war sich sehr bewußt, daß in diesem Falle das Luftschutzgesetz von 1937 hinfällig geworden und die ganze Struktur Gefahr gelaufen wäre, zusammenzubrechen. Weniger als ein Jahr vor Kriegsbeginn hätte dies den Rang einer Katastrophe gehabt. Die aufgebaute Organisation konnte keinesfalls mehr umgeändert werden.

Wie in Deutschland kam es also zu Schwierigkeiten zwischen der Polizei und dem federführenden Ministerium für den Luftschutz, hier dem Home Office. Dies allerdings nicht unter den Bedingungen totalitärer Massenorganisation und allgemeiner struktureller Wucherung, sondern als diskursives Konfliktfeld zwischen der Regierung als dem Koordinator der Organisationsstrukturen und der weitgehend lokal gestützten Polizeiverwaltung. Da die Chief Constables außerdem keine separate Einheitsfront bilden konnten und ein eigenständiger Polizeiminister mit Immediatstellung in Deutschland nicht existierte, blieben größere organisatorische Interventionen und Konfrontationen aus (vgl. Zerwürfnisse HA Ordnungspolizei

---

[493] Ebd., S. 4.
[494] Die Tatsache, daß insbesondere die Chief Constables der Großstädte für eine Änderung plädierten, dürfte damit zu erklären sein, daß sie wegen ihrer gesteigerten Aufgaben meist eine starke »police force« unter ihrem Kommando hatten, die aber weitgehend in die Verwaltung der jeweiligen Local Authoritiy eingebunden war. Siehe unten, S. 390.
[495] Dazu auch oben, S. 376 f.
[496] PRO, HO 45/18198, Heads of Divisions Council, 17. Mtg., 25.11.1938, Note Morrisons und Gutachten der Heads of Divisions Council darüber (ARP in the »Greater London Area«), S. 5.

– RLM und das daraus folgende Aufeinandertreffen Himmler – Milch bzw. Daluege – Milch).

Verschiedene Local Authorities traten auch selbst auf den Plan und verteidigten sich gegen Kritik wie die der Polizeichefs. Fast gleichzeitig mit dem Termin der Polizeikonferenz lieferte der Town Clerk von Hackney einen Erfahrungsbericht über die Septemberkrise ab, in dem er die Probleme und die teilweise Unfähigkeit mancher Local Authorities dem Home Office zur Last legte[497]. Insbesondere fehle es an klarer, eindeutiger und notfalls auch autoritärer Führung aus dem Hauptquartier,

»the lack of definite instructions and guidance from the Home Office on many vital matters affecting Air Raid Precautions[498].«

Bei manchen Teilgebieten seien die unteren Verantwortlichen besser informiert gewesen als der örtliche Führungsstab (im Fall der Evakuierungsmaßnahmen z.B. Lehrer als Führungspersonal für Schulklassen). Daß die Regierung außerdem einen großen Teil der nötigen Ausrüstung nicht geliefert habe und der Schutzraumbau praktisch nicht vorhanden sei, hätte geradezu verheerende Auswirkungen auf die Kampfmoral der aktiven Luftschutzkräfte gehabt. Die Organisation wäre letztlich zwar einsatzfähig gewesen, hätte aber bei Bombenangriffen unnötig hohe Verluste hinnehmen müssen – mit allen negativen psychologischen Wirkungen. Die Hauptforderung der Verantwortlichen von Hackney lautete kurz zusammengefaßt: straffere Führung von seiten der Regierung, dies zur Not auch unter Anwendung eines autoritäreren Führungsstils. Damit war allerdings nicht unbedingt die Beauftragung der Chief Constables mit allen Obliegenheiten gemeint.

Morrison, politischer Führer des Londoner Gesamtstadtgebietes, der seine prinzipielle Opposition gegen die Air Raid Precautions aus den Tagen der Verhandlungen um den ARP Act von 1937 inzwischen aufgegeben hatte[499], versuchte, den Defiziten ebenfalls mit Straffungs- und Zentralisierungsmaßnahmen beizukommen, dies allerdings aus seiner Perspektive, d.h. der Sicht des LCC[500]. Dazu machte er Vorschläge, die er auch Mitte November mit Anderson diskutierte. Neben Feuerwehr und Sanitätsdienst seien vor allem die Air Raid Wardens unter eine zentrale Leitung zu stellen. Sie sollten unter der direkten Führung des Polizeichefs von London organisiert werden. Insofern plädierte er für die Abschaffung der zivilen Leitungskompetenz der Metropolitan Boroughs, wie sie in ARP-Memorandum No. 4 und dem Handbuch No. 8 vorgesehen waren. Allerdings vertrat er nicht die weitergehenden Forderungen der Chief Constables der anderen Städte – Unterstellung der ganzen Air Raid Precautions unter die Polizei – und befürwortete

---

[497] Ebd., HO 45/17626, 702099/47, 11.10.1938, Operation of ARP during Crisis. Bericht des Town Clerk von Hackney über die Mobilisierung der ARP-Dienste in der Septemberkrise 1938, 1 Hauptbericht und 8 Appendizees.
[498] Ebd., App. »B.1«, Bericht des ARP Officer von Hackney, Knight, vom 6.10.1938, S. 1. Auch zum Folgenden.
[499] Siehe auch oben, S. 369 f.
[500] Zum Folgenden grundsätzlich PRO, HO 45/18198, Heads of Divisions Council, 17. Mtg., 25.11.1938, Note Morrisons und Gutachten der Heads of Divisions Council darüber (ARP in the »Greater London Area«).

nur die Verlagerung der Air Raid Warden Organisation auf den Londoner Polizeichef. Die Leitung bzw. Koordination der anderen Luftschutz-Dienste sollten entweder auf die London Fire Brigade, das Ministry of Health oder das LCC übertragen werden.

Die Verantwortlichen des ARPD, denen Anderson die Vorschläge Morrisons zur Begutachtung vorgelegt hatte, lehnten radikale Änderungen der gegebenen Arrangements ab, obwohl sie zugaben, daß vor allem im Falle der Feuerwehr und des Sanitätsdienstes eine Zentralisierung durchaus sinnvoll sei[501]. Generell verwiesen sie darauf, daß die bis dato existierende Organisation auf expliziten Vereinbarungen zwischen Regierung und Metropolitan Boroughs beruhe und nur unter Inkaufnahme einer schweren Störung des eigentlich guten Verhältnisses zwischen beiden Partnern willkürlich umgeworfen werden könne. Außerdem seien viele Local Authorities, die offensichtlich versagt hätten, an der Misere nicht selbst schuld. Die Londoner Organisation sei letztlich besser als ihr Erscheinungsbild.

Vollkommen kompromißlos zeigte man sich bei der Air Raid Wardens Organisation. In den meisten County Boroughs außer London, d.h. den meisten anderen Großstädten, habe man zwar den jeweiligen Chief Constable komplett mit der Kontrolle über die Wardens Organisation betraut, dies aber sei kein Beweis für die Anwendbarkeit dieses Modells für London. In den County Boroughs außerhalb Londons sei die Polizei in starkem Maße in die Local Authorities eingebunden,
»the local police force is much more a part of the local machinery than it is in the M.P.D.[502]«
Daher schade die Beauftragung der örtlichen Polizeiverwalter dem Gedanken der eigenverantwortlichen Selbstverwaltung und Nachbarschaftshilfe kaum. Ferner betrachteten sich selbst in diesen Fällen die zivilen Beamten der Local Authorities (Chief Officers, d.h. z.B. Town Clerk oder County Clerk) als letztlich zuständig für die Wardens. Die Chief Constables hätten ihre Befugnisse von ersteren nur delegiert bekommen.

In London sei die Polizei weitgehend von den Boroughs getrennt, da sie zentral vom Commissioner geleitet werde. Daher könne man ihr die Air Raid Wardens nicht einfach unterstellen:
»If it were decided to bring the wardens under the police in London, the wardens service would change its character in a subtle but real fashion. There would be much less of the sense of local solidarity about the service, and it may be expected that numbers of the wardens would resign[503].«
Nicht zuletzt die aktuelle Rekrutierungsarbeit würde Schaden nehmen, da viele Leute einer Air Raid Wardens Organisation, die unter der Kontrolle der Polizei stünde, mißtrauisch begegnen würden:

---

[501] Die Zentralisierung in diesen Bereichen erfolgte dann schließlich auch. Vgl. dazu die entsprechenden Passagen der 20.–24. Progress Reports (PRO, CAB 16/143 und 144), insbesondere 24. Progress Report, S. 4–6. Für die Feuerwehren in London: O'Brien, Civil Defence, Kap. VI, v.a. S. 276 f.
[502] PRO, HO 45/18198, Heads of Divisions Council, 17. Mtg., 25.11.1938, Note Morrisons und Gutachten des Heads of Divisions Council darüber (ARP in the »Greater London Area«), S. 4.
[503] Ebd., S. 5.

»there has been considerable suspicion in certain political quarters as to the Government's idea in creating a wardens service. There is, and should be, a distinction between the function of a warden and of a policeman or special constable[504].«

Wie in Deutschland versuchte man, den Eindruck parteipolitischer oder ideologischer Probleme weitgehend zu vermeiden. Bewußt verwies man darauf, daß technische Effizienz und organisatorische Schlagkraft nicht die entscheidenden Elemente sein könnten. Wenn man die Bürger zur Bewahrung der Herrschaftsordnung mobilisieren wolle, müßten die psychologischen Aspekte den Vorrang haben, denn

»Efficiency‹ is not the only test of the wardens service. It represents the largest part of the ›Citizen Army‹ of ARP – with an appeal to all classes and ages, and to women as well as men. Upon its popularity will depend much of the strength of the ARP Service as a whole[505].«

Als Lösung bot man zweierlei an. Als Ersatz für eine polizeiliche Verpflichtung der Wardens schlug man vor, einen Teil von ihnen als bezahlte Kräfte einzustellen, sie also quasi zu Lohnempfängern zu machen. Als zweite, zusätzliche Maßnahme empfahl man, die Kriegsreserve der Polizei um 20 000 Mann zu erhöhen. Beide Aspekte – effiziente Sicherheit und Akzeptanz der Organisation bei der Bevölkerung – sollten so in ausreichendem Maße gewährleistet werden.

»This double recommendation would maintain what may be described as the ›popular‹ or ›democratic‹ conception of the local warden, together with the stiffening of a more cohesive force recruited and trained centrally for support in the difficult areas[506].«

Diese Vorschläge berührten ein weiteres, sehr kontroverses Feld der Diskussion um die britischen Air Raid Precautions: die disziplinarische Kontrolle der ARP-Dienste, insbesondere auch der Air Raid Wardens.

Seit 1938 erhob sich hier immer stärkere Kritik, die schließlich dazu führte, daß die etablierten offen-liberalen Grundprinzipien des ganzen Systems massiv in Frage gestellt wurden. Als erste hatten sich Mitte 1938 die Konservativen, insbesondere deren parlamentarischer Luftschutzausschuß, zu Wort gemeldet. Man glaubte, einen Mangel an disziplinarischer Gewalt bei den ARP-Diensten zu erkennen, und forderte, eine Verpflichtung auf vertraglicher Basis (Contract) einzuführen. Dadurch sollten die rekrutierten Kräfte besser an die Kandare genommen werden können[507]. Dahinter standen auch massive Zweifel an der Einsatzfähigkeit der Luftschutzorganisation im Kriegsfalle. Nicht wenige Kritiker glaubten, daß unter den bis dato gültigen Organisationsprinzipien, die auf den Eckpfeilern Freiwilligkeit und lokale Verantwortung (Local Authorities) ruhten, das ganze Gebäude bei massiven Luftschlägen zusammenbrechen würde.

Die Verantwortlichen im ARPD konnten mit derlei Gedankengängen zunächst wenig anfangen und lehnten sie ab. Dies unter anderem mit der Begründung, daß

---

[504] Ebd., S. 6.
[505] Ebd., S. 5.
[506] Ebd., S. 6 f.
[507] PRO, HO 45/18802, Bericht des Personnel Sub-Cttee of the Parliamentary ARP Sub-Cttee, Juli 1938 mit Reaktionen des HO, S. 8; ebd., Principal recommendations of the Parliamentary ARP Cttee during 1937/1938, NS (16.12.1938) eines Treffens Andersons mit dem PSCARP vom 12.12.1938, Bericht des PSCARP, Ende Juli 1939, Antwort vom 28.7.1939, Punkt g. »contract«.

die Leute, die man für die ARP-Dienste brauche, sich wohl kaum freiwillig melden würden, wenn man ihren nachfolgenden Dienst für den Luftschutz als Zwangsverpflichtung auferlegen würde. Der einzig mögliche Weg sei das vollkommene Vertrauen auf das Freiwilligkeitsprinzip. Hodsoll erklärte:
»I am not quite clear what they are getting [...] about contract or anything of this kind. This savours to me very much of a military organisation, and in fact ends up by suggesting that we have the same practical obligations for volunteers as special constables. One knows that the fact that there is no binding contract is a weakness, but at the same time I am sure it would be a great mistake to attempt to make any sort of binding contract of this sort at the present time, and I have always got this feeling – that if trained people had dropped out, if an emergency came they would at once come back and could take their place in the organisation[508].«

Immerhin aber führte man dann im Dezember 1938 ein formelle Verpflichtungserklärung für alle Freiwilligen ein, in denen diese sich bereit erklären mußten, sich ausbilden zu lassen und im Ernstfall für ihren Dienst zur Verfügung zu stehen. Wie aber Anderson fortgesetzt erklärte, war diese Versicherung eine Sache der Ehre, die im Zweifelsfall nicht erzwungen werden konnte. Dazu hätte man ein spezielles Gesetz erlassen müssen. Davor aber schreckte man zurück, verfolgte statt dessen den Gedanken, Vollzeitkräfte auf Lohnbasis weiter einzustellen, und setzte diesen schließlich in die Praxis um. Man führte eine Bezahlung für einen Teil der Luftschutzkräfte, die sog. Vollzeitkräfte (im Unterschied zu Teilzeitkräften), ein. Die Vollzeitkräfte erhielten eine bessere Ausbildung und mußten bei Kriegsbeginn ständig auf Posten sein. Dafür erhielten Männer £ 3 pro Woche, Frauen £ 2. Sie sollten das Rückgrat der Civil Defence bilden[509].

Damit war die Diskussion aber nicht abgeschlossen. Der Druck auf die Regierung verstärkte sich und nahm an inhaltlicher Radikalität zu. Anfang Februar 1939 legte ein Beamter des ARPD dem Heads of Divisions Council im ARPD ein Papier vor, in dem er die Einrichtung permanenter Luftschutzposten schon im Frieden und deren Besetzung mit Air Raid Wardens forderte[510]. Außerdem verlangte er die Umwandlung der Organisation in eine wenigstens verwaltungstechnisch von den Local Authorities bzw. deren Polizei unabhängige Organisation unter selbständigen Leitern, sog. Territorial Adjutants. Dies erinnerte nicht von ungefähr an paramilitärische Grundgedanken. Die verantwortlichen Leiter im ARPD diskutierten diese Gedanken nur kurz, ohne sie weiter zu verfolgen.

---

[508] Ebd., Bericht des Personnel Sub-Cttee of the Parliamentary ARP Sub-Cttee, Juli 1938 mit Reaktionen des HO, Memo Hodsolls vom 29.7.1938, S. 6.
[509] Ebd., HO 186/660, Rede Andersons vor dem HoC am 6.12.1938 und weitere entsprechende Äußerungen (z.B. am 15.1.1939). HO 45/18802, Parliamentary ARP Cttee (Tories), 701023/25, Vorschlag des Ausschusses vom 19.10.1939 und Memo des HO vom 25.10.1939. CAB 16/190, Conference of Heads of Departments, presided over by Fisher, called to consider departmental reviews on the Civil Defence Measures taken during the Czechoslovakian Crisis, September 1938, RPM 9, 26.10.1938. HO 45/18198, Heads of Divisions Council, ARPD, 703049/5, 15. Mtg., 9.11.1938, S. 3.
[510] Ebd., HO 45/18198, Heads of Divisions Council, 703049/5, 19. Mtg., 3.2.1939, Papier von Johnson.

Die Debatte riß aber auch danach nicht ab, kam vielmehr erst richtig in Fahrt. Am 13. März 1939 stellte ein Mitarbeiter des Lord Privy Seal (Wood) ein internes Memorandum vor, in dem er auf massivste Weise die Einführung quasimilitärischer Dienstbedingungen forderte[511]. Exemplarische Untersuchungen in Liverpool hätten gezeigt, daß über ein Drittel der Kräfte, die sich freiwillig meldeten, gar nicht mehr bereit seien, ihren Dienst anzutreten. Die Civil Defence existiere somit letztlich nur auf dem Papier und sei in Wirklichkeit nicht einsatzfähig. Als Konsequenz forderte Wood den Aufbau einer Civil Defence Force, die unter strikter disziplinarischer Kontrolle mit professionellem Anspruch stehe. Zumindest die Vollzeitkräfte sollten dementsprechend organisiert werden. Er verwies auf die Territorial Army, die militärische Freiwilligenarmee Großbritanniens. Nach ihrem Vorbild – milizenartige Ausbildung auf Freizeitbasis im Frieden, militärische Unterstellung und entsprechender Einsatz im Krieg (z.B. Heimatverteidigung) – solle man vorgehen. Das bisherige System der Zivilverteidigung sei bei allem Enthusiasmus, der inzwischen vielfach gezeigt werde, amateurhaft und dilettantisch. Wood forderte damit die Errichtung eines neuen Verteidigungskorps mit fest institutionalisierten Organisationsformen und einem entsprechend verfestigten Korpsgeist. Außerdem sollten Dienstgrade und Uniformen eingeführt werden.

Die im Kontext einer Zivilgesellschaft wie der britischen überaus gravierenden Folgen einer derartigen Verfahrensweise waren Wood sehr wohl bewußt und wurden von ihm mit Hinweis auf die Gefahren des »Totalen Krieges« in recht konsequenter Weise als nötig dargestellt. Insbesondere verlangte er, daß das chaotische Organisationssystem der Local Authorities abgeschafft und die Zentralregierung als alleiniger Verantwortlicher tätig werden solle. Staats- oder verfassungspolitische Schwierigkeiten glaubte Wood nicht zu erkennen, sondern verwies, im Einklang mit Artikeln aus der Times, vielmehr auf die zukunftsweisende Dimension des ganzen Problems:

»Looking into the future those who are engaged in perfecting the organisation for National Service wonder whether if ARP like the poor is to be with us always, civilian defence may not develop outside and beyond the control of Local Authorities and finally become a service of its own[512].«

Damit stand die permanente Mobilmachung als Grundoption sozusagen vor der Tür des britischen Herrschaftssystems.

Auf der Basis dieses Memorandums traf sich dann die Spitze des britischen Luftschutzes am 15. März und besprach die Möglichkeiten[513]. Dabei wurde deutlich, daß die vorgebrachten Forderungen ihren Eindruck nicht verfehlt hatten. Die konsequente Fortführung der Gedanken Woods und der anderen Kritiker beeinflußten die verantwortlichen Gremien so stark, daß man ernsthaft mit dem Gedanken spielte, sich insgesamt vom Freiwilligkeitsprinzip zu verabschieden,

---

[511] Zum Folgenden: ebd., HO 186/660, Memo Woods vom 13.3.1939. Nur direkte Zitate werden belegt.
[512] Ebd., S. 10.
[513] Zum Folgenden: ebd., HO 186/660, Recruitment and Organisation of Civil Defence Personnel, NS einer Konferenz vom 15.3.1939 (Anwesend u.a.: Maxwell, Eady, Gardiner, Wood, Hodsoll). Nur direkte Zitate werden belegt.

Zwangsrekrutierungen vorzunehmen und zumindest quasi-militärische Organisationsprinzipien einzuführen.

Die Grenzen der Möglichkeiten und auch des Willens zu einschneidenden Veränderungen wurden allerdings recht rasch deutlich. Man betonte wiederholt und einmütig, daß die Einführung von Zwangsbestimmungen oder gar die einer Wehrpflicht für die Zivilverteidigung im Frieden nicht möglich sei, denn

»yet in peacetime, at any rate, it would be politically impossible to contemplate any form of conscription for ARP services[514].«

Dennoch wollte man den als unhaltbar erachteten gegenwärtigen Zustand beenden und beschloß daher, ein Gesetz vorzubereiten, das sofort bei Kriegsbeginn verabschiedet werden und disziplinarische Kontrolle über alle, nicht nur die hauptamtlichen, Kräfte mit entsprechenden Strafandrohungen für Verfehlungen festlegen sollte. Gleichzeitig beschloß man die Einführung fester Organisationsprinzipien sowie einer Diensthierarchie mit Uniform und Dienstgraden. Dies im vollen Bewußtsein über die staatspolitischen Konsequenzen:

»In spite of the objection to grading on the ground that it suggests ›militarization‹ it was agreed that it is vital to introduce some form of grading into the ARP services, not only to secure a proper disciplinary system in time of war but also for the purpose of securing that responsible people will undertake Civil Defence duties in time of war instead of going into the Army[515].«

Die Radikalität der Woodschen Gedanken zur Herstellung einer höheren Disziplin wies man jedoch zurück. Die Anwesenden, darunter auch der Ständige Unterstaatssekretär Maxwell, lehnten eine direkte Nachahmung der Prinzipien der Territorial Army ab. Die äußerst heikle Frage nach den Obliegenheiten der Local Authorities wurde gar nicht erst detaillierter angesprochen.

Die getroffenen Beschlüsse wurden jedoch bis Kriegsbeginn nicht mehr umgesetzt, sondern führten lediglich zu weiterer Denkarbeit[516]. In deren Verlauf wurde allerdings deutlich, daß bei einem großen Teil der Verantwortlichen und der am Luftschutz aktiv Beteiligten, auch den Local Authorities, der Wunsch nach disziplinarischer Kontrolle und der Einführung eines Luftschutzkorps beherrschend war. In viel stärkerem Maße, als man es sich in Whitehall vorgestellt hatte, schien sich ein breiter nationaler Konsens anzudeuten. Dies insbesondere, nachdem man im April 1939 die allgemeine Wehrpflicht eingeführt hatte. Selbst hohe Verantwortliche im ARPD blieben von diesen Tendenzen nicht unbeeindruckt[517].

Im Juli, sechs Wochen vor Kriegsbeginn, lieferte der Principal Warden von London, Sir Arthur Howard, dann noch einen Bericht an den Polizeichef Game, in dem er erbittert über die seines Erachtens vollkommen katastrophalen Zustände berichtete[518]. Er habe 90 von 95 Local Authorities in der Großregion London

---

[514] Ebd., S. 1.
[515] Ebd., S. 4.
[516] Ebd., Korrespondenz zu dieser Frage, Mai–Juli 1939.
[517] Ebd., Memo Hodsolls vom 4.7.1939.
[518] PRO, HO 186/480, Bericht des Principal Warden für London Civil Defence Region, Howard, vom 24.7.1939 an Game, Commissioner of the Metropolitan Police Organisation of ARWs in the London Civil Defence Region. Review of present position and suggestions for future action.

besucht und sei entsetzt über den Mangel an Disziplin und den schlechten Stand der Vorbereitungen. Howard gab, wie schon die Chief Constables der großen Städte und Gebiete bei ihrer Konferenz im September 1938, hierfür den Local Authorities die Hauptschuld und verlangte offen die Einführung militärischer Strukturen, wobei er auch die Territorial Army als direktes Vorbild nannte. Wie schon die meisten anderen Kritiker schlug er die Errichtung eines Civil Defence Corps und die Etablierung einer landesweit einheitlich vorgeschriebenen Diensthierarchie mit Befehlscharakter vor. Ein Teil von ihm sollte auch regelrecht wie eine staatliche Institution geführt werden, d.h. als »disciplined body« mit vorgeschriebenen Dienstzeiten, disziplinarischer Verpflichtung, einem Offizierkorps und verbindlichen Diensträngen,

»a cadre or nucleus of trained and disciplined personnel on a contractual basis«[519].

Den Anforderungen des modernen Luftkrieges könne man nicht mit Freizeitkräften und schwankender Moral begegnen, wie dies zur Zeit der Fall sei.

»There is no standard of proficiency, no fixed number of obligatory attendances, no means by which slackers can be chastened other than striking their name off the roll. There is no means by which good work can be recognised or rewarded. The Local Authorities are frequently incapable of removing the incompetent and no-one else has the necessary authority. In short there is no discipline and no means of obtaining it[520].«

Die Air Raid Wardens sollten eine Abteilung innerhalb dieses neuen Korps bilden. Ferner forderte Howard den Aufbau einer Wardens Service Association unter der Kontrolle eines der Regional Commissioners zur Erfassung, Betreuung und Überwachung des nötigen Personals, weiterhin strikte Kontroll- und Überwachungsmöglichkeiten der nichtaktiven Zivilbevölkerung, so etwa die Einführung einer Pflicht für jedermann zum regelmäßigen Besuch von Gasmaskenlagern, um überprüfen zu können, ob die Gasmaske noch in Ordnung sei.

Mit diesen Vorschlägen, die wohl auch von starken Frustrationen Howards infolge der administrativen Schwäche seines Amtes gespeist wurden, näherte sich die Diskussion sehr stark an das deutsche Modell an. Was hier verlangt wurde, ähnelt weitgehend den Grundprinzipien des SHD und des RLB und ging verschiedentlich – insbesondere, was die Annäherung an manifeste militärische Organisationsformen und die Vereinigung der Luftschutzwarte mit dem behördlichen Luftschutz anging – noch darüber hinaus[521]. Howard gab seinen Forderungen Mitte August dann weiteren Nachdruck, als er ein Memorandum der Gas Light & Coke Company einreichte, in dem nahezu das gleiche gefordert wurde[522].

Die Front der Kritiker am bestehenden System hatte insgesamt allerdings keinen Erfolg. Es ist bezeichnend für die Festigkeit der rationalen Herrschaftsordnung Großbritanniens, daß trotz dieser massiven Vorstöße, die auch den einen

---

[519] Ebd., S. 5. Wie dieser »contract« ausgestaltet sein sollte, d.h., ob staatsrechtlich oder lediglich privatrechtlich, wäre noch zu klären.
[520] Ebd., S. 3.
[521] Letztlich bewegte sich Howard mit seinen Ideen – wenigstens für die ARW-Organisation – auf das Konzept eines militärähnlichen Befehlshabers für London zu, so wie er Anfang der 30er Jahre mit dem ARCL wenigstens ansatzweise geplant gewesen war.
[522] PRO, HO 186/480, Schreiben vom 11.8.1939 an Gardiner mit Bericht der Gas Light & Coke Company über Civil Defence Organisation vom 5.6.1939.

oder anderen hohen Verantwortlichen des ARPD schwankend gemacht hatten, keine wirkliche Änderung eintrat.

Gardiner antwortete Howard am 14. August und gab einen im wesentlichen ablehnenden Bescheid. Die Umsetzung von derlei weitgehenden Ambitionen käme keinesfalls in Frage und wäre schon von Beginn an nicht möglich gewesen.

»My own feeling is that even at the outset it would have been impracticable to secure its adoption and that having regard to the history of the matter, action on the lines proposed is now quite out of the question[523].«

Diesem Schreiben war am 4. August ein Treffen zwischen Anderson, Game und der Spitze des ARPD vorausgegangen, auf dem die grundsätzlichen Entscheidungen gefällt worden waren[524]. Eine Annäherung an die Verhältnisse in der Territorial Army wurde als vollkommen unannehmbar bezeichnet, und auch der Rest der Vorschläge Howards fand kaum Zustimmung. Allenfalls war man bereit, spezielle Adjutants als Leiter für die ganze Organisation auszubilden. Diese aber sollten nicht unabhängig tätig, sondern den Local Authorities zur Verfügung gestellt werden. Man war sich bewußt, daß man diese als Hauptträger des Luftschutzes nicht verärgern durfte. Einer der Abteilungsleiter (Heads of Divisions), Scott, warnte davor, daß die Local Authorities schon bei Einführung von Adjutants den ganzen Luftschutz fallen lassen würden. Gardiner hoffte, mit behutsamer Vorgehensweise vielleicht doch noch eine allgemeine Kompromißformel finden zu können.

Bis Kriegsbeginn änderte sich dann nicht mehr viel. Am 31. August erschien zwar noch ein Zirkular, in dem die Einführung von Adjutants angekündigt wurde; dies aber hatte bis zum ersten Luftalarm in London keine Wirkung mehr[525]. Da schwere Angriffe ausblieben, wandte sich insbesondere der Innenminister strikt gegen nennenswerte Modifikationen. Die Regierung hielt bis zum Ende der Friedensmobilmachung und den ganzen Krieg über an ihren Partnern, den als Flickenteppich strukturierten Local Authorities, fest.

Ein Hauptfaktor für die weitgehende Beibehaltung der bestehenden Strukturen und Grundsätze dürfte ohne Zweifel Anderson gewesen sein. Dieser trat auch nach Kriegsbeginn Forderungen nach Einführung autoritärer Organisations- und Führungsprinzipien massiv entgegen. Als das PSCARP im Oktober entsprechende Vorstöße unternahm, begegnete er ihnen mit dem – keineswegs neuen – Argument, daß man, wenn man sich nicht auf die freiwillige Mitarbeit der Bevölkerung verlassen könne, in Gefahr gerate, die bestehende Staatsordnung umzustoßen. Ohne das Vertrauen in den »public spirit« der Briten müsse man die gegebenen staatspolitischen Grundlagen verlassen.

»In places where there was an absence of public spirit he [Anderson, B.L.] thought that anything in the way of an enforcibly contract would not meet the position because people would not come forward. If events proved that Captain Graham[526] [in saying that in parts of the country, e.g. Wales, there was no public spirit, B.L.] was right on any large

---

[523] Ebd., Antwort von Gardiner vom 14.8.1939 auf Howards Vorschläge.
[524] Zum Folgenden: ebd., Konferenz vom 4.8.1939.
[525] Ebd., Zircular über ARW-Adjutants vom 31.8.1939.
[526] Mitglied des PSCARP.

scale then one might have to consider something altogether different and more drastic⁵²⁷.«

Mit diesen Worten verwies Anderson in fast identischer Weise wie schon in den frühen Tagen der britischen Air Raid Precautions Ende der 20er Jahre auf die staatspolitische Radikalität von derlei Ambitionen und letztlich damit auch auf deren Unmöglichkeit innerhalb der bestehenden Ordnung. Eine generelle Zwangsverpflichtung auf der Basis einer wie auch immer gearteten Wehrpflicht ging über das Vorstellbare hinaus und wurde von vornherein nicht in Betracht gezogen.

Unter den gültigen Staats- und Verfassungsprinzipien kam, anders als in Deutschland, wo man Pflicht und Zwang staatspolitisch letztlich erheblich höher bewertete als den vom Regime offiziell als verbindlichen Basiswert propagierten Gemeinsinn, auch wenn man das Freiwilligkeitsprinzip immer wieder legitimatorisch herbeizitierte, die Kriegsmobilmachung der Massen mit autoritärem Befehl und Gehorsam generell nicht in Frage. Es ist bezeichnend, daß noch im Krieg radikale Änderungen abgelehnt wurden. Ein im März 1940 eingesetzter Ausschuß (Mabane-Committee) zur Überprüfung des britischen Luftschutzes befürwortete lediglich eine schärfere Fassung der »Papiertigerverpflichtung« vom Dezember 1938⁵²⁸. Im Grundsatz änderte sich allerdings auch selbst daran nichts. Die erfaßten Kräfte sollten lediglich erklären, daß sie ihre Obliegenheiten erfüllen würden. Besondere rechtliche Zwangsverpflichtungen mit entsprechenden Strafen erwuchsen ihnen daraus nicht⁵²⁹. Erneut wurde nachdrücklich betont, daß Luftschutz auf der kollektiven Selbsthilfe der Zivilbevölkerung in ihrer Eigenschaft als Zivilbevölkerung basierte und in dieser Hinsicht nicht mit einem auf der Basis von Befehl und Gehorsam geführten Dienst wie dem Militär vergleichbar war.

»The atmosphere and tradition of discipline enforceable by penalties, associated with the fighting services and the merchant navy are absent in the civil defence forces, and the volunteers are living in their own homes as part of the civil population where such an atmosphere would be quite foreign. Public opinion would not, we think, support punitive sanctions in these circumstances⁵³⁰.«

Luftschutz blieb Ehrensache.

Zusammenfassend läßt sich sagen, daß 1938/39 eine Militarisierung der zivilen Kriegsvorbereitungen letztlich an drei Gründen scheiterte:
– an der grundsätzlich zivilen Grundperspektive insbesondere der höchsten Verantwortungsträger.

---

⁵²⁷ PRO, HO 45/18802, Vorschläge des PSCARP und Reaktionen des HO, Oktober 1939 mit NS eines Treffens von Anderson mit dem PSCARP, S. 2. Vgl. auch ebd., NS eines Treffens zwischen Anderson und dem PSCARP am 2.2.1939, S. 7, Punkt 4 (contract), und HO 45/18198, Heads of Divisions Council, 703049/5, 30. Mtg., 24.7.1939, S. 2 f.
⁵²⁸ Inwieweit dann noch Verschärfungen unter dem Eindruck der Bombenangriffe seit Sommer 1940 vorgenommen wurden, wäre im einzelnen noch zu klären. Die Grundbasis, das Vertrauen auf die Kompetenzen der Local Authorities, blieb jedenfalls bis Kriegsende unangetastet.
⁵²⁹ PRO, HO 186/660, Bericht des Civil Defence Personnel Cttee (Mabane-Cttee) vom 9.3.1940, S. 13 ff.
⁵³⁰ Ebd., S. 21. In diesen Zusammenhang verwies man erneut auf die möglicherweise katastrophalen Auswirkungen von Zwangsbestimmungen auf die Rekrutierungszahlen.

- am Denken in den Bahnen pragmatischer Effizienz. Administrative Rationalität auf der Basis der gegebenen verfassungsmäßigen Verhältnisse und die Rücksichtnahme auf die politischen Verhältnisse und das Bemühen um Vermeidung parteipolitischer Kämpfe gingen Hand in Hand.
- an der weit fortgeschrittenen Gestaltung des Gesamtgebäudes. Im Interesse der Funktionsfähigkeit der ab 1935/36 auf Basis der geltenden Herrschaftsprinzipien errichteten organisatorischen Strukturen konnten radikale Änderungen nicht mehr erfolgen. In gewisser Weise kam die vielzitierte normative Kraft des Faktischen zum Tragen.

Es ist bemerkenswert, daß die zum Teil vehement vorgebrachten Forderungen nach strafferer und durchgreifenderer Lenkung nicht so sehr von oben kamen, sondern eher von unten, d.h. von Verantwortlichen der organisatorischen Sub-Ebenen und von Fachleuten. Die Spitzen der »central organisation«, insbesondere die zuständigen Minister, blockten derlei Ambitionen durchgängig ab. Immerhin aber zeigte sich, wie schon in den theoretischen Erörterungen des ARPC und des ARPOC seit Ende der 20er Jahre, daß ein zahlenmäßig keineswegs zu unterschätzender Pool an Verantwortungsträgern der inneren Organisation existierte, der, als sich die internationale Lage verschärfte und die Neugestaltung der organisatorischen Strukturen diskutiert wurde, nicht nur bereit war, autoritäre Wege zu beschreiten, sondern diese auch ausdrücklich forderte.

Die Kritiker der bestehenden Verhältnisse konnten oder wollten an der übergeordneten Macht- und Beschlußlage allerdings nichts ändern. Ihre Möglichkeiten dazu waren infolge fehlender organisatorischer Macht auch beschränkt. Man hätte dazu eine Einheitsfront gegen die Regierung aufbauen müssen, die infolge der unterschiedlichen Positionen, Voraussetzungen und Zuständigkeiten nicht zustandekam. Die Chief Constables etwa konnten schon aufgrund ihrer Abhängigkeit von den Local Authorities, im Falle des Londoner Polizeichefs von der Regierung, nur in begrenztem Maße tätig werden. Es gab in Großbritannien keinen Himmler und auch keine korpsmäßig organisierte und konditionierte SS, die das Herrschaftssystem hätte aushebeln können. Die Frage, in welcher der beiden Herrschaftsordnungen die größere staatspolitische Disziplin herrschte, braucht angesichts dieser Tatbestände nicht extra gestellt zu werden.

c. Psychologische Mobilmachung in der demokratisch-legalen Herrschaftsordnung: liberalistische Ideologie und propagandistische Hemmungen

Die bei lediglich oberflächlicher Betrachtung erkennbaren Unterschiede zwischen beiden Herrschaftsordnungen, wie sie schon im Bereich Organisation aufgetreten waren, zeigten sich auch bei der Propaganda und bei der Vermittlung der Ideologie. Der Übergang der britischen Air Raid Precautions von einer geheimen bzw. vertraulichen Regierungsangelegenheit zur propagandistischen Massenbewegung verlief mühsamer und schwerfälliger, als dies in Deutschland der Fall war. Im Reich knüpfte man rasch an die Vorarbeit der Luftschutzbewegung vor 1933 an und konnte auch deren personelle Ressourcen nutzen. Schon 1933 rollten die ersten größeren Propagandaaktionen über die Zivilbevölkerung hinweg. Die ideologisch-politischen »Bereinigungen« bis 1934 schieden zwar einen Teil der bis dato tätigen Agitatoren aus, hatten aber keine grundsätzlichen Auswirkungen auf den Modus vivendi, den man 1933 zur Integration der politisch zuverlässigen Träger aus den Zeiten der Weimarer Republik in den nationalsozialistischen Luftschutz gefunden hatte. De facto blieb der RLB Sache der bereits vor 1933 tätigen konservativen Kräfte, entwickelte sich aber rasch zu einem regelrechten Mobilmachungs- und Propagandamonstrum nach Art der nationalsozialistischen Organisationen.

Im strukturellen und ideologischen Beziehungsgeflecht gestaltete sich seine Stellung allerdings schwierig. Der Luftschutz blieb insgesamt ein weltanschaulich »minderwertiges« Konstrukt, das fortgesetzt legitimiert werden mußte. Bis Kriegsbeginn hatte er teilweise heftige Attacken der Kampforganisationen der Partei, insbesondere der SA, zu gewärtigen. Im Krieg selbst schließlich verlor man den Kampf gegen die Anfeindungen. Ende 1943 übernahm die Partei massiven Einfluß auf den Selbstschutz. Mit Führererlaß wurde eine Reichsinspektion für die Durchführung von Luftschutzmaßnahmen eingerichtet und Goebbels zum Reichsinspekteur ernannt[531]. Der RLB, der nicht zuletzt auch durch personelle Ausdünnung zunehmend an Substanz verlor, wurde mehr und mehr zur Schattenorganisation. Sein Gründungsvater, das RLM, verlor rapide an Einfluß auf ihn. Kurz vor Kriegsende übernahm ihn die Partei als »betreute Organisation« in den eigenen Machtbereich[532].

In Großbritannien verlief die Entwicklung bis Mitte der 30er Jahre mit weitaus weniger propagandistischem Getöse als im Reich und gerierte sich hinsichtlich des propagandistischen und organisationstechnischen Instrumentariums geradezu rückständig. Als sich dann aber die internationale Lage verschärfte und die Akzeptanz der militärischen und zivilen Mobilmachung zunahm, entstand auch hier eine Massenbewegung, die sich ab 1938/39 in ihren Propagandaformen an Deutschland anzunähern begann. Der staatspolitische Stellenwert und das entsprechende Prestige der Air Raid Precautions war dabei trotz einer teilweise vehementen Kritik von linker und pazifistischer Seite erheblich höher als der des deutschen Luftschutzes. Die im Aufbau begriffene »citizen army« wurde zu einem essentiellen Eck- und Kristallisationspunkt innerer Verteidigungsbereitschaft der Nation. Dies ging nicht nur auf das Fehlen ideologischer Kampfverbände, wie z.B. der SA, und deren elitären Anspruch zurück, sondern auch auf die grundlegende Bereitschaft in nicht unerheblichen Teilen der Bevölkerung zum Engagement für Kriegsmobilmachung im bewußten Kontext der Zivilgesellschaft. Bei denjenigen, die sich aktiv engagierten oder wenigstens für die Air Raid Precautions eintraten, wurde die Bereitschaft zur Partizipation zum expliziten Ausdruck demokratischer, zum guten Teil auch patriotischer Wehrhaftigkeit gegenüber der größer werdenden Bedrohung durch die totalitären Regime. Viele Briten agierten, etwa bei der Sudetenkrise 1938, nach dem Prinzip des »voluntary effort« und meldeten sich freiwillig

---

[531] Boog, Angloamerikanischer strategischer Luftkrieg, S. 376.
[532] Wendorf, Zivilschutztruppen, S. 42–44; Hampe, Ziviler Luftschutz, S. 447.

für den Luftschutz. Dies hatten die Verantwortlichen in der Regierung auch durchaus erwartet. Das Freiwilligkeitsprinzip diente als genuiner Grundpfeiler und Träger der Aufbauarbeit – anders als in Deutschland, wo es angesichts der aggressiven Methoden des RLB und der juristischen Zwangsmittel des Staates mehr oder weniger als Propagandaschlagwort ohne eigenen Wert rangierte. Nationaler Schulterschluß, kollektive Hilfsbereitschaft und Bewahrung der demokratischen Herrschaftsordnung (public spirit)[533] wirkten hierbei als Motivationen ineinander.

Um aber konkrete Ziele zu erreichen, mußte ein langer, dorniger Weg beschritten werden. Bis Mitte der 30er Jahre gab es praktisch keine gelenkte Luftschutzpropaganda in Großbritannien. Der Regierung erschien es vor allem aus politischen Gründen für nicht ratsam, größere Kampagnen zu starten; sie hielt sich öffentlich meist bedeckt und suchte in der – gemessen an der technischen Effizienz eher zweifelhaften – Strategie der »gradual dissemination of knowledge« ihr Heil. Selbst als der öffentliche Druck angesichts der zunehmend bedrohlichen internationalen Lage zunahm, geschah zunächst nichts. Die Verantwortlichen waren zwar schon seit Beginn der 30er Jahre zur Erkenntnis gelangt, daß eine Massenmobilisierung ohne Massenpropaganda nicht zu bewerkstelligen sein würde, und hatten auch bereits entsprechende Genehmigungen vom Kabinett eingeholt[534]. Dennoch schreckte man immer wieder vor der Öffentlichkeit zurück. Die Skrupel reichten hinauf bis zu den Premierministern, die von früheren Kabinetten erteilte Befugnisse teilweise äußerst restriktiv behandelten[535].

Die Gründe für die Zurückhaltung lagen zunächst einmal in der Furcht vor innenpolitischer Kritik und möglichen Protesten zum Schaden der Regierenden. Dazu kam die Angst, Bewegungen in Gang zu setzen, die nach ihren eigenen Gesetzen vorwärts stürmen und der Regierung das Handeln vorschreiben würden. Anderson hatte schon 1930 angstvoll betont, daß man eventuell Gefahr liefe, Steuerung und Kontrolle zu verlieren. Möglicherweise würde man zu Schritten gezwungen, die man eigentlich nicht wolle: »we should be forced to go a good way[536].«

Dies, obwohl er fast im gleichen Atemzug davon gesprochen hatte, wie unerläßlich derlei Aktivitäten eigentlich seien[537].

Dieses Dilemma hatte seine Ursprünge auch in den grundlegenden strategischen, politischen und diplomatischen Zieldefinitionen der britischen Regierungen in den 30er Jahren. Man wollte lieber allgemeine Abrüstung mit dauerhafter Pazifizierung der Staaten und ihrer Völker als Rüstungswettlauf und psychologische Mobilmachung. Mit dem positiven Bestreben bis 1934, eine allgemeine internationale Abrüstung zustande zu bringen, ging fast immer eine massive Abneigung gegen zivile Kriegsmobilmachung einher.

---

[533] Siehe dazu Andersons unheilschwangere Ablehnung gegenüber autoritären Modellen, oben, S. 396 f. (dazu oben, S. 180 und 208 f.), und die Ergebnisse der MO bei der Befragung von ARP-Freiwilligen, unten, S. 443 ff.
[534] Dazu oben, S. 214.
[535] Ebd.
[536] PRO, CAB 46/7, ARPOC, 9. Mtg., 1.10.1930, S. 8.
[537] Ebd., S. 2–7.

So etwa 1932, als die britische Regierung im verzweifelten Bemühen, die stokkende Konferenz in Genf voranzubringen, den Vorschlag diskutierte, die gesamte militärische Luftfahrt abzuschaffen und die zivile einer rigorosen internationalen Kontrolle zu unterstellen[538]. Zur Begründung dieser von Baldwin mitinitiierten und unterstützten Option verwies man unter anderem auf die gefährlichen psychologischen Auswirkungen militärischer Luftrüstung und der dadurch notwendig werdenden Luftschutzpropaganda. Die Bevölkerung würde in Angst und Schrecken geraten und als Folge immer mehr Rüstung zu ihrem Schutz verlangen, die Kriegsgefahr dadurch ins Unwägbare steigen[539].

Derlei Vorschläge hatten auf der internationalen Bühne letztlich keinerlei Chance auf Verwirklichung und wurden schließlich – nicht zuletzt auch wegen des heftigen Widerstandes des Air Ministry und des Luftfahrtministers – fallengelassen. Dennoch hoffte man weiterhin auf einen Erfolg in Genf. Noch 1934 mahnte Außenminister Simon vor einem Scheitern der Abrüstungsverhandlungen und verwies dabei auch auf die möglicherweise katastrophalen innenpolitischen Folgen einer solchen Entwicklung,

»a most unhappy outlook from every point of view, threatening profound reactions in the financial and social sphere and in the whole position of the Government[540].«

In diesem Lichte erschienen Air Raid Precautions nicht als gebotene und notwendige Schutzmaßnahme, sondern als gefahrvolle Ursache und Nebenwirkung eines Rüstungswettlaufs. Baldwin hatte Entsprechendes bereits im November 1932 in seiner berühmten Rede über die Luftgefahr (The bomber will always get through) öffentlich bekundet[541]. Die innere Stabilität der Nation schien gefährdet. Von dieser Warte aus nimmt es nicht wunder, daß die obersten Verantwortlichen trotz der Vorstöße der Luftschutzausschüsse zur Inangriffnahme einer offensiveren Propagandatätigkeit keine besondere Neigung zeigten, den Bann zu heben. Die führenden Fachleute, wie z.B. Anderson, legten ja selbst eine ambivalente Haltung an den Tag. Im wechselseitigen Dialog kultivierte man gewissermaßen die Angst vor der eigenen Courage.

Nach dem Ausscheiden Deutschlands aus den Genfer Verhandlungen und dem Austritt des Reiches aus dem Völkerbund 1933 schwanden jedoch die Hoffnungen auf eine friedliche internationale Lösung mehr und mehr dahin, und so blieb der britischen Regierung nichts anderes übrig, als ihre Haltung langsam umzukehren. Dies geschah jedoch zögerlich, widerwillig und teilweise auf öffentlichen Druck hin. Innen- und Luftfahrtminister gerieten zeitweise unter heftigen Beschuß wegen der angeblichen Untätigkeit der Regierung. Ein nicht zu unterschätzender Teil der Presse und der Bevölkerung, insbesondere konservativ denkender Zeitgenossen,

---

[538] Es ist an dieser Stelle vollkommen unmöglich und auch nicht nötig, die Motivationen der britischen Vorstöße zur Abrüstung in toto darzustellen. Zum Vorschlag nach Abschaffung der Militärluftfahrt vgl. die entsprechenden Cabinet Papers von 1932: PRO, CAB 24/230, CP 152, 164, 176, 181, 182, 185, 192, 194. Auch grundsätzlich zum Folgenden.
[539] Ebd., CP 164(32), 26.5.1932, Draft Proposals for Air Disarmament, S. 4.
[540] Ebd., CAB 24/248, CP 68(34), 9.3.1934, Consequences of a breakdown of the Disarmament Conference, S. 2.
[541] Dazu oben, S. 216.

forderte einschneidende Maßnahmen zur militärischen Aufrüstung und gleichzeitig den Aufbau von Air Raid Precautions[542].

Das Kabinett tat sich jedoch mit den entsprechenden Schritten weiterhin überaus schwer. Man genehmigte lediglich, daß im Parlament die Existenz von Vorbereitungen zugegeben wurde. Die Verbreitung weiterführender Details hatte zu unterbleiben[543]. Als Richtlinie dienten Baldwins Ausführungen vom November 1932, in denen ausschließlich darauf verwiesen worden war, daß alle Regierungen seit Mitte der 20er Jahre fortgesetzt im stillen an der Vorbereitung des Luftschutzes gearbeitet hätten[544].

Dieses Spiel dauerte bis Mitte 1934. Das Kabinett weigerte sich fortgesetzt, nähere Informationen zu verkünden oder auf die Öffentlichkeit zuzugehen. So etwa MacDonald in seiner Rede vom 21. März 1934 anläßlich einer Debatte im Parlament über die Politik zur Verteidigung des Empire, in der er den Luftschutz lediglich en passant als »essential accessory« der Home Defence erwähnte und betonte, daß derlei Vorbereitungen auf keinen Fall als Kriegstreiberei mißverstanden werden dürften. Im Kabinett hatte man sich vorher erneut geeinigt, daß keine Details an die Öffentlichkeit gegeben werden sollten. Manche Kabinettsmitglieder hatten sogar vorgeschlagen, den Luftschutz überhaupt nicht zu erwähnen[545].

Die Wende kam dann im Rahmen von Baldwins Cliffs-of-Dover-Rede vom 31. Juli[546]. Im Zusammenhang mit der Debatte um die Imperial Defence hatten die Minister der drei Teilstreitkräfte bereits Ende April in einem Memorandum und die Generalstabschefs im Juli in Joint Memoranda nachdrücklichst die öffentliche Inangriffnahme des Luftschutzes gefordert[547]. Das Kabinett vertagte Entscheidungen darüber aber mehrmals und lehnte anläßlich einer Rede, die Baldwin am 19. Juli über die Luftverteidigungspolitik im Parlament halten sollte, eine Änderung der bisherigen Strategie noch einmal ab[548]. Erst in der berühmten Ansprache zur Ausdehnung der Verteidigungslinien an den Rhein wurde das Stillhalten offiziell aufgegeben. Nachdem in Deutschland bereits 15 Monate lang aggressive Propa-

---

542 PRO, CAB 24/245, CP 305(33), 12.12.1933, Ausarbeitung des Luftfahrtministers zur Pressemeinung über die britische Luftrüstung. Das Kabinett diskutierte diese Ausarbeitung nicht, sondern nahm sie lediglich zur Kenntnis. CAB 23/77, 70(33)20, 20.12.1933, S. 22. Vgl. auch CAB 24/250, CP 193(34), 16.7.1934, S. 2.
543 Ebd., CAB 24/244, CP 271(33), 14.11.1933, Memo des Home Secrectary über Publicity mit CAB 23/77, 64(33)2, 22.11.1933, S. 6, Diskussion und Beschlüsse des Kabinetts über CP 271(33).
544 Ebd., CAB 46/14, ARPO 188 (14.12.1932).
545 Ebd., CAB 46/16, ARPO 337 (27.3.1934), Rede MacDonalds im HoC vom 21.3.1934 und CAB 23/78, 11(34)1, 21.3.1934, S. 1, Diskussion des Kabinetts über die nachfolgend zu haltende Rede des Premierministers.
546 Ebd., CAB 46/17, ARPO 406 (1.8.1934), Rede des Lord President of the Council in der HoC am 30.7.1934, dazu auch oben, S. 198 und 402 f.
547 Ebd., CAB 24/249, CP 113(34), 20.4.1934, Memo der drei Verteidigungsminister, Imperial Defence Policy, und CAB 24/250, CP 179(34), 6.7.1934, CID 197-A, 3.7.1934, und CID, Draft Minutes des 265. Mtg., 5.7.1934, The importance of ARP. Dazu CAB 24/250, CP 180(34), 9.7.1934, Proposal for a Broadcast dealing with Gas Attacks upon the Civil Population (ARPOC).
548 Ebd., CAB 23/79, Kabinett, Minutes of Mtg. 28(34)3, 11.7.1934, Punkt 4, S. 9–11, und 29(34)3, 18.7.1934, Punkt 4, S. 11. CAB 24/250, CP 205(34), 31.7.1934, Defence Requirements Report des Ministerial Cttee on The Disarmament Conference 1932, App IV, S. 40 f., Imperial Defence (Air Policy), Announcement of the Lord President of the Council in the HoC, 19.7.1934.

ganda betrieben worden war, hatte man sich in Großbritannien dazu durchgerungen, massive öffentliche Schritte wenigstens zu avisieren.

Die praktische Umsetzung dieser Ankündigung in propagandistischer Hinsicht ließ geraume Zeit auf sich warten. Die Herausgabe offizieller Informationen, die im Zusammenhang mit der Baldwin-Rede äußerst knapp gehalten worden waren, erfuhr keine schlagartige Intensivierung. Der Vorsitzende des ARPOC, Scott, hatte noch vier Tage zuvor die Vorstöße des Air Raids Commandant London, Pritchard, nach sofortiger Erarbeitung entsprechender Schrifterzeugnisse abgewiesen und war für weiteres Abwarten eingetreten.

»He [Scott] did not think, however, that so far as a pamphlet or pamphlets might be needed for the indoctrination of the public they would be required for some time yet; at least, not for months he hoped[!][549].«

Die Propagandaarbeit hatte für die Verantwortlichen den Stellenwert des Unangenehmen, war eher eine Last als erwünschtes Mittel zur Mobilmachung.

Dies kam auch dadurch zum Ausdruck, daß das Instrumentarium, das man zunächst ins Auge faßte, nicht gerade ein propagandistisches Feuerwerk mit Innovativkraft darstellte. Das ARPOC diskutierte lediglich die Erarbeitung von Druckschriften, d.h. mehrerer Memoranda für verschiedene Behörden und Institutionen und eines Pamphlets für die Bevölkerung. Für die nähere Zukunft gedachte man zusätzlich noch das Radio zu nutzen. All dies läßt sich mit den Konzepten fanatischer Werbetätigkeit in Deutschland kaum vergleichen. Die Verantwortlichen bremsten den Einsatz von Massenpropaganda zunächst eher, als daß sie ihn vorantrieben. Scott bezeichnete dies als im Interesse der rationalen Kontrolle notwendig und sah den Sinn der Luftschutzpropaganda zumindest bis auf weiteres darin, die Bevölkerung ruhig zu stellen und gerade nicht zur Wehrhaftigkeit zu erziehen:

»He [Scott, B.L.] hoped the announcement [die Rede von Baldwin am 31. Juli 1934, B.L.] would have the effect of preventing the millions from clamouring, while at the same time showing that the government were not inactive[550].«

Scott und seine Ausschußmitglieder hatten sich im Vorfeld zwar durchaus erste Gedanken über die Anwendung einer massiven und systematischen Propagandastrategie gemacht, allein, verwirklicht wurde Entsprechendes vorläufig nicht. Dies betraf auch den Aufbau einer Massenorganisation, wie sie im Reich in Form des RLB bereits bestand[551].

Immerhin aber ging man im Herbst wenigstens auf die wichtigsten Versorgungsbetriebe zu und veranstaltete in diesem Rahmen eine ganze Serie von Konferenzen, auf denen die Verantwortlichen der Betriebe zu weiterer Denkarbeit veranlaßt werden sollten. Das ARPOC betonte dabei, daß ein informeller und evolutionärer Weg erheblich besser sei, als eine Ad-hoc-Organisation zur Zusam-

---

[549] Ebd., CAB 46/9, ARPOC, 52. Mtg., 27.7.1934, S. 10; dazu CAB 46/16, ARPO 399 (23.7.1934), Memo Pritchards über den sofortigen Beginn von Propagandamaßnahmen. Auch zum Folgenden.
[550] Ebd., CAB 46/9, ARPOC, 52. Mtg., 27.7.1934, S. 10 f.
[551] Ebd., ARPOC, 51. Mtg., 15.6.1934, S. 26–28, Diskussion der Vorstöße Agers und des Aufbaus einer Propagandaorganisation.

menfassung und Kontrolle der Betriebe aus dem Boden zu stampfen[552]. Die Erstellung der inzwischen auf 12 veranschlagten Memoranda und des Pamphlets für die Bevölkerung trieb man im Winter 1934/35 voran. Scott verlangte deren Fertigstellung bis zum 31. März 1935[553]. Die ersten praktischen Schritte waren damit getan, wenn sie sich auch vergleichsweise unbeholfen ausnahmen. Die Druckerzeugnisse sollten nicht kostenlos verteilt, sondern verkauft werden.

Die bremsende Zurückhaltung, wie sie Scott an den Tag legte, teilte man auch an höherer Stelle. Auch dort dachte man keineswegs daran, die Strategie der graduellen Ausweitung der Informationen sofort fallenzulassen. Die Regierung versuchte weiterhin, alles zu umgehen, was die Stabilität der bestehenden rational-legalen Herrschaftsordnung auch nur ansatzweise gefährden konnte, und, wenn sich dies nicht bewerkstelligen ließ, erkannte Störfaktoren wenigstens zu moderieren. Dazu zählten radikale und beschleunigte Kriegsvorbereitungen genauso wie der Aufbau von Konfrontationen zwischen radikalen Ideologien. Genauso wie die Regierung versuchte, die zivilen Kriegsvorbereitungen propagandistisch auf kleiner Flamme zu kochen, schritt sie, wo es ihr möglich war, auf der allgemeinen politischen Ebene mit Zensurmaßnahmen ein, wenn eine allzu starke Polarisierung oder Radikalisierung drohte. Als die BBC Anfang 1936 versuchte, Übertragungen mit den Führern der britischen Kommunisten und Faschisten, Harry Pollitt und Mosley, zu veranstalten, ergingen Verbots-Anweisungen. Die BBC sagte die »broadcasts« nach einigem Hin und Her schließlich ab[554]. Neben der eigentlichen Blockade der Sendungen ist bezeichnend, daß die Regierung es durchsetzte, als Urheber des Verbots öffentlich nicht genannt zu werden. Weniger Erfolg hatte man, als man Mitte 1936 die Territorialstrukturen der faschistischen Auslandsorganisationen in Großbritannien liquidieren wollte. Aus Rücksicht auf die immer noch bestehenden Hoffnungen auf außenpolitische Friedensstiftung und wegen Befürchtungen möglicher innenpolitischer Auseinandersetzungen hinsichtlich der kommunistischen Organisationen ließ man von einem Verbot bis auf weiteres ab[555].

Im Falle der zivilen Kriegsmobilmachung waren es neben den unmittelbar zuständigen Gremien (v.a. ARPOC) die obersten Lenkungsinstitutionen der Verteidigungsplanung, die darauf bestanden, daß die inaugurierten Maßnahmen nicht aus dem Ruder liefen. Rationalität und sachliche Auseinandersetzung sollten verbindlich bleiben, insbesondere auch für die Masse der Bevölkerung selbst.

---

[552] Ebd., CAB 46/17, ARPO 438 (18.11.1934), Bericht Hurcombs, Gibbons und Pritchards über Konsultationen für Aufrechterhaltung der logistischen Dienste und Versorgungsbetriebe.
[553] Ebd., ARPO 452 (18.12.1934), Zwischenbericht Hodsolls und Pritchards; dazu CAB 46/9, ARPOC, 54. Mtg., 14.1.1935, S. 15–18.
[554] Ebd., CAB 24/259, CP 29(36), 7.2.1936, Memo des Außenministers zu BBC-Übertragungen von führenden Kommunisten und Faschisten, dazu CAB 23/83, Kabinettssitzungen 5(36)8, 10.2.1936, S. 11 f., und 8(36)1, 19.2.1936, S. 1.
[555] Ebd., CAB 24/263, CP 206(36), 24.7.1936, Memo des Innen- und Außenministers über die Liquidierung der Unterstrukturen totalitärer Organisation in Großbritannien (D und I); dazu CAB 23/85, 55(36)12, 29.7.1936, S. 17 f.

Die Arbeit verlief dabei keineswegs widerspruchsfrei. Vor allem die Tätigkeit des Defence Requirements Committee (DRC), die noch während der Geheimhaltungsphase für die Air Raid Precautions begonnen worden war, spiegelt das Spannungsfeld zwischen den erkannten Notwendigkeiten der Kriegsmobilmachung und den selbstdefinierten Pflichten zur Bewahrung der politischen und gesellschaftlichen Stabilität wider. Die Basisberichte, die das DRC zur Begutachtung an den Ministerausschuß (DPR) und das Kabinett sandte, so auch der entscheidende Abschlußbericht vom 21. November 1935, forderten die massive Vorbereitung der britischen Bevölkerung auf die neuen Gefahren des »Totalen Krieges«. Man verwies darauf, daß durch die Ergebnisse der Technik, insbesondere die Erfindung des Panzers und des Flugzeuges, Bedrohungen entstanden seien, denen unbedingt begegnet werden müsse.

Als eines der Gegenmittel betrachtete man den Luftschutz. Entsprechende Maßnahmen seien unerläßlich, müßten aber auf einer moralischen Aufrüstung der Nation aufbauen. Diese könnten dann durch die konkrete Mobilmachung, unter anderem durch den Luftschutz, weiter gefestigt werden. Dies erinnert bei allen inhaltlichen und ideologischen Unterschieden sehr stark an die Grundstrategie, die der RLB in Deutschland verfolgte: Luftschutz auf der Basis wehrhafter Gesinnung und gleichzeitig Förderung des allgemeinen Wehrgeistes durch den Luftschutz.

Das DRC nahm in diesem Sinne auch eine explizite Parallelisierung zu Deutschland vor und wies der moralischen Aufrüstung unter anderem auch deshalb eine überragende Bedeutung zu, weil sich die neuen Gefahren des »Totalen Krieges« durch die immer noch vorherrschende Aggressivität der Deutschen besonders verschärften[556]. Die Deutschen würden, wenn sie einen Knock-Out-Blow planten, sicher mit der Weichheit der britischen Bevölkerung rechnen, da diese im Gegensatz zu den Kontinentaleuropäern seit Jahrhunderten nicht unter den direkten Auswirkungen des Krieges zu leiden gehabt hätte. Die unmittelbare Kriegserfahrung,

»which weighs so heavily on Continental peoples and to some extent prepares their minds for endurance«,

könne mittels der Bomber nun auch die Briten treffen. Die wichtigsten Städte lägen in Reichweite feindlicher Kampfgeschwader. Auch wenn eine direkte Invasion so schnell nicht zu befürchten sei, wären die Zentren Britanniens nun genauso gefährdet wie die Städte der Kontinentaleuropäer.

Bei der Bewertung der Durchhaltefähigkeit der Briten angesichts dieser Bedrohungen schlug man zwar grundsätzlich einen optimistischen Ton an, verlangte aber umfassende Maßnahmen zur Schaffung eines »war spirit«:

»We are confident that our people are at least as capable of enduring such attacks as any other race; but their minds must have been steeled by foreknowledge and by understanding of what to expect and what to do to minimise casualties; they must feel that the utmost is being done for their protection and defence; and they must be encouraged

---

[556] Ebd., CAB 24/259, CP 26(36), 12.2.1936, Bericht des DPR (= DRP (DR)9), Programmes of the Defence Services, DRC 37, Bericht des DRC vom 21.11.1935, S. 35.

by the certainty that the people who have unloosed this brutality are being themselves made to feel what it is like, in equal or greater degree[557].«

Dieser Zustand könne und müsse unter anderem durch den Aufbau einer schlagkräftigen Luftschutzorganisation beendet werden. Dazu seien aber erheblich größere Anstrengungen nötig, als dies bisher geschehen sei.

»But, as recruiting figures testify, much remains to be done to awaken the public mind to the realities of the situation, and the campaign for the enlightenment of public opinion must be continued – in a spirit not of panic, but of realism. In particular, we suggest that the importance of defence should be emphasised in our educational system at least to the same extent as, and indeed as an integral element in, the propaganda for peace and the League of Nations that is carried on to-day in our schools[558].«

Angesichts einer zunehmend aggressiven und nationalistischen Umgebung in einer bis an die Zähne bewaffneten Welt könne man keine halbherzigen Maßnahmen treffen, sondern müsse entscheidende Schritte unternehmen.

»If then, as we believe, England and the Empire have still a contribution to make to civilisation, and their survival is, therefore, worth while, we feel that additional insurance against the accumulating dangers is the alternative to the epitaph ›England hath made a shameful conquest of itself‹[559].«

Diese Forderungen gingen dem Kabinett trotz der eingebauten Postulate zur Vermeidung von Panik und zur Erzeugung einer realistischen Sichtweise in der Bevölkerung zum aktuellen Zeitpunkt entschieden zu weit. Man kritisierte eine umfassende psychologische Mobilmachung als zu kriegstreiberisch und zu alarmierend. Die Empfehlungen des DRC, die in den Kernpunkten, insbesondere bezüglich der militärischen Rüstung, sonst in der Regel weitgehende Zustimmung fanden, wurden in diesem Punkt nicht genehmigt[560].

Die Vorstellungen waren auch im DRC selbst nicht unwidersprochen geblieben. Die Vertreter der an die Erdoberfläche gebundenen Teilstreitkräfte, hier insbesondere der Marinegeneralstabschef, kritisierten die ihrer Meinung nach viel zu weitgehende Forcierung des psychologischen Moments. Man habe lediglich den Auftrag, die notwendigsten Anforderungen für die nationale Sicherheit festzulegen. Es sei nicht nötig, die Kriegstrompete zu blasen.

»Sir Ernle Chatfield [First Sea Lord and Chief of Naval Staff, B.L.] said that he was concerned with the general tone [...] He felt [...] it might be thought [...] the Committee to hold an alarmist point of view. That was not the case, and the Committee were asking only for what was required as a minimum basis for our own security[561].«

Daß gerade einer der höchsten Militärs als Kritiker einer übertrieben psychologischen Wehrhaftmachung hervortrat, stellt einen nicht unbedeutenden Umstand dar, selbst wenn man berücksichtigt, daß die Marine und das Heer eine allzu starke Betonung der Luftgefahr aus ihren Ressortinteressen heraus von vornherein nicht gern sahen.

---

[557] Ebd., S. 36.
[558] Ebd.
[559] Ebd., S. 37.
[560] Ebd., CAB 23/83, 10(36), 25.2.1936, S. 1–8, Diskussion des DRC-Berichtes (DRC 37) und des vorgeschalteten DPR-Berichtes – CP 26(36) (wie Anm. 556) – im Kabinett, S. 7.
[561] Ebd., CAB 16/112, DRC, 24. Mtg., 5.11.1935, S. 1 f. Vgl. auch 22. Mtg., 30.10.1935, S. 3–5.

In demokratischen Staatssystemen sind Kriegsvorbereitungen im Kern offensichtlich generell nur auf der Basis genuiner sachlicher Rationalität legitimierbar. Der Vorsitzende des DPR, MacDonald, hatte dies bei der Einberufung des Ausschusses im Juli 1935 deutlich ausgesprochen:

»the Terms of Reference of the Committee [DPR, B.L.] had been left wide for the purpose so that it should be free to consider the problems involved in their broadest aspect and on commonsense and practical lines[562].«

Diese Forderungen ähneln durchaus den offiziellen Verlautbarungen der deutschen Luftschutzbewegung, insbesondere der Luftschutzvereine, hier in erster Linie des DLS, der DLL und schließlich des RLB. Der Unterschied zwischen Großbritannien und Deutschland bestand darin, daß dieses Prinzip im Reich, vor allem ab 1933, letztlich ein propagandistisches Lippenbekenntnis blieb, während jenseits des Ärmelkanals die obersten Planungsgremien des Staates ihre Politik darauf abstellten.

Wie allerdings noch zu zeigen sein wird, waren, da demokratische Staatswesen keine statischen Phänomene darstellen, Änderungen keineswegs ausgeschlossen. Als sich die Situation gegen Ende der 30er Jahre verschärfte, wurde die sachlich-ruhige Linie aufgegeben und machte großangelegten Propagandakampagnen Platz.

Die Ambivalenz zwischen den erkannten Notwendigkeiten der Mobilmachung und dem Bestreben nach sachlich-rationaler Legitimation bezog auch den beginnenden Aufbau der RAF mit ein. Auf der einen Seite erfreute es die Verantwortlichen, daß eine große Zustimmung zu den aufgelegten Rüstungsprogrammen herrschte, auf der anderen war man von populärer Einflußnahme überhaupt nicht begeistert:

»Although currents of more or less uninformed public opinion at home ought never to be a determining factor in defensive preparations, they have to be reckoned with in asking Parliament to approve programmes of expenditure. In the present case it happened that the general trend of public opinion appeared to coincide with our own views as to the desirability of a considerable expansion of the Royal Air Force for home defence[563].«

Auch sah man ein wesentliches Element bei der Aufstockung der Kampfverbände darin, die britische Zivilbevölkerung von Luftkriegsphantastereien fernzuhalten.

»In view of the agitation that has been aroused and the anxiety that has been created in the public mind at home and abroad as to the dangers resulting from the rapid creation of a German Air Force, the Government have deemed it their first duty, both from a national and an international point of view, to make a large increase in the Royal Air Force, partly as a deterrent to Germany and partly in order to secure a more rational state of public opinion. It may be, however, that this measure will fail in its political objects if and when public attention is directed to our other deficiencies and the truth is realised[564].«

---

[562] Ebd., CAB 16/136, »CID« Sub-Cttee on Defence Policy and Requirements (DPR), Minutes of Meetings, 1. Mtg., 8.7.1935, S. 1.
[563] Ebd., CAB 24/250, CP 205(34), 31.7.1934, Defence Requirements Report des Ministerial Cttee on the Disarmament Conference 1932, S. 12 f.
[564] Ebd., CAB 16/112, DRC 22, 9.7.1935 (= DPR 6, 1.7.1935 = DCM (32)145); Änderung der »terms of reference« des DRC für weitere Untersuchungen der Defence Requirements, S. 2.

Man war offensichtlich der Meinung, daß es den interessierten Bürgern erheblich besser täte, Bomber zu zählen und über die Möglichkeiten von Abschreckung nachzudenken, als sich in Kriegspanik, Kriegsphantasien und moralischer Aufrüstung zu üben[565].

Die Entscheidung über eventuell nötig werdende, umfangreichere Mobilisierungskampagnen sollte »in due course« und wiederum unter rationalen Kriterien gefällt werden. Innere Kriegsvorbereitung stellte ein allgemeines Mittel der nationalen Sicherheitspolitik dar, kein politisches Grundprinzip.

Die Verantwortlichen an der Staatsspitze weigerten sich, einer vorschnellen aggressiven Wehrhaftmachung der Bevölkerung das Wort zu reden; als wichtig erschien, daß man die Kontrolle nicht verlor. Ob dies auf Dauer, d.h. im Falle steigenden Handlungsbedarfs aufgrund massiverer Bedrohung, gewährleistet werden konnte, blieb ungeklärt.

Im Folgenden soll nun – wie für Deutschland – die Entwicklung der Propagandaformen und der durch sie transportierten Inhalte vom Ausgangspunkt bis zum Kriegsbeginn untersucht werden. Insbesondere wird dabei zu prüfen sein, wie der Regierungsapparat die Luftschutzmaßnahmen staatspolitisch legitimierte und ob dabei Ideologisierungen vorgenommen wurden. Ähnlich wie für das Reich gelangen zwei grundsätzliche Arbeitsschritte zur Anwendung. Zunächst werden die propagandistischen Höhepunkte betrachtet, dann abschließend die Reaktion der Bevölkerung unter die Lupe genommen.

Die praktische Vorbereitung einer zentral gesteuerten Massenpropaganda hatte ihre Anfänge gemäß der selbst auferlegten Zurückhaltung bei der Öffentlichkeitsarbeit quasi im Trockenen genommen und nicht gerade inspirative Züge getragen. 1932 hatte man eine Royal Proclamation zum Aufruf der Londoner Bürger für den Eintritt des Ernstfalles vorbereitet, ähnlich wie dies für den Kriegsbeginn 1914 geschehen war[566]. Sein Inhalt erinnert streckenweise an traditionelle Anweisungen an die Bürger bei Krieg oder Katastrophe: die Aufforderung, Ruhe und Ordnung zu bewahren. Als neues Element fügten die Autoren die Verbindung mit der Luftgefahr ein. Explizit hob man hervor, daß es auf keinen Fall zu einer Panik kommen dürfe. Die feindliche Luftwaffe würde durch ihre Bombenangriffe vor allem versuchen, die Kriegsmoral zu zerstören und dadurch das Land zur Kapitulation zu zwingen. Die Bevölkerung dürfe dies auf keinen Fall zulassen, denn sonst wäre der Krieg bald verloren. Alle »able bodied citizens« müßten unbedingt auf ihrem Posten in Industrie und Wirtschaft bleiben. Gleichzeitig wurde bekundet, daß die Regierung vollstes Vertrauen in die britische Zivilbevölkerung habe.

---

[565] Inwieweit sich die Mitglieder des DPR und des DRC, vor allem der Luftwaffengeneralstabschef, bewußt waren, daß die Forderung in bezug auf »steeling the minds of the population« einem »more rational state of public opinion« nicht gerade dienlich waren, konnte nicht geklärt werden und müßte einer Spezialuntersuchung unter Heranziehung von britischen Luftwaffenakten vorbehalten sein.

[566] PRO, HO 45/23082, 700201/6, (1932), auch grundsätzlich zum Folgenden. Bereits 1927 hatte man sich historische Muster für den Inhalt beschafft: neben der Proklamation von 1914 den öffentlichen Aufruf von Karl I. beim großen Feuer von 1666, HO 45/23081, 700201/1 (1927).

Ein solches Statement genügte den propagandistischen Anforderungen im Zeitalter des »Totalen Krieges« keineswegs. Man mußte umfangreiche Maßnahmen zur Beeinflussung der zivilen Gesellschaft entwickeln und diese lange vor Kriegsbeginn anwenden.

Eine erste konzise autoritative Zusammenfassung der praktischen Grundlagen für die psychologische Mobilmachung wurde 1933/34 durch das ARPOC im Rahmen des ersten Generalüberblicks der britischen Air Raid Precautions, dem großen, für den vertraulichen Gebrauch bestimmten ARP Handbook erstellt[567]. Hierzu hatte man bei den Franzosen abgeschaut und deren Praxis nachgeahmt. Man erarbeitete analog zu dem französischen Handbuch, das man sich unauffällig beschafft hatte[568], einen Überblick über alle Sachgebiete des Luftschutzes und gab daraufhin die erste umfassende Bestandsaufnahme des ganzen Komplexes in Druck. Das deutsche Pendant hierzu war die VOA. Die britischen Verantwortlichen dachten allerdings nicht an die Veröffentlichung oder die massenhafte Verteilung des Handbook an Behörden, Institutionen oder gar die Öffentlichkeit. Man sah vor, auf der Basis der verschiedenen Kapitel einfache Pamphlete oder Memoranda zu produzieren, die dann an die betroffenen Dienststellen oder Fachleute bzw. die Bevölkerung verteilt werden sollten. Das ARPOC war der Meinung, daß es nicht nötig sei, die beteiligten Gruppen und Institutionen immer mit dem ganzen sachlichen Inhalt des Gesamtkompendiums bekannt zu machen[569]. Auf dieser Basis wurden dann die bereits erwähnten 12 Memoranda und das Pamphlet für die allgemeine Öffentlichkeit im Winter 1934/35 vorbereitet[570].

Die psychologischen Aspekte wurden im Handbook nicht zufällig an erster Stelle behandelt, wobei die Ausführungen nichts an Deutlichkeit zu wünschen übrig ließen. Keineswegs betonte man den Schutz von Leben und Gut der Bevölkerung als oberstes Ziel, sondern stellte die Erhaltung der Kriegsfähigkeit der Nation, insbesondere der Produktionskapazitäten der Industrie, in den Mittelpunkt.

»It is of the utmost importance that the life of the community is carried on, even though under conditions of considerable difficulty; any relaxation of effort may have the most damaging effect on the war productive capacity of the nation und may prejudice the ultimate issue[571].«

Um dies zu gewährleisten, müsse unbedingt die Kriegsmoral der Bevölkerung aufrechterhalten werden:

»it is vital to the ultimate success of the national effort that this morale be maintained[572].«

---

[567] Ebd., CAB 46/14, ARPO 236 (21.6.1933) ARP-Handbuch (draft), und CAB 46/16, ARPO 310 (Mai 34) ARP-Handbook (Provisional).
[568] Ebd., CAB 46/9, 31. Mtg., 9.5.1932, S. 4–16. Die Briten beobachteten ihre kontinentalen Nachbarn durchaus neugierig und griffen auf die dort entwickelten Methoden zurück, wenn dies probat erschien. Vgl. z.B. auch die Schaffung des ARW, bei der man von den Deutschen kopierte. Oben, S. 346.
[569] Ebd., 40. Mtg., 26.6.1933, S. 17 f.
[570] Dazu oben, S. 220 f., 404.
[571] PRO, CAB 46/16, ARPO 310 (Mai 1934), S. 5.
[572] Ebd., S. 6.

Damit war die Zielrichtung der Air Raid Precaution eindeutig definiert: Erhaltung der psychologischen Standfestigkeit für das Überleben der Nation. Der einzelne hatte sich in die »community« einzuordnen, denn nur durch sie konnte er überleben. Sein persönlicher Schutz trat demgegenüber in die zweite Reihe. Durchaus im Einklang mit den vor allem in Deutschland propagierten Vorstellungen vom »Totalen Krieg« rangierte das Überleben von Staat und Nation vor der Humanität und dem Schutz der Zivilbevölkerung[573].

Dies zielte selbstverständlich nicht auf eine Charismatisierung hin, wie dies im Reich geschah. Die Verherrlichung einer Führerfigur oder auch nur das Anvisieren einer charismatischen Kampfgemeinschaft nach dem Muster des in Deutschland propagierten Frontsoldatenstaates kam nicht in Frage. Der Weg für eine allgemeine Mobilisierung wurde innerhalb der gegebenen Herrschaftsordnung gebahnt.

Die Tatsache, daß die demokratische Grundordnung verbindlich blieb, führte weder zur Weigerung, sich die Prinzipien moderner Kriegführung anzueignen, noch zur Vermeidung *jeglicher* Charismatisierung. Die geistig-psychologische Totalisierung fand auch in Großbritannien statt, wenngleich zögerlicher und mit erheblich weniger ideologischer Aufladung als im Reich. Ausgehend von der Organisationsmacht des Staates mit dem Ziel, das Überlebensrecht der Nation zu sichern, sah das Handbuch eine feste Führung der Bevölkerung und eine entsprechende Propaganda vor. Wie in Deutschland hatte man erkannt, daß die Bevölkerung nur dann bei der Stange bleiben würde, wenn sie das Gefühl hätte, daß der Staat alles im gegebenen Rahmen Mögliche für ihren Schutz unternähme.

»Experience has shown that a civil population, if well led and inspired by the example of courageous and steadfast leadership, will cheerfully face hardship and endure discomfort, provided always it feels that everything possible is being done to alleviate the situation, and that it is personally given the opportunity of co-operating in the plans of protection [...] Every effort must therefore be made not only to inspire, but also to sustain national morale by means of leadership, patriotic appeal and suitable propaganda[574].«

Demgegenüber trat die Frage nach der tatsächlichen Schutzwirkung der Maßnahmen, wie sie dann im ganzen weiteren Verlauf des Buches ausführlich beschrieben wurden, in die zweite Reihe. Auch wenn der reale Schutz durchaus als essentiell betrachtet wurde, wies man vor allem dem Schutzgefühl, das durch die Beeinflussung, Erziehung und Ausbildung der Bevölkerung erzeugt werden sollte, oberste Priorität zu. Wie in Deutschland sollte die Mobilmachung durch reziproke Beeinflussung von Moral und praktischem Schutz vonstatten gehen: Information, Kenntnis und praktische Fähigkeiten erzeugen ein Sicherheitsgefühl, das seinerseits wiederum Ruhe und Sachlichkeit erzeugt. Dies wiederum führt zu höherer

---

[573] Es wäre interessant, aber in diesem Zusammenhang zu weitschweifig, zu prüfen, ob man in Großbritannien eine tiefere Legitimation für diese Setzungen diskutiert hat. Folgende Argumentationskette wäre denkbar: Der Staat schützt Leben und Sicherheit der Bürger und ist daher selbst vorrangig zu schützen. Einfach syllogistisch würde dies Folgendes bedeuten: Ohne diesen Staat kein Schutz für die Menschen = der Staat geht über die Menschen. Es steht zu vermuten, daß derlei nicht unumstritten geblieben wäre.
[574] PRO, CAB 46/16, ARPO 310 (Mai 1934), S. 6.

Standhaftigkeit und dadurch zu besserem Schutz. Die Schaffung eines hohen Niveaus an innerer Geschlossenheit und der Aufbau einer möglichst unzerstörbaren Kriegsmoral zur Aufrechterhaltung der Kriegsfähigkeit stehen im Mittelpunkt.

Die sachlich-praktischen Maßnahmen blieben letztlich Mittel zum Zweck. Darin unterschied sich das Inselreich keineswegs von der nationalsozialistischen Diktatur.

Insgesamt ist festzuhalten, daß Demokratie als Ausdruck rational-legaler Herrschaft die Inangriffnahme psychologisch-propagandistischer Massenbeeinflussung und die Herstellung von »war spirit« keineswegs von vornherein ausschließt. Dies gilt nicht nur für Kriegszeiten, wie etwa die teilweise schon barbarische Züge annehmende Propaganda des Ersten Weltkriegs. Der britische Planungsapparat erkannte durchaus, daß die entsprechende Beeinflussung schon im Frieden vorgenommen werden mußte. Die Verantwortlichen waren sich aber sehr unsicher, wie dies bewerkstelligt, insbesondere welcher Einstieg gefunden werden sollte. Insofern hatten es die Führer der deutschen Luftschutzbewegung im Schatten der einsetzenden NS-Propaganda einfacher. Aber auch sie mußten vorsichtig vorgehen, durften bestimmte Grenzen, etwa eine allzu starke Ideologisierung des Luftschutzes, nicht überschreiten.

Ungeachtet der Grundproblematik bei der Umsetzung antizipierte man in dem Handbook einen Katalog praktischer Maßnahmen, der in seiner Vielfältigkeit dem Instrumentarium im Reich in nichts nachstand: weitestgehende Heranziehung der Presse, Einbeziehung des Rundfunks, Vorträge, Kampagnen und als wichtigstes Element die Durchführung von Luftschutzübungen[575]. Daß das ganze Unternehmen massenpsychologisch einen durchaus problematischen Hintergrund besaß, war den Verantwortlichen ebenso wie ihren Kollegen in Deutschland klar. Anders wie diese aber versuchten sie nicht von vornherein, das Problem nicht mit angespanntester Werbung totalitären Zuschnitts, sondern mit ruhiger und adäquater Propaganda zu lösen:

»The methods by which and the times at which instruction is given to the public must be carefully chosen; it is important that all passive air defence is treated as a normal matter, and care must be taken to avoid any suggestions or actions which might cause political embarrassment or social anxiety[576].«

Diese Zurückhaltung, die – bei allen Unterschieden zu den britischen Verhältnissen – im Grundsatz auch von einem Teil der Machtträger im Reich, etwa von den Verantwortlichen der NSDAP als politische Betreuerin der Bevölkerung, vertreten wurde, ließ sich auf Dauer allerdings nicht durchhalten. Der Schritt zur Massenbeeinflussung blieb unvermeidlich, dies trotz aller Ängste und Probleme der Verantwortlichen. Der Übergang von einer Friedens- auf eine Kriegsperspektive ist für alle modernen Staatsformen ein heikler Prozeß. Die Gesellschaft läßt sich die Normalität des »Totalen Krieges« nicht ohne weiteres verordnen. Selbst in Deutschland, unter der Glocke der nationalsozialistischen Diktatur, kam es zu erheblichen Störungen und Problemen. So etwa durch das Auftreten von aggressi-

---

[575] Ebd., S. 6 f.
[576] Ebd., S. 7.

ven und sachlich teilweise unfähigen Werbern vor Ort – sehr zum Leidwesen des RLB –, durch die passive Renitenz der Zivilbevölkerung, die Konflikte zwischen dem RLB und der NSDAP, die ihre ideologisch-politischen Ziele durch die übertriebene Luftschutzpropaganda gefährdet sah, oder auch durch die aggressiven öffentlichen Angriffe von Parteiformationen, vor allem der SA, gegen die Luftschutzorganisationen. In Großbritannien mußte mit noch größeren Schwierigkeiten gerechnet werden, d.h. vor allem mit offenem politischem Widerstand, der die Regierung zeitweise erheblich unter Druck setzen konnte.

Zunächst allerdings mußte die Propagandamaschinerie erst einmal anlaufen. Die praktische Propagandaarbeit bis 1938 ruhte hauptsächlich auf drei Säulen: den Local Authorities, den Inspekteuren des ARPD und der Mundpropaganda der bereits geworbenen Freiwilligen für die ARP-Dienste. Die Öffentlichkeitsarbeit von Whitehall aus beschränkte sich zunächst im wesentlichen auf die Veröffentlichung von Handbüchern und Memoranda. Der ursprüngliche Plan von 1934/35 (12 Memoranda für spezielle Fachgebiete und ein Pamphlet für die Bevölkerung) wurde erheblich ausgebaut und systematisiert. Im Mai 1935 stellte man dazu einen strategischen Gesamtplan auf und konzipierte eine fortlaufende Serie von Handbüchern, die die einzelnen Teilbereiche, so wie sie im internen großen Handbuch festgelegt worden waren, abdecken sollten[577]. An die erste Stelle setzte man ein allgemeinverbindliches Handbuch für die Bevölkerung: Handbook No. 1 (Householder's Handbook). Danach sollten die einzelnen Sachgebiete wie Gas (No. 2 und 3), Schutzräume (No. 5), Industrieluftschutz (No. 6) etc. abgehandelt werden. Die Local Authorities und wichtige Institutionen und Betriebe gedachte man zusätzlich durch spezielle Memoranda zu informieren, die eher die organisatorischen Grundlagen darzustellen hatten. Die Memoranda sollten, soweit nicht als geheim oder vertraulich eingestuft, auch im freien Verkauf erhältlich sein. Eines der wichtigsten war das Memorandum No. 4 (Air Raid Wardens). Insgesamt erzielte man bis 1938 damit allerdings keine wirklich durchschlagenden Erfolge.

Dies lag unter anderem auch daran, daß die Regierung eine eigene aktive Werbetätigkeit zunächst nicht betrieb. Nationale Propaganda-Feldzüge setzten vor 1938 nicht ein. Die Inspekteure des ARPD, die ihre Tätigkeit seit seiner Gründung ausübten, beteiligten sich zwar grundsätzlich auch an der Propaganda, doch hatten sie eher den Auftrag, die Verantwortlichen von Local Authorities sowie Firmen und Institutionen aller Art zu gewinnen, weniger die Bevölkerung selbst. Die Zahl der Inspekteure war außerdem anfangs überaus gering[578]. Die eigentliche Arbeit überließ man zunächst im wesentlichen den Local Authorities, die ab 1936/37 damit begannen, ihre Bürger psychologisch zu mobilisieren. Dies geschah zunächst insbesondere durch örtliche Ausstellungen[579]. Indirekt unterstützt wurden sie dabei

---

[577] PRO, HO 45/17603, 701030/2, Mai 1935, General scheme for ARP-handbooks, Brief Hodsolls an Barlow vom 25.5.1935.
[578] Ebd., CAB 16/140, DPR 97, 27.6.1936, Review of the work of the ARPD, 22.6.1936, S. 6 f. und 32. Vgl. auch die laufenden Progress Reports bis 1939.
[579] Die ersten größeren Ausstellungen wurden im Winter 1936/37 veranstaltet, ebd., CAB 16/141, DPR 171, 16.2.1937, S. 7. Progress Report des ARPD, S. 10. Im Laufe der Zeit organisierten die meisten Local Authorities »exhibitions« oder »displays« (vgl. alle folgenden Progress Reports).

durch mobile Trainingsgaskammern auf Lieferwagen (gas vans), von denen 40 überall im Land verteilt wurden, um den örtlichen Freiwilligen die Gelegenheit zum Üben unter Ernstfallbedingungen zu geben. Bis Februar 1937 hatten bereits 35 000 Personen diese Möglichkeit wahrgenommen[580].

Die praktische Erstellung der Propagandamittel, gerade auch der Druckschriften, verlief äußerst schwerfällig. Das ARPD brauchte allein über ein Jahr für die Gestaltung des Householder's Handbook[581]. Im März 1937, also fast zwei Jahre nach Konzipierung des Gesamtplanes, wurde es durch DPR und Kabinett genehmigt, wegen finanzieller Bedenken allerdings zunächst nicht veröffentlicht. Jeder Local Authority wurde eine begrenzte Anzahl für ihre Freiwilligen zugesandt. Eine gleichzeitig erbetene Stellungnahme der örtlichen Verwaltungen zu dem Handbuch fiel weitgehend positiv aus, verzögerte allerdings wegen des damit verbundenen Verwaltungsaufwandes eine großangelegte Produktion erneut. Erst im Herbst 1938, als die Regierung es kostenlos an alle Haushalte versandte, wurde es wirklich massenwirksam.

Die praktischen Forderungen, die das Handbuch an die Briten stellte, geben einen sehr instruktiven Einblick in die Vorstellungen von demokratischer Kriegsvorbereitung. Die Definition und die Ausgestaltung der Wehrhaftigkeit unterlag im Vergleich zu Deutschland spezifischen Eingrenzungen und spiegelte die staatsbürgerlichen und staatspolitischen Grundlagen der bestehenden Herrschaftsordnung wider.

Ein Vordringen der Mobilmachungsorganisation in die Haushalte kam nicht in Frage. Die Air Raid Wardens, die jeweils nur für ganze Straßenzüge zuständig sein sollten, wurden in erster Linie als Helfer und Ratgeber propagiert, nicht als polizeilich bestellte Kommandanten von Haus-Kampfgemeinschaften. Man kündigte zwar an, daß sie bei jedem Haushalt vorstellig würden, um den Luftschutz voranzutreiben. Einen offiziellen Führungs- und Kontrollauftrag besaßen sie aber nicht. Vielmehr sollten die Hausbewohner weitgehend in Eigenregie tätig werden, d.h. zur individuellen Nachbarschaftshilfe greifen.

»The essential things cost little to do, and some of the more elaborate ones you will find you can do easily, either yourself or by combining with a neighbour, if you decide to begin NOW, and take your time[582].«

Kontrollmaßnahmen quasi-militärischer Art – etwa Überprüfung von Luftschutzgegenständen in den Haushalten durch den Luftschutzhauswart – kamen nicht in Betracht. Der Aufbau einer Hausfeuerwehr und die Vornahme einer Entrümpelung wurde zwar empfohlen, aber nicht zwingend verlangt; spezielle Kampagnen

---

Das ARPD stellte schließlich eine Standardausstattung zur Verfügung (units of equipment), die ausgeliehen werden konnte. Ebd., HO 45/18198, 703049/5, Heads of Divisions Council, 8. Mtg., 16.3.1938, mit »note« vom 15.3.1938.

[580] Ebd., CAB 16/141, DPR 171, 16.2.1937, 7. Progress Report des ARPD, S. 3.
[581] Zum Folgenden: ebd., CAB 24/269, CP 108 (31.3.1937), HO 45/17603, 701030/27, Notiz eines Treffens zwischen ARPD-Beamten und verschiedenen ARP-Organisern vom 4.5.1937, S. 2; HO 45/18198, 703049/5, Heads of Divisions Council, ARPD, 14. Mtg., 5.7.1938, S. 3; dazu O'Brien, Civil Defence, S. 102, 124 f., 163.
[582] Ebd., HO 45/18802, 701023/20, (Principal recommendations of the Parliamentary ARP Cttee during 1937/1938), The Protection of your Home, S. 4.

dazu erfolgten nicht. Die Bekämpfung der möglicherweise entstehenden zahlreichen Brände nach einem massiven Abwurf von Brandbomben – man rechnete im schlimmsten Fall mit Tausenden – definierte man als Sache des Zusammenwirkens aller Bürger:

> »So many fires might be started that the fire brigades could not deal with them, and every citizen must be prepared to help[583].«

Die Vermeidung pseudo-militärischer Organisations- und Handlungsformen hatte nun allerdings nicht zur Folge, daß man einen rein zivilen Geist oder gar Weichheit erzeugen wollte. Schon in der Einleitung zum Handbuch hatte man in klarer Offenheit ausgesprochen, worauf es ankam: Standfestigkeit und Widerstandswille:

> »If this country were ever at war the target of the enemy's bombers would be the staunchness of the people at home. We all hope and work to prevent war but, while there is risk of it, we cannot afford to neglect the duty of preparing ourselves and the country for such an emergency[584].«

Jeder Brite solle sich psychologisch auf die Bombergefahr vorbereiten, um einen Zusammenbruch der Heimatfront zu verhindern.

Für die propagandistische Umsetzung dieses Ziels scheute man auch keineswegs davor zurück, militärische Denkmuster anzuwenden. Das Bollwerk der britischen Kriegsmoral sollten die Haushalte und deren Vorstände, die »prudent householders«, bilden. Ihre Aufgaben für die Heimatfront definierte man analog zu denen der Streitkräfte vor dem Feind:

> »If the emergency comes the country will look for her safety not only to her sailors and soldiers and airmen, but also to the organised courage and foresight of every household. It is for the volunteers in the air raid precautions services to help every household for this purpose, and in sending out this book I [Samuel Hoare] ask for their help[585].«

Zur Veranschaulichung der praktischen Notwendigkeiten griff man zu einer Metapher. So wie auf einem Schiff müsse der Kapitän, d.h. der »householder«, alle nötigen Maßnahmen treffen und überwachen. Die anderen Haushaltsmitglieder müßten sich loyal wie eine Crew verhalten, um allen Stürmen, notfalls auch dem Schiffbruch, begegnen zu können. Im Falle eines Luftangriffs müsse der »householder« das direkte Kommando übernehmen, und alle Mitglieder hatten ruhig und entschlossen ihre Kampfpositionen einzunehmen:

> »The head of the house takes command, and because everyone in the household knows what to do and where to go, there is no indecision and no panic. Risk is reduced to a minimum. Appointed tasks are undertaken, appointed places ›manned‹ without hesitation and without confusion[586].«

Der berühmte, vielzitierte »common sense« wurde zwar ebenfalls genannt, dies allerdings lediglich für die Ausführung zusätzlicher, über den engeren Rahmen des

---

[583] Ebd., S. 19. Die praktischen Maßnahmen, wie sie im Householder's Handbook empfohlen wurden, unterschieden sich ansonsten nur in wenigen Punkten von denen im Reich. Die gesamte Palette der ARP wurde kurz vorgestellt, und dann schlug man einfache und billige Maßnahmen vor, die jeder Haushalt vorbereiten solle. Im Zentrum stand dabei die Einrichtung eines Schutzraumes und die Ankündigung der Gasmaskenverteilung durch die Regierung.
[584] Ebd., S. 1.
[585] Ebd.
[586] Ebd., S. 21.

Luftschutzes hinausgehender praktischer Maßnahmen, quasi als Garant für Effizienz und Flexibilität für die allgemeine Anpassung der Haushalte an die neuen Anforderungen des Krieges.

»Your own common sense will tell you of other things to do, according to the position of your refuge-room and the type of house you live in[587].«

Insgesamt blieben die hier und in anderen Publikationen verbreiteten Vorstellungen von der Schaffung einer Abwehrgemeinschaft aller Bürger in ihren Häusern an kampforientierter Verve hinter den entsprechenden Aussagen in Deutschland etwas zurück – insbesondere was die Brachialität und verbalideologische Fixierung anging.

Diese, im Vergleich mit der NS-Diktatur relative Mäßigung führte allerdings nicht dazu, daß die Regierungspropaganda in der Öffentlichkeit ohne größeren Widerspruch akzeptiert wurde. Während der fortschreitenden Etablierung der Luftschutzorganisation erhob sich teilweise massiver, nicht selten offener politischer Protest. Der Generalton der Kritik baute fast immer auf der Behauptung auf, daß die Air Raid Precautions letztlich nichts anderes als vollkommen unwirksame Kriegstreibereien seien.

An der Spitze dieser Opposition stand unter anderem eine Gruppe von Chemikern, die Cambridge Scientists' Anti-War Group. In mehreren Schriften kritisierten sie aus unterschiedlichen Perspektiven die Air Raid Precautions der Regierung, wozu sie sich auch ein Exemplar des Householder's Handbook beschafften, als dieses noch unter Verschluß gehalten wurde.

Zunächst konzentrierten sie sich auf die technische Ebene und bezeichneten die Maßnahmen, insbesondere den Gasschutz, als gegenüber den modernen Kampfmitteln ziemlich wirkungslos[588]. Sie konnten sich dabei auf umfangreiche Versuche stützen, die sie in ihren Labors unternommen hatten. So kamen sie etwa zum Ergebnis, daß die Hauskeller gegen das Eindringen von Giftgas nicht wirksam abzudichten seien und die Gasmasken einen nur bedingten Schutz böten. Je nach Ausstattung und Gaskonzentration würde die Schutzrauminsassen bei schweren Angriffen zwischen 30 Minuten und wenigen Stunden der Tod ereilen.

Die kritischen Ausführungen dieser Chemiker wurden in der Presse lautstark wiedergegeben und machten nicht zuletzt auch deshalb Eindruck, weil die Regierung ihr Gasmaskenmodell für die Bevölkerung (Civilian- oder 3rd line-respirator) nicht für eine öffentliche Untersuchung freigab – ein Verhalten, das die Chemiker aus Cambridge immer wieder brandmarkten. Es entstand der Eindruck, daß die Regierung tatsächlich etwas zu verbergen habe. Da Whitehall offensichtlich die Qualität der Schutzmaßnahmen nicht überprüfen lassen wolle, schloß man daraus, daß die Air Raid Precautions nutz- und wirkungslos seien und nur dazu dienten, aus der Bevölkerung willige Kriegsteilnehmer an der Zivilfront zu machen.

---

[587] Ebd., S. 23.
[588] Zum Folgenden vgl. die beiden grundlegenden Veröffentlichungen der CSAWG: Protection of the Public und Air Raid Protection: The Facts. Die nachstehenden Ausführungen sind eine – eher knappe – Gesamtzusammenfassung der Ergebnisse und Meinungen der Cambridger Chemiker. Es werden nur direkte Zitate belegt.

»There is no suggestion in the whole book that the dangers against which the householder is so elaborately to guard himself are by no means the main danger of air raids. An atmosphere of false reassurance runs through its pages, but the descriptions of the destruction in Spain and China form a grim commentary on protection which is limited to brown paper, cellophane and a bucket of sand[589].«

Man warf der Regierung bewußte Täuschung vor.

Ein weiterer Hauptkritikpunkt der Chemiker speiste sich aus der sozialen Perspektive. Die ärmeren Schichten in den Industrieslums lebten oft in Häusern ohne Keller und besäßen keinerlei Mittel, um sich auch nur den primitivsten Schutz aufzubauen. Die Reichen lebten dagegen in verhältnismäßig dünn besiedelten Gebieten und könnten sich ausgedehnte Schutzmaßnahmen leisten. Notfalls würden sie dann auch ihre Gegend verlassen und in sichere Gebiete reisen. Die Unterschichten müßten auf die Regierungsmaßnahmen vertrauen, die beim jetzigen Stand vollkommen unzureichend seien. Umfassende nationweite Evakuierungsmaßnahmen habe Whitehall bislang nicht vorbereitet.

Als dritte Argumentationsschiene diente die staatspolitische Dimension. Die Cambridger Chemiker bezeichneten den Aufbau des Luftschutzes als großangelegte Möglichkeit, die bestehende Herrschaftsordnung mit ihren etablierten Sicherungen gegen Regierungswillkür auszuhebeln. Im Brennpunkt standen dabei die Air Raid Wardens. Man wies darauf hin, daß sie zahlenmäßig weitaus stärker als die Streitkräfte seien und letztlich nur zur Überwachung und Kontrolle der Bevölkerung dienten. Sie hätten Polizeifunktion und könnten zur Unterdrückung der freiheitlichen Rechte eingesetzt werden. Man ging schließlich so weit, die Gefahr der Errichtung einer Diktatur an die Wand zu malen, wobei man sich nicht scheute, einen direkten Vergleich zu den Verhältnissen im Reich zu ziehen, d.h. den britischen Air Raid Warden dem deutschen Luftschutzwart gleichzusetzen, dabei beide als Träger der Zwangsherrschaft denunzierend. Für die Regierung rächte sich nun in aller Öffentlichkeit das Kopieren kontinentaler Praktiken:

»There appears to be a very close parallel indeed between the ›Air Warden‹ envisaged by the Home Secretary, and the ›House Warden‹ whose duties in Berlin have from time to time excited comment in the British press [...] The Home Office, however, seems to have a predilection for ›leaders‹ and for men whose ›responsibility‹ is to be upwards, not downwards to their ›followers‹[590].«

Damit bezichtigten die Autoren das britische Innenministerium, das Führerprinzip, wie es in Deutschland herrsche, einführen zu wollen. Man sah extreme Gefahren für die persönliche und kollektive Freiheit der Briten und verlangte, daß jeder »old-fashioned democrat« dagegen angehen müsse. Man gab sich letztlich keinen Illusionen hin, die entstehende Air-Raid-Warden-Organisation sofort wieder abschaffen zu können, und forderte daher wenigstens wirksame demokratische Kontrolle über sie, d.h. vor allem: die Wahl der Air Raid Wardens durch die ihnen anvertrauten Haushalte.

Insgesamt besaß die Kritik der Chemiker aus Cambridge einen umfassenden gesellschafts- und staatspolitischen Charakter. Der Luftschutz – angeblich wir-

---

[589] Air Raid Protection, S. 36.
[590] Ebd., S. 55.

kungslos – wurde als Mittel betrachtet, um die bestehende Ordnung von innen her umzustoßen und die Freiheit der Briten abzuschaffen. Dabei postulierte man, daß die Entwicklung im eigenen Land im zunehmenden Einklang mit der generellen Tendenz zur Totalisierung der Welt stünde:

»It is reasonable to conclude in view of the unsatisfactory nature of the legal aspects of ARP that the Government under cover of protecting the public is planning a large scale regimentation of the population and the sweeping away of civil liberty protected as it is to-day by the law, as a preparatory step towards government by autocratic power which they forsee some future eventuality may compel[591].«

Dieser Rundumschlag löste in Regierungskreisen und deren Umfeld teilweise höchste Beunruhigung aus. Die zuständigen Experten für Kampfstofforschung des Chemical Defence Research Department wurden zunehmend nervös und verlangten eine öffentliche Reaktion der Regierung[592]. Der parlamentarische Ausschuß der Tories im House of Commons lud einen der Cambridger Chemiker, Fremlin, ein. Dabei kam es zu heftigen Vorwürfen gegen die Chemiker, ohne daß Einigkeit in praktisch-sachlicher Hinsicht hergestellt werden konnte. Fremlin argumentierte sehr geschickt, wie selbst die anwesenden Tories zugeben mußten, und brachte deren Meinung zeitweise stark ins Wanken. Die Kritik konnte ad hoc sachlich kaum entkräftet werden. Die Ausschußmitglieder suchten ihr Heil statt dessen darin, Fremlin und seine Kollegen pauschal der Unfähigkeit zu bezichtigen und sie dann politisch-moralisch anzugreifen. Insbesondere die Tatsache, daß die Chemiker das Householder's Handbook zu einem Zeitpunkt öffentlich auseinandergenommen hatten, als es noch gar nicht publiziert worden war, stellte man als unverantwortliche Verunsicherung und Panikmache dar. Fremlin betonte zwar nachdrücklich, daß seine Gruppe nicht parteipolitisch agiere, und gab im privaten Gespräch nach der Sitzung dann seinem Bedauern Ausdruck, daß die Cambridger Chemiker in der Öffentlichkeit zu stark mit dem Pazifismus gleichgesetzt würden, obwohl sie lediglich wissenschaftliche Interessen hätten, fand jedoch bei den anwesenden Tories damit keinen Glauben. Es kam letztlich nicht zur Annäherung. Das Statement von Fremlin »did not really cut very much ice[593].«

Der Wirbel, den Fremlin und seine Kollegen bewirkten, übertrug sich nicht auf die eigentlichen Entscheidungsträger. Die Verantwortlichen an der Spitze des Home Office und des ARPD – darunter der Innenminister selbst – blieben ruhig und distanziert. Man lehnte jegliches Eingehen auf die Vorwürfe ab, weil dadurch die Meinung der Bevölkerung und die Moral der im Luftschutz Tätigen erst wirklich ins Wanken gebracht werden könne. Das Letzte, was man wolle, sei eine öffentliche Debatte um den Luftschutz mit Beteiligung der Regierung, ein »silly reasons' topic«[594].

---

[591] Ebd., S. 56 f.
[592] PRO, HO 45/18802, 701023/4, Brief vom 27.7.1937, Johnson, CDRD, an Hodsoll.
[593] Ebd., Notizen (Palmer) über die Sitzung des Gas-Sub-Cttee des PSCARP am 14.7.1937. Palmer scheint der Gewährsmann und der direkte Informant des HO in diesem Tory-Ausschuß gewesen zu sein.
[594] Ebd., handschriftl. Notiz (vermutl. von Geoffrey Lloyd) vom 30.7.1937. Vgl. auch ebd., 701023/6, Brief des Vorsitzenden des PSCARP, Simmonds, vom 10.8.1937 an Hoare und Antwort Hoares vom 8.9.1937.

Man warf den Cambridger Chemikern intern sachliche Verzerrung und Unkenntnis vor, weigerte sich aber, ihren Argumenten Nahrung zu geben, indem man sich öffentlich mit ihnen abgab.

Hier wird eine der Standardprozeduren der britischen Regierung im Umgang mit unbequemer Kritik deutlich. Man versuchte, die Kritiker möglichst totzuschweigen und die Sache auszusitzen. Dies fiel hier jedoch sichtlich schwer, denn die Cambridger Chemiker ließen von ihrer Kritik nicht ab. Daß sie die Organisation dennoch nicht aus dem Gleichgewicht brachten, lag einerseits sicher an der Grundhaltung der meisten Kräfte im Luftschutz, nicht zuletzt auch der Freiwilligen, andererseits wohl aber auch an ihrer politischen und sozialen Machtlosigkeit[595]. Sie konnten sehr wohl Aufsehen erregen, aber eine schlagkräftige Massenbewegung zur Änderung der Verhältnisse brachten sie nicht zustande. Die Cambridger Chemiker waren Wissenschaftler und keine politischen Machtträger. Entsprechendes strebten sie letztlich auch gar nicht an. Sie fanden im Laufe der Zeit auch keine neuen Argumente und Perspektiven, was zur Folge hatte, daß ihre Kritik sich gewissermaßen abschliff.

Die Cambridge Scientists' Anti-War Group war allerdings bei weitem nicht die einzige, die öffentlich auf den Plan trat. Unter den Intellektuellen und avantgardistischen Ingenieuren, Architekten und anderen technischen Fachleuten erhob sich ebenfalls massiver Widerspruch gegen die im Aufbau begriffenen Air Raid Precautions. Insbesondere Vertreter technischer Berufe entwickelten eigene Maßnahmenkonzepte, dies vor allem für Schutzräume, und konfrontierten die Regierung damit. Ihre Schriften wurden teilweise von dem für kritische Publikationen bekannten Left Book Club (Victor Gollancz Ltd.) veröffentlicht. Es entstand eine regelrechte Kultur der Kritik an den Luftschutzmaßnahmen, die den Verantwortlichen im ARPD das Leben teilweise recht erschwerte[596].

Die Regierung versuchte dem zu begegnen, indem sie stets ihre Abneigung gegen den Krieg bekundete und den Wunsch ausdrückte, die Luftschutzmaßnahmen – überhaupt alle Rüstungen – seien ihr zuwider, da sie lieber Frieden und Abrüstung wolle. In ausnahmslos allen ihren wichtigen Publikationen und allen größeren Propagandaaktionen findet sich diese Standardargumentation wieder, und zwar weitgehend nach demselben Schema: Großbritannien arbeite mit allen Mitteln zur Erhaltung des Friedens und sei auch zur umfassenden Abrüstung bereit. Da dies aber vom Ausland nicht gewünscht werde, müsse man sich gegen Angriffe wappnen. Man könne nicht warten, bis der Ernstfall eintrete, denn dann sei es zu spät. Man lade bei Vernachlässigung der Verteidigung den Aggressor geradezu ein, einen Angriff zu starten. Wenn aber umfassende Schutzmaßnahmen getroffen würden, könnte ein Krieg von vornherein verhindert werden. Ein aggressiver Staat würde es sich zweimal überlegen, seine Bomber zu schicken, wenn er wisse, daß die Briten zur geschlossenen Abwehr bereitstünden. Zivile Schutzmaßnahmen zur

---

[595] Vgl. auch Meisel, Air Raid, S. 301. (Freundlicher Hinweis von Lorne Breitenlohner, Toronto).
[596] Ebd., S. 307–319.

Abschreckung von Angreifern – ein zentrales Leitmotiv der britischen Mobilmachung bis 1939[597].

Die aktiven Kritiker konnte man damit allerdings nicht so recht überzeugen. Die Angriffe gingen dabei nicht immer nur von gesellschaftlichen Gruppen, sondern auch von Mitgliedern des Regierungsapparates aus. Ein besonders pikanter Fall ereignete sich im Juni 1938. Ein Regierungsbeamter im New Scotland Yard, der Deputy Architect F.T. Bush, kritisierte auf einer Versammlung des Royal Institute of British Architects, auf der Innenminister Hoare eine Rede hielt, die Air Raid Precautions als nutzlos wie ein Regenschirm gegen den Vesuv[598]. Bush, der im Ersten Weltkrieg gekämpft hatte, dann aber christlicher Pazifist geworden war und sich mit dem bekannten Kriegsgegner Dick Sheppard angefreundet hatte, griff in diesem Zusammenhang insbesondere Inskip, Minister for the Coordination of Defence, an, der in einer Ansprache möglichen Aggressoren indirekt damit drohte, Großbritannien würde notfalls neu entwickelte Kriegswaffen einsetzen, damit wohl auch auf Giftgas anspielend. Bush bezichtigte ihn deshalb der Heuchelei. Inskip sei Präsident der Christian Union, die auch von seinen Kindern besucht würde, und propagiere trotzdem einen Rüstungswettlauf, der letztlich nur zu Tod und Zerstörung führe.

Die Äußerungen, die von den anwesenden Architekten nach anfänglichem Gelächter mit Applaus bedacht worden waren, erwiesen sich für Hoare als derart peinlich, daß er um eine spontane Gegenrede nicht herumkam. Er entgegnete Bush, daß die Regierung, und insbesondere auch er selbst, den brennenden Wunsch nach Abrüstung habe, daß es aber nicht in Frage komme, Großbritannien als einziges Land in einer feindlichen Welt ungeschützt zu lassen. Die Anwesenden jubelten Hoare daraufhin zu. Daß er die Stimmung der Anwesenden so schnell hatte auf seine Seite bringen können, spricht durchaus für den Rückhalt der staatspolitischen Sinngebung der Mobilmachung innerhalb der britischen Gesellschaft. Man mußte allerdings geschickt mit der öffentlichen Meinung umgehen. Bush blieb isoliert und mußte sich in einem Schreiben bei seinen Disziplinarvorgesetzten entschuldigen. Diese erkannten Bushs Ehrlichkeit und Integrität durchaus an, diskutierten aber wegen seiner Verfehlungen gegen die von Beamten verlangte Zurückhaltung eigener Emotionen (»allowing an emotion submerge his judgement«) seine Strafversetzung und Herabstufung auf einen niederen Posten, was jedoch nicht erfolgte. Laut Imperial Calendar blieb Bush auf seiner Stelle und stieg bis 1945 zum Deputy Chief Architect and Surveyor auf[599]. Der Regierungsapparat behielt also einen Kritiker in Diensten, der zumindest einen Teil seiner Arbeit grundsätzlich in Frage gestellt hatte.

Die Verantwortlichen im ARPD ließen sich in ihrer Tätigkeit durch derlei unerfreuliche Aktionen und Momente keineswegs beeinträchtigen, sondern setzten ihre

---

[597] Für die Belege vgl. jeweils die Anmerkungen im Text bei der Beschreibung der Veröffentlichungen und Aktionen.
[598] PRO, HO 45/24810, Criticism by deputy architect, New Scotland Yard, mit Zeitungsausschnitten aus Star, Daily Telegraph und Manchester Guardian vom 14.6.1938.
[599] Vgl. British Imperial Calendar.

Aufbauarbeit weiter fort. Sie hatten nunmehr, 1938, in der Hauptsache ganz andere Probleme als die Auseinandersetzung mit kritischen Intellektuellengruppen, auch wenn deren Aktivitäten ein überaus ärgerliches Phänomen des Gesamtproblemkomplexes war.

Man erkannte zunehmend, daß die Propaganda, wie man sie seit dem offiziellen Beginn der Mobilmachung mit den drei Säulen Local Authorities, Inspekteure und geworbene Freiwillige betrieb, nicht ausreichte, um die Air Raid Precautions voranzutreiben. Insbesondere für die immer noch in den Anfängen steckende Breitenrekrutierung von Freiwilligen genügte das bisherige Instrumentarium nicht. Man betrachtete es daher an der Zeit, nun auch von der Regierungsspitze her direkt und umfassend auf die Bevölkerung zuzugehen. Großbritannien war damit – im Vergleich zu Deutschland fünf Jahre verspätet – endgültig in den Gefilden der psychologischen Massenmobilisierung für den Krieg angekommen.

Die Vorbereitung dieser Aufgabe fiel Eady, dem neuen Leiter des ARPD zu, der sich hiervon keineswegs begeistert, sondern eher widerstrebend, in bezug auf die praktische Umsetzung ein gutes Stück auch hilflos zeigte und daher bei der BBC um Unterstützung bat. Er schrieb an deren Programmabteilung und verwies dabei auf die Neuartigkeit der nun zu startenden Aktivitäten:

»As I see it at present this [reaching the public with full effect on their own personal responsibility in regard to air raids, B.L.] must be a continuing job and the whole technique of a kind of publicity which, as far as I know has never been attempted before in this country, is [...] a huge job of mass propaganda such as is attempted in other ways in other countries[600].«

Richard Maconochie, Programmdirektor der BBC, erstellte für Eady ein Memorandum, in dem für den Rundfunkbereich zweierlei Maßnahmen vorgeschlagen wurden[601]. Erstens die graduelle Unterrichtung der Bevölkerung durch fortlaufende Berichte über Übungen, Veranstaltungen und allgemeine Ereignisse aus dem Großbereich Luftschutz und Luftkrieg, und zweitens den direkten Einsatz von Persönlichkeiten höchsten Ranges. Für letzteres, für Maconochie der eigentlich entscheidende Punkt, sollte eine Serie von »talks« in der BBC veranstaltet werden, in denen unter anderem die bedeutendsten Politiker des Landes zum Thema Stellung nehmen und für eine aktive Mitarbeit werben sollten.

Eady versuchte, dementsprechende Arrangements zu treffen, konnte aber die obersten politischen Spitzen nicht für seine Zwecke gewinnen[602]. Maconochie hatte vorgeschlagen, Lloyd George und Baldwin gemeinsam vor das Mikrophon zu bekommen und in einem weiteren »talk« dann die Führer der drei wichtigsten Parteien diskutieren zu lassen. All dies scheiterte im wesentlichen aus Termingründen. Die betreffenden Persönlichkeiten ließen sich mit wichtigeren Verpflichtungen entschuldigen. Der Luftschutz besaß offensichtlich eine zu geringe Bedeutung. Die Absage des Termins der drei Parteispitzen betreffend wurde allseits ausdrücklich betont, daß politische Gründe keinerlei Rolle spielten.

---

[600] PRO, HO 45/18186, Eady am 29.1.1938 an Graves (Programme Division, BBC); vgl. auch Eady am 26.1.1938 an Sir John Reith.
[601] Ebd., Memo Maconochies vom 9.2.1938.
[602] Zum Folgenden vgl. ebd., Dok. und Korrespondenz Februar und März 1938.

So beschränkte man sich zunächst auf die unmittelbaren Vertreter der Air Raid Precautions auf der obersten staatspolitischen Ebene, Innenminister Hoare und Morrison, den Vorsitzenden des LCC. Beide sagten zu und hielten im März ihre Reden in der BBC, die die entscheidende Phase in der psychologischen Kriegsmobilmachung für den Luftschutz einläuteten.

Die Rede Hoares, gehalten am 14. März, stellt eine der wichtigsten Manifestationen der britischen Herrschaftsordnung im Zeitalter des »Totalen Krieges« dar. Sie gewann zum Schluß auch handfeste ideologische Züge[603].

Nach den üblichen Rückversicherungen in bezug auf die bedrohliche außenpolitische Lage, der inzwischen zum Stereotyp gewordenen Beteuerung des Friedenswillens und einer kurzen Beschreibung der verschiedenen Luftschutzteilgebiete kam Hoare auf den eigentlichen Zweck zu sprechen, die Rekrutierung. Zunächst gab er die Größenordnung bekannt und bezifferte die Anzahl der benötigten Freiwilligen auf mindestens 1 Mio. — eine Zahl, die in der Folge als Richtwert immer wieder genannt und sogar in Deutschland zitiert wurde.

Hoare hob dann, damit zum Kern kommend, die Freiheit als Grundprinzip der bestehenden Ordnung hervor, verwies in diesem Zusammenhang auch auf das organisatorische Rückgrat der Air Raid Precautions, die Kooperation zwischen Zentralregierung und den Local Authorities und beschwor in Verbindung damit die Wehrhaftigkeit der britischen Demokratie, insbesondere seiner Bevölkerung. Er bezeichnete den Luftschutz als ernste Aufgabe

»for free men and women who cared for their fellows and for their country«

und errichtete klare ideologische Fronten:

»we have to make the forces of peace so strong in the world that war will not be worth while [...] we must prove to the world that our old system of voluntary service and local administration, that seems so inefficient and easy-going to foreigners who do not know us, can produce as efficient a system of defence as the most fully centralized government. Free men can give better discipline, if they make up their minds, than anything produced by authority. Our methods may be slow in starting, and because they depend upon voluntary effort and local initiative they may be difficult to organize. But it is because they are founded upon voluntary effort and local initiative they are so deeply ingrained in our national life.«

Deutlicher hätte man die Verknüpfung der zivilen Kriegsvorbereitungen mit den Prinzipien der bestehenden, legal-rationalen Herrschaftsordnung nicht ausdrücken können[604].

Morrison hielt seine Rede, die offiziell als Aufruf an die Londoner galt, genau eine Woche später und bestätigte die Linie Hoares weitgehend[605]. Er hatte – ähnlich Hoare – im Vorfeld von Eady ein vollkommen unverbindliches Memorandum mit inhaltlichen Vorschlägen erhalten, die er teilweise übernahm[606]. Dies manifestiert den Schwenk der Labour Party zur aktiver Unterstützung der staatlichen

---

[603] Ebd., Wortlaut der Rede in: The Times (Ausschnitt) vom 15.3.1938.
[604] Wie ernst man es damit nahm, geht insbes. auch aus dem Vorkonzept der Rede hervor. Ebd., Draft für die Rede Hoares, The Citizen and Air Raids, 5.3.1938.
[605] Ebd., London's Part in ARP, 21.3.1938.
[606] Ebd., Eady an Sir George Gater und Gater an Eady, 21.3.1938.

Kriegsmobilmachung bereits vor Kriegsbeginn und zeigt, daß auch intern ein Schulterschluß zwischen ihren Vertretern und der Regierung entstand. Die harte Linie, die Morrison 1937 gegenüber der Regierung bei den Verhandlungen um die Finanzierung der Luftschutzmaßnahmen eingenommen hatte, gehörte der Vergangenheit an.

Eine inhaltliche Parteinahme für Fundamentalkritiker wie die Cambridger Chemiker kam unter diesen Umständen nicht in Betracht – im Gegenteil. Morrison beschrieb wie Hoare die verschiedenen Teilgebiete der Air Raid Precautions, darunter insbesondere auch die Tätigkeit der Air Raid Wardens als verantwortliche Schützer und Helfer für die Haushalte, und warb für alle Dienste um Freiwillige.

Im staatspolitischen Teil fuhr er sogar eine noch härtere Linie als Hoare, indem er den Luftschutz als Mittel bezeichnete, aggressive Gesetzesbrecher in der Staatenwelt einzudämmen.

»In so far as we all – every one of us – take seriously the thought of a community of peaceful nations, ready to deal justly, but able and willing to curb lawlessnesss and aggression – in so far as we talk and think and act in such a way as to bring this most practical of all Air Raid Precautions nearer to realisation, we are doing our first duty as citizens.«

Diese offensive Charakterisierung der gegebenen Herrschaftsordnung wurde – erneut am Schluß – in einem konzentrierten Statement charismatisiert. Nach der Versicherung, daß die gewählten Spitzen der Londoner Verwaltung zu ihren Verpflichtungen stehen würden, rief Morrison die Londoner zur Partizipation auf, dabei die Grundlagen der Herrschaftsordnung und die Ziele des Luftschutzes direkt verbindend:

»You are free citizens of the most highly developed democracy the world has ever seen, and of the greatest City of it. You need no compulsion. You do not even need the pressure of rhetoric and emotional appeal. You are thinking men and women, and you what is at stake [...] This is London calling for the civic service of its people I ask you to respond – now. And let us hope – let us work for that hope – that the emergency against which we are preparing will never arise.«

Mit diesem Statement hatte Morrison das didaktische Ziel, wie es Eady im Vorfeld der beiden Reden formuliert hatte, offen ausgesprochen:

»It was only by understanding what they could usefully do for themselves and their households if an air raid took place[607].«

Mit den Schwerpunkten, wie sie in diesen beiden »talks« gesetzt worden waren, nahm Britannien im Rahmen der zivilen Kriegsvorbereitungen den ideologischen Kampf gegen die deutsche Diktatur auf. Ähnlich Deutschland seit 1935/36 versuchten die höchsten Verantwortungsträger in den nächsten 18 Monaten, die Mobilisierung der Bevölkerung mit publikumswirksamen Reden und Auftritten voranzutreiben. Dabei fand jedoch keine Charismatisierung, keine Selbststilisierung und auch keine Demonstration der Hausmacht, wie dies vor allem bei Göring der Fall gewesen war, statt, sondern die Propagierung der eigenen Herrschaftsprinzipi-

---

[607] Ebd., Memo Eadys für Maxwell vom 11.2.1938 (wurde auch von Hoare gelesen). Hervorhebung B.L.

en: Demokratie, Freiheit, Rechtsstaatlichkeit, internationale Gerechtigkeit und Freiwilligkeit. Diese Werte selbst wurden – sehr eingeschränkt – charismatisiert.

Die formal-technische Zielsetzung unterschied sich von den Absichten der deutschen Verantwortlichen kaum: Gewinnung der inneren Bereitschaft der Bevölkerung für den Luftschutz als Garantie für die Aufrechterhaltung der Kampfmoral im Krieg. Die »verständnisvolle und tatkräftige Mithilfe«, wie sie von der deutschen Bevölkerung 1933 bei der Gründung des RLB gefordert wurde[608], differierte so gesehen praktisch nicht von dem »understanding«, das die britische Regierung bei ihrer Bevölkerung erzeugen wollte.

Die eher für die breite Bevölkerungsmasse konzipierten Reden Hoares und Morrisons wurden ergänzt durch komplexere und problemorientiertere Texte zur Gewinnung der gebildeteren Schichten. Wie in Deutschland hatte man offenbar Schwierigkeiten, die Intelligenz für den Luftschutz zu mobilisieren. Eady wandte sich daher an Professor John Hilton in Cambridge mit der Bitte, einen »talk« in der BBC zu geben[609]. Dabei zeigte sich Eady als talentierter Pragmatiker, dies insbesondere dann, wenn es um die inhaltliche Meinungsgestaltung ging. Nicht von ungefähr sandte er Hilton, wie er dies schon zuvor im Falle Morrisons und Hoares getan hatte, ein ausführliches und sorgfältig ausgearbeitetes Memorandum, quasi eine Regieanweisung[610]. Dessen Inhalte zeigen deutlich, daß Eady mit der zwiespältigen Haltung der Intellektuellen hinsichtlich der Kriegsvorbereitungen gut vertraut war. Hilton übernahm sie im Wesentlichen und änderte nur Form und Stil gemäß seinen eigenen Vorstellungen. Der Vorgang zeigt, daß sich der britische Regierungsapparat entgegen dem allgemeinen, zum guten Teil auch selbstkultivierten Bild keineswegs unbedarft im Umgang mit der öffentlichen Meinung gerierte. Der Vortrag, am 27. April gesendet, beschreibt den inneren Kampf eines Intellektuellen, bei dem der Abscheu gegen Kriegsvorbereitungen und die Scham über den Krieg und seine Greuel schließlich durch das Pflichtbewußtsein gegenüber dem Land und die Hilfsbereitschaft gegenüber der Bevölkerung besiegt werden[611]. Am Ende stehen das Vertrauen und die Parteinahme für die freie, tief im Leben der Nation verwurzelte Herrschaftsordnung:

»I prefer our way of life, in this land of ours, with all its faults and shortcomings, I prefer its underlying principles, its faith in Tom, Dick and Harry, its hard-won liberties of belief and utterance, its personal kindliness and decency – I prefer it to the follow-my-leader-or-to-hell-with-you systems that are infesting the world and threatening every ideal for which we and our fathers have laboured.«

Der Vortrag endet mit einem Bekenntnis für Frieden und Freiheit und der Abwehr gesetzloser Erpressung durch nationale Stärke und Rechtstaatlichkeit.

»Go on striving for justice, kindliness, good faith, straight dealing in human affairs.«

---

[608] BA-MA, R 43 II/1295, RK 5904/33, Satzung RLB mit allg. Richtlinien des Präsidiums des RLB. Siehe dazu oben, S. 310 f. mit Anm. 232.
[609] Zum Folgenden: PRO, HO 45/18186, Eady an Hilton, 28.3. und 6.4.1938 (mit Entwurf für eine mögliche Rede Hiltons in der BBC).
[610] Draft wie in Anm. 609.
[611] PRO, HO 45/18186, Hilton vom 19.4.1938 an Eady mit Entwurf für Sendung. Dazu Ausschnitt der Times vom 27.4.1938 zur Ausstrahlung.

Das Hauptziel dieser und anderer Reden, die Rekrutierung des erforderlichen Personals für die ARP-Dienste, ließ sich in der Praxis nun allerdings nicht so ohne weiteres erreichen. Die bis zu diesem Zeitpunkt, Frühjahr 1938, erzielten Personalstärken variierten sehr stark. Es gab Local Authorities, die bereits weit über das nötige Maß hinaus Freiwillige geworben hatten. In anderen Gebieten, insbesondere in London, lagen die Zahlen dagegen häufig weit hinter den Erwartungen zurück[612]. Ganze ARP-Dienste, so z.B. die Verwundetenversorgung, wiesen in der nationalen Gesamtperspektive eine teilweise noch bruchstückhafte Personaldecke auf. Diese Defizite konnten auch durch die Appelle in der BBC nicht so ohne weiteres geschlossen werden. Die Verantwortlichen im ARPD mußten ihre Anstrengungen noch erheblich intensivieren.

So entschloß man sich, regelrechte Kampagnen ins Werk zu setzen. Für den Herbst bereitete man dazu die Autumn Publicity Campaign 1938 vor, die Anfang Oktober stattfinden und den erwünschten Schub in der Rekrutierung bringen sollte[613]. Man wollte eine Aktionswoche veranstalten, bei der man alle vorhandenen Register zu ziehen gedachte.

Ihre Konzeption erinnert mutatis mutandis an die Luftschutzwochen im Reich. Jeder Tag der Woche sollte einem anderen Thema gewidmet werden, so z.B. der Montag der »central organisation« (Home Office), der Dienstag den Local Authorities, der Mittwoch den Frauen etc. Vorbereitet wurden Haus-zu-Haus-Werbung, Ausstellungen, Radiosendungen, Aufmärsche, feierliche Versammlungen, Übungen, Demonstrationen, Ansprachen und Presseartikel. Als zentrale Veranstaltung gedachte man eine Rally in der Royal Albert Hall in London abzuhalten, bei der Repräsentanten der ARP-Dienste aller Local Authorities anwesend sein sollten. Damit war quasi das britische Gegenstück zu den großen Luftschutz-Appellen des RLB initiiert worden.

Die zentralen Grundlagen und die staatspolitische Legitimation für die Propagandaoffensive wurden in einer eigens vom ARPD Ende August erstellten Outline of Policy erläutert, die an alle Zeitungen, Zeitschriften und sonstigen öffentlichen Organe ging[614]. Diese Outline stellt das zentrale Dokument für die psychologische Mobilmachung der britischen Zivilbevölkerung im Rahmen der Air Raid Precautions der 30er Jahre dar. Mit ihr gab die britische Regierung unmißverständlich zu verstehen, daß sie Staat und Nation auf die Gefahren eines Krieges innerhalb der gegebenen Verfassungsordnung unter entscheidender Beteiligung der zuständigen Organe, das hieß in erster Linie der Local Authorities, vorbereiten würde.

Dabei hatte man keinerlei Probleme, die grundsätzlichen Schwierigkeiten und Schwerfälligkeiten, die sich aus den spezifischen Gegebenheiten der Herrschaftsordnung ergaben, einzugestehen. Offensichtlich hatte man sich entschieden, den totalen und totalitären Praktiken auf dem Kontinent das eigene britische Modell in

---

[612] Siehe dazu die jeweiligen Statistiken im 19.–24. Progress Report (wie in Anm. 321).
[613] Zum Folgenden vgl. PRO, HO 45/17640, 703591/5, Autumn Publicity Campaign, Outline of Policy, hrsg. vom ARPD am 22.8.1938, mit anliegenden Dok. und entsprechender Korrespondenz, August 1938.
[614] PRO, HO 45/17640, 703591/5, Outline of Policy.

offener und offensiver Weise entgegenzusetzen[615]. Die Kernaussagen gipfelten in einer Art von demokratischen Glaubensartikeln:

»The decision to organise air raid precautions on a voluntary basis was deliberate: It must be part of the policy of all free and democratically governed countries to show that they are capable of organising themselves by free methods and of displaying a sense of responsibility, based on long historical experience, which will produce results at least as good as those in countries where greater authority is exercised over the lives of the people. It was equally deliberate that the duty of making air raid precautions was placed upon the elected Local Authorities of the country [...] the organisation of air raid precautions is a challenge not only to a democratic people but to the forms of Government which that people has chosen for itself. Moreover, air raid precautions must be organised locally and by adaptation to local circumstances. It was natural, therefore, that the ordinary local organ of government, that is the Local Authority, should be chosen as the appropriate unit of organisation. It was recognised that the principle of using Local Authorities would lead to a lack of uniformity in detail. This was no bad thing provided that the principles on which the organisation was based found common acceptance[616].«

Das hier abgegebene Bekenntnis zur etablierten, legal-rationalen, Herrschaftsordnung und die bewußte ideologische Abgrenzung zu den Diktaturen auf dem Kontinent wurden in der Folge bei allen wichtigen Veranstaltungen wiederholt. Die Passage besitzt den Charakter einer Bergpredigt für die zivile Mobilmachung von Volk und Regierung und somit der gesamten Herrschaftsordnung.

Der Rest der Outline stellte in groben Zügen die britischen Air Raid Precautions in all ihren Erscheinungsformen, Vorteilen, Fehlern und Defiziten dar. Zur Sprache kamen alle Aspekte, so z.B. die massiven Probleme mancher lokaler Verwaltungen beim Aufbau ihrer Strukturen, die Organisationsschwierigkeiten mit dem Patchwork-System, die noch bestehenden Lücken in der Personaldecke, die Hoffnung auf Vermeidung eines Krieges durch ARP, die Nichterreichbarkeit hundertprozentigen Schutzes, die umfassende Bedrohung durch den »Totalen Krieg«, die Bedeutung der ARP-Dienste als Frontlinie der Verteidigung, die Betonung der Notwendigkeit der Wehrhaftigkeit, die möglicherweise sogar in eine Festungsmentalität einmünden müsse, und vieles andere mehr. Die Outline gleicht in weiten Teilen weniger einer Anweisung für die Presse als vielmehr einem konzentrierten und konzisen Rechenschaftsbericht über den Kern der britischen Zivilkriegsvorbereitung. Ein in seiner Offenheit bemerkenswertes Dokument, ohne Pendant in Deutschland. Aus den Rechenschaftsberichten des RLB, etwa in den Festschriften zum Entstehungsjubiläum, ließen sich die herrschenden Defizite bestenfalls zwischen den Zeilen herauslesen, wenn man sich nicht von den tönenden Erfolgsmeldungen und -zahlen ablenken ließ.

Die Durchführung der Herbstkampagne wurde durch den Ausbruch der Septemberkrise behindert. Etliche Veranstaltungen, so auch die Versammlung in der

---

[615] An dieser Stelle ist selbstverständlich nur von der Innenpolitik, d.h. der einheimischen Bevölkerung, die Rede. Inwieweit die Außenpolitik hiervon berührt wurde, kann hier nicht geklärt werden.
[616] PRO, HO 45/17640, 703591/5, Outline, S. 1 f.

Royal Albert Hall, wurden abgesagt. Man beschloß, erst die Analyse der Ergebnisse der Teilmobilmachung abzuwarten und dann ggf. erneut an die Öffentlichkeit zu treten[617].

Entsprechende Aktionen sollten sich auch als nötig erweisen, denn die großen Lücken in der Personaldecke konnten durch die »campaign« und selbst durch den Schwung an Freiwilligen, der sich durch die Krise selbst ergeben hatte, teilweise immer noch nicht behoben werden. Die weitere Rekrutierung erfolgte dann bereits in einem, den Übergang zur semi-permanenten Mobilmachung widerspiegelnden, übergeordneten Rahmen. Die Regierung entschloß sich, eine National Service Campaign in Gang zu setzen, die sich nicht mehr nur auf den Luftschutz beschränken, sondern alle nationalen Personalreserven, so irgend brauchbar, ausschöpfen sollte. Unter der Ägide des Ministry of Labour und Anderson als Lord Privy Seal bereitete man sich darauf vor, alle für die Kriegführung wichtigen zivilen und militärischen Stellen, Positionen und Dienste zu besetzen.

In der Zwischenzeit jedoch ergab sich eine für die Regierung und speziell für Anderson höchst unangenehme Situation. Die Kritiker der Luftschutzmaßnahmen hatten sich durch die lauter werdende Regierungspropaganda keinesfalls beeindrucken lassen, sondern ihre Bemühungen fortgesetzt. Inzwischen war auch der wohl stärkste Gegner der Regierungsvorbereitungen auf den Plan getreten: Haldane. Haldane hatte im Ersten Weltkrieg bei der Infanterie und später als Kommandeur der »bombing school« der britischen Fliegerstreitkräfte gedient. Sein Vater war Experte für Gasschutz und Minenwesen gewesen. Haldane selbst hatte nach dem Krieg bei der Regierung weitergearbeitet und sich in einem Kabinettsausschuß über Luftverteidigung betätigt. Seine Ansichten über Luftschutz hatten nach seinen eigenen Angaben ursprünglich auf Regierungslinie gelegen, sich jedoch nach drei Monaten persönlicher Bombenkriegserfahrung in Spanien gewandelt. Er konzentrierte seine Kritik insbesondere auf die Schutzräume und begann, die Regierung in dieser Frage vehement zu attackieren. 1938 veröffentlichte er sein diesbezügliches Hauptwerk, das Buch »A.R.P.«, das, ausgehend von der technischen Kritik, zu einer Generalabrechnung mit der bestehenden Staats- und Gesellschaftsordnung wurde[618].

Wie schon die Cambridger Chemiker setzte Haldane zunächst bei der Effizienz der Air Raid Precautions an, dies allerdings mit starker Fokussierung auf den Schutzraumbau (structural precautions), weniger auf den Gasschutz.

Die Regierung hatte in konsequenter Fortführung der Ergebnisse und Beschlüsse der frühen Luftschutzausschüsse (ARPC, ARPOC) stets verkündet, daß die Bevölkerung bei Luftangriffen niemals vollkommen geschützt werden könne. Der Bau bombensicherer Bunker sei aus wirtschaftlichen und finanziellen Gründen nicht möglich. Man vertrat demgegenüber das »dispersal principle«, empfahl der Bevölkerung die Einrichtung eines Schutzraums gegen Druckwelle, Splitter

---

[617] PRO, HO 45/17640, 703591/51, Autumn Publicity Campaign 1938, Durchführung der Kampagne. Auch zum Folgenden.
[618] Haldane, A.R.P. Die folgenden Ausführungen stellen eine Zusammenfassung dieser Veröffentlichung dar. Belege werden nur für direkte Zitate gegeben.

und Trümmerlast zu Hause. Es würde bei Angriffen sicher zu Verlusten kommen, aber durch den Zerstreuungseffekt blieben die meisten Einwohner unversehrt. Zugrunde lag die Annahme, daß die Trefferdichte moderner Bomberflotten keineswegs so hoch war, daß eine umfassende Vernichtung aller Bewohner einer Stadt durch einen einzigen Bombenangriff befürchtet werden mußte[619].

Haldane kritisierte diese Annahmen auf technischer und statistischer Basis und entwickelte ein Alternativmodell. Seiner Ansicht nach sollte für alle Großstädte, insbesondere London, ein sechs Meter tiefes, stark verzweigtes Bunkersystem (Deep Shelters) gebaut werden, das allen Bürgern hundertprozentigen Schutz auch vor den schwersten Bomben bieten sollte. Technisch war dies nach Haldanes Ansicht durchaus machbar. Die Kosten betrachtete er als nicht zu hoch, da sie, wie er errechnet hatte, nur ein Viertel der aktuellen Rüstungsausgaben ausmachten. Um seine Annahmen praktisch zu legitimieren, verwies er vor allem auf die Maßnahmen der republikanischen Spanier. Dort hatte man den Felsenuntergrund unter der Oberfläche ausgehöhlt und so adäquate Schutzräume geschaffen. Ausgehend von diesen Erfahrungen, propagierte er sein eigenes Bunkermodell. Für die spezifische Situation der im Vergleich zu den spanischen Städten erheblich empfindlicheren Metropole London konnte Haldane darauf verweisen, daß es technisch auf einem erheblich höheren Niveau als die Bemühungen der Spanier angesetzt war (Anlage der Schutzräume, Zugänge, Versorgungseinrichtungen für Luft etc.). In dem Zusammenhang ließ er auch die politische Seite anklingen und behauptete, es sei insgesamt viel wichtiger, die Menschen zu schützen, als eine teure und todbringende Kriegsrüstung zu betreiben.

Vor diesem Hintergrund begann Haldane dann seinen Generalangriff gegen die Regierung und die politischen Verhältnisse[620]. Er bezichtigte sie der Kriegstreiberei und sozialer Ungerechtigkeit. Anstatt für das Wohl der Menschen, insbesondere der Unterschichten, zu sorgen, rüste man weiter und weiter. Dahinter stünden nicht zuletzt die Interessen der Rüstungsindustrie, die Unfähigkeit des Behördenapparates und der nationalistische Militarismus der Konservativen. Die Regierung stünde ohnehin unter dem direkten oder indirekten Einfluß der Faschisten, würde sich im Zweifelsfall auf deren Seite stellen und möglicherweise die eigene Bevölkerung bombardieren, um die Arbeiterbewegung zu bekämpfen. All dies schade Volk und Land nur.

Haldane setzte die Schutzraumfrage schließlich direkt für politische Umsturzforderungen ein. Er bezeichnete die Regierungsmaßnahmen als eine auf der bestehenden ungerechten Herrschaftsordnung basierende Augenwischerei, die unbedingt zu beseitigen sei, und rief dazu auf, die Regierung zu stürzen. Als Alternative schwebte ihm eine Arbeiter- oder Volksfrontregierung vor. Diese würde neben dem notwendigen allumfassenden Bunkerschutz auch gerechtere politische und soziale Verhältnisse herbeiführen. Ein Krieg würde verhindert, denn mögliche Angreifer würden wegen des Deep-Shelter-Systems erst gar nicht versuchen,

---

[619] Die widersprach selbstverständlich bis zu einem gewissen Grade den strategischen Prophezeiungen in bezug auf einen Knock-out-Blow.
[620] Vgl. Haldane, A.R.P., v.a. Kap. IX.

Großbritannien zu bombardieren. Bunkersolidarität und soziale Gerechtigkeit wurden als Garanten für eine bessere Zukunft dargestellt.

Haldane war dabei keineswegs Pazifist, lehnte Luftschutzmaßnahmen auch nicht generell ab und kritisierte die Pazifisten wegen ihrer nutzlosen Untätigkeit, die nur zur Verschlimmerung der Verhältnisse führe. Zur Überwindung von derlei Lähmungserscheinungen empfahl er das aktive Engagement insbesondere als Air Raid Warden. Das ganze System sollte durch Agitation und Machtausübung langsam von innen umgestürzt werden[621]:

»if these organizations [ARP, B.L.] consist of yes-men and yes-women of the Government and the employers they won't be of much use. It is, of course, true that wardens have to listen to a lot of utterly misleading propaganda. The people need wardens who can think for themselves, and act for themselves during an air raid. Some reactionaries hope to use the wardens to dragoon the people. They will not be able to do so if enough lovers of freedom join up as wardens[622].«

Der vielzitierte Marsch durch die Institutionen als Mittel politischer und sozialer Umgestaltung ist, wenigstens vom Grundprinzip her, keineswegs eine deutsche Erfindung.

Zur Einwirkung auf die Volksseele griff Haldane abwechselnd zu Drohung und Lob. Er verschärfte seine Kritik einerseits mit einer indirekten Warnung vor reaktionären und diktatorischem Denken. Hierbei verwies er auf das Republikanische Spanien, das er bei seiner öffentlichen Betätigung generell als Musterbeispiel für die Umgestaltung der britischen Verhältnisse zitierte. Es sei einige Male vorgekommen, daß allzu forsche Luftschutzwarte in Spanien nach schweren, opferreichen Bombenangriffen gelyncht worden seien. Es sei also besser, den demokratischen Pfad nicht zu verlassen. Andererseits aber warb Haldane um die Masse der ARP-Freiwilligen. Er bescheinigte dem größten Teil der britischen Air Raid Wardens guten Willen und das ehrliche Bemühen, zu helfen. Dies sei auch nötig, denn man müsse unter den gegebenen Umständen zusammenhalten. Technisch wirkungsvolle und politisch und sozial gerechte Arbeit könne man aber erst dann leisten, wenn radikale Änderungen herbeigeführt worden seien. Die aktuelle Tätigkeit der Luftschutzwarte bezeichnete Haldane unter den gegebenen Verhältnissen als nutz- und zwecklos und damit als frustrierend. Sie seien technisch nicht ausreichend geschult (z.B. hinsichtlich der Gasmaskenverpassung) und bei Bombenangriffen hilflos.

Für das praktische Vorgehen zur sinnvollen Gestaltung der Verhältnisse schlug Haldane einen Zwei-Stufen-Plan vor. In der ersten Phase sollten die bereits bestehenden Splittergräbensysteme ausgebaut und durch weitere Maßnahmen ergänzt, in der zweiten dann das von ihm anvisierte Deep-Shelter-System aufgebaut werden. Zur Finanzierung sollten die Rüstungsausgaben entsprechend gekürzt, am besten ganz eliminiert werden.

Haldane propagierte seine Pläne offensiv in der Presse und führte auch öffentlichkeitswirksame Aktionen durch. So veranstaltete er z.B. einen »sit-in« in seinem

---

[621] Dazu auch Haldane, How to be safe, S. 55–62.
[622] Ebd., S. 60.

öffentlichen Schutzraum und bot an, sich in ein Modell des offiziell von der Regierung bereitgestellten und empfohlenen Schutzraumtyps zu begeben und dann außen Sprengstoff in immer kürzerer Distanz explodieren zu lassen[623]. Die öffentliche Meinung wurde dadurch stark beeinflußt, und die Regierung, allen voran Anderson, geriet 1938/39 unter massiven Druck.

Anderson, der nach der Auswertung der Ergebnisse der Septemberkrise unter anderem mit der Erstellung der Civil Defence Bill beschäftigt war, wurde immer tiefer in die öffentliche Diskussion um die Schutzräume gezogen und hatte hier im Laufe der Zeit selbst mit seinen eigenen Kabinettskollegen zu kämpfen. Im CDPSC kam es zu kontroversen Debatten, in denen einige Minister zu schwanken und Haldanes Modell zu favorisieren begannen. Anderson mußte seine ganze Autorität in die Waagschale werfen, um das Blatt zu wenden[624].

Seine Argumentation basierte im wesentlichen auf drei Punkten, wobei er – wie bei derlei Gelegenheiten allgemein üblich – die fachlichen Fähigkeiten Haldanes und dessen Einsicht in die tieferen Dimensionen der Problematik in Abrede stellte. Die ökonomische Belastung durch einen Bunkerbau, wie ihn Haldane vorschlug, sei vollkommen untragbar. Es würde zu massiven wirtschaftlichen und sozialen Umgestaltungen mit gravierenden, möglicherweise sogar gefährlichen Folgen kommen. Hier kam, wie schon so oft zuvor, die Weigerung zum Ausdruck, die Stabilität von Staat und Gesellschaft – eines der höchsten selbstdefinierten Güter für außenpolitische Standhaftigkeit und die Überlebensfähigkeit in einem künftigen Krieg – aufs Spiel zu setzen.

Zweitens stellte Anderson die Praktikabilität des Haldaneschen Programms in Abrede. Ein landesweiter Bunkerbau würde Jahre oder sogar Jahrzehnte dauern. Angesichts der für jedermann ersichtlichen aktuellen Gefahren durch das nationalsozialistische Deutschland könne derlei – weil viel zu riskant – nicht in Angriff genommen werden. Möglicherweise habe man bald eine erneute Konfrontation zu gewärtigen, bei der die Bevölkerung mit einem nicht einsatzfähigen, in Umgestaltung befindlichen System vollkommen schutzlos sei. Technisch lasse sich ein Großbunkerbau auch gar nicht verwirklichen. Der Vergleich mit Spanien sei nicht richtig. Anders als in den spanischen Städten sei der Boden in London und anderswo in Großbritannien lehmig und damit keineswegs widerstandsfähig. Außerdem befände sich ein ausgedehntes Netz von Wasser-, Telephon- und Stromleitungen im Boden, das man nicht beschädigen dürfe. Man müsse also Schächte wie im Bergbau tief unter der Erde vorantreiben. Dies stelle ein geradezu utopisches Unterfangen dar. Der Utopie-Vorwurf Andersons war nicht einmal so weit hergeholt und besaß einen realen Hintergrund. Haldanes Deep-Shelter-Programm erinnert in den Grundzügen an eine Passage in dem Science-Fiction-Klassiker »Der Krieg der Welten« (1898) von Wells, mit dessen Schaffen sich Haldane selbst ei-

---

[623] Meisel, Air Raid, S. 311. Die Regierung ließ sich selbstverständlich auf derlei Aktionen nicht ein.
[624] PRO, CAB 16/197, CDPSC, 3. Mtg., 25.1.1939, S. 1 f. und 10–20. Dazu CDSP 3 (24.1.1939), Memo Andersons über »shelter-policy«, siehe auch CDSP 2 (2.12.1938), Memo von Anderson, Amendment of ARP Legislation, S. 3 ff., dazu CDPSC, 1. Mtg. 12.12.1938, S. 12–14, und 2. Mtg., 21.12.1938, komplett. Auch zum Folgenden.

gentlich sehr kritisch auseinandersetzte[625]. Im Verlauf des Romans schlägt ein verrückt gewordener Artillerist angesichts der Machtlosigkeit der Menschheit gegen die vernichtenden Luftangriffe der marsianischen Flugkampfmaschinen vor, die gesamte menschliche Zivilisation unter die Erde zu verlegen:

»We're going underground[626].«

Diese Vision besaß für die Schutzraumdebatte große Aktualität, denn am 30. Oktober 1938 war in den USA eine authentisch aufgemachte Hörspielfassung durch Orson Welles live gesendet worden. Obwohl Welles angekündigt hatte, daß das Hörspiel nur fiktiv sei, war es zu Massenpaniken und zu einer Fluchtbewegung unter der amerikanischen Zivilbevölkerung gekommen[627].

Auf derlei psychologische Eventualitäten hob auch der dritte Punkt Andersons, die strategische Kriegseinsatzfähigkeit der Bevölkerung betreffend, vor allem ihre Kampfmoral, ab. Nach einem umfassenden Bunkerbau würden sich die Menschen dort einnisten und nicht mehr ihren Berufen nachgehen. Die Kriegswirtschaft würde so mangels Arbeitskräften zusammenbrechen. Diese Option nahm sich aus Andersons Sicht keineswegs besser aus als eine Massenflucht (stampede), wie man sie seit der frühen Luftschutzarbeit in ARPC und ARPOC befürchtete. Das eigentliche Ziel der Air Raid Precautions, die Erhaltung der Kriegsfähigkeit von Staat und Nation, konnte für ihn weder mittels hysterischer Vorsicht noch durch übertriebene Schutzkonzepte erreicht werden. Was zählte, waren Standvermögen und Tapferkeit der Zivilbevölkerung. Die Leute durften weder eine panische Fluchtbewegung unternehmen noch in bombensicheren Bunkern verharren.

Anderson konnte mit diesen Argumenten die Mitglieder des CDPSC recht rasch überzeugen, nicht aber die Öffentlichkeit. Haldane stellte eine öffentliche Autorität von Rang dar und besaß zumindest hinsichtlich der rein schutztechnischen Aspekte breite Unterstützung in der Gesellschaft. Die Labour Party unterstützte das Deep-Shelter-Programm und verlangte dessen Umsetzung auf Staatskosten[628]. Man konnte Haldane nicht, wie die Chief Constables oder kritische Verantwortliche innerhalb der Organisation, mit einigen internen Diskussionen ruhigstellen, wie dies bei den Grundsatzdebatten um die Organisationsformen geschehen war. Auch ließ sich die Sache nicht mehr aussitzen, wie dies bei den Cambridger Chemikern erfolgte. Die ganze Angelegenheit hatte bereits zuviel Resonanz erfahren.

Der Druck wurde so groß, daß Anderson schließlich ein unabhängiges Committee unter dem Vorsitz von Lord Hailey zusammentreten lassen mußte, um die Frage zu prüfen. Dieser Ausschuß tagte von Februar bis April 1939 und lieferte

---

[625] Haldane, A.R.P., S. 38–40.
[626] Wells, Krieg der Welten, S. 142–158.
[627] Weise, Orson Welles, S. 28 f.
[628] Meisel, Air Raid, S. 318. Die Position der Labour Party kann in dieser Arbeit nicht behandelt werden. Dies muß späteren Projekten vorbehalten bleiben. Vgl. einstweilen: Labour Party, ARP. Auch die zahlreichen weiteren Ansätze und Publikationen zu den ARP können hier nicht dargestellt werden. Die große Bedeutung, die das Thema für das öffentliche Bewußtsein besaß, kam in Dutzenden von Büchern und mehreren hundert Zeitungsartikeln zum Ausdruck. Die besten sind in der British Library, London, greifbar. Vgl. zentral unter den Schlagworten Air Raid Precautions bzw. Air Raids Precautions.

einen Bericht ab, der Andersons Position im Wesentlichen bestätigte[629]. Anderson verwendete diese Ergebnisse in der Öffentlichkeit, um Haldane zu widerlegen. Diese Taktik ging weitgehend auf.

Damit war der Kampf aber immer noch nicht zu Ende. Unter dem Druck der öffentlichen Debatten um den Luftschutz und der Ergebnisse der Septemberkrise hatte die Regierung inzwischen die Verteilung ihres offiziellen Shelter-Typs beschlossen. Dieser spezielle Leichtstahl-Schutzraum, der den Namen des obersten Verantwortlichen, Sir John Anderson, trug, bestand aus getrennt anzuliefernden Stahlplatten und konnte im Hauskeller oder im Garten zusammengebaut werden. Für finanzschwache Haushalte (Einkommen unter £ 250 pro Jahr) sollte der »Anderson« kostenfrei abgegeben werden. Haldane hatte bereits bei seiner Kampagne für das Deep-Shelter-Programm den »Anderson« heftig kritisiert. Zum Beweis unterzog er ihn in der Folge eingehender Testreihen. Dazu arbeitete er mit dem ARP Coordinating Committee, einem Ausschuß unabhängiger friedensliebender Wissenschaftler, dessen Mitglied er war, zusammen. Am 1. August 1939 lieferte das Committee dann einen Bericht an das Home Office ab. Wie nicht anders zu erwarten, stellte man fest, daß der »Anderson« selbst die regierungseigenen Anforderungen, die einen Schutz gegen Voll- oder Nahtreffer ja nicht beinhalteten, nur unzureichend erfülle. Man attestierte eine nur mangelhafte Wirkung gegen Splitter und Druckwellen[630]. Erneut kam es zu öffentlichem Aufsehen. Die Regierung ließ sich auch in diesem Falle nicht von ihrer Linie abbringen, wandte aber nunmehr wieder die Taktik des Aussitzens an. Eine Antwort unterblieb:

»It would only start a fruitless controversity.«

In diesem Falle hatte sie damit Erfolg. Die Sache schlief mehr oder weniger ein und wurde durch den Kriegsbeginn quasi verschüttet, obwohl das ARP Coordinating Committee weiterhin tätig blieb.

An der eigenen Propagandatätigkeit änderte die Regierung trotz der teilweise massiven Unruhe in der Öffentlichkeit nichts Grundlegendes. Sie wurde so, wie man sie 1938 begonnen hatte, fortgeführt, intensiviert und begann sich in ihren Formen mehr und mehr der Propaganda im Reich anzunähern. Die im Herbst 1938 abgesagte Rally in der Royal-Albert-Hall wurde nachgeholt und fand anläßlich der Ingangsetzung der National Service Campaign am 24. Januar 1939 statt. Den Start der Kampagne hatte man durch die Veröffentlichung des National Service Handbook, das an alle Haushalte versandte wurde, vorbereitet. Am Vorabend sendete die BBC außerdem einen Appell des Premierministers, der am folgenden Morgen in allen Zeitungen erschien[631].

---

[629] PRO, CAB 16/197, CDSP 11 (12.4.1939), Bericht des Ausschusses von Hailey (Lord Privy Seal's Conference) und CDSP 12 (12.4.1939), Memo Andersons über diesen Bericht. Dazu 5. Mtg. des CDPSC, 14.4.1939, v.a. S. 1–6. Es ist nicht sicher, inwieweit Anderson die Ergebnisse dieses Ausschusses selbst beeinflußte; aber es dürfte kein Zweifel bestehen, daß in ihm im wesentlichen nur solche Leute saßen, die nicht zu den Fundamentalkritikern gehörten.
[630] PRO, HO 45/19057, ARP Coordinating Cttee, A Sub-Cttee of the Science Commission of the International Peace Campaign (British Section), 703420/1 und 703420/1A, 1938/39.
[631] The Times vom 24.1.1939, S. 12.

Bei der Veranstaltung selbst fanden sich Vertreter der ARP-Dienste aller Local Authorities mit Uniform, Schild und Wappen zusammen[632]. Musikalisch wurde die Veranstaltung von einer Militärkapelle umrahmt. Es sprachen der Lord Mayor von London sowie Anderson, Morrison und Arbeitsminister Brown. Die Veranstaltung ähnelte durchaus einem Luftschutzappell des RLB, verlief allerdings erheblich weniger pompös und besaß nur wenig charismatische Stoßkraft. Ein martialischer Einzug, wie er für Göring jeweils veranstaltet wurde, blieb ausgeschlossen. Auch waren die Hauptredner nicht uniformiert.

Die Inhalte der Reden und Chamberlains Radioappell am Vorabend gestalteten sich genauso, wie für die »talks« 1938 entwickelt und in der Outline of policy offiziell festgelegt. Neben der Vorstellung der ARP-Dienste und den üblichen Friedensbeteuerungen beschworen vor allem Anderson und Morrison die Abwehrgemeinschaft aller freien Bürger zur Bewahrung der gemeinsam legitimierten und getragenen Herrschaftsordnung. Erneut verwiesen sie darauf, daß eine auf Freiwilligkeit basierende Gemeinschaft effizienter sei als eine Diktatur. Der Kampfgeist der Luftschutzdienste sollte auf der Basis der staatspolitisch-ideologischen Sinngebung der Demokratie, wie sie sich seit Beginn des Jahrhunderts entwickelt hatte, beflügelt und gestärkt werden.

Ähnliches verfolgte man auch mit dem im März 1939 veröffentlichten ARP-Film The Warning, der nach jahrelanger Vorbereitung und vielfachen Querelen mit der Produktionsfirma entstanden war[633]. Er zeigte die ARP-Dienste in Aktion und endete mit einem eindringlichen Appell Andersons, der sich ähnlich, wenn auch in abgeschwächter Form, wie die zuvor gehaltenen Reden und Appelle ausnahm.

Der Höhepunkt und der Abschluß der gesamten Propagandatätigkeit der britischen Regierung vor dem Krieg erfolgte dann im Juli 1939. Nach monatelanger Vorbereitung in einem speziellen Ausschuß zelebrierte man eine martialische Massenveranstaltung, die National Service Rally im Londoner Hyde Park[634]. Bei dieser bis dato einmaligen Gelegenheit sollte die Civil Defence zum ersten Mal in der Öffentlichkeit staatspolitische Anerkennung allerhöchsten Ranges erfahren. Zusammen mit Verbänden der Territorial Army und den Freiwilligenreserveverbänden von Luftwaffe und Marine paradierten etwa 8500 Aktivisten der Luftschutzbewegung vor dem König und der Königin. Wie schon in der Rally in der Royal-Albert-Hall waren alle Local Authorities je nach Größe aufgefordert worden, einen oder mehrere Vertreter zu schicken.

Die Veranstaltung wurde nach militärischen Prinzipien aufgezogen. Alle Verbände wurden in Divisions eingeteilt und erwiesen in Marschordnung mit militäri-

---

[632] PRO, HO 45/18214, 703599/9, ARP-Rally in der Albert Hall am 24.1.1939, dazu The Times vom 25.1.1939, S. 6 ff.
[633] Kopie des Films im British Film Institute, London, The Warning (1939). Review in: Monthly Film Bulletin of the British Film Institute, Vol. 6, No. 61 (März 1939), S. 61. Zu der mühsamen und langwierigen Produktion siehe PRO, HO 45/17602, v.a. 701028/129.
[634] Zum Folgenden: ebd., HO 45/18232, National Service Review, Hyde Park im July 1939 (Die »review« fand am 2.7.1939 statt). Dazu den ausführlichen Bericht in der Times vom 3.7.1939 mit ca. zehn Abbildungen.

schem Zeremoniell George VI. und seiner Gattin die Ehre. Die Truppen führten schwere Artillerie, Panzerwagen und Handfeuerwaffen mit. Die Ausrüstung der ARP-Dienste hingegen wies immer noch Mängel auf und mußte improvisatorisch aufgebessert werden. Die Uniformierung war derart uneinheitlich, daß man extra Stahlhelme (tin hats) austeilte, um den Eindruck der Lächerlichkeit zu vermeiden.

Die Rally im Hyde Park wurde im wesentlichen aus drei Gründen abgehalten: 1. zur weiteren Stimulation der immer noch nicht abgeschlossenen Rekrutierung von Freiwilligen, 2. zur Anerkennung der geleisteten Verdienste der Luftschutzfreiwilligen und zur Befestigung ihrer Kampfmoral, 3. zur Demonstration des vereinigten Abwehrwillens der britischen Zivilgesellschaft nach außen. Trotz der bestehenden Mängel im Detail hatte in Großbritannien die Kriegskultur endgültig in der Zivilgesellschaft Einzug gehalten. Es besteht kein Zweifel, daß man weitere Aufmärsche veranstaltet hätte, wäre der Krieg nicht ausgebrochen.

Aus der Perspektive der deutschen Diktatur boten die britische Luftschutzpropaganda und die öffentlichen Diskussionen über Sinn und Zweck der Air Raid Precautions ein teilweise chaotisches Bild. Das, was Hitler als die »sogenannte demokratische Freiheit des Auslebens der Meinungen und Instinkte« gebrandmarkt hatte[635], fand tatsächlich statt. Die reale Schutzwirkung der Air Raid Precautions blieb bis zum Ende der Mobilmachung im Frieden eine höchst umstrittene und unsichere Frage, die weit über die rein technischen Fragen hinausging. Der Schutz der Zivilbevölkerung vor Luftangriffen geriet zum Mittel der politischen und ideologischen Auseinandersetzung – eine Entwicklung, die die Regierung hatte eigentlich verhindern wollen. Ihr blieben in der gegebenen Herrschaftsordnung, die sie nicht umzustoßen gedachte, als Handlungsmöglichkeiten hiergegen letztlich nur Stillschweigen, vorsichtige sachliche Verteidigung und Fortführung der allgemeinen Propagandatätigkeit. Ein aggressives propagandistisches Vorgehen gegen die Kritiker konnte und wollte man sich nicht leisten. Dies hätte möglicherweise zu innenpolitischer Konfrontation, Unruhe oder sogar Panik geführt – Perspektiven, die man unter allen Umständen zu vermeiden suchte. Der deutsche Betrachter fragt sich rückblickend fast zwangsläufig, ob nicht so mancher Verantwortliche in schwierigen oder reflektiven Momenten nicht wenigstens teilweise Verhältnisse herbeiwünschte, wie sie im Reich herrschten. Dort hatte die Öffentlichkeit wegen der Unterdrückung der Meinungsfreiheit keine direkte Möglichkeit zur Information oder konnte dies allenfalls am Rande wahrnehmen. Daß Sinn und Zweck des Luftschutzes in Deutschland keineswegs unumstritten waren, wie aus der beharrlichen internen Kritik des Reichsfinanzministeriums und der passiven Renitenz der Zivilbevölkerung deutlich hervorging, konnten die britischen Verantwortlichen infolge der speziellen Bedingungen der Terrorherrschaft allerdings nicht ohne weiteres erkennen. Umgekehrt führten die Debatten in der britischen Öffentlichkeit, anders als von den Nationalsozialisten angenommen, keineswegs zu wirklichem Chaos. Die Regierung kam zwar insbesondere seit 1937, als der Luftschutz massiv in das öffentliche Bewußtsein drang, unter zum Teil schweren

---

[635] Rede zum 6. Jahrestag der Machtergreifung, 30.1.1939, in: Domarus, Hitler, Reden, Bd 2, S. 1050.

öffentlichen Druck und mußte spezielle Taktiken anwenden, um die Kritiker ruhigzustellen.

Die Aufbauarbeit als solche war indessen nie wirklich gefährdet. Die Local Authorities blieben trotz mancher Streitigkeiten bei der Stange, und es konnten genügend Freiwillige gewonnen werden, die es mit ihrer Aufgabe ernst nahmen. Die Veranstaltung im Londoner Hyde Park demonstrierte dies nicht nur öffentlich, sondern auch intern. Sie war ursprünglich auf die Teilnahme von 100 000 Freiwilligen hin ausgelegt und wurde nur wegen des Einspruchs der Treasury auf 20 000 begrenzt. Einige linksorientierte Councils verboten ihren ARP-Diensten, im Hyde Park zu erscheinen. Deren Angehörige fragten daraufhin beim Home Office an, ob sie nicht in eigener Regie, quasi als landschaftliche Vertreter, erscheinen dürften. Die Zentralbehörden lehnten dies mit der Begründung ab, daß sie ohne Genehmigung ihrer Local Authority keine ausreichende Legitimation für eine Teilnahme an der Parade besäßen. Diese strikte Haltung selbst in einer relativ nebensächlichen Formfrage zeigt nicht nur, wie ernst man es mit der Einhaltung der rational-legalen Herrschaftsordnung nahm, sondern auch, daß man sich dies wirklich leisten konnte. Die Masse der Local Authorities und ihrer Leute auf der unteren Ebene trug die Air Raid Precautions öffentlich mit und erschien im Hyde Park, ohne Vorbehalte zu äußern.

Ein Teil der Organisatoren aus der Basis entwickelte sogar einen derart großen Enthusiasmus, daß die Regierung massiv bremsen mußte. Manche Vorstellungen waren für Whitehall dabei regelrecht ärgerlich und unannehmbar, da sie an den staatspolitischen Grundlagen der ganzen Aufbauarbeit rüttelten.

Dies galt insbesondere für die Frage nach Einführung einer flächendeckenden Rahmenorganisation für die Propaganda auf nationaler Basis, quasi dem Gegenstück zum RLB. Schon vor dem Anlaufen der zentral gesteuerten Massenpropaganda 1937/38 hatte es zahlreiche Vorschläge zur Schaffung eines solchen Verbandes gegeben. Das ARPD, das vom Innenminister in diesem Zusammenhang zur Stellungnahme aufgefordert wurde, lehnte entsprechende Schritte jedoch kategorisch ab. Es befürchtete, die Schaffung einer solchen Organisation könnte zu ernsthaften Kompetenzschwierigkeiten mit den Local Authorities führen. Eady selbst gehörte zu den stärksten Kritikern dieser Art von Projekten[636].

Es kam 1938/39 dennoch zur Gründung entsprechender Verbände, allerdings auf rein privater Basis. Es entstand eine Air Raid Protection League, die ihre Mitglieder gegen einen Beitrag von 2 Guineen aufnahm und sich als unabhängige und objektive Prüforganisation für alle Fragen der Air Raid Precautions propagierte. Der Vorsitzende der League war Lord Hailey, der auch die Konferenz geleitet hatte, die Anderson in der Shelter-Frage gegen die Kritik von Haldane und seinen Anhängern sachlich in Schutz genommen hatte. Ferner wurde eine spezielle landesweite Organisation für Luftschutzwarte, die National Association of Air Raid

---

[636] PRO, HO 45/18198, Heads of Divisions Council, ARPD, 703049/5, 1. Mtg., 27.1., und 2. Mtg., 2.2.1938, S. 2.

Wardens gegründet. Sie verstand sich als Unterorganisation der Air Raid Protection League[637].

Die Regierung lehnte eine Unterstützung oder gar eine offizielle Anerkennung beider Verbände ab. Man befürchtete die Verselbständigung der Organisation von unten her – zum Schaden der Zusammenarbeit mit den Local Authorities.

Ein besonderes Problem stellte der schon länger bestehende Hauptverband der britischen Kriegsveteranen, die British Legion of Ex-Servicemen, dar. Sie hatte sich bereits 1935 für die Luftschutzarbeit angeboten. Die Regierung hatte dieses Angebot anfänglich wohlwollend geprüft, dann aber recht rasch abgelehnt. Der Hauptgrund hierfür war die Forderung der British Legion gewesen, ihre eigene Organisations- und Kommandogliederung einzubringen[638]. Erneut vermied man die Integration von Strukturelementen, die zu Störungen der Kooperation zwischen den Local Authorities und der Regierung hätte führen können. Das ARPD hatte die British Legion vertröstet und versprochen, eine gesonderte Aufgabe für sie in der Zivilverteidigung zu finden[639]. Diese aber existierte nicht, und die British Legion blieb mit verletztem Stolz zunächst außen vor. Whitehall hatte nichts dagegen, daß die Legion als Organisation auf örtlicher Ebene tätig wurde, wenn sie sich vorher mit den betreffenden lokalen Verwaltungen absprach. In verschiedenen Teilen des Landes wurden derartige Arrangements offenbar auch bewerkstelligt. Das Selbstbewußtsein und der Antrieb der British Legion stieg dadurch offenbar, denn Anfang 1938 unternahm sie einen neuerlichen Versuch, im Luftschutz eine offizielle Aufgabe auf nationaler Basis zu finden. Dazu wandte sich ihr Vorsitzender, Featherstone-Godley, direkt an Chamberlain[640]. Damit erzielte die British Legion erneut keine durchschlagende Wirkung. Sie wurde wiederum vertröstet, da das ARPD den Einbau einer Sonderorganisation weiterhin als störend ablehnte. Ein Mitarbeiter des ARPD schrieb am 13. Juli an Inskip, den obersten Mobilmachungskoordinator:

»I pointed out that, since A.R.P recruitment had been entrusted to Local Authorities, it was obviously impossible to set up a parallel unofficial recruiting organisation, especially as some Local Authorities no doubt regarded the Legion coldly.«

Um keine größeren Debatten aufkommen zu lassen, beließ man die Legion im Glauben, daß man für sie noch Möglichkeiten sehe, und betonte auch, daß sie mit ihren eigenen Führungsstrukturen tätig werden könne, wenn dies die jeweilige Local Authority vor Ort erlaube. Intern jedoch war man von der Mitarbeit der British Legion weiterhin überhaupt nicht begeistert.

»This sort of feeling is the trouble with employing voluntary organisations – it is the root of our trouble with the St J[ohn's] A.[mbulance]B[rigade]. & B[ritish]R[ed]C[ros]S. I do not see how the plea [of being engaged in ARP under their own officers] can be met. It is fundamental to any ARP service – whether wardens or first aid or any other – that the local organisation is one body controlled by the local authority's officials and organised to suit their requirements. The same point has had to be met in relation to

---

[637] Meisel, Air Raid, S. 307, Anm. 20.
[638] Vgl. dazu oben (S. 218), den Fall der British Legion of Ex-Frontiersmen.
[639] PRO, HO 45/17587, 700276/1, Briefwechsel zwischen BL und ARPD vom 27.3.–7.12.1935.
[640] Zum Folgenden: ebd., 700276/20, Briefwechsel und weitere Dok. vom 22.3.–18.7.1938.

special constables. They are never allowed to join up in groups with their own officers. They must join individually & be allotted as the Chief Constable wishes [...] The A.R.P. services are not perhaps quite such a story case as the special constabulary, but the same principles apply [...] the org[anisatio]n of a local service is entirely a matter for the local auth[orit]y, and it would be improper for S[ecretary].o[f]S.[tate] to offer advice to them on a point like this[641].«

Es kam zu keiner weiteren Einigung. Organisatorische Wucherungen, wie sie in Deutschland von den Gemeinden und – in staatspolitischer Hinsicht – dem Major der Schutzpolizei, Martini, kritisiert worden waren, konnten sich im britischen Luftschutz nicht breitmachen.

Weitere private Vorstöße auf offizielles Terrain gab es auf dem Höhepunkt der Mobilmachungsarbeit 1938/39. Der Head Warden von St. Albans, Thomas, hatte ein eigenes Handbuch für den Luftschutz geschrieben und verbreitet[642]. Diese Publikation wurde von den Basiskräften im Land, insbesondere den Führungskräften, fast schon begeistert aufgenommen und überflügelte die Auflagenzahlen der Regierungsdruckschriften. Thomas, der offenbar weitgehend aus Idealismus handelte, strebte keinen Gewinn an, sondern war am sachlichen Nutzen für alle Beteiligten interessiert. Aus diesem Blickwinkel bat er beim ARPD um offizielle Sanktion und die Übernahme seines Buches in die Publikationsreihen der Regierung. Das ARPD lehnte dies kategorisch ab und überlegte sogar rechtliche Schritte, weil Thomas aus den offiziellen Handbüchern und Memoranda der Regierung abgeschrieben hatte. Ein Vorgehen gegen ihn unterblieb dann aber, weil man die entstandene Begeisterung nicht zerstören wollte.

Thomas betätigte sich weiterhin und schrieb nach Kriegsbeginn – inzwischen als Mitarbeiter im Ministry of Home Security – zwei weitere Bücher, was ihm erneut den Unwillen der Führungsebene einbrachte. Die Spitzen der Behörden machten intern deutlich, daß sie sein Vorgehen kategorisch und nachdrücklich ablehnten. Das Ordnungsmonopol des Staates dürfe nicht durch übereifrige Agitation eingeengt werden:

»it cannot be agreed that unauthorised brochures, booklets, etc., are an effective replacement for official literature issued on the subject of air raid precautions. Further, it is manifestly impossible for a Government Department charged with the duty of disseminating official information and instructions to make itself responsible at the same time for other information on the subject with which it deals, whether such information originates from individuals or private firms, and however disinterested [from private profit, B.L.] or patriotic the motives may be[643].«

Gleiches galt für die privaten Luftschutzverbände. Thomas war Mitglied der Air Raid Protection League und Vorsitzender der National Association of Air Raid Wardens. Er schlug dem ARPD vor, einen Beamten als Verbindungsoffizier in den Vorstand der Association zu schicken, um die Gestaltung der Propaganda zu

---

[641] Ebd., handschriftl. Notiz Kirwans an Eady vom 23.4.1938.
[642] Zum Folgenden vgl. PRO, HO 186/676, Unofficial Publications, Handbücher und Druckschriften von Thomas und ausführliche Korrespondenz und Dok. dazu.
[643] Ebd., Hodsoll an Thomas, 29.11.1938.

koordinieren. Das ARPD lehnte dies und überhaupt jede offizielle Verbindung mit der Association ab.

»This National Association of Air Raid Wardens, of which Dr. Thomas is the Chairman, is rather a nuisance, and I am not particularly keen on the Department being directly associated with it in the way that Dr. Thomas's suggestion would mean[644].«

Thomas solle, wenn er Vorschläge zur Propaganda habe, diese privat und allein vorstellen, nicht als Kopf einer öffentlichen Organisation.

Auch hier tritt die staatspolitische Disziplin und das nachhaltige Festhalten an der etablierten, rational-legalen Herrschaftsordnung zutage. Die Ministerialbürokratie verhinderte eine vertikale Organisationsaufspaltung, wie sie in Deutschland herrschte. Auf eine propagandistische Sonderorganisation als Teil der offiziellen Führungsstrukturen wurde bewußt verzichtet.

Zusammenfassend läßt sich sagen, daß die britische Regierung sowohl gegen übereifrige Aktivisten als auch gegen teilweise radikal argumentierende Kritiker ankämpfen mußte. Sie versuchte dies mit eher moderaten Mitteln, im ersteren Fall sogar mit größtmöglicher Diskretion. Das Auftreten von Idealisten wie Thomas oder halbmilitärischen Wehrverbänden konnte und wollte man nicht offen desavouieren, weil sie letztlich ein der Regierung ähnliches Ziel hatten: die Schaffung bzw. Verstärkung des Wehrwillens in der Bevölkerung. Wie schon im Großbereich Organisation zeigte sich, daß ein nicht zu unterschätzender Pool an Leuten vorhanden war, die durchaus auf die Anwendung von institutionalisierter Massenbeeinflussung, möglicherweise sogar Zwangsmaßnahmen, hinarbeiteten. Die Regierung hielt allerdings an ihrem eigenen Konzept fest, das eher auf einzelne nationale Kampagnen und Breitenpropaganda durch die Verwaltungen vor Ort hin abgestellt war und nicht auf zentral gesteuerte Propagandaorganisationen. Die Abwehr von Kritikern und Mobilmachungsenthusiasten gelang im großen und ganzen, wobei Anderson, dem in der Öffentlichkeit mangelndes Charisma und fehlende Begeisterungsfähigkeit vorgeworfen wurde[645], wohl den größten Anteil hatte. Das etablierte System der britischen Air Raid Precautions geriet niemals wirklich ins Wanken, Die politischen Methoden der Regierung, die durchaus Routiniertheit im Umgang mit unliebsamen öffentlichen Aktivitäten verrieten, wurden durch das Vorhandensein eines ebenfalls nicht zu unterschätzenden Pools an Briten, die sich offen und vollkommen regierungskonform im Luftschutz engagierten, wesentlich unterstützt. Die innere Herrschaftsordnung blieb trotz der heiklen Grundproblematik – die allgemeine Aussicht auf Verwundung und Tod im Bombenhagel – festgefügt, eine Herrschaftsordnung, die es duldete, daß ein Beamter des Home Office im Beisein des Innenministers die gesamten Air Raid Precautions in Bausch und Bogen verdammte und dennoch nicht entlassen wurde.

---

[644] Ebd., Memo Hodsolls für Eady vom 31.7.1939. Es ist etwas seltsam, daß Hodsoll die Aktivitäten von Thomas derart harsch kritisiert und dann dennoch das Vorwort für sein Handbuch schreibt. Möglicherweise handelte er hier im Interesse der allgemeinen Propaganda und der Erhaltung der Moral. Thomas scheint bei den ARP-Diensten, insbesondere den ARWs, höchst beliebt gewesen zu sein.

[645] Siehe dazu auch unten, S. 450 f., und Meisel, Air Raid, S. 306, Anm. 16.

Herrschten bei den Briten also letztlich keineswegs die chaotischen Verhältnisse, wie von den Nationalsozialisten behauptet, so waren umgekehrt die Verhältnisse im Reich keineswegs einheitlich und harmonisch, obwohl politische Frontalkritik durch den Terror der Gestapo selbstverständlich unmöglich geworden war. Einerseits gab es massive, ja sogar rabiate Kritik der Parteiformationen am Luftschutz, vor allem der SA, und andererseits übereifrige Aktionen aggressiver RLB-Propagandisten gegen die Zivilbevölkerung. Die Funktionäre des RLB versuchten – oft gestärkt durch ihren Status als Amtsträger und die Verankerung des RLB in der Reichsgesetzgebung – mit teilweise rohen Methoden, Hausbewohner zur Kooperation zu bewegen, dies nicht gerade mit Zustimmung des Präsidiums. Die Zivilbevölkerung zeigte sich keineswegs stets begeistert, sondern im Rahmen ihrer Möglichkeiten häufig renitent.

d. ARP by Mass-Observation: der Luftschutz und die inneren Befindlichkeiten der Zivilbevölkerung

Infolge des Fehlens freier Meinungsäußerung in Deutschland kann ein direkter Vergleich zwischen der politischen Meinungskultur in den beiden Herrschaftsordnungen nicht stattfinden. Die verbliebenen zivilen Ministerien im Reich, hauptsächlich das RFM, nahmen in gewisser Weise als staatspolitische Restverwalter stellvertretend die Interessen der Bevölkerung war, dies allerdings sehr stark abgeschwächt und in eher technischer Hinsicht, so z.B. bei der Verabschiedung des Luftschutzgesetzes und der I. DVO (z.B. bei der Frage der sachlichen Dienstleistungen). Öffentliche, regierungsunabhängige bzw. -kritische Strömungen oder Bewegungen zum Sachkomplex Luftschutz gab es nicht mehr.

Vergleichen läßt sich allerdings die unmittelbare psychologische Reaktion der Bevölkerung selbst, der Bürger bzw. der »Volksgenossen«, die ja die personelle Basis des ganzen Luftschutzes darstellten. Für Deutschland hatte sich hier ein überaus zwiespältiges Bild ergeben, denn trotz der martialischen Propaganda war ein erheblicher Teil der Bevölkerung auf Distanz geblieben und hatte sich nicht oder nur widerwillig auf den Luftschutz eingelassen. Es wird nun noch zu prüfen sein, wie die Briten stimmungsmäßig auf die Mobilmachungsarbeiten ihrer Staatsführung reagierten.

Die Grundhaltung der britischen Bevölkerung kann erheblich detaillierter erforscht werden als die der deutschen »Volksgenossen«, denn 1937 hatte in Großbritannien die systematische Meinungsforschung ihre Anfänge genommen[646]. Eines der zentralen Betätigungsfelder ihrer Frühzeit waren die Air Raid Precautions. 1939 erfolgten eine ganze Reihe von Umfragen, die ein sehr tiefgehendes Bild von der Meinungs- und Gefühlslage der Briten zu den zivilen Kriegsmobilmachungsmaßnahmen gegen die Luftgefahr boten.

---

[646] Für die Entstehung der MO im allgemeinen und den Einsatz der Meinungsforschung zur Untersuchung der ARP im besonderen vgl. Madge/Harrisson, Britain by Mass-Observation; Harrisson/Madge, War Begins at Home. Vgl. zusammenfassend: The sociology of the ARP, und What people think of ARP.

Die Ergebnisse, die zutage gefördert wurden, spiegelten – kurz gesagt – ebenso gespaltene und widersprüchliche Verhältnisse wider, wie sie im Reich herrschten. Die Briten waren bei Kriegsbeginn keineswegs eine geschlossene nationale Kampf- und Überlebensgemeinschaft. Und es war auch – entgegen späteren Propagandaäußerungen – keine überwältigende Mehrheit vorhanden, die als schweigendes Heer freiwillig und selbstverständlich bei Kriegsbeginn für die gemeinsame Sache eintrat.

Eine erste Umfrage wurde Mitte Januar 1939 kurz vor Beginn der National Service Campaign gestartet. An mehreren Plätzen in London, darunter auch im Regierungsviertel und am Sloane Square, in der Nähe der Wohnung Inskips, befragte man Straßenpassanten, was sie von den Air Raid Precautions hielten. Frage 1: »What do you think about ARP now?« In der Whitehall-Gegend antworten von 17 Befragten 15 eindeutig negativ, d.h., sie waren von der Wirksamkeit nicht überzeugt und betrachteten die bisherige Arbeit als chaotisches Durcheinander (z.B. muddle oder hell of a mess). Nur zwei antworteten positiv[647]. Am Sloane Square ergab sich ein ähnliches Bild. Von 10 Befragten waren sieben nicht überzeugt, und zwei lehnten eine Stellungnahme wegen Unkenntnis der Thematik ab. Nur ein Passant antwortete positiv[648]. In anderen Gegenden, so z.B. im Südosten Londons oder im Gebiet von Lewisham/Blackheath, ergaben sich die gleichen Ergebnisse. Ablehnung, Fatalismus und auch Unkenntnis dominierten eindeutig[649].

Immerhin aber äußerte sich eine Mehrheit der Befragten dahingehend, daß Luftschutz generell Sinn mache und Verbesserungen oder Umgestaltungen getätigt werden müßten. Frage 2: »Do you think something ought to be done immediately?«[650]. Die dritte Frage betraf Anderson als führende Persönlichkeit des Luftschutzes: »Is Sir J Anderson the right man for the job?«. Das Ergebnis fiel alles andere als schmeichelhaft aus. Im Whitehall-Gebiet verneinten acht von 17 Befragten die Frage, nur vier antworteten mit Ja. Die anderen blieben unentschieden oder undeutlich. In Lewisham/Blackheath und im Südosten Londons kannte die überwiegende Anzahl der Befragten Anderson gar nicht, oder sie gaben ihren Zweifeln über seine Fähigkeiten Ausdruck. Teilweise antworteten die Befragten, daß Anderson es nach einiger Zeit mit Anlaufschwierigkeit doch noch schaffen werde. Andere wiederum sprachen offen aus, daß eigentlich Churchill auf Andersons Posten gehöre. Am Sloane Square stellten die Interviewer diese Frage nicht, sondern fragten nach den Hauptmaßnahmen der Septemberkrise von 1938, den Gasmasken und Splittergräben in den öffentlichen Parks. Acht von zehn Befragten sprachen beiden Vorkehrungen jegliche Schutzwirkung ab. Nur einer befürwortete beide. Ein Passant lehnte die Gasmasken ab, befürwortete jedoch die Splittergräben.

---

[647] MOA, TC 23, Box 1, Air Raids 1938–1945, File A, 11.1.1939, (L.T.), Questions asked in and about Whitehall.
[648] Ebd., SW 1, Sloane Square, 12.1.1939.
[649] Ebd., Befragung im Lewisham/Blackheath Area; 12.1.1939, (A.H.), und im Dacre Park, S.E. London sowie in Belmont Hill, o.D.
[650] In der Whitehall-Gegend 15 von 17 Befragten, im Lewisham/Blackheath Area 6 von 10, im Dacre Park und Belmont Hill 9 von 23, am Sloane Square 5 von 10.

Dieser – von einer eher geringen Anzahl von Interviews gestützte – Befund wurde durch eine großangelegte Aktion im Londoner Stadtteil Fulham, einem der am dichtesten besiedelten und im inneren Kern der größten Gefahrenzone liegenden Gebiet Großbritanniens (an der Themse nahe dem Regierungsviertel), im Grundsatz bestätigt. Im März und April 1939, nach der Besetzung der »Resttschechei« durch die Wehrmacht, veranstaltete man zwei getrennte Umfragen. Zunächst ging man mit Fragebögen auf ausgewählte Teile der allgemeinen Bevölkerung zu (1 mal 63 und 1 mal 65 Interviews) und befragte dann 1000 Leute, die sich für die Air Raid Precautions freiwillig gemeldet hatten, nach den Motiven für diesen Schritt.

Die erste Staffel der Fragebögen für die allgemeine Bevölkerung brachte im großen und ganzen ähnliche Ergebnisse wie die Spontanbefragungen im Januar. Die Leute mit einer klaren positiven Einstellung zum Luftschutz blieben eindeutig in der Minderheit.

Gestellt wurden vier Fragen[651]. Die erste Frage zielte auf die Meinung hinsichtlich der örtlichen Vorbereitungen: »What do you think of local ARP?« Von 29 Antwortenden[652] äußerten sich neun negativ, d.h., sie sprachen den Schutzmaßnahmen vor Ort keine Wirkung zu bzw. betrachteten sie als sinnlos. Neun antworteten positiv. Die größte Gruppe machten die Gleichgültigen, Unsicheren bzw. Kenntnislosen aus: 11 von 29.

Die zweite Frage zielte auf die Kompetenz des örtlichen Stadtrates, des »local council« ab: »Do you think the council are doing the best they possibly can?« Hier ergaben sich höhere Werte für die Luftschutzarbeit. Acht antworteten negativ, zwölf positiv. Neun Befragte gaben keine Antwort oder verwiesen auf ihre Unkenntnis. Ob dieses Ergebnis allerdings grundsätzlich für die Luftschutzmaßnahmen spricht, ist fraglich. Genauso gut könnten hier allgemein emotionale Gründe ohne Bezug auf die Air Raid Precautions, so z.B. Verbundenheit mit den örtlichen Institutionen bzw. den dort tätigen Persönlichkeiten, ausschlaggebend gewesen sein.

Die Tendenz kehrte sich dann auch bei der dritten Frage, die – durchaus mit Absicht – ähnlich gestellt worden war[653], wieder um: »Do you think Fulham is really prepared?« 13 von 29 verneinten die Frage, sieben bejahten sie. Neun gaben keine Antwort oder verwiesen auf ihre Unkenntnis.

Vollends desaströse Ergebnisse für die Mobilmachungsarbeit des ARPD ergaben sich aus der letzten Frage: »Have you thought of offering your services yourself?« Von den 29 Antworten war keine einzige positiv. 28 hatten sich für die Air Raid Precautions nicht freiwillig gemeldet und gaben auch nicht zu erkennen, daß sie an entsprechende Schritte dachten. Ein Befragter gab keine Antwort.

---

[651] Zum Folgenden: MOA, TC 23, Box 2, File A, Attitudes to the ARP in Fulham, March 1939, Questionnaire replies [63] to 4 questions, [...] Fulham ARP, March 25 1939, Barbara Jones.
[652] In den Akten waren insgesamt nur 29 Interviews greifbar. 20 der Befragten hatten von vornherein keine Antwort gegeben. Die Aussagen der restlichen 14 konnten nicht aufgefunden werden.
[653] Dies gehörte zu den grundlegenden Methoden der MO.

Die zweite Staffel der Befragungen (65 Interviews) lieferte ähnliche Ergebnisse[654]. Die Leute mit einer eindeutig positiven Einstellung für den Luftschutz bildeten klar die kleinere Gruppe. Die Unwilligen, Renitenten, Gleichgültigen und Ahnungslosen stellten die überwältigende Mehrheit. Folgende Ergebnisse kamen ans Tageslicht[655]:
- »What do you think of local ARP?«
  Negative Antwort (Ablehnung): 21
  Positive Antwort (Zustimmung): 9
  Keine Antwort (Unsicherheit, Zwiespältigkeit oder Gleichgültigkeit): 40
- »Do you think the council are doing the best they possibly can?«
  Negative Antwort (Ablehnung): 4
  Positive Antwort (Zustimmung): 26
  Keine Antwort (Unkenntnis oder Gleichgültigkeit): 40
- »Do you think Fulham is really prepared?«
  Negative Antwort (Ablehnung): 3
  Positive Antwort (Zustimmung): 6
  Keine Antwort (Unkenntnis, Unsicherheit oder Gleichgültigkeit): 61
- »Have you thought of offering your services yourself?«
  Negative Antwort (Ablehnung): 53
  Positive Antwort (Zustimmung): 6
  Keine Antwort: 8
  Freiwillige für die Territorial Army: 2

Nach diesen Ergebnissen war das Freiwilligkeitsprinzip zum Scheitern verurteilt. Kaum jemand schien sich für die Belange von Staat und Nation engagieren zu wollen. Die Mehrheit der Befragten äußerte sich bestenfalls gleichgültig oder unwissend.

Die Verhältnisse ließen sich in Wirklichkeit jedoch nicht auf einen solch einfachen Nenner bringen. Die Umfragen besaßen immer noch ein gewisses Moment der Unsicherheit, da die Massenbasis (ca. 130 Antworten) weiterhin eher dürftig war und eine kritische massenstatistische Aufbereitung kaum stattfand. Dadurch blieb eine gewisse, zumindest unbeabsichtigte Willkür nicht ausgeschlossen. Die Befragten wurden zwar durchaus ausgewogen nach Alter und Geschlecht ausgewählt, dennoch dürften verschiedene schwerpunktsetzende Zusammenhänge (spezielle Gegend, Tageszeit etc.) die Ergebnisse beeinflußt haben.

Tatsächlich gab es in Fulham eine nicht zu unterschätzende Zahl an Freiwilligen für den Luftschutz. Es waren dies im April 1939 ca. 2000. Die Hälfte davon wurde in einer speziellen Massenuntersuchung befragt, und die meisten waren zu Angaben bereit. Nur 60 verweigerten die Antwort. Zusätzlich dürften noch widri-

---

[654] MOA, TC 23, Box 2, File A, Attitudes to the ARP in Fulham, March 1939, Fulham 25/3/39 ARP [...] K.B. 65 interviews.
[655] Der Befrager führte mehrere Interviews mit zwei Personen gleichzeitig. Für die Zusammenfassung der Ergebnisse im hier zugrundeliegenden Rahmen wurden jeweils insgesamt 70 Personen herausgefiltert.

ge Umstände eine gewisse Ausfallquote verursacht haben, so daß insgesamt 869 Interviews geführt werden konnten[656].

Die Befragungen liefen in zwei Phasen ab. Zunächst wurden allgemeine Daten (Alter, Geschlecht, Religion, Beruf etc.) abgefragt und dann psychologische Informationen gesammelt (Gründe für die freiwillige Meldung, Zufriedenheit mit dem Dienst etc.). Dadurch konnte man eine ausgedehnte und weitgehende Analyse der sozialen und mentalen Befindlichkeiten erstellen.

Die Untersuchung wurde im Unterschied zu den vorangegangenen Interviews mit recht großem methodischen Aufwand gestaltet. Es ist an dieser Stelle nicht möglich, auf alle Einzelheiten einzugehen. Lediglich die wichtigsten Ergebnisse sollen zusammengefaßt werden, hier vor allem die soziale Schichtung, die Gründe für die freiwillige Meldung und die Meinung über den Luftschutzdienst.

Das Bild, das die Meinungsforscher extrapolierten, zeigt eine starke relative Gleichmäßigkeit der Verteilung nach Geschlecht, Alter und sozialer Schichtung, was unter anderem auf die Selektionsstrategie der Meinungsforscher zurückging. Man hatte Fulham nicht zuletzt deshalb ausgesucht, weil in diesem Stadtteil die sozialen Schichten repräsentativ vertreten waren, d.h., es gab eine große Anzahl von Leuten der unteren Schicht, etwas weniger von der Mittelschicht und eine kleine Anzahl aus der Oberschicht. Für die Analyse hatten die Meinungsforscher grob in vier Klassen unterteilt:

A. Oberschicht (upper class)
B. Mittelschicht (middle class)
C. Obere Arbeiterschicht (upper working-class)
D. Untere Arbeiterschicht (lower working-class)

Die erzielten Ergebnisse zeigten, daß die Freiwilligen aus allen vier Schichten stammten, dies mehr oder weniger entlang des jeweiligen statistischen Mittels bei den Einwohnerzahlen[657]. Auch waren alle Altersgruppen und beide Geschlechter im wesentlichen nach ihren allgemeinen statistischen Werten vertreten. Lediglich die untere Arbeiterschicht (nach Schätzungen 20 % Bevölkerungsanteil, aber nur 10 % aller Freiwilligen) und insbesondere deren Frauen (nur 7 % aller weiblichen Freiwilligen) zeigte sich unterrepräsentiert. Dies wurde damit erklärt, daß die Leute dieser Schicht zeit- und aufwandsmäßig sehr stark durch Arbeit und die meist eher großen Familien beschäftigt seien. Dazu käme ein tendenzielles Desinteresse an öffentlichen Dingen (civic affairs).

---

[656] Zum Folgenden: MOA, File-Reports, A 24, 3.9.1939: Report on ARP Survey, carried out in Fulham by Mass-Observation, April to July 1939.

[657] Zum Folgenden: ebd., S. 5–17, Composition of Volunteers. S. 9 f.: freiwillige Meldung im Vergleich zum geschätzten Anteil an der Bevölkerung.

Schicht:	Bevölkerungsanteil	Anteil an den ARP-Freiwilligen
A:	10 %	13 %
B:	15 %	23 %
C:	55 %	54 %
D:	20 %	10 %

Auch Religionszugehörigkeit wurde abgefragt und erbrachte nur wenig spektakuläre Ergebnisse. Die meisten der Freiwilligen gehörten der Church of England an (69 %). Danach kamen die Katholiken mit 9 %. Die anderen Glaubensrichtungen und Atheisten teilten sich den Rest. Juden wurden nicht gesondert aufgeführt.

Sehr interessant waren die Informationen zu den Lesegewohnheiten. Man hatte die Freiwilligen gefragt, welche Zeitung sie läsen, und die Ergebnisse zeigten erneut eine breite Streuung. Konservative bzw. liberale Blätter wie die Times (5 %) und der Daily Telegraph (21 %) waren ebenso vertreten wie das offizielle Labour-Organ Daily Herald (10 %) und der Daily Worker (1 %). Dies zeugt davon, daß Labour-Anhänger sich durchaus auf die zivile Landesverteidigung einließen, wenn sie auch im Vergleich zur Gesamtzahl der Labour-Anhänger eher unterrepräsentiert waren (ca. 38 % Labour-Wähler in den allgemeinen Wahlen von 1935)[658].

Nach diesen allgemeinen sozialen Daten kam die Untersuchung auf die psychologisch-mentalen Motivationen und damit zum eigentlichen Kern. Entscheidendes Gewicht besaß die Frage nach den Gründen für die freiwillige Meldung[659]. Um einen hohen Grad an Zuverlässigkeit zu erreichen, stellten die Meinungsforscher den Befragten dazu zweimal die gleiche Frage in jeweils anderer Formulierung (»Why did you join?« »What were the reasons for joining?«). Zur Beantwortung der zweiten Frage konnten die Interviewten zwischen neun verschiedenen Gründen wählen, die wiederum in drei Hauptkategorien aufgeteilt worden waren:

a. Public Spirit:
Sense of duty,
Desire to help,
Patriotism.

b. Personal Interest:
Hobby,
To gain knowledge,
Personal advancement,
Protection of family.

c. Pressure:
Pressure of boss,
The Done Thing
(Social Pressure).

Die Antworten auf die erste Frage wurden dann in diese Kategorien eingeordnet, um Abweichungen und Widersprüche feststellen zu können. Die Differenzen, die dabei zutage traten, waren relativ begrenzt (nur 15 % unterschieden sich in ihren Antworten zu Frage 1 und 2 vollkommen, d.h., sie wechselten die Hauptkategorie).

Die inhaltlichen Ergebnisse waren eindeutig und beeindruckend. 81 % der Freiwilligen gaben als Grund eine der Möglichkeiten aus Gruppe 1 (Public Spirit) an:

	Male	Female	Total
Sense of duty	31 %	25 %	29 %
Desire to help	37 %	38 %	37 %
Patriotism	14 %	16 %	15 %

---

[658] Robbins, Eclipse, S. 415. Diese Angaben sind etwas unsicher. Nicht jeder Leser des Daily Herald dürfte auch gleichzeitig direkter Labour-Anhänger gewesen sein.
[659] Zum Folgenden: MOA, File-Reports, A 24 wie Anm. 656, S. 18–34, Reasons for joining.

Die anderen Möglichkeiten und Kategorien verschwanden fast bis zur Bedeutungslosigkeit: Hobbyinteressen: 5 %, Wissenserweiterung: 6 %, Aufstiegschancen: 2 %, Schutz der Familie: 3 %, Druck des Arbeitgebers: 1 %, sozialer Druck: 2 %.

Ebenfalls beeindruckend war die soziale Verteilung der Motivationen. In allen Schichten war die 1. Gruppe überwältigend vertreten. Lediglich in den drei Einzelbegründungen waren Unterschiede zu erkennen. In den unteren Schichten spielte Patriotismus als Beweggrund nur eine geringe Rolle, während die allgemeine Hilfsbereitschaft dort dominierte.

Die anderen Gründe außerhalb der Gruppe Public Spirit blieben wiederum unbedeutend, bis vielleicht auf die Kategorie Wissenserweiterung, die von 9 % der unteren Arbeiterklasse als Grund angegeben wurde:

Grund	Klasse			
	A	B	C	D
Sense of duty	29 %	32 %	28 %	24 %
Desire to help	36 %	34 %	37 %	47 %
Patriotism	23 %	14 %	15 %	7 %
Hobby	5 %	3 %	7 %	5 %
To gain knowledge	5 %	6 %	5 %	9 %
Personal advancement	1 %	2 %	2 %	1 %
Protection of family	–	6 %	2 %	3 %
Pressure of boss	–	1 %	2 %	–
The Done Thing (Social Pressure)	1 %	2 %	2 %	4 %
absolute Zahlen (Anzahl der Freiwilligen)	80	182	395	75

Ähnliche Ergebnisse zeigten sich, als die Palette der Motivationen mit den Lesegewohnheiten kombiniert wurde. Auch die Leser der Linkspresse gaben mehrheitlich Gründe aus der Public-Spirit-Kategorie an, wenn auch wiederum unter starker Gewichtung der humanitären Hilfsbereitschaft.

Es läßt sich also insgesamt sagen, daß diejenigen, die sich freiwillig meldeten, aus allen Schichten und Geschlechter-/Altersgruppen kamen und dabei ein sehr hohes Maß an öffentlicher Verantwortung zeigten, d.h. sich aus Pflichtgefühl, Humanität oder Patriotismus meldeten – ein beeindruckend deutliches Ergebnis.

Dies jedoch bedeutet nicht, daß die Briten ein Volk von geschlossen und pflichtmäßig agierenden Leuten mit einem hohen Sinn für solidarisches Zusammenstehen waren. Die erzielten Ergebnisse stammten ausschließlich von Freiwilligen, und diese machten keineswegs die Mehrheit der Bevölkerung aus. Wie noch zu zeigen sein wird, dachte die Masse der Bevölkerung in weiten Teilen ganz anders.

	Konservative Blätter				Labour Blätter				
	Daily Mail	The Times	Daily Telegraph	Daily Sketch	Daily Express	News Chronicle	Daily Mirror	Daily Herald	
Sense of duty	37%	35%	34%	28%	28%	23%	19%	32%	(fällt)
Desire to help	25%	32%	32%	32%	37%	41%	46%	39%	(steigt)
Patriotism	23%	21%	17%	17%	12%	12%	11%	8%	(fällt stark)
Hobby	2%	–	3%	7%	5%	6%	6%	6%	(steigt)
To gain knowledge	4%	9%	7%	8%	8%	10%	5%	6%	(steigt tendenziell)
Personal advancement	2%	–	1%	2%	–	4%	5%	1%	(steigt)
Protection of family	5%	–	3%	2%	5%	2%	3%	5%	(...)
Pressure of boss	2%	–	1%	–	2%	2%	1%	–	(...)
The Done Thing (Social Pressure)	–	3%	2%	4%	3%	–	4%	3%	(...)
	100%	100%	100%	100%	100%	100%	100%	100%	
absolute Zahlen (Anzahl der befragten Freiwilligen):									
	56	34	149	53	145	100	116	74	

Ein weiteres Forschungsfeld war die Wirkung der Propaganda auf die Freiwilligen. Hier ergaben sich Befunde, die für die Regierung nicht gerade schmeichelhaft waren[660]. Über 80% der Befragten gaben an, durch Zeitungen, Radio, »advertisments« (Poster etc.) oder Gespräche am Arbeitsplatz, unter Freunden etc. zum Beitritt veranlaßt worden zu sein, d.h. kaum durch Regierungspropaganda. Nur 14% erklärten, daß sie durch »Books and Pamphlets, Leaflets, Meetings, Films« aktiv geworden seien.

Abgeschlossen wurde die Befragung der ARP-Freiwilligen in Fulham durch eine Analyse ihrer Meinung nach dem Dienstantritt[661]. Dazu wurden drei Kategorien ausgearbeitet: More enthusiastic – The same – Less enthusiastic.

---

[660] Zum Folgenden: ebd., S. 35–54, Propaganda.
[661] Zum Folgenden: ebd., S. 60–89, Reactions after Joining.

Die Ergebnisse wiesen bei den sozialen und persönlichen Basisdaten erneut große Regelmäßigkeit auf. Durch alle Schichten, Geschlechter und Altersgruppen ergab sich mit einigen Abweichungen eine klare Gliederung. Je nach Gruppe waren ein Drittel bis ein Fünftel der Befragten »more enthusiastic« und etwa ebenso viele »less enthusiastic«. Die Leute, die ihre Meinung nicht geändert hatten, stellten 45–50 % der Befragten, also die Mehrheit[662].

Dies bedeutete nicht, daß die meisten Befragten zufrieden gewesen wären. Es gab teilweise harsche Kritik an den örtlichen Vorbereitungen, insbesondere an der Organisation. Dennoch blieb die Mehrheit nicht nur bei der Stange, sondern änderte auch ihre Grundhaltung nicht. Dies ist durchaus als Indiz für die sprichwörtliche Coolness und die Gelassenheit der Briten zu werten, wobei allerdings erneut berücksichtigt werden muß, daß es sich hier ausschließlich um Freiwillige handelte.

Die konkrete Meinungslage stellte sich recht eindeutig dar. Nur 73 bzw. 8,4 % aller Freiwilligen äußerten sich positiv. Sie gaben unter anderem an, daß die Organisation gut sei bzw. das Beste, was unter den gegebenen Umständen möglich sei, leiste. Bei einigen kam zum Ausdruck, daß sie persönlich von der Ausbildung profitiert hätten.

Diejenigen, die sich negativ äußerten, waren jedoch eindeutig in der Mehrheit (225 oder knapp 26 % aller Freiwilligen) und gaben ein ganzes Bündel von Gründen für ihre Meinung an[663]. Die Hauptgründe sind von sehr großer Bedeutung für die staatspolitische Grundeinstellung der Freiwilligen und gehörten zu den Kernergebnissen der ganzen Untersuchung. Moniert wurde in allererster Linie die ineffiziente Organisation, die Schlaffheit des Apparates, die langen Zeiten des Untätigseins zwischen Rekrutierung und Training, der Einsatz der persönlichen Fähigkeiten an der falschen Stelle und das Vorherrschen des »Amtsschimmels« (Red Tape). In den Reihen der Basis wünschte man sich eine umfassende Dyna-

---

[662] Als Beispiele hier Geschlecht und soziale Schicht:

Geschlecht	Male	Female	Total
More enthusiastic	32 %	31 %	31 %
The same	43 %	46 %	45 %
Less enthusiastic	25 %	23 %	24 %
absolute Zahlen	483	386	869

soziale Schicht	A	B	C	D
More enthusiastic	21 %	28 %	35 %	32 %
The same	56 %	45 %	43 %	32 %
Less enthusiastic	23 %	27 %	22 %	33 %
absolute Zahlen	110	197	475	87

[663] Ihre soziale Verteilung war, wie schon in den anderen Fragebereichen, ausgewogen:

Class	All Volunteers	Those expressing disapproval
A	13 %	13 %
B	23 %	24 %
C	54 %	53 %
D	10 %	10 %
absolute Zahlen	869	225

Nicht alle Freiwilligen gaben bei der Fragen nach ihrer konkreten Meinung über die ARP in Fulham eine Stellungnahme ab. Es waren dies lediglich 298 oder 34,4 % aller Freiwilligen.

mik. Dies würde einen straffen und raschen Aufbau der ganzen Organisation gewährleisten und zur schnellstmöglichen Umsetzung der Maßnahmen beitragen.

Wie die verantwortlichen Fachleute (Polizeichefs, Town Clerks etc.) bei den Diskussionen um die Organisationsformen zeigten sich die Freiwilligen als teilweise vehemente Agitatoren für schlagkräftige und auch autoritär geführte Strukturen. Es scheint, daß das Eigengewicht einer Rekrutierungsorganisation, wie hier für den Luftschutz, eine wichtige Rolle spielt und Schaden nimmt, wenn ihr keine Dynamik zugestanden wird:

»the same tale [is told] again and again of initial enthusiasm being gradually dissipated by bureaucratic slackness[664].«

Wenn die Regierung eine Organisation mit mutatis mutandis vergleichbaren Aufgaben und Prinzipien ins Leben gerufen hätte, wie dies das RLM mit dem RLB bewerkstelligt hatte, wäre ihr breiteste Zustimmung bei den Luftschutzaktivitäten sicher gewesen. Ihre Führungsstruktur und ihre staatspolitische Legitimation hätte man selbstverständlich an der bestehenden Herrschaftsordnung ausrichten müssen.

Daß eine solche Gründung nicht erfolgte und die Mängel oft nicht ausgeräumt werden konnten, führte jedoch trotz aller Kritik und Unzufriedenheit nicht zum Zusammenbruch der bestehenden Organisation. Von allen befragten Freiwilligen verließen 10 % den Dienst und weitere 11 % gaben an, daß sie nicht weiter am Dienst teilnähmen, wenn sie auch nicht offiziell zurücktreten würden. Dies ergibt insgesamt etwa ein Fünftel aller Freiwilligen, wobei allerdings von den 10 % der offiziell Zurückgetretenen 31 %, also knapp ein Drittel, sich nicht von jeglicher Betätigung zurückzogen, sondern einem anderen Zweig des National Service beitreten wollten. Außerdem gaben 39 % an, daß sie aufgrund von Krankheit oder höherer Arbeitszeiten nicht mehr in der Lage seien, am Dienst teilzunehmen. Nur 25 % sprachen offen aus, komplett »die Nase voll zu haben« (being fed up).

Die überwältigende Mehrheit aller Freiwilligen, nämlich vier Fünftel, blieben »in spite of the disheartening treatment received by many of the volunteered at the hands of the authorities«.

Dies korrespondiert mit den knapp 80 % aller Freiwilligen, die angegeben hatten, ihr Enthusiasmus für die Air Raid Precautions in Fulham sei gestiegen (more enthusiastic) oder habe sich nicht geändert (the same). Man war teilweise stark unzufrieden, ließ dies aber nicht als Grund gelten, gleich das Handtuch zu werfen.

Das Gesamtbild wurde schließlich durch die Frage nach Verbesserungsvorschlägen abgerundet. Bei den Antworten trat ein großes Maß an Bereitschaft zu positiver Mitarbeit zutage. Die bereits festgestellte Tendenz zur organisatorischen Straffung und Dynamisierung kam erneut sehr stark zum Ausdruck. Über 75 mal und damit am häufigsten wurde der Wunsch nach größerer Aktivität geäußert. Man fühlte sich unterfordert und wünschte erheblich mehr Einsatz. An zweiter Stelle mit 54 Nennungen stand der Vorschlag nach Ausdehnung der Gruppentätigkeiten, der Förderung des inneren Zusammenhaltes und gemeinsamer Freizeit-

---

[664] Eine recht große Auswahl konkreter Zitate von Freiwilligen ist in den Akten (MOA, File-Reports, A 24, S. 60–89, Reactions after Joining) vorhanden.

gestaltung. Insbesondere verlangte man die Einrichtung von Treffpunkten und Gemeinschaftsräumen, um den Korpsgeist unter den Freiwilligen zu stärken. Die Regierung und das ARPD hatten diese Forderung schon häufiger erhalten und den Local Authorities empfohlen, Training Centres mit sog. »recreational facilities« einzurichten. Die Anmietung von entsprechenden Baulichkeiten wurde bezuschußt (grants)[665]. Die Einrichtung dieser Zentren wurde – wie bei vielen anderen Aspekten des Luftschutzes auch – mit unterschiedlichem Tempo und Erfolg vorangetrieben. Hodsoll verwies 1938 zwar darauf, daß eine große Anzahl von Local Authorities ausgezeichnete Zentren besaßen. In Wirklichkeit aber stand es bei etlichen Local Authorities mangels Gebäuden und Geld nicht zum besten. Sie besaßen derlei Zentren nicht oder mußten sich mit Notlösungen behelfen.

Insgesamt gesehen ist hier die äußerste Linie sichtbar, die die Regierung hinsichtlich einer organisatorischen Eigendynamik zu gehen bereit war. Man förderte informelle Gruppeneinrichtungen auf lokaler Ebene zur Erzeugung von Gruppenbewußtsein, lehnte aber den Aufbau überregionaler Strukturen oder gar Aktionen, die das etablierte Verwaltungsgebäude in Frage gestellt hätten, von vornherein ab.

Die übrigen Vorschläge der befragen Freiwilligen bezogen sich insbesondere auf die Verbesserung der Organisation und der Ausbildung, also etwa effizientere Strukturen, mehr Anpassung an die individuellen Fähigkeiten des einzelnen und besseres Training.

Interessant ist die Forderung nach mehr Disziplin, die insgesamt 20 mal genannt wurde. Darüber hinaus erhob sich je einmal die Forderung nach Einführung eines Pflichtdienstes für Arbeitslose und junge Leute zwischen 17–20 Jahren.

Insgesamt gesehen ist die Treue der Freiwilligen zur organisatorischen Basis der Air Raid Precautions sehr auffällig. Nur vier mal wurde der Vorschlag unterbreitet, die Funktionen der Local Authorities auf die British Legion zu übertragen. Nur zwei mal wurde der Wunsch genannt, die Regierung solle die Kontrolle auf der unteren Ebene selbst übernehmen. Nur 6 von ca. 900 Befragten stellten also die staatspolitisch-organisatorische Grundanlage des britischen Luftschutzes mit konkreten Gegenmodellen in Frage[666].

---

[665] PRO, HO 45/18802, Parliamentary ARP Cttee (Tories), XI, 701023/20, Principal recommendations of the Parliamentary ARP Cttee during 1937/1938, handschriftl. Stellungnahme eines ARPD-Beamten Anfang Dezember 1938 zu »enrolment« (§§ 41–43); ebd., Parliamentary ARP Cttee (Tories), 701023/17, Bericht des Personnel Sub-Cttee des PSCARP o.D. [wohl Juli 1938] mit handschriftl. Bemerkungen vermutlich von Hodsoll, S. 6–8. Ebd., Gutachten über den Bericht vom 29.7.1938 (vermutlich ebenfalls von Hodsoll), S. 4 f. Ebd., 701023/19, (derselbe Bericht des PSCARP) mit Draft für Memo über Training Centres von Director of Training and Organisation, Brigadegeneral Hay, 5.10.1938. Dazu handschriftl. Bemerkungen Hays, 4.8.1938, und Zustimmung Hodsolls, September 1938. HO 45/18198, Heads of Divisions Council, ARPD, 703049/5, 20. Mtg., 24.2.1939, S. 2, mit Note über Gebäude für Training Centres. Auch zum Folgenden. Die Bezuschussung galt jedoch nicht für die Ausstattung mit Mobiliar und sonstigen Einrichtungsgegenständen.
[666] Die Forderung nach »mehr Disziplin« mit 20 Nennungen läßt keine näheren Aussagen zur jeweiligen Grundhaltung in bezug auf die konkreten staatspolitischen und organisatorischen Basisbedingungen zu, da sie nicht weiter spezifiziert wurde.

Es gab auch einige Vorschläge gegen eine mögliche Dynamisierung autoritärer Wehrhaftigkeit. Haldanes Tätigkeit hatte in sehr begrenztem Rahmen Früchte getragen. Elf mal wurde der Vorschlag nach Einführung des Deep-Shelter-Programms gemacht und einmal gefordert, es den Freiwilligen zu ermöglichen, mehr Kontrolle über den Luftschutzunterricht »in a democratic way« auszuüben.

Die Regierung hatte also von seiten der Freiwilligen in der ARP-Organisation keine wirklich ernsthaften Schwierigkeiten zu erwarten. Sie mußte allerdings darauf achten, daß deren Kampfmoral nicht durch bürokratische Schlaffheit ermüdete. Da eine umfangreiche propagandistisch-organisatorische Dynamisierung, wie in Deutschland durch den RLB wenigstens an der Oberfläche bewerkstelligt, bewußt verhindert wurde, stand es hier nicht gerade zum besten. Vieles dürfte von der Überzeugungskraft der Verantwortlichen vor Ort abgehangen haben. Dies soll nicht heißen, daß die Fähigkeiten der Führungskräfte auf der unteren Ebene nicht auch im Reich große Bedeutung besaßen. Dort jedoch kam es eher aufgrund des organisatorischen Gesamt-Dschungels in entscheidendem Maße auf sie an.

Ganz anders als bei den aktiven ARP-Kräften sah es jedoch beim Blick auf die ganze Gesellschaft aus. Problematisch für die Verantwortlichen in Whitehall waren nicht diejenigen, die sich bereits zum ARP-Dienst freiwillig gemeldet hatten, sondern die Masse der übrigen Bevölkerung. Diese stand weiterhin abseits. Die Meinungsforscher setzten im März/April – wohl parallel zu den Untersuchungen in Fulham – eine landesweite Befragung ins Werk, wobei ein direkter Zusammenhang zur Besetzung der »Resttschechei« hergestellt wurde. Die Interviews fragten, was Hitler wohl in den nächsten zwei Monaten unternehmen würde und ob man es sich nicht ernsthaft überlegt habe, sich für die Air Raid Precautions oder eine andere Form des National Service freiwillig zu melden. (»Has anything in the news recently decided you to take more active steps by ARP, National Service, or some other form of preparation for a possible emergency?«). Insgesamt wurden 341 Berichte (contributions) aus dem ganzen Land abgeliefert[667]. Von diesen wiederum wurden für den hier zugrundeliegenden methodischen Rahmen 931 Einzelmeinungen herausgefiltert[668].

Die Ergebnisse zeigten die Realität in ihrer ganzen Nüchternheit auf. Über ein Drittel, nämlich 338 der Befragten, antworteten auf die Frage negativ, dies meist mit einem knappen »No«. 57 antworteten nicht oder undeutlich bzw. zeigten sich gleichgültig oder uninformiert. 336, also ebenfalls etwa ein Drittel, antwortete positiv, d.h., sie waren bereits den ARP-Diensten freiwillig beigetreten oder überlegten sich diesen Schritt ernsthaft. 25 antworteten, daß sie nicht sofort, sondern erst beim Eintritt einer Krise oder eines Krieges bereit sein würden, sich im Na-

---

[667] Zum Folgenden: MOA, Directives, Directive Replies 1939–1945, Panel of Observers, Microfilm, Roll 3, Crisis March/April 1939. Die Akten liegen aufgeschlüsselt nach dem Geschlecht der Befrager vor: 235 Männer, 83 Frauen und 23 ohne Angabe. Aus Zeitgründen mußten die Angaben der 83 Frauen unberücksichtigt gelassen werden. Es liegen also hier 258 Berichte zugrunde. Die Frage nach Hitlers Verhalten in den nächsten zwei Monaten wird im Folgenden nicht berücksichtigt.
[668] Dies wurde vom Verfasser selbst vorgenommen und war nicht Bestandteil der Arbeit der Meinungsforscher.

tional Service zu engagieren. Damit ist das Klischee, die Briten würden im Frieden eher lax mit der Mobilmachung umgehen, im Kriegsfall sich dann aber massenhaft aus einem selbstverständlichen, tieferen Ethos heraus freiwillig zur Verfügung stellen, wenigstens teilweise widerlegt. Ein großer Teil der Bevölkerung weigerte sich, zu partizipieren, und diejenigen, die sich freiwillig meldeten, hatten bereits seit geraumer Zeit, in verschiedenen Gegenden schon seit Jahren, unter Propagandaeinfluß gestanden. Die Tatsache, daß viele konkret erst aufgrund der Sudetenkrise aktiv geworden waren, ändert diesen Sachverhalt nicht wesentlich. In Großbritannien konnte man genauso wenig wie anderswo auf Massenbeeinflussung verzichten, auch wenn man direkte Anstrengungen von der Regierungsebene aus im Vergleich zur deutschen Diktatur erst spät und eher unwillig begonnen hatte.

133 der Befragten – fast ausschließlich Männer im wehrfähigen Alter – gaben an, im Kriegsfall Militärdienst zu leisten. Dazu gehörten aktive Soldaten oder Reservisten wie auch junge Männer, die unter die gerade eingeführte Wehrpflicht fielen. Diese letzte Gruppe äußerste sich hierbei nicht unbedingt automatisch positiv über den National Service.

51 der 133 Wehrfähigen gaben an, der Territorial Army, der Freiwilligenarmee mit milizartiger Ausbildung im Frieden oder den vergleichbaren Organisationen von Marine (Royal Naval Volunteer Reserve) und Luftwaffe (Royal Air Force Auxiliaries oder Auxiliary Air Force) beigetreten zu sein. Dies ging allerdings vielfach nicht auf staatspolitischen Idealismus zurück, sondern auf die zwei Extrawochen bezahlten Urlaubs im Sommer für die Ausbildung. Die Rekrutierung für die Territorial Army wurde von zahlreichen Unternehmern unterstützt. Teilweise wurde sogar Druck auf die jungen Mitarbeiter ausgeübt, um sie zum Eintritt zu bewegen.

41 der Befragten schließlich antworteten mit Motivationen verschiedener Art, dies teils negativ, teils positiv. Darunter fielen auch Leute, die zu den sog. »reserved occupations« gehörten, Berufen, die aufgrund ihrer Bedeutung für die Kriegswirtschaft von anderen Verpflichtungen ausgenommen sein würden[669].

Die Umfrage zeigte insgesamt, daß das Freiwilligkeitsprinzip für den Luftschutz an enge Grenzen stieß. Die größte Gruppe der Befragten war nicht bereit, den ARP-Diensten freiwillig beizutreten. Wenn diese Leute überhaupt konkretere Antworten gaben[670], ließen sie an Deutlichkeit nichts zu wünschen übrig. Sie reichten von ernsthafter politischer Überzeugung über staatspolitische Bedenken und Zweifel an den Schutzmöglichkeiten bis hin zu Gleichgültigkeit, Fatalismus und Frustabbau. Immer wieder kam etwa zum Ausdruck, daß die Air Raid Precautions nur dem Krieg der herrschenden Klasse dienten, wobei insbesondere Chamberlain und Anderson kritisiert wurden. Anderson mußte besonders starke Kritik hinnehmen, denn er hatte im Winter 1938/39 einen Skiurlaub in der Schweiz an-

---

[669] Tatsächlich hatte diese Gruppe keinen Grund, dem ARP-Dienst fernzubleiben, denn ihre Freistellung galt nur für den Militärdienst. Für den LS dürften die Ausübenden einer »reserved occupation« gerade besonders benötigt worden sein, dies insbes. zum Schutz ihrer Betriebe. Die entsprechenden Antworten tragen daher den Charakter des Ausweichens.
[670] Die wörtlichen Antworten der Befragten sind in den Akten vorhanden.

getreten, was ihm als Drückebergerei ausgelegt wurde. Auch besaß er offenbar Aktien einer Firma, die Luftschutzartikel herstellte. Dies führte zum Vorwurf der Kriegstreiberei zum eigenen finanziellen Vorteil. In einem Teil der Antworten kamen auch massive Ressentiments gegen die Aristokratie zum Ausdruck.

»If your fathers a Duke and your mothers a Duchess, and your the ›Hon‹ this, that, and the other, your bound to be given something soft and easy, while the rest of the bloody fools do all the work.«

Ferner verwiesen nicht wenige darauf, daß ohnehin eine allgemeine Wehr- und Dienstpflicht eingeführt würde und man lieber abwarte, bis es so weit sei.

In der Gruppe der Gleichgültigen und Unwissenden kamen teilweise haarsträubende Ansichten ans Tageslicht. So berichtete eine 26jährige verheiratete Frau, sie habe gelesen, daß Hitler eine Rakete besitze, die den Mond erreichen könne. Damit sei er in der Lage, Meteore abzulenken und damit London zu bombardieren. Sie habe deswegen die letzte Nacht nicht schlafen können. Die Verbindung zwischen Phantasterei, Mysteriengläubigkeit, Nationalsozialismus und angeblicher (luftkriegs)technischer Wunderwaffen, die bis zum heutigen Tage einen Teil des anglo-amerikanischen Meinungsbildes zum Hitler-Regime prägt, existierte also schon 1939. Mit derlei Grundhaltungen konnte man keinen wirkungsvollen Luftschutz im Sinne der Regierung aufbauen.

Nicht besser als mit psychologisch-mentaler Kriegsbereitschaft – eher noch schlechter – stand es um die praktischen Vorbereitungen der britischen Zivilbevölkerung. Eine letzte Untersuchung der Meinungsforscher kurz vor Kriegsbeginn machte dies sehr deutlich[671]. Man wollte von 44 Leuten in Hampstead wissen, was für konkrete Luftschutzvorbereitungen sie für sich zu Hause getroffen hätten, und fragte konkret nach Schutzraum, Verdunklung, Nahrungsmittelreserven, Erste-Hilfe-Ausrüstung und den entsprechenden Kenntnissen. Das Ergebnis war schlichtweg katastrophal. Nur drei der Befragten hatten sich sehr gut, gut oder wenigstens befriedigend auf den Luftkrieg vorbereitet. Zwei der Leute waren ausreichend vorbereitet. Vom Rest hatten einige mangelhaften, weitaus die meisten jedoch eindeutig ungenügenden Luftschutz betrieben. 28 der Befragten besaßen fast keinerlei Kenntnisse und nicht einmal die nötigsten Ausrüstungsgegenstände. Darunter fiel auch ein Blinder, der hoffte, im Ernstfall von der Blind Association abtransportiert zu werden. Wie Deutschland, wo laut RLM-internen Berichten 60 Mio. Schutzraumplätze fehlten, war die Masse der Briten nicht für den Luftkrieg gerüstet, als der Zweite Weltkrieg begann.

Psychologisch gesehen blieb in den ersten Septembertagen mehr oder weniger alles beim alten. Es trat keine gestählte Volksmasse auf, aber es kam auch nicht zur Massenpsychose. Letzteres konterkariert bis zu einem gewissen Grade die angeblich so wirkungsmächtige Angst vor dem vielzitierten Knock-Out-Blow, wie sie Ende der 20er und in den 30er Jahren bestanden haben soll. Es scheint, daß viel vom Untergang der Zivilisation im Bombenterror geredet, in gewisser Weise auch daran geglaubt, aber in Wirklichkeit nicht damit gerechnet wurde. Die erste Aktion

---

[671] MOA, TC 23, Box 1, Air Raids 1938–1945, File E, Questionnaire survey carried out in Hampstead asking people about blackout preparations, shelters, air raid alarms etc. (45 interviews).

des Luftkrieges in London war ein kurzer Probealarm, der keine größeren Paniken auslöste und auch nicht zu einem Affentheater, wie z.B. in der Kreisstadt am Bodensee, führte[672]. Ein Teil der Londoner ging diszipliniert in die ihnen von Polizei und Luftschutzwarten zugewiesenen Schutzräume[673]. Etliche Leute bekamen Ängste und eine Gänsehaut, und einzelne gerieten in Panik. Nicht weniger typisch aber war auch die nackte Gleichgültigkeit. In vielen Gegenden blieb es ruhig, und selbst in zentral gelegenen Gebieten herrschte nicht überall Aufmerksamkeit. Ein Beobachter der Meinungsforscher sah Arbeiter in der Nähe des Holland Park, Kensington, Sand schaufeln, als der Luftalarm gegeben wurde. Sie schauten sich kurz verwundert um und fuhren dann wortlos mit ihrer Tätigkeit fort: »Workmen are piling grit and when they hear the warning they look up and then carry on.«

---

[672] Zum Folgenden: ebd., File B, Beobachtungen zum Kriegsbeginn in London 26.8.–3.9.1939.
[673] Die Ergebnisse Bialers, nach denen die Politik sehr stark von den Ängsten vor einem Knock-Out-Blow beeinflußt wurde, müßten in diesem Lichte noch einmal kritisch auf ihre Gültigkeit im politisch-gesellschaftlichen Gesamtzusammenhang überprüft werden. In den Planungsgremien der Regierung hatte man ja nicht ausschließlich Zweifel und Angst an der Wehrfähigkeit der eigenen Bevölkerung gehabt, sondern auch selbstbewußtes Vertrauen in die britische Rasse an den Tag gelegt. Vgl. etwa oben, S. 85 und 405 f.

V. Zusammenfassung

In den vorstehenden drei Kapiteln wurden knapp 20 Jahre Kriegsvorbereitungen in Deutschland und Großbritannien beleuchtet. Untersucht wurden die jeweiligen Vorkehrungen zum Schutz der Zivilbevölkerung gegen die Anwendung direkter militärischer Gewalt aus der Luft: Luftschutz bzw. Air Raid Precautions in der Zeit zwischen den beiden Weltkriegen. Dabei ging es in erster Linie nicht um die technisch-organisatorischen Zusammenhänge, sondern um die staatspolitischen Grundlagen des gesamten Prozesses. Den Ausgangspunkt bildete die Annahme, daß moderne Staats- und Gesellschaftssysteme gemäß den ihnen innewohnenden Strukturen und Grundbedingungen reagieren, wenn sie in massiver Weise physisch bedroht werden. Wesentliche Basisbedingungen ihres Funktionierens können dadurch erforscht werden. Kurz ausgedrückt: Die Art und Weise, wie sich eine Herrschaftsordnung auf einen modernen Vernichtungskrieg aus der Luft vorbereitet, läßt Rückschlüsse auf die Kernzusammenhänge ihrer Existenz zu. Die hierbei zutage tretenden Ergebnisse können dann mit den entsprechenden Befunden anderer Herrschaftsordnungen verglichen werden.

Um adäquate Ergebnisse zutage zu fördern, durfte die Betrachtung nicht an der Oberfläche der jeweiligen Maßnahmen verharren, sondern mußte zu den Tiefenstrukturen vordringen. Um dies zu erreichen, wurden die Untersuchungen auf drei Ebenen geführt: der teilfachspezifischen (praktische Aufarbeitung der Fakten des militärgeschichtlichen Sachgebietes Luftschutz in Deutschland und Großbritannien 1923–1939 als materielle Basis), der komparatistisch-strukturellen (adäquate, parallelisierende Strukturierung der Zusammenhänge) und der methodisch-analytischen (Anwendung der Herrschaftstypologie von Max Weber).

Als Ausgangsbasis und Vorbereitung für die eigentliche Untersuchung wurde im Kap. II zunächst ein allgemeiner Überblick zu den in Deutschland und Großbritannien bestimmenden Vorstellungen zur Rolle der Zivilbevölkerung und der Zivilgesellschaft in einem künftigen Krieg gegeben. Dabei traten historisch-genetische und inhaltliche Unterschiede hervor, die den Gang der folgenden Ausführungen eindeutig strukturierten. Deutschland, einer der Hauptverlierer des Ersten Weltkriegs, schaffte 1933 die seit 1919 bestehende demokratische Staatsordnung ab und unterwarf sich der nationalsozialistischen Diktatur Adolf Hitlers. Dies im Unterschied zu Großbritannien, das seine Staatsordnung trotz wachsender öffentlicher Verunsicherung beibehielt. Diese Differenz bildete kein grundlegendes Hindernis für die Untersuchung, sondern vielmehr die Chance, in einem Dreieck Deutschland gewissermaßen im Raum/Zeitkontinuum vor und nach 1933 zusammen mit Großbritannien 1923–1939 jeweils kontrovers im Blick zu behalten.

Die adäquate Herausarbeitung inhaltlicher Sachverhalte zu den jeweils vorherrschenden Vorstellungen zum Verhältnis Zivilbevölkerung und Krieg gestaltete sich zunächst alles andere als einfach. Im vorliegenden Fall schien dies wegen der bereits in den 30er Jahren offenbarten und danach immer wieder vorausgesetzten diametralen Gegensätze zwischen den Staatsformen Demokratie und Diktatur vorderhand besonders schwierig. Es war nötig, einen pragmatischen Weg unter erkenntnisstrategischer Schwerpunktbildung zu gehen. Dieser wurde durch den Kenntnisstand der Forschung über die Grundbedingungen der beiden Herrschaftsordnungen in den 20er und 30er Jahren vorgegeben.

Für Deutschland konnte der historische Gesamtzusammenhang knapp behandelt werden. Die 1933 einsetzende skrupellose und von durchgreifendem Terror unterstützte Kriegsmobilmachung fast in allen Lebensbereichen unter Ausschaltung der bis dahin gültigen, wenn auch verschiedentlich schon ausgehöhlten demokratischen Prinzipien setzte klare Prioritäten. Das Thema Zivilbevölkerung und (Luft-)Krieg war entlang dieser Verhältnisse zu beleuchten. Den Ausgangspunkt bildete die Frage nach der Durchhaltefähigkeit der »Volksgenossen« in einem neuen Großkrieg angesichts der Tatsache, daß sie infolge der Entwicklung des Flugzeuges erstmals in ihrer Masse umfassend und unmittelbar von militärischer Gewalt bedroht wurden. Die Antwort des Regimes darauf war eindeutig, dies nicht zuletzt auch mit Unterstützung geistiger Mobilmachungspropheten aus der Zeit vor der Machtergreifung. Eine Phalanx von Vordenkern, darunter auch maßgebliche Spitzen des Geisteslebens, hier sind als Beispiele vor allem Carl Schmitt und die Gebrüder Jünger zu nennen, hatte seit den 20er Jahren und mit fortlaufender Zeit immer vehementer eine umfassende Militarisierung der Körper und Seelen verlangt. Der Zivilbevölkerung wurde verordnet, sich an den Frontsoldaten des Ersten Weltkriegs zu orientieren und sich genauso wie jene tapfer und kämpferisch zu verhalten, wenn es zu Luftangriffen kommen sollte. Gerade bei dieser Forderung traten jedoch Widersprüche auf, die sich letztlich nicht aufheben ließen. Insbesondere die Diskrepanz zwischen der Zivilgesellschaft und den Frontsoldaten, die vor allem von den Literaten des Soldatischen Nationalismus als Elitekorps im Gegensatz zu den Zivilisten verstanden wurde, ließ sich bestenfalls schlecht verdecken oder – bei konsequenter Vorgehensweise – nur durch die Forderung der Abschaffung des Zivilen insgesamt aufheben. Die praktische Beseitigung dieses Widerspruchs sollte der nationalsozialistischen Bewegung vorbehalten bleiben. Deren charismatischer Führer, Adolf Hitler, vertrat zwar die entsprechenden Vorstellungen in eher unoriginneller Weise und mit erheblich weniger Imaginationskraft als etwa E. Jünger in seinem titanischen Schreckensbild »Der Arbeiter«, lenkte allerdings die Geschicke Deutschlands ab 1933 und sorgte so für die Ingangsetzung der verlangten und vorausgesehenen Mobilmachung. Daß dabei die geistigen Modelle etwa Jüngers nicht wirklich umgesetzt wurden, sondern viele der Vordenker in Ungnade fielen, ändert nichts an der Tatsache, daß massive grundsätzliche Zielkongruenzen aller Modelle, das Hitlersche eingeschlossen, bestanden.

Unter dem Einfluß der geistigen Mobilmachungswelle richteten sich weite Teile der Gesellschaft, insbesondere aus den bürgerlichen Schichten, auf die Mobilmachung und die Errichtung eines Frontsoldatenstaates ein bzw. arbeiteten aktiv daran mit. Es entstand eine regelrechte Militarisierungskultur. Die bestehende Staatsordnung wurde abgeschafft und durch eine totalitäre Herrschaft unter kriegerischen Vorzeichen, die unter anderem auch auf den bis ins Kaiserreich und die deutschen Befreiungskriege zurückgehenden Traditionslinien des »Volkes in Waffen« aufbauen konnte, abgelöst. Es gab auf diesem Weg zwar individuelle Unterschiede in den Einzelforderungen. Dies besaß jedoch für den Grundkatalog keine Bedeutung: In allen Vorstellungen hatte die Zivilbevölkerung wie die Soldaten in den Schützengräben 1915–1918 an der Westfront alle Auswirkungen des Krieges, insbesondere auch des kommenden Luftkrieges, mannhaft zu ertragen.

Entgegenwirkende Strömungen, so etwa die teilweise sehr lautstark agierenden Pazifisten oder Teile der linksorientierten Intellektuellen sowie der organisierten Arbeiterschaft, konnten sich demgegenüber nicht durchsetzen. Bereits seit 1930 hatte eine allgemeine öffentliche Militarisierung eingesetzt, die sich insbesondere in literarischen Werken und in der verstärkten Tätigkeit von Militärvereinen (Stahlhelm, Kyffhäuserbund u.a.) ausdrückte. Diese Vorbereitungsphase wurde durch die Machtergreifung 1933 abgeschlossen und gleichzeitig fortgeführt. Es erfolgte die Ausschaltung aller pazifistischen und antimilitaristischen Kriegsgegner und die offizielle Ingangsetzung der geforderten Mobilmachung. Vor diesem geistig-politischen Hintergrund sollte dann auch die Luftschutzorganisation, die bis dato über die Errichtung erster Grundstrukturen und öffentlicher Propaganda durch private Vereine nicht hinausgekommen war, aufgebaut werden.

Im Falle Großbritanniens gestalteten sich die Verhältnisse weniger eindeutig, da hier vorderhand keineswegs vom Bestehen einer Kriegs- und Wehrhaftigkeitskultur ausgegangen werden konnte. Es erwies sich überhaupt als schwierig, das Verhältnis der britischen Staats- und Gesellschaftsordnung zur Frage Zivilbevölkerung und Krieg zu beleuchten. Hier mußte erheblich stärker auf den politischen und gesellschaftlichen Gesamtzusammenhang eingegangen werden als in Deutschland.

Die historiographische Forschung zur Zwischenkriegszeit, insbesondere die britische selbst, beantwortet sie im großen und ganzen bislang negativ; tiefergehende Spezialstudien existieren dazu sowieso nicht. Nach Beendigung des Ersten Weltkrieges, des »war to end all wars«, habe die britische Gesellschaft weitgehende Kriegsmüdigkeit an den Tag gelegt und keinerlei Interesse an neuen Kriegsvorbereitungen gezeigt. Mitte der 30er Jahre, als Hitler in Deutschland schon an der Macht war, wäre eine Mehrheit der Briten immer noch gegen umfassende Kriegsvorbereitungen gewesen, weswegen die Regierung nur begrenzte Schritte tätigen konnte und – im Verein mit anderen Erwägungen – letztlich auch nicht mehr unternehmen wollte. Dieses Bild ordnet sich in die allgemeine Grundstimmung der Zeit ein, nach der Krise und Schwäche dominierten und sogar der Untergang zu drohen schien. Von dieser Warte aus erscheint es rückblickend zunächst eher als Überraschung, daß das Inselreich überhaupt kriegsfähig wurde.

Diese Vorstellungen sind jedoch inzwischen durch neuere Ergebnisse stark in Frage gestellt und differenziert worden. Der politische und soziale Gesamtrahmen wird zwar immer noch als von Niedergang und Depression geprägt beschrieben, gleichzeitig wird aber auf nicht unbedeutende positive Zusammenhänge verwiesen[1]. An stabilisierenden Faktoren wurden etwa die – wenn auch bescheidenen – Ansätze in der Sozialpolitik, der Wirtschaftsaufschwung vor allem im Süden des Landes und das Ausbleiben extremer radikaler Strömungen und Energien genannt.

Diese Erkenntnisse konnten jedoch nur unvollkommen die Frage beantworten, warum und wie es einer angeblich kriegsfeindlichen und seit Jahrhunderten nicht mehr von direkter militärischer Gewalt – mit Ausnahme der Bombardements auf London im Ersten Weltkrieg – betroffenen Gesellschaft so rasch gelingen konnte, sich auf die bedrohliche Luftgefahr einzustellen, eine Gefahr, die nach Uri Bialers richtungweisendem Werk »The Shadow of the Bomber« so starke Ängste erzeugte, daß sogar die britische Politik nachhaltig beeinflußt wurde. Da es als nicht ratsam erschien, auf bekannte Klischees zurückzugreifen, wie auf das von der britischen Kriegspropaganda genährte Bild angeblicher britischer Nationaltugenden auf der Basis von wehrhaftem »common sense« und selbstverständlich-kühlem Zusammenstehen in der Not oder auf rassistisches Blendwerk, wie die Vorstellungen Adolf Hitlers über die angeblichen Rasseeigenschaften des Engländers, war eine kritische Prüfung der tieferen Befindlichkeiten nötig. Diese mußte im gegebenen Rahmen allerdings eher knapp ausfallen und sich auf die Grundzüge beschränken.

Die Wurzeln britischer Wehrvorstellungen moderner Art reichen zurück bis vor den Ersten Weltkrieg. Trotz einer lange gehegten Abneigung gegen das Militär entstand schon vor 1914 eine quasimilitärische bzw. militärfreundliche Kultur in der zivilen Sphäre. Dabei wirkten die geistigen Folgen von Nationalismus und Imperialismus, vor allem das Erscheinen massiver Fremdenfeindlichkeit, des »jingoism«, mit dem Auftauchen großer Ängste vor einer deutschen Invasion zusammen. Kampagnen für die Einführung der Wehrpflicht und der Aufbau paramilitärischer Organisationen waren die Folge. Der Erste Weltkrieg brachte dann eine weitgehende nationale Mobilmachung unter Anwendung einer weitreichenden, teilweise brutalen antideutschen Propaganda.

Nach dem siegreichen Ende des Ersten Weltkrieges flaute die rabiate Kampfverherrlichung recht rasch ab, dies wohl nicht zuletzt auch deshalb, weil man Deutschland besiegt und damit der Furcht vor einer Invasion zunächst den Boden entzogen hatte. In den 20er und 30er Jahren kamen dann die Ängste in neuer Form aufs Tapet, als die rasche technische Entwicklung des Kriegsflugzeuges das Anwachsen seiner strategischen Bedeutung und seiner Möglichkeiten zur Anwendung militärischer Gewalt gegen die Zivilbevölkerung erahnen ließ. Das durch die inzwischen hereingebrochenen Krisen erzeugte und sukzessive verstärkte Bild von der angeblichen Schwäche der britischen Demokratie wurde dadurch intensiviert. Die Entwicklungen von 1938/39–1941 zeigten dann jedoch, daß den Briten die Fähigkeit, Wehrhaftigkeit im zivilen Bereich zu erzeugen, keineswegs abhanden gekommen, sondern lediglich durch die mannigfaltigen neuen Probleme seit dem Ende des Ersten Weltkriegs verdeckt worden war.

Die neuerliche Erschaffung einer Kampfgemeinschaft ging jedoch alles andere als automatisch vonstatten, sondern war an spezifische Bedingungen geknüpft,

---

[1] Dazu Smith, Democracy, S. 1–14.

von denen die genuin faschistischen Dimensionen der deutschen Bedrohung vor allem für die Arbeiterschaft einerseits und die sich innerhalb der Herrschaftsordnung schon vor 1939 entwickelnden Ansätze zu sozialem und politischem Ausgleich und »management« andererseits eine wichtige Bedeutung besaßen.

Die Wiedererweckung zivil-militärischen Geistes wäre ohne die Bedrohung durch die Hitler-Diktatur und die Niederlage der republikanischen Kräfte in Spanien nicht denkbar gewesen. Der katastrophale Ausgang des Spanischen Bürgerkrieges spielte insbesondere für die Linke ein zentrale Rolle. Keineswegs positiv zum National Government eingestellt, das weiterhin als kapitalistische Ausbeuterherrschaft mit Affinitäten zum Faschismus galt, jedoch ohne wirkliche Alternative, begann man sich mit den Verhältnissen in Großbritannien abzufinden und schließlich für die Landesverteidigung gegen das nationalsozialistische Deutschland zu engagieren oder sie wenigstens nicht zu bekämpfen.

Erleichtert wurde dies durch die Entwicklung der sozialen und sozialpolitischen Strukturen. Trotz der bestehenden sozialen Gegensätze und der innenpolitischen Kritik daran besaß die britische Gesellschaft in diesem Bereich insgesamt eine erheblich höhere Kohärenz, als dies zunächst erscheinen mochte. Britannien war in den 30er Jahren nicht mehr ausschließlich das Land der Klassengesellschaft und der sozialen Abschottung. Die infolge der Beschäftigung mit der sozialen Frage seit dem 19. Jahrhundert gehegten Vorstellungen von bürgerlich-kapitalistischer Dekadenz einerseits und industriellem Massenelend andererseits tragen klischeehafte Züge und führen auch nicht zum Kern der Verhältnisse. Wenigstens auf der machtpolitischen Ebene (z.B. in den Gewerkschaften) standen die Zeichen nicht auf Konfrontation oder Revolution, sondern auf Kooperation. In der Labour Party und in den Gewerkschaften hatten trotz deren teilweiser massiver Kritik an der Regierung radikale Kräfte keine Chance. Dazu trug nicht zuletzt auch die – zugegebenermaßen relativ sparsame – Sozialpolitik der Regierung bei (Ausweitung der sozialen Sicherungssysteme, »slum-clearing« etc.).

Die dennoch ausbrechenden, teilweise überaus heftigen Arbeitskämpfe und Streiks führten letztlich nicht zur Destabilisierung der Herrschaftsordnung, obwohl Öffentlichkeit und auch etliche Politiker entsprechende Befürchtungen hegten. Beim größten Konflikt dieser Art jedenfalls, dem »general strike« von 1926, der als Fanal in die britische und europäische Geschichte einging, bewiesen der Staat und die ihn tragenden Institutionen und Schichten, daß sie die Herrschaftsordnung durchaus aktiv verteidigen konnten. Das Bild Oxforder Studenten, die – gerade als Hilfspolizisten vereidigt – eher gutgelaunt ihre Knüppel schwingen, und der Andrang von Freiwilligen auf Polizeistationen zur Aufnahme als Special Constables sprechen eine deutliche Sprache[2]. Auch das schnelle Zusammenbrechen der Streikfront ohne den Ausbruch blutiger Kämpfe oder revolutionärer Aktivitäten von seiten der Arbeiterschaft zeugt eher von Disziplin als Revolution. Von dieser Warte aus erscheint der »general strike« eher als Sieg der bestehenden Herrschaftsordnung und nicht als Niederlage, wie es vielleicht zunächst erscheinen mochte. Es stellt sich generell die Frage, ob das System, das sich schon 1920 mit

---

[2] Hulton Getty Pictury Collection.

dem Emergency Powers Act die rechtliche Grundlage für die Bekämpfung von Streiks verschafft hatte, überhaupt jemals ernsthaft gefährdet war.

Für den in den 30er Jahren bewerkstelligten Aufbau der zivilen Mobilmachungsorganisation im engeren Sinne trägt der »general strike« eine wesentliche, wenn auch nicht ohne weiteres erkennbare Bedeutung. Nicht umsonst war die zentrale Gestalt bei der Mobilmachung für die Air Raid Precautions von 1924–1932 und 1938/39, Sir John Anderson, auch der Hauptorganisator der Anti-Streik-Maßnahmen der Regierung gewesen, und es ist auch kein Zufall, daß die Kriegsorganisation des britischen Luftschutzes nach dem Vorbild der Civil Emergency Organisation von 1926 aufgebaut wurde. Der »general strike« stellte gewissermaßen die erste Kampferfahrung und das Vorbild der zivilen Verteidigung auch nach außen dar.

Unter diesen Gesamtbedingungen änderte sich schließlich das Meinungsbild in bezug auf die Auswirkungen des Luftkrieges auf die Zivilbevölkerung. Die Bilder apokalyptischer Zerstörung mit menschlichem Massensterben und Untergang der alten Zivilisation, wie sie Wells gezeichnet hatte, traten bis Anfang der 40er Jahre zurück und machten den Vorstellungen des wehrhaften »citizen hero« Platz. Diese Entwicklung war sicherlich keine graduelle mit scharfen Trennlinien, und die nähere inhaltliche Definition unterschied sich in sozialen und politischen Grundfragen teilweise erheblich. Daß aber gerade kritische und sogar revolutionäre Autoren wie Orwell auf Wehrhaftigkeit, Patriotismus und Durchhaltewillen abhoben, zeigt deutlich den neuen nationalen Konsens.

Aufschlußreich hierfür ist die praktische Reaktion der Bevölkerung auf den ersten Luftalarm, die als Kontrolle für die staatspolitisch-ideologischen Konzepte und Vorstellungen dienen kann. Das keineswegs panische noch sonderlich heroische Verhalten der Briten, insbesondere der Londoner[3], bewies, daß sie weder verweichlichte Demokraten waren noch »warrior people«. Daß ein »knock-out-blow« auch nach längerer Zeit nicht erfolgte, wurde ohne aufsehenerregende Kommentare zur Kenntnis genommen. Ähnliche Aktionsmuster zeigten – mutatis mutandis – die Deutschen. Sie waren weder eine festgefügte Kampfgemeinschaft noch Defätisten. Das Leben ging einfach weiter, mußte weitergehen.

Die Briten waren weder ein Volk von Pazifisten und dekadenten Demokraten, noch handelten sie in erster Linie nach den ihnen zugewiesenen Nationaltugenden. Das Entstehen psychischer und mentaler Grundmuster zur Verteidigungsbereitschaft ging auf das Zusammenwirken politischer, militärischer, psychologischer und sozialer Entwicklungen zurück. Daß sie sich für den Zweiten Weltkrieg nicht minder mobilisieren ließen als für den Ersten, liegt weniger am Fortwirken eines Nationalcharakters, sondern am Gesamtrahmen und den insgesamt sehr vergleichbaren und aufeinander bezogenen Kernbedingungen infolge der zeitlichen Nähe beider Katastrophen.

Insgesamt läßt sich für beide Herrschaftsordnungen feststellen, daß die Wehrhaftigkeit der Zivilbevölkerung in einem künftigen Krieg als Kernbestandteil der Kriegs- und Überlebensfähigkeit betrachtet wurde und trotz grundlegender Wider-

---

[3] Siehe Kap. IV.2.

V. Zusammenfassung

stände (seitens Pazifisten, Kriegsgegnern etc.) auch jeweils zum Tragen kamen. Die Grundbedingungen auch der britischen Herrschaftsordnung und die aktuellen sozialen, politischen und psychologischen Verhältnisse standen trotz aller nach außen hin sichtbaren Schwächen der Generierung einer Kriegskultur keineswegs diametral entgegen, sondern förderten sie teilweise eher.

Von dieser Sachlage aus wurde in Kap. III und IV dann die praktische Umsetzung der Mobilmachung auf den Luftkrieg unter organisatorischer, propagandistischer und ideologischer Perspektive untersucht und als Bestandteil und Indikator der Tiefenstrukturen der jeweiligen Herrschaftsordnung verwendet.

In beiden Fällen begann man bereits Anfang der 20er Jahre, den Aufbau des Luftschutzes systematisch vorzubereiten. Die Anfänge gestalteten sich dabei jeweils fast tagesgeschäftsmäßig unter Nutzung der 1914–1918 gemachten Erfahrungen. In Deutschland hatte die Beschäftigung mit dem Luftschutz nie wirklich aufgehört, da die Militärs infolge der fortgesetzten Bedrohungen ihrer Grenzen mit weiteren kriegerischen Bedrohungen auch für die Zivilbevölkerung rechneten. Praktische Vorbereitungen wurden daher bereits 1919 und 1920 in Angriff genommen bzw. zumindest inauguriert. Vor dem Hintergrund des Ruhrkampfes schließlich setzten systematische Planungen ein.

In Großbritannien brauchte man sich aufgrund der politisch-militärischen Gesamtsituation unmittelbare Sorgen in bezug auf direkte Anwendung militärischer Gewalt gegen die Zivilbevölkerung zunächst nicht zu machen und konnte deshalb den möglicherweise aus der Luftgefahr entstehenden Notwendigkeiten auf absehbare Zeit gelassener ins Auge blicken. Nichtsdestotrotz konstituierte man 1923/24 innerhalb der regulären Organisation für die Verteidigungsplanung, des vom Committee of Imperial Defence gelenkten und überwachten Ausschußsystems, ein Komitee, das Air Raid Precautions (Sub)Committee, das sogleich mit theoretischen Grundsatzüberlegungen begann. Wie Sir Maurice Hankey, Chefkoordinator des britischen Ausschußsystems für die Verteidigung, anmerkte, war dies weniger die Folge praktischer Notwendigkeit als vielmehr die normale Vorgehensweise britischer Kriegsplanung. Um einen deutschen Ausspruch aus dem späteren 20. Jahrhundert – leicht abgeändert – zu verwenden: Nach dem Krieg ist vor dem Krieg.

Die praktischen Planungen und Vorbereitungen im organisatorischen Bereich unterschieden sich bis zum Beginn der Massenmobilisierung 1933 bzw. 1935/36 sehr stark. In Großbritannien verließen die Arbeit und Kernentscheidungen den Bereich des Ausschußwesens in Whitehall niemals wirklich. Nur wenige Fachleute außerhalb der Regierung wurden hinzugezogen. Die Arbeit war inhaltlich geprägt von Grundsatzdebatten mit erheblichem theoretischen Radius und der Erstellung von Plänen (paper schemes) der verschiedenen betroffenen Ministerien, die je einen Vertreter in das ARPC, später das Air Raid Precautions Organisations (Sub)Committee (ARPOC) und den jeweiligen Minister in das parallel zum ARPOC als Strategiegremium gegründete Air Raid Precautions Policy (Sub) Committee (ARPPC) schickten, um die Koordination zu gewährleisten. Die grundsätzliche Federführung für die Abstimmung zwischen den beteiligten, d.h.

fast allen Ministerien sollte beim Home Office liegen, dessen Unterstaatssekretär gleichzeitig Vorsitzender des ARPOC war. Die einzelnen Ressorts trugen letztlich die Verantwortung für die ihnen im Rahmen der Air Raid Precautions zugewiesenen Aufgaben und stellten somit die eigentlichen Entscheidungsträger dar.

Die inhaltlichen Aspekte der theoretischen Grundsatzdebatten orientierten sich überaus stark an den Fragen nach dem Kriegsszenario (scale of attack), der Durchhaltefähigkeit der Bevölkerung, der Widerstandsfähigkeit von Staat und Gesellschaft und den staatspolitischen Folgen von Kriegsmobilmachung und Krieg. Es kam dabei zu einer konsequenten und so weitgehenden rational-theoretischen Durchdringung der ganzen Thematik, daß die Möglichkeit des Zusammenbruchs von Staat und Nation nach massiven Luftschlägen wie das Menetekel Belsazars an der Wand erschien. Die Erfahrung, daß möglicherweise eine Situation eintreten könnte, in der Staat und Nation nicht mehr geschützt werden konnten, wirkten auf den Ausschuß teilweise katastrophal. Es kam mehrfach zu Sinnkrisen und auch zu – wenigstens von den sachlichen Inhalten her – verzweifelten Diskursen, in denen ein Teil der Mitglieder drastische Maßnahmen, etwa die Ausrufung der Diktatur im Notfall oder auch die Fortsetzung des Kampfes unter steinzeitlichen Bedingungen, empfahlen. Anderson, der Vorsitzende, und Hankey mußten ihren ganzen Einfluß und ihre ganze Überzeugungskraft einsetzen, um derlei Debatten zu beenden. Gelang ihnen dies meist auch recht schnell, so konnten sie jedoch das Aufflackern neuer Krisenkomplexe nicht verhindern. Es kam immer wieder zu Kontroversen mit Vertretern drastischer Vorstellungen, wie etwa Sir Charles Hipwood oder I. Gibbon. Deren Gewicht reichte allerdings auch unter Andersons Nachfolger Scott nicht so weit, um sich durchsetzen zu können. Insgesamt etablierte sich somit eine moderate Vorgehensweise: die Annahme gemäßigter Szenarien, die den abzusehenden, begrenzten Möglichkeiten des zivilen Luftschutzes gerecht wurden. Man schwenkte auf eine pragmatische Linie ein, deren Spiritus rector in erster Linie Anderson war, und einigte sich auf ein »scaling down« der theoretischen Möglichkeiten bis zu dem Punkt, an dem begrenzte Maßnahmen Sinn machten. Ihr Leitmotiv blieb die Orientierung an den praktischen Möglichkeiten anstatt Weltuntergangs- und Diktaturvorschau.

In der Frage der Stellung des Militärs kam es ebenfalls teilweise zu heftigen Debatten, die ähnlich abliefen. Die Streitkräfte, insbesondere auch die Luftwaffe, hatten keinerlei Interesse an den Air Raid Precautions, da sie infolge der materiellen Engpässe genug damit zu tun hatten, die Mobilmachungs- und Kriegsfähigkeit ihrer Truppen sicherzustellen. Als dann die Frage nach einer Spezialreserve für besondere Notsituationen diskutiert wurde, weigerte sich die Armee dementsprechend auch, Offiziere als Kommandeure hierfür abzustellen. Es spricht für die Machtverteilung zwischen Militärs und ziviler Verwaltung in Großbritannien, daß Anderson nach einiger Zeit den Widerstand der Army brechen konnte. Die Argumente, die er hierfür anbrachte, waren mehr als deutlich: Die Militärs hatten in allen Belangen ziviler Provenienz dem zivilen Apparat zu gehorchen, und wenn die Regierung irgendeinen Offizier für sich haben wollte, würde sie ihn auch bekommen.

V. Zusammenfassung

Die Verfahrensweise bei der probeweisen Einführung von Territorialstrukturen in London bestätigte dies weitgehend. 1932 ernannte man einen speziellen Air Raids Commandant, einen Militär, dem später entsprechende Regionalbefehlshaber in der Provinz folgen sollten. Als man aber eher schlechte Erfahrungen mit dem ersten und einzigen Inhaber des Postens in London machte und sich nach einiger Zeit auch generell auf die Schaffung einer rein zivilen Organisationsstruktur verlegte, wurde der Air Raids Commandant 1935 ad hoc veranlaßt, zurückzutreten. Diese Entscheidung hatte ihren Grund auch darin, daß man zunächst eine friedensmäßige Mobilmachung unter Einbeziehung der wichtigsten zivilen Institutionen, Organisationen, Wirtschaftsbetriebe und nicht zuletzt auch der Bevölkerung in die Wege leiten mußte. Eine militärähnliche Territorialgliederung wurde als störend empfunden. Die Idee hinsichtlich der Einsetzung von Regionalkommandeuren ließ man jedoch nicht fallen, sondern legte sie gewissermaßen auf Eis. Sie sollten beim Aufbau der Kriegsorganisation 1938/39, die als Kern die Regional Commissioners beinhaltete, wieder zu Ehren kommen, dann allerdings unter rein zivilen Auspizien und unter direkter Berufung auf die Emergency Strike Organisation, die sich im »general strike« von 1926 bewährt hatte. Das militärische Element wurde nicht wiederbelebt; es blieb Intermezzo.

Insgesamt spiegelt die organisatorische Aufbauarbeit in Großbritannien bis zum Beginn systematischer praktischer Anstrengungen in der Öffentlichkeit 1935/36 die rational-legale Herrschaftsordnung in fast reiner Form wider. Die zuständigen Organe des Regierungsapparates blieben allein und exklusiv für alle Fragen zuständig. Sie wurden in ihrer Arbeit praktisch nicht von außen gestört.

Die inhaltlichen Debatten bestätigten in Form und Gehalt die bestehenden Verfassungsprinzipien weitgehend. Insbesondere Anderson wies jeden Versuch, die Einführung von Kriegsrecht oder Diktatur vorschnell zu planen, zurück:

»It was not possible to turn the whole of the South of England into a battle area, it was not possible to impose Martial Law on the head City of the country, with Parliament sitting and all its other activities continuing to function[4].«

Die dauerhafte Etablierung eines Diktators und von Machtstrukturen, die Webers Definition des charismatischen Typus entsprochen hätte, war in der Perspektive der zivilen Verteidigungsplanung vollkommen ausgeschlossen. Schon die Einführung des Kriegsrechts — selbst wenn dies nach vorher festgelegten staatspolitischen Regeln und Begrenzungen erfolgen würde — kam einer Niederlage der Nation quasi von innen gleich.

Die formalen Arbeitsprinzipien korrespondierten mit den staatspolitischen Paradigmen. Die gesamte Planung bis Anfang der 30er Jahre war theoriezentrisch und fand unter stark rationalen Auspizien bis hin zur Extrapolation von Bombenabwurfsmengen und deren Auswirkung auf die Zivilbevölkerung statt. Allgemeine Rationalität und rationale Herrschaftsordnung bedingten sich eindeutig.

Die formale und inhaltliche Einhaltung der etablierten Spielregeln wurde jedoch mit einer erheblichen Schwerfälligkeit und Handlungsunfähigkeit erkauft. Whitehall plante und diskutierte fast zehn Jahre lang, bevor ernsthafte Schritte

---
[4] PRO, CAB 46/2, 17. Mtg. (26.4.1926), S. 5.

unternommen wurden. Dies ging allerdings auch darauf zurück, daß man Rücksicht auf die bestehenden innenpolitischen Verhältnisse nahm, die aktive Kriegsvorbereitungen keineswegs als geraten erscheinen ließen. Anders als in Deutschland, wo sich eine aggressive, teilweise charismatisch aufgeladene Aufrüstungs- und Militarisierungskultur verbreitete und ab 1933 Teil der offiziellen Ideologie wurde, stand eine selbstinitiierte Mobilmachung ohne erkennbare äußere Bedrohung nicht auf der Tagesordnung.

Im Deutschen Reich erfolgte die Konzeptionierung des Luftschutzes unter einer teilweise stark unterschiedlichen Großwetterlage. Die Niederlage von 1918, die prekäre luftstrategische Lage, die allgemeine Entwaffnung und – auf ideologisch-politischem Gebiet – das Fortwirken bzw. das Entstehen aggressiver Machtstaats- bzw. Mobilmachungskonzepte waren nur die wichtigsten Aspekte, die der Berliner Regierung eine ähnlich zurückhaltende Vorgehensweise wie der Londoner nicht erlaubten, selbst wenn sie dies gewollt hätte. Dies bedeutete jedoch nicht, daß die staatspolitische Grundanlage vollkommen anders gestaltet worden wäre als jenseits des Ärmelkanals. Die Festlegung und der im Gegensatz zu Britannien schon Anfang der 30er Jahre begonnene Aufbau der primären Strukturen wurden unter zivile Leitung gestellt und entlang der Regeln der bestehenden Herrschaftsordnung, die weitgehend dem rationalen Typus entsprach, vorgenommen. Nach einigen Diskussionen und Unklarheiten hatte 1927 das Reichsinnenministerium die Federführung erhalten und band die verfassungsmäßigen Verwaltungsträger, d.h. Reich, Länder und Gemeinden, als zentrale Organisationssäulen ein. Ähnlich wie in Großbritannien teilte man die obersten Zuständigkeiten zwischen den Ministerien je nach Friedensgeschäftsbereich auf. Die Militärs, die im Ersten Weltkrieg hauptsächlich zuständig gewesen waren, verzichteten auf die Leitung, dies allerdings in erster Linie wegen der Beschränkungen des Versailler Vertrages und der außenpolitischen Schwäche Deutschlands. Diese Lage war auch für die praktischen Hemmnisse in der ersten Hälfte der 20er Jahre verantwortlich gewesen. Aufgrund der konkreten Friedensbedingungen von 1918/19, auf die das Auswärtige Amt nachdrücklich hinwies, waren massive öffentliche Anstrengungen unterblieben. Nur einige Fachleute und enge Planungszirkel vor allem im Truppenamt hatten sich mit vorbereitenden Planungen beschäftigt.

Als jedoch infolge des Pariser Luftfahrtabkommens 1926 passive Luftschutzmaßnahmen erlaubt wurden, gerieten die Dinge in Bewegung. Bezeichnenderweise gingen handfeste Impulse für den praktischen Aufbau nicht von der Regierung aus, sondern von privaten Vereinen, insbesondere dem Deutsche Luftschutz e.V. unter dem ehemaligen Reichsverkehrsminister Krohne. Dieser versuchte, den Luftschutz nicht nur zu fördern, sondern auch die Kontrolle über ihn zu bekommen, dies zu Lasten des Regierungsapparates. Dabei wandte Krohne ein ganzes Instrumentarium an machtpolitischen Mitteln an, wobei die Beeinflussung des greisen Hindenburg als plebiszitär gewähltem Reichspräsident und charismatischer Heldenfigur an erster Stelle stand. Dieser intervenierte dann auch bei der Reichsregierung, die daraufhin beschleunigt tätig wurde.

V. Zusammenfassung

Es spricht für die immer noch relativ große Festigkeit der rationalen Herrschaftsstrukturen in Deutschland, daß sich Krohne letztlich nicht durchsetzen konnte. Seine Vorschläge wurden vom Reichskabinett rigoros abgelehnt und in keiner Weise berücksichtigt. Daran änderte auch die Intervention Hindenburgs nichts. Das RMI behielt die Federführung und lehnte eine Zusammenarbeit mit Krohne in den nächsten Jahren ab.

Eine erneute Annäherung an den DLS, der inzwischen unter eine neue Führung getreten war, ergab sich 1930. Aber auch bei dieser Gelegenheit endete die Zusammenarbeit ohne Erfolg. Der DLS wollte von seinen Machtambitionen auch jetzt nicht ablassen. Kompliziert wurde die Lage dann durch das Entstehen der Deutschen Luftschutz-Liga, die alsbald in heftige Konkurrenzkämpfe mit dem DLS eintrat. Zwischenzeitlich kam es auch zu grundsätzlichen Streitereien mit den bereits bestehenden Vereinen der ehemaligen Flakoffiziere (Flakverein) und der Flieger (Ring Deutscher Flieger), die den Luftschutz als zweitrangig ablehnten. Die Situation glich zeitweise einem bunten Durcheinander und wurde erst 1932 abgestellt, als das RMI massiv intervenierte und die Vereinsmeierei beendete. Alle Vereine mußten sich zu gütlicher Kooperation bekennen und sich der Regierung unterordnen. Der DLS und der DLL wurden anschließend zum DLSV zusammengeschlossen, der seinerseits 1933 mit seinem kompletten organisatorischen Rückgrat in den RLB überging.

Das massive Auftreten des RMI, um die widerspenstigen Vereine an die Kandare zu nehmen, hatte gute Gründe. Seit 1931 hatte man begonnen, in Absprache mit den Ländern allererste Grundstrukturen entlang den inneren Verwaltungszuständigkeiten zu schaffen. Im Zentrum stand dabei die allgemeine Arbeitsteilung zwischen Reich, Ländern und Gemeinden mit den Vereinen als Hilfsorganen. Letzteren kam eine – von der organisatorischen Machtverteilung her – relativ untergeordnete Propagandafunktion zu, auf die sie sich nach der Intervention des RMI Anfang 1932 auch beschränken mußten. Diese Pläne wurden ansatzweise auch umgesetzt, erfuhren ab 1933 dann aber massive Modifikationen.

Die Reichsregierung hätte es insgesamt vorgezogen, im stillen zu arbeiten, wurde aber durch die Tätigkeit der Vereine immer wieder zum Handeln gezwungen. Das Problem war allerdings teilweise hausgemacht, denn man war keineswegs abgeneigt, die Vereine als Propagandainstrumente zu nutzen. Dies war – staatspolitisch gesehen – teilweise ein Spiel mit dem Feuer, mutatis mutandis ansatzweise vergleichbar mit dem Verhältnis der Reichswehr zu den paramilitärischen Verbänden an den Ostgrenzen. Der Fall Krohne, durch den das RMI sowohl intern über den Reichspräsidenten als auch öffentlich unter teilweise massiven Druck gesetzt wurde, ist hier paradigmatisch, auch wenn der Einfluß Hindenburgs in Luftschutzbelangen zu gering war, um inhaltliche Änderungen herbeizuführen.

Hier liegt ein wichtiger Unterschied zur britischen Luftschutzarbeit. In Whitehall legte man keinerlei Wert auf direkte Kontakte mit Hilfsvereinen nach Art des DLS oder der DLL. Ausgesprochene Luftschutzvereine, wie diese beiden, gab es in Großbritannien bis weit in die 30er Jahre hinein auch nicht. Das Problem jenseits des Kanals bestand eher in der zu großen Untätigkeit. Der Berliner Regierungsapparat hingegen vermied grundlegende und tiefgehende Debatten, wie sie in den britischen Ausschüssen stattfanden, weitgehend und richtete seine Strategie im wesentlichen auf die direkte Aufbauarbeit aus[5]. Dafür spricht auch das Heraustreten aus dem direkten Regierungsbereich bereits seit 1930/31 und die Etablierung praktischer Organisationsstrukturen – ein Schritt, den die britischen Ausschüsse erst vier Jahre später unter dem Eindruck der sich verschärfenden Gesamtlage tätigten. Daher läßt sich die Arbeit der deutschen Seite als eher handlungszentrisch charakterisieren, d.h., man diskutierte die theoretische Basis nicht in extenso aus, sondern dachte viel stärker an die unmittelbare praktische Ingangsetzung der Maßnahmen.

Die entscheidenden Unterschiede zwischen der britischen und der deutschen Grundlagenarbeit bis Anfang der 30er Jahre lagen also hauptsächlich in der Einstellung zum aktiven Handeln der Regierung und dem Umgang mit den organisatorischen Kräften außerhalb der Regierung. Betrachtet man die organisatorische Entwicklung bis 1933 bzw. 1935/36 aus dem Blickwinkel der Weberschen Typologie, lassen sich jedoch weitgehende Gemeinsamkeiten feststellen. Sowohl in Deutschland als auch in Großbritannien bewegte sich die Luftschutzarbeit klar in den Bahnen der vorgegebenen Herrschaftsordnung, die in beiden Fällen sehr stark dem legalen Typus entsprach und durch eine parlamentarische Demokratie mit rationaler Staatsverwaltung gebildet wurde. Daß in Deutschland seit 1930 Präsidialkabinette regierten, änderte möglicherweise etwas am Tempo der Vorbereitungen[6], nichts jedoch an ihren organisatorischen Grundlagen. In Großbritannien verließ die Vorbereitungsarbeit die Hallen der Regierungsgebäude erst gar nicht und blieb so dem bestehenden System in direktester Weise verhaftet. Die sich seit 1930 erhebende und allmählich stärker werdende Kritik an dieser praktischen Untätigkeit änderte daran nichts.

Sowohl in Deutschland als auch in Großbritannien erwiesen sich die Finanzen als entscheidendes staatspolitisches Element. In beiden Fällen wirkte das Finanzministerium (RFM bzw. Treasury) als Garant und Bewahrer der rationalen Herrschaftsordnung, was jedoch zur Lähmung aller Aktivitäten beitrug. Beide Ressorts, das deutsche wie das britische, weigerten sich beharrlich, größere Summen für die Aufbauarbeit bereitzustellen. Die Luftschutzvereine in Deutschland, die nicht zuletzt auch finanzielle Ziele hatten, scheiterten am RFM genauso wie das RWiM mit seinen Plänen zur Einrichtung einer Luftschutzberatungsstelle. Das RFM bezog zur Verdeutlichung seiner Position in den Diskussionen auch sachlich Stellung und führte dabei Argumente an, wie sie nationale und internationale Pazifisten verwendeten. Die Ausschüsse in Großbritannien wagten es bis 1933 gar nicht, die Treasury um größere Beträge zu bitten.

---

[5] Hier ist jedoch wegen der schlechten Quellenlage eine gewisse Vorsicht angebracht.
[6] Inwieweit die durch die Schaffung konkreter Organisationsstrukturen begonnene Ingangsetzung der praktischen Aufbauarbeit seit 1930/31 auf den Machtwechsel 1930 zurückzuführen ist, konnte mangels Quellen nicht genau herausgefunden werden. Hier müßte weiter geforscht werden.

Unter diesen Bedingungen lagen gute Voraussetzungen für einen graduellen, langsamen und allmählichen Aufbau unter Wahrung der finanziellen Stringenz vor. Unglücklicherweise war dies genau das, was die Aktivisten der deutschen Luftschutzbewegung nicht wollten und was dann ab 1933 in Deutschland auch nicht mehr stattfand.

Die Stellung der Militärs bei der konkreten Grundlagen- bzw. Aufbauarbeit ähnelte sich in beiden Herrschaftsordnungen ebenfalls. Außerhalb des Luftschutzes ihrer eigenen Anlagen erhielten sie keine organisatorischen Befugnisse zugewiesen, wurden jedoch zur Beratung von den Innenministerien herangezogen. Die deutschen Militärs versuchten allerdings, durch Ausübung von Druck und gelegentlicher Überschreitung ihrer Kompetenzen den Luftschutz zu forcieren. Dies allerdings führte zu keinen greifbaren Erfolgen. Das RMI blieb zuständig und wies alle weitergehenden Forderungen zurück. Die britischen Militärs wollten sich aus materiellen Gründen, so gut es ging, vom Luftschutz fernhalten, wurden jedoch von Anderson beim Vorliegen entsprechender Notwendigkeiten herbeizitiert. Dabei hatte Anderson auch die Rückendeckung seines Ministers. Insoweit ordneten sich die Militärs diesseits und jenseits des Ärmelkanals den ihnen zugedachten Funktionen unter.

Dieser Befund gibt – dies muß nachdrücklich betont werden – im Falle Deutschlands die grundlegenden staats- und machtpolitischen Langzeitperspektiven nur unzureichend wieder. Hinsichtlich der zivilen Kriegsvorbereitungen blieben die deutschen Militärs zwar streng innerhalb der vorgegebenen Verfassungsordnung; dies jedoch keineswegs, weil sie diese bejahten. Ihre eigenen staatspolitischen Vorstellungen wiesen in eine ganz andere Richtung. Sie arbeiteten auf die Einführung einer Diktatur oder einer anderen Form autoritärer Herrschaft hin und akzeptierten die bestehende Herrschaftsordnung nur, da zwischenzeitlich keine andere Alternative zur Verfügung stand und man nicht Anarchie und Chaos provozieren wollte. Den Unterbau des Staates, insbesondere den funktionierenden rationalen Verwaltungsapparat, betrachtete man dabei als durchaus wichtig. Die langfristig projektierte Umwandlung von Staat und Gesellschaft in Kampfinstrumente sollte unter Wahrung der militärischen Befehlsgewalt und der territorialen Dienstwege stattfinden. Wenn man im Truppenamt bereits 1925 die Einführung einer Diktatur befürwortete und einen neuen Krieg in Europa unter Einbeziehung des Volkskrieges plante, so immer unter der Voraussetzung der möglichst strikten Kontrolle durch die staatlich-militärische Befehlshierarchie. So nimmt es auch nicht wunder, daß das Truppenamt 1932 einen Vorschlag aus den Kreisen der Feuerwehr zur Einrichtung einer paramilitärischen Reichsfeuerwehr rigoros ablehnte:

»Unsere Forderung muß sein, zurück zur Wehrpflicht. Vorschläge, wie der vorliegende sind Surrogat und erscheinen mir, wenn sie durchgeführt werden, unsere in andere Richtung leitende [...] Pläne [zu gefährden] [...] Die Einrichtung einer Reichsfeuerwehr zum Zwecke einer Förderung der Wehrkraft würde nicht nur eine unzulässige Belastung der Reichsregierung zur Folge haben, sondern auch die Durchführung der im Reichswehrministerium zur Förderung der Wehrkraft des Staates bestehenden Pläne erschweren[7].«

---

[7] BA-MA, RH 2/994, T 2 III A, Nr. 658/32 vom 12.7.1932, S. 7.

Wie genau die Verteilung der zivilen und militärischen Kompetenzen aussehen und welche konkrete Form die Herrschaftsordnung annehmen sollte, ist nur sehr schwer festzustellen und müßte in einer Spezialstudie eingehender beleuchtet werden. Abgesehen von den Grundsatzzielen – Einrichtung einer Diktatur und umfassende Mobilmachung – war man sich offensichtlich nicht eindeutig im klaren über die nähere Gestaltung. Die Vorstellungen der Reichswehr lassen sich an dieser Stelle daher auch nicht in Webers Typologie einordnen. Überlegungen zur Einführung einer Herrschaft mit einem charismatischen Feldherrn oder Führer geisterten zwar in manchen Köpfen herum und wurden auch von Ludendorff zumindest indirekt öffentlich propagiert. Eine Verdichtung zu einem konkret ausgearbeiteten ideologischen Gebäude fand aber offenbar nicht statt. Im Falle der Vorbereitungen zum Luftschutz akzeptierte man daher einstweilen die gegebene Ordnung. Über neue Gestaltungsformen würde dann im Rahmen künftiger Lösungen entschieden.

So griff das deutsche Militär kaum in den praktischen Aufbau ein. Die territoriale Organisationsstruktur, wie sie in der Vorläufigen Ortsanweisung von 1932 niedergelegt wurde, berücksichtigte die föderalen Strukturen, d.h. vor allem die Länder als mittlere und unter ihrer Aufsicht die Gemeinden als untere Ebene. Als Verantwortlichen vor Ort bestellte man den jeweiligen Polizeiverwalter. Dies lag durchaus in den Bahnen der deutschen Tradition einer starken Stellung der Polizei, obwohl es rechtlich bis zum Luftschutzgesetz von 1935 keineswegs abgesichert war.

In Großbritannien wurde über die beim Aufbau der Strukturen anzuwendenden Grundprinzipien Anfang der 30er Jahre diskutiert und nach kurzer Zeit beschlossen, die verfassungsmäßigen Hauptverwaltungsträger ebenfalls heranzuziehen. Für die »central organisation« bestimmte man die Ministerien als die entscheidenden Instanzen. Als Verantwortliche auf der unteren Ebene setzte man die Local Authorities, die lokalen Verwaltungen, vergleichbar etwa den deutschen Städten, Gemeinden und Kreisen, ein. Alternativlösungen, die eine höhere exekutive Schlagkraft gehabt hätten, also etwa die Polizei, wurden aus Rücksicht auf die innenpolitische Lage, die Verfassungsrealität und die Beachtung logistischer Zuständigkeiten (z.B. öffentlicher Versorgungsbetriebe) nicht genutzt. Das hieß nicht, daß die Polizei von vornherein als hauptinstanzliches Rückgrat der Organisation auf der unteren Ebene ausgeschlossen worden wäre. In der heißen Phase 1938/39, also kurz vor Kriegsbeginn, wurde sie von verschiedenen Kreisen, unter anderem von der Mehrheit der Polizeiverwalter selbst, dann sogar nachdrücklichst als administrative Basis anstelle der Local Authorities gefordert. Ohne Erfolg allerdings[8].

Für den Aufbau von Territorialstrukturen für den Kriegseinsatz, für die es in der zu erwartenden Art kein direktes historisches Vorbild gab, hatte man zunächst die Air Raids Commandants vorgesehen. Die erste und einzige ARC (London) schaffte man jedoch alsbald wieder ab und unternahm hier zunächst keine weiteren entscheidenden Schritte. Erst 1938, als man wegen der drohenden Sudetenkri-

---

[8] Siehe dazu auch unten, S. 467, 469, 472 und 484.

se hastig einen Mobilmachungsplan erstellte, wurde die Kriegsorganisation auf territorialer Basis eingeführt: die Regional Commissioners.

Die Verantwortlichen beider Herrschaftsordnungen orientierten sich also an den gegebenen Staatsstrukturen. Alternative Optionen, wie das von Krohne vertretene Modell eines Reichsbeirates oder auch die Initiativen des IKRK zum Aufbau eines Gelben oder Violetten Kreuzes in Großbritannien, blieben unberücksichtigt. In beiden Fällen weigerten sich die Staatsapparate explizit, die Kontrolle auch nur über einen Teil der Kriegsvorbereitungen aus der Hand zu geben.

Die insgesamt zutage tretenden Gemeinsamkeiten und Unterschiede stellen den Kern der jeweiligen Grundkonzepte für die Mobilmachung gegen den Luftkrieg dar und verweisen auf die Fundamente beider Herrschaftsordnungen. Die praktischen technisch-wissenschaftlichen und taktischen Aspekte besaßen demgegenüber einen eher geringen Stellenwert. Überhaupt versprechen sie für moderne historiographische Fragestellungen im Sachkomplex zivile Kriegsvorbereitungen nur wenig Gewinn.

Generell läßt sich feststellen, daß es in diesem Bereich nur wenig Unterschiede gab. Die taktischen Notwendigkeiten für den Aufbau des Luftschutzes etwa differierten kaum, auch wenn die aktuellen Gewichtungen in der Aufbaupolitik – so z.B. die starke Konzentration auf die Gasfrage in Großbritannien – teilweise anders vorgenommen wurden. Zu erkennen ist auch ein gewisser Austausch an internationalen Fachmeinungen, nach denen sich die nationalen Vorbereitungen teilweise sehr stark richteten. Ein Beispiel hierfür ist die Wandlung der Einstellung zur Ausrüstung der Bevölkerung mit Gasmasken. Hatte man bis Ende der 20er Jahre allgemein die Verteilung von Gasmasken als nutzlos angesehen, so revidierte man – nicht zuletzt auch aus psychologischen Gründen – diese Haltung und schritt in den 30er Jahren dann zur Massenproduktion und -verteilung. Alles in allem sind diese technischen Details ohne größeren Erkenntniswert für einen primären Vergleich des Gesamtgebietes Luftschutz innerhalb beider Herrschaftsordnungen und daher hier nur kurz zu erwähnen.

Hinsichtlich der staatspolitischen Großperspektive ist eindeutig zu erkennen, daß die Gemeinsamkeiten die Unterschiede klar überwogen. In beiden Fällen behielt der Behördenapparat, also das Exekutivorgan der rationalen Herrschaftsordnung, die Kontrolle über alle wichtigen Belange, wenn auch in Deutschland unter einigen Mühen. Die praktischen Verwaltungsstrukturen und die aktuellen Handlungsbedingungen differierten teilweise sehr stark; auch waren die langfristigen Motivationen der Militärs jeweils anders. Immerhin kann für Großbritannien auch ein Pool an autoritär bis diktatorisch denkenden Verantwortlichen nachgewiesen werden; diese jedoch hatten nicht die machtpolitischen Möglichkeiten wie etwa das deutsche Militär und gehörten der militärischen Sphäre auch nicht an.

Entlang der Entwicklung des Großbereiches Organisation verlief auch die grundsätzliche Gestaltung der Handlungsformen in den beiden anderen zentralen Feldern, Propaganda und Ideologie, nicht jedoch deren Inhalte.

In Großbritannien gab es infolge der strikten Beschränkung der Arbeit auf den inneren Bereich der Regierung keinerlei Anstalten, eine auch nur indirekt staatlich sanktionierte Propaganda in Gang zu setzen. Die Öffentlichkeit beschäftigte sich mit den Air Raid Precautions ebenfalls nur wenig. Es gab nur einige vereinzelte Äußerungen, von denen kaum Notiz genommen wurde. Verschiedentlich fand der Luftschutz zwar Erwähnung in den langsam aufkommenden Publikationen zu den möglichen Bedingungen in einem kommenden Luftkrieg. Die ganze Thematik besaß jedoch insgesamt in den 20er Jahren eine noch vergleichsweise geringe Bedeutung. Die Regierung und ihre zuständigen Ausschüsse unternahmen trotz der Einsicht, daß für einen wirkungsvollen Luftschutz massive Propaganda betrieben werden mußte, nichts, um dies zu ändern. Eine geplante Radiosendung von einem Major namens Murphy (möglicherweise nur Pseudonym) zum Thema wurde unterdrückt. Erst seit 1930 wurde die Öffentlichkeit verstärkt auf den Luftschutz aufmerksam und begann, die Regierung wegen deren Untätigkeit zu kritisieren. Die Luftschutzausschüsse selbst blieben dennoch im wesentlichen weiterhin stumm, obwohl sie bereits formelle Genehmigungen zu aktiverer öffentlicher Betätigung erhalten hatten. Dies auch deswegen, weil die obersten Verantwortlichen, in einem Falle auch der Premierminister, immer noch Zurückhaltung verlangten.

In Deutschland ging es propagandistisch weitaus lebhafter zu. Die Vereine, die sich nach der ausdrücklichen Genehmigung des passiven Luftschutzes durch das Pariser Luftfahrtabkommen von 1926 gründeten, allen voran der DLS, entwickelten im Laufe der Zeit eine starke Propagandatätigkeit. Der DLS, zunächst der einzige ausdrückliche Luftschutzverein, hatte sich gemäß dem Wunsch der Regierung, die wie ihr Gegenpart in Großbritannien das ganze Thema wegen der politischen Dimensionen vorläufig am liebsten vermieden hätte, zunächst zurückgehalten. Als Krohne aber 1927/28 mit seinen Ambitionen scheiterte, ging er lautstark protestierend an die Öffentlichkeit und bescherte dem RMI das, was man in Großbritannien einen »press stunt« nannte. Als sich diese Sache beruhigt hatte, setzte der DLS seine Tätigkeit fort und veranstaltete u.a. 1929 und 1930 zwei große Tagungen, in denen die Reichsregierung mit Nachdruck zum Handeln aufgefordert wurde.

Die DNVP und die NSDAP benutzten derweil den Luftschutz mit Budgetforderungen im Reichstag für ihre eigenen politischen Ziele. Ab 1930/31 traten dann die Wehrvereine auf den Plan. Die Propaganda wurde erheblich intensiver und erfuhr überdies eine zunehmende Militarisierung und Ideologisierung.

Die Reichsregierung hatte dem DLS gegenüber durchaus die Bereitschaft zur Kooperation gezeigt, wollte sich aber nicht von ihm gängeln oder zum Aktionismus treiben lassen. Es entstand eine – nach den vom RMI 1931/32 erzwungenen Arrangements mit den Luftkriegsvereinen wenigstens teilweise – von der Regierung geduldete und inoffiziell geförderte, massive Luftschutzbewegung.

Während man in Berlin in Propagandaangelegenheiten also – halb aktiv, halb reaktiv – handlungsorientiert vorging, glaubte man in Großbritannien Zeit für die theoretische Formulierung einer Strategie, die »gradual dissemination of knowledge«, zu besitzen. Im Bestreben, direkte öffentliche Konflikte zu vermeiden, bauten die Luftschutzausschüsse in Whitehall darauf, daß sich die Thematik über die Tätigkeit verschiedener von außerhalb der Regierung herangezogener Verantwortlicher und

V. Zusammenfassung

Fachleute, nicht zuletzt infolge dabei entstehender gezielter oder unbeabsichtigter Indiskretionen, auf natürlichem Wege, quasi von selbst, im Volk verbreiten würde. Diese Strategie besaß allerdings nur wenig Aussicht auf Erfolg, auch deshalb, weil die Ausschüsse von den Beteiligten und Herangezogenen, etwa den Direktoren der wichtigsten Eisenbahnlinien, strikte Geheimhaltung forderten. In der Tat war die Strategie auch eher ein Notbehelf, um die unangenehme Propagandatätigkeit in der Öffentlichkeit weiter hinauszuzögern.

Aus diesen Gründen ergab auch die Untersuchung der Propaganda auf mögliche ideologische Inhalte recht wenig. Eine Propaganda der Regierung oder auch nur offiziell oder inoffiziell sanktionierte Anstrengungen existierten bis 1933/34 praktisch nicht. Im House of Commons antworteten die Vertreter der Regierung auf die entsprechenden Anfragen über die Existenz von Vorbereitungen zum Luftschutz bis 1932 mit einem knappen und alle gängigen Klischees hinsichtlich kühler britischer Zurückhaltung bestätigenden »Yes, Sir«. Die öffentliche Kritik, die sich ab 1930 erhob, beinhaltete kaum ideologische Passagen. Meist beschwerte man sich über die Lahmheit der Regierung und stellte dies als traditionelles Element der britischen Herrschaftsordnung dar. Einige Kritiker drohten – ähnlich wie Krohne in Deutschland – mit öffentlichen Protesten und verwiesen dabei auf ihre gezahlten Steuern oder ihre Jahre in den französischen Trichtern. Vereine, die ihre Mitarbeit anboten, wie z.B. die Legion of Ex-Frontiersmen, sahen den Sinn einer möglichen Betätigung eher in der Übernahme praktischer Pflichten und Dienste in der Einsatzorganisation als in der Propaganda.

Die Regierung ließ sich im Hinblick auf Personen oder Organisationen außerhalb des eigenen Verwaltungsapparates auf keinerlei Zusagen oder gar eine aktive Zusammenarbeit ein. Dies bedeutete jedoch nicht, daß man im geheimen nicht wenigstens teilweise mit entsprechenden Gedanken gespielt hätte. Im Zusammenhang mit der Gestaltung der Gesamtorganisation begann der autoritäre Pool in den Regierungsausschüssen auch in Propagandafragen zu agieren und schlug vor, eine massive Propaganda schon in Friedenszeiten in Gang zu setzen. Vor allem Hipwood verlangte dazu entsprechende institutionelle Vorbereitungen und nahm in Kauf, daß umfassende Kampagnen, wie er sie befürwortete, möglicherweise in einen

»›violent crusade‹ against France«

führen würden[9]. Mit derlei Vorstellungen kam man jedoch nicht sehr weit, sondern wurde recht bald von Anderson mittels Totschweigen und Abwürgen gestoppt.

In Deutschland gestalteten sich die Verhältnisse grundlegend anders. Dort wurden massive ideologische Inhalte transportiert. Bezeichnend für die zwiespältige Lage der ersten deutschen Demokratie waren die sich in den Luftschutzvereinen manifestierende Mischung von militaristisch-charismatischen Elementen – vor allem das Abheben auf die deutsche Kämpferseele und den Existenzkampf um das Lebensrecht der Nation, ohne allerdings eine charismatische Führerfigur direkt zu propagieren bzw. zu fordern – und die humanitär-völkerrechtlichen Argumenta-

---
[9] PRO, CAB 46/8, 20. Mtg., 11.5.1931, S. 18.

tionen unter Betonung der Notwendigkeit ruhiger und sachlicher Aufbauarbeit zum Schutz und zum Nutzen der wehrlosen Bevölkerung. Dadurch entstand ein jeweils unterschiedlich getönter Graubereich undeutlicher politisch-ideologischer Aussagen. Diese Janusköpfigkeit nahm in gewisser Weise schon die widersprüchliche Propaganda, die die nationalsozialistische Diktatur vor allem in ihrer Frühzeit verbreitete, vorweg. Goebbels' Apparat versuchte, unter anderem auch mit Hilfe militärischer Dienststellen für Öffentlichkeitsarbeit, insbesondere bis zum Ende der Tarnzeit der Luftwaffe und überhaupt der Risikozone bis zur Erlangung substantieller militärischer Schlagkraft sowohl die angeblich vorhandene Friedensliebe des Regimes als auch die Notwendigkeit zu umfassender Militarisierung der »Volksgenossen« zu suggerieren. Die Luftschutzpropaganda sollte sich umgekehrt inhaltlich hier dann auch weitgehend einreihen.

Die Betonung der humanitären Ziele fand in den Jahren 1929/30 ihren stärksten Ausdruck, dies wohl nicht zuletzt wegen der in Berlin amtierenden sozialdemokratischen Regierung. Den Höhepunkt bildeten dabei die Tagungen des DLS in München und Stuttgart, wobei die gewählten Formulierungen teilweise derart übertrieben wurden, daß die Grenze zur Heuchelei bereits überschritten war. Ab 1930 begann sich die Lage zu wandeln, und das militaristisch-charismatische Element trat immer stärker hervor. Als Kernbeispiele sind hier die richtungsweisenden Artikel von Großkreutz und Hampe zu nennen, in denen die Verquickung beider Elemente immer durchsichtiger wurde. Großkreutz verwies bereits offen auf die Militarisierung als Phänomen der deutschen Kämpfernatur, Hampe dagegen hielt sich einstweilen – wohl auch aus politischen Gründen, da er Spitzenpositionen in der Technischen Nothilfe einnahm – noch zurück und entwickelte seine volle charismatische Stoßrichtung erst 1934, als er in seinem Grundsatzbeitrag zum offiziellen Standardwerk »Der zivile Luftschutz«, der aus einem Artikel von 1932 hervorgegangen war, zum ersten Mal Führerverehrung und Luftschutz direkt verband. Radikalisiert wurde die Propaganda auch durch Literaten wie Leers oder Alexander, die bereits 1931 Rassismus und Volkserhebung direkt mit dem Luftschutz verbanden. Die Tätigkeit der Wehrvereine wie die des Kyffhäuserbunds tat ein übriges. Ihr originärer Beitrag bestand insbesondere darin, militarisierte Organisationsstrukturen und Massenpropaganda, die im politischen Kampf der Weimarer Republik erprobt worden waren, in die entstehende Mobilmachungsphalanx einzubringen. Der RLB, bei dessen Gründung Stahlhelm und Kyffhäuserbund neben NSDAP und DLSV Pate standen, übernahm diese Elemente. Insgesamt gesehen setzte man in Deutschland den »violent crusade«, wie in Großbritannien in den Ausschüssen antizipiert, dann aber von Anderson abgeblockt, teilweise ins Werk, dabei auch schon mit Spitzen gegen Frankreich (Leers).

Die Reichsregierung hielt sich bei derlei Agitation zwar tunlichst zurück und nahm die Luftschutzvereine auch an die Kandare, konnte und wollte wohl auch zunehmend nichts mehr gegen die Tätigkeit der Wehrvereine unternehmen. Das RMI begann ab 1930 mit eigener Propagandaarbeit, so etwa durch die Abhaltung von ersten Luftschutzübungen, wie z.B. in Ostpreußen. Wo Übungen regional unter Länderkontrolle veranstaltet wurden, trat meist ein Vertreter des RMI als Redner auf, darunter auch Paetsch.

Inhaltlich fanden sich in der Propaganda kaum direkte Aufrufe zur Änderung der Herrschaftsordnung, auch in derjenigen der Wehrverbände nicht. Auch ist die Propagierung des Luftschutzes als unpolitische Sammlungsbewegung und die Forderung nach Ausschaltung parteipolitischer Einflüsse nicht automatisch als antidemokratisch oder autoritär zu verstehen, selbst wenn Verhalten und Sprache der Luftschutzvereine, hier insbesondere Krohnes, der letztlich Spaltungs- und Parteipolitik betrieb, höchst widersprüchlich waren. In Großbritannien legte man ebenfalls Wert darauf, daß die Air Raid Precautions nicht ins Fahrwasser parteipolitischer Debatten gerieten, sondern als politisch neutrale Vorbereitungen gegen die Kriegsgefahren betrachtet wurden.

Die widersprüchlichen Elemente der januskö̈pfigen Propaganda der deutschen Luftschutzbewegung sind des weiteren auch nicht unmittelbar gleichzusetzen mit dem Eintreten für eine bestimmte Herrschaftsordnung. Die Betonung des humanitär-völkerrechtlichen Elements reflektierte zwar eindeutig rational-legales Herrschaftsdenken, zielte aber innenpolitisch durchaus berechnend auf die übergreifende Gewinnung auch linksstehender Kreise und Teile der Arbeiterschaft ab. Inwieweit damit ausschließlich taktische Zugeständnisse gemacht wurden oder ehrliches Bemühen um einen nationalen Schulterschluß dahinterstand, müßte im Einzelfall geprüft werden. Aufs ganze gesehen kam die Luftschutzbewegung unter demokratischen Verhältnissen nicht um die Betonung der Grundprinzipien rationaler Herrschaft herum. Das andere, das militärisch-charismatische Element, die Betonung des Kämpfertums und das Abheben auf den Existenzkampf, das von einzelnen Autoren, so etwa Giesler, bereits 1927 propagiert wurde, zielte nicht offen auf eine charismatische Führerdiktatur, stand aber im Einklang mit den rechtsradikalen und rechtsstehenden Verbänden sowie der NSDAP. Es ist kein Wunder, daß dieses Element sich entscheidend zu verstärken begann, als gegen Ende der Weimarer Republik der Luftschutz zum Tummelplatz radikaler Verbände wurde. In diese Entwicklung sind auch Großkreutz und Hampe einzuordnen, wobei insbesondere bei Großkreutz die Betonung der humanitären Dimensionen des Luftschutzes nur noch die Funktion eines unschwer zu durchschauenden Deckmäntelchens erfüllte.

Insgesamt war das geistige Klima in der Luftschutzbewegung trotz zeitweiser starker Betonung des humanitären Elements stets zwiespältig und ging ab 1930 immer stärker zu Lasten der rationalen Herrschaftsordnung. Von der Charismatisierung des deutschen Kämpfertums oder des »alten deutschen Angriffsgeistes« bis zur Verehrung eines charismatischen Führers war es kein weiter Weg, und dieser wurde nach einigen zögerlichen Anfängen nach 1933 dann auch beschritten.

In Großbritannien enthielt die Propaganda, soweit sie zu dieser Zeit überhaupt schon existierte, keinerlei derartige Tendenzen. Die rationale Herrschaftsordnung wurde nie in irgendeiner Weise in Frage gestellt, auch indirekt nicht. Die größten Schwierigkeiten für die britischen Verantwortlichen im Luftschutz ergaben sich aus den Bemühungen der Legion of Ex-Frontiersmen, sich im Luftschutz betätigen und dabei die eigenen Kommandostrukturen einbringen zu wollen. Als die Legion sich auf diese Forderung versteifte, wurde sie – salopp ausgedrückt – behutsam observiert.

Faßt man alle Ergebnisse zusammen, kommt man für Großbritannien auf eine eindrückliche Bestätigung der rationalen Herrschaftsordnung. Dies ging nicht allein darauf zurück, daß die Regierungsverwaltung ihre Gebäude nicht verließ, sondern auch darauf, daß die Öffentlichkeit trotz steigender Kritik seit 1930 große staatspolitische Disziplin an den Tag legte.

In Deutschland wurden die rationale Herrschaftsordnung und ihre Strukturen gewahrt, und auch die ersten organisatorischen Schritte verliefen entlang der etablierten Ordnung. Die Regierung, vor allem das RMI, hatte aber mit den vehementen Agitationsversuchen der Luftschutzvereine zu kämpfen, die eine ruhige Aufbauarbeit – obwohl sie selbst dies sehr stark forderten – erschwerten. Die nationalen und rechtsradikalen Wehrverbände entdeckten das Thema schließlich für sich und begannen eine Agitation, die zwar auf ihre Zielgruppen beschränkt blieb, aber zusammengenommen ein militarisiertes bzw. feindorientiertes Klima in der gesamten Gesellschaft aufbaute[10]. Die Diktatur warf ihre Schatten voraus.

Auf einen kurzen Nenner gebracht, läßt sich aus der staatspolitischen Großperspektive Folgendes konstatieren. Deutschland blieb beim Aufbau des Luftschutzes organisatorisch trotz der Versuche Krohnes zur Mobilisierung des Reichspräsidenten weitgehend an eine rationale Herrschaftsordnung demokratischer Prägung gebunden, Propaganda und Ideologie begannen allerdings Anfang der 30er Jahre deren Fahrwasser zu verlassen. Großbritannien blieb voll und ganz in der rationalen Herrschaftsordnung verhaftet, obwohl in den Regierungskulissen ein Pool an autoritär denkenden Leuten existierte. Diese antizipierten – zum Leidwesen Andersons – zwar allzu forsch die Schaffung von Diktatur und Ausnahmezustand mit entsprechender Propaganda, dies jedoch, ohne die bestehenden staatspolitischen Grundsätze zu verlassen. Die Forderung nach einer charismatischen Herrschaftsordnung oder auch nur die Tendenz zur Benennung eines Diktators war auch bei ihnen nicht zu finden. Durchsetzen konnten sie sich ohnehin nicht.

Elemente traditionaler Herrschaft konnten in beiden Fällen praktisch nicht gefunden werden, auch neopatriarchale Züge nicht. Selbst an Oberflächenphänomenen ist nichts nachzuweisen. Das britische Königshaus wurde in keinem Bereich als konstitutiver staatspolitischer Faktor genannt. In Deutschland trat zwar der monarchistisch gesinnte Offizier-Bund mit einigen Artikeln von Großkreutz zum Luftschutz an die Öffentlichkeit, jedoch waren darin keinerlei traditionale Element zu finden.

Die rationale Herrschaftsordnung blieb somit, insbesondere was die Exekutive anlangte, auch für den deutschen Luftschutz weitgehend verbindlich – wenigstens bis 1933. Der Machtantritt Hitlers brachte dann aber einschneidende Änderungen. Auch Großbritannien sollte entsprechende Wirkungen bald zu spüren bekommen.

---

[10] Die Luftschutzarbeit wurde auch durch pazifistische und kommunistische Parteien und Gruppierungen belastet. Deren Aktionen gegen den Aufbau einer entsprechenden Organisation konnten im Rahmen dieser Arbeit nicht erforscht werden und harren weiterer Untersuchung.

V. Zusammenfassung

Die weitere Entwicklung des Luftschutzes nach der offiziellen Ingangsetzung der Mobilmachung in der jeweiligen Herrschaftsordnung wurde dann in Kap. IV ausführlich analysiert. Die Unterschiede und Gemeinsamkeiten im Bereich Organisation lassen sich an sechs Kernpunkten festmachen.

1. Am augenfälligsten wurden die neuen Bedingungen der deutschen Diktatur und deren Unterschiede zu Großbritannien an der praktischen Gestaltung der organisatorischen Basisstrukturen. Infolge der sukzessiven Aushebelung zentraler Teile des Verwaltungsapparates und der Änderung der Herrschaftspraxis an der Staatsspitze wechselte das Bild der organisatorischen Landschaft massiv. Insbesondere wurde bedeutsam, daß die bisherige kollegiale und kooperative Aufgabenverteilung im Reichskabinett und in den föderalen Strukturen weitgehend durch ein neopatriarchales System abgelöst wurde. Zwei der engsten Satrapen Hitlers, Himmler und Göring, traten auf den Plan und rissen neben anderen zentralen innenpolitischen Aufgaben auch den Luftschutz an sich.

Die Zuständigkeiten für den Luftschutz änderten sich noch am Tage der Machtergreifung. Göring als neuer Superminister für alle Luftfragen nahm dem RMI die Federführung ab und übertrug sie sich selbst. Organisatorisch zuständig wurde das Reichskommissariat für Luftfahrt, der Vorläufer des Reichsluftfahrtministeriums. Das RLM selbst wurde am 27. April gegründet und erlangte seine volle administrative Arbeitsfähigkeit am 15. Mai. Die bestehenden privaten Luftschutzvereine, die teilweise bereits Territorialstrukturen ausgebildet hatten, wurden offiziell aufgelöst und mit ihren Ressourcen in den RLB eingegliedert. Dieser baute alsbald ein reichsweites organisatorisches Netz mit Landes- und Ortsgruppen auf und orientierte sich dabei an der NSDAP.

Von der anderen Seite näherte sich Himmler dem Luftschutz. Als er 1936 die Polizeigewalt im Reich mehr oder weniger übernahm, okkupierte er quasi en passant die beim R&PrMI vorhandenen Abteilungen für den Luftschutz mit. Die Obliegenheiten, wozu man anfangs auch noch Aufgaben, die eigentlich schon seit 1933 vom RLM besetzt worden waren, so z.B. den Selbstschutz, zählte, fielen in den Bereich des neugegründeten HA Ordnungspolizei. In der Folge wurde der Luftschutz in dessen entstehende Territorialstrukturen, deren Hauptbasis die Inspekteure der Ordnungspolizei und später die Höheren SS- und Polizeiführer darstellten, eingegliedert.

All dies führte zu einer unglaublichen Komplizierung und vertikalen Aufsplitterung des Gesamtgebäudes. Von daher erscheint es nicht verwunderlich, daß das RLM im Zuge der Verhandlungen im Rahmen der Gesetzgebung einräumen mußte, es bestünde die Gefahr, daß der Luftschutz organisatorisch zerbreche. Am unteren Ende der Verwaltungsketten standen die Gemeinden, die als reine Ausführende ohne eigene Macht- und Organisationsbasis zwischen den Machtblöcken zerrieben zu werden drohten. Ihre Interessenvertretung, der Deutsche Gemeindetag, war bestenfalls eine Art Bittsteller-, Konferenz- und Distributionsorgan gegenüber den Reichsinstanzen. Bei den organisatorischen Grundentscheidungen übernahm das RMI quasi als eine seiner Restobliegenheiten die Vertretung der Interessen der Gemeinden gegenüber Polizei und Luftwaffe. Das RLM ließ sich bei seiner Gestaltungsarbeit von der Meinung der Gemeinden nicht sonderlich leiten, aber immerhin konnten sie – jede für sich und je nach Lage vor Ort – den RLB mehr oder weniger erfolgreich eindämmen.

In Großbritannien gestaltete sich die Lage erheblich anders. In der zehn Jahre dauernden theoretischen Anlaufphase hatten die obersten Planungsgremien fast ausnahmslos nach den Prinzipien rationaler Herrschaft entschieden und brauchten diese Grundrichtung auch nicht zu verlassen, da die etablierte Staatsordnung weiterbestand. Die Grundstrukturen für den Luftschutz wurden entsprechend konzipiert. Nach einer kurzen Diskussion bestimmte das ARPOC die Local Authorities, die durch eine Reihe von Gesetzen seit dem 19. Jahrhundert die verfassungsmäßigen Hauptträger der inneren zivilen Verwaltung darstellten, als Hauptverantwortliche für den Luftschutz auf der unteren Ebene. Sie wurden Mitte der 30er Jahre auch offiziell beauftragt und übernahmen nach zwischenzeitlich heftiger Ablehnung, die erst nach einer gütlichen Einigung über die Finanzierungsfrage überwunden werden konnte, die ihnen zugedachten Aufgaben. Eine Aufsplitterung in verschiedene Macht- und Verwaltungsblöcke wie in Deutschland gab es nicht. Dafür herrschte eine bunte Vielfalt an unterschiedlichen lokalen Verwaltungen, quasi ein Flickenteppich (patchwork-system), dem der Staat erst ab 1938 eine stehende übergeordnete Territorialorganisation zuwies: die Regional Offices des Inspectorate des ARPD, die die lokalen Verwaltungen in ihrem Bereich beraten sollten und Vorentscheidungen über die Genehmigung der »grants«, der Finanzzuschüsse des Home Office, trafen. Diese betreuten die Local Authorities eher, als daß sie verwalteten.

Die eigentliche Kriegseinsatzorganisation hatte die Regierung Anfang der 30er Jahre zunächst nach militärischen Prinzipien konzipiert (Air Raids Commandants), dann aber das militärische Element fallengelassen. 1938 baute sie sie nach rein zivilen Grundsätzen auf. Zentrales Element hierbei waren die Regional Commissioners, denen man jeweils eine Region des Landes zuwies, in der sie als Vertreter des Staates in Notfällen die Funktion der Regierung übernehmen sollten und dazu jeweils Vertreter der wichtigsten Ministerien als Stab zugewiesen bekamen.

Ganz im Gegensatz zu Deutschland, wo wegen der neuen ideologisch-neopatriarchalen Herrschaftsordnung organisatorische Wucherung herrschte, legte man eine geradezu beeindruckende Effizienz und organisatorische Grunddisziplin an den Tag. Die Strukturen der Kriegsorganisation wurden weitgehend gemäß dem Vorbild der Anti-Streik-Organisation von 1926 konzipiert (Emergency Strike Organisation) und räumlich an das ebenfalls ähnlich aufgebaute Inspektionswesen gebunden. Im Kriegsfalle sollten die Inspekteure (Regional Officers), die in allen wichtigen Regionen in je einem Office zusammengefaßt waren, ihre Plätze und Büros räumen und sie den Regional Commissioners zur Verfügung stellen, die sie dann zum Sitz ihrer Headquarters machen sollten. Dies stellt eine geradezu mustergültige Umsetzung der schon seit den 20er Jahren vertretenen Prinzipien dar, nach denen »duplication«, »overlapping« oder »waste of effort« zu vermeiden seien. So entstand eine monolineare Organisation mit den Kristallisationspunkten Home Office/Ministry of Home Security – Regional Offices/Regional Commissioners –

V. Zusammenfassung

Local Authorities. Die Koordination der beteiligten Ministerien und der logistischen Institutionen sollte im Ernstfall vor allem in den Stäben der Regional Commissioners erfolgen.

2. Eine besonders auffällige Differenz zwischen den beiden, schon in der praktischen Grundanlage teilweise recht unterschiedlichen Gebäuden diesseits und jenseits des Kanals bestand darin, daß in Deutschland eine totalitäre Mobilmachungsorganisation zur Kontrolle der Bevölkerung existierte: der RLB. Dieser hatte nur wenig primäre Schutzaufgaben, sollte in erster Linie massive Propaganda betreiben und die Bevölkerung erfassen. Der RLB ging direkt aus den Luftschutzvereinen der Weimarer Republik hervor und übernahm auch deren Status, wenn auch unter unglaublicher Steigerung der Intensität von Organisation und Propaganda. Wie der DLS, die DLL und der ihnen nachfolgende DLSV war der RLB keineswegs selbständig. Er stand unter der Kontrolle des RLM, das diese Funktion vom RMI übernommen hatte. Formal war der RLB als eingetragener Verein mit rechtlich einwandfreier Satzung unabhängig, de facto aber leitete ihn die Luftschutzabteilung im RLM unter Knipfer. Im Kriege wurde er dann wie die NSDAP Körperschaft des Öffentlichen Rechts. Überhaupt hatte er für die Kriegsmobilmachung ähnliche Funktionen wie die Partei für den allgemeinen politischen Bereich. Er sollte analog zur Partei in der ideologisch-weltanschaulichen Sphäre für die luftschutzmäßige Betreuung der »Volksgenossen« sorgen. Die NSDAP sah dies keineswegs mit Wohlwollen. Die totalitäre Grundausrichtung korrespondierte mit der allmählichen Charismatisierung seiner Tätigkeit, insbesondere der Einschwörung auf die Person Hitlers und dem damit verbundenen Kult. Dennoch war der RLB keineswegs ausschließlich ein charismatischer Verband. Er verfügte über eigene amtsmäßige bürokratische Strukturen und hatte als Organisation, wie das RLM nach etlichen Protesten festschreiben mußte, den Dienstweg für die Zusammenarbeit mit den anderen Verwaltungen einzuhalten. Insbesondere die Ordnungspolizei bestand darauf, daß der RLB nur für die Ausbildung der Bevölkerung, insbesondere der Luftschutzhauswarte, zuständig sein sollte. Die Bestellung und dienstmäßige Verpflichtung hatte vom örtlichen Polizeiverwalter vorgenommen zu werden. Der RLB hatte keinen Anspruch auf die Ausübung staatlicher Gewalt, obwohl ihm – wiederum gegen den Widerstand der anderen Verwaltungen – in der I. DVO grundsätzlich hoheitliche Aufgaben übertragen worden waren. Auch erlaubten ihm die Behörden auf allen Ebenen keinerlei Interventionsrecht in ihren eigenen Hausluftschutz und verweigerten ihm Sonderrechte. Nicht zuletzt die Gemeinden leisteten Widerstand gegen Übergriffe. Dies war besonders heikel für den RLB, weil er – finanziell sehr schwach – als aggressiver Hungerleider immer wieder versuchte, Zugriff auf ihre Ressourcen zu erlangen. Anders als die NSDAP, die dasselbe – mit erheblich besseren Machtmitteln ausgestattet – sehr erfolgreich bewerkstelligte, wurde der RLB weitgehend eingedämmt und mußte sich mit seinen knappen Mitteln zufriedengeben. Ein nicht zu unterschätzender Grund für diese Beschränkung lag darin, daß Luftschutz auch nach 1933 innenpolitisch eine immer noch heikle Angelegenheit war und anders als die ideologische

Tätigkeit der NSDAP von den Verantwortlichen unter hoheitlichen, überparteilichen Gesichtspunkten betrachtet wurde.

In Großbritannien hatte man keinerlei Probleme mit derlei Organisationen, denn man lehnte sie an der Staatsspitze bewußt ab. Das bedeutete nicht, daß solche Gebilde in Britannien nicht existierten. Die Legion of Ex-Frontiersmen, die British Legion of Ex-Servicemen, die Air Raid Protection League und die National Association of Air Raid Wardens boten sich nacheinander alle dem ARPD an, wurden aber mehr oder weniger deutlich zurückgewiesen. Ein allgemeines System von Luftschutzwarten (Air Raid Wardens), das man bezeichnenderweise von Deutschland abgeschaut hatte, wurde zwar errichtet und mit hierarchischen Strukturen ausgestattet, dies aber unter rein lokalen Auspizien. Die höchsten Wardens stellten die Chief Wardens dar, die jeweils für eine Local Authority zuständig waren, bzw. der Principal Warden für London. Ein übergeordnete landesweite staatliche oder halbstaatliche Organisation gab es nicht.

Selbst rein humanitäre Hilfsorganisationen wie das Red Cross oder der Order of St. John, mit denen die Regierung vor allem beim Aufbau der Verwundetenversorgung zusammenarbeitete, sah man im ARPD teilweise als Problem an. Dies lag in erster Linie daran, daß deren Organisationsstrukturen eine latente Belastung für die Zusammenarbeit mit den Local Authorities darstellten.

3. Hinsichtlich der polizeilichen Aspekte des Luftschutzes ergaben sich ebenfalls markante Unterschiede. Diese traten erst so richtig nach der Neugestaltung und der Neuausrichtung der deutschen Polizei spätestens ab 1936 zutage. Infolge der Instrumentalisierung als integraler Bestandteil und Hauptstütze des Terrorapparates unter Verschmelzung mit der SS ging deren Einordnung in den Staatsverband, wie sie in der Weimarer Republik gemäß der Prinzipien rationaler Herrschaft definiert worden war, verloren. Parallel dazu entstand die Konzeption eines Staatsschutzkorps, dem alle Exekutivgewalt innerhalb der Grenzen bzw. später der Fronten, soweit nicht unmittelbar dem Militär vorbehalten (unmittelbares Hinterland der Hauptkampflinie), zugedacht war. Es sollte direkt nach den Vorgaben des charismatischen Führers, d.h. insbesondere seiner Definition von den Feinden des Volkes, agieren. Damit war es von vornherein als terroristischer Verband definiert. Der hoheitlich-polizeiliche Teil des Luftschutzes, also insbesondere der SHD und die Feuerwehren, wurde nach einigen Auseinandersetzungen und nach zwei grundlegenden Gesprächen zwischen Himmler und Milch bzw. Daluege und Milch zum integralen Bestandteil des aufzubauenden Staatsschutzkorps und damit formal Teil des entstehenden terroristischen Apparates. In der Praxis wirkte sich dies bis 1939 nur wenig aus und drang auch nicht sehr tief in das Bewußtsein der Beteiligten ein. Das beste Beispiel hierfür bietet der Major der Schutzpolizei Martini, einer der Hauptverhandlungsführer bei den Auseinandersetzungen mit dem RLM um die organisatorischen Zuständigkeiten. Er verteidigte die seines Erachtens gefährdeten staatsbürgerlichen Rechte der Zivilbevölkerung gegen die angebliche Willkür von RLM und RLB. Angesichts der zu diesem Zeitpunkt bereits Jahre währenden Terrorherrschaft der Gestapo eine auf den ersten Blick befremdlich

anmutende Einschätzung, die jedoch weniger als Widerspruch, sondern als Mischphänomen charismatischer und legaler Herrschaft zu werten ist.

Die britische Polizei war demgegenüber in Organisationsstruktur und Aufgabenstellung völlig anders definiert. Bis auf den Londoner Polizeichef, den Commissioner of the Metropolitan Police District, der direkt von der Krone bestellt wurde, unterstanden die Polizeiverwalter den Local Authorities, wobei das Home Office allerdings ein Aufsichtsrecht ausübte.

Die Funktion der Chief Constables innerhalb der Air Raid Precautions wurde zunächst meist funktional definiert, d.h., sie sollten auch unter Luftkriegsbedingungen ihre angestammten Aufgaben, d.h. die Sicherung von Ruhe und Ordnung, ausüben. Beim Aufbau der Air Raid Wardens' Organisation legte man dann fest, daß in einem Teil der lokalen Verwaltungen die Polizeiverwalter die organisatorische Kontrolle über die Warte erhalten sollten. Infolge der im Laufe der Zeit gemachten Erfahrungen jedoch wurde immer stärker verlangt, die Luftschutzwarte und überhaupt die gesamten Air Raid Precautions den Chief Constables direkt zu unterstellen. Die Polizeichefs selbst traten dabei mit entsprechenden Forderungen massiv auf den Plan. Da sie bis auf den Londoner Polizeiverwalter meist selbst den Local Authorities unterstanden, wäre dies wohl keine vollkommene Umkehrung der Verhältnisse gewesen. Allein, das Home Office lehnte derlei Pläne mehr oder weniger von vornherein ab und überließ die Grundanlage der organisatorischen Gestaltung den zivilen Entscheidungsträgern der Local Authorities, also den »councils« mit ihren Ausschüssen und den »mayors«. Für London lehnte das Home Office die Übertragung des Luftschutzes auf die Polizei ohnehin grundsätzlich ab.

Es entstand daher ein buntes Nebeneinander von Arrangements, das dem Charakter der britischen Air Raid Precautions als »patchwork-system« entsprach. Territoriale Organisationsstrukturen mit militärähnlichem Gepräge, wie dies in Deutschland mit den Inspekteuren der Ordnungspolizei und den Höheren SS- und Polizeiführern der Fall war, bestanden im Frieden nicht. Erst für den Krieg war die Etablierung regionaler Befehlsstellen mit Exekutivgewalt geplant: die Regional Commissioners. Aber auch hier gab es Beschränkungen. Ein Regional Commissioner sollte – auch im Ernstfall – in erster Linie Koordinationsaufgaben besitzen. Erst beim Eintreten eines akuten Notfalles oder nach Unterbrechung der Nachrichtenverbindungen mit Whitehall sollte er die Funktion der staatlichen Gewaltausübung übernehmen. Umgekehrt gab es allerdings auch vergleichbare Beschränkungen für die deutschen Inspekteure der Ordnungspolizei (nicht für das ganze Spektrum der zivilen Abwehrmaßnahmen – Civil Defence in Großbritannien –, sondern nur für den Polizeibereich inkl. Luftschutz). Sie sollten im Frieden ebenfalls lediglich koordinieren und repräsentieren, wobei sie allerdings gemäß ihrer Stellung als Inspekteure eine Überwachungsfunktion innehatten und Übungen abhalten durften. Dies hatte seine Ursache aber weniger in verfassungsmäßigem Denken als vielmehr in der durchaus als vorläufig betrachteten Rücksichtnahme des Himmlerschen Apparates gegenüber den Zivilverwaltungen.

Mustergültig wurde in Großbritannien die Eindämmung eines möglichen Machtmißbrauchs bis auf die lokale Ebene weitergeführt. 1939 wurden überall im Land sog. ARP Controllers ernannt, die nicht notwendigerweise identisch mit dem Polizeichef waren. Diese sollten im Falle einer direkten Notlage, also etwa bei einem massiven Luftangriff, aber erst dann, die Befehlsgewalt über alle Luftschutzeinrichtungen der lokalen Verwaltung übernehmen und somit anstelle der Regierung die staatliche Zwangsgewalt ausüben. Die Local Authorities durften diesen Controller benennen, aber im Ernstfall dann nicht über ihn verfügen. Die strikte Gewaltenteilung, ein Grundprinzip rationaler Herrschaft, wurde auch hier streng eingehalten.

Zum Vergleich mit den Aufgaben des deutschen Luftschutzes als Teil eines terroristischen Staatsschutzkorps braucht nicht viel gesagt zu werden. Ein solches existierte in Großbritannien nicht. Die Feuerwehr und anderen Hilfsdienste blieben unter der Kontrolle der Local Authorities, auch wenn insbesondere die Feuerwehren im Interesse der Hebung der Einsatzstandards und der Gewährleistung eines ausreichenden Maßes an Einheitlichkeit besonders vom Home Office überwacht und ausgestattet wurden.

4. In der Frage der gesetzlichen Regelungen bestanden vom allgemeinen Duktus her gesehen sehr große Übereinstimmungen zwischen beiden Herrschaftsordnungen. Sowohl in Großbritannien als auch in Deutschland verabschiedete man erst ein Rahmengesetz (Luftschutzgesetz von 1935; ARP Act von 1937), das dann durch genauere Regelungen ergänzt wurde (Durchführungsverordnungen ab 1937; Civil Defence Act 1939).

Auch die Entstehung der Gesetze verlief nicht so radikal unterschiedlich, wie man dies vorderhand annehmen könnte. Zwar war in Deutschland die rationale Herrschaftsordnung – hier insbesondere das Parlament – seit 1933 entmachtet bzw. zunehmend ausgehebelt worden, dennoch konnte das RLM seine Vorstellungen nicht einfach in diktatorischer Weise durchsetzen. Allein schon die Tatsache, daß ein vollkommen neues Reichsgesetz konzipiert wurde, spricht zumindest für das Weiterwirken geregelter administrativer Ordnungsprinzipien. Die formale Verabschiedung des Luftschutzgesetzes verlief ebenfalls noch weitgehend entlang der Linien rationaler Herrschaft. Nach eingehenden Beratungen des Gesetzes zwischen den Ressorts wurde es als Vorlage in eine der letzten Kabinettssitzungen des Dritten Reiches eingebracht und dort beschlossen. Der Reichstag wurde jedoch nicht mehr beteiligt.

Auch die Vorbereitung des Gesetzes, die fast 3½ Jahre dauerte, zeigte, daß das RLM nicht so einfach schalten und walten konnte, wie es wollte. Die übrigen beteiligten Ministerien, quasi der übriggebliebene Rumpf der rationalen Herrschaftsordnung, hier insbesondere das schon vor 1933 als strenger Kontrolleur aufgetretene RFM, rangen dem RLM einige schwerwiegende Kompromisse ab, so z.B. in der Frage der Sachleistungspflicht. In diesem Zusammenhang traten die Hauptmängel des Luftschutzes offen zutage: seine überaus defizitäre Ausstattung mit finanziellen und materiellen Mitteln. Das RLM hatte versucht, einen Teil der Verantwortung rechtlich auf die Bevölkerung abzuwälzen, war damit jedoch geschei-

V. Zusammenfassung

tert, weil RFM und RMI darauf hinwiesen, daß gemäß Art. 79 der Weimarer Verfassung von 1919, die ja immer noch in Kraft war, allein das Reich für die Landesverteidigung zuständig sei. Dabei zeigte das RFM auf, daß man Kriegsvorbereitungen nicht einfach nach Wunsch verordnen oder in Gang setzen konnte, sondern die Grenzen der staatlichen und gesellschaftlichen Leistungsfähigkeit zu beachten hatte. Das RLM mußte letztlich einlenken. Daß die Haushaltsdisziplin als entscheidendes Prinzip für die Gewährleistung langfristig stabiler Verhältnisse im Gesamtrahmen vom Regime ständig verletzt und ausgehebelt wurde, wußte man wohl, konnte aber aufgrund der charismatischen Stellung des Diktators nichts dagegen unternehmen. In dem strategisch relativ unbedeutenden Bereich Luftschutz hingegen erzielte man einige Erfolge.

Nicht in die Schranken gewiesen werden konnte das RLM in bezug auf die Verankerung privater Vereine (RLB und RI) in den rechtlichen Kanon der Gesetzgebung. Eine derartige Konstruktion war sowohl für Polizei, RMI und RFM ein unerhörter Vorgang, der sich mit den bisherigen rechtlich-verwaltungsmäßigen Grundsätzen nicht vereinen ließ. Rationale Herrschaftspraxis mußte hier zugunsten des charismatischen Elements zurücktreten. Nach einer Unterredung im Jahre 1937 zwischen Milch als Vertreter Görings und Daluege wurde jeglicher Widerstand aufgegeben. Das, was Krohne 1927/28 angestrebt hatte, die offizielle Beauftragung eines privaten Vereins mit Luftschutzaufgaben, war damit Realität geworden, wenn auch unter anderen machtpolitischen Bedingungen und Ergebnissen.

Dieser Erfolg aus der Sicht des RLB bedeutete nun aber nicht, daß er losgelöst und in Eigenregie agieren konnte. Er blieb rechtlich und organisatorisch recht eng beschränkt und unter strikter Kontrolle des RLM, das ihn in seine Militärmaschinerie als Hilfspropagandainstrument eingliederte.

Aus der staatspolitischen Großperspektive betrachtet, spiegelte sich hier erneut eine Vermischung rationaler und charismatischer Herrschaftspraxis. Die Spitzen des Reiches, insbesondere die unmittelbaren Palladine Hitlers, gaben gemäß ihren Machtansprüchen die allgemeinen Vorgaben und griffen dann ein, wenn – wie im vorliegenden Fall – konkrete Grundsatzfragen zu entscheiden waren. Die unteren Ebenen der Verwaltung jedoch agierten weiterhin weitgehend nach den Grundsätzen rationaler Herrschaft. Das RLM mußte sich dem beugen, dies wohl auch nicht zuletzt deshalb, weil es auf die aktive Mitarbeit der anderen Verwaltungen, insbesondere der Polizei, angewiesen war.

Die rechtlich-organisatorische Stellung der Polizei war dabei alles andere als klar. Ihre Zuständigkeit, insbesondere die Funktion des örtlichen Polizeiverwalters als Örtlicher Luftschutzleiter, mußte – entgegen öffentlichen Behauptungen maßgeblicher Verantwortlicher in den 20er und, ex post, sogar noch in den 60er Jahren (Hampe) unter Verweis auf das Preußische Allgemeine Landrecht – extra im Luftschutzgesetz und der I. DVO verordnet werden. Man regelte es dergestalt, daß das RLM sich der anderen Verwaltungen, auch der Polizei, bedienen konnte. Damit war jedoch eine nicht gerade deutliche Regelung getroffen worden, wie unter anderem die Gemeinden mehrfach monierten[11].

Mit diesen rechtlichen Verschwommenheiten korrespondierten massive Auseinandersetzungen bei der Verteilung der organisatorischen Zuständigkeiten. Hatte das RLM die recht weitgehende Aufgabenstellung für die Polizeiverwalter bei der Vorbereitung und Verabschiedung der gesetzlichen Regelungen im wesentlichen aus der Zeit der Weimarer Republik übernommen, so versuchte es in der Folge, seine Position zu begrenzen, indem es ihm das Recht zu Anweisungen über den gesamten Luftschutz (die direkte Befehlsbefugnis) in seinem Bereich erst im Kriegsfall übertragen wollte. Im Frieden sollte er die einzelnen Sparten des Luftschutzes lediglich koordinieren. Dies klang sehr stark nach einer Gewaltenteilung wie in der britischen Herrschaftsordnung, hatte in Wahrheit aber machtpolitische Gründe, wie aus den fast schon bitteren Kommentaren des Majors der Schutzpolizei Martini eindeutig hervorgeht.

In Großbritannien plante die Regierung infolge des Weiterbestehens aller Elemente der existierenden, demokratischen Herrschaftsordnung bei der Schaffung des gesamten Instrumentariums von vornherein die Notwendigkeit zu gütlichen Kompromissen ein. Als entscheidende Frage wurden grundsätzlich die finanziellen Arrangements mit den Local Authorities definiert, ein Punkt, der in Deutschland nach den Intentionen des RLM über die Gesetzentwürfe quasi nebenbei geregelt werden sollte, durch die Aufmerksamkeit der anderen Ministerien dann aber zu einem Kernproblem wurde. Die Verantwortlichen in Großbritannien, Home Office und Kabinett, betonten dagegen ausdrücklich, daß das Parlament niemals einem Luftschutzgesetz zustimme, wenn vorher nicht die Finanzfrage mit den lokalen Verwaltungen geklärt würde. So begann man entlang der vorgegebenen Strukturen mit den Vorbereitungen, d.h., man setzte erst einmal ein Komitee ein, das die Grundlagen der Air Raid Precautions nochmals aufarbeitete.

Diese Verfahrensweise war eher schwerfällig, da die Basisvoraussetzungen in einem seit über zehn Jahren dauernden Prozeß schon grundlegend definiert worden waren. Das britische Ausschußsystem setzte in grundsätzlichen Fragen die genaue Ausarbeitung der sachlichen Zusammenhänge über die organisatorische Effizienz. Es handelte sich immerhin um Entscheidungen mit höchster Priorität für die zivile Verteidigung.

Nach eingehenden Beratungen des Ausschusses und weiteren kontroversen Diskussionen auf Ministerebene wurde der Innenminister schließlich mit Verhandlungsvollmachten ausgestattet. Die lokalen Verwaltungen, die von dem sehr geschickten Morrison angeführt wurden, lehnten jedoch zunächst jegliche Beteiligung an den finanziellen Lasten ab. Damit bestätigte sich wie in Deutschland, wenn auch in anderer Form, daß Kriegsvorbereitungen nicht einfach ins Werk gesetzt werden können, ohne daß Leistungsgrenzen und Leistungswilligkeit von Staat und Gesellschaft berücksichtigt werden. Dem Innenminister gelang es dann

---

[11] Diese terminologischen Schwierigkeiten waren allerdings kein Spezifikum des deutschen LS. Auch in Großbritannien mußte zu solch neuen Formulierungen gegriffen werden. Dies aber geschah ohne massive Friktionen, wie sie etwa im Reich auftraten.

schließlich erst nach einigen Zugeständnissen und geschicktem Taktieren, die Verweigerungsfront aufzubrechen und so den Weg für die Verabschiedung des ARP Act im House of Commons frei zu machen. Die Aufbauarbeit auf der unteren Ebene wurde durch die Schwerfälligkeit des britischen Verwaltungsapparates und die Renitenz der Local Authorities insgesamt um fast ein Jahr aufgehalten.

5. Hinsichtlich der inhaltlichen Bestimmungen der jeweiligen Gesetze tritt vor allem ein Unterschied hervor, der in Großbritannien seit 1938 ideologisch-propagandistisch massiv herausgestellt wurde: die Frage des Freiwilligkeitsprinzips. Im Hinblick auf dieses Prinzip differierten die Gesetze grundsätzlich. Das deutsche Luftschutzgesetz und die I. DVO enthielten klare Bestimmungen, die jeden Deutschen zum Luftschutz verpflichteten. Damit war die direkte Ausübung staatlichen Zwanges auf den einzelnen möglich, und dementsprechend hatte man auch Strafbestimmungen eingeführt. Im ARP Act von 1937 ist derlei überhaupt nicht enthalten. Das Gesetz regelte lediglich die organisatorischen und finanziellen Zuständigkeiten von Regierung und Local Authorities, ohne den privaten Bürger auch nur zu erwähnen. Etwas anders verhielt sich dies dann beim Civil Defence Act von 1939. Hier erließ man Zwangsbestimmungen gegen renitente Immobilieneigentümer und unwillige bzw. unfähige Local Authorities. Außerdem wurden Haushalte in möglichen Aufnahmegebieten für die Evakuierung von Stadtbewohnern verpflichtet, den Local Authorities ihre Wohnkapazitäten offenzulegen. Zu einer grundsätzlichen zentralen Verpflichtung des einzelnen Staatsbürgers hingegen kam es immer noch nicht.

Diesen Sachverhalt führte die britische Propaganda weidlich aus und behauptete, daß die Briten sich und ihre demokratische Staatsordnung als Gemeinschaft freier Bürger genauso gut und sogar noch besser verteidigen könnten als die Diktaturen auf dem Kontinent mit der Ausübung von Zwang. Derlei stimmte jedoch nur sehr eingeschränkt mit den eigentlichen Tatsachen überein. Die Festlegungen des Luftschutzgesetzes und der I. DVO entsprachen wie schon die Einsetzung der Polizeiverwalter als Örtliche Luftschutzleiter eher der deutschen Rechtstradition und wären wohl auch unter demokratischen Bedingungen so gefaßt worden[12]. Auf der anderen Seite enthielt die I. DVO auch Schutz- und Beschwerderegelungen, die allerdings an die Grenzen des Maßnahmenstaates, so wie Fraenkel ihn definierte, stießen, hier insbesondere die Einführung einer Verschwiegenheitspflicht für Amtsträger des Luftschutzes. Die Aussagen der britischen Propaganda über das Wesen des Luftschutzes in der Diktatur gaben staatspolitisch und staatsrechtlich die Realität insgesamt nur äußerst unzureichend wieder.

Wie die Praxis der Rechtssprechung in Deutschland letztlich war, konnte nur undeutlich geklärt werden. Aufgefunden wurden nur drei bis vier Urteile, die alle gegen die Beschuldigten ausfielen, dabei jedoch recht milde blieben. Der jüdische Professor Victor Klemperer z.B. wurde aufgrund der Verstöße gegen das Luftschutzrecht denunziert, inhaftiert und verlor dadurch sein Haus. Dies allerdings erst im Krieg.

---

[12] Letzterer Befund stellt eine noch nicht vollständig gesicherte These dar und wäre anhand weiterer Untersuchung noch zu erhärten.

Letztlich kann aus den Zwangsbestimmungen der deutschen Luftschutzgesetze nur undeutlich auf charismatisch motiviertes Herrschaftsdenken geschlossen werden, sondern eher – wenn überhaupt – auf die Manifestation eines autoritären Ordnungsstaates rationaler Prägung. Vieles spricht dafür, daß bei Fortbestehen der Weimarer Demokratie nicht anders verfahren worden wäre.

Die Ausübung von Druck und Zwang im praktischen Tagesgeschäft schien insgesamt auch weniger von den oberen Ebenen auszugehen, die – wie das Präsidium des RLB mehrfach nachdrücklich betonte – freiwillige, nicht gepreßte Aktivisten für den Luftschutz gewinnen wollten, sondern eher von den unteren Ebenen. Die Mobilisierungsarbeit wurde nachhaltig von den teilweise rabiaten Methoden der örtlichen Funktionäre geprägt. Dies wiederum aber entsprach wenigstens teilweise durchaus der organisatorischen Herkunft des RLB; bei seiner Schaffung hatten unter anderem die Wehrvereine der Weimarer Republik Pate gestanden.

Die Prädominanz der Herrschaftspraxis rational-legaler Provenienz wird auch durch die Stellung und die Behandlung charismatisch legitimierter Institutionen und deren ideologische Kampfgebiete aufgezeigt. Die NSDAP als Partei des Führers besaß keinerlei Sonderrechte, wurde zunächst vielmehr regelrecht vergessen. Als sie 1936/37 Anstalten unternahm, um rechtliche Organisationsmacht zu erlangen, bekam sie eine Abfuhr. Organisatorische Umfassungsversuche des als weltanschaulich und politisch unzuverlässig eingestuften RLB mittels spezieller Abmachungen scheiterten völlig. Die Stunde der NSDAP sollte erst im Krieg schlagen.

Die Juden und die an ihnen begangenen Diskriminierungen und Entrechtungen wurden mehr oder weniger als »matter-of-fact« behandelt. Dementsprechend unterwarf man sie im normenstaatlichen Rahmen einer speziellen Behandlung. Die Bestimmungen der I. DVO und der 1938 erschienenen Sonderverordnungen des RLM legten nach Art gewöhnlicher Ausnahmeregelungen rechtsstaatlicher Gesetze die Trennung von Juden und »Deutschen« im Luftschutz fest. Die Rechtskommentare zum Luftschutzrecht gaben derlei Passagen knapp und nüchtern wieder. Damit sollte insbesondere verhindert werden, daß die sachliche Arbeit durch allzu großes Aufsehen gefährdet wurde. Man hatte in Fortsetzung der Prinzipien, die bereits während der Weimarer Jahre offiziell aufgestellt worden waren, immer noch kein Interesse an parteipolitischen oder gar ideologischen Kämpfen im Zusammenhang mit dem Luftschutz.

Der institutionelle Terrorapparat verhielt sich ebenfalls moderat, wie die schlampigen Nachforschungen des SD beweisen. Möglicherweise ging dies darauf zurück, daß tatsächlich relativ wenig Juden im Luftschutz tätig waren. Für die Juden in Deutschland stellte der Luftschutz keine existentielle Gefahr dar, es dürfte sich jedoch für sie als bitter erwiesen haben, daß er offenlegte, wie sehr ihre Entrechtung auch legale Formen angenommen hatte.

6. Was das praktische Zusammenspiel der einzelnen Elemente der Luftschutzorganisation und insbesondere deren Probleme anbelangt, so kann trotz aller bestehenden Unterschiede in einzelnen nicht vollkommen von diametralen staatspolitischen Gegensätzen ausgegangen werden. In Großbritannien blieben die de-

mokratischen Organisationsprinzipien entlang der gegebenen Verfassungsstrukturen durchaus nicht unangefochten. Insbesondere die Local Authorities als Hauptträger des Luftschutzes gerieten 1938/39 wegen angeblicher Untätigkeit und chaotischen Führungsstils unter massive Kritik. Wichtige praktische Verantwortliche, vor allem die Polizeichefs und der Principal Warden von London, Howard, der sogar die Einführung militärischer Strukturen forderte, traten auf den Plan. Selbst einige der führenden Mitglieder des ARPD begannen daraufhin zu schwanken. Die britische Herrschaftsordnung glänzte also nicht nur durch verfassungsmäßige Disziplin, sondern beinhaltete auch massive Probleme. Die obersten Verantwortlichen, vor allem Anderson, letztlich auch der höhere Verwaltungsapparat als solcher, ließen jedoch keinerlei autoritäre Durchdringung zu.

In Deutschland gestaltete man die Verhältnisse grundsätzlich autoritär und militärisch bzw. quasimilitärisch, kam aber im Laufe der Zeit ohne ein erhebliches Maß an ziviler Kooperation nicht aus. Die strukturelle Integrität des Luftschutzes geriet aufgrund der organisatorischen Aufspaltung und der Konkurrenz vor allem zwischen RLM und der Ordnungspolizei einerseits sowie zwischen dem »aggressiven Hungerleider« RLB und den Gemeinden andererseits in Gefahr, die nötige Kohärenz zu verlieren. Daß das ganze Gebäude nicht zerbrach, lag daran, daß die Hauptstreitpunkte entweder doch noch durch Kompromiß oder durch Entscheidung auf höchster Ebene ausgeräumt wurden. Das RLM als Hauptverantwortlicher konnte es sich letztlich nicht erlauben, auf totalen Konfrontationskurs zu gehen, dies insbesondere, weil es auf die anderen Verwaltungsträger, insbesondere Polizei und Gemeinden, angewiesen blieb. So mußte man sich zusammenraufen, um ein Versagen zu verhindern. Wesentliche Schritte zur Verbesserung der allgemeinen Arbeitsfähigkeit wurden in Angriff genommen:
- die Eindämmung des RLB durch drei Erlasse des RLM;
- die gütliche Einigung in den Detailfragen der Finanzierung durch Regelung der sog. besonderen Kosten, wobei sich das RLM widerstrebend bereit erklärte, den Schutzraumbau, einen der größten Ausgabenposten, zu übernehmen;
- die Herausgabe des zentralen Erlasses zur Arbeitskoordination vom 9. Oktober 1936, der die strikte Einhaltung des Dienstweges zwischen den drei (bzw. vier)[13] vertikalen Verwaltungssträngen (Luftwaffe, RLB, Polizei/Innere Verwaltung) regelte;
- die allgemeine Verbesserung des Klimas durch nachhaltige Betonung der Kooperation als entscheidende Basis für erfolgreiches Zusammenarbeiten.

All diese Maßnahmen gehörten klar in den Bereich rationaler Herrschaftsgestaltung. Das RLM hatte schon in den Jahren 1935 erfahren müssen, daß der Aufbau des Luftschutzes infolge der ihm innewohnenden Komplexität harte, rationale Organisationsarbeit unter Wahrung klarer, übergeordneter Prinzipien erforderte. Allein mit Gefolgschaftstreue und Führerverehrung kam man hier nicht weiter. Somit blieb der Luftschutz organisatorisch trotz der charismatisch-neopatriarcha-

---

[13] Die RI wird hier nicht besonders berücksichtigt, weil der WLS weitgehend ausgeklammert werden mußte.

lischen Grundbedingungen an der Staatsspitze und der durch sie bewirkten strukturellen Aufspaltung sehr stark der Praxis rationaler Herrschaft verhaftet.

Charismatische oder traditionale Elemente und Verfahrensweisen traten erst bei schweren, unlösbaren Problemen auf den Plan, so z.B. bei den Kämpfen und Diskussionen um den RI und den RLB, die Belastung der Bevölkerung, die Stellung der Polizeichefs und den Status des behördlichen Luftschutzes (vor allem Feuerwehr und SHD). Die Zerwürfnisse konnten erst durch persönliche Gespräche der neopatriarchalen Machtträger bzw. deren Vertreter ausgeräumt werden. Die Kämpfe hörten dadurch jedoch nicht auf, sondern wurden im Krieg fortgesetzt und endeten nach dem Versagen Görings und dem Eintreten der Ungunst Hitlers zugunsten von Partei und Polizei auf Kosten des RLM.

In Großbritannien wiederum endeten die Diskussionen um die organisatorischen Grundlagen nach Kriegsbeginn ebenfalls nicht, wurden jedoch weiterhin entlang der rationalen Herrschaftsordnung behandelt. 1940 berief man einen Ausschuß zur Überprüfung der Air Raid Precautions ein, das sog. Mabane-Committee, das die Arrangements der Vorkriegszeit weitgehend bestätigte. Die Local Authorities blieben weiterhin Träger des britischen Luftschutzes. Quasimilitärische Prinzipien etwa für die Air Raid Wardens wurden nicht eingeführt. Die Polizeichefs blieben in ihrer Aufgabenstellung beschränkt.

Jenseits des Ärmelkanals bewies man letztlich eine erstaunliche staatspolitische Kontinuität bei den Kriegsvorbereitungen. Dennoch oder auch gerade deshalb ergaben sich hier ebenfalls massive Schwierigkeiten, dies insbesondere wegen der starken Unabhängigkeit der Local Authorities mit der Folge einer großen Uneinheitlichkeit bei den Vorbereitungen. Nicht nur in bezug auf die Intensität, sondern auch im Hinblick auf die grundlegende Vorgehensweise glichen die Air Raid Precautions einem Flickenteppich. Das Home Office versuchte, der Lage durch die Herausgabe einer großen Anzahl von Rundschreiben Herr zu werden, vergrößerte damit aber den bürokratischen Aufwand noch, was dann insbesondere seit 1938/39 zu weiterer Verwirrung und dem in Großbritannien so negativ bewerteten »waste of effort« führte. Das verfassungsmäßig bedingte Fehlen einer schlagkräftigen, gleichzeitig aber straffen Territorialorganisation im Frieden wirkte sich als erheblicher Nachteil aus, der dann von den Kritikern entsprechend angeprangert wurde. Allenthalben bemängelte man »bureaucratic slackness« und »waste of effort«. Die Regierung ließ sich dadurch jedoch nicht aus der Ruhe bringen, sondern setzte ihren Kurs fort. Die staats- und verfassungspolitische Disziplin war und blieb im großen und ganzen mustergültig. Wenn es so etwas gibt wie organisatorische Disziplin, Zucht und Ordnung im höheren Sinne, dann war sie in Großbritannien beheimatet und nicht in Deutschland. Es gab wohl einen Pool an verantwortlichen Leuten – dies auch in der Regierung und schon seit Beginn der Planungen in den 20er Jahren –, die autoritäre Grundhaltungen vertraten und für eine permanente Mobilisierung auf militarisierter und autoritärer Basis eintraten; allein, sie konnten sich nicht durchsetzen. Eine Annäherung an die Verhältnisse einer Diktatur war in ihrer Perspektive durchaus möglich. Ihre Vorstellungen liefen allerdings eher auf ein zivil-militärisches und diktatorisches Organisationsmodell rationaler Provenienz hinaus. Eine Charismatisierung der zivilen Kriegsvorbereitungen innerhalb einer Führerdiktatur, wie sie im Reich errichtet worden war, mit ihrer staatspolitischen Legitimierung und – in deren Folge – der Installierung charismatisch-neopatriarchalischer Gefolgsleute auf höchster Ebene und der entsprechenden Gestaltung des organisatorischen Gesamtgebäudes für den Luftschutz, blieb jedoch selbst für sie undenkbar. Immerhin aber ist in beiden Apparaten, insbesondere auf den Sub-Ebenen, die Tendenz zu autoritären Organisationsmodellen zu konstatieren, wenn auch in unterschiedlicher Ausprägung. Diese Erkenntnis ist im Hinblick auf die aktuelle Sicherheitsdiskussion nach den Anschlägen von New York vom 11. September 2001 durchaus von einiger Bedeutung. Strukturen zur Überwachung und Mobilmachung neigen von selbst zur Ausdehnung ihrer Macht und ihrer Effizienz, auch wenn, wie in Großbritannien, die verantwortlichen Spitzen derlei nicht befürworten. In diesem Licht muß die Verfahrensweise der verantwortlichen Entscheidungsgremien, vor allem der Regierung, jeweils besonders eingehend betrachtet und diskutiert werden.

Verläßt man den organisatorischen Bereich und wendet sich Propaganda und Ideologie zu, steht zunächst erneut der RLB im Blickpunkt. In die Spitzengliederung des RLM eingebunden, diente er von vornherein der Durchführung von Massenbeeinflussung auf permanenter Basis mit festem organisatorischen Rahmen. Unter den Bedingungen des Dritten Reiches mußte diese Art von Propaganda früher oder später zwangsläufig zu einer nachhaltigen Charismatisierung führen, dies nicht zuletzt auch deshalb, weil die Verantwortlichen eine wenigstens latente innere Bereitschaft dazu aus der Zeit der Weimarer Republik mitbrachten.

Die Pionierarbeit für das letzte Stück des Weges zur Vereinigung des charismatischen Potentials von vor 1933 zur manifesten charismatischen Legitimierung leistete Hampe, der an prominenter Stelle die ideologische Ausrichtung auf den charismatischen Führer vornahm. Die ruhige sachliche Aufbauarbeit und die Betonung humanitärer Werte und Zielsetzungen, die man als explizite Forderungen bis zu einem gewissen Grade aus der Zeit vor der Machtergreifung herübergerettet hatte, blieben danach immer stärker auf der Strecke.

Die propagandistische Einpassung in die entstehende charismatische Führerdiktatur und in die »Totale Mobilmachung« für den nächsten Krieg erfolgte in vollem Maße jedoch erst ab 1935/36. Davor übte man insbesondere in der Presse beachtliche Zurückhaltung, was jedoch verschiedene, schlecht ausgebildete Saalredner nicht davon abhielt, bereits offen Rassismus, Militarismus und Revanche zu predigen. Daß die Führungsinstanzen derlei aggressive Methoden zu verhindern suchten, hatte zum Teil mit der Tarnzeit der Luftwaffe zu tun, ging aber in erheblich stärkerem Maße auf innenpolitische Erwägungen zurück. Zivile Luftschutzmaßnahmen waren seit 1926 völkerrechtlich erlaubt und insofern außenpolitisch unproblematisch. Viel größeres Gewicht besaß die Rücksichtnahme auf die gesellschaftlich-psychologischen Verhältnisse im Reich selbst. Der Umschwung auf eine charismatisch-militärische Propaganda konnte nicht so ohne weiteres vollzogen werden, wollte man keine zu große Unruhe in die Bevölkerung tragen. Die propagandistische Zurückhaltung der NSDAP, der die Aktivitäten des RLB viel zu weit gingen, spricht hier eine deutliche Sprache. Panikmache war nicht gerade das, was man wollte.

Der Partei war der RLB grundsätzlich suspekt. Man sah das eigene politischideologische Betreuungsmonopol gefährdet. Außerdem betrachtete man den RLB als weltanschaulich nicht zuverlässig und als minderwertig. Die Parteigliederungen griffen ihn daher auch an und machten ihn sogar öffentlich lächerlich. Die propagandistische Arbeit des RLB wurde dadurch erschwert. Umgekehrt versucht der RLB es tunlichst zu vermeiden, von der NSDAP organisatorisch und ideologisch instrumentalisiert oder gar vereinnahmt zu werden. Daß der RLB im eigenen Propagandainteresse zusammen mit der Partei und ihren Gliederungen bei besonderen Anlässen aufmarschierte, tat dieser Abwehrhaltung keinen Abbruch.

Durch diese Schwierigkeiten ließen sich RLB und RLM nicht von ihrer Arbeit abbringen, gingen allerdings in der heiklen Anfangszeit vorsichtig vor. Paradigmatisch hierfür ist der Gründungsaufruf Görings für den RLB, der noch alle Merkmale der Graubereichspropaganda der Luftschutzvereine der Weimarer Zeit trägt. Ein derart moderates Vorgehen empfahl sich nicht allein auch schon deshalb, weil die öffentliche Meinung generell zunächst noch nicht als bereinigt gelten konnte. Die kritische Presse der Linken und der Pazifisten, die den Luftschutzrummel, wie sie es nannte, rigoros ablehnte, meldete sich noch bis ins Frühjahr 1933 zu Wort, bevor sie dann nach und nach mundtot gemacht wurde. Länger dauerte die Ausschaltung subversiver und revolutionärer Elemente aus dem rechten Spektrum, wie die Fälle Geisler und vor allem Roßbach zeigten. Erst Ende 1934 hatte sich die Luftschutzbewegung von allem alten ideologisch-politischen Ballast befreit.

Nachdem die Zeit der Unsicherheit vorbei war, erfolgte dann recht rasch eine massive Charismatisierung der Propaganda. Die großen Aufmärsche des RLB unterschieden sich kaum von den Auftritten Hitlers oder Goebbels'. Diese Höhepunkte stellen stärkste Manifestation charismatischer Herrschaftspraxis dar. Die Gemeinschaft des Führers und seiner Gefolgschaft wurde öffentlich zelebriert. Dabei spielte es keine Rolle, daß sich Göring anstatt Hitler aufspielte. Er betrachtete den Luftschutz als zu seiner Hausmacht gehörig, obwohl er nur wenig sachliches Interesse an ihm hatte. Insofern fungierte er als Ersatzführer.

Bei den Großveranstaltungen, insbesondere in den Reden Görings, traten zwischen den Zeilen teilweise erhebliche staats- und gesellschaftspolitische Widersprüche auf. Der Zwiespalt zwischen freiwillig agierender Volks- und Kampfgemeinschaft – Idealfall und Wunschtraum des Regimes – und den gesetzesmäßig verordneten Zwangsbestimmungen trat offen zutage. Er konnte letztlich nicht aufgelöst werden. Görings Postulat, daß Gesetze eigentlich nicht nötig seien, wurde durch die Forderung des RLB-Präsidiums an die Landes- und Ortsgruppen nach Einhaltung und Beachtung des Freiwilligkeitsprinzips nachdrücklich bekräftigt, scheiterte jedoch einerseits an der teilweise rabiaten Herrschaftspraxis der Funktionäre, andererseits an der passiven Renitenz großer Teile der Bevölkerung. Das Bestreben nach totaler organisatorischer Mobilisierung und direkter Kontrolle über alle Haushalte war letztlich utopisch. Insofern behielt die britische Luftschutzpropaganda mit ihrer Ablehnung des Zwangs recht. Im Zeitalter der Bomber ist es vollkommen realitätsfern zu glauben, man könne die Mehrheit oder gar die Gesamtheit der Zivilbevölkerung zu freudigem Engagement für Kriegsvorbereitungen gewinnen.

Weithin falsch lag man jenseits des Ärmelkanals jedoch mit der Einschätzung in bezug auf den formellen Zwangscharakter des deutschen Luftschutzes. Die expliziten Bestimmungen dazu hielten sich in Grenzen. Die Luftschutzhauswarte etwa – offiziell zu Führern der Haus-Kampfgemeinschaften stilisiert – besaßen letztlich keine Polizeigewalt und konnten lediglich auf dem Wege der Anzeige für die Durchsetzung der Vorschriften bzw. eine Bestrafung sorgen. Die Hauptwaffen der Mobilmachung stellten Propaganda und psychologischer Druck dar.

In Großbritannien setzte massive Propaganda erst im Frühjahr 1938, also etwa drei Jahre nach Beginn der Charismatisierung der Luftschutzpropaganda in Deutschland, ein. Bis dahin hatte die Regierung die Dinge eher sich selbst überlassen und auf die Local Authorities und die bereits geworbenen Freiwilligen vertraut. Aktiv wurden lediglich die Inspektoren des ARPD, die, Missionaren gleich, im Land auf Werbetour gingen, sich dabei aber eher an Fachleute und Verantwortliche, weniger an die Bevölkerung selbst wandten.

Die Propaganda, die man dann 1938 startete, war zunächst auch nicht auf eine organisierte Massenbeeinflussung, wie sie der RLB tätigte, ausgerichtet. Kernstück bildeten zunächst die »talks« der politische Spitzen des Luftschutzes, die durch Poster, Handbücher und andere Druckschriften ergänzt wurden. Massive organisierte Anstrengungen ergaben sich erst durch die ab Herbst 1938 veranstalteten »campaigns«. Mit ihnen trat man dann auch in eine semi-permanente Mobilmachung ein. Die ganze Öffentlichkeitsarbeit besaß jedoch auch danach, da sie sich eher auf gezielte Aktionen stützte, einen weniger systematischen Charakter als die deutsche Propaganda. Im Laufe der Zeit näherte man allerdings wenigstens die konkreten Formen – bewußt oder unbewußt – immer stärker an die Propagandapraxis in Deutschland an. Höhepunkt war der Aufmarsch im Londoner Hyde Park im Juli 1939, der zumindest der Anlage nach den Massenveranstaltungen des RLB glich. In technischer Hinsicht stand die britische Regierung den deutschen Verantwortlichen grundsätzlich ohnehin in nichts nach, auch wenn der Grad der Uniformierung insbesondere der obersten Verantwortlichen und die Intensität der Martialisierung und Charismatisierung erheblich geringer war als in Deutschland. Das ganze Instrumentarium von Druckschriften über Ausstellungen, Filme, Radioübertragungen, Aufmärsche, Übungen bis hin zur Haus-zu-Haus-Werbung wurde genutzt[14].

Die Professionalität und die Intensität ließ in manchen Bereichen allerdings sehr zu wünschen übrig. So verlief z.B. die Produktion der zwei wichtigsten Propagandafilme eher schwerfällig und problematisch. »The Gap«, der von der Armee

---

[14] In Großbritannien lag man generell in der Erkennung moderner Propagandamethoden nicht so weit hinter Hitler und den Nationalsozialisten zurück, wie dies auf den ersten Blick scheinen mag. Sowohl Baldwin als auch Chamberlain nutzten Radio und Wochenschau gezielt für ihre politischen Ziele. Smith, Democracy, S. 63. Chamberlain beeinflußte überdies die Presse in erheblicher Weise. Vgl. dazu Cockett, Twilight.

in Auftrag gegeben worden war, fiel bei der Filmkritik als panikmacherisch durch[15], und die Produktion von »The Warning«, der 1939 in die Kinos kam, glich zeitweise einem Fiasko, weil sich die kommerziellen Interessen der beauftragten Produktionsfirma und die staatspolitischen Ziele der Regierung nicht deckten. Der Forschungs- und Produktionstätigkeit der Reichsanstalt für Luftschutz in Berlin und dem Verteilersystem des RLB hatte man nichts Gleichwertiges entgegenzusetzen, auch wenn das ARPD im Laufe der Zeit begann, die zur Verfügung stehenden Propagandamittel auf einheitliche und standardisierte Weise in Umlauf zu bringen.

Waren also die Unterschiede in den Propagandaformen eher gradueller Natur, so ergaben sich gravierende Differenzen bei den Inhalten. Die britische Regierung nahm die ideologische Herausforderung der nationalsozialistischen Diktatur an und setzte ihr eine eigene Weltanschauung entgegen. Insofern trifft die landläufig teilweise bis heute vertretene Meinung, Großbritannien und die Briten seien unideologisch, nicht zu.

Die Grundstruktur des Weltbildes wurde einheitlich entwickelt, in den zentralen Outlines of Policy zur Rekrutierungskampagne im Herbst 1938 ausführlich niedergelegt und danach – wie in Deutschland – ständig wiederholt. In zentralen Reden etwa kam es zu pathetischen Aufrufen, allerdings mit erheblich weniger charismatischem Kerndruck als im Reich. Verweise auf eine Wehrgemeinschaft, genährt aus einer angeborenen Ureigenschaft der Nation, oder ein wie auch immer geartetes, gesundes Volksganzes fehlten. Die Inhalte verwiesen eindeutig auf individuelles, willentliches und bewußtes Zusammenstehen aller Frauen und Männer. Das britische Modell baute auf das Prinzip der Freiwilligkeit, das letztlich als erheblich effizienter bezeichnet wurde als der Einsatz von Zwang, wie von den Diktaturen auf dem Kontinent ausgeübt. Die Briten stünden als freiwillige Gemeinschaft mündiger Bürger zusammen, um Staat und Nation notfalls zu verteidigen. Hinzugefügt wurde meistens noch ein eher unterschwelliger Vorwurf an die Adresse Hitlers. Dieser erpresse friedliche Völker und habe daher das Recht nicht auf seiner Seite, das letztendlich doch siegen werde. Demokratie, Recht und Freiwilligkeit wurden als die in der Endkonsequenz stärkeren Elemente der Weltgeschichte propagiert und in begrenztem Maße auch charismatisiert.

Insgesamt gesehen treten in der inhaltlichen Ausführung der Propaganda die deutlichsten Unterschiede zwischen beiden Herrschaftsordnungen auf. In Deutschland wurde der Kult des charismatischen Führers direkt auf den Luftschutz übertragen – allerdings ohne ideologische Problemthemen wie etwa die Juden zu thematisieren –, während in Großbritannien die rationale Herrschaftsordnung gefeiert wurde, wobei – dies ist nicht weniger bezeichnend – nicht so sehr gegen den charismatischen Führer Hitler polemisiert wurde als vielmehr gegen die scheinbar ungesetzlichen Zwangsmaßnahmen der Diktaturen[16]. Man hatte dabei keinerlei Hemmnisse, Massen von Uniformträgern mit Fahnen aufmarschieren zu

---

[15] Monthly Film Bulletin of the BFI, Vol. 4, 1937, S. 95, und Light and Sound, Summer 1937, Vol. 6, No. 22, S. 89.
[16] Hierbei dürfen allerdings diplomatische Rücksichten als Wirkfaktoren nicht vergessen werden.

lassen, auch wenn der Kult nicht derart extreme Blüten trug wie in Deutschland. Man glorifizierte die eigene Nation und ihre Herrschaftsordnung zurückhaltender als das deutsche Regime seine Diktatur.

Die strategisch-politische Zielsetzung für den ganzen Mobilisierungsaufwand der britischen Air Raid Precautions differierte von der des deutschen Luftschutzes nur wenig. Schon früh, im ersten großen internen Handbuch, das zwischen 1932 und 1934 erarbeitet wurde, hatte man die Prioritäten klar festgelegt. An erster Stelle standen als reziproke Postulate die Erhaltung der Kampfmoral der Bevölkerung, die Aufrechterhaltung der Kriegsproduktion und das Überleben der Nation (community). Von liberalistischem Individualismus war nur wenig zu spüren. Der Schutz des einzelnen und seines Eigentums rangierte erst in der zweiten Reihe. Insofern unterschied man sich von der Definition der Anforderungen im Reich, wie sie etwa in den martialisch gefärbten Äußerungen des Majors Beutler offiziell zum Ausdruck kamen, nicht. »Totaler Krieg« erfordert totale Maßnahmen und eine entsprechende Mobilisierung. Die propagandistisch-ideologische Sinngebung für die Luftschutzaktivisten und die Bevölkerung aber – ein wesentliches Element für die Konturen der Herrschaftsordnung – wurde eindeutig und im Unterschied zum nationalsozialistischen Luftschutz entlang der eigenen, rationalen Herrschaftsordnung vorgenommen.

Die Reaktion der Bevölkerung auf die Luftschutzmaßnahmen und die sie legitimierende Propaganda ergab sich entlang der beschriebenen Herrschaftspraktiken und deren Grundlagen. Diese Rahmenbedingungen und damit letztlich die Differenzen zwischen beiden Mobilmachungsmaschinerien relativierten sich jedoch vor den sozial-psychologischen Befindlichkeiten der breiten, der schweigenden Masse der Zivilbevölkerung.

Auf den ersten Blick waren recht klare Unterschiede zu erkennen. Der offenkundigste und auch von vornherein anzunehmende ergab sich aus der gegensätzlichen Behandlung der grundlegenden Bürgerrechte, insbesondere der Meinungsfreiheit. In Deutschland machte der Terrorapparat offen und grundsätzlichen Widerspruch zu jeglicher Kriegsvorbereitung durch seine Herrschaft unmöglich. Anders in Großbritannien. Hier kam es seit 1937 zu massiver Kritik, insbesondere von seiten regierungsunabhängiger Wissenschaftler und Intellektueller. Die Bandbreite der dabei vertretenen Meinung reichte von der Behauptung der technischen Wirkungslosigkeit der Maßnahmen über soziale Argumentationen und staatspolitische Kritik bis hin zum offenen Aufruf, die bestehende Regierung zu stürzen; dies letztere allerdings meist ohne die Forderung nach Gewalt oder Revolution. Der Luftschutz, der Krieg und Tod als Möglichkeit in die britische Gesellschaft getragen hatte, wurde als Plattform für Rundumkritik an den bestehenden politischen und sozialen Verhältnissen genutzt. Die Kritiker versteckten sich dabei keineswegs innerhalb begrenzter Zirkel, sondern traten lautstark an die Öffentlichkeit, was insbesondere auch in der Presse reflektiert wurde. Die Regierung geriet dadurch zeitweise unter massiven Druck, der – so schien es zumindest – die Beendigung oder wenigstens die radikale Umgestaltung der Maßnahmen nötig werden ließ. Derlei geschah allerdings nicht und blieb aus rückblickender Perspektive auch weitgehend ausgeschlossen. Die Regierung hatte durchaus Erfahrung im Umgang mit derlei Schwierigkeiten und besaß ein Instrumentarium an Gegenmaßnahmen, das konsequent angewandt wurde.

Im Regelfall versuchte man zunächst die Sache totzuschweigen und auszusitzen. Das ARPD betrachtete es in den meisten Fällen als unnötig, panikmacherisch und töricht auf die Kritik einzugehen. Damit hätte man sie letztlich eher noch befördert als beseitigt. Hatte derlei Taktik keine Wirkung, wie im Falle des Deep-Shelter-Programms von Haldane, berief man einen Ausschuß von nach außen hin unabhängigen, aber regierungsnahen Fachleuten ein und ließ sich die eigene Meinung sachlich bestätigen. Die Kritiker dürften diese manipulative Technik durchschaut haben, konnten aber nichts dagegen unternehmen, weil sie politisch letztlich machtlos waren. Das National Government besaß die Mehrheit im Parlament, verfügte über alle Machtmittel des Staates und brauchte direkte Angriffe von dieser Seite nicht zu befürchten. Die Gegner waren meist ohnehin auf friedliche Mittel festgelegt und versuchten in erster Linie, mit Überzeugungsarbeit zum Ziel zu gelangen. Die Regierung mußte lediglich darauf achten, mit der öffentlichen Meinung nicht zu ungeschickt umzugehen. Das lautstarke Getöse, das durch die Kritiker teilweise entstand, verpuffte meist nach einiger Zeit, und hartnäckige Persönlichkeiten, wie Haldane, verloren partiell an Wirkung, weil die Öffentlichkeit mit der Zeit wußte, was an Argumenten von ihnen zu erwarten war. Eine wirkungsvolle politische Dynamik entstand durch sie nicht. Das »Ausleben der Meinungen«, die Hitler als dekadent und morbide denunzierte, führte daher keineswegs zur Destabilisierung der bestehenden Ordnung.

Die Meinungsfreiheit in Großbritannien stellt somit zwar einen wichtigen kategorialen Unterschied zwischen beiden Herrschaftsordnungen dar, war aber letztlich kein wirkungsmächtiges Hindernis für den Aufbau der Air Raid Precautions. Die Maßnahmen wurden von der Regierung – von einzelnen Detailzugeständnissen, wie z.B. der kostenlosen Verteilung von Gasmasken an die Bevölkerung – im großen und ganzen so durchgeführt, legitimiert und propagiert, wie sie dies geplant hatte.

Das eigentliche Problem stellte die schweigende Mehrheit der Bevölkerung dar. Sie wurde deshalb zum Problem, weil man sie brauchte, d.h. sie zumindest zur Ergreifung persönlicher Schutzvorkehrungen veranlassen und einen nicht unerheblichen Teil von ihr – über eine Million – zur aktiven Mitarbeit in den öffentlichen Luftschutzdiensten gewinnen mußte. Mit ihrer Reaktion stand und fiel in Großbritannien das ganze Gebäude. Da dies in Deutschland nicht anders war, erwies sich ein direkter Vergleich – anders als bei der expliziten Kritik – als möglich. Auch im Reich mußte man trotz der vollmundigen Propagandaäußerungen zu den im Volk angeblich vorhandenen blutmäßigen Bindungen und naturgegebenen Kämpferinstinkten harte Mobilmachungsarbeit leisten.

Die grundlegenden psychologischen Befindlichkeiten der breiten Bevölkerung in bezug auf den Luftschutz, insbesondere den durch ihn aufgezeigten Möglichkeiten für den einzelnen, in absehbarer Zeit eventuell das Leben zu verlieren, unterschieden sich in Deutschland und Großbritannien nicht. Angebliche Volkseigenschaften oder Nationaltugenden hatten im Hinblick auf die Massen hier keinerlei Wirkung. In beiden Fällen glich die Bevölkerung als Basis für den Luftschutz bzw. glichen die Air Raid Precautions in weiten Teilen nicht einer waffenlosen Armee oder einer »citizen army«, sondern einem Heer von Gleichgültigen, Schwachen, Armen, Kranken, Unwilligen oder Ahnungslosen. Nur ein kleiner Teil engagierte sich bis 1939 aktiv im Luftschutz und übernahm entsprechende Pflichten. Von diesen wiederum mußte ein guter Teil durch anstrengende Überzeugungsarbeit gewonnen und nach der Rekrutierung bei der Stange gehalten werden. Letzteres gelang nicht immer. Zumindest in Großbritannien schied nach einiger Zeit ein gewisser Prozentsatz wegen Unzufriedenheit wieder aus.

Diejenigen, die sich rekrutieren ließen, handelten in Großbritannien in den allermeisten Fällen aus Public Spirit, d.h. aus Hilfsbereitschaft, Humanität oder Patriotismus. Für Deutschland, wo es mangels Quellenmaterials nur dürftige Ergebnisse zu dieser Personengruppe gab, darf das gleiche angenommen werden, wobei die nationalsozialistische Ideologie eine gewisse zusätzliche Rolle gespielt haben dürfte. Als Fazit läßt sich die These formulieren, daß in modernen Herrschaftsordnungen – ungeachtet ihres typologischen Grundcharakters – ein relativ kleiner Kern von Leuten existiert, der sich aktiv für Kriegsvorbereitungen engagiert. Dieser Kern ist das Rückgrat aller Aufbauarbeit. Möglicherweise beziehen sich die Klischees, die sich vor, während und nach dem Zweiten Weltkrieg in bezug auf angebliche Nationaltugenden entwickelten, auf diese Elite.

Der Rest der Zivilbevölkerung verhielt sich sowohl in Deutschland als auch in Großbritannien nicht nur gleichgültig bis renitent, sondern bereitete sich zumindest bis Kriegsbeginn auch mangelhaft oder sogar ungenügend auf den Luftkrieg vor. Die schweren Defizite gingen allerdings auch auf die fehlenden Ressourcen des Staates, dies vor allem beim Schutzraumbau (in Deutschland fehlten nach internen Angaben 60 Mio. Plätze), zurück.

Die Reichweite der jeweiligen Herrschaftsordnung, dies galt auch für das diktatorisch regierte Deutschland, zur Abstellung dieser Mißstände blieb begrenzt. Die in Deutschland angedrohten Strafen für Vergehen gegen das Luftschutzgesetz blieben vergleichsweise milde, weil die Verantwortlichen an der Tatsache nicht vorbeikamen, daß es allein mit Zwang nicht gehen würde. Das »Affentheater« in der Kreisstadt in der Nähe des Bodensees zeigte, daß die militarisierte Kampfgemeinschaft, wie sie sich die nationalsozialistischen Machthaber und deren geistige Wegbereiter ersehnten, bei Kriegsbeginn nicht existierte. Eine solche eher utopische Gesellschaft hätte ohnehin keine Strafbestimmungen gebraucht.

Umgekehrt waren die Briten in ihrer Mehrzahl nicht die verweichlichte Masse, wie befürchtet oder vorhergesagt. Sie blieben trotz der Ängste über einen »knock-out-blow« und einen nachfolgenden Untergang der zivilisierten Ordnung im Land ruhig, als der erste Luftalarm ertönte.

Betrachtet man die drei Hauptbereiche Organisation, Propaganda und Ideologie im Gesamtzusammenhang, zeigt sich, daß die radikalsten Unterschiede in den beiden letzteren zutage traten. Dies gilt insbesondere für die ideologischen Inhalte und in erster Linie für die in der Öffentlichkeit transportierten Sinngebungen. Sie bildeten das öffentliche Hauptschlachtfeld der beiden Ordnungen um die Legitimierung ihrer Herrschaftsansprüche. In Deutschland kam es zu einer klaren und eindeutigen Charismatisierung und Einschwörung auf den Führer. Von den ehemals vertretenen Tugenden im Zusammenhang mit dem Luftschutz, d.h. vor allem Humanität und sachlich-ruhige Aufbauarbeit zum Besten des Volkes, blieben nur Reste übrig.

Die grundsätzliche Forderung, daß die »Volksgenossen« psychologisch nicht allzu stark aufgeladen werden sollten, blieb allerdings bestehen. Man zeigte sich vor allem bemüht, keine Panikstimmung in die Bevölkerung zu tragen. Die Aufrufe etwa, die die Verantwortlichen zum Kriegsbeginn erließen, appellieren in starkem Maße an Nüchternheit und Vernunft. Mit einer charismatisch aufgeputschten und nervlich schwachen Bevölkerung konnte man keinen Luftkrieg gewinnen. Die gesamte Propaganda des nationalsozialistischen Luftschutzes beinhaltete daher einen massiven Widerspruch.

In Großbritannien propagierte man seit 1938 ganz klar die eigene Herrschaftsordnung und definierte sie weitgehend mit Prinzipien des rationalen Typus im Weberschen Sinne. Teilweise wurde sie sogar charismatisiert, was sie aber keineswegs an den charismatischen Typus annäherte. Die Briten betrachteten ihre Demokratie nicht als Ersatzgott oder als Lichtgestalt. Diese pragmatisch-rationale Linie nun endlich könnte man als allgemeine Eigenschaft des britischen Staatsvolkes bezeichnen, obwohl auch hier die Gesetze der Massengesellschaft mit all ihren bewußtseinsbrechenden Erscheinungen gelten dürften.

Im Bereich Organisation wurden die Unterschiede zwischen beiden Herrschaftsordnungen aufgrund der staatspolitischen Basisbedingungen und deren Auswirkungen teilweise sehr augenfällig, erwiesen sich letztlich jedoch als weitaus weniger gravierend als dies, oberflächlich betrachtet, erscheinen mochte.

Die Mobilmachungsmaßnahmen in Großbritannien waren eindeutig Ausdruck der rationalen Herrschaftsordnung. Es bestand zwar ein Pool an Leuten, die autoritäre und diktatorische Lösungen favorisierten; aber auch sie strebten keine charismatische Ordnung an, sondern bestenfalls eine Diktatur auf der Grundlage rationaler Herrschaftsprinzipien.

In Deutschland stellte die Organisation des Gesamtgebäudes, darunter auch die Organisation der Propaganda, eine Mischung aus rational-legaler und charismatisch-neopatriarchaler Herrschaftspraxis dar, wobei ersteres Element schon aus Gründen der Funktionsfähigkeit klar dominierte. Inwieweit sich die Verhältnisse nach 1939 änderten, als Deutschland sich anschickte, charismatisch motivierten Terror über Europa zu bringen, gehört zur Kriegsgeschichte im eigentlichen Sinne und war nicht zu behandeln. Die historiographische Forschung hat inzwischen nachgewiesen, daß der Krieg eine Radikalisierung und eine weitere Stärkung des charismatisch-neopatriarchalen Elements bewirkte. Inwieweit bei Fortdauer des Regimes rationale Standards weiter abgebaut worden wären oder ob eine Veralltäglichung des Charismas stattgefunden hätte, kann voraussichtlich nur begrenzt geklärt werden. Für eindeutige Schlüsse existierte die nationalsozialistische Herrschaft wohl nicht lange genug.

V. Zusammenfassung

Auf die Gegenwart bezogen, ließe sich vielleicht folgendes Fazit ziehen. Will man moderne Herrschaftsordnungen unterschiedlicher Art wirklich verstehen, muß man über offensichtliche Unterschiede, wie z.B. die offizielle Handhabung der Bürgerrechte, staatspolitisch-ideologische Legitimierung, Ausübung staatlichen Zwanges oder Terrors, hinausgehen und weiter in die Tiefe vordringen. Dies bedeutet nicht, daß derlei essentielle Unterschiede zu vernachlässigen seien. Sie bleiben konstitutive Unterscheidungsmerkmale und sind als solche zu benennen. Tatsache aber bleibt auch, daß moderne Staats- und Gesellschaftssysteme insbesondere in ihren grundlegenden Organisationsprinzipien nur begrenzte Abweichungen aufweisen dürfen, wollen sie ihre Einsatztauglichkeit – im Krieg wie im Frieden, im Zivilen wie im Militärischen – nicht verlieren. Dies gilt gerade für einen derart existentiellen Bereich wie die Kriegführung im weitesten Sinne und deren Vorbereitung. Die konkreten Organisationsformen – hier: monolinearer Aufbau und Local Government (Großbritannien) bzw. strukturelle Polykratie (Deutsches Reich) – können nur unter Einhaltung rationaler Verwaltungsstandards und massiver Kooperationsbereitschaft aller Beteiligten effizient agieren. Dies wiederum wirkt zurück auf die Grundgestalt der Herrschaftsordnung insgesamt. Daher blieb auch im nationalsozialistischen Luftschutz die rational-legale Herrschaftspraxis wirkungsmächtig erhalten. Das charismatische Element unterlag strikter Begrenzung.

Die in dieser Arbeit aufgezeigten methodischen Grundanforderungen und die Ergebnisse, die ihre Anwendung zutage förderten, lassen sich für weitere Projekte, insbesondere für nation- und kulturüberschreitende Unterschiede nutzen. Die europäische und die globale Herrschaftsgeschichte kann damit in detaillierter Weise weiter erforscht werden. Vor allem im Falle Europas muß über ideologische, nationale, mentale oder sonstige Grenzen hinweggeschaut und tief in die Befindlichkeiten der Nachbarvölker und -staaten geblickt werden, um die gesellschaftlichen und politischen Fragen, die sich heute oder in Zukunft stellen, adäquat beantworten zu können. Für die Bereiche Organisation, Propaganda und Ideologie – etwa betreffs der strukturellen Grundprinzipien der Staats- und Gesellschaftsorganisation, der Gesetzgebungspraktiken, des Freiwilligkeitsdenkens, der Polizei- und Zwangstraditionen, der propagandistisch-ideologischen Herrschaftspraktiken und Inhalte – in unterschiedlichen europäischen Staatssystemen konnten hier im begrenzten sachlichen Rahmen komparatistisch aufbereitete Antworten gegeben werden. Viele Sachgebiete harren aber noch der vergleichenden Bearbeitung. Es ist nötig, sich in Zeit, Raum und Kategorie mit neuen Fragestellungen in die europäische Vergangenheit aufzumachen. Dies gilt auch und insbesondere für die deutsche Geschichtswissenschaft.

Abkürzungen

AA	Auswärtiges Amt	CDRD	Chemical Defence Research Department
AAF	Auxiliary Air Force		
AdR	Akten der Reichskanzlei	CDTSC	Civil Defence (Technical) Sub-Committee
AGFPI	l' Associazione generale fascista del pùbblico impiego	CID	Committee of Imperial Defence
AmHR	American Historical Review	CSAWG	Cambridge Scientists' Anti-War Group
ARC	Air Raids Commandant		
ARCL	Air Raids Commandant (Designate)	Cttee	Committee
		CWRD	Chemical Warfare Research Department
ARP	Air Raid Precautions		
ARPC	Air Raid Precautions (Sub-)Committee (of the Committee of Imperial Defence)	DAF	Deutsche Arbeitsfront
		DDP	Deutsche Demokratische Partei
		DGO	Deutsche Gemeindeordnung
ARPD	Air Raid Precautions Department (Home Office)	DGT	Deutscher Gemeindetag
		DLB	Danziger Luftschutzbund
ARPEC	Air Raid Precautions Evacuation (Sub-) Committee (of the Air Raid Precautions (Organisation) Committee, = ARPOC)	DLL	Deutsche Luftschutz-Liga
		DLS	Deutscher Luftschutz e.V.
		DLSV	Deutscher Luftschutz-Verband
		DLV	Deutscher Luftsport-Verband
		DNVP	Deutsch-Nationale Volkspartei
ARPOC	Air Raid Precautions (Organisation) (Sub-) Committee (of the Committee of Imperial Defence)	Dok.	Dokument
		DPR	Sub-Committee (of the Committee of Imperial Defence) on Defence Policy and Requirements
ARPPC	Air Raid Precautions (Policy) (Sub-)Committee (of the Committee of Imperial Defence)		
		DRC	Defence Requirements Committee
ARW	Air Raid Warden	DStTag	Deutscher Städtetag
BA Berlin	Bundesarchiv Berlin-Lichterfelde	DVO	Durchführungsverordnung
		DVP	Deutsche Volks Partei
BA-MA	Bundesarchiv-Militärarchiv Freiburg	ES	Erweiterter Selbstschutz
		ESO	Emergency Strike Organisation
BBC	British Broadcasting Corporation	Flak	Flugabwehrkanone
		FluM	Flugmeldedienst
BDM	Bund Deutscher Mädel	FO	Foreign Office
BdO	Befehlshaber der Ordnungspolizei	FW	Friedens-Warte
		Gen.	General
BdS	Befehlshaber der Sicherheitspolizei	GenMajor	Generalmajor
		GenSt	Generalstab
BFI	British Film Institute, London	g.Kdos.	geheime Kommandosache
BL	British Legion	GStA	Geheimes Staatsarchiv Preußischer Kulturbesitz
BMI	Bundesministerium des Innern		
BoT	Board of Trade	GuL	Gasschutz und Luftschutz
CDPSC	Civil Defence (Policy) Sub-Committee	HA	Hauptamt
		HDv	Heeresdienstvorschrift

HE	High Explosive	PRO	Public Record Office, London
HJ	Hitler-Jugend	PSCARP	Parliamentary Sub-Committee on Air Raid Precautions (Tories)
HO	Home Office		
HoC	House of Commons	R&PrMI	Reichs- und Preußisches Ministerium des Innern
IdO	Inspekteur der Ordnungspolizei		
IdS	Inspekteur der Sicherheitspolizei	RAF	Royal Air Force
		RdLuOBdL	Reichsminister der Luftfahrt und Oberbefehlshaber der Luftwaffe
IKRK	Internationales Komitee des Roten Kreuzes		
IWM	Imperial War Museum, London	RFM	Reichsfinanzministerium
Kab.	Kabinett	RFSSuChddPol	Reichsführer-SS und Chef der deutschen Polizei
LCC	London County Concil		
LDv	Luftwaffendienstvorschrift	RGBl.	Reichsgesetzblatt
LG	Landesgruppe (RLB)	RI	Reichsgruppe Industrie
LGK	Luftgaukommando	RLB	Reichsluftschutzbund
L.In.	Luftwaffeninspektion (RLM)	RLM	Reichsluftfahrtministerium
LKK	Luftkreiskommando	RM	Reichsmark
LS	Luftschutz	RMBliV	Reichsministerialblatt der inneren Verwaltung
LSchG	Luftschutzgesetz		
LSchNBl	Luftschutznachrichtenblatt	RMI	Reichsministerium des Innern
Luwa	Die Luftwacht	RML	Reichsminister der Luftfahrt
Lw	Die Luftwaffe	RNVR	Royal Naval Volunteer Reserve
MbliV	Ministerialblatt der inneren Verwaltung	RPoM	Reichspostministerium
		RS	Rundschreiben
MdR	Mitglied des Reichstags	RUSI	Royal United Service Institution
Memo	Memorandum	RVM	Reichsverkehrsministerium
MG	Maschinengewehr	RWiM	Reichswirtschaftsministerium
MGesch N.F.	Militärgeschichte. Neue Folge	RWM	Reichswehrministerium
MGFA	Militärgeschichtliches Forschungsamt, Potsdam	SA	Sturmabteilung
		SD	Sicherheitsdienst (der NSDAP)
MGM	Militärgeschichtliche Mitteilungen	SHD	Sicherheits- und Hilfsdienst
		SoPaDe	Sozialdemokratische Partei Deutschlands (Prag)
MO	Mass-Observation		
MOA	Mass-Observation Archive, Brighton	SPD	Sozialdemokratische Partei Deutschlands
MP	Member of Parliament	SS	Schutzstaffel
MPD	Metropolitan Police District	SS-TV	Schutzstaffel-Totenkopfverbände
Mtg.	Meeting		
NSDAP	Nationalsozialistische Deutsche Arbeiterpartei	SS-VT	Schutzstaffel-Verfügungstruppe
		TA	Territorial Army
NSKK	Nationalsozialistisches Kraftfahrer-Korps	TB	Das Tage-Buch
		TN	Technische Nothilfe
NSV	Nationalsozialistische Volkswohlfahrt	TO	Tagesordnung
		UvD	Unteroffizier vom Dienst
OB	Oberbürgermeister	VM	Volksgasmaske
OG	Ortsgruppe	VOA	Vorläufige Ortsanweisung für den Luftschutz der Zivilbevölkerung
OHL	Oberste Heeresleitung		
OKH	Oberkommando des Heeres		
OKW	Oberkommando der Wehrmacht	VV	Versailler Vertrag
		VVVD	Vereinigte Vaterländische Verbände Deutschlands
ÖLSL	Örtlicher Luftschutzleiter		
Pr.FM	Preußisches Finanzministerium	WLS	Werkluftschutz
Pr.JM	Preußisches Justizministerium	WO	War Office
Pr.MI	Preußisches Ministerium des Innern	WuW	Wissen und Wehr

Quellen und Literatur

1. Archivalische Quellen

Bundesarchiv, Berlin-Lichterfelde (BA Berlin)
NS 5	Deutsche Arbeitsfront
NS 22	Reichsorganisationsleiter der NSDAP
R 1501/alt R 18	Reichsministerium des Innern
R 2	Reichsfinanzministerium
R 18	Reichsministerium des Innern
R 19	Hauptamt Ordnungspolizei
R 36	Deutscher Gemeindetag
R 58	Reichssicherheitshauptamt
R 601	Büro des Reichspräsidenten (Präsidialkanzlei)
R 2301	Rechnungshof des Deutschen Reiches
R 4701	Reichspostministerium

Bundarchiv-Militärarchiv, Freiburg (BA-MA)
R 43	Reichskanzlei
RH 2	Oberkommando des Heeres/Generalstab des Heeres
RHD 3	Drucksachen, Heeresdienstvorschriften
RL 2	Generalstab der Luftwaffe
RL 4	Luftwaffe, Chef des Ausbildungswesens/General der Fliegerausbildung und Luftwaffen-Inspektionen/Waffengenerale
RL 7	Kommandobehörden der Luftwaffe
RL 17	Führungsstäbe, Einheiten und Schulen der Ausbildungs- und Ersatzorganisation Luftwaffe
RL 19	Luftgaukommandos
RL 41	Reichsluftschutzbund
RL 200	Verschiedenes
RLD 3	Drucksachen, Luftwaffendienstvorschriften
RLD 32	Drucksachen, Reichsluftschutzbund
RW 19	OKW, Wehrwirtschafts- und Rüstungsamt

Militärgeschichtliches Forschungsamt, Potsdam (MGFA)
Lw 11	Geschichte der deutschen Luftverteidigung 1933–1945 (Studie W. Grabmann, Generalmajor a.D.)

LDv 16   Luftwaffendienstvorschrift »Luftkriegführung« mit eingearbeiteten Deckblättern Nr. 1–12, Berlin 1940

Geheimes Staatsarchiv Preußischer Kulturbesitz, (GStA) Berlin-Dahlem
Rep. 77   Preußisches Innenministerium
Rep. 151   Preußisches Finanzministerium (Bestand Dahlem)
Rep. 84a   Preußisches Justizministerium

Public Record Office, Kew, London (PRO)
CAB 2   Committee of Imperial Defence and Standing Defence Sub-Committee: Minutes
CAB 3   Committee of Imperial Defence: Home Defence Memoranda (A Series)
CAB 4   Committee of Imperial Defence: Miscellaneous Memoranda (B Series)
CAB 16   Committee of Imperial Defence, Ad Hoc Sub-Committees: Minutes, Memoranda and Reports
CAB 23   War Cabinet and Cabinet: Minutes
CAB 24   War Cabinet and Cabinet: Memoranda (GT, CP and G War Series)
CAB 46   Committee of Imperial Defence: Air Raid Precautions Committee: Minutes and Memoranda (ARP Series)
HO 45   Home Office: Registered Papers
HO 186   Ministry of Home Security: Air Raid Precautions (ARP GEN) Registered files

Imperial War Museum, Department of Documents, London, SE 1 (IWM)
Misc 66   ARP in Hackney
Reverend J A Markham 91/5/1   (Eyewhitness Report)
W E Holl 72/61/1   (Eyewhitness Report)

British Film Institute, London (BFI)
The Gap (1937)
The Warning (1939)

Mass-Oberservation Archive, Brighton (MOA)
Directives   Directive Replies 1939–1945
File-Reports
TC 23   Topic Collection No. 23, Air Raids 1938–1945
TC 35   Topic Collection No. 35, Shared box

2. Literatur

[Weber] CD-ROM Max Weber im Kontext. Hrsg. von Karsten Worm, Berlin 1999 (= Literatur im Kontext auf CD-ROM – Vol. 7)
Die wichtigsten verwendeten Einzelwerke sind:
Weber, Max, Wirtschaft und Gesellschaft. Grundriß der verstehenden Soziologie. Hrsg. von Johannes Winckelmann, 5. Aufl., Tübingen 1985
Weber, Max, Gesammelte Aufsätze zur Wissenschaftslehre. Hrsg. von Johannes Winckelmann, 7. Aufl., Tübingen 1988
Weber, Max, Gesammelte Aufsätze zur Religionssoziologie, 9. Aufl. (photomech. Nachdr. der 1. Aufl. 1920), Tübingen 1988
Weber, Max, Gesammelte Aufsätze zur Sozial- und Wirtschaftsgeschichte. Hrsg. von Marianne Weber (nach der 1. Aufl. 1924), Tübingen 1988
Weber, Max, Gesammelte Politische Schriften. Hrsg. von Marianne Weber, München 1921. Neueste Ausgabe: Gesammelte Politische Schriften, 5. Aufl. (nach der 4. Aufl. 1980. Hrsg. von Johannes Winckelmann), Tübingen 1988

***

Air Raid Protection: The Facts. Ed. by a Committee of the Cambridge Scientists' Anti-War Group, in: fact, London 1938
Air Raid Shelters. Ed. by The Air Raid Shelters Department, London 1938
Akten der Reichskanzlei:
    Kabinette Luther I und II, 15.1.1925–20.1.1926 und 20.1.–17.5.1926. Bearb. von K.-H. Minuth, Boppard/Rh. 1977
    Kabinette Marx III und IV, 17.5.1926–29.1.1927 und 29.1.1927–29.6.1928. Bearb. von G. Abramowski, Boppard 1988
    Kabinett von Papen 1.6.–3.12.1932. Bearb. von K.-H. Minuth, Boppard 1989
    Die Regierung Hitler, Teil I: 1933/34, 30.1.–31.8.1933 und 12.9.1933–27.8.1934. Bearb. von K.-H. Minuth, Boppard 1983
Alexander, Axel, Die Schlacht über Berlin, Berlin 1933
Alexander, Hans, Der Völkermord im kommenden Giftgas-Kriege, Wiesbaden 1926
Andrew, C., and D. Dilkes, The missing dimension. Government and Intelligence Communities in the Twentieth Century, 2. Aufl., Southhampton 1985
Arendt, Hannah, Elemente und Ursprünge totaler Herrschaft, Frankfurt a.M. 1955
Arup, O.N., Design, Cost, Construction, and Relative Safety of Trench, Surface, Bomb-Proof and other Air-Raid Shelters. A survey of cost and comparative protection values of Air-Raid Shelters, ranging from trenches to multi-story underground bomb-proof shelters, being the basis of the air-raid protection report, prepared for and adopted by the Metropolitan Borough of Finsbury, London 1939
Ashmore, E.B., Air Defence, London 1929
Aus der Luftschutzbewegung im Reich, in: LSchNBl, 1932, H. 11, S. 206 f.

Bach, Maurizio, Die charismatischen Führerdiktaturen. Drittes Reich und Faschismus im Vergleich ihrer Herrschaftsstrukturen, Baden-Baden 1990
Bachmann, Richard, Zivilschutz und Völkerrecht. Bd I: Die völkerrechtliche Stellung der Zivilschutzorganisationen, Bonn-Bad Godesberg 1977
Bangert, Dieter Ernst, Zielsetzung und Methode der Geschichtswissenschaft, in: Militärgeschichte. Probleme – Thesen – Wege. Zusammengest. und ausgewählt von Manfred Messerschmidt u.a., Stuttgart 1982
Bardua, Heinz, Stuttgart im Luftkrieg 1939–1945, Stuttgart 1967
Barker, Rachel, Conscience, Government and War. Conscientious objectors in Great Britain 1939–1945, London 1982
Barker, Rodney, Political Ideas in Modern Britain, London 1978
Basset, Otl.d.Sch.pol., Der Luftschutz auf der Dresdner Jahresschau 1935 »Der Rote Hahn«, in: GuL, 1935, H. 7, S. 181–183
Basset, Otl.d.Sch.pol., Die Polizei im Luftschutz, in: GuL, 1939, H. 6, S. 161–164
Bauer, Richard, Fliegeralarm. Luftangriffe auf München 1940–1945, München 1987
Beardmore, George, Civilians at War. Journals 1938–1946, Oxford 1986
Becher, Johannes R., CH CL=$CH9_3$As (Levisite) oder Der einzig gerechte Krieg [1926], Berlin, Weimar 1969
Beck, Earl Ray, Under the Bombs. The German Home Front 1942–1945, Lexington 1986
Becker, Anregungen für Anlage und Durchführung von zivilen Luftschutzübungen im Rahmen von Übungen der Luftwaffe, in: GuL, 1937, H. 12, S. 313–318
Beckett, Total War, in: McInnes, C., and G.D. Sheffield, Warfare in the Twentieth Century. Theory and Practice, London 1988
Bell, Philip Michael Hett, The Origins of the Second World War in Europe, 12. Aufl., London 1996
Berber, Friedrich, Lehrbuch des Völkerrechts, München 1969
Beßlich, Wolfgang, Vom Heimatluftschutz zum Zivilschutz. Begriffe, Bestimmungen und Behörden 1916 bis 1976 (Teil I), in: Zivilverteidigung, 40 (1976), S. 48–55
Bialer, Uri, The Shadow of the Bomber. The fear of Air Attack and British Politics 1932–1939, London 1980
Birke, Adolf M., und Marie-Luise Recker, Das gestörte Gleichgewicht. Deutschland als Problem britischer Sicherheit im neunzehnten und zwanzigsten Jahrhundert, München 1990
Blake, Robert, The Conservative Party from Peel to Thatcher, London 1985
Blau, Fortschritte des Gasschutzkeller-Gedankens, Erfahrungen aus der Herrichtung einer größeren Privatklinik in Berlin durch den Deutschen Frauenluftschutzdienst, in: LSchNBl, 1932, H. 3, S. 45–48
Blau, Gaswart, Gaskellermannschaft, Entgasungstrupp. Erfahrungen aus einer Schutzkellerübung in Detmold, in: LSchNBl, 1931, H. 12, S. 198–201
Blau, Der Gasschutzkeller der Zivilbevölkerung, in: LSchNBl, 1931, H. 9, S. 132–136

Bobermin, Die Aufgaben der Kommunalverwaltungen, in: Der zivile Luftschutz, S. 189-193
Bond, Brian, British Military Policy between the Two World Wars, Oxford 1980
Boog, Horst, Der anglo-amerikanische strategische Luftkrieg über Europa und die deutsche Luftverteidigung, in: ders., Werner Rahn, Reinhard Stumpf, Bernd Wegner, Der globale Krieg, Stuttgart 1990 (= Das Deutsche Reich und der Zweite Weltkrieg, Bd 6), S. 429-568
Boog, Horst, Bombenkriegslegenden, in: Mgesch, N.F., 1995, H. 5, S. 23-30
Boog, Horst, Die deutsche Luftwaffenführung 1935-1945, Stuttgart 1982
Boog, Horst, Führungsdenken in der Luftwaffe im Zweiten Weltkrieg, in: Operatives Denken und Handeln in deutschen Streitkräften im 19. und 20. Jahrhundert, Herford, Bonn 1988 (= Vorträge zur Militärgeschichte, Bd 9), S. 182-205
Boog, Horst, Generalstabsausbildung und Führungsdenken in der deutschen Luftwaffe 1935-1945, in: Einzelprobleme politischer und militärischer Führung, Herford, Bonn 1981 (= Vorträge zur Militärgeschichte, Bd 1), S. 105-131
Boog, Horst, Harris – A German View, in: Arthur T. Harris, Despatch on War Operations 23.2.1942-8.5.1945. Ed. by Sebastian Cox, London 1995, S. xxxvii-xlvi
Boog, Horst, Das Problem der Selbständigkeit der Luftstreitkräfte in Deutschland 1908-1945, in: MGM, 43 (1988), H. 1, S. 31-60
Boog, Horst, Der strategische Bombenkrieg. Luftwaffe, Royal Air Force und US Army Air Forces im Vergleich bis 1945, in: Mgesch, N.F., 1992, H. 2, S. 20-30
Boyle, Andrew, Trenchard, London 1962
Bracher, Karl Dietrich, Die deutsche Diktatur, 7. Aufl., Köln 1993
Bracher, Karl Dietrich, Manfred Funke und Hans-Adolf Jacobsen, Deutschland 1933-1945. Neue Studien zur nationalsozialistischen Herrschaft, Düsseldorf 1992
Bracher, Karl Dietrich, Manfred Funke und Hans-Adolf Jacobsen, Nationalsozialistische Diktatur 1933-1945. Eine Bilanz, Bonn 1986
Bracher, Karl-Dietrich, Wolfgang Sauer und Gerhard Schulz, Die nationalsozialistische Machtergreifung. Studien zur Errichtung des totalitären Herrschaftssystems, Köln, Opladen 1960
Brasche, C. jr., Gas- und Luftschutzübung auf Grube ›Concordia‹ bei Nachterstedt, in: LSchNBl, 1932, H. 10, S. 181 f.
Breiner, Peter, Max Weber and democratic politics, Ithaca 1996
Breit, Gotthard, Das Staats- und Gesellschaftsbild deutscher Generale beider Weltkriege im Spiegel ihrer Memoiren, Boppard 1973
Brennan, Catherine, Max Weber on Power And Social Stratification. An Interpretation and Critique, Aldershot 1997
Breuer, Stefan, Bürokratie und Charisma. Zur politischen Soziologie Max Webers, Darmstadt 1994
The British Imperial Calendar and Civil Service List, jährlich, HMSO London
The British People at War, London [1942]

Bronnen, Arnolt, Roßbachs Ende. Vom Freikorpsführer zum Wanderbühnenleiter, in: Rheinische Zeitung, Nr. 7 vom 7.1.1931. Auch in: BA Berlin, R 1501/alt 18/25964

Bronnen, Arnolt, Roßbach marschiert, in: Deutsche Zeitung, Nr. 239 vom 11.10.1930. Auch in: BA Berlin, R 1501/alt 18/25964

Broszat, Martin, Der Staat Hitlers. Grundlegung und Entwicklung seiner inneren Verfassung, München 1986

Brunswig, Hans, Feuersturm über Hamburg, Stuttgart 1978

Buchheim, Hans, Anatomie des SS-Staates, Bd 1, [a.] Die SS – das Herrschaftsinstrument, [b.] Befehl und Gehorsam, München 1984

Burridge, T.D., British Labour and Hitler's War, London 1976

Busch, Dieter, Der Luftkrieg im Raum Mainz während des Zweiten Weltkriegs 1939–1945, Mainz 1988

Cambrigde Scientists' Anti-War Group, siehe unter The Protection of the Public from Aerial Attack und Air Raid Protection: The Facts

Campbell, M., The Peril from the Air, London 1937

Capper-Johnson, Karlin, Air Raid Precautions. An appeal – and an alternative, London [1938]

Carsten, Francis L., Reichswehr und Politik 1918–1933, Köln, Berlin 1964

Cassels, Alan, Ideology and International Relations in the Modern World, London 1996

Cavalli, Luciano, Charismatic Domination, totalitarian Dictatorship, and Plebiscitary Democracy in the Twentieth Century, in: Graumann, C.F., and S. Moscovici, Changing Conceptions of Leadership, New York 1986, S. 67–81

Charlton, L.E.O., War from the Air. Past. Present. Future, London 1935

Charlton, L.E.O., G.B. Garratt, and R. Fletcher, The Air Defence of Britain, London 1938

Der chemische Krieg. Hrsg. von Rudolf Hanslian, Berlin 1937

Chermayeff, Serge, Plan for ARP. A Practical Policy for Air-Raid Precautions, London 1939

Clarke, Ian F., Voices Prophesying War 1763–1984, London, New York, Toronto 1966

Cockett, Richard, Twilight of truth. Chamberlain, appeasement and the manipulation of the press, London 1989

Cohrs, W., Luftschutzwerbung, in: LSchNBl, 1933, H. 8, S. 181 f.

Coker, Christopher, War and the Twentieth Century. A Study of War and Modern Consciousness, London 1994

Cronin, James E., The Politics of State Expansion, War, State and Society in Twentieth-Century Britain, London 1991

Crosby, Travis L., The Impact of Civilian Evacuation in the Second World War, London 1986

Deist, Wilhelm, Die Reichswehr und der Krieg der Zukunft, in: MGM, 45 (1989), S. 81–92

Deist, Wilhelm, Überlegungen zur »widerwilligen Loyalität« der Deutschen bei Kriegsbeginn, in: Der Zweite Weltkrieg, hrsg. von Wolfgang Michalka, München, Zürich 1989

Deist, Wilhelm, Manfred Messerschmidt, Hans-Erich Volkmann und Wolfram Wette, Ursachen und Voraussetzungen der deutschen Kriegspolitik, Stuttgart 1979; 2. Aufl., München 1991 (= Die Aufrüstung der Wehrmacht. Hrsg. von Wilhelm Deist, Bd 1)

Deutsche Biographische Enzyklopädie (DBE). Hrsg. von Walther Killy, Bd 3, München 1996; Bd 8, München 1998

Deutsche Verwaltungsgeschichte, Bd 4: Das Reich als Republik und in der Zeit des Nationalsozialismus. Hrsg. von K.G.A. Jeserich u.a., Stuttgart 1985

Deutschland-Berichte der Sozialdemokratischen Partei Deutschlands (SoPaDe) 1934–1940, Frankfurt a.M., Salzhausen 1989

Dienen zum Schutz der Menschen. Das Bundesamt für Zivilschutz in Bonn 1975–1983. Hrsg. vom Bundesamt für Zivilschutz, Bonn-Bad Godesberg 1983

Dörr, Manfred, Die Deutschnationale Volkspartei 1925 bis 1928, Marburg 1964

Domarus, Max, Hitler. Reden und Proklamationen 1932–1945, kommentiert von einem deutschen Zeitgenossen, Würzburg 1962

Domarus, Max, Der Untergang des alten Würzburg, Wiesentheid 1955

Douhet, Guilio, Luftherrschaft, Berlin 1935

Das Dritte Reich. Dokumente zur Innen- und Außenpolitik. Hrsg. von Wolfgang Michalka, München 1985

Dülffer, Jost, Deutsche Geschichte. 1933–1945. Führerglaube und Vernichtungskrieg, Stuttgart 1992

Düring, Maj. d. Sch.pol., Werkluftschutz im Rahmen der Wehrmachtmanöver 1937, in: GuL, 1937, H. 12, S. 332 f.

Durango 1937, o.O., o.J.

Eggebrecht, Maj. d. Sch.pol., Kritische Bemerkungen zur Luftschutzübung Ruhrgebiet 1935, in: GuL, 1936, H. 9, S. 233–236

Eichler, Max, Du bist sofort im Bilde. Lebendig-anschauliches Reichsbürger-Handbuch, Erfurt 1937

Endres, Franz Carl, Das Gesicht des kommenden Krieges, in: TB, 2 (1927), H. 8, S. 1664–1667

Endres, Franz Carl, Vaterland Europa, Berlin 1925

Endres, Robert, Zum Verbleib der Luftwaffenakten beim Zusammenbruch 1945 und danach, in: Fünfzig Jahre

Erdmann, Hptm., Die erste Gefechtsübung der Luftwaffe, in: GuL, 1935, H. 11, S. 277–280

Erdmann, Karl Dietrich, Das Ende des Reiches und die Entstehung der Republik Österreich, der Bundesrepublik Deutschland und der Deutschen Demokratischen Republik, München 1988 (= Gebhardt Handbuch der deutschen Geschichte, Bd 22)

Erdmann, Karl Dietrich, Die Weimarer Republik, München 1986 (= Gebhardt Handbuch der deutschen Geschichte, Bd 19)

Errington, R.H., Air Raid Precautions. An Order Book, from information issued by the Home Office (vide ARP Handbook No. 6, 1st edition) for use in any Large Business or Residental Establishment, London 1938

Fallois, Immo v., Kalkül und Illusion. Der Machtkampf zwischen Reichswehr und SA während der Röhm-Krise 1934, Berlin 1994

Fecht, Ottmar, Vormilitärische Wehrerziehung, München 1932, 2. Aufl., 1934

Fecht, Ottmar, Wehrkundliche Stoffe für den Geschichtsunterricht, Frankfurt a.M. 1936

Feuchter, Georg W., Geschichte des Luftkrieges, Bonn 1954

Fischer v. Poturzyn, F.A., Luftmacht. Gegenwart und Zukunft im Urteil des Auslandes, Heidelberg, Berlin 1938

Flugmelde- und Luftschutzübung Ostpreußen 1932, in: LSchNBl, 1932, H. 7, S. 112–115

Flugmelde- und Warnübung der Nordsee, Mai 1932, in: LSchNBl, 1932, H. 6, S. 95–99

Flury, Prof., Über den chemischen Krieg, in: GuL, 1937, H. 3, S. 57–63

Förster, Gerhard, Totaler Krieg und Blitzkrieg, Berlin (Ost) 1967

Foertsch, Hermann, Der deutsche Soldat, 2. Aufl., Leipzig 1934

Foertsch, Hermann, Die Wehrmacht im nationalsozialistischen Staat, Hamburg 1935

Fraenkel, Ernst, Der Doppelstaat, Frankfurt a.M. 1974

Frankenberg, Helmut v., Luftschutzrecht. Rechtsformen des Luftschutzes im In- und Ausland, Leipzig 1932

Frankland, Noble, The Strategic Air Offensive against Germany. 1939–1945, Bd 1, London 1961

Frevert, Ute, Militär und Gesellschaft im 19. und 20. Jahrhundert, Stuttgart 1997

Friedrich, Carl Joachim, und Zbigniew Brzezinski, Totalitäre Diktatur, Stuttgart 1957

Fritzsche, Peter, Machine Dreams: Airmindedness and the Reinvention of Germany, in: AmHR, 98 (1993), S. 685–709

Front Line 1940/41. The official story of the Civil Defence of Britain. Ed. by Ministry of Information, London 1942

Fuchser, Larry William, Neville Chamberlain and Appeasement, New York, London 1982

5 [Fünf] Jahre Reichsluftschutzbund. Hrsg. vom Präsidium des Reichsluftschutzbund, Berlin 1938

Fünfzig Jahre Luftwaffen- und Luftkriegs-Geschichtsschreibung. Hrsg. vom MGFA, Freiburg 1970

Fuller, J.F.C., Der Erste der Völkerbundskriege. Seine Zeichen und Lehren für Kommende, Berlin 1937 (Übers. der engl. Originalausgabe The first of the leque wars, its lessons and omens, o.O. 1936)

Gandenberger v. Moisy, F., Luftkrieg – Zukunftskrieg?, Berlin 1935

The Gap, in: Monthly Film Bulletin of the British Film Institute, Vol. 4, No. 41 (Mai 1937), S. 95, und No. 42 (Juni 1937), S. 121

Gasschutz und Pazifismus. Eine Stimme zur Gasschutzfrage (von J.R., aus Innsbruck), in: LSchNBl, 1932, H. 4, S. 63-65, und H. 5, S. 82-84

Gat, Azar, Fascist and Liberal Visions of War: Fuller, Liddell Hart, Douhet and other Modernists, Oxford 1998

Gegen die Gefahr aus der Luft, in: National Zeitung, Nr. 187 vom 3.7.1935. Auch in: BA Berlin, NS 5 IV/1129

Gehrts, Major (E), Gedanken zum operativen Luftkrieg, in: Lw, 1937, H. 2, S. 16-39

Geisler, Fritz, Die Volksorganisation im Luftschutz, in: Deutsche Luftschutz- und Gasschutzkorrespondenz, 4. Jg., 133, Nr. 9, S. 1 ff.

Geyer, Michael, Aufrüstung oder Sicherheit. Die Reichswehr in der Krise der Machtpolitik 1924-1936, Wiesbaden 1980

Giesler, A., Die Aussichtslosigkeit der nationalen Verteidigung ohne Luftschutz, in: Luwa, 1927, H. 8, S. 461-467

Giesler, A., Luftkrieg und Luftschutz (Vortrag vom 14.12.1932), in: LSchNBl, 1933, H. 4, S. 89-94

Girbig, Werner, ... im Anflug auf die Reichshauptstadt, Stuttgart 1972

[Goebbels] Die Tagebücher des Josef Goebbels. Sämtliche Fragmente. Hrsg. von Elke Fröhlich, München 1987

Göring, Hermann, Über die Aufgaben des deutschen Luftschutzes. Ansprache anläßlich der Fahnenweihe und der Verpflichtung von 18 000 Amtsträgern des Reichsluftschutzbundes, Landesgruppe Groß-Berlin am 14. November 1935 im Berliner Sportpalast, in: GuL, 1936, H. 1, S. 5-9

Golovine, N.N., Air Strategy, London 1936

Golovine, N.N., View on Air Defence, Aldershot 1938

Golücke, Friedhelm, Schweinfurt und der strategische Luftkrieg 1943. Der Angriff der US Air Force vom 14. Oktober 1943 gegen die Schweinfurther Kugellagerindustrie, Paderborn 1980

Grand Strategy, Vol. I, Rearmament Policy. Ed. by N.H. Gibbs, London 1976 (= History of the Second World War)

Grenville, J.A.S., British Propaganda. The Newsreels and Germany 1933 to 1939, in: Studien zur Geschichte Englands, S. 281-293

Grenzebach, Luftschutz und Gasschutz an Universität und Hochschule, in: LSchNBl, 1933, H. 1, S. 29 f.

Grimme, Hugo, Die Entwicklung des deutschen zivilen Luftschutzes, in: GuL, 1938, H. 8, S. 218-221, und H. 9, S. 250-253

Grimme, Hugo, Gedanken über den Luftschutz in den Kriegen seit 1918, in: WuW, 1939, H. 7, S. 513-520

Grimme, Hugo, Die Grundfragen des Selbstschutzes, in: Der zivile Luftschutz (1934), S. 287-290

Grimme, Hugo, Panikstimmung?, in: WuW, 1937, H. 8, S. 481-491

Grimme, Hugo, Der Reichsluftschutzbund, Berlin 1937

Grimme, Hugo, Die vierte Kampffront: der Luftschutz, in: Berliner Börsenzeitung, 5 (1939), Nr. 18 vom 27.8.1939. Auch in: BA-MA, RL, 41/1

Grimme, Hugo, Die wehrpolitische Bedeutung des Luftschutzes, in: WuW, 1937, H. 12, S. 722-732

Groehler, Olaf, Geschichte des Luftkrieges 1910-1980, Berlin 1990

Großkreutz, Der Luftschutz und Deutschland, in: Deutscher Offizier Bund, 1931, H. 10 vom 5.5. Auch in: BA Berlin, R 2301/37571

Grosskreutz, Die staatspolitische Bedeutung des Luftschutzes (Vortrag vom 6.12.1932), in: LSchNBl, 1933, H. 1, S. 20-26

Grundwaldt, Regierungsrat, Über das Problem der Panik unter besonderer Berücksichtigung des Luftschutzes, in: GuL, 1936, H. 5, S. 113-115

Gundelach, Ulrich, Der nationale Wehrgedanke in der Weimarer Republik. Ein Beitrag zum Militarismusproblem in Deutschland zwischen 1918 und 1933, Bonn 1977

Haag, Walter, Reichswehr und Luftschutz, in: Ziviler Luftschutz, 1950, H. 5, S. 98-102 und H. 7, S. 159-165

Haden Guest, L., If War comes. A Guide to Air Raid Precautions and Anti-Gas Treatment, London 1937

Haldane, J.B.S., A.R.P., London 1938

Haldane, J.B.S., How to be safe from Air Raids, London 1938

Hammer, Norman, A Catechism of Air Raid Precautions, Questions and Answers in Air Raid Precautions, the Protection of the Civil Population in Chemical Warfare, »Gas« First Aid, and Nursing of »Gas« Casualties, London 1935, 4. revid. Aufl., 1938

Hammerton, J., War in the Air. Aerial Wonders of our Time, London 1937

Hampe, Erich, ... als alles in Scherben fiel. Erinnerungen des Generalmajors a.D., ehemaligen Generals der Technischen Truppen und Präsidenten der Bundesanstalt für Zivilen Luftschutz, Osnabrück 1979 (= Soldatenschicksale des 20. Jahrhunderts als Geschichtsquelle. Hrsg. von Dermot Bradley, Bd 1)

Hampe, Erich, Luftschutz als Schicksalsfrage des deutschen Volkes, in: ders., Der zivile Luftschutz, S. 135-143

Hampe, Erich, Presse und Luftschutz, in: LSchNBl, 1932, H. 1, S. 9-17

Hampe, Erich, Der zivile Luftschutz im Zweiten Weltkrieg. Dokumentation und Erfahrungsberichte über Aufbau und Einsatz, Frankfurt a.M. 1963

Hampe, Erich, und Dermot Bradley, Die unbekannte Armee. Die technischen Truppen im Zweiten Weltkrieg, Osnabrück 1979

Handbuch der Europäischen Geschichte, Bd 7/1. Hrsg. von Theodor Schieder, Stuttgart 1979

Hanisch, Hptm. d. Sch.pol., Arten, Anlage und Durchführung von Luftschutzübungen, in: GuL, 1939, H. 2, S. 97-103

Hanke, Heinz Markus, Luftkrieg und Zivilbevölkerung. Der kriegsvölkerrechtliche Schutz der Zivilbevölkerung gegen Luftbombardements von den Anfängen bis zum Ausbruch des Zweiten Weltkriegs, Frankfurt a.M. 1991

Harris, Robert, and Jeremy Paxmann, Eine höhere Form des Tötens. Die geheime Geschichte der B- und C-Waffen, Düsseldorf 1983 (engl. Ausgabe A higher form of killing. The secret story of gas and germ warfare, London 1982)

Harrisson, Tom, and Charles Madge, War Begins at Home, London 1940
Hartmann, Hptm.d.Sch.pol., Brandgefahr, in: GuL, 1939, H. 3, S. 66–69
Hattendorf, Otl. (E), Die große Herbstübung des Gruppenkommandos 2 vom 20. bis 25. September 1936, in: GuL, 1937, H. 1, S. 7–10
Hausen, Der chemische Krieg und seine Abwehr, in: Das Technische Blatt (Frankfurter Zeitung) vom 23.5.1929, Nr. 21. Auch in: BA Berlin, R 2301/37571
Havinghurst, Alfred F., Britain in Transition. The Twentieth Century, Chicago 1979
Heinz, Hans-Joachim, NSDAP und Verwaltung in der Pfalz. Allgemeine innere Verwaltung und kommunale Selbstverwaltung im Spannungsfeld nationalsozialistischer Herrschaftspraxis 1933–1939, Mainz 1994
Helbig, H., und E. Sellien, Der Luftschutz in Schulen und Hochschulen. Eine Erläuterung der LDv 755/2 mit einer Sammlung der einschlägigen Gesetze, Verordnungen, Erlasse usw., Berlin 1942
Helders, Major, siehe unter Knauss
Herbert, Ulrich, Best. Biographische Studien über Radikalismus, Weltanschauung und Vernunft, 1903–1989, Bonn 1996
Herhudt v. Rohden, [Hans-Detlev], Luftkrieg oder Kooperation?, in: Luwa, 5 (1938), H. 4, S. 128–147
Herhudt v. Rohden, Hans-Detlev, Vom Luftkriege. Gedanken über Führung und Einsatz moderner Luftwaffen, Berlin 1938
Herhudt v. Rohden, [Hans-Detlev], Vom Wesen des Luftkrieges, in: Jahrbuch der deutschen Luftwaffe 1938, Leipzig 1937, S. 151–164
Hermann, Georg, Douhetismus und Völkerrecht, in: GuL, 1936, H. 2, S. 35 f.
Herrman, Polizeipräs., Die Stettiner Luftschutzübung am 22. September 1937, in: GuL, 1937, H. 12, S. 323–326
[Dr.] Heymann, Hauptreferent im Deutschen Gemeindetag, Durchführung des Luftschutzgesetzes, in: Der Gemeindetag. Zeitschrift für deutsche Kommunalpolitik vom 1.8.1937, S. 433–436. Auch in: BA Berlin, R 36/2694
Hillgruber, Andreas, Großmachtpolitik und Militarismus im 20. Jahrhundert. Drei Beiträge zum Kontinuitätsproblem, Düsseldorf 1974, S. 37–51
Hinsley, F.H., British Intelligence in the Second World War. Its influence on strategy and operations, Vol. 1, Cambridge 1979
[Hitler, Adolf] Hitlers zweites Buch. Ein Dokument aus dem Jahre 1928. Eingeleitet und kommentiert von G.L. Weinberg, Stuttgart 1961, S. 42–84
Hitler, Adolf, Mein Kampf, München 1939
Hitler, Adolf, Reden und Proklamationen, siehe unter Domarus
Hitler. Sämtliche Aufzeichnungen 1905–1924. Hrsg. von Eberhard Jäckel und Axel Kuhn, Stuttgart 1980
Hoog, A., Das Flugzeug im Zukunftskrieg, in: LSchNBl, 1925, H. 2, S. 25–30
Horne, E.H., The Significance of Air War. An Essay in Interpretation, London 1937
Howard, Michael, The Continental Commitment, London 1972

Howard, Michael, War and the Liberal Conscience. The George Macaulay Trevelyan Lectures in the University of Cambridge 1977, 2. Aufl., Oxford 1989
Huck, Jürgen, Ausweichstellen und Aktenschicksal des Hauptamtes Ordnungspolizei im 2. Weltkrieg, in: Neufeldt/Huck/Tessin, Zur Geschichte der Ordnungspolizei, S. 119-144
Hürter, Johannes, Vor lauter Taktik schlapp? Die Personalunion von Wehr- und Innenministerium im Zweiten Kabinett Brüning, in: MGM, 57 (1998)
Hüster, O.reg.rat., Luftschutzgegenstände und ihr Vertrieb, in: GuL, 1938, H. 4, S. 89-92
Hughes, Jeffrey L., The Origins of World War II in Europe. British Deterrence Failure and German Expansion, in: The Origins and Prevention of Major Wars. Ed. by R.I. Rotberg and Th. K. Rabb, Cambridge 1989, S. 281-321
The Hulton Getty Pictury Collection. Decades of the XX. Century. The 1920s. Ed. by Nick Yapp, Köln 1998, S. 114-119
Huxley, Aldous, Schöne neue Welt, Frankfurt a.M. 1983
Hyde, Herford Montgomery, and Nuttall (= George Robert Falkiner), Air Defence and the Civil Population, London 1937
Inglis, Ruth, The children's war: Evacuation 1939-1945, London 1989
Intelligence and International Relations 1900-1945. Ed. by C. Andrew and J. Noakes, Exeter 1987
Irving, David, Die Tragödie der Deutschen Luftwaffe. Aus den Akten und Erinnerungen von Feldmarschall Milch, Frankfurt a.M. 1970
Ist die Zivilbevölkerung in einem Kriege vor Beschießung völkerrechtlich geschützt?, in: Deutscher Offizier Bund, 1931, H. 10, vom 5.5. Auch in: BA Berlin, R 2301/37571
Jacobsen, Hans-Adolf, Von der Strategie der Gewalt zur Politik der Friedenssicherung. Beiträge zur deutschen Geschichte im 20. Jahrhundert, Düsseldorf 1977
James, Robert Rhodes, The British Revolution. British Politics 1880-1939, Vol. II: From Asquith to Chamberlain (1914-1939), London 1977
Johnson, F.A., Defence by Committee, London 1960
Jünger, Ernst, Der Arbeiter. Herrschaft und Gestalt, 2. Aufl., Hamburg 1932
Jünger, Ernst, Feuer und Blut. Ein kleiner Ausschnitt aus einer großen Schlacht, Berlin 1929
Jünger, Ernst, Der Kampf als inneres Erlebnis, Berlin 1922
Jünger, Ernst, Die totale Mobilmachung, in: Krieg und Krieger, S. 9-30
[Jünger] Ernst Jünger – Carl Schmitt. Briefe 1930-1983. Hrsg., kommentiert und mit einem Nachwort von Helmuth Kiesel, Stuttgart 1999
Jünger, Georg Friedrich, Krieg und Krieger, in: Krieg und Krieger, S. 51-67
Kalaß, Baurat, Schadensdarstellung und Schiedsrichterdienst bei Vollübungen, in: GuL, 1937, H. 12, S. 319-321
Kastinger-Riley, Helene M., Max Weber, Berlin 1991
Kern, Wolfgang, Die innere Funktion der Wehrmacht 1933-1939, Berlin (Ost) 1979
Kershaw, Ian, Hitler 1889-1936, 2. Aufl., Stuttgart 1998

Kershaw, Ian, Hitler 1936–1945, 2. Aufl., Stuttgart 2000
Kettenacker, Lothar, Sozialpsychologische Aspekte der Führerschaft, in: Bracher/Funke/Jacobsen, Nationalsozialistische Diktatur
Kinttof, Walter, Schulversuche zur Chemie der Kampfstoffe, Berlin 1939
Kluxen, Kurt, Geschichte Englands. Von den Anfängen bis zur Gegenwart, 2. Aufl., Stuttgart 1976
Knauss, Robert (= Major Helders), Die deutsche Luftflotte, in: Heimann, Bernhard, und Joachim Schunke, Eine geheime Denkschrift zur Luftkriegskonzeption Hitler-Deutschlands vom Mai 1933, in: Zeitschrift für Militärgeschichte, 3 (1964), S. 77–86
Knauss, Robert (= Major Helders), Luftkrieg 1936. Die Zertrümmerung von Paris, Berlin 1932
Knipfer, Kurt, Der Aufbau des zivilen Luftschutzes, in: Der zivile Luftschutz, S. 144–154
Knipfer, [Kurt], Min.dir., Der zivile Luftschutz im Rahmen der Wehrmachtmanöver 1937, in: GuL, 1937, H. 12, S. 311–313
Kocka, Jürgen, Max Weber. Der Historiker, Göttingen 1986
Koenen, Andreas, Der Fall Carl Schmitt. Sein Aufstieg zum Kronjuristen des Dritten Reiches, Darmstadt 1995
Korte, Hermann, Einführung in die Geschichte der Soziologie, Opladen 1995
Krauthausen, Udo, Luftschutzgesetz und Gemeinden, in: Der Gemeindetag. Zeitschrift für deutsche Kommunalpolitik, 29. Jg., Nr. 15, vom 1.8.1935. Auch in: BA Berlin, R 36/2694
Krieg und Krieger. Hrsg. von Ernst Jünger, Berlin 1930
Kröger, Hptm.d.Sch.pol., Verdunkelungs- und Luftschutzübungen in Groß-Hamburg, in: GuL, 1937, H. 12, S. 321–323
Krohne, Luftgefahr und Luftschutzmöglichkeiten in Deutschland, Berlin 1928
Kube, Alfred, Pour le mérite und Hakenkreuz. Hermann Göring im Dritten Reich, München 1987
Künzler, A., Luftgefahr und ziviler Luftschutz. Eine Arbeitshilfe für die deutschen Erzieher an Volksschulen, Berlin 1938
Labour Party, ARP: Labour's Policy, London 1939
Langdon-Davies, John, Air Raid. The Technique of Silent Approach. High Explosive. Panic, London 1938
Langemeyer, Erziehung zum Selbstschutz, in: Der zivile Luftschutz (1934), S. 298–308
Leers, Johann v., Bomben auf Hamburg! Vision oder Möglichkeit, Leipzig 1932
Leighton Yates, E., A Christian Attitude towards Air-Raid Precautions. Fellowship of Reconciliation Leaflets, New Series, Nr. 5, o.O., [verm. 1938]
Lepsius, Rainer M., Charismatic Leadership: Max Weber's Model and Its Applicability to the Rule of Hitler, in: C.F. Graumann and S. Moscovici, Changing Conceptions of Leadership, New York 1986, S. 53–66
Liddell Hart, Basil H., Paris or The Future of War, London 1925
Liepmann, Heinz, Death from the Skies. A Study of Gas and Microbial Warfare, London 1937 (Übers. aus dem Dt.)

Lindner, Min.rat., Der Aufbau des Feuerlöschwesens für den Luftschutz, in: GuL, 1937, H. 7, S. 185–190

Loewenstein, Karl, Staatsrecht und Staatspraxis von Großbritannien, Berlin 1967

Lofti, Gabriele, Der Befehlshaber der Ordnungspolizei in Münster und der Luftschutz im Zweiten Weltkrieg, in: Villa ten Hompel, Sitz der Ordnungspolizei im Dritten Reich. Hrsg. von Alfons Kenkmann, Münster 1996, S. 78–98

Lucas, Edgar, Practical Air Raid Protection, London 1939

Ludendorff, Erich, Der Totale Krieg, München 1935

Lübbe, Weyma, Legitimität kraft Legalität. Sinnverstehen und Institutionenanalyse bei Max Weber und seinen Kritikern, Tübingen 1991

Lütgemeier-Davin, [Reinhold], Pazifismus zwischen Kooperation und Konfrontation. Das Deutsche Friedenskartell in der Weimarer Republik, Köln 1982

Luftfahrt, Luftschutz und ihre Behandlung im Unterricht. Ein Handbuch für Lehrende. Hrsg. von K. Metzner, Leipzig 1936

Luftkriegführung im Zweiten Weltkrieg. Ein internationaler Vergleich. Hrsg. von Horst Boog, Herford, Bonn 1993 (= Vorträge zur Militärgeschichte, Bd 12)

Luftschutz – Die deutsche Schicksalsfrage. Hrsg. von Edmund Heines, Stuttgart 1934

Der Luftschutz im Weltkrieg. Hrsg. von der Kriegswissenschaftlichen Abteilung der Luftwaffe in Verbindung mit dem Präsidium des Reichsluftschutzbundes, Berlin 1941

Luftschutz ist Selbstbehauptungswille. Aufgaben und Erfahrungen über die Ausbildung im zivilen Luftschutz. Hrsg. vom Präsidium des Reichsluftschutzbund, Berlin o.J. [1937/38]. Auch in: BA-MA, RLD 32/16

Luftschutzpflicht, in: Völkischer Beobachter, Nr. 198 vom 17.7.1935. Auch in: BA Berlin, NS 5 VI/1129

Luftschutztaschenkalender, 1939

Die Luftschutzübung in Schlesien vom 20. bis 24. Juni 1933, in: LSchNBl, 1933, H. 8, S. 179 f.

Luftschutzübung in Swinemünde, in: LSchNBl, 1932, H. 4, S. 60

Lux, Eugen, Die Luftangriffe auf Offenbach am Main 1939–1945. Eine Dokumentation, Offenbach 1971

Macht, Maj., Die wehrwirtschaftlichen Grundlagen Deutschlands, Teil 3, in: Lw, 2 (1937), H. 1, S. 150–174

McLaine, Ian, Ministry of morale. Home front morale and the Ministry of Information in world war II, London 1979

MacMillan, N., The Chosen Instrument, London 1938

MacRoberts, N. de P., ARP Lessons from Barcelona. Some Hints for Local Authorities and for the Private Citizen, London 1938

Maddock's Civil Defence Act 1939. Ed. by Leslie Maddock, London 1939

Madge, Charles, and Tom Harrisson, Britain by Mass-Observation, Harmondsworth 1939

Maier, Klaus A., Totaler Krieg und operativer Luftkrieg, in: Klaus A. Maier, Horst Rohde, Bernd Stegemann, Hans Umbreit, Die Errichtung der Hegemonie auf dem europäischen Kontinent, Stuttgart 1979 (= Das Deutsche Reich und der Zweite Weltkrieg, Bd 2), S. 43-69

Martian (Pseud., verm. Herbert Cescinsky.), ARP. A Reply to Professor J.B.S. Haldane, F.R.S. The Royal Institute of British Architects, and some others, including, The British Government, Oktober 1938

Matzerath, Horst, Nationalsozialismus und kommunale Selbstverwaltung, Stuttgart 1970

Mehner, Kurt, und Reinhard Teuber, Die deutsche Luftwaffe 1939-1945. Führung und Truppe, Norderstedt 1993

Meisel, Joseph S., Air Raid Shelter Policy and its Critics in Britain before the Second World War, in: Twentieth Century British History, Vol. 5, No. 3, 1994, S. 300-319

Messerschmidt, Manfred, Bildung und Erziehung im »zivilen« und militärischen System des NS-Staates, in: Militärgeschichte, Probleme – Thesen – Wege, ausgew. und zusammengestellt von Manfred Messerschmidt u.a., Stuttgart 1982 (= Beiträge zur Militär- und Kriegsgeschichte, Bd 25), S. 190-214

Meyer, Erich, Schule und Luftschutz, in: LSchNBl, 1933, H. 6, S. 131 f.

Meyer, E., Sellien, E., Borowietz, E., Schule und Luftschutz, München, Berlin 1934

Meyer, Willi, Luftfahrt und Kriegsverhinderung, in: FW, 29 (1929), S. 229-231

Middlemas, Keith, Diplomacy of Illusion. The British Government and Germany 1937-1939, London 1972

Middlemas, Keith, Politics in Industrial Society. The experience of the British system since 1911, London 1979

Midlane, Matthew, Military Aid to the Civil Authorities, in: Sword and Mace, S. 107-132

Midlane, Matthew, and Alex Danchev, Public Opinion, Defence and the Army, in: Sword and Mace, S. 133-152

Mielenz, Reg.baurat, Die deutsche Volksgasmaske, in: GuL, 1937, H. 6, S. 157-159

Mielenz, Reg.baurat, Wissenswertes von der Volksgasmaske, in: GuL, 1937, H. 7, S. 190-193

Milch, Was müssen wir tun?, in: Der zivile Luftschutz (1934), S. 13-15

Miliband, R., Parliamentary Socialism. A Study in the Politics of Labour, 2. Aufl., London 1973

Militär und Wissenschaft in Europa – Kritische Distanz oder hilfreiche Ergänzung? 25 Jahre Arbeitskreis Militär und Sozialwissenschaften. Hrsg. von Paul Klein und Andreas Prüfert, Baden-Baden 1998

Möller, Horst, Europa zwischen den Weltkriegen, München 1998 (= Oldenbourg Grundriß der Geschichte, Bd 21)

Möllers, Heiner, Reichswehrminister Otto Geßler. Eine Studie zu »unpolitischer« Militärpolitik in der Weimarer Republik, Frankfurt a.M. 1998

Mommsen, Hans, Militär und zivile Militarisierung in Deutschland 1914-1938, in: Frevert, Militär und Gesellschaft

Mommsen, Wilhelm, und Franz Günther, Die deutschen Parteiprogramme, H. 3, Leipzig 1931

Mommsen, Wolfgang J., Max Weber. Gesellschaft, Politik und Geschichte, Frankfurt a.M. 1974

Mommsen, Wolfgang J., Max Weber und die Moderne Geschichtswissenschaft, Saarbrücken 1989 (= Saarbrücker Universitätsreden 31)

Morgan, David, and Mary Evans, The Battle for Britain. Citizenship and Ideology in the Second World War, London 1993

Morgner, W., Schulversuche zum Luftschutz, Leipzig 1937

Morison, Frank, War on the Great Cities. A Study of the Facts, London 1937

Morretta, Rocco, Wie sieht der Krieg von morgen aus?, Berlin 1934

Morris, Benny, The Roots of Appeasement. The British weekly Press and Nazi Germany during the 1930s, London 1991

Mosse, George L., Der Erste Weltkrieg und die Brutalisierung der Politik. Betrachtungen über die politische Rechte, den Rassismus und den deutschen Sonderweg, in: M. Funke u.a., Demokratie und Diktatur, Geist und Gestalt politischer Herrschaft in Deutschland und Europa (Festschrift für K.-D. Bracher), Düsseldorf 1987, S. 127-139

Most, Eckhard, Großbritannien und der Völkerbund. Studien zur Politik und Friedenssicherung 1925-1934, Frankfurt a.M. 1981

Mowat, C.L., Britain between the Wars 1918-1940, 11. Aufl., London 1978

Mueller-Reichau, Gerhard, Über die seelische Aufnahmebereitschaft für Luftschutzfragen, in: GuL, 1936, H. 3, S. 57-59

Muirhead, J.T., Air Attack on Cities. The Broader Aspects of the Problem, London 1938

Nadolny, Sten, Abrüstungsdiplomatie 1932/33. Deutschland auf der Genfer Konferenz im Übergang von Weimar zu Hitler, München 1978

Nagel, Pol.oberst a.D., Bombenflugzeuge und Bombenunternehmungen gegen das feindliche Hinterland, in: GuL, 1935, H. 1, S. 3-9

Nagel, Pol.oberst a.D., Der Selbstschutz der Bevölkerung, in: GuL, 1938, H. 9, S. 247-250

Nagel, Pol.oberst a.D., Die technischen Fortschritte der Luftwaffe und ihr Einfluß auf den Luftschutz, in: GuL, 1937, H. 9, S. 225-229

Nakata, Jun, Der Grenz- und Landesschutz in der Weimarer Republik 1918-1933, Freiburg i.Br. 2002

Nestler, Waldus, Giftgas über Deutschland, Berlin 1930

Neufeldt, Hans-Joachim, Entstehung und Organisation des Hauptamtes Ordnungspolizei, in: Neufeldt/Huck/Tessin, Zur Geschichte der Ordnungspolizei, S. 1-118

Neufeldt, Hans-Joachim, J. Huck und G. Tessin, Zur Geschichte der Ordnungspolizei 1936-1945, Teil I, Koblenz 1957

Neumann, Franz, Ansätze zur Untersuchung politischer Macht, in: Demokratischer und autoritärer Staat. Studien zur politischen Theorie. Hrsg. von H. Marcuse, Frankfurt a.M. 1986, S. 82-99

Neumann, Franz Leopold, Behemoth. Struktur und Praxis des Nationalsozialismus 1933–1944, Frankfurt a.M. 1977 (Behemoth, the structure and practice of National Socialism, New York 1966)
Niedhart, Gottfried, Geschichte Englands im 19. und 20. Jahrhundert, München 1987
Noakes, Jeremy, Die kommunale Selbstverwaltung im Dritten Reich, in: Kommunale Selbstverwaltung – Local Government. Geschichte und Gegenwart im deutsch-britischen Vergleich. Hrsg. von Adolf M. Birke und Magnus Brechtken, München 1996, S. 65–82
O'Brien, Terence, Civil Defence, London 1955
Orwell, George, The lion and the unicorn [1940], in: The Penguin Essays of George Orwell, London 1994, S. 138–188
Orwell, George, My Country Right or Left [1940], in: The Penguin Essays of George Orwell, London 1994, S. 133–138
Orwell, George, 1984, Frankfurt a.M. 1983
Orwell, George, Wells, Hitler and the World State [1941], in: The Penguin Essays of George Orwell, London 1994, S. 188–193
Overy, Richard J., Hitler and Air Strategy, in: Journal of Contemporary History, 1980, H. 15, S. 405–421
Overy, Richard J., Luftmacht im Zweiten Weltkrieg: historische Themen und Theorien, in: Luftkriegführung, S. 23–47
Overy, Richard, Why the Allies won, London 1995
Paetsch, Heinrich, Anregungen aus den zivilen Luftschutzübungen des Frühjahres 1937, in: GuL, 1937, H. 10, S. 253–239
Paetsch, Heinrich, Anregungen aus Luftschutzübungen für Luftschutzübungen, in: GuL, 1937, H. 8, S. 204–207
Paetsch, Heinrich, Zur Geschichte des Luftschutzes, in: Grundfragen des zivilen Luftschutzes. Luftschutztagung des Bundesministeriums des Innern vom 17. bis 19. Juni 1953 in Bad Pyrmont. Hrsg. vom Bundesministerium des Innern, Koblenz 1953
Paetsch, Heinrich, Luftwaffenübung in Mitteldeutschland, in: GuL, 1936, H. 11, S. 281–284
Parks, W. Hays, Luftkrieg und Kriegsvölkerrecht, in: Luftkriegführung, S. 363–433
Parlamentarismus und Kriegführung, in: Deutscher Offizier Bund, 10 (1931) vom 5.4. Auch in: BA Berlin, R 2301/37571
Paterson, C.D., »What must I do to be saved?«. Air Raid Precautions and Their Spiritual Counterparts, London 1939
Pazifismus in der Weimarer Republik. Hrsg. von Karl Holl und Wolfram Wette, Paderborn 1981
Peres, Werner, Luftschutz und Bauwesen, in: Deutsche Bauzeitung, 1928, H. 12. Auch in: BA Berlin, R 2/9222
Pforr, Der deutsche Luftschutz vor und während des 2. Weltkrieges, o.O. 1957
Pierce, Watson O'Dell, Air War: Its Technical and Social Aspects, London 1937

Pimlott, The Theory and Practice of Strategic Bombing, in: C. McInnes and G.D. Sheffield, Warfare in the Twentieth Century, London 1986

Pincass, Heinrich, Der chemische Krieg, in: TB, 4 (1923), S. 154–156

Planaufgaben auf dem Gebiete des zivilen Luftschutzes, in: GuL, 1938, H. 7, S. 189–191

Powers, Barry D., Strategy without Slide-Rule, London 1976

Praktische Erfahrungen bei Luftschutzübungen, in: LSchNBl, 1932, H. 10, S. 182–184

Pries, Karl, Grosstadtaussiedlung und Luftschutz, in: LSchNBl, 1933, H. 9, S. 207 f.

Probert, Henry A., Die Führung der Royal Air Force im Zweiten Weltkrieg, in: Luftkriegführung, S. 787–807

The Protection of the Public from Aerial Attack. Being A Critical Examination of the Recommendations put forward by the Air Raid Precautions Department of the Home Office. Ed. by The Cambrigde Scientists' Anti-War Group, London 1937

The Protection of your Home against air raids. Ed. by Great Britain Home Office, London 1938

Prümm, Karl, Die Literatur des Soldatischen Nationalismus der 20er Jahre (1918–1933). Gruppenideologie und Epochenproblematik, Kronberg/Ts. 1974

Pudschies, P., Chemie und Luftschutz, Berlin 1937

Quasebart, Prof.Dr.-Ing., Art und Umfang der Gasgefahren in der Heimat, in: GuL, 1938, H. 5, S. 131–135, und H. 6, S. 165–169

[Quidde] Schutzmittel gegen den Luftkrieg. Eingabe Professor Quiddes an den Deutschen Reichstag vom 15. Juni 1929, in: FW, 29 (1929), S. 252 f.

Rauschning, Hermann, Gespräche mit Hitler, 5. Aufl., Zürich 1940

Recker, Marie-Luise, Die Außenpolitik des Dritten Reiches, München 1990

Reiche, Maj.d.Sch.pol. i.R., Einige Bausteine für eine Dienstvorschrift zu: Durchführung der Schadenbekämpfung (4. Teil), in: GuL, 1938, H. 2, S. 29–35

Reichsgesetzblatt, Berlin

Report of Committee on Evacuation with a covering memorandum by the Secretary of State for the Home Department, presented by the Secretary of State for the Home Department to the House of Commons, July 1938, London 1938

Reulecke, Jürgen, Selbstverwaltung in Deutschland im 19. Jahrhundert. Ein Überblick, in: Kommunale Selbstverwaltung – Local Government. Geschichte und Gegenwart im deutsch-britischen Vergleich. Hrsg. von Adolf M. Birke und Magnus Brechtken, München 1996, S. 25–35

Reynolds, David, Great Britain and the Third Reich 1933–1940. Appeasement, Intelligence and Misperceptions, in: Adolf Birke und Marie-Luise Recker, Das gestörte Gleichgewicht. Deutschland als Problem britischer Sicherheit im neunzehnten und zwanzigsten Jahrhundert, München 1990, S. 113–134

Richardson, Dick, The Evolution of British Disarmament Policy in the 1920s, London 1989

Ringer, Fritz, Max Weber's Methodology. The unification of the cultural and social sciences, S. 110–121, Cambridge, Mass. 1997

Robbins, Keith, The Eclipse of a Great Power. Modern Britain 1870–1992, London 1997

Robertson, Scot, The Development of RAF Strategic Bombing Doctrine. 1919–1939, London 1995

Rogerson, Sidney, Propaganda in the next war, London 1938

Roof over Britain. The official story of Britain's Anti-Aircraft Defences 1939–1942. Ed. by Ministry of Information, London 1943

Roskoten, Richard, Ziviler Luftschutz. Ein Buch für das deutsche Volk, Düsseldorf 1932

Roßbach, [Gerhard] Mein Weg durch die Zeit. Erinnerungen und Bekenntnisse, Weilburg-Lahn 1950

Roßbachs Ende. Vom Freikorpsführer zum Wanderbühnenleiter, in: Rheinische Zeitung, Nr. 7 vom 7.1.1931

Rossi, Pietro, Max Weber und die Methodologie der Geschichts- und Sozialwissenschaften, in: Kocka, Max Weber, S. 28–50

Rothe, Hj., Chemischer Krieg und Luftschutz, in: LSchNBl, 1931, H. 4, S. 48–55

Rumpf, [Hans], Branddirektor, Zur Frage der voraussichtlichen Wirkung von Brandbombenangriffen, in: GuL, 1937, H. 11, S. 266–288

Rumpf, Hans, Brandbomben. Ein Beitrag zum Luftschutzproblem, Berlin 1932

Sachsenberg, G., Militärische und politische Erwägungen zur Luftschutzfrage, in: Luwa, 1931, H. 6, Abdruck eines Vortrags vor dem Ring Deutscher Flieger, 10.3.1931. Auch in: BA-MA, R 43 II/1295

Salewski, Michael, Die bewaffnete Macht im Dritten Reich 1933–1939, in: Handbuch zur deutschen Militärgeschichte 1648–1939, Bd 7, München 1979, S. 13–288

Salomon, Ernst v., Der verlorene Haufe, in: Krieg und Krieger, S. 101–126

Samjatin, Jewgenij, Wir, Köln 1984

Samuely, F.J., and W.H. Conrad, Civil Protection. The Application of the Civil Defence Act and other Government Requirements for Air Raid Shelters, etc., London 1939

Sartorius, Gas – auf die Heimat?, in: LSchNBl, 1932, H. 3, S. 75 f.

Sautier, H.J., Der Reichsluftschutzbund und seine Aufgaben im Selbstschutz, 10.5.1967. Siehe BA-MA, RL 200/75

Schmehl, Albert, Luftschutz und Arbeitsdienst, in: LSchNBl, 1932, H. 10, S. 184–186

Schmehl, Albert, Student und Luftschutz, in: LSchNBl, 1932, H. 8, S. 141–143

Schmidt, Gustav, The Domestic Background to British Appeasement Policy, in: W.J. Mommsen and L. Kettenacker, The Fascist Challenge and the Policy of Appeasement, London 1983, S. 101–115

Schmidt, Gustav, England in der Krise. Grundzüge und Grundlagen der Appeasement-Politik (1930–1937), Opladen 1981

Schmitt, Carl, Der Führer schützt das Recht [1934], in: ders., Positionen, S. 199–203

Schmitt, Carl, Positionen und Begriffe im Kampf mit Weimar – Genf – Versailles, Hamburg 1940

Schmitt, Carl, Totaler Feind, totaler Krieg, totaler Staat [1937], in: ders., Positionen, S. 235-239
Schmitt, Carl, Völkerrechtliche Neutralität und völkische Totalität [1938], in: ders., Positionen, S. 254-259
Schmitt, Carl, Weiterentwicklung des totalen Staates in Deutschland [1933], in: ders., Positionen, S. 185-189
Schmitt, Carl, Die Wendung zum totalen Staat [1931], in: ders., Positionen, S. 146-157
Schmitt, Carl, Wesen und Werden des faschistischen Staates [1929], in: ders., Positionen, S. 109-115
Schnatz, Helmut, Der Luftkrieg im Raum Koblenz 1944/45. Eine Darstellung seines Verlaufs, seiner Auswirkungen und Hintergründe, Boppard/Rh. 1981
Schöllgen, Gregor, Max Weber, München 1998
Schön, Erich, Die Luftschutzübung in Schlesien vom 20. bis 24. Juni 1933, in: LSchNBl, 1933, H. 12, S. 230-232
Schoenaich, Paul v., Zehn Jahre Kampf für Frieden und Recht 1918-1928, Hamburg-Bergedorf 1929
Schoene, SA-O.gr.f., Partei und ziviler Luftschutz, in: Der Hohheitsträger, Folge 1/1939, S. 20 f.
Schramm, Georg Wolfgang, Der zivile Luftschutz in Nürnberg 1933-1945, Nürnberg 1983
Schütt, K., Die chemischen und physikalischen Grundlagen des Luftschutzes in der Schule, Berlin 1935
Schulze, Hagen, Weimar. Deutschland 1917-1933, Berlin 1982
Schwarz, Angela, Die Reise ins Dritte Reich. Britische Augenzeugen im nationalsozialistischen Deutschland (1933-1939), Göttingen 1993
Schwilk, Heimo, Ernst Jünger – Adolf Hitler. Die Briefe, in: Welt am Sonntag, Nr. 3 vom 17.1.1999, S. 32
Seeckt, Hans v., Die Zukunft des Reiches. Urteile und Folgerungen, Berlin 1929
Sellien, Dr., Luftschutz und Schule, in: GuL, 1935, H. 2, S. 35-38
Smith, E.G., Bombing for Peace or The Greatest Illusion, London 1933
Smith, Malcolm, British Air Strategy between the Wars, Oxford 1984
Smith, Malcolm, Democracy in a Depression. Britain in the 1920s and 1930s, Cardiff 1998
Smith, Malcolm, Die Luftbedrohung und die britische Außen- und Innenpolitik. Der Hintergrund der strategischen Luftoffensive, in: Luftkriegführung, S. 701-721
The Sociology of the ARP by Mass-Observation, in: New Statesman and Nation vom 5.11.1938
Sontheimer, Kurt, Antidemokratisches Denken in der Weimarer Republik, München 1962
Sontheimer, Karl, Der »Deutsche Geist« als Ideologie. Ein Beitrag zur Theorie vom deutschen Sonderbewußtsein, in: M. Funke u.a., Demokratie und Diktatur. Geist und Gestalt politischer Herrschaft in Deutschland und Europa. Festschrift für K.-D. Bracher, Düsseldorf 1987, S. 35-45
Spaight, J.M., Air Power in the next war, London 1938

Spinnen im Netz der amerikanischen Weltherrschaft, in: Die ZEIT, Nr. 28 vom 3.7.2003, S. 32
Stevenson, John, and Chris Cook, The Slump. Society and Politics during the Depression, London 1978
Strachan, Hew, Militär, Empire and Civil Society: Großbritannien im 19. Jahrhundert, in: Frevert, Militär und Gesellschaft
Studien zur Geschichte Englands und der deutsch-britischen Beziehungen. Festschrift für Paul Kluke. Hrsg. von Lothar Kettenacker, Manfred Schlenke und Hellmut Seier, München 1981
Stypmann, Rolf, Schutz und Schutzbereiche für die Zivilbevölkerung in bewaffneten Konflikten, Bonn-Bad Godesberg 1977 (= Zivilschutz und Völkerrecht, Bd 3)
Sweetman, John, Historical Perspective: from Waterloo to the Curragh, in: Sword and Mace, S. 1–18
Sweetman, John, A Process of Evolution: Command and Control in Peacetime, in: Sword and Mace, S. 19–56
Sword and Mace. Twentieth-century Civil-Military Relations in Britain. Ed. by John Sweetman, London 1986
Sywottek, Jutta, Mobilmachung für den totalen Krieg, Opladen 1976
Taylor, Miles, Patriotism, History and the Left in Twentieth-Century Britain, in: Historical Journal, 33 (1990), S. 970–987
Tempelhoff, Gen.maj. a.D., Welchen Einfluß werden die chemischen Kampfmittel im Zukunftskrieg auf die Entscheidungen ausüben?, in: GuL, 1937, H. 11, S. 289–293
Terraine, John, Theorie und Praxis des Luftkrieges: die Royal Air Force, in: Luftkriegführung, S. 537–568
Teschner, Otl. (E), Die zivilen Luftschutzübungen in Ostpreußen am 7. und 8. Mai 1935, in: GuL, 1935, H. 9, S. 221–225
Tessin, Georg, Die Stäbe und Truppeneinheiten der Ordnungspolizei, in: Neufeldt/Huck/Tessin, Zur Geschichte der Ordnungspolizei, S. 1–109
Theory of liberty, legitimacy and power. New directions in the intellectual and scientific legacy of Max Weber. Ed. by Vatro Murvar, London 1985
Thomson, David, England in the Twentieth Century (1914–1979), London 1991
Thorpe, Andrew, Britain in the 1930s. The Deceptive Decade, Oxford 1992
Thuillier, Sir H., The Menace from the Air and the Remedy, in: The New Commonwealth, Serie A, Nr. 9, April 1937
Thwaites, N. G., W.P., The Menace of Aerial Gas Bombardment, in: The New Commonwealth, Serie B, No. 6B, Dezember 1934
Titmuss, Richard M., Problems of Social Policy, London 1950
Ueberschär, Gerd R., Bomben und Legenden. Die schrittweise Aufklärung des Luftangriffs auf Freiburg am 10. Mai 1940, Freiburg 1981
Ueberschär, Gerd R., Freiburg im Luftkrieg 1939–1945, Freiburg, Würzburg 1990
Unger, Hermann, Lost. Ein psychologisches Problem im Luftschutz, in: GuL, 1935, H. 9, S. 238 f.

Unser Haus wird luftgeschützt (Artikelserie), in: Die Sirene, 1936/37

Verrier, Anthony, The Bomber Offensive, London 1968

Völker, Karl-Heinz, Die deutsche Luftwaffe 1933–1939, Stuttgart 1967

Völker, Karl-Heinz, Dokumente und Dokumentarfotos zur Geschichte der Deutschen Luftwaffe. Aus den Geheimakten des Reichswehrministeriums 1919–1933 und des Reichsluftfahrtministeriums 1933–1939, Stuttgart 1968

Volkmann, Hans-Erich, Die NS-Wirtschaft in Vorbereitung des Krieges, in: Das Deutsche Reich und der Zweite Weltkrieg, Bd 1. Hrsg. vom MGFA, Stuttgart 1979, S. 177–370

Waldschmidt, D., Die Luftschutzbewegung in Schlesien, in: LSchNBl, 1932, H. 12, S. 230–232

Waldschmidt, Organisation und Aufgaben des Reichsluftschutzbundes, in: Der zivile Luftschutz (1934), S. 291–297

Wallach, Jehudin C., Kriegstheorien. Ihre Entwicklung im 19. und 20. Jahrhundert, Frankfurt a.M. 1972

Wark, Wesley, Die Luftverteidigungslücke: Britische Luftkriegsdoktrin und die Warnungen der Nachrichtendienste in den dreißiger Jahren, in: Luftkriegführung, S. 585–602

Wark, Wesley, The ultimate enemy. British Intelligence and Nazi Germany 1933–1939, Ithaca 1985

The Warning, in: Monthly Film Bulletin of the British Film Institute, Vol. 6, No. 61 (März 1939), S. 63

Webb, R.K., Modern England from the Eighteenth Century to the Present, London 1985

[Weber] Max Weber. Bibliographie. Hrsg. von Constans Seyfarth und Gert Schmidt, Stuttgart 1982

Webster, Charles, and Noble Frankland, The Strategic Air Offensive against Germany 1939–1945, London 1961

Weise, Eckhard, Orson Welles, Hamburg 1996

Wells, H[erbert] G[eorge], Der Krieg der Welten. Aus dem Engl. von G.A. Crüwell und C. Schmölders, Zürich 1974 (engl. Erstausgabe, The War of the Worlds, London 1898)

Wells, H[erbert] G[eorg], The Shape of Things to Come, London 1933

Wendorf, Volker, Zivilschutztruppen im Geschäftsbereich des Bundesministeriums des Innern. Vorläufer – Entwicklung – Krise – Konsequenzen, Baden-Baden 1993

Wendt, Bernd-Jürgen, Beiträge zur englischen Geschichte des 19. und 20. Jahrhunderts. Hrsg. von Frank Müller, Frank Otto und Thilo Schulz, Rheinfelden 1994

Wendt, Bernd-Jürgen, Das britische Deutschlandbild im Wandel des 19. und 20. Jahrhundert, Bochum 1984

Wendt, Bernd-Jürgen, Großbritannien – Demokratie auf dem Prüfstand: Appeasement als Strategie des Status Quo, in: Innen- und Außenpolitik unter nationalsozialistischer Bedrohung. Determinanten internationaler Beziehungen in historischen Fallstudien. Hrsg. von E. Forndran u.a., Opladen 1977, S. 11–31

Wendt, Bernd-Jürgen, Großdeutschland. Außenpolitik und Kriegsvorbereitung des Hitler-Regimes, München 1987

Wendt, Bernd-Jürgen, War Socialism. Erscheinungsformen und Bedeutung des Organisierten Kapitalismus in England im Ersten Weltkrieg, in: ders., Beiträge zur englischen Geschichte des 19. und 20. Jahrhunderts

Wette, Wolfram, Ideologien, Propaganda und Innenpolitik als Voraussetzung der Kriegspolitik des Deutschen Reiches, in: Das Deutsche Reich und der Zweite Weltkrieg, Bd 1. Hrsg. vom MGFA, Stuttgart 1979

Wette, Wolfram, Militarismus und Pazifismus. Auseinandersetzung mit den deutschen Kriegen, Bremen 1991

Wette, Wolfram, Von Kellog bis Hitler (1928–1933). Die öffentliche Meinung zwischen Kriegsächtung und Kriegsverherrlichung, in: Pazifismus in der Weimarer Republik, S. 149–172

Wette, Wolfram, Zur psychologischen Mobilmachung der deutschen Bevölkerung 1933–1939, in: Der zweite Weltkrieg. Analysen. Grundzüge. Forschungsbilanz, hrsg. von Wolfgang Michalka, 2. Aufl., München, Zürich 1989

What people think of ARP by Mass-Observation, in: Daily Herald vom 17.1.1939

White, Amber Blanco, The new Propaganda, London 1939

Wie schützen wir uns gegen Angriffe aus der Luft, in: Völkischer Beobachter vom 20.6.1933. Auch in: BA Berlin, NS 5 IV/1131

Wiechert, Sabine, The British Left and Appeasement. Political Tactics or Alternative Policies, in: W.J. Mommsen and L. Kettenacker, The Fascist Challenge and the Policy of Appeasement, London 1983, S. 125–141

Wilhelm, Friedrich, Die Polizei im NS-Staat. Die Geschichte ihrer Organisation im Überblick, Paderborn 1997

Wilson, David, and Chris Game, Local government in the United Kingdom, Basingstoke 1998

Winderlich, R., Lehrbuch für Chemie für höhere Lehranstalten, 5. Aufl., Braunschweig 1936

Winkle, Ralph, Der Schock und die Ästhetik des Erhabenen. Darstellungsformen des Weltkriegs in Filmen der zwanziger und dreißiger Jahre, in: Krieg und Militär im Film des 20. Jahrhunderts. Hrsg. von Bernhard Chiari, Matthias Rogg und Wolfgang Schmidt, München 2003, S. 319 ff.

Winkler, H[einrich]-A[ugust], Organisierter Kapitalismus, Göttingen 1974

Winkler, Heinrich-August, Weimar 1918–1933. Geschichte der ersten deutschen Demokratie, München 1993

Wippermann, Wolfgang, Faschismustheorien. Zum Stand der gegenwärtigen Diskussion, 5. Aufl., Darmstadt 1989

Wirsching, Andreas, Zwischen Leistungsexpansion und Finanzkrise. Kommunale Selbstverwaltung in der Weimarer Republik, in: Kommunale Selbstverwaltung – Local Government. Geschichte und Gegenwart im deutsch-britischen Vergleich. Hrsg. von Adolf M. Birke und Magnus Brechtken, München 1996, S. 37–65

Wirth, Fritz, Irrtümer in der Luftschutzliteratur, in: LSchNBl, 1932, H. 8, S. 133–139

Wirth, Fritz, Die Neuordnung des Selbstschutzes, in: GuL, 1938, H. 8, S. 215–218

Wohlfeil, Rainer, Reichswehr und Republik (1918–1933), Frankfurt a.M. 1970 (= Handbuch zur deutschen Militärgeschichte, Bd 6)

Woker, Gertrud, Der kommende Giftgaskrieg, Leipzig 1925

Woolven, Robin, Munich, London and ARP, in: Journal of the Royal United Service Institute, 143 (1998), H. 5, S. 54–58

Zeidler, Manfred, Reichswehr und Rote Armee 1920–1933, München 1993 (= Beiträge zur Militärgeschichte, Bd 36)

Der zivile Luftschutz. Hrsg. von Kurt Knipfer und Erich Hampe, Berlin 1934; 2. Aufl., 1937

Zurborn, Maj. a.D., Die Ausbildung im Reichsluftschutzbund nach der Neuordnung des Selbstschutzes, in: GuL, 1938, H. 11, S. 317–321

Zurborn, Maj. a.D., Das Ausbildungswesen im Reichsluftschutzbund, in: GuL, 1937, H. 8, S. 207–210

Zurborn, Maj. a.D., Der Selbstschutz bei den Luftschutzübungen während der Wehrmachtmanöver, in: GuL, 1937, H. 12, S. 333–336

Personenregister

Adenauer, Konrad 129
Ager 219
Alexander, Alex 147, 154, 470
Altrock 111, 120 f.
Andersen, Sir John 63, 94, 167, 171 f., 174–178, 180–185, 187–190, 195, 204, 206–209, 211 f., 214, 220–224, 227, 233, 237, 353, 359, 361 f., 372 f., 378 f., 389 f., 392, 396 f., 401, 426, 429–432, 434, 437, 439, 450, 458, 460 f., 465, 469 f., 472, 483

Bach, Maurizio 15 f., 18–20
Bach-Zelewski, Erich von dem 264
Baker, Noel 216
Baldwin, Stanley 62, 198, 216, 220, 334, 343, 401–403, 420
Barton 219
Beutler 293, 489
Bevan, Aneurin 77
Bevin, Ernest 76
Bialer, Uri 456
Blomberg, Werner v. 241
Bobermin 268
Bormann, Martin 16 f.
Bracht, Franz 129
Brandenburg, Ernst 110
Brown, William 364, 432
Brüning, Heinrich 122 f., 128, 266
Bush, Frederick T. 419

Chamberlain, Joseph Austen 70, 74, 76 f., 83–85, 88, 93 f., 332, 364–366, 432, 435, 450
Chatfield, Sir Ernle 406
Chrystal, Sir George 355

Churchill, Winston 58, 63, 69, 77, 79, 82 f., 85, 89–91, 94, 439
Citrine, Walter 76
Clausewitz, Carl v. 41
Cooper, Duff 198
Cripps, Sir Stafford 75, 77
Cuno, Wilhelm 101

Daluege, Kurt 258, 284, 309, 317, 322, 389, 476, 479
Delbrück, Hans 72
Dollan, Sir Patrick Joseph 370
Douhet, Giulio 64, 148, 154
Droysen, Johann Gustav 32
Dyckerhoff 111

Eady, Sir Wilfred 349, 359 f., 420–423
Eden, Robert Anthony 85, 332
Eggar 174
Elliot, Walter E. 366, 369, 373

Faetherstone-Godley 435
Fisher, Sir Norman Fenwick 200, 351, 353, 366
Foch, Ferdinand 173
Foertsch, Hermann 43, 45, 92, 153
Fraenkel, Ernst 15, 277, 481
Francis 179 f., 237
Franco y Bahamonde, Francisco 77
Fremlin 417
Frick, Wilhelm 258, 263, 306
Friedrich II., König von Preußen 72, 164
Fuller, John F. 71, 93

Galway, W.R. 222
Game, Philip 387, 394, 396

Gardiner, Sir Thomas 359 f., 396
Gassert, Georg Gottlieb 111, 145
Geisler, Fritz 161, 306 f., 486
George VI., König von England 217, 433
George, David Lloyd 62
Geßler, Otto 105, 112
Gibbon, J.G. 174, 176 f., 189, 205–207, 209 f., 224, 237, 460
Giesler, A. 153, 315, 471
Gilmour, John 216
Gladstone, William Ewart 60
Goebbels, Josef 16, 257, 317, 399, 470, 486
Goerdeler, Carl Friedrich 129, 276
Göring, Hermann 16, 99, 150, 217, 240–243, 245–247, 252, 262, 268, 277, 284, 310 f., 313, 315, 317 f., 320 f., 354, 422, 432, 473, 479, 484, 486
Graham, Alan 396
Grimme, Hugo 303, 310 f., 315, 317, 320–322
Groener, Wilhelm 112, 119, 122, 124
Großkreutz, Hans 111, 150 f., 155, 164 f., 241, 254, 291–294, 315, 386, 470–472

Haeften, Hans v. 111, 122 f., 241
Haeuber, Erich 111, 161
Haily, Lord 430, 434
Haldane, John Burdon Sanderson 75, 426–431, 434, 449, 490
Halsbury, Earl of 217
Hammerstein-Equord, Kurt, Frhr. v. 132
Hampe, Erich 27, 150 f., 155, 165, 259, 304, 315 f., 330, 470 f., 479, 485
Hankey, Sir Maurice 69 f., 168, 175–179, 200, 206–208, 210, 222–224, 351, 353, 366 f., 459 f.
Harbers, Guido 289
Hasse, Otto 103
Hegel, Georg Friedrich Wilhelm 43
Heines, Edmund 135
Helders siehe Knauss
Hess, Rudolf 16

Heydrich, Reinhard 257 f., 309
Heye, Wilhelm 105, 132
Heymann 268, 289, 303
Hilton, John 423
Himmler, Heinz 16, 257–259, 261–265, 277, 279, 298, 304, 309, 354, 375, 389, 398, 473, 476 f.
Hindenburg, Paul v. Beneckendorff und v. H. 98, 104, 107 f., 110, 112–114, 119, 144, 152, 217, 230, 240 f., 462 f.
Hipwood, Sir Charles 175–177, 189, 204–211, 221, 224, 237, 460, 469
Hitler, Adolf 14, 16 f., 24, 37, 39, 49–53, 55–58, 68–70, 74, 76 f., 79, 82, 87, 92, 146, 166, 199, 234, 239–241, 243, 247, 253, 258, 262 f., 273, 292, 298, 305 f., 310 f., 317, 330, 333, 337, 343, 352, 376, 433, 449, 451, 453–456, 472 f., 475, 479, 484, 486, 488, 490
Hoare, Samuel 368–370, 373, 414, 419, 421, 423
Hodsoll, Eric John 188, 195, 201, 218 f., 335, 337 f., 347, 349, 359 f., 364, 379, 392, 395, 448
Howard, Arthur 394–396, 483
Huxley, Aldous Leonard 47

Inskip, Thomas 84, 364 f., 369, 419, 435, 439

Jarres, Karl 129
Jeschonnek, Hans 317, 330
Jünger, Ernst 39, 45–49, 53 f., 56, 65 f., 72, 92, 132, 454
Jünger, Georg Friedrich 45 f., 309, 454

Kapp, Wolfgang 99
Kershaw, Ian 15, 20, 24
Keudell, Walter v. 111 f.
Klemperer, Victor 481
Knauss, Robert 148
Knipfer, Kurt 150, 241, 243, 245 f., 248, 278, 287, 291, 308, 315, 475

Krauthausen, Udo 259, 302
Krohne, Rudolf 107–116, 120, 130, 136, 141, 161, 217, 224, 226, 230, 232, 238, 281, 294, 462 f., 467–469, 471 f., 479

Lammers, Hans-Heinrich 17, 306
Lansbury, George 75
Laski, Harold 75
Leers, Johann v. 149, 151, 154, 470
Lepsius, Rainer M. 14 f., 20
Ley, Robert 300 f.
Liddell Hart, Basil 72–74, 93
Lindner 315
Lloyd, George David 420
Loebell, Friedrich Wilhelm v. 111
Löfken 315
Londonderry, Lady 219
Ludendorff, Erich 41–43, 52, 71 f., 92, 98, 164
Ludendorff, Mathilde L. v. Kettwitz 42
Lüttwitz, Walter v. 99
Luther, Hans 103

MacDonald, Ramsey 186, 214, 220
Maconochie, Richard 420
Martini 282 f., 436, 476, 480
Marx, Wilhelm 111, 230
Maxwell, Sir Alexander 388, 394
Meißner, Otto 107 f., 112 f., 227
Merkel, Otto 111
Milch, Erhard 243, 245–247, 261, 284, 298, 301, 315, 318, 330, 340, 389, 476, 479
Moeller, Horst 27
Morrison, Herbert 77, 365, 369 f., 389 f., 421–423, 432, 480
Mosley, Oswald 71, 93, 404
Müller, Hermann 113, 116
Murphy (möglicherweise Pseudonym) 468
Mussolini, Benito 16

Napoleon I., Kaiser der Franzosen 72, 164
Neumann, Franz 15
Niessel, Henri Albert 164

Nietzsche, Friedrich Wilhelm 151 f.
Noske, Gustav 99

O'Brien, Terence H. 27, 339
Orwell, George 47, 85–90, 92–94

Paetsch, Heinrich 124, 246, 271
Painlevé, Paul 144
Papen, Franz v. 132, 135
Peres, Werner 111
Pfundtner, Hans 306
Pollitt, Harry 404
Pritchard, H.L. 190, 195 f., 234, 403
Pschorr 111

Rauschning, Hermann 89
Richards, H.M. 204, 207
Roberts, Lord Frederick Sleight 60
Roques, v. 317
Roßbach, Gerhard 131, 135 f., 157, 232, 294, 307 f., 310, 486
Rothermere, Harald Sidney Harmsworth, Viscount R. of Hemsted 69
Rüdel, Günther 245 f., 329
Rüth 117

Sahm, Heinrich 129
Samuel, Herbert Louis, 1st Viscount 339, 341
Scharnagl, Karl 129
Schleicher, Kurt v. 132
Schmitt, Carl 37 f., 40–43, 45, 48, 52, 56, 92, 108, 132, 194, 222, 454
Schröder, v. 320 f.
Scott, Russell 195, 200, 209–211, 224, 237, 338, 396, 403 f., 460
Seeckt, Hans v. 103, 131 f.
Severing, Carl 114, 116, 132
Seydel, Josef 161, 254, 298, 311, 315
Shaw, Thomas 186
Sheppard, Dick 419
Siedler, Eduard Jobst 111

Simon, John 69, 347, 363, 366, 401
Speer, Albert 267
Spencer, Herbert 40
Spengler, Oswald 133
Stackelberg, Serge de 192
Stock 179 f.
Stockhausen 227
Stresemann, Gustav 103, 110
Stülpnagel, Joachim v. 133
Stumpff, Hans-Jürgen 317

Thomas, Samuel Gvelyn 436 f.
Treitschke, Heinrich v. 32
Trenchard, Lord Hugh 172 f., 187, 215
Trevelyan, Charles 77
Trevelyan, George Macaulay 62, 77
Trotzky, Leo D. 89

Upcott, G.C. 221 f.

Vansittart, Sir Robert Gilbert 200
Vaughan, Helen Gwynne, Dame 218

Wagner 227
Waldschmidt, D. 315
Weber, Max 4-6, 8-14, 17 f., 20-23, 25 f., 31, 34, 39, 49, 53, 66, 71, 73, 89, 92 f., 95, 104, 114, 225, 230 f., 235, 256, 298, 314, 453, 461, 464, 466, 492
Weinreich, Hans 309
Weir, Lord William Douglas 85, 365
Welles, Orson 430
Wells, Herbert George 65-67, 88, 90, 92, 96, 142, 211, 429, 458
Winter 307
Wirth, Fritz 104, 120 f., 129
Woker, Gertrud 144, 152
Wood, Kingsley 364, 368, 393 f.

Zenker, Hans 105

www.ingramcontent.com/pod-product-compliance
Lightning Source LLC
Chambersburg PA
CBHW060415300426
44111CB00018B/2864